LIBRIAMOCI

COMPRENDERE • ANALIZZARE
DISCUTERE I TESTI

NARRATIVA

Prima edizione: gennaio 2014

Edizioni

10	9	8	7	6	5	4
2018		2017		2016		2015

Questo volume è stampato da:
Cartoedit S.r.l. – Città di Castello (PG)
Stampato in Italia - Printed in Italy

Redazione	Anna Preianò, Alberto Pozzi
Progetto grafico	Aldo Taveggia
Impaginazione	Raffaella Curci
Copertina	Alfredo La Posta
Ricerca iconografica	Alberto Mori

Stesura testi	Lorenzo Ambrogio (*Giovanni Verga*)

Contenuti digitali

Progettazione	Simona Ravalico
Redazione	Anna Preianò
Realizzazione	Nowhere S.r.l.

Per informazioni e segnalazioni:
Servizio Clienti Mondadori Education
e-mail *servizioclienti.edu@mondadorieducation.it*
numero verde **800 123 931**

Daniele Cerrito - Rita Messineo

LIBRIAMOCI

COMPRENDERE · ANALIZZARE DISCUTERE I TESTI

NARRATIVA

LE MONNIER SCUOLA

ME•book
IL LIBRO DIGITALE
MULTIDEVICE

Il **ME•book** è il libro di testo digitale di Mondadori Education ricco di contenuti, video, audio, tanti esercizi e moltissimi strumenti, pensato per andare incontro alle esigenze dell'insegnante e dello studente.

Il ME•book è PERSONALIZZABILE

Puoi evidenziare, sottolineare e apporre segnalibri; inserire note, note evolute e note audio. Ogni insegnante poi, per gestire al meglio l'eterogeneità del gruppo classe, ha la possibilità di realizzare contenuti e percorsi formativi diversificati.

Il ME•book è FLESSIBILE

Lo puoi consultare da qualsiasi dispositivo (computer, tablet e smartphone) scaricando gratuitamente l'apposita App di lettura dal sito mondadorieducation.it e dai principali store di App. Non hai bisogno di essere sempre connesso: infatti funziona anche offline! E se hai problemi di memoria, non ti preoccupare: puoi scaricare anche solo le parti del libro che ti interessano.

Il ME•book è SINCRONIZZABILE

Ritrovi qualsiasi modifica – sottolineature, note, ecc. – nella versione online e su tutti i tuoi dispositivi. L'insegnante può preparare la lezione sul computer di casa e ritrovarla l'indomani sulla LIM, lo studente può svolgere il compito sul tablet e recuperarlo il giorno dopo sul computer della scuola.

Libro⁺Web

Il ME•book è INTEGRATO nella piattaforma di apprendimento Libro+Web

Puoi accedere ai Contenuti Digitali Integrativi direttamente dalla pagina che stai leggendo. Con le Google Apps puoi condividere i tuoi documenti o lavorarci contemporaneamente insieme ad altri. Con la Classe Virtuale, poi, l'insegnante può condividere esercitazioni e approfondimenti con i suoi studenti.

Il ME•book ti inserisce in un sistema di apprendimento efficace e completo

ME•book: libro digitale multidevice
+
Libro+Web: piattaforma di apprendimento e nuvola di servizi digitali
+
LinkYou: formazione e seminari di didattica digitale

MONDADORI EDUCATION

ME•book: come attivarlo e scaricarlo

ME•book
IL LIBRO DIGITALE MULTIDEVICE

COME ATTIVARE il ME•book

- Collegati al sito mondadorieducation.it e, se non lo hai già fatto, registrati: è facile, veloce e gratuito.

- Effettua il login inserendo la tua Username e Password.

- Accedi alla sezione Libro+Web e fai clic su "Attiva ME•book".

- Compila il modulo "Attiva ME•book" inserendo negli appositi campi tutte le cifre tranne l'ultima dell'ISBN del tuo libro, il codice contrassegno e quello seriale: li trovi sul bollino argentato SIAE che sta sulla prima pagina dei nostri libri.

- Fai clic sul pulsante "Attiva ME•book".

COME SCARICARE il ME•book

È possibile accedere online al ME•book direttamente dal nostro sito mondadorieducation.it oppure scaricarlo per intero o in singoli capitoli, sul tuo dispositivo seguendo questa semplice procedura:

- Scarica la nostra applicazione gratuita che trovi sul sito mondadorieducation.it o sui principali store di App.

- Lancia l'applicazione.

- Effettua il login con Username e Password scelte all'atto della registrazione sul nostro sito.

- Nella libreria è possibile ritrovare i libri attivati: clicca su "Scarica" per renderli disponibili sul tuo dispositivo.

- Per leggere i libri scaricati fai clic su "leggi".

È ora possibile accedere al ME•book anche senza connessione ad Internet.

Vai su www.mondadorieducation.it
e scopri come attivare, scaricare e usare SUBITO il tuo ME•book.

Per una didattica digitale integrata

Puoi trovare i Contenuti Digitali Integrativi del corso a partire dall'INDICE: così ti sarà più facile organizzare le tue lezioni e il tuo studio.

– C'era – disse il biglietaio guardandosi una scarpa.
– Dunque – disse con paterna dolcezza il maresciallo – tu stamattina, come al solito,
90 sei venuto a vendere panelle qui: il primo autobus per Palermo, come al solito…
– Ho la licenza[6] – disse il panellaro.
– Lo so – disse il maresciallo alzando al cielo occhi che invocavano pazienza – lo so
e non me ne importa della licenza; voglio sapere una cosa sola, me la dici e ti lascio
subito andare a vendere le panelle ai ragazzi: chi ha sparato?
95 – Perché – domandò il panellaro, meravigliato e curioso – hanno sparato?

(L. Sciascia, *Il giorno della civetta*, Torino, Einaudi, 1964)

LABORATORIO

Il genere poliziesco ha una consolidata tradizione anche nella letteratura italiana: basti pensare alla fortuna di autori come Giorgio Scerbanenco, i cui racconti e romanzi ambientati nella Milano degli anni Sessanta sono ormai un classico, e i contemporanei Andrea Camilleri e Massimo Carlotto. Un giallo atipico è *Il nome della rosa* di Umberto Eco, ambientato nel Medioevo.

 G. Scerbanenco
Stazione centrale ammazzare subito

 U. Eco
La biblioteca

A. Camilleri
Il patto

M. Carlotto
51.41°N 30.06°E
(*Respiro corto*)

▶ ATTIVIAMO LE COMPETENZE

LETTURA E COMPRENSIONE
ACCESSO ALLE INFORMAZIONI

1 In quale momento del giorno avviene il delitto?
2 Qual è la scena del crimine?
3 Elenca i testimoni del delitto.

7 Perché hai risposto così alla domanda precedente? Supporta la tua scelta con opportuni riferimenti al testo.
8 «Vennero i carabinieri, il maresciallo nero di barba e di sonno». Nella frase, l'aggettivo nero ha un doppio significato. Quale?
Primo significato (nero di barba):

LABORATORIO

Laboratorio di testi integrativi con attività interattive per esercitarsi sulla comprensione e l'analisi. Nel laboratorio è possibile anche inserire evidenziazioni, segnalibri e note personalizzate.

LABORATORIO DI GRAMMATICA

Il lavoro su alcuni testi presenti sul libro continua nel laboratorio interattivo per ripassare la grammatica ed esercitarsi su ortografia, morfologia e sintassi.

LABORATORIO
GRAMMATICA
Svolgi le attività interattive su questo testo per ripassare **Il nome**.

i5 ## Hanno sparato?

Leonardo Sciascia, *Il giorno della civetta*

Tipologia	Testo narrativo
Genere	Romanzo
Sottogenere	Giallo
Anno	1961

CHI: Leonardo Sciascia — DOVE: Italia — QUANDO: Novecento

▶ IL PIACERE DI LEGGERE

L'autore

Lo scrittore siciliano Leonardo Sciascia (1921-1989) ha avuto la straordinaria capacità di leggere la realtà e la storia con sguardo acuto e penetrante, avendo il coraggio di smascherare le imposture e le violenze esercitate dai potenti ai danni dei più deboli e di svelare apertamente le connivenze tra poteri istituzionali e malavita organizzata, un problema purtroppo ancora attuale. È autore di romanzi, racconti, articoli, saggi. Del filone poliziesco della sua produzione ricordiamo *Il giorno della civetta* (1961), *A ciascuno il suo* (1965), *Il contesto* (1971), *Todo modo* (1974), *Porte aperte* (1987) e *Una storia semplice* (1989). Una segnalazione merita anche il romanzo *Il consiglio d'Egitto* (1963), che insieme a *Il Gattopardo* (1958) di Giuseppe Tomasi di Lampedusa costituisce uno degli esempi più riusciti di romanzo storico del Novecento.

 MONDADORI EDUCATION

INFOGRAFICA

Nelle infografiche il contenuto del libro assume la forma di un "poster" navigabile che presenta i concetti fondamentali attraverso un percorso visivo.

INFOGRAFICA
Scopri la letteratura del terrore attraverso un percorso visivo.

La letteratura del terrore

Le caratteristiche

Appartengono alla letteratura del terrore tutte quelle opere la cui finalità è suscitare la paura nel lettore raccontando gli effetti talvolta tragici e violenti dell'irrompere nella vita quotidiana di elementi irrazionali e soprannaturali. Il campionario cui attingono gli autori per le loro storie *horror* è molto vasto e spazia dalle possessioni demoniache alle case stregate, dai ritratti che si animano all'apparizione dei fantasmi, dagli sdoppiamenti di personalità all'evocazione di anime dannate e persecutrici.

Il sentimento della paura

La paura suscitata dalla lettura di una storia del terrore è un po' diversa da quella che si prova al cinema quando si guarda un *horror*: nei film la paura è per lo più di tipo sensoriale (visivo e uditivo), innescata spesso da un improvviso colpo di scena che fa sobbalzare lo spettatore sulla poltrona – si pensi per esempio alla repentina apparizione di un fantasma alle spalle dell'ignaro protagonista; nei libri, invece, la paura è generata da un meccanismo di tipo emotivo, e si concretizza, più che in colpi di scena

ME·book

Concetti chiave

La fiaba

CARATTERISTICHE DEL GENERE

Tradizione orale e popolare	Le fiabe hanno origini antichissime e venivano tramandate oralmente dal popolo.
L'elemento magico	Le fiabe appartengono alla narrativa fantastica: in esse hanno un ruolo determinante il magico e il meraviglioso.
L'indeterminatezza	La fiaba è contraddistinta da segnali di apertura come il classico "C'era una volta".
L'eroe	Il protagonista della fiaba deve superare molte prove per raggiungere la felicità.

CONTESTO STORICO-CULTURALE

Flashcard

FLASHCARD

Per ripassare e memorizzare divertendosi, "carte" sfogliabili con domanda sul dorso e risposta sul retro.

E tanti altri Contenuti Digitali Integrativi:

 Test INVALSI autocorrettivi

 Lezioni LIM per il docente

Indice

CONTENUTI DIGITALI INTEGRATIVI

LEZIONE LIM
Il testo narrativo • Il film • Il testo visivo

LABORATORIO

LE SEQUENZE
J.G. Ballard, *È solo fantascienza?*
 (*L'ultima pozzanghera*)

FABULA E INTRECCIO
A. Bierce, *Accadde al ponte
 di Owl Creek* (*I racconti*)

LO SCHEMA NARRATIVO
J. e W. Grimm, *Hansel e Gretel* (*Fiabe*)

A.N. Afanasjev, *La principessa triste*
 (*Antiche fiabe russe*)

J.K. Rowling, *Il calice di fuoco*
 (*Harry Potter e il calice di fuoco*)

I PERSONAGGI
F. Dostoevskij, *Il contadino Marej*
 (*Racconti*)

J. Swift, *Gli yahoo* (*I viaggi di Gulliver*)

L.M. Alcott, *Le sorelle March*
 (*Piccole donne*)

A.M. Ortese, *Una strana cameriera*
 (*L'iguana*)

LE PAROLE DEI PERSONAGGI
G. Guareschi, *Il decimo clandestino*
 (*Piccolo mondo borghese*)

L. Riley, *Andiamo a Wharton Park*
 (*Il giardino degli incontri segreti*)

J. Austen, *Elizabeth non si lascia
 intimidire* (*Orgoglio e pregiudizio*)

IL NARRATORE
A. Manzoni, *Renzo sul carro dei monatti*
 (*I promessi sposi*)

P. Highsmith, *La gita a San Remo*
 (*Il talento di mister Ripley*)

IL PUNTO DI VISTA
V. Cerami, *Il rumorino crudele* (*La gente*)

L'AMBIENTAZIONE
R.K. Narayan, *L'angolo del martire*
 (*Racconti dall'India*)

CONTENUTI DIGITALI INTEGRATIVI

CONTENUTI DIGITALI INTEGRATIVI

CONTENUTI DIGITALI INTEGRATIVI

INFOGRAFICA
Il romanzo realistico • Il romanzo storico
Il romanzo di formazione

LABORATORIO
PERCORSO DI GRAMMATICA: **Il verbo**
T5 Italo Calvino,
L'avventura di due sposi

LABORATORIO
A. Puškin, *La tormenta*
(Romanzi e racconti)

P. Levi, *Sandro* (Il sistema periodico)

V. Pratolini, *L'ultimo giorno dello sciopero*
(Metello)

A. Dumas, *L'evasione di Edmond*
(Il conte di Montecristo)

V. Hugo, *L'impiccagione di Esmeralda*
(Notre-Dame de Paris)

V. Hugo, *Jean Valjan* (I miserabili)

H. Melville, *La grande battaglia contro
la balena* (Moby Dick)

H. Lee, *In prigione* (Il buio oltre la siepe)

VERIFICA INVALSI
J. Fante, *Un ospite abituale*
(Una moglie per Dino Rossi)

FLASHCARD
La narrazione realistica

CONTENUTI DIGITALI INTEGRATIVI

INFOGRAFICA
Il romanzo psicologico

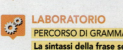

LABORATORIO
PERCORSO DI GRAMMATICA:
La sintassi della frase semplice
T1 Italo Svevo, *Il vizio del fumo*

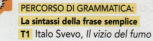

I TEMI

GLI AUTORI

CONTENUTI DIGITALI INTEGRATIVI

LABORATORIO
PERCORSO DI GRAMMATICA: Il nome
T1 Natalia Ginzburg,
Malagrazie, sbrodeghezzi, potacci!

VERIFICA INVALSI
A. Frank, *Sfoghi privati (Diario)*

FLASHCARD
La famiglia

CONTENUTI DIGITALI INTEGRATIVI

 LEZIONE LIM
Novella e racconto

LABORATORIO
PERCORSO DI GRAMMATICA:
La sintassi della frase complessa
T1 G. Verga, *L'amante di Gramigna*

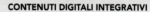

CONTENUTI DIGITALI INTEGRATIVI

CONTENUTI DIGITALI INTEGRATIVI

ATTUALITÀ

La giovinezza

La Shoah

VERIFICA INVALSI
A. Frescaroli, *L'inferno di Auschwitz* (*La Gestapo*)

FLASHCARD
La Shoah

CONTENUTI DIGITALI INTEGRATIVI

LEZIONE LIM
Le tipologie testuali

LABORATORIO
TESTO DESCRITTIVO
G. Lisitsky, *Un'usanza nuova?* (*Semang, Eschimesi polari, Maori, Hopi*)

TESTO INFORMATIVO
P. Mereghetti, *La bicicletta verde* («*Corriere della Sera*»)

TESTO PRESCRITTIVO
E. Zanetti, *Zero Waste: via la spazzatura in 10 mosse* («*Wired Italia*»)

TESTO ARGOMENTATIVO
R. Saviano, *Il coraggio dimenticato* («*la Repubblica*»)

VERIFICA INVALSI
M. Arnold, *Scene di ballo* (*Toulouse-Lautrec*)

E. Dumont-Le Cornec, *La Manica* (*Atlante dei mari mitici*)

L. Sotis, *Le cose da non fare* (*Bon Ton*)

S. Blady-P. Roversi, *Viaggiare al tempo della crisi* (*In vacanza per risparmiare*)

FLASHCARD
Le tipologie testuali

Gli elementi della narrazione

Gli elementi della narrazione

Narratore e punto di vista

Sequenze, fabula, intreccio

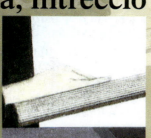

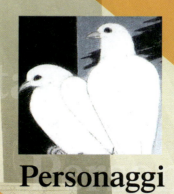

Personaggi

ARTISTA	Will Barnet
NAZIONALITÀ	Statunitense
TITOLO	Introspection
ANNO	1960 ca.
STILE	Primitivismo

Gli elementi della narrazione

Il testo narrativo

Che cos'è un testo

Per cominciare la nostra avventura alla scoperta del testo narrativo, dobbiamo fare un salto indietro nel tempo, nel Trecento, periodo in cui si iniziò a usare la parola *testo*, dal latino *textum*, "tessuto", per indicare l'insieme delle parole che compongono uno scritto o un discorso. In effetti un testo è simile alla trama di un tessuto: le parole vengono disposte l'una dietro l'altra in maniera ordinata come a formare dei fili – le frasi – che a loro volta si combinano tra loro fino a creare un insieme coerente (nei contenuti) e coeso (nei rapporti grammaticali) portatore di un messaggio che si svolge intorno a un unico tema.

Testi pragmatici e testi letterari

Così come nella realtà i tessuti sono diversi per qualità e funzione, allo stesso modo i testi differiscono per caratteristiche e scopi. Fondamentalmente essi si dividono in due grandi categorie: **testi pragmatici** – concepiti e utilizzati per fini legati alla vita pratica e professionale – e **testi letterari** – che non hanno un'utilità pratica, ma servono per raccontare storie, trasmettere emozioni, intrattenere. Il testo narrativo, di cui ci occuperemo, appartiene a questa seconda categoria.

Storia e discorso

Il testo narrativo letterario ha lo scopo di raccontare una storia intrattenendo il lettore. Sono classificabili come testi narrativi i romanzi, le novelle, i racconti, le fiabe, le favole, i poemi epici. Gli aspetti che occorre considerare quando si analizza un testo narrativo sono essenzialmente due: la **storia** e il **discorso**.

Storia	Discorso
È ciò che viene raccontato, ossia una sequenza di eventi legati da rapporti logici (causa/effetto) e temporali (prima/dopo).	È il modo in cui la storia viene raccontata e il lettore ne viene a conoscenza.
Risponde alla domanda "che cosa?" ➔ "di che cosa parla questo libro?"	Risponde alla domanda "come/in che modo?" ➔ "in che modo viene raccontata la storia?"

Gli elementi del testo narrativo

All'interno di questi due fondamentali aspetti del testo narrativo è possibile individuare alcuni elementi che ne costituiscono l'ossatura.

- Al livello della storia possiamo individuare la **fabula**, il **tempo della storia** e il **sistema dei personaggi**.
- Al livello del discorso possiamo individuare l'**intreccio**, il **tempo del discorso**, le varie **tipologie di narratore**, il **punto di vista** e lo **stile**.

L'**autore** del testo è lo scrittore giapponese Murakami Haruki.

La voce che racconta la storia è quella di un **narratore** esterno.

La **storia** narrata è quella di un topo e di un gatto vegetariano.

In questo testo, così in tutti i testi narrativi, sono presenti una **fabula** e un **intreccio**.

Il brano è scomponibile in micro-**sequenze** narrative e dialogiche.

Il **punto di vista**, cioè la prospettiva dalla quale sono narrati i fatti, è variabile.

Il testo racchiude un **messaggio** che spetterà al lettore decifrare.

Lo **stile**, semplice e chiaro, è caratterizzato dall'uso di un registro linguistico medio.

Un gatto incontrò in una soffitta un grosso topo maschio. Spinto in un angolo, senza via d'uscita, il topo disse tremando: «Signor gatto, la prego. Non mi mangi. Devo tornare dalla mia famiglia. I miei figli mi aspettano affamati. Mi lasci fuggire». Il gatto rispose: «Non devi preoccuparti. Non ti mangerei comunque. A essere sincero, anche se non posso dirlo ad alta voce, sono vegetariano. Non mangio carne di nessun tipo. Quindi, avermi incontrato è stata per te una gran fortuna». Il topo disse: «Ah, che giornata meravigliosa! Sono proprio fortunato ad aver incontrato un gatto vegetariano!». Ma un attimo dopo, il gatto si avventò sul topo, lo immobilizzò con gli artigli e gli affondò i denti in gola. Il topo, torcendosi per il dolore, con l'ultimo fiato che aveva, gli chiese: «Ma non avevi detto che sei vegetariano e non mangi carne? Allora mentivi?». Il gatto, leccandosi i baffi, rispose: «Io non mangio carne. Non ho mentito. Infatti, quando tornerò a casa ti scambierò con la lattuga».

(M. Haruki, *1Q84*)

La narratologia

Dello studio di questi elementi e dei rapporti tra storia e discorso si occupa la **narratologia**, la disciplina che studia i meccanismi e i modi della narrazione. Si tratta di una branca di studi molto tecnica e specifica di cui, per praticità didattica, riporteremo solo i concetti principali.

1. Le sequenze

Che cos'è una sequenza

Tutti i testi narrativi possono essere suddivisi in piccole porzioni di testo dette **sequenze**, caratterizzate da omogeneità di significato e autonomia sintattica. Per "omogeneità di significato" si intende che le sequenze devono presentare e sviluppare uno stesso argomento (per esempio la presentazione di un personaggio, lo svolgimento di un'azione, la descrizione di un luogo); "autonomia sintattica" vuol dire che devono avere senso compiuto. Le sequenze possono avere lunghezza variabile, da una sola frase a un insieme di periodi. Di solito, ma non sempre, le sequenze sono facilmente individuabili perché racchiuse tra un *a capo* e il successivo (capoverso). Il passaggio da una sequenza a un'altra può essere segnalato
- da un cambiamento di luogo o di tempo;
- dall'introduzione di un nuovo argomento;
- dall'entrata in scena o dall'uscita di scena di un personaggio;
- da un cambiamento di modalità testuale (passaggio da un dialogo a una riflessione, da una descrizione a una narrazione e così via).

Prima sequenza	Gli itinerari che gli uccelli seguono migrando, verso sud o verso nord, d'autunno o a primavera, traversano di rado la città. Gli stormi tagliano il cielo alti sopra le striate groppe dei campi e lungo il margine dei boschi, ed ora sembrano seguire la ricurva linea di un fiume o il solco di una valle, ora le vie invisibili del vento. Ma girano a largo, appena le catene di tetti d'una città gli si parano davanti.	In questo brano, tratto da un racconto di Italo Calvino, sono presenti due sequenze, ciascuna delle quali è segnalata da un inizio di capoverso. Entrambe le sequenze hanno senso compiuto e sviluppano un determinato momento del racconto: nella prima si parla genericamente degli itinerari compiuti dagli uccelli migratori, nella seconda entra in scena il personaggio di Marcovaldo
Seconda sequenza	Pure, una volta, un volo di beccacce autunnali apparve nella fetta di cielo d'una via. E se ne accorse solo Marcovaldo, che camminava sempre a naso in aria. Era su un triciclo a furgoncino, e vedendo gli uccelli pedalò più forte, come andasse al loro inseguimento, preso da una fantasticheria di cacciatore, sebbene non avesse mai imbracciato altro fucile che quello del soldato.	

Una volta individuate le sequenze è utile assegnare a ciascuna di esse un titolo che ne condensi il significato, titolo che può essere costituito da una frase nominale (cioè senza predicato) o verbale.

Prima sequenza	Gli itinerari che gli uccelli seguono migrando, verso sud o verso nord, d'autunno o a primavera, traversano di rado la città. Gli stormi tagliano il cielo alti sopra le striate groppe dei campi e lungo il margine dei boschi, ed ora sembrano seguire la ricurva linea di un fiume o il solco di una valle, ora le vie invisibili del vento. Ma girano a largo, appena le catene di tetti d'una città gli si parano davanti.	*Gli itinerari degli uccelli migratori* (titolo costituito da una frase nominale)
Seconda sequenza	Pure, una volta, un volo di beccacce autunnali apparve nella fetta di cielo d'una via. E se ne accorse solo Marcovaldo, che camminava sempre a naso in aria. Era su un triciclo a furgoncino, e vedendo gli uccelli pedalò più forte, come andasse al loro inseguimento, preso da una fantasticheria di cacciatore, sebbene non avesse mai imbracciato altro fucile che quello del soldato.	*Marcovaldo osserva il volo delle beccacce* (titolo costituito da una frase verbale)

Tipi di sequenze

In base alla loro modalità testuale le sequenze si suddividono in

- **narrative**, quando contengono il racconto delle azioni dei personaggi e degli eventi:

> Un giorno entrò in casa Tim, il suonatore di cornamusa del villaggio, per riposare un momento e, dopo un po' di chiacchiere, imbracciò il suo strumento e iniziò a suonare. Il piccolo, disteso nella culla, cominciò a sorridere, a scalciare, a manifestare interesse ed entusiasmo. Tim, che aveva simpatia per i bambini, gli porse la cornamusa da toccare. Il piccolo se la allacciò e cominciò a suonare come se non avesse mai fatto altro.
>
> (Fiaba irlandese)

- **descrittive**, quando contengono descrizioni di personaggi, luoghi e situazioni:

> Il selciato del cortile era pulito come il pavimento di una chiesa. Lunghe grondaie raffiguranti dei draghi a fauci in giù vomitavano l'acqua piovana verso la cisterna; – e ad ogni piano, sul davanzale delle finestre, dentro un vaso d'argilla colorata fioriva un basilico o un eliotropio.
>
> (G. Flaubert, *Madame Bovary*)

Frederich Goodall, Cornamusa irlandese, 1847. Morphet, Morphet Chantry Bagpipe Museum.

- **informative**, quando contengono informazioni su personaggi, fatti, luoghi, circostanze:

> New York e San Francisco sono dunque attualmente unite da un nastro metallico ininterrotto che non misura meno di tremilasettecentottantasei miglia. Fra Omaha e il Pacifico la ferrovia attraversa una regione frequentata dagli indiani e dalle belve: vasta distesa di territori che i Mormoni cominciarono a colonizzare verso il 1845, dopo che furono cacciati dall'Illinois.
>
> (J. Verne, *Il giro del mondo in ottanta giorni*)

- **riflessive**, quando contengono le riflessioni, i pensieri, le argomentazioni del narratore o dei personaggi:

> Stasera, ripensandoci, con il cuore e lo stomaco in subbuglio, mi dico che forse in fondo la vita è così: molta disperazione, ma anche qualche istante di bellezza dove il tempo non è più lo stesso. È come se le note musicali creassero una specie di parentesi temporale, una sospensione, un altrove in questo luogo, un sempre nel mai.
>
> (M. Barbery, *L'eleganza del riccio*)

- **dialogiche**, quando contengono i dialoghi tra i personaggi:

> – Come va a New York? Va bene?
> – Non ci si arricchisce, – risposi io.
> – Che importa questo? – disse lui. – Si può star bene senza arricchire… Anzi è meglio…
> – Chissà! – dissi io. – C'è anche lì disoccupazione.
> – E che importa la disoccupazione? – disse lui. – Non è sempre la disoccupazione che fa il danno…
>
> (E. Vittorini, *Conversazione in Sicilia*)

Di rado però si trovano sequenze riconducibili a un'unica modalità testuale. Nella maggior parte dei casi, infatti, ci si imbatte in sequenze **miste**, nelle quali descrizione e narrazione, riflessioni e informazioni si intrecciano. Tuttavia anche in questo caso è sempre possibile individuare la funzione prevalente.

Nell'esempio sotto riportato, tratto da un racconto di Dino Buzzati, sono presenti parti informative (evidenziate in grigio), descrittive (evidenziate in giallo), narrative (in nero) e riflessive (evidenziate in arancione). La funzione prevalente è però quella narrativa ed è quest'ultima che il titolo dovrà mettere in luce.

Sequenza mista	Un uomo sui 35 anni di nome Stefano Consonni, vestito con una certa ricercatezza e con un pacchettino bianco nella mano sinistra, passando alle dieci di sera, addì 16 gennaio, per la via Fiorenzuola, a quell'ora deserta, udì intorno a sé improvvisamente come un sonoro ronzio di mosconi che sussurrassero. Mosconi di pieno inverno e con quel freddo?	*Uno strano ronzio di mosconi*

Importante, infine, distinguere tra sequenze **statiche** e **dinamiche**. Le sequenze dinamiche fanno procedere l'azione, quelle statiche la bloccano.

Sono da considerarsi dinamiche le sequenze narrative, o miste con funzione prevalentemente narrativa, e alcune sequenze dialogiche.

Sono da considerarsi statiche le sequenze descrittive, informative, riflessive e alcune sequenze dialogiche.

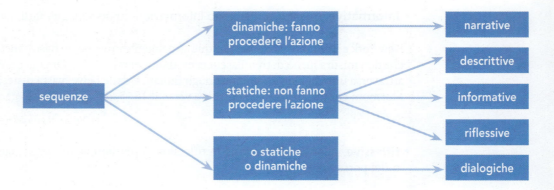

Le macrosequenze

Nei testi di maggiore lunghezza, come i romanzi o i racconti lunghi, una successione di sequenze di vario tipo che sviluppano uno stesso nucleo tematico forma una **macrosequenza**. Il romanzo *I promessi sposi*, per esempio, è suddivisibile in sei macrosequenze, ognuna delle quali abbraccia più capitoli:

- 1ª macrosequenza (capp. 1-8): le vicende borghigiane
- 2ª macrosequenza (capp. 9-10): la monaca di Monza
- 3ª macrosequenza (capp. 11-17): le avventure di Renzo
- 4ª macrosequenza (capp. 19-24): Lucia e l'Innominato
- 5ª macrosequenza (capp. 26-35): la peste
- 6ª macrosequenza (capp. 36-38): lieto fine

E AL CINEMA?

Così come un racconto, anche un film è suddivisibile in parti: inquadrature, scene e sequenze.

- L'**inquadratura** è l'unità minima del linguaggio cinematografico e comprende una porzione di ripresa continua tra il ciak e lo stop.
- La **scena** è costituita da un insieme di inquadrature, unite da una continuità di azione, di tempo o di spazio. Una scena termina quando uno di questi tre fattori viene modificato.

- Una **sequenza** è costituita da un insieme di scene che sviluppano una parte della narrazione del film.

Da un punto di vista strutturale, dunque, un film risulta composto da più sequenze, a loro volta composte da più scene e da più inquadrature. Per esempio, un film drammatico sul naufragio di una nave potrebbe includere la sequenza della partenza, quella della crociera a bordo, quella dell'incidente e infine quella della fuga dall'imbarcazione.

Esempio di inquadratura a figura intera. Più inquadrature formano una scena, più scene una sequenza.

Il bosco sull'autostrada

Italo Calvino, *Marcovaldo*

Tipologia	Testo narrativo
Genere	Novella
Sottogenere	Realistico
Anno	1963

▶ **LE SEQUENZE**

1 INDIVIDUAZIONE DELLE SEQUENZE
2 RIASSUNTO DEI CONTENUTI
3 TITOLAZIONE

LABORATORIO

Vai al testo interattivo per esercitarti sulle **sequenze**:

 J.G. Ballard
È solo fantascienza?

Invito alla lettura

Il libro *Marcovaldo ovvero le stagioni in città* è composto da venti novelle, ognuna delle quali è dedicata a una stagione dell'anno. Protagonista di tutte le storie è Marcovaldo, un uomo semplice di origine contadina che per sfamare la sua numerosa famiglia lavora come manovale in una ditta di una imprecisata città industriale, forse Torino.

Apparentemente lineari come vignette, questi racconti presentano uno stile lirico e prezioso e possiedono la grande forza simbolica delle fiabe.

Marcovaldo rappresenta un eroe moderno dal nome altisonante che, pur inserito in un contesto urbano difficile da decifrare per complessità e velocità, non si lascia schiacciare dai suoi ingranaggi, mantenendo l'ingenuità del bambino che guarda alle cose come se fosse la prima volta e che, obbedendo al potente richiamo della natura, ne ricerca ostinatamente i segni, anche i più piccoli e impercettibili, ritrovandoli talvolta nei luoghi più impensati.

---

1 INDIVIDUAZONE DELLE SEQUENZE

Il testo è già diviso in sequenze. Leggile una per una, cercando sul vocabolario le parole che non conosci.

1ª sequenza: Titolo _____
Riassunto _____
_____
_____

2ª sequenza: Titolo _____
Riassunto _____
_____
_____

2 RIASSUNTO DEI CONTENUTI

Sottolinea le informazioni più importanti di ogni sequenza e poi per ognuna di esse elabora un breve riassunto.

3ª sequenza: Titolo _____
Riassunto _____
_____
_____

Il vento, venendo in città da lontano, le porta doni inconsueti, di cui s'accorgono solo poche anime sensibili, come i raffreddati del fieno, che starnutano per pollini di fiori d'altre terre.
5 Un giorno, sulla striscia d'aiola d'un corso cittadino, capitò chissà donde una ventata di spore, e ci germinarono dei funghi. Nessuno se ne accorse tranne il manovale Marcovaldo che proprio lì prendeva ogni mattina il tram.

Aveva questo Marcovaldo un occhio poco adatto alla vita di città: cartelli, semafori, vetrine, insegne luminose, manifesti,
10 per studiati che fossero a colpire l'attenzione, mai fermavano il suo sguardo che pareva scorrere sulle sabbie del deserto. Invece, una foglia che ingiallisse su un ramo, una piuma che si impigliasse ad una tegola, non gli sfuggivano mai: non c'era tafano sul dorso d'un cavallo, pertugio di tarlo in
15 una tavola, buccia di fico spiaccicata sul marciapiede che Marcovaldo non notasse, e non facesse oggetto di ragionamento, scoprendo i mutamenti della stagione, i desideri del suo animo, e le miserie della sua esistenza.

Così un mattino, aspettando il tram che lo portava alla ditta
20 Sbav dov'era uomo di fatica, notò qualcosa d'insolito presso la fermata, nella striscia di terra sterile e incrostata che segue l'alberatura del viale: in certi punti, al ceppo degli alberi, sembrava si gonfiassero bernoccoli che qua e là s'aprivano e lasciavano affiorare tondeggianti corpi sotterranei.

4ª sequenza: Titolo _____
Riassunto _____
_____
_____

5ª sequenza: Titolo _____
Riassunto _____
_____
_____

3 TITOLAZIONE

Individua l'argomento principale di ogni sequenza, ponendoti la domanda "di che cosa parla questa sequenza?". In base alla risposta fornita assegnale un titolo.

6ª sequenza: Titolo _____
Riassunto _____
_____
_____

7ª sequenza: Titolo _____
Riassunto _____
_____
_____

8ª sequenza: Titolo _____
Riassunto _____
_____
_____

25 Si chinò a legarsi le scarpe e guardò meglio: erano funghi, veri funghi, che stavano spuntando proprio nel cuore della città! A Marcovaldo parve che il mondo grigio e misero che lo circondava diventasse tutt'a un tratto generoso di ricchezze nascoste, e che dalla vita ci si potesse ancora aspettare

30 qualcosa, oltre la paga oraria del salario contrattuale, la contingenza, gli assegni familiari e il caropane.

Al lavoro fu distratto più del solito; pensava che mentre lui era lì a scaricare pacchi e casse, nel buio della terra i funghi silenziosi, lenti, conosciuti solo da lui, maturavano la polpa

35 porosa, assimilavano succhi sotterranei, rompevano la crosta delle zolle. «Basterebbe una notte di pioggia, – si disse, – e già sarebbero da cogliere». E non vedeva l'ora di mettere a parte della scoperta sua moglie e i sei figlioli.

– Ecco quel che vi dico! – annunciò durante il magro de-

40 sinare. – Entro la settimana mangeremo funghi! Una bella frittura! V'assicuro!

E ai bambini più piccoli, che non sapevano cosa i funghi fossero, spiegò con trasporto la bellezza delle loro molte specie, la delicatezza del loro sapore, e come si doveva cu-

45 cinarli; e trascinò così nella discussione anche sua moglie Domitilla, che s'era mostrata fino a quel momento piuttosto incredula e distratta.

– E dove sono questi funghi? – domandarono i bambini. – Dicci dove crescono!

50 A quella domanda l'entusiasmo di Marcovaldo fu frenato da un ragionamento sospettoso: «Ecco che io gli spiego il posto, loro vanno a cercarli con una delle solite bande di monelli, si sparge la voce nel quartiere, e i funghi finiscono nelle casseruole altrui!» Così, quella scoperta che subito gli

55 aveva riempito il cuore d'amore universale, ora gli metteva la smania del possesso, lo circondava di timore geloso e diffidente.

– Il posto dei funghi lo so io e io solo, – disse ai figli, – e guai a voi se vi lasciate sfuggire una parola.

60 Il mattino dopo, Marcovaldo, avvicinandosi alla fermata del tram, era pieno d'apprensione. Si chinò sull'aiola e con sollievo vide i funghi un po' cresciuti ma non molto, ancora nascosti quasi del tutto dalla terra.

Era così chinato, quando s'accorse d'aver qualcuno alle

65 spalle. S'alzò di scatto e cercò di darsi un'aria indifferente. C'era uno spazzino che lo stava guardando, appoggiato alla sua scopa.

Questo spazzino, nella cui giurisdizione si trovavano i funghi, era un giovane occhialuto e spilungone. Si chiamava

70 Amadigi, e a Marcovaldo era antipatico da tempo, forse per via di quegli occhiali che scrutavano l'asfalto delle strade in cerca di ogni traccia naturale da cancellare a colpi di scopa.

9ª sequenza: Titolo _____
Riassunto _____
_____
_____

10ª sequenza: Titolo _____
Riassunto _____
_____
_____

11ª sequenza: Titolo _____
Riassunto _____
_____
_____

12ª sequenza: Titolo _____
Riassunto _____
_____
_____

13ª sequenza: Titolo _____
Riassunto _____
_____
_____

14ª sequenza: Titolo _____
Riassunto _____
_____
_____

15ª sequenza: Titolo _____
Riassunto _____
_____
_____

Era sabato; e Marcovaldo passò la mezza giornata libera girando con aria distratta nei pressi dell'aiola, tenendo d'oc-
75 chio di lontano lo spazzino e i funghi, e facendo il conto di quanto tempo ci voleva a farli crescere.

La notte piovve: come i contadini dopo mesi di siccità si svegliano e balzano di gioia al rumore delle prime gocce, così Marcovaldo, unico in tutta la città, si levò a sedere nel
80 letto, chiamò i familiari. «È la pioggia, è la pioggia», e respirò l'odore di polvere bagnata e muffa fresca che veniva di fuori. All'alba – era domenica –, coi bambini, con un cesto preso in prestito, corse subito all'aiola. I funghi c'erano, ritti sui loro gambi, coi cappucci alti sulla terra ancora zuppa d'ac-
85 qua. – Evviva! – e si buttarono a raccoglierli.

– Babbo! guarda quel signore lì quanti ne ha presi! – disse Michelino, e il padre alzando il capo vide, in piedi accanto a loro, Amadigi anche lui con un cesto pieno di funghi sotto il braccio.

90 – Ah, li raccogliete anche voi? – fece lo spazzino.

– Allora sono buoni da mangiare? Io ne ho presi un po' ma non sapevo se fidarmi... Più in là nel corso ce n'è nati di più grossi ancora... Bene, adesso che lo so, avverto i miei parenti che sono là a discutere se conviene raccoglierli o lasciarli...
95 – e s'allontanò di gran passo.

Marcovaldo restò senza parola: funghi ancora più grossi, di cui lui non s'era accorto, un raccolto mai sperato, che gli veniva portato via così, di sotto naso. Restò un momento quasi impietrito dall'ira, dalla rabbia, poi – come talora avviene –
100 il tracollo di quelle passioni individuali si trasformò in uno slancio generoso. A quell'ora, molta gente stava aspettando il tram, con l'ombrello appeso al braccio, perché il tempo restava umido e incerto. – Ehi, voialtri! Volete farvi un fritto di funghi questa sera? – gridò Marcovaldo alla gente assie-
105 pata alla fermata. – Sono cresciuti i funghi qui nel corso! Venite con me! Ce n'è per tutti! – e si mise alle calcagna di Amadigi, seguito da un codazzo di persone.

Trovarono ancora funghi per tutti e, in mancanza di cesti, li misero negli ombrelli aperti. Qualcuno disse: – Sarebbe
110 bello fare un pranzo tutti insieme! – Invece ognuno prese i suoi funghi e andò a casa propria.

Ma si rividero presto, anzi la stessa sera, nella medesima corsia dell'ospedale, dopo la lavatura gastrica che li aveva tutti salvati dall'avvelenamento: non grave, perché la quantità di
115 funghi mangiati da ciascuno era assai poca.

Marcovaldo e Amadigi avevano i letti vicini e si guardavano in cagnesco.

(I. Calvino, *Marcovaldo*, Torino, Einaudi, 1975)

2. La fabula e l'intreccio

Che cos'è l'intreccio

Con il temine **intreccio** si intende la **successione** degli eventi e dei rapporti tra i personaggi **nell'ordine con cui questi vengono presentati nel testo**. Tale successione può essere lineare o, come più spesso accade, non lineare. In effetti, per rendere più interessante una storia, gli scrittori attuano tutta una serie di stratagemmi: anticipano eventi, interrompono il corso della narrazione per raccontare un fatto avvenuto nel passato, alternano il racconto di eventi che accadono contemporaneamente. L'intreccio, dunque, è ciò che concretamente abbiamo di fronte, ciò che scorre davanti ai nostri occhi, o per immagini (si pensi al cinema) o per iscritto: la storia così come viene raccontata dal narratore.

Che cos'è la fabula

Con il termine **fabula** si intende la **ricostruzione** dei fatti narrati secondo un ordine cronologico (prima/dopo) e logico (causa/effetto). Si tratta di un'operazione astratta e non sempre facile, soprattutto con testi di una certa lunghezza e complessità: per ricavare la fabula occorre infatti dividere il testo in sequenze, selezionare solo quelle dinamiche (narrative, miste o dialogiche con funzione narrativa) e riordinarle secondo un ordine cronologico.

A scuola questa operazione si concretizza spesso in un breve riassunto, che dovrà ripercorrere in ordine logico e cronologico gli eventi principali della vicenda.

Riportiamo, come esempio di fabula, la perifrasi riassuntiva della novella *Rosso Malpelo* di Giovanni Verga:

> Il padre di Rosso Malpelo muore in un incidente in miniera. Rimasto orfano, il ragazzo prende il posto del padre al lavoro, dove conosce il coetaneo Ranocchio che però si ammala e muore. Senza amici e senza affetti, Rosso Malpelo non ha più nulla da perdere: decide così di esplorare un tratto di miniera molto pericoloso, perdendosi sotto terra e non facendo più ritorno.

Analessi, prolessi e inizio in *medias res*

Per alterare l'ordine di successione temporale degli eventi, creando sfasature tra fabula e intreccio, gli scrittori ricorrono principalmente a tre tecniche: l'**analessi**, detta anche *flashback*, un termine cinematografico che vuol dire "lampo all'indietro"; la **prolessi** o *flash forward*, che significa "lampo in avanti"; l'**inizio *in medias res***, locuzione latina che vuol dire "nel mezzo dei fatti".

- L'analessi consiste nell'inserire nella narrazione il racconto più o meno lungo di un fatto passato.

Analessi ▶
Il narratore fa un salto indietro nel tempo, ricordando il primo incontro tra i Darling e la cagna Nana.

> Alla signora Darling piaceva fare le cose per bene e il signor Darling non voleva essere da meno dei vicini, perciò non c'è da stupirsi se assunsero una bambinaia. Siccome però essi erano poveri questa bambinaia fu una grossa cagna di Terranova. Nana aveva sempre tenuto in grande considerazione i bambini. **I Darling, infatti, avevano fatto la sua conoscenza ai giardini di Kensington**, dove essa passava la maggior parte del suo tempo libero ficcando il naso nelle carrozzelle dei bambini... (J.M. Barrie)

- La prolessi consiste nell'anticipare nella narrazione il racconto di un fatto che accadrà dopo.

Prolessi ▶
Il narratore anticipa le brutte avventure che capiteranno a Lucia.

> Il nostro autore non descrive quel viaggio notturno, tace il nome del paese dove fra Cristoforo aveva indirizzate le due donne; anzi protesta espressamente di non lo voler dire. Dal progresso della storia si rileva poi la cagione di queste reticenze. **Le avventure di Lucia in quel soggiorno, si trovano avviluppate in un intrigo tenebroso** di persona appartenente a una famiglia, come pare, molto potente, al tempo che l'autore scriveva. (A. Manzoni)

- L'inizio *in medias res* consiste nell'iniziare a narrare la storia non dal principio, ma da un punto avanzato del suo svolgimento. I fatti precedenti, essenziali per comprendere la vicenda, di solito vengono poi recuperati attraverso un *flashback*.

Inizio *in medias res* ▶
Il narratore comincia a raccontare improvvisamente la sua storia, senza presentarsi, senza spiegare che cosa è la Baliverna e che cosa è esattamente accaduto.

> Fra una settimana comincia il processo per il crollo della Baliverna. Che sarà di me? Verranno a prendermi? Ho paura. Inutile ripetermi che nessuno si presenterà a testimoniare in odio a me; che della mia responsabilità il giudice istruttore non ha avuto neanche il minimo sospetto; che, anche se venissi incriminato, sarei assolto certamente; che il mio silenzio non può fare male ad alcuno; che, pur presentandomi io spontaneamente a confessare, l'imputato non ne sarebbe alleggerito. (D. Buzzati)

E AL CINEMA?

Per segnalare allo spettatore la presenza di un *flashback* i registi ricorrono a vari espedienti audiovisivi, come l'avvio di una musica o l'inquadratura di un oggetto che scatena il ricordo di un evento passato. Ma soprattutto essi si servono, in fase di montaggio, della **dissolvenza incrociata**: procedimento attraverso il quale un'inquadratura sfuma gradualmente in un'altra.

Esempio di dissolvenza incrociata.

Rapporti temporali tra intreccio e fabula

Rispetto alla fabula, l'intreccio può modificare:
1. l'**ordine** degli eventi (quando sono avvenuti);
2. la **durata** degli eventi (quanto sono durati).

In effetti, le storie che leggiamo sono collocate nel tempo (nel passato, nel presente, nel futuro) e hanno una durata reale (un giorno, un anno, trent'anni). Il tempo reale degli avvenimenti e l'ordine con cui essi si sono svolti si chiama **tempo della storia**.

Si può scegliere però di raccontare una storia lunga in poche righe e, viceversa, una storia di pochi attimi in decine di pagine. Lo "spazio" che il narratore dedica agli avvenimenti si chiama **tempo del racconto**.

Alterazioni dell'ordine

Relativamente all'**ordine** degli avvenimenti, le principali alterazioni sono dovute, come abbiamo visto, alla presenza di analessi (ciò che nella storia è avvenuto prima nella narrazione viene raccontato dopo) e prolessi (ciò che deve ancora avvenire viene raccontato prima).

Alterazioni della durata

Relativamente alla **durata** le principali alterazioni sono dovute alla presenza di:
- **sommari**: il narratore sintetizza in poche righe avvenimenti che nella realtà hanno avuto una durata temporale anche lunga. In questo caso il tempo del racconto è inferiore al tempo della storia;
- **ellissi**: il narratore "salta", omette di raccontare, un evento. Anche in questo caso il tempo del racconto è inferiore al tempo della storia;
- **scene**: il narratore fa dialogare i personaggi. In questo caso tempo del racconto e tempo della storia coincidono;
- **pause**: il narratore riflette, descrive, fa commenti e digressioni. Il questo caso il tempo della storia si blocca.

La paura

Guy de Maupassant, *La paura*

Tipologia	Testo narrativo
Genere	Racconto
Sottogenere	Fantastico
Anno	1882

▶ **FABULA E INTRECCIO**

1 DIVISIONE IN SEQUENZE
2 INDIVIDUAZIONE DEI FLASHBACK
3 RICOSTRUZIONE DELLA FABULA

LABORATORIO

Vai al testo interattivo per esercitarti su **fabula e intreccio**:

 A. Bierce
Accadde al ponte di Owl Creek

Invito alla lettura

Guy de Maupassant nacque in Normandia nel 1850, in un ambiente familiare segnato dalle continue liti tra la madre e il padre, uomo violento e dissoluto, da cui lo scrittore ereditò una malattia che lo condusse progressivamente alla follia e infine alla morte. Dopo il liceo partecipò alla guerra franco-prussiana, al termine della quale si trasferì a Parigi, dove trovò impiego prima presso il Ministero della Marina e poi presso il Ministero dell'Istruzione. Nella capitale si dedicò alla vita letteraria, pubblicando opere teatrali, poemi, novelle e i romanzi *Una vita* (1883) e *Bel-Ami* (1885), la sua opera più nota. Inebriato dal successo, dal denaro e dal lusso, Maupassant si distinse per la conduzione di una vita sregolata. Gli eccessi e l'inarrestabile decorso della malattia lo fecero precipitare in un vortice di furiosa pazzia. Morì nel 1893 a soli 43 anni. Della sua vasta produzione novellistica – che spazia dal naturalismo al fantastico – riportiamo il racconto *La Peur*, pubblicato per la prima volta nel 1882. In questa novella lo scrittore analizza il sentimento della paura, quella sensazione difficile da definire a parole «il cui semplice ricordo provoca brividi d'angoscia».

**1 DIVISIONE
IN SEQUENZE**

Dividi il testo in sequenze assegnando a ciascuna di esse un titolo, come da esempio.

1ª sequenza
Titolo: In navigazione

2ª sequenza
Titolo: Il racconto del comandante

**2 INDIVIDUAZIONE
DEI FLASHBACK**

Presta attenzione alle parole di questo personaggio. Individuerai più facilmente i flashback.

Risalimmo sul ponte, subito dopo la cena. Davanti a noi il Mediterraneo non aveva un'increspatura su tutta la parte visibile, marezzata[1] di luna. Il grande piroscafo continuava la sua rotta gettando nel cielo seminato di stelle un gran serpente di fumo nero; dietro di noi l'acqua bianchissima, mossa dal veloce passaggio del ba-
5   stimento, battuta dall'elica, era tutta una spuma, sembrava s'avvolgesse su se stessa provocando innumerevoli scintillii simili al bollore d'una liquida luce di luna.

In sei o sette ce ne stavamo lì in silenzio e pieni di ammirazione, con lo sguardo rivolto verso l'Africa ancora lontana e dove ci stavamo dirigendo.

Il Comandante, che stava fumando un sigaro in mezzo a noi, all'improvviso riprese
10   una conversazione che era cominciata durante la cena.

«Già, quel giorno ho avuto paura. Per sei ore la mia nave era rimasta con quello scoglio conficcato dentro, battuta dal mare in continuazione. Verso sera, per fortuna, fummo raccolti da una carboniera inglese che ci aveva avvistati.»

Un uomo alto col viso abbronzato e l'aspetto serio, una di quelle persone che si
15   capisce subito abbiano attraversato grandi paesi sconosciuti, tra continui pericoli, e il cui occhio sereno sembra conservare qualche cosa, nella sua profondità, degli strani paesaggi che ha veduto, un uomo insomma ben temprato dal coraggio, entrò allora per la prima volta nella nostra conversazione.

«Comandante, lei dice d'aver avuto paura? Non lo credo. Forse equivoca sulla
20   parola o sulla sensazione che ha provato. Un uomo coraggioso non ha mai paura nell'incombere d'un pericolo. È emozionato, agitato, nervoso; ma la paura è un'altra cosa.»

Il Comandante replicò ridendo:

«Accidenti! E invece le garantisco che ho avuto paura!».

25   Allora l'uomo abbronzato aggiunse parlando con estrema lentezza:

«Mi permetta di spiegarmi. La paura – anche gli uomini più coraggiosi possono provarla – è un sentimento orrendo, una sensazione atroce, simile alla decomposizione dell'anima, uno spasimo[2] spaventoso del pensiero e del cuore, il cui semplice ricordo provoca brividi d'angoscia. Ma, quando si è coraggiosi di natura,
30   questo non avviene né davanti a un attacco pericoloso né davanti a una morte inevitabile né davanti a tutte le forme note del pericolo: ha luogo in circostanze anormali, sotto certe influenze misteriose, di fronte a rischi indefiniti. La vera paura è simile al ricordo dei terrori fantastici d'un tempo. Un uomo che crede ai fantasmi e che s'immagina di scorgere uno spettro nella notte, lui sì che proverà
35   la paura in tutto il suo orrore.

Io ho intuito cos'era la paura in pieno giorno, circa dieci anni fa. L'ho provata l'inverno scorso durante una notte del mese di dicembre.

Eppure m'ero trovato in frangenti e in avventure che parevano mortali. Ho combattuto spesso. Sono stato lasciato per morto dai banditi. Sono stato condannato
40   all'impiccagione come insorto in America e gettato in mare aperto dal ponte d'una nave in Cina. Ogni volta mi son creduto spacciato e mi sono rassegnato subito, senza commozione e anche senza rimpianti.

Ma questa non è la paura.

Io l'ho presentita in Africa. Eppure essa è figlia del Nord: il sole la dissipa come
45   una nebbia. Fate attenzione a questo, signori. Per gli orientali la vita non conta niente: si è subito rassegnati; le notti sono chiare e senza le cupe inquietudini che opprimono gli uomini dei paesi freddi. In Oriente si può conoscere il panico, si ignora la paura.

Ebbene, ecco quel che m'è accaduto in terra d'Africa.
50   Attraversavo le grandi dune a sud di Ourgla. È uno dei più strani paesi della terra. Voi conoscete la sabbia distesa, la sabbia delle interminabili spiagge oceaniche.

1 marezzata: striata.
2 spasimo: dolore acuto e intenso.

Adesso figuratevi che l'oceano sia diventato sabbia in mezzo a un uragano: immaginatevi una tempesta silenziosa di immobili onde di polvere gialla. Sono alte come montagne, queste onde ineguali, diverse, sollevate in alto come cavalloni,
55 ma ancora più grandi e striate come un'immensa pezza di amoerro[3]. Su questo mare furioso, muto e apparentemente immobile, il divorante sole del Sud sparge la sua fiamma implacabile e diretta. Bisogna oltrepassare queste onde di cenere dorata, ridiscendere e ancora salire, salire senza sosta, senza riposo e senza ombra. I cavalli rantolano, sprofondano fino al ginocchio e poi si lasciano scivolare
60 quando raggiungono l'altro versante di queste sorprendenti colline.

Eravamo due amici seguiti da otto *spahis*[4] e da quattro cammelli coi loro guidatori. Non parlavamo, oppressi dall'afa, dalla stanchezza, inariditi dalla sete come quel deserto ardente.

D'improvviso uno dei nostri uomini lanciò uno strano grido: tutti si fermarono
65 e restammo senza muoverci, sorpresi da un fenomeno inesplicabile[5], conosciuto solo da chi viaggia in quelle sperdute contrade.

Chissà dove, eppure vicino a noi, da una direzione che non si riusciva a determinare, rullava un tamburo: il misterioso tamburo delle dune. Rullava distintamente, ora più ora meno vibrante, interrompendosi ogni tanto, ma subito dopo
70 riprendendo il suo ritmo fantastico.

Gli arabi, spaventati, si guardarono tra loro e uno disse nella sua lingua: " Sopra di noi c'è la morte!".

Ed ecco che all'improvviso il mio compagno e amico, più che un fratello per me, cadde da cavallo a testa in giù, fulminato da un'insolazione.

75 E per due ore, mentre cercavo inutilmente di salvarlo, quel tamburo misterioso m'echeggiò nelle orecchie col suo ritmo monotono, intermittente e incomprensibile. Io sentivo insinuarmisi nelle ossa il terrore, la vera paura, la paura schifosa, davanti a quel cadavere, in quella buca incendiata dal sole, tra quattro montagne di sabbia, mentre un'eco sconosciuta ripercuoteva contro di noi, a duecento leghe
80 da qualsiasi villaggio, il rullo veloce del tamburo.

Quel giorno compresi che cosa sia aver paura, e lo seppi anche meglio un'altra volta…».

Il Comandante interruppe il narratore:

«Scusi, signore, ma quel tamburo… Che cos'era?».

85 «Non ne so nulla. Nessuno lo sa. Gli ufficiali, sorpresi da quel rumore singolare, ne attribuiscono la causa a un'eco ingrandita, smisuratamente ampliata dagli avvallamenti delle dune e prodotta da una grandinata di grani di sabbia trasportati dal vento a urtare contro qualche ciuffo d'erba secca, poiché s'è osservato che il fenomeno si produce sempre vicino a certi arbusti arsi dal sole e duri come cartapesta.
90 E dunque quel tamburo non sarebbe che una sorta di miraggio, un miraggio sonoro. Tutto qui. Ma questo lo seppi soltanto più tardi.

Vengo alla mia seconda emozione.

Accadde l'inverno scorso, in un bosco della Francia nord-orientale. La notte era scesa con due ore d'anticipo, tanto scuro era il cielo. In un sentiero molto stretto
95 avevo per guida un contadino che camminava al mio fianco, sotto una cupola di abeti, da cui un vento scatenato traeva lunghi lamenti. Fra le cime dei monti distinguevo correre nuvole in rotta, certe nuvole impazzite che sembrava scappassero incalzate dal terrore. A tratti tutto il bosco sembrava inclinarsi con un gemito di sofferenza sotto una raffica di vento molto forte; e il freddo mi passava da parte a
100 parte nonostante il paso rapido e le vesti pesanti.

Dovevamo andare a cena e fermarci a dormire da una guardia forestale. La casa non era molto lontana da lì e io ci andavo per cacciare.

3 amoerro: adattamento italiano (ormai caduto in disuso) della parola francese *moire*, che è un tipo di seta con speciali effetti cangianti.
4 spahis: soldati indigeni.
5 inesplicabile: che non si può spiegare con la ragione.

Di quando in quando la mia guida alzava gli occhi e borbottava: "Diavolo d'un tempaccio!". Poi mi parlò della famiglia che ci avrebbe ospitato. Il padre aveva uc-
105 ciso un bracconiere[6] due anni prima, e da allora era sempre cupo, come se fosse ossessionato da quel ricordo. I suoi due figli, entrambi sposati, vivevano con lui. Le tenebre erano profonde. Non vedevo niente davanti a me, né intorno a me. Tutto il frascame[7] degli alberi si urtava in continuazione e riempiva la notte d'un continuo fruscio.
110 Finalmente scorsi una luce e subito il mio compagno bussava a una porta. Come risposta arrivarono acute grida di donne; poi una voce maschile, una voce rauca domandò: "Chi è?".
La mia guida disse il suo nome. Entrammo. Mai dimenticherò quel che vidi.
Un vecchio dai capelli bianchi, dall'occhio folle, con un fucile carico in mano, ci
115 aspettava in mezzo alla cucina, mentre due giovanotti armati di scure erano di guardia ai lati della porta. Negli angoli oscuri in fondo alla stanza distinsi due donne inginocchiate col viso rivolto verso il muro.
Demmo le spiegazioni necessarie. Il vecchio riappoggiò il fucile alla parete e or-
120 dinò che mi fosse preparata una stanza: ma poi, visto che le due donne non si muovevano, dette questa brusca spiegazione:
"Sa, signore? Sono due anni stanotte da quando ho ammazzato un uomo. L'anno scorso è venuto a chiamarmi. E così l'aspetto anche questa notte". Concluse con un tono che provocò il mio sorriso: "Ecco perché non siamo tranquilli".
Feci del mio meglio per rassicurarlo. Ero felice d'essere arrivato proprio quella sera
125 e di poter assistere a quello spettacolo di terrore superstizioso. Mi misi a raccontare qualche storiella e così mi riuscì di calmare, almeno un poco, tutta la famiglia. Accanto al focolare un vecchio cane, mezzo cieco e baffuto, uno di quei cagnacci che somigliano a qualcuno di nostra conoscenza, dormiva, col muso tra le zampe.

Una tempesta senza requie percuoteva il casolare e da un finestrino stretto stretto, proprio uno spiraglio accanto alla porta, vedevo alla luce dei lampi un gruppo di alberi scompigliato dal vento.
Nonostante tutti i miei sforzi, percepivo chiaramente che un profondo terrore dominava gli animi di quelle persone. Ogni volta che smettevo di parlare tutte le orecchie si tendevano verso un punto molto lontano. Stanco di assistere a quei vani spaventi, stavo per chiedere di andar a dormire, quando la vecchia guardia forestale balzò improvvisamente dalla sedia e riafferrò il fucile sussurrando con evidente smarrimento: "Eccolo! eccolo! Lo sento!".
Le donne tornarono a inginocchiarsi nel loro angolo nascondendo il viso; i figli impugnarono di nuovo le scuri.
Mi preparavo a calmarli ancora una volta, quando d'improvviso si risvegliò il cane addormentato e, tendendo il collo verso il fuoco e guardandolo con l'occhio quasi spento, emise uno di quei lugubri

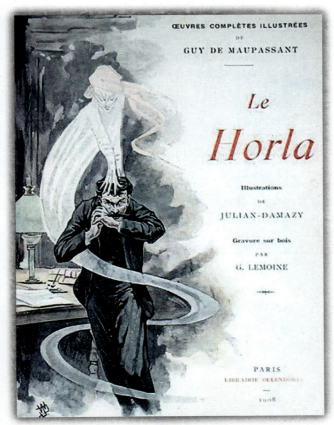

Guy de Maupassant, Le Horla, 1908. Parigi, Bibliothèque Nationale.

ŒUVRES COMPLÈTES ILLUSTRÉES
DE
GUY DE MAUPASSANT

Le
Horla

ILLUSTRATIONS
DE
JULIAN-DAMAZY

Gravure sur bois
PAR
G. LEMOINE

PARIS
LIBRAIRIE OLLENDORFF

1908

---

6 **bracconiere**: cacciatore di frodo.
7 **frascame**: rami, fronde.

8 parossismo: eccesso, esplosione incontrollata.
9 demenza: pazzia.
10 puntellarono: rafforzarono.
11 villosa: pelosa.

150 ululati che la sera spaventano in campagna i viandanti. Tutti ci volgemmo a guardarlo: era rimasto immobile, ritto sulle zampe, come in preda a una visione. Poi ricominciò a urlare verso una cosa invisibile e spaventosa perché tutto il pelo gli s'era rizzato. Livido in volto la guardia gridò:

"Lo sente! Lo sente! Mi ha visto ucciderlo!".

155 Anche le due donne si misero a urlare come due forsennate, all'unisono col cane. Mio malgrado, un brivido mi corse tra le spalle, lunghissimo. La visione di quell'animale a quell'ora e in mezzo a quella gente terrorizzata era spaventosa. Per un'ora intera il cane ululò senza muoversi, come nell'angoscia d'un sogno premonitore. La paura, la schifosa paura m'invase. Paura di che cosa? Lo sapevo forse? Era la

160 paura, tutto qui.

I nostri visi erano violacei nell'immobilità e nell'attesa di qualcosa di tremendo, con l'orecchio teso, il cuore in tumulto, sempre più sconvolti a ogni minimo rumore. Il cane si mise a girare attorno alla stanza, fiutando i muri e continuando a mugolare. Quella bestia ci faceva impazzire! Allora il contadino che mi aveva fatto da guida,

165 in una specie di parossismo[8] furibondo, gli si buttò addosso, l'afferrò e la gettò fuori in un cortiletto interno.

Il cane tacque di colpo, noi rimanemmo immersi in un silenzio ancor più terrificante. D'improvviso sussultammo tutti insieme: qualcuno strisciava contro il muro esterno, dalla parte del bosco; poi passò verso la porta, sembrò sfiorarla con mano

175 tremula. Per due minuti non sentimmo più alcun rumore, due minuti che ci portarono alla soglia della demenza[9]; quindi quella presenza misteriosa tornò a sfiorare il muro e grattò leggermente come farebbe un bambino con l'unghia d'un dito.

All'improvviso apparve contro il vetro del finestrino una testa bianca, con occhi luminosi come quelli delle belve. E dalla bocca uscì un suono indistinto, un mor-

180 morio lamentoso. Fu un attimo. Un fragore improvviso rimbombò nella cucina. La vecchia guardia aveva sparato. E subito i figli si precipitarono, tapparono lo spiraglio, rizzandovi contro il grande tavolo, che poi puntellarono[10] con la credenza. Vi giuro che allo scoppio della fucilata che non m'aspettavo ebbi una tale angoscia nel cuore, nell'animo e nel corpo che mi sentii mancare, prossimo a morire di terrore.

185 Restammo così in attesa sino all'aurora, incapaci di muoverci, di dire una sola parola, contratti da un orrore senza nome.

Osammo rimuovere la barricata soltanto quando scorgemmo dalla fessura d'un'imposta un pallido raggio di luce.

Ai piedi del muro, contro la porta, giaceva il vecchio cane col muso sfracellato

190 dalla fucilata.

Era uscito dal cortiletto scavandosi un varco sotto la palizzata.»

L'uomo dal volto abbronzato tacque, poi soggiunse:

«Quella notte non corsi alcun pericolo, eppure preferirei rivivere tutte le ore nelle quali ho affrontato situazioni davvero terribili piuttosto che il solo istante di quella

195 fucilata sparata contro la testa villosa[11] apparsa nello spiraglio».

(G. de Maupassant, *Le Horla e altri racconti dell'orrore*, Roma, Newton Compton, 1994, trad. di Lucio Chiavarelli)

3 RICOSTRUZIONE DELLA FABULA

Riassumi il racconto in massimo 5 righe riordinando cronologicamente gli eventi. Per non sbagliare, traccia una linea del tempo e metti in ordine i seguenti fatti: La navigazione nel Mediterraneo • Il comandante riprende la conversazione della cena • La traversata delle grandi dune dell'Africa • Avventura in una foresta del nord-est della Francia.

3. Lo schema narrativo

Le sei fasi della narrazione

L'individuazione della fabula e dei blocchi narrativi funzionali (quelli che fanno procedere la storia dal suo inizio alla fine) consente di individuare nella maggior parte dei casi uno schema narrativo strutturato in sei fasi:

1. situazione iniziale: è lo stato in cui si trovano i protagonisti all'inizio della vicenda;
2. rottura dell'equilibrio: è l'evento che modifica lo stato della situazione iniziale;
3. sviluppo della vicenda: è l'insieme delle avventure e delle situazioni che capitano ai personaggi;
4. *Spannung*: è il punto di massima tensione della storia, il momento più difficile in assoluto per la sorte del protagonista;
5. scioglimento: è il momento in cui hanno fine le peripezie dei personaggi;
6. conclusione: è la fine della storia, positiva o negativa.

Ciascuna di queste fasi può essere sviluppata e organizzata in vari modi in base al genere e al tipo di storia.

Nei racconti, nelle novelle e nelle fiabe la *Spannung* si trova generalmente alla fine, mentre lo scioglimento e la conclusione sono sintetizzati al massimo e tendono a coincidere; nei romanzi, invece, il punto di massima tensione è collocato più o meno a metà della storia e lo scioglimento può occupare anche molte pagine. Mettiamo adesso a confronto due storie molto note ma diverse tra loro, *I promessi sposi* e *Cappuccetto Rosso*, che nonostante le ovvie differenze seguono lo stesso schema narrativo.

Schema narrativo dei *Promessi sposi* Genere: romanzo storico	Schema narrativo di *Cappuccetto Rosso* Genere: fiaba
1. Situazione iniziale Renzo e Lucia stanno per convolare a nozze.	**1. Situazione iniziale** Cappuccetto Rosso deve andare a trovare la nonna senza abbandonare il sentiero.
2. Rottura dell'equilibrio I bravi di don Rodrigo proibiscono a don Abbondio di celebrare il matrimonio.	**2. Rottura dell'equilibrio** Cappuccetto Rosso lascia il sentiero e si addentra nel bosco.
3. Sviluppo della vicenda Renzo e Lucia sono costretti a lasciare il borgo natio e a separarsi, vivendo avventure diverse.	**3. Sviluppo della vicenda** Il lupo cattivo divora la nonna, si mette al suo posto e tende un tranello a Cappuccetto Rosso.
4. *Spannung* Arresto di Renzo e prigionia di Lucia nel castello dell'Innominato.	**4. *Spannung*** Il lupo divora Cappuccetto Rosso.
5. Scioglimento Malattia e morte di Don Rodrigo.	**5. Scioglimento** Il cacciatore taglia la pancia del lupo liberando la nonna e Cappuccetto Rosso.
6. Conclusione Don Abbondio celebra le nozze di Renzo e Lucia.	**6. Conclusione** Il lupo muore. Il cacciatore, la nonna e Cappuccetto Rosso fanno festa.

La città dei gatti

Murakami Haruki, *1Q84*

Tipologia	Testo narrativo
Genere	Romanzo
Sottogenere	Fantastico
Anno	2009

▶ **LO SCHEMA NARRATIVO**

1 DIVISIONE IN SEQUENZE
2 RICOSTRUZIONE DELLA FABULA
3 RICOSTRUZIONE DELLO SCHEMA NARRATIVO

LABORATORIO

Vai ai testi interattivi per esercitarti sullo **schema narrativo**:

 J. e W. Grimm
Hansel e Gretel

 A.N. Afanasjev
La principessa triste

 J.K. Rowling
Il calice di fuoco

Invito alla lettura

Murakami Haruki è uno scrittore giapponese contemporaneo – è nato a Kyoto nel 1949 – famoso per la sua straordinaria capacità inventiva e per le sue apprezzate attività di traduttore e di saggista. Nel 2009 ha pubblicato *1Q84*, un lungo romanzo che racconta le mirabolanti avventure di Aomame e Tengo, rispettivamente una serial killer in cerca del grande amore e un aspirante scrittore con la passione per la matematica, collocate in due dimensioni temporali parallele: il 1984 e l'anno 1Q84. Questo romanzo, però, non è semplicemente una storia fantastica, ma qualcosa di più complesso, un'opera che racchiude in sé tante altre storie, diversi generi narrativi, numerose citazioni letterarie e musicali, molteplici riferimenti a varie tradizioni culturali, non solo giapponesi. Fra gli altri romanzi di successo dello scrittore ricordiamo *La fine del mondo e il paese delle meraviglie* (1985), *Norwegian Wood* (1987) – la più realistica delle sue opere –, *L'uccello che girava le viti del mondo* (1994-1995) e *Kafka sulla spiaggia* (2002). Il racconto che qui riportiamo, tratto da *1Q84*, è una specie di favola inquietante, che ha per protagonista un giovane avventuriero alle prese con una "città felina".

---

1 DIVISIONE IN SEQUENZE

Dividi il testo in sequenze, assegnando a ciascuna di esse un titolo, come da esempio.
1ª sequenza
Titolo: Il viaggiatore

2ª sequenza
Titolo: Un luogo attraente dove fermarsi

Il giovane viaggiava da solo, libero e senza meta, portando con sé solo una borsa. Si spostava in treno, e quando un luogo attirava il suo interesse, scendeva. Trovava alloggio, visitava il posto e si tratteneva lì finché ne aveva voglia. Quando si era stancato, riprendeva il treno.
5 Era quello il suo modo di trascorrere le vacanze.

Un giorno, dal finestrino del treno vide un bel fiume. Lungo il suo corso sinuoso, si susseguivano verdi colline graziose, ai cui piedi sorgeva una cittadina piccola e raccolta che emanava una gran pace. Si intravedeva anche un ponte di pietra. Quel paesaggio lo allettò. «Qui
10 potrò mangiare delle ottime trote», pensò. Quando il treno si fermò alla stazione, il giovane prese la sua borsa e scese. Nessun altro passeggero fece altrettanto. Appena mise piede a terra, il treno ripartì.

Non vide nessun impiegato delle ferrovie. Doveva essere una stazione poco frequentata. Il giovane attraversò il ponte e camminò fino alla
15 città. Vi regnava un silenzio assoluto, e non si scorgeva l'ombra di un abitante. Tutti i negozi avevano le saracinesche abbassate e negli uffici non c'era nessuno. Anche nell'unico albergo, la portineria era vuota. Il giovane suonò il campanello, ma non ricevette risposta. La cittadina sembrava completamente deserta. A meno che non stessero facendo
20 tutti un sonnellino. Ma erano appena le dieci e mezza di mattina. Troppo presto per una siesta. Oppure, poteva darsi che gli abitanti

da città abbandonata

Marc Chagall, *Parigi dalla finestra,*
1913. New York, Solomon Guggenheim
Museum.

avessero abbandonato la città per qualche ragione. In ogni caso, non c'erano treni fino al giorno seguente, quindi era costretto a passare la notte lì. Allora decise di ammazzare il tempo passeggiando senza una meta precisa.

In realtà quello era un paese di gatti. Non appena cominciò a tramontare il sole, moltissimi gatti attraversarono il ponte di pietra e arrivarono in città. Gatti di *da città (dei gatti)* ogni forma e razza. Più grossi rispetto ai gatti normali, ma comunque gatti. Il giovane rabbrividì di fronte a quella scena, e salì in fretta su una torre campanaria che si trovava al centro del paese. Lì si nascose. I gatti, con movimenti che sembravano quotidiani, alzarono le saracinesche dei negozi, sedettero alle scrivanie degli uffici e cominciarono ognuno il proprio lavoro. Dopo un po', nello stesso modo, molti altri gatti attraversarono il ponte e giunsero in città. Entravano nei negozi e facevano acquisti, andavano negli uffici per sbrigare pratiche amministrative, oppure mangiavano al ristorante dell'albergo. Bevevano birra nelle osterie e cantavano allegre canzoni gattesche. Ce n'era uno che suonava la concertina[1], e un altro che ballava su quelle note. Poi- *Senza luce* ché i gatti possono vedere al buio, non avevano bisogno di luci. Ma

45   quella notte lo splendore della luna piena inondava il paese, facendo sì che il giovane, dall'alto della torre campanaria, potesse vedere tutto in ogni minimo particolare. Quando cominciò ad albeggiare, i gatti chiusero i negozi, ognuno abbandonò il proprio lavoro e in fila, uno dietro l'altro, attraversarono il ponte tornando da dove erano venuti.

50   Con la luce del sole, i gatti scomparvero e la città tornò deserta. Il giovane scese dalla torre, si infilò senza troppi complimenti sotto le coperte di un letto dell'albergo e si addormentò. Quando gli venne fame, mangiò il pane e il pesce cucinato che era rimasto in cucina. Poi, appena cominciò a farsi scuro, si nascose di nuovo sulla torre, e da lì

55   spiò le attività dei gatti fino all'alba. Due treni, uno in tarda mattinata e l'altro nel pomeriggio, si fermarono alla stazione. Con il primo avrebbe potuto proseguire il suo viaggio; il secondo lo avrebbe riportato al luogo di partenza. In quella stazione mai nessun passeggero saliva o scendeva, ma ciò nonostante i treni si fermavano regolarmente, e

60   dopo circa un minuto ripartivano. Quindi, se avesse voluto, avrebbe potuto abbandonare quel sinistro paese. Ma non lo fece. Era giovane, pieno di curiosità, ricco di ambizioni e di spirito d'avventura. Voleva osservare più a lungo quell'incredibile cittadina. E, se possibile, scoprire quando e come fosse nata, che tipo di organizzazione avesse, e

65   cosa ci facessero i gatti. Probabilmente nessuno, prima di lui, aveva mai assistito a quello spettacolo straordinario.

La sera del terzo giorno, nella piazza ai piedi della torre si levò un certo trambusto. «Non vi sembra di sentire odore di uomo?» disse un gatto. «Ora che ci penso, è da qualche giorno che sento un odore strano»,

70   gli fece eco un altro, annusando l'aria. «In effetti l'ho sentito anch'io», s'intromise un terzo. «È assurdo. Non dovrebbero esserci esseri umani qui», disse un altro gatto ancora. «Sì, è vero. È impossibile che degli

Soggiorno alla città

Rimanere qui

1 **concertina**: strumento simile alla fisarmonica.

2 RICOSTRUZIONE DELLA FABULA
Scrivi un breve riassunto che dovrà ripercorrere in ordine logico e cronologico gli eventi principali della vicenda. L'esercizio non dovrebbe crearti particolari problemi perché non sono presenti sfasature temporali.

LA CITTÀ DEI GATTI • Murakami Haruki

odore d'uomo

Paura di essere scoperto

sollievo

Cosa è successo?

Decisione

Perdersi e non tornare

uomini entrino nella nostra città». «Eppure questo è odore di uomo, non c'è dubbio».

75 I gatti si divisero in gruppi e, alla maniera di pattuglie di vigilanza, perlustrarono la cittadina palmo a palmo. Se vogliono, i gatti hanno fiuto. Non impiegarono molto tempo per localizzare nel campanile la provenienza di quell'odore. Il suono delle loro zampe morbide che a passi felpati salivano la scala della torre giunse all'orecchio del gio-
80 vane. «Non ho scampo», pensò. Sembrava che il suo odore li avesse fatti infuriare. Avevano unghie grandi e appuntite, e denti bianchi e affilati. E gli esseri umani non potevano mettere piede in quella città. Il ragazzo non aveva idea, se lo avessero scoperto, di cosa gli sarebbe successo, ma difficilmente i gatti gli avrebbero permesso di andarsene
85 portandosi dietro il loro segreto.

Tre gatti salirono sulla torre e, sniff sniff, annusarono bene. «Strano, – disse uno, facendo vibrare i lunghi baffi. – Si sente l'odore ma non c'è nessun uomo». «Sì, è davvero strano, – sentenziò un altro. – Ad ogni modo, qui non c'è nessuno. Andiamo a cercare da un'altra par-
90 te». «Certo, è incomprensibile». Poi tutti e tre, sebbene perplessi, se ne andarono. Il suono dei loro passi si fece più fievole mentre scende-vano le scale, e infine si disperse nel buio della notte. Il giovane tirò un sospiro di sollievo, ma anche a lui sembrava strano e incompren-sibile quanto era accaduto. Si era trovato davanti ai gatti in un luogo
95 talmente stretto da sbatterci letteralmente il naso contro, e per di più senza alcuna via di fuga. Eppure, per qualche ragione i gatti non lo avevano visto. Si portò la mano davanti agli occhi. Riusciva a vederla normalmente. L'ipotesi di essere diventato trasparente era dunque da scartare. Mistero. Comunque, all'alba del giorno successivo sarebbe
100 andato alla stazione e con il treno della mattina avrebbe lasciato il paese. Era troppo pericoloso restare. Non era detto che la fortuna lo avrebbe baciato di nuovo.

Ma il giorno dopo, il treno della mattina non si fermò. Gli passò da-vanti senza rallentare, e si allontanò. E la stessa cosa si ripeté col treno
105 del pomeriggio. Riuscì a vedere il macchinista, seduto al suo posto di guida. Attraverso i finestrini scorse anche le facce dei passeggeri. Ma il treno non accennò minimamente ad arrestarsi. Sembrava che nemmeno le persone a bordo avessero visto la figura di quel giovane in attesa del treno. O meglio, sembrava che non avessero addirittura
110 visto la stazione. Quando anche il treno del pomeriggio scomparve in lontananza, tutt'intorno scese un silenzio mai udito prima. Poi il sole cominciò a tramontare. Si avvicinava l'ora in cui sarebbero arri-vati i gatti. Il giovane capì di essere ormai perduto. «Questo non è il paese dei gatti», realizzò tutt'a un tratto. Quello era il luogo in cui era
115 destinato a perdersi. Un luogo non di questo mondo, creato apposta per lui. In quella stazione mai più nessun treno si sarebbe fermato per riportarlo da dove era venuto.

(M. Haruki, *1Q84*, Torino, Einaudi, 2011, trad. di Giorgio Amitrano)

3 RICOSTRUZIONE DELLO SCHEMA NARRATIVO

A partire dalla fabula, ricostruisci lo schema narrativo. Soffermati sulla conclusione e cerca di ricavare il significato del brano.

4. I personaggi

La centralità del personaggio

Il personaggio è l'elemento centrale della narrazione. Leggere un romanzo o un racconto senza personaggi è come vedere un film senza attori. Un'eventualità quasi impossibile! In effetti le storie che leggiamo sono storie fatte di personaggi: raccontano la loro vita, le loro ambizioni, le loro sconfitte, i loro conflitti, i loro amori. Ma perché una storia catturi l'interesse del lettore attivando in lui il meccanismo di identificazione o di curiosità nei confronti dei personaggi, è fondamentale che questi siano ben caratterizzati in ogni particolare.

Le caratteristiche del personaggio

Gli scrittori dedicano molta cura alla caratterizzazione dei personaggi.

Una prima distinzione da fare è quella tra **personaggi realistici** e **personaggi fantastici**. I primi rispecchiano per caratteristiche fisiche, psicologiche, sociali, culturali ed economiche di tipi umani presenti nella realtà: l'avaro, la ragazza innamorata, l'uomo ambizioso, l'investigatore, l'assassino... I secondi sono personaggi "straordinari", dotati di caratteristiche fuori dal comune o che non hanno alcun riscontro nella realtà, come le creature delle fiabe, quelle del genere *fantasy* e della fantascienza: la strega, l'orco, gli oggetti parlanti, il mago, il supereroe, l'extraterrestre, l'androide e così via.

Al di là di questa prima classificazione, un personaggio si distingue dagli altri per l'aspetto, il carattere, le azioni che compie, i rapporti che intrattiene con gli altri personaggi e, in opere letterarie di altissima qualità, per i condizionamenti che riceve dall'ambiente storico, economico e culturale in cui vive.

Un personaggio si caratterizza per
1. l'aspetto
2. il carattere
3. le azioni che compie
4. il vissuto
5. i rapporti che intrattiene con gli altri personaggi
6. i condizionamenti ambientali

I personaggi possono essere realistici o fantastici.

Le dimensioni del personaggio

In base alla complessità della loro caratterizzazione i personaggi possono essere **a una**, **a due** o **a tre dimensioni**.

Personaggi a una dimensione

- I personaggi **a una dimensione** hanno poche caratteristiche e immediatamente riconoscibili.
- Si trovano nelle fiabe, nelle favole e in generale nella narrativa di intrattenimento: il principe azzurro, la matrigna cattiva, la principessa bella e infelice, la volpe furba, l'agnello ingenuo...

Personaggi a due dimensioni

- I personaggi **a due dimensioni** sono ben delineati da un punto di vista fisico, sociale e caratteriale, ma tendono ad agire sempre nello stesso modo e il loro comportamento risulta prevedibile.
- Si trovano nella narrativa d'intrattenimento (il pirata, l'investigatore...) o hanno un ruolo secondario nelle grandi opere letterarie (il servo scansafatiche, l'opportunista, l'avaro...).

Personaggi a tre dimensioni

- I personaggi **a tre dimensioni** sono quelli più vicini alla complessità e imprevedibilità dell'uomo, hanno molte sfaccettature e sono ben delineati psicologicamente, ma soprattutto sono condizionati nelle scelte e nel modo di agire dagli altri personaggi e dal contesto storico, culturale e sociale in cui sono collocati.
- In questa categoria rientrano molti protagonisti dei grandi romanzi dell'Ottocento e del Novecento.

Inoltre, i personaggi possono essere **statici** o **dinamici**. Sono statici se nel corso della storia non cambiano mai le loro qualità (generalmente appartengono a questo gruppo i personaggi a una o a due dimensioni); sono dinamici se nel corso della storia subiscono un'evoluzione psicologica, in positivo o in negativo, passando attraverso tormenti interiori e forti esperienze di vita che li segnano nel profondo.

La gerarchia dei personaggi

In base al rilievo che hanno all'interno della vicenda, i personaggi possono essere divisi in **principali** – tra i quali spicca il protagonista – e **secondari**. Questi ultimi hanno un'importanza minore: possono affiancare nelle loro azioni il protagonista e gli altri personaggi principali o rimanere sullo sfondo come semplici nomi e comparse.

Ruoli e sistema dei personaggi

Norman Rockwell, Cousin Reginald Plays Pirate, 1917.

Così come accade nei film o nei giochi di ruolo, anche nella letteratura i personaggi sono spesso in conflitto tra di loro. Se non ci fossero conflitti, infatti, le storie sarebbero monotone e noiose. In questo mondo di rivalità e contrapposti interessi, i principali avversari sono il **protagonista**, o **eroe**, e il suo **antagonista**, cioè il suo principale nemico. Causa della rivalità tra eroe e antagonista è qualcosa o qualcuno da conquistare o difendere: l'**oggetto del desiderio**. La lotta tra eroe e antagonista coinvolge quasi sempre gli altri personaggi, che si schierano dall'una o dall'altra parte. Se i personaggi si schierano dalla parte dell'eroe hanno il ruolo di **aiutanti**, se si schierano dalla parte dell'antagonista hanno il ruolo di **avversari** o **oppositori**.

In trame più complesse questo schema può essere variamente declinato: l'oggetto del desiderio può essere un elemento concreto (un tesoro, una persona...) o astratto (la libertà, la felicità...); gli aiutanti possono trasformarsi in oppositori e gli oppositori in aiutanti, i protagonisti e gli antagonisti possono essere più di uno; l'antagonista può essere un'entità immateriale e inconscia (per esempio le

Antagonista

Oppositore

Oggetto del desiderio: tesoro

Eroe

paure contro cui lotta il protagonista); e ancora, può accadere che alla fine l'eroe si riveli crudele e l'antagonista più buono di quel che sembra.

L'insieme dei rapporti di forza, di contrasto e di solidarietà tra i personaggi prende il nome di **sistema dei personaggi**.

La presentazione del personaggio

Esistono due modalità di presentazione del personaggio: **diretta** o **indiretta**. Nel primo caso viene fornito immediatamente al lettore un ritratto quanto più completo possibile (nome, sesso, età, aspetto, modo di vestire, modo di pensare, condizione socio-economica…). Nel secondo caso, le sue caratteristiche emergono gradualmente nel corso della narrazione.

L'entrata in scena del personaggio, ossia la sua presentazione al lettore, può avvenire in tre modi:

a) il personaggio si presenta e si descrive **in prima persona**:

Mi chiamò Renée. Ho cinquantaquattro anni. Da ventisette sono la portinaia al numero 7 di rue de Grenelle, un bel palazzo privato con cortile e giardino interni, suddiviso in otto appartamenti di gran lusso, tutti abitati, tutti enormi. Sono vedova, bassa, brutta, grassottella, ho i calli ai piedi e, se penso a certe mattine autolesionistiche, l'alito di un mammut. Non ho studiato, sono sempre stata povera, discreta e insignificante. Vivo sola con il mio gatto, un micione pigro che, come unica particolarità degna di nota, quando si indispettisce ha le zampe puzzolenti. Né lui né io facciamo molti sforzi per integrarci nella cerchia dei nostri simili.

(M. Barbery, *L'eleganza del riccio*)

b) il personaggio è presentato **da un altro personaggio**:

Il giovane Stamford mi lanciò un'occhiata strana al di sopra del suo bicchiere di vino.

«Non conoscente ancora Sherlock Holmes» disse «forse non vi piacerebbe che diventasse un compagno fisso».

«Perché, cosa c'è contro di lui?».

«Oh, non ho detto che c'è qualcosa contro di lui, solo che ha delle idee bizzarre… è un appassionato di alcune branche della scienza. Per quel che ne so, è un tipo abbastanza gentile».

«Suppongo che sia uno studente di medicina» indagai.

«No, non ho idea di cosa si interessi. Credo che sia un buon conoscitore dell'anatomia e un chimico di prima qualità».

(A.C. Doyle, *Uno studio in rosso*)

c) il personaggio è presentato **dalla voce di un narratore esterno**:

Oh… però Scrooge era un uomo che aveva la mano pesante; duro e aspro, come la cote, dalla quale non c'era acciaio che fosse mai riuscito a far sprizzare una scintilla di fuoco generoso; segreto, chiuso in se stesso e solitario come un'ostrica. La sua frigidità interiore congelava i suoi vecchi lineamenti, gli pungeva il naso aguzzo, gli corrugava le guance, irrigidiva la sua andatura; gli faceva diventar rossi gli occhi e turchine le labbra sottili e si esprimeva tagliente nella sua voce gutturale. Sulla sua testa, sulle ciglia e sul mento peloso c'era uno strato di ghiaccio. Portava sempre con sé la sua bassa temperatura, gelava il suo ufficio nei giorni della canicola e non lo sgelava neppure di un grado a Natale.

(C. Dickens, *Ballata di Natale*)

t4

Cavalleria rusticana

Giovanni Verga, *Vita dei campi*

Tipologia	Testo narrativo
Genere	Novella
Sottogenere	Verismo
Anno	1880

▶ **I PERSONAGGI**

1 INDIVIDUAZIONE DELLE SEQUENZE E DELLE GERARCHIE TRA I PERSONAGGI
2 ANALISI DELLE CARATTERISTICHE DEI PERSONAGGI
3 RICOSTRUZIONE DEL SISTEMA DEI PERSONAGGI

Invito alla lettura

Il racconto della realtà meridionale con i suoi drammi e le sue contraddizioni è al centro della produzione narrativa di Giovanni Verga (1840-1922), padre del Verismo e uno dei maggiori romanzieri italiani dell'Ottocento. Dell'autore dei *Malavoglia* (1881) e di *Mastro-don Gesualdo* (1888) riportiamo una celebre novella, *Cavalleria rusticana*, inclusa nella raccolta *Vita dei campi* (1880).
Ambientata nella Sicilia di fine Ottocento, *Cavalleria rusticana* narra una storia di passioni e tradimenti culminata in un delitto d'onore. Nonostante gli ingredienti dai sapori forti, però, dinnanzi a questa novella il lettore non prova trasporto e compartecipazione, avvertendo come un senso di estraneità. Questa particolare sensazione dipende dall'impersonalità dello stile. Affidando i momenti salienti della vicenda direttamente ai personaggi e utilizzando il discorso indiretto libero, che comporta la soppressione dei verbi e delle congiunzioni subordinanti che introducono i discorsi indiretti ("disse che", "rispose che"...), il narratore abbandona la propria identità per adottare un punto di vista popolare, limitandosi a registrare i fatti senza commenti o giudizi. I proverbi, i modi di dire e la coloritura dialettale dei dialoghi tra i personaggi trasportano il lettore nell'esatta dimensione sociale e storica del racconto, accentuandone in questo modo il distacco.

1 INDIVIDUAZIONE DELLE SEQUENZE E DELLE GERARCHIE TRA I PERSONAGGI

Dividi il brano in sequenze, assegnando a ciascuna di esse un titolo scelto tra quelli sotto riportati. Individua poi le gerarchie tra i personaggi.
Titoli da assegnare alle sequenze: Il ritorno di Turiddu • La brutta notizia • L'incontro con Lola • Il matrimonio di Lola • La vendetta di Turiddu • Ritorno di fiamma • Sulla bocca di tutti • La vendetta di Santa • La resa dei conti • L'estremo saluto • Verso il duello • Il duello • La morte di Turiddu

Turiddu Macca, il figlio della gnà[1] Nunzia, come tornò da fare il soldato[2], ogni domenica si pavoneggiava in piazza coll'uniforme da bersagliere e il berretto rosso, che sembrava quello della buona ventura[3], quando mette su banco colla gabbia dei canarini. Le ragazze se lo rubavano cogli occhi, mentre andavano a messa
5 col naso dentro la mantellina, e i monelli gli ronzavano attorno come le mosche. Egli aveva portato anche una pipa col re a cavallo che pareva vivo, e accendeva gli zolfanelli[4] sul dietro dei calzoni, levando[5] la gamba, come se desse una pedata. Ma con tutto ciò Lola di massaro[6] Angelo non si era fatta vedere né alla messa, né sul ballatoio[7], ché si era fatta sposa[8] con uno di Licodia[9], il quale faceva il carret-
10 tiere e aveva quattro muli di Sortino[10] in stalla. Dapprima Turiddu come lo seppe, santo diavolone! voleva trargli fuori le budella dalla pancia, voleva trargli, a quel di Licodia! Però non ne fece nulla, e si sfogò coll'andare a cantare tutte le canzoni di sdegno che sapeva sotto la finestra della bella.

---

1 gnà: signora.
2 come … soldato: non appena fu ritornato dal servizio di leva.
3 quello della buona ventura: quello (sottinteso uomo) della buona sorte. Allude a un antico gioco che consisteva nel fare estrarre ai canarini dei biglietti su cui erano scritti messaggi, predizioni, consigli.
4 zolfanelli: fiammiferi.
5 levando: sollevando.
6 massaro: contadino, fattore.
7 ballatoio: balcone.
8 ché si era fatta sposa: poiché si era fidanzata.
9 Licodia: paese in provincia di Catania.
10 Sortino: paese in provincia di Siracusa.

LABORATORIO

Vai ai testi interattivi per esercitarti sui **personaggi**:

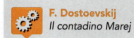 **F. Dostoevskij**
Il contadino Marej

 J. Swift
Gli yahoo

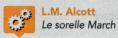 **L.M. Alcott**
Le sorelle March

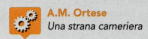 **A.M. Ortese**
Una strana cameriera

– Che non ha nulla da fare Turiddu della gnà Nunzia, – dicevano i vicini, – che
15 passa le notti a cantare come una passera solitaria?
Finalmente s'imbatté in Lola che tornava dal *viaggio*[11] alla Madonna del Pericolo,
e al vederlo, non si fece né bianca né rossa quasi non fosse stato fatto suo.
– Beato chi vi vede! – le disse.
– Oh, compare Turiddu, me l'avevano detto che siete tornato al primo del mese.
20 – A me mi hanno detto delle altre cose ancora! – rispose lui. – Che è vero che vi
maritate con compare[12] Alfio, il carrettiere?
– Se c'è la volontà di Dio! – rispose Lola tirandosi sul mento le due cocche[13] del
fazzoletto.
– La volontà di Dio la fate col tira e molla come vi torna conto[14]! E la volontà di
25 Dio fu che dovevo tornare da tanto lontano per trovare ste belle notizie, gnà Lola!
Il poveraccio tentava di fare ancora il bravo[15], ma la voce gli si era fatta roca; ed egli
andava dietro alla ragazza dondolandosi colla nappa[16] del berretto che gli ballava
di qua e di là sulle spalle. A lei, in coscienza, rincresceva di vederlo così col viso
lungo, però non aveva cuore di lusingarlo[17] con belle parole.
30 – Sentite, compare Turiddu, – gli disse alfine, – lasciatemi raggiungere le mie
compagne. Che direbbero in paese se mi vedessero con voi?…
– È giusto, – rispose Turiddu; – ora che sposate compare Alfio, che ci ha quattro
muli in stalla, non bisogna farla chiacchierare la gente. Mia madre invece, poveretta, la dovette vendere la nostra mula baia[18], e quel pezzetto di vigna sullo stra-
35 done, nel tempo ch'ero soldato. Passò quel tempo che Berta filava[19], e voi non ci
pensate più al tempo in cui ci parlavamo dalla finestra sul cortile, e mi regalaste
quel fazzoletto, prima d'andarmene, che Dio sa quante lacrime ci ho pianto dentro nell'andar via lontano tanto che si perdeva persino il nome del nostro paese.
Ora addio, gnà Lola, *facemu cuntu ca chioppi e scampau, e la nostra amicizia finiu*[20].
40 La gnà Lola si maritò col carrettiere; e la domenica si metteva sul ballatoio, colle
mani sul ventre per far vedere tutti i grossi anelli d'oro che le aveva regalati suo
marito. Turiddu seguitava a passare e ripassare per la stradicciuola, colla pipa in
bocca e le mani in tasca, in aria d'indifferenza, e occhieggiando le ragazze; ma
dentro ci si rodeva che il marito di Lola avesse tutto quell'oro, e che ella fingesse
45 di non accorgersi di lui quando passava.
– Voglio fargliela proprio sotto gli occhi a quella cagnaccia! – borbottava.
Di faccia a compare Alfio ci stava massaro Cola, il vignaiuolo, il quale era ricco
come un maiale, dicevano, e aveva una figliuola in casa. Turiddu tanto disse e tanto
fece che entrò camparo[21] da massaro Cola, e cominciò a bazzicare per la casa e a
50 dire le paroline dolci alla ragazza.

2 ANALISI DELLE CARATTERISTICHE DEI PERSONAGGI

Individua le caratteristiche dei personaggi principali: per ognuno di essi dovrai specificare aspetto, carattere e condizione economica.

11 *viaggio*: pellegrinaggio fatto specialmente per voto.
12 compare: il compare è chi tiene a battesimo o a cresima, e in questo senso è sinonimo di padrino. Qui è usato in senso affettuoso e familiare come sinonimo di amico, compagno.
13 tirando sul mento le cocche: annodando attorno al mento le estremità.

14 come vi torna conto: come fa comodo a voi.
15 il bravo: il duro.
16 nappa: l'insieme dei nastri del berretto da bersagliere.
17 non aveva cuore di lusingarlo: non se la sentiva di illuderlo.
18 baia: rossa.

19 Passò quel tempo che Berta filava: modo di dire popolare che significa "ne è passato di tempo".
20 facemu … finiu: consideriamo che è piovuto, è tornato il bel tempo e il nostro amore è finito.
21 che entrò camparo: che si fece assumere come custode dei campi.

CAVALLERIA RUSTICANA • Giovanni Verga

22 un re di corona: un uomo molto ricco.
23 *racinedda*: uvetta.
24 il sangue rissoso: il carattere che si accende subito,
pronto alla rissa.
**25 spicciamoci ... sarmen-
ti**: sbrighiamoci, perché le
chiacchiere non raccolgono
tralci di vite, cioè le chiacchiere non portano avanti
il lavoro.
26 Come ... uscio: quando
il babbo lo congedò.

– Perché non andate a dirle alla gnà Lola ste belle cose? – rispondeva Santa.

– La gnà Lola è una signorona! La gnà Lola ha sposato un re di corona[22], ora!

– Io non me li merito i re di corona.

– Voi ne valete cento delle Lole, e conosco uno che non guarderebbe la gnà Lola,
55 né il suo santo, quando ci siete voi, ché la gnà Lola, non è degna di portarvi le
scarpe, non è degna.

– La volpe quando all'uva non poté arrivare...

– Disse: come sei bella, *racinedda*[23] mia!

– Ohè! quelle mani, compare Turiddu.

60 – Avete paura che vi mangi?

– Paura non ho né di voi, né del vostro Dio.

– Eh! vostra madre era di Licodia, lo sappiamo! Avete il sangue rissoso[24]! Uh! che
vi mangerei cogli occhi.

– Mangiatemi pure cogli occhi, che briciole non ne faremo; ma intanto tiratemi
65 su quel fascio.

– Per voi tirerei su tutta la casa, tirerei!

Ella, per non farsi rossa, gli tirò un ceppo che aveva sottomano, e non lo colse
per miracolo.

– Spicciamoci, che le chiacchiere non ne affastellano sarmenti[25].

70 – Se fossi ricco, vorrei cercarmi una moglie come voi, gnà Santa.

– Io non sposerò un re di corona come la gnà Lola, ma la mia dote ce l'ho anch'io,
quando il Signore mi manderà qualcheduno.

– Lo sappiamo che siete ricca, lo sappiamo!

– Se lo sapete allora spicciatevi, ché il babbo sta per venire, e non vorrei farmi
75 trovare nel cortile.

Il babbo cominciava a torcere il muso, ma la ragazza fingeva di non accorgersi,
poiché la nappa del berretto del bersagliere gli aveva fatto il solletico dentro il
cuore, e le ballava sempre dinanzi gli occhi. Come il babbo mise Turiddu fuori
dell'uscio[26], la figliuola gli aprì la finestra, e stava a chiacchierare con lui ogni sera,
80 che tutto il vicinato non parlava d'altro.

– Per te impazzisco, – diceva Turiddu, – e perdo il sonno e l'appetito.

– Chiacchiere.

– Vorrei essere il figlio di Vittorio Emanuele per sposarti!

– Chiacchiere.

85 – Per la Madonna che ti mangerei come il pane!

– Chiacchiere!

– Ah! Sull'onor mio!

– Ah! mamma mia!

Lola che ascoltava ogni sera, nascosta dietro il vaso di basilico, e si faceva pallida
90 e rossa, un giorno chiamò Turiddu.

– E così, compare Turiddu, gli amici vecchi non si salutano più?

– Ma! – sospirò il giovinotto, – beato chi può salutarvi!

– Se avete intenzione di salutarmi, lo sapete dove sto di casa! – rispose Lola.

Turiddu tornò a salutarla così spesso che Santa se ne avvide, e gli batté la finestra
95 sul muso. I vicini se lo mostravano con un sorriso, o con un moto del capo, quando passava il bersagliere. Il marito di Lola era in giro per le fiere con le sue mule.

– Domenica voglio andare a confessarmi, ché stanotte ho sognato dell'uva nera! –
disse Lola.

– Lascia stare! lascia stare! – supplicava Turiddu.

100 – No, ora che s'avvicina la Pasqua, mio marito lo vorrebbe sapere il perché non
sono andata a confessarmi.

27 stava … peccati: stava lavando la sua coscienza.
28 vi adorna la casa: vi abbellisce la casa (sottinteso con le corna).
29 che portano il berretto sull'orecchio: che si fanno rispettare con la violenza. Alfio è una specie di mafioso.
30 e smaltiva l'uggia: faceva passare il malumore.
31 sul desco: sul tavolo.
32 presentato: offerto.
33 nei: presso i.
34 Canziria: località vicino a Catania.
35 non avessi a: non dovessi.
36 coscritto: soldato di leva appena arruolato.
37 capirvi: essere contenute nel rosario.

— Ah! — mormorava Santa di massaro Cola, aspettando ginocchioni il suo turno dinanzi al confessionario dove Lola stava facendo il bucato dei suoi peccati[27]. — Sull'anima mia non voglio mandarti a Roma per la penitenza!

105 Compare Alfio tornò colle sue mule, carico di soldoni, e portò in regalo alla moglie una bella veste nuova per le feste.

— Avete ragione di portarle dei regali, — gli disse la vicina Santa, — perché mentre voi siete via vostra moglie vi adorna la casa[28]!

Compare Alfio era di quei carrettieri che portano il berretto sull'orecchio[29], e a
110 sentir parlare in tal modo di sua moglie cambiò di colore come se l'avessero accoltellato. — Santo diavolone! — esclamò, — se non avete visto bene, non vi lascerò gli occhi per piangere! a voi e a tutto il vostro parentado!

— Non son usa a piangere! — rispose Santa; — non ho pianto nemmeno quando ho visto con questi occhi Turiddu della gnà Nunzia entrare di notte in casa di vostra moglie.

115 — Va bene, — rispose compare Alfio, — grazie tante.

Turiddu, adesso che era tornato il gatto, non bazzicava più di giorno per la stradicciuola, e smaltiva l'uggia[30] all'osteria, cogli amici. La vigilia di Pàsqua avevano sul desco[31] un piatto di salsiccia. Come entrò compare Alfio, soltanto dal modo in cui gli piantò gli occhi addosso, Turiddu comprese che era venuto per quell'affare
120 e posò la forchetta sul piatto.

— Avete comandi da darmi, compare Alfio? — gli disse.

— Nessuna preghiera, compare Turiddu, era un pezzo che non vi vedevo, e voleva parlarvi di quella cosa che sapete voi.

Turiddu da prima gli aveva presentato[32] un bicchiere, ma compare Alfio lo scansò
125 colla mano. Allora Turiddu si alzò e gli disse:

— Son qui, compar Alfio.

Il carrettiere gli buttò le braccia al collo.

— Se domattina volete venire nei[33] fichidindia della Canziria[34] potremo parlare di quell'affare, compare.

130 — Aspettatemi sullo stradone allo spuntar del sole, e ci andremo insieme.

Con queste parole si scambiarono il bacio della sfida. Turiddu strinse fra i denti l'orecchio del carrettiere, e così gli fece promessa solenne di non mancare.

Gli amici avevano lasciato la salsiccia zitti zitti, e accompagnarono Turiddu sino a casa. La gnà Nunzia, poveretta, l'aspettava sin tardi ogni sera.

135 — Mamma, — le disse Turiddu, — vi rammentate quando sono andato soldato, che credevate non avessi a[35] tornar più? Datemi un bel bacio come allora, perché domattina andrò lontano.

Prima di giorno si prese il suo coltello a molla, che aveva nascosto sotto il fieno, quando era andato coscritto[36], e si mise in cammino pei fichidindia della Canziria.

140 — Oh! Gesummaria! dove andate con quella furia? — piagnucolava Lola sgomenta, mentre suo marito stava per uscire.

— Vado qui vicino, — rispose compar Alfio, — ma per te sarebbe meglio che io non tornassi più.

Lola, in camicia, pregava ai piedi del letto, premendosi sulle labbra il rosario che
145 le aveva portato fra Bernardino dai Luoghi Santi, e recitava tutte le avemarie che potevano capirvi[37].

— Compare Alfio, — cominciò Turiddu dopo che ebbe fatto un pezzo di strada accanto al suo compagno, il quale stava zitto, e col berretto sugli occhi, — come è vero Iddio so che ho torto e mi lascerei ammazzare. Ma prima di venir qui ho
150 visto la mia vecchia che si era alzata per vedermi partire, col pretesto di governare il pollaio, quasi il cuore le parlasse, e quant'è vero Iddio vi ammazzerò come un cane per non far piangere la mia vecchierella.

3 RICOSTRUZIONE DEL SISTEMA DEI PERSONAGGI

Ricostruisci il sistema dei personaggi, indicando i loro ruoli.

38 farsetto: un corpetto imbottito che si usava sopra la camicia, tipico dell'abbigliamento maschile popolare di fine Ottocento.
39 toccò la prima botta: colpì per primo.
40 anguinaia: inguine.
41 che sto … la buona misura: che sto per infliggervi il colpo giusto e definitivo.
42 Come: mentre.
43 manata: mancia.

– Così va bene, – rispose compare Alfio, spogliandosi del farsetto[38], – e picchieremo sodo tutt'e due.

155 Entrambi erano bravi tiratori; Turiddu toccò la prima botta[39], e fu a tempo a prenderla nel braccio; come la rese, la rese buona, e tirò all'anguinaia[40].

– Ah! compare Turiddu! avete proprio intenzione di ammazzarmi!

– Sì, ve l'ho detto; ora che ho visto la mia vecchia nel pollaio, mi pare di averla sempre dinanzi agli occhi.

160 – Apriteli bene, gli occhi! – gli gridò compar Alfio, – che sto per rendervi la buona misura[41].

Come[42] egli stava in guardia tutto raccolto per tenersi la sinistra sulla ferita, che gli doleva, e quasi strisciava per terra col gomito, acchiappò rapidamente una manata[43] di polvere e la gettò negli occhi all'avversario.

165 – Ah! – urlò Turiddu accecato, – son morto.

Ei cercava di salvarsi, facendo salti disperati all'indietro; ma compar Alfio lo raggiunse con un'altra botta nello stomaco e una terza alla gola.

– E tre! questa è per la casa che tu m'hai adornato. Ora tua madre lascerà stare le galline.

170 Turiddu annaspò un pezzo di qua e di là tra i fichidindia e poi cadde come un masso. Il sangue gli gorgogliava spumeggiando nella gola e non poté profferire nemmeno: – Ah, mamma mia!

(G. Verga, *I grandi romanzi e tutte le novelle*, Roma, Newton Compton, 1992)

5. Le parole dei personaggi

Tecniche della rappresentazione

Per dar voce ai personaggi e farli dialogare gli scrittori utilizzano diverse tecniche, riportate sotto.

• Discorso diretto legato

I dialoghi tra i personaggi e i loro pensieri sono introdotti da segni di interpunzione (due punti, lineette o virgolette) e accompagnati da verbi dichiarativi ("dire", "rispondere", "riferire", "pensare" ecc.):

Senza umorismo la vita è triste, – ho detto.
Parole sante, – ha risposto una signora accanto a me.

(N. Ammaniti, *Io e te*)

• Discorso diretto libero

È come il discorso diretto, ma senza la presenza dei verbi dichiarativi:

«Quanto tempo rimarrai via?»
«Tredici giorni»
«Tredici giorni?»
«Non è tanto. Non fare quella faccia, Laila.»
«Non sono triste.»
«Mica ti metterai a piangere, vero?»
«Non mi metto a piangere! Non certo per te. Neanche morta.»

(K. Hosseini, *Mille splendidi soli*)

• Discorso indiretto legato

I pensieri e i discorsi dei personaggi, rielaborati dal narratore, sono introdotti da verbi dichiarativi seguiti dalla congiunzioni "che" ("disse che", "pensò che"), "se" ("chiese se") o dalla preposizione "di" ("disse di", "pensò di"):

Ogni giorno Brenda Case continuò a prender le sue pillole e quando alla fine delle due settimane <u>disse al dottore che non c'erano stati dei miglioramenti lui rispose che per quelle cose ci voleva tempo, bisognava aver pazienza.</u>

(P. Lively, *Il cane nero*)

• Discorso indiretto libero

I pensieri e i discorsi dei personaggi sono mediati e rielaborati dalla voce del narratore che li riporta senza utilizzare i verbi dichiarativi, rendendo così incerta la distinzione tra le parole dell'uno e dell'altro:

Di una cosa sola si doleva, che cominciasse a farsi vecchio, e la terra doveva lasciarla lì dov'era. <u>Questa è un'ingiustizia di Dio, che dopo di essersi logorata la vita ad acquistare della roba, quando arrivate ad averla, che ne vorreste ancora, dovete lasciarla!</u>

(G. Verga, *La roba*)

• Discorso raccontato o narrativizzato

I discorsi e i pensieri dei personaggi sono riassunti dal narratore:

<u>Parlavano di che effetto faceva essere stranieri a Norristown.</u> Leggevano ad alta voce le poesie dell'antologia di Ruth. <u>Parlavano di come fare a diventare quello che volevano diventare: Ray, medico; Ruth, pittrice e poetessa.</u> Si inventarono un club segreto nel quale inserirono tutti gli altri strampalati della nostra classe.

(A. Sebold, *Amabili resti*)

• Soliloquio

Il personaggio, pensando o parlando ad alta voce, si rivolge a se stesso o a un interlocutore (presente o immaginario):

La fronte dell'Innominato s'andò spianando. Anche don Abbondio prese una faccia più naturale [...] e, con animo più riposato, si mise a considerare altri lontani pericoli. <u>«Cosa dirà quel bestione di don Rodrigo? Rimaner con tanto di naso a questo modo, col danno e con le beffe, figuriamoci se la gli deve parere amara. Ora è quando fa il diavolo davvero. Sta a vedere che se la piglia anche con me, perché mi son trovato dentro in questa cerimonia. Se ha avuto cuore fin d'allora di mandare que' due demòni a farmi una figura di quella sorte sulla strada, ora poi, chi sa cosa farà! Con sua signoria illustrissima non la può prendere, che è un pezzo molto più grosso di lui; lì bisognerà rodere il freno. Intanto il veleno l'avrà in corpo, e sopra qualcheduno lo vorrà sfogare. Come finiscono queste faccende? I colpi cascano sempre all'ingiù; i cenci vanno all'aria. Lucia, di ragione, sua signoria illustrissima penserà a metterla in salvo: quell'altro poveraccio mal capitato è fuor del tiro, e ha già avuto la sua: ecco che il cencio son diventato io...»</u>

(A. Manzoni, *I promessi sposi*)

• Monologo interiore

Tecnica narrativa che consiste nell'entrare nella mente del personaggio rivelandone direttamente i pensieri e gli stati d'animo. A differenza del soliloquio, non è introdotto da segni di interpunzione.

Roy Lichtenstein, oh Jeff... I love you, too but..., 1964.

Mike trovò nell'erba un malconcio cassetto di scrivania. Lo osservò, lo gettò via e si avvicinò di qualche passo ancora alla fossa, dove c'erano oggetti in maggior numero. Lì avrebbe certamente trovato qualcosa.

E se ci fossero gli spiriti? E se vedessi un paio di mani salire da quella fossa e se cominciassero a venire su bambini vestiti con i resti dei loro abiti della domenica di Pasqua, abiti ora tutti marci e sporchi di cinquant'anni di fango primaverile e piogge autunnali e neve invernale?

(S. King, *It*)

Flusso di coscienza (o *stream of consciouness*)

Simile al monologo interiore, il flusso di coscienza se ne distingue per una maggiore immediatezza. Non sono presenti segni di punteggiatura e le parole, le fantasie e le riflessioni del personaggio si susseguono liberamente e caoticamente.

...Oh quel pauroso torrente laggiù in fondo Oh e il mare il mare qualche volta cremisi come il fuoco e gli splendidi tramonti e i fichi nei giardini dell'Alameda sì e tutte quelle stradine curiose e le case rosa e azzurre e gialle e i roseti e i gelsomini e i gerani e i cactus e Gibilterra da ragazza dove ero un Fior di montagna sì quando mi misi la rosa nei capelli come facevano le ragazze andaluse o ne porterò una rossa sì e come mi baciò sotto il muro moresco e io pensavo be' lui ne vale un altro e poi gli chiesi con gli occhi di chiedere ancora sì e allora mi chiese se io volevo sì dire di sì mio fior di montagna e per prima cosa gli misi le braccia intorno sì e me lo tirai addosso in modo che mi potesse sentire il petto tutto profumato sì e il suo cuore batteva come impazzito e sì dissi sì voglio Sì.

(J. Joyce, *Ulisse*)

Un misterioso appuntamento

Antonio Tabucchi, *Requiem*

Tipologia	Testo narrativo
Genere	Romanzo
Sottogenere	Fantastico
Anno	1991

▶ **LE PAROLE DEI PERSONAGGI**

1 DIVISIONE IN SEQUENZE E INDIVIDUAZIONE DEI PERSONAGGI
2 ATTRIBUZIONE DELLE FRASI AI PERSONAGGI
3 INDIVIDUAZIONE DEI DISCORSI DIRETTI

Invito alla lettura

Nato a Pisa nel 1943, Antonio Tabucchi è stato docente di letteratura portoghese all'Università di Genova e si è interessato soprattutto della produzione dello scrittore Fernando Pessoa, di cui è stato un ispirato critico e traduttore. Inizialmente nato tra i libri, l'amore per il Portogallo è poi diventato una scelta di vita: Tabucchi ha infatti sposato una donna portoghese e si è trasferito a Lisbona, dove ha vissuto gli anni della maturità fino al 25 marzo 2012, data della sua morte. Della sua attività di romanziere, che spazia dal romanzo al racconto breve, ricordiamo il suo capolavoro, *Sostiene Pereira* (1993), la storia di un giornalista che negli anni della dittatura di Salazar trova il coraggio di ribellarsi a un potere violento e liberticida. A seguito del grande successo di critica e pubblico, coronato dal premio Campiello e dal premio Viareggio, il romanzo è stato portato sullo schermo dal regista Roberto

Faenza. Nel film il ruolo di protagonista è affidato all'attore Marcello Mastroianni, che ha regalato al pubblico una delle sue più intense e commoventi interpretazioni. Qui di seguito riportiamo l'incipit del romanzo *Requiem*, scritto originariamente in portoghese nel 1991. Sullo sfondo di una Lisbona deserta e caldissima, il protagonista si prepara a incontrare un personaggio illustre: il fantasma del poeta Fernando Pessoa.

1 DIVISIONE IN SEQUENZE E INDIVIDUAZIONE DEI PERSONAGGI

Dopo aver diviso il testo in sequenze, individua i personaggi coinvolti nella vicenda.

Titoli da assegnare alle sequenze: Un incontro sul molo • L'uomo dei giornali • Un giovanotto sui vent'anni • Lezione di musica • Una modesta richiesta • Pessoa • Partenza e saluti

Riflessivo

2 ATTRIBUZIONE DELLE FRASI AI PERSONAGGI

Sottolinea con colori diversi le frasi pronunciate dal protagonista e quelle pronunciate dagli altri personaggi. Per orientarti, poniti la seguente domanda: chi sta parlando, il protagonista o un personaggio secondario?

3 INDIVIDUAZIONE DEI DISCORSI DIRETTI

Individua i verbi dichiarativi ("pensai", "disse"): in questo modo ti sarà più facile riconoscere i discorsi diretti. Poi inserisci i segni di interpunzione mancanti.

Da fare

Pensai: quel tizio non arriva più. E poi pensai: mica posso chiamarlo "tizio", è un grande poeta, forse il più grande poeta del ventesimo secolo, è morto ormai da tanti anni, devo trattarlo con rispetto, meglio, con tutto il rispetto. Ma intanto comin-
5 ciavo a sentire fastidio, il sole dardeggiava, il sole di fine luglio, e pensai ancora: sono in ferie, stavo tanto bene là ad Azeitão, nella casa di campagna dei miei amici, chi me l'ha fatto fare di accettare questo incontro qui sul molo?, tutto questo è assurdo. E adocchiai ai miei piedi la mia ombra, e anche lei mi parve
10 assurda e incongrua, non aveva senso, era un'ombra corta, appiattita dal sole di mezzogiorno, e fu allora che ricordai: lui aveva fissato per le dodici, ma forse aveva voluto dire le dodici di notte, visto che i fantasmi appaiono a mezzanotte. Mi alzai e percorsi il molo. Sul viale il traffico sembrava morto, passavano
15 poche macchine, alcune con degli ombrelloni sul portabagagli, era tutta gente che se ne andava alla spiagge della Caparica, era una giornata caldissima, pensai: che ci faccio qui, io, l'ultima domenica di luglio?, e accelerai il passo per vedere di arrivare il più in fretta possibile a Santos, chissà mai che nel giardino non
20 facesse un po' più fresco.

Il giardino era deserto, c'era solo l'uomo dei giornali davanti al suo banchetto. Mi avvicinai e l'uomo sorrise. Il Benfica ha vinto, disse raggiante, ha visto sul giornale? Feci segno che no, che non avevo ancora visto, e l'uomo disse: una partita notturna in
25 Spagna, una partita per beneficenza. Comprai "A Bola" e scelsi una panchina per sedermici.

Stavo leggendo come si era svolta l'azione che aveva portato il Benfica al gol della vittoria contro il Real Madrid quando sentii dire: buongiorno, e alzai la testa. Buongiorno, ripeté il giovane
30 con la barba lunga che mi stava di fronte, avevo bisogno di un suo aiuto. Aiuto per che cosa?, chiesi io. Aiuto per mangiare, disse il giovanotto, sono due giorni che sto senza mangiare. Era un giovanotto sui vent'anni, in blue-jeans e camicia, che mi stendeva timidamente la mano, come se chiedesse la carità.
35 Era biondo, e aveva due grandi occhiaie. Due giorni senza farti

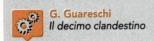
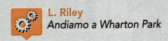
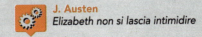

Novelline e Dialogue

Universale Economica Feltrinelli

**ANTONIO TABUCCHI
REQUIEM**

di roba, dissi io d'istinto, e il giovane replicò: è lo stesso, mangiare o farsi sempre là finisce, almeno per me. In linea di principio io sono a favore di tutte le droghe, dissi io, leggere o pesanti, ma solo in linea di principio, in pratica sono contro, scusi sono un intellettuale borghese
40 pieno di preconcetti, non posso accettare che lei faccia uso di droghe in questo giardino pubblico offrendo un'immagine desolante del suo corpo, scusi sa ma è contro i miei principi, potrei anche arrivare ad ammettere che si drogasse in casa sua come si faceva una volta, in compagnia di amici colti e intelligenti, ascoltando Mozart o Erik Satie.
45 A proposito, aggiunsi, le piace Erik Satie? Il Ragazzo Drogato mi guardò con aria meravigliata. È un suo amico? Domandò. No, dissi io, è un musicista francese, ha fatto parte delle avanguardie[1], è un grande musicista dell'epoca surrealista, posto che il surrealismo[2] possa ascriversi a un'epoca, ha scritto soprattutto musica per piano, penso
50 che fosse un uomo molto nevrotico, come lei e come me, forse, mi piacerebbe averlo conosciuto ma le nostre epoche non hanno coinciso. Solo duecento escudos[3], disse il Ragazzo Drogato, me ne bastano duecento, il resto già ce l'ho, tra una mezz'ora passa il Gambero, è lui lo spacciatore, ho bisogno di una busta, sono in astinenza. Il
55 Ragazzo Drogato cavò di tasca un fazzoletto e si soffiò il naso con forza. Aveva gli occhi bagnati di lacrime. Lei è cattivo, sa, disse il Ragazzo Drogato, io potevo essere aggressivo, potevo minacciarla, potevo fare il drogato per davvero, e invece no, sono stato amabile e cordiale, abbiamo parlato perfino di musica e non mi vuole neanche
60 dare duecento escudos, da non crederci.

Si asciugò il naso un'altra volta e continuò: per di più i biglietti da cento sono carini, c'è su Pessoa[4], e adesso sono io che le faccio una domanda, al signore piace Pessoa? Mi piace eccome, risposi, tanto che le potrei raccontare una bella storia, ma non ne vale la pena,
65 credo d'essere un po' fuori di testa, sono appena venuto dal molo di Alcântara ma sul molo non c'era nessuno, però credo che ci tornerò a mezzanotte, non so se mi capisce. Non ci capisco niente, disse il Ragazzo Drogato, ma non importa, grazie.

Si infilò in tasca i duecento escudos che gli tendevo e si asciugò il naso un'altra volta. Va bene, disse, mi scusi, devo beccare il Gambero, scusi sa, mi ha fatto tanto piacere parlare con lei, le auguro una buona giornata, arrivederla, con permesso.

(A. Tabucchi, *Requiem*, Milano, Feltrinelli, 2008, trad. di Sergio Vecchio)

Veduta della città di Lisbona.

1 **avanguardie**: movimenti letterari e artistici sviluppatisi agli inizi del Novecento che si propongono di rinnovare le linee culturali e le tecniche di rappresentazione tradizionali.
2 **Surrealismo**: uno dei movimenti di avanguardia sorto in Francia dopo la Prima guerra mondiale che si ispira alle teorie dell'inconscio di Freud.
3 **escudos**: moneta portoghese sostituita dall'euro.
4 **Pessoa**: Fernando Pessoa (1888-1935), poeta e scrittore portoghese.

6. Il narratore

Autore e narratore

La narrazione è principalmente un atto comunicativo che avviene tra un emittente e un destinatario (il lettore). Ma chi è l'emittente di un romanzo o di un racconto? A chi appartiene la voce che racconta la storia? A tale proposito occorre distinguere la figura dell'autore da quella del narratore. L'autore è la persona reale che ha materialmente scritto il testo. Di lui possiamo conoscere e studiare la biografia, le opere che ha scritto, la poetica, l'ideologia, il contesto storico in cui ha vissuto. Ma a raccontare le storie che leggiamo non è l'autore. In effetti, quest'ultimo affida il compito di narrare le vicende a una voce che ci sembra di avvertire quando sfogliamo le pagine di un libro e alla quale attribuiamo un timbro, un'intonazione, un volto. Questa voce di sottofondo, presente in tutti i libri, è la voce del narratore.

In sede di analisi la figura dello scrittore e la voce del narratore non devono mai essere confuse.

L'autore è lo scrittore, la persona storicamente e biologicamente determinata che ha materialmente prodotto il testo.

Tipologie di narratore

Esistono due tipi di narratore: **esterno** e **interno**.

• Il narratore è **esterno** (o **eterodiegetico**) quando non fa parte della storia, cioè non è né il protagonista né uno dei personaggi. Lo si percepisce come una voce "fuori campo" che racconta gli avvenimenti.

Il narratore esterno è detto **personale** (o **palese**) se interviene nella narrazione con giudizi, commenti, considerazioni, opinioni, puntualizzazioni.

In un'antica città abbaziale di questa regione, tanti ma tanti anni fa – così tanti che questa storia dev'essere vera, perché già ci credevano i nonni dei nostri nonni – svolgeva le mansioni di sacrestano e di beccamorti del cimitero un certo Gabriel Grub. Non bisogna affatto credere che un uomo, per il fatto che è un beccamorti e continuamente circondato da emblemi di morte, sia anche un tipo tetro e malinconico; gli impresari di pompe funebri sono le persone più allegre del mondo [...] ma a dispetto di tutti questi esempi, Gabriel Grub era un uomo burbero, indisponente, arcigno, bisbetico e solitario [...]. Una vigilia di Natale, un po' prima del tramonto, Gabriel si mise la vanga in spalla, accese la lanterna e si avviò verso il vecchio cimitero.

(C. Dickens, *I folletti e il beccamorti*)

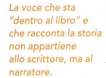

La voce che sta "dentro al libro" e che racconta la storia non appartiene allo scrittore, ma al narratore.

Il narratore esterno è detto **impersonale** (o **nascosto**) se si limita a registrare i fatti astenendosi da qualunque intervento.

«Il nonno! Il nonno!... Arriva!... Eccolo qui!...». Lasciata a precipizio la finestra, ella si mise a correre, insieme con Lauretta, per la casa; gridò dietro l'uscio della camera della mamma: «È arrivato!... È qui!...». Scappò a chiamare le persone di servizio: «Stefana!...Camilla!...» e tornò verso l'anticamera sgolandosi...

(F. De Roberto, *I Viceré*)

• Il narratore è **interno** (o **omodiegetico**) quando fa parte della storia.

Il narratore interno è detto **io narrante** quando è il protagonista stesso a raccontare la sua storia in prima persona.

> Nella mia casa paterna, quando ero ragazzina, a tavola, se io o i miei fratelli rovesciavamo il bicchiere sulla tovaglia, o lasciavamo cadere un coltello, la voce di mio padre tuonava: – Non fate malagrazie!
> Se inzuppavamo il pane nella salsa, gridava: – Non leccate i piatti! Non fate sbrodeghezzi! Non fate potacci!
> Sbrodeghezzi e potacci erano, per mio padre, anche i quadri moderni, che non poteva soffrire.
>
> (N. Ginzburg, *Lessico famigliare*)

Il narratore interno è detto **narratore testimone** quando la storia del protagonista è raccontata da un altro personaggio in qualche modo coinvolto nella vicenda (un amico, un familiare, un membro della comunità…).

> Di Herbert West, che in altri tempi fu mio amico e compagno di studi all'università, posso parlare soltanto con immenso terrore. Un terrore che non nasce soltanto dalle sinistre circostanze della sua recente scomparsa, ma deriva dalla natura stessa dell'attività cui egli ha dedicato tutta la vita […]. Il primo episodio orribile che segnò la nostra amicizia, mi causò l'emozione più violenta della mia vita ed è con grande riluttanza che mi appresto a riferirlo.
>
> (H.P. Lovecraft, *Herbert West, rianimatore*)

t6 Nel bel mezzo di una battaglia

Stendhal, *La Certosa di Parma*

Tipologia	Testo narrativo
Genere	Romanzo
Sottogenere	Storico
Anno	1839

▶ **IL NARRATORE**

1 COMPRENSIONE GENERALE
2 FORMULAZIONE DI UN'IPOTESI
3 RICERCA DI RISCONTRI TESTUALI

LABORATORIO

Vai ai testi interattivi per esercitarti sul **narratore**:

 A. Manzoni *Renzo sul carro dei monatti*

 P. Highsmith *La gita a San Remo*

Invito alla lettura

Stendhal, il cui vero nome era Henry Beyle, nacque nel sud-est della Francia, a Grenoble, nel 1783, ma giovanissimo si trasferì a Parigi. Al seguito di Napoleone combatté in Austria, in Germania, in Russia e in Italia, dove visse a lungo. Ritornato nella capitale francese, iniziò a collaborare con varie riviste pubblicando articoli di critica d'arte e di musica. Dopo la caduta di Napoleone e l'avvento al trono del re Luigi Filippo, fu eletto console a Civitavecchia. Il nuovo incarico gli consentì di coltivare più liberamente e serenamente le sue vere passioni: la scrittura e i viaggi. Nel 1841 tornò a Parigi, dove morì l'anno successivo. Autore di numerose opere di carattere saggistico, Stendhal è noto soprattutto per due romanzi: *Il rosso e il nero* (1830) e *La Certosa di Parma* (1839). Protagonista di questo secondo romanzo è Fabrizio Del Dongo, un giovane italiano animato da eroici ideali e da un vero e proprio culto per Napoleone e i suoi generali. Fuggito di casa per arruolarsi nell'armata dell'imperatore, si ritrova nel bel mezzo della battaglia di Waterloo. Ma il ragazzo, per paura e inesperienza, non comprende bene ciò che gli accade intorno. Alla ricerca del suo idolo si aggira goffamente per il campo, intralciando le operazioni belliche e non rendendosi conto che l'esercito francese sta per subire una clamorosa sconfitta.

1 COMPRENSIONE GENERALE

Leggi il testo ponendoti mentalmente le seguenti domande: A chi appartiene la voce che racconta? Al protagonista? A un altro personaggio? A un narratore esterno?

Abbandonato a sé il cavallo, si lanciò di carriera a raggiunger la scorta che teneva dietro ai generali[1]. Fabrizio vide quattro cappelli gallonati[2], e, dopo un quarto d'ora, dalle parole d'un ussaro[3] che gli era vicino, capì che uno di quei generali era il famoso maresciallo Ney[4]. Non si può dir la sua gioia: tuttavia non riuscì a
5 indovinare quale dei quattro era il Ney: avrebbe dato tutto quel che aveva al mondo per saperlo; se non che si ricordò che bisognava tenere acqua in bocca. La scorta si fermò per traversare un largo fossato ricolmo d'acqua dalla pioggia del giorno innanzi: era costeggiato da grandi alberi, e limitava a sinistra il prato nel punto ove Fabrizio aveva comprato il cavallo. Quasi tutti gli ussari erano smontati: l'orlo del
10 fossato era a picco e sdrucciolevole, e l'acqua era tre o quattro piedi più in basso del livello del prato. Fabrizio, al colmo della letizia, pensava più al maresciallo e alla gloria che alla sua cavalcatura; questa, un po' eccitata, saltò nel canale, e fece spruzzar l'acqua a un'altezza considerevole. Uno dei generali fu infradiciato da capo a piedi, e gridò: – Accidenti a quella bestiaccia! – Fabrizio si sentì profon-
15 damente offeso dall'ingiuria. «Posso chiederne ragione?» si domandava. Intanto, per dimostrare che non era poi così goffo, tentò di far risalir dal cavallo l'argine opposto del fossato; ma era a picco alto cinque o sei piedi, e dové rinunziarci: allora risalì la corrente, col cavallo che aveva l'acqua fino alla testa, finché trovò una specie d'abbeveratoio: di qui per un dolce pendio gli fu agevole guadagnare il campo dall'altro lato del canale. Fu il primo della scorta a comparirvi; e si die' a trottar fieramente lungo la riva: in fondo al canale, gli ussari s'agitavano, molto impacciati, perché in alcuni punti l'acqua aveva cinque piedi di profondità. Due o tre cavalli ebbero paura e si misero a nuotare, diguazzando in malo modo. Un quartierma-stro[5], che aveva osservato il tramestio[6] di quel novizio dall'aspetto così poco soldatesco, gridò:

– Risalite: c'è un abbeveratoio a sinistra.

E a poco a poco tutti passarono.

Sull'altra riva, Fabrizio aveva trovato i generali soli: il fragor del cannone gli pareva aumentasse; udì a mala pena il generale ch'egli aveva così generosamente annaffiato, gridargli nell'orecchio:

Soldati francesi all'assalto in una stampa della prima metà del XIX secolo.

1 **generali**: si tratta dei generali dell'esercito di Napoleone Bonaparte.
2 **cappelli gallonati**: cappelli degli alti ufficiali ornati di galloni, cioè distin-tivi che consentono di riconoscere il grado.
3 **ussari**: soldati di cavalleria leggera.
4 **maresciallo Ney**: un generale di Napoleone che si distinse per il suo valore soprattutto durante la campagna di Russia.
5 **quartiermastro**: ufficiale addetto al vitto e all'alloggio delle truppe.
6 **tramestio**: movimento caotico e rumoroso.

– Dove hai preso cotesto cavallo?

35 Fabrizio fu così turbato che rispose in italiano:

– L'ho comprato poco fa.

– Che dici? – gridò il generale.

Ma lo strepitio si fece così alto, che Fabrizio non poté rispondergli. Ci conviene tuttavia confessare che il nostro eroe era assai poco eroe in quel momento: pur

40 tuttavia la paura passava in seconda linea: quel che lo scandalizzava era il rimbombo, che gli faceva male agli orecchi. La scorta prese il galoppo: traversarono un grande campo lavorato di là dal canale, campo che era sparso di cadaveri.

– I rossi, i rossi[7]! – gridavano allegri gli ussari: e da principio Fabrizio non capì: poi notò che infatti tutti i cadaveri eran vestiti di rosso. Una più attenta osserva-

45 zione gli cagionò un tremito d'orrore: osservò che molti di quei disgraziati rossi erano ancor vivi: gridavano, evidentemente per chiedere un soccorso, e nessuno si fermava a darglielo. Il nostro eroe, che aveva sensi di umanità, si dava ogni cura affinché il suo cavallo non pestasse nessuno di quegli abiti rossi. La scorta si fermò; Fabrizio, che non era molto attento ai suoi doveri di soldato, continuò a

50 galoppare con gli occhi fissi a qualche disgraziato ferito.

– Ti vuoi fermare, imbecille? – gli gridò un quartiermastro. Fabrizio s'avvide ch'era un venti passi più avanti dei generali, sulla destra: dalla parte, cioè, dove essi guardavano coi loro cannocchiali. Tornando a mettersi in coda agli altri ussari rimasti indietro, vide il più grosso di quei generali che parlava al suo vicino, pur generale,

55 con aria d'autorità e quasi di rimprovero: bestemmiava. Fabrizio non seppe frenar la curiosità; a malgrado del consiglio datogli dall'amica carceriera, combinò una breve frase, ben francese, ben corretta, e disse all'ussaro:

– Chi è quel generale che strapazza il suo vicino?

– Per Dio, è il maresciallo.

60 – Quale maresciallo?

– Il maresciallo Ney, bestione! Ma dove diavolo hai servito finora?

Sebbene Fabrizio fosse facilmente permaloso, l'ingiuria non lo irritò: contemplava assorto in un'ammirazione infantile quel famoso principe della Moscova[8], il prode dei prodi.

65 A un tratto, partenza al galoppo. Pochi momenti dopo, Fabrizio vide, una ventina di passi innanzi a sé, un campo lavorato nel quale la terra era via via smossa in modo inconsueto. I solchi eran pieni d'acqua e dalle umide porche[9] neri frammenti di terra sbalzavano sino a tre o quattro piedi di altezza. Notò, passando, quella singolarità; poi, mentre ancora rifletteva sulla gloria del maresciallo, udì, lì presso,

70 un grido acuto: due ussari cadevano colpiti da una cannonata; e quand'egli si volse a guardarli, la scorta li aveva già lasciati indietro una ventina di passi. Orribile a vedere gli fu un cavallo sanguinante che si rotolava dibattendosi sul terreno, e tentando di seguir gli altri cacciava i piedi nel proprio ventre, mentre il sangue colava a fiotti nella mota[10].

75 «Ah, son dunque al fuoco! finalmente! L'ho visto il fuoco! – si diceva soddisfatto. – Ora sono un soldato davvero.» La scorta andava di carriera e il nostro eroe capì che eran le palle quelle che facevano schizzar la terra da tutte le parti. Aveva un bel guardare là donde venivano: vedeva soltanto il fumo biancastro della batteria a distanza enorme, e tra il rombo eguale e continuo delle cannonate gli pareva di

80 sentir delle scariche assai più vicine. Non si capiva nulla.

2 FORMULAZIONE DI UN'IPOTESI

In base alle risposte che ti sei dato, formula un'ipotesi circa la tipologia del narratore.

"Mi pare che il narratore sia esterno / interno / palese / nascosto / testimone / io narrante"

3 RICERCA DI RISCONTRI TESTUALI

Dimostra l'esattezza della tua ipotesi con opportuni riferimenti al testo. In questa fase dovrai rileggere ancora una volta il brano e sottolineare le parti più significative che consentono di individuare la tipologia della voce narrante.

"Sono sicuro che il narratore è _____ perché _____"

---

7 i rossi: sono i soldati inglesi, contro cui combatte l'esercito francese, chiamati così per il colore della loro giubba.

8 Moscova: il fiume che bagna Mosca.
9 porche: strisce di terreno tra i solchi.
10 mota: fango.

A un tratto, i generali e la scorta scesero in un sentiero pieno d'acqua, a cinque piedi sotto il livello del campo.

Il maresciallo si fermò, riprese a guardar col cannocchiale e Fabrizio, che questa volta lo poté contemplare a suo agio, lo vide biondo, con una gran testa rossa. «In

85 Italia di quelle figure non ne abbiamo» disse fra sé; e malinconicamente soggiunse: «Io così pallido, con i capelli castagni, non potrò mai essere a quel modo». E voleva dire: «Non sarò mai un eroe». Guardò gli ussari della scorta: meno uno, tutti avevano de' baffi gialli: ma, come Fabrizio guardava gli ussari, questi guardavan lui, che vedendosi fissato arrossì, e per nasconder l'imbarazzo si voltò verso il ne-

90 mico. Scorse lunghe righe di uomini vestiti di rosso che gli parvero — e ne stupì — così piccoli, da giudicar quelle file, che pur erano reggimenti o divisioni, non più alte d'una siepe. Una fila di cavalieri rossi trottava per avvicinarsi al sentiero infossato in cui s'eran cacciati il maresciallo e la scorta, camminando al passo e sguazzando nel fango. Andavano innanzi senza veder nulla, a cagion del fumo,

95 salvo di quando in quando qualcheduno che galoppava, e la cui figura si staccava sul fondo bianco del fumo.

All'improvviso, dalla parte del nemico, Fabrizio vide quattro uomini che venivan di carriera. «Ah, ci attaccano!» disse fra sé; ma poi vide due di questi uomini parlare al maresciallo. Uno dei generali del suo seguito partì di galoppo verso il

100 nemico, con due ussari di scorta e coi quattro uomini giunti allora. Di là da un fossatello che tutti guadarono, Fabrizio si trovò vicino a un quartiermastro, che aveva un'aria bonacciona. «Bisogna che gli parli, — pensò — forse finiranno di squadrarmi.» Meditò a lungo.

— Signore, è la prima volta che assisto a una battaglia; — disse al quartiermastro —

105 ma questa è una vera battaglia?

— Eh! sì: piuttosto... Ma voi chi siete?

— Sono fratello della moglie d'un capitano.

— E come si chiama questo capitano?

Brutto impiccio: il nostro eroe non aveva preveduto la domanda. Per fortuna, il

110 maresciallo e la scorta ripartirono al galoppo. «Che nome francese gli dirò?» almanaccava: finalmente, ricordandosi il nome del padrone dell'albergo dove aveva alloggiato a Parigi, e riavvicinato il proprio cavallo a quello del quartiermastro, gridò con quanta ne aveva nell'ugola:

— Il capitano Meunier.

115 L'altro, equivocando per il rombar del cannone:

— Ah, il capitano Teulier? Be', è morto.

«Bravo! — si disse Fabrizio — ora bisogna simular l'afflizione.» E prese un'aria addolorata. Usciti dal sentiero, traversavano ora un praticello a gran corsa, e le palle piovevan daccapo. Il quartiermastro galoppò verso una divisione di cavalleria; e

120 la scorta sostò in mezzo a feriti e a cadaveri, ma lo spettacolo fece questa volta meno impressione al nostro eroe: aveva altro pel capo!

Durante la breve sosta della scorta, sbirciò la carrettella d'una cantiniera[11], e, la sua tenerezza per quella rispettabile corporazione vincendo ogni altro sentimento, partì di galoppo per raggiungerla.

125 — Fermo, sacr[12]... — gridò il quartiermastro.

«Qui, lui non mi può far nulla» pensò Fabrizio, e seguitò a correre. Ciò che l'indusse a dar di sprone al cavallo fu la speranza che la vivandiera fosse quella medesima che la mattina era stata così buona con lui. Il cavallo e le carrettelle delle cantiniere si somigliano tutte, ma la cantiniera era un'altra, e anzi, all'aspetto, gli

130 parve tutt'altro che buona. Accostatosi udì che diceva: — Eppure era un bell'uomo!

Al soldato novizio toccò assistere a un brutto spettacolo: tagliavano la coscia a un

11 **cantiniera**: le cantiniere (dette anche vivandiere) erano donne che seguivano l'esercito vendendo ai soldati bevande, tabacco e cibo.

12 **sacr...**: è la parte iniziale della parola "sacramento", che in questo contesto è utilizzata come un'imprecazione.

13 camerati: compagni d'armi, commilitoni.

14 Machiavellino: un piccolo Machiavelli. Il nome di Niccolò Machiavelli, scrittore e pensatore politico fiorentino del Cinquecento, è associato in senso dispregiativo a un comportamento astuto e privo di scrupoli volto al raggiungimento dei propri obiettivi.

15 l'imperatore: Napoleone Bonaparte.

corazziere, bel giovinetto, alto circa sei piedi. Fabrizio chiuse gli occhi e ingurgitò, uno dopo l'altro, quattro bicchierini d'acquavite.

— Come ci dai dentro, scriccioletto! — sclamò la cantiniera.

135 Dall'acquavite venne a Fabrizio una ispirazione: «Bisogna ch'io mi guadagni i camerati[13], gli ussari della scorta».

— Datemi il resto della bottiglia.

— Ma lo sai che in una giornata come oggi, questo resto val dieci franchi?

E com'egli raggiungeva la scorta:

140 — Ah, tu vieni a rinfrescarci l'ugola? E disertavi per questo? — disse il quartiermastro. — Da' qua.

La bottiglia circolò: l'ultimo che l'ebbe vi bevve, poi la buttò in aria. — Grazie, camerata, — gridò verso Fabrizio. Tutti gli occhi si volsero, e quelle occhiate benevole gli tolsero un gran peso di sul cuore: era uno di quei cuori di costruzione molto

145 delicata che hanno bisogno dall'affezione di quanti li circondano. Finalmente non era più malvisto da' quei suoi compagni: si veniva familiarizzando con loro. Tirò un gran respiro; poi con voce ferma chiese al quartiermastro:

— E se il capitano Teulier è morto, dove troverò mia sorella? — Gli pareva d'essere un Machiavellino[14], a saper dire Teulier invece di Meunier.

150 — Lo saprai stasera — rispose il quartiermastro dirigendosi verso alcune divisioni. La scorta ripartì. Fabrizio sentiva d'esser brillo; aveva bevuto troppa acquavite, e vacillava sulla sella: si ricordò opportunamente di ciò che diceva spesso il cocchiere di sua madre: quando s'è alzato il gomito, bisogna guardar fra gli orecchi del cavallo e far quel che fa il vicino. Il maresciallo si fermò a lungo presso alcuni

155 corpi di cavalleria, ai quali comandò una carica; ma per un'ora o due, il nostro eroe non ebbe coscienza di quanto avveniva intorno a lui. Si sentiva stanchissimo, e quando il cavallo galoppava, ricascava sulla sella come un pezzo di piombo.

A un tratto, ecco il quartiermastro gridare a' suoi uomini:

— Non vedete l'imperatore[15], sac...! — E subito la scorta gridò a squarciagola:

160 «Viva l'imperatore!». Si può immaginare come il nostro eroe spalancasse gli occhi; ma non vide se non dei generali che galoppavano, seguiti essi pure da una scorta. Le lunghe criniere che scendevano giù dagli elmi dei dragoni del seguito gl'impedirono di distinguere i visi. «Così, per quei maledetti bicchierini d'acquavite, non ho potuto veder l'imperatore su un campo di battaglia.» Questa riflessione

165 lo snebbiò interamente.

(Stendhal, *La Certosa di Parma*, Roma, Newton Compton, 1995, trad. di Ferdinando Martini)

Clément-Auguste Andrieux, La battaglia di Waterloo, 1852. Versailles, Castello.

7. Il punto di vista

Chi vede?

Quando si legge una storia, è necessario porsi – oltre alla domanda "chi parla?" – altri quesiti non meno importanti: "chi vede?", "da quale prospettiva mentale sono filtrati i fatti narrati?", "dalla prospettiva del narratore o da quella del personaggio?".

In effetti, il narratore può presentarci la storia in tre modi: 1) dicendo e mostrando tutto, anche quello che i personaggi non sanno e non possono vedere; 2) dicendo e mostrando ciò che vede e pensa il personaggio; 3) raccontando solo la cronaca degli eventi, senza commenti e ignorando i pensieri dei personaggi.

Il grado di conoscenza che il narratore possiede e l'angolo visivo dal quale racconta la storia si definisce **punto di vista** o **focalizzazione**.

Tipi di focalizzazione

Gli studiosi di narratologia hanno individuato tre tipi di focalizzazione: focalizzazione zero, focalizzazione interna e focalizzazione esterna.

- **Focalizzazione zero**: il narratore è onnisciente: sa e vede della storia più dei personaggi, di cui conosce tutto, pensieri, vissuto, stati d'animo...

- **Focalizzazione interna**: il narratore vede i fatti con gli occhi del personaggio. Il suo grado di conoscenza degli eventi è uguale a quello del personaggio. La focalizzazione interna può essere **fissa**, quando viene adottato il punto di vista di un solo personaggio; **variabile**, quando viene adottato il punto di vista di diversi personaggi; **multipla**, quando uno stesso evento è narrato dal punto di vista di più personaggi.

- **Focalizzazione esterna**: il narratore sa meno di quanto sanno i personaggi coinvolti nella vicenda e si limita a osservare e a registrare i fatti dal di fuori.

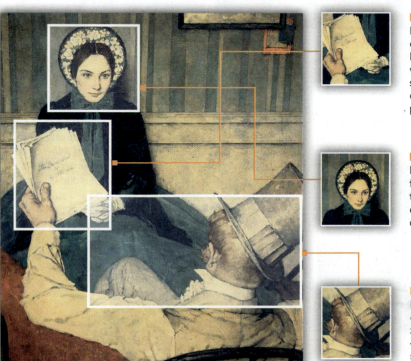

Focalizzazione zero

Meg era impaziente di conoscere il contenuto della lettera che il notaio stringeva nella mano. Non poteva immaginare che di lì a poco la sua vita sarebbe completamente cambiata: un suo lontano parente era morto e in mancanza di eredi diretti le aveva lasciato il suo intero patrimonio.

Focalizzazione interna

Meg osservava l'uomo che le sedeva di fronte, fissando ora il suo grosso naso ora quelle carte che le agitava davanti. Che cosa le doveva comunicare di così importante? Qual era il contenuto di quei fogli? Guai o buone notizie?

Focalizzazione esterna

L'uomo stringe nella mano alcuni fogli. La donna è seduta di fronte a lui. Per un po' regna il silenzio. Poi è l'uomo a parlare per primo:
– Ho da dirle qualcosa che, sono sicuro, la sconvolgerà.
– Buone o cattive notizie?

▶ E AL CINEMA?

Anche in un film è possibile individuare un punto di vista, determinato dalle scelte del regista e dal tipo di inquadratura adottato. In effetti ogniqualvolta un regista decide di inquadrare un punto preciso dello spazio, sceglie necessariamente un "**punto di vista ottico**" rispetto a ciò che osserva. Dall'altra parte, lo spettatore vedrà solo ciò che il regista ha deciso di mostrargli, mentre ignorerà tutto ciò che è rimasto "fuori campo", cioè fuori dall'occhio della telecamera.

L'inquadratura è dunque l'elemento base del film e può essere definita come la porzione di realtà inquadrata volta per volta dalla macchina da presa e delimitata dai quattro lati dello schermo.

Fra i vari tipi di inquadratura distinguiamo tra **campi** e **piani**, che dipendono dalla distanza della macchina da presa da ciò che inquadra; se a essere inquadrati sono gli spazi si parla di **campi**, se invece sono le figure umane a essere predominanti si parla di piani.

Le inquadrature sono tratte dal film Barry Lyndon di Stanley Kubrick (1975).

Campo lungo o lunghissimo
La porzione di spazio che si vede nell'inquadratura è molto grande, mentre le figure umane quasi non si vedono.

Campo medio
La proporzione tra personaggi e sfondo viene ristabilita e lo spettatore ha una visione chiara sia dello spazio in cui si svolge l'azione sia dei personaggi che lo popolano.

Figura intera
Il personaggio è ripreso dalla testa ai piedi.

Piano americano
Il personaggio è ripreso dalle ginocchia in su.

Mezza figura
Il personaggio è ripreso dal busto in su.

Primo o primissimo piano
Sono ripresi la testa e le spalle oppure solo il volto o addirittura un dettaglio, per esempio gli occhi.

In generale lo sguardo della macchina da presa non appartiene a nessun personaggio: è uno sguardo impersonale che osserva la storia da un punto di vista esterno e la registra per noi (un po' come fa il narratore onnisciente in letteratura). In questo caso si parla di **inquadratura oggettiva**. Esistono però momenti in cui la cinepresa sposa lo sguardo di un singolo personaggio, cioè si immagina che la macchina da presa veda quello che vede il personaggio: in questo caso si parla di **inquadratura soggettiva**.

Un particolare tipo di inquadratura soggettiva – che potremmo paragonare al punto di vista interno in letteratura – è il ***point of view shot*** (abbreviato POV): si tratta di una breve scena che consiste nel mostrare, attraverso una telecamera posta all'altezza degli occhi dell'attore, ciò che il personaggio sta osservando. Questa particolare tecnica è molto usata nei thriller e nei film horror. In effetti, il POV dà allo spettatore l'illusione di essere nei panni del personaggio, accrescendo così la tensione, il mistero e la paura.

Il punto di vista dell'assassino

Il punto di vista della vittima

Lo sfavillante spettacolo del palio

Carlo Fruttero e Franco Lucentini, *Il palio delle contrade morte*

Tipologia	Testo narrativo
Genere	Romanzo
Sottogenere	Giallo
Anno	1983

▶ IL PUNTO DI VISTA

1 DIVISIONE IN SEQUENZE E INDIVIDUAZIONE DEL NARRATORE
2 ANALISI DELLE SEQUENZE E RIFLESSIONE SUL PUNTO DI VISTA
3 INDIVIDUAZIONE DEL PUNTO DI VISTA

Invito alla lettura

I coniugi Maggioni di Milano conducono una vita come tante, stretta nella morsa delle ipocrisie, della routine e dei piccoli tradimenti. Una sera d'agosto, in viaggio verso una fattoria tra Arezzo e Siena, vengono colti da un forte temporale sulle colline toscane e finiscono con lo smarrire la strada. Si ritrovano per caso davanti a un'elegante villa nobiliare il cui padrone di casa offre loro riparo. Per i Maggioni è l'inizio di una singolare avventura, che tra personaggi misteriosi e appassionanti corse di cavalli culminerà in una sconvolgente scoperta.

Questa, in breve, la trama del *Palio delle contrade morte* (1983), uno dei romanzi più avvincenti di Carlo Fruttero (Torino, 1926 - Castiglione della Pescaia, 2012) e Franco Lucentini (Roma, 1920 - Torino, 2002), maestri indiscussi del giallo e del poliziesco che hanno dominato le scene letterarie italiane soprattutto negli anni '70 e '80. Uniti da un intenso sodalizio affettivo e artistico, i due autori, oltre a scrivere romanzi e racconti a quattro mani, hanno anche firmato articoli, diretto la famosa collana di fantascienza Urania e curato diverse antologie di narrativa.

1 DIVISIONE IN SEQUENZE E INDIVIDUAZIONE DEL NARRATORE

Leggi più volte il testo; poi svolgi le seguenti attività.

a) Dividi il brano in sequenze assegnando a ciascuna di esse uno dei titoli che ti suggeriamo: Piazza del campo - In veste di spia - La contrada dell'Aquila - Una premurosa vicina - Messa a fuoco - L'entusiasmo di Valeria - Valeria e Guidobaldo - Sospetti fondati - Effusioni con Ginevra - Ancora spettacolo - In attesa di un indizio risolutivo

b) Individua la tipologia del narratore, ponendoti la domanda: "chi sta raccontando?": un narratore esterno - un narratore interno - uno dei personaggi

LABORATORIO

Vai al testo interattivo per esercitarti sul **punto di vista**:

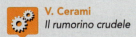

V. Cerami
Il rumorino crudele

L'avvocato Maggioni è affacciato ormai da oltre mezz'ora a questa finestra, e sotto di lui continua a sfilare lentissimamente il corteo che precede la corsa del Palio di Siena[1].

Lo smussato poligono della piazza del Campo è acceso da colori
5 d'una varietà incalcolabile, da quelli più squillanti delle bandiere agli ocra pallidi dei palazzi e alla vertiginosa picchiettatura della folla, stretta dall'anello terroso su cui si correrà, o sporta come l'avvocato da finestre, balconi, tribune, merli, abbaini[2] a contemplare il sontuoso serpente del corteo storico che avanza a singoli passi,
10 si arresta, riparte agli squilli di una marcia ripetuta senza fine.

Nei costumi medievali delle Contrade l'avvocato distingue sempre nuove sfumature e inattese combinazioni tra gli azzurri carichi o cinerini, le porpore, gli ori, i verdi timidi o risoluti[3], i gialli, i bianchi, i neri di cui ora il sole ora l'ombra ritoccano continuamente
15 i toni. E non gli sfuggono i cangianti splendori dei velluti, delle

---

1 Palio di Siena: storica competizione fra le contrade di Siena che avviene due volte l'anno, il 2 luglio e il 16 agosto.

2 abbaini: soffitte abitabili.
3 risoluti: decisi, accesi.

sete, dei broccati, le opacità di stivali, finimenti[4], giustacuori[5], l'intermittente rutilare[6] di corazze, cimieri[7], speroni, alabarde[8]. Spettacolare molteplicità. Affascinante visione.

Ma l'avvocato Maggioni non è qui ad ammirare. Non è qui, dicia-
20 molo pure, a divertirsi. Piuttosto i suoi occhi sorvegliano la scena; la spiano.

Fino all'altro giorno non sapeva si può dire niente del Palio, non ne aveva mai visto uno. Era stato a Siena forse tre volte in vita sua e mai intorno al 16 agosto (o al 2 luglio). Il Palio era per lui una di
25 quelle manifestazioni folcloristiche come ce ne sono in tante città, 10% tradizione più o meno spuria[9] e 90% turismo; non avrebbe mai immaginato che Valeria e lui stesso vi sarebbero rimasti coin-volti. Fino a che punto, esattamente in che modo, ancora non sa. Ma ha degli indizi, dei forti sospetti.

30 Sotto la sua finestra si è ora fermata la contrada dell'Aquila. I tam-buri rullano, le bandiere giallo oro, con l'aquila bicipite[10] nera, volano alte verso il cielo, si librano[11] un istante, si riavvitano su se stesse, ricadono nel saldo pugno degli alfieri[12]. Scrosciano gli applausi, mentre applausi più lontani, scaglionati lungo il percorso,
35 salutano il volo di altri sgargianti vessilli[13].

La vecchia signora americana alla sua destra gli porge con un sorriso il binocolo. La prima volta è stato lui a chiederglielo, e da allora, ogni pochi minuti, è lei a offrirglielo premurosa.

L'avvocato toglie il braccio sinistro dalle spalle di Ginevra, che se
40 ne sta coi gomiti sul davanzale, i lunghi capelli biondi gettati verso la piazza come per fare arrampicare un amante. Mette a fuoco.

Centra subito sua moglie, laggiù, al balcone del Circolo degli Uni-ti. Valeria sta applaudendo freneticamente l'esibizione degli alfieri dell'Onda, bianchi e celesti. In tre giorni, anzi due, l'Onda è diven-
45 tata la sua contrada. Folle entusiasmo, partecipazione viscerale, che al principio naturalmente non hanno mancato di stupirlo e irritarlo. Una donna come lei, equilibrata, piena di casalinga riservatezza, prendere fuoco per una faccenda che non la riguarda nemmeno da lontano, di cui non sa assolutamente nulla. Ma scherziamo?

50 Povera Valeria, che ora si volta con civetteria al bellissimo (trova lei) uomo che le sta accanto. Camicia azzurra e cravatta di foulard (Gucci?), nobile fronte abbronzata in barcavela, capelli appena grigi, naso aquilino, denti smaglianti. Si chiama Guidobaldo. È un conte. Ha terre e castelli da queste parti.

55 Valeria gli sorride da sotto in su (il conte è ovviamente altissimo) sbattendo anche le palpebre (deve averla convinta che ha occhi meravigliosi). Gli dice qualcosa con (c'è da giurarci) quella sua

---

---

4 finimenti: l'insieme degli oggetti che servono per sellare o attaccare i cavalli a carri e carrozze.
5 giustacuori: il giustacuore è un corpetto maschile, con o senza maniche, usato so-prattutto tra il '600 e il '700.
6 l'intermittente rutilare: il discontinuo risplendere.
7 cimieri: ornamenti posti sugli elmi.

8 alabarde: l'alabarda è una lunga asta ap-puntita all'estremità e munita di una scure.
9 spuria: non autentica, contaminata.
10 bicipite: a due teste.
11 si librano: rimangono sospese in aria.
12 alfieri: l'alfiere è il portabandiera (o vessillifero).
13 vessilli: bandiere.
14 climax pubblicitario: trionfo di pro-dotti e immagini finte come in uno spot.

nuova voce di gola, che fino a tre giorni fa nessuno le aveva mai sentito. L'altro le presenta un pacchetto di Marlboro con le sue dita lunghe e forti, le accosta alla sigaretta la fiamma di un accendino d'oro (Cartier?). Un autentico climax pubblicitario[14], pensa l'avvocato Maggioni. E la scena, così al limite dell'artificiale, del costruito, del truccato, lo conferma in sospetti e apprensioni che non hanno più (o non hanno mai avuto) niente a che fare con la gelosia. Fa scorrere il binocolo più in basso, e ai margini della pista entra in scena un muscoloso inserviente in jeans che sta rovesciandosi in gola una bottiglietta di Pepsi. Ecco, pensa l'avvocato, ecco.

Restituisce il binocolo all'americana, obbligandosi a un sorriso smagliante, e rimette il braccio intorno alle spalle di Ginevra, la quale si rialza, strofina la testa e il fianco contro di lui come un giovane animale (puledra? cerbiatta? vai a sapere). Dai suoi capelli troppo biondi, troppo soffici, sale un profumo indefinibile ma da classificare senz'altro tra i conturbanti[15], almeno per un professionista di mezz'età. Lo shampo che usa? O la sua eau de toilette? O forse un sapone, un deodorante. L'avvocato la bacia comunque sulla nuca (è questo che si vuole da lui?) e verifica di essere in questo momento altrettanto melenso e nauseante di Valeria, laggiù col suo conte. Altrettanto inverosimile.

La banda di trombe e tamburi sotto la torre del Mangia riprende da
85 capo la sua marcetta rudimentale, la contrada dell'Aquila si allontana a passi cadenzati, prima gli alfieri col tamburino, poi il duce[16] e gli armigeri[17], poi il paggio maggiore[18] col bandierone e tutti gli altri paggi, il fantino in armi sul cavallo da parata condotto a ma-
90 no dal palafreniere[19], il "bàrbero"[20] che chiude il gruppo, mentre, con la stessa deliberata lentezza, si avvicina nello stesso ordine la contrada dell'Istrice, bianca con arabeschi[21] rossi, neri, azzurri… Colori dovunque, vivissimi e trionfanti, sotto gli occhi dell'avvocato. Ma lui non può più prendere questa mirabile esaltazione
95 cromatica, questa scenografia prodigiosa, per quello che è o appare. Sta in guardia. Diffida. Aspetta un segno, un indizio risolutivo che gli faccia capire che cosa è successo e succede.

(C. Fruttero e F. Lucentini, *Il palio delle contrade morte*,
Milano, Mondadori, 1983)

15 conturbanti: eccitanti, che provocano turbamento.
16 duce: nel palio di Siena è il capo delle singole contrade.
17 armigeri: uomini che portano le armi.
18 paggio maggiore: porta-bandiera.

19 palafreniere: chi ha cura dei cavalli da corsa.
20 "bàrbero": cavallo da corsa impiegato nel palio.
21 arabeschi: motivi ornamentali sinuosi che rappresentano disegni geometrici o figure vegetali

8. L'ambientazione

L'epoca e i luoghi

Un'importanza notevole nei testi narrativi riveste la rappresentazione del tempo e dello spazio. Le storie che leggiamo, infatti, possono essere collocate nel passato, nel presente o nel futuro e ambientate in luoghi esterni o interni, reali o immaginari. Per questo, quando leggiamo un'opera narrativa dobbiamo sempre chiederci: "In che epoca si svolge la storia? In quali luoghi?". A volte le coordinate spaziali e temporali della storia sono indicate esplicitamente. Altre volte, invece, tocca al lettore individuarle, deducendole dagli innumerevoli particolari disseminati nel testo.

Le descrizioni dello spazio possono essere dettagliate o generiche. A volte basta un particolare per individuare in quale epoca è ambientata la vicenda.

Gli spazi in cui è ambientata la storia possono essere realistici o fantastici, aperti o chiusi.

Spesso è possibile comprendere "dove" e "quando" è ambientata la vicenda analizzando alcuni aspetti del personaggio:
1) *il suo modo di vestire;*
2) *il suo nome;*
3) *il suo comportamento;*
4) *l'attività che svolge;*
5) *i mezzi di trasporto che utilizza;*
6) *in che modo si relaziona con gli altri personaggi.*

Le rappresentazioni dello spazio

Lo spazio può essere inteso in tre modi: 1) come **luogo geografico**, realistico o immaginario; 2) come **ambiente socio-economico**, che condiziona e determina le azioni dei personaggi; 3) come **luogo simbolico**, che si carica di significati che vanno oltre il senso letterale (per esempio, l'acqua come simbolo di rinascita, la selva come simbolo di smarrimento ecc.). Lo spazio, inoltre, può essere percepito dal punto di vista del narratore o di un altro personaggio e può essere connotato positivamente o negativamente (attraverso l'uso di sostantivi, verbi e aggettivi che trasmettono un'idea di tranquillità, gioia, benessere o, al contrario, di tristezza, paura, noia, decadenza…). Ecco un esempio di spazio esterno, realistico, descritto dettagliatamente e connotato negativamente da parte dell'io narrante:

> Quando io ero piccolo, la casa abbandonata era rimasta vuota, con i suoi alberi grotteschi, il suo prato dissestato e sbiadito, e la sua sterpaglia dalle forme d'incubo che aveva soffocato tutta la terrazza, sulla quale non si vedeva mai neppure un uccello. Noi ragazzi giocavamo spesso là intorno, e ricordo ancora la paura infantile che mi incuteva non solo la stranezza inquietante della vegetazione grottesca, ma anche, e specialmente, l'odore e l'atmosfera lugubre che aleggiavano sull'edificio in rovina…

(H.P. Lovecraft, *La casa stregata*)

t8 Una pensione parigina

Honoré de Balzac, *Papà Goriot*

Tipologia	Testo narrativo
Genere	Romanzo
Sottogenere	Realismo
Anno	1834

▶ **L'AMBIENTAZIONE**

1 INDIVIDUAZIONE DEL TEMPO DELLA STORIA
2 ANALISI DELLO SPAZIO FISICO
3 ANALISI DELL'AMBIENTE SOCIO-ECONOMICO

Invito alla lettura

Honoré de Balzac (1799-1850), autore di numerosi romanzi, racconti, saggi, articoli e testi teatrali, è considerato il più importante esponente del realismo francese. Nella sua opera più nota, il ciclo di romanzi *La commedia umana*, ha raccontato l'ascesa della borghesia con i suoi valori e le sue contraddizioni, la corruzione dei nuovi ricchi, la lotta per la sopravvivenza dei più sfortunati, le condizioni di vita di chi, nato in provincia lontano dai grandi centri urbani, cerca di scalare la piramide sociale per migliorare la propria condizione economica. Tra i titoli più fortunati del ciclo ricordiamo *Eugénie Grandet* (1833), *Papà Goriot* (1834), *Splendori e miserie delle cortigiane* (1847), *La cugina Bette* (1847), *Il cugino Pons* (1847). Il brano che segue è tratto da *Papà Goriot*. I personaggi principali di questo romanzo sono il giovane e ambizioso Eugène de Rastignac e papà Goriot, un vecchio pastaio caduto in rovina per assicurare una vita agiata alle due figlie ingrate. Entrambi vivono nella squallida pensione di Madame Vauquer, intrecciando i loro destini e condividendo il soggiorno con altri miserabili personaggi.

1 INDIVIDUAZIONE DEL TEMPO DELLA STORIA
Rintraccia nel testo tutti quegli elementi che permettono di individuare approssimativamente l'epoca in cui è ambientata la vicenda (oggetti, mezzi di trasporto, nomi, abitudini dei personaggi...).

La casa in cui si gestisce la pensione appartiene a Madame Vauquer, e si trova nella parte inferiore della rue Neuve-Sainte-Geneviève, in un punto ove il suolo si abbassa verso rue de l'Arbalète, con una pendenza così brusca e ripida che ben di rado i cavalli la risalgono o la discendono. Motivo per cui regna il silenzio in
5 quelle vie anguste, fra i templi del Val-de-Grâce e del Panthéon, due monumenti che modificano le condizioni dell'atmosfera, spandendo dei toni gialli, e oscurano tutto intorno con le tinte severe proiettate dalle loro cupole. Là il selciato è secco, nei rigagnoli non c'è né fango né acqua, lungo i muri cresce l'erba e anche l'uomo più spensierato, come qualsiasi passante, s'immalinconisce: il rumore di una
10 carrozza diventa un avvenimento, le case sono tetre, i muri sanno di prigione. Un parigino che vi si smarrisse vedrebbe soltanto pensioni familiari o ospizi, miseria o noia, vecchiaia moribonda o gaia gioventù costretta a sgobbare. Nessun quartiere della città è più brutto né, diciamolo pure, più ignorato. [...]

LABORATORIO

Vai ai testi interattivi per esercitarti sull'**ambientazione**:

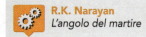
R.K. Narayan
L'angolo del martire

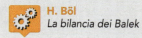
H. Böl
La bilancia dei Balek

J.W. Goethe
Werther si abbandona alla natura

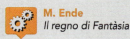
M. Ende
Il regno di Fantàsia

2 ANALISI DELLO SPAZIO FISICO

Concentrati sullo spazio come luogo geografico ponendoti le seguenti domande:
"I luoghi descritti sono realistici o fantastici"?;
"Lo spazio descritto è solo esterno, solo interno o sia esterno che interno?";
"La descrizione degli spazi è dettagliata o sommaria?";
"Sono presenti personaggi che possono aiutare ad analizzare meglio lo spazio?".

La facciata della pensione porge[1] su un giardino così piccolo che, in pratica, la casa cade ad angolo retto sulla rue Neuve-Sainte-Geneviève, dove la si può vedere deli-
15 neata in profondità. Lungo la facciata, fra la casa e il giardino, corre un acciottolato concavo, largo una tesa[2], davanti a cui si slancia un viale sabbioso, fiancheggiato di gerani, oleandri e melograni in grandi vasi di maiolica bianchi e blu. Si entra nel viale da una porta secondaria, sormontata da un cartello sul quale si legge: CASA VAUQUER e sotto: *Pensione familiare per uomini, donne e altri*. Durante il
20 giorno una grata di legno, munita di un campanello chiassoso lascia intravvedere in fondo allo stretto selciato, sul muro di strada, un'arcata di finto marmo verde, dipinta da un artista del quartiere. Sotto la rientranza, simulata da quella pittura, si erge una statua che rappresenta l'Amore […]. Al calar della notte, la grata viene sostituita da una porta massiccia. Il giardinetto, ampio come tutta la facciata,
25 rimane incassato fra il muro della strada e quello divisorio della casa vicina. Da quest'ultima pende un manto di edera che la nasconde completamente, attirando gli sguardi dei passanti per un effetto pittoresco in una città come Parigi. Tutti quei muri sono tappezzati di rampicanti e viti, i cui frutti gracili e polverosi sono l'oggetto dei timori annuali di Mme Vauquer nelle sue conversazioni con i pen-
30 sionanti. Lungo ogni muro corre un vialetto che porta a un folto di tigli, vocabolo questo che, Mme Vauquer, benché nata de Conflans, pronuncia ostinatamente "ti-glie", suscitando le osservazioni grammaticali degli ospiti. Fra i due vialetti laterali si trova un quadrato di carciofi, fiancheggiato da alberi da frutta, potati a fuso, e disseminato tutt'intorno di acetosa, lattuga e prezzemolo. Sotto i tigli, infisso
35 nel terreno, c'è un tavolo rotondo dipinto di verde e circondato di sedie. Qui, nei giorni di canicola, quando il caldo è tale da far schiudere le uova, i commensali abbastanza ricchi da poterselo permettere vengono a gustarsi il caffè. La facciata, alta tre piani e sovrastata da mansarde, è costruita di concio[3] e intonacata con quel colore giallo che conferisce un aspetto plebeo a quasi tutte le case di Parigi. Le
40 cinque finestre aperte a ogni piano hanno piccoli riquadri di vetro e sono munite di persiane, tutte rialzate in maniera così dissimile da formare una serie di linee assolutamente discordanti. La profondità di questa casa consente due finestre che, a pian terreno, hanno per ornamento le nude inferriate. Dietro l'edificio c'è un cortile largo circa venti piedi[4], ove vivono in buona armonia maiali, galline,
45 conigli, in fondo al quale si erge un capanno per la legna. Fra questo e la finestra della cucina sta sospesa la dispensa, sotto cui vanno a finire le acque luride del lavandino. Il cortile s'immette nella rue Neuve-Sainte-Geneviève attraverso una porticina da dove la cuoca getta fuori le immondizie della casa, spazzando poi quella sentina[5] a furia di acque per evitarne il fetore pestifero.
50 Destinato naturalmente alla gestione dell'esercizio, il pianterreno è composto di una prima stanza, illuminata dalle due finestre della strada, a cui si accede da una porta a vetri. Questo salotto comunica con la sala da pranzo, che resta separata dalla cucina tramite il vano di una scala a gradini di legno e di piastrelle lucidate e colorate. Non c'è visione più triste di quel salotto arredato con poltrone
55 e seggiole di stoffa di crine, a righe alterne lucide e opache. Al centro si trova un tavolo rotondo con ripiano di marmo di Sainte-Anne, guarnito di uno quei vassoi di porcellana bianca, filettata d'oro, ormai quasi stinto, che oggi si vedono dappertutto. Le pareti di questa stanza mal pavimentata hanno uno zoccolo di legno sino all'altezza del gomito, il resto è tappezzato di carta da parati raffigurante le

3 ANALISI DELL'AMBIENTE SOCIO-ECONOMICO

Concentrati sullo spazio come ambiente socio-economico, individuando tutti i termini che lo connotano in senso positivo o negativo.

---

1 porge: sporge.
2 una tesa: due metri circa.
3 concio: pietra squadrata da costruzione.
4 circa venti piedi: circa sei metri e mezzo.

5 sentina: letteralmente è la parte più interna e più bassa del fondo della nave, dove si raccolgono le acque di scolo.

6 Telemaco: *Le avventure di Telemaco*, romanzo di Fénelon, scrittore e uomo di Chiesa vissuto in Francia tra il Seicento e il Settecento.
7 ineffabile: indescrivibile.
8 boudoir: salottino privato da signora, utilizzato come toilette o per conversazioni private, assai in voga nel Settecento.
9 attaccaticce: appiccicose.
10 marezzato: macchiato.
11 Tournai: città del Belgio.
12 Incurables: nome di un famoso ospizio dell'epoca.
13 lampade di Argand: la lampada Argand è un tipo di lampada a olio inventata nel 1783 dal chimico svizzero François Ami Argand.
14 facezie: scherzi, spiritosaggini.
15 sparto: pianta erbacea da cui si ricava una fibra utilizzata per la fabbricazione di cesti, corde, tappetini ecc.
16 angusta: meschina.

60 scene principali del *Telemaco*[6], con i personaggi classici a colori. Il pannello fra le due finestre inferriate mostra ai pensionanti il quadro del banchetto offerto da Calipso al figlio di Ulisse. Da quarant'anni quella pittura provoca le battute degli ospiti giovani, che credono di elevarsi dalla loro condizione, burlandosi del pasto a cui la miseria li condanna. Il caminetto di pietra, il cui focolare sempre pulito

65 attesta che lo si accende solamente nelle grandi occasioni, sorregge due vasi pieni di fiori artificiali, invecchiati sotto campana. Accanto tiene compagnia un pendolo di marmo bluastro di pessimo gusto. Questo primo ambiente emana un odore ineffabile[7], che bisognerebbe chiamare "odore di pensione". Sa di rinchiuso, di muffa, di rancido. Provoca una sensazione di freddo, di umido al naso, penetra

70 gli abiti. Ha il sentore di una sala ove si è cenato. Puzza di dispensa, di ospizio, di servizio [...]. Ebbene, malgrado quei banali orrori, se la confrontaste con la sala da pranzo attigua la trovereste elegante e profumata come un boudoir[8]. Tutta rivestita di legno, una volta era dipinta di un colore, oggi indefinibile, forma uno sfondo su cui la sporcizia ha impresso i suoi strati, creando delle figure bizzarre. Alle pareti

75 vi sono delle credenze attaccaticce[9], sulle quali sono allineati portatovaglioli di metallo marezzato[10], caraffe incavate e opache, pile di piatti di porcellana spessa a bordi blu, fabbricati a Tournai[11]. In un angolo è riposta una cassetta a scomparti numerati, ove si conservano le salviette vinose di ogni commensale. Si incontrano certi mobili indistruttibili, rifiutati dappertutto, ma sistemati là come i rottami

80 della civiltà agli Incurables[12]. Potreste vedere un barometro con il frate cappuccino che esce fuori quando piove, delle incisioni così scadenti da togliere l'appetito, tutte incorniciate di legno nero a filetti dorati; un orologio a muro di tartaruga, orlato di rame; una stufa verde, lampade di Argand[13], dove la polvere si combina con l'olio, un lungo tavolo ricoperto di tela così unta che un pensionante esterno

85 in vena di facezie[14] potrebbe scriverci il nome, servendosi del dito a mo' di stilo; seggiole monche, tappetini modesti di sparto[15], che si disfa sempre senza mai consumarsi, infine scaldini miserabili dai buchi slabbrati, dalle cerniere squinternate, dove il legno si carbonizza. Per spiegare fino a che punto questa mobilia è vecchia, screpolata, marcita, vacillante, consumata, monca, lurida, invalida, moribonda,

90 bisognerebbe farne una descrizione che ritarderebbe troppo l'interesse di questa storia e i lettori non lo perdonerebbero. Il pavimento rosso è pieno di avvallamenti prodotti dallo strofinio o dalle verniciature. Insomma vi regna la miseria senza poesia; una miseria angusta[16], concentrata, squallida.

(H. de Balzac, *Papà Goriot*, Milano, Mondadori, 1985, trad. di Giuseppe Pallavicini)

Vita quotidiana in un quartiere di Parigi, XIX secolo. Parigi, Bibliothèque Nationale.

V. Van Gogh, Il giardino col girasole, 1887.

G. Klimt, Il girasole, 1906-1907.

9. Lo stile

Un modo personale di raccontare

I due quadri sotto riportati raffigurano un girasole. Il soggetto è lo stesso, ma diverso è il modo di rappresentarlo. Le scelte espressive di un pittore – la tecnica, il disegno e i colori – costituiscono il suo **stile**.

Come gli artisti, anche gli scrittori hanno **un modo personale di raccontare**, uno stile, che esprimono non con il disegno, i colori e le tecniche pittoriche, ma attraverso altri elementi: il lessico, la sintassi, la punteggiatura, il modo in cui dialogano i personaggi, le figure retoriche.

I registri

Alcuni scrittori raccontano le loro storie utilizzando termini appartenenti al linguaggio comune, altri invece parole ed espressioni colte, desuete o specifiche dei linguaggi settoriali (scienza, tecnica, medicina...). C'è chi struttura le frasi in maniera semplice e lineare, chi in modo più elaborato e complesso. L'insieme di tutte le scelte espressive adottate da uno scrittore costituisce il suo particolare **registro linguistico**.

• Registro linguistico alto

Sono presenti parole colte, desuete, ricercate o specialistiche; la sintassi è elegante, complessa, precisa.

> Alcuni felsi marciti giacevano all'ombra, sul lastrico, con la rascia guasta dalle piogge e stinta, simili a bare logorate dall'uso funebre, invecchiate sulla via del cimitero. L'odore affogante della canape esciva da un palazzo decaduto, ridotto a fabbrica di cordami, per le inferriate ingombre d'una pelurie cinerina come di ragnateli confusi.
>
> (G. D'Annunzio, *Il fuoco*)

• Registro linguistico medio

Sono presenti parole precise, ma non particolarmente colte e ricercate. La sintassi è corretta e scorrevole.

> Di notte – in realtà sempre, ma soprattutto di notte –, quando la stradina è illuminata soltanto da un occasionale lampione, ben poco distingue il museo dagli altri palazzi della zona vecchia della città. Tutto dipinto di bianco, si innalza per tre piani prima di rastremarsi in un tetto dalle cui tegole immacolate sporgono diverse finestrelle.
>
> (D. Rhodes, *Il bizzarro museo degli orrori*)

• Registro linguistico colloquiale

Le parole sono comuni e tipiche della comunicazione orale. La sintassi è disinvolta e non sempre corretta, come accade nella comunicazione orale.

Parlando di mio marito dimenticavo di dire che era già quasi vecchio quando lo sposai e ci fu chi disse che l'avevo sposato per interesse e certo non sono mai stata innamorata di lui ma, quant'è vero Dio, gli sono stata sempre fedele, sebbene lui, invece, non lo fosse a me. Era un uomo che aveva le sue idee, poveretto, e la principale era che lui piaceva alle donne, mentre invece non era vero.

(A. Moravia, *La ciociara*)

• Registro linguistico basso-gergale

Le parole sono popolari, dialettali o appartenenti a un particolare gergo: linguaggio giovanile, di caserma, studentesco, malavitoso ecc. La sintassi è scorretta o influenzata dalle regole del dialetto.

Io era picolo ma era pieno di coraggio, con pure che invece di antare alla scuola sono antato allavorare da 7 anne, che restaie completamente inafabeto. Quinte io, che capiva che cosa voleva dai suoi figlie mia madtre, per fare soldei mi n'antava magare (= persino) allavorare lontano di Chiaramonte, bastiche (= basta che) io portava solde a mia madre. Perché mia madre non dormeva alla notte, perché penzava che aveva 7 figlie: che lo più crante era da 14 o 15 anne, io Vincenzo ne aveva 11 o 12 anni, e la più picola figlia ni aveva 3 mese. Quinte io solo penzava che per manciare ci volevino solde, per non morire di fame questa famiglia senza padre.

(V. Rabito, *Terra matta*)

La punteggiatura

La qualità e la particolarità di uno stile dipendono anche dal modo in cui viene usata la punteggiatura.

• Un ritmo narrativo classico, regolare ed equilibrato è determinato dal rigoroso rispetto delle funzioni e delle regole dei segni di interpunzione.

Non posso certo dire di essere stato trattato male in quest'isola, anche se mi sentivo come messo da parte e oggetto talora di un certo disprezzo, perché il re e la gente in genere non mostravano alcun interesse al di fuori della matematica e della musica; e poiché in queste scienze ero molto inferiore a loro, venivo considerato con sufficienza. Oltre tutto, essendo ormai a conoscenza dei segreti dell'isola, avevo una voglia matta d'andarmene, tanto più che quella gente m'aveva stancato.

(J. Swift, *I viaggi di Gulliver*)

• Uno stile telegrafico, secco o concitato lo si ottiene utilizzando frequentemente il punto fermo per isolare parole o frasi molto brevi.

Gira sulla poltrona e rilassati. Per qualche momento. La tua scrivania. I fascicoli Gen-Mar, Apr-Giu, i grafici multicolori, il Mondrian. Rilassati. Alzati. La finestra. Il cielo. Per qualche momento alzati e guarda il cielo. L'Oceano. La banchina di carico. Per qualche momento. Momenti belli, momenti brutti.

(R. Butlin, *Il suono della mia voce*)

• Per riprodurre il libero fluire dei pensieri, delle emozioni e dei ricordi, così come avviene nel flusso di coscienza, alcuni scrittori eliminano i segni di punteggiatura.

il sole squagliava l'asfalto bisognava staccare i sandali coi denti a ogni passo e da strada si levava una nebbia liquida che faceva le case a onde e siamo entrate al Bar Europa a farci un cono panna zabaione e cioccolato ho pagato io era la mia colazione coi dieci di Alex

(S. Atzeni, *Bellas mariposas*)

Domenica lunatica

Enrico Brizzi, *Jack Fruscianteè uscito dal gruppo*

Tipologia	Testo narrativo
Genere	Romanzo
Sottogenere	Romanzo di formazione
Anno	1994

▶ **LO STILE**

1 INDIVIDUAZIONE DEL REGISTRO LINGUISTICO
2 UTILIZZO DELLA PUNTEGGIATURA
3 ANALISI DELLE SCELTE ESPRESSIVE

LABORATORIO

Vai ai testi interattivi per esercitarti sullo **stile**:

A. Banti
Gli orrori di Montefusco

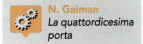
N. Gaiman
La quattordicesima porta

Invito alla lettura

Il titolo del romanzo si ispira a un episodio realmente accaduto: nel 1992 il cantante del gruppo rock Red Hot Chili Peppers, il cui vero nome è John Frusciante, all'apice del successo decide di lasciare la band. Una scelta inaspettata e fuori dagli schemi che spinge Alex D., il giovane protagonista del romanzo, a riflettere sulla necessità di cercare la propria strada, di andare avanti da solo, liberandosi dalle convenzioni sociali imposte di volta in volta dalla famiglia, dalla scuola, dal gruppo dei coetanei. Attraverso la storia di Alex, che vive un amore tormentato, che soffre per il suicidio di un amico, che sperimenta la noia e la solitudine, il romanzo mette in luce una delle fasi più delicate della vita umana: il passaggio dall'adolescenza all'età adulta. Dal romanzo è stato tratto l'omonimo film per la regia di Enza Negroni, con Stefano Accorsi e Violante Placido nei ruoli principali.

1 INDIVIDUAZIONE DEL REGISTRO LINGUISTICO

Sottolinea tutte le parole e le espressioni gergali e spiegane il significato.

Scena del film Jack Frusciante è uscito dal gruppo, *di Enza Negroni, 1966.*

Dall'archivio magnetico del signor Alex D. Questa domenica è la giornata più brutta della mia vita. Di solito il sabato sera vado a letto tardi, o bevo troppo, e il giorno dopo fa un po' schifo perché sto pure male. Comunque, la domenica è il giorno peggiore della settimana. Non me la nominate nemmeno. Del resto lo dicevano
5 anche Leopardi e Vasco. Va be', a Vasco non piacciono neanche i lunedì, ma insomma. Okay, sto malissimo, ma in modo diverso dal solito... Mi viene in mente Aidi che dice che è meglio per tutti e due se non ci sentiamo più e io non riesco a rispondere niente, spalanco la bocca col cuore che mi scoppia e non sono in grado di dire una parola.
Ecco, so solo che mi mancherebbero un sacco di cose di lei... sincerità... fantasia...

e in più ho la certezza di aver rovinato un gioco segreto, di aver camminato su dei bicchieri di cristallo con la grazia d'un elefante sommerso... Ma il fatto è che, giuro, non capisco dove ho sbagliato. L'ho ferita e non vedo come. O forse l'ho abbracciata troppo forte e adesso lei, tipo si deve difendere da me...
Ascolto Love Song dei Tesla e penso ad Aidi quando la canzone dice: «Love will find the way». Mi sento una specie di buco in mezzo al petto, mi viene in mente che i miei sentimenti – i sentimenti di *tutti* – sono inutili, andranno persi, lacrime nella pioggia.

Aidi non capirà mai quel che provo perché lei è trincerata nel suo fortino. «Ho paura che il nostro rapporto sarebbe troppo esclusivo, e ti voglio tantissimo bene ma ho paura di dare.» Potrebbe dirmelo. Perché lei ha un altro passato, un altro
30 alfabeto, altre rime la fanno sorridere. Siamo irrimediabilmente diversi, ed è bello incontrare gente diversa, ma forse è impossibile capirla fino in fondo. Come in quella canzone incredibile dei Cure dove lei è bellissima e il povero la guarda ammirato e lei si sente offesa e Robert Smith dice: "Ecco perché ti odio".

Comunque aveva provato a cercare Martino, verso metà pomeriggio. E a Martino era
35 bastato sentire la voce di Alex che diceva «ciao» per capire che al nostro gli era scesa la catena. Avevano scambiato due parole e si erano dati appuntamento per il sabato successivo secondo la formula giovanile Serata Etilica E Stai A Dormire Da Me. Aveva due anni più di Alex, Martino. S'era fatto segare senza rimorsi in prima liceo, ed era un po' l'idolo tossico della scuola. Si frequentavano da non troppo tempo col patto tacito
40 che lui non gli avrebbe fatto conoscere nessuno dei suoi amici house e Alex, in cambio, non avrebbe mai tentato di introdurlo nel mondo Fender del punk parrocchiale. Poi, la nuova settimana aveva preso a gocciolare via, triste e scazzata. Il vecchio Alex cercava di non pensarci troppo, ad Aidi. Lei, d'altra parte, non si faceva sentire. Così, il nostro stava cercando di ridurre tutta la faccenda al rango di quelle
45 storie che sono già finite prima di cominciare perché magari lei ci ripensa e dice: Uh, credo che sarebbe un impegno troppo grande, guarda. Uh, restiamo amici. Sì. Restiamo amici...

Ogni tanto a scuola s'incontravano per un secondo, durante l'intervallo. Adelaide era sempre con qualche collega carlotta, di quelle con felpa da cento carte e jeans
50 di Missoni che scoprivano – diobbuòno – cinque sei centimetri di calza velata. Lei lo salutava via rapida, e poi c'era quell'istante in cui nel film non si sa ancora se i due protagonisti si fermeranno a parlare, quell'attimo in cui sembra che lui stia per chiederle: «be', come ce la passiamo?», ma Aidi se ne andava sempre, continuava a farsi trascinare in senso opposto dal flusso di lobotomizzati che attraversava il
55 corridoio. E lui sapeva che avrebbe dovuto aspettare altre ventiquattr'ore per incontrarla ancora, e comunque sarebbe stato per un secondo, in una circostanza così. Ma Alex forte, Alex incazzato, non si sarebbe mai mosso per primo, e allora faceva tipo J. Frusciante nel booklet di Blood Sugar Sex Magic, un'espressione deragliata così e transumava anche lui. Andava a parlare di calcio, di chitarre, di ragazze
60 con qualcuno dei cani giovani.

Però.

Però non riusciva a capire. Come poteva, lei, usare certi *espedienti*; come poteva uniformarsi a tutte le altre ragazze, ai loro comportamenti, ai loro trucchetti di merda; come faceva ad avere per amiche quei rottami di adolescenti globali?
65 Perché lei era diversa, questo saltava agli occhi, e sembrava del tutto fuori posto a fare determinate stronzate, la fighetta che cerca di evitare un maschio troppo insistente e via discorrendo.

(Chiuso nell'adolescenziale amarezza di quei giorni aveva riscoperto la compilation di Vasco perduta sotto il letto: Domenica lunatica, Siamo solo noi, Fegato
70 spappolato e Ti voglio bene, non l'hai mica capito.)

Dall'archivio magnetico del signor Alex D. Mi guarda un secondo di troppo passandomi via di fianco con le sue amiche in assorbente esterno. Si vede lontano chilometri che si accorge che sono triste. Però non me lo viene mica a dire. Minimo storico.

(E. Brizzi, *Jack Frusciante è uscito dal gruppo*, Milano, Baldini & Castoldi, 1999)

Il riassunto

Un'operazione complessa

Riassumere vuol dire ridurre un testo (un racconto, un articolo di giornale, una sequenza ecc.) in un minor numero di parole.

Saper fare un riassunto è una vera e propria arte, che stimola le nostre capacità di comprensione, interpretazione e scrittura: per riassumere un testo occorre prima leggerlo attentamente, poi individuarne i concetti fondamentali e infine riscriverlo, trasformandolo e rendendolo più breve, senza però stravolgerlo o alterarne il significato.

Un buon riassunto deve condensare gli argomenti fondamentali di un testo basandosi sulla selezione e sulla rielaborazione delle informazioni più importanti.

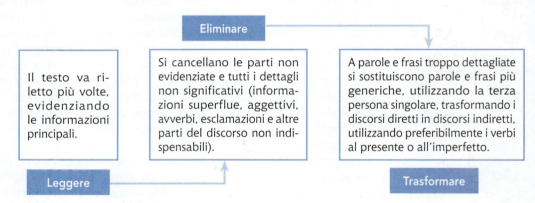

Eliminare

Il testo va riletto più volte, evidenziando le informazioni principali.

Si cancellano le parti non evidenziate e tutti i dettagli non significativi (informazioni superflue, aggettivi, avverbi, esclamazioni e altre parti del discorso non indispensabili).

A parole e frasi troppo dettagliate si sostituiscono parole e frasi più generiche, utilizzando la terza persona singolare, trasformando i discorsi diretti in discorsi indiretti, utilizzando preferibilmente i verbi al presente o all'imperfetto.

Leggere

Trasformare

Scopi e caratteristiche del riassunto

Le dimensioni di un riassunto possono variare in base allo scopo che si vuole raggiungere.

Scopo	Il riassunto dovrà essere...
Memorizzare concetti e informazioni	Schematico e sintetico
Informare	Analitico e discorsivo
Presentare i contenuti di un testo narrativo nell'analisi del testo	Non troppo ampio. Dovranno essere immediatamente individuabili: • i personaggi principali (chi?) • i fatti principali (che cosa?) • i luoghi in cui si svolge la vicenda (dove?) • l'epoca in cui si svolge la vicenda (quando?) • i nessi temporali (prima/dopo) e causali (causa/effetto)

Il vecchio terribile

Howard Phillips Lovecraft, *La tomba e altri racconti*

Tipologia	Testo narrativo
Genere	Racconto
Sottogenere	Horror
Anno	1920

▶ **IL RIASSUNTO**

1 LETTURA E COMPRENSIONE
2 RIDUZIONE
3 RISCRITTURA

Invito alla lettura

Howard Phillips Lovecraft nacque il 20 agosto del 1890 a Providence, nel Rhode Island, un piccolo Stato della costa orientale degli Stati Uniti. Trascorse un'infanzia difficile, in un ambiente familiare segnato dalla pazzia – entrambi i genitori morirono in manicomio – e dalle ristrettezze economiche. Per guadagnarsi da vivere, Lovecraft fu costretto a svolgere un'attività ingrata e malpagata: correggere e talvolta riscrivere di sana pianta i racconti di aspiranti scrittori. Nel frattempo, però, si dedicava alla stesura di racconti e romanzi, alcuni dei quali pubblicati in antologie e mensili di storie dell'orrido. Dopo un matrimonio fallito, si rinchiuse ancor più in se stesso, comunicando con l'esterno per lo più attraverso lunghe lettere, che costituiscono oggi uno degli epistolari più ricchi e affascinanti della storia della letteratura. Lo scrittore si spense all'età di soli quarantasei anni il 5 marzo del 1937, circondato da un'aura di leggenda, che fin da subito lo collocò insieme a Edgar Allan Poe tra i modelli indiscussi del genere horror. Tra i suoi titoli più famosi ricordiamo i racconti legati al ciclo del *Necronomicon*, in cui Lovecraft teorizza e costruisce un universo parallelo, dominato da divinità mostruose e crudeli che insidiano il mondo degli umani.

1 LETTURA E COMPRENSIONE

Leggi il brano più volte. Poi sottolinea le informazioni principali, come da esempio.

2 RIDUZIONE

Elimina con un tratto di penna aggettivi, avverbi, digressioni descrittive, commenti del narratore, come da esempio.

L'idea di Angelo Ricci, Joe Czanek e Manuel Silva era di far visita al Vecchio Terribile. Questi abita tutto solo in un'antichissima dimora di Water Street, poco lontano dal mare, e di lui si dice sia eccezionalmente ricco, e indifeso; circostanze che determinavano una situazione di grande interesse per uomini che svolgevano la
5 professione dei signori Ricci, Czanek e Silva; i quali praticavano né più né meno che il nobile mestiere di ladri.

La gente di Kingsport pensa e mormora molte cose sul conto del Vecchio Terribile, cose che in genere gli risparmiano l'attenzione di gentiluomini come il signor Ricci e i suoi colleghi, malgrado il fatto che egli quasi certamente nasconda una ricchezza
10 inestimabile in qualche ignoto recesso della sua ammuffita e vetusta abitazione.

Per la verità, si tratta davvero di una persona assai stravagante; si ritiene che un tempo sia stato comandante di golette che navigavano per le Indie Orientali, ma è talmente vecchio che nessuno lo ricorda da giovane, oltre ad essere così taciturno che pochissimi ne conoscono il vero nome.
15 Tra gli alberi ~~contorti~~ che crescono nel giardino antistante la sua ~~antica e negletta~~ dimora, conserva una ~~bizzarra~~ collezione di grosse pietre, ~~curiosamente disposte e~~ dipinte in modo tale da rassomigliare agli idoli di qualche ~~oscuro~~ tempio orientale. Questa collezione ha il potere di tenere alla larga la maggioranza dei ragazzini che si divertono a deridere il Vecchio Terribile ~~per la folta barba e per i lunghi capelli~~
20 ~~bianchi, o a mandargli in frantumi i vetri delle piccole finestre della vecchia casa~~ ~~con malvagi missili.~~

Ma vi sono anche altre cose, atte a spaventare gli individui più cresciuti, e anche più curiosi, che talvolta si avvicinano di soppiatto alla casa per sbirciare attraverso i vetri polverosi. Taluni sostengono che su un tavolo posto in una stanza vuota al
25 pianterreno vi è una notevole quantità di particolarissime bottiglie, ciascuna delle quali contiene un pezzetto di piombo sospeso a un filo a mo' di pendolo.
Questi curiosi affermano inoltre che il Vecchio Terribile parla a quelle bottiglie, rivolgendosi ad esse usando nomi come Jack lo Sfregiato, Tom il Lungo, Joe lo Spagnolo, Peters, e Nostromo Ellis; pare inoltre che, quando si rivolge ad una di
30 queste bottiglie, il piccolo pendolo plumbeo compia certe precise vibrazioni, quasi rispondesse oscillando. Coloro che avevano osservato l'alto e sottile Vecchio Terribile impegnato in tali singolari conversazioni non ripetevano mai l'esperienza una seconda volta.
Ma Angelo Ricci, Joe Czanek e Manuel Silva non avevano nelle vene sangue di
35 Kingsport, appartenendo a quel nuovo ed eterogeneo calderone di stranieri che vivono al di fuori del cerchio magico della vita e delle tradizioni del New England. Per quei tre, il Vecchio Terribile era soltanto un vegliardo barcollante e quasi inerme, incapace di camminare senza l'aiuto del suo nodoso bastone, le cui mani tremavano pietosamente.
40 A loro modo, erano sinceramente dispiaciuti per la solitaria condizione di quel vecchio malvisto e rifuggito da tutti, e contro il quale tutti i cani abbaiavano con foga straordinaria. Ma gli affari sono affari e, per un ladro che vota l'anima alla professione, un vegliardo, per di più debolissimo, non può che costituire un'esca e una sfida, soprattutto se non dispone di un conto in banca, ma, per le poche
45 necessità che soddisfa allo spaccio del villaggio, paga con sonanti dobloni spagnoli in oro e argento, coniati due secoli or sono.
Ricci, Czanek e Silva scelsero la notte dell'11 aprile per la loro visita. A Ricci e Silva sarebbe toccato occuparsi del vecchio, mentre Czanek li avrebbe attesi e poi accolti carichi di un bottino presumibilmente metallico, in un'auto coperta in Ship Street,
50 presso il portone dell'alto muro posteriore che recintava il giardino del Vecchio Terribile. Desiderando evitare inutili spiegazioni nel caso di un inatteso interesse della polizia, diedero inizio all'operazione in maniera tranquilla e poco appariscente. Come stabilito, i tre avventurieri si mossero separatamente, così da non dar luogo a successivi sospetti. Ricci e Silva si ritrovarono in Water Street presso l'ingresso anteriore della casa del vecchio e, quantunque non gradissero affatto il modo in cui il chiaro di luna risplendeva sulle pietre dipinte filtrando attraverso i rami in boccio degli alberi nodosi, avevano cose ben più importanti cui pensare che a stupide superstizioni. Temevano che non sarebbe stato un compito gradevole

Edward Hopper, Stanze per turisti, *particolare, 1945. New Haven, Yale University Art Gallery.*

quello di far sciogliere la lingua al Vecchio Terribile a proposito del tesoro in oro e argento gelosamente custodito, perché i vecchi lupi di mare sono notoriamente
70 cocciuti e perversi: tuttavia il padrone di casa era vecchissimo e quasi privo di forza, e i suoi ospiti erano in due. Ricci e Silva poi vantavano una lunga esperienza nell'arte di rendere loquaci i taciturni, e le grida di un uomo così debole e anziano potevano essere facilmente smorzate.

Si avvicinarono quindi all'unica finestra illuminata, dalla quale si udiva il Vecchio
75 Terribile intento a conversare con le bottiglie e coi pendoli con voce fanciullesca. Infilarono quindi le maschere, e bussarono educatamente alla porta di quercia scolorita dalle intemperie.

L'attesa sembrò interminabile a Czanek, che inquieto si agitava nell'auto sistemata presso l'entrata posteriore della casa del Vecchio Terribile in Ship Street. Czanek
80 era uno dal cuore particolarmente tenero, e non gli erano affatto piaciute le urla laceranti che aveva inteso provenire dall'antica dimora subito dopo l'ora stabilita per l'attuazione del piano. Non aveva forse raccomandato ai suoi compagni di usare la massima delicatezza possibile col vecchio e patetico capitano di mare?

Con profonda inquietudine fissava lo stretto portone di quercia posto nell'alto muro di
85 cinta rivestito d'edera. A brevi intervalli consultava l'orologio, e stupito si interrogava sulle cause del ritardo. Che il vecchio fosse morto prima di rivelare dove nascondeva il tesoro, costringendo i suoi compagni ad una imprevista perquisizione? Certo è che Czanek non gradiva affatto aspettare così a lungo al buio e in un simile posto.

Tutto d'un tratto, percepì il fievole rumore di un passo leggero, una sorta di tenue
90 picchiettio sul vialetto all'interno del portone. Udì poi un lieve armeggiare con il chiavistello arrugginito e vide la stretta e pesante porta aprirsi verso l'interno. E, nel pallido bagliore dell'unico, fioco lampione stradale, aguzzò la vista per vedere ciò che i due compagni avevano portato fuori dalla sinistra dimora che indistinta si stagliava poco lontano.

95 Ma il suo sguardo non incontrò ciò che si aspettava, giacché di fronte a lui non c'erano i suoi due compagni, bensì il Vecchio Terribile tranquillamente appoggiato al nodoso bastone, intento a sorridere in modo detestabile. Il signor Czanek non aveva mai fatto caso al colore dei suoi occhi, ma in quel momento si accorse che erano gialli.

100 Nelle cittadine di provincia basta un nulla a suscitare un gran fermento, ed ecco perché, per tutta la primavera e l'estate, a Kingsport non si parlò d'altro che dei tre corpi non identificati trasportati a riva dalla marea, orribilmente straziati come dai fendenti di molte sciabole e spaventosamente storpiati come dal calpestio di molti crudeli tacchi di stivali. Qualcuno parlò anche di cose più banali, come di
105 un'automobile abbandonata rinvenuta in Ship Street, o di certe urla assolutamente inumane emesse probabilmente da qualche bestia randagia o da un uccello migratore, udite nella notte da cittadini insonni.

A queste chiacchiere paesane il Vecchio Terribile non prestò alcun interesse. Era già schivo di natura e, quando si è vecchi e deboli, la riservatezza raddoppia
110 d'intensità. E poi, un vecchio lupo di mare come lui doveva aver visto decine di cose di gran lunga più sconvolgenti nei remoti giorni della sua trascorsa giovinezza.

(H.P. Lovecraft, *La tomba e altri racconti*,
Roma, Newton Compton, 2012, a cura di Gianni Pilo e Sebastiano Fusco)

3 RISCRITTURA

A partire dai nostri suggerimenti riscrivi il testo. Ricorda di utilizzare la terza persona e i verbi all'indicativo presente o all'imperfetto. Il tuo riassunto non dovrà superare le venti righe e dovranno essere immediatamente riconoscibili i seguenti elementi: Chi? Che cosa? Dove? Quando? *quando?* Una notte *chi?* tre ladri *che cosa?* decidono di derubare *chi?* il Vecchio Terribile che viveva da solo *dove?* a Kingsport in una casa vicino al mare. Sul vecchio correvano strane voci. In particolare alcuni curiosi affermavano di averlo visto dialogare con alcune bottiglie. Continua tu… .

L'analisi del testo narrativo

Che cosa vuol dire analizzare un testo?

Analizzare un testo non vuol dire raccontare superficialmente di che cosa parla il brano o soffermarsi sulla vita dell'autore, memorizzando e riportando nel dettaglio date, eventi e opere. Analizzare un testo significa comprendere il suo significato generale, individuarne gli aspetti strutturali e formali, interpretarne il significato ed esprimere un proprio giudizio su quanto si è letto. Il processo di analisi risulta scandito in tre momenti – comprensione, analisi e interpretazione – durante i quali occorrerà "interrogare" il testo, alla ricerca degli elementi più utili per comprenderlo e spiegarlo.

Comprensione generale

- A quale genere appartiene il brano che sto leggendo? Chi lo ha scritto? Quando?
- Di che cosa parla?

- Chi sono i protagonisti della vicenda? Quando e dove si svolgono i fatti?
- A chi appartiene la voce che racconta? Qual è il punto di vista dominante?
- Fabula e intreccio coincidono? Sono presenti flashback?
- Lo stile è semplice o complesso?

Analizzare

Commentare

- Qual è il significato profondo del brano? Quale messaggio veicola?
- Quali sono le motivazioni profonde del comportamento del protagonista?
- Il brano mi è piaciuto? Perché?

Naturalmente in sede di analisi, in base al tipo di brano e ai suoi contenuti, di volta in volta si darà maggiore rilievo ad alcuni elementi piuttosto che ad altri: il personaggio e la sua caratterizzazione, l'ambientazione, i rapporti tra fabula e intreccio ecc. In effetti, alcuni testi narrativi sono focalizzati sui protagonisti della storia, altri sulla ricostruzione di luoghi e ambienti e così via. Occorre dunque individuare le peculiarità del testo e orientare l'analisi in tal senso.

Di seguito ti forniamo una scaletta per la progettazione dell'analisi testuale e alcune frasi utili da utilizzare in fase di stesura.

Una edizione dei racconti di H.P. Lovecraft.

Parte	Contenuti	Frasi e formule da utilizzare
Introduzione (Comprensione generale)	• Si forniscono informazioni sul brano.	• Questo racconto di…, dal titolo …, tratto dalla raccolta …, pubblicata nel…, parla… / Il brano, tratto dal romanzo… di…, racconta…
	• Sintesi del brano.	• Questa la trama in breve… (si riporta la trama del brano).
Corpo centrale del testo (Analisi)	Si analizzano:	
	• i personaggi (indicando ruoli, rapporti tra i personaggi e caratterizzazione);	• La trama ruota intorno al conflitto tra il protagonista… (indicare il nome) e il suo antagonista …
	• l'ambientazione;	• La vicenda si svolge… (indicare dove e quando), come si evince da alcuni particolari riportati nel testo… (riportare particolari).
	• il narratore e il punto di vista;	• La narrazione è affidata alla voce di… (indicare la tipologia del narratore: esterno/testimone/io narrante); la focalizzazione è… (interna/esterna). Infatti il narratore racconta la storia da… (un punto di vista onnisciente/interno).
	• la presenza/assenza di sfasature temporali;	• Dal punto di vista strutturale il racconto è caratterizzato dalla coincidenza/non coincidenza tra fabula e intreccio. Non sono presenti/Sono presenti sfasature temporali….
	• le tecniche narrative e lo stile.	• Per quel che riguarda le tecniche narrative, è frequente il ricorso al discorso diretto libero/indiretto libero ecc. (supportare l'affermazione con riscontri testuali). Lo stile è semplice e lineare/complesso e ricercato: prevale infatti l'utilizzo del registro…
Conclusione (Commento e interpretazione)	• Si individua, se presente, il messaggio del brano.	• Attraverso questo racconto, l'autore intende…
	• Si commenta il comportamento del personaggio alla luce del suo vissuto, del contesto ecc.	• Per poter comprendere le caratteristiche del personaggio e i suoi comportamenti, è necessario approfondire il suo vissuto e soffermarsi sul contesto socio-economico in cui vive. Il personaggio di…, infatti, …
	• Si esprime un giudizio motivato – positivo o negativo – sul brano.	• A mio giudizio, questo racconto è uno dei più riusciti di… Infatti, in esso è possibile riconoscere tutti gli elementi caratteristici (del genere…/della poetica dell'autore:…)

La nonna tiranna

Andrea Camilleri, *Il diavolo, certamente*

Tipologia	Testo narrativo
Genere	Racconto
Sottogenere	Realistico
Anno	2012

▶ L'ANALISI DEL TESTO

1 COMPRENSIONE GENERALE
2 ANALISI
3 COMMENTO E INTERPRETAZIONE

Invito alla lettura

Andrea Camilleri, nato a Porto Empedocle nel 1925, è un drammaturgo, regista e scrittore italiano. Dopo il diploma liceale, studia presso l'Accademia di Arte drammatica Silvio d'Amico di Roma e inizia a lavorare come regista e sceneggiatore teatrale e televisivo. Esordisce come scrittore nel 1978 con *Il corso delle cose*, cui fa seguito, nel 1980, *Un filo di fumo*. Nel 1994 pubblica *La forma dell'acqua*, il primo romanzo che ha per protagonista il commissario Montalbano, il personaggio che farà conoscere Camilleri al grande pubblico. Al ciclo di Montalbano – che comprende tra romanzi e racconti circa trenta titoli – è ispirata l'omonima fiction RAI con Luca Zingaretti nel ruolo principale, cui ha fatto seguito, nel 2011, la serie *Il giovane Montalbano* con Michele Riondino nei panni del commissario.
Oltre al giallo, Camilleri pratica altri generi letterari, dal racconto fantastico al romanzo di ambientazione storica. Il racconto che ti proponiamo è tratto dalla raccolta *Il diavolo, certamente* (2012), che comprende 33 brevi storie in cui personaggi diversi, tra desideri e vizi, odi e menzogne, sperimentano quanto imprevedibile possa essere la vita, soprattutto quando il diavolo ci mette lo zampino!

1 COMPRENSIONE GENERALE

Leggi il brano più volte e riassumine la trama. Nel tuo riassunto dovranno essere bene evidenti i rapporti che intercorrono tra i vari personaggi.

Tonino, dodicenne, detesta la nonna paterna Ersilia nella cui casa è costretto a vivere da tre anni assieme al papà e alla mamma. È successo quando papà ha perduto l'impiego e da allora non è riuscito a trovarne un altro. Di conseguenza hanno dovuto lasciare la casa che avevano in affitto e trasferirsi in quella di nonna
5 Ersilia, che è vedova, in attesa di tempi migliori.
La nonna si è rivelata subito una tiranna, soprattutto nei riguardi della nuora. Tonino ha carpito, da alcuni discorsi dei suoi genitori, che la nonna non voleva quel matrimonio, stimava poco la futura nuora, e ora che i fatti sembrano darle ragione, si sta impietosamente vendicando. E quante volte Tonino ha sorpreso sua
10 madre distesa bocconi sopra il letto, la faccia affondata nel cuscino, per non far sentire il suo pianto desolato!
All'arrivo della nuora, la nonna ha licenziato la serva per fare in modo che tutto il mantenimento quotidiano della casa gravasse sulle spalle della nuova arrivata. E quando trova qualche minuzia che non va, la rimprovera aspramente:
15 «Se non fosse per me, ora sareste in mezzo a una strada!»
Non perde occasione per rinfacciarle tutto, il pasto, il letto, l'aria. Certe volte, di notte, Tonino, che dorme nella stessa camera dei genitori, sente che discutono a bassa voce ma animatamente. La mamma è arrivata a dichiarare che non ce la fa più a reggere, che se papà non interviene con sua madre lei un giorno o l'altro se
20 ne andrà via da casa. Papà ha più volte promesso che parlerà con sua madre, ma non l'ha mai fatto. In realtà non ne ha il coraggio e poi a ogni primo del mese la nonna gli fa trovare nella tasca della giacca il denaro bastevole per i suoi vizietti,

il fumo, il caffè e l'aperitivo con gli amici. Solo col figlio ha queste liberalità, per il resto è spaventosamente avara. L'olio, a tavola, è lei a versarlo nei piatti degli altri,
25 tre gocce e via. Le fioche lampadine vengono accese quando è già buio fitto. Una volta che ha sorpreso Tonino a prendere un pezzo di spago usato dalla scatola dove li raccoglie, è successo il finimondo perché non le aveva chiesto il permesso. Tonino, a scuola, è bravo. I suoi voti oscillano tra il sette e l'otto. Ma nonna non è mai soddisfatta. Una volta, per un sei in un compito scritto, gli ha dato un ceffone.
30 Non la sopporta più, vorrebbe vederla morta.
La nonna ha settant'anni, dice che ha uno scompenso cardiaco e per questo prende la mattina delle gocce prescritte dal medico. Ma sembra stare benissimo, altrimenti non potrebbe gridare e rimbrottare da mattina a sera.
Spesso Tonino, mentre sta facendo i compiti, viene interrotto dalla nonna:
35 «Vammi a comprare un pacchetto di caramelle al miele.»
E mai che gliene dia una.
Oppure c'è da andare in farmacia, dal giornalaio, dal pizzicagnolo.
Un giorno il suo compagno di banco è assente. Ritorna dopo tre giorni, il lutto al braccio.
40 «Che ti è successo?»
«Mi è morta la nonna paterna. Sapessi com'era buona! E quanto le volevo bene!»
E giù con le lacrime. Tonino gli invidia quel pianto. È un sentimento che gli sarà per sempre ngato. Quando nonna Ersilia schiatterà, lui tirerà un sospiro di sollievo. Sarà una liberazione.
45 Una mattina, tornato dalla scuola, trova a tavola solo la nonna.

Una ricevitoria del lotto a Roma, stampa, fine XIX secolo.

«E la mamma?»

«Vallo a domandare a tuo padre che ha fatto quella disgraziata!»

Va in camera da letto. Suo padre è coricato, ma è vestito, non si è tolto nemmeno le scarpe. Ha gli occhi rossi.

50 «Dov'è mamma?»

«È andata via.»

Saprà dopo che mamma è andata a vivere a casa di sua sorella, che le ha messo a disposizione una stanzetta.

Senza la mamma diventa di giorno in giorno più difficile sopportare la nonna.

55 Certe volte pensa di scapparsene anche lui, di raggiungere la mamma, ma poi non se la sente di lasciare solo papà. Hanno preso l'abitudine di dormire insieme nel letto grande.

E accade che anche papà decida d'andarsene. Una notte gli sussurra all'orecchio il suo proposito. Con mamma andranno a cercare fortuna in un altro paese, per

60 un po' saranno ospiti di un cugino.

«E io?»

«Tu ormai sei grande, sei un uomo. Con noi non possiamo portarti. Resterai qua con nonna, appena possibile verremo a prenderti.»

La nonna piglia come un affronto l'allontanamento del figlio. E si rifà sul nipote,

65 martoriandolo. Ogni tanto esplode contro papà.

«Quando diventerò ricca, da morta non gli lascerò un soldo!»

Già, perché nonna è più che certa che un giorno diventerà arcimilionaria.

Ogni giovedì pomeriggio manda Tonino a fare una giocata al bancolotto. Tonino le consegna la ricevuta che la nonna conserva gelosamente dietro una statuetta

70 della Madonna di Pompei che tiene sul canterano. E ogni volta recita un'*Ave* perché la Madonna faccia il miracolo. La comunicazione dell'estrazione viene data alla titolare del bancolotto alle sette del sabato pomeriggio. Alle sette e mezzo i numeri estratti vengono esposti in un tabellone accanto alla porta del botteghino. Tonino ha il compito di trascrivere i numeri della ruota di Palermo su un foglietto

75 e di consegnarlo alla nonna.

Un sabato, dopo aver pranzato, la nonna, come al solito, va a farsi un riposino. Ma è appena andata via che Tonino la sente urlare:

«Ladro! Farabutto! Vieni qua!»

Tonino accorre.

80 «Mascalzone! M'hai rubato la giocata! E io ora ti denunzio ai carabinieri.» E giù ceffoni e calci. Ma Tonino sa di non essere stato lui. Perciò, senza schivare quella gragnuola di colpi, si china a guardare sotto il canterano. Infatti la giocata è lì. Tonino la prende, la guarda e poi grida:

«Eccola la tua giocata! Lo vedi che non sono un ladro?»

85 La getta per terra, va a piangere in camera da letto. Alle sette e mezzo è davanti al botteghino. I numeri estratti sulla ruota di Palermo sono: 21, 44, 63, 74, 80. Tonino, sul foglietto invece scrive 7, 18, 37, 62, 87. I numeri giocati da nonna, che ha letto e mandati a memoria. Lei l'aspetta seduta al tavolo, gli occhiali inforcati, la ricevuta ben spiegata. Tonino le consegna il foglietto e se ne va in bagno. Quando

90 torna, trova la nonna per terra. Le si inginocchia accanto, le poggia la testa sul petto. Nessun battito. Il cuore deve aver ceduto di colpo. La gioia per la finta vincita deve averla stroncata. Si mette in tasca il foglietto, corre a bussare alla porta dei vicini, sforzandosi di imitare il pianto del suo compagno di scuola.

(A. Camilleri, *Il diavolo, certamente*, Milano, Mondadori, 2012

2 ANALISI

Gli elementi di maggiore rilievo del racconto sono la caratterizzazione dei personaggi e l'ambiente socio-economico in cui si svolgono i fatti. In particolare, oltre che sulla nonna e Tonino, rifletti sulla figura del padre e sul suo rapporto con la madre e con la moglie.

3 COMMENTO E INTERPRETAZIONE

Alla luce dei dati emersi dalla tua analisi, approfondisci i seguenti aspetti:
• il rapporto tra il racconto e la realtà di oggi;
• l'attinenza tra il finale del racconto e il titolo della raccolta *Il diavolo, certamente*.

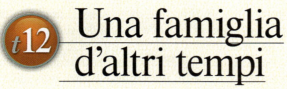

Una famiglia d'altri tempi

Roy Lewis, *Il più grande uomo scimmia del Pleistocene*

Test

Tipologia	Testo narrativo
Genere	Romanzo
Sottogenere	Fantascienza
Anno	1960

Roy Lewis (1913-1996) è stato uno scrittore e giornalista inglese, collaboratore di importanti testate, come «Times» ed «The Economist». Nel 1960 pubblicò quello che è considerato il suo capolavoro, *Il più grande uomo scimmia del Pleistocene*, un esilarante romanzo di fantascienza ispiratogli da un viaggio compiuto in Africa come corrispondente dell'«Economist».

FLASHCARD

Vai alle Flashcard per ripassare **gli elementi della narrazione**.

Quando i venti soffiavano forte da nord, spifferando gelidi che la grande cappa di ghiaccio continuava la sua avanzata, noi ammucchiavamo tutte le nostre riserve di legna e fascine davanti alla caverna e facevamo un gran fuoco, convinti che per quanto a sud si fosse spinta stavolta, fino in Africa, addirittura, noi eravamo
5   perfettamente in grado di affrontarla e vincerla.
Avevamo un bel daffare a procurarci il combustibile necessario per tutti quei falò, anche se con una buona lama di quarzite un ramo di cedro da mezza spanna si taglia in dieci minuti; erano gli elefanti e i mammut a tenerci caldi, con la loro premurosa abitudine di sradicare gli alberi per provare la forza di proboscidi e zanne. L'*Elephas*
10   *antiquus* si dedicava a questo sport anche più del tipo moderno, perché era ancora in pieno sforzo evolutivo, e se un animale in evoluzione ha un chiodo fisso, è lo stato della propria dentatura. I mammut, che a quei tempi si sentivano già quasi perfetti, sradicavano alberi solo quando erano arrabbiati, o quando volevano far colpo sulle femmine. Nella stagione degli amori bastava seguire il branco per far legna; nelle al-
15   tre, un sasso ben centrato dietro l'orecchio di un mammut al pascolo faceva miracoli, garantendoti il riscaldamento anche per un mese. È un trucco, lo dico per esperienza personale, che funziona ottimamente con i grossi mastodonti; ma ce ne vuole, poi, per trascinare a casa un baobab sradicato. Brucia bene, ma non puoi avvicinarti a meno di trenta metri. Del resto, è inutile portare le cose agli estremi. In genere tenevamo
20   acceso un bel falò quando faceva proprio freddo e i ghiacciai del Kilimangiaro e del Ruwenzori scendevano sotto la linea dei tremila metri.
Le faville salivano al cielo, nelle gelide e serene notti d'inverno, la legna verde sfri-golava, quella secca crepitava, e il nostro fuoco splendeva come un faro su tutta la Rift Valley. Quando la temperatura si abbassava parecchio anche in pianura,
25   e le piogge spargevano umido e dolori alle giunture, costringendoci a restare al chiuso, veniva a trovarci zio Vania. Arrivava sfrecciando tra le fronde degli alberi, annunciato da uno ziff-ziff-ziff che suonava inconfondibile quando il traffico della giungla si azzittiva per un momento; di tanto in tanto, il sinistro spezzarsi di un ramo sovraccarico, seguìto da un'imprecazione soffocata che diventava un urlo
30   d'ira francamente bestiale se davvero gli accadeva di precipitare giù.
Alla fine la sua figura massiccia sbucava ciondolando nel chiarore del fuoco: le braccia lunghe fin quasi a toccare terra, la testa quadra incassata nelle spalle larghe e villose, gli occhi iniettati di sangue, le labbra arrovesciate nel consueto sforzo di farne sporgere i canini, cosa che gli conferiva l'espressione di chi inalberi un sorriso
35   ipocrita a una festa che chiaramente aborre; da bambino lo trovavo terrificante. In seguito però ho scoperto che dietro tutte le sue manie ed eccentricità – di cui era il primo a soffrire, e anche l'unico – si celava una persona gentile, sempre pronta

a regalare una manciata di fichi o bacche di ginepro al ragazzo che (si illudeva) prendeva per autentica e voluta la naturale ferocia del suo aspetto.

40 Ma come parlava, come discuteva! Ci salutava appena, un cenno particolare a zia Mildred, tendeva appena le sue povere mani, blu per il freddo, al calore del fuoco... e già era partito a testa bassa come un rinoceronte contro mio padre, puntandogli addosso, al posto del corno, un lungo indice accusatore. Papà gli lasciava sfogare la piena dei sentimenti in un torrente di querimonie; poi, quando lo zio si era un

45 po' calmato, magari mangiando un paio d'uova di aepyornis e qualche durian, ingaggiava battaglia, parando i colpi di zio Vania con le sue osservazioni pacate e ironiche, a volte lasciandolo sbigottito e senza parole con l'ammettere allegramente i suoi spropositi – quando addirittura non se ne vantava.

Credo che in fondo si volessero un gran bene, pur passando la vita a litigare, ma

50 non poteva andare diversamente: erano entrambi uomini scimmia di saldi princìpi, e questi princìpi, che essi mettevano in pratica con assoluta coerenza, erano diametralmente opposti in tutti i campi. Ognuno tirava dritto per la propria strada, sicurissimo che fosse l'altro a sbagliarsi tragicamente riguardo alla direzione in cui evolveva la famiglia antropoide; ma i loro rapporti personali, pur così polemici,

55 restavano buoni. Discutevano, talora si insultavano, ma non passavano mai alle vie di fatto. E benché zio Vania ci lasciasse di solito molto risentito, finiva sempre per tornare a trovarci.

Il primo litigio a cui ricordo di avere assistito tra i due fratelli, così diversi d'aspetto e condotta, riguardava l'opportunità, in generale, di avere un fuoco nelle notti

60 fredde. Io me ne stavo accovacciato ben lontano da quella cosa rossa, guizzante, ferita ma vorace, e guardavo papà che la alimentava con mirabile disinvoltura, non disgiunta da circospezione. Le donne stavano in gruppo, intente a spidocchiarsi chiacchierando; mia madre, come sempre un po' in disparte, fissava papà e il fuoco con gli occhi malinconici e pensosi, masticando il cibo da dare ai bambini

65 già svezzati. Poi, d'un tratto, zio Vania fu tra noi, figura minacciosa che levava la voce in accenti catastrofici.

«Stavolta l'hai fatta grossa, Edward» tuonò. «Avrei dovuto immaginarlo che prima o poi sarebbe successo, ma a quanto pare pensavo che ci fosse un limite anche alla tua follia. Naturalmente mi sbagliavo! Basta perderti di vista un'ora perché tu

70 commetta qualche nuova idiozia. Questa, poi! Edward, se già non ti avessi ammonito abbastanza, se già non ti avessi addirittura implorato, come fratello maggiore, di pensarci bene prima di proseguire sulla tua china rovinosa, di emendare la tua condotta prima che trascini te e i tuoi a qualche irreparabile disastro, avrei ora l'obbligo di dirti con enfasi almeno dieci volte più forte: fèrmati! Fèrmati, Edward,

75 prima che sia troppo tardi... Ammesso che tu sia ancora in tempo, fèrmati...».
Zio Vania prese fiato prima di completare questa frase, di grande effetto, ma di non facile conclusione, e mio padre interloquì.

«Ehi, Vania, è un bel pezzo che non ti fai vedere! Vieni qua, vieni a scaldarti, mio caro. Dove ti eri cacciato?».

80 Zio Vania fece un gesto d'impazienza. «Neanche tanto lontano. La stagione non è stata troppo propizia alla frutta e agli ortaggi su cui si basa, in buona sostanza, la mia dieta...».

«Eh, lo so» disse papà, comprensivo. «A quanto pare stiamo capitando in un'èra interpluviale. Ho notato che ultimamente la siccità si è estesa».

85 «Sì, ma ci vuol altro, ci vuol altro» proseguì di malumore zio Vania. «C'è ancora cibo in abbondanza, nella foresta, a saper guardare. È solo che alla mia età bisogna stare un po' più attenti a quello che si mangia... sicché, come farebbe qualunque primate avveduto, mi sono addentrato un po' per trovare quello che mi servisse... mi sono

spinto fino al Congo, dove c'è di tutto, in gran copia, per tutti, senza dover fingere
90 di avere denti da leopardo, stomaco di capra, gusti e maniere da sciacallo, Edward!».
«Andiamo, andiamo, non esagerare, Vania», protestò papà.

«Sono tornato ieri» riprese zio Vania «e naturalmente avevo già intenzione di
venirvi a trovare. La sera stessa ho capito che c'era qualcosa che non andava. Mi
risulta che da queste parti ci sono undici vulcani, Edward... non dodici! Guai in
95 arrivo, quindi, e ho subodorato che c'entravi tu. Sperando ancora, assurdamente,
ma col cuore stretto, son corso qui. Avevo ragione. Vulcani privati, nientedimeno!
Stavolta l'hai fatta troppo grossa, Edward!»

Papà ebbe un ghigno sornione. «Lo credi davvero, Vania?» gli domandò. «Insomma, secondo te ci siamo, è il punto di svolta? L'avevo pensato anch'io, ma come
100 si fa a esserne sicuri? Indubbiamente è una svolta, nell'ascesa dell'uomo, ma sarà
proprio la svolta? » e papà strizzò gli occhi, in una sua tipica smorfia di comica
disperazione.

«Che ne so se è una svolta o la svolta» ribatté zio Vania. «Io non presumo affatto
di sapere quello che tu credi di fare, Edward. Ti monti la testa, questo sì! E ti dico
105 che questa è la cosa più perversa e contro natura che uno...»

«È contro natura, eh?» disse papà, interrompendolo con impazienza. «Ma allora,
Vania, l'artificiale è entrato nella vita subumana già con gli utensili di pietra. Sai,
forse è stato proprio quello il passo decisivo, e questa è solo un'elaborazione; e
però la selce la usi anche tu, e quindi... ».

110 «Ne abbiamo già discusso mille volte » rispose zio Vania. « Entro limiti ragionevo-
li, gli utensili e i manufatti non infrangono l'ordine naturale. I ragni usano la rete
per catturare le prede; gli uccelli costruiscono nidi che noi manco ci sogniamo; e
chissà quante volte le scimmie avranno scagliato una noce di cocco per spaccarla
su quella tua testa dura – cosa che forse spiega i tuoi deliri. Non più tardi di qual-
115 che settimana fa, ho visto un branco di gorilla attaccare una coppia di elefanti –
elefanti, nota bene! – con dei bastoni. Sono disposto ad accettare come naturali le
semplici selci sbozzate, a patto di non giungere a dipenderne, e di non raffinarle
indebitamente. Non sono un reazionario, Edward, tanto è vero che fin lì ci arrivo. Ma *questo*!... È tutta un'altra cosa. Non si sa dove può portare. Coinvolge tutti.
120 Anche me. Potresti bruciarci la foresta. Che fine farei io, allora?».

«Eh, non credo che succederà, Vania» osservò papà.

«Tu non credi? Di' un po', Edward, ma tu la controlli per davvero, questa roba?».

«Ehm... più o meno. Più o meno, sai com'è».

«No che non lo so! Più o meno? O la controlli o non la controlli! Non fare il furbo.
125 Per esempio, la sai spegnere?».

«Se non la alimenti, si spegne da sé » fece mio padre, sulla difensiva.

«Edward» disse zio Vania «ti avverto: hai messo in moto qualcosa che potresti non
essere più in grado di fermare. Sei convinto che a non alimentarla si spenga: non
hai pensato che potrebbe anche decidere di nutrirsi da sé? Che fine faresti, allora?».

130 «Non è ancora successo» disse mio padre di malumore. «A dir la verità, perdo
tutto il mio tempo ad alimentarla, specialmente nelle notti piovose».

«Allora ti consiglio di tutto cuore di spegnerla subito» disse zio Vania «prima che
si inneschi una reazione a catena. Quanto tempo è che scherzi col fuoco?».

«Oh, l'ho scoperto qualche mese fa» disse papà. «E sai, Vania, è una cosa vera-
135 mente affascinante. Ha delle potenzialità incredibili. Voglio dire, ci puoi fare un
sacco di cose, oltre al riscaldamento centrale, che è già un gran bel passo avanti.
Ho appena cominciato a intravederne le applicazioni. Prendi il fumo: credici o no,
soffoca le mosche e tiene lontane le zanzare! Certo, il fuoco è insidioso. È difficile
da trasportare, per esempio. Poi è vorace: mangia come un cavallo. Può diventare

140 dispettoso e morderti di brutto, se non stai attento. Ed è completamente nuovo: illumina prospettive inesplorate, di grande...».

Ma proprio in quella zio Vania lanciò un urlo, e cominciò a saltellare su un piede solo. Da un po' di tempo mi ero accorto che aveva messo l'altro sulla brace in-
145 candescente, e lo stavo osservando con vivo interesse. Troppo infervorato nella discussione con mio padre, lui non ci aveva badato, ignorando anche il sibilo e l'odore tutto particolare che si era sprigionato. Ma ora il tizzone, bucata la pellac-cia, era arrivato a mordere la carne viva della pianta del piede.

«Ahiaargh!» ruggiva zio Vania. «Accidenti a te, Edward! M'ha morsicato, hai visto? Ecco dove portano i tuoi trucchi infernali! Ahiargh! Che cosa ti avevo detto? Finirà
150 per divorarvi tutti quanti! Vi siete seduti su un vulcano attivo, ed ecco qua! Ma con te ho chiuso, Edward! Ti estinguerai, vi estinguerete tutti in men che non si dica! Siete fritti! Uhhiah... Torno sugli alberi! Stavolta hai passato il segno, Edward! Come a suo tempo ha fatto il brontosauro!».

Sempre saltellando, ben presto sparì dalla vista, ma i suoi ululati continuarono a
155 sentirsi per un buon quarto d'ora.

«Credo proprio che a passare il segno sia stato Vania» disse papà alla mamma, spazzando accuratamente tutt'intorno al focolare con una frasca.

(R. Lewis, *Il più grande uomo scimmia del Pleistocene*, Milano, Adelphi, 2001, trad. di Carlo Brera)

Aspetto 4 *Cogliere le relazioni di coesione e coerenza testuale (organizzazione logica entro e oltre la frase).*

1 «Si fosse spinta» (r. 4): qual è il soggetto del verbo?
- [ ] **A** La cappa di ghiaccio.
- [ ] **B** L'Africa.
- [ ] **C** La legna.
- [ ] **D** La caverna

Aspetto 2 *Individuare informazioni date esplicitamente nel testo.*

2 Che combustibile utilizzano i protagonisti del racconto?
- [ ] **A** Gli elefanti.
- [ ] **B** I mammut.
- [ ] **C** Gli elefanti e i mammut.
- [ ] **D** Il legname.

Aspetto 3 *Fare un'inferenza di-retta, ricavando un'informazione implicita da una o più informazioni date nel testo e/o tratte dall'en-ciclopedia personale del lettore.*

3 I fatti sono raccontati da un
- [ ] **A** narratore esterno.
- [ ] **B** narratore testimone.
- [ ] **C** io narrante.
- [ ] **D** narratore nascosto.

Aspetto 3

4 Perché i protagonisti del racconto colpiscono i mammut con i sassi?
- [ ] **A** Per farli arrabbiare.
- [ ] **B** Per ucciderli.
- [ ] **C** Per gioco.
- [ ] **D** Per ucciderli e riscaldarsi con le loro pelli.

Aspetto 3

5 In quale continente si svolgono i fatti? Supporta la tua risposta con precisi riferimenti testuali (almeno 3).

_____
_____
_____

Aspetto 3

6 In quale epoca si svolgono i fatti? Supporta la tua risposta con precisi riferimenti testuali (almeno 3).

_____
_____
_____

Aspetto 3 *Fare un'inferenza di-*
retta, ricavando un'informazione
implicita da una o più informazioni
date nel testo e/o tratte dall'en-
ciclopedia personale del lettore.

7 Nel racconto vi sono due personaggi importanti per il narratore: lo zio Vania e il padre Edward. Indica a quale personaggio appartiene ognuna delle caratteristiche riportate.

Caratteristica	Vania	Edward	Caratteristica	Vania	Edward
Iracondo			Attento		
Ironico			Burbero		
Pacato			Sornione		

Aspetto 5a *Ricostruire il significato*
di una parte più o meno estesa del
testo, integrando più informazioni
e concetti, anche formulando infe-
renze complesse.

8 Lo zio Vania appare reazionario, Edward progressista. Spiega perché.

_____

_____

_____

Aspetto 2 *Individuare informazioni*
date esplicitamente nel testo.

9 Edward è
- ☐ **A** più giovane di Vania.
- ☐ **B** più anziano di Vania.
- ☐ **C** coetaneo di Vania.
- ☐ **D** meno giovane di Vania.

Aspetto 3 *Fare un'inferenza di-*
retta, ricavando un'informazione
implicita da una o più informazioni
date nel testo e/o tratte dall'en-
ciclopedia personale del lettore.

10 Che cos'è il dodicesimo vulcano?
- ☐ **A** Il fuoco di Edward.
- ☐ **B** Un nuovo cratere.
- ☐ **C** Un vulcano appena scoperto.
- ☐ **D** Uno dei vulcani della zona.

Aspetto 5b *Ricostruire il signifi-*
cato globale del testo, integrando
più informazioni e concetti, anche
formulando inferenze complesse.

11 Qual è il "punto di svolta" evolutivo cui si allude nel brano?
- ☐ **A** L'utilizzo del fuoco.
- ☐ **B** L'utilizzo del linguaggio.
- ☐ **C** I conflitti tra simili.
- ☐ **D** La fine dell'era glaciale.

Aspetto 3 *Fare un'inferenza di-*
retta, ricavando un'informazione
implicita da una o più informazioni
date nel testo e/o tratte dall'en-
ciclopedia personale del lettore.

12 I protagonisti sono
- ☐ **A** scimmie.
- ☐ **B** antropoidi.
- ☐ **C** uomini.
- ☐ **D** gorilla.

Aspetto 6 *Sviluppare un'interpre-*
tazione del testo, a partire dal suo
contenuto e/o dalla sua forma,
andando al di là di una compren-
sione letterale.

13 Qual è l'anacronismo più evidente nel brano?
- ☐ **A** L'uso del fuoco.
- ☐ **B** Il conflitto tra gli individui.
- ☐ **C** L'uso di un linguaggio complesso e moderno.
- ☐ **D** La presenza dei dinosauri.

Aspetto 3 *Fare un'inferenza di-*
retta, ricavando un'informazione
implicita da una o più informazioni
date nel testo e/o tratte dall'en-
ciclopedia personale del lettore.

14 All'epoca dei fatti narrati i dinosauri
- ☐ **A** sono ancora vivi.
- ☐ **B** sono in fase di estinzione.
- ☐ **C** si sono già estinti.
- ☐ **D** sono in piena evoluzione.

Aspetto 5b *Ricostruire il signifi-*
cato globale del testo, integrando
più informazioni e concetti, anche
formulando inferenze complesse.

15 Quale tra le seguenti frasi riassume meglio il brano che hai letto?
- ☐ **A** È un racconto umoristico sulle cause dei primi conflitti familiari.
- ☐ **B** la ricostruzione fedele di come gli uomini vivevano nella preistoria.
- ☐ **C** È il racconto delle straordinarie avventure nel tempo del narratore.
- ☐ **D** È il racconto umoristico delle prime, fondamentali scoperte dell'uomo.

Come leggere un'immagine

L'arte di narrare attraverso la pittura

Una storia la possiamo leggere, ascoltare o anche guardare. Quando pensiamo a una storia raccontata visivamente ci vengono subito in mente i film o i fumetti, che mettono insieme immagini e parole. Non pensiamo che c'è un altro modo per raccontare una storia e che questo altro modo è la pittura. A differenza dei film o dei fumetti la pittura "fa vedere" soltanto, senza suoni né parole scritte. Sta a noi immaginare il movimento e la storia che ci sono dietro a un quadro. Per queste caratteristiche, la pittura è simile a un romanzo, che racconta una storia solo attraverso le parole, lasciando immaginare a noi tutto il resto. Davanti a un romanzo o a un dipinto, dunque, noi sollecitiamo la facoltà dell'immaginazione pura e diventiamo più che mai parte attiva nella comunicazione tra autore (scrittore/artista) e fruitore (lettore/spettatore).

▶ UN METODO PER LEGGERE UN QUADRO

1 I PERSONAGGI

In un quadro i personaggi principali sono solitamente posti in primo piano, quelli secondari sullo sfondo.

2 I GESTI

Per ricostruire le azioni compiute dai personaggi occorre prestare attenzione alle loro espressioni e ai loro gesti.

3 LO SPAZIO

Il luogo raffigurato nel dipinto – esterno o interno, reale o immaginario – aiuta a comprendere meglio e a collocare nel tempo la vicenda raccontata dal pittore.

4 I COLORI E LE TECNICHE

Le tecniche pittoriche e le scelte cromatiche dell'artista rappresentano il suo stile: il tocco personale e inconfondibile con il quale attraverso le immagini racconta vicende ed emozioni.

5 IL MESSAGGIO

Così come le storie che leggiamo, anche i dipinti contengono un messaggio, che lo spettatore può decodificare collegando tutti gli elementi costitutivi di un quadro (posizione e azioni dei personaggi, spazio e tempo, colori e tecniche) e reperendo informazioni sull'autore e sulla sua opera.

Vincent Van Gogh, I mangiatori di patate, *1885.*

Ritratto di Émile Zola

Édouard Manet

TIPOLOGIA	Dipinto
GENERE	Ritratto
STILE	Realismo/ Impressionismo
TECNICA	Olio su tela
ANNO	1868

▶ ANALIZZIAMO IL DIPINTO

1 **IL PERSONAGGIO**

2 **LO SPAZIO**

3 **IL MESSAGGIO**

1 Il soggetto raffigurato è lo scrittore Émile Zola.

2 Lo spazio è riprodotto con grande attenzione per i particolari.

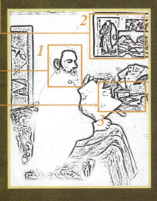

3 Per il pittore, lo scrittore rappresenta un punto di riferimento.

1 IL PERSONAGGIO

Lo scrittore Émile Zola, esponente del Naturalismo, aveva difeso il pittore Edouard Manet dalle accuse di alcuni critici. In segno di riconoscimento l'artista lo invitò nel proprio studio per ritrarlo. Lo scrittore è immortalato di profilo, con lo sguardo fiero e pensoso e un libro tra le mani. Le parti del quadro messe più in luce, e che sono in vivo contrasto con i colori scuri dell'insieme, sono il volto, il libro e gli strumenti dello scrittore.

1 Perché il pittore utilizza colori più chiari e luminosi per rappresentare il volto e le mani dello scrittore?

2 LO SPAZIO

Molto interessanti sono i particolari dell'ambiente: lo scrittore è circondato da tutti quegli oggetti che solitamente sono associati a un intellettuale: libri, fogli, calamaio, penna d'oca e anche una pipa da meditazione. Sullo sfondo, da sinistra verso destra notiamo un paravento giapponese di seta con rami fioriti e una stampa di Utamaro, che testimoniano il gusto diffuso in quegli anni per l'esotico e l'arte orientale. Accanto alla stampa, una fotografia ritrae uno dei quadri più celebri e scandalosi di Manet, *Olympia*, dietro la quale si intravede una riproduzione dei *Bevitori* di Velázquez.

2 Manet affermava che il suo intento era quello di «essere del proprio tempo» e «di dipingere quello che si vede». Quali elementi del tempo di Manet compaiono nel quadro? Il pittore, secondo te, è riuscito a riprodurre fedelmente la realtà?

3 IL MESSAGGIO

La scelta di ritrarre Zola non è dettata solo da un sentimento di gratitudine nei confronti dello scrittore. Manet, come molti giovani di quel periodo, desiderosi di innovare l'arte e le sue regole, vede infatti nei letterati un punto di riferimento e un sostegno per portare avanti le proprie battaglie, che si combattevano non solo negli spazi dedicati alle esposizioni, ma anche sulle pagine dei quotidiani e delle riviste, quando le polemiche artistiche, letterarie e musicali appassionavano e dividevano i lettori.

3 Un tempo erano i quotidiani a ospitare le polemiche e i dibattiti culturali, a diffondere mode e idee, a decretare il successo o l'insuccesso di un artista. Oggi tutto questo avviene in TV o sulle pagine di Internet, nei forum e nei blog. Quali vantaggi e quali svantaggi, secondo te, presentano le moderne forme di comunicazione rispetto a quelle del passato?

> ▶ ATTIVIAMO LE COMPETENZE

FRUIZIONE DI ALTRE FORME ESPRESSIVE

RICERCA, TESTO DESCRITTIVO-INFORMATIVO

4 Le modalità per ritrarre una persona possono cambiare moltissimo da artista ad artista, a seconda del periodo storico e culturale, della tendenza o movimento a cui il pittore appartiene. Ma anche il soggetto che viene ritratto può influenzare e determinare l'opera. Proponiamo qui il ritratto di Père Tanguy che Vincent Van Gogh realizza tra il 1887 e il 1888. Fai una breve ricerca in rete per scoprire l'identità del personaggio, spiega poi in che modo Van Gogh sceglie di ritrarre il soggetto e metti a confronto le due tele proposte, quella di Manet e quella di Van Gogh. Descrivi in quali posizioni è rappresentato il protagonista della tela, in quale atteggiamento, qual è l'ambiente e quali gli oggetti che lo circondano, infine spiega se, secondo te, la diversa professione del personaggio ritratto ha in qualche modo influenzato l'artista.

Vincent Van Gogh, Ritratto di Père Tanguy, 1887-1888. Parigi, Musée Rodin.

La recensione di un film

CHE COS'È?

La recensione è una forma di scrittura di tipo informativo che consiste nella presentazione e nella valutazione di un prodotto artistico (un libro, un film, un'opera d'arte, un concerto, un programma televisivo). Spesso nei giornali, nelle riviste e nelle pagine di Internet alle recensioni sono dedicate apposite rubriche seguite con assiduità dagli appassionati.

GLI SCOPI

La recensione ha due scopi fondamentali: informare il lettore su un argomento e contribuire alla formazione di un'opinione in chi legge attraverso un giudizio chiaro e obiettivo sull'opera recensita.

COME SI FA

Per scrivere una buona recensione è importante per prima cosa documentarsi su ciò di cui si intende parlare (consultando enciclopedie, siti Internet, libri specialistici). Dopo aver raccolto le informazioni necessarie per la stesura del testo, è necessario, in fase di progettazione, organizzare le informazioni in una struttura scandita in tre parti: un'introduzione, una parte centrale e una conclusione. Si procede poi alla scrittura del testo, ricordandosi di essere sempre chiari e precisi.

Progettazione

- Chi scrive una recensione deve conoscere bene l'argomento di cui intende parlare.
- È pertanto necessario documentarsi accuratamente, verificando l'attendibilità delle fonti (soprattutto se si consulta Internet).

- I materiali raccolti devono essere organizzati in una struttura testuale chiara e coerente. Le varie parti che costituiscono il testo devono fornire al lettore tutte le informazioni necessarie sull'argomento affrontato.

- La recensione si rivolge solitamente a un lettore medio. Per questo si dovranno utilizzare un linguaggio preciso, ma non troppo ricercato, una sintassi equilibrata e non troppo articolata (periodi non troppo lunghi, punteggiatura regolare).
- Il titolo scelto inoltre dovrà suggerire immediatamente l'argomento affrontato.

Documentazione

Scrittura

Di seguito ti forniamo una scaletta per la progettazione della recensione di un film e alcune frasi utili da utilizzare in fase di stesura.

Parte	Contenuti	Frasi e formule da utilizzare
Introduzione	• Presentazione e descrizione del film: titolo, genere, anno di produzione, regia, cast ecc.	• … (indicare titolo) è un film del regista … (nazionalità e nome e cognome del regista). Nel cast, … (nome e cognome dell'attore) nel ruolo del protagonista, … (nome del personaggio)
Corpo centrale del testo	• Plot (breve ma accurato riassunto della trama). • Approfondimento degli aspetti più importanti del film: caratterizzazione dei personaggi, ricostruzione degli ambienti ecc. • Commento delle sequenze più importanti del film.	• Questa la trama/il plot del film (si riporta la trama del film). • Il protagonista appare ben caratterizzato. La convincente interpretazione di….. (nome dell'attore) regala allo spettatore un personaggio complesso e a tutto tondo, che… • Cuore della storia è la scena del dialogo tra …. e …, in cui i due personaggi mettono a nudo i propri tormenti interiori e…
Conclusione	• Giudizio motivato – positivo o negativo – sul film.	• Una storia convincente, dunque, ben diretta da … (nome e cognome del regista), che ha saputo… Peccato per la sceneggiatura, poco originale e macchinosa, che troppo spesso ricorre a frasi fatte e luoghi comuni. • Ci troviamo di fronte a un classico film di genere, diretto dignitosamente ma senza originalità da… Un film senza infamia né lode, dunque, che nemmeno un cast volenteroso e di tutto rispetto è riuscito a salvare dalle mediocrità del già visto.

Midnight in Paris

TIPOLOGIA	Film
GENERE	Commedia
REGIA	Woody Allen
CAST	Owen Wilson (Gil), Rachel McAdams (Inez), Michael Sheen (Paul), Carla Bruni (guida del museo), Marion Cotillard (Adriana), Kathy Bates (Gertrude Stein), Adrien Brody (Salvador Dalí)
ANNO	2011

▶ **ANALIZZIAMO IL FILM**

1 LE APPARENZE
2 IL MITO DEL PASSATO
3 ACCETTARE IL PRESENTE

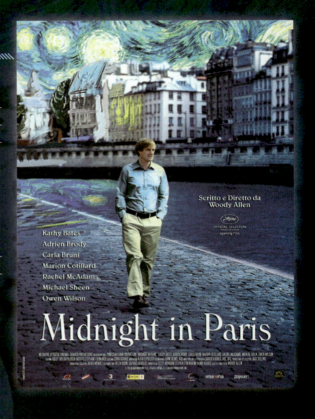

LA TRAMA

Gil è uno sceneggiatore di successo, ma insoddisfatto del proprio lavoro. Con la fidanzata Inez e i futuri suoceri si reca in vacanza a Parigi, dove spera di portare a termine il suo primo romanzo. Ma gli altri non appoggiano le sue aspirazioni di scrittore. Come se non bastasse, la ragazza incontra per caso una coppia di vecchi amici, con i quali sembra divertirsi più che con il suo fidanzato. Rimasto solo, Gil si inoltra per le strade di Parigi ritrovandosi come per incanto nei ruggenti anni Venti, un periodo d'oro per l'arte e la letteratura! Qui s'imbatte in artisti famosi e si innamora della bella Adriana. Da quel momento fa di tutto per ripetere la sua straordinaria avventura, finché una notte non si ritrova con la sua amata ancora più indietro nel tempo, nella Parigi di fine Ottocento, dove la donna decide infine di rimanere. Tornato ai suoi giorni, Gil lascia Inez decidendo di dare una svolta alla sua vita.

1 LE APPARENZE

Apparentemente, Gil ha tutto per essere felice: è fidanzato con una bella ragazza, è uno stimato sceneggiatore, può concedersi il lusso di viaggiare. Eppure non è soddisfatto: il suo lavoro non lo appaga, il bel mondo di cui fa parte gli appare futile, è incompreso da chi lo circonda. Gil è in fondo un ragazzo semplice, alla ricerca di una vita autentica fatta di piccole e intense gioie quotidiane.

Gil è insoddisfatto del mondo in cui vive.

2 IL MITO DEL PASSATO

Nella Parigi degli anni '20, Gil incontra molti artisti e scrittori, tra i quali Ernest Hemingway, che gli dispensa consigli di vita e preziosi suggerimenti per il suo mestiere di narratore, Gertrude Stein, implacabile nei suoi giudizi critici, Francis Scott Fitzgerald e la sua capricciosa moglie Zelda, Salvador Dalí e l'affascinante Adriana, amante e musa ispiratrice di Amedeo Modigliani e Pablo Picasso.

3 ACCETTARE IL PRESENTE

Insoddisfatta del suo tempo, Adriana decide di rimanere per sempre nel passato in compagnia di artisti come Henri de Toulouse-Lautrec, Paul Gauguin ed Edgar Degas. Comprendendo che è sbagliato mitizzare il passato per sfuggire a un presente insoddisfacente, Gil ritorna ai suoi giorni e lascia la fidanzata, decidendo di stabilirsi a Parigi per coltivare le sue passioni.

Il protagonista trova la felicità e l'amore nella Parigi degli anni ruggenti.

tto e Diretto da
Woody Allen

OFFICIAL SELECTION

Alla fine, Gil comprende che è sbagliato mitizzare troppo il passato.

Kathy Bates

Adrien Brody

Carla Bruni

Marion Cotillard

Rachel McAdams

Michael Sheen

Owen Wilson

GUIDA AL DIBATTITO

1. In molte scene del film, Gil cammina da solo. Quale significato attribuisci a questa scelta del regista?

2. Perché il protagonista vagheggia il passato?

3. Quali sono, secondo te, le scene più significative del film?

4. Nel corso del film, le differenze tra Gil e la sua fidanzata risultano sempre più evidenti. Elencane alcune.

5. Da quali elementi emerge la condizione socio-economica di Inez e della sua famiglia?

6. Commenta questa frase di Gil: «Io la amo o forse no, condividiamo ehm ehm qualcosa, tipo ci piacciono i piatti indiani, sì la cucina indiana, sì ma non tutti, ad esempio ci piace il ... sì quello. Ma io la devo amare, la sposo!»

7. Che cosa rappresenta Adriana per Gil? E la ragazza del mercato delle pulci?

8. Che cosa hanno in comune Gil e Adriana?

9. Quale tra gli artisti del passato contribuisce maggiormente all'evoluzione psicologica del protagonista?

10. Qual è il messaggio del film?

Midnight in Paris

La fiaba

La fiaba

La magia e la virtù

L'eroe alla prova

Il lieto fine

ARTISTA Edmund Dulac
NAZIONALITÀ Francese
TITOLO Illustrazione per *Il giardino del paradiso*
di Hans Christian Andersen
ANNO 1911
STILE Art Nouveau

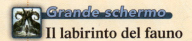

INFOGRAFICA

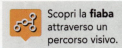

Scopri la **fiaba** attraverso un percorso visivo.

La fiaba

Le caratteristiche

La fiaba è una narrazione fantastica molto antica e di origine popolare, le cui principali modalità di trasmissione sono state per lungo tempo la parola e la memoria (tradizione orale). Il racconto fiabesco è centrato su vicende perigliose (prove da superare, avventure, ricerche) che hanno per protagonisti sia personaggi realistici (il contadino, il re, l'avaro, la bambina orfana...) sia personaggi immaginari (l'orco, la strega, le fate...). Lo scopo delle fiabe è quello di suggerire al lettore, e soprattutto ai bambini, principali destinatari di questo genere letterario, che pur nelle difficoltà della vita c'è sempre un sentiero giusto da imboccare per superare gli ostacoli e raggiungere la felicità.

L'elemento fantastico

Nelle fiabe si verificano situazioni e si incontrano personaggi incredibili e inverosimili: uomini trasformati per incantesimo in animali, pesci che parlano, streghe malvagie che scagliano maledizioni, fate buone che intervengono in aiuto dell'eroe e così via. L'incontro con l'elemento fantastico innesca sempre una crisi, una situazione di pericolo, dalla quale è possibile uscire solo a patto di avere il coraggio di superare delle prove e di non rifiutare gli aiuti e i doni che possono provenire da chiunque, tanto dalla vecchietta incontrata per strada quanto dal più piccolo e insignificante animaletto.

■ Nelle fiabe l'elemento magico si manifesta in molti modi; qui sotto forma di vecchio mendicante, la cui natura soprannaturale è rivelata da alcuni particolari: l'apparizione improvvisa, le orecchie appuntite, la bacchetta magica.

> C'era una volta un re che soffriva d'insonnia e che, per questo, ogni sera si faceva narrare da Buchet, il cantastorie, un racconto, che voleva però sempre diverso.
> Il cantastorie era oramai a corto di idee. Un brutto giorno, per quanto pensasse e ripensasse, non riusciva a escogitare nulla di nuovo e questo gli aveva tolto buon umore e appetito. Gli apparve allora un vecchio, vestito di stracci multicolori e con un cappelluccio in testa da cui spuntavano due orecchie stranamente appuntite. In mano aveva una bacchetta di agrifoglio.
>
> (*Il cantastorie*, fiaba irlandese)

L'indeterminatezza

Le fiabe narrano storie ambientate in **tempi e luoghi imprecisati**. L'indeterminatezza temporale è segnalata da tipiche formule di apertura come «C'era una volta», «Tanto tempo fa», «Viveva un tempo», «Tempo addietro», che collocano la narrazione fuori dal tempo, in un passato remoto, quasi mitico, dal quale deriva quell'alone di mistero e solennità che percepiamo, fin da piccoli, quando ne ascoltiamo il racconto. L'indeterminatezza dei luoghi nasce dal fatto che essi o non vengono indicati con nomi precisi o sono descritti in maniera vaga e stereotipata: la foresta è «fitta», il villaggio è «piccolo», il castello è «incantato», la casetta è quasi sempre «sperduta nel bosco». Anche i personaggi sono presentati in modo generico: il tagialegna povero, la matrigna crudele, l'orfanello abbandonato, la principessa infelice, il lupo cattivo. Quelli delle fiabe, dunque, sono personaggi unidimensionali, cioè tipi fissi delineati con tratti essenziali e facilmente individuabili.

■ Personaggi, indicazioni spaziali e temporali sono generici e formulari.

> Ecco che una volta il mercante dovette star via di casa a lungo, per i suoi affari. La matrigna andò a vivere in un'altra casa; dietro quella casa c'era un bosco fitto, e nel bosco, in una radura, stava una casetta, e nella casetta viveva la baba-jaga, che non

lasciava avvicinare nessuno, e si mangiava gli uomini come pulcini. Trasferitasi nel nuovo paese, la mercantessa non faceva che mandare nel bosco, ora per questo ora per quello, la povera Vassilissa detestata; ma lei tornava sempre a casa, senza che le capitasse nulla: la bambolina le indicava la strada e non la lasciava avvicinare alla casetta della baba-jaga.

(A.N. Afanasjev, *Vassilissa la bella*)

Il linguaggio

Il linguaggio delle fiabe presenta caratteristiche precise che lo rendono immediatamente riconoscibile: una struttura grammaticale semplice e talvolta poco sorvegliata; espressioni popolari e proverbiali; filastrocche e ritornelli; formule stereotipate come «C'era una volta», «Cammina, cammina», «E vissero tutti felici e contenti». La semplicità e la presenza di espressioni proverbiali dimostrano l'**origine popolare** della fiaba e la sua principale destinazione a un pubblico di bambini.

Le formule ripetitive, così come la ridondanza di certi fatti che vengono triplicati nel corso della narrazione, affondano invece le loro radici nelle modalità di **trasmissione orale**. In una società che non utilizzava ancora la scrittura, era infatti necessario ricorrere all'espediente della formularità per fissare a memoria i contenuti dei racconti.

Espressioni sgrammaticate.

Ripetitività e ritmo da filastrocca.

C'era tre sorelle, a lavorare in un paese. Gli venne la notizia che la loro mamma che abitava a Borgoforte, stava mal da morte. Allora la sorella maggiore si preparò due sporte con dentro quattro fiaschi e quattro torte e partì per Borgoforte. Per strada trovò il lupo che le disse:
– Dove corri così forte?
– Da mia mamma a Borgoforte, che le è preso mal da morte.
– Cosa porti in quelle sporte?
– Quattro fiaschi e quattro torte.
– Dalle a me, se no, alle corte, ch'io ti mangi è la tua sorte.

(I. Calvino, *Il lupo e le tre ragazze*)

Ivan Bilibin, Baba Yaga, 1899.

I messaggi

Le fiabe non propongono una visione edulcorata della vita, anzi a volte sono molto dure e schiette: ci sono genitori che abbandonano i figli, sorelle e fratelli cattivi, mariti che uccidono le mogli, personaggi emarginati, e sono presenti tutti i bisogni fisici primari: la fame, la sete, il sonno, il freddo. Ma è proprio questa autenticità a rendere le fiabe ricche di contenuti e di messaggi, il più importante dei quali è che la vita, a volte, può essere durissima, ma se nelle difficoltà l'animo si mantiene incorrotto e virtuoso, alla fine il bene trionfa.

Schema, ruoli e funzioni

Molte importanti caratteristiche comuni alla maggior parte dei racconti fiabeschi sono state individuate nel 1928 dallo studioso russo Vladimir J. Propp (1895-1970) che, studiando alcune fiabe di magia russe, individuò in esse un identico schema narrativo articolato in quattro fasi, otto ruoli fondamentali e trentuno azioni o funzioni ricorrenti.

Lo schema narrativo

Dagli studi di Propp è emerso che in tutte le fiabe l'intreccio si snoda in quattro momenti fondamentali: la situazione iniziale, la rottura dell'equilibrio, le peripezie dell'eroe e la conclusione. Da questo modello è derivato lo schema generale comune a ogni tipo di narrazione.

Fase	Spiegazione
1 Situazione iniziale	Lo stato in cui si trova l'eroe all'inizio della fiaba.
2 Rottura dell'equilibrio	Accade qualcosa che modifica la situazione iniziale.
3 Peripezie	L'eroe deve superare una serie di prove e vive incredibili avventure.
4 Conclusione	L'eroe trionfa e si ricrea una nuova situazione di equilibrio.

I ruoli

In base alle azioni che svolgono, i personaggi interpretano otto ruoli fondamentali. Non tutti i ruoli individuati da Propp devono essere necessariamente presenti in un'unica fiaba e uno stesso personaggio può assumere più di un ruolo.

Ruolo	Spiegazione
Eroe/Eroina	È il protagonista della fiaba: colui che deve superare varie prove prima di trionfare.
Antagonista	È il nemico dell'eroe, colui che lo ostacola in tutti i modi tentando di danneggiarlo.
Il falso eroe	È colui/colei che, ricorrendo all'inganno, si sostituisce all'eroe.
Mandante	È colui/colei che spinge l'eroe a fare qualcosa.
Mentore	È colui/colei che dà consigli e doni preziosi all'eroe.
Aiutante	È colui/colei che aiuta l'eroe nel superamento delle prove.
Il sovrano	È il re e può essere amico o nemico dell'eroe.
La principessa	È il premio finale che l'eroe ottiene come compenso di tutte le sue vicissitudini.

Le funzioni

Le funzioni sono le azioni fondamentali dei personaggi. Queste azioni possono essere compiute e svolte in vari modi, ma sempre secondo un ordine fisso, dalla prima all'ultima. Anche se il loro ordine non muta mai, non è necessario che in una stessa fiaba siano presenti tutte e trentuno le funzioni.

Le 31 funzioni di Propp	
1. Allontanamento	Uno dei membri della famiglia dell'eroe muore o parte.
2. Divieto	L'eroe riceve un ordine o un divieto.
3. Infrazione	L'eroe non esegue l'ordine o infrange il divieto ricevuto.
4. Investigazione	L'antagonista fa delle ricerche per danneggiare l'eroe.
5. Delazione	L'antagonista riceve informazioni sulla vittima (che non è necessariamente l'eroe).
6. Tranello	L'antagonista tende un tranello alla vittima, ingannandolo con la magia o fingendosi amico.
7. Connivenza	La vittima cade nell'inganno teso dall'antagonista, favorendolo involontariamente.
8. Danneggiamento + Mancanza	L'antagonista danneggia la vittima, che può essere l'eroe o un membro della sua famiglia. / A qualcuno della famiglia manca qualcosa o viene il desiderio di qualcosa.
9. Mediazione	Ci si rivolge all'eroe per rimediare alla mancanza.
10. Inizio della reazione dell'eroe	L'eroe accetta l'incarico.

11. Partenza	L'eroe si allontana dalla casa, dalla famiglia ecc.
12. Prima funzione del donatore	Il donatore mette alla prova l'eroe prima di dargli un aiutante o un mezzo magico.
13. Reazione dell'eroe	L'eroe porta a buon fine le prove impostegli dal donatore.
14. Conseguimento del mezzo magico	Come ricompensa delle prove superate, l'eroe ottiene il mezzo magico o l'aiutante.
15. Trasferimento nello spazio	L'eroe si reca o è condotto nel luogo in cui è presente l'oggetto delle sue ricerche.
16. Lotta	L'eroe e l'antagonista ingaggiano una lotta.
17. Marchiatura	L'eroe riceve un marchio, una ferita o altro.
18. Vittoria	L'eroe sconfigge l'antagonista.
19. Rimozione	Il danno o la mancanza vengono rimossi.
20. Ritorno	L'eroe ritorna.
21. Persecuzione	L'eroe è perseguitato.
22. Salvataggio	L'eroe si salva dal suo persecutore.
23. Arrivo in incognito	L'eroe torna a casa o giunge in un altro paese in incognito.
24. Pretese infondate	Un falso eroe si attribuisce il merito delle imprese compiute dall'eroe.
25. Compito difficile	L'eroe è chiamato ad affrontare un'ardua impresa.
26. Adempimento	L'eroe porta a termine la difficile impresa.
27. Identificazione	L'eroe viene riconosciuto.
28. Smascheramento	Il falso eroe o l'antagonista vengono scoperti e smascherati.
29. Trasfigurazione	L'eroe cambia aspetto o assume nuove sembianze.
30. Punizione	L'antagonista viene punito.
31. Nozze	L'eroe si sposa.

Il contesto storico-culturale

Dall'oralità alla scrittura

Le origini della fiaba si perdono nella notte dei tempi: non si sa quando sono nate e chi le ha create. Sono dunque narrazioni anonime, frutto della cultura e della saggezza popolari e del folklore, pervenuteci attraverso una tradizione orale.

I primi a trascrivere e a dare veste letteraria al loro patrimonio fiabesco sono stati gli abitanti dell'India tra il II e il III secolo d.C. In Europa, invece, bisognerà attendere la metà del Cinquecento per poter leggere le prime testimonianze scritte di fiabe. Nel Seicento compaiono due importanti raccolte, con le quali la fiaba diventa un vero e proprio genere letterario: **Lo cunto de li cunti** noto anche come **Pentamerone** (1634-1636) di **Giambattista Basile** (1575-1632), in cui dieci vecchie raccontano in dialetto napoletano cinquanta fiabe per cinque giorni, e **I racconti di mia madre l'Oca** (1697) del francese **Charles Perrault** (1628-1703), che per la prima volta trascrive fiabe celebri come *Cappuccetto rosso*, *Cenerentola*, *Pollicino*, *La bella addormentata nel bosco* e *Il gatto con gli stivali*.

Nel Settecento, il francese Antoine Gallard traduce liberamente e diffonde in Europa **Le Mille e una notte**, una raccolta di fiabe e novelle orientali che riscuote grande successo. È però l'Ottocento il secolo in cui la fiaba è più amata e studiata.

Folklore: dall'inglese *folk* ("popolo") e *lore* ("dottrina"). L'insieme delle tradizioni, degli usi e dei costumi di un popolo.

Tradizione: dal latino *tradĕre* ("consegnare"). È l'insieme di memorie, testimonianze e notizie relative a una determinata cultura tramandate da una generazione all'altra, oralmente (tradizione orale) o per iscritto (tradizione scritta).

Oralità: dal latino *os, oris* ("bocca"). È il tratto distintivo della comunicazione o tradizione orale.

Aurale: dal latino *auris* ("orecchio"); percepito dall'orecchio. La cultura aurale è caratterizzata dalla trasmissione o dalla comunicazione orale di testi, che vengono dunque fruiti da un pubblico attraverso l'ascolto.

Filologia: dal greco *philología* ("amore per la parola"). È la disciplina che si occupa della ricostruzione e dell'interpretazione dei documenti letterari di una determinata cultura: la filologia classica si occupa dei testi antichi greci e latini, la filologia romanza di quelli medievali ecc.

Formalismo: movimento culturale e orientamento critico-letterario nato in Russia nel primo decennio del Novecento. Il formalismo si propone di studiare un'opera letteraria a partire dalle sue caratteristiche stilistiche, linguistiche e strutturali. Vladimir Propp estese il formalismo allo studio delle fiabe.

Variante: ognuna delle diverse forme in cui si può presentare una stessa opera, imputabili a interventi sul testo da parte di amanuensi (copisti), stampatori o autori stessi.

linea del tempo

1600

▪ **1634**
Giambattista Basile
Lo cunto de li cunti

▪ **1697**
Charles Perrault
I racconti di mia madre l'Oca

1700

▪ **1715**
Antoine Gallard
Le mille e una notte

1800

▪ **1812**
Fratelli Grimm
Fiabe

▪ **1835**
Hans Christian Andersen
Fiabe

1900

▪ **1928**
Vladimir Propp
Morfologia della fiaba

▪ **1956**
Italo Calvino
Fiabe italiane

2000

L'Ottocento

Nel clima del **Romanticismo**, il movimento artistico e culturale che caratterizza la prima metà del secolo, si riscopre l'importanza del popolo e del suo folklore. Molti scrittori e intellettuali guardano con rinnovata curiosità e interesse al mondo magico e meraviglioso delle fiabe, considerate un inesauribile serbatoio di saggezza, leggende, antichissime credenze e tradizioni.

Incuriositi e affascinati dalla creatività popolare, due fratelli tedeschi, **Jacob e Wilhelm Grimm**, iniziano a interrogare anziani, parenti e conoscenti per raccogliere dalla loro viva voce i racconti della tradizione germanica, pubblicando, a partire dal 1812, un'importante raccolta di fiabe, ancora oggi lette e apprezzate. Il successo dell'opera dei fratelli Grimm stimola molti letterati e studiosi non solo a raccogliere e trascrivere fiabe antiche, ma anche a inventarne di nuove, come fa il danese **Hans Christian Andersen** (1805-1875), autore di alcune fiabe di grande successo: *La Sirenetta, Il brutto anatroccolo* e *L'intrepido soldatino di stagno*. Molto importante è anche il lavoro dello studioso russo **Aleksandr Nikolaevič Afanasjev**, che tra il 1855 e il 1864 raccoglie e cura la pubblicazione delle **fiabe russe più antiche**.

Dal Novecento a oggi

Molti intellettuali e studiosi vedono nelle fiabe un territorio ancora tutto da esplorare e da indagare alla luce delle nuove conoscenze e teorie: le fiabe diventano così oggetto di saggi scientifici, psicanalitici, antropologici e di critica letteraria. Tra queste opere, ricordiamo *Morfologia della fiaba* (1928) del russo **Vladimir Propp**, che con la sua opera dà il via agli studi sui meccanismi compositivi delle narrazioni fiabesche. Nel corso del Novecento, il fascino della fiaba contagia anche scrittori di grande successo: è il caso di **Italo Calvino** (1923-1985), che nel 1956 pubblica *Fiabe italiane*, una raccolta di racconti provenienti dalle varie regioni d'Italia, da lui tradotti dal dialetto all'italiano.

Oltre la letteratura

Le fiabe illustrate

Nel 1939, lo scrittore J.R.R. Tolkien (1892-1973), in un suo saggio dedicato alla letteratura fiabesca il cui titolo originale è *On Fairy-Stories*, affermava che «per quanto possano essere di per sé apprezzabili, le illustrazioni giovano poco alle fiabe». Secondo l'autore del *Signore degli anelli*, infatti, le fiabe illustrate limitano la fantasia del lettore inducendolo a vedere eventi e personaggi non in maniera personale ma attraverso gli occhi del disegnatore. Sebbene le affermazioni di Tolkien possano essere in parte condivisibili, le fiabe illustrate restano comunque le più apprezzate da adulti e bambini. Spesso sono gli stessi autori a realizzare le immagini per le loro storie. Christian Andersen, per esempio, amava non solo scrivere le sue fiabe, ma anche impreziosirle con immagini colorate. I fratelli Grimm, invece, si rivolsero al loro fratello minore, Ludwig, per arricchire con incisioni le loro opere. Altre volte gli illustratori sono dei veri e propri professionisti, e i loro disegni dei piccoli capolavori. È il caso del pittore e incisore francese Gustave Doré (1832-1883), che accanto alla *Bibbia*, alla *Divina commedia*, all'*Orlando furioso* e ad altri grandi capolavori, non ha disdegnato il mondo incantato delle fiabe di Charles Perrault. Durante la prima metà del Novecento, in quello che è considerato il periodo d'oro dell'illustrazione, meritano di essere segnalate le raffinate e variopinte illustrazioni del disegnatore francese Edmund Dulac (1882-1953), che si è dedicato alle fiabe di Andersen.

Gustave Doré, *Pollicino, I racconti di Perrault*, 1867.

«La donna nel vederli tutti così graziosi scoppiò a piangere e disse loro: "Ahimè! Miei poveri bambini dove siete mai capitati? Non sapete che questa è la casa d'un orco che mangia tutti i bambini?"...»

Il disegno
Gustave Doré creava a mano i suoi disegni (bozzetti) e poi si rivolgeva a un incisore per realizzare una xilografia (dal greco xylon, "legno", e grafìa, "scrittura").

L'incisione
L'incisore intagliava il disegno nel legno, ricavando una matrice per la stampa con parti in rilievo (che sulla carta risultano nere) e parti scavate (quelle bianche).

La funzione
Le illustrazioni descrivono e commentano i momenti più importanti della storia.

Il mondo fiabesco di Italo Calvino

La **fantasia** e l'amore per la **fiaba** sono due caratteristiche essenziali di uno dei più grandi scrittori italiani del Novecento, Italo Calvino. Negli anni Cinquanta, lo scrittore raccoglie l'invito dell'amico Elio Vittorini ad abbandonare il filone neo-realista per dare libero sfogo alla sua creatività. Nascono così i capolavori della trilogia *I nostri antenati* (*Il visconte dimezzato*, *Il barone rampante* e *Il cavaliere inesistente*): storie in cui l'elemento fantastico non è mai fine a se stesso, ma è utilizzato come strumento per esprimere, all'interno di una cornice narrativa in apparenza semplice e fanciullesca, significati profondi e allegorici.

Il visconte dimezzato (1952) narra le avventure del visconte Medardo di Terralba, che alla fine del Seicento, durante una battaglia contro i turchi, viene diviso in due parti da una palla di cannone. La parte cattiva del visconte, detta Il Gramo, si accanisce come un orco contro la natura e le creature indifese. La parte sana del visconte, detta Il Buono, si dà da fare per aiutare il prossimo e riparare i torti commessi dal suo alter ego:

«Ma da più parti cominciavano a giungere notizie d'una doppia natura di Medardo. Bambini smarriti nel bosco venivano con gran loro paura raggiunti dal mezz'uomo con la gruccia che li riportava per mano a casa e regalava loro fichifiori e frittelle [...]. Nello stesso tempo però le apparizioni del visconte mezz'avvolto nel mantello nero segnavano tetri avvenimenti: bimbi rapiti venivano poi trovati prigionieri in grotte ostruite da sassi».

Il barone rampante (1957) è invece ambientato nel

Settecento e racconta la singolare storia di Cosimo Piovasco di Rondò, che all'età di dodici anni, per protesta contro l'ennesima punizione inflittagli dal padre, sale sugli alberi del giardino giurando di non scendere mai più:

«Cosimo salì fino alla forcella di un grosso ramo dove poteva stare comodo, e si sedette lì, a gambe penzoloni, a braccia incrociate, con le mani sotto le ascelle, la testa insaccata nelle spalle, il tricorno calcato sulla fronte.

Nostro padre si sporse dal davanzale. – Quando sarai stanco di star lì cambierai idea! – gli gridò.

– Non cambierò mai idea, – fece mio fratello, dal ramo.

– Ti farò vedere io, appena scendi.

– E io non scenderò più! – E mantenne la parola.»

Il cavaliere inesistente (1959) narra la storia di Agilulfo, un cavaliere dell'esercito di Carlo Magno, privo di corpo ma animato da grandi ideali. Ad accompagnarlo nelle sue avventure è lo scudiero Gurdulù, che ha il problema opposto: ha un corpo, ma è privo di personalità:

«Agilulfo passava, attento, nervoso, altero: il corpo della gente che aveva un corpo gli dava sì un disagio somigliante all'invidia, ma una stretta che era d'orgoglio, di superiorità sdegnosa. Ecco i colleghi tanto nominati, i gloriosi paladini, che cos'erano? L'armatura, testimonianza del loro grado e nome, delle imprese compiute, della potenza e del valore, ecco ridotta a un involucro, a una vuota ferraglia; e le persone lì a russare, la faccia schiacciata nel guanciale, un filo di bava giù dalle labbra aperte. Lui no, non era possibile scomporlo in pezzi, smembrarlo...»

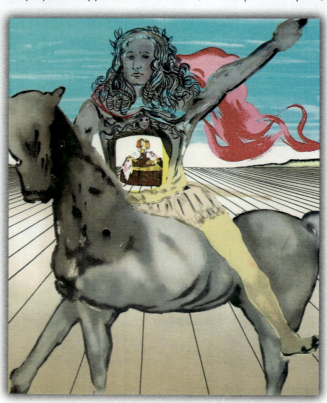

Salvador Dalí, Chevalier surrealiste, 1980.

I tre ometti del bosco

Jacob e Wilhelm Grimm, *Fiabe*

CHI: Fratelli Grimm   DOVE: Germania   QUANDO: Ottocento

Tipologia	Testo narrativo
Genere	Fiaba
Sottogenere	Classica
Anno	1812-1822

▶ **SCOPRIAMO IL GENERE**

1 L'INDETERMINATEZZA E IL LINGUAGGIO
2 L'ELEMENTO FANTASTICO
3 SCHEMA, RUOLI E FUNZIONI

Gli autori

Gli inseparabili fratelli tedeschi Jacob (1785-1863) e Wilhelm Grimm (1786-1859) furono due grandi linguisti e studiosi del folklore germanico. Il loro nome è legato soprattutto all'opera *Fiabe per i bambini e per la casa*, che consiste di un primo volume, edito nel 1812, cui si aggiunsero un secondo volume nel 1815 e infine un terzo, nel 1822, di carattere scientifico, con note relative alle fiabe raccolte fino a quella data. Come recita il titolo, l'opera era destinata a essere fruita dai più piccoli; ma ciò che premeva di più ai due fratelli, come ricorda il figlio di Wilhelm, era «portare alla luce questi fiori della fantasia poetica popolare fino allora trascurati» e reintegrarli nel patrimonio nazionale. Come fonti delle fiabe, i Grimm si servirono dei racconti di familiari e conoscenti, confrontando le varie versioni e integrando le eventuali varianti. Sulle modalità di raccolta e trascrizione ci informano gli stessi autori, che, nella prefazione al secondo volume, rievocano l'incontro con una delle loro fonti, un'anziana contadina di un villaggio nei pressi di Kassel: «Fu un caso fortunato conoscere una contadina di Zwehren, a cui si devono una parte considerevole delle fiabe qui raccolte, che sono dunque autentiche fiabe assiane, e inoltre parti aggiunte alle fiabe del primo volume. Questa donna […] ha uno sguardo acuto e limpido e in gioventù dev'essere stata bella. Tiene bene impresse nella memoria le antiche leggende, un dono, essa dice, che non è dato a tutti. Racconta pensosa, sicura, e provando gusto nel raccontare; poi, a richiesta, una seconda volta senza più riflettere, lentamente, in modo che si possa trascrivere il racconto».

Invito alla lettura

Una matrigna crudele, una sorellastra invidiosa, un'eroina bella e buona e tre nanetti, molto generosi ma al momento giusto tremendamente vendicativi: questi gli ingredienti di una delle fiabe più classiche dei fratelli Grimm, dove si intrecciano i temi dell'amicizia tradita, dell'ingratitudine e dell'invidia. Il finale, come spesso accade nel mondo fiabesco, è roseo per i più buoni e terribile per i malvagi.

1 L'INDETERMINATEZZA E IL LINGUAGGIO

I personaggi non hanno un nome proprio e le loro vicende si svolgono in un lontano passato e in luoghi indefiniti.

C'era una volta un uomo a cui morì la moglie e una donna a cui morì il marito; l'uomo aveva una figlia e la donna pure. Le due ragazze si conoscevano, e andando insieme a passeggio entrarono in casa della donna. Costei così allora parlò alla figlia dell'uomo: «Senti, di' a tuo padre che vorrei sposarlo. Tu ti laveresti ogni
5 mattina nel latte e berresti vino mentre la mia figliola si laverebbe nell'acqua e acqua berrebbe». La ragazza andò a casa e raccontò al padre quello che aveva detto la donna. Il padre disse: «Che cosa devo fare? Il matrimonio è una gioia ma anche

1 pruni: rovi spinosi.
2 Fa difetto a me: è poco anche per me.

GRAMMATICA

Davanti è un avverbio di luogo. Insieme alla preposizione *a* (semplice o articolata) forma la locuzione prepositiva *davanti a*: «**davanti alla** figlia dell'uomo». In analisi logica la locuzione prepositiva *davanti a* introduce il complemento di stato in luogo, che risponde alla domanda "Dove? In che luogo?".

2 L'ELEMENTO FANTASTICO

Nelle fiabe, l'incontro con un personaggio fantastico – un mago, una strega, un folletto, un nano – può essere decisivo per le sorti dell'eroe.

3 SCHEMA, RUOLI E FUNZIONI

Per esaudire i desideri della sua crudele matrigna, la protagonista si reca nel bosco dove incontra tre nanetti. La matrigna ha il ruolo di antagonista, la protagonista quello principale di eroina, i tre nanetti quello di mentore.

un tormento». Alla fine non riuscendo a prendere una decisione si tolse uno stivale e disse: «Prendi questo stivale. Ha un buco nella suola, portalo in soffitta, appendilo al chiodo più grosso e versaci dentro dell'acqua. Se tiene, riprendo moglie; se non tiene, no». La fanciulla fece come le era stato detto; ma l'acqua restrinse il buco e lo stivale si riempì fino all'orlo. Lo riferì al padre che salì su di persona; e quando vide che era proprio così, andò dalla vedova, le chiese di sposarla, e le nozze furono celebrate.

La mattina dopo, quando le due ragazze si alzarono, davanti alla figlia dell'uomo c'era latte per lavarsi e vino per bere, mentre davanti alla figlia della donna c'era acqua per lavarsi e acqua per bere. La seconda mattina c'era acqua per lavarsi e acqua per bere tanto davanti alla figlia dell'uomo che davanti alla figlia della donna. La terza, acqua per lavarsi e acqua per bere davanti alla figlia dell'uomo ma latte per lavarsi e vino per bere davanti alla figlia della donna; e così da allora in poi. La donna ce l'aveva a morte con la figliastra e tutti i giorni ne inventava una per tormentarla. Della figliastra poi era anche invidiosa perché era bella e amabile, mentre la figlia vera era brutta e antipatica.

Un giorno d'inverno che il ghiaccio era duro come pietra e a monte e a valle era tutto un manto di neve, la donna fece un vestito di carta, chiamò la ragazza e le disse: «Mettilo, vai nel bosco e portami un cestino di fragole; me ne è venuta voglia». «Buon Dio» esclamò la ragazza «in inverno le fragole non ci sono, la terra è gelata e la neve ha coperto tutto. E perché dovrei andare nel bosco con questo vestito di carta? Fuori fa così freddo che gela anche il fiato; ci passerà attraverso il vento e i pruni[1] me lo strapperanno di dosso». «Vuoi anche metterti a discutere?» disse la matrigna. «Guarda di muoverti e non comparirmi davanti finché non hai riempito di fragole questo panierino». Le dette anche un pezzetto di pan secco dicendo: «Hai da mangiare per tutto il giorno» e intanto pensava: fuori gelerà e morirà di fame, me la sarò levata di torno per sempre.

Beh, la ragazza obbedì, indossò il vestito di carta e uscì con il panierino. Fuori non si vedeva che neve a perdita d'occhio, di verde neanche il più piccolo filo d'erba. Nel bosco trovò una casetta da cui facevano capolino tre nanetti. Augurò loro buondì e bussò timidamente alla porta. Risposero: «Avanti!», allora entrò e sedette sulla panca vicino alla stufa; voleva scaldarsi e mangiare la sua colazione. I nanetti dissero: «Daccene un po' anche a noi». «Volentieri» disse la ragazza; divise in due il suo pezzetto di pane e gliene dette metà. Le chiesero: «Cosa fai con quel vestitino leggero qui nel bosco d'inverno?». «Ah» rispose «devo riempire questo panierino di fragole e se non lo riporto pieno non posso tornare a casa.» Quando ebbe finito di mangiare il suo pezzo di pane, le dettero una scopa dicendole: «Spazza via la neve sulla soglia della porta di dietro», e quando fu uscita dissero: «Che cosa le doneremo perché è così buona e garbata e ha diviso il suo pane con noi?». Il primo disse: «Il mio dono è che diventi ogni giorno più bella». Il secondo disse: «Il mio dono è che di bocca le esca una moneta d'oro a ogni parola che dice». Il terzo disse: «Il mio dono è che venga un re e la prenda in sposa».

Intanto la ragazza aveva fatto come le avevano detto gli omini, ma appena ebbe spazzato la neve sul dietro della casetta, cosa credete che trovò? Una quantità di fragole mature che spuntavano belle rosse dalla neve. Le arraffò felice riempiendo il suo panierino, ringraziò gli omini, dette a ciascuno la mano e corse a casa a portare alla matrigna quello che aveva chiesto. Ed ecco, era appena entrata e aveva appena detto «Felice sera», e già le cadeva di bocca una moneta d'oro. Poi raccontò cosa le era successo nel bosco, e ad ogni parola che diceva altre monete d'oro le cadevano di bocca, tanto che ben presto ne fu piena la stanza. «Quante arie» esclamò la sorellastra «buttar via i soldi così», ma dentro di sé moriva d'invidia

3 si stillava: si spremeva.
4 cherubino: angioletto.

A differenza del complemento di stato in luogo che indica il luogo in cui ci si trova (*stare **a casa***) o il luogo preciso in cui si svolge un'azione (*giocare **in cortile***), il complemento di moto a luogo indica il luogo verso il quale ci si dirige: «La ragazza andò nel bosco» = *la ragazza andò* → *verso dove?* → **nel bosco**.

e voleva andare nel bosco a cercar fragole anche lei. «No figliolina mia» disse la
60 madre «fa troppo freddo, mi torneresti tutta intirizzita.» Ma poiché la figlia non le dava pace, alla fine cedette, le cucì una magnifica giubba di pelliccia, gliela fece indossare e le dette pane e burro e un dolce da mangiare durante il cammino.

La ragazza andò nel bosco e arrivò proprio davanti alla casettina. Anche questa volta i tre ometti facevano capolino, ma la ragazza non li salutò e senza degnarli
65 d'uno sguardo né d'un saluto piombò dentro, si sedette vicino alla stufa e cominciò a mangiare il suo pane e burro e il suo dolce. «Daccene un po'» esclamarono i piccoletti, ma lei rispose: «Fa difetto a me[2], come faccio a darne agli altri?». Quando ebbe finito di mangiare, dissero: «Eccoti una scopa, spazzaci la soglia della porta di dietro». «Uh, spazzatevela da voi» fu la risposta «mica sono la vostra serva!» e
70 quando capì che non le avrebbero donato niente, infilò la porta. Allora gli ometti si interrogarono: «Che cosa dobbiamo donarle perché è così sgarbata, ha un cuore così malvagio, è piena d'invidia e non dà niente a nessuno?». Il primo disse: «Il mio dono è che diventi ogni giorno più brutta». Il secondo disse: «Il mio dono è che un rospo le esca di bocca a ogni parola che dice». Il terzo disse: «Il mio dono
75 è che faccia una brutta morte». Fuori la ragazza cercò le fragole, ma non ne trovò nemmeno una e indispettita fece ritorno a casa. Appena aprì la bocca per raccontare alla madre com'era andata, a ogni parola che diceva saltava fuori un rospo e il risultato fu che faceva ribrezzo a tutti.

Ora sì che la matrigna era furiosa! Si stillava[3] il cervello per mettere in croce la
80 figliastra, che neanche a farlo apposta diventava ogni giorno più bella. Alla fine prese un paiolo, lo mise al fuoco e ci fece bollire una rete. Quando fu bollita l'appese alle spalle della povera ragazza e le dette anche un'ascia; doveva andare sul fiume ghiacciato spaccando il ghiaccio con l'ascia e nel buco calare la rete. La ragazza obbedì, andò al fiume e si mise a spaccare il ghiaccio per farvi un buco,
85 ma ecco, nel bel mezzo del lavoro arrivò una splendida carrozza. Dentro ci stava seduto il re. La carrozza si fermò e il re chiese «Chi sei bimba mia, cosa fai qui?». «Sono una povera ragazza e calo la rete.» Il re si mosse a compassione e quando

Fratelli Grimm, I tre ometti nel bosco, illustrazione di Arthur Rackham, da una edizione dei primi anni del Novecento.

vide che era così bella, le chiese: «Vuoi venire via con me?». «Sì, sì, con tutto il cuore» rispose contenta di non dover più rivedere madre e sorella.

Montò dunque nella carrozza e andò via col re, e quando arrivò al suo castello, furono celebrate con gran pompa le nozze come gli omettini le avevano promesso in dono. Dopo un anno la regina mise al mondo un maschietto e la matrigna, che aveva saputo di tutta quella fortuna, andò al castello con la figlia come per una visita. Ma uscito che fu il re e non essendoci nessun altro in giro, la megera afferrò la regina per la testa, la figliola la prese per i piedi e tiratala via dal letto la scaraventarono giù dalla finestra nell'acqua. Nel letto ci si mise poi la figliola, e brutta com'era, la vecchia le tirò le coperte fin sopra la testa. Al re, che quando tornò voleva parlare alla moglie, gridò: Zitto, zitto, non è il momento, è in un bagno di sudore, oggi dovete lasciarla riposare. Il re non ci trovò niente di male e tornò la mattina dopo, ma quando parlò alla moglie la risposta, invece che di monete d'oro come sempre, fu accompagnata da tanti rospi che le uscivano di bocca quant'erano le parole che diceva. Allora chiese come mai, e la vecchia disse che era la conseguenza della gran sudata, una cosa passeggera.

5 gli sprimacciò il lettino: gli sistemò, battendolo con le mani, il lettino.

110 Intanto, durante la notte lo sguattero aveva visto arrivare un'anatra. Galleggiava nell'acquaio e diceva:

«Re, che cosa fai?
Vegli o dormi ormai?»
E non avendo risposta, chiese:
115 «Che cosa fanno le visitatrici?»
Lo sguattero rispose:
«Dormono felici».
E ancora chiese:
«Che fa il mio piccolino?»
120 Rispose
«Dorme come un cherubino[4]».

Allora andò su in figura di regina, lo allattò, gli sprimacciò il lettino[5] e lo ricoprì, poi in forma d'anatra scomparve nell'acquaio. Ritornò per due notti, e la terza disse allo sguattero: «Vai dal re, digli che prenda la sua spada e sulla soglia la brandisca 125 tre volte sopra di me». Lo sguattero corse dal re e riferì; il re venne con la spada e la brandì tre volte sullo spirito, ed ecco, alla terza gli stava davanti la sua sposa viva e vegeta, coi suoi freschi colori di sempre.

Il re era molto felice; però tenne la regina nascosta fino alla domenica in cui si doveva battezzare il bambino. E dopo che fu battezzato disse: «Cosa merita una 130 persona che ne tira via dal letto un'altra e la butta giù dalla finestra?». «La cosa migliore» rispose la vecchia «è mettere il malfattore in una botte foderata di chiodi e farlo rotolare nell'acqua dalla cima del monte.» Allora il re disse: «Hai pronunciato la tua condanna», mandò a prendere una botte foderata di chiodi, ci fece metter dentro la vecchia con la figlia e inchiodarne il fondo, dopodiché la botte 135 rotolò giù dal monte finché non piombò nel fiume.

(Fratelli Grimm, *Fiabe*,
Milano, Rizzoli, 2006)

▶ **SCOPRIAMO IL GENERE**

1 L'INDETERMINATEZZA E IL LINGUAGGIO

In questa fiaba i personaggi non hanno un nome proprio, così come non sono presenti toponimi o precise indicazioni temporali. Tutto si svolge nell'indeterminatezza, in un passato non precisato e in una regione non meglio specificata. Il paesaggio è però caratterizzato da alcuni elementi tipici del genere fiabesco: il freddo, la neve, il bosco e, al suo interno, la casa dei nanetti. Su tutto domina il castello del re, dove l'eroina verrà condotta in carrozza.

Il linguaggio è molto semplice. Parti narrative si alternano a parti dialogiche molto brevi, che alla fine – si rilegga il botta e risposta tra l'anatra e lo sguattero – assumono la cadenza di una filastrocca. Da sottolineare infine la presenza di reiterazioni e triplicazioni (fatti ripetuti tre volte): i primi tre risvegli dell'eroina subito dopo il matrimonio del padre, il momento in cui i tre omini del bosco assegnano i loro doni alle ragazze («il primo disse…», «il secondo disse…», «il terzo disse…»).

1 Nella fiaba sono presenti personaggi maschili e femminili. Individuali.

2 In quale stagione si svolge la vicenda? L'ambientazione è mediterranea o nordica? Supporta le tue risposte con precisi riferimenti al testo.

2 L'ELEMENTO FANTASTICO

In questa fiaba l'elemento fantastico si manifesta in tre momenti. La prima volta quando l'eroina s'imbatte nei tre nanetti che, per ricompensarla dei suoi servigi e della sua gentilezza, non solo l'aiutano nel portare a termine il compito impossibile – riempire il cestino di fragole in pieno inverno – ma decidono anche di farle tre doni: la bellezza, la ricchezza e un matrimonio regale.

Questo stesso schema viene poi ripetuto e ribaltato in occasione dell'incontro tra la sorellastra e i nanetti. I doni stavolta saranno commisurati alla cattiveria della ragazza: bruttezza, rospi che escono dalla bocca e una morte atroce.

Nell'ambito del fantastico e del magico rientra pure la metamorfosi (trasformazione) dell'eroina – ormai divenuta regina – in anatra parlante e il suo ritorno alla vita e alla forma umana dopo il rito della spada.

3 In che modo i tre nanetti mettono alla prova la protagonista e la sua sorellastra?

4 Secondo te il ritrovamento delle fragole nella neve è un evento prodigioso? Perché?

3 SCHEMA, RUOLI E FUNZIONI

Nella fiaba sono facilmente riconoscibili le quattro fasi dello schema narrativo individuate da Propp: la situazione iniziale (la vedovanza del padre), la rottura dell'equilibrio (il matrimonio), le peripezie (le angherie subite dall'eroina e le avventure che ne conseguono) e la conclusione (la punizione della matrigna e di sua figlia). Anche i ruoli dei personaggi sono ben individuabili: la protagonista è l'eroina, la matrigna è sia l'antagonista sia il mandante (colei che spinge l'eroe a fare qualcosa), i tre nanetti hanno il ruolo di mentore, lo sguattero quello di aiutante, la sorellastra di falso eroe (quando si sostituisce alla sorella prendendone il posto nel letto nuziale); infine c'è il sovrano, alleato dell'eroina. La fiaba esemplifica anche molte delle funzioni di Propp: il tranello (la donna si offre in sposa al padre della protagonista), la connivenza (la vittima cade nel tranello dell'antagonista), la man-

canza (alla matrigna viene il desiderio di fragole), la mediazione (alla protagonista viene chiesto di cercare le fragole), l'inizio della reazione dell'eroe e la partenza (la protagonista accetta l'incarico e si reca nel bosco), la prima funzione del donatore (i tre nanetti mettono alla prova la protagonista), la reazione dell'eroe (la protagonista supera le prove cui l'hanno sottoposta i nanetti), il conseguimento del mezzo magico (come ricompensa per le prove superate, la protagonista riceve tre doni) ecc.

5 Perché il matrimonio rappresenta la rottura dell'equilibrio?

6 Perché la proposta di matrimonio della vedova può essere definita un tranello? In che cosa consiste l'inganno?

> ▶ ATTIVIAMO LE COMPETENZE

LETTURA E COMPRENSIONE

ACCESSO ALLE INFORMAZIONI

7 In che modo il padre della protagonista prende la decisione di risposarsi?

8 Indica a quale personaggio e a quale categoria appartiene ognuna delle caratteristiche elencate.

	Protagonista		Sorellastra	
	Aspetto	**Comportamento**	**Aspetto**	**Comportamento**
Ubbidienza				
Bellezza				
Invidia				
Bruttezza				
Generosità				
Bontà				

COMPRENSIONE GENERALE E INTERPRETAZIONE

9 Riordina cronologicamente i seguenti fatti:
L'eroina riprende sembianze umane – L'eroina si sposa – Il padre dell'eroina si risposa – La matrigna e la figliastra scaraventano fuori dalla finestra l'eroina – L'eroina racconta alla matrigna che cosa le è accaduto nel bosco – L'eroina va in cerca di fragole – La matrigna e la figliastra vengono punite – La matrigna si rivela crudele – L'eroina incontra il re – L'eroina

incontra i tre omini – L'eroina diventa madre – L'eroina fa ritorno sotto forma d'anatra

10 Perché la sorellastra si sostituisce all'eroina nel letto nuziale? Qual è il suo scopo?

11 Il padre dell'eroina compare solo all'inizio della fiaba. Poi non se ne fa più menzione. Come spieghi e interpreti questo fatto?

I vestiti nuovi dell'imperatore

t2

Hans Christian Andersen, *Fiabe*

Tipologia	Testo narrativo
Genere	Fiaba
Sottogenere	D'autore
Anno	1837

CHI: *Hans Christian Andersen*

DOVE:

Danimarca

QUANDO:

Ottocento

▶ ANALIZZIAMO IL TESTO

1 LE FONTI
2 I TEMI
3 IL MESSAGGIO

L'autore

Hans Christian Andersen nasce nel 1805 a Odense, in Danimarca, da un'umile famiglia. Dopo la morte del padre, deciso a intraprendere la carriera di attore, lascia la cittadina natale alla volta di Copenaghen. Sulle scene non riscuote alcun successo, ma uno dei direttori del teatro lo prende sotto la sua protezione e lo invita a riprendere gli studi superiori, sobbarcandosi le spese della sua istruzione. Nel 1828 Andersen decide di dedicarsi alla letteratura, raggiungendo la notorietà nel 1835 con il romanzo autobiografico *L'improvvisatore*. Ma è con le *Fiabe*, scritte a più riprese dal 1835 al 1872, che il suo nome iniziò a circolare anche fuori dai confini della Danimarca. Tradotte in moltissime lingue, le fiabe dello scrittore danese combinano motivi della tradizione scandinava, suggestioni provenienti da altri Paesi e idee originali, che a volte tradiscono, come nel caso de *La Sirenetta* e de *L'intrepido soldatino di stagno*, motivi autobiografici. L'autore si spegne nel 1875 a Rolighed, nei pressi di Copenaghen.

Invito alla lettura

Proponiamo una delle più note e divertenti fiabe di Andersen. Un imperatore molto vanitoso, ossessionato dal suo aspetto esteriore e dalla cura dell'abbigliamento, si imbatte in due truffatori. Questi gli fanno credere di essere in grado di tessere una stoffa bellissima e dalle proprietà magiche: i vestiti fatti con quel tessuto hanno il potere di diventare invisibili agli uomini stolti. L'imperatore, entusiasta del prodigio, ordina ai due imbonitori di tessere per lui quella stoffa. I finti sarti si mettono al lavoro, ma sui telai non vi alcun è tessuto. Tutti, però, preferiscono tacere la verità all'imperatore, per timore di essere giudicati sciocchi. Alla fine, solo un bambino avrà il coraggio di dire la verità.

1 LE FONTI

Alcune fiabe di Andersen sono totalmente inventate, altre sono la rielaborazione del patrimonio culturale danese, europeo e orientale.

Molti anni fa viveva un imperatore che amava tanto avere sempre bellissimi vestiti nuovi da usare tutti i suoi soldi per vestirsi elegantemente. Non si curava dei suoi soldati né di andare a teatro o di passeggiare nel bosco, se non per sfoggiare i vestiti nuovi. Possedeva un vestito per ogni ora del giorno e come di solito si dice che un re è al consiglio, così di lui si diceva sempre: "È nello spogliatoio!".

Nella grande città in cui abitava ci si divertiva molto; ogni giorno giungevano molti stranieri e una volta arrivarono due impostori: si fecero passare per tessitori e sostennero di saper tessere la stoffa più bella che mai si potesse immaginare. Non solo i colori e il disegno erano straordinariamente belli, ma i vestiti che si facevano

GRAMMATICA

In questo caso, «chi» ha la funzione di pronome relativo-dimostrativo *colui che/ il quale, colei che/la quale*: «con questi potrei scoprire **chi**» (= colui il quale...). I due elementi in cui il pronome si sdoppia possono avere talvolta funzione sintattica diversa: *io* (sogg.) *potrei scoprire* (predicato) *colui* (compl. oggetto) *il quale* (sogg.) *non è* (predicato) *all'altezza* (comp. di luogo figurato) *dell'incarico* (comp. di fine).

2 I TEMI

La vicenda ruota intorno ai temi del trionfo delle apparenze e delle ipocrisie che dominano i rapporti sociali.

10 con quella stoffa avevano lo strano potere di diventare invisibili agli uomini che non erano all'altezza della loro carica e a quelli molto stupidi.

"Sono proprio dei bei vestiti!" pensò l'imperatore. "Con questi potrei scoprire chi nel mio regno non è all'altezza dell'incarico che ha, e riconoscere gli stupidi dagli intelligenti. Sì, questa stoffa dev'essere immediatamente tessuta per me!" e diede

15 ai due truffatori molti soldi, affinché potessero cominciare a lavorare.

Questi montarono due telai e fecero finta di lavorare, ma non avevano proprio nulla sul telaio. Senza scrupoli chiesero la seta più bella e l'oro più prezioso, ne riempirono le borse e lavorarono con i telai vuoti fino a notte tarda.

"Mi piacerebbe sapere come proseguono i lavori per la stoffa" pensò l'imperato-

20 re, ma in verità si sentiva un po' agitato al pensiero che gli stupidi o chi non era adatto al suo incarico non potessero vedere la stoffa. Naturalmente non temeva per se stesso; tuttavia preferì mandare prima un altro a vedere come le cose proseguivano. Tutti in città sapevano che straordinario potere avesse quella stoffa e tutti erano ansiosi di scoprire quanto stupido o incompetente fosse il loro vicino.

25 "Manderò il mio vecchio bravo ministro dai tessitori" pensò l'imperatore "lui potrà certo vedere meglio degli altri come sta venendo la stoffa, dato che ha buon senso e non c'è nessuno migliore di lui nel fare il suo lavoro."

Il vecchio ministro entrò nel salone dove i due truffatori stavano lavorando con i due telai vuoti. "Dio mi protegga!" pensò, e spalancò gli occhi "non riesco a vedere

30 niente!" ma non lo disse.

Entrambi i truffatori lo pregarono di avvicinarsi di più e chiesero se i colori e il disegno non erano belli. Intanto indicavano i telai vuoti e il povero ministro continuò a sgranare gli occhi, ma non poté dir nulla, perché non c'era nulla. "Signore!" pensò "forse sono stupido? Non l'ho mai pensato ma non si sa mai. Forse non sono

35 adatto al mio incarico? Non posso raccontare che non riesco a vedere la stoffa!"

«Ebbene, lei non dice nulla!» esclamò uno dei tessitori.

«È splendida! Bellissima!» disse il vecchio ministro guardando attraverso gli occhiali. «Che disegni e che colori! Sì, sì, dirò all'imperatore che mi piacciono moltissimo!»

«Ne siamo molto felici!» dissero i due tessitori, e cominciarono a nominare i vari

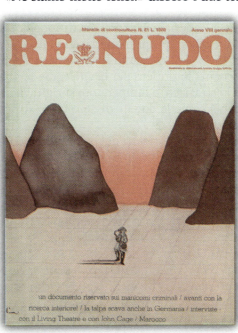

«Re Nudo», gennaio 1978. «Re Nudo» fu una delle principali riviste di controinformazione degli anni Settanta-Ottanta del Novecento: aveva l'obiettivo di analizzare le problematiche giovanili con un linguaggio chiaro e senza mistificazioni.

colori e lo splendido disegno. Il vecchio ministro ascoltò attentamente per poter dire lo stesso una volta tornato dall'imperatore, e così infatti fece.

Gli imbroglioni richiesero altri soldi, seta e oro, necessari per tessere. Ma si misero tutto in tasca; sul telaio non giunse mai nulla, e loro continuarono a tessere sui telai vuoti.

L'imperatore inviò poco dopo un altro onesto funzionario per vedere come proseguivano i lavori, e quanto mancava prima che il tessuto fosse pronto. A lui successe quello che era capitato al ministro; guardò con attenzione, ma non c'era nulla da vedere se non i telai vuoti, e difatti non vide nulla.

«Non è una bella stoffa?» chiesero i due truffatori, spiegando e mostrando il bel disegno che non c'era affatto.

GRAMMATICA

In frasi che esprimono meraviglia e stupore *che* può avere funzione di pronome esclamativo (*che bellezza*) o, come in questo caso, quando si accompagna a un nome, di aggettivo esclamativo invariabile: «Sua maestà guardi **che** (quale) disegno, **che** (quali) colori!».

65 "Stupido non sono" pensò il funzionario "è dunque la carica che ho che non è adatta a me? Mi sembra strano! Comunque nessuno deve accorgersene!" e così lodò la stoffa che non vedeva e li rassicurò sulla gioia che i colori e il magnifico disegno gli procuravano. «Sì, è proprio magnifica» riferì poi all'imperatore.

Tutti in città parlavano di quella magnifica stoffa. L'imperatore volle vederla per-
70 sonalmente mentre ancora era sul telaio. Con un gruppo di uomini scelti, tra cui anche i due funzionari che già erano stati a vederla, si recò dai furbi truffatori che stavano tessendo con grande impegno, ma senza filo.

«Non è *magnifique*?» esclamarono i due bravi funzionari. «Sua Maestà guardi che disegno, che colori!» e indicarono il telaio vuoto, pensando che gli altri potessero
75 vedere la stoffa.

"Come sarebbe!" pensò l'imperatore. "Io non vedo nulla! È terribile! sono forse stupido? o non sono degno di essere imperatore? È la cosa più terribile che mi possa capitare". «Oh, è bellissima!» esclamò «ha la mia piena approvazione!» e ammirava, osservandolo soddisfatto, il telaio vuoto; non voleva dire che non ci vedeva niente.
80 Tutto il suo seguito guardò con attenzione, e non scoprì nulla di più; tutti dissero ugualmente all'imperatore: «È bellissima» e gli consigliarono di farsi un vestito con quella nuova meravigliosa stoffa e di indossarlo per la prima volta al corteo che doveva avvenire tra breve. «È *magnifique*, bellissima, *excellente*» esclamarono l'uno con l'altro, e si rallegrarono molto delle loro parole. L'imperatore consegnò ai truf-
85 fatori la Croce di Cavaliere da appendere all'occhiello, e il titolo di Nobili Tessitori.

Tutta la notte che precedette il corteo i truffatori restarono alzati con sedici candele accese. Così la gente poteva vedere che avevano da fare per preparare il nuovo vestito dell'imperatore. Finsero di togliere la stoffa dal telaio, tagliarono l'aria con grosse forbici e cucirono con ago senza filo, infine annunciarono: «Ora il vestito è pronto».
90 Giunse l'imperatore in persona con i suoi illustri cavalieri, e i due imbroglioni sollevarono un braccio come se tenessero qualcosa e dissero: «Questi sono i calzoni; e poi la giacca, e infine il mantello!» e così via. «La stoffa è leggera come una tela di ragno! si potrebbe quasi credere di non aver niente addosso, ma è proprio questo il suo pregio!».
95 «Sì» confermarono tutti i cavalieri, anche se non potevano vedere nulla, dato che non c'era nulla.

«Vuole Sua Maestà Imperiale degnarsi ora di spogliarsi?» dissero i truffatori «così le metteremo i nuovi abiti proprio qui davanti allo specchio». L'imperatore si svestì e i truffatori finsero di porgergli le varie parti del nuovo vestito, che stavano
100 terminando di cucire; lo presero per la vita come se gli dovessero legare qualcosa ben stretto, era lo strascico, e l'imperatore si rigirava davanti allo specchio.

«Come le sta bene! come le dona!» dissero tutti. «Che disegno! che colori! È un abito preziosissimo!»

«Qui fuori sono arrivati i portatori del baldacchino che dovrà essere tenuto sopra
105 Sua Maestà durante il corteo!» annunciò il Gran Maestro del Cerimoniale.

«Sì, anch'io sono pronto» rispose l'imperatore. «Mi sta proprio bene, vero?» E si rigirò ancora una volta davanti allo specchio, come se contemplasse la sua tenuta.

I ciambellani che dovevano reggere lo strascico finsero di afferrarlo da terra e si avviarono tenendo l'aria, dato che non potevano far capire che non vedevano niente.
110 E così l'imperatore aprì il corteo sotto il bel baldacchino e la gente che era per strada o alla finestra diceva: «Che meraviglia i nuovi vestiti dell'imperatore! Che splendido strascico porta! Come gli stanno bene!». Nessuno voleva far capire che non vedeva niente, perché altrimenti avrebbe dimostrato di essere stupido o di non essere all'altezza del suo incarico. Nessuno dei vestiti dell'imperatore aveva
115 mai avuto un tale successo.

3 IL MESSAGGIO
La verità è proclamata da un bambino, «la voce dell'innocenza».

«Ma non ha niente addosso!» disse un bambino. «Signore, sentite la voce dell'innocenza!» replicò il padre, e ognuno sussurrava all'altro quel che il bambino aveva detto. «Non ha niente addosso! C'è un bambino che dice che non ha niente addosso!» «Non ha proprio niente addosso!» gridava alla fine tutta la gente. E l'imperatore
120 rabbrividì perché sapeva che avevano ragione, ma pensò: "Ormai devo restare fino alla fine". E così si raddrizzò ancora più fiero e i ciambellani lo seguirono reggendo lo strascico che non c'era.

(H.C. Andersen, *Fiabe*, Milano, Mondadori, 2011, trad. di Anna Cambieri)

LABORATORIO

Per continuare a esercitarti sull'analisi della fiaba, vai ai testi interattivi:

 J. de La Fontaine
La lepre e la testuggine

 C. Perrault
Cenerentola

▶ ANALIZZIAMO IL TESTO

1 LE FONTI

Andersen trae il motivo ispiratore della fiaba da un episodio narrato in un testo spagnolo, *El Conde Lucanor*, redatto in castigliano antico nel XIV secolo. Lo scrittore danese, però, si discosta dalla sua fonte in alcuni punti fondamentali: nel testo spagnolo, infatti, i truffatori sono tre e la stoffa ha la proprietà di essere visibile ai figli legittimi, quelli regolarmente nati all'interno matrimonio, e invisibile ai figli illegittimi, quelli nati da una relazione extraconiugale. Quando i truffatori si mettono al lavoro, nessuno ha il coraggio di ammettere di non vedere nulla, temendo di non essere figlio del proprio padre e che la cosa si possa venire a sapere. Infine, nell'originale spagnolo, a svelare l'inganno non è un bambino, ma un povero uomo di colore, che durante il corteo si avvicina al re e gli dice: «Sire, a me non importa di chi sono figlio, per questo ti dico che stai cavalcando senza vestiti».

2 I TEMI

La fiaba di Andersen è diventata molto celebre in Occidente, tanto che da essa è derivata un'espressione proverbiale – "il re è nudo" – utilizzata solitamente per denunciare una situazione in cui tutti fanno finta di non vedere, per paura o opportunismo, un fatto evidente. In effetti, nella fiaba di Andersen, tutti – i funzionari di corte, il sovrano, il popolo – si rendono conto che i due sarti non stanno tessendo nulla, ma nessuno lo dice, temendo di perdere il proprio incarico o di essere giudicato sciocco. Ognuno preferisce mentire e piegarsi all'inganno. L'imperatore addirittura continua a far finta di niente, anche quando la sua nudità viene pubblicamente smascherata. Decide anzi di restare fino alla fine nel corteo, procedendo ancor più impettito.

① Che cosa pensa di scoprire l'imperatore attraverso la stoffa magica?

② Perché l'imperatore preferisce mandare prima un altro a vedere la stoffa? Che cosa teme?

③ Come reagiscono i funzionari dell'imperatore alla vista dei telai vuoti?

④ L'imperatore sa di "essere nudo"? Supporta la tua risposta con precisi riscontri testuali.

3 IL MESSAGGIO

In questa fiaba le apparenze, le menzogne, le ipocrisie sembrano avere la meglio sulla verità. Tutto è finto ed effimero: il tessuto che non esiste, i sarti che non sono sarti ma truffatori, le parole del popolo e dei cortigiani che esaltano la bellezza del re e dei suoi vestiti. A porre fine alla recita, ad aprire gli occhi a tutti, ad avere il coraggio di proclamare la verità, è alla fine la più piccola e ingenua della creature, un bambino, «la voce dell'innocenza». La fiaba, dunque, dietro la sua apparente vena umoristica, suona come una condanna del mondo degli adulti, basato sulla finzione e sull'ipocrisia; ciò che viene esaltato è invece il mondo dell'infanzia, puro, innocente, incorrotto, l'unico dal quale possono provenire la salvezza e la verità.

⑤ A differenza degli adulti, il bambino non ha paura di dire la verità. Perché?

▶ **ATTIVIAMO LE COMPETENZE**

LETTURA E COMPRENSIONE

ACCESSO ALLE INFORMAZIONI

6 Chi consiglia all'imperatore di farsi confezionare dei vestiti con la stoffa miracolosa?

7 Che cosa pensa l'imperatore quando i due truffatori gli mostrano la stoffa?

COMPRENSIONE GENERALE E INTERPRETAZIONE

8 Perché i due truffatori restano svegli tutta la notte con sedici candele accese?

9 Perché l'imperatore alla fine decide di far finta di niente e prosegue la sua marcia?

10 Il piano dei truffatori è molto astuto. Sei d'accordo con questa affermazione? Perché?

LESSICO

SOSTITUZIONE, SINONIMI

11 Sostituisci le parole e le espressioni in corsivo con delle forme sinonimiche, in modo che il senso delle frasi resti invariato.
- Non si *curava* dei suoi soldati, né di andare a teatro o di passeggiare nel bosco, se non per *sfoggiare* i vestiti nuovi (rr. 2-4).
- Intanto indicavano i telai vuoti e il povero ministro continuò a *sgranare* gli occhi (rr. 32-33).

t3 # Piumadoro e Piombofino

Guido Gozzano, *La danza degli gnomi e altre fiabe*

Tipologia	Testo narrativo
Genere	Fiaba
Sottogenere	D'autore
Anno	1911

 CHI: Guido Gozzano

  DOVE: Italia

 QUANDO: Novecento

▶ **DISCUTIAMO IL PROBLEMA** *Perché gli adolescenti sono attratti dal "male"?*

1 GLI AIUTANTI
2 IL MENTORE
3 IL LIETO FINE

L'autore

Guido Gozzano (1883-1916) è stato uno dei maggiori esponenti del Crepuscolarismo, movimento poetico del primo Novecento caratterizzato da versi malinconici e tematiche semplici. È autore di varie raccolte poetiche, tra le quali ricordiamo quella del 1911, *Colloqui*, in cui si trovano le sue più celebri poesie, *La signorina Felicita* e *L'amica di nonna Speranza*. La vena poetica di Gozzano è amara e ironica, espressa con un linguaggio umile e quotidiano, che si contrappone volutamente a quello aulico e retorico della poesia ufficiale. Negli stessi anni in cui si affermava come poeta, l'autore si dedicò alla scrittura per l'infanzia, pubblicando sul «Corriere dei piccoli» alcune fiabe, poi raccolte in volume. In questi racconti sono spesso presenti piccole filastrocche in versi che contribuiscono a creare un'atmosfera magica, irreale e senza tempo.

LABORATORIO

GRAMMATICA

Svolgi le attività interattive su questo testo per ripassare l'**aggettivo**.

**Invito
alla lettura**

Piumadoro è una ragazza bella e buona, ma ha un piccolo "difetto": è tanto leggera da non riuscire a stare ferma al suolo. Un bel giorno un soffio di vento la solleva trascinandola lontano da casa. Piumadoro ha paura e non sa che fare, ma per fortuna la soccorrono una farfalla, uno scarabeo e un soffione, suoi vecchi amici d'infanzia. Grazie al loro aiuto e ai consigli di una buona fata, Piumadoro riesce a raggiungere un magico reame, dove incontrerà e sposerà il ragazzo dei suoi sogni, Piombofino, un adolescente condannato a una pena opposta alla sua: diventare pesante ogni giorno di più.

I

Piumadoro era orfana e viveva col nonno nella capanna del bosco. Il nonno era carbonaio ed essa lo aiutava nel raccattar[1] fascine e nel far carbone. La bimba cresceva buona, amata dalle amiche e dalle vecchiette degli altri casolari, e bella, bella come una regina.

5 Un giorno di primavera vide sui garofani della sua finestra una farfalla candida e la chiuse tra le dita.

– Lasciami andare, per pietà!…

Piumadoro la lasciò andare.

– Grazie, bella bambina; come ti chiami?

10 – Piumadoro.

– Io mi chiamo Pieride del Biancospino. Vado a deporre i miei bruchi in terra lontana. Un giorno forse ti ricompenserò.

E la farfalla volò via.

Un altro giorno Piumadoro ghermì[2], a mezzo il[3] sentiero, un bel soffione niveo[4]

15 trasportato dal vento, e già stava lacerandone la seta leggera.

– Lasciami andare, per pietà!…

Piumadoro lo lasciò andare.

– Grazie, bella bambina. Come ti chiami?

– Piumadoro.

20 – Grazie, Piumadoro. Io mi chiamo Achenio del Cardo. Vado a deporre i miei semi in terra lontana. Un giorno forse ti ricompenserò.

E il soffione volò via.

Un altro giorno Piumadoro ghermì nel cuore d'una rosa uno scarabeo di smeraldo.

– Lasciami andare, per pietà!

25 Piumadoro lo lasciò andare.

– Grazie, bella bambina. Come ti chiami?

– Piumadoro.

– Grazie, Piumadoro. Io mi chiamo Cetonia Dorata. Cerco le rose di terra lontana. Un giorno forse ti ricompenserò.

30 E la Cetonia volò via.

II

Sui quattordici anni avvenne a Piumadoro una cosa strana. Perdeva peso.

Restava pur sempre la bella bimba bionda e fiorente, ma s'alleggeriva ogni giorno di più.

Sulle prime non se ne dette pensiero. La divertiva, anzi, l'abbandonarsi dai rami

35 degli alberi altissimi e scendere giù, lenta, lenta, lenta, come un foglio di carta.

E cantava:

GRAMMATICA

In analisi logica, l'aggettivo può avere funzione di 1) attributo quando accompagna il nome (*una bimba orfana*); 2) nome del predicato quando segue il verbo *essere* («Piumadoro era **orfana**»); 3) complemento predicativo del soggetto in dipendenza di verbi come *sembrare, crescere, diventare* ecc. («La bimba cresceva **buona, amata**»); 4) complemento predicativo dell'oggetto (*Tutti ritenevano Piumadoro una bambina* **buona**).

1 GLI AIUTANTI

Il ruolo dell'aiutante, cioè di colui che aiuta l'eroe nel superamento delle prove, è fondamentale nell'economia della vicenda.

1 raccattar: raccogliere.
2 ghermì: afferrò.
3 a mezzo il: in mezzo al.
4 niveo: bianco come la neve.

Non altre adoro – che Piumadoro…
Oh! Piumadoro,
bella bambina, sarai Regina.

40 Ma col tempo divenne così leggera che il nonno dovette appenderle alla gonna quattro grosse pietre perché il vento non se la portasse via. Poi nemmeno le pietre bastarono più e il nonno dovette rinchiuderla in casa.

– Piumadoro, povera bimba mia, qui si tratta di un malefizio!

E il vecchio sospirava. E Piumadoro s'annoiava, così rinchiusa.

45 – Soffiami, nonno!

E il vecchio, per divertirla, la soffiava in alto per la stanza. Piumadoro saliva e scendeva, lenta come una piuma.

Non altre adoro – che Piumadoro…
Oh! Piumadoro,
50 *bella bambina, sarai Regina.*

– Soffiami, nonno!

E il vecchio soffiava forte e Piumadoro saliva leggera fino alle travi del soffitto.

Oh! Piumadoro,
bella bambina, sarai Regina.

55 – Piumadoro, che cosa canti?

– Non son io. È una voce che canta in me.

Piumadoro sentiva, infatti, ripetere le parole da una voce dolce e lontanissima.

E il vecchio soffiava e sospirava:

– Piumadoro, povera bimba mia, qui si tratta di un malefizio!…

III

60 Un mattino Piumadoro si svegliò più leggera e annoiata del consueto.

– Soffiami, nonno!

Ma il vecchietto non rispondeva.

– Soffiami, nonno!

Piumadoro s'avvicinò al letto del nonno. Il nonno era morto.

Piumadoro pianse.

Pianse tre giorni e tre notti. All'alba del quarto giorno volle chiamar gente. Ma socchiuse appena l'uscio di casa che il vento se la ghermì, se la portò in alto, in alto, come una bolla di sapone…

Piumadoro gettò un grido e chiuse gli occhi.

Osò riaprirli a poco a poco, e guardare in giù, attraverso la sua gran capigliatura disciolta. Volava ad un'altezza vertiginosa.

Sotto di lei passavano le campagne verdi, i fiumi d'argento, le foreste cupe, le città, le torri, le abazie minuscole come giocattoli…

Piumadoro richiuse gli occhi per lo spavento, si avvolse, si adagiò nei suoi capelli immensi come nella coltre del suo letto e si lasciò trasportare.

– Piumadoro, coraggio!

Aprì gli occhi. Erano la farfalla, la cetonia e il soffione.

– Il vento ci porta con te, Piumadoro. Ti seguiremo e ti aiuteremo nel tuo destino.

Piumadoro si sentì rinascere.

– Grazie, amici miei.

Guido Gozzano, La danza degli gnomi e altre fiabe, 2008.

5 palmizi: palme.
6 malìa: incantesimo.
7 fattucchiere: streghe.
8 fiele: bile verde.

Non altre adoro – che Piumadoro…
Oh! Piumadoro,
85 *bella bambina, sarai Regina.*

– Chi è che mi canta nell'orecchio, da tanto tempo?
– Lo saprai verso sera, Piumadoro, quando giungeremo dalla Fata dell'Adolescenza.
Piumadoro, la farfalla, la cetonia e il soffione proseguirono il viaggio, trasportati dal vento.

IV

90 Verso sera giunsero dalla Fata dell'Adolescenza. Entrarono per la finestra aperta.
La buona fata li accolse benevolmente. Prese Piumadoro per la mano, attraversarono stanze immense e corridoi senza fine, poi la Fata tolse da un cofano d'oro uno specchio rotondo.
– Guarda qui dentro.
95 Piumadoro guardò. Vide un giardino meraviglioso, palmizi[5] e alberi tropicali e fiori mai più visti.
E nel giardino un giovinetto vestito come un re e bello come il sole. E quel giovinetto stava su di un carro d'oro che cinquecento coppie di buoi trascinavano a fatica. E cantava:

100 *Oh! Piumadoro,*
bella bambina, sarai Regina.

– Quegli che vedi è Piombofino, il Reuccio delle Isole Fortunate, ed è quegli che ti chiama da tanto tempo con la sua canzone. È vittima d'una malìa[6] opposta alla tua. Cinquecento coppie di buoi lo trascinano a stento. Diventa sempre più pesante.
105 Il malefizio sarà rotto nell'istante che vi darete il primo bacio.
La visione disparve e la buona fata diede a Piumadoro tre chicchi di grano.
– Prima di giungere alle Isole Fortunate il vento ti farà passare sopra tre castelli. In ogni castello ti apparirà una fata maligna che cercherà di attirarti con la minaccia o con la lusinga. Tu lascerai cadere ogni volta uno di questi chicchi.
110 Piumadoro ringraziò la Fata, uscì dalla finestra coi suoi compagni e riprese il viaggio, trasportata dal vento.

V

Giunsero verso sera in vista del primo castello. Sulle torri apparve la Fata Variopinta e fece un cenno con le mani. Piumadoro si sentì attrarre da una forza misteriosa e cominciò a discendere lentamente. Le parve distinguere nei giardini volti
115 di persone conosciute e sorridenti: le compagne e le vecchiette del bosco natìo, il nonno che la salutava.
Ma la cetonia le ricordò l'avvertimento della Fata dell'Adolescenza e Piumadoro lasciò cadere un chicco di grano. Le persone sorridenti si cangiarono subitamente in demoni e in fattucchiere[7] coronate di serpi sibilanti.
120 Piumadoro si risollevò in alto con i suoi compagni, e capì che quello era il Castello della Menzogna e che il chicco gettato era il grano della Prudenza.
Viaggiarono due altri giorni. Giunsero verso sera in vista del secondo castello.
Era un castello color di fiele[8], striato di sanguigno. Sulle torri la Fata Verde si agitava furibonda. Una turba di persone livide accennava tra i merli e dai cortili,
125 minacciosamente.
Piumadoro cominciò a discendere, attratta dalla forza misteriosa. Terrorizzata lasciò cadere il secondo chicco. Appena il grano toccò terra il castello si fece d'oro,

*Illustrazione per
Piumadoro.*

la Fata e gli ospiti apparvero benigni e sorridenti, salutando Piumadoro con le mani protese. Questa si risollevò e riprese il cammino trasportata dal vento; e capì che quello era il grano della Bontà.

Viaggia, viaggia, giunsero due giorni dopo al terzo castello. Era un castello meraviglioso, fatto d'oro e di pietre preziose.

La Fata Azzurra apparve sulle torri, accennando benevolmente verso Piumadoro.

Piumadoro si sentì attrarre dalla forza invisibile. Avvicinandosi a terra udiva un confuso clamore di risa, di canti, di musiche; distingueva nei giardini immensi gruppi di dame e di cavalieri scintillanti, intesi[9] a banchetti. A balli, a giostre[10], a teatri.

Piumadoro, abbagliata, già stava per scendere, ma la cetonia le ricordò l'ammonimento della Fata dell'Adolescenza, ed ella lasciò cadere, a malincuore, il terzo chicco di grano. Appena questo toccò terra, il castello si cangiò[11] in una spelonca[12], la fata Azzurra in una megera[13] spaventosa e le dame e i cavalieri in poveri cenciosi e disperati che correvano piangendo tra sassi e roveti. Piumadoro, sollevandosi d'un balzo nell'aria, capì che quello era il Castello dei Desideri e che il chicco gettato era il grano della Saggezza.

Proseguì la via, trasportata dal vento.

La pieride, la cetonia ed il soffione la seguivano fedeli, chiamando a raccolta tutti i compagni che incontravano per via. Così che Piumadoro ebbe ben presto un
150 corteo di farfalle variopinte, una nube di soffioni candidi e una falange abbagliante di cetonie smeraldine.

Viaggia, viaggia, viaggia, la terra finì, e Piumadoro, guardando giù, vide una distesa azzurra e infinita. Era il mare.

Il vento si calmava e Piumadoro scendeva talvolta fino a sfiorare con la chioma le
155 spume candide. E gettava un grido. Ma le diecimila farfalle e le diecimila cetonie la risollevavano in alto, col fremito delle loro piccole ali.

Viaggiarono così sette giorni.

All'alba dell'ottavo giorno apparvero sull'orizzonte i minareti[14] d'oro e gli alti palmizi delle Isole Fortunate.

VI

160 Nella reggia si era disperati.

Il Reuccio Piombofino aveva sfondato col suo peso la sala del Gran Consiglio e stava immerso fino alla cintola nel pavimento a mosaico. Biondo, con gli occhi azzurri, tutto vestito di velluto rosso, Piombofino era bello come un dio, ma la malìa si faceva ogni giorno più perversa[15].

165 Ormai il peso del giovinetto era tale che tutti i buoi del Regno non bastavano a smuoverlo d'un dito.

Medici, sortiere[16], chiromanti[17], negromanti[18], alchimisti[19] erano stati chiamati inutilmente intorno all'erede incantato.

Non altre adoro – che Piumadoro…
170 *Oh! Piumadoro,*
bella bambina, sarai Regina.

E Piombofino affondava sempre più, come un mortaio[20] di bronzo nella sabbia del mare.

Un mago aveva predetto che tutto era inutile, se l'aiuto non veniva dell'incrociarsi
175 di certe stelle benigne.

9 intesi: intenti.
10 giostre: gare tra cavalieri.
11 si cangiò: si trasformò.
12 spelonca: grotta.
13 megera: donna brutta e spaventosa.
14 minareti: il minareto è la torre adiacente alla moschea, dalla quale il muezzin, a determinate ore del giorno, richiama alla preghiera i credenti musulmani.
15 perversa: dannosa.
16 sortiere: indovine.
17 chiromanti: coloro che predicono il futuro leggendo la mano.
18 negromanti: maghi, indovini. Sono più propriamente coloro che evocano i morti a scopo divinatorio.
19 alchimisti: coloro che esercitano l'alchimia, cioè quel complesso di conoscenze pratiche, filosofiche ed esoteriche che si sviluppò in Europa e nel mondo arabo in età medievale. Sogno di ogni alchimista è quello di tramutare in oro qualunque metallo.
20 mortaio: recipiente che serve per triturare con il pestello alimenti, sostanze, erbe medicinali ecc.

21 galea: nave sottile.
22 meriggio: mezzogiorno.

La Regina correva ogni momento alla finestra e consultava a voce alta gli astrologhi delle torri.

– Mastro Simone! Che vedi, che vedi all'orizzonte?

– Nulla, Maestà... La Flotta Cristianissima che torna di Terra Santa.

180 E Piombofino affondava sempre.

– Mastro Simone, che vedi?...

– Nulla, Maestà... Uno stormo d'aironi migratori...

E Piombofino affondava sempre più.

– Mastro Simone, che vedi?...

185 – Nulla, Maestà... Una galea[21] veneziana carica d'avorio.

Il Re, la Regina, i ministri, le dame erano disperati.

Piombofino emergeva ormai con la testa soltanto; e affondava cantando:

Oh! Piumadoro,
190 *bella bambina, sarai Regina.*

S'udì, a un tratto, la voce di mastro Simone:

– Maestà!... Una stella cometa all'orizzonte! Una stella che splende in pieno meriggio[22]!

Tutti accorsero alla finestra, ma prima ancora la gran vetrata di fondo s'aprì per
195 incanto e Piumadoro apparve col suo seguito alla Corte sbigottita.

I soffioni le avevano tessuta una veste di velo, le farfalle l'avevano colorata di gemme. Le diecimila cetonie, cambiate in diecimila paggetti vestiti di smeraldo, fecero ala alla giovinetta che entrò sorridendo, bella e maestosa come una dea.

Piombofino, ricevuto il primo bacio di lei, si riebbe come da un sogno, e balzò in
200 piedi libero e sfatato, tra le grida di gioia della Corte esultante.

Furono imbandite feste mai più viste. E otto giorni dopo Piumadoro la carbonaia sposava il Reuccio delle Isole Fortunate.

(G. Gozzano, *La danza degli gnomi e altre fiabe*,
Milano, Bit, 1995)

3 IL LIETO FINE
La fiaba si conclude con il più classico lieto fine: le nozze tra l'eroina e il principe.

▶ **IL DIBATTITO**

Perché gli adolescenti sono attratti dal "male"?

La fiaba di Piumadoro è una bella allegoria dell'esistenza dell'uomo e soprattutto di una fase delicata della vita: il passaggio dall'adolescenza all'età adulta. La leggerezza simboleggia il carattere ondivago e fragile dei ragazzi, che durante l'adolescenza hanno più che mai bisogno delle attenzioni e della guida degli adulti. Senza i buoni consigli della fata e l'intervento puntuale dei tre aiutanti, Piumadoro avrebbe rischiato di fallire nell'impresa e di bruciarsi in esperienze sbagliate. La fanciulla, infatti, da adolescente ingenua e "leggera", è irresistibilmente attratta dal falso e melliflúo sembiante del male, simboleggiato dalla Fata Variopinta, dalla Fata Verde e dalla Fata Azzurra.

Sei d'accordo con questa interpretazione?

LE RISPOSTE

PRIMA IPOTESI: sì, sono d'accordo. Durante l'adolescenza, infatti, può capitare di essere attratti da tutto ciò che è proibito e che può anche far male. Questa attrazione per il "pericolo" ha però una spiegazione piscologica: gli adolescenti si comportano in questo modo o per ribellarsi a regole percepite come ingiuste o per testare, attraverso nuove esperienze, i limiti del proprio corpo e della propria personalità.

SECONDA IPOTESI: no, non sono d'accordo. Non tutti gli adolescenti, infatti, sono attratti dai pericoli e dal male e la maggior parte di loro è perfettamente in grado di distinguere da sola, senza l'aiuto e i consigli degli adulti, che cos'è giusto e cos'è sbagliato.

TERZA IPOTESI: se non condividi né la prima né la seconda ipotesi, formulane tu una.

CONCLUSIONE

A partire dalle ipotesi individuate, argomenta e discuti con i compagni il tuo punto di vista.

▶ **DISCUTIAMO IL PROBLEMA**

1 GLI AIUTANTI

Subito dopo l'esposizione della situazione iniziale e la presentazione del personaggio principale, con la tipica triplicazione che caratterizza il linguaggio fiabesco, viene narrato l'incontro tra l'eroina e i suoi futuri aiutanti, tutti e tre appartenenti al mondo della natura. Per ricompensare Piumadoro di aver concesso loro la libertà, essi le promettono una ricompensa.

1 Gli aiutanti di Piumadoro sono
  A due insetti e una pianta.

  B due piante e un insetto.
  C tre insetti.
  D un insetto, un rettile e una pianta.

2 Quale parola riassume meglio la natura del rapporto che si instaura tra Piumadoro e i suoi aiutanti?
  A Solidarietà.
  B Complicità.
  C Fedeltà.
  D Speranza.

2 IL MENTORE

Dopo la morte del nonno, per Piumadoro arriva il momento di lasciare la casa e di volare via in cerca di esperienze, quelle che veramente le consentiranno di diventare adulta. Ad affiancarla in questa avventura sono la Fata dell'Adolescenza, che la mette in guardia dai pericoli e le dona il mezzo magico (i tre chicchi di grano), e i tre aiutanti, che l'accompagnano durante il viaggio. Grazie ai chicchi di grano donati dalla Fata e all'aiuto dei suoi amici fidati e sinceri, Piumadoro riesce a smascherare la menzogna, a trasformare in bontà la cattiveria e a cogliere la verità che si nasconde dietro le false apparenze.

3 Che cosa rappresentano la Fata Verde, la Fata Azzurra e la Fata Variopinta?

3 IL LIETO FINE

Dopo aver superato i tranelli dei suoi antagonisti, Piumadoro può finalmente raggiungere le isole Fortunate, salvare Piombofino dalla pesantezza che minaccia di sprofondarlo sottoterra e convolare con lui a giuste nozze. L'amore pone fine al suo viaggio, completando il suo percorso formativo. Senza l'amore, infatti, i chicchi della verità, della saggezza e della bontà sarebbero rimasti sterili e dispersi al vento.

4 In che modo Piumadoro riesce a rompere l'incantesimo?

▶ **ATTIVIAMO LE COMPETENZE**

LETTURA E COMPRENSIONE

ACCESSO ALLE INFORMAZIONI

5 Quanto dura il viaggio di Piumadoro verso le isole Fortunate?

6 Di quale malia sono vittime Piombofino e Piumadoro?

7 Perché Piumadoro è detta «la carbonaia»?

COMPRENSIONE GENERALE E INTERPRETAZIONE

8 Associa a ogni fase dello schema narrativo un preciso momento del racconto.

• Situazione iniziale

• Rottura dell'equilibrio

• Peripezie

• Lieto fine

9 Spiega perché la fiaba di Piumadoro e Piombofino può essere letta come una rappresentazione allegorica del passaggio dall'infanzia all'adolescenza e dall'adolescenza all'età adulta.

Il lupo non fa paura

Bruno Bettelheim, *Il mondo incantato*

Tipologia	Testo espositivo-argomentativo
Genere	Saggio psicanalitico
Anno	1977

> ▸ **STUDIAMO IL TESTO ESPOSITIVO-ARGOMENTATIVO**
>
> **1** IL PARAGRAFO INTRODUTTIVO
> **2** ENUMERAZIONE E CONFRONTO
> **3** I CONNETTIVI

Invito alla lettura

Bruno Bettelheim (1903-1990) è stato uno psicanalista austriaco, noto per i suoi studi sul mondo infantile e i disturbi dell'età evolutiva. A causa delle sue origini ebraiche, visse l'esperienza dei campi di concentramento, dai quali però riuscì a salvarsi. Per sfuggire al nazismo lo studioso si stabilì in America, dove si dedicò all'insegnamento della psicologia e all'elaborazione delle sue teorie. L'interesse per il mondo dell'infanzia indusse Bettelheim a studiare il mondo incantato delle fiabe e ad analizzarne i contenuti in chiave psicoanalitica, scoprendo l'importanza che esse hanno per la crescita e lo sviluppo del bambino.

1 IL PARAGRAFO INTRODUTTIVO

L'introduzione ha la funzione di presentare l'argomento e catturare l'attenzione del lettore.

Storie come *I tre porcellini* sono molto più apprezzate dai bambini di quelle "realistiche", soprattutto se sono presentate con calore dal narratore. I bambini vanno in visibilio quando il narratore, ansando e mugolando, interpreta il lupo davanti alla porta della casa dei porcellini. La fiaba *I tre porcellini* insegna in forma molto
5 divertente e drammatica al bambino della scuola materna che non dobbiamo essere pigri e prendercela comoda, perché altrimenti potremmo perire. L'intelligente programmazione e la previdenza unite al duro lavoro ci permetteranno di trionfare anche sul nostro più feroce nemico: il lupo! La storia mostra anche i vantaggi del crescere, dato che il terzo porcellino, quello più saggio, è solitamente presentato
10 come il più grosso e il più anziano.

2 ENUMERAZIONE E CONFRONTO

Le informazioni sono organizzate in serie e messe a confronto tra di loro.

Le case che i tre porcellini costruiscono simboleggiano il progresso dell'uomo nella storia: prima una baracca e poi una casa di legno, e per finire una solida casa di mattoni. Il porcellino più piccolo costruisce la sua casetta nel modo più sbrigativo, con della paglia; il secondo si serve di bastoni; entrambi tirano su i loro rifugi con
15 la massima fretta e col minimo dispendio di energie, così da poter giocare per il resto della giornata. Vivendo in accordo con il principio di piacere[1], i porcellini più piccoli cercano una immediata gratificazione, senza darsi pensiero del futuro e dei pericoli della realtà, mentre il porcellino più grande dà prova di maggiore maturità cercando di costruire una casa un po' più solida di quella dei porcellini più piccoli.
20 Soltanto il terzo porcellino, il più anziano, ha imparato ad agire in conformità col principio di realtà[2]: egli è in grado di rimandare il desiderato momento dei giochi, e agisce invece conformemente alla sua capacità di prevedere quello che può accadere nel futuro. È perfino in grado di prevedere correttamente il comportamento del lupo: il nemico o straniero interno, che cerca di sedurci e di prenderci
25 in trappola; perciò il terzo porcellino può sconfiggere potenze più forti e insieme più feroci di lui. Il selvaggio e distruttivo lupo rappresenta tutte le forze asociali, inconsce e divoranti da cui l'individuo deve imparare a difendersi, e che egli può sconfiggere mediante la forza del proprio Io.

1 principio di piacere: la soddisfazione immediata delle proprie pulsioni. Il principio di piacere è pensato da Freud in opposizione al principio di realtà.

2 principio di realtà: espressione che indica l'accettazione di uno stato di disagio e l'assunzione di un comportamento più avveduto nella speranza di una felicità futura.

I tre porcellini colpisce molto di più i bambini che non la favola di Esopo, affine ma
30 apertamente moralista, *La cicala e la formica*. In questa favola una cicala, ridotta
alla fame in inverno, supplica una formica di darle un po' di cibo da lei faticosamente raccolto e immagazzinato durante l'intera estate. La formica chiede alla
cicala cosa fece durante l'estate. La cicala risponde che cantò senza mai lavorare,
e la formica respinge la sua richiesta di aiuto dicendole: "Visto che hai cantato per
35 tutta l'estate, adesso che è inverno balla pure."
Questa chiusa è tipica delle favole, che sono anche racconti popolari tramandati
di generazione in generazione. «Una favola sembra essere, nel suo stato genuino,
una storia in cui esseri privi di ragione, e a volte inanimati, vengono fatti, a fine
di educazione morale, agire e parlare con interessi e passioni umane» (Samuel
40 Johnson). Spesso ipocrita, talora divertente, la favola formula sempre in modo
esplicito una verità morale: non c'è nessun significato nascosto, e nulla è lasciato
alla nostra immaginazione.
La fiaba, al contrario, lascia a noi ogni decisione, e ci permette anche di non
prenderne nessuna. Sta a noi applicare la fiaba alla nostra vita o semplicemente
45 godere delle cose fantastiche che ci racconta. Il nostro diletto è ciò che ci induce
a coglierne a tempo debito i significati nascosti, che possono riferirsi alla nostra
esperienza di vita e al nostro presente stadio di sviluppo personale.
Un raffronto fra *I tre porcellini* e *La cicala e la formica* accentua la differenza tra
una fiaba e una favola. La cicala, similmente ai porcellini e al bambino stesso,
50 è decisa a trastullarsi, senza preoccuparsi molto del futuro. In entrambe le
storie il bambino si identifica con gli animali; ma secondo la favola, una volta
che il bambino si è identificato con la cicala può abbandonare ogni speranza.
La cicala votata al principio di piacere non può aspettarsi che la rovina; è una
situazione senza altre alternative, in cui l'aver fatto una scelta una volta sistema
55 le cose per sempre.

3 I CONNETTIVI
Nel testo sono presenti
elementi appartenenti a
categorie grammaticali
differenti in funzione di
connettivi.

FORMICA ET CI
CADA.

*Aesopus, Formica
et cicada, 1590.*

Ma l'identificazione coi tre porcellini della fiaba insegna che ci sono degli sviluppi: possibilità di progresso dal principio di piacere al principio di realtà, che, dopo tutto, non è che una modificazione del primo. La storia dei tre porcellini suggerisce una trasformazione in cui è mantenuta una notevole misura di piacere, perché ora la
60 soddisfazione è ricercata con autentico rispetto per le esigenze della realtà. L'astuto e gaio terzo porcellino mette nel sacco il lupo parecchie volte: la prima quando il lupo cerca di attirare il porcellino fuori dalla sua casa sicura facendo appello alla sua avidità orale, cioè proponendo di fare assieme delle incursioni in luoghi dove potranno procurarsi del cibo squisito. Il lupo cerca di tentare il porcellino con il
65 furto di rape, poi di mele, e alla fine con una visita a una fiera.

Soltanto quando questi sforzi non sono approdati a nulla il lupo si accinge a irrompere nella casa del porcellino per ucciderlo. Ma anche questa volta è il porcellino a vincere, perché il lupo, mentre cerca di entrare in casa, precipita giù dalla cappa del camino nell'acqua bollente e finisce come carne cotta per il suo avversario.
70 Giustizia è fatta: il lupo, che ha divorato gli altri due porcellini e vuol divorare il terzo, finisce cibo per il porcellino.

Al bambino, che dal principio alla fine della storia è stato invitato a identificarsi con uno dei personaggi, non solo s'infonde speranza ma viene anche detto che sviluppando la propria intelligenza potrà sconfiggere anche un avversario molto
75 più forte.

Dato che secondo il senso di giustizia dei primitivi (e anche dei bambini) soltanto chi ha compiuto qualcosa di veramente cattivo viene distrutto, la favola sembra insegnare che è sbagliato godersi la vita quando il tempo è propizio, come d'estate. Peggio ancora, in questa favola la formica è un animale cattivo, senza la minima
80 compassione per le sofferenze della cicala: ed è questa la figura che si chiede al bambino di prendere ad esempio.

Il lupo, al contrario, è manifestamente un animale malvagio, perché vuole distruggere. La cattiveria del lupo è qualcosa che il bambino piccolo riconosce nel proprio intimo: il suo desiderio di divorare e la sua conseguenza: l'angoscia di
85 poter subire anche lui una sorte del genere. Quindi il lupo è un'esteriorizzazione, una proiezione della cattiveria del bambino, e la storia dice come essa possa essere affrontata in modo costruttivo.

Le varie escursioni con cui il porcellino più grande si procura del cibo in modi positivi costituiscono una parte facilmente trascurata ma importante della storia,
90 perché mostrano che c'è una enorme differenza tra mangiare e divorare. Il bambino la comprende a livello subconscio come la differenza tra il principio di piacere incontrollato, che ha il sopravvento quando l'individuo vuole divorare tutto e subito, ignorando le conseguenze, e il principio di realtà, secondo il quale ciascuno si dà intelligentemente da fare per procurarsi il cibo. Il porcellino maturo si alza
95 in tempo per portare le cibarie a casa prima della comparsa sulla scena del lupo. Quale miglior dimostrazione del valore dell'agire in base al principio di realtà, concretamente, dell'esempio fornito dal porcellino che si alza di buon mattino per procurarsi delle leccornie, frustrando i malvagi disegni del lupo?

Nelle fiabe è tipicamente il figlio minore che, benché dapprima sottovalutato o
100 disprezzato, alla fine esce vittorioso. *I tre porcellini* si discosta da questo modello, dato che dal principio alla fine è il porcellino più anziano ad essere superiore ai due più piccoli. Una spiegazione può essere trovata nel fatto che tutti e tre i porcellini sono "piccoli", e quindi immaturi, come il bambino stesso. Il bambino s'identifica volta per volta con ciascuno di loro e riconosce la progressione dell'identità. *I tre*
105 *porcellini* è una fiaba perché ha un lieto fine, e perché il lupo riceve quanto si merita. Mentre la concezione della giustizia del bambino è offesa dal fatto che la povera

cicala deve morire di fame pur non avendo fatto niente di male, il suo senso di onestà è soddisfatto dalla punizione del lupo. Dato che i tre porcellini rappresentano vari stadi dello sviluppo dell'uomo, la scomparsa dei primi due non è traumatica;

110 il bambino comprende a livello subconscio che dobbiamo emanciparci da forme più primitive di esistenza se vogliamo passare a forme superiori. Chi racconta a dei bambini piccoli la fiaba dei *Tre porcellini* trova soltanto che essi si rallegrano per la meritata punizione del lupo e la vittoria, ottenuta con l'astuzia, del porcellino più anziano: essi non sono dispiaciuti per la sorte dei due più piccoli. Anche un

115 bambino piccolo sembra comprendere che tutti e tre sono in realtà uno solo ed il medesimo a differenti stadi, come è suggerito dal fatto che rispondono al lupo esattamente con le stesse parole: "No, no, no, per le setole del mio groppone!" Se sopravviviamo soltanto nella forma più elevata della nostra identità, è bene che sia così.

120 *I tre porcellini* indirizza i pensieri del bambino relativi al suo sviluppo senza dirgli neppure come dovrebbe essere, permettendogli di trarre le proprie conclusioni. Questo processo basta da solo per una vera maturazione, mentre dire al bambino cosa deve fare non fa che sostituire alla schiavitù rappresentata dalla sua immaturità la subordinazione ai dettami degli adulti.

(B. Bettelheim, *Il mondo incantato*, Milano, Feltrinelli, 2010, trad. di Andrea D'Anna)

▶ **STUDIAMO IL TESTO ESPOSITIVO-ARGOMENTATIVO**

1 IL PARAGRAFO INTRODUTTIVO

Il paragrafo introduttivo è costituito da cinque proposizioni. La frase tematica, collocata in posizione iniziale, ha la funzione di inquadrare l'argomento principale del testo – la fiaba *I tre porcellini* – e presentarlo al lettore, mettendo in evidenza l'apprezzamento che i bambini nutrono per questo tipo di fiabe. Gli enunciati successivi integrano, supportano e sviluppano la frase tematica.

Frase tematica	Storie come *I tre porcellini* sono molto più apprezzate dai bambini di quelle "realistiche", soprattutto se sono presentate con calore dal narratore.	**Presenta il tema (topic) e gli aspetti che saranno messi in evidenza.**
Prima frase di supporto	I bambini vanno in visibilio quando il narratore, ansando e mugolando, interpreta il lupo davanti alla porta della casa dei porcellini.	**Sviluppa e integra la seconda parte della frase tematica («soprattutto... »).**
Seconda frase di supporto	La fiaba *I tre porcellini* insegna in forma molto divertente e drammatica al bambino della scuola materna che non dobbiamo essere pigri e prendercela comoda, perché altrimenti potremmo perire.	**Riprende il topic e fornisce informazioni sui significati simbolici della fiaba *I tre porcellini*.**
Terza frase di supporto	L'intelligente programmazione e la previdenza unite al duro lavoro ci permetteranno di trionfare anche sul nostro più feroce nemico: il lupo!	**Integra la frase precedente.**
Quarta frase di supporto	La storia mostra anche i vantaggi del crescere, dato che il terzo porcellino, quello più saggio, è solitamente presentato come il più grosso e il più anziano.	**Conclude l'unità testuale aggiungendo un'ulteriore informazione.**

Le informazioni fornite e le scelte stilistiche operate nell'introduzione servono inoltre a catturare l'attenzione del lettore e rivelano il punto di vista dello scrivente, orientato a mostrare solo gli aspetti positivi della fiaba in analisi.

■ L'uso del pronome personale di prima persona plurale *ci*, che chiama in causa anche il lettore, ha una funzione allocutiva (per attirare l'attenzione).

L'intelligente programmazione e la previdenza unite al duro lavoro ci permetteranno di trionfare anche sul nostro più feroce nemico: il lupo! La storia mostra anche i vantaggi del crescere, dato che il terzo porcellino, quello più saggio, è solitamente presentato come il più grosso e il più anziano.

■ Il punto esclamativo conferisce enfasi ed entusiasmo all'affermazione.

1 Quali sono, secondo l'autore, gli insegnamenti trasmessi dalla fiaba *I tre porcellini*?

2 Secondo te, perché l'autore non considera *I tre porcellini* una fiaba "realistica"?

2 ENUMERAZIONE E CONFRONTO

Il secondo paragrafo segue uno sviluppo misto, per enumerazione e per confronto. Questa scelta consente all'autore di presentare con chiarezza una serie di informazioni interrelate e compararle tra loro. La frase tematica – anche in questo caso posta all'inizio dell'unità testuale – funge anche da frase organizzatrice, indicando quanti punti saranno sviluppati nel corpo del paragrafo.

Frase tematica: Le case che i tre porcellini costruiscono simboleggiano il progresso dell'uomo nella storia: prima una baracca e poi una casa di legno, e per finire una solida casa di mattoni.

Serie	1 Il porcellino più piccolo costruisce la sua casetta nel modo più sbrigativo, con della paglia 2 il secondo si serve di bastoni
Interruzione della serie	Commento dell'autore e confronto
Ripresa della serie	3 il porcellino più grande dà prova di maggiore maturità cercando di costruire una casa un po' più solida...

3 Quali errori commettono i porcellini più piccoli? E perché il porcellino più grande si rivela più saggio?

3 I CONNETTIVI

Quello analizzato sopra non è l'unico confronto presente nel brano. Lo sviluppo comparativo è presente anche nel raffronto fra *I tre porcellini* e *La cicala e la formica*, tra la fiaba e la favola. È interessante notare come a una stessa modalità testuale corrisponda un uso similare dei segnali discorsivi di connessione.

Confronto tra il porcellino più piccolo e il porcellino mediano.

■ Il pronome *entrambi* evidenzia le analogie tra i due porcellini minori.

■ La congiunzione *mentre* ha valore avversativo e introduce una differenza.

Le case che i tre porcellini costruiscono simboleggiano il progresso dell'uomo nella storia: prima una baracca e poi una casa di legno, e per finire una solida casa di mattoni. Il porcellino più piccolo costruisce la sua casetta nel modo più sbrigativo, con della paglia; il secondo si serve di bastoni; entrambi tirano su i loro rifugi con la massima fretta e col minimo dispendio di energie, così da poter giocare per il resto della giornata. Vivendo in accordo con il principio di piacere, i porcellini più piccoli cercano una immediata gratificazione, senza darsi pensiero del futuro e dei pericoli della realtà, mentre il porcellino più grande dà prova di maggiore maturità cercando di costruire una casa un po' più solida di quella dei porcellini più piccoli.

Confronto fra *I tre porcellini* e *La cicala e la formica*.

■ L'avverbio *similmente* e l'aggettivo *entrambe* evidenziano le analogie fra *I tre porcellini* e *La cicala e la formica*.

■ La congiunzione avversativa *ma* introduce le differenze tra le due storie.

Un raffronto fra *I tre porcellini* e *La cicala e la formica* accentua la differenza tra una fiaba e una favola. La cicala, similmente ai porcellini e al bambino stesso, è decisa a trastullarsi, senza preoccuparsi molto del futuro. In entrambe le storie il bambino si identifica con gli animali; ma secondo la favola, una volta che il bambino si è identificato con la cicala può abbandonare ogni speranza. La cicala votata al principio di piacere non può aspettarsi che la rovina; è una situazione senza altre alternativa, in cui l'aver fatto una scelta una volta sistema le cose per sempre.

4 «Le case che i tre porcellini costruiscono simboleggiano il progresso dell'uomo nella storia: *prima* una baracca e *poi* una casa di legno, e *per finire* una solida casa di mattoni». Che funzione hanno le parole in corsivo?
- **A** Hanno la funzione di connettivi e fanno riferimento alla posizione di ciascun elemento all'interno della serie.
- **B** Hanno la funzione di connettivi e servono a indicare una gerarchia fra i tre porcellini.
- **C** Hanno la funzione di congiunzioni coordinanti.
- **D** Hanno la funzione di connettivi e fanno riferimento al grado di intelligenza dei tre porcellini.

▸ ATTIVIAMO LE COMPETENZE

LETTURA E COMPRENSIONE

ACCESSO ALLE INFORMAZIONI

5 Quante volte il lupo cerca di tentare il porcellino maggiore? E in che modo?

6 Che fine fa il lupo cattivo?

COMPRENSIONE GENERALE

7 Riassumi la storia della cicala e della formica.

8 Indica quali delle seguenti affermazioni sono vere e quali sono false.

	Vero	Falso
A L'autore mette a confronto la favola *I tre porcellini* e la fiaba *La cicala e la formica*.		
B In entrambe le storie il bambino si identifica con gli animali.		
C La storia raccontata nella fiaba suggerisce una trasformazione, mentre quella raccontata nella favola è senza speranza.		
D La cicala è simile ai porcellini e al bambino stesso, perché pensa a divertirsi senza preoccuparsi troppo del futuro.		
E La cicala può aspettarsi solo la rovina perché è votata al principio di piacere.		
F La storia dei tre porcellini insegna che non esistono possibilità di progresso dal principio di piacere al principio di realtà.		

9 Perché, secondo l'autore, il bambino non si rattrista per la sorte dei porcellini più piccoli?
- **A** Perché comprende che i tre porcellini rappresentano in fondo tre differenti stadi della crescita.
- **B** Perché si identifica soltanto con il porcellino più grande.
- **C** Perché alla fine i due porcellini più piccoli riescono a sconfiggere il lupo.
- **D** Perché sono personaggi secondari e il vero eroe è il porcellino più grande.

10 Il punto di vista dell'autore è quello di
- **A** uno psicanalista.
- **B** un amante delle fiabe.
- **C** un critico letterario.
- **D** un lettore entusiasta.

11 Supporta il tuo giudizio con precisi elementi testuali.

LESSICO

USO, SOSTITUZIONE, SINONIMI

12 Sostituisci le parole in corsivo con dei sinonimi o delle espressioni sinonimiche senza alterare il senso delle frasi.
- **A** I bambini *vanno in visibilio*, quando il narratore, ansando e mugolando, interpreta il lupo davanti alla porta dei porcellini.
- **B** Il porcellino più piccolo costruisce la sua casetta nel modo più sbrigativo con della paglia; il secondo *si serve di* bastoni; entrambi *tirano su* i loro rifugi con la massima fretta…
- **C** Un *raffronto* fra "I tre porcellini" e "La cicala e la formica" *accentua* la differenza tra una fiaba e una favola.

L'Usignolo e la rosa

t5

Oscar Wilde, *Il principe felice e altri racconti*

Tipologia	Testo narrativo
Genere	Fiaba
Sottogenere	D'autore
Anno	1888

CHI: Oscar Wilde

DOVE: Gran Bretagna

QUANDO: Ottocento

▶ **IL PIACERE DI LEGGERE**

L'autore

Oscar Wilde nasce a Dublino il 16 ottobre 1854 da una famiglia colta e amante della letteratura. Terminati gli studi superiori, si iscrive all'Università di Oxford, segnalandosi come studente brillante ed eccentrico. Ma l'ambiente universitario gli sta stretto: per lo scrittore la cultura e l'amore per l'arte e il bello non sono qualcosa di chiuso e di accademico, ma esperienze da fare innanzitutto in società, in ambienti anche diversi e lontani dal proprio: così, nel 1879 parte per un lungo viaggio prima a Londra e poi in America, alla ricerca di nuovi orizzonti da esplorare e di spazi più grandi in cui farsi notare.

Nel 1882 ritorna in Europa e si stabilisce tra Londra e Parigi, firmando articoli su riviste di moda, tenendo conferenze letterarie, componendo opere teatrali (come *L'importanza di chiamarsi Ernesto* e *Salomé*, troppo scandalosa per il perbenismo britannico, ma rappresentata in tutto il resto del mondo), scrivendo fiabe, poesie e il romanzo *Il ritratto di Dorian Gray* (1891). In poco tempo diviene una celebrità, non soltanto per le sue straordinarie qualità artistiche, ma anche per lo stile di vita assolutamente inconfondibile, da vero *dandy*: i modi ricercati e raffinati, l'abbigliamento sempre elegante e alla moda, la conversazione brillante e folgorante, gli atteggiamenti per lo più stravaganti e provocatori. Nel 1893 Wilde è chiamato a difendersi in un processo dall'accusa di omosessualità, fatto, questo, che gli aliena le simpatie e i favori dell'alta società. Nonostante il brillante discorso con il quale sostiene la sua difesa, viene condannato a due anni di lavori forzati da scontare in carcere. Ferito, amareggiato e abbandonato dagli amici, Oscar Wilde muore il 30 novembre 1900 all'età di 46 anni, quasi ignorato da tutti: al suo funerale partecipano solo sette persone.

Invito alla lettura

L'approccio di Oscar Wilde al genere fiabesco riflette le sue concezioni della vita e dell'arte, l'anticonformismo che rifiuta ogni schema precostituito. Le sue storie per l'infanzia, destinate in realtà a un pubblico adulto, colpiscono per lo stile dolcissimo e malinconico, sospeso tra prosa e poesia, per l'assenza di qualsiasi intento edificante e consolatorio e, soprattutto, per la mancanza del canonico lieto fine. La fiaba proposta – che ruota attorno ai temi dell'amore e del sacrificio – è tratta dalla raccolta del 1888, *Il principe felice*, cui seguì nel 1901 una seconda raccolta, *Una casa di melograni*.

«Ha detto che ballerà con me se le porto rose rosse» esclamò il giovane Studente, «ma in tutto il mio giardino non c'è nemmeno una rosa rossa».

Dal suo nido nel folto della Quercia l'Usignolo lo sentì e guardò attraverso le foglie e si stupì.

5 «Nemmeno una rosa rossa nel mio giardino!» ripeté e i suoi begli occhi si riempirono di lacrime. «Oh! Da che misere cose dipende la felicità! Ho letto tutto quello che i saggi hanno scritto, e possiedo ogni segreto della Filosofia; ma ora, poiché mi manca una rosa rossa, la mia vita è rovinata.»

«Ecco, dunque, un vero innamorato!» disse l'Usignolo. «Notte dopo notte ho cantato
10 per lui, anche se non lo conoscevo: notte dopo notte ho raccontato la sua storia alle stelle e, finalmente, lo vedo. I suoi capelli sono scuri come il bulbo del giacinto[1], e le sue labbra sono rosse come la rosa che bramerebbe avere; ma la passione ha reso il suo viso pallido come avorio e il dolore ha impresso il suo sigillo sulla sua fronte».

«Il Principe darà un ballo domani sera» mormorò il giovane Studente, «e il mio
15 amore ci andrà. Se le porterò una rosa rossa, lei danzerà con me fino all'alba. Se le porterò una rosa rossa, la potrò tenere tra le mie braccia e lei appoggerà il suo capo sulla mia spalla e la sua mano stringerà la mia. Ma non c'è nemmeno una rosa rossa nel mio giardino, cosicché io siederò da solo e lei mi passerà vicino. Non si curerà di me e il mio cuore sarà spezzato».

20 «Ecco, dunque, un vero innamorato!» disse l'Usignolo. «Per ciò di cui io canto, lui soffre: ciò che è gioia per me, per lui è sofferenza. Certamente l'amore è una cosa meravigliosa. È più prezioso di uno smeraldo e più raro del più splendido opale[2]. Le perle e i granati[3] non riescono a comprarlo, e nemmeno si riesce a trovarlo al mercato. Non può essere acquistato dai mercanti, né può essere pesato su un
25 bilancino per l'oro».

«L'orchestra siederà sul palco» disse il giovane Studente, «e suonerà, e il mio amore ballerà al ritmo dell'arpa e del violino. Danzerà con leggerezza, senza nemmeno toccare il pavimento e i cortigiani si affolleranno nei loro vestiti variopinti attorno a lei. Ma con me non ballerà: non ho una rosa rossa da donarle». Detto questo si
30 gettò sull'erba e si coprì il volto con le mani e pianse.

«Perché sta piangendo?» chiese una piccola Lucertola verde, correndo accanto a lui agitando la coda in aria.

«Perché, insomma?» chiese una Farfalla, mentre volava in un raggio di sole.

«Perché, insomma?» sussurrò una Margherita alla sua vicina con voce bassa e
35 sottile.

«Sta piangendo per una rosa rossa» rispose l'Usignolo.

«Per una rosa rossa!» esclamarono. «Che cosa ridicola!» E la piccola Lucertola, davvero cinica, gli rise in faccia. Ma l'Usignolo capì il segreto dispiacere dello Studente e rimase silenzioso, appollaiato su un ramo della Quercia, pensando al
40 mistero dell'Amore. Improvvisamente, aprì le sue ali marroni e si librò nell'aria. Passò attraverso il boschetto come un'ombra, e come un'ombra volò attraverso il giardino. Al centro di un'aiuola cresceva un bellissimo Cespuglio di rose, e quando lo vide gli volò sopra, posandosi su di un piccolo ramo.

«Dammi una rosa rossa» esclamò, «e ti canterò la mia canzone più dolce».

45 Ma il Cespuglio scrollò il capo. «Le mie rose sono bianche» rispose, «bianche come la schiuma del mare, e più bianche della neve sulle montagne. Ma vai da mio fratello che cresce vicino alla vecchia meridiana[4], e forse lui ti darà quello che desideri». Così l'Usignolo volò sopra il Cespuglio di rose che cresceva vicino alla vecchia meridiana.

50 «Dammi una rosa rossa» esclamò, «e ti canterò la mia canzone più dolce».

Ma il Cespuglio scosse la testa. «Le mie rose sono gialle» rispose, «gialle come il capelli della ninfa marina che siede vicino al trono d'ambra, e più gialle dell'asfodelo[5] che spunta nel prato prima che il giardiniere giunga con la sua falce. Ma vai da mio fratello che cresce vicino alla finestra dello Studente, e forse lui ti darà
55 quello che desideri».

1 giacinto: pianta bulbosa che produce fiori profumatissimi di vari colori.
2 opale: gemma lucente e trasparente di vari colori.
3 granati: gemme di colore rosso.
4 meridiana: orologio solare.
5 asfodelo: pianta tipica del bacino del Mediterraneo, i cui fiori erano considerati dagli antichi Greci simbolo di morte.

Così l'Usignolo volò sopra il Cespuglio di rose che cresceva vicino alla finestra dello studente.

«Dammi una rosa rossa» esclamò, «e ti canterò la mia canzone più dolce».

Ma il Cespuglio scosse la testa. «Le mie rose sono rosse» rispose, «rosse come le
60 zampe della colomba e più rosse dei grandi ventagli di corallo che ondeggiano nelle caverne dell'oceano. Ma l'inverno ha gelato le mie vene, e il gelo ha fatto cadere i miei germogli, e la tempesta ha spezzato i miei rami, e io non avrò più rose per quest'anno».

«Una sola rosa rossa mi basta» insistette l'Usignolo, «solo una rosa rossa! Non c'è
65 nessun modo per averla?»

«C'è un modo» disse il Cespuglio, «ma è così terribile che non oso parlartene...»

«Dimmelo» replicò l'Usignolo, «non ho paura!»

«Se vuoi una rosa rossa» proseguì il Cespuglio, «devi costruirtela con il tuo canto alla luce della Luna, e colorarla col sangue del tuo cuore. Devi cantare per me
70 con il petto squarciato da una spina. Devi cantare tutta la notte e la spina deve straziare il tuo cuore e il tuo sangue, il tuo fluido vitale deve scorrere nelle mie vene, diventando il mio».

«La morte è un caro prezzo da pagare per una rosa rossa» si lamentò l'Usignolo, «e la Vita è cara a tutti. È bello stare nel folto degli alberi e seguire il corso del
75 Sole sul suo carro dorato e della Luna sul suo cocchio di perle. Dolce è il profumo del biancospino e dolci sono le campanule che si nascondono nella valle e l'erica che cresce sulla collina. Però l'Amore è più bello della Vita, e cos'è il cuore di un piccolo uccellino paragonato al cuore di un uomo?»

Così l'usignolo distese le sue alucce marroni per il volo e s'innalzò in aria. Passò
80 il giardino sfiorandolo come un'ombra e come un'ombra volò dentro il folto del boschetto. Il giovane Studente stava ancora disteso sull'erba, come lo aveva lasciato, e le lacrime non si erano ancora asciugate nei suoi splendidi occhi.

«Stai allegro» disse l'Usignolo, «stai allegro: avrai la tua rosa rossa. Te la costruirò con il mio canto alla luce della Luna e la colorerò con il sangue del mio cuore. Tutto quello che ti chiedo in cambio è che tu sia un buon innamorato poiché l'Amore è più saggio della Filosofia, benché essa sia saggia e più forte della stessa Forza, la quale è tuttavia potente. Le ali dell'Amore sono colore di fiamma e colore di fiamma è il suo corpo. Le sue labbra sono dolci come il miele e il suo alito è profumato come l'incenso».

Lo Studente alzò la testa dall'erba per ascoltare, ma non poté capire quello che l'Usignolo gli stava dicendo dato che conosceva solo le cose che sono scritte nei libri.

Ma la Quercia comprese e si sentì triste, perché amava molto il piccolo Usignolo che aveva costruito il suo nido nel folto dei suoi rami. «Cantami un'ultima canzone» sussurrò, «mi sentirò molto triste quando tu non ci sarai più». Così l'Usignolo cantò per la Quercia e la voce gli uscì dalla gola come acqua che sgorga da un vaso d'argento.

Quando concluse il suo canto lo Studente si alzò e tirò fuori di tasca un quaderno e una matita. «È bella» disse a se stesso, mentre usciva dal folto del boschetto «e questo non si può negarlo; ma avrà del sentimento? Ho paura di no. In effetti è come la maggior parte degli artisti: è solo

Lutf'Ali Khan, Rose and nightingale (La rosa e l'usignolo), ca. 1850. Parigi, Museo del Louvre.

apparenza, apparenza senza sincerità. Non si sacrificherebbe per gli altri. Lei pensa solo alla musica e tutti sanno che le arti sono egoiste. Però bisogna ammettere che ha una bella voce. Che peccato che tutto questo non significhi niente o, comunque,
110 non porti nessun beneficio pratico». Si diresse, dunque, verso la sua stanza. Si gettò sul suo lettuccio e cominciò a pensare al suo amore; dopo poco si addormentò.

E quando la Luna iniziò a splendere in cielo, l'Usignolo volò dal Cespuglio di rose e gettò il suo petto contro una spina. Tutta la notte cantò con il petto contro la spina e la fredda, pallida Luna si sporse ad ascoltare il suo canto. Tutta la notte cantò, e
115 la spina penetrò sempre più profondamente nel suo petto, e il suo sangue, il suo fluido vitale, fuggì da lui. Dapprima cantò della nascita dell'Amore nel cuore di un ragazzo e una ragazza. E sul ramo più alto del Cespuglio di rose spuntò un fiore meraviglioso, petalo dopo petalo, man mano che una canzone seguiva l'altra. Era pallido, all'inizio, come la bruma che cala sulla riva del fiume nel primo mattino,
120 e colore dell'argento, come le ali dell'aurora. Come l'ombra di una rosa in uno specchio d'argento, come l'ombra di una rosa in uno stagno, così si colorò il fiore che cresceva sul ramo più alto del Cespuglio. Ma il Cespuglio disse all'Usignolo di premere più forte contro la spina che gli trafiggeva il petto.

«Premi più forte, piccolo Usignolo!» incitò il Cespuglio. «O il Giorno si alzerà prima
125 che la Rosa sia spuntata». Così l'usignolo premette più forte e sempre più alta salì la sua canzone mentre cantava della nascita della passione nell'animo di un uomo e una donna. E un delicato flusso di colore tinse i petali del fiore, simile al rossore che coglie il volto del fidanzato mentre bacia la sua promessa. Ma la spina non aveva ancora raggiunto il suo cuore e per questo motivo il centro dei petali rima-
130 neva bianco: solo il sangue del cuore di un Usignolo può arrossare il cuore di una rosa. E ancora il Cespuglio disse all'Usignolo di premere più forte contro la spina.

«Premi più forte, piccolo Usignolo!» incitò il Cespuglio. «O il Giorno si alzerà prima che la Rosa sia spuntata». Così l'usignolo premette più forte e la spina trafisse il suo cuore: sentì una fitta dolorosa. Amaro, amaro fu il dolore e la sua canzone salì
135 sempre più forte: cantava dell'Amore che è reso perfetto dalla Morte, dell'Amore che non può morire in una tomba.

E la meravigliosa rosa divenne cremisi[6], il colore del cielo ad oriente. Cremisi la ghirlanda dei petali e rosso rubino il cuore del fiore. Ma la voce dell'Usignolo divenne più debole e le sue piccole ali cominciarono a sbattere: un velo gli annebbiò
140 la vista. Sempre più debole saliva la sua canzone e cominciò a sentire qualcosa che gli soffocava la voce in gola. Quindi cantò un'ultima volta. La Luna bianca l'ascoltò e si dimenticò dell'alba incombente, indugiando in cielo. La rosa rossa l'ascoltò e fu scossa da una specie di estasi, aprendo i suoi petali alla fresca brezza del mattino. L'eco portò il suo canto alla sua caverna purpurea sulle colline e svegliò i pastori dai
145 loro sogni. Il suo canto galleggiò attraverso i canneti del fiume e arrivò fino al mare.

«Guarda, guarda!» esclamò il Cespuglio. «La rosa ora è spuntata». Ma l'Usignolo non rispose perché giaceva morto nell'erba alta, con una spina piantata nel petto.

E a mezzogiorno lo Studente aprì la sua finestra e guardò fuori.

«Che fortuna incredibile!» esclamò. «Ecco una rosa rossa! Non ne ho mai vista una
150 uguale in tutta la mia vita. È così bella che sono sicuro che deve avere un lungo nome latino». Si sporse e la colse. Si mise quindi il cappello e andò alla casa del Professore con la rosa in una mano.

La Figlia del Professore era seduta sulla soglia di casa ed era intenta a dipanare dall'arcolaio una matassa di seta azzurra. Il suo cagnolino era accoccolato ai suoi piedi.
155 «Hai detto che avresti danzato con me se ti avessi portato una rosa rossa» cominciò lo Studente. «Eccoti la rosa più rossa del mondo. L'appunterai vicino al tuo cuore stasera e mentre balleremo ti dirà quanto ti amo».

6 cremisi: di colore rosso.

7 metafisica: branca della filosofia che cerca di spiegare attraverso ragionamenti astratti le cause prime della realtà.

Ma la ragazza aggrottò le ciglia. «Ho paura che non si adatti al mio vestito» rispose, «e, inoltre, il Nipote del Ciambellano mi ha mandato dei veri gioielli e tutti sanno che i gioielli valgono molto di più dei fiori».

160 «Ebbene, parola mia, sei proprio ingrata» replicò lo Studente arrabbiato, gettando la rosa in strada. Il fiore cadde in un rigagnolo e la ruota di un carro la schiacciò. «Maleducato!» esclamò la ragazza. «Sei proprio maleducato. E dopo tutto chi sei? Solo uno Studente. In verità non credo nemmeno tu abbia fibbie d'argento alle

165 scarpe come il Nipote del Ciambellano.» Detto così, si alzò e rientrò in casa.
«Che cosa sciocca è l'Amore!» esclamò lo Studente. «Non vale la metà della Logica: non dimostra niente, fa sperare in eventi che non succedono mai e fa credere cose che non sono vere. In effetti è poco utile, mentre in quest'epoca tutto deve essere utile. Tornerò alla Filosofia e studierò la Metafisica[7]».

170 Così egli ritornò alla sua stanza, tirò fuori un vecchio libro polveroso e si mise a leggerlo.

(O. Wilde, *Il principe felice - Una casa di melograni*,
Milano, Mondadori, 1986, trad. di Masolino D'Amico)

▶ ATTIVIAMO LE COMPETENZE

LETTURA E COMPRENSIONE

ACCESSO ALLE INFORMAZIONI

1 Dove si trovano i tre cespugli di rose?

2 Perché il cespuglio di rose rosse non produce fiori?

3 Qual è l'oggetto del desiderio dello Studente? E quello dell'Usignolo?

4 Perché l'Usignolo decide di sacrificarsi?

COMPRENSIONE GENERALE E INTERPRETAZIONE

5 Chi è il protagonista della storia? L'Usignolo o lo Studente? Motiva la tua risposta.

6 Nel testo ci sono molti paragoni. Trovane almeno tre e trascrivili.

A _____

B _____

C _____

7 Per l'Usignolo l'amore è la cosa più importante che esista. Quali parole del testo esprimono questo concetto? E quali il concetto contrario? Da quali personaggi sono pronunciate?

8 «L'eco portò il suo canto alla sua caverna purpurea sulle colline e svegliò i pastori dai loro sogni». Da questa frase si capisce che è

A l'alba.   C notte.

B il tramonto.   D giorno inoltrato.

9 Nel racconto vi sono due personaggi più importanti – l'Usignolo e lo Studente – e altri che hanno un ruolo secondario. Indica con una crocetta a quale personaggio/personaggi appartiene ogni caratteristica.

	Usignolo	Studente	Ragazza	Quercia	Lucertola
Spirito di sacrificio					
Tristezza					
Pietà					
Ingratitudine					
Derisione					
Delusione					
Venalità					
Disillusione					
Eroismo					

RIFLESSIONE E VALUTAZIONE

10 Lo stile utilizzato dall'autore amplifica e rende ancora più poetici i temi e i contenuti della fiaba. Sei d'accordo con questa affermazione?

VERIFICA INVALSI

t6

Il principe che sposò una rana

Test

Italo Calvino, *Fiabe italiane*

Tipologia	Testo narrativo
Genere	Fiaba
Sottogenere	Popolare
Anno	1956

Nel 1954 Italo Calvino accoglie con entusiasmo la proposta del suo editore di pubblicare un libro di fiabe italiane, da affiancare a quelle famose dei fratelli Grimm. Avvalendosi delle più importanti raccolte folkloristiche ottocentesche e consultando importanti studiosi di tradizioni popolari, lo scrittore raccolse 200 fiabe provenienti dalle varie regioni, trascrivendole dal dialetto all'italiano. L'opera, in tre volumi, fu pubblicata per la prima volta nel 1956.

Quella della sposa-rana è una delle fiabe più diffuse della tradizione europea, conosciuta in più di trecento versioni, tra straniere e italiane. La versione proposta da Calvino proviene dal Monferrato, in Piemonte.

LABORATORIO

Dello stesso autore leggi anche:

 Fantaghirò

C'era una volta un Re che aveva tre figli in età da prender moglie. Perché non sorgessero rivalità sulla scelta delle tre spose, disse: – Tirate con la frombola più lontano che potete: dove cadrà la pietra là prenderete moglie.

I tre figli presero le frombole e tirarono. Il più grande tirò e la pietra arrivò sul
5 tetto d'un forno; ed egli ebbe la fornaia. Il secondo tirò e la pietra arrivò alla casa di una tessitrice. Al più piccino la pietra cascò in un fosso.

Appena tirato, ognuno correva a portare l'anello alla fidanzata. Il più grande trovò una giovinotta bella soffice come una focaccia, il mezzano una pallidina, fina come un filo, e il più piccino guarda guarda in quel fosso, non ci trovò che una rana.
10 Tornarono dal Re a dire delle loro fidanzate. – Ora, – disse il Re, – chi ha la sposa migliore erediterà il regno. Facciamo le prove –. E diede a ognuno della canapa perché gliela riportassero di lì a tre giorni filata dalle fidanzate, a vedere chi filava meglio.

I figli andarono dalle fidanzate e si raccomandarono che filassero a puntino; e il
15 più piccolo, tutto mortificato, con quella canapa in mano, se ne andò sul ciglio del fosso e si mise a chiamare:

– Rana, rana!

– Chi mi chiama?

– L'amor tuo che poco t'ama.
20 – Se non m'ama, m'amerà

Quando bella mi vedrà.

E la rana saltò fuori dall'acqua su una foglia. Il figlio del Re le diede la canapa e disse che sarebbe ripassato a prenderla filata dopo tre giorni.

Dopo tre giorni i fratelli tutti ansiosi corsero dalla fornaia e dalla tessitrice a ri-
25 tirare la canapa. La fornaia aveva fatto un bel lavoro, ma la tessitrice – era il suo mestiere – l'aveva filata che pareva seta. E il più piccino? Andò al fosso:

– Rana, rana!

– Chi mi chiama?

– L'amor tuo che poco t'ama.
30 – Se non m'ama, m'amerà

Quando bella mi vedrà.

Saltò su una foglia e aveva in bocca una noce. Lui si vergognava un po' di andare dal padre con una noce mentre i fratelli avevano portato la canapa filata; ma si fece coraggio e andò. Il Re che aveva già guardato per dritto e per traverso il lavoro della
35 fornaia e della tessitrice, aperse la noce del più piccino, e intanto i fratelli sghignazzavano. Aperta la noce ne venne fuori una tela così fina che pareva tela di ragno, e tira tira, spiega spiega, non finiva mai, e tutta la sala del trono ne era invasa. – Ma questa tela non finisce mai! – disse il Re, e appena dette queste parole la tela finì. Il padre, a quest'idea che una rana diventasse regina, non voleva rassegnarsi. Erano nati
40 tre cuccioli alla sua cagna da caccia preferita, e li diede ai tre figli: – Portateli alle vostre fidanzate e tornerete a prenderli tra un mese: chi l'avrà allevato meglio sarà regina. Dopo un mese si vide che il cane della fornaia era diventato un molosso grande e grosso, perché il pane non gli era mancato; quello della tessitrice, tenuto più a stecchetto, era venuto un famelico mastino. Il più piccino arrivò con una cassettina; il
45 Re aperse la cassettina e ne uscì un barboncino infiocchettato, pettinato, profumato, che stava ritto sulle zampe di dietro e sapeva fare gli esercizi militari e far di conto. E il Re disse: – Non c'è dubbio; sarà re mio figlio minore e la rana sarà regina. Furono stabilite le nozze, tutti e tre i fratelli lo stesso giorno. I fratelli maggiori andarono a prendere le spose con carrozze infiorate tirate da quattro cavalli, e le
50 spose salirono tutte cariche di piume e di gioielli. Il più piccino andò al fosso, e la rana l'aspettava in una carrozza fatta d'una foglia di fico tirata da quattro lumache. Presero ad andare: lui andava avanti, e le lumache lo seguivano tirando la foglia con la rana. Ogni tanto si fermava ad aspettarle, e una volta si addormentò. Quando si svegliò, gli s'era fermata davanti una carrozza
55 d'oro, imbottita di velluto, con due cavalli bianchi e dentro c'era una ragazza bella come il sole con un abito verde smeraldo. – Chi siete? – disse il figlio minore. – Sono la rana, – e siccome lui non ci voleva credere, la ragazza aperse uno scrigno dove c'era la foglia di fico, la pelle della rana e quattro gusci di lumaca. – Ero una
60 Principessa trasformata in rana, e solo se un figlio di Re acconsentiva a sposarmi senza sapere che ero bella avrei ripreso la forma umana. Il Re fu tutto contento e ai figli maggiori che si rodevano d'invidia disse che chi non era neanche capace di scegliere la moglie non meritava la Corona. Re e regina diventarono il più piccino e la sua sposa.

(I. Calvino, *Fiabe italiane*, vol. 1, Milano, Mondadori, 1993)

Aspetto 2 *Individuare informazioni date esplicitamente nel testo.*

1 Quali sono le caratteristiche del protagonista del racconto?

	Sì	No		Sì	No
A È il più piccolo.			C È fidanzato con una tessitrice.		
B Diventa re.			D È in età da matrimonio.		

Aspetto 3 *Fare un'inferenza diretta, ricavando un'informazione implicita da una o più informazioni date nel testo e/o tratte dall'enciclopedia personale del lettore.*

2 Indica a quale personaggio appartiene ogni ruolo.

	Eroe	Mentore	Aiutante	Antagonista
A Re				
B Rana				
C Fratello maggiore				
D Fratello mediano				
E Fratello minore				

VERIFICA INVALSI

Aspetto 2 Individuare informazioni date esplicitamente nel testo.

3 La possibilità che ogni figlio ha di ereditare il regno dipende
- ☐ **A** dalla sua intelligenza.
- ☐ **B** dalle qualità della sua futura sposa.
- ☐ **C** dall'abilità dimostrata nel superamento delle prove.
- ☐ **D** dalla sua bontà d'animo.

Aspetto 1 Comprendere il significato, letterale e figurato, di parole ed espressioni e riconoscere le relazioni tra parole.

4 La frombola è
- ☐ **A** una trottola.
- ☐ **B** una balestra.
- ☐ **C** una fionda.
- ☐ **D** un arco.

Aspetto 6 Sviluppare un'interpretazione del testo, a partire dal suo contenuto e/o dalla sua forma, andando al di là di una comprensione letterale.

5 Nei confronti dei propri figli il Re si dimostra
- ☐ **A** imparziale.
- ☐ **B** parziale.
- ☐ **C** autoritario.
- ☐ **D** ingiusto.

Aspetto 2 Individuare informazioni date esplicitamente nel testo.

6 In base al testo, rispondi alle seguenti domande.

A Che cosa si contendono i tre figli?

_____

B Chi è veramente la rana?

_____

Aspetto 1 Comprendere il significato, letterale e figurato, di parole ed espressioni e riconoscere le relazioni tra parole.

7 «Il Re che aveva già guardato <u>per dritto e per traverso</u> il lavoro della fornaia e della tessitrice...» (rr. 34-35). L'espressione sottolineata vuol dire
- ☐ **A** con diffidenza.
- ☐ **B** con disprezzo.
- ☐ **C** due volte.
- ☐ **D** attentamente.

Aspetto 6 Sviluppare un'interpretazione del testo, a partire dal suo contenuto e/o dalla sua forma, andando al di là di una comprensione letterale.

8 Quali sono gli atteggiamenti e i sentimenti dei personaggi che emergono dalle espressioni riportate? Per ogni riga della tabella scegli la parola che li esprime meglio.

Espressioni	Atteggiamento/Sentimento		
A ...e intanto i fratelli sghignazzavano (r. 35)	☐ derisione	☐ divertimento	☐ invidia
B Ma questa tela non finisce mai! (rr. 37-38)	☐ preoccupazione	☐ stupore	☐ impazienza
C Il padre, a quest'idea che una rana diventasse regina, non voleva rassegnarsi! (r. 39)	☐ incredulità	☐ preoccupazione	☐ ira
D Se non m'ama, m'amerà Quando bella mi vedrà	☐ tristezza	☐ speranza	☐ certezza

Aspetto 7 Riflettere sul testo e valutarne il contenuto e/o la forma alla luce delle conoscenze ed esperienze personali.

9 Come spieghi la presenza di versi in rima all'interno della fiaba?
- ☐ **A** Perché il genere fiabesco ha elementi di contiguità con la poesia.
- ☐ **B** Perché il testo è stato rielaborato da Italo Calvino.
- ☐ **C** Perché la presenza di rime e filastrocche è una caratteristica delle fiabe.
- ☐ **D** Perché in origine le fiabe erano tutte in versi.

Aspetto 6 Sviluppare un'interpretazione del testo, a partire dal suo contenuto e/o dalla sua forma, andando al di là di una comprensione letterale.

10 Riflettendo sulle prove cui sono sottoposte le tre fidanzate (la filatura e l'allevamento), prova a spiegare quale concezione della donna emerge da questa fiaba.

_____

_____

Antoni Gaudí	

Parco Güell

GENERE	Architettura
STILE	Art Nouveau
MATERIALI	Calcestruzzo, vetro, ceramica
LUOGO	Barcellona
ANNO	1909-1914

▶ **ANALIZZIAMO L'OPERA**

1 LA CITTÀ-GIARDINO
2 LO STILE
3 I MATERIALI

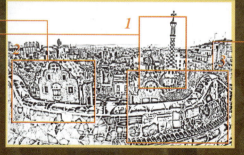

1 Parco Güell domina la città di Barcellona da una verde collina.

2 Le linee, le forme e i colori ricreano le atmosfere di un mondo fiabesco.

3 Materiali naturali e industriali si fondono armoniosamente dando vita a originali soluzioni cromatiche e geometriche.

1 LA CITTÀ-GIARDINO

Su una collina a nord della città di Barcellona si estende Parco Güell, una grande area verde in cui sono inseriti edifici, statue, belvedere ed elementi architettonici stravaganti e colorati. L'autore di questo «tempio del gioco e della libertà immaginativa» fu Antoni Gaudí, il geniale architetto spagnolo (1852-1926) che nei primi anni del Novecento abbellì la capitale della Catalogna con monumenti eccentrici e di grande fascino, come la *Sagrada Familia*, *Casa Batlò* e *Casa Milá*, ancora oggi fra le maggiori attrattive turistiche di questa città.

Il Parco fu commissionato a Gaudí da Eusebio Güell (1846-1918), un nobile e ricco magnate catalano che aveva acquistato la collina del Carmelo e desiderava trasformarla in una città-giardino sul modello della *garden-city* inglese, cioè un quartiere a misura d'uomo, completamente immerso nel verde.

1 Secondo te, quali caratteristiche o elementi dovrebbe possedere una città-giardino, cioè un quartiere ideale dove poter vivere?

2 LO STILE

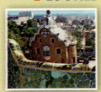

Antoni Gaudí fu uno dei massimi rappresentanti dell'*Art Nouveau*, la corrente artistico-architettonica che a partire dall'ultimo decennio dell'Ottocento si affermò in tutti i Paesi europei assumendo nomi diversi, come *Liberty* in Italia o *Modernismo* in Catalogna. Dal punto di vista stilistico, l'*Art Nouveau* è caratterizzata dalla ricerca dell'asimmetria e dall'ispirazione alla natura, che si traducono in una linea dinamica, sinuosa, simile di volta in volta alle spirali di un serpente, ai tralci vegetali, alle onde del mare, alle volute di fumo o, ancora, al colpo di frusta. Parco Güell è un tipico esempio di questa corrente artistica. Gli elementi architettonici in esso presenti si snodano attraverso forme sinuose e serpentinate, che assecondano il movimento naturale della collina. Colonne simili ad alberi si innalzano a sorreggere un camminamento e dappertutto si possono ammirare fontane e arcate artificiali scavate nella roccia. Passeggiando per il parco ci si imbatte in animali strani e fiabeschi (come il famoso dragone che sormonta una fontana posta all'entrata), in viali, cunicoli, labirinti e case sbilenche che dell'autore rivelano il gusto "gotico" per l'elemento fantastico.

2 Quali elementi rendono Parco Güell suggestivo e fiabesco?

3 Perché all'interno di Parco Güell prevale la linea sinuosa su quella retta?

3 I MATERIALI

In linea con una società moderna in fase di rapida evoluzione e urbanizzazione, l'*Art Nouveau* impiegò, oltre ai materiali artigianali tradizionali, anche quelli di tipo industriale, come il ferro e il calcestruzzo. Proprio come accade all'interno del Parco Güell, dove accanto a elementi naturali (la roccia e la pietra scolpita) si trovano armoniosamente inseriti materiali industriali: il ferro, il cemento, il vetro e le piastrelle policrome.

4 Spiega in che modo Antoni Gaudí è riuscito a conciliare tradizione e innovazione.

5 Nella tua città-giardino ideale quali materiali e quali forme utilizzeresti? Motiva la tua risposta.

Parco dei mostri
di Bomarzo

Villa dei mostri
di Bagheria

Quinta da Regaleira
(Sintra, Portogallo)

Castello di
Neuschwanstein
(Baviera, Germania)

Castello di Ussé
(Loira, Francia)

▶ **ATTIVIAMO LE COMPETENZE**

FRUIZIONE DI ALTRE FORME ESPRESSIVE
RICERCA, TESTO INFORMATIVO

6 In Europa e in Italia esistono molti luoghi fiabeschi. Te ne proponiamo cinque. Scegline uno, cerca delle notizie e scrivi una scheda informativa (nome, luogo, periodo, caratteristiche, breve descrizione, accessibilità: come raggiungerlo, orari, periodo di chiusura, costo del biglietto).

Il labirinto del fauno

TIPOLOGIA	Film
GENERE	Drammatico fiabesco
REGIA	Guillermo del Toro
CAST	Ivana Baquero (Ofelia),
	Doug Jones (Pan e Uomo Pallido),
	Sergi López (Capitano Vidal),
	Ariadna Gil (Carmen),
	Maribel Verdú (Mercedes),
	Álex Angulo (Dottor Ferreiro),
	Roger Casamajor (Pedro)
ANNO	2006

▶ ANALIZZIAMO IL FILM

1 **IL FAUNO**
2 **LE TRE PROVE**
3 **REALTÀ E FANTASIA**

DAL CREATORE DI "HELLBOY" E "BLADE II"
IL NUOVO FILM CANDIDATO ALL'OSCAR® 2007

IL LABIRINTO DEL FAUNO

UN FILM DI GUILLERMO DEL TORO

LA TRAMA

Anno 1944. In Spagna i franchisti tentano di soffocare nel sangue le ultime rivolte degli oppositori del regime. Con spietata ferocia, il capitano Vidal dà la caccia ai ribelli prendendosela sadicamente anche con persone innocenti. Mentre il Paese è sconvolto dagli orrori della guerra, la piccola Ofelia, figliastra di Vidal, tenta di evadere da una realtà troppo dolorosa rifugiandosi in un mondo incantato, popolato da strane creature. Tra queste vi è un fauno, un essere mitologico con zampe e corna caprine, che rivela a Ofelia di essere la reincarnazione della principessa Moana, figlia del re del sottosuolo. Se la bimba vorrà ricongiungersi per sempre ai suoi veri genitori diventando immortale, dovrà superare tre prove. Ma non si tratta di un gioco da ragazzi, perché Ofelia deve fare i conti con il suo crudele patrigno, con un orco divoratore di bambini e con le cattive condizioni di salute della mamma incinta. Le cose si complicano per la piccola eroina: la madre muore dando alla luce un bambino; le persone che le vogliono bene sono partigiani scoperti e perseguitati da Vidal; lei stessa viene maltrattata e minacciata dal patrigno. Superate le prime due prove, a Ofelia non rimane che portare a termine la terza. Ma quando scopre che essa consiste nel ferire il fratellino appena nato per aprire con il suo sangue innocente il portale che le consentirà di raggiungere il suo regno, si rifiuta categoricamente, andando così incontro a un tragico destino.

Il fauno è una creatura ambigua e inquietante.

1 IL FAUNO

In questa fiaba il ruolo di eroina è affidato alla piccola Ofelia, quello di mandante e mentore al Fauno. Questa strana creatura, più mitologica che fiabesca per via della sua somiglianza con l'antico dio dei boschi Pan, appare molto inquietante e a tratti infida. Fino alla fine lo spettatore non riesce a capire se è un essere buono oppure cattivo. In effetti, nelle fiabe il ruolo di mentore è di solito affidato a creature poco rassicuranti, che per il loro aspetto o anche per il modo di comportarsi appaiono ambigue se non addirittura malvagie. L'imbattersi in un mentore sgradevole o terribile consiste già in una prova per l'eroe o l'eroina: quella di andare oltre le apparenze dando ascolto e fiducia anche a chi appare ripugnante.

La protagonista deve superare delle prove.

Il mondo reale è crudele e violento.

2 LE TRE PROVE

Nel film è presente un altro elemento tipico delle fiabe: le tre prove da superare per poter raggiungere la felicità. La prima consiste nel fare ingoiare tre pietre magiche a un rospo per recuperare la chiave che ha ingoiato e per ridare vita all'albero sotto il quale esso vive. La seconda prova consiste nel sottrarre un pugnale a un orco sanguinario, stando attenta a non turbare il suo sonno e a non farsi tentare dalle gustose pietanze che si trovano sulla tavola imbandita. La terza e ultima prova ha il sapore amaro della realtà. Se vuole aprire il portale che le consentirà di raggiungere il suo regno, Ofelia deve ferire il fratellino appena nato. Ma la bimba si rifiuta di fare del male al piccolo innocente e questo indugio le costa la vita, perché di lì a poco viene raggiunta dal patrigno che le spara in pieno petto uccidendola sul colpo.

3 REALTÀ E FANTASIA

Nel film realtà e fantasia si intrecciano indissolubilmente. Il mondo fatato in cui si imbatte Ofelia non ha nulla di ridente: le atmosfere sono cupe, i paesaggi tetri, le creature che lo abitano mostruose e per niente rassicuranti. Sembra quasi lo specchio della realtà in cui vive la ragazzina, una realtà dilaniata dalla guerra e popolata da adulti che si comportano come mostri, uccidendo barbaramente altri uomini e negando ai bambini il diritto di sognare e di giocare.

GUIDA AL DIBATTITO

1 In che modo Ofelia entra in contatto con il Fauno?

2 Chi sono gli aiutanti di Ofelia nel mondo reale? E nel mondo incantato?

3 Vidal: «Non la capisco. Perché non mi ha obbedito?» Ferreiro: «Perché obbedire senza pensare, così, istintivamente, lo fa solo la gente come lei». Spiega il senso della risposta del dottor Ferreiro.

4 Quali elementi tipici del genere fiabesco sono presenti nel film?

5 Nel mondo reale la demarcazione tra buoni e cattivi è molto evidente. Chi sono i buoni? E i cattivi?

6 «Il vero mostro di questo film è il Capitano Vidal, interpretato da Sergi López, di gran lunga peggiore e più spaventoso delle creature che si nascondono nell'ombra del labirinto. Il fascismo ti consuma, centimetro per centimetro, non necessariamente fisicamente ma sicuramente spiritualmente» (Guillermo del Toro). Commenta con i compagni questa frase del regista del film.

7 In che modo il fauno aiuta Ofelia a curare la madre? Perché il rimedio fallisce?

8 Analizza e spiega la natura dei rapporti affettivi tra le seguenti coppie di personaggi: Ofelia/madre; Ofelia/Vidal; madre/Vidal.

9 Questo film può essere visto come una fiaba, ma anche come una storia drammatica che racconta l'esperienza della guerra dal punto di vista di una ragazzina, che per sfuggire a un mondo pericoloso e a un patrigno crudele tenta di rifugiarsi in una dimensione fantastica di sua invenzione. Sei d'accordo con questa affermazione?

10 Il mondo fiabesco di Ofelia è tetro e angosciante. Perché?

▶ ATTIVIAMO LE COMPETENZE

PRODUZIONE DI TESTI MULTIMEDIALI

RICERCA, LAVORO DI GRUPPO, PRODOTTO AUDIOVISIVO

11 Realizza insieme ai compagni una presentazione multimediale del film. Il vostro lavoro dovrà contenere i seguenti elementi:

• trama del film;
• informazioni sugli attori protagonisti;
• approfondimenti sulle figure mitologiche presenti nel film;
• approfondimento sul contesto storico del film;
• musiche, immagini, video coerenti con i contenuti.

Puoi scaricare legalmente i materiali audiovisivi dal seguente sito: www.videa-cde.it/illabirintodelfauno/

Concetti chiave

Flashcard

▶ CARATTERISTICHE DEL GENERE

La fiaba

Tradizione orale e popolare	Le fiabe hanno origini antichissime e venivano tramandate oralmente dal popolo.
L'elemento magico	Le fiabe appartengono alla narrativa fantastica: in esse hanno un ruolo determinante il magico e il meraviglioso.
L'indeterminatezza	La fiaba è contraddistinta da segnali di apertura come il classico "C'era una volta".
L'eroe	Il protagonista della fiaba deve superare molte prove per raggiungere la felicità.

▶ CONTESTO STORICO-CULTURALE

QUANDO	CHI	CHE COSA
Seicento	Charles Perrault	Trascrive e interpreta in chiave moraleggiante le fiabe della tradizione popolare.
Settecento	Antoine Gallard	Diffonde in Europa le fiabe orientali de *Le mille e una notte*.
Ottocento	Fratelli Grimm	Raccolgono e trascrivono fedelmente le fiabe della tradizione germanica.
	Hans Christian Andersen	Si dedica alla letteratura per l'infanzia, inventando fiabe di grande successo.
Novecento	Vladimir Propp	Analizza le fiabe e ne individua lo schema narrativo, i ruoli e le funzioni.
	Italo Calvino	Traduce dal dialetto e pubblica le più importanti fiabe regionali italiane.

▶ RIPASSO

1 Perché la fiaba può essere definita un genere letterario di tipo fantastico?
2 Che cosa sono le peripezie?
3 Nelle fiabe sono presenti elementi costanti e ripetitivi. Quali?
4 Che relazione c'è tra fiabe e folklore?
5 In che modo e in che forma le fiabe sono giunte fino a noi?
6 Qual è lo schema narrativo di una fiaba?
7 Che differenza c'è tra mentore, aiutante e mandante?
8 Che cosa si intende per "triplicazione"?
9 Quali sono le principali caratteristiche del linguaggio fiabesco?
10 Che differenza c'è tra le fiabe dei fratelli Grimm e quelle di Christian Andersen?

La narrazione fantastica

La narrazione fantastica

L'elemento perturbante

Realtà e fantasia

Le tecniche

ARTISTA John Everett Millais
NAZIONALITÁ Inglese
TITOLO Ferdinando attirato da Ariel
ANNO 1850
STILE Preraffaellismo

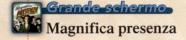

La narrazione fantastica

Le caratteristiche

Appartengono alla narrazione fantastica tutte quelle storie che trascendono la realtà e che rappresentano situazioni, personaggi e luoghi meravigliosi, magici o soprannaturali, sia in senso orrifico e visionario (come avviene nel romanzo gotico, nell'*horror* e nella fantascienza) sia in senso fiabesco-immaginario (come avviene nel *fantasy*) sia in chiave allegorico-esistenziale (come avviene nelle opere che narrano vicende irrazionali che però sottendono un significato complesso).

L'elemento perturbante

Il fantastico è per eccellenza l genere che turba le certezze dell'individuo fondate sulla logica, sulla razionalità e sulle spiegazioni scientifiche di fenomeni ed eventi. In effetti, nelle narrazioni fantastiche è sempre presente un **elemento che sfugge alla normalità, assurdo e non familiare, che viola l'ordine naturale delle cose** spiazzando il lettore e mettendolo in crisi. Questo elemento perturbante può essere eclatante – l'apparizione di un fantasma, un incantesimo, un viaggio nel tempo o in una dimensione parallela – o piccolo e apparentemente insignificante, come nell'esempio sotto riportato.

In questo racconto, l'elemento perturbante e inquietante è rappresentato da una goccia d'acqua che risale le scale.

La goccia viola le leggi di natura: nella realtà, infatti, è impossibile sottrarsi alla forza di gravità.

Una goccia d'acqua sale i gradini delle scale. La senti? Disteso in letto nel buio, ascolto il suo arcano cammino. Come fa? Saltella? Tic, tic, si ode a intermittenza. Poi la goccia si ferma. E magari per tutta la rimanente notte non si fa più viva. Tuttavia sale. Di gradino in gradino viene su, a differenza delle altre gocce che cascano perpendicolarmente, in ottemperanza alla legge di gravità e alla fine fanno un piccolo schiocco, ben noto in tutto il mondo. Questa no. Piano piano si innalza lungo la tromba delle scale lettera E dello sterminato casamento.

(D. Buzzati, *Una goccia*)

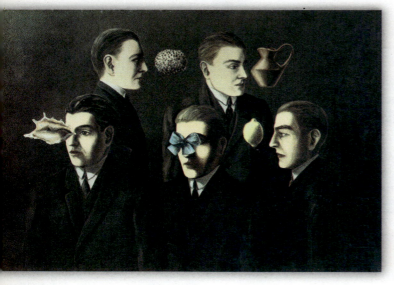

René Magritte, *Il doppio segreto*, 1927. Parigi, Musée National d'Art Moderne.

Dal reale al fantastico

La maggior parte delle narrazioni fantastiche prendono le mosse da una **situazione realistica** e del tutto normale, **all'interno della quale viene introdotto un fenomeno soprannaturale**, che genera angoscia, incertezza o meraviglia nel lettore e nel protagonista della storia: «Immaginiamo – scrive Umberto Eco – di trovarci in una stanza famigliare, con una bella lampada posta sul tavolo: di colpo la lampada si solleva a mezz'aria. La lampada, il tavolo, la stanza, sono sempre gli stessi, nessuno di essi è diventato brutto, ma è diventata inquietante la situazione e, non riuscendo a spiegarla, la troviamo angosciosa o, a seconda della nostra tenuta di nervi, terrorizzante. È questo il principio che governa ogni vicenda di fantasmi e d'altri eventi soprannaturali, in cui ci spaventa o ci fa orrore qualcosa che non va per il verso giusto».

Situazione realistica: la protagonista osserva il cielo.

Dimensione fantastica: nel cielo ci sono due lune.

Aomame osservava il cielo con il collo piegato all'indietro. Anche se i suoi occhi fissavano le stelle, la mente vagava tra ricordi lontani [...]. Ma a un tratto si accorse di un'anomalia: il cielo che stava fissando era differente dal consueto cielo notturno. C'era qualcosa di diverso dal solito. Vi si scorgeva una leggera ma innegabile difformità. Aomame impiegò un po' di tempo per capire in che cosa consistesse quella stranezza. E anche dopo averla individuata, le ci volle un certo sforzo per accettarla come reale. La sua coscienza non riusciva a prendere atto di ciò che il suo sguardo percepiva. Nel cielo splendevano due lune. Una piccola e una grande. Erano sospese in aria, l'una accanto all'altra. Quella grande era la solita luna di sempre. Quasi piena, gialla. Ma accanto ce n'era un'altra, diversa, con una forma inconsueta. Era un po' deforme, e anche il colore era strano, verdastro, come se sulla superficie fosse cresciuto un leggero strato di muschio.

(H. Murakami, *1Q84*)

La dimensione del dubbio

Il manifestarsi di un fenomeno anomalo provoca una reazione nel lettore, e nel personaggio con il quale egli spesso si identifica. Di fronte alla «lampada che si solleva a mezz'aria» c'è un momento in cui esitiamo e ci chiediamo *che cosa sta succedendo? ciò a cui sto assistendo è reale o illusorio, immaginario o totalmente assurdo?"*. Per questo motivo, il critico bulgaro Tzvetan Todorov identifica proprio nella **condizione di esitazione determinata da un evento irrazionale**, nell'incertezza provata di fronte a qualcosa che ci sconvolge, l'essenza principale del genere fantastico. Da un punto di vista linguistico, lo stato di dubbio provato dal personaggio di fronte a un evento soprannaturale è frequentemente segnalato da espressioni come *"mi sembrò"*, *"non riuscivo a credere ai miei occhi"*, e da proposizioni interrogative dirette o indirette come *"stavo forse sognando?"* *"c'era forse una spiegazione a ciò che stava accadendo?"* *"mi chiesi che cosa stesse accadendo"* ecc.

Lo stato di esitazione e smarrimento del personaggio di fronte a un evento soprannaturale è segnalato da espressioni di dubbio e incertezza.

Non sapevo che pensare di quanto stavo vedendo, ma quello che accadde poi fu ancora più incredibile.
Uno dei ritratti, il più antico, che raffigurava un imponente personaggio, pingue e con la barba grigia, che assomigliava come una goccia d'acqua all'immagine che mi sono sempre fatto del vecchio John Falstaff, con grandi smorfie tirò fuori la testa dalla cornice e dopo diversi sforzi per far passare le spalle e il ventre ben tondo, cadde pesantemente sul pavimento.

(T. Gautier, *La caffettiera*)

Il fantastico, lo strano e il meraviglioso

Alla fine del racconto il personaggio, e il lettore con lui, sono solitamente chiamati a prendere una decisione, cioè a decidere se esiste una spiegazione razionale per ciò che è accaduto oppure no. Nel primo caso, quando il fenomeno descritto, per quanto anomalo, è spiegabile attraverso **le leggi della realtà**, il racconto è definibile come **"strano"**; nel secondo caso, quando il fenomeno descritto è spiegabile solo ammettendo e accettando **nuove leggi di natura**, il racconto rientra nella categoria del **"meraviglioso"**. In base a questa classificazione la dimensione fantastica pura, caratterizzata come abbiamo visto dal dubbio e dall'incertezza, si troverebbe dunque sospesa a metà strada tra ciò che è "strano" e ciò che è "meraviglioso".

Il fenomeno descritto non può essere spiegato razionalmente.

Una volta di sopra, cercando di fare meno rumore possibile, Thomson si accostò con passo furtivo alla porta e l'aprì. Il crollo di ogni illusione! Per un pelo non scoppiava a ridere. Appoggiato, per non dire seduto sul bordo del letto, non c'era altro che… uno spaventapasseri! Il vecchio spaventapasseri dell'orto, naturalmente, buttato lì nella stanza in disuso… Ma a questo punto finì il divertimento. Gli spaventapasseri hanno forse mani e piedi scheletrici? Gli penzola forse la testa sulle spalle? Hanno anelli di ferro e catene attorno al collo? Possono alzarsi e camminare, anche se rigidamente, attraverso una stanza, scrollando il capo e muovendo le mani lungo i fianchi?… E possono fremere?…

(M.R. James, *Topi*)

Il fantastico mentale e il fantastico visionario

Ma quale spiegazione può essere data a un fenomeno in apparenza soprannaturale? Il caso più frequente è che tutta la vicenda, con le sue stranezze e le sue componenti irrazionali, in realtà non sia mai accaduta, e che tutto quello che è raccontato sia solo frutto della mente del personaggio. Quest'ultimo, per alterazioni patologiche della personalità, per abuso di alcol o stupefacenti, oppure semplicemente perché sta narrando un sogno o una menzogna, manifesta una **percezione distorta della realtà**, raccontando o credendo di vivere fatti incredibili. Italo Calvino ha definito questo tipo di narrazione focalizzata sull'interiorità del personaggio «fantastico mentale», distinguendola così dal «fantastico visionario», che include invece storie di mostri, di eventi miracolosi e scenari futuribili.

Il protagonista potrebbe essere vittima di un'entità soprannaturale oppure di un disturbo della personalità.

Riacquistata finalmente la ragione, ebbi di nuovo sete; accesi un lume e andai verso il tavolo dove era posta la caraffa. La sollevai chinandola sul bicchiere; non ne uscì nulla. Era vuota! Era completamente vuota! Sul principio non ci capii nulla; poi, all'improvviso, provai un'emozione così terribile che dovetti sedermi, o meglio, caddi su una sedia! Poi mi rialzai di scatto per guardarmi attorno! Infine mi sedetti di nuovo, smarrito di stupore e di paura, davanti al cristallo trasparente! Lo contemplavo con occhi sbarrati, cercando di capire. Le mani mi tremavano! Qualcuno aveva dunque bevuto quell'acqua? Ma chi? Io? Io, senza dubbio! Non poteva essere stato che io! Allora, ero sonnambulo, vivevo, senza saperlo, di quella duplice vita misteriosa che ci fa chiedere se ci siano due esseri in noi, e se un essere estraneo, ignoto o invisibile, animi a tratti, quando la nostra anima è intorpidita, il nostro corpo prigioniero che obbedisce a quell'altro come a noi stessi, più che a noi stessi.

(G. de Maupassant, *L'Horla*)

Le tecniche

Quando il lettore prende tra le mani un racconto fantastico sa già che cosa lo aspetta: tra poco si verificherà un fatto anormale, anche se non sa esattamente in che cosa consisterà e quando si manifesterà. Per sfuggire alla prevedibilità della trama e avvincere il lettore, gli scrittori del fantastico cercano di creare fin dalle prime righe un'atmosfera di attesa e tensione. Per ottenere questo effetto le tecniche utilizzate sono molteplici: 1) **ritardare il più possibile il "momento di crisi"**, cioè quello in cui si manifesta l'elemento perturbante, lasciandone intravedere la carica dirompente e irrazionale, senza però rivelarne la vera natura; 2) affidare il racconto a un **narratore interno**, che parla in prima persona (io narrante) e che ricorda una vicenda accadutagli nel passato; 3) affidare il racconto a un **narratore testimone**, che rielabora una storia della quale è venuto a conoscenza, senza esserne però il protagonista.

Il narratore si accinge a raccontare una storia di cui è stato protagonista ventidue anni prima.

Il narratore preannuncia l'eccezionalità e la pericolosità di ciò che sta per raccontare.

Dopo ventidue anni d'incubo e terrore, salvato solo dalla convinzione che le mie sensazioni abbiano avuto origine in un delirio, sono ancora riluttante a dire la verità su ciò che credo di aver scoperto nell'ovest dell'Australia fra il 17 e il 18 luglio 1935. C'è motivo di sperare che la mia esperienza sia in tutto o in parte il frutto di un'allucinazione: le cause non mancherebbero. E tuttavia, il suo realismo è tanto orribile che, a volte, sperare mi è impossibile.

Se la cosa è accaduta veramente, l'uomo deve prepararsi ad accettare una concezione del cosmo e del proprio ruolo nel vortice del tempo, la cui sola menzione è follia. Deve, inoltre, essere messo in guardia da un pericolo specifico e insidioso, che sebbene non sia in grado di distruggere l'intera specie, può condannare alcuni dei suoi membri più avventurosi a esperienze mostruose e al di là dell'immaginazione.

(H.P. Lovecraft, *L'ombra calata dal tempo*)

I sottogeneri

Nell'ambito della narrativa fantastica è possibile individuare alcuni sottogeneri, con precise caratteristiche e finalità.

FANTASTICO PROPRIAMENTE DETTO: rientrano in questo filone narrativo tutte quelle narrazioni in cui l'ordine e la quotidianità sono turbati e messi in crisi dal manifestarsi di un fenomeno soprannaturale. La narrazione può evolvere verso una spiegazione razionale (il fatto è strano, ma è possibile giustificarlo logicamente) o segnare il trionfo dell'irrazionalità (il fenomeno accaduto non può essere spiegato ed è davvero soprannaturale). Le storie di questo tipo possono generare esitazione, inquietudine, curiosità nel lettore, ma non paura (come accade invece nell'*horror*).

ROMANZO GOTICO: il romanzo gotico nasce in Inghilterra tra il '700 e il '800, quando si diffonde nei salotti borghesi il gusto per le storie macabre ambientate in epoca medievale, all'interno di sinistri manieri dove si consumano misteriosi delitti e si verificano eventi soprannaturali. Per le atmosfere cupe e i contenuti irrazionali, il romanzo gotico è considerato l'antenato di quello *horror*.

HORROR: a differenza dei racconti gotici, le cui ambientazioni e i contenuti sono stereotipati e ripetitivi (ambientazione medievale, armature animate, stridori di catene ecc.), quelli *horror* presentano un ricco campionario di situazioni narrative – possessioni demoniache, fenomeni *poltergeist*, sdoppiamenti di personalità, case infestate – la cui finalità è quella di suscitare la paura nel lettore ponendolo di fronte a eventi irrazionali e soprannaturali.

FANTASCIENZA: la fantascienza, o *science fiction*, è il genere che coniuga scienza e fantasia, razionalità e immaginazione, sviluppando in maniera fantasiosa ipotesi di tipo scientifico e immaginando gli effetti catastrofici che il progresso potrebbe avere sull'umanità. Il genere è nato e si è diffuso nell'Ottocento, il secolo in cui sono state avviate importanti scoperte scientifiche e tecnologiche destinate a cambiare per sempre il modo di vivere dell'uomo.

FANTAPOLITICA: la fantapolitica è un filone della fantascienza che immagina scenari politici ipotetici spesso ambientati in un futuro prossimo (che cosa sarebbe accaduto se Hitler e la Germania avessero vinto la Seconda guerra mondiale?). Questo genere, che mette in scena realtà alternative e fantastiche, scaturisce dall'osservazione critica di fenomeni storici e sociali veri, come le dittature, i totalitarismi e i grandi movimenti rivoluzionari. La fantapolitica ha raggiunto il suo massimo successo soprattutto nella metà del Novecento, in seguito al secondo conflitto mondiale, durante la guerra fredda e nel periodo delle stragi terroristiche.

FANTASY: il *fantasy* è il regno della fantasia pura, dove tutto può accadere. Questo genere ha la particolarità di combinare e sviluppare variamente elementi propri di altri generi letterari: la magia, il sistema dei personaggi e le funzioni narrative sono tratti dal mondo delle fiabe; gli eroi e le grandi battaglie derivano dalle saghe epiche; alcuni personaggi meravigliosi appartengono al mondo del mito e della favola. All'interno del filone *fantasy*, i critici hanno individuato due categorie: *heroic fantasy* – basato sulla lotta tra il Bene e il Male e sulla *quest* (ricerca) di un oggetto il cui possesso si rivela decisivo per le sorti del mondo, come avviene nel *Signore degli Anelli* – e *sword-and-sorcery* ("spada e stregoneria"), caratterizzato dalla presenza di un eroe buono e dall'ampio ricorso all'elemento magico, come avviene nella saga di Harry Potter.

Il contesto storico-culturale

La presenza di elementi magici e soprannaturali caratterizza le prime manifestazioni letterarie della cultura occidentale. Nei poemi epici greci e latini, per esempio, accanto a scene di spiccato realismo – descrizioni di battaglie e duelli, quadri di vita domestica e sociale – ci si imbatte in un ricco campionario di situazioni e personaggi meravigliosi: apparizioni di divinità, metamorfosi, incantesimi, creature mitico-fantastiche come sirene, ciclopi e mostri marini. All'ambito del meraviglioso sono riconducibili anche *La storia vera* di **Luciano** (II secolo d.C.), che narra di un viaggio compiuto dalla Terra alla Luna, e *L'asino d'oro* di **Apuleio** (II secolo d.C.), la cui vicenda è incentrata sulla magica trasformazione del protagonista in un asino.

Il gusto per il fantastico dal Medioevo al Rinascimento

Anche nella produzione narrativa medievale e tardomedievale non è insolito trovare elementi meravigliosi all'interno di opere ascrivibili ad altri generi letterari. Si pensi per esempio a *Nastagio degli Onesti* e a *Lisabetta da Messina*, due celebri novelle del *Decameron* di **Giovanni Boccaccio** (XIV secolo). Nella prima è presente un ampio inserto noto come "caccia infernale", una visione ultraterrena nella quale viene rappresentata l'esemplare punizione divina inflitta a due anime dannate; nella seconda novella, invece, il fantasma di un ragazzo assassinato compare alla sua innamorata per segnalarle il luogo in cui giace il suo corpo. Alle soglie dell'età moderna il meraviglioso ha un ruolo importante nei **romanzi epico-cavallereschi**, dove è possibile imbattersi in castelli incantati, cavalli alati, maghi e viaggi nello spazio, e nel mondo del teatro, come avviene nelle opere di **William Shakespeare** (1564-1616), che fa muovere i suoi protagonisti fra streghe, fantasmi, profezie, elfi e fate.

Il fantastico come genere letterario

Il fantastico come **genere letterario autonomo** nasce tra la fine del Settecento e i primi anni dell'Ottocento, quando inizia a incrinarsi la fiducia nella ragione tipica dell'età dei Lumi e si scoprono sentimenti nuovi che hanno a che fare con i lati oscuri della personalità. In questo clima culturale nascono il **romanzo gotico**, caratterizzato da atmosfere cupe e situazioni soprannaturali, e il **racconto fantastico**, i cui elementi fondamentali sono la messa in discussione della realtà e una nuova attenzione per fenomeni come gli sdoppiamenti di personalità, le ossessioni della coscienza, lo spiritismo. Tra i nomi che hanno contribuito alla fortuna di questo genere ricordiamo il tedesco **Ernest Theodor Amadeus Hoffmann** (1776-1822) e lo scrittore americano **Edgar Allan Poe** (1809-1849), le cui storie infrangono la barriera del reale per ricercare gli aspetti più misteriosi della natura e indagare gli incubi dell'interiorità. Tra gli scrittori più famosi che, oltre a descrivere la realtà più comune, si dedicarono al genere fantastico ricordiamo soltanto i francesi **Théophile Gautier** (1811-1872) e **Guy de Maupassant** (1850-1893), i britannici **Joseph Sheridan Le Fanu** (1814-1873), **Henry James** (1843-1916) e **Bram Stoker** (1847-1912), autore di numerosi racconti del mistero e del romanzo horror *Dracula* (1897).

Scienza e fantasia

Durante gli anni del Positivismo (fine Ottocento), caratterizzati da una totale fiducia nel metodo scientifico, anche quegli scrittori che più di altri avevano scelto di raccontare la realtà in modo oggettivo, rigoroso e impersonale, cedono alla tentazione di cimentarsi con il genere fantastico. È il caso di **Émile Zola** (1840-1902), padre del Naturalismo francese, che si concede un'escursione nel territorio del soprannaturale con il racconto *La casa degli spettri*, e di **Giovanni Verga** (1840-1922), caposcuola del Verismo italiano, che subisce il fascino delle atmosfere gotiche nelle *Storie del castello di Trezza*.

Nello stesso periodo si afferma un altro filone del genere fantastico, la **fantascienza**, i cui pionieri sono considerati il francese **Jules Verne** (1828-1905), autore di titoli famosi come *Ventimila leghe sotto i mari*, *Dalla Terra alla Luna*, *Viaggio al centro della Terra*, e l'inglese **Herbert George Wells** (1866-1946), cui si devono *La macchina del tempo*, *L'isola del dottor Moreau* e *La guerra dei mondi*.

La frantumazione della realtà: il Novecento

La fiducia nella scienza e nei suoi metodi si incrina già tra la fine dell'Ottocento e i primi anni del Novecento, quando in un clima di rivolta contro lo scientismo positivista si sviluppa il romanzo decadente, caratterizzato da atmosfere languide e misteriose sulle quali incombono i fantasmi della morte e della follia. Rappresentativo in tal senso è *Il ritratto di Dorian Gray* di Oscar Wilde (1854-1900), il cui protagonista stringe una sorta di patto con il demonio per rimanere in eterno giovane e bello.

Nella storia del genere merita un posto anche **Luigi Pirandello**, delle cui 250 novelle ben 31 rivisitano in maniera problematica o in chiave psicologica alcuni motivi tipici del fantastico, come il tema del doppio, delle superstizioni, dei sogni e delle metamorfosi. Nel corso del secolo, il fantastico tende sempre di più a rappresentare la frantumazione della realtà e la crisi dell'individuo, che si sente ormai estraneo a un mondo circostante percepito come caotico e indecifrabile. Questa sensazione di alienazione è ben rappresentata dalla produzione narrativa di **Franz Kafka** (1883-1924), il maggior rappresentante del fantastico moderno, assurdo, allusivo ed esistenziale. In anni più recenti, al genere fantastico si sono accostati **Italo Calvino** (1923-1985), la cui produzione abbraccia motivi fiabeschi

linea del tempo

1800

1815
Ernest Theodor Amadeus Hoffmann
L'uomo della sabbia

1840
Edgar Allan Poe
I racconti del grottesco e dell'arabesco

1850

1864
Jules Verne
Viaggio al centro della Terra

1898
Henry James
Giro di vite

1898
Herbert George Wells
La guerra dei mondi

1900

1916
Franz Kafka
La metamorfosi

1949
Jorge Luis Borges
L'aleph

1950

1958
Dino Buzzati
Sessanta racconti

1960
Italo Calvino
I nostri antenati

2000

Sandro Botticelli, La novella di Nastagio degli Onesti, La caccia, 1483. Madrid, Museo del Prado.

PAROLE DA RICORDARE

Allegoria: figura retorica di significato che consiste nell'affidare a un messaggio un senso nascosto e allusivo, diverso da quello letterale.

Kafkiano: aggettivo che si utilizza quando si vogliono sottolineare l'assurdità di una situazione e l'angoscia e lo sgomento che ne derivano, proprio come accade nelle storie dello scrittore boemo Franz Kafka.

Onirico: aggettivo (dal greco *óneiros*, "sogno") indicante tutto ciò che riguarda i sogni, che avviene o si manifesta nel sogno (la fase *onirica* del sonno, attività *onirica* ecc.); il termine è usato anche per indicare situazioni e fenomeni con caratteri simili a quelli del sogno (un'atmosfera *onirica*) o condizioni psichiche in cui si fa confusione tra realtà e fantasia (delirio *onirico*).

Perturbante: con questo termine si indica qualcosa di inconsueto, di inaspettato, al quale non si riesce a dare una spiegazione e che suscita una sensazione di incertezza e di smarrimento. Il termine fu utilizzato anche da Sigmund Freud in riferimento a eventi rimossi che riaffiorando generano spavento e turbamento.

Straniamento: con questo termine, derivato dalla parola coniata dai formalisti russi *ostranenie* ("rendere strano"), si indica la rappresentazione della realtà e degli eventi attraverso un punto di vista inusuale, improbabile e inaspettato – quello di un animale, di un bambino, di un oggetto, di un folle – conferendo così alla narrazione uno stile originale e un tono che può essere ora comico ora surreale, ora ironico ora lirico.

e suggestioni fantascientifiche, e lo scrittore argentino **Jorge Luis Borges** (1899-1986), che ha costruito le sue opere attraverso una fitta trama di paradossi letterari e rimandi simbolici. **Dino Buzzati** (1906-1972) è uno dei maggiori interpreti del fantastico italiano.

Oltre la letteratura

La *Sinfonia fantastica*

L'interesse per la dimensione onirica, il mistero della natura e i lati notturni della personalità umana si diffuse come un vento impetuoso nella prima metà dell'Ottocento in tutti campi artistici: in letteratura, con la nascita del romanzo gotico e del racconto fantastico; in ambito pittorico, come ci mostrano per esempio i quadri di Caspar David

VERSO IL TRIENNIO

La Scapigliatura

Un contribuito importante alla diffusione del genere fantastico in Italia si deve alla Scapigliatura. Con questo termine, derivato dal titolo di un romanzo del 1862 di Cletto Arrighi, *La scapigliatura e il 6 febbraio*, si indica un movimento artistico e letterario fiorito soprattutto a Milano e Torino tra il 1860 e il 1870. Gli scapigliati ("dai capelli scomposti") erano un gruppo di giovani intellettuali – scrittori, pittori e musicisti – accomunati da una forte insofferenza verso l'ideologia e i modelli di vita borghesi e da un desiderio di rinnovamento culturale. In effetti, gli scapigliati ritenevano che le espressioni artistiche italiane fossero vecchie e superate, caratterizzate da un arrogante provincialismo che aveva impedito la circolazione delle più moderne esperienze artistiche straniere, come il maledettismo francese, l'umorismo inglese e il fantastico tedesco. Ed è proprio a queste esperienze che gli scapigliati si richiamavano per mettere in atto il loro progetto di ammodernamento letterario e culturale. Ispirandosi ai poeti maledetti francesi, e in particolare a Baudelaire, essi affermavano provocatoriamente l'inutilità dell'arte e dell'artista in una civiltà borghese dominata dal denaro, che relega e mortifica l'artista in una posizione marginale, trasformando le sue opere in semplici prodotti da vendere e consumare. Rifacendosi alla lezione del tedesco Hoffmann, essi recuperarono l'esplorazione romantica dell'irrazionale, il fascino del demoniaco, dell'onirico, del fantastico, e l'attrazione per tutto ciò che è patologico, macabro o abnorme. Tra i maggiori esponenti della Scapigliatura ricordiamo il poeta **Giovanni Camerana**, nato nel 1845 e morto suicida nel 1905, i cui versi sono caratterizzati da toni cupi e malinconici; **Iginio Ugo Tarchetti** (1839-1869), autore di racconti fantastici lugubri e visionari; **Emilio Praga** (1839-1875), autore di versi e prose che rivelano la volontà di provocare e infrangere le regole, così come la sua vita disordinata, segnata dall'abuso di alcol e droghe; **Carlo Dossi** (1849-1910), la cui produzione letteraria è caratterizzata da un corrosivo sarcasmo e da un deformante sperimentalismo linguistico. Infine, i fratelli **Camillo** (1836-1914) e **Arrigo Boito** (1842-1918): il primo, architetto e scrittore, è autore di racconti fantastici alla maniera di Hoffmann e di Poe; il secondo è un ardito innovatore sia in campo letterario sia in campo musicale, in cui è ricordato soprattutto per i suoi libretti d'opera (*La Gioconda* di Ponchielli, l'*Otello* e il *Falstaff* di Verdi) e per il melodramma *Mefistofele* (1868), di cui compose anche la musica.

Friedrich; e in ambito musicale, come testimoniano la fortuna di composizioni ispirate alla notte e alla luna e, soprattutto, un'opera eccezionale, complessa e innovativa: la *Sinfonia fantastica* (1830) del compositore francese Hector Berlioz (1803-1869), uomo irruento, passionale e trasgressore, sia nella vita sia nella musica. La *Sinfonia fantastica*, il cui sottotitolo è *Episodi della vita di un artista*, è un'opera in cinque parti (dette "movimenti"), ognuna delle quali ha un preciso contenuto narrativo-descrittivo di matrice autobiografica. Il primo movimento (*Fantasticherie-passioni*) narra l'incontro del musicista con la donna amata, che scatena in lui un turbine di emozioni: malinconia, agitazione, passione; il secondo movimento (*Il ballo*) descrive una festa danzante, dove il musicista rivede l'oggetto del suo desiderio; nel terzo movimento (*Scena campestre*), il protagonista cerca pace nella natura per i suoi tormenti amorosi. Il quarto movimento (*Musica al supplizio*) racconta uno dei momenti più drammatici della vicenda: il giovane innamorato, convinto di aver perduto per sempre la sua donna, decide di togliersi la vita con l'oppio, cadendo in un sonno profondo turbato da incubi: sogna infatti di uccidere la sua amata e di essere condotto al patibolo. Nel quinto movimento, infine (*Sogno di una notte del Sabba*), il musicista assiste a un'orrenda visione: un raduno di streghe, mostri e altre strane creature.

Musica a programma
Con la Sinfonia fantastica *Berlioz inaugurò la tradizione ottocentesca della "musica a programma", cioè una composizione che si serve della musica per narrare una storia.*

L'idea fissa
Lungo tutta la sinfonia si ripete, anche se modificato, uno stesso tema musicale: questo tema, che l'autore chiamò "idea fissa", rappresenta la trasposizione in musica del pensiero rivolto alla donna amata.

René Magritte, *Senza titolo*, 1927. Hannover, Kunstmuseum.

L'orchestra
Per rappresentare al meglio i vari momenti della vicenda (dall'innamoramento alla gelosia, dalle visioni oniriche alle danze infernali), Berlioz sfrutta tutte le potenzialità espressive degli strumenti orchestrali: fiati, archi, ottoni e percussioni.

La giacca stregata

Dino Buzzati, *La boutique del mistero*

Tipologia	Testo narrativo
Genere	Racconto
Sottogenere	Fantastico
Anno	1958

 CHI: Dino Buzzati DOVE:  Italia QUANDO:  Novecento

▶ SCOPRIAMO IL GENERE

1 LE TECNICHE NARRATIVE
2 L'ELEMENTO PERTURBANTE
3 I DUBBI DEL PROTAGONISTA

L'autore

Dino Buzzati nasce il 16 ottobre 1906 in provincia di Belluno da una famiglia prestigiosa: la madre apparteneva a un'illustre casata veneta, il padre era un noto docente universitario. Dopo aver compiuto gli studi classici al Liceo Parini di Milano, Buzzati si iscrive alla facoltà di Giurisprudenza, più per rendere omaggio alla memoria del padre, deceduto quando il figlio non aveva ancora compiuto quindici anni, che per vera vocazione. Dopo la laurea si dedica al giornalismo e durante il secondo conflitto mondiale parte come corrispondente di guerra del «Corriere della Sera», dimostrando di essere un bravissimo cronista. I suoi articoli, infatti, seppure scritti con stile scarno, freddo e obiettivo, erano tuttavia capaci di suscitare intense emozioni nei lettori. Oltre al giornalismo, Dino Buzzati cerca altre forme d'espressione. Si dedica infatti alla musica, al teatro, alla pittura, ai fumetti e soprattutto alla narrativa, ottenendo in ogni campo grandi risultati. Della sua ricca produzione letteraria ricordiamo i romanzi *Bàrnabo delle montagne* (1933), *Il deserto dei tartari* (1940), *Il grande ritratto* (1960), *Un amore* (1963) e le raccolte di racconti *I sette messaggeri* (1942), *Il crollo della Baliverna* (1954) e *La boutique del mistero* (1968). Dopo un'intensa attività giornalistica e artistica, lo scrittore si spegne a Milano il 28 gennaio 1972.

LABORATORIO
GRAMMATICA
Svolgi le attività interattive su questo testo per ripassare **la sintassi della frase complessa**.

Invito alla lettura

Tra le varie forme espressive sperimentate da Dino Buzzati, il genere fantastico è forse quello che meglio rispecchia la sua eclettica intelligenza e la sua visione del mondo. I suoi racconti narrano, con la chiarezza linguistica e con il taglio tipici degli articoli di cronaca, storie che spaziano dal fantastico al meraviglioso, dal misterioso al fiabesco, e in cui trovano posto, declinati in vicende e personaggi singolari e surreali, i motivi ispiratori della sua narrativa: il senso di solitudine, l'orrore per la città, il gusto per il surreale, l'esplorazione dei misteri dell'animo umano. *La giacca stregata* è tratto dalla raccolta *La boutique del mistero*, un'antologia di trentuno racconti selezionati dallo stesso autore, nella speranza, come egli stesso afferma, «di far conoscere il meglio di quanto ho scritto».

1 LE TECNICHE NARRATIVE
La narrazione è affidata alla voce del protagonista, che racconta in prima persona la sua storia.

Benché io apprezzi l'eleganza nel vestire, non bado, di solito, alla perfezione o meno con cui sono tagliati gli abiti dei miei simili.
Una sera tuttavia, durante un ricevimento in una casa di Milano conobbi un uomo, dall'apparente età di quarant'anni, il quale letteralmente risplendeva per la
5 bellezza, definitiva e pura, del vestito.

Dino Buzzati, La giacca, 1967.

Non so chi fosse, lo incontravo per la prima volta, e alla presentazione, come succede sempre, capire il suo nome fu impossibile. Ma a un certo punto della sera mi trovai vicino a lui, e si cominciò a discorrere. Sembrava un uomo garbato e civile, tuttavia con un alone di tristezza. Forse con esagerata confidenza – Dio me ne avesse distolto – gli feci i complimenti per la sua eleganza; e osai perfino chiedergli chi fosse il suo sarto. L'uomo ebbe un sorrisetto curioso, quasi che si fosse aspettato la domanda. «Quasi nessuno lo conosce» disse «però è un gran maestro. E lavora solo quando gli gira. Per pochi iniziati.» «Dimodoché io...?» «Oh, provi, provi. Si chiama Corticella, Alfonso Corticella, via Ferrara 17.» «Sarà caro, immagino.» «Lo presumo, ma giuro che non lo so. Quest'abito me l'ha fatto da tre anni e il conto non me l'ha ancora mandato.» «Corticella? Via Ferrara 17, ha detto?» «Esattamente» rispose lo sconosciuto. E mi lasciò per unirsi ad un altro gruppo.

In via Ferrara 17 trovai una casa come tante altre e come quella di tanti altri sarti era l'abitazione di Alfonso Corticella. Fu lui che venne ad aprirmi. Era un vecchietto, coi capelli neri, però sicuramente tinti.

Con mia sorpresa, non fece il difficile. Anzi, pareva ansioso che diventassi suo cliente. Gli spiegai come avevo avuto l'indirizzo, lodai il suo taglio, gli chiesi di farmi un vestito. Scegliemmo un petti-

30 nato[1] grigio, quindi egli prese le misure, e si offerse di venire, per la prova, a casa mia. Gli chiesi il prezzo. Non c'era fretta, lui rispose, ci saremmo sempre messi d'accordo. Che uomo simpatico, pensai sulle prime. Eppure più tardi, mentre rin-casavo, mi accorsi che il vecchietto aveva lasciato un malessere dentro di me (forse

35 per i troppi insistenti e mellflui[2] sorrisi). Insomma non avevo nessun desiderio di rivederlo. Ma ormai il vestito era ordinato. E dopo una ventina di giorni era pronto. Quando me lo portarono, lo provai, per qualche secondo, dinanzi allo specchio. Era un capolavoro. Ma, non so bene perché, forse per il ricordo dello sgradevole vecchietto, non avevo nessuna voglia di indossarlo. E passarono settimane prima

40 che mi decidessi.

Quel giorno me lo ricorderò per sempre. Era un martedì di aprile e pioveva. Quan-do ebbi infilato l'abito – giacca, calzoni e panciotto – constatai piacevolmente che non mi tirava o stringeva da nessuna parte, come accade quasi sempre con i vestiti nuovi. Eppure mi fasciava alla perfezione.

45 Di regola nella tasca destra della giacca io non metto niente, le carte le tengo nella tasca sinistra. Questo spiega perché solo dopo un paio d'ore, in ufficio, infilando casualmente la mano nella tasca destra, mi accorsi che c'era dentro una carta. Forse il conto del sarto?

No. Era un biglietto da diecimila lire.

50 Restai interdetto. Io, certo, non ce l'avevo messo. D'altra parte era assurdo pensare a un regalo della mia donna di servizio, la sola persona che, dopo il sarto, aveva avuto occasione di avvicinarsi al vestito. O che fosse un biglietto falso? Lo guardai controluce, lo confrontai con altri. Più buono di così non poteva essere.

Unica spiegazione possibile, una distrazione del Corticella. Magari era venuto un

55 cliente a versargli un acconto, il sarto in quel momento non aveva con sé il porta-foglio e, tanto per non lasciare il biglietto in giro, l'aveva infilato nella mia giacca, appesa ad un manichino. Casi simili possono capitare.

2 L'ELEMENTO PERTURBANTE
Il ritrovamento di una banconota nella tasca della giacca dà inizio alla parte fantastica del racconto.

1 **pettinato**: tessuto costituito da fibre pettinate.
2 **mellflui**: falsi, che deno-tano una simulata dolcezza allo scopo di ingannare.

3 spasmodica: affannosa, che procura angoscia.

Schiacciai il campanello per chiamare la segretaria. Avrei scritto una lettera al Corticella restituendogli i soldi non miei. Senonché, e non ne saprei dire il motivo,
60 infilai di nuovo la mano nella tasca.

«Che cos'ha dottore? si sente male?» mi chiese la segretaria entrata in quel momento. Dovevo essere diventato pallido come la morte. Nella tasca, le dita avevano incontrato i lembi di un altro cartiglio; il quale pochi istanti prima non c'era.

«No, no, niente» dissi. «Un lieve capogiro. Da qualche tempo mi capita. Forse so-
65 no un po' stanco. Vada pure, signorina, c'era da dettare una lettera, ma lo faremo più tardi.» Solo dopo che la segretaria fu andata, osai estrarre il foglio dalla tasca. Era un altro biglietto da diecimila lire. Allora provai una terza volta. E una terza banconota uscì. Il cuore mi prese a galoppare. Ebbi la sensazione di trovarmi coinvolto, per ragioni misteriose, nel giro di una favola come quelle che si raccontano
70 ai bambini e che nessuno crede vere.

Col pretesto di non sentirmi bene, lasciai l'ufficio e rincasai. Avevo bisogno di restare solo. Per fortuna, la donna che faceva i servizi se n'era già andata. Chiusi le porte, abbassai le persiane. Cominciai a estrarre le banconote una dopo l'altra con la massima celerità, dalla tasca che pareva inesauribile.
75 Lavorai in una spasmodica[3] tensione di nervi, con la paura che il miracolo cessasse da un momento all'altro. Avrei voluto continuare per tutta la sera e la notte, fino ad accumulare miliardi. Ma a un certo punto le forze mi vennero meno.

Dinanzi a me stava un mucchio impressionante di banconote. L'importante adesso era di nasconderle, che nessuno ne avesse sentore. Vuotai un vecchio baule pieno
80 di tappeti e sul fondo, ordinati in tanti mucchietti, deposi i soldi, che via via andavo contando. Erano cinquantotto milioni abbondanti.

Mi risvegliò al mattino dopo la donna, stupita di trovarmi sul letto ancora tutto vestito. Cercai di ridere, spiegando che la sera prima avevo bevuto un po' troppo e che il sonno mi aveva colto all'improvviso.
85 Una nuova ansia: la donna mi invitava a togliermi il vestito per dargli almeno una spazzolata.

Risposi che dovevo uscire subito e che non avevo tempo di cambiarmi. Poi mi affrettai in un magazzino di abiti fatti per comprare un altro vestito, di stoffa simile; avrei lasciato questo alle cure della cameriera; il "mio", quello che avrebbe fatto
90 di me, nel giro di pochi giorni, uno degli uomini più potenti del mondo, l'avrei nascosto in un posto sicuro. Non capivo se vivevo in un sogno, se ero felice o se invece stavo soffocando sotto il peso di una fatalità troppo grande. Per la strada, attraverso l'impermeabile, palpavo continuamente in corrispondenza della magica tasca. Ogni volta respiravo di sollievo. Sotto la stoffa rispondeva il confortante
95 scricchiolio della carta moneta.

Ma una singolare coincidenza raffreddò il mio gioioso delirio. Sui giornali del mattino campeggiava la notizia di una rapina avvenuta il giorno prima. Il camioncino blindato di una banca che, dopo aver fatto il giro delle succursali, stava portando alla sede centrale i versamenti della giornata, era stato assalito e
100 svaligiato in viale Palmanova da quattro banditi. All'accorrere della gente, uno dei gangster, per farsi largo, si era messo a sparare. E un passante era rimasto ucciso. Ma soprattutto mi colpì l'ammontare del bottino: esattamente cinquantotto milioni (come i miei).

Poteva esistere un rapporto fra la mia improvvisa ricchezza e il colpo brigantesco
105 avvenuto quasi contemporaneamente? Sembrava insensato pensarlo. E io non sono superstizioso. Tuttavia il fatto mi lasciò molto perplesso.

Più si ottiene e più si desidera. Ero già ricco, tenuto conto delle mie modeste abi-

tudini. Ma urgeva il miraggio di una vita di lussi sfrenati. E la sera stessa mi rimisi al lavoro. Ora procedevo con più calma e con minore strazio dei nervi. Altri
110 centotrentacinque milioni si aggiunsero al tesoro precedente.

Quella notte non riuscii a chiudere occhio. Era il presentimento di un pericolo? O la tormentata coscienza di chi ottiene senza meriti una favolosa fortuna? O una specie di confuso rimorso? Alle prime luci balzai dal letto, mi vestii e corsi fuori in cerca di un giornale.

115 Come lessi, mi mancò il respiro. Un incendio terribile, scaturito da un deposito di nafta, aveva semidistrutto uno stabile nella centralissima via San Cloro. Fra l'altro erano state divorate dalle fiamme le casseforti di un grande istituto immobiliare, che contenevano oltre centotrenta milioni in contanti. Nel rogo, due vigili del fuoco avevano trovato la morte.

120 Devo ora forse elencare uno per uno i miei delitti? Sì, perché ormai sapevo che i soldi che la giacca mi procurava venivano dal crimine, dal sangue, dalla disperazione, dalla morte, venivano dall'inferno. Ma c'era pure dentro di me l'insidia della ragione la quale, irridendo, rifiutava di ammettere una mia qualsiasi responsabilità. E allora la tentazione riprendeva, e allora la mano – era così facile! – si
125 infilava nella tasca e le dita, con rapidissima voluttà, stringevano i lembi del sempre nuovo biglietto. I soldi, i divini soldi! Senza lasciare il vecchio appartamento (per non dare nell'occhio), mi ero in poco tempo comprato una grande villa, possedevo una preziosa collezione di quadri, giravo in automobili di lusso, e, lasciata la mia ditta per "motivi di salute", viaggiavo su e giù per il mondo in compagnia di
130 donne meravigliose.

Sapevo che, ogniqualvolta riscuotevo denari dalla giacca, avveniva nel mondo qualcosa di turpe e doloroso. Ma era pur sempre una consapevolezza vaga, non sostenuta da logiche prove. Intanto, a ogni mia nuova riscossione, la coscienza mia si degradava, diventando sempre più vile. E il sarto? Gli telefonai per chie-
135 dere il conto, ma nessuno rispondeva. In via Ferrara, dove andai a cercarlo, mi

Ernst Ludwig Kirchner, Autoritratto come uomo malato, 1918-1920. Monaco, Pinakothek der Moderne.

LA GIACCA STREGATA • *Dino Buzzati*

4 morena: accumulo di materiali rocciosi depositati da un ghiacciaio.
5 sontuosa: lussuosa.
6 abbietto: spregevole, ignobile.

dissero che era emigrato all'estero, non sapevano dove. Tutto dunque congiurava a dimostrarmi che, senza saperlo, io avevo stretto un patto col demonio.

Finché nello stabile dove da molti anni abitavo, una mattina trovarono una pensionata sessantenne asfissiata col gas; si era uccisa per aver smarrito le trentamila
140 lire mensili riscosse il giorno prima (e finite in mano mia).

Basta, basta! per non sprofondare fino al fondo dell'abisso, dovevo sbarazzarmi della giacca. Non già cedendola ad altri, perché l'obbrobrio sarebbe continuato (chi mai avrebbe potuto resistere a tanta lusinga?). Era indispensabile distruggerla.

In macchina raggiunsi una recondita valle delle Alpi. Lasciai l'auto su uno spiazzo
145 erboso e mi incamminai su per un bosco. Non c'era anima viva. Oltrepassato il bosco, raggiunsi le pietraie della morena[4]. Qui, fra due giganteschi macigni, dal sacco da montagna trassi la giacca infame, la cosparsi di petrolio e diedi fuoco. In pochi minuti non rimase che la cenere.

Ma all'ultimo guizzo delle fiamme, dietro di me – pareva a due o tre metri di distan-
150 za – risuonò una voce umana: «Troppo tardi, troppo tardi!». Terrorizzato, mi volsi con un guizzo da serpente. Ma non si vedeva nessuno. Esplorai intorno, saltando da un pietrone all'altro, per scovare il maledetto. Niente. Non c'erano che pietre. Nonostante lo spavento provato, ridiscesi al fondo valle con un senso di sollievo. Libero, finalmente. E ricco, per fortuna.

155 Ma sullo spiazzo erboso, la mia macchina non c'era più. E, ritornato che fui in città, la mia sontuosa[5] villa era sparita; al suo posto, un prato incolto con dei pali che reggevano l'avviso "Terreno comunale da vendere". E i depositi in banca, non mi spiegai come, completamente esauriti. E scomparsi, nelle mie numerose cassette di sicurezza, i grossi pacchi di azioni. E polvere, nient'altro che polvere,
160 nel vecchio baule.

Adesso ho ripreso stentatamente a lavorare, me la cavo a mala pena, e, quello che è più strano, nessuno sembra meravigliarsi della mia improvvisa rovina.

E so che non è ancora finita. So che un giorno suonerà il campanello della porta, io andrò ad aprire e mi troverò di fronte, col suo abbietto[6] sorriso, a chiedere l'ul-
165 tima resa dei conti, il sarto della malora.

(D. Buzzati, *La boutique del mistero*, Milano, Mondadori, 1987)

GRAMMATICA
La proposizione incidentale o parentetica è una frase di senso compiuto, portatrice di un messaggio non strettamente necessario, come una precisazione, un chiarimento o un commento, che si inserisce all'interno di un'altra frase senza stabilire con questa nessun legame sintattico. È delimitata da due virgole, da due parentesi tonde o da due lineette, come nell'esempio.

> ▶ **SCOPRIAMO IL GENERE**

1 LE TECNICHE NARRATIVE

La parte iniziale del racconto ha lo scopo di creare una situazione di suspense e attesa nel lettore. La narrazione, affidata alla voce di un io narrante che racconta un fatto di cui è stato l'attore principale e di cui ovviamente conosce gli sviluppi futuri, prende le mosse da una situazione realistica e del tutto normale: una sera, durante un ricevimento, l'eleganza del vestito di un invitato attira la sua attenzione, tanto da indurlo a prendere contatti con il sarto che lo ha realizzato. Ma già da queste prime scene, che costituiscono l'antefatto della vicenda, il lettore può comprendere la piega che di qui a poco prenderà il racconto. I due incontri, quello con l'invitato prima e quello con il sarto poi, sono infatti connotati negativamente dal protagonista, che ne lascia intuire

la natura malefica e fatale attraverso alcuni segnali discorsivi disseminati nel testo: «un uomo garbato e civile, tuttavia con un alone di tristezza»; «Dio me ne avesse distolto!»; «il vecchietto aveva lasciato un malessere dentro di me» ecc.

1 Individua tutte quelle espressioni (nomi, aggettivi, commenti del narratore) che connotano negativamente il vecchio sarto Corticella.

2 Perché il protagonista attende alcune settimane prima di indossare il suo nuovo abito?

2 L'ELEMENTO PERTURBANTE

In questo racconto, l'elemento perturbante è rappresentato da un evento insolito e apparentemente casuale, che fa irruzione nella quotidianità del protagonista per sconvolgerla per sempre: il ritrovamento di alcune banconote nella tasca della giacca. Quella che potrebbe essere solo una fortuita coincidenza, si rivela presto un fenomeno magico e miracoloso: le banconote infatti si moltiplicano, il protagonista diventa ricco e si dà alla bella vita. Tuttavia la giacca stregata e il denaro che essa produce non sono per lui fonte di felicità, ma di sottile e costante tormento: diventa nervoso («lavorai con una spasmodica tensione di nervi»), ha paura che il miracolo possa cessare, teme che

qualcuno possa scoprire il suo segreto, è logorato da rimorsi e sensi di colpa, è ossessionato dall'idea che il vecchio sarto possa un giorno ricomparire per chiedergli "il conto".

3 Quali precauzioni adotta il protagonista per celare il suo segreto?

4 Come cambia la vita del protagonista grazie ai soldi che ritrova all'interno dalla tasca della giacca?

5 Da dove provengono i soldi che la giacca procura al protagonista?

3 I DUBBI DEL PROTAGONISTA

All'inizio il protagonista attribuisce la presenza della banconota nella tasca della giacca a una distrazione del sarto: un evento possibile e logicamente giustificabile. Solo quando il miracolo si ripete, egli ha l'impressione di trovarsi «coinvolto, per ragioni misteriose, nel giro di una favola» e trascorre la notte estraendo e accatastando banconote. Le sue perplessità si moltiplicano quando un nuovo fatto scuote la sua coscienza: la somma di denaro che la giacca gli ha procurato è esattamente la stessa dell'ammontare del bottino di una rapina ai danni di un portavalori. Da un punto di vista linguistico, i dubbi del personaggio sono segnalati da una serie di domande («Poteva esistere un rapporto fra la mia improvvisa ricchezza e il colpo brigantesco…?») e riflessioni («Sembrava insensato pensarlo…») che non approdano però a una spiegazione univoca, possibile e razionale. Tutta la vicenda, infatti, appare avvolta

in quella dimensione di incertezza e di esitazione che è tipica del genere fantastico. Tanto che, alla fine, anche il lettore è portato a farsi delle domande: è accaduto davvero un miracolo? La giacca era realmente stregata? E come mai nessuno si meraviglia dell'improvvisa scomparsa della «sontuosa villa», dei «depositi in banca», delle «cassette di sicurezza», dei «pacchi di azioni»? Interrogativi che fanno sorgere il dubbio che tutto il racconto sia frutto della fantasia del narratore, che forse ha solo immaginato di diventare ricco, abbandonandosi a un sogno a occhi aperti.

6 Individua e sottolinea le frasi e le parole che esprimono una condizione di dubbio, incertezza e perplessità.

▶ **ATTIVIAMO LE COMPETENZE**

LETTURA E COMPRENSIONE

ACCESSO ALLE INFORMAZIONI

7 In che modo il protagonista si libera della giacca stregata?
- A La getta in un burrone.
- B La brucia.
- C La abbandona in un bosco.
- D La seppellisce tra le pietre della morena.

8 Che lavoro svolge il protagonista? Da quali informazioni presenti nel testo hai desunto la tua risposta?

COMPRENSIONE GENERALE E INTERPRETAZIONE

9 Il testo è diviso in quattro macrosequenze. Dopo averle riassunte in poche righe, assegna un titolo a ciascuna di esse.

10 Perché alla fine il protagonista decide di liberarsi della giacca?

11 «Più si ottiene e più si desidera. Ero già ricco, tenuto conto delle mie modeste abitudini. Ma urgeva il miraggio di una vita di lussi sfrenati. E la sera stessa mi rimisi al lavoro» (rr. 107-109). In questa frase la parola «lavoro» indica
- A l'attività lavorativa svolta dal protagonista.
- B l'estrazione del denaro dalla tasca della giacca.
- C le ricerche e le indagini condotte dal protagonista per cercare di capire il mistero della giacca.
- D gli stratagemmi messi in atto dal protagonista per nascondere il suo segreto.

12 Perché il protagonista pensa di aver stretto un «patto col demonio»?

RIFLESSIONE E VALUTAZIONE

13 Ritieni che questo racconto sia rappresentativo del genere fantastico? Motiva la tua risposta.

t2 L'uomo scarafaggio

Franz Kafka, *La metamorfosi*

Tipologia	Testo narrativo
Genere	Racconto
Sottogenere	Fantastico-allegorico
Anno	1916

CHI: 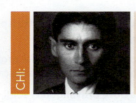 *Franz Kafka*   DOVE:  *Boemia*   QUANDO:  *Novecento*

▶ **ANALIZZIAMO IL TESTO**

1 LA NORMALITÀ DELL'ASSURDO
2 IL ROVESCIAMENTO DEGLI SCHEMI
3 IL SIGNIFICATO

L'autore

Franz Kafka nasce a Praga nel 1883. Dopo aver conseguito il diploma liceale, frequenta a partire dal 1901 l'università, iscrivendosi prima a Chimica, poi a Germanistica e infine a Legge. Durante gli anni universitari conosce Max Brod, destinato a diventare il suo più caro amico. Dopo la laurea in Giurisprudenza, conseguita nel 1906, Kafka viene assunto dalle Assicurazioni generali, un impiego che lascerà dopo soli nove mesi per entrare a servizio dell'Istituto di assicurazioni contro gli infortuni dei lavoratori. Nel frattempo coltiva la passione per la letteratura, si interessa di politica e di teatro yiddish (ebraico) e frequenta i migliori intellettuali della sua città, tra i quali anche il giovane Albert Einstein. Malato di tubercolosi, a partire dal 1911 è costretto a lunghi ricoveri in vari sanatori. Nel 1912 due eventi importanti segnano la vita di Kafka: l'inizio ufficiale della sua carriera letteraria e l'incontro con la berlinese Felice Bauer, con la quale stringerà una tormentata relazione fino al 1917, anno della definitiva rottura del fidanzamento. Il progredire della malattia non rallenta la sua attività di scrittore: nel 1916 pubblica *La sentenza* e *La metamorfosi* e nel 1919 *Un medico di campagna* e *Nella colonia penale*. Nel 1919 inizia a scrivere una lunga e accorata lettera al padre, con il quale ha sempre avuto un rapporto conflittuale, e che non avrà il coraggio di consegnargli. Nello stesso anno si fidanza con Julie Wohryzek, ma la storia dura appena un anno. Nel frattempo Kafka approfondisce la conoscenza con Milena Jesenská, traduttrice dei suoi primi racconti, soprattutto attraverso un fitto scambio di lettere. Nel 1923 si trasferisce a Berlino, dove convive con l'attrice polacca Dora Dyamant. Intanto le sue condizioni di salute precipitano, tanto da costringerlo al ricovero nel sanatorio austriaco di Kierling, dove infine muore il 3 giugno del 1924. Come disposizione testamentaria aveva lasciato all'amico Max Brod il compito di distruggere le sue opere incompiute. Questi però ne disattese le ultime volontà curando la pubblicazione postuma dei romanzi *America*, *Il processo* e *Il castello*.

Invito alla lettura

Il racconto *La metamorfosi* è l'opera più nota ed enigmatica di Franz Kafka, nonché uno dei migliori esempi di letteratura fantastica del Novecento.
Un mattino come altri, Gregor Samsa si sveglia nel suo letto. È tardi e rischia di perdere la coincidenza per recarsi al lavoro. Ma qualcosa lo inchioda tra le coperte. È stanco, ha sonno, si sente invaso da un senso di torpore e svogliatezza, ma soprattutto le sue fattezze non sono più quelle di sempre: è diventato un grosso, orribile scarafaggio, con tanto di corazza e zampette. Qualunque persona al suo posto avrebbe

invocato aiuto o sarebbe impazzita. Gregor Samsa, invece, accetta con naturalezza la sua metamorfosi e, accortosi di destare ripugnanza nei suoi familiari, decide di vivere appartato, nutrendosi solo dei rifiuti che la serva di casa pietosamente gli porta. Nella sua precedente vita di uomo era stato commesso viaggiatore e sostegno economico per la sua famiglia. Ora, invece, è una sordida blatta costretta a nascondersi, mentre il padre, la madre e la sorella Greta trascorrono normalmente i loro giorni, quasi trascurandolo. Un giorno, attratto dal suono del violino di Greta, Gregor esce dalla sua stanza e fa la sua comparsa in salotto, davanti alla famigliola riunita. Il padre reagisce con aggressività scagliandogli addosso una mela, che gli si conficcherà nel fianco portandolo lentamente alla morte. Liberatisi dell'orribile insetto, i parenti riprendono i ritmi di sempre come se nulla fosse accaduto. Riportiamo di seguito la parte iniziale del racconto.

---

1 LA NORMALITÀ DELL'ASSURDO

La narrazione ha inizio con un fatto assurdo, cioè contrario a ogni logica.

Un mattino, al risveglio da sogni inquieti, Gregor Samsa si trovò trasformato in un enorme insetto. Sdraiato nel letto sulla schiena dura come una corazza, bastava che alzasse un po' la testa per vedersi il ventre convesso, bruniccio[1], spartito[2] da solchi arcuati[3]; in cima al ventre la coperta, sul punto di scivolare per terra, si reggeva a malapena. Davanti agli occhi gli si agitavano le gambe, molto più numerose di 5 prima, ma di una sottigliezza desolante[4].

«Che cosa mi è capitato?» pensò. Non stava sognando. La sua camera, una normale camera d'abitazione, anche se un po' piccola, gli appariva in luce quieta[5], fra le quattro ben note pareti. Sopra al tavolo, sul quale era sparpagliato un campionario 10 di telerie[6] svolto da un pacco (Samsa faceva il commesso viaggiatore[7]), stava appesa un'illustrazione che aveva ritagliata qualche giorno prima dal giornale, montandola in una graziosa cornice dorata. Rappresentava una signora con un cappello e un boa[8] di pelliccia, che, seduta ben ritta, sollevava verso gli astanti[9] un grosso manicotto[10], nascondendovi dentro l'intero avambraccio.

Gregor girò gli occhi verso la finestra, e al vedere il brutto tempo – si udivano le gocce di pioggia battere sulla lamiera del davanzale – si sentì invadere dalla malinconia. «E se cercassi di dimenticare queste stravaganze[11] facendo un'altra dormitina? » pensò, ma non poté mandare ad effetto[12] il suo proposito: era abituato a dormire sul fianco destro, e nello stato attuale gli era impossibile assumere tale posizione. Per quanta forza mettesse nel girarsi sul fianco, ogni volta ripiombava indietro supino[13]. Tentò almeno cento volte, chiudendo gli occhi per non vedere quelle gambette divincolantisi[14], e a un certo punto smise perché un dolore leggero, sordo[15], mai provato prima cominciò a pungergli il fianco.

Pablo Picasso, Ritratto di Ambroise Vollard, 1909-1910. Mosca, Museo Puškin.

---

1 bruniccio: tendente al bruno.
2 spartito: diviso.
3 arcuati: ricurvi.
4 desolante: sconfortante.
5 in luce quieta: tranquilla.
6 telerie: tessuti.
7 commesso viaggiatore: Gregor è un rappresentante di stoffe.
8 boa: lunga sciarpa.
9 gli astanti: i presenti.

10 manicotto: cilindro di pelliccia aperto alle estremità che serve per riparare le mani dal freddo.
11 stravaganze: stranezze.
12 ad effetto: a compimento.
13 supino: sulla schiena.
14 divincolantisi: che si agitavano freneticamente.
15 sordo: persistente.

L'UOMO SCARAFAGGIO • Franz Kafka

2 IL ROVESCIAMENTO DEGLI SCHEMI

La trasformazione di Gregor viene presentata al lettore in maniera realistica e concreta.

GRAMMATICA

In un periodo ipotetico, la condizionale che esprime l'ipotesi è detta **protasi**, la reggente che esprime la conseguenza è detta **apodosi**. «(Se) Non mi facessi scrupolo per i miei genitori, già da un pezzo mi sarei licenziato…». In questo caso siamo davanti a un periodo ipotetico dell'irrealtà, poiché la protasi (con il condizionale passato «mi **sarei licenziato**») e l'apodosi (con il congiuntivo imperfetto «**non mi facessi**») sono entrambe irrealizzabili. Gregor, infatti, non può fare a meno di farsi scrupoli per i genitori e di conseguenza è impossibile per lui licenziarsi.

«Buon Dio,» pensò, «che mestiere faticoso ho scelto! Dover prendere il treno tutti i santi giorni… Ho molte più preoccupazioni che se lavorassi in proprio a casa, e per di più ho da sobbarcarmi[16] a questa tortura dei viaggi, all'affanno
30 delle coincidenze, a pasti irregolari e cattivi, a contatti umani sempre diversi, mai stabili, mai cordiali. All'inferno tutto quanto!» Sentì un lieve pizzicorino sul ventre; lentamente, appoggiandosi sul dorso, si spinse più in su verso il capezzale[17], per poter sollevare meglio la testa, e scoprì il punto dove prudeva: era coperto di tanti puntolini bianchi, di cui non riusciva a capire la natura; con una delle gambe
35 provò a toccarlo, ma la ritirò subito, perché brividi di freddo lo percorsero tutto. Si lasciò ricadere supino. «Queste levatacce abbrutiscono,» pensò. Un uomo ha da poter dormire quanto gli occorre. Dire che certi commessi viaggiatori fanno una vita da favorite[18] dell'harem! Quante volte, la mattina, rientrando alla locanda per copiare[19] le commissioni raccolte, li trovo che stanno ancora facendo colazione.
40 Mi comportassi io così col mio principale! Sarei sbattuto fuori all'istante. E chissà, potrebbe anche essere la migliore soluzione. Non mi facessi scrupolo[20] per i miei genitori, già da un pezzo mi sarei licenziato, sarei andato dal principale e gli avrei detto chiaro e tondo l'animo mio, roba da farlo cascar giù dallo scrittoio! Curioso poi quel modo di starsene seduto lassù e di parlare col dipendente dall'alto in
45 basso; per giunta, dato che è duro d'orecchio, bisogna andargli vicinissimo. Be', non è ancora persa ogni speranza; una volta che abbia messo insieme abbastanza soldi da pagare il debito dei miei, mi ci vorranno altri cinque o sei anni, non aspetto neanche un giorno e do il gran taglio. Adesso però bisogna che mi alzi: il treno parte alle cinque.»
50 E volse gli occhi alla sveglia che ticchettava sul cassettone. «Santo cielo!» pensò. Erano le sei e mezzo: le sfere[21] continuavano a girare tranquille, erano anzi già oltre, si avvicinavano ai tre quarti. Che la soneria non avesse funzionato? Dal letto vedeva l'indicatore[22] ancora fermo sull'ora giusta, le quattro: aveva suonato, non c'era dubbio. E come mai, con quel trillo così potente da far tremare i mobili, lui
55 aveva continuato pacificamente a dormire? Via, pacificamente proprio no; ma forse per questo più profondamente. Che fare ora? Il prossimo treno partiva alle sette: per arrivare a prenderlo avrebbe dovuto correre a perdifiato, e il campionario era ancora da riavvolgere, e lui stesso non si sentiva troppo fresco e in gamba. Del resto, fosse anche riuscito a prenderlo, i fulmini del principale non glieli cavava[24]
60 più nessuno, perché al treno delle cinque era andato ad aspettarlo il fattorino della ditta; e sicuramente già da un pezzo aveva ormai riferito che lui era mancato alla partenza. Era una creatura del principale, un essere invertebrato, ottuso. Darsi malato? Sarebbe stato un ripiego sgradevole e sospetto: durante cinque anni d'impiego Gregor non si era mai ammalato una volta. Certamente sarebbe venuto il
65 principale, insieme al medico della cassa mutua[25], avrebbe deplorato[26] coi genitori la svogliatezza del figlio e, tagliando corto ad ogni giustificazione, avrebbe sottoposto il caso al dottore, per il quale non esisteva che gente perfettamente sana ma senza voglia di lavorare. E si poteva dire che in questo caso avesse tutti i torti? In realtà Gregor, a parte una sonnolenza veramente fuori luogo dopo tanto dormire,
70 si sentiva benissimo, aveva anzi un appetito particolarmente gagliardo[27].

---

16 sobbarcarmi: sottopormi.
17 capezzale: stretto e lungo guanciale posto sotto il lenzuolo inferiore, che serve per rialzare il cuscino.
18 favorite: donne amate dal sultano.
19 copiare: trascrivere.
20 scrupolo: riguardo.
21 le sfere: le lancette.

22 l'indicatore: la lancetta.
24 cavava: toglieva, risparmiava.
25 della cassa mutua: dell'ente preposto all'assistenza sanitaria.
26 deplorato: biasimato.
27 gagliardo: forte.
28 coltri: coperte.

3 IL SIGNIFICATO
La vicenda sottende un significato allegorico-esistenziale.

Mentre in gran fretta volgeva tra sé questi pensieri, senza sapersi decidere di uscire dalle coltri[28] (e la sveglia in quel momento batté le sei e tre quarti) sentì bussare lievemente alla porta dietro il letto. «Gregor,» chiamò una voce – quella di sua madre –, «manca un quarto d'ora alle sette, non dovevi partire?» Dolcissima voce!
75 All'udire la propria risposta, Gregor inorridì: era indubbiamente la sua voce di prima, ma vi si mescolava, come salendo dai precordi[29], un irreprimibile[30] pigolio lamentoso; talché[31] solo al primo momento le parole uscivano chiare, ma poi, nella risonanza, suonavano distorte, in modo da dare a chi ascoltava l'impressione di
80 non aver udito bene. Avrebbe voluto rispondere esaurientemente e spiegare ogni cosa, ma viste le circostanze, si limitò a dire: «Sì, sì, grazie mamma, mi alzo subito.» Evidentemente la porta di legno non permise che di là ci si accorgesse della voce mutata, poiché la mamma non insisté oltre e si allontanò. Ma il breve dialogo aveva richiamato l'attenzione degli altri familiari sul fatto che Gregor, contro ogni
85 previsione, era ancora in casa; e già ad una delle porte laterali bussava il padre, piano, ma a pugno chiuso. «Gregor, Gregor,» chiamò, «che succede?» E dopo un breve intervallo levò di nuovo, più profondo, il richiamo ammonitore: «Gregor! Gregor!» Intanto all'uscio dirimpetto si udiva la sommessa implorazione della sorella: «Gregor! Non stai bene? Ti serve qualcosa?» «Ecco, sono pronto» rispose lui
90 in tutte e due le direzioni, e si sforzò di togliere alla voce ogni inflessione strana pronunziando molto chiaramente le singole parole e intercalandole con lunghe pause. Il padre infatti se ne tornò alla sua colazione, ma la sorella sussurrò: «Apri, Gregor, te ne scongiuro.» Ma Gregor si guardò bene dall'aprire, anzi lodò in cuor suo l'abitudine presa viaggiando di chiudere sempre, anche a casa, tutte le porte
95 a chiave.

29 dai precordi: dal profondo del petto.
30 irreprimibile: incontenibile.
31 talché: tale che.

(F. Kafka, *La metamorfosi*, Milano, Garzanti, 1966, trad. di Emilio Castellani)

▶ ANALIZZIAMO IL TESTO

1 LA NORMALITÀ DELL'ASSURDO

Gregor Samsa, il protagonista del racconto, è vittima di un incidente straordinario: una mattina come tante, al suo risveglio, si accorge di essersi trasformato in un orribile scarafaggio. L'evento, di per sé incredibile, è raccontato con grande naturalezza, come se fosse un fatto normale e ordinario, senza risparmiare al lettore particolari disgustosi e raccapriccianti: il ventre divenuto una corazza arcuata macchiettata da puntini bianchi, le numerose zampe che si agitano convulse, la voce alterata e stridula, simile a un lamentoso pigolio d'insetto. Ma ciò che rende ancor più agghiacciante la vicenda è la reazione del protagonista, che non sembra meravigliarsi troppo della sua trasformazione: invece di disperarsi, di provare disgusto e orrore, di dibattersi e chiamare aiuto, Gregor mantiene la calma, accettando senza battere ciglio le sue nuove fattezze. Pensa anzi di continuare a dormire, maledicendo il suo lavoro che lo costringe ad alzarsi la mattina troppo presto.

1 **Dove si svolge la vicenda?**

2 **Gregor vorrebbe alzarsi, ma non ci riesce. Perché?**

2 IL ROVESCIAMENTO DEGLI SCHEMI

La metamorfosi è un perfetto esempio di fantastico allusivo e angosciante. Utilizzando e ribaltando gli schemi tipici del racconto realistico – come per esempio l'insistenza nelle descrizioni minuziose – lo scrittore boemo riesce a presentare al lettore come reale ciò che in realtà è assolutamente irreale, suscitando in lui sgomento e raccapriccio. Ma Kafka opera un rovesciamento di uno degli stilemi tipici del racconto fantastico, dove spesso i sogni sono utilizzati per rendere credibile una trama poco convincente e dal finale scontato ("è stato solo un sogno!"). Nella *Metamorfosi*, infatti, come ci suggerisce lo scrittore argentino Alberto Manguel, «non è il sogno ma la vita vera a essere l'incubo di Gregor», che si ritrova a dover convivere con una nuova natura.

3 **Sottolinea le parti più realistiche del testo (descrizioni, situazioni di vita quotidiana).**

4 **«Non è il sogno ma la vita vera a essere l'incubo di Gregor». Spiega questa frase.**

3 IL SIGNIFICATO

Gregor Samsa conduce un'esistenza grigia e anonima: le sue giornate, sempre uguali, sono scandite dall'inesorabile ticchettio della sveglia e dalla solita corsa verso la stazione per non perdere la coincidenza ferroviaria. Per tutti Gregor è un figlio e un lavoratore esemplare, perfettamente integrato nei meccanismi della società borghese. Ma Gregor sa di non essere così: egli non ama il suo lavoro e si sacrifica solo per poter pagare i debiti di famiglia, mentre nella sua mente si rincorrono sogni e speranze. Il non accettare fino in fondo l'etica del lavoro e dell'impegno, la consapevolezza di essere diverso da come gli altri lo vedono e lo vorrebbero, genera in lui un conflitto interiore e un profondo senso di colpa. La sua trasformazione in scarafaggio diventa dunque un'allegoria della sua diversità, dell'esclusione e dell'esilio cui è condannato chi non si integra perfettamente nella società.

5 Qual è il lavoro di Gregor?

6 Perché Gregor non ama il suo lavoro?

7 Che relazione c'è fra il conflitto interiore che si agita in Gregor e la sua trasformazione in un insetto?

▶ **ATTIVIAMO LE COMPETENZE**

LETTURA E COMPRENSIONE

ACCESSO ALLE INFORMAZIONI

8 Quando si svolge la vicenda?
- **A** Al mattino.
- **B** Nel primo pomeriggio.
- **C** Di notte.
- **D** In un'ora imprecisata del giorno.

9 Da quali elementi (dati, informazioni, ragionamenti) hai desunto la risposta dell'esercizio precedente? Indicane almeno tre.

COMPRENSIONE GENERALE E INTERPRETAZIONE

10 In base al testo è possibile affermare che Gregor
- **A** sta sognando.
- **B** si è veramente trasformato in un insetto.
- **C** sta fingendo di stare male per non recarsi al lavoro.
- **D** è in realtà un insetto che immagina di essere un uomo.

11 Immobilizzato nel suo letto, Gregor si guarda intorno e osserva «la sua camera, una normale camera d'abitazione» che gli appare «in luce quieta, fra le quattro ben note pareti.» Secondo te, quale effetto ha voluto ottenere Kafka sottolineando la tranquilla quotidianità dell'ambiente in cui ha avuto luogo l'incredibile metamorfosi del protagonista?

12 Perché Gregor loda «in cuor suo l'abitudine presa viaggiando di chiudere sempre, anche a casa, tutte le porte a chiave» (rr. 93-95)?

13 «Dolcissima voce! All'udire la propria risposta, Gregor inorridì: era indubbiamente la sua voce di prima, ma vi si mescolava, come salendo dai precordi, un irreprimibile pigolio lamentoso» (rr. 74-77). La «dolcissima voce» di cui si parla è quella
- **A** di Gregor.
- **B** della sorella.
- **C** della madre.
- **D** dell'insetto.

14 Perché la vicenda di Gregor può essere considerata allegorica?

LESSICO

RIFLESSIONE LINGUISTICA

15 «Ventre convesso» (r. 3). L'aggettivo «convesso» vuol dire
- **A** supino.
- **B** nessuna delle alternative proposte.
- **C** incurvato verso l'interno.
- **D** incurvato verso l'esterno.

16 «Avrebbe deplorato coi genitori la svogliatezza del figlio». In questa frase la parola «deplorato» significa:
- **A** biasimato.
- **B** giustificato.
- **C** approvato.
- **D** compreso.

17 «Del resto, fosse anche riuscito a prenderlo, i fulmini del principale non glieli cavava più nessuno». La parola «fulmini» ha qui il significato di
- **A** ordini.
- **B** rimproveri.
- **C** guai.
- **D** complimenti.

LABORATORIO

Nella narrazione fantastica rientrano anche il *fantasy* e la fantascienza. Nel *fantasy* predominano il mito, la magia, le creature fantastiche, il soprannaturale; nella fantascienza, l'elemento fantastico nasce piuttosto dall'impatto che la scienza e la tecnologia (reali o immaginarie) hanno sulla società e sull'individuo. Vai al laboratorio per esercitarti su questi generi:

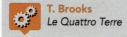
T. Brooks
Le Quattro Terre

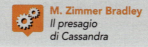
M. Zimmer Bradley
Il presagio di Cassandra

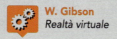
W. Gibson
Realtà virtuale

W.J. Williams
La Neurodyne e il club Danton

Il Grande Fratello

George Orwell, *1984*

Tipologia	Testo narrativo
Genere	Romanzo
Sottogenere	Fantapolitica
Anno	1948

 CHI: George Orwell  DOVE: Gran Bretagna QUANDO:  Novecento

▶ **DISCUTIAMO IL PROBLEMA** *Siamo tutti spiati?*

1 I PERSONAGGI
2 I LUOGHI
3 IL SIGNIFICATO

L'autore

Lo scrittore inglese George Orwell (1903-1950) trascorre la sua giovinezza in India al servizio della polizia imperiale. Dall'esperienza del soggiorno indiano trae spunto per il suo primo romanzo, *Giorni in Birmania*, edito nel 1934. Al rientro in Europa vive tra Londra e Parigi, a contatto con gli ambienti più poveri e svolgendo umili mestieri. L'esperienza di vita tra le classi subalterne è al centro dei libri-inchiesta *Senza un soldo a Parigi e a Londra* del 1933 e *La strada per Wigan Pier* del 1937. In quegli stessi anni partecipa alla guerra civile spagnola, combattendo al fianco dei repubblicani e maturando una posizione duramente critica nei confronti del comunismo e dei suoi metodi repressivi. L'avversione per ogni forma di totalitarismo è il tema di fondo delle sue opere più note: il romanzo satirico-allegorico *La fattoria degli animali* (1945) e quello di genere fantapolitico *1984* (1948).

Invito alla lettura

Siamo nel 1984 e il mondo è diviso in tre superstati in lotta tra loro: l'Oceania, l'Eurasia e l'Estasia. Al vertice del potere politico in Oceania c'è il Grande Fratello, un dittatore crudele che ha ideato una società in cui non è permesso pensare, amare ed esprimersi liberamente, e nella quale ogni individuo è costantemente spiato fin dentro la propria abitazione. Winston Smith, il protagonista della storia, cerca di ribellarsi a questo sistema di repressione con l'aiuto di Julia, la donna che ama, e di O'Brien, un collega di lavoro che però si rivelerà un traditore.

Il brano riportato, tratto dalla prima parte del romanzo, mostra in che modo il Grande Fratello esercita il suo controllo totalitario sugli abitanti del paese: tutte le case di Londra, la capitale dell'Oceania, sono tenute perennemente sotto osservazione da un televisore sempre acceso. Anche quella del protagonista non fa eccezione. Winston Smith sa che dentro il suo appartamento non è al sicuro: il minimo rumore, la più piccola mossa vengono captati giorno e notte dal teleschermo ricetrasmettitore. E fuori di casa il paesaggio non è confortante: l'elicottero della Psicopolizia volteggia tra i palazzi per spiare dentro le abitazioni, le sedi dei quattro ministeri del governo si stagliano minacciose sull'intera città e dappertutto gigantaggia il manifesto del Grande Fratello.

1 I PERSONAGGI

Fin dalle prime pagine vengono presentati gli attori principali della vicenda: Winston Smith, il protagonista, e il Grande Fratello, il suo oscuro antagonista.

2 I LUOGHI

La descrizione particolareggiata di ambienti esterni e interni contribuisce a creare un'atmosfera cupa e opprimente.

1 **Appartamenti Vittoria**: è il nome del condominio in cui abita Winston.

2 **lezzo**: cattivo odore.

3 **stoini**: stuoini, zerbini.

4 **Settimana dell'Odio**: manifestazione periodica durante la quale i cittadini si scatenano violentemente contro i nemici del Grande Fratello.

5 **SOCING**: Socialismo Inglese, l'unico partito politico nell'Oceania.

6 **Psicopolizia**: polizia che controlla tutto, anche la mente dei cittadini.

7 **Nono Piano Triennale**: è il piano economico di durata triennale.

8 **congettura**: ipotesi.

Era una luminosa e fredda giornata d'aprile, e gli orologi battevano tredici colpi. Winston Smith, tentando di evitare le terribili raffiche di vento col mento affondato nel petto, scivolò in fretta dietro le porte di vetro degli Appartamenti Vittoria[1]: non così in fretta, tuttavia, da impedire che una folata di polvere sabbiosa entrasse con lui. 5 L'ingresso emanava un lezzo[2] di cavolo bollito e di vecchi e logori stoini[3]. A una delle estremità era attaccato un manifesto a colori, troppo grande per poter essere messo all'interno. Vi era raffigurato solo un volto enorme, grande più di un metro, il volto di un uomo di circa quarantacinque anni, con folti baffi neri e lineamenti severi ma belli. Winston si diresse verso le scale. Tentare con l'ascensore, infatti, era 10 inutile. Perfino nei giorni migliori funzionava raramente. E al momento, in ossequio alla campagna economica in preparazione della Settimana dell'Odio[4], durante le ore diurne l'erogazione della corrente elettrica veniva interrotta. L'appartamento era al settimo piano e Winston, che aveva trentanove anni e un'ulcera varicosa alla caviglia destra, procedeva lentamente, fermandosi di tanto in tanto a riprendere fiato. Su ogni 15 pianerottolo, di fronte al pozzo dell'ascensore il manifesto con quel volto enorme guardava dalla parete. Era uno di quei ritratti fatti in modo che, quando vi muovete, gli occhi vi seguono. IL GRANDE FRATELLO VI GUARDA, diceva la scritta in basso. All'interno dell'appartamento una voce pastosa leggeva un elenco di cifre che avevano qualcosa a che fare con la produzione di ghisa grezza. La voce proveniva da una 20 placca di metallo oblunga, simile a uno specchio oscurato, incastrata nella parete di destra. Winston girò un interruttore e la voce si abbassò notevolmente, anche se le parole si potevano ancora distinguere. Il volume dell'apparecchio (si chiamava teleschermo) poteva essere abbassato, ma non vi era modo di spegnerlo. Winston si avvicinò alla finestra: era una figura minuscola, fragile, la magrezza del corpo 25 appena accentuata dalla tuta azzurra che costituiva l'uniforme del Partito. Aveva i capelli biondi, il colorito del volto naturalmente sanguigno, la pelle resa ruvida dal sapone grezzo, dalle lamette smussate e dal freddo dell'inverno appena trascorso. Fuori il mondo appariva freddo, persino attraverso i vetri chiusi della finestra. Giù in strada piccoli mulinelli di vento facevano roteare spirali di polvere e di carta 30 straccia e, sebbene splendesse il sole e il cielo fosse di un azzurro vivo, sembrava che non vi fosse colore nelle cose, se si eccettuavano i manifesti incollati per ogni dove. Il volto dai baffi neri guardava fisso da ogni cantone. Ve ne era uno proprio sulla facciata della casa di fronte. IL GRANDE FRATELLO VI GUARDA, diceva la scritta, mentre gli occhi scuri guardavano in fondo a quelli di Winston. Più giù, a livello 35 di strada, un altro manifesto, strappato a uno degli angoli, sbatteva al vento con ritmo irregolare, coprendo e scoprendo un'unica parola: SOCING[5]. In lontananza un elicottero volava a bassa quota sui tetti, si librava un istante come un moscone, poi sfrecciava via disegnando una curva. Era la pattuglia della polizia, che spiava nelle finestre della gente. Ma le pattuglie non avevano molta importanza. Solo la 40 Psicopolizia[6] contava. Alle spalle di Winston, la voce proveniente dal teleschermo continuava a farfugliare qualcosa a proposito della ghisa grezza e della realizzazione più che completa del Nono Piano Triennale[7]. Il teleschermo riceveva e trasmetteva contemporaneamente. Se Winston avesse emesso un suono anche appena appena più forte di un bisbiglio, il teleschermo lo avrebbe captato; inoltre, finché fosse ri-45 masto nel campo visivo controllato dalla placca metallica, avrebbe potuto essere sia visto che sentito. Naturalmente, non era possibile sapere se e quando si era sotto osservazione. Con quale frequenza, o con quali sistemi, la Psicopolizia si inserisse sui cavi dei singoli apparecchi era oggetto di congettura[8]. Si poteva persino presumere che osservasse tutti continuamente. Comunque fosse, si poteva collegare 50 al vostro apparecchio quando voleva. Dovevate vivere (e di fatto vivevate, in virtù di quell'abitudine che diventa istinto) presupponendo che qualsiasi rumore da voi

René Magritte, Il falso specchio, 1928. New York, Museum of Modern Art.

prodotto venisse ascoltato e qualsiasi movimento – che non fosse fatto al buio – attentamente scrutato.

Winston dava le spalle al teleschermo. Era più sicuro, anche se sapeva bene che perfino una schiena può essere rivelatrice. A un chilometro di distanza, immenso e bianco nel sudicio panorama, si ergeva il Ministero della Verità, il luogo dove lui lavorava. E questa, pensò con un senso di vaga ripugnanza, questa era Londra, la principale città di Pista Uno, a sua volta la terza provincia più popolosa dell'Oceania. Si sforzò di cavare dalla memoria qualche ricordo dell'infanzia che gli dicesse se Londra era sempre stata così. C'erano sempre state queste distese di case ottocentesche fatiscenti, con i fianchi sorretti da travi di legno, le finestre rattoppate col cartone, i tetti ricoperti da fogli di lamiera ondulata, i muri dei giardini che pericolavano, inclinandosi da tutte le parti? E le aree colpite dalle bombe, dove la polvere d'intonaco mulinava nell'aria e le erbacce crescevano disordinatamente sui mucchi delle macerie, e i posti dove le bombe avevano creato spazi più ampi, lasciando
70 spuntare colonie di case di legno simili a tanti pollai? Ma era inutile, non riusciva a ricordare. Della sua infanzia non restava che una serie di quadri ben distinti, ma per la gran parte incomprensibili e privi di uno sfondo contro cui stagliarsi[9].

Il Ministero della Verità (Miniver, in neolingua[10]) differiva in maniera sorprendente da qualsiasi altro oggetto che la vista potesse discernere. Era un'enorme struttura
75 piramidale di cemento bianco e abbagliante che s'innalzava, terrazza dopo terrazza, fino all'altezza di trecento metri. Da dove si trovava Winston era possibile leggere, ben stampati sulla bianca facciata in eleganti caratteri, i tre slogan del Partito:

80 Si diceva che il Ministero della Verità contenesse tremila stanze al di sopra del livello stradale e altrettante ramificazioni al di sotto. Sparsi qua e là per Londra vi erano altri tre edifici di aspetto e dimensioni simili. Facevano apparire talmente minuscoli i fabbricati circostanti, che dal tetto degli Appartamenti Vittoria li si poteva vedere
85 tutti e quattro simultaneamente. Erano le sedi dei quattro Ministeri fra i quali era distribuito l'intero apparato governativo: il Ministero della Verità, che si occupava dell'informazione, dei divertimenti, dell'istruzione e delle belle arti; il Ministero della Pace, che si occupava della guerra; il Ministero dell'Amore, che manteneva la legge e l'ordine pubblico; e il Ministero dell'Abbondanza, responsabile per gli affari economici. In neolingua i loro nomi erano i seguenti: Miniver, Minipax, Miniamor e Miniabb.
90 Fra tutti, il Ministero dell'Amore incuteva un autentico terrore. Era assolutamente privo di finestre. Winston non vi era mai entrato, anzi non vi si era mai accostato a una distanza inferiore al mezzo chilometro. Accedervi era impossibile, se non per motivi ufficiali, e anche allora solo dopo aver attraversato grovigli di filo spinato, porte d'acciaio e nidi di mitragliatrici ben occultati. Anche le strade che
95 conducevano ai recinti esterni erano pattugliate da guardie con facce da gorilla, in uniforme nera e armate di lunghi manganelli.

Winston si girò di scatto. Il suo volto aveva assunto quell'espressione di sereno ottimismo che era consigliabile mostrare quando ci si trovava davanti al teleschermo.

(G. Orwell, *1984*, Milano, Mondadori, 2007, trad. di Stefano Manferlotti)

9 stagliarsi: delinearsi.
10 neolingua: è il modo di scrivere ed esprimersi imposto dal partito.

IL GRANDE FRATELLO • George Orwell

IL GRANDE FRATELLO • George Orwell

IL DIBATTITO

Siamo tutti spiati?

All'interno di un regime totalitario e duramente repressivo, il Grande Fratello viola la vita privata dei cittadini attraverso i teleschermi. Ma anche la nostra società, libera e democratica, non sembra essere immune da forme di comunicazione e apparati tecnologici – come social network, telefoni cellulari, sistemi satellitari, telecamere di sicurezza, motori di ricerca di Internet – che possono mettere a repentaglio la *privacy*. Sei d'accordo con questa affermazione?

LE RISPOSTE

PRIMA IPOTESI: Sì, sono d'accordo. Per strada ci spiano i satelliti e a ogni svolta ci sorvegliano le telecamere. A casa, basta semplicemente entrare in rete per far viaggiare, consapevolmente o no, dati o informazioni su di noi e sulle nostre abitudini di vita. La posta elettronica e i cellulari possono essere intercettati in qualunque momento e il nostro pc può trasformarsi a nostra insaputa in una telecamera pronta a rubare frammenti della nostra esistenza. Insomma, oggi è impossibile condurre una vita appartata e priva di rischi senza lasciare tracce del proprio passaggio.

SECONDA IPOTESI: No, non sono d'accordo. La società di oggi è tecnologizzata in maniera capillare, è vero, ma all'individuo rimane la libertà di sottrarsi a ogni sistema di controllo, limitando o evitando l'uso di strumenti o di forme di comunicazione capaci di trasformare la sua vita in un'esistenza "digitale". Inoltre, proprio perché viviamo in una società democratica, ben lontana dal pericolo di dittature o regimi totalitari, il cittadino onesto che non ha niente da temere resta libero e indisturbato anche quando il suo passaggio viene registrato da una telecamera o i suoi dati vengono intercettati in rete a scopi pubblicitari.

TERZA IPOTESI: Se non condividi né la prima né la seconda ipotesi, formulane tu una.

LA DISCUSSIONE

A partire dalle ipotesi fornite, argomenta e discuti con i compagni il tuo punto di vista.

▶ **DISCUTIAMO IL PROBLEMA**

1 I PERSONAGGI

Il protagonista del romanzo è Winston Smith, di cui l'autore ci fornisce fin dalle prime pagine un ritratto completo, dal quale emergono un aspetto fisico dimesso, condizioni di salute malferme e abitudini di vita povere e senza speranza: l'uomo è giovane ma gracile e malato; ha la pelle indurita dalle intemperie e dalla miseria; è un umile membro del partito unico di cui indossa l'uniforme azzurra; è sospettoso e guardingo e abita negli appartamenti Vittoria, caseggiati tutti uguali che comunicano un senso di squallore e di abbandono. Accanto a questa singolare figura di eroe si staglia imponente la figura del Grande Fratello, il capo supremo del partito che governa il superstato dell'Oceania. Immortalato da giganteschi manifesti affissi dappertutto, il Grande Fratello mostra uno sguardo fiero e i suoi occhi sono così penetranti da dare l'impressione di essere vivi. Una scritta a caratteri cubitali ammonisce i cittadini: «IL GRANDE FRATELLO VI GUARDA». Nessuno lo ha mai visto, ma lui, attraverso i teleschermi perennemente accesi in tutte le case e attraverso gli apparati della Psicopolizia, vede e controlla tutti. Le gigantografie colorate del Grande Fratello contrastano con il grigiore dei luoghi, rendendo ancora più opprimente e schiacciante la sua presenza.

1 Il Grande Fratello viene rappresentato con «lineamenti severi ma belli». Nessuno però lo ha mai visto, quindi la sua immagine pubblicizzata nei cartelloni potrebbe essere un falso. Secondo te, perché il Grande Fratello viene rappresentato in questo modo?

2 I LUOGHI

In questo brano sono presenti diverse sequenze descrittive. Attraverso immagini precise che evocano sensazioni visive, tattili e olfattive, il narratore ci descrive in maniera particolareggiata interni ed esterni, sottolineando in questo modo l'atmosfera opprimente che aleggia sugli uomini, sulle case e sulla città. L'ingresso degli Appartamenti Vittoria emana un cattivo odore di cavolo bollito e di stuoini logori. L'ascensore c'è, ma non funziona perché manca spesso la corrente elettrica. Londra è fredda, incolore e in stato di abbandono. Gli unici edifici che si differenziano da tutti gli altri e che svettano nitidi e imponenti su ogni cosa sono i luoghi del potere.

2 Quali aspetti di Londra colpiscono Winston Smith affacciato alla finestra?

3 IL SIGNIFICATO

Il narratore ci descrive un mondo dominato da un unico partito, il Socing, che controlla continuamente i cittadini, violando la loro privacy e la loro libertà. La propaganda politica è continua e martellante: gli altoparlanti perennemente accesi presenti in ogni casa pubblicizzano ed enfatizzano le imprese del partito e i progressi economici dello Stato. L'ideologia violenta e liberticida del partito è riassunta dai tre slogan che giganteggiano sugli imponenti palazzi dei Ministeri: «LA GUERRA È PACE, LA LIBERTÀ È SCHIAVITÙ, L'IGNORANZA È FORZA». L'ignoranza e la schiavitù sono i mezzi di cui il Grande Fratello si serve per evitare che possano sorgere tra la popolazione dubbi circa la rettitudine e la legittimità del suo governo. Un mondo alla rovescia, dunque, di cui i nomi dei quattro palazzi ministeriali sono il simbolo più evidente: il Miniver (Ministero della Verità) diffonde false informazioni, il Minipax (Ministero della Pace) si occupa della guerra, il Miniamor (Ministero dell'Amore) è preposto alla repressione, il Miniabb (Ministero dell'Abbondanza) provvede alla povertà. Anche la loro forma non è casuale: giganteschE e inaccessibili piramidi, come quelle costruite dagli egiziani per seppellire i faraoni ed esaltarne il potere. Con una differenza, però: in esse il Grande Fratello seppellisce la pace, l'amore, l'abbondanza e la verità, per esaltare la guerra, l'odio, la povertà e la menzogna.

3 Per condizionare e controllare i cittadini, il Grande Fratello si serve di numerosi mezzi. Quali?

▶ ATTIVIAMO LE COMPETENZE

LETTURA E COMPRENSIONE

ACCESSO ALLE INFORMAZIONI

4 Completa la scheda relativa al protagonista del romanzo.

Caratteristica	
Nome	
Cognome	
Età	
Residente a	
Condizioni di salute	
Capelli	
Costituzione	
Colorito	
Pelle	
Abbigliamento	

5 Associa a ciascun luogo le sue caratteristiche.
Luoghi: 1. Ingresso Appartamenti Vittoria – 2. La casa del protagonista – 3. Londra – 4. Palazzi ministeriali

Caratteristiche: a. c'è un teleschermo – b. c'è un manifesto scollato del Partito – c. altezza maggiore di trecento metri – d. è al settimo piano – e. vi si leggono tre slogan – f. è sorvolata da un elicottero – g. c'è l'ascensore – h. le finestre hanno i vetri chiusi con il cartone – i. c'è carta straccia per terra – l. ha porte di vetro – m. emana un cattivo odore – n. ci sono guardie con manganelli – o. ha filo spinato e porte d'acciaio – p. ci sono fogli di lamiera ondulata – q. ci sono travi per sorreggere i muri

COMPRENSIONE GENERALE E INTERPRETAZIONE

6 Pensi che il Grande Fratello sia un personaggio positivo o negativo? Motiva la risposta.

7 «Dovevate vivere (e di fatto vivevate, in virtù di quell'abitudine che diventa istinto) presupponendo che qualsiasi rumore da voi prodotto venisse ascoltato e qualsiasi movimento – che non fosse fatto al buio – attentamente scrutato» (rr. 50-53). Questa frase esprime
- A un intervento del narratore esterno.
- B un pensiero di Winston.
- C un intervento del narratore interno.
- D una legge del Grande Fratello.

8 Perché, secondo te, gli slogan del partito sono riportati a lettere cubitali?

9 Londra è una città devastata da un pregresso conflitto bellico? Supporta la tua risposta con precisi riferimenti testuali.

PRODUZIONE TESTUALE

PROGETTAZIONE, RICERCA IMMAGINI,
TESTO REGOLATIVO

10 Progetta e realizza insieme ai compagni tre slogan a favore della pace, della libertà e della cultura. Il vostro lavoro dovrà comprendere:
- un concetto da veicolare;
- una parte visuale/grafica;
- una parte scritta a corredo dell'immagine.

Uno scrittore fantasma

Julio Cortázar, *Alcuni aspetti del racconto*

Tipologia	Testo espositivo-argomentativo
Genere	Saggio
Anno	1973

▶ STUDIAMO IL TESTO ESPOSITIVO-ARGOMENTATIVO

1 IL CONTESTO E L'ARGOMENTO
2 LE MOTIVAZIONI
3 IL CONFRONTO

Invito alla lettura

Julio Cortázar (1914-1984) è uno scrittore argentino che ha trascorso buona parte della sua vita in Francia. Nella sua vasta produzione narrativa egli esprime, attraverso immagini fantastiche e forme espressive sperimentali, una visione filosofica, allucinata e labirintica della realtà contemporanea, che lo accosta a un altro grande scrittore suo conterraneo, Jorge Luis Borges. Tra le opere che hanno reso Cortázar famoso nel mondo, e che lo hanno consacrato uno dei più grandi autori del genere fantastico del Novecento, ricordiamo soltanto la raccolta di racconti *Bestiario*, pubblicata nel 1951, e il romanzo *Il gioco del mondo* (1963).
Nel saggio *Alcuni aspetti del racconto*, di cui proponiamo la parte iniziale, lo scrittore riflette sulle costanti di questo genere letterario evidenziandone, a partire dalla sua esperienza di scrittore, le principali caratteristiche.

1 IL CONTESTO E L'ARGOMENTO

Mi trovo oggi, dinanzi a voi, in una situazione piuttosto paradossale. Uno scrittore di racconti argentino si accinge a scambiare alcune idee sul racconto senza che i suoi ascoltatori e interlocutori, salvo eccezioni, conoscano nulla della sua opera. L'isolamento culturale che continua a pregiudicare i nostri paesi, sommato all'in-
5 giusta emarginazione cui si vede relegata Cuba attualmente, han fatto sì che i miei libri, che sono già un discreto numero, non siano arrivati se non eccezionalmente nelle mani di lettori tanto ben disposti ed entusiasti come voi. Il brutto di tutto questo non è tanto che voi non abbiate mai avuto occasione di vagliare i miei racconti, quanto che io mi sento un po' come un fantasma che viene a parlarvi senza
10 quella relativa tranquillità che dà sempre il sapersi preceduto dal lavoro compiuto negli anni. E il fatto di sentirmi come un fantasma deve già essere percepibile in me, perché qualche giorno fa una signora argentina mi ha «assicurato», all'hotel Rivera, che io non ero Julio Cortázar, e di fronte al mio stupore ha aggiunto che l'autentico Julio Cortázar è un signore dai capelli bianchi, amicissimo di un suo
15 parente, e che non si è mai mosso da Buenos Aires. Siccome io risiedo da dodici anni a Parigi, capirete come la mia qualità spettrale si sia notevolmente intensificata in seguito a questa rivelazione. Se sparisco di colpo nel mezzo di una frase, non mi sorprenderà troppo, e chissà che non ne guadagniamo tutti.
Si dice che il desiderio più ardente di un fantasma sia quello di riacquistare almeno
20 un accenno di corporeità, qualcosa di tangibile che lo restituisca per un momento alla sua vita di carne e ossa. Per acquistare un po' di tangibilità dinanzi a voi, dirò in poche parole quale sia il senso e la direzione dei miei racconti. Non lo faccio per puro piacere informativo, perché nessun percorso teorico può sostituire l'opera in sé; le mie ragioni sono più importanti. Poiché mi occuperò di alcuni aspetti
25 del racconto come genere letterario, ed è possibile che qualcuna delle mie idee sorprenda o traumatizzi coloro che ascoltano, mi pare di un'elementare onestà de-

1 Alfred Jarry: drammaturgo francese (1873-1907). Considerato un anticipatore del Surrealismo, è ricordato soprattutto per la commedia *Ubu re* (1896) e per l'invenzione della «patafisica», una scienza immaginaria che studia «le leggi che regolano le eccezioni».

finire il tipo di narrazione che mi interessa, accennando al mio particolare modo di intendere il mondo. Quasi tutti i racconti che ho scritto appartengono al genere chiamato fantastico per mancanza di un termine migliore e si contrappongono a quel falso realismo che consiste nel credere che tutte le cose si possano descrivere
30 e spiegare come dava per scontato l'ottimismo scientifico e filosofico del diciottesimo secolo, e cioè, nell'ambito di un mondo retto più o meno armoniosamente da un sistema di leggi, di principi, di rapporti di causa effetto, di psicologie definite, di geografie ben cartografate. Nel mio caso, il sospetto che un altro ordine più segreto e meno comunicabile, e la feconda scoperta di Alfred Jarry[1], per il quale il
35 vero studio della realtà non risiedeva nelle leggi bensì nelle eccezioni a tali leggi, sono stati dei principi orientativi della mia ricerca personale di una letteratura al margine di qualunque realismo troppo ingenuo. Perciò se nelle idee che seguono riscontrerete una predilezione per tutto quanto è eccezionale nel racconto, siano i temi, siano, pure, le forme espressive, credo che questa presentazione del mio
40 personale modo di intendere il mondo spiegherà la mia presa di posizione e il mio approccio al problema. In ultima analisi si potrà dire che ho solo parlato del racconto tale e quale lo pratico io. E, tuttavia, non credo sia così. Ho la convinzione che esistano certe costanti, certi valori che si applicano a tutti i racconti, fantastici o realistici, drammatici o umoristici. E penso che forse è possibile illustrare, qui,
45 quelle invarianti che danno a un buon racconto la sua atmosfera peculiare e la sua qualità di opera d'arte.

2 LE MOTIVAZIONI

L'opportunità di scambiare qualche idea in merito al racconto mi interessa per svariate ragioni. Vivo in un paese – la Francia – dove questo genere ha scarso vigore, sebbene negli ultimi anni si noti presso scrittori e lettori un interesse crescente per
50 questa forma d'espressione. Ad ogni modo, mentre i critici continuano ad accumulare teorie e a intrattenere accese polemiche in merito al romanzo, quasi nessuno si interessa alla problematica del racconto. Vivere come scrittore di racconti in un paese dove questa forma espressiva è un prodotto quasi esotico, obbliga necessa-

Julio Cortázar nella sua abitazione in una fotografia degli anni Settanta del Novecento.

riamente a cercare in altre letterature l'alimento che lì manca. A poco a poco, nella
55 versione originale o in traduzione, uno accumula, in modo quasi astioso, un'enorme
quantità di racconti del passato e del presente, e arriva il giorno in cui può fare un
bilancio, tentare un'approssimazione valutativa a un genere di così difficile definizione, così sfuggente nei suoi molteplici e contrastanti aspetti e, in fondo, così
segreto e ripiegato in se stesso, chiocciola del linguaggio, fratello misterioso della
60 poesia in un'altra dimensione del tempo letterario.

Ma oltre a questa sosta a metà strada del proprio lavoro che qualunque scrittore deve
fare prima o poi, parlare del racconto è per noi di particolare interesse, visto che
quasi tutti i paesi sudamericani di lingua spagnola stanno conferendo al racconto
un'importanza eccezionale, che non aveva mai avuto in altri paesi latini come la
65 Francia o la Spagna. Da noi, com'è naturale nelle letterature giovani, la creazione
spontanea precede quasi sempre l'esame critico ed è giusto che sia così. Nessuno
pretende che i racconti si debbano scrivere solo dopo averne conosciuto le leggi.
In primo luogo tali leggi non esistono; al massimo si può parlare di punti di vista,
di certe costanti che danno una struttura a questo genere così poco incasellabile;
70 in secondo luogo, non si vede perché i teorici e i critici debbano essere gli scrittori
stessi, ed è naturale che quelli entrino in scena solo quando esista già un retaggio,
un accumulo di letteratura che permetta di indagarne e di chiarirne lo sviluppo
e la qualità. In America, tanto a Cuba quanto in Messico o in Cile o in Argentina,
una grande quantità di scrittori di racconti è al lavoro dagli inizi del secolo, senza
75 conoscersi molto fra di loro, scoprendosi talvolta in modo quasi postumo. Di fronte
a tale panorama privo di coerenza sufficiente, in cui pochi conoscono a fondo il
lavoro degli altri, credo sia utile parlare del racconto al di sopra delle particolarità
nazionali e internazionali, perché è un genere che, da noi, ha un'importanza e
una vitalità che crescono di giorno in giorno. [...]

3 IL CONFRONTO

80 Per capire il carattere specifico del racconto lo si suole paragonare al romanzo,
genere molto più diffuso e sul quale abbonda la precettistica[2]. Si dice, per esempio, che il romanzo si svolge sulla carta e quindi nel tempo di lettura, senza altri
limiti se non l'esaurimento della materia romanzata; quanto al racconto, esso parte
dalla nozione di limite e, in primo luogo, di limite fisico, al punto che in Francia,
85 quando un racconto supera le venti pagine, prende già il nome di «nouvelle»,
genere a cavallo fra il racconto e il romanzo propriamente detto. In questo senso,
il romanzo e il racconto si possono paragonare analogicamente al cinema e alla
fotografia, nel senso che un film è innanzitutto un «ordine aperto», romanzesco,
mentre una fotografia riuscita presuppone una rigorosa limitazione previa[3], impo-
90 sta in parte dal campo ridotto che l'obiettivo comprende e inoltre dal modo in cui
il fotografo utilizza esteticamente tale limitazione. Non so se abbiate mai sentito
parlare un fotografo professionista della propria arte; a me ha sempre sorpreso il
fatto che egli si esprima per molti versi come potrebbe fare uno scrittore di racconti. Fotografi del calibro di un Cartier-Bresson o di un Brassaï[4] definiscono la
95 loro arte come un apparente paradosso: quello di ritagliare un frammento della
realtà fissandogli determinati limiti, ma in modo tale che quel ritaglio agisca come
un'esplosione che apra su una realtà molto più ampia, come una visione dinamica
che trascenda spiritualmente il campo compreso dall'obiettivo. Mentre nel cinema,
come nel romanzo, la percezione di tale realtà più ampia e multiforme si ottiene
100 mediante lo sviluppo di elementi parziali, accumulativi [...], in una fotografia o
in un racconto di grande qualità si procede in modo inverso, ovvero il fotografo o
lo scrittore di racconti si vedono obbligati a scegliere e a circoscrivere un'immagine o un avvenimento che siano «significativi», che non valgano solamente per se
stessi, ma che siano capaci di agire sullo spettatore o sul lettore come una specie

2 **precettistica**: insieme di
regole e principi che ne spie-
gano le caratteristiche e ne
regolano la composizione.
3 **previa**: precedente, necessaria.
4 **Cartier-Bresson … Brassaï**: due dei più grandi fotografi del XXI secolo. Il
primo è stato il teorico del
«momento decisivo» (cioè
la capacità di catturare l'immagine unica e irripetibile
che sintetizzi un'intera situazione poetica); il secondo è
autore di una serie di celebri
immagini della vita parigina.

5 meramente: semplicemente.

105 di «apertura», di fermento che proietti l'intelligenza e la sensibilità verso qualcosa che va oltre l'aneddoto visivo o letterario contenuti nella foto o nel racconto. Uno scrittore argentino che ama molto la boxe, mi diceva che in quella lotta che si instaura fra un testo appassionante e il suo lettore, il romanzo vince sempre ai punti, mentre il racconto deve vincere per *knock out*. È vero, nel senso che il romanzo

110 accumula progressivamente i propri effetti sul lettore, mentre un buon racconto è incisivo, mordente, senza quartiere, fin dalle prime fasi. Non si intenda questo in modo troppo letterale, perché il buono scrittore di racconti è un boxeur molto astuto, e molti dei suoi colpi iniziali possono sembrare poco efficaci quando, in realtà, stanno già minando le resistenze più solide dell'avversario. Prendete un

115 grande racconto a scelta: non vi sono elementi gratuiti, meramente[5] decorativi. Lo scrittore di racconti sa che non può procedere in modo accumulativo, che non ha come alleato il tempo; la sua unica risorsa è quella di lavorare in profondità, tanto verso l'alto quanto verso il basso dello spazio letterario. E questo, che così espresso sembra una metafora, esprime tutta l'essenza del metodo. Il tempo del

120 racconto e lo spazio del racconto devono essere come condensati, sottoposti ad un'alta pressione spirituale e formale per provocare quella «apertura» cui mi riferivo prima. Basta domandarsi perché un determinato racconto è brutto. Non è brutto per il tema, perché in letteratura non ci sono temi brutti e temi belli, c'è solamente un buono o cattivo trattamento del tema. E nemmeno è brutto perché i

125 personaggi sono privi di interesse, dal momento che perfino una pietra è interessante quando se ne occupano Henry James o Franz Kafka. Un racconto è brutto quando lo si scrive senza quella tensione che deve manifestarsi fin dalle prime parole o fin dalle prime scene.

(J. Cortázar, *Alcuni aspetti del racconto*, in *Bestiario*, Torino, Einaudi, 2001, trad. di Vittoria Martinetto)

▶ STUDIAMO IL TESTO ESPOSITIVO-ARGOMENTATIVO

1 IL CONTESTO E L'ARGOMENTO

Il brano proposto è l'estratto di una conferenza tenuta dallo scrittore a L'Avana, capitale della Repubblica cubana, nel 1962. Alcune espressioni presenti nel testo ci consentono di ricostruire il contesto comunicativo originario: lo scrittore, in veste di ospite-relatore, sta parlando in pubblico a una platea di uditori.

■ Lo scrittore si presenta al pubblico e introduce l'argomento del suo discorso (alcune idee sul racconto).

■ Il destinatario dell'atto comunicativo è evidenziato dalle parole «ascoltatori» e «interlocutori».

Mi trovo oggi, dinanzi a voi, in una situazione piuttosto paradossale. Uno scrittore di racconti argentino si accinge a scambiare alcune idee sul racconto senza che i suoi ascoltatori e interlocutori, salvo eccezioni, conoscano nulla della sua opera. L'isolamento culturale che continua a pregiudicare i nostri paesi, sommato all'ingiusta emarginazione cui si vede relegata Cuba attualmente, han fatto sì che i miei libri, che sono già un discreto numero, non siano arrivati se non eccezionalmente nelle mani di lettori tanto ben disposti ed entusiasti come voi.

Il secondo capoverso costituisce il logico sviluppo delle affermazioni contenute nel primo blocco testuale e la sua funzione è quella di focalizzare con maggiore nettezza alcuni aspetti dell'argomento in discussione: prima lo scrittore presenta al pubblico le caratteristiche dei propri racconti, giustificando così la sua predilezione per tutto ciò che è eccezionale; poi afferma la sua convinzione che esistano dei tratti comuni a tutti i racconti, a prescindere dal loro genere di appartenenza. E saranno proprio queste costanti il fulcro del suo discorso.

■ Il termine «fantasma» funge da anello di congiunzione tra il primo e il secondo capoverso.

■ Frase tematica del secondo capoverso.

Si dice che il desiderio più ardente di un fantasma sia quello di riacquistare almeno un accenno di corporeità, qualcosa di tangibile che lo restituisca per un momento alla sua vita di carne e ossa. Per acquistare un po' di tangibilità dinanzi a voi, dirò in poche parole quale sia il senso e la direzione dei miei racconti.

1 Perché l'autore si definisce un «fantasma»?

2 In quale città si svolge l'incontro tra la signora argentina e lo scrittore?

3 Dove vive lo scrittore? Da quanto tempo?

2 LE MOTIVAZIONI

Nel paragrafo successivo (terzo e quarto capoverso), lo scrittore chiarisce alla platea i motivi per cui ha deciso di scegliere come argomento di discussione proprio il racconto. Da un punto di vista logico-strutturale, nel paragrafo in esame è possibile individuare: a) la frase tematica b) l'espansione della frase tematica. La frase tematica contiene il tema del paragrafo (ciò di cui si parla); le proposizioni successive, che costituiscono lo sviluppo vero e proprio del paragrafo, hanno funzione esplicativa, cioè servono a spiegare e commentare l'affermazione contenuta nella frase tematica.

■ Frase tematica.

■ Espansione della frase tematica: l'autore spiega attraverso un ragionamento perché è particolarmente interessato al racconto.

L'opportunità di scambiare qualche idea in merito al racconto mi interessa per svariate ragioni. Vivo in un paese – la Francia – dove questo genere ha scarso vigore, sebbene negli ultimi anni si noti presso scrittori e lettori un interesse crescente per questa forma d'espressione. Ad ogni modo, mentre i critici continuano ad accumulare teorie e a intrattenere accese polemiche in merito al romanzo, quasi nessuno si interessa alla problematica del racconto. Vivere come scrittore di racconti in un paese dove questa forma espressiva è un prodotto quasi esotico, obbliga necessariamente a cercare in altre letterature l'alimento che lì manca.

4 Il genere del racconto è amato
  A in tutti i paesi latini.
  B soprattutto nei paesi dell'America latina.
  C soprattutto in Francia e in Spagna.
  D soprattutto in Francia.

3 IL CONFRONTO

Dopo essersi presentato al suo uditorio (capoversi 1 e 2) e aver chiarito il tema generale del suo intervento (capoversi 3 e 4), nell'ultimo paragrafo (capoverso 5) l'autore affronta una nuova problematica: far comprendere il carattere specifico del racconto. Tale idea, espressa nella frase tematica che apre l'unità testuale, è successivamente sviluppata e chiarita da un confronto di tipo analogico.

■ Frase tematica.

■ Confronto per analogia: il romanzo è paragonato al cinema, il racconto alla fotografia.

Per capire il carattere specifico del racconto lo si suole paragonare al romanzo, genere molto più diffuso e sul quale abbonda la precettistica. Si dice, per esempio, che il romanzo si svolge sulla carta e quindi nel tempo di lettura, senza altri limiti se non l'esaurimento della materia romanzata; quanto al racconto, esso parte dalla nozione di limite e, in primo luogo, di limite fisico, al punto che in Francia, quando un racconto supera le venti pagine, prende già il nome di «nouvelle», genere a cavallo fra il racconto e il romanzo propriamente detto. In questo senso, il romanzo e il racconto si possono paragonare analogicamente al cinema e alla fotografia [...]

I due termini messi a confronto sono dunque le coppie cinema/romanzo e fotografia/racconto; le categorie secondo cui queste due coppie sono paragonate sono principalmente due: 1) il concetto di limite; 2) il modo attraverso cui viene percepita e raccontata la realtà.

	Prima coppia: cinema-romanzo	Seconda coppia: fotografia-racconto
Limite	senza limitazioni	con limitazioni
Percezione della realtà	per accumulazione di elementi parziali	scelta di un elemento significativo

Successivamente il confronto tra romanzo e racconto si snoda attraverso un altro paragone, quello con la boxe. Infine, l'autore tira le fila del suo ragionamento, affermando che uno dei caratteri specifici che un buon racconto deve possedere è la «tensione», cioè l'incisività con la quale viene trattato e sviluppato il tema del racconto fin dalle prime righe.

5 Nella "lotta" tra il lettore e un testo appassionante
A il romanzo vince ai punti, il racconto per KO.
B il romanzo vince sempre, il racconto raramente.
C vince sempre il lettore.
D il romanzo vince per KO, il racconto non vince mai.

▶ ATTIVIAMO LE COMPETENZE

LETTURA E COMPRENSIONE

ACCESSO ALLE INFORMAZIONI

6 Julio Cortázar
A non ha i capelli bianchi, è argentino e vive a Parigi.
B ha i capelli bianchi, è argentino e vive a Parigi.
C ha i capelli bianchi e non si è mai mosso da Buenos Aires.
D non ha i capelli bianchi, non è argentino e vive in Francia.

7 I francesi utilizzano il termine *nouvelle* per indicare
A un racconto che supera le venti pagine.
B un racconto di meno di venti pagine.
C tutti i racconti appartenenti al genere fantastico.
D tutti i racconti indistintamente.

COMPRENSIONE GENERALE

8 L'argomento principale del testo è costituito
A dai racconti dell'autore.
B dalla letteratura sudamericana.
C dal racconto in generale.
D dal romanzo e dal racconto.

9 «... quel falso realismo che consiste nel credere che tutte le cose si possano descrivere e spiegare come dava per scontato l'ottimismo scientifico e filosofico del diciottesimo secolo...» (rr. 29-31). Da questa affermazione emerge
A una concezione ottimistica della vita.
B una concezione pessimistica della vita.
C nessuna delle alternative proposte.
D la critica a una certa idea di realismo.

10 Che cosa hanno in comune il racconto e la fotografia?

RIFLESSIONE E VALUTAZIONE

11 «Se sparisco di colpo nel mezzo di una frase, non mi sorprenderà troppo, e chissà che non ne guadagniamo tutti» (rr. 17-18). Quale reazione l'autore spera di suscitare nell'uditorio attraverso questa affermazione?
A Consenso.   C Dissenso.
B Ilarità.   D Felicità.

LESSICO

SOSTITUZIONE, SINONIMI

12 Sostituisci le parole in corsivo con dei sinonimi o delle espressioni sinonimiche senza alterare il senso delle frasi.
A «Si dice che il desiderio più ardente di un fantasma sia quello di riacquistare almeno un accenno di corporeità, qualcosa di *tangibile* che lo restituisca per un momento alla sua vita di carne e ossa» (rr. 19-21).
B «il brutto di tutto questo non è tanto che voi non abbiate avuto occasione di *vagliare* i miei racconti» (rr. 7-9).
C «Perciò se nelle idee che seguono riscontrerete una *predilezione* per tutto quanto è eccezionale nel racconto...» (rr. 37-38).

13 «... la *feconda* scoperta di Alfred Jarry». L'aggettivo «feconda» ha qui il significato di
A abbondante.   C produttiva.
B florida.   D generosa.

L'albero

Howard Phillips Lovecraft, *Racconti*

Tipologia	Testo narrativo
Genere	Racconto
Sottogenere	Fantastico
Anno	1921

CHI: *Howard Phillips Lovecraft*

DOVE: *Stati Uniti*

QUANDO: *Novecento*

▶ **IL PIACERE DI LEGGERE**

L'autore

Howard Phillips Lovecraft nasce a Providence, nel Rhode Island, il 20 marzo 1890. Nel 1893 il padre manifesta i primi segni di uno squilibrio mentale che successivamente si acuirà portandolo all'internamento in un ospedale psichiatrico. La moglie Sarah, rimasta sola, si trasferisce con il figlioletto a casa dei genitori. Nella villa dei nonni è presente una vasta biblioteca, nella quale il ragazzo trascorre la maggior parte del tempo dedicandosi alla stesura di racconti e alle letture più disparate, che spaziano dalla mitologia classica alle fiabe, dalle storie di fantascienza a quelle *horror*. Ma la morte della nonna, la perdita del padre e i comportamenti assillanti della madre si ripercuotono negativamente sulla sua stabilità psichica. La situazione si aggrava nel 1904, quando muore anche il carissimo nonno materno e, per far fronte alle conseguenti difficoltà finanziarie, la figlia è costretta a vendere la villa di famiglia e a trasferirsi con il piccolo Howard in una casa più modesta. Nella nuova dimora lo scrittore trascorre anni tormentati: un infortunio aggrava i suoi disturbi nervosi, un terribile e costante mal di testa gli impedisce di frequentare regolarmente il liceo e l'improvviso dissesto economico che colpisce la sua famiglia lo fa precipitare nella totale povertà, dalla quale non riuscirà più a risollevarsi. Nonostante tutto, egli trova la forza per continuare a scrivere racconti del terrore e a pubblicare articoli su riviste scientifiche (oltre agli interessi letterari, infatti, Lovecraft coltiva anche la passione per la chimica e l'astronomia). Per guadagnarsi da vivere comincia a svolgere un'attività poco prestigiosa e scarsamente remunerativa: correggere o riscrivere daccapo i racconti di aspiranti scrittori. Dopo la morte della madre e un matrimonio fallito, Lovecraft si rinchiude ancor più in se stesso, dedicandosi solo sporadicamente a qualche viaggio e comunicando con l'esterno per lo più attraverso lunghe lettere. Lo scrittore muore il 5 marzo del 1937 all'età di soli quarantasei anni. Oggi è considerato un grande maestro della *dark fantasy*. Della sua vasta produzione narrativa ricordiamo i racconti del *Necronomicon*, l'immaginario manuale di stregoneria che ha dato vita a un mirabolante universo fantastico, al quale hanno attinto gli scrittori *horror* delle generazioni successive.

Invito alla lettura

Pubblicato nel 1921 con il titolo originale di *The Tree*, questo racconto intreccia sapientemente cultura classica, suggestioni mitiche, atmosfere *horror* e riflessioni filosofiche, costituendo un tipico esempio di narrativa fantastica. L'autore ambienta la vicenda nell'antica Grecia e immagina come protagonisti della sua storia due scultori legati da un rapporto di fraterna amicizia, Kalos e Musides. Il primo conduce una vita appartata e solitaria, preferendo alla compagnia degli uomini quella degli uliveti e delle divinità che vi dimorano; il secondo, invece, ama divertirsi e frequentare luoghi chiassosi. Al di là di queste differenze, i due artisti sono ugualmente dotati di un eccezionale talento e godono entrambi della stima della gente. La loro fama raggiunge la corte del tiranno di Siracusa, che decide di commissionare a ognuno dei due una statua della dea Tyche. Chi riuscirà a realizzare il simulacro più bello, sarà premiato e avrà l'onore di vederlo pubblicamente esposto. I due amici si mettono subito al lavoro, ma tra di loro non scende mai l'ombra di un'insana rivalità. Il poter lavorare a uno stesso progetto, anzi, cementa ancora di più la loro amicizia. Ma un giorno Kalos muore gettando nello sconforto il povero Musides, che come estremo gesto di affetto soddisfa le ultime volontà dell'amico seppellendogli accanto alcuni rami d'ulivo. Rimasto solo, Musides continua a lavorare alla sua statua. È certo che, venuto a mancare il caro amico, sarà lui il vincitore della sfida. Ma dalle tenebre in cui è precipitato, Kalos in qualche modo ritorna, facendo avvertire la sua sinistra presenza.

Su un verde declivio del monte Menalo, in Arcadia[1], un oliveto cresce attorno ai ruderi di una villa. D'appresso sorge una tomba, un tempo adorna delle più sublimi sculture, ma ora in rovina come la casa.

5 Un ulivo di grandezza innaturale, dalla forma mostruosa e repulsiva sorge presso una delle estremità della tomba, i cui blocchi di marmo pentelico[2], chiazzato dal tempo, sono stati malamente dissestati dalle stranissime radici. Come forma, quell'albero somiglia talmente ad un uomo di aspetto grottesco, o piuttosto al corpo di un uomo contratto dalla morte, che la gente del luogo ha paura di passarci dinanzi la notte, quando la luna manda i suoi fievoli raggi tra i rami contorti.

10 Il monte Menalo è un luogo prediletto del temuto dio Pan[3], e dei suoi bizzarri e numerosi compagni, e i pastori ignoranti credono che l'albero possegga una terribile affinità con le coorti paniche[4].

Ma un vecchio apicoltore che abita in una casetta nei dintorni mi ha narrato una storia diversa.

15 Molti anni or sono, quando la villa sul colle era nuova e splendente, in essa dimoravano due scultori, Kalos e Musides. Dalla Lidia[5] fino alla città di Partenope[6] si lodava la bellezza delle loro opere, e nessuno osava dire che l'uno eccellesse sull'altro in maestria. Un Hermes[7] di Kalos ornava un tempio marmoreo a Corinto[8], e una Pallade[9] di Musides sormontava una colonna ad Atene vicino al Partenone[10].

20 Tutti rendevano omaggio a Kalos e Musides, e si stupivano che non vi fosse ombra di gelosia artistica a raffreddare il calore della loro fraterna amicizia.

Tuttavia, quantunque Kalos e Musides convivessero in perfetta armonia, erano d'indole assai dissimile.

Mentre Musides passava le notti in bagordi tra le lussurie cittadine di Tegea[11], 25 Kalos preferiva rimanere nella sua dimora, sottraendosi agli sguardi degli schiavi nei freschi recessi dell'oliveto, e lì meditava sulle visioni che affollavano la sua mente e concepiva le forme di bellezza cui in seguito dava vita immortale nel marmo palpitante.

A dire il vero, la gente mormorava che Kalos conversasse con gli spiriti del bo30 schetto di ulivi, e che le sue statue altro non fossero se non le immagini dei fauni e delle driadi che vi incontrava: sta di fatto che Kalos non modellava mai le sue sculture da soggetti viventi.

La fama di Kalos e Musides era tale che nessuno si stupì allorché il tiranno di Siracusa inviò loro alcuni suoi rappresentanti col compito di discutere della pre35 ziosa statua della dea Tyche[12], che aveva progettato di far erigere nella sua città.

Di grandi dimensioni e di squisita fattura, la statua avrebbe dovuto suscitare la

1 Arcadia: antica regione del Peloponneso, in Grecia.
2 marmo pentelico: marmo bianco con venature verdastre tipico dei templi greci e romani, che prende il nome dal monte Pentelico, nei pressi di Atene, dal quale veniva estratto.
3 Pan: antica divinità dei boschi, metà uomo e metà caprone.
4 coorti paniche: cortei formati dai seguaci del dio Pan, che secondo il mito erano prevalentemente driadi (ninfe degli alberi) e fauni, creature dei boschi per metà uomini e per metà caproni.
5 Lidia: antica regione dell'Asia Minore occidentale.
6 città di Partenope: Napoli, dove secondo il mito era morta la sirena Partenope.
7 Hermes: figlio di Zeus e di Maia, Hermes (presso i Romani, Mercurio) è il messaggero degli dei.
8 Corinto: città greca del Peloponneso.
9 Pallade: vuol dire "lanciatrice di dardi" ed è uno dei soprannomi della dea Atena.
10 Partenone: tempio dell'acropoli di Atene, dedicato alla dea Atena.
11 Tegea: città dell'Arcadia.
12 Tyche: Dea greca della sorte, che i Romani chiamarono Fortuna.

Piet Mondrian, Albero rosso, 1908. L'Aja, Gemeentemuseum.

meraviglia di tutti e divenire meta dei viaggiatori. Altissima sarebbe stata la gloria dell'autore dell'opera prescelta, e Kalos e Musides erano chiamati a gareggiare per tale onore. A tutti era noto il loro amore fraterno, e l'astuto tiranno aveva pensato che ciascuno dei due scultori non avrebbe celato all'altro la sua opera, ma, al contrario, avrebbe offerto il proprio aiuto e consiglio. In questo modo, tale confronto avrebbe prodotto due immagini di inaudita bellezza, la più leggiadra delle quali avrebbe oscurato persino i sogni dei poeti. I due artisti accolsero con gioia l'offerta del tiranno e, nei giorni che seguirono, gli schiavi udirono i colpi incessanti degli scalpelli. Nessuno dei due celò la sua opera all'altro, ma ad essi soli fu riservata la vista delle loro creazioni. A nessuno, fuorché a loro, fu concesso di posare lo
55 sguardo sulle due divine figure che gli abili colpi stavano liberando dai grezzi blocchi di marmo che le avevano imprigionate sin dagli albori del mondo.

Di notte, come sempre, Musides frequentava le sale dei banchetti di Tegea, mentre Kalos vagava solo nell'oliveto. Ma, col trascorrere del tempo, cominciò a notarsi in Musides un offuscarsi della sua briosa allegria. Era singolare, mormorava la
60 gente, che la depressione cogliesse un artista al quale si presentava l'opportunità di guadagnarsi il più ambito riconoscimento. Erano ormai trascorsi molti mesi, eppure sul volto mesto di Musides non si leggeva alcun accenno dell'ansia ardente che in quella circostanza avrebbe dovuto illuminarlo.

Finché, un giorno, Musides parlò della malattia di Kalos, e allora nessuno più
65 si stupì per la sua mestizia[12], giacché a tutti era ben noto il vincolo sacro e profondo che li univa. In seguito, molti andarono a far visita a Kalos, e notarono di fatto il pallore del suo volto; ma notarono pure la gioiosa serenità che rendeva il suo sguardo più magico di quello di Musides. Questi era palesemente angosciato dall'inquietudine ed aveva allontanato tutti gli schiavi desiderando preparare il
70 cibo all'amico ed accudirlo con le sue stesse mani.

Celate dietro spessi tendaggi stavano le due figure incompiute di Tyche, trascurate negli ultimi tempi dallo scultore ammalato e dal suo fedele assistente.

Malgrado le cure dei medici perplessi e dell'assiduo compagno, Kalos, inspiegabilmente, diventava sempre più debole, e chiedeva soltanto di esser condotto
75 nell'oliveto che tanto amava. Lì pregava di essere lasciato solo, come se desiderasse parlare con cose invisibili.

Musides accontentava sempre le sue richieste, sebbene gli occhi gli si colmassero di lacrime al pensiero che Kalos tenesse più ai fauni e alle driadi che non a lui. La fine poi si fece prossima, e Kalos cominciò a parlare di cose che sono al di là
80 di questa vita.

Musides, piangendo, gli promise un sepolcro più bello della tomba di Mausolo[13], ma Kalos lo pregò di non parlare più di glorie marmoree. Un solo desiderio tormentava la mente del moribondo: che i rami di certi ulivi del boschetto fossero sepolti presso la sua tomba, vicino alla sua testa. E una notte, seduto da solo
85 nell'oscurità dell'oliveto, Kalos morì.

Bello oltre ogni dire fu il sepolcro marmoreo che l'affranto Musides scolpì per l'amico adorato. Soltanto lo stesso Kalos avrebbe saputo realizzare simili bassorilievi,

12 mestizia: tristezza.
13 Mausolo: la tomba del re Mausolo, il mausoleo, era una delle sette meraviglie del mondo antico.

nei quali erano raffigurati tutti gli splendori dei Campi Elisi[14]. Né Musides mancò
di seppellire i rami degli olivi del boschetto presso la testa dell'amico.

90 Quando alla furia iniziale del dolore che lacerava Musides subentrò la rassegnazione, l'artista tornò a dedicarsi con diligenza alla statua di Tyche. Tutto l'onore
era ormai suo, giacché il tiranno di Siracusa non avrebbe scelto altra opera se non
quella della sua mano o di Kalos. Nell'alto compito sfogò tutto l'impeto delle sue
emozioni e, ogni giorno, vi lavorò con impegno crescente, sottraendosi ai diver-
95 timenti di cui un tempo aveva goduto.

Trascorreva invece le sere accanto alla tomba dell'amico, dove un giovane olivo era
spuntato vicino alla testa del dormiente. La crescita dell'alberello fu così rapida,
e così strana la forma da esso assunta, che tutti coloro che lo vedevano davano in
esclamazioni per la sorpresa; Musides, dal canto suo, parve al tempo stesso che
100 ne fosse affascinato e ne provasse ripugnanza.

Tre anni dopo la morte di Kalos, Musides inviò un messaggio al tiranno e, nell'agorà[15] di Tegea, corse voce che l'imponente statua fosse finita. A quel tempo, l'albero
che cresceva sulla tomba aveva raggiunto proporzioni sbalorditive, superando tutti
gli altri alberi della sua specie ed estendendo un ramo straordinariamente robusto
105 al di sopra della stanza dove Musides lavorava.

Molti erano i visitatori che giungevano ad ammirare l'albero prodigioso, oltre
all'arte scultoria di Musides che, perciò, raramente era solo. Ma in fondo non gli
spiaceva la compagnia di quella moltitudine di ospiti, perché adesso che la labo-
riosa opera era compiuta, sembrava terrorizzato all'idea della solitudine. Il lugubre
110 vento dei monti, che gemeva attraverso l'oliveto e l'albero tombale, sembrava avere
l'inquietante capacità di dar vita a suoni vagamente articolati.

Il cielo era cupo la sera che gli emissari del tiranno giunsero a Tegea. Si era ormai
saputo per certo che erano venuti per prelevare la grande effigie[16] di Tyche e per
recare gloria eterna a Musides, perciò furono accolti calorosamente dai prosséni[17].

115 Con l'avanzare della notte, una violenta tempesta di vento si scatenò sul monte
Menalo, e gli uomini giunti dalla lontana Siracusa furono lieti di riposare tranquilli
al riparo della città. Parlarono del loro illustre tiranno e dello splendore della sua
capitale, ed esultarono per la gloria della statua che Musides aveva realizzato per
lui. E gli uomini di Tegea parlarono del gentile animo di Musides e del suo dolore
120 inaudito per la scomparsa dell'amico, certi che neppure gli imminenti allori dell'arte
avrebbero potuto consolarlo dell'assenza di Kalos, al quale forse sarebbero andati
in vece sua. E parlarono pure dell'albero che cresceva sulla tomba, vicino alla testa
di Kalos. Il vento sibilò in modo ancor più orribile e, assieme, i Siracusani e gli
Arcadi levarono voti a Eolo[18].

125 Nel fulgido sole del mattino, i prosséni condussero i messaggeri del tiranno su
per il declivio fino alla dimora dello scultore, ma il vento notturno aveva fatto
strane cose. Le grida degli schiavi si levavano da uno scenario di desolazione: gli
splendidi colonnati della spaziosa sala dove Musides aveva sognato e lavorato non
si innalzavano più tra i rami degli ulivi. Solitarie e tremanti piangevano le umili
130 corti e le mura più basse, ché sul sontuoso e più vasto peristilio[19] si era abbattu-
to il robusto ramo sovrastante dello strano e giovane albero, riducendo, con una
perfezione singolare, la magnifica poesia marmorea ad un ammasso di rovine.

Stranieri e Tegei restarono impietriti, posando lo sguardo ora sullo sfacelo, ora sul
sinistro albero il cui aspetto era così bizzarramente umano e le cui radici affon-
135 davano così curiosamente nel sepolcro scolpito di Kalos. Il terrore e lo sconcerto
crebbero poi allorché, ispezionando le macerie, non si trovò più traccia né del
gentile Musides né della effigie di Tyche così splendidamente modellata.
Solo il caos regnava tra le rovine, e i rappresentanti delle due città si allontanaro-

14 **Campi Elisi**: Secondo
gli antichi greci e romani,
i Campi Elisi erano il luogo
dove dimoravano dopo la
morte le anime di coloro che
erano amati dagli dei.
15 **agorà**: piazza centrale,
luogo dove si svolgevano le
principali attività della città.
16 **effigie**: statua.
17 **prosséni**: nell'antica Grecia erano chiamati così i cittadini incaricati di ricevere
gli ospiti stranieri di un certo
riguardo.
18 **Eolo**: dio dei venti.
19 **peristilio**: il portico che
circondava il cortile interno
della casa.

no delusi: i Siracusani, perché non ebbero alcuna statua da portare in patria, e i
140 Tegei perché non ebbero alcun artista da incoronare. Non passò molto però, che
i Siracusani ottennero una statua di grande bellezza ad Atene, e i Tegei si conso-
larono erigendo nell'agorà un tempio marmoreo alla memoria delle doti, virtù e
fraterna carità di Musides. Ma l'oliveto è ancora lì, e con esso l'albero che cresce
dalla tomba di Kalos.
145 Il vecchio apicoltore mi ha detto che talvolta, quando soffia il vento della notte, i
rami sussurrano l'uno all'altro ripetendo una parola all'infinito: «Oida! Oida!…
(Io so, io so!)».

(H.P. Lovecraft, *La tomba e altri racconti dell'incubo*,
Roma, Newton Compton, 2012, a cura di Gianni Pilo e Sebastiano Fusco)

▶ ATTIVIAMO LE COMPETENZE

LETTURA E COMPRENSIONE

ACCESSO ALLE INFORMAZIONI

1 Che lavoro svolgono Kalos e Musides?

2 Come reagisce Musides alla malattia dell'amico?

3 Per quale motivo il tiranno di Siracusa si rivolge a Kalos e Musides?

4 In che modo muore Musides?

5 Secondo la gente, le statue di Kalos rappresentavano
   A spiriti e divinità dei boschi.
   B il dio Pan.
   C gli dei dell'antica Grecia.
   D alberi viventi.

6 Individua nel testo tutti i riferimenti all'antica Grecia per quanto riguarda:
   • regioni;   • città;
   • divinità;   • spazi urbani ed extraurbani.

COMPRENSIONE GENERALE E INTERPRETAZIONE

7 «Kalos non modellava mai le sue figure da soggetti viventi» (rr. 31-32). Questa frase vuol dire che Kalos
   A non utilizzava il legno per le sue opere.
   B utilizzava solo il legno per le sue opere.
   C non utilizzava modelli per le sue opere.
   D utilizzava solo il marmo per le sue opere.

8 Nel racconto è presente l'idea che
   A l'anima può subire trasformazioni.
   B l'amicizia è un sentimento che non esiste.
   C l'anima muore con il corpo.
   D non esiste la giustizia divina.

9 Che funzione ha l'apicoltore in questa storia?

10 Perché questo racconto è ascrivibile al genere fantastico?

RIFLESSIONE E VALUTAZIONE

11 Valuta il finale di questo racconto, scegliendo tra le affermazioni che seguono quella più appropriata.
   A Ci troviamo in presenza di un finale chiuso, che rivela chiaramente la cattiveria di Kalos.
   B Si tratta di un finale aperto, che può essere interpretato in diversi modi e che rende ancora più enigmatica e misteriosa la vicenda.
   C Il finale è la parte meno interessante del racconto, perché non spiega chiaramente che cosa è veramente accaduto.
   D Si tratta di un finale problematico, che pone l'accento sui temi principali del racconto: l'amicizia e la conoscenza.

Il racconto del lupo mannaro

Test

Tommaso Landolfi, *Il mar delle blatte e altre storie*

Tipologia	Testo narrativo
Genere	Racconto
Sottogenere	Fantastico
Anno	1939

Nato in provincia di Frosinone nel 1908 e morto a Roma nel 1979, Tommaso Landolfi è stato uno scrittore singolare nel panorama della letteratura italiana del Novecento. Le sue storie sono visionarie, surreali, stranianti, volte a fornire una rappresentazione paradossale e indecifrabile del mondo, e sono raccontate con stile ironico e con un linguaggio ricercato. Della sua vasta produzione letteraria, che spazia dalla poesia al teatro, dalla critica alla narrativa, proponiamo *Il racconto del lupo mannaro* (1939).

L'amico e io non possiamo patire la luna: al suo lume escono i morti sfigurati dalle tombe, particolarmente donne avvolte in bianchi sudari, l'aria si colma d'ombre verdognole e talvolta s'affumica d'un giallo sinistro, tutto c'è da temere, ogni erbetta ogni fronda ogni animale, una notte di luna. E quel che è peggio, essa ci
5 costringe a rotolarci mugolando e latrando nei posti umidi, nei braghi dietro ai pagliai; guai allora se un nostro simile ci si parasse davanti! Con cieca furia lo sbraneremmo, ammenoché egli non ci pungesse, più ratto di noi, con uno spillo. E, anche in questo caso, rimaniamo tutta la notte, e poi tutto il giorno, storditi e torpidi come uscissimo da un incubo infamante. Insomma l'amico ed io non
10 possiamo patire la luna.
Ora avvenne che una notte di luna io sedessi in cucina, ch'è la stanza più riparata della casa, presso il focolare; porte e finestre avevo chiuso, battenti e sportelli, perché non penetrasse filo dei raggi che, fuori, empivano e facevano sospesa l'aria. E tuttavia sinistri movimenti si producevano dentro di me, quando l'amico entrò
15 all'improvviso recando in mano un grosso oggetto rotondo simile a una vescica di strutto, ma un po' più brillante. Osservandola si vedeva che pulsava alquanto, come fanno certe lampade elettriche, e appariva percorsa da deboli correnti sottopelle, le quali suscitavano lievi riflessi madreperlacei simili a quelli di cui svariano le meduse.
20 «Che è questo?» gridai, attratto mio malgrado da alcunché di magnetico nell'aspetto e, dirò, nel comportamento della vescica.
«Non vedi? Son riuscito ad acchiapparla…» rispose l'amico guardandomi con un sorriso incerto.
«La luna!» esclamai allora. L'amico annuì tacendo. Lo schifo ci soverchiava: la luna fra l'altro sudava un liquido ialino che gocciava tra le dita dell'amico.
25 Questi però non si decideva a deporla.
«Oh, mettila in quell'angolo,» urlai «troveremo il modo di ammazzarla!».
«No» disse l'amico con improvvisa risoluzione, e prese a parlare in gran fretta.
«Ascoltami, io so che, abbandonata a se stessa, questa cosa schifosa farà di tutto per tornarsene in mezzo al cielo (a tormento nostro e di tanti altri); essa non può
30 farne a meno, è come i palloncini dei fanciulli. E non cercherà davvero le uscite più facili, no, su sempre diritta, ciecamente e stupidamente: essa, la maligna che ci governa, c'è una forza irresistibile che regge anche lei. Dunque hai capito la mia idea: lasciamola andare qui sotto la cappa, e, se non ci libereremo di lei, ci libereremo del suo funesto splendore, giacché la fuliggine la farà nera come uno

35 spazzacamino. In qualunque altro modo è inutile, non riusciremmo ad ammazzarla, sarebbe come voler schiacciare la lagrima d'argento vivo».
Così lasciammo andare la luna sotto la cappa; ed essa subito s'elevò colla rapidità
di un razzo e sparì nella gola del camino.
«Oh,» disse l'amico «che sollievo! Quanto faticavo a tenerla giù, così viscida e grassa
40 com'è! E ora speriamo bene»; e si guardava con disgusto le mani impiastricciate.
Udimmo per un momento lassù un rovellio, dei flati sordi al pari di trulli, come
quando si punge una vescica, persino dei sospiri: forse la luna, giunta alla stroz-
zatura della gola, non poteva passare che a fatica, e si sarebbe detto che sbuffasse.
Forse comprimeva e sformava, per passare, il suo corpo molliccio; gocce di liquido
45 sozzo cadevano friggendo nel fuoco, la cucina s'empiva di fumo, giacché la luna
ostruiva il passaggio. Poi nulla e la cappa prese a risucchiare il fumo.
Ci precipitammo fuori. Un gelido vento spazzava il cielo terso, tutte le stelle brillavano vivamente; e della luna non si scorgeva traccia. Evviva urrah, gridammo
come invasati, è fatta! E ci abbracciavamo. Io poi fui preso da un dubbio: non po-
50 teva darsi che la luna fosse rimasta appiattata nella gola del camino? Ma l'amico
mi rassicurò, non poteva essere, assolutamente no, e del resto m'accorsi che né lui
né io avremmo avuto ormai il coraggio di andare a vedere; così ci abbandonam-
mo, fuori, alla nostra gioia. Io, quando rimasi solo, bruciai sul fuoco, con grande
circospezione, sostanze velenose, e quei suffumigi mi tranquillizzarono del tutto.
55 Quella notte medesima, per gioia, andammo a rotolarci un po' in un posto umido nel mio giardino, ma così, innocentemente e quasi per sfregio, non perché vi
fossimo astretti.
Per parecchi mesi la luna non ricomparve in cielo e noi eravamo liberi e leggeri.
Liberi no, contenti e liberi dalle tristi rabbie, ma non liberi. Giacché non è che
60 non ci fosse in cielo, lo sentivamo bene invece che c'era e ci guardava; solo era
buia, nera, troppo fuligginosa per potersi vedere e per poterci tormentare. Era
come il sole nero o notturno che nei tempi antichi attraversava il cielo a ritroso,
fra il tramonto e l'alba.
Infatti anche quella nostra misera gioia cessò presto; una notte la luna ricomparve.
65 Era slabbrata e fumosa, cupa da non si dire, e si vedeva appena, forse solo l'amico
ed io potevamo vederla, perché sapevamo che c'era; e ci guardava rabbuiata di
lassù con aria di vendetta. Vedemmo allora quanto l'avesse danneggiata il suo passaggio forzato per la gola del camino; ma il vento degli spazi e la sua corsa stessa
l'andavano gradatamente mondando dalla fuliggine, e il suo continuo volteggia-
70 re ne riplasmava il molle corpo. Per molto tempo apparve come quando esce da
un'eclisse, pure ogni giorno un po' più chiara; finché ridivenne così, come ognuno
può vederla, e noi abbiamo ripreso a rotolarci nei braghi.
Ma non s'è vendicata, come sembrava volesse, in fondo è più buona di quanto
non si crede, meno maligna più stupida, che so! Io per me propendo a credere
75 che non ci abbia colpa in definitiva, che non sia colpa sua, che lei ci è obbligata
tale e quale a noi, davvero propendo a crederlo. L'amico no, secondo lui non ci
sono scuse che tengano.
Ecco ad ogni modo perché io vi dico: contro la luna non c'è niente da fare.

(T. Landolfi, *Il mar delle blatte e altre storie*, Milano, Adelphi, 1997)

---

*Aspetto 2 Individuare informazioni
date esplicitamente nel testo.*

1 Nel testo si afferma che per neutralizzare i lupi mannari è necessario
- [ ] **A** esporli alla luce lunare.
- [ ] **B** pungerli con uno spillo.
- [ ] **C** spingerli verso un pagliaio.
- [ ] **D** trafiggerli con un paletto di legno.

Aspetto 3 Fare un'inferenza diretta, ricavando un'informazione implicita da una o più informazioni date nel testo e/o tratte dall'enciclopedia personale del lettore.

2 I lupi mannari

- ☐ **A** avvertono l'effetto della luna anche se si nascondono per non vederla.
- ☐ **B** non avvertono l'effetto della luna se si nascondono per non vederla.
- ☐ **C** non avvertono l'effetto della luna se si nascondono in un luogo umido.
- ☐ **D** avvertono l'effetto della luna anche quando essa non splende nel cielo.

Aspetto 5a Ricostruire il significato di una parte più o meno estesa del testo, integrando più informazioni e concetti, anche formulando inferenze complesse.

3 Il narratore brucia sul fuoco sostanze velenose

- ☐ **A** per festeggiare la morte della luna.
- ☐ **B** perché teme che la luna possa essere ancora nascosta nella gola del camino.
- ☐ **C** per compiere un rito propiziatorio.
- ☐ **D** per disinfettare la stanza.

Aspetto 6 Sviluppare un'interpretazione del testo, a partire dal suo contenuto e/o dalla sua forma, andando al di là di una comprensione letterale.

4 Questo racconto può essere definito

- ☐ **A** un esempio di racconto horror.
- ☐ **B** un esempio di racconto fantasy.
- ☐ **C** una parodia del genere horror.
- ☐ **D** una parodia del genere fantasy.

Aspetto 5a Ricostruire il significato di una parte più o meno estesa del testo, integrando più informazioni e concetti, anche formulando inferenze complesse.

5 Alla luce della conclusione del racconto, la scelta di non ammazzare la luna si rivela

- ☐ **A** priva di logica.
- ☐ **B** efficace.
- ☐ **C** inefficace.
- ☐ **D** immotivata.

Aspetto 3 Fare un'inferenza diretta, ricavando un'informazione implicita da una o più informazioni date nel testo e/o tratte dall'enciclopedia personale del lettore.

6 Dopo aver attraversato la canna del camino, la luna non si vede in cielo perché è

- ☐ **A** coperta dalla nuvole.
- ☐ **B** scappata via.
- ☐ **C** ferita.
- ☐ **D** oscurata dalla fuliggine.

Aspetto 5a Ricostruire il significato di una parte più o meno estesa del testo, integrando più informazioni e concetti, anche formulando inferenze complesse.

7 Indica se le seguenti caratteristiche appartengono a entrambi i personaggi o solamente a uno di essi.

	Entrambi i personaggi	Narratore	Amico
A È licantropo.			
B Non può patire la luna.			
C Crede che la luna non abbia colpa.			
D È il più risoluto.			

Aspetto 2 Individuare informazioni date esplicitamente nel testo.

8 Indica se le seguenti affermazioni sono vere o false

	Vero	Falso
A Entrambi i licantropi catturano la luna.		
B La luna è paragonata a una medusa.		
C La luna è paragonata a un palloncino.		
D Il corpo della luna è molliccio e produce un liquido trasparente.		

Aspetto 1 Comprendere il significato, letterale e figurato, di parole ed espressioni e riconoscere le relazioni tra parole.

9 Sostituisci i termini in corsivo con una parola o un'espressione di significato analogo.

- **A** L'amico e io non possiamo *patire* la luna. (r. 1) _____
- **B** Un gelido vento spazzava il cielo *terso*. (r. 47) _____
- **C** Evviva, urrah, gridammo come *invasati*, è fatta! (rr. 48-49) _____

Aspetto 5b Ricostruire il significato globale del testo, integrando più informazioni e concetti, anche formulando inferenze complesse.

10 Se volessi riassumere in una sola frase questo testo, perché un tuo compagno ne capisca subito il senso, quale sceglieresti tra le seguenti?

- ☐ **A** Due licantropi odiano la luna.
- ☐ **B** Due licantropi tentano invano di neutralizzare la luna.
- ☐ **C** Non si può sconfiggere la luna.
- ☐ **D** I licantropi hanno paura della luna.

Evolution

Edgar Mueller

TIPOLOGIA	Street painting
GENERE	Paesaggio fantastico
STILE	Anamorfico
TECNICA	Gessetti colorati su asfalto
ANNO	2012

▶ **ANALIZZIAMO IL DIPINTO**

1 LA STREET PAINTING
2 LA TECNICA PITTORICA
3 L'EFFETTO PERTURBANTE

1 La pittura di strada consiste nel decorare una porzione di pavimentazione stradale con gessetti o pastelli.

2 La tecnica pittorica utilizzata fa percepire in 3D un'immagine bidimensionale.

3 Qui l'effetto perturbante è dato dalla voragine che si spalanca al centro di una piazza.

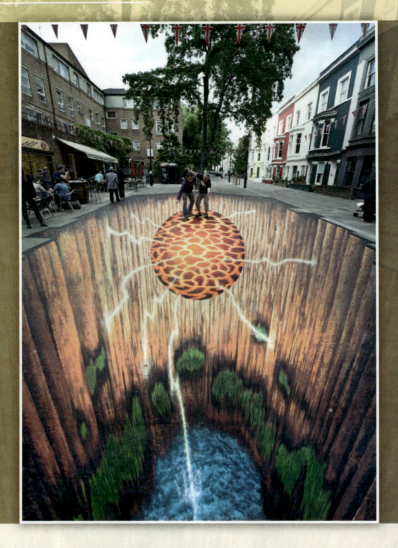

1 LA STREET PAINTING

La pittura di strada (chiamata oggi *street painting*) è un'arte molto antica, attestata in Italia già nel XVI secolo e poi diffusasi in ogni parte d'Europa. Gli artisti che abbellivano le strade con le loro creazioni erano chiamati "madonnari", perché il loro repertorio prevedeva soprattutto soggetti religiosi. La loro arte era itinerante ed effimera: bastava infatti un acquazzone per lavare via i disegni realizzati con elementi poveri e poco duraturi, come il gesso, il carbone e le polveri colorate. Per farsi un'idea di che cosa sia un madonnaro basti pensare a Bert, il famoso spazzacamino del film *Mary Poppins*, un artista eclettico e vagabondo che per guadagnare qualche soldo intrattiene la gente con spettacoli d'arte varia e pitture realizzate sull'asfalto. Dal 1980 la pittura di strada si è arricchita di nuovi artisti, di nuovi soggetti e anche di nuove modalità di esecuzione. Un innovatore in questo campo è stato l'architetto statunitense Kurt Wenner.

1 Il soggetto raffigurato dal pittore è realistico o immaginario? Motiva la tua risposta.

2 LA TECNICA PITTORICA

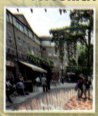

Ispirandosi all'arte rinascimentale italiana, agli studi sulla prospettiva e ai soffitti affrescati con la tecnica del *trompe l'oeil* ("inganna l'occhio", dal francese *tromper* "ingannare" e *oeil* "occhio"), Kurt Wenner ha inventato la *3D street painting*, la pittura di strada che dà l'illusione ottica di percepire in tre dimensioni immagini bidimensionali. Un'altra novità da lui introdotta è la scelta dei soggetti, che non sono più solamente religiosi ma di varia natura, classicheggianti o post-moderni, comunque sempre scaturiti dalla libera fantasia dell'artista. A Kurt Wenner si sono successivamente ispirati tanti giovani pittori, come Edgar Mueller e Julien Beever. A parte le novità introdotte da Wenner, il modo di lavorare degli *screevers* (termine inglese con il quale sono definiti i pittori di strada) è rimasto invariato rispetto al passato, perché essi continuano a disegnare dal vivo (*live painting*) davanti ai passanti, che in questo modo possono assistere all'esecuzione estemporanea delle loro opere.

2 In che cosa consiste l'illusione ottica del dipinto analizzato e come, secondo te, l'artista ha raggiunto questo effetto?

3 L'EFFETTO PERTURBANTE

La pittura di strada in 3D crea illusioni prospettiche sorprendenti che sollecitano l'immaginazione dello spettatore. Quando all'illusione ottica si unisce anche un soggetto fantastico, l'effetto perturbante è assicurato, proprio come avviene in *Evolution*, una delle ultime creazioni dell'artista Edgar Mueller. Si rimane spiazzati a passeggiare tranquillamente per la strada e a imbattersi improvvisamente in una grande e profonda voragine dentro cui si trova sospesa una sfera incandescente che emana scosse elettriche e bagliori azzurro-verdognoli. L'immagine evoca immediatamente scenari futuristici che nessun passante si aspetterebbe mai di trovare in un normale contesto urbano come la piazza londinese di Portobello Square.

3 Perché, secondo te, il pittore ha intitolato la sua opera *Evolution*?

> ▶ **ATTIVIAMO LE COMPETENZE**

FRUIZIONE DI ALTRE FORME ESPRESSIVE

RICERCA, TESTO INFORMATIVO

4 Oltre ai pittori di strada, esistono altre tipologie di artisti che si esibiscono in luoghi pubblici, come i *graffiti writer*, i mimi e le statue viventi. Per ognuna di queste categorie spiega in che cosa consiste la loro performance.

TESTO DESCRITTIVO

5 Utilizzando Internet, fai una ricerca sulle opere degli *street artist*, scegline una e descrivila spiegando in che cosa consiste il suo effetto perturbante.

6 Descrivi l'immagine proposta e spiega in che modo l'artista crea l'effetto della tridimensionalità.

Pere Borrell del Caso, Sfuggendo alla critica, 1874.

Magnifica presenza

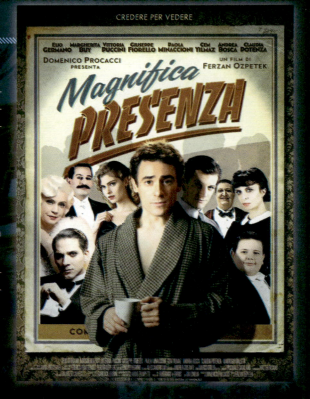

TIPOLOGIA	Film
GENERE	Drammatico
REGIA	Ferzan Ozpetek
CAST	Elio Germano (Pietro Pontechievello), Margherita Buy (Lea Marni), Vittoria Puccini (Beatrice Marni), Giuseppe Fiorello (Filippo Verni), Paola Minaccioni (Maria), Cem Yilmaz (Yusuf Antep), Andrea Bosca (Luca Veroli), Claudia Potenza (Elena Masci), Anna Proclemer (Livia Morosini)
ANNO	2012

► ANALIZZIAMO IL FILM

1 LA DIMENSIONE FANTASTICA
2 IL PROTAGONISTA
3 I TEMI

La dimensione fantastica è determinata dalla presenza di misteriosi personaggi.

LA TRAMA

Pietro è un ragazzo siciliano che si trasferisce a Roma per coronare il sogno della sua vita, quello di diventare attore. Nella capitale egli condivide inizialmente l'appartamento con la cugina Maria e per guadagnarsi da vivere tra un provino e l'altro lavora di notte sfornando cornetti. Un giorno Pietro decide di andare ad abitare per conto suo e si trasferisce in un appartamento d'epoca di grande fascino. Ben presto, però, il ragazzo comincia a sentire delle strane voci e ad avvertire misteriose presenze che lo svegliano nel cuore della notte terrorizzandolo a morte. Pietro non riesce a capire chi sia il gruppo di persone eccentriche, eleganti e ben truccate che viola la sua privacy intrufolandosi nella sua camera da letto o sedendo al tavolo da pranzo come se nulla fosse. Inizialmente cerca di allontanare gli intrusi, successivamente si abitua all'idea di condividere la casa con dei fantasmi e infine riesce perfino a instaurare con loro un buon rapporto. Gli spettri – attori di una compagnia molto famosa ai tempi del fascismo – lo aiuteranno ad acquistare un po' più di fiducia in se stesso e lui riuscirà a scoprire le cause e le modalità della loro morte, liberandoli per sempre dall'incantesimo che li tiene dolorosamente inchiodati al passato.

1 LA DIMENSIONE FANTASTICA

Il film presenta una cornice narrativa realistica, costituita da personaggi comuni e da vicende assolutamente normali, e una dimensione fantastica che irrompe improvvisamente nella vita del protagonista. Questa dimensione fantastica è determinata dalla presenza di misteriosi personaggi che si rivelano essere dei fantasmi. Alcuni indizi, però, inducono a sospettare che l'elemento fantastico e perturbante sia solo il frutto dell'accesa immaginazione di Pietro: perché gli spettri sono visti e uditi solamente dal ragazzo? Non è strana la coincidenza che anche loro, come il protagonista, siano degli attori? Come mai uno di loro gli dedica quelle attenzioni, gli rivolge quegli sguardi che Pietro desidererebbe da un innamorato che non ha? Sorge allora il dubbio che la vicenda fantastica sia solo la proiezione dei desideri, delle paure e della condizione di solitudine del personaggio principale, al quale non resta che rifugiarsi in un mondo di fantasia per sfuggire alle delusioni della vita.

Pietro è sognatore, un po' ingenuo ma anche molto determinato.

2 IL PROTAGONISTA

Pietro è un sognatore ostinato e ingenuo che spesso si scontra con la dura realtà ricevendo delle terribili delusioni: rincorre un amore impossibile; per il troppo entusiasmo rischia di fare delle brutte figure ai provini; costruisce castelli in aria senza mai ottenere niente di concreto. Questa sua personalità, fragile e dirompente al contempo, lo relega in una dimensione di solitudine e di diversità. Ma Pietro è anche un ragazzo buono, solidale. Offre il suo aiuto a un travestito che ha subìto un pestaggio; accetta i fantasmi che occupano la sua casa prendendo a cuore la loro storia; non perde mai la pazienza con la cugina Maria, una donna assillante e dalla vita sentimentale caotica.

3 I TEMI

Il film affronta due temi importanti: quello della solidarietà e quello della diversità.

In questo film il regista Ferzan Ozpetek propone alcuni dei suoi temi più cari, come quelli della diversità e della solidarietà. In effetti, tutti i personaggi presentano delle caratteristiche e delle storie personali simili. Sono soli, incompresi, diversi da ciò che l'opinione comune ritiene essere la normalità, e allo stesso tempo sono dotati di una grande ricchezza interiore che li porta ad ascoltare e ad aiutare gli altri. I coinquilini fantasmi, per esempio, si impegnano in ogni modo a sostenere Pietro nella sua carriera d'attore e cercano di dargli i consigli più giusti. Ma dietro la loro apparente sicurezza si nasconde un mondo di solitudine e fragilità: essi vorrebbero essere liberati dalla loro attuale condizione, e spererebbero di ritrovare una loro amata collega della quale hanno misteriosamente perduto ogni traccia. La cugina Maria è una giovane donna confusa, pasticciona, alla ricerca del grande amore e in balìa di una società che le infligge sconfitte e delusioni. Nonostante questo è sempre disposta ad aiutare il cugino, a ridere dei guai che le capitano e a ricominciare daccapo.

GUIDA AL DIBATTITO

1 Oltre a Pietro e ai fantasmi, nel film ci sono altri personaggi fragili e sofferti. Individuali e spiega che cosa li rende simili al protagonista e ai suoi coinquilini.

2 Perché il film appartiene al genere fantastico?

3 Pensi che il film sia un esempio di "fantastico mentale" o piuttosto di "fantastico visionario"? Motiva la tua risposta.

4 Quale interpretazione ti ha convinto di più? Perché?

5 Che cosa può spingere un ragazzo come Pietro a credere nei fantasmi?

6 Quale scena ti ha divertito di più? Per quale motivo?

7 Quale scena ti ha commosso di più? Per quale motivo?

8 Perché, pur svolgendosi in una casa infestata, la storia non è ascrivibile al genere horror?

9 Nel film sono presenti più linee tematiche. Indica quali sono e quali tra queste ritieni più importante ed evidente.

10 Il film intreccia la dimensione temporale del passato, quella del presente e quella del futuro. Sei d'accordo con questa affermazione? Motiva la tua risposta.

▶ ATTIVIAMO LE COMPETENZE

STRUMENTI ESPRESSIVI E ARGOMENTATIVI

ESPOSIZIONE DEL PROPRIO PUNTO DI VISTA

11 **Scegli il tuo punto di vista e argomentalo.**
Consiglierei la visione di questo film perché:
• ruota intorno a una storia di fantasmi;
• mescola più generi: il comico, il drammatico e il fantastico;
• fa riflettere lo spettatore;
• il cast comprende alcuni dei migliori attori italiani.

Concetti chiave

Flashcard

▶ **CARATTERISTICHE DEL GENERE**

La narrazione fantastica

Oltre la realtà — Le storie fantastiche sono caratterizzate da fatti che esulano dalla normalità.

Le reazioni — Il manifestarsi di un fenomeno straordinario provoca uno stato di dubbio nel lettore.

Il finale — Il racconto fantastico può concludersi con una spiegazione razionale o soprannaturale.

I generi — La narrazione fantastica si articola in vari sottogeneri: *horror*, fantascienza, *fantasy* ecc.

▶ **CONTESTO STORICO-CULTURALE**

QUANDO	CHI	CHE COSA
Ottocento	E.T.A. Hoffmann	Nei suoi racconti dà voce all'irrazionalismo romantico.
	Edgar Allan Poe	È uno dei maestri del fantastico.
	Jules Verne e Herbert George Wells	Sono considerati i padri della fantascienza.
Novecento	Franz Kafka	Nelle sue opere il fantastico diventa allegoria di qualcosa di indecifrabile e inesprimibile.
	Jorge Luis Borges	I temi ricorrenti della sua opera sono il sogno, il doppio e il labirinto.
	Italo Calvino	Sfrutta il genere fantastico per sperimentare nuove forme espressive.

▶ **RIPASSO**

1 Qual è il punto forte di un racconto fantastico?

2 Che cosa si intende per "elemento perturbante"?

3 Qual è l'essenza del genere fantastico secondo lo studioso russo Tzvetan Todorov?

4 Che differenza c'è tra fantastico visionario e fantastico mentale?

5 Che cosa sono la fantascienza e la fantapolitica?

6 Quali sono le particolarità del genere *fantasy*?

7 Quando nasce il fantastico come genere letterario?

8 Che rapporto c'è tra Naturalismo, realismo e dimensione fantastica?

9 Quali sono le caratteristiche del fantastico novecentesco?

10 Quali sono i maggiori scrittori italiani di questo genere?

La letteratura del terrore

La letteratura del terrore

Il sentimento della paura

Il sovvertimento delle leggi di natura

La suspense

ARTISTA	Remedios Varo
NAZIONALITÀ	Spagnola, naturalizzata messicana
TITOLO	Visita inaspettata
ANNO	1958
STILE	Surrealismo

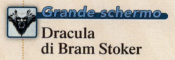

La letteratura del terrore

Le caratteristiche

Appartengono alla letteratura del terrore tutte quelle opere la cui finalità è suscitare la paura nel lettore raccontando gli effetti talvolta tragici e violenti dell'irrompere nella vita quotidiana di elementi irrazionali e soprannaturali. Il campionario cui attingono gli autori per le loro storie *horror* è molto vasto e spazia dalle possessioni demoniache alle case stregate, dai ritratti che si animano all'apparizione dei fantasmi, dagli sdoppiamenti di personalità all'evocazione di anime dannate e persecutrici.

Il sentimento della paura

La paura suscitata dalla lettura di una storia del terrore è un po' diversa da quella che si prova al cinema quando si guarda un *horror*: nei film la paura è per lo più di tipo sensoriale (visivo e uditivo), innescata spesso da un improvviso colpo di scena che fa sobbalzare lo spettatore sulla poltrona – si pensi per esempio alla repentina apparizione di un fantasma alle spalle dell'ignaro protagonista; nei libri, invece, la paura è generata da un meccanismo di tipo emotivo, e si concretizza, più che in colpi di scena spaventosi, in un costante stato di tensione che pervade l'intreccio, le atmosfere, le situazioni, il modo stesso di narrare. Ed è questa tensione a far sì che il lettore si immedesimi totalmente nei personaggi della vicenda, alle prese con situazioni che nella vita normale sarebbero inaccettabili. In effetti, i protagonisti delle storie del terrore non hanno a che fare solo con esseri crudeli e mostruosi, ma devono soprattutto fare i conti con le paure più inconsce e ancestrali dell'uomo: la paura della morte, del buio, dell'isolamento, dell'abbandono, dell'ignoto e così via.

Nella finzione narrativa, dunque, gli incubi peggiori e le situazioni più traumatiche diventano realtà vissute da altri, e il lettore, al sicuro nel suo mondo reale, può farne esperienza senza rischiare nulla, prendendo coscienza dei suoi timori e, di conseguenza, liberandosene.

▪ Attraverso le scelte lessicali l'autore crea atmosfere cupe e claustrofobiche.

▪ La focalizzazione interna innesca il meccanismo di immedesimazione tra narratore e lettore.

▪ La storia affronta una delle maggiori paure dell'uomo: quella di essere sepolti vivi.

Era buio, tutto buio. Sapevo che l'attacco era passato, che la crisi era finita da un pezzo. Sapevo di avere riacquistato completamente l'uso delle mie facoltà visive – e nondimeno era buio, tutto buio – era l'intensa e assoluta mancanza di luce della notte che dura in eterno. Cercai di gridare; le mie labbra e la mia lingua secca si contrassero convulse nello sforzo, ma dai polmoni, sui quali mi sentivo pesare una montagna, e che ad ognuna delle mie difficili e travagliate inspirazioni ansimavano palpitanti insieme al cuore, non uscì nessuna voce. Il movimento delle mascelle nello sforzo di gridare mi dimostrò che avevo il volto fasciato come di solito lo si fascia ai morti. Sentii anche di esser disteso su qualcosa di duro e che qualcosa di altrettanto solido mi serrava ai fianchi. Ancora non avevo osato muovere un dito e fu d'impeto che alzai le braccia, rimaste a lungo ferme con le mani incrociate. E con esse diedi di cozzo in una sostanza legnosa che si estendeva su di me a non più di sei pollici dalla mia faccia. Non potevo più dubitare di trovarmi dentro una bara.

(E.A. Poe, *Il seppellimento prematuro*)

Edvard Munch, La vampira, 1895. Oslo, Munch Museum.

La *suspense*

La *suspense* è quel particolare stato emotivo, caratterizzato da apprensione, tensione e ansia, che proviamo quando una storia ci avvince e ci lascia con il fiato sospeso. La *suspense* non va però confusa con l'effetto sorpresa, come spiega un grande maestro del *thriller*, il regista Alfred Hitchcock: «La differenza tra *suspense* e sorpresa è molto semplice […]. Noi stiamo parlando, forse c'è una bomba sotto questo tavolo. La nostra conversazione è assolutamente normale, non succede niente di speciale. Tutto a un tratto: bum, esplosione. Il pubblico è sorpreso, ma prima che lo fosse, gli è stata mostrata una scena assolutamente comune, priva di interesse. Esaminiamo ora la *suspense*: la bomba è sotto il tavolo e il pubblico lo sa (probabilmente perché ha visto l'anarchico che c'è l'ha messa). Il pubblico sa che la bomba esploderà all'una e sa che è l'una meno un quarto (c'è un orologio da qualche parte). Allora quella stessa conversazione insignificante diventa di colpo interessantissima perché il pubblico vi partecipa. Ha voglia di dire ai personaggi sullo schermo: "Perché vi state raccontando tante scemenze? Sotto la tavola c'è una bomba che fra un istante scoppierà". Nel primo caso abbiamo offerto al pubblico quindici secondi di sorpresa al momento dell'esplosione. Nel secondo caso, gli offriamo quindici minuti di *suspense*».

La narrativa *horror* più che sull'effetto sorpresa insiste sulla *suspense*. Gli scrittori ottengono questo effetto in vari modi: creando una sequenza fitta di azioni che danno il senso di qualcosa che incalza o precipita, e il cui esito è sempre incerto; rallentando il ritmo narrativo per indugiare in descrizioni o particolari inquietanti di ambienti e personaggi; facendo intuire al lettore la presenza di un pericolo imminente e temuto; lasciando in sospeso una situazione al culmine della tensione con digressioni narrative e descrittive che hanno la funzione di alimentare la curiosità e di prolungare il piacere della lettura.

> ▪ Solo alla fine il narratore rivelerà al lettore le cause del misterioso rumore avvertito da Howard.
>
> ▪ La descrizione del volto di Howard e la sua espressione terrorizzata accrescono la tensione.

Il rumore veniva dal bagno, la cui porta si affacciava nel piccolo svincolo da cui si accedeva alla camera da letto. La reazione di Howard fu di immediata tensione. Non poteva essere un drogato o un ladro per via delle robuste reti metalliche che aveva montato su tutte le finestre due anni prima a proprie spese. Gli sembrava piuttosto il rumore di un topo nel lavandino o nella vasca. Se non addirittura un ratto. […] Il rumore era cessato o quando Howard aveva acceso la luce o quando era entrato in bagno, ma ora riprese. Dietro di lui. Si girò e fece tre passi verso il lavandino, alzando contemporaneamente il manico della scopa.

Il pugno in cui lo reggeva salì all'altezza del suo mento e lì si bloccò. Si fermò anche Howard. Gli si disarticolò la mandibola. Se si fosse guardato nello specchio sputacchiato di dentifricio sopra il lavandino avrebbe visto luccicare fra lingua e palato fili di saliva, sottili come quelli di una ragnatela.

Dal foro dello scarico del lavandino si era sporto un dito. Un dito umano.

(S. King, *Il dito*)

Il sovvertimento delle leggi di natura

Al di là delle vicende raccontate e del modo in cui sono narrate, le storie del terrore sono accomunate da un elemento costante e imprescindibile: il sovvertimento o la sospensione delle leggi di natura. Questo ingrediente può concretizzarsi in situazioni del tutto impossibili nella realtà (morti viventi, metamorfosi mostruose, viaggi in altre dimensioni spaziali e temporali) oppure in situazioni più realistiche (esperimenti scientifici che violano le leggi naturali e morali, delitti efferati diabolicamente pianificati e così via). In ogni caso, quando le leggi della natura vengono sovvertite – per caso, per volontà umana o per intervento sovraumano –, si spalancano le porte del soprannaturale e dell'irrazionale, con conseguenze quasi sempre nefaste per l'uomo.

▪ Il conte Dracula sovverte le leggi fisiche muovendosi lungo una parete scoscesa come una lucertola.

▪ Il narratore cerca di dare una risposta razionale allo strano fenomeno cui sta assistendo, ma poi con orrore e raccapriccio deve arrendersi all'evidenza dei fatti.

Ho visto allora la testa del Conte sporgere dalla finestra. Non vedevo il viso, ma sapevo che era lui dal collo e dal movimento del dorso e delle braccia. Ad ogni modo non potevo certo sbagliarmi: erano proprio le sue mani, avevo avuto modo di studiarle a lungo. Dapprima ero incuriosito, quasi divertito; è strano come un fatto anche minimo possa incuriosire un uomo, quando è prigioniero. Ma i miei sentimenti si sono mutati in repulsione e terrore quando ho visto tutto il corpo emergere dalla finestra e cominciare a strisciare lungo il muro del castello, sospeso sul quell'orrido, *a faccia in giù*, col mantello che si apriva tutto intorno a lui a formare due grandi ali. Dapprima non credevo ai miei occhi. Ho pensato che fosse uno strano effetto della luce lunare, o dell'ombra. Ma ho continuato a guardare e non poteva essere un'illusione. Ho visto le dita delle mani e dei piedi avvinghiarsi agli angoli delle pietre, denudati dalla malta dal logorio degli anni, e sfruttando ogni sporgenza e sconnessura muoversi verso il basso a notevole velocità, proprio come una lucertola sul muro. Che razza d'uomo è questo, o che razza di creatura con sembianze d'uomo?

(B. Stoker, *Dracula*)

Il contesto storico-culturale

Il Settecento e il romanzo gotico

La letteratura dell'orrore nasce in Inghilterra alla fine del Settecento, quando nei salotti nobili e borghesi si diffonde il gusto per storie truci e irrazionali, ambientate prevalentemente in Italia, in epoca medievale, all'interno di sinistri castelli dove, tra cripte, sotterranei e stanze maledette, si verificano eventi soprannaturali. In seguito, in epoca vittoriana, questa produzione prese il nome di "letteratura gotica". Tra i pionieri di questo genere ricordiamo **Horace Walpole** (1717-1797), autore di quello che è considerato il primo romanzo gotico, *Il castello di Otranto*, e **Ann Radcliffe** (1764-1822) autrice de *I misteri di Udolfo*.

La prima metà dell'Ottocento

Nella prima metà dell'Ottocento, le spinte più irrazionali del Romanticismo alimentano un interesse crescente per il mistero, per le forze oscure e ingovernabili della natura, per la storia e il folklore popolare. Nel 1818 **Mary Shelley** e **John William Polidori** raccolgono la sfida lanciata per gioco da un loro amico e celebre letterato dell'epoca, Lord Byron, e si cimentano con la scrittura di una storia del terrore. Mary Shelley è la più veloce a portare a termine il compito, con il romanzo *Frankenstein o il Prometeo moderno* (1818), nel quale compare l'archetipo dello scienziato privo di scrupoli che sfida le leggi della natura; un anno dopo, con il racconto *Il vampiro*, Polidori definisce per la prima volta le caratteristiche di questa creatura tanto affascinante quanto infernale. In Germania, patria della cultura romantica, l'irrazionale e il fantastico trovano ampio spazio nei racconti di **Ernst Theodor Amadeus Hoffman** (1766-1822). Quando, a metà dell'Ottocento, la stagione d'oro del romanzo gotico sembra essere giunta al tramonto, la letteratura del terrore conosce una nuova giovinezza con i racconti dello statunitense **Edgar Allan Poe** (1809-1849) e con le *ghost stories* dell'irlandese **Joseph Sheridan Le Fanu** (1814-1873).

La seconda metà dell'Ottocento

Nonostante la seconda metà dell'Ottocento sia caratterizzata dal trionfo del razionalismo, del positivismo e del metodo scientifico e la letteratura sia orientata per lo più verso rappresentazioni fedeli e oggettive della realtà, il soprannaturale e il mistero, lo spiritismo e il paranormale, i casi patologici e i crimini più efferati – cui la stampa giornalistica dà sempre più spazio – continuano ad appassionare lettori e scrittori. Nel giro di pochi anni vedono la luce capolavori come *Lo strano caso del dottor Jekyll e del signor Hyde* dello scozzese **Robert Louis Stevenson** (1850-1894), agghiacciante vicenda che ruota intorno a uno sdoppiamento di personalità; *L'Isola del dottor Moreau* (1896) di **Herbert George Wells** (1866-1946), che tra fantascienza e *horror* racconta i diabolici e mostruosi esperimenti del protagonista; il capolavoro dell'irlandese **Bram Stoker** (1847-1912), il romanzo neogotico *Dracula*, il cui nome, ormai sinonimo di vampiro, è entrato a far parte dell'immaginario collettivo. La componente irrazionale penetra anche nel romanzo decadente: l'eccentrico **Oscar Wilde** (1854-1900) ambienta nella Londra vittoriana di fine Ottocento *Il ritratto di Dorian Gray*, storia di un uomo che vende la propria anima in cambio di un'eterna quanto illusoria giovinezza, per difendere la quale è disposto anche a uccidere.

Il Novecento

Nel corso del Novecento, la produzione e il consumo di *horror* divengono più intensi negli Stati Uniti, dove gli scrittori possono dare sfogo a tutta la loro fantasia grazie a riviste professionali e amatoriali dedicate a questo genere letterario. Proprio su queste riviste appaiono le opere di uno dei maestri della *dark fantasy*, **Howard Phillips Lovecraft** (1890-1937), che, formatosi sui classici ottocenteschi del genere e riallacciandosi alla tradizione di Edgar Allan Poe, dà vita a un vero e proprio campionario del terrore e a uno stile inconfondibile, cui hanno attinto a piene mani gli scrittori delle generazioni successive. Negli anni Sessanta la letteratura *horror* risente degli eventi storici e dei cambiamenti sociali del dopoguerra: ai mostri tradizionali e agli spettri vaganti nei castelli si affiancano i fantasmi della mente e gli orrori che scaturiscono da eventi banali e quotidiani, nella vita sociale e familiare. Oggi il titolo indiscusso di maestro del genere spetta senza dubbio a **Stephen King** (1947) che, a partire dagli anni Settanta, ha contribuito al rilancio dell'*horror* con una lunga lista di *best sellers*, tra i quali ricordiamo *Le notti di Salem* (1975), *Shining* (1977), *Pet Sematary* (1983), *It* (1986), *Misery* (1987) e le raccolte di racconti *A volte ritornano* (1978) e *Scheletri* (1985).

---

linea del tempo

1750

1764
Horace Walpole
Il castello di Otranto

1794
Ann Radcliffe
I misteri di Udolfo

1800

1818
Mary Shelley
Frankenstein o il Prometeo moderno

1840
Edgar Allan Poe
Racconti

1850

1897
Bram Stoker
Dracula

1898
Henry James
Giro di vite

1900

1917-1935
H.P. Lovecraft
Racconti

1950

1974
Stephen King
Carrie

PAROLE DA RICORDARE

Fobia: dal greco *phóbos* ("panico, paura"). In ambito psicologico il termine è usato anche come secondo elemento di parole composte indicanti le principali paure dell'uomo, nelle loro implicazioni patologiche: agorafobia (paura degli spazi aperti), ailurofobia (paura dei gatti), algofobia (paura del dolore), aracnofobia (paura dei ragni), brontofobia (paura dei tuoni), claustrofobia (paura dei luoghi chiusi), dismorfofobia (paura di essere brutti), ecofobia (paura di rimanere da soli a casa), nosofobia (paura delle malattie), scotofobia (paura del buio), tafofobia (paura di essere sepolti vivi), tanatofobia (paura della morte).

Negromanzia (o necromanzia): composto dai termini greci *nekrós* ("morto") e *mantéia* ("predizione"), è l'arte di evocare i morti al fine di trarne previsioni per il futuro. Il negromante è colui che pratica la negromanzia.

Chiromanzia: l'arte di leggere il passato, il presente e il futuro interpretando le linee e i monti nel palmo della mano.

Incubi e succubi: nelle leggende antiche e medievali, gli incubi e i succubi erano i demoni che infestavano i sonni degli esseri umani. I primi apparivano alle donne per accoppiarsi con esse; i secondi assumevano sembianze femminili per sedurre gli uomini.

Occultismo: da "occulto" ("nascosto, segreto"), è l'insieme di pratiche e teorie legate alla convinzione dell'esistenza di forze che sfuggono alle leggi naturali.

Sabba: riunione notturna di demoni e streghe, al fine di celebrare il maligno.

Spiritismo: dottrina nata a metà dell'Ottocento, che postula la possibilità di comunicare con esseri incorporei, gli spiriti, per mezzo di una persona particolarmente sensibile, il *medium*, che li evoca durante una seduta spiritica.

Oltre la letteratura

Il sonno della ragione

Tra la fine del Settecento e gli inizi dell'Ottocento, durante gli anni turbinosi della Rivoluzione francese e dell'Impero napoleonico, il gusto artistico dominante è quello del **Neoclassicismo**, che si ispira ai fasti del mondo classico, considerato uno straordinario modello di bellezza, civiltà e razionalità. La magnificenza greco-romana viene recuperata in forme architettoniche razionali, in corpi perfetti, colti in pose plastiche e statuarie, cui il candore del marmo conferisce luminosità e grazia. Ma nello stesso periodo alcuni artisti, con un percorso non dissimile da quello compiuto da molti letterati e con una sensibilità che potremmo definire **preromantica**, sentono la necessità di indagare i limiti della ragione, di andare oltre la realtà sensibile e di esplorare le zone oscure dell'animo umano, della natura e dell'esistenza, come testimoniano i *Capricci* del pittore spagnolo **Francisco Goya** (1746-1828) e gli *Incubi* dell'artista svizzero **Johann Heinrich Füssli** (1741-1825). Queste spinte irrazionali confluiranno poi nell'arte romantica e troveranno un interprete d'eccezione nel pittore tedesco **Caspar David Friedrich** (1774-1840), che nei suoi notturni e paesaggi, pervasi da inquietudine e mistero, rappresenta il fascino dell'ignoto, la potenza della natura e la precarietà della vita umana.

Arte neoclassica
Jacques-Louis David, Il giuramento degli Orazi, 1784-1785. Parigi, Musée du Louvre.
Il soggetto si ispira alla storia romana e celebra il coraggio e le virtù civiche del passato: i tre Orazi giurano sulle spade incrociate di combattere per la patria a costo della loro vita.

Johann Heinrich Füssli, L'incubo, 1781. Detroit, The Detroit Institute of Arts.

La giumenta
La giumenta rappresenta l'animale che trasporta l'incubo.

Il coboldo
La mostruosa figura che siede sul corpo della donna è l'incubo notturno, qui rappresentato sotto forma di coboldo, un folletto del folklore germanico.

La donna
La giovane donna è abbandonata in una posizione innaturale che rispecchia il suo sonno tormentato a causa dell'incubo.

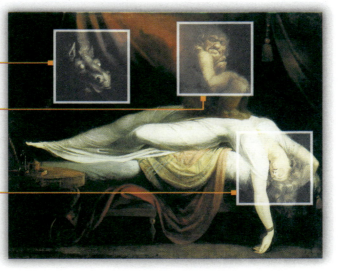

Preromanticismo
Francisco Goya, Il sonno della ragione genera mostri, 1797. Madrid, Biblioteca Nazionale di Spagna.
L'incisione mostra un uomo addormentato, mentre intorno a lui volteggiano sinistri uccelli notturni.
Il messaggio è semplice: quando la ragione è sopita, prendono il sopravvento i mostri della superstizione e della follia.

La letteratura notturna e sepolcrale

La predilezione per temi cupi e negativi che si afferma soprattutto in Inghilterra e in Germania alla fine del Settecento è testimoniata anche dalla fortuna di un filone letterario che ruota intorno ai temi della tomba, della morte, della memoria e degli amori infelici: la poesia notturna e sepolcrale. Nel 1760 appariva in Inghilterra una raccolta di versi, *I canti di Ossian*, presentati come la traduzione di antiche poesie medievali di cantori popolari scozzesi e irlandesi, i bardi. In realtà si trattava di un falso: l'autore era lo scozzese James MacPherson (1736-1796), cui si deve il merito di aver suscitato l'attenzione per la poesia folklorica di tradizione orale e di aver inaugurato una vera e propria moda letteraria, l'ossianismo. I motivi sepolcrali si diffusero presto anche in altre regioni d'Europa: in Francia, in Germania e in Italia. Nel nostro Paese, l'esempio più illustre è costituito dalla produzione poetica di Ugo Foscolo, autore di opere di matrice neoclassica che abbracciò alcune delle suggestioni e inquietudini d'Oltralpe nei suoi quattro sonetti maggiori (*Alla musa, A Zacinto, Alla sera, In morte del fratello Giovanni*), nel romanzo *Ultime lettere di Jacopo Ortis* e soprattutto nel carme *Dei sepolcri*. In quest'ultima opera, di eccezionale fattura poetica, valore filosofico e impegno civile, è possibile addirittura imbattersi in immagini da romanzo gotico: la cagna in cerca di cibo tra le tombe, gli ululati, il teschio, lo svolazzare tra le croci degli uccelli notturni:

Senti raspar fra le macerie e i bronchi
la derelitta cagna ramingando
su le fosse e famelica ululando;
e uscir del teschio, ove fuggìa la Luna,
l'upupa, e svolazzar su per le croci...

Il ritorno di Church

Stephen King, *Pet Sematary*

Tipologia	Testo narrativo
Genere	Romanzo
Sottogenere	Horror
Anno	1983

CHI:  Stephen King

DOVE:  Stati Uniti

QUANDO:  Novecento

> ▶ SCOPRIAMO IL GENERE

1 IL SOVVERTIMENTO DELLE LEGGI DI NATURA
2 IL MECCANISMO DELLA PAURA
3 I LIVELLI DELLA SUSPENSE

L'autore

Prima di diventare uno dei più noti scrittori del mondo, Stephen King (nato nel 1947 a Portland, nel Maine) ha dovuto fronteggiare drammi e dolori che lo hanno segnato per la vita: l'abbandono del padre quando non aveva ancora compiuto due anni, l'avere assistito alla morte di un compagno di giochi travolto accidentalmente da un treno, la perdita della nonna materna, la miseria, la dipendenza dalle droghe e infine un terribile incidente stradale che lo ha costretto a una lunghissima convalescenza. Ma grazie all'affetto dei suoi familiari e alla sua straordinaria capacità di rielaborare il dolore e il lutto attraverso la scrittura, King è riuscito a superare i suoi problemi e ad affermarsi come l'incontrastato "Re dell'Horror". Molte delle sue esperienze di vita sono confluite poi nella sua produzione narrativa: dietro Jack Torrance, il padre assassino del romanzo *Shining*, si cela la figura paterna di King, «fantasma di carta partorito da un vuoto affettivo»; l'episodio della morte dell'amichetto d'infanzia ha dato vita al lungo racconto *Il corpo*, nel quale quattro ragazzini si imbattono nel cadavere di un loro coetaneo; la morte della nonna gli ha ispirato il racconto *La nonna*, in cui una figura tradizionalmente benevola e rassicurante si trasforma in qualcosa di molto inquietante. Nell'opera di King, la lezione di Poe, Stoker e Lovecraft è ripresa e rinnovata con originalità e sensibilità novecentesca. L'autore ama scavare nel passato dei suoi personaggi, alla ricerca di paure, ossessioni, incubi, manie che ne mettono a nudo gli aspetti più profondi e nascosti della personalità. Andrea Bruni, un raffinato commentatore del "Re", ha affermato: «Quando i nostri pronipoti, in un lontano futuro, vorranno sapere delle abitudini e dei costumi dell'americano medio del Ventesimo secolo, non leggeranno un trattato di sociologia, ma un romanzo di Stephen King».

Invito alla lettura

Per questioni di lavoro, il dottor Louis Creed si trasferisce da Chicago nel Maine con la sua famigliola: la moglie Rachel, i figli Ellie e Gage, il gatto Church. La nuova casa sorge tra una superstrada trafficata e il cimitero degli animali, dove i bambini del circondario seppelliscono i loro piccoli amici a quattro zampe. Il vicino di casa dei Creed, Jud Crandall, rivela a Louis un segreto: il cimitero degli animali è collegato a un luogo sacro e avvolto dal mistero, l'antichissimo cimitero degli indiani Micmac. Le creature che qui vengono seppellite dopo qualche ora resuscitano e tornano alla loro vita.

Quando il gatto Church muore investito da una macchina, Louis lo seppellisce nel vecchio cimitero dei Micmac sperando che ciò che gli ha rivelato l'amico sia vero. In effetti, il gatto ritorna a casa l'indomani, ma non è più lo stesso: sembra uno zombie, emana un odore nauseabondo, mostra una certa aggressività e poco a poco diviene una presenza inquietante.

Qualche tempo dopo una tragedia si abbatte sulla famiglia Creed: il piccolo Gage muore travolto da un tir. La disperazione è tale che Louis decide di seppellirlo nel vecchio cimitero per riportarlo in vita. Gage resuscita, ma non è più il tenero bimbo di prima: il suo corpo è ora posseduto da un demone malvagio. Gage uccide Jud e poi scatena la sua ferocia contro la madre Rachel. Prima che commetta altri omicidi, Louis riesce a fermare il figlio somministrandogli un'iniezione letale e facendolo morire per una seconda volta. Distrutto dal dolore per la perdita della moglie, però, decide di seppellire anche lei. E anche lei ritorna a casa, per riabbracciare il caro marito...

1 IL SOVVERTIMENTO DELLE LEGGI DI NATURA

Il protagonista, dando credito a un'antica leggenda indiana, spera di poter ridare la vita al suo gatto.

1 festa del Ringraziamento: festa storica americana (in inglese *Thanksgiving Day*, "Giorno del Ringraziamento") che cade ogni quarto giovedì di novembre per festeggiare la fine della stagione del raccolto.

Era circa l'una del pomeriggio quando Church ritornò, come il gatto di una filastrocca infantile. Louis era in garage, dove nelle ultime settimane lavorava, nei ritagli di tempo, a un'ambiziosa serie di mensole; su quelle mensole intendeva sistemare tutto il materiale pericoloso di un garage, come bottiglie di antigelo o
5 di liquido per lavare il parabrezza e attrezzi aguzzi o taglienti, così da tenerli fuori dalla portata di Gage. Stava piantando un chiodo quando Church entrò con la coda ritta. Louis non lasciò cadere il martello e nemmeno si schiacciò il pollice: nel suo petto il cuore ebbe un sussulto, ma non un balzo; nel suo stomaco qualcosa parve ardere momentaneamente e poi raffreddarsi come il filamento di una lampadina
10 che splende per un attimo più del solito e poi salta. Era, si disse in seguito, come se avesse trascorso l'intera, soleggiata mattina del venerdì seguente alla festa del Ringraziamento[1] ad aspettare il ritorno di Church. Come se in una parte più

2 Micmac: tribù nativa americana.
3 Sondò: toccò.

profonda e più primitiva della sua mente avesse saputo il perché di quella loro spedizione notturna fino al cimitero dei Micmac[2].

15 Posò con precauzione il martello, si sputò nel palmo i chiodi che si era messo tra le labbra, poi li lasciò cadere nelle tasche del suo grembiule da falegname. Si avvicinò a Church e lo prese in braccio.

È un peso vivo, pensò con una sorta di morbosa eccitazione. *Pesa come prima di venire investito. Sì, è un peso vivo. Nel sacco era molto più pesante. Da morto pesava molto di più.*

20 Il suo cuore ebbe un sussulto più violento, stavolta – quasi un balzo – e per un attimo il garage parve ondeggiare davanti ai suoi occhi.

Church, con le orecchie all'indietro, si lasciava tenere in braccio. Louis lo portò fuori, nel sole, e sedette sugli scalini del portico di servizio. Il gatto cercò di saltar giù, a questo punto, ma lui l'accarezzò e se lo tenne in grembo. Ora il suo cuore

25 sembrava battere in modo regolare.

Sondò[3] delicatamente tra il pelo folto tutt'intorno al collo di Church, memore del modo in cui la testa del micio aveva ruotato sul collo spezzato, la sera prima. Non sentiva altro che solidi muscoli e tendini. Sollevò il gatto e osservò il musetto da vicino. Quello che vide fece sì ch'egli mollasse di colpo il gatto sull'erba, nascon-

30 dendosi la faccia con una mano e chiudendo gli occhi. Il mondo intero ondeggiava, ora, e nella sua testa c'era come un turbinio, fonte di malessere. La stessa sensazione che si provava dopo una bevuta eccessiva, qualche momento prima di dar di stomaco. Sul muso di Church c'era del sangue rappreso e secco, e tra i lunghi baffi erano rimasti impigliati due minuscoli brandelli di plastica verde. La plastica

35 del sacchetto per l'immondizia. *Ne parleremo ancora e allora potrai capire meglio…* Oh, Cristo, fin d'ora comprendeva più di quanto volesse comprendere.

Dammene il modo, pensò Louis, *e capirò così bene da ritrovarmi nel più vicino manicomio.* Fece entrare in casa Church, prese il piatto celeste del gatto e aprì una scatola di cibo per gatti a base di tonno e fegato. Mentre, a cucchiaiate, tirava fuori dalla sca-

40 tola la sostanza grigio-brunastra, Church faceva le fusa e gli si strusciava intorno alle caviglie. Quel contatto dava a Louis la pelle d'oca ed egli dovette stringere i denti per impedirsi di allontanare l'animale con un calcio. Il pelo ora aveva un che di troppo scivoloso, di troppo folto: in una parola, faceva senso. Louis scoprì che non gli sorrideva l'idea di dover fare una carezza a Church.

45 Quando si chinò a mettere il piatto per terra, Church gli passò accanto per andare a mangiare e Louis avrebbe giurato d'avere sentito un odore di terra marcita: come se il pelo del gatto ne fosse intriso.

Si scostò, guardando la bestiola mangiare. Lo sentiva far rumore con la bocca: faceva così anche prima? Forse sì, e lui non ci aveva mai badato. In un caso o

50 nell'altro, era un suono disgustoso. *Volgare*, avrebbe detto Ellie.

Bruscamente, Louis si voltò e se ne andò di sopra. Si avviò a passo normale, ma arrivò su che stava quasi correndo. Si svestì, gettando tutti i suoi panni nel cesto della biancheria sporca, sebbene quel mattino avesse indossato biancheria pulita. Si preparò un bagno caldo, quanto più caldo era possibile, e vi s'immerse.

55 Tra il vapore che si levava intorno a lui, sentiva l'acqua caldissima lavorare sui suoi muscoli, sciogliendoglieli. Il bagno aveva un effetto rilassante anche sui suoi pensieri. Il tempo perché l'acqua cominciasse a raffreddarsi, e lui si sentì di nuovo bene e con un desiderio di sonnecchiare.

Church è tornato, proprio come il gatto di quella canzoncina, e va bene, e con ciò? È

60 *tornato, tutto qui.*

Era stato tutto un errore. Come non ci aveva pensato, la sera prima, che Church appariva stranamente indenne e inalterato, per essere un animale investito da una macchina?

---

2 IL MECCANISMO DELLA PAURA

La natura di zombie del gatto è rilevata da piccoli particolari ripugnanti e inquietanti.

GRAMMATICA

I verbi servili sono verbi che in unione ad altri verbi di modo infinito servono a esprimere l'idea di necessità («**dovette** stringere i denti»), possibilità (*posso contarci?*), volontà/desiderio (**voglio** uscire/**desidererei** parlarti), capacità (**sai** scrivere bene/**non sono in grado** di nuotare), scelta (**preferiamo** studiare), rischio/azzardo (**oserei** dire). Usati da soli hanno funzione predicativa (*mi* **devi** *un favore, non ne* **posso** *più,* **voglio** *più rispetto,* **desidero** *un incontro,* **so** *tutto,* **preferisco** *di no,* **oso** *un'ipotesi*).

---

3 I LIVELLI DELLA SUSPENSE

Con il procedere della vicenda la tensione si impossessa sia del protagonista sia del lettore.

Caspar David Friedrich,
Entrata del cimitero, 1825.
Dresda, New Masters
Gallery.

Pensa ai gatti e ai cani che hai visto morti sulle autostrade, con i corpi maciullati, le budella sparse intorno.

Era chiaro, ormai. Church era stato urtato con forza e stordito. Il gatto che lui aveva trasportato fino al cimitero dei Micmac era privo di sensi, non era morto. Non si era sempre detto che i gatti hanno nove vite? Grazie a Dio lui non aveva detto niente a Ellie! La bambina non avrebbe mai saputo che grave rischio aveva corso il suo Church. *Il sangue sulla bocca e sul petto… Il modo come il collo girava…*

Ma lui era un medico, non un veterinario. Aveva sbagliato la diagnosi, tutto qui. Certo le circostanze non erano delle migliori per un esame attento, acquattato là sul prato di Jud, con sei o sette gradi sottozero e praticamente con il buio. E per di più, con i guanti, e anche questo poteva… Un'ombra deforme e ingigantita si levò sulla parete piastrellata del bagno, simile alla testa di un piccolo drago o a qualche mostruoso serpente; qualcosa gli sfiorò la spalla nuda, slittando via. Louis saltò su come galvanizzato[4], schizzando acqua dappertutto e inondando il tappetino davanti alla vasca. Si voltò, ritraendosi al tempo stesso e fissò nei torbidi occhi giallo-verdognoli del gatto di sua figlia, che era saltato sul coperchio abbassato del water. Church barcollava lentamente avanti e indietro, come se fosse ubriaco.

Louis osservava, tutto contratto per la ripugnanza, un urlo trattenuto a
85   stento nella gola dai denti serrati. Church non aveva mai fatto così – non *oscillava* mai, come una serpe che cerchi di ipnotizzare la sua preda – né prima né dopo l'operazione. Per la prima e l'ultima volta, si trastullò[5] con l'idea che quello fosse un altro gatto che assomigliava a quello di Ellie, un gatto che si era avventurato nel garage proprio mentre lui stava sistemando quelle mensole, e che il vero Church fosse tuttora sepolto sotto il tumulo sull'altura in mezzo ai boschi. Ma i segni erano
90   gli stessi… e l'orecchio un po' frastagliato… e la zampa che aveva quello strano aspetto un po' masticato. Ellie aveva chiuso quella zampetta nella porta di cucina quando Church era poco più che un gattino.

Era Church, non c'erano dubbi.

«Vattene di qui», gli bisbigliò Louis rauco.
95   Church lo fissò ancora per qualche istante – Dio, i suoi occhi erano diversi, senza poter dire perché, ma diversi – poi balzò giù. Atterrò senza mostrare per niente quella grazia lieve che di solito hanno i gatti. Barcollò goffamente, urtando con il fianco contro la vasca, e un momento dopo era scomparso.

Louis uscì dall'acqua e si asciugò in fretta, nervosamente. Era rasato e quasi ve-
100 stito quando il telefono squillò, stridulo nella casa deserta. Louis si girò di scatto, occhi dilatati, mani levate in un gesto istintivo. Lentamente le riabbassò. Il cuore gli batteva all'impazzata.

Era Steve Masterton, che richiamava come d'accordo, e Louis disse che lo avrebbe raggiunto di lì a un'ora. Era tutto tempo che non poteva permettersi di sprecare,
105 e l'ultima cosa che aveva voglia di fare, in quel momento, era di giocare a racket ball[6], ma doveva uscire di casa. Voleva allontanarsi dal gatto, quel misterioso gatto che non aveva più motivo di trovarsi lì.

Si affrettò, infilando alla meglio la camicia nei calzoni, ficcando una maglietta, un paio di calzoncini e una salvietta dentro la borsa di tela, e scendendo di corsa le scale.
110 Church si era disteso sul quarto scalino a partire dal basso. Louis inciampò nel gatto e per poco non cadde. Riuscì ad afferrarsi alla ringhiera e a stento si salvò da quella che poteva essere una brutta caduta.

Sostò un momento in fondo alla scala, respirando male, il cuore in tumulto, l'adrenalina che gli inturgidiva sgradevolmente i muscoli.

4 galvanizzato: folgorato, colpito da una scossa elettrica.
5 si trastullò: si illuse.
6 racket ball: sport che si gioca con una racchetta e una palla di gomma all'interno di un campo speciale.

115 Church si alzò, si stirò… e parve sorridergli.
Louis se ne andò. Avrebbe dovuto mettere fuori il gatto, lo sapeva, ma non lo fece. In quel particolare momento, proprio non se la sentiva di indurre se stesso a toccarlo.

(S. King, *Pet Sematary*, Milano, Sperling & Kupfer, 1993, trad. di Hilia Brinis)

3 cerchie che nasce ½ in mezzo nel toccare il gatto e quando vuole dimostrargli troccie del suo pelo

▶ SCOPRIAMO IL GENERE

1 IL SOVVERTIMENTO DELLE LEGGI DI NATURA

In questo brano il sovvertimento delle leggi di natura, elemento caratteristico del genere *horror*, è riconoscibile nel tentativo da parte del protagonista – il dottor Louis Creed – di sconfiggere la morte infrangendo così il normale ordine delle cose. In questo tentativo tracotante e privo di scrupoli è riconoscibile lo stereotipo letterario dello scienziato pazzo, il cui modello risale al dottor Victor Frankenstein, seguito dalla schiera dei suoi epigoni ottocenteschi, come il dottor Jekyll e il dottor Moreau, per citare i più noti. Tutti questi personaggi hanno in comune un tragico destino: la curiosità, tipica dell'uomo di scienze, li porta a compiere esperimenti su se stessi e sugli altri, a spingersi oltre i limiti imposti dalla morale, ma sono costretti infine a fare i conti con i risultati imprevedibili e nefasti dei loro esperimenti, che inevitabilmente si ritorcono su di loro e sulle loro famiglie.

1 **In quali punti del racconto emerge la mentalità razionale del protagonista?**

2 IL MECCANISMO DELLA PAURA

In questo brano il sentimento della paura si insinua sottilmente. L'autore, infatti, non ricorre a immagini truculente, a effetti *splatter* o a grossolani colpi di scena per impressionare il lettore, ma costruisce sapientemente il suo meccanismo attorno a piccoli particolari che suscitano una disgustosa sensazione di ripugnanza. Ritornato dal regno dei morti, Church non è più la presenza affettuosa e familiare di un tempo, ma ha in sé qualcosa di repellente: il modo di mangiare, il sangue rappreso sul muso, il pelo troppo scivoloso e folto, gli occhi torbidi giallo-verdognoli, l'andatura barcollante. Il gatto adesso è uno zombie ed è vivo solo in apparenza: la sua personalità appare infatti irrimediabilmente cancellata dalla morte che si è insinuata in lui.

2 **Prova a ricostruire ciò che è accaduto dalla morte di Church fino al suo ritorno.**

3 **Spiega perché il protagonista sente la necessità di lavarsi.**

4 **Quali altri particolari, oltre a quelli citati nel commento, rivelano la nuova natura di Church?**

l'espressione, le orelle, non ha più il suo sguardo è spento, grazie

3 I LIVELLI DELLA SUSPENSE

Il meccanismo della *suspense* è qui costruito su due livelli, un livello infratestuale, che coinvolge il protagonista, e un livello extratestuale, che pertiene al lettore.
Sul piano infratestuale, la tensione narrativa progredisce proporzionalmente alla presa di coscienza del protagonista di avere sfidato le leggi di natura riportando in vita un essere mostruoso, e raggiunge il suo culmine durante la scena del bagno, quando il gatto rivela la sua natura malvagia proiettando un'ombra demoniaca sul muro. Per rafforzare il meccanismo della *suspense* e tenere il lettore con il fiato sospeso, l'autore ricorre al punto di vista interno, riportando – in corsivo nel testo – i dubbi, le riflessioni, le paure più profonde del protagonista.
Sul piano extratestuale, invece, la *suspense* si concretizza in tutte quelle ipotesi che il lettore, a questo punto della storia, è portato a formulare nella sua mente. Il lettore ha infatti capito che la vicenda ha preso una brutta piega, che è stata spalancata la porta dell'ignoto che il buon senso avrebbe suggerito di tenere chiusa, ma egli non sa come si evolverà la vicenda e può solo ipotizzarlo: di che cosa sarà capace il gatto? in che modo manifesterà la sua natura diabolica? e, soprattutto, che cosa accadrebbe se nel cimitero dei Micmac invece di un animale venisse seppellito un essere umano?
Ed è proprio da questa curiosità, da questa incertezza, che nascono la *suspense* e la voglia di continuare a leggere.

5 **Rileggi il testo e individua i pensieri del protagonista. Poi indica se appartengono alla sfera del dubbio, della paura o del ricordo.**
Dubbi _____
Paura _____
Ricordi _____

6 **Perché, secondo te, il gatto proietta sul muro l'ombra «di un piccolo drago o di un mostruoso serpente»? Che cosa ci lascia intuire questo particolare?**

è ciò che Louis vede

▶ **ATTIVIAMO LE COMPETENZE**

LETTURA E COMPRENSIONE

ACCESSO ALLE INFORMAZIONI

Il gatto Church è trapassato

7 Che cosa è accaduto di notte al cimitero dei Micmac?

8 Qual è la causa della morte di Church? *Investito*

9 Perché sul muso del gatto sono presenti frammenti di plastica verde? *è il sacco dell'immondizia*

COMPRENSIONE GENERALE E INTERPRETAZIONE

10 «Nel suo petto il cuore ebbe un sussulto, ma non un balzo (rr. 7-8)». Da questa frase è possibile dedurre che il dottor Creed
A non credeva minimamente che Church potesse tornare.
B ha molta paura.
C è indifferente al ritorno del gatto.
D attendeva il ritorno del gatto.

11 Traccia un breve ritratto del protagonista, facendo emergere la sua evoluzione interiore.

12 Spiega in che cosa consiste, in questa vicenda, il sovvertimento delle leggi di natura.

RIFLESSIONE E VALUTAZIONE

13 Indica e motiva la tua risposta (anche più di una).
La lettura del brano ti ha comunicato:
A ripugnanza _____
B paura _____
C tensione _____
D orrore _____
E inquietudine _____
Nulla di ciò, curiosità

14 In rapporto alle tue conoscenze, ti sembra che il brano che hai letto possa essere considerato un valido esempio di narrazione *horror*? Perché? *Secondo me sì, non inquieto punto*

La maschera della morte rossa

Edgar Allan Poe, *Racconti*

Tipologia	Testo narrativo
Genere	Racconto
Sottogenere	Gotico
Anno	1842

CHI: Edgar Allan Poe

DOVE:

Stati Uniti

QUANDO: Ottocento

▶ **ANALIZZIAMO IL TESTO**

1 I MODELLI
2 LE RAPPRESENTAZIONI DELLO SPAZIO E DEL TEMPO
3 IL SIGNIFICATO

L'autore

Capolavori indiscussi del genere *horror*, i racconti di Edgar Allan Poe (Boston, 1808 - Baltimora, 1849) trascinano il lettore in un universo ossessivo e claustrofobico, in cui sono presenti tutte le gradazioni della paura: lo spavento, l'angoscia, l'ossessione, l'incubo. Indimenticabili le smanie omicide e la follia dei personaggi di *Il cuore rivelatore* e *Il gatto nero*; o il terrore del protagonista di *Una discesa nel Maelström*, miracolosamente scampato alla furia di un gorgo marino; oppure le sinistre atmosfere di *La caduta della casa degli Usher*, dove in un'antica dimora si consuma il tragico destino di due fratelli; o ancora il raccapricciante supplizio inflitto al protagonista di *Il pozzo e il pendolo*, rinchiuso in una soffocante cella con una lama affilatissima che oscilla sulla sua testa. Tra le opere di Poe segnaliamo anche il racconto *Gli omicidi della Rue Morgue* e la raccolta di versi *Il corvo e altre poesie*.

LABORATORIO

GRAMMATICA

Svolgi le attività interattive su questo testo per ripassare **il pronome**.

Invito alla lettura

Il reame del principe Prospero è sconvolto dalla peste: la gente muore, le terre si spopolano, l'epidemia si diffonde a velocità impressionante. Ma il principe non si scoraggia; per scongiurare il pericolo del contagio invita nel suo palazzo (ricavato in un'abbazia) gli amici più cari, fa sigillare porte e finestre e regala ai suoi ospiti momenti di indimenticabile spensieratezza. Le stanze del castello rispecchiano il gusto e l'eccentricità del loro padrone, ma ce n'è una molto particolare, rivestita di pesanti drappeggi neri e adorna di vetri che emanano bagliori purpurei. La stanza racchiude un orologio a pendolo che diffonde sinistri rintocchi, e chiunque entri lì appare deforme e spettrale. Passano i mesi e, mentre fuori la peste infuria, dentro il palazzo l'allegra comitiva non fa che folleggiare e divertirsi. Ma una sera, allo scoccare della mezzanotte, durante un ballo in maschera fa la sua comparsa un'inquietante presenza. Nessuno sa chi sia, da dove sia entrata e che cosa faccia nel castello...

1 I MODELLI
Il racconto si ispira a modelli letterari e pittorici medievali.

Per lungo tempo la Morte Rossa aveva spopolato la contrada. Mai s'era vista una pestilenza tanto orribile, tanto fatale! Il male si attaccava al sangue; e si manifestava in tutto il rosso orrore del sangue. Dapprima erano dolori acuti, improvvise vertigini; seguiva poi un copioso trasudare[1] senza fine che portava al dissolvimento
5 dell'essere. Chiazze purpuree sulla pelle, sulla pelle del volto in ispecie, rendevan le vittime così ripugnanti che venivan fuggite da tutti, lasciate senza conforto né aiuto. Il manifestarsi del male e il suo progredire e risolversi erano in tutto questione d'una mezz'ora.

Ma il principe Prospero restava ugualmente felice e dimostrava la propria intre-
10 pidezza e la propria sagacia[2]. Quando vide che le sue terre s'erano per metà spopolate convocò un migliaio circa dei suoi amici, tutti pieni di vita e di baldanza, scegliendoli tra cavalieri e dame della sua corte, e riparò con essi nel remoto rifugio d'una delle sue abbazie fortificate, ch'era edifizio vasto e magnifico, creazione sua personale, di stile eccentrico e nondimeno grandioso, cinto di spesse ed alte
15 mura nelle quali si aprivano delle porte di ferro. Quando i cortigiani furono là dentro, col fuoco e dei buoni martelli saldarono ogni serratura, intendendo così di assicurarsi contro i possibili impulsi disperati di chi stava fuori, e di chiudere ogni via d'uscita alle frenesie[3] di chi stava dentro. L'abbazia fu largamente munita di provviste. Con simili precauzioni i cortigiani potevano sfidare il contagio. Se
20 la vedesse con esso chi stava fuori. Intanto, sarebbe stata follia affliggersi o solo darsene pensiero. Il principe aveva provveduto a tutti i mezzi del piacere. Si era portato dietro buffoni, improvvisatori, musici e ballerini. E poi la bellezza, il vino... C'era tutto questo e la sicurezza, al di dentro. Fuori, la Morte Rossa.

Sulla fine del quinto mese, o sesto che fosse, del suo ritiro, mentre fuori la pesti-
25 lenza infieriva più che mai, il principe Prospero offrì ai suoi mille amici un ballo in maschera, straordinario di magnificenza.

Voluttuoso spettacolo, la mascherata. Ma anzitutto importa descriver le sale ov'essa ebbe luogo. Sette erano, in una fuga d'imperiale grandiosità. In molti palazzi, quando i battenti delle porte siano d'ambo le parti rivolti contro i muri, siffatte serie
30 di stanze formano lunghe prospettive in linea retta per entro le quali lo sguardo corre sino in fondo senza trovare ostacoli. Là, come era da aspettarsi da parte di un principe tanto amante del bizzarro, il caso era assai differente. Le stanze erano così irregolarmente disposte che l'occhio non riusciva ad abbracciarne più di una alla volta. Ad ogni venti o trenta yarde[4] vi era una brusca svolta, e ad ogni svolta
35 si aveva uno spettacolo di effetto assolutamente nuovo. A destra e a sinistra, nel mezzo di ogni parete, un'alta e stretta finestra gotica si apriva sopra un corrido-

2 LE RAPPRESENTAZIONI DELLO SPAZIO E DEL TEMPO
Il racconto è caratterizzato da numerose sequenze descrittive, che concorrono a creare un'atmosfera inquietante.

1 **copioso trasudare**: abbondante perdita di liquidi.
2 **sagacia**: intelligenza.
3 **frenesie**: follie, brame smaniose.
4 **yarde**: unità di misura inglese pari a 0,9144 metri.

io che seguiva le sinuosità dell'appartamento. Ogni finestra era a vetri colorati i cui colori variavano da sala a sala per essere in armonia con le decorazioni delle singole stanze. Ad esempio, la stanza che si trovava all'estremità orientale, tutta

40 tappezzata in azzurro, aveva le finestre luccicanti di celeste. La stanza che seguiva era decorata in rosso porpora, e i vetri delle sue finestre erano purpurei. La terza, interamente verde, aveva finestre dai vetri verdi. E allo stesso modo era arancione la quarta, bianca la quinta, viola la sesta. La settima stanza era fittamente rivestita, soffitto e pareti, di tappezzerie in velluto nero che ricadevano in pieghe pesanti

45 sopra un tappeto di uguale stoffa e colore. Solo in quella stanza il colore dei vetri delle finestre non corrispondeva a quello della decorazione. Là erano scarlatte[5] le invetriate, scarlatte con l'intensità del sangue. Ora, in nessuna delle sette sale si vedevano, tra la profusione[6] degli ornamenti d'oro che pendevano anche dal soffitto, lampade o candelabri. Non esisteva luce alcuna di lampada o di candela per

50 tutto quel seguito di stanze. Epperò[7] nel corridoio che lo cingeva, e precisamente dinanzi ad ognuna delle finestre, ardeva, su un enorme tripode, un braciere che proiettava attraverso i vetri colorati i suoi raggi riempiendo d'una fulgida luce la stanza. Nel qual modo s'erano ottenuti infiniti effetti di fantastico sfarzo. Ma è da notarsi che nella camera a ponente, quella nera, la luce riverberata attraverso i

55 vetri color di sangue sulle funebri tappezzerie riusciva sinistra all'estremo e dava ai volti di chi vi entrava un così selvaggio aspetto che ben pochi della compagnia avevano il coraggio di varcarne la soglia.

Per l'appunto in quella sala si trovava, appoggiato al muro di ponente, un gigantesco orologio d'ebano. Andava il pendolo con un sordo, pesante, monotono rintocco;

Illustrazione per il racconto La maschera della morte rossa *di Edgar Allan Poe.*

e tutte le volte che la lancetta dei minuti aveva compiuto il giro del quadrante, e l'ora stava per scoccare, un forte, profondo, chiaro suono musicale usciva dai polmoni di ottone della macchina, tanto particolare e solenne che, ad ogni ora, i musici dell'orchestra eran costretti a far pausa per ascoltarlo; cosicché quanti danzavano dovevano interrompere le loro evoluzioni, e la gaia compagnia veniva colta da un momentaneo turbamento che faceva impallidire i più agitati mentre le persone più calme ed anziane si passavano la mano sulla fronte quasi meditassero o si trovassero in preda a qualche imbrogliata fantasticheria. Appena però gli echi di quel suono erano svaniti, una lieve ilarità serpeggiava tra i festanti; e i musici, guardandosi a vicenda, sorridevano del loro stolto nervosismo, e si scambiavano sottovoce il giuramento di non lasciarsi impressionare dai prossimi rintocchi; ma ecco che, trascorsi sessanta minuti, ossia tremilaseicento secondi, l'orologio tornava a suonare, e si ripetevano il turbamento, l'agitazione, le preoccupazioni di prima. Ma, nonostante tutto, l'orgia trascorreva in gaia magnificenza. Il principe era di gusti singolari. E aveva finezza d'occhio per i colori e i loro effetti. Disprezzava le cose di pura e semplice eleganza. Avventato ed audace in quan-

5 **scarlatte**: rosse.
6 **profusione**: abbondanza.

7 **Epperò**: ma.

to progettava, finiva per dare uno splendore barbarico a tutte le sue concezioni. Taluni lo avrebbero certo giudicato pazzo. Chi gli stava attorno sapeva che non lo
85 era. Ma bisognava sentirlo e vederlo per esser sicuri che non lo era.

Nell'occasione di quella grande festa egli aveva curato di persona l'abbellimento delle sette sale, e aveva imposto il suo gusto per i travestimenti delle maschere. Certo si trattava di concezioni grottesche. Tutto splendore, scintillío, e del fantastico mordace; molto di ciò che poi si è visto nell'*Ernani*[8]. C'eran figure di
90 assoluto arabesco[9] fornite di membra spropositate, in assurdo equipaggiamento. Immagini di delirio come potrebbero uscire dal cervello di un pazzo. C'era del bello, del licenzioso, del bizzarro, un po' di terribile anche, ma soprattutto cose che destavano ripugnanza. Era una moltitudine di sogni che camminava impettita per le sette stanze. E si contorcevano, codesti sogni, per ogni verso, cambiando
95 colore col passare da una stanza all'altra, mentre la musica dell'orchestra sembrava l'eco dei loro passi. E di tratto in tratto ecco che batteva l'orologio d'ebano della sala di velluto. Tutto, allora, per un momento, diveniva fermo, silenzioso, e non s'udiva che la voce dell'orologio. I sogni restavano come agghiacciati nelle posizioni in cui si trovavano. Ma poi svaniva l'eco dei rintocchi – non s'era trattato
100 che di un attimo – e un riso leggero, per metà soffocato, correva tra i festanti. E la musica tornava ad alzarsi, i sogni riprendevano a muoversi e più ebbri e folli di prima si contorcevano in ogni senso colorendosi del colore che il fuoco dei tripodi riversava su di loro attraverso i vetri delle finestre. Ma nella stanza in fondo, giù a ponente, nessuna maschera osa più avventurarsi. È notte ormai e la luna fluisce più rossa traverso i vetri color di sangue, e terribile è il bruno delle funebri tappezzerie, e a chi mette piede sul lugubre tappeto, più solenne e largo arriva il rumore dei rintocchi, assai più che non arrivi alle orecchie di chi si sofferma a folleggiare più lontano, nelle altre stanze nelle quali, gremite di gente, pulsava con ritmo febbrile il cuore della vita. E l'orgia turbinò e turbinò sino a che infine cominciò a rintoccar mezzanotte e, come al solito, la musica s'arrestò, le danze vennero interrotte, e ogni cosa rimase immobile in penosa sospensione. Ma stavolta erano dodici colpi, per cui può darsi che le riflessioni di quanti, tra quella folla in baldoria, erano ancora capaci di pensare, fossero più lunghe e profonde. E per questo, forse, prima che l'ultima eco dell'ultimo rintocco venisse del tutto sommersa dal silenzio, venne fatto a parecchi notare la

Harry Clarke, Illustrazione per il racconto La maschera della morte rossa, *1914 ca.*

8 ***Ernani***: tragedia romantica dello scrittore francese Victor Hugo (1802-1855).
9 **di assoluto arabesco**: ornate in maniera capricciosa ed eccessiva.

presenza di una maschera di cui sino allora non si era accorto nessuno. Come la voce di tale intrusione fece sommessamente il giro delle sale, un ronzio si levò da
130 tutta la folla, un mormorio di sorpresa e disapprovazione, che alla fine divenne di terrore, orrore e disgusto.

In una riunione di fantasmi qual era quella mascherata, bisognava senza dubbio che si trattasse di un'apparizione straordinaria per produrre tanto turbamento. Invero la libertà nel mascherarsi non aveva quasi avuto limiti quella sera; ma il
135 personaggio in questione aveva superato lo stesso Erode e abusato dell'indulgenza del principe. Vi sono corde anche nei cuori più indifferenti che non si possono toccare senza provocare un'emozione. Anche per gli esseri più depravati, che della vita e della morte si prendono ugualmente gioco, vi sono cose con le quali non si può scherzare. Così parve che tutti sentissero profondamente il cattivo gusto
140 e la sconvenienza del costume e del contegno di quell'estraneo. Alto, magro, egli era avvolto, da capo a piedi, in un sudario[10]. La maschera che ne celava il volto raffigurava con tanta perfezione le fattezze di un cadavere irrigidito che sarebbe stato difficile, anche ad un minuzioso esame, scoprirne l'artificio. Nulladimeno[11] quei folli gaudenti[12] lo avrebbero, se non approvato, tollerato. Ma la maschera s'era
145 spinta al punto di assumere il tipo della Morte Rossa. Aveva il manto chiazzato di sangue e la larga fronte, e tutto il viso, cosparsi dell'orrore rosso.

Quando gli occhi del principe Prospero caddero su quella immagine spettrale – la quale, quasi a meglio sostener la sua parte, incedeva a passi lenti, enfatici, solenni tra la folla che danzava – a tutta prima egli fu scosso da un fremito di terrore e
150 disgusto; quindi lo si vide arrossir di collera.

– Chi osa? – domandò con voce strozzata ai cortigiani che gli stavano intorno – chi osa insultarci con questa bestemmia schernitrice? Afferratelo e smascheratelo, così sapremo chi abbiamo da appiccare agli spalti[13], al sorgere del sole!

Il principe Prospero si trovava nella sala azzurra, a levante, quando pronunciò
155 quelle parole, **le quali** si ripercossero forti e distinte in tutte e sette le sale; siccome il principe era uomo imperioso e aitante e a un cenno della sua mano la musica s'era taciuta.

Si trovava nella sala azzurra, il principe, e aveva intorno un gruppo di pallidi cortigiani. Mentre egli parlava vi fu nel gruppo un leggero movimento nella di-
160 rezione dell'intruso, il quale era anche a portata di mano, e d'un passo maestoso e risoluto si andava sempre più avvicinando; ma un'indefinibile paura, suscitata appunto da tanta insensata audacia, s'impadronì dei cortigiani, e nessuno alzò mano per afferrarlo; tanto che, come non gli veniva impedito, egli passò a una yarda dalla persona del principe e, mentre la folla, in un unico impulso, si ritirava
165 addossandosi ai muri, senza mai sostare, e sempre con lo stesso passo cadenzato per il quale s'era subito distinto, poté andar diritto di sala in sala, dall'azzurra alla purpurea, da questa alla verde, dalla verde a quella arancione, dall'arancione alla bianca, e dalla bianca alla viola prima che si facesse qualcosa per fermarlo. Ma d'un tratto il principe Prospero, reso furente dall'ira e dalla vergogna della sua
170 viltà d'un momento, gli si slanciò dietro a precipizio attraverso le sei stanze. Nessuno, per il mortale terrore che si era impadronito di tutti, lo seguì. Egli brandiva un pugnale e già, nel suo impeto, stava per afferrare lo straniero, quando questi, ch'era giunto in fondo alla stanza di velluto, bruscamente si volse ad affrontarlo. S'udì un grido acuto, e il pugnale scivolò, con un lampo, sul tappeto nero, sul
175 quale, un attimo dopo, si abbatteva morto anche il principe Prospero. Animati dal coraggio selvaggio della disperazione, i cortigiani si precipitarono in folla nella sala nera, ma nell'afferrare lo sconosciuto, che se ne stava ritto ed immobile nell'ombra dell'orologio d'ebano, rimasero inorriditi senza respiro trovando vuoti

GRAMMATICA
I pronomi relativi hanno la funzione di sostituire un nome mettendo al contempo in relazione due frasi. Nel periodo «quando pronunciò quelle parole, **le quali** si ripercossero forti e distinte in tutte e sette le sale...», «le quali» è un pronome relativo di forma variabile con funzione di soggetto, che sostituisce «le parole» mettendo in relazione la proposizione reggente con la subordinata relativa.

10 sudario: lenzuolo funebre.
11 Nulladimeno: nonostante ciò.
12 gaudenti: amanti della bella vita, degli agi e dei piaceri.
13 appiccare agli spalti: impiccare sulle mura del castello.

14 tangibile: concreta, reale.

---

3 IL SIGNIFICATO
La morte trionfa infine sugli uomini e sulla loro superbia.

---

d'ogni tangibile[14] forma il sudario e la maschera da cadavere che s'erano affannati
180 a strappare con tanta rude violenza.

Si conobbe così la presenza della Morte Rossa. Come un ladro era venuta, di notte. E a uno a uno i convitati caddero nelle sale dell'orgia irrorate di sangue, e come caddero, negli atteggiamenti della disperazione, rimasero morti. Con la vita dell'ultimo di quei gaudenti si estinse anche quella dell'orologio d'ebano. Le
185 fiamme dei tripodi si spensero. E le tenebre, la rovina, la Morte Rossa stabilirono su ogni cosa il loro dominio senza limiti.

(E.A. Poe, *Racconti*, Milano, Mondadori, 1961, trad. di Delfino Cinelli ed Elio Vittorini)

▶ ANALIZZIAMO IL TESTO

1 I MODELLI

Lo spunto narrativo attorno al quale ruota l'intreccio è semplice: nel tentativo di sfuggire alla morte che infuria nella contea, un principe si barrica con i suoi cortigiani all'interno di un'abbazia. L'idea non è nuova e affonda le sue radici nella tradizione novellistica medievale. Si pensi al *Decameron* di Giovanni Boccaccio, in cui, per scongiurare il contagio della peste, un'allegra brigata di giovani lascia la città di Firenze e si rifugia in una villa del contado, trascorrendo il tempo in passeggiate, danze e racconti di novelle. Antica è anche l'idea della personificazione della morte, debitrice dei temi iconografici medievali e tardomedievali del *Trionfo della morte*, in cui essa è raffigurata ghignante nell'atto di compiere il suo triste dovere, e della *Danza macabra*, in cui uomini e donne appartenenti a diverse categorie sociali sono rappresentati mentre ballano con gli scheletri.

Trionfo della morte, 1485. Oratorio dei Disciplini, Clusone (Bergamo).

1 A quale categoria sociale appartengono i personaggi della vicenda? Da quali particolari è possibile desumere questa informazione?

2 In quali punti del testo la morte appare "personificata"?

Bernt Notke, Danza macabra, 1493. Chiesa di San Nicolò, Tallinn (Estonia).

2 LE RAPPRESENTAZIONI DELLO SPAZIO E DEL TEMPO

Se il materiale narrativo cui attinge Poe suggerisce un legame con il Medioevo, sono invece riconducibili al gusto romantico e tipicamente gotico le atmosfere del racconto, caratterizzate da un'angosciante tensione che non lascia via di scampo ai personaggi della vicenda e al lettore. La *suspense* è sempre presente ed è affidata soprattutto a dettagliate sequenze descrittive: la rappresentazione degli effetti della pestilenza all'inizio, la descrizione del palazzo-abbazia e delle sue stanze, che con i loro sinistri giochi di luce non lasciano presagire nulla di buono; e alla fine la descrizione della maschera della Morte Rossa, che inevitabilmente giunge a guastare la festa. Ad accrescere la tensione, il puntuale rintocco dell'orologio d'ebano che scandisce il trascorrere del tempo.

3 Nel testo è evidente un'opposizione fra spazi esterni (la contrada) e spazi interni (il castello). Indica che cosa accade "dentro" e che cosa accade "fuori".

Spazi interni _____
Spazi esterni _____

4 Riassumi le caratteristiche delle sette stanze dell'abbazia.

5 Perché le stanze non sono illuminate da lampade o candele, ma semplicemente da un braciere?

6 Perché al battere delle ore le musiche e le danze si arrestano?

3 IL SIGNIFICATO

Come ha scritto Stephen King, «la grande narrativa dell'orrore è quasi sempre allegorica». Anche questo racconto non si sottrae alla regola. In esso infatti non è difficile scorgere un significato più profondo e di ordine morale. Il principe Prospero rappresenta infatti l'uomo che non vuole arrendersi alla morte, illudendosi di poterla esorcizzare con la ricchezza, la bellezza, il vino, le danze. È così sicuro di sé e dei propri mezzi da osare irriderla organizzando una bizzarra festa in costume, creando atmosfere macabre e grottesche. Ma la morte, come insegnano le danze macabre del Medioevo, arriva puntuale per tutti, anche

per i più ricchi e spensierati, e alla fine il principe Prospero e la sua corte pagano pegno per averla sfidata.

7 Quale tra queste frasi riassume meglio il significato generale del racconto? Indica e motiva la tua risposta.
A I ricchi sono più infelici dei poveri.
B È inutile tentare di opporsi alla morte.
C La morte è il male peggiore per l'uomo.
D La morte è un evento imprevedibile.

▶ ATTIVIAMO LE COMPETENZE

LETTURA E COMPRENSIONE

ACCESSO ALLE INFORMAZIONI

8 Quanto tempo trascorrono barricati dentro l'abbazia il principe e i suoi cortigiani? Riporta la parte del testo da cui è possibile ricavare questa informazione.

9 Come reagisce Prospero all'apparizione della maschera della Morte Rossa?

10 Prospero è un principe eccentrico e amante del bizzarro. Supporta questa affermazione con precisi riferimenti testuali.

COMPRENSIONE GENERALE E INTERPRETAZIONE

11 «Quando i battenti delle porte siano d'ambo le parti rivolti contro i muri» (r. 29). Questa espressione vuol dire
A quando le porte sono chiuse.
B quando le porte sono completamente aperte.
C quando le porte sono parzialmente aperte.
D quando le porte sono scardinate.

12 Organizzando il suo eccentrico ballo in maschera, Prospero si è reso colpevole di
A aver preso in giro la morte.
B aver preso in giro i suoi ospiti.
C non aver invitato la morte.
D scarsa previdenza.

LESSICO

UTILIZZO DEGLI STRUMENTI DI RICERCA

13 Scrivi accanto a ciascuna parola o espressione il significato corrispondente.
spopolato la contrada (r. 1)
_____
dissolvimento dell'essere (rr. 4-5)
_____
intrepidezza (rr. 9-10)
_____
voluttuoso spettacolo (r. 27)
_____
fulgida luce (r. 52)
_____
il principe era un uomo imperioso e aitante (r. 156)
_____

PRODUZIONE TESTUALE

PROGETTAZIONE, TESTO NARRATIVO

14 Ispirandoti al racconto che hai letto, scrivi un breve intreccio sullo stesso argomento ma ambientato ai nostri giorni.

La creatura mostruosa

Mary Shelley, *Frankenstein o il Prometeo moderno*

Tipologia	Testo narrativo
Genere	Romanzo
Sottogenere	Gotico
Anno	1818

CHI: Mary Shelley

DOVE:

Gran Bretagna QUANDO: Ottocento

▶ **DISCUTIAMO IL PROBLEMA** *È giusto porre dei limiti alla ricerca scientifica?*

1 LE CARATTERISTICHE DEL GENERE
2 I PERSONAGGI E I PUNTI DI VISTA
3 IL CONTESTO E I TEMI

L'autrice

La vita di Mary Shelley, nata a Somers Town (Londra) nel 1797 e morta a Londra nel 1851, fu avventurosa e ricca di colpi di scena, degna di un'autentica eroina romantica. Figlia di Mary Wollstonecraft, una libera pensatrice che fu tra le prime a promuovere i diritti delle donne, e di William Godwin, un filosofo utopista, la ragazza fu portata da giovanissima ad accostarsi alle lettere e a frequentare gli ambienti intellettuali dell'epoca, dove conobbe Percy B. Shelley, uno dei maggiori poeti romantici inglesi, che poi divenne suo marito. I coniugi Shelley viaggiarono molto, misero al mondo dei figli dei quali solamente uno sopravvisse, strinsero amicizie importanti nel mondo della letteratura, condivisero dolori, gioie e idee. Il loro matrimonio fu intenso ma breve. Il poeta, infatti, morì in un naufragio nel 1822.

È interessante ricordare l'episodio legato alla genesi del romanzo *Frankenstein o il Prometeo moderno*. Nel 1816, Mary e suo marito visitarono la Svizzera, dove cominciarono a frequentare lord Byron, un altro grande poeta romantico, che lì trascorreva le vacanze. Quell'estate fu particolarmente fredda e piovosa e costrinse gli amici a passare in casa buona parte del tempo. Seduti intorno al camino, i coniugi Shelley, lord Byron e il suo amico e medico personale William Polidori scongiuravano la noia affrontando argomenti filosofici e letterari, ma soprattutto leggendo ad alta voce racconti di fantasmi. A lord Byron venne così l'idea di lanciare una sfida, quella di cimentarsi in una storia del terrore. Gli unici a prendere sul serio il compito furono Mary Shelley e Polidori. La prima fu anche la più veloce, perché portò quasi subito a termine il racconto, che fu ampliato in forma di romanzo solo in seguito. Un anno dopo Polidori dava vita al *Vampiro*, una delle creature più affascinanti e longeve del panorama *horror*.

LABORATORIO

Della stessa autrice leggi anche:

La prima vittima del mostro

Invito alla lettura

Il giovane e brillante scienziato Victor Frankenstein mette a frutto le sue conoscenze di anatomia, chimica e filosofia naturale per dare vita a un essere umano. Il risultato dell'esperimento si rivela però ben lontano dalle sue attese: Frankenstein fugge terrorizzato dall'orrenda creatura cui ha dato la vita. Costretta a nascondersi e respinta dagli uomini, da buona e mite la creatura diviene malvagia e spietata. Decide così di vendicarsi del suo creatore. Solo dopo la morte di Frankenstein la creatura ritrova la pace, maturando il liberatorio proposito del suicidio.

La struttura di quest'opera riflette il gusto tardo-settecentesco del romanzo epistolare, in cui la trama si sviluppa attraverso i punti di vista che emergono dalle

Sequenze
Narratore
Focalizzazione = Narratore interno, dell'esploratore e di Frankestein
Personaggio.

LA LETTERATURA DEL TERRORE   *183*

lettere scritte dai diversi personaggi. Qui emergono tre punti di vista fondamentali: quello di un narratore testimone, l'esploratore dei ghiacci Robert Walton, che riferisce le proprie esperienze di viaggio all'inizio e alla fine del libro, quello del barone Frankenstein e quello della sua creatura, che raccontano in prima persona le rispettive disavventure da prospettive naturalmente opposte.

Descrittive
Riflessive
Narratore interno
Medio linguaggio

Era una cupa notte di novembre quando vidi il coronamento delle mie fatiche[1]. Con un'ansia che assomigliava all'angoscia, raccolsi attorno a me gli strumenti atti a infondere la scintilla di vita nell'essere inanimato che giaceva ai miei piedi. Era quasi l'una del mattino; la pioggia batteva monotona contro le imposte e la
5 candela avrebbe presto dato i suoi ultimi guizzi quando, alla luce che stava per spegnersi, vidi aprirsi i foschi[2] occhi gialli della creatura; respirò a fatica, e un moto convulso[3] le agitò le membra. Come descrivere le mie emozioni dinanzi a questa catastrofe, o come dare un'idea dell'infelice che, con cura e pena infinite, mi ero sforzato di creare? Le sue mem-
10 bra erano proporzionate e avevo scelto i suoi lineamenti in modo che risultassero belli. Belli! Gran Dio! La sua pelle giallastra nascondeva a malapena il lavorio sottostante dei muscoli e delle arterie; i suoi capelli erano folti e di un nero lucido, i suoi denti di un bianco perlaceo; ma tutti questi particolari non facevano che rendere più orribile il contrasto con i suoi occhi acquosi, i quali apparivano quasi
15 dello stesso colore delle orbite, di un pallore terreo, in cui erano collocati, con la sua pelle grinzosa e con le sue labbra nere e diritte.
I casi della vita non sono così mutevoli come i sentimenti della natura umana.

Riflessive

Avevo lavorato duramente per quasi due anni al solo scopo di infondere la vita a un corpo inanimato. Per questo mi ero negato riposo e salute. Avevo desiderato
20 il successo con un ardore che trascendeva ogni moderazione; ma ora che vi ero giunto, la bellezza del sogno svaniva, e il mio cuore era pieno di un orrore e di un disgusto indicibili[4]. Incapace di sopportare la vista dell'essere che avevo creato, mi precipitai fuori del laboratorio e passeggiai a lungo su e giù per la mia camera da letto, senza decidermi a prender sonno. Alla fine la stanchezza subentrò al tumulto
25 che prima mi aveva scosso, e mi gettai sul letto, vestito com'ero, sforzandomi di trovare qualche istante d'oblio. Invano: dormii, sì, ma il sonno fu disturbato dagli incubi più spaventosi. Mi pareva di vedere Elizabeth[5] che, nel fiore della salute, passeggiava per le strade di Ingolstad[6]. La abbracciavo con gioiosa sorpresa, ma le labbra, che le sfioravo nel primo bacio, assumevano il pallore livido della morte,
30 i suoi lineamenti mutavano, ed ecco che io stringevo tra le braccia il cadavere di mia madre[7]; un sudario[8] ne ricopriva le forme, e io potevo vedere i vermi che strisciavano sotto i lembi della stoffa. Inorridito, mi scossi dal sonno; un sudore gelido mi copriva la fronte, i denti mi battevano, tremavo convulso in tutte le membra; poi, al chiarore incerto e giallo della luna che filtrava attraverso le imposte, scorsi
35 lo sciagurato, il miserabile mostro che io avevo creato. Sollevò le cortine del letto[9], e i suoi occhi, se occhi possono chiamarsi, si fissarono su di me. Dischiuse le

---

1 **il coronamento delle mie fatiche**: il buon esito dei miei sforzi.
2 **foschi**: cupi.
3 **moto convulso**: movimento istantaneo e scomposto.
4 **indicibili**: che non si possono spiegare.
5 **Elizabeth**: è l'amata cugina di Frankenstein.
6 **Ingolstad**: all'età di diciassette anni Frankenstein lascia Ginevra, la città in cui è nato, e si trasferisce

in Baviera, a Ingolstad, dove frequenta l'università e porta a termine il suo esperimento.
7 **mia madre**: la madre di Frankenstein era morta prima della partenza di Victor per Ingolstad.
8 **sudario**: lenzuolo funebre.
9 **le cortine del letto**: i tendaggi del letto a baldacchino.

Pieter van Laer, Scena magica con ritratto, 1638. New York, Metropolitan Museum of Arts.

mascelle e mormorò qualche suono inarticolato, mentre una smorfia gli contraeva le guance. Forse parlò, ma io non lo sentii; aveva una mano tesa in avanti, forse per trattenermi, ma fuggii e mi precipitai giù per le scale. Mi rifugiai nel cortile
40 della casa dove abitavo, e lì rimasi per il resto della notte, camminando in su e in giù agitatissimo, tendendo ansiosamente l'orecchio e sussultando di paura ad ogni rumore, quasi esso mi annunciasse l'avvicinarsi dell'essere demoniaco cui così follemente avevo dato la vita.

Oh, nessun mortale avrebbe potuto reggere all'orrore di quel volto! Una mummia
45 ritornata a vita non avrebbe potuto essere più spaventosa. Lo avevo osservato quando era incompiuto: era già brutto allora; ma quando muscoli e giunture erano stati resi capaci di moto, era diventato qualcosa che neppure Dante[10] avrebbe saputo concepire.

Passai una notte terribile. In certi momenti il mio polso batteva così in fretta e
50 così forte che sentivo palpitare ogni arteria; in altri momenti quasi mi accasciavo a terra per il languore e l'estrema debolezza. Assieme all'orrore avvertivo l'amarezza della delusione: quei sogni che per tanto tempo erano stati il mio cibo e il mio conforto erano diventati un inferno per me; e il mutamento era stato repentino, lo sconvolgimento completo.

55 Giunse alla fine il mattino, triste e umido, e scoprì ai miei occhi insonni e affaticati la chiesa di Ingolstad con il suo campanile bianco e l'orologio che segnava le sei. Il custode aprì i cancelli del cortile che era stato il mio asilo notturno[11] e io uscii nelle strade e le percorsi a passi rapidi, quasi a sfuggire il mostro che a ogni angolo temevo si presentasse al mio sguardo. Non osavo ritornare nel mio appartamento,
60 ma mi sentivo sospinto innanzi anche se ero fradicio per la pioggia che cadeva da un cielo nero e ostile.

Camminai così per qualche tempo nel tentativo di alleviare con la fatica materiale il peso che grava sulla mia anima. Vagai per le strade senza sapere con precisione dove fossi né che cosa facessi.

65 Il mio cuore era in preda a una paura morbosa e io mi affrettavo con passi irregolari, senza osare guardarmi attorno:

10 Dante: Dante Alighieri.
11 asilo notturno: rifugio per la notte.

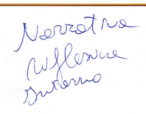

12 né più ardisce: e non osa più.

13 Come colui … da presso: dalla *Ballata del vecchio marinaio* di Samuel Taylor Coleridge (1722-1834), poeta, filosofo e critico inglese.

Come colui che su una solitaria
strada incede guardingo e impaurito;
e, dopo aver guardato indietro affretta,
70 né più ardisce[12] di volgere la testa,
poiché conosce che un orrendo mostro
lo minaccia da presso…[13]

(M. Shelley, *Frankenstein ovvero il Prometeo moderno*,
Milano, Rizzoli, 2002, trad. di Bruno Tasso)

▸ IL DIBATTITO

È giusto porre dei limiti alla ricerca scientifica?

La vicenda del dottor Frankenstein, che nel tentativo di sfidare le leggi della natura e donare l'immortalità agli uomini crea un mostro, pone un interrogativo ancora attuale, soprattutto se si pensa ai recenti sviluppi dell'ingegneria genetica, dalla clonazione all'utilizzo delle cellule staminali: ci sono dei limiti oltre i quali la scienza non deve andare?

LE RISPOSTE

PRIMA IPOTESI: no, la ricerca scientifica non deve essere sottoposta a limiti e a controlli di nessun genere; solo così essa potrà continuare nel suo cammino di scoperte. Chi risponde così rivendica l'assoluta libertà della ricerca scientifica: per poter progredire e apportare benessere all'umanità, come

già è avvenuto in passato, la scienza deve essere svincolata da qualsiasi obbligo di tipo etico-morale.

SECONDA IPOTESI: sì, la ricerca scientifica deve avere dei limiti e deve essere regolata da specifiche leggi che ne limitino il raggio d'azione, per evitare che possano essere compiuti esperimenti mostruosi, pericolosi o contrari alla morale e alla religione. Chi risponde così ritiene che sia compito della politica, espressione della sovranità popolare, fissare i limiti cui la ricerca scientifica deve sottostare.

CONCLUSIONE

A partire dalle ipotesi fornite, argomenta e discuti con i compagni il tuo punto di vista.

▸ DISCUTIAMO IL PROBLEMA

1 LE CARATTERISTICHE DEL GENERE

In questo brano sono presenti alcune caratteristiche fondamentali del romanzo gotico. Innanzitutto la collocazione temporale della vicenda narrata, che ha inizio in una cupa e piovosa notte di novembre e che si conclude in un mattino irreale, umido e triste, proprio come nei peggiori incubi.
Successivamente, la descrizione del mostro. L'autore indugia su particolari raccapriccianti, che creano attesa e *suspense* nel lettore: il pulsare delle arterie sotto la pelle giallastra, le labbra nere, gli occhi gialli e acquosi. Il mostro si anima e il suo creatore sprofonda in una dimensione allucinata e irreale. Sbigottito dalla delusione, sopraffatto dal terrore, stremato dalla stanchezza, il

dottor Frankenstein si addormenta, ma non si libera dall'orrore della morte, che ritorna a ossessionarlo in forma di incubo. Risvegliatosi nel cuore della notte, sudato e tremante, Frankenstein si accorge di non essere solo: la sua creatura è accanto a lui e lo guarda, tendendogli la mano ed emettendo mormorii inarticolati. Non resistendo al disgusto e all'orrore, lo scienziato fugge via.

1 Individua le sequenze descrittive e sottolinea tutti i termini (aggettivi, nomi e verbi) che comunicano paura e inquietudine.

2 I PERSONAGGI E I PUNTI DI VISTA

Oltre a quello del narratore testimone, l'esploratore Robert Walton che naviga tra i ghiacci del Polo, in questo romanzo sono presenti due punti di vista fondamentali: quello del dottor Frankenstein e quello della sua creatura.
Il punto di vista dello scienziato nel corso della storia subisce un'evoluzione (evidente anche nel brano in esame): dapprima egli è infervorato dalla smania di sfidare le leggi della natura

infondendo calore vitale a una creatura fatta con pezzi di cadavere; il folle proposito lo innalza alle stelle, lo fa sentire come un artefice divino, potente e infallibile. Quando si rende conto della mostruosità cui ha dato vita, Frankenstein passa dal senso di onnipotenza all'insicurezza e al terrore, poiché con i suoi esperimenti ha innescato un processo irreversibile di cui ha completamente perso il controllo. Vittima del progresso, lo scienziato non è più un demiurgo, depositario di conoscenze eccelse e proibite, ma una vittima costretta alla fuga e destinata a soffrire e a veder soffrire.

Il punto di vista della creatura è invece quello del "diverso", di colui che è percepito come "fuori posto" da chi è o si ritiene normale. Anche il frutto dell'orribile esperimento subisce un'evoluzione psicologica in negativo: da creatura innocente (come qualunque essere che venga al mondo) in cerca del padre e della compagnia degli altri, egli si trasforma in mostro sanguinario, ma sono l'ambiente circostante e l'indifferenza e la repulsione della gente a fare di lui un criminale. Da vittima abbandonata al proprio destino, la creatura diviene così un demone vendicatore che si accanisce prima nei confronti della

famiglia di Victor Frankenstein, poi verso il suo creatore e infine verso se stesso.

2 Quali sono gli stati d'animo del protagonista? Motiva la tua risposta con precisi riferimenti testuali.

3 Qual è l'incubo che ossessiona Frankenstein?

4 Che legame c'è tra l'esperimento e l'incubo del protagonista?

5 Il punto di vista adottato è quello
- **A** dell'io narrante.
- **B** del narratore testimone.
- **C** del narratore esterno.
- **D** dell'autrice.

3 IL CONTESTO E I TEMI

Iniziato per gioco e nel tentativo di emulare le cupe atmosfere delle *ghost stories* tedesche, il racconto della Shelley prese una piega del tutto diversa, diventando qualcosa di nuovo, un romanzo assolutamente moderno, imbevuto più delle teorie evoluzionistiche del dottor Erasmus Darwin (in seguito sviluppate del più illustre nipote, Charles) e degli esperimenti dello scienziato Galvani nel settore dell'elettrologia, che degli umori gotici delle

più classiche storie del terrore. Le ansie del geniale scienziato di fronte alla creatura che sfugge al suo controllo rappresentano le amplificazioni degli scrupoli di coscienza e degli interrogativi che qualunque scienziato – del diciannovesimo secolo così come del ventesimo o del ventunesimo – si pone o si dovrebbe porre rispetto alle finalità e ai limiti della sua ricerca.

▶ **ATTIVIAMO LE COMPETENZE**

LETTURA E COMPRENSIONE

ACCESSO ALLE INFORMAZIONI

6 Indica con precisione quando avviene l'esperimento.

7 Quale arco temporale (un giorno, due giorni ecc.) abbraccia la narrazione in esame?

8 Dove avviene l'esperimento di Frankenstein?
- **A** A casa sua.
- **B** Nel cortile.
- **C** In un rifugio sotterraneo.
- **D** In un camposanto.

COMPRENSIONE GENERALE E INTERPRETAZIONE

9 «I casi della vita non sono così mutevoli come i sentimenti della natura umana» (r. 17). Questa frase vuol dire che
- **A** i sentimenti non cambiano mai.
- **B** i sentimenti degli uomini sono più mutevoli dei casi della vita.
- **C** i sentimenti degli uomini determinano gli eventi.
- **D** sono i casi della vita a determinare i sentimenti.

10 Riscrivi in prosa e con un linguaggio più moderno i versi con cui si conclude il brano e spiega perché essi rispecchiano lo stato d'animo del protagonista.

11 Nel testo viene citato Dante. Perché il narratore fa riferimento all'autore della *Divina commedia*?

12 L'uso di frasi esclamative
- **A** ritarda lo scioglimento della vicenda.
- **B** rallenta la narrazione.
- **C** rende le descrizioni più spaventose.
- **D** dà risalto allo stato d'animo del protagonista.

LESSICO

UTILIZZO DEGLI STRUMENTI DI RICERCA

13 Scrivi accanto a ciascuna parola o espressione il significato corrispondente.

trascendeva ogni moderazione (r. 20)

_____

pallore livido (r. 29)

_____

fatica materiale (r. 62)

_____

repentino (r. 53)

_____

L'età d'oro dei vampiri

Marzia Botta, «*Storia*», anno XIII, n. 131

Tipologia	Testo espositivo
Genere	Saggio divulgativo di ambito storico-culturale
Anno	1998

▶ STUDIAMO IL TESTO ESPOSITIVO

1 LO SCOPO DEL TESTO
2 LA CRONOSEQUENZA
3 LA FRASE CONTATORE E LA FRASE SINTESI

Invito alla lettura

Analizzando i primi casi di presunto vampirismo documentati in Europa nel '700, l'autrice mostra al lettore come il vampiro, nato dalla fantasia e dalla superstizione popolari, si sia trasformato, da mostro sanguinario con l'aspetto di rozzo contadino o di povero soldato, in una delle creature più sinistre e affascinanti di tutti tempi: merito della letteratura e del cinema, che ne hanno fatto una vera e propria icona dell'*horror*.

Il vampiro nell'immaginario popolare è una creatura non-morta che di notte fuoriesce dalla tomba di un cimitero abbandonato o di un'oscura cripta per aggredire le sue vittime, spesso giovani fanciulle, e morderle sul collo con i lunghissimi canini allo scopo di succhiarne il sangue. Pur essendo un'anima dannata, propa-
5 gatrice del male, si presenta per lo più come un bell'uomo (ma a volte è di sesso femminile), di aristocratica discendenza, elegante nella sua immancabile cappa nera, con uno sguardo magnetico che ammalia chiunque gli si avvicini. Possiede poteri particolari, come la capacità di trasformarsi in pipistrello, ha il controllo sugli animali e su alcuni umani particolarmente deboli, e soprattutto non teme lo
10 scorrere del tempo. Questa visione è frutto in realtà di una tradizione piuttosto recente che vede la luce nella letteratura romantica del primo Ottocento, per poi rafforzarsi a partire dal 1897, anno della pubblicazione del romanzo *Dracula* dello scrittore irlandese Bram Stoker. Con l'inizio del nuovo secolo viene trasportata nel cinema che la divulgherà in tutto il mondo e la renderà così popolare da farne
15 uno stereotipo culturale rintracciabile in ogni forma di comunicazione. È pertanto inevitabile, quando si parla di vampiri, che vengano in mente anzitutto le figure di Bela Lugosi[1] nel *Dracula* di Tod Browning del 1931 o di Christopher Lee[2] nei film *horror* anni Sessanta della casa cinematografica inglese Hammer.
Ma il vampiro "storico", appartenente alla tradizione folklorica, nasce molto tempo
20 prima: è presente già nella mitologia delle antiche civiltà orientali e greca, dopo l'avvento del cristianesimo è rintracciabile in alcune credenze tardo medievali, acquisisce uno status definitivo tra il XVII e il XVIII secolo. Proprio in quest'ultimo periodo ne vengono stabilite anche le caratteristiche fisiche e comportamentali, le modalità per individuarlo, i rimedi per distruggerlo. Non presenta alcuni at-
25 tributi che in seguito lo caratterizzeranno, come l'associazione con il pipistrello o i canini ipersviluppati, mentre altri, come il non potersi riflettere negli specchi o il disgusto per l'aglio, costituiscono in realtà delle varianti regionali, in questo caso della Germania e della Romania. C'è invece corrispondenza tra folklore e letteratura nella credenza che il vampiro possa uscire dalla tomba solo di notte
30 per rientrarvi prima del canto del gallo, che sia capace di trasformarsi in animale,

1 LO SCOPO DEL TESTO
Attraverso un'esposizione basata su fatti storici, il testo fornisce al lettore informazioni nuove sull'argomento affrontato.

1 Bela Lugosi: attore ungherese celebre per le sue interpretazioni teatrali e cinematografiche di Dracula.
2 Christopher Lee: attore americano, ha interpretato il ruolo del vampiro per ben dodici volte.

che abbia timore della croce e che per ucciderlo bisogni piantargli un paletto di legno nel cuore.

Europa orientale: i primi casi di vampirismo si manifestano già nel Cinquecento

35 Probabilmente tutte le storie popolari sui vampiri sviluppatesi nel corso dei secoli nell'Europa centro-orientale sarebbero rimaste quasi completamente sconosciute al mondo occidentale se tra la fine del Seicento e gli inizi del Settecento una vera e propria epidemia di vampirismo non fosse esplosa in quelle regioni, attirando la curiosità della stampa e la preoccupazione delle autorità religiose, civili e militari. Così proprio l'età dei lumi e del trionfo della ragione sulla superstizione vide 40 la nascita di un fenomeno che ben presto assunse la dimensione di una vera e propria psicosi collettiva.

In realtà i casi di vampirismo documentati cominciarono a manifestarsi in Europa orientale già dalla fine del Cinquecento per infittirsi soprattutto a partire dalla 45 seconda metà del Seicento.

Ma non si trattava ancora di veri vampiri quanto di forme che li precedevano: erano cioè morti che non aggredivano i viventi per succhiarne il sangue, ma che si limitavano a scorrazzare di notte per i villaggi tormentando la gente. Un caso particolare è costituito dai *nachzehrer*[3], la cui credenza era piuttosto diffusa 50 durante il Seicento nella Germania dell'Est e in Polonia. Questi defunti infatti non si alzavano quasi mai dalle loro bare e non attaccavano le persone bensì si limitavano a masticare il sudario e i vestiti, a volte addirittura le proprie carni. La loro azione provocava però nei viventi che abitavano nei paraggi delle tombe uno strano deperimento fisico, come se gli fosse stata succhiata l'energia vitale, tanto 55 da condurli alla morte in breve tempo.

Bisogna comunque arrivare agli anni Venti del Settecento perché negli atti ufficiali si parli espressamente di vampiri. È infatti proprio a partire da questo periodo e per il successivo ventennio, che fu definito "l'età d'oro dei vampiri", che si moltiplicarono gli episodi conosciuti, soprattutto nelle regioni della Serbia e della Moravia, 60 attirando l'attenzione delle autorità austriache.

I casi più importanti sono due: il primo, risalente al 1725, è quello di Peter Plogojowitz, e ci è noto da un rapporto ufficiale stilato da Fromann, provveditore generale del distretto di Gradisca; il secondo, che si svolse tra il 1726 e il 1732, è quello di Arnolde Paole. Nel villaggio di Kisilova, dieci settimane dopo la morte 65 di Plogojowitz, si diffuse un'epidemia che sterminò nel giro di una settimana nove persone e tutte nell'agonia riferirono di aver visto il defunto che si avvicinava al letto, si coricava su di loro e le aggrediva.

Allora fu deciso di aprire la sua tomba e si scoprì che il cadavere non si era decomposto, che gli erano cresciuti i capelli, la barba e le unghie e che sulle labbra 70 c'erano tracce di sangue fresco. Perciò gli venne trapassato con un palo il cuore e da questo gli uscì ancora sangue fresco, così come dalla bocca e dalle orecchie; poi il suo corpo venne bruciato. Il secondo caso avvenne a Medwegya in due fasi successive: la prima risale al 1726, quando morì un soldato del villaggio, Arnolde Paole, che sosteneva di essere stato in passato vittima di un vampiro. Dopo venti 75 o trenta giorni dalla sua morte alcuni abitanti dissero di essere tormentati dalle sue visite notturne e lo accusarono dell'improvvisa morte di quattro compaesani. Quaranta giorni dopo il suo decesso le autorità autorizzarono l'esumazione del corpo, che venne trovato in ottimo stato di conservazione con sangue fresco che gli usciva dal naso, dalla bocca e dalle orecchie. Anche in questo caso il cuore fu 80 trafitto da un paletto e il corpo successivamente bruciato. Intanto però in paese si

---

2 LA CRONOSEQUENZA
I fatti sono esposti all'interno del paragrafo secondo un criterio cronologico (prima/dopo).

3 LA FRASE CONTATORE E LA FRASE SINTESI
Quando si espongono una serie di fatti, è importante anticipare al lettore ciò di cui si parlerà. In questo modo la lettura del testo risulterà più agevole.

3 nachzehrer: termine di origine germanica che probabilmente significa "masticatore di sudario, divoratore della notte".

era diffusa la convinzione che tutte le vittime di Paole sarebbero diventate a loro volta vampiri.

Così furono riesumate, trafitte e bruciate le quattro persone che erano state credute vampirizzate da lui. Ma si diceva anche che egli avesse succhiato sangue da
85 animali e pertanto coloro che ne avevano mangiate le carni potevano diventare a loro volta vampiri. Così nel 1731, quando a Medwegya nel giro di tre mesi si verificarono ben diciassette morti improvvise, la colpa fu data di nuovo a Paole. Tutti i cadaveri vennero dissotterrati e furono trovati in ottimo stato di conservazione e con abbondanza di sangue fresco. Del fatto furono allora informate le autorità
90 austriache che decisero di fare un'ispezione ufficiale, di cui ci rimane un rapporto, dal titolo *Visum et Repertum*, che fu redatto nel 1732 dal dottore dell'esercito austriaco Johann Fluckinger, accompagnato da due ufficiali medici. La relazione fu spedita al concilio austriaco della guerra a Belgrado e venne pubblicata in Germania nel corso dello stesso anno, provocando molta curiosità in Europa occidentale e
95 suscitando anche l'interesse del re di Francia Luigi XV che chiese al suo ambasciatore in Austria, il duca di Richelieu, di portargli una dettagliata documentazione sulle scoperte ufficiali delle investigazioni. Il *Visum et Repertum* scatenò una vera guerra di articoli sui più importanti giornali europei: il *Commercium Litterarium* di Norimberga dedicò ai vampiri diciotto articoli dal marzo al settembre 1732; *Le*
100 *Glaneur historique* in Olanda, il *Mercure de France*, il *London Journal* in Inghilterra presentarono il caso di Arnolde Paole con gran dovizia di dettagli. E così il termine *vampyr* (*wampyre*, *vampire*), prima sconosciuto, fu introdotto ufficialmente nelle lingue dell'Europa occidentale per designare quei *revenants*[4] che uscivano di notte dalle tombe per aggredire i viventi.
105 L'evento ebbe una tale risonanza da dare il via a un intenso dibattito filosofico sull'esistenza o meno dei vampiri nei circoli letterari e nelle università del tempo. E fu proprio allora che tutte le leggende sull'argomento, tramandate oralmente di generazione in generazione, vennero raccolte, catalogate e analizzate.

Sia il clero che l'imperatrice d'Austria studiano il fenomeno del vampirismo

110 Fra i tanti trattati del periodo sono da ricordare almeno la *Dissertazione sopra i vampiri* scritta dal cardinale Giuseppe Davanzati tra il 1728 e il 1743, pubblicata a Napoli nel 1744, e la celebre opera del monaco benedettino francese Dom Augustin Calmet, *Dissertation sur les apparitions des anges, des démons et des esprits, et sur les revenants et vampires de Hongrie, de Bohème, de Moravie et de la Silésie*, la
115 cui prima edizione risale al 1746, e che poi fu ristampata, ampiamente riveduta e corretta, nel 1751.

Davanzati esclude categoricamente l'esistenza dei vampiri e non crede nemmeno a una loro origine soprannaturale e diabolica, sostenuta da molti ecclesiastici. Inoltre non accetta *in toto* le cause naturalistiche, che tendevano a giustificare gli
120 strani fenomeni di mancata decomposizione e di freschezza dei cadaveri con spiegazioni biologiche, ma ricorre piuttosto a motivazioni psicologiche, legate a una fantasia morbosa alimentata dall'ignoranza di quelle popolazioni. Calmet invece per confutare la credenza nei vampiri cita una lista impressionante di fonti che poi alla fine sconfessa reputandole inattendibili, facendo così più che altro un'ope-
125 ra enciclopedica che sarà di grande interesse per storici, sociologi e antropologi. Nel 1755, in seguito a notizie di nuovi episodi di vampirismo in Moravia e di processi sommari celebrati dalla chiesa locale contro i defunti, l'imperatrice Maria Teresa d'Austria inviò due scienziati a prendere visione dei fatti. Al loro ritorno, Gerard von Swieten, suo consigliere personale, stese il rapporto *Les remarques sur*
130 *le vampirisme de l'an 1755* (conosciuto in seguito con il titolo di *Vampyrismus*), in

---

4 *revenants*: morti che ritornano tra i vivi. A differenza del fantasma, che è un'entità incorporea, il *revenant* si manifesta in carne e ossa.

Dracula interpretato da Christopher Lee nel film di Terence Fisher Dracula, principe delle tenebre, *1966.*

LABORATORIO

Vai al laboratorio per leggere un testo tratto da Dracula:

B. Stoker
Le vampiresse

cui affermava l'infondatezza dell'esistenza dei vampiri, legata solo a «vano timore, superstiziosa credenza, tetra ed agitata fantasia, semplicità, ed ignoranza di quel popolo» e accusava la chiesa del luogo di non aver saputo opporsi al fenomeno, anzi di aver acconsentito alla celebrazione di atti barbari, come quello di disseppellire, mutilare o bruciare cadaveri.

135 Accesa dall'indignazione dopo aver letto la relazione di von Swieten, Maria Teresa promulgò un decreto, il *Rescritto sui vampiri* del primo marzo 1755, in cui, prendendo in considerazione i casi della Moravia, negava l'esistenza dei vampiri e avocava a sé la competenza di giudicare nuovi casi sospetti, allo scopo di non permettere più processi dettati dalla superstizione piuttosto che dalla giustizia.

140 Fu l'ultimo atto ufficiale sull'argomento: a partire da quel momento gli episodi di vampirismo praticamente scomparvero e in Europa occidentale l'interesse della stampa e degli intellettuali cominciò a calare. Così, alla fine del Settecento, da fenomeno di costume, il vampiro si avviava a trasformarsi in fenomeno letterario e veniva adottato dal nascente movimento romantico, che l'avrebbe idealizzato e

145 reso, questa volta per davvero, immortale.

(M. Botta, *L'età d'oro dei vampiri*,
in «Storia», anno XIII, n. 131)

▶ STUDIAMO IL TESTO ESPOSITIVO

1 LO SCOPO DEL TESTO

Il brano proposto rientra nella tipologia dei testi a carattere espositivo. In questo caso lo scopo del testo è quello di fornire al lettore informazioni sull'origine del mito del vampiro, soffermandosi sul periodo storico che ha contribuito maggiormente alla sua diffusione, determinandone poi il successo letterario. L'argomento principale è enunciato dalla frase topica: dopo l'introduzione (rr. 1-18) in cui l'autrice si sofferma sulle caratteristiche fisiche e comportamentali che l'immaginario popolare, per la mediazione della letteratura e del cinema, ha attribuito al personaggio del vampiro, viene esposta la *topic sentence* che riassume e preannuncia i contenuti del testo. Collocata in posizione strategica all'inizio del secondo capoverso, la frase topica è seguita da un'enumerazione schematica dei contenuti che saranno sviluppati nel corso del testo.

Frase topica.

Le tre proposizioni indipendenti, giustapposte per asindeto e introdotte dai due punti, espongono una serie di informazioni collegate all'argomento espresso nella frase iniziale.

Ma il vampiro "storico", appartenente alla tradizione folklorica, nasce molto tempo prima: è presente già nella mitologia delle antiche civiltà orientali e greca, dopo l'avvento del cristianesimo è rintracciabile in alcune credenze tardo medievali, acquisisce uno status definitivo tra il XVII e il XVIII secolo.

1 Qual è il soggetto grammaticale delle tre frasi indipendenti?

2 LA CRONOSEQUENZA

La frase topica del secondo paragrafo è affidata al periodo ipotetico iniziale, formato dalla proposizione reggente (apòdosi), con il predicato al condizionale passato, e dalla proposizione subordinata condizionale (pròtasi), introdotta dalla congiunzione subordinate *se* e con il verbo al congiuntivo trapassato.

Apòdosi: esprime la conseguenza di quanto affermato nella protasi.

Protasi: esprime un'ipotesi.

Probabilmente tutte le storie popolari sui vampiri sviluppatesi nel corso dei secoli nell'Europa centro-orientale sarebbero rimaste quasi completamente sconosciute al mondo occidentale se tra la fine del Seicento e gli inizi del Settecento una vera e propria epidemia di vampirismo non fosse esplosa in quelle regioni...

La proposizione successiva, introdotta dall'avverbio *così*, ha la funzione di frase-riepilogo, cioè serve a riassumere e ribadire quanto precedentemente affermato.

L'avverbio *così* ha qui il significato di "in questo modo": è utilizzato per riprendere il discorso e ribadire la tesi.

Così proprio l'età dei lumi e del trionfo della ragione sulla superstizione vide la nascita di un fenomeno che ben presto assunse la dimensione di una vera e propria psicosi collettiva.

Dopo l'esposizione della frase topica, il paragrafo segue uno sviluppo per sequenza temporale (o cronosequenza): i fatti vengono presentati in successione, secondo un ordine cronologico. Prima l'autrice si sofferma sui presunti casi di vampirismo del Cinquecento, per ritornare poi alle manifestazioni di vampirismo del '700 (r. 56).
Le date presenti nel testo («il primo risalente al 1725», «si svolse tra il 1726 e il 1732») conferiscono ordine e rigore all'esposizione, ne facilitano la lettura e fissano le coordinate temporali (e spaziali) degli eventi illustrati.

2 Il periodo ipotetico con cui si apre il paragrafo vuol dire che
- A l'epidemia di vampirismo sviluppatasi in Europa tra il '600 e il '700 ha probabilmente contribuito allo sviluppo delle storie sui vampiri.
- B lo sviluppo delle storie sui vampiri e i fenomeni di vampirismo verificatisi tra il '600 e il '700 sono indipendenti.
- C non si è verificata alcuna epidemia di vampirismo tra il '600 e il '700.
- D il centro propulsore delle storie di vampiri non è l'Europa centro-orientale.

3 Sottolinea nel testo tutti i riferimenti spazio-temporali (luoghi, date, avverbi di luogo e di tempo).

3 LA FRASE CONTATORE E LA FRASE SINTESI

Sempre a un'esigenza di rigore di ordine espositivo è da ricondurre la presenza di frasi contatore e frasi sintesi evidenti in almeno due capoversi.
Nelle modalità espositive per enumerazione e sequenza (come nel nostro caso), in cui i fatti vengono enumerati o elencati secondo un preciso criterio, le frasi topiche delle unità testuali hanno la funzione di presentare i fatti che saranno successivamente sviluppati.
In particolare, la frase contatore indica quanti elementi saranno oggetto di trattazione:

■ Frase contatore
■ Primo fatto
■ Secondo fatto

I casi più importanti sono due: il primo, risalente al 1725, è quello di Peter Plogojowitz, e ci è noto da un rapporto ufficiale stilato da Fromann, provveditore generale del distretto di Gradisca; il secondo, che si svolse tra il 1726 e il 1732, è quello di Arnolde Paole.

Anche la frase sintesi anticipa i contenuti di una sequenza. A differenza della frase contatore, la frase sintesi non indica il numero dei fatti esposti, ma li presenta genericamente al lettore sotto di forma di rapido sommario.

Fra i tanti trattati del periodo sono da ricordare almeno la *Dissertazione sopra i vampiri* scritta dal cardinale Giuseppe Davanzati tra il 1728 e il 1743, pubblicata a Napoli nel 1744, e la celebre opera del monaco benedettino francese Dom Augustin Calmet, *Dissertation sur les apparitions des anges, des démons et des esprits, et sur les revenants et vampires de Hongrie, de Bohème, de Moravie et de la Silésie*, la cui prima edizione risale al 1746, e che poi fu ristampata, ampiamente riveduta e corretta, nel 1751.

In entrambi i casi, gli argomenti anticipati dalla frase contatore e dalla frase sintesi vengono poi sviluppati, così come si attende il lettore, nei capoversi successivi.

4 Trasforma la frase sintesi dell'esempio sopra riportato in una frase contatore.

5 Indica le parti del testo in cui vengono sviluppati i contenuti annunciati dalla frase contatore e dalla frase sintesi.

▶ ATTIVIAMO LE COMPETENZE

LETTURA E COMPRENSIONE

COMPRENSIONE GENERALE E INTERPRETAZIONE

6 Che relazione c'è tra il titolo del saggio e i suoi contenuti?

7 Che differenza c'è tra un vampiro, i non-morti del Cinquecento e i *nachzehrer*?

8 Come reagirono ai presunti casi di vampirismo le autorità, la Chiesa, la scienza e la stampa?

RIFLESSIONE E VALUTAZIONE

9 «Così proprio l'età dei lumi e del trionfo della ragione sulla superstizione vide la nascita di un fenomeno che ben presto assunse la dimensione di una vera psicosi collettiva». Il fatto che il vampirismo si sia diffuso durante l'età dei lumi sembra un paradosso. Perché?

STRUMENTI ESPRESSIVI E ARGOMENTATIVI

INTEGRAZIONE, USO DEI CONNETTIVI, SVILUPPO DEI PARAGRAFI

10 Costruisci un breve testo espositivo sui vampiri, rispettando la scaletta proposta e integrando le informazioni fornite.

Paragrafo	Di che cosa devi parlare	Notizie utili
1	Caratteristiche principali del vampiro nell'Europa centro-orientale del XVIII secolo	è un morto che ritorna tra i vivi • succhia il sangue • trasforma le vittime in vampiri
2	Modi di trasmissione del vampirismo	trasmissione per contagio • anche altre categorie erano soggette al vampirismo (streghe, scomunicati, chi non possedeva una sepoltura)
3	Individuazione dei vampiri	scoperchiare la tomba • controllare capelli, unghie, stato di conservazione, presenza di sangue
4	Distruzione dei vampiri	conficcare un paletto di legno nel cuore • i russi usavano il legno di pioppo, altri popoli il biancospino • in Albania e in Dalmazia si usava una spada consacrata • decapitare il vampiro e bruciarlo

Gioco d'ottobre

Ray Bradbury, *Molto dopo la mezzanotte*

Tipologia	Testo narrativo
Genere	Racconto
Sottogenere	Horror, thriller
Anno	1979

 CHI: Ray Bradbury

 DOVE: Stati Uniti

QUANDO:  Novecento

▶ IL PIACERE DI LEGGERE

L'autore

Lo scrittore statunitense Ray Bradbury (1920-2012) è noto soprattutto come autore di storie fantascientifiche, con le quali nel dopoguerra si è imposto all'attenzione dei lettori, apportando un contributo originale al mondo della *science fiction* con titoli come *Cronache marziane* (1950) e *Fahrenheit 451* (1953). La produzione di Bradbury, nella cui formazione ha un peso non indifferente la lettura delle storie nere dell'Ottocento, comprende anche racconti terrorizzanti come quello proposto, tratto dalla raccolta *Molto dopo la mezzanotte*, pubblicata in Italia nel 1979.

Invito alla lettura

È l'ultimo giorno di ottobre, la sera di Halloween. Anche se non lo dà a vedere, la piccola Marion è felice perché papà Mich e mamma Louise le hanno organizzato una bella festa in maschera. La casa è piena di candele, zucche intagliate e dolciumi assortiti. Di lì a poco giungeranno gli amichetti accompagnati dai loro genitori, e a quel punto avrà inizio il vero divertimento!
Eppure, nonostante le apparenze, qualcosa sembra non andare per il verso giusto. Louise è indaffarata e ignora il marito; Mich, invece, è tormentato da pensieri molto cattivi. Sente di odiare profondamente la moglie, la figlia gli appare come un'estranea e Halloween come la sera ideale per attuare la sua crudele vendetta.

Ripose la pistola nel cassetto della scrivania e chiuse il cassetto.
No, non così. Così Louise non avrebbe sofferto. Sarebbe morta senza soffrire e sarebbe tutto finito.
Era invece importante che questa cosa, soprattutto, durasse. Occorreva fantasia
5 per farla durare. Come prolungare la sofferenza? E, prima di tutto, come crearla? L'uomo ritto di fronte allo specchio della camera da letto si agganciò con cura i gemelli ai polsini della camicia. Si distrasse per ascoltare il rumore dei bambini che correvano veloci in strada, fuori della calda casa a due piani: bimbi come tanti topolini grigi, come tante foglie d'autunno.
10 Dal rumore che facevano i bambini si sapeva che giorno era dell'anno. Dalle loro grida si sapeva che sera era. Si sapeva che l'anno era avanzato. Ottobre. L'ultimo giorno di ottobre, con le maschere dipinte come teschi, le zucche intagliate, l'odore di cera di candele.
No. Da qualche tempo le cose non andavano bene. Ottobre non le migliorava affatto.
15 Semmai aveva peggiorato la situazione. Si sistemò la cravatta nera a farfalla. Se fosse primavera, pensò facendo un cenno lieve, privo di emozione alla sua immagine nello specchio, forse una possibilità ci sarebbe stata. Ma quella sera tutto il mondo stava cadendo in rovina. Non c'era il verde della primavera, non c'era freschezza, non

c'erano promesse. Udì un lieve passo di corsa in anticamera. «È Marion – si disse.
20 – La mia piccola Marion. Con quei suoi otto anni quieti. Mai una parola. Solo quei suoi occhi grigi luminosi, quella bocca sempre atteggiata a sorpresa». Sua figlia era entrata e uscita di casa tutta sera, provando diverse maschere, chiedendogli quale fosse la più terrificante, la più orribile. Insieme avevano infine scelto la maschera da scheletro. Era «proprio orribile»! Avrebbe «fatto accapponare la pelle» alla gente!

25 Di nuovo colse la lunga occhiata di pensosa decisione che si era dato allo specchio. Ottobre non gli era mai piaciuto. Da quel giorno in cui, per la prima volta, aveva raccolto le foglie d'autunno davanti alla casa di sua nonna, tanti anni prima, e aveva udito il vento e visto gli alberi vuoti. Aveva pianto, senza ragione. E una parte di quella tristezza lo riassaliva ogni anno. Svaniva sempre con l'arrivo della primavera. Quella sera, però,
30 era diverso. C'era una sensazione d'autunno venuto per durare un milione di anni. Non ci sarebbe stata la primavera.

Aveva pianto silenziosamente tutta sera. Sul suo volto non appariva nemmeno una traccia. Il pianto era nascosto dentro e non cessava.

Un profumo penetrante, sciropposo di dolciumi, riempiva la casa piena di vita.
35 Louise aveva tolto dal forno le mele ricoperte di zucchero caramellato; c'erano zuppiere colme di frutta frullata di fresco, ghirlande di mele appese a ogni porta, zucche intagliate che sbirciavano con i loro occhi triangolari da ogni davanzale di finestra. In mezzo al salotto c'era una vaschetta d'acqua in attesa, con un sacco di mele vicino, dell'inizio del gioco, afferrare la mela con i denti. Mancava solo
40 l'elemento catalizzatore[1], l'invasione dei bambini, perché le mele cominciassero a ballonzolare nell'acqua, le ghirlande di mele a ondeggiare sotto le cornici delle porte, i dolciumi a scomparire, le stanze a echeggiare di grida di spavento o di piacere, era poi la stessa cosa.

Ora nella casa c'era un silenzio d'attesa. E anche qualcosa di più.
45 Quel giorno, Louise era riuscita a essere in ogni stanza tranne quella in cui si trovava lui. Era il suo modo sottile di fargli sapere, oh, Mich, guarda come sono occupata! Così occupata che quando entri nella stanza in cui mi trovo c'è sempre qualcosa che devo fare in un'altra stanza! Guarda come corro avanti e indietro!

Per un po' era stato al gioco con lei, un gioco infantile, cattivo. Se lei era in cucina,
50 entrava anche lui in cucina, dicendo «ho bisogno di un bicchier d'acqua». Dopo un istante passato lui a bere, lei china come una strega sulla boccia di cristallo sulla padella dello zucchero caramellato che ribolliva come un paiolo[2] preistorico sul fornello, Louise diceva: «Oh, devo accendere le zucche», e correva in salotto a far sorridere di luce le zucche. Lui la seguiva sogghignando. «Devo prendere la
55 pipa». «Oh, il sidro[3]!» gridava lei allora, correndo in sala da pranzo. «Lo guardo io il sidro» aveva detto lui. Ma quando aveva cercato di seguirla, Louise si era infilata in bagno chiudendo la porta a chiave.

Era rimasto fuori della porta del bagno, sorridendo in modo strano e sciocco, la pipa spenta in bocca. Poi, stanco del gioco, ma cocciuto, aveva aspettato immobile
60 per cinque minuti. Dal bagno non usciva alcun rumore. E per evitare che Louise si rallegrasse sapendo che era lì fuori ad aspettarla, improvvisamente, irritato, girò sui tacchi e salì al piano superiore fischiettando allegramente.

In cima alle scale si era fermato. Infine aveva udito il rumore della porta del bagno che si apriva, lei era uscita e l'animazione a pianterreno era ricominciata, come
65 nella giungla, dove la vita deve ricominciare una volta che il terrore è passato e l'antilope ritorna ad abbeverarsi alla fonte.

Ora, dopo aver sistemato il nodo della cravatta ed essersi infilato la giacca scura, sentì un fruscio di passi da topo in anticamera. Marion apparve sull'uscio travestita da scheletro.

GRAMMATICA

Sono dette ellittiche le frasi in cui viene omesso un elemento, come il soggetto o il verbo, che però si può ricavare perché espresso in precedenza. «E anche qualcosa di più» è un esempio di frase ellittica senza predicato, ricavabile dal contesto per il fatto che lo si trova espresso nella proposizione precedente «Ora nella casa **c'era** un silenzio d'attesa». Sono dette nominali, invece, le frasi senza il verbo la cui funzione è assolta da altre categorie grammaticali. Es.: *Ragazzi, domani* **sciopero**! (uso del sostantivo *sciopero* al posto del verbo *scioperemo*)!

---

1 catalizzatore: più importante, determinante.

GRAMMATICA

Nella lingua italiana di solito il soggetto viene posto all'inizio della frase. Tuttavia, in alcuni casi, il soggetto può essere collocato alla fine, per dare a esso un maggiore rilievo: «Da sotto la maschera uscivano **i capelli biondi**. Dai fori del teschio sorridevano **due piccoli occhi celesti**».

GRAMMATICA

Nella parte evidenziata individua la frase ellittica e indica qual è il verbo sottinteso.

70 – Come ti sembro, papà?
– Bellissima!
Da sotto la maschera uscivano i capelli biondi. Dai fori del teschio sorridevano due piccoli occhi celesti. Lui sospirò. Marion e Louise, le due silenziose contestatrici della sua virilità, il suo oscuro potere. Quale processo di alchimia[4] era avvenuto in Louise
75 per cancellare il bruno di un uomo bruno, per sbiancare gli occhi castani e i capelli neri, per lavare e sbiancare il feto durante il periodo prenatale fino alla nascita della piccola Marion, bionda, con gli occhi azzurri, le gote rosa? A volte lo assaliva il sospetto che Louise avesse concepito la bambina come un'idea, completamente asessuata, un'immacolata concezione frutto di una mente e di cellule sprezzanti. In segno di
80 rigetto di lui aveva prodotto una bambina a propria immagine e somiglianza, e, come se questo non bastasse, aveva manipolato il medico spingendolo a dire «mi dispiace, signor Wilder, sua moglie non potrà più avere figli. Questa bambina è l'ultima». «E io volevo un maschio» aveva detto Mich, otto anni prima.
Quasi si chinò per prendere fra le braccia Marion, con la sua maschera da scheletro.
85 Provò un inspiegabile senso di pietà per lei, perché non aveva mai avuto l'amore del padre, solo l'amore invadente e possessivo di una madre incapace di amare. Soprattutto provò pietà per se stesso, perché non era riuscito a trarre il meglio da una nascita infausta, perché non era riuscito a godere sua figlia per quello che era, indipendentemente dal fatto che non fosse scura, non fosse un maschio, non fosse
90 simile a lui. Aveva sbagliato. In condizioni normali avrebbe potuto amare la bambina. Ma Louise non l'aveva voluta, quella figlia. L'idea del parto l'atterriva. Era stato lui a costringerla a concepire e da quella notte, per tutti i nove mesi fino all'agonia del parto, Louise era vissuta in un'altra parte della casa. Pensava che quel parto imposto l'avrebbe uccisa. Era stato facile per Louise odiare il marito che voleva
95 così disperatamente un figlio da esser pronto a consegnare la moglie all'obitorio. Invece… Louise era sopravvissuta. E in modo trionfale! I suoi occhi, il giorno che era andato a trovarla in ospedale, erano gelidi. Sono viva, dicevano. E ho una figlia bionda! Guarda! E quando lui aveva teso una mano per toccare, la madre si era ritratta per complottare con la sua nuova bambina rosa, al riparo da quell'assassino bruno e
100 prevaricatore. Era una scena splendidamente ironica. Il suo egoismo se la meritava.
Ma ora era di nuovo ottobre. C'erano stati altri mesi di ottobre e il pensiero del lungo inverno lo aveva sempre riempito d'orrore, anno dopo anno, di fronte alla prospettiva di interminabili mesi da trascorrere assediato in casa da una folle nevicata, in trappola per mesi con una donna e una bambina che non lo amavano,
105 né l'una né l'altra. In quegli otto anni c'erano stati periodi di tregua. In primavera e in estate si poteva uscire, passeggiare, fare colazione fuori. Erano soluzioni disperate al problema disperato di un uomo odiato.
In inverno, invece, le passeggiate, i picnic, le fughe svanivano insieme con le foglie. La vita, come un albero spoglio, era vuota, i frutti ormai raccolti, la linfa
110 prosciugata. Sì, si potevano invitare gli amici a casa, ma era difficile trovare amici d'inverno, con le tempeste di neve e il resto. Una volta era stato saggio al punto di mettere soldi da parte per una vacanza invernale in Florida. Erano andati a sud. Era uscito all'aperto.
Ma ora, alle soglie dell'ottavo inverno, sapeva che le cose erano finalmente giunte al
120 termine. Non poteva sopportarne un altro. C'era un acido, chiuso dentro di lui, che lentamente, nel corso degli anni, aveva corroso muscoli e ossa. Ora, proprio quella sera, l'acido stava per raggiungere la camera di scoppio che c'era in lui, e tutto sarebbe finito! Ci fu un folle scampanellio alla porta a pianterreno. Nell'atrio, Louise andò ad aprire. Marion, senza dire una parola, corse giù a dare il benvenuto ai primi arri-
125 vati. Ci furono grida e scoppi di risa.

2 **paiolo**: pentola.
3 **sidro**: succo di frutta, generalmente di mele, fermentato e leggermente alcolico.
4 **processo di alchimia**: misterioso processo.

Illustrazione per i Racconti di Ray Bradbury, 2009.

Lui si avviò verso le scale.

Louise era sotto di lui, a raccogliere mantelli. Era alta, sottile e bionda al punto da sembrare bianca, e rideva circondata dai bambini.

Ebbe un attimo d'esitazione. Perché tutto questo? Gli anni? La noia di vivere? Che cosa non aveva funzionato? Di certo non era solo la nascita della bambina. Però quella nascita era stato il simbolo di tutte le loro tensioni, pensò. Le sue gelosie, i suoi insuccessi nel lavoro e tutte le altre cose squallide. Perché non faceva le valigie e se ne andava? No. Non senza aver fatto a Louise tanto male quanto lei ne aveva fatto a lui. Semplice. Il divorzio non le avrebbe fatto male. Sarebbe stato solo la fine di un'epoca di indecisione. Se il divorzio le dava piacere, sarebbe rimasto suo marito per tutta la vita. No, doveva farle del male. Trovare un modo, magari, portarle via Marion, legalmente. Sì. Doveva fare così. Portarle via Marion. Sarebbe stata la miglior vendetta.

– Salve! – discese le scale, raggiante.

Louise non si voltò a guardarlo.

– Salve, signor Wilder!

I bambini salutarono e gridarono mentre scendeva.

Entro le dieci erano cessati gli scampanellii alla por-
150 ta, le mele appese sopra le porte erano tutte segnate dei morsi dei bambini, i volti rosei erano stati asciugati dopo il gioco di addentare le mele nell'acqua, i tovaglioli erano tutti macchiati di zucchero caramellato e sciroppo di frutta, e lui, il marito, con simpatica efficienza aveva assunto il controllo della festa sottraendola alla guida di Louise. Andava avanti e indietro da una stanza all'altra chiacchierando con i venti bambini e con i venti genitori che li avevano accompagnati e ora erano soddisfatti
155 del sidro speciale irrobustito da una buona dose di alcol che aveva preparato per loro. Aveva diretto tutti i giochi dei bambini in mezzo a continui scoppi di risa. Poi, nel bagliore tenue emesso dalle zucche con gli occhi triangolari, con tutte le luci della casa spente, gridò: – Silenzio! Seguitemi – avanzando in punta di piedi verso la porta della cantina. I genitori, ai margini del caos, facevano commenti tra
160 di loro, approvavano l'entusiasmo dell'abile padrone di casa, invidiavano la moglie fortunata. Come se la intendeva con i bambini, osservavano.

I bambini fecero ressa dietro il padrone di casa, strillando.

– In cantina! – gridò lui. – Nella tomba della strega!

Altri strilli. Lui finse di rabbrividire di paura. – Lasciate ogni speranza voi ch'entrate!
165 I genitori risero.

Uno dopo l'altro i bambini scivolarono lungo un piano inclinato che Mich aveva costruito con tavole di legno dall'atrio alla cantina buia. Mich gridava e sibilava frasi magiche scendendo dietro di loro. Un lamento meraviglioso riempì la casa semi-illuminata dalle zucche. Parlavano tutti contemporaneamente. Tutti meno Marion,
170 per l'intera durata della festa aveva fatto pochissimo rumore; tutta l'eccitazione e la gioia se l'era tenuta dentro. Una piccola fata, pensò il padre. Aveva assistito alla sua festa con la bocca chiusa e gli occhi scintillanti, come se fosse uno spettacolo. Ora toccava ai genitori. Con allegra riluttanza[5] scivolarono lungo il breve piano inclinato, mentre la piccola Marion aspettava, sempre decisa a vedere tutto, a essere
180 l'ultima. Louise scese senza bisogno d'aiuto. Mich s'avvicinò per darle una mano, ma lei era già in fondo al piano inclinato prima che lui avesse il tempo di chinarsi.

5 **con allegra riluttanza**: con allegra resistenza.

I piani alti della casa, illuminati dalle candele, piombarono nel silenzio.

Marion era ai piedi del piano inclinato. – Eccoci qui tutti – disse Mich e la prese in braccio.

185 In cantina si sedettero in un ampio cerchio. Il locale era riscaldato dal calore della fornace. Le sedie erano allineate lungo le pareti, venti bambini eccitati e dodici genitori, alternati gli uni agli altri, con Louise in fondo alla fila e Mich al primo posto, vicino alle scale. Cercò di scrutare i volti ma non vide nulla. Si erano tutti conquistati una sedia nell'oscurità. Da quel momento il programma doveva

190 svolgersi al buio, con lui nella parte dell'Interlocutore. Si sentiva lo scalpiccio dei bambini, l'odore del cemento umido e il sibilo del vento sotto le stelle d'ottobre.

– Pronti! – gridò il marito nella cantina buia. – Silenzio!

Si sistemarono tutti.

Il locale era nero nero. Nessuna luce, nessun riflesso, nessun luccichio d'occhi.

195 Un rumore sordo, un fruscio metallico.

– La strega è morta – annunciò il marito.

– Ehhhhh! – dissero i bambini.

– La strega è morta, è stata uccisa, ed ecco il coltello con cui è stata uccisa.

Porse il coltello a chi gli sedeva a fianco. Fu passato di mano in mano, lungo tutto il

200 cerchio, in un coro di strani gridolini, risa soffocate e commenti da parte degli adulti.

– La strega è morta, ed ecco la sua testa – sussurrò il marito e porse a chi gli stava più vicino un oggetto rotondo.

– Oh, io so come si fa questo gioco, – esclamò un bambino nel buio, tutto felice.

– Si prendono le interiora di un pollo dal frigorifero e le si passa in giro dicendo

205 «ecco le interiora della strega!» Poi si prepara una testa di creta e la si fa passare per la sua testa, e si prende un osso spolpato per braccio, una biglia e si dice «ecco il suo occhio!» e alcuni chicchi di granoturco e si dice «ecco i suoi denti!» e un sacchetto pieno di budino e si dice «ecco il suo stomaco!» So come si gioca!

– Taci, stai rovinando tutto, – esclamò una bambina.

210 – La strega non ha fede, ed ecco il suo piede, – disse Mich.

– Ehhhhh!

Gli oggetti passarono di mano in mano, come patate bollenti, tutto intorno al cerchio. Alcuni bambini strillavano, non volevano toccarli. Altri scappavano via dalle sedie e si radunavano al centro della cantina fino a che quegli oggetti ma-

215 cabri erano passati.

– Avanti, sono solo interiora di pollo, – disse un bambino con tono superiore. – Torna indietro, Helen!

Passati di mano in mano, accompagnati da un grido dopo l'altro, i pezzi della strega giravano in cerchio, uno dopo l'altro.

220 – La strega muore ed ecco il suo cuore, – disse il marito.

Sei o sette pezzi si muovevano contemporaneamente nell'oscurità piena di risate e di brividi di paura. Si udì la voce di Louise. – Marion, non aver paura; è solo un gioco.

Marion non rispose.

– Sta bene – intervenne il marito. – Non ha paura.

225 Ripresero le urla, le risate, il passaggio degli oggetti.

Il vento autunnale sospirava intorno alla casa. E lui, il marito, stava in piedi alla testa della fila, intonando le parole magiche, passando gli oggetti.

– Marion? – domandò di nuovo Louise, all'estremità opposta della cantina.

Stavano parlando tutti.

230 – Marion? – chiamò Louise.

Si azzittirono tutti.

– Marion, rispondimi, hai paura?

Marion non rispose.

Il marito era immobile, ai piedi degli scalini della cantina.

235 Louise chiamò di nuovo. – Marion, sei qui?

Nessuna risposta. La cantina era silenziosa.

– Dov'è Marion? – chiese Louise.

– Era qui – rispose un bambino.

– Forse è di sopra.

240 – Marion?

Nessuna risposta. Tacevano tutti.

Louise si mise a gridare. – Marion, Marion!

– Accendete la luce, – disse uno dei genitori.

Cessò il passaggio degli oggetti. Bambini e adulti rimasero seduti con i pezzi della

245 strega in mano.

– No, – esclamò Louise con un grido soffocato. La sua sedia scricchiolò nel buio,
con un gemito violento. – No. Non accendete la luce, oh, Dio, Dio, non accendete,
per favore, per favore non accendete la luce, no! – Louise stava urlando ora. A quel
grido tutti rimasero impietriti.

250 Nessuno si mosse.

Rimasero a sedere nella cantina buia, sospesi nel loro ruolo improvvisamente
congelato di quel gioco d'ottobre. Fuori il vento soffiava con forza, sferzando la
casa, e l'odore delle zucche e delle mele riempiva il locale mescolato all'odore degli
oggetti che ognuno teneva in mano.

255 – Vado di sopra a cercarla – gridò un bambino, e salì le scale di corsa sperando di
trovarla in casa, poi fuori casa, e per quattro volte girò intorno all'edificio chiamando: – Marion, Marion, Marion! – infine, ridiscese lentamente le scale fino alla
cantina dove tutti aspettavano col fiato sospeso per annunciare nel buio:

– Non riesco a trovarla.

260 Poi… un idiota accese la luce.

(R. Bradbury, *Gioco d'ottobre*, in AA.VV., *Racconti di Halloween*,
Torino, Einaudi, 2006, a cura di Fabiano Massimi)

▶ **ATTIVIAMO LE COMPETENZE**

LETTURA E COMPRENSIONE

ACCESSO ALLE INFORMAZIONI

1 Come si chiama il protagonista del brano?

2 Quando e dove si svolge la vicenda?

3 Traccia un breve ritratto del protagonista (condizione sociale, aspetto fisico, carattere) utilizzando le informazioni
dirette e indirette presenti nel testo.

COMPRENSIONE GENERALE E INTERPRETAZIONE

4 «Quella sera, però, era diverso. C'era una sensazione
d'autunno venuto per durare un milione di anni. Non ci
sarebbe stata la primavera» (rr. 29-31). A chi appartengono questi pensieri? Qual è il loro significato?

5 Quale tra queste frasi riassume meglio il contenuto del
brano?

A Un demone si è impossessato del protagonista, che
commette un delitto senza rendersene conto.

B Approfittando del buio, uno sconosciuto uccide una
bambina, mentre i sospetti ricadono ingiustamente sul
padre di lei.

C Un marito attua la sua disumana vendetta sulla moglie
uccidendo la loro unica figlia.

D Un uomo scopre che quella che riteneva essere sua figlia
è invece frutto di una relazione extraconiugale e decide
così di vendicarsi.

RIFLESSIONE E VALUTAZIONE

6 In *Gioco d'ottobre* l'elemento soprannaturale è del tutto
assente. Nondimeno, il racconto suscita paura e orrore
nel lettore. Perché?

7 Scegli alcuni passi in cui è evidente il punto di vista del
protagonista. Spiega poi in che modo questa scelta narrativa concorre ad aumentare la suspense.

La morta

t6

Guy de Maupassant, *Le Horla e altri racconti dell'orrore*

Test

Tipologia	Testo narrativo
Genere	Racconto
Sottogenere	Horror
Anno	1887

Il racconto *La morta*, dello scrittore francese Guy de Maupassant, fu pubblicato per la prima volta sul quotidiano francese «Gil Blas» nel 1887; due anni dopo, nel 1889, fu incluso tra gli 11 racconti della raccolta *La mano sinistra*. Sebbene sia annoverato tra gli autori del Naturalismo francese, di cui fu uno dei fondatori, Maupassant non disdegnò la scrittura di racconti dai toni inquietanti, in cui non è facile stabilire se l'elemento orrorifico appartenga alla dimensione della follia, del sogno o del soprannaturale.

LABORATORIO

Dello stesso autore leggi anche:

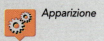

Apparizione

L'avevo amata alla follia. Perché amiamo? Non è strano che per qualcuno esista al mondo un solo altro essere, un solo pensiero, un solo desiderio? E che sulla bocca ci sia un nome solo: un nome che viene di continuo alle labbra, un nome che ne prorompe come l'acqua da una sorgente, che sale dalle profondità dell'anima e
5   vien detto, ripetuto, mormorato ininterrottamente, dovunque, come una preghiera? Non racconterò qui la nostra storia. L'amore ne ha una solamente, sempre la stessa. L'avevo conosciuta e me ne ero innamorato, tutto qui. E avevo vissuto un anno nella sua tenerezza, tra le sue braccia, nelle sue carezze, nel suo sguardo, nelle sue vesti, nelle sue parole, avviluppato, legato, incatenato in tutto quanto veniva da lei, così completamente
10   che non sapevo più se fosse giorno o notte, se ero vivo o morto, se ero sulla terra o altrove. E un giorno ella morì. Come? Non so, non so più. In una sera di pioggia fece ritorno a casa tutta bagnata, e il giorno dopo tossiva. Tossì un'intera settimana, poi si mise a letto. Che cosa accadde? Non lo so.

I medici venivano, scrivevano ricette, andavano via. Qualcuno portava medicine e
15   una donna gliele faceva prendere. Le sue mani scottavano, la fronte era madida e ardente, lo sguardo lucido e triste. Le parlavo, mi rispondeva. Che cosa ci dicevamo? Non so più. Ho dimenticato tutto, tutto! Quando morì ricordo il suo sospiro lieve, quel lieve sospiro tanto debole: l'ultimo. L'infermiera disse:
«Ah!». E io compresi. Compresi.
20   Non seppi più nulla. Nulla. Vidi un prete che pronunciò una parola:
«La vostra amante».

Mi sembrò che la insultasse. Dal momento che era morta non avevano più diritto di ricordare quella formalità. Lo scacciai. Ne venne un altro che fu molto buono, molto gentile. Piansi quando mi parlò di lei.
25   Mi chiesero mille cose a proposito del funerale. Non so più. Ma ricordo benissimo la bara, il rumore delle martellate quando inchiodarono il coperchio. Ah, Dio, mio Dio! Fu sotterrata. Sotterrata! Lei! In quella fossa! Erano presenti alcune persone, amici. Fuggii. Correvo. Camminai a lungo per le strade. Poi tornai a casa e il giorno dopo mi misi in viaggio.

30   Ieri sono tornato a Parigi.
Quando ho rivisto la mia camera, la nostra camera, i nostri mobili, il nostro letto, quella casa dov'era rimasto tutto quel che rimane della vita d'una persona dopo la sua morte, mi riprese un dolore tanto violento che poco mancò aprissi la finestra e mi buttassi giù nella strada. Non potendo più rimanere in mezzo a quelle cose,
35   tra quelle pareti che l'avevano riscaldata e protetta e che nei loro spazi, anche i più piccoli, dovevano conservare mille atomi di lei, della sua carne e del suo respiro, presi il cappello per fuggire via. Di colpo, mentre stavo andando verso la porta,

passai davanti alla grande specchiera che ella aveva fatto mettere all'ingresso per vedersi dalla testa ai piedi, ogni giorno, ogni volta che usciva, per osservare se
40 tutto era in ordine nel suo abbigliamento, dagli stivaletti alla pettinatura.

Mi fermai lì, basito, di fronte a quello specchio che l'aveva riflessa tante volte, ah!, tante e tante volte che doveva averne conservata l'immagine.

Me ne stavo lì, in piedi, lo sguardo fisso sulla fragile lastra, su quel cristallo piano e profondo, ormai vacuo, ma che l'aveva contenuta tutt'intera, l'aveva posseduta come
45 me, posseduta quanto il mio sguardo appassionato, e fremetti. Mi sembrò d'amare quello specchio – lo toccai – era gelido! Oh, il ricordo! il ricordo, immagine dolorosa, immagine bruciante, immagine vivente, orribile immagine che fa soffrire mille torture! Felici gli uomini che hanno un cuore simile a uno specchio, dove i riflessi scivolano via e si cancellano, un cuore che dimentica tutto ciò che ha contenuto, tutto
50 ciò che gli è passato davanti, tutto ciò che hanno contemplato affettuosamente o con amore! Mi sento male!

Sono uscito e mio malgrado senza rendermene conto, senza volerlo minimamente fare, sono andato verso il cimitero. Ho ritrovato la semplice tomba di lei, una croce di marmo che reca incise queste brevi parole:

55
        AMÒ,
      FU AMATA
       E MORÌ.

E lei è là sotto, imputridita. Che orrore!
Singhiozzavo, la fronte sulla lapide.
60 Mi sono trattenuto a lungo, molto a lungo. Poi mi sono accorto che giungeva il tramonto. Allora un desiderio particolare, un desiderio folle, un desiderio degno d'un amante disperato s'è impadronito di me. Ho voluto passare la notte vicino a lei, un'ultima notte, a piangere sulla tomba. Ma m'avrebbero visto e m'avrebbero fatto uscire. Come fare? Ebbi un'idea; mi alzai e cominciai a girovagare in quella città
65 popolata da persone che non sono più su questa terra. Ho camminato, camminato... Com'è piccola questa città in paragone all'altra, quella in cui viviamo. Eppure questi morti sono più numerosi dei vivi! A noi occorrono grandi case, strade, piazze per le quattro generazioni che guardano il sole contemporaneamente, bevono l'acqua delle sorgenti, il vino dei vigneti e mangiano il pane dei campi di grano! E per tut-
70 te le generazioni dei morti, per tutta l'umanità discesa fin quaggiù, quasi niente... un pezzetto di terra... quasi niente! La terra li riprende, l'oblio li cancella. Addio!

All'estremità di quella parte di camposanto più frequentato, scorsi all'improvviso il cimitero abbandonato, quello dove coloro che sono defunti da tanto tempo terminano di mescolarsi alla polvere, dove persino le croci di legno stanno marcendo:
75 il cimitero dove domani metteranno i morti futuri. È pieno di rose selvatiche, di cipressi scuri e robusti, una specie di giardino abbandonato, triste e magnifico, un giardino che si nutre di carne umana. Lì ero solo, assolutamente solo. Mi nascosi dietro una pianta verdeggiante, appiattendomi tra quei rami grassi e scuri. E attesi, avvinghiato al tronco come un naufrago al rottame.

80 Quando fu notte piena, notte fonda, lasciai il mio rifugio e mi misi a camminare tranquillamente, ma senza far rumore, su quel suolo popolato da morti. Errai a lungo, a lungo, a lungo. Non mi riusciva di rintracciarla. Le braccia tese, gli occhi sbarrati, urtando nelle tombe con le mani, coi piedi, con le ginocchia, col petto e perfino con la testa, andavo avanti senza trovarla. Toccavo, brancicando come un cieco che cerca la
85 sua strada, percepivo lapidi, croci, ringhiere di ferro, ghirlande di fiori avvizziti! Leggevo i nomi con le dita facendole passare sulle lettere. Che notte! E non riuscivo a ritrovarla.

Niente luna. Una notte spaventosa! Avevo paura, una paura atroce, per quei sentieri così stretti, tra due file di sepolcri. Tombe, tombe, tombe! Sempre tombe! A destra, a sinistra, davanti a me, intorno a me, dovunque tombe! Mi sedetti su una di esse,
90 poiché non potevo più camminare, dato che le ginocchia mi si piegavano per la stanchezza. Sentivo che il mio cuore batteva più forte. E sentivo anche altre cose. Quali? un rumore confuso, indescrivibile! Era nel mio cervello sconvolto, nella notte impenetrabile o sotto la terra misteriosa, sotto la terra seminata di cadaveri, quel rumore? Mi guardavo attorno.
95 Quanto tempo sono rimasto là? Non lo so. Ero paralizzato dal terrore, ebbro di spavento, sul punto di urlare, sul punto di morire.

E d'improvviso mi parve che la lastra di marmo su cui ero seduto cominciasse a muoversi. Si muoveva come se qualcuno la stesse sollevando! D'un balzo mi spostai sulla tomba vicina e vidi – sì! – vidi alzarsi verticalmente la lastra che avevo
100 appena lasciato e il morto apparire, uno scheletro ignudo che la sollevava con le spalle curve. Lo vedevo, lo vedevo con chiarezza, benché quella fosse una notte tenebrosa. Potei leggere sulla croce:

QUI RIPOSA JACQUES OLIVANT,
DECEDUTO IN ETÀ DI ANNI 51.
105   AMAVA LA FAMIGLIA,
ERA BUONO E ONESTO.
MORÌ NELLA PACE DEL SIGNORE.

Anche il morto leggeva le frasi scritte sulla sua tomba. Poi raccolse un sasso sul sentiero, un sasso aguzzo, e cominciò a cancellare, grattandole via, tutte quelle
110 parole. Le cancellò completamente, con lentezza, fissando con le occhiaie vuote il punto dove prima erano incise. Poi con la punta dell'osso che era stato il suo indice scrisse in lettere fosforescenti come quelle che si tracciano sui muri con i fiammiferi:

QUI RIPOSA JACQUES OLIVANT,
DECEDUTO IN ETÀ DI ANNI 51.
115 CON CATTIVERIA AFFRETTÒ LA MORTE DEL PADRE
DAL QUALE DESIDERAVA EREDITARE,
TORMENTÒ LA MOGLIE E I FIGLI,
IMBROGLIÒ I VICINI DI CASA
E RUBÒ QUANTO GLI FU POSSIBILE.
120   MORÌ MISERABILE.

Quand'ebbe finito di scrivere, il morto rimase immobile a contemplare l'opera sua. Mi volsi indietro e m'accorsi che tutte le tombe s'erano scoperchiate, che tutti i cadaveri ne erano usciti e tutti avevano cancellato le menzogne scritte dai parenti sulle lapidi. Tutti avevano ristabilito la verità.
125 Vedevo in tal modo che tutti erano stati i carnefici dei propri congiunti, astiosi, disonesti, ipocriti, bugiardi, canaglie, calunniatori, invidiosi. Tutti avevano imbrogliato, rubato, compiuto tutti gli atti più abominevoli, quei buoni padri, quegli sposi fedeli, quei figli devoti, quelle fanciulle caste, quei commercianti probi, quegli uomini e quelle donne irreprensibili.
130 Sulla soglia della loro dimora eterna, adesso avevano scritto tutti la crudele, la terribile, la santa verità che tutti ignorano o fingono d'ignorare su questa terra. Mi venne in mente che anche la donna amata aveva dovuto tracciarla sulla sua tomba. E senza paura, oramai correndo tra i loculi semiaperti, tra cadaveri e scheletri, andavo verso di lei, sicuro che questa volta l'avrei rintracciata. La riconobbi da
135 lontano, anche senza vederne il volto che era ancora avvolto nel sudario.

E sulla croce di marmo dove poco prima avevo letto: «Amò, fu amata, e morì», scorsi:

USCÌ DI CASA PER TRADIRE IL SUO AMANTE,
PRESE FREDDO SOTTO LA PIOGGIA E MORÌ.

A quanto pare fui raccolto all'alba, inanimato, accanto a una tomba.

(G. de Maupassant, *Le Horla e altri racconti dell'orrore*,
Roma, Newton Compton, 1994, trad. di Lucio Chiavarelli)

Aspetto 5a *Ricostruire il significato di una parte più o meno estesa del testo, integrando più informazioni e concetti, anche formulando inferenze complesse.*

1 La prima sequenza del racconto ha la funzione di
- ☐ **A** descrivere il carattere del protagonista.
- ☐ **B** porre una premessa per lo sviluppo degli eventi successivi.
- ☐ **C** collocare la vicenda nello spazio e nel tempo.
- ☐ **D** descrivere il carattere della donna amata dal protagonista.

Aspetto 5a

2 Quale frase riassume meglio la prima sequenza del racconto?
- ☐ **A** Un uomo innamorato rievoca la tragica fine di un grande amore.
- ☐ **B** Un uomo comprende che l'amore è solo un'illusione.
- ☐ **C** Un uomo non riesce a ricordare il suo tragico passato.
- ☐ **D** Un uomo cerca di dimenticare la tragica fine di un grande amore.

Aspetto 5a

3 Il racconto si conclude con un evento soprannaturale che rivela un fatto inaspettato. Quale?
_____
_____

Aspetto 2 *Individuare informazioni date esplicitamente nel testo.*

4 Per il protagonista del racconto il ricordo
- ☐ **A** ha una funzione consolatoria.
- ☐ **B** è doloroso.
- ☐ **C** serve a tenere in vita il passato.
- ☐ **D** altera la realtà.

Aspetto 1 *Comprendere il significato, letterale e figurato, di parole ed espressioni e riconoscere le relazioni tra parole.*

5 Alla riga 66, l'espressione «questa città» indica
- ☐ **A** Parigi.
- ☐ **B** il camposanto.
- ☐ **C** una città non specificata.
- ☐ **D** la città in cui è ambientato il racconto.

Aspetto 1

6 Alla riga 23, l'espressione «quella formalità» indica
- ☐ **A** il matrimonio.
- ☐ **B** il fidanzamento.
- ☐ **C** il funerale.
- ☐ **D** il sacramento dell'estrema unzione.

Aspetto 6 *Sviluppare un'interpretazione del testo, a partire dal suo contenuto e/o dalla sua forma, andando al di là di una comprensione letterale.*

7 Quale frase riassume meglio la morale del racconto?
- ☐ **A** Nessuno è perfetto.
- ☐ **B** La morte cancella ogni cosa.
- ☐ **C** La verità non esiste.
- ☐ **D** Le apparenze ingannano

Aspetto 6

8 Nel racconto l'elemento soprannaturale è presentato
- ☐ **A** come certo.
- ☐ **B** come probabile.
- ☐ **C** come impossibile.
- ☐ **D** sotto forma di sogno.

Aspetto 3 *Fare un'inferenza diretta, ricavando un'informazione implicita da una o più informazioni date nel testo e/o tratte dall'enciclopedia personale del lettore.*

9 In base al testo, rispondi alle seguenti domande
- ☐ **A** In quale città vivevano il protagonista e la sua amante? _____
- ☐ **B** In quale preciso luogo della città la donna trascorre gli ultimi istanti della sua vita?
_____

Aspetto 3

10 Che cosa hanno in comune le esistenze di Jacques Olivant e dell'amante del protagonista?
_____

L'isola dei morti

Arnold Böcklin

TIPOLOGIA	Dipinto
GENERE	Pittura allegorica
STILE	Simbolismo
TECNICA	Olio su tela
ANNO	1883

▶ **ANALIZZIAMO IL DIPINTO**

1 UNA MISTERIOSA RAPPRESENTAZIONE
2 LA STRUTTURA COMPOSITIVA
3 IL SIGNIFICATO

1 Una figura vestita di bianco si dirige verso un'isola misteriosa.

2 Ogni minimo particolare del dipinto è stato studiato e calcolato dal pittore.

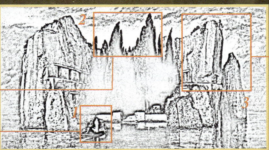

3 Il titolo dell'opera ne suggerisce anche il significato.

1 UNA MISTERIOSA RAPPRESENTAZIONE

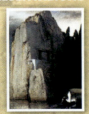

Il quadro raffigura un isolotto roccioso che si riflette in uno specchio d'acqua calmo e solenne. Le pareti di pietra, in cui sono scavate delle nicchie, si stagliano verso il cielo come a formare un semicerchio che abbraccia un folto gruppo di cipressi imponenti e severi. Gli alberi, fitti e scuri, non consentono di vedere che cosa si cela nel cuore dell'isola. Il silenzio è rotto soltanto dallo sciabordio sommesso e cadenzato di una piccola imbarcazione che, spinta dalla forza dei remi, fende le acque e si avvicina all'isola. A prua, dritta e immobile come una statua, una figura completamente ammantata di bianco sembra ora guardare all'approdo imminente, ora vegliare la candida bara posta ai suoi piedi, sulla quale si scorgono festoni e ghirlande.

1 Individua all'interno dell'isola tutti quei particolari che non possono essere ricondotti al solo intervento della natura.

2 Böcklin ha descritto il suo dipinto definendolo «un'immagine onirica: essa deve produrre un tale silenzio che il bussare alla porta dovrebbe fare paura». Sei d'accordo con questa affermazione? Quali elementi del quadro, secondo te, comunicano inquietudine e paura?

2 LA STRUTTURA COMPOSITIVA

Il quadro cattura l'attenzione dell'osservatore come una calamita e, nonostante il soggetto misterioso e inquietante, riesce a comunicare una sensazione di pace irreale. Come ha sottolineato il critico d'arte Federico Zeri, questa impressione di calma va oltre il semplice dato descrittivo (ciò che rappresenta il quadro): la ritroviamo anche nella sapienza del gesto pittorico, nella capacità di giocare con i chiaroscuri, nel ritmo e nella struttura compositiva del dipinto. Da quest'ultimo punto di vista, l'opera è caratterizzata dall'intersecarsi della linea ideale che corre orizzontalmente al mare e dalle linee verticali dei cipressi e delle rocce.

3 Nel quadro sono presenti anche delle linee ideali che corrono diagonali e simmetriche. Individuale.

4 Perché, secondo te, la geometria della composizione è importante in un quadro?

3 IL SIGNIFICATO

Il quadro rappresenta il passaggio di un'anima – la figura vestita di bianco ritta a prua – dal regno dei vivi al regno dei morti, secondo le concezioni proprie del mito e della cultura greca, cui il pittore attinse anche per altri suoi dipinti. In base a questa chiave di lettura, il vogatore della misteriosa imbarcazione sarebbe Caronte, il traghettatore di anime; le acque quelle dei fiumi infernali Stige o Acheronte; e l'isola sarebbe l'ingresso dell'Ade, l'aldilà pagano.

5 Secondo l'interpretazione proposta, a chi appartiene la bara sulla barca?

6 Quali altri simboli di morte sono presenti nel quadro?

▶ ATTIVIAMO LE COMPETENZE

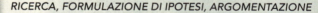

FRUIZIONE DI ALTRE FORME ESPRESSIVE

RICERCA, PROGETTAZIONE, TESTO DESCRITTIVO-INFORMATIVO

7 Il pittore svizzero Arnold Böcklin ha realizzato anche un dipinto opposto all'*Isola dei morti*: *L'isola dei vivi*. Fai una ricerca su quest'ultimo dipinto e realizza una scheda a carattere informativo-descrittivo. Nel tuo lavoro dovranno essere presenti:
- i dati dell'opera (titolo, autore, tecnica, ubicazione ecc.);
- una breve biografia dell'autore;
- una breve descrizione-confronto tra l'isola dei morti e l'isola dei vivi.

RICERCA, FORMULAZIONE DI IPOTESI, ARGOMENTAZIONE

8 Fai una ricerca sui luoghi elencati sotto e indica, argomentando la tua riposta, quale, secondo te, potrebbe essere quello cui si è ispirato Böcklin per il suo dipinto. Puoi supportare la tua ipotesi con immagini o con dati desunti dalla biografia dell'autore (spostamenti, eventi familiari, luoghi in cui ha sostato…).
- Cimitero degli inglesi, Firenze
- Isola di Pontikonissi, vicino a Corfù, Grecia
- Isola di San Giorgio, Bocche del Cattaro, Montenegro
- Castello aragonese, Ischia

L'isola di San Giorgio, Bocche del Cattaro, Montenegro.

Dracula
di Bram Stoker

TIPOLOGIA	Film
GENERE	Horror
REGIA	Francis Ford Coppola
CAST	Gary Oldman (Dracula), Winona Ryder (Mina Murray/Elisabeta), Antony Hopkins (Abraham Van Helsing), Keanu Reeves (Jonathan Harker)
ANNO	1992

▶ ANALIZZIAMO IL FILM

1 UN PERSONAGGIO COMPLESSO
2 LE ATMOSFERE
3 I RAPPORTI TRA ROMANZO E FILM

LA TRAMA

XV secolo: dopo aver difeso la cristianità combattendo coraggiosamente conto i turchi, il cavaliere rumeno Vlad Drakul fa ritorno in Transilvania, dove apprende che la moglie Elisabeta si è suicidata credendolo morto. Un prete sentenzia la dannazione della donna, colpevole di essersi tolta la vita. In preda all'ira e alla disperazione, Dracula maledice Dio e la Chiesa, diventando un vampiro.
Fine del XIX secolo: l'avvocato Jonathan Harker si reca in Transilvania ospite di un misterioso conte che ha deciso di comprare delle case a Londra. Dracula scorge nel ritratto della fidanzata di Jonathan, Mina, le fattezze della sua amata Elisabeta. Imprigiona dunque Jonathan nel castello e parte alla volta della capitale inglese. Qui il conte esercita il suo fascino su Mina e tormenta, succhiandole il sangue fino a stremarla, una sua amica, Lucy Westenra. In soccorso della giovane giunge l'esperto di vampirismo Abraham Van Helsing. Intanto Jonathan, riuscito a fuggire, si sposa con Mina, nonostante la ragazza sia attratta dal conte. Furioso, Dracula uccide Lucy trasformandola in vampiro. Van Helsing penetra nella tomba della ragazza e pone fine al suo tormento conficcandole un paletto nel cuore. Parte a questo punto la caccia finale contro Dracula; il conte verrà ucciso alla fine proprio da Mina, che lo decapiterà con una spada, liberandolo così dal peso di una vita eterna ma mostruosa.

Il conte Dracula è un mostro crudele ma affascinante.

1 UN PERSONAGGIO COMPLESSO

Il conte Dracula è un personaggio inquietante, dagli immani poteri, che nel corso della storia si esibisce in numerose metamorfosi umane, diaboliche e zoologiche, mostrando tutte le sfaccettature del suo complesso carattere. Da vecchio è disgustoso, ipocrita e mellifluo; da giovane assume le fattezze e il fascino di un vero *gentleman*; quando è braccato si trasforma in licantropo o in pipistrello. Capace di tutto pur di raggiungere i propri scopi, Dracula agisce mostruosamente, ma dietro le sue azioni si intravede un antieroe epico e tragico: la sua ribellione a Dio è frutto della disperazione e il suo destino non può che concludersi nel sangue tra le braccia della donna amata, per la quale ha rinunciato alla propria anima.

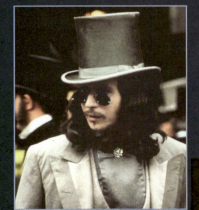

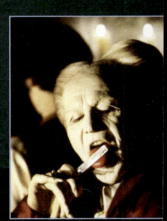

Molte scene del film sono ambientate nella Londra di fine Ottocento.

Il film si ispira liberamente al romanzo di Bram Stoker.

2 LE ATMOSFERE

Per riprodurre le atmosfere tipiche del romanzo gotico, il regista ha operato delle precise scelte cromatiche, prediligendo tinte forti e cupe, come il rosso e il nero, e ambientando molte scene di notte o in spazi chiusi. La ricostruzione della Londra vittoriana è fedele all'immagine tradizionale che della capitale inglese ci hanno consegnato i romanzi e le cronache dell'epoca. Una città caotica, fumosa e dai tanti contrasti: da una parte lo sfarzo della ricchezza, dall'altra la miseria di chi vive ai margini della società.

3 I RAPPORTI TRA ROMANZO E FILM

Nonostante il titolo del film citi espressamente il romanzo di Stoker, la sceneggiatura si discosta in più punti dalla sua fonte. In particolare, nel libro non si fa alcuna menzione del passato del conte e della sua storia d'amore tragica e dannata; inoltre, Mina non è la reincarnazione di Elisabeta e non cede al fascino del vampiro. Nel romanzo, Dracula non si muove mai disinvoltamente per Londra come un normale cittadino, né assume le sembianze di un giovane e affascinante *dandy*: per lo più trascorre il giorno rinchiuso nella bara, mentre di notte si aggira tra cripte, manicomi e cimiteri sotto forma di pipistrello o di lupo. Nella trasposizione cinematografica, infine, risulta molto attenuato – a vantaggio della dimensione erotica e sentimentale della storia – il sentimento di amicizia che lega tra di loro i personaggi e che li porta a studiare e a pianificare insieme la loro caccia infernale.

GUIDA AL DIBATTITO

1 Attraverso quali espedienti il film recupera la dimensione epistolare del romanzo?

2 In una delle scene ambientate all'interno del castello, l'ombra del conte sembra vivere di vita propria. Che impressioni suscita questa sequenza nello spettatore?

3 Quali sono le scene che ti hanno trasmesso più inquietudine? Motiva la tua risposta.

4 Nel film, amore e morte si intrecciano continuamente. Individua le scene in cui questo aspetto è più evidente e commentale.

5 Alcuni critici hanno deprecato il trucco eccessivo che rende la figura del vecchio conte grottesca e non credibile. Sei d'accordo? Perché?

6 Secondo te, il film è rappresentativo del genere *horror*? Motiva la tua risposta.

7 Se fossi un regista, a quali attori affideresti i ruoli principali di un film su Dracula? E perché?

► ATTIVIAMO LE COMPETENZE

PRODUZIONE DI TESTI MULTIMEDIALI

RICERCA, LAVORO DI GRUPPO, PRODOTTO AUDIOVISIVO

8 Realizza insieme ai compagni una presentazione multimediale sulla figura del vampiro. Il vostro lavoro dovrà contenere i seguenti paragrafi da sviluppare con citazioni e immagini:

- origine delle leggende sui vampiri;
- la fortuna letteraria dei vampiri;
- i vampiri al cinema;
- il vampiro nell'immaginario e nelle mode giovanili.

Concetti chiave

Flashcard

▶ CARATTERISTICHE DEL GENERE

Letteratura del terrore

Esperienza della paura	È l'elemento centrale e lo scopo delle opere *horror*. La paura può essere reale o solamente immaginata.
Suspense	Stato di tensione e attesa di un pericolo imminente.
Sovvertimento delle leggi di natura	Avviene qualcosa che infrange l'ordine naturale delle cose, scatenando il caos.

▶ CONTESTO STORICO-CULTURALE

QUANDO	CHI	CHE COSA
Fine Settecento	**Horace Walpole**	Inaugura la tradizione del romanzo gotico.
	Johann Heinrich Füssli e Francisco Goya	Sono tra i primi a rappresentare l'irrazionalità.
Prima metà dell'Ottocento	**Mary Shelley**	Dà vita all'archetipo dello "scienziato pazzo".
	Edgar Allan Poe	Racconta gli incubi e i fantasmi della mente.
	Caspar David Friedrich	Dipinge paesaggi notturni, malinconici e inquietanti.
Fine Ottocento	**Bram Stoker**	Trasforma la figura del vampiro in un mito letterario.
Novecento	**H.P. Lovecraft**	Racconta l'orrore in tutte le sue forme.
	Stephen King	Raccoglie l'eredità dei maestri dell'Ottocento.

▶ RIPASSO   *Fare*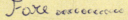

1 Che cos'è la *suspense* e come viene realizzata dagli scrittori nelle loro opere?
2 Che ruolo ha la paura in una storia del terrore?
3 Che cosa si intende per "sovvertimento delle leggi di natura"?
4 In quale contesto storico-culturale si colloca la nascita del genere *horror*?
5 In quale area geografica si afferma il romanzo gotico?
6 Quali sono le principali caratteristiche del romanzo gotico?
7 Che cosa avviene alla fine dell'Ottocento, quando si assiste al trionfo del metodo scientifico?
8 Come è cambiato il genere *horror* dall'Ottocento al Novecento?
9 Che cosa hanno in comune e in che cosa differiscono il cinema e la letteratura *horror*?
10 Che cosa distingue, secondo te, l'*horror* dal *fantasy*?

La letteratura poliziesca

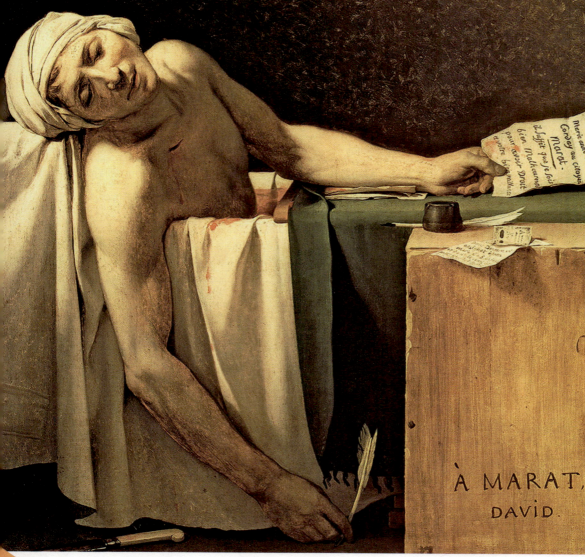

À MARAT,

DAVID.

La letteratura poliziesca

Il delitto

L'investigatore

L'indagine

ARTISTA Jacques-Louis David
NAZIONALITÀ Francese
TITOLO La morte di Marat
ANNO 1793
STILE Neoclassicismo

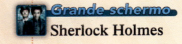

INFOGRAFICA

Scopri la **letteratura poliziesca** attraverso un percorso visivo.

La letteratura poliziesca

Le caratteristiche

Appartengono alla letteratura poliziesca – genere letterario di origine anglosassone, noto anche come *detective story* – tutte quelle opere narrative il cui intreccio ruota intorno alla risoluzione di un fatto criminoso, come un furto, un rapimento, un omicidio. La risoluzione del caso è affidata a un investigatore che scava nel passato della vittima, interroga i testimoni, raccoglie prove, formula ipotesi, nel tentativo di risalire al movente e al colpevole del delitto. In Italia questo genere letterario è conosciuto con il termine *giallo*, per via del colore della copertina – gialla per l'appunto – dei primi libri polizieschi pubblicati dalla casa editrice Mondadori a partire dal 1929.

La grammatica del giallo

Le *detective story* sono caratterizzate dalla presenza di uno schema rigido, in cui è possibile riconoscere i seguenti elementi: a) un **delitto** avvenuto in circostanze misteriose e che appare insolubile; b) un metodo di **indagine** che procede a rovescio, dall'effetto finale (il delitto) alla causa (il colpevole); c) una serie di circostanze che fanno ricadere i **sospetti** su persone innocenti; d) la presenza di un **investigatore** che si cimenta con l'enigma; e) la **soluzione** del caso, che conclude le indagini e mette in luce l'unica verità possibile.

La presenza quasi obbligatoria di questi elementi fa della *detective story* una forma chiusa e prevedibile nei suoi sviluppi, ma non nei suoi contenuti, la cui varietà e originalità è affidata alla fantasia e alla bravura degli scrittori.

Le storie poliziesche iniziano sempre con un misterioso delitto.

L'investigatore giunge sulla scena del crimine e dà inizio alle sue indagini.

Il corpo di Andrev Van, decapitato e crocifisso su un palo a forma di T era stato scoperto, la mattina di Natale, vicino al villaggio di Arroyo, nella Virginia occidentale. Ellery Queen non seppe resistere a questa notizia propagata dai giornali e appresa a Chicago […]. Il delitto era stato commesso all'incrocio di due strade, a mezzo miglio circa da Arroyo. Ellery e suo padre riconobbero facilmente il luogo […]. Ellery fermò l'automobile e discese nonostante le proteste di suo padre. Faceva un freddo terribile, il terreno era gelato. Il giovane contemplò il palo sul quàle Andrev Van, l'eccentrico maestro della scuola di Arroyo, era stato crocifisso.

(E. Queen, *Il mistero delle croci egizie*)

L'investigatore

Indiscusso protagonista di ogni *detective story* è l'investigatore, che attraverso il suo *modus operandi* e la sua capacità di raccogliere indizi, prove e testimonianze è chiamato al difficile compito di far trionfare il bene e affidare alla legge il criminale. A differenza degli altri personaggi della vicenda, di cui spesso gli autori tratteggiano solo i caratteri essenziali, la figura dell'investigatore è ben delineata psicologicamente. A volte è un uomo raffinato, ironico e un po' snob. Altre volte è un personaggio triste, solitario, di poche parole, restio a mettere al corrente dei propri piani i suoi interlocutori, incapace di conciliare lavoro e sentimenti. In alcuni casi è un vero e proprio disadattato. Ma, al di là della sua caratterizzazione, l'investigatore è soprattutto «una macchina ragionatrice e osservatrice perfetta», che con la logica, l'intuito e la determinazione riesce a collegare fatti ed eventi apparentemente inconciliabili e a risolvere casi impossibili.

L'aspetto del commissario Adamsberg, trascurato e insignificante, è una spia del suo disagio interiore.

Quanto al commissario, aveva stentato a classificarlo. Da lontano Adamsberg non era niente di speciale. Aveva incrociato varie volte quell'uomo piccolo, corpo nervoso e movimenti lenti, viso dalle prominenze composite, abiti gualciti e sguardo altrettanto gualcito, senza immaginare che si trattasse di uno degli elementi più noti, nel bene e nel male, dell'Anticrimine. Persino gli occhi sembrava che non gli servissero a niente. Veyrenc attendeva l'incontro ufficiale con lui sin dal primo giorno. Ma Adamsberg non lo aveva notato, cullato da qualche sciabordio di pensieri profondi o vacui. Poteva accadere che passasse un anno intero senza che il commissario si accorgesse che alla sua squadra si era aggiunto un nuovo membro.

(F. Vargas, *Nei boschi eterni*)

Ricostruzione dello studio di Sherlock Holmes. Londra, Holmes Museum.

Nei romanzi di Conan Doyle, che hanno per protagonista Sherlock Holmes, il narratore testimone è il fedele dottor Watson.

Il duo investigativo

L'investigatore può agire da solo o può essere affiancato nelle sue indagini da un assistente, con il quale fa coppia fissa dando vita al cosiddetto "duo investigativo". L'esempio più celebre è costituito dalla coppia Holmes-Watson, alla quale si sono ispirati gli scrittori delle generazioni successive. All'interno di questo duo ciascun personaggio svolge un ruolo preciso: l'investigatore quello di capo e maestro, l'assistente quello di allievo-apprendista, cui di solito sono affidati i compiti più ingrati, compreso quello di tirare fuori dai guai il capo. A volte è proprio l'assistente, in veste di **narratore testimone**, a raccontare le imprese del protagonista.

Quando rivedo le mie note e i miei appunti sui casi studiati da Sherlock Holmes, durante gli anni tra l'82 e il '90, mi trovo davanti a tanti fatti, così strani e interessanti, che non è facile decidere quale scegliere e quale tralasciare. Alcuni, tuttavia, sono già noti attraverso i resoconti dei giornali, mentre altri non riescono a evidenziare quelle caratteristiche qualità che il mio amico possedeva in così alto grado, e che questa mia raccolta ha lo scopo di illustrare.

(A. Conan Doyle, *I cinque semi di arancia*)

La scena del crimine

Nella *detective story* sono molto importanti i luoghi del delitto. Possono essere **spazi esterni** come un bosco, una strada, un fiume, o **spazi interni** come una casa, un treno, un albergo. In entrambi i casi la scena del delitto e i luoghi frequentati dalla vittima sono sempre ricostruiti con molta cura, attraverso descrizioni realistiche e particolareggiate. In effetti, in questo modo, è possibile comprendere meglio l'ambiente e il contesto culturale, economico e sociale in cui è maturato il crimine.

In alcuni romanzi sono addirittura presenti delle mappe dei luoghi per aiutare il lettore a seguire meglio le indagini del *detective*.

Un'attenta descrizione della scena del crimine è funzionale sia alla ricostruzione della dinamica del delitto sia a quella dell'ambiente socioeconomico in cui esso è maturato (qui, un contesto di eleganza e agiatezza).

Al salotto si accedeva da una larga porta a due battenti, distante circa tre metri dall'entrata della casa. Il salotto era vasto, pressoché quadrato e alto di soffitto. Due delle finestre davano sulla via; in fondo, all'estrema destra verso nord, dalla parte opposta alla facciata della casa, si apriva un'altra finestra che dava su di un cortile lastricato. A sinistra di quest'ultima finestra una porta scorrevole conduce alla sala da pranzo, e questa dava sulla parte posteriore della casa. L'ambiente offriva un'impressione di lusso chiassoso. Alle pareti erano appesi vari quadri elegantemente incorniciati, rappresentanti cavalli da corsa, e un certo numero di trofei di caccia. Un tappeto orientale a colori vivaci copriva l'intero pavimento; di fronte alla porta c'era un caminetto ben lavorato, con la parte superiore in marmo scolpito.

(S.S. Van Dine, *La strana morte del signor Benson*)

La sfida al lettore e il metodo falsificatorio

Nella *detective story* il lettore non ha un ruolo passivo ma è chiamato a partecipare al brivido dell'indagine, a mettere alla prova la propria intelligenza e le proprie capacità investigative nel tentativo di anticipare il *detective* nelle sue conclusioni e risolvere l'enigma. Nel corso della storia l'autore mette il lettore non solo nelle condizioni di capire chi è l'assassino, ma anche di provarne la colpevolezza: è soltanto una questione di logica e di rigorosa deduzione. Ma le cose, a volte, non sono così semplici. In effetti, l'autore può decidere di depistare il lettore, ricorrendo a un metodo che potremmo definire "falsificatorio": lo induce ad accumulare sospetti che vengono poi smentiti da nuovi indizi che a loro volta preludono a nuove ipotesi e quindi a nuove piste investigative. Insomma, la *detective story* costituisce una vera e propria sfida per il lettore.

I sottogeneri

Nel corso del tempo, accanto alla classica *detective story* basata sull'inchiesta di tipo deduttivo si sono sviluppati altri filoni, con precise caratteristiche.

THRILLER: rispetto al giallo classico, il *thriller* si caratterizza per una trama più complessa, per la preminenza assegnata all'azione e per la presenza di numerosi personaggi, le cui vicende e avventure si intrecciano in un crescendo di *suspense* e colpi di scena. Nell'ambito del *thriller* rientrano le storie di spionaggio (*spy story*), il *legal thriller*, che ha per protagonisti avvocati alle prese con casi complicati, e il *medical thriller*, basato sulle indagini condotte dalla polizia scientifica.

HARD BOILED: in questo sottogenere il protagonista indiscusso è un *detective* privato, un vero "duro" che, a differenza degli investigatori della *detective story* tradizionale, è poco incline al *fair play* e non esita a usare la violenza per agguantare e sconfiggere i suoi avversari. Gli ingredienti tipici dell'*hard boiled* sono dunque il crudo realismo delle scene e del linguaggio.

NOIR: in questo sottogenere non sono tanto determinanti il delitto e l'individuazione del colpevole (chi ha commesso il delitto) quanto la ricostruzione dell'ambiente in cui l'evento criminoso è maturato. Caratterizzato da ambientazioni cupe e angoscianti, non sempre il *noir* si conclude con un lieto fine.

GIALLO DI DENUNCIA: in questo caso il delitto e l'indagine per risolverlo sono il pretesto per mostrare al lettore le contraddizioni, la corruzione, le connivenze con la malavita di certi ambienti culturali, sociali, politici ed economici.

GIALLO STORICO: la vicenda è ambientata nel passato (in età classica, nel Medioevo, in età moderna) e i panni del *detective* sono vestiti da personaggi di fantasia o realmente esistiti.

Edvard Munch, L'assassino nel viale, 1919. Oslo, Munch Museet.

Il contesto storico-culturale

Le origini della *detective story*

Sebbene sia possibile individuare le radici della letteratura poliziesca nelle tragedie classiche greche, che, come sottolinea il giallista svedese Henning Mankell, trattano di «persone e società invischiate in contraddizioni che portano alla violenza, al delitto e al castigo», e sebbene questi elementi ritornino anche nelle tragedie di Shakespeare, la nascita del genere poliziesco convenzionalmente si colloca nell'Ottocento. Il creatore della *detective story* è considerato **Edgar Allan Poe**, che nel racconto *I delitti della Rue Morgue* (1841) ne fissa per la prima volta lo schema narrativo fondamentale: un misterioso delitto, un investigatore, un'indagine, dei sospettati e infine la risoluzione dell'enigma. Le regole della *detective story*, il modello dell'investigatore "perfetto" e il metodo di indagine deduttivo si sviluppano compiutamente nella seconda metà dell'Ottocento, nel Regno Unito, con le opere di **Arthur Conan Doyle**, creatore di Sherlock Holmes, che fa la sua comparsa per la prima volta nel 1887 nel romanzo *Uno studio in rosso*.

L'epoca d'oro della letteratura poliziesca

Tra il 1920 e il 1940, il modello anglosassone della *detective story* è ripreso con successo da **Edgar Wallace** e **Agatha Christie**. Dell'abbondante produzione letteraria del primo ricordiamo *L'enigma dello spillo* (1923), uno degli esempi più convincenti del genere "della camera chiusa", variante della *detective story* in cui la vittima viene ritrovata in una stanza ermeticamente chiusa dall'interno. Ad Agatha Christie, geniale inventrice di intrecci e fatti criminosi, si deve invece la creazione dell'ironico e raffinato ex ispettore belga **Hercule Poirot** e quella dell'apparentemente fragile vecchietta, ma infallibile criminologa, **Miss Marple**.

In America, negli anni Trenta, si rifanno al modello anglosassone della *detective story* **Ellery Queen** – nome che si riferisce tanto all'autore fittizio (dietro cui si celano gli scrittori statunitensi Frederic Dannay e Manfred B. Lee) quanto al protagonista –, **S.S. Van Dine**, creatore del *detective* Philo Vance, e **Rex Stout**, con le storie che hanno per protagonista Nero Wolfe. Negli stessi anni **Dashiell Hammett** inaugura la stagione dell'*hard boiled*, proseguita da **Raymond Chandler** con il suo investigatore privato Philip Marlowe. L'esigenza di un maggiore realismo, che si avverte nell'*hard boiled* e nella letteratura poliziesca americana di questo periodo, è presente anche, ma con un maggiore spessore letterario, nella produzione di **Georges Simenon**, che con il romanzo *Pietr il Lettone* (1931) fa conoscere al grande pubblico quello che diverrà il suo più famoso personaggio, il commissario Maigret.

Intanto la formula del romanzo giallo viene abbracciata anche da alcuni scrittori di alto livello, come lo svizzero **Friedrich Dürrenmatt**, che rinuncia al finale consolatorio tipico del genere, l'argentino **Jorge Louis Borges**, in cui il *detective* diviene vittima della sua stessa indagine, e gli italiani **Carlo Emilio Gadda** e **Leonardo Sciascia**: il primo, con il romanzo *Quer pasticciaccio brutto de via Merulana* (1957), sperimenta ardite e originali soluzioni linguistiche, il secondo è orientato verso un giallo di denuncia e critica sociale.

Negli anni Settanta, la letteratura poliziesca italiana è legata soprattutto ai nomi di **Giorgio Scerbanenco**, in bilico tra giallo, *thriller* e *noir*, e alla coppia di scrittori **Carlo Fruttero** e **Franco Lucentini**, di cui ricordiamo i romanzi *La donna della domenica* (1972) e *A che punto è la notte* (1975).

Ai nostri giorni

Oggi il genere poliziesco ha molti interpreti in quasi tutte le parti del mondo, dall'America alla Cina. È possibile tuttavia individuare, nella varietà delle proposte e nell'oscillazione delle mode, alcuni autori che si distinguono per una maggiore originalità. La

---

linea del tempo

1800

1841
Edgar Allan Poe
I delitti della Rue Morgue

1850

1887
Arthur Conan Doyle
Uno studio in rosso

1900

1920
Agatha Christie
Poirot a Styles Court

1931
Georges Simenon
Pietr il Lettone

1950

1966
Maj Sjöwall
Per Wahlöö
Roseanna

1994
Andrea Camilleri
La forma dell'acqua

2000

PAROLE DA RICORDARE

Autopsia: in medicina legale, con il termine autopsia (dal greco *autopsía*: "vedere con i propri occhi") si indica un'indagine eseguita su un cadavere per determinarne la causa e il momento del decesso.

Balistica: scienza che studia i problemi relativi al moto dei proiettili sia all'interno dell'arma da fuoco (balistica interna) sia al di fuori di essa (balistica esterna).

Criminologia: disciplina che studia con i metodi propri della scienza i fenomeni criminali.

GIP: giudice per le indagini preliminari. È il giudice che coordina la prima fase delle indagini.

GUP: giudice dell'udienza preliminare. È il giudice che decide durante l'udienza preliminare se accogliere o meno la richiesta di rinvio a giudizio dell'indagato formulata dal PM (Pubblico Ministero).

Medicina forense: ramo della medicina legale che utilizza le nozioni medico-scientifiche per coadiuvare l'indagine giudiziaria.

Perizia: nei processi penali, consulenza di un esperto riconosciuto e qualificato (il perito) messa a disposizione del giudice per chiarire le dinamiche del delitto. Esistono diversi tipi di perizia: calligrafica, psichiatrica, balistica. La perizia può essere richiesta dal giudice (perizia d'ufficio) o promossa dalle parti in causa (perizia di parte).

RIS: sigla che vuol dire Reparto di Investigazioni Scientifiche. Il RIS è una sezione dell'Arma dei Carabinieri che si occupa delle indagini preliminari sulla scena del delitto alla ricerca di possibili tracce lasciate dal colpevole (DNA, impronte, tracce non biologiche).

scuola italiana è ben rappresentata, tra gli altri, da **Carlo Lucarelli**, inventore dell'imbranato ispettore Coliandro, e **Andrea Camilleri** con il suo Montalbano, un duro dal cuore tenero, alle prese con delitti di ogni genere nella meridionalissima Vigata. In Francia spiccano i nomi del marsigliese **Jean-Claude Izzo** e di **Fred Vargas**, che ha dato vita all'ispettore Adamsberg, «lo spalatore di nuvole», per via della sua aria distratta e trasognata; in Spagna ricordiamo **Manuel Vázquez Montalbán** e il suo Pepe Carvalho, un ispettore privato con un passato di agente della Cia. Lo scrittore greco **Petros Markaris** colloca invece sullo sfondo dell'Atene moderna le indagini del suo commissario Kostas Charitos, mentre il britannico **Colin Dexter**, interprete del poliziesco classico, fa muovere l'ispettore capo Morse tra i college e le villette di Oxford. Da non trascurare in ultimo lo "stile scandinavo" – atmosfere plumbee e malinconiche, ritmi lenti, disagio sociale – i cui capiscuola sono considerati i coniugi **Maj Sjöwall** e **Per Wahlöö**, la cui eredità, ben raccolta da **Stieg Larsson**, autore della trilogia poliziesca *Millennium*, è oggi nelle mani di numerosi continuatori, tra i quali citiamo soltanto **Henning Mankell** con il suo ispettore Kurt Wallander.

**Oltre
la letteratura**

Il giallo in TV

Per molti, il giallo in TV è diventato un appuntamento fisso settimanale. Ce n'è per tutti i gusti: preti-*detectives*, mentalisti, cani-poliziotto dal fiuto infallibile, indagini di polizia scientifica, classici gialli all'inglese, eleganti signore che risolvono delitti, professoresse alle prese con enigmi criminosi, trasposizioni di romanzi e racconti.

In Italia, il giallo televisivo diventa popolare negli anni Sessanta e Settanta con lo sceneggiato *Le inchieste del commissario Maigret*, riuscita trasposizione dei romanzi di Georges Simenon, con l'attore Gino Cervi come protagonista. Tra gli anni Settanta e Ottanta a incollare allo schermo milioni di affezionati sono *Il tenente Colombo*, serie poliziesca interpretata da Peter Falk, *Il tenente Kojak*, *La signora in giallo* e *L'ispettore Derrick*. Alcune di queste serie vengono ciclicamente replicate nei vari canali televisivi. Più recentemente l'*audience* ha premiato la *fiction Don Matteo*, con Terence Hill nel ruolo principale, *Il commissario Montalbano*, con Luca Zingaretti chiamato a dare un volto al personaggio di Andrea Camilleri, *Il giovane Montalbano*, con Michele Riondino, e *Nero Wolfe*, fortunato ritorno sullo schermo, dopo la serie degli anni Settanta interpretata da Tino Buazzelli, del corpulento investigatore privato nato dalla fantasia di Rex Stout.

Scena della serie TV _Il commissario Montalbano_

Gli episodi del commissario Montalbano sono ispirati ai romanzi polizieschi di Andrea Camilleri. La prima puntata, Il ladro di merendine, è andata in onda nel 1999.

L'ambientazione mediterranea è uno dei punti di forza della fiction. La location principale delle riprese è la Sicilia Sud-orientale. Sono molto numerosi i turisti che ogni anno visitano questa zona "a caccia" dei luoghi di Montalbano.

Per i telespettatori Luca Zingaretti è ormai Salvo Montalbano. Camilleri però immaginava il suo commissario in maniera assai diversa: alto, corpulento, con baffi e una folta chioma scura.

VERSO IL TRIENNIO

Leonardo Sciascia e Carlo Emilio Gadda

Solitamente si tende a classificare il giallo tra le forme di letteratura minore, il cui unico scopo è quello di intrattenere il lettore "sotto l'ombrellone" o durante le uggiose serate invernali. Le cose non sono così semplici. Accanto a opere "commerciali", basate su _plot_ più o meno prevedibili, esistono gialli di "spessore" in cui il delitto e la sua risoluzione, seppur presenti, cessano di essere gli elementi preponderanti dell'intreccio e diventano uno strumento conoscitivo per riflettere sulla contemporaneità e veicolare un messaggio extratestuale. Questo fenomeno è evidente soprattutto nella produzione giallistica degli anni Cinquanta e Sessanta. In questo periodo alcuni scrittori sfruttano i popolari meccanismi della letteratura poliziesca per farne uno strumento di critica sociale. Utilizzano cioè il giallo come uno specchio per mostrare al lettore le contraddizioni e i mali del presente. In Italia questo fenomeno è evidente soprattutto nell'opera di Leonardo Sciascia e nel romanzo _Quer pasticciaccio brutto de via Merulana_ (pubblicato in volume nel 1957) di Carlo Emilio Gadda. Chi legge oggi le loro opere trova in esse non solo la formula della _detective story_, ma soprattutto uno spaccato dell'Italia di qualche anno fa. Sciascia, ben radicato nel suo territorio, di cui conosce perfettamente le dinamiche sociali, economiche e politiche, racconta la Sicilia e l'Italia negli anni del _boom_ economico, mettendo in luce le zone di contiguità tra poteri istituzionali e poteri malavitosi. Gadda ambienta il suo giallo nella Roma fascista, dove si intrecciano lingue e realtà sociali diverse: ascoltiamo così le voci del popolino, penetriamo all'interno dei salotti borghesi, ci imbattiamo in contesse, ministri, palazzinari, prelati e truffatori.

Ciò che rende diversi i due autori è però il differente grado di fiducia che essi ripongono nei mezzi della ragione. Sciascia è un erede dell'Illuminismo: è convinto che, nonostante la complessità e le difficoltà del presente, con la logica e la razionalità si possa contrastare il male e sconfiggerlo. Gadda, invece, ha una visione pessimistica della vita, in cui il Caos (il disordine) è talmente radicato da rendere quasi impossibile un ritorno all'ordine. Lo dimostra il finale aperto del suo romanzo, che si interrompe bruscamente proprio quando Don Ciccio Ingravallo, l'investigatore, intravede la verità ma senza addivenire alla soluzione definitiva del caso.

Doppio indizio

Agatha Christie, *I primi casi di Poirot*

Tipologia	Testo narrativo
Genere	Racconto
Sottogenere	Giallo deduttivo
Anno	1961

CHI: *Agatha Christie*

DOVE:

Regno Unito

QUANDO: *Novecento*

▶ SCOPRIAMO IL GENERE

1 L'ENIGMA CRIMINOSO
2 l'INVESTIGATORE E IL SUO ASSISTENTE
3 L'INDAGINE

L'autrice

La scrittrice britannica Agatha Christie (1890-1976) è una delle più note, importanti e prolifiche interpreti del giallo deduttivo, inventrice di congegni narrativi perfetti e di personaggi indimenticabili, come Hercule Poirot e Miss Marple. Della sua vastissima produzione qui ricordiamo *Poirot a Styles Court* (1920), atto di nascita ufficiale dell'ispettore Poirot, *La morte nel villaggio* (1930), in cui fa la sua prima apparizione Miss Marple, *Assassinio sull'Orient-Express* (1931), *Assassinio sul Nilo* (1937), *Quattro casi per Hercule Poirot* (1937), *Miss Marple: giochi di prestigio* (1952), *Assassinio allo specchio* (1962) e la raccolta postuma di racconti *La casa dei sogni* (1997). Una menzione particolare merita *Dieci piccoli indiani* (1939), considerato uno dei vertici della produzione giallistica mondiale.

Invito alla lettura

Doppio indizio ha il merito di condensare in poche pagine tutti gli elementi tipici del giallo classico, noto anche tra gli appassionati con il termine inglese *whodunit*, contrazione di *Who done it?* ("Chi l'ha fatto?"), e il cui intreccio, una vera e propria sfida per il lettore, ruota tutto intorno alla risoluzione dell'enigma criminoso. Il signor Marcus Hardman è un membro dell'altra società inglese con l'hobby del collezionismo. Un giorno, durante un ricevimento a casa sua, uno degli ospiti ruba un'antica collana e alcuni rubini. L'ispettore Poirot indaga sul caso. Un guanto e un portasigarette, rinvenuti nella cassaforte in cui erano custoditi i gioielli, sembrano inchiodare Bernard Parker, un carissimo amico di Hardman. La verità, però, è un'altra.

1 L'ENIGMA CRIMINOSO
Secondo il classico schema della *detective story*, la vicenda si apre quando il fatto criminoso è già stato commesso.

«Ma soprattutto… niente pubblicità» disse il signor Marcus Hardman, forse per la quattordicesima volta.

La parola "pubblicità" ricorreva nella conversazione con la regolarità di un *leitmotiv*[1]. Il signor Hardman era un omarino[2], di una pinguedine delicata[3], con mani 5 squisitamente curate e una lamentosa voce tenorile[4]. A suo modo, era più o meno una celebrità e la mondanità era la professione della sua vita. Era ricco, ma non in modo notevole, e spendeva il denaro alla zelante[5] ricerca della partecipazione ai piaceri dell'alta società. Il suo hobby era il collezionismo. Aveva l'animo del

---

1 *leitmotiv*: motivo ricorrente.
2 *omarino*: ometto, diminutivo di "uomo".
3 **pinguedine delicata**: grassezza molle ed effeminata.

4 **tenorile**: voce alta e forte.
5 **zelante**: ardente e costante.

collezionista. Pizzi antichi, ventagli antichi, gioielli antichi – niente di volgare e
10 di moderno per Marcus Hardman.

Poirot ed io, obbedendo a una pressante convocazione, eravamo arrivati per trovare l'ometto preda all'angoscia dell'indecisione. Date le circostanze, per lui chiamare la polizia era ripugnante. D'altra parte non chiamarla significava accettare la perdita di alcune "perle" della sua collezione. Aveva trovato Poirot come compromesso.

15 «I miei rubini, *monsieur*[6] Poirot, e la collana di smeraldi che sembra essere appartenuta a Caterina de' Medici[7]. Oh, la collana di smeraldi!»

«Vuole raccontarmi le circostanze in cui sono scomparse?» propose gentilmente Poirot.

«Sto cercando di farlo. Ieri pomeriggio ho dato un piccolo tè… qui, una cosa senza
20 pretese, una mezza dozzina di persone o giù di lì. Ne ho dati altri due o tre nel corso della stagione e, anche se non dovrei essere io a dirlo, sono stati un vero successo. Un po' di buona musica – Nacora, il pianista e Katherine Bird, il contralto australiano… nello studio. Be', all'inizio del pomeriggio stavo mostrando ai miei ospiti la mia collezione di gioielli medievali. Li tengo in una piccola cassaforte
25 laggiù. All'interno è fatta come uno stipo[8], con uno sfondo di velluto colorato per mettere in evidenza i gioielli.

Quindi abbiamo esaminato i ventagli, in quella vetrinetta sulla parete. Poi siamo passati tutti nello studio per sentire la musica. Solo dopo che se ne sono andati tutti ho scoperto che la cassaforte era stata svuotata. Devo averla chiusa male e
30 qualcuno ha colto l'occasione per farne sparire il contenuto. I rubini, *monsieur* Poirot, la collana di smeraldi… una collezione per cui ho speso una vita! Che cosa non darei per riaverli! Ma non ci deve essere pubblicità! Mi capisce pienamente, vero, *monsieur* Poirot? I miei stessi invitati, i miei amici personali… Sarebbe uno scandalo terribile!»

35 «Chi è stata l'ultima persona a lasciare questa stanza quando siete passati nello studio per il concerto?»

«Il signor Johnston. Forse lo conosce? Il miliardario sud-africano. Ha acquistato da poco la casa degli Abbotbury in Park Lane. Si è trattenuto qualche momento, ricordo. Ma certamente non può trattarsi di lui!»

40 «Qualcuno degli ospiti è tornato in questa stanza durante il pomeriggio, con qualche pretesto?»

«Ero preparato alla domanda, *monsieur* Poirot. Tre di loro. La contessa Vera Rossakoff, il signor Bernard Parker e Lady Runcorn.»

«Mi parli di loro.»

45 «La contessa Rossakoff è una deliziosa signora russa, appartenente al vecchio *régime*[9]. È venuta in questo paese da poco. Mi aveva già salutato, quindi sono rimasto ancora stupito nel ritrovarla in questa stanza all'apparenza in estasi davanti alla vetrinetta dei ventagli. Sa, *monsieur* Poirot, più ci penso più mi sembra sospetto. Non è d'accordo?»

50 «Oltremodo sospetto. Ma sentiamo degli altri.»

«Bene, Parker è venuto qui soltanto per prendere una scatola di miniature che ero ansioso di mostrare a Lady Runcorn.»

«E Lady Runcorn stessa?»

«Come penso saprà, Lady Runcorn è una donna di mezza età, di notevole forza di
55 carattere, che dedica quasi tutto il proprio tempo a vari enti di beneficenza. Si è limitata a tornare qui per cercare la borsetta che aveva lasciata da qualche parte.»

«*Bien, monsieur*. Quindi abbiamo quattro possibili sospetti. La contessa russa, la *grande dame*[10] inglese, il miliardario sud-africano e il signor Bernard Parker. Chi è, tra l'altro, il signor Parker?»

---

6 *monsieur*: signor.
7 **Caterina de' Medici**: regina di Francia, nata a Firenze nel 1519 e morta a Parigi nel 1589.
8 **stipo**: mobiletto di legno, usato per conservare oggetti di valore, documenti importanti ecc.
9 **vecchio *régime***: l'antica aristocrazia, che prima della Rivoluzione francese deteneva il potere economico e politico.
10 ***grande dame***: nobildonna.

GRAMMATICA

lo è un pronome personale complemento di forma debole (cioè privo di accento proprio) di terza persona singolare. I pronomi personali complemento di forma debole sono per il singolare *mi, ti, lo/la, gli/le, ne*; per il plurale *ci, vi, li/le, loro, ne*. I pronomi personali complemento possono precedere o seguire il verbo, unendosi graficamente a esso.

60 La domanda parve imbarazzare non poco il signor Hardman.

«È… ehm… un giovanotto. Be', in effetti è un giovanotto che conosco.»

«Questo l'avevo già intuito» rispose con gravità Poirot.

«Ma che cosa fa, questo signor Parker?»

«È un giovane di mondo… non proprio del giro altolocato, se così posso espri-
65 mermi.»

«Come è diventato amico suo, se posso chiederlo?»

«Be', in alcune occasioni ha fatto delle piccole commissioni per me.»

«Continui, *monsieur*» disse Poirot.

Hardman lo guardò con aria infelice. Manifestamente l'ultima cosa che voleva fare
70 era continuare. Ma poiché Poirot manteneva un silenzio inesorabile[11], capitolò[12].

«Vede, *monsieur* Poirot, è risaputo che io sono interessato ai gioielli antichi. A volte
c'è un'eredità di famiglia che qualcuno vorrebbe vendere, ma che, badi bene, non
sarebbe mai messa sul mercato e nemmeno offerta a un mediatore. Ma una vendita
privata a me è una cosa del tutto diversa. È Parker che predispone i particolari di
75 cose del genere, lui è in contatto con entrambe le parti e così si evita qualsiasi imbarazzo. Lui mi dà comunicazione di qualsiasi notizia di questo tipo. Per esempio,
la contessa Rossakoff ha portato con sé dalla Russia alcuni gioielli di famiglia. È
ansiosa di venderli. Bernard Parker avrebbe dovuto concludere la transazione[13].»

«Capisco» commentò Poirot pensosamente. «E lei si fida completamente di lui?»
80 «Non ho ragione per far diversamente.»

«Signor Hardman, di queste persone quale sospetta?»

«Oh, *monsieur* Poirot, che domanda! Sono amici, come le ho detto. Non ne sospetto
nessuna… o sospetto di tutte, come preferisce lei.»

«Non sono d'accordo. Sospetta di una delle quattro. Non è la contessa Rossakoff.
85 Non è il signor Parker. Lady Runcorn, oppure il signor Johnston?»

«Mi mette alle strette, *monsieur* Poirot, davvero. Sono ansiosissimo di non avere
scandali. Lady Runcorn appartiene a una delle più vecchie famiglie d'Inghilterra.
Ma è vero, purtroppo è vero che sua zia, Lady Caroline, soffriva di una tristissima
malattia. Naturalmente tutti gli amici ne erano al corrente e la cameriera restituiva
90 i cucchiaini, o quello che era, al più presto possibile. Capisce la delicatezza della
mia situazione?»

«Dunque Lady Runcorn aveva una zia cleptomane[14]? Molto interessante. Mi permette di esaminare la cassaforte?»

Con il consenso del signor Hardman, Poirot aprì lo sportello della cassaforte e ne
95 esaminò l'interno. I ripiani foderati di velluto ci fissavano del tutto vuoti.

«Nemmeno ora lo sportello è chiuso bene» mormorò Poirot, smuovendolo avanti e
indietro. «Mi chiedo come mai? Ah, che cosa abbiamo qui? Un guanto, impigliato
nel cardine, un guanto da uomo.»

Lo porse al signor Hardman.
100 «Non è mio» dichiarò quest'ultimo.

«Ah, qualcos'altro!» Poirot si chinò con agilità e prese dal fondo della cassaforte
un minuscolo oggetto. Un portasigarette piatto, rivestito di raso nero.

«Il mio portasigarette!» esclamò il signor Hardman.

«Suo? no di certo, *monsieur*. Queste non sono le sue iniziali.»
105 Indicò un monogramma in platino con due lettere che si intersecavano.

Hardman prese il portasigarette in mano.

«Ha ragione» dichiarò. «È molto simile al mio, ma le iniziali sono diverse. Una
"B" e una "P". Santo Cielo, Parker!»

«Sembrerebbe!» disse Poirot. «Un giovanotto un po' distratto… soprattutto se
110 anche il guanto è il suo. Sarebbe un doppio indizio, no?»

11 inesorabile: ostinato.
12 capitolò: cedette, si ar-
rese.
13 transazione: compra-
vendita.
14 cleptomane: affetta da
cleptomania, che è l'impulso ossessivo e irrefrenabile
a rubare.

3 L'INDAGINE

Ha qui inizio la fase decisiva dell'inchiesta: l'investigatore si reca dai sospettati per interrogarli.

GRAMMATICA

I pronomi personali complemento possono avere: a) funzione di complemento di termine (a chi? a che cosa?): *dammi la mano = dai la mano a me*; b) funzione di complemento oggetto (chi? che cosa?) come nel nostro esempio: *chi li contraddirà = chi contraddirà loro*.

Poirot, interpretato da David Suchet, insieme al suo assistente Hastings.

«Bernard Parker!» mormorò Hardman. «Che sollievo! Bene, *monsieur* Poirot, lascio a lei il compito di riavere i gioielli. Metta pure la cosa nella mani della polizia, se le pare il caso… se, cioè, è sicuro che il colpevole sia lui.»

«Vede, amico mio» disse Poirot, mentre uscivamo insieme dalla casa di Hardman,
115 «ha una legge per i nobili e un'altra per i mortali, questo signor Hardman. Io non sono ancora stato insignito[15] di titoli nobiliari, cosicché sto dalla parte dei comuni mortali. Provo simpatia per quel giovanotto. Tutta la storia è un po' strana, vero? Hardman sospettava di Lady Runcorn. Io sospettavo della contessa e di Johnston. E invece per tutto questo tempo il nostro uomo era l'oscuro signor Parker.»
120 «Perché sospettava degli altri due?»

«*Parbleu*![16] È tanto semplice essere una rifugiata russa o un miliardario sudafricano. Chiunque può farsi passare per una contessa russa. Chiunque può comperarsi una casa in Park Lane e farsi passare per un miliardario sud-africano. Chi li contraddirà? Ma vedo che stiamo passando per Bury Street. Il nostro amico giovane e
125 distratto abita qui. Vogliamo, come dice lei, battere il ferro finché è caldo?»

Il signor Bernard Parker era in casa. Lo trovammo sdraiato su un paio di cuscini, avvolto in una stupefacente vestaglia arancione e viola. Raramente ho provato un'antipatia più forte verso qualcuno come quella che provai istantaneamente per quel giovanotto in particolare, con quel viso pallido ed effeminato e un modo di
130 parlare sussiegoso di balbuzie[17].

«Buon giorno, *monsieur*» disse Poirot con tono vivace. «Vengo ora dal signor Hardman. Ieri, alla festa, qualcuno gli ha rubato tutti i gioielli. Posso chiederle, *monsieur*, se è suo questo guanto?»

I meccanismi mentali del signor Parker non sembravano scattare molto rapida-
135 mente. Fissò il guanto quasi stesse cercando di raccogliere le idee.

«Dove l'ha trovato?» chiese alla fine.

«È suo, *monsieur*?»

Il signor Parker parve aver deciso.

«No, non è mio» rispose.
140 «E questo portasigarette è suo?»

«No di certo. Io ne ho sempre uno d'argento.»

«Benissimo, *monsieur*, vado a mettere la cosa nelle mani della polizia.»

«Oh, un momento, non lo farei se fossi in lei» esclamò il signor Parker piuttosto preoccupato. «Gente bestialmente incomprensiva, la polizia. Aspetti un momento! Andrò dal vecchio Hardman. Ehi, sento, oh, si fermi un momento…»

Ma Poirot batté in una decisa ritirata.

«Gli abbiamo dato qualcosa da pensare, vero?» chiese, ridacchiando. «Domani vedremo che cosa è successo.»

Ma era destino che qualcosa ci riportasse al caso Hardman nello stesso pomeriggio. Senza il minimo preavviso la porta si spalancò e un turbine in forma umana invase la nostra *privacy*, trascinandosi appresso un ondeggiare di visioni (faceva freddo come può farlo in

15 insignito: onorato.
16 *Parbleu*!: Per bacco!
17 un modo di parlare sussiegoso di balbuzie: un modo di parlare altezzoso e a scatti.

un giorno di giugno solo in Inghilterra) e un cappello sul quale svettavano piume di struzzi massacrati. La contessa Rossakoff era una personalità piuttosto conturbante[18].

«Lei è *monsieur* Poirot? Che cosa ha fatto? Accusare quel povero ragazzo! È infame. È scandaloso. Lo conosco. È un pollastrino, un agnellino… non ruberebbe mai e
160 poi mai. Mi ha aiutata molto. E io devo starmene in disparte a vederlo martirizzare e squartare?»

«Mi dica, *madame*[19], questo portasigarette è del ragazzo?» Poirot tese il portasigarette di raso nero.

La contessa tacque per un attimo mentre lo osservava.

165 «Sì, è suo. Lo conosco bene. E con questo? L'avete trovato nella stanza? Ma eravamo tutti lì. L'ha lasciato cadere suppongo. Ah, voi poliziotti siete peggio delle Guardie Rosse[20]…»

«E questo guanto?»

«Come faccio a saperlo? Un guanto è uguale a un altro. Non tenti di fermarmi…
170 deve essere liberato. La sua figura deve essere riabilitata[21]. Lo farà. Venderò i miei gioielli e le darò molto denaro.»

«*Madame*…»

«È inteso, allora? No, non discuta. Il povero ragazzo! È venuto da me con le lacrime agli occhi. "Ti salverò" gli ho detto. "Andrò da quell'uomo, da quel mostro! Lascia
175 fare a Vera." E adesso che la cosa è a posto me ne vado.»

Con altrettanto poche cerimonie quante ne aveva fatto all'arrivo volò fuori dalla stanza, lasciandosi appresso una scia di profumo molto forte dalla fragranza esotica.

«Che donna!» esclamai. «E che pelliccia!»

«Ah, sì, era abbastanza preziosa come pelliccia… Una contessa fasulla potrebbe
180 avere una pelliccia vera? Sto scherzando Hastings. No, è veramente russa, penso. Bene, bene, dunque il nostro piccolo Bernard è andato da lei a piangere.»

«Il portasigarette è suo. Mi chiedo se anche il guanto…»

Con un sorriso Poirot estrasse di tasca un secondo guanto e lo mise accanto al primo. Non c'era dubbio sul fatto che erano un paio di guanti uguali.

185 «Dove ha trovato il secondo, Poirot?»

«Era scaraventato con un bastone da passeggio su una mensola nel vestibolo[22] di Bury Street. Veramente un giovanotto molto distratto il signor Parker. Bene, *mon ami*[23], dobbiamo andare fino in fondo. Solo per una pura formalità farò una visitina in Park Lane.»

Inutile dire che accompagnai il mio amico. Johnston era fuori, ma parlammo con
190 la sua segretaria privata. Risultò che Johnston era arrivato dal Sud-Africa solo di recente. Non era mai stato in Inghilterra prima.

«È interessato alle pietre preziose?» chiese Poirot.

«Le miniere d'oro, più specificatamente» rispose ridendo la segretaria.

Poirot uscì da quella casa piuttosto pensieroso. Nella tarda serata lo trovai assorto
195 nello studio di una grammatica russa.

«Santo Cielo, Poirot!» esclamai. «Sta imparando il russo per conversare nella sua lingua con la contessa russa?»

«Certo lei non ascolterebbe il mio inglese amico mio!»

«Ma i nobili russi, Poirot, parlano tutti il francese.»

200 «Lei è una miniera di informazioni Hastings. Smetterò di rompermi la testa con le difficoltà dell'alfabeto russo.»

Scaraventò il libro con gesto melodrammatico[24]. Non ero del tutto soddisfatto. C'era nei suoi occhi una luce che conoscevo da tanto tempo. Era invariabilmente il segno che Poirot era contento di sé.

205 «Forse» dissi con l'aria di saperne di più di quanto in realtà sapessi, «dubita che sia veramente russa? La vuole mettere alla prova?»

---

18 conturbante: affascinante e sensuale.
19 madame: signora.
20 Guardie Rosse: in Russia, soldati dell'esercito rivoluzionario comunista.
21 riabilitata: resa nuovamente degna di stima.
22 vestibolo: ingresso.
23 mon ami: amico mio.
24 melodrammatico: teatrale.

25 *carte blanche*: carta bianca.

26 *negligé*: vestaglia femminile da camera.

27 *madame la comtesse*: signora contessa.

28 *prodigalità*: spendere senza limiti.

29 *per la sua sollecitudine*: per la velocità con la quale ha restituito i gioielli senza fare storie.

«Oh no, è proprio russa.»

«Be', allora?…»

«Se vuole veramente farsi onore in questo caso, Hastings, le consiglio di leggersi "Primi passi in Russo" per avere un aiuto preziosissimo.»

Poi rise e non volle aggiungere altro. Presi il libro da terra e cominciai a guardarlo curioso, ma non riuscii a capire lo stesso il motivo delle parole di Poirot.

Il mattino seguente non ci portò alcuna notizia, ma questo non parve preoccupare il mio piccolo amico. Durante la prima colazione annunciò che intendeva andare a trovare il signor Hardman nel corso della giornata, sul presto. Trovammo il farfallone mondano a casa, apparentemente più calmo del giorno prima.

«Bene, *monsieur* Poirot, notizie?» chiese impazientemente.

Poirot gli porse un foglietto.

«Questa è la persona che ha preso i gioielli, *monsieur*. Devo affidare la cosa alla polizia, oppure preferisce riaverli senza far intervenire la polizia nella faccenda?»

Il signor Hardman fissava il foglietto. Alla fine ritrovò la voce.

«Sbalorditivo. Preferirei di gran lunga che non ci fossero scandali. Le do *carte blanche*[25], *monsieur* Poirot. Sono sicuro che sarà discreto.»

Il nostro passo successivo fu fermare un tassì e Poirot ordinò all'autista di portarci al *Carlton*. Lì chiese della contessa Rossakoff. Pochi minuti dopo fummo introdotti nell'appartamento della nobildonna. Ci venne incontro con le mani tese, avvolta in un meraviglioso *negligé*[26] a disegni orientali.

«*Monsieur* Poirot!» esclamò. «Ci è riuscito? Ha riabilitato quel povero fanciullo dai sospetti?»

«*Madame la comtesse*[27], il suo amico, il signor Parker, non corre alcun rischio di essere arrestato.»

«Ah, ma lei è proprio un ometto in gamba! Stupendo! E così alla svelta, per di più!»

«D'altro canto ho promesso al signor Hardman che i gioielli gli saranno restituiti oggi.»

«E allora?»

«Quindi, *madame*, le sarò obbligatissimo se vorrà metterli immediatamente nelle mie mani. Mi spiace farle fretta, ma ho un tassì da basso che mi aspetta… nel caso fossi costretto ad andare a Scotland Yard. E noi belgi, *madame*, abbiamo il vizio dell'economia.»

La contessa si era accesa una sigaretta. Per qualche istante rimase assolutamente immobile, mandando anelli di fumo nell'aria e guardando con fermezza Poirot. Poi scoppiò a ridere e si alzò. Si avvicinò allo scrittoio, aprì un cassetto e ne tolse una borsettina di seta nera. La gettò con leggerezza a Poirot. Il tono della sua voce, quando parlò, era perfettamente calmo e gaio.

«Invece noi russi abbiamo il vizio della prodigalità[28]» rispose. «E per pagarcelo, ci serve denaro. Non è necessario che controlli. Ci sono tutti.»

«Mi congratulo, *madame*, per la sua intelligenza pronta e per la sua sollecitudine[29].»

«Ah! Ma dato che il tassì l'aspetta, che altro potevo fare?»

«Lei è troppo amabile, *madame*. Si tratterrà a lungo a Londra?»

«Temo di no… Grazie a lei.»

«Accetti le mie scuse.»

«Ci ritroveremo altrove, forse.»

«Lo spero.»

«E io no!» esclamò la contessa con una risata.

DOPPIO INDIZIO • Agatha Christie

30 Mon Dieu, quelle femme!: Mio Dio che donna!
31 bluff: finzione.
32 scanzonato: ironico, disinvolto e menefreghista.
33 bien sûr: certamente.

«Ed è un grande complimento che le faccio ora: vi sono pochissimi uomini dei quali ho paura. Addio, *monsieur* Poirot.»

«Addio, *madame la comtesse*. Ah, perdoni, dimenticavo! Mi consenta di restituirle il portasigarette.»

E con un inchino le porse il portasigarette di raso nero che avevamo trovato nella cassaforte. Lei lo accettò senza che una linea del suo viso si alterasse… Si limitò a sollevare un sopracciglio e a mormorare: «Capisco!»

«Che donna!» esclamò Poirot entusiasta mentre scendevamo le scale. «*Mon Dieu, quelle femme!*[30] Non una parola di discussione… di protesta… di *bluff*[31]! Una rapida occhiata e ha capito la situazione al volo. Le dico, Hastings, che una donna in grado di accettare la sconfitta così, con un sorriso scanzonato[32], andrà lontano! È pericolosa, ha nervi d'acciaio. È…» Inciampò pesantemente.

«Se riesce a moderare gli entusiasmi e a guardare dove mette i piedi» proposi io «andrebbe meglio. Quando ha cominciato a sospettare della contessa?»

«*Mon ami*, sono stati il guanto *e* il portasigarette, il doppio indizio, diciamo… a preoccuparmi. Bernard Parker avrebbe benissimo potuto lasciar cadere l'uno o l'altro, ma certo non entrambi. Ah, no! Sarebbe stato troppo distratto! Allo stesso modo, se qualcun altro ce li aveva messi per incriminare Parker, uno sarebbe stato sufficiente – il portasigarette *o* il guanto – e non entrambi. Quindi sono stato costretto a concludere che uno dei due oggetti non apparteneva a Parker. Prima ho immaginato che il portasigarette fosse suo e il guanto no. Ma quando ho scoperto l'altro guanto ho capito che era il contrario.

Di chi era dunque il portasigarette? Chiaramente non poteva appartenere a Lady Runcorn. Le iniziali non erano quelle. A Johnston? Solo se viveva sotto falso nome. Ho parlato con la segretaria ed è subito apparso chiaro che tutto in lui era al di sopra di ogni sospetto. Non c'erano reticenze sul passato del signor Johnston. La contessa, allora? Si supponeva che avesse portato con sé gioielli dalla Russia: bastava che togliesse le pietre dalla loro incastonatura e sarebbe stato molto difficile poterle riconoscere. Che cosa c'era di più facile per lei che prendere uno dei guanti di Parker quel giorno dal vestibolo e cacciarlo nella cassaforte? Ma, *bien sûr*[33], non intendeva lasciarvi cadere il portasigarette che le apparteneva!»

«Ma se il portasigarette era suo, come mai aveva incise le iniziali "B.P."? Le iniziali della contessa sono "V.R.", no?»

Poirot mi sorrise con dolcezza.

«Esatto, *mon ami*. Ma nell'alfabeto russo la B è una V e la P una R.»

«Be', non poteva illudersi che lo indovinassi. Non conosco il russo.»

«Neppure io, Hastings. Per questo ho comperato quel libricino e ho insistito perché lo esaminasse anche lei!»

Sospirò.

«Una donna notevole. Ho la sensazione – una sensazione ben precisa – amico mio, che la ritroverò. Ma mi chiedo, dove?»

(A. Christie, *Doppio indizio*, in *I primi casi di Poirot*, Milano, Oscar Mondadori, 2009, trad. di Lidia Lax)

LABORATORIO

Oltre ad Agatha Christie, altri tre autori "classici" di romanzi polizieschi sono Raymond Chandler (1888-1959), il cui personaggio più famoso è il tormentato investigatore Philip Marlowe; Cornell Woolrich (1903-1968), maestro del *noir*; Georges Simenon (1903-1989), creatore del celebre commissario Maigret.

R. Chandler
Faccia a faccia

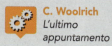
C. Woolrich
L'ultimo appuntamento

G. Simenon
Rue Pigalle

> **SCOPRIAMO IL GENERE**

1 L'ENIGMA CRIMINOSO

La storia che hai letto è un classico esempio di giallo deduttivo. Sono infatti presenti:
1) il delitto iniziale (il furto dei gioielli);
2) l'indagine condotta da un investigatore, l'ispettore Poirot, chiamato dalla vittima, il signor Hardman;
3) alcuni indizi che fanno ricadere i sospetti su persone innocenti;
4) la soluzione dell'enigma raggiunta attraverso l'intuito, l'osservazione, la logica e la cultura dell'investigatore.

Il racconto ha inizio *in medias res* con un dialogo tra il signor Marcus Hardman, vittima di un furto, e Hercule Poirot. Il signor Hardman è il perfetto ritratto dell'uomo abituato al benessere e alla mondanità: è un ometto delicatamente pingue, ha mani curate e una lamentosa voce tenorile, ma soprattutto è ossessionato dalla paura di sollevare uno scandalo, screditando i suoi amici e il suo mondo. Per questo non si è rivolto alla polizia ma ha preferito chiamare in suo aiuto Poirot, confidando nella sua bravura, discrezione e riservatezza. Attraverso lo scambio di battute tra i due personaggi apprendiamo come si sono svolti i fatti. Durante un tè pomeridiano, Hardman ha mostrato ai suoi ospiti le proprie collezioni di ventagli e gioielli medievali, custoditi all'interno di una cassaforte. Solo dopo che gli ospiti sono andati via, Hardman si accorge che la cassaforte è aperta e che i gioielli sono spariti.

1 Perché, se resa di pubblico dominio, la vicenda del furto di gioielli in casa Hardman solleverebbe uno scandalo?

2 Chi è entrato per ultimo nella stanza del furto?
- [A] Johnston.
- [B] Parker.
- [C] Lady Runcorn.
- [D] Tutti e quattro i sospettati.

2 L'INVESTIGATORE E IL SUO ASSISTENTE

Poirot è un *detective* privato belga, gentile, elegante e garbato con tutti. Non è impulsivo, è un attento osservatore, e secondo il *cliché* del perfetto investigatore rivela solo alla fine il modo in cui è riuscito a scoprire il colpevole. Il suo modo di esprimersi rivela un'arguta e mai volgare ironia. Lo accompagna nelle indagini il suo assistente, Arthur Hastings. La funzione di questo personaggio – oltre a quella di narratore testimone – è quella di sviare il lettore formulando ipotesi che si riveleranno poi infondate. Inoltre, le sue scarse capacità deduttive – non riesce a venire a capo dell'enigma neanche quando Poirot gliene offre la chiave interpretativa, suggerendogli di consultare la grammatica russa – mettono in luce, per contrasto, le eccezionali doti investigative del suo capo. Ed è ad Hastings che alla fine Poirot spiega il modo in cui ha risolto il caso: proprio grazie a questa "lezione/spiegazione" il lettore apprende indirettamente la verità sui fatti.

3 Presta attenzione al modo di esprimersi di Poirot e indica quali elementi (espressioni, usi linguistici, commenti ecc.) rivelano la sua distaccata eleganza.

4 Riporta almeno due frasi in cui è evidente la voce e il punto di vista del narratore testimone.
- [A] _____
- [B] _____

3 L'INDAGINE

L'investigazione si articola in tre fasi: nella prima Poirot ascolta le deposizioni della vittima, raccoglie informazioni sugli ospiti e ispeziona la scena del crimine, rinvenendo due indizi, un guanto e un portasigarette. Nella seconda fase dell'inchiesta l'investigatore si reca a parlare con i sospetti. Nella terza e ultima fase individua il colpevole e recupera la refurtiva. Attraverso l'investigazione Poirot apprende che gli unici a essere entrati da soli nella stanza del furto sono Bernard Parker, un giovane amico e socio d'affari di Hardman, il signor Johnston, un miliardario sudafricano, la nobildonna Lady Runcorn, e la contessa russa Vera Rossakoff. È naturale che su di loro egli concentri le sue indagini. Il ritrovamento di un guanto da uomo e di un portasigarette con le iniziali B e P fa però ricadere i maggiori sospetti su Bernard Parker. Fondamentale per risolvere il caso è il portasigarette di raso nero. Le iniziali B e P non appartengono a Lady Runcorn, che così è la prima a essere esclusa dalla rosa dei sospettati. Anche Johnston esce di scena, dopo che Poirot si è accertato che il miliardario sudafricano non vive in Inghilterra sotto falso nome. Anche se tutti gli elementi sembrano inchiodare Bernard Parker, la vera colpevole risulta essere la contessa russa. Scoprendo che nell'alfabeto russo la B corrisponde alla V e la P alla R, Poirot attribuisce la proprietà del portasigarette alla contessa e scagiona Parker. È la stessa contessa a rivelare a Poirot il movente del delitto: «Noi russi abbiamo il vizio della prodigalità e per pagarcelo ci serve denaro».

5 Bernard Parker è il sospettato numero uno. Perché?

6 Anche Lady Runcorn avrebbe avuto un movente per il furto. Quale?

7 Di chi sospetta all'inizio Poirot? Perché?

8 Come mai un guanto di Parker è stato ritrovato all'interno della cassaforte?

▶ **ATTIVIAMO LE COMPETENZE**

LETTURA E COMPRENSIONE

ACCESSO ALLE INFORMAZIONI

9 Che cosa trova Poirot sulla scena del crimine? *Il portasigarette*

10 Associa a ciascun personaggio una definizione.

A	Hardman	1	Amico di Poirot
B	Parker	2	Contessa russa
C	Rossakoff	3	Nobildonna inglese
D	Johnston	4	Miliardario sudafricano
E	Hastings	5	Amico della vittima
F	Lady Runcorn	6	La vittima

COMPRENSIONE GENERALE E INTERPRETAZIONE

11 Riordina cronologicamente i seguenti fatti.
Sopralluogo sulla scena del crimine - Svelamento del colpevole - Spiegazione dell'enigma - L'investigatore comunica alla vittima la risoluzione del caso - Interrogatorio dei sospettati - Ricostruzione dei fatti - Furto - Ritrovamento degli indizi

12 Che cos'è un monogramma?

13 La vicenda si svolge in un ambiente socio-economico elevato. Supporta questa affermazione con precisi riscontri testuali (almeno tre).

RIFLESSIONE E VALUTAZIONE

14 In rapporto alle tue conoscenze, ti sembra che il brano che hai letto possa essere considerato un valido esempio di detective story? Perché?

---

t2 # L'ospite e il suo bastone

Arthur Conan Doyle, *Il mastino dei Baskerville*

Tipologia	Testo narrativo
Genere	Racconto
Sottogenere	Giallo deduttivo
Anno	1902

CHI: Arthur Conan Doyle

DOVE: Regno Unito

QUANDO: Novecento

▶ **ANALIZZIAMO IL TESTO**

1 IL PROTAGONISTA

2 I RAPPORTI TRA I PERSONAGGI

3 IL METODO D'INDAGINE

L'autore

Appartenente a una nobile ma decaduta famiglia di origine irlandese, Arthur Conan Doyle nasce nel 1859 a Edimburgo. Laureatosi in medicina, diviene assistente del brillante dottor Joseph Bell, che gli ispirerà in seguito il personaggio di Sherlock Holmes. Terminato l'apprendistato, Doyle esercita la professione prima su una baleniera come medico di bordo, poi a Portsmouth, in uno studio medico. Ma non ha molti clienti e decide quindi di dedicarsi alla scrittura. Nel 1887, con il romanzo *Uno studio in rosso*, nascono i personaggi di Holmes e del suo assistente-biografo Watson. I due saranno impegnati in molte altre avventure, che replicheranno il successo dell'esordio in *Il segno dei quattro* (1890), *Le avventure di Sherlock Holmes* (1892), *Le memorie di Sherlock Holmes* (1894), *Il mastino dei Baskerville* (1902), *Il ritorno di Sherlock Holmes* (1905), *La valle della paura* (1915). Oltre al giallo, la produzione di Doyle comprende storie fantastiche e d'orrore, come *La mummia* (1892) e *Il mondo perduto* (1915).

LABORATORIO

Dello stesso autore leggi anche:

Un investigatore eccentrico

**Invito
alla lettura**

Secondo un'antica leggenda risalente al XVII secolo, un enorme mastino nero aveva ucciso e trascinato agli inferi l'empio e sfrenato Hugo Baskerville, colpevole di aver rapito una povera contadina provocandone la morte. Da allora morti violente e misteriose funestano i discendenti del crudele Hugo, che abitano nel sontuoso maniero avito circondato dalle spettrali brughiere del Devon. Così, quando sir Charles Baskerville viene trovato morto nel parco della sua villa, il dottor Mortimer, che crede nella maledizione del mastino, si reca da Holmes per invitarlo a indagare sul caso e a proteggere l'ultimo rampollo della sfortunata dinastia, il giovane Henry, da poco giunto in Inghilterra per prendere possesso dell'eredità. Attirato dall'originalità del caso, il *detective* accetta l'incarico, riuscendo alla fine a sfatare l'antica superstizione e a individuare il vero colpevole. Di questo eccezionale romanzo riportiamo le prime pagine del capitolo iniziale, in cui Holmes dà prova della sua intelligenza e incontra per la prima volta il dottor Mortimer.

1 IL PROTAGONISTA

Il narratore testimone introduce fin dalle prime battute il protagonista della vicenda, mettendone in luce nel corso della narrazione le eccezionali caratteristiche.

Il signor Sherlock Holmes, che di solito si alzava molto tardi la mattina, tranne le volte tutt'altro che rare in cui restava sveglio l'intera notte, sedeva a tavola per la prima colazione. Io mi ero chinato sulla stuoia accanto al caminetto e avevo raccolto il bastone da passeggio dimenticato dal nostro ospite la sera precedente.

5 Era un bellissimo esemplare di solido legno dall'impugnatura a bulbo, del tipo conosciuto come "Penang lawyer"[1]. Al di sotto del pomo c'era una striscia d'argento della larghezza di un pollice, su cui si poteva leggere inciso: "A James Mortimer, M.R.C.S.[2] dai suoi amici del C.C.H." La data era "1884". Era proprio il bastone da passeggio che portano abitualmente i medici di famiglia all'antica: dignitoso,

10 massiccio, ispirava fiducia.
— Beh, Watson, cosa ne pensate?
Sherlock Holmes mi girava le spalle, non riuscivo a capire come avesse potuto accorgersi dei miei movimenti.
— Come diamine avete fatto a indovinare cosa stavo facendo? Scommetto che avete

15 due occhi anche sulla nuca.
— Ho qui davanti a me una bella caffettiera d'argento lucida, lucida, — replicò —. Ma ditemi, Watson, cosa ne pensate della mazza da passeggio del nostro visitatore? Dal momento che siamo stati così sfortunati da non incontrarlo e non abbiamo, quindi, la minima idea del motivo della sua visita, questo involontario souvenir

20 viene ad assumere una certa importanza. Vediamo se riuscite a ricostruirmi l'uomo dal bastone.
— Penso, — dissi, sforzandomi di seguire per quanto mi era possibile i metodi del mio convivente, — che il dottor Mortimer dovrebbe essere un medico in età avanzata, con una buona clientela, e molto stimato dal momento che coloro che

25 lo conoscono gli hanno fatto omaggio di questa testimonianza di ammirazione.
— Bene! esclamò Sherlock Holmes. — Bravo!
— E penso anche che con ogni probabilità deve trattarsi di un medico di campagna, abituato a compiere a piedi il giro di visite.
— Da che lo arguite?

30 — Dalla constatazione che questo bastone, all'inizio senz'altro più che bello, appare ormai talmente usato e strausato che stento a immaginarlo in mano a un professionista di città. Il grosso puntale di ferro è tutto consumato. È, quindi, evidente che con questo bastone il nostro uomo deve aver fatto un gran camminare.
— Giustissimo! — approvò Sherlock Holmes.

35 — E poi c'è questo "da parte dei suoi amici del C.C.H." A mio modesto parere è in

1 **"Penang lawyer"**: bastone da passeggio realizzato con il legno di una palma dell'Isola di Panang, nel Sud-Est asiatico.
2 **M.R.C.S.**: Member of Royal College of Surgeons, membro del collegio reale dei chirurghi.

ballo un qualche circolo di caccia³. Qualche società venatoria locale i cui soci si saranno forse avvalsi delle sue prestazioni mediche e avranno pensato di disobbligarsi così.

40 – Francamente, Watson, vi state superando, – disse Sherlock Holmes, scostando la sedia e accendendosi una sigaretta. – Devo riconoscere che in tutte le storie, che avete la bontà di scrivere sulle mie trascurabili imprese, avete sempre sottovalutato le vostre capacità personali. Può darsi che non siate quel che si dice una fonte di luce, ma siete indubbiamente un buon conduttore di luce. Alcuni individui, pur senza possedere il genio, hanno tuttavia il meraviglioso potere di stimolarlo negli

45 altri. Confesso, mio caro amico, di dovervi molto.

Sherlock Holmes non mi aveva mai lodato tanto e devo ammettere che al momento le sue parole mi fecero un gran piacere poiché spesso ero rimasto ferito dall'indifferenza con cui aveva accolto i miei tributi di ammirazione e i miei ripetuti tentativi di far conoscere al pubblico i suoi straordinari metodi d'indagine. Ero

50 inoltre orgoglioso di avere assimilato quei suoi metodi al punto di meritarmi la sua approvazione. Mi tolse il bastone di mano e lo esaminò un poco a occhio nudo, un'espressione di interesse gli conquistò la faccia, posò la sigaretta e si trasferì vicino alla finestra con il bastone che tornò a esaminare questa volta con la lente.

– Interessante, anche se elementare, – disse, dirigendosi verso il suo angolo pre-

55 ferito di divano. – Ci sono un paio di tracce su questa mazza che possono fornire la base per un certo numero di deduzioni.

– Mi sono lasciato sfuggire qualcosa? – domandai piuttosto infastidito. – Eppure non credo di aver trascurato nulla d'importante.

– Temo proprio, mio caro Watson, che la maggior parte delle vostre conclusioni

60 siano erronee. Quando ho affermato che voi avete un effetto stimolante su di me, intendevo dire per la verità che, proprio nel constatare i vostri errori, sono stato a volte sospinto sulla strada giusta. Non che voi siate del tutto fuori strada in questo caso particolare. È indubbio che si tratta di un medico di campagna.

– Dunque, avevo ragione.

– Sino a questo punto sì.

– Ma è tutto.

– No, no, mio caro Watson, non offendetevi, vi prego. Direi, a esempio, che è più probabile che un regalo a un medico venga da un ospedale piuttosto che da un circolo di caccia, e questa H. starebbe quindi per ospedale. Quindi è naturale che C.C.H. significhino Charing Cross Hospital.

– Può darsi.

– Le probabilità vanno in questo senso. Se lo prendiamo come un punto di partenza avremo una nuova base su cui ricostruire la personalità del nostro ignoto visitatore.

– D'accordo, supponiamo pure che le iniziali C.C.H. significhino Charing Cross Hospital. Cos'altro possiamo tirarne fuori?

Sherlock Holmes, interpretato da Jeremy Brett, con il suo assistente Watson.

3 circolo di caccia: Watson giunge a questa conclusione ritenendo che la lettera H della sigla C.C.H. sia l'iniziale della parola *hunt*, che in inglese vuol dire "caccia".

– Non lo vedete da voi? Conoscete i miei metodi. Fate il favore di applicarli.

– Vedo un'unica deduzione possibile: che prima di trasferirsi in campagna il nostro uomo abbia esercitato la professione di medico in città.

85 – A parer mio, potremmo arrischiarci anche un poco oltre. Esaminate la cosa sotto quest'aspetto: in quale occasione è più probabile che gli abbiano fatto un regalo del genere? Quando si saranno riuniti i suoi amici per donargli un pegno tangibile della loro considerazione? Naturalmente quando il dottor Mortimer ha deciso di ritirarsi dal servizio ospitaliero per darsi alla libera professione. Sappiamo di sicuro

90 che un regalo c'è stato e supponiamo che ci sia stato anche un trasferimento dalla città alla campagna. Vi pare arrischiato affermare che la cerimonia si è verificata in occasione di tale trasferimento?

– Mi pare probabilissimo.

– Converrete che il nostro uomo non poteva essere un primario perché, una simile

95 posizione in ospedale, è in grado di tenerla solo un medico di successo, con una solida e vasta clientela. Un tale uomo non si rassegnerebbe facilmente a ritirarsi in campagna. Che cosa era, dunque, il nostro uomo? Se lavorava nell'ospedale senza essere il primario, e non partecipando alla direzione, non poteva che essere un assistente in chirurgia o medicina interna... poco più di uno studente anziano. E

100 se ne è andato cinque anni fa, c'è la data sul bastone, quindi, mio caro Watson, il serio medico di famiglia di età avanzata scompare nel nulla ed emerge, invece, un giovanotto al di sotto della trentina, simpatico, privo di ambizioni, distratto e possessore di un cane prediletto che immaginerei suppergiù un poco più grande di un bassotto e un poco più piccolo di un mastino.

105 Scoppiai a ridere, incredulo, mentre Sherlock Holmes si lasciava andare all'indietro sul divano, lanciando verso il soffitto tremuli anelli di fumo.

– Per quanto riguarda le ultime vostre affermazioni, non ho dati <mark>sufficienti</mark> per controllarne l'attendibilità, – dissi, – invece, non mi è difficile accertare qualcosa a proposito dell'età del nostro uomo e della sua carriera.

110 Sfilai dal mio scaffaletto l'*Annuario medico*[4] e ne sfogliai le pagine sino alla lettera M. C'erano molti Mortimer, ma uno solo poteva essere il nostro visitatore. Lessi ad alta voce la nota che lo riguardava.

– "Mortimer James, M.R.C.S., 1882, Grimpen Dartmoor, Devon, Medico all'Ospedale di Charing Cross dal 1882 al 1884. Vincitore del premio Jackson per la pato-

115 logia comparata con il saggio 'La malattia è una sopravvivenza?'. Socio corrispondente della Società di Patologia svedese. Autore di *Capricci dell'atavismo* (Lancet, 1882), *C'è progresso in noi?* (Journal of Psychology, marzo 1883). Ispettore medico dei circondari di Grimpen, Thorsley, High Barrow..."

– Nessun accenno a un circolo di caccia locale, mio caro Watson, – mi fece Sher-

120 lock Holmes con un sorrisetto malizioso – ma si tratta pur sempre di un medico di campagna, e, quindi, qualcosa avete indovinato. Quanto alle mie conclusioni, le ritengo giustificate. Se ricordo bene, ho definito il nostro uomo: simpatico, privo di ambizioni, distratto. Ebbene, so per esperienza che a questo mondo solo un tipo simpatico riceve attestati di amicizia, solo un tipo privo di ambizioni

125 abbandona una professione a Londra per ritirarsi in campagna, e infine solo un tipo distratto lascia il proprio bastone, anziché il proprio biglietto da visita dopo avere aspettato per un'ora.

– E il cane?

– Ha l'abitudine di portare il bastone indietro al padrone. Poiché si tratta di un

130 bastone di un certo peso, lo deve addentare ben stretto in mezzo, e in questo punto, infatti, i segni dei suoi denti sono visibilissimi. La mascella del cane, com'è dimostrato dallo spazio intercorrente tra questi segni, è, secondo me, troppo larga

135 per appartenere a un bassotto, mentre non è abbastanza larga per appartenere a un mastino. Potrebbe trattarsi... ma sì, per Giove, si tratta proprio di uno spaniel dal pelo ricciuto.

Sherlock Holmes, parlando si era alzato e aveva preso ad andare in su e in giù per la stanza, ma ora si era fermato nel vano della finestra, e aveva pronunciato le ultime parole con un tono di tale convinzione che lo guardai con stupore:

– Ma, mio caro amico, come potete affermare una simile ipotesi con tanta sicurezza?

140 – Per la semplicissima ragione, – replicò, – che vedo il cane in carne ed ossa proprio sulla soglia di casa nostra, ed ecco che il suo padrone suona il campanello. Non muovetevi, Watson, vi prego. Dopotutto, è un vostro collega, e la vostra presenza potrebbe essermi di grande aiuto. Questo è il momento drammatico, carico di fato, Watson, in cui udiamo sulle scale un passo che sta per entrare nella nostra vita,

145 e non sappiamo ancora se ci porterà gioia o sciagura. Cosa vuole questo dottor James Mortimer, ==uomo di scienza==, da Sherlock Holmes, lo specialista del delitto? Accomodatevi, avanti, avanti!

Il nostro visitatore costituì un'autentica sorpresa per me poiché mi aspettavo comunque un tipico medico di campagna. Era, invece, un uomo alto, magro, con un

150 lungo naso a becco proiettato tra gli occhi grigi, vividi e molto vicini protetti da un paio di occhiali cerchiati d'oro. Era vestito in modo professionale, ma piuttosto trasandato: la sua giacca a coda di rondine era unta e bisunta e l'orlo dei pantaloni era sfrangiato. Sebbene fosse ancora giovane, era curvo e camminava con la testa buttata avanti con espressione curiosa e bonaria. Nell'entrare lo sguardo gli

155 cadde sul bastone che Sherlock Holmes teneva in mano e si affrettò a recuperarlo con un'esclamazione di gioia.

– Oh, come sono contento, – disse. – Non ricordavo più se lo avessi lasciato qui o all'Agenzia di Navigazione. Non vorrei perder questo bastone per tutto l'oro del mondo.

160 – Un regalo, a quanto pare, – disse Sherlock Holmes.

– Precisamente.

– Da parte del Charing Cross Hospital?

– Me l'hanno regalato degli amici che ho lì in occasione del mio matrimonio.

– Ahi, ahi, le cose si mettono male, – disse Sherlock Holmes, scuotendo il capo.

165 Il dottor Mortimer sbatté le palpebre dietro le lenti con mite stupore.

– Perché dite che le cose si mettono male?

– Oh, nulla. C'è solo che voi avete buttato all'aria le nostre modeste deduzioni. Ma mi stavate parlando del vostro matrimonio, se non sbaglio...

– Sissignore. Mi sono sposato, e così ho lasciato l'ospedale e con esso la speranza

170 di formarmi una clientela. Ma era necessario metter su casa.

– Beh, proprio tutto non lo avevamo sbagliato, – osservò Sherlock Holmes. – E ora, egregio dottor Mortimer...

– Signor Mortimer, signor Mortimer... un umilissimo M.R.C.S.

– Un uomo, però, dalla mente molto precisa.

175 – Oh, un semplice dilettante della scienza, signor Holmes. Un raccoglitore di conchiglie lungo le rive del grande oceano dell'ignoto. Credo di rivolgermi proprio al signor Holmes e non...

– No, questo è il mio amico dottor Watson.

– Lietissimo di conoscervi. Ho sentito parlare anche di voi. Ma voi mi interessate

180 enormemente, signor Holmes. Non mi sarei davvero aspettato un cranio così dolicocefalo[5] e neppure un orbitale[6] superiore così sviluppato. Mi consentite di far scorrere il mio dito lungo la struttura parietale[7]? Un'impronta del vostro cranio, egregio signore, sino a quando non sarà disponibile l'originale, potrebbe costituire

5 dolicocefalo: allungato.
6 orbitale: la parte superiore delle orbite oculari.
7 sutura parietale: articolazione fissa del cranio.

8 Monsieur Bertillon: Alphonse Bertillon (1853-1914), criminologo francese che per primo sviluppò un sistema di identificazione basato sulle misure dello scheletro umano.

il vanto di qualsiasi museo antropologico. Lungi da me ogni intento adulatorio,
185 ma ve lo confesso: quanto vi invidio il vostro cranio!

Con un cortese cenno della mano Sherlock Holmes invitò a sedere il nostro eccentrico visitatore.

– Mi accorgo che siete entusiasta della vostra materia come io lo sono della mia,
– disse. – Noto dal vostro indice che vi fate le sigarette da voi. Accendetevene
190 pure una.

Il signor Mortimer cavò di tasca cartine e tabacco e si arrotolò con sorprendente destrezza una sigaretta. Aveva dita lunghe, nervose, agili e inquiete, come le antenne di un insetto.

Sherlock Holmes taceva, ma nel suo sguardo acuto e penetrante leggevo l'interesse
195 risvegliato in lui da quello strano tipo.

– Immagino, – disse alla fine, – che non sia stato solo il desiderio di esaminare il mio cranio a spingervi a onorarmi della vostra visita ieri sera e di nuovo oggi. Non è così?

– No, no, sebbene sia felice che mi sia stata offerta una simile occasione. Sono
200 venuto da voi, signor Holmes, perché riconosco di essere totalmente sprovvisto di qualsiasi senso pratico e mi trovo, invece, di punto in bianco a dover fronteggiare un problema gravissimo e assolutamente insolito. Ora, dato che vi so il secondo grande esperto in materia d'Europa…

– Davvero? E posso chiedervi chi è il primo? – proruppe Sherlock Holmes piccato.
205 – Per chiunque sia dotato di un cervello matematicamente scientifico, l'opera di Monsieur Bertillon[8] non ha rivali.

– E perché non consultate Monsieur Bertillon, allora?

– Io ho parlato di cervelli matematicamente scientifici, ma è risaputo che come uomo pratico voi siete insuperabile. Spero, signor mio, di non avervi involonta-
210 riamente…

– Beh, lasciamo perdere, – tagliò corto Sherlock Holmes. – Io penso, dottor Mortimer, che fareste bene a espormi senza ulteriori indugi l'esatta natura del problema per cui chiedete la mia assistenza.

(A. Conan Doyle, *Il Mastino dei Baskerville*, in *Arthur Conan Doyle*,
Milano, Mondadori, 2007, trad. di Oreste del Buono)

▶ **ANALIZZIAMO IL TESTO**

1 IL PROTAGONISTA

Nei racconti e nei romanzi gialli, la conoscenza delle abitudini e del modo di pensare del *detective* è essenziale per comprendere lo sviluppo della storia e partecipare al "brivido" dell'indagine. Le idee del protagonista, i suoi metodi, le sue concezioni, infatti, sono strettamente connessi al suo modo di procedere per raggiungere la verità. È essenziale, dunque, che al lettore sia fornito un ritratto quanto più completo dell'investigatore: solo così egli potrà seguirne i ragionamenti e anticiparne le mosse. Il personaggio di Sherlock Holmes nasce con il romanzo *Uno studio in rosso*, in cui per la prima volta viene presentato questo eccentrico *detective*, che risulta essere un uomo metodico e abitudinario, dotato di grande intelligenza e senso pratico. Nel

brano in esame, Holmes appare un uomo molto sicuro di sé, persino po' superbo, al punto da rivolgere al fidato compagno Watson un singolare complimento, volto più a esaltare le proprie capacità che quelle dell'amico: «Può darsi che non siate quel che si dice una fonte di luce, ma siete indubbiamente un buon conduttore di luce. Alcuni individui, pur senza possedere il genio, hanno tuttavia il meraviglioso potere di stimolarlo negli altri. Confesso, mio caro amico, di dovervi molto».

1 Individua e riporta gli elementi che caratterizzano Sherlock Holmes: abbigliamento, gesti, abitudini, concezione di sé, oggetti utilizzati.

2 I RAPPORTI TRA I PERSONAGGI

Chiunque, al posto di Watson, si sarebbe risentito per un tale complimento. Eppure il fedele assistente di Holmes esulta per le parole che gli ha rivolto l'amico, confessando con umiltà: «Sherlock Holmes non mi aveva mai lodato tanto e devo ammettere che al momento le sue parole mi fecero un gran piacere poiché spesso ero rimasto ferito dall'indifferenza con cui aveva accolto i miei tributi di ammirazione…». I due personaggi sembrano dunque integrarsi a vicenda: da una parte c'è Holmes, con le sue straordinarie capacità di osservazione e deduzione di cui va apertamente fiero, dall'altra Watson, non all'altezza del compagno ma valido aiutante e sinceramente affezionato ammiratore. Due personaggi diversi, complementari, uguali solo nel desiderio di andare in fondo alla verità attraverso un metodo di indagine rigoroso, composto e metodico. Ed è proprio questa strana alchimia di caratteri l'elemento che li ha resi la coppia investigativa ideale, decretandone il successo di pubblico in tutto il mondo.

2 Indica con una crocetta a quale personaggio appartiene ogni caratteristica.

Caratteristica	Holmes	Watson
Devozione		/
Sicurezza di sé	/	
Stima		/
Meraviglia		/
Precisione	/	
Autorevolezza	/	

3 IL METODO DEDUTTIVO

Il brano costituisce un saggio del metodo di indagine utilizzato da Holmes, basato sull'osservazione dei particolari e sulla logica deduttiva. Un semplice bastone, dimenticato da un ospite di passaggio, è per un occhio attento e allenato come quello di Holmes una fonte preziosa dalla quale poter trarre delle considerazioni circa il conto del suo possessore. Sherlock Holmes applica un metodo di tipo scientifico, che procede per fasi: osserva l'oggetto in generale, ne studia i dettagli, a partire dai quali formula e valuta ipotesi, e infine giunge a delle considerazioni preliminari. Tali considerazioni non sono però delle certezze. Solo una conoscenza diretta e approfondita dei fatti potrà confermare o smentire le prime impressioni e condurre alla verità. In altri termini, la sola osservazione dei particolari non è sufficiente a dimostrare l'esattezza assoluta delle ipotesi e si muove ancora nella dimensione del probabile: per far quadrare i conti mancano ancora alcuni elementi. Rileggi il brano: Holmes, dopo aver osservato il bastone da lontano, lo analizza nei dettagli utilizzando una lente di ingrandimento; dallo studio dei particolari trae delle informazioni e formula delle inferenze di carattere più generale, scartando le meno probabili e scegliendo quelle più probabili («le probabilità vanno in questo senso»); dai segni sul bastone deduce che il suo proprietario possiede un cane, «poco più grande di un bassotto e un poco più piccolo di un mastino», ma non può affermare con certezza di che razza di cane si tratti. Solo l'arrivo di Mortimer chiarirà questi dubbi. L'ospite di Holmes possiede effettivamente un cane, è realmente un medico, vive in campagna, solo il bastone non gli è stato regalato come segno di affetto in occasione del suo congedo dall'ospedale ma come dono nuziale. Insomma, Holmes con il suo metodo ha individuato molte cose, è andato vicino alla verità, ma non l'ha centrata perfettamente.

non le porte da u circolo di caccia

3 Quali errori commette Watson nel suo ragionamento?

4 Qual è l'affermazione corretta?
- A Il metodo di Holmes procede dal particolare al generale.
- B Il metodo di Holmes procede dal generale al particolare.
- C Il metodo di Holmes utilizza entrambi i tipi di ragionamenti: dal particolare al generale, dal generale al particolare.

> ▶ ATTIVIAMO LE COMPETENZE

LETTURA E COMPRENSIONE

ACCESSO ALLE INFORMAZIONI

è un detectx

5 Qual è la professione di Watson? Perché hai risposto così?

6 Watson e Holmes abitano nella stessa casa. Supporta questa affermazione con precisi riscontri testuali.

7 Che aspetto ha il dottor Mortimer?
Alto negro vestito con adotti antico e umi

COMPRENSIONE GENERALE E INTERPRETAZIONE

8 Come mai Watson ha tra i suoi libri un annuario medico?

9 Utilizza i ragionamenti di Holmes per dimostrare queste affermazioni: *il pro hortene è rovinate e russo*
- il dottor Mortimer ha esercitato la professione in città;
- il dottor Mortimer ha un cane;
- il dottor Mortimer non era il primario dell'ospedale.
non sorelbe andato vda

LESSICO

UTILIZZO DEGLI STRUMENTI DI RICERCA

10 Utilizzando il dizionario, l'enciclopedia o Internet riporta la definizione scientifica dei termini elencati qui sotto.
- dolicocefalo
- fessura cranica
- osso parietale
- orbitale/orbita
- fessura parietale

t3 Il commissario Matthäi

Friedrich Dürrenmatt, *La promessa*

Tipologia	Testo narrativo
Genere	Romanzo
Sottogenere	Giallo
Anno	1958

CHI: *Friedrich Dürrenmatt*

DOVE: *Svizzera*

QUANDO: *Novecento*

▶ **DISCUTIAMO IL PROBLEMA** *La realtà è un'altra cosa?*

1 LE TECNICHE DELLA NARRAZIONE
2 UNA DICHIARAZIONE DI POETICA
3 IL PROTAGONISTA

L'autore

Lo scrittore svizzero Friedrich Dürrenmatt, nato a Konolfingen nel 1921 e morto a Neuchâtel nel 1990, è oggi considerato uno dei più importanti romanzieri e drammaturghi di lingua tedesca. Tra le sue opere narrative meritano di essere segnalati i romanzi *Il giudice e il suo boia* (1950), *Il sospetto* (1951), *La promessa* (1958), *Giustizia* (1986) e i racconti *La panne* (1956), *La morte della Pizia* (1976) e *Il Minotauro* (1985). In campo teatrale ottenne un grande successo nel 1956 con il dramma *Visita alla vecchia signora*, al quale seguirono *I fisici* (1962) e *La meteora* (1966). La sua ultima opera è il racconto lungo *La valle del Caos*, apparso un anno prima della sua morte. Dürrenmatt è noto soprattutto per aver inventato un nuovo tipo di romanzo giallo, quello in cui il *detective* comprende la dinamica del delitto ma non riesce a incastrare il colpevole. Il mancato lieto fine rende le sue storie particolarmente amare, più simili alla vita reale, indecifrabile e imprevedibile, che al mondo preordinato della letteratura.

Invito alla lettura

Per dimostrare che i gialli raccontano solo menzogne e che nella vita reale il caso e l'imprevedibilità hanno quasi sempre la meglio, il dottor H., ex comandante della polizia cantonale di Zurigo, comincia a raccontare a uno scrittore di gialli la storia dello sfortunato commissario Matthäi.
Nei boschi di Mägendorf viene ritrovato il cadavere di una bambina. La polizia sospetta di un venditore ambulante con precedenti penali e lo sottopone a un estenuante interrogatorio in seguito al quale l'uomo si toglie la vita. Il commissario Matthäi, che fin dal primo momento ha creduto nell'innocenza dell'ambulante, comincia una personale e tenace ricerca del colpevole e, con un metodo di investigazione straordinario, riesce a individuarlo. Ma l'assassino non fa in tempo a cadere nella trappola tesagli dal commissario perché muore improvvisamente in un incidente stradale. Matthäi, all'oscuro dell'incidente stradale e credendo che l'assassino sia riuscito a fuggire, amareggiato per l'insuccesso abbandona la polizia e finisce con il fare il benzinaio in una desolata area di servizio. Sarà il dottor H. a scoprire in modo del tutto inatteso come sono andate realmente le cose.
Dürrenmatt pubblicò *La promessa* nel 1958. Il romanzo nacque dalla rielaborazione di una sceneggiatura che lo scrittore aveva realizzato per il film *Il mostro di Mägendorf* (1958), diretto da Ladislao Vajda. Dal romanzo, nel 2001, il regista Sean Penn ha tratto l'omonimo film nel quale il ruolo del commissario Matthäi è interpretato da Jack Nicholson.

1 LE TECNICHE DELLA NARRAZIONE

Il brano è suddivisibile in due parti: la prima, a carattere prevalentemente argomentativo, la seconda di tipo narrativo.

2 UNA DICHIARAZIONE DI POETICA

Attraverso le parole del dottor H., l'autore esprime il proprio punto di vista sulla letteratura poliziesca.

1 da sempre voi... regole drammatiche: da sempre voi sacrificate la verità per la finzione narrativa.
2 incommensurabile: che non si può calcolare, misurare.
3 e non me la do più ad intendere: e non mi lascio più ingannare.

No, quel che mi irrita di più nei vostri romanzi è l'intreccio. Qui l'inganno diventa troppo grosso e spudorato. Voi costruite le vostre trame con logica; tutto accade come in una partita a scacchi, qui il delinquente, là la vittima, qui il complice, e laggiù il profittatore; basta che il *detective* conosca le regole e giochi la partita ed
5 ecco acciuffato il criminale, aiutata la vittoria della giustizia. Questa finzione mi manda in bestia. Con la logica ci si accosta solo parzialmente alla verità. Comunque, lo ammetto che proprio noi della polizia siamo tenuti a procedere appunto logicamente, scientificamente; d'accordo: ma i fattori di disturbo che si intrufolano nel gioco sono così frequenti che troppo spesso sono unicamente la fortuna pro-
10 fessionale e il caso a decidere a nostro favore. O in nostro sfavore. Ma nei vostri romanzi il caso non ha alcuna parte, e se qualcosa ha l'aspetto del caso, ecco che subito dopo diventa destino e concatenazione; da sempre voi scrittori la verità la date in pasto alle regole drammatiche[1].

Mandate al diavolo una buona volta queste regole. Un fatto non può "tornare"
15 come torna un conto, perché noi non conosciamo mai tutti i fattori necessari ma soltanto pochi elementi per lo più secondari. E ciò che è casuale, incalcolabile, incommensurabile[2] ha una parte troppo grande. Le nostre leggi si fondano soltanto sulla probabilità, sulla statistica, non sulla causalità, si realizzano soltanto in generale, non in particolare. Il caso singolo resta fuori del conto. I nostri metodi
20 criminalistici sono insufficienti, e quanto più li perfezioniamo tanto più insufficienti diventano alla radice. Ma voi scrittori di questo non vi preoccupate. Non cercate di penetrare in una realtà che torna ogni volta a sfuggirci di mano, ma costruite un universo da dominare. Questo universo può essere perfetto, possibile, ma è una menzogna. Mandate alla malora la perfezione se volete procedere verso le
25 cose, verso la realtà, come si addice a degli uomini, altrimenti statevene tranquilli, e occupatevi di inutili esercizi di stile. Ma veniamo al fatto adesso.

Lei si sarà certo stupito di parecchie cose stamattina. Anzitutto del mio discorso, suppongo; un ex comandante della polizia cantonale di Zurigo dovrebbe avere opinioni più moderate, ma io sono vecchio e non me la do più ad intendere[3]. Io
30 so quanto noi tutti siamo problematici, quanto deboli siano le nostre capacità, con

Fotogramma dal film La promessa *di Sean Penn (2001), con Jack Nicholson nel ruolo del protagonista.*

4 matta-tutti: espressione scherzosa che significa "batte-tutti".

quanta facilità ci sbagliamo, ma so anche che nonostante tutto dobbiamo appunto agire, anche se corriamo il rischio di agire nel senso sbagliato.

Lei si deve anche essere meravigliato perché poco fa mi sono fermato presso quel miserabile distributore, e io voglio confessarle subito il motivo: quella triste car-
35 cassa ubriaca che ci ha servito la benzina era il mio uomo più in gamba. Io, lo sa Iddio, qualcosa della mia professione sono arrivato a capirlo, ma Matthäi era un genio, ed in misura maggiore di uno dei vostri *detectives*.

La storia è accaduta quasi nove anni fa, proseguì il dottor H. dopo aver oltrepassato un'autobotte della Shell. Matthäi era uno dei miei commissari, o meglio uno
40 dei miei tenenti, dato che alla polizia cantonale abbiamo adottato i gradi militari. Era dottore in legge, come me. Era di Basilea, e si era laureato quindi in quella città, e da una certa cerchia con cui era in rapporti diciamo "professionali", ma poi, alla fine, anche da tutti noi, era chiamato "Matthäi matta-tutti[4]". Era un solitario, vestito sempre con ricercatezza, impersonale, formale, senza relazioni, non
45 fumava e non beveva, ma padroneggiava il suo mestiere da uomo duro e spietato, accumulando tanto odio quanto successo. Io non l'ho mai capito fino in fondo. Ero certamente l'unico che gli volesse bene, perché mi piacciono soprattutto gli uomini chiari, anche se la sua mancanza di humour mi dava spesso ai nervi. Aveva un'intelligenza eccezionale, ma diventava insensibile per via della struttu-
50 ra troppo solida e compatta del nostro paese. Aveva un cervello d'organizzatore, e maneggiava l'apparato di polizia come fosse un giocattolo. Non aveva moglie, non parlava mai della sua vita privata e certo non ne aveva neppure. Non aveva nient'altro in mente che la sua professione, che esercitava come un criminalista di gran classe, ma senza passione. Per quanto procedesse ostinato e instancabile, la
55 sua attività sembrava annoiarlo, fin quando appunto fu coinvolto in un caso che improvvisamente lo appassionò.

(F. Dürrenmatt, *La promessa*,
Milano, Feltrinelli, 1995, trad. di Silvano Daniele)

3 IL PROTAGONISTA
Il personaggio principale è il commissario Matthäi, di cui il dottor H. si accinge a raccontare la storia.

LABORATORIO
Un altro autore "impegnato", che ha usato il genere poliziesco per indagare temi profondi, morali e politici, è Graham Greene (1904-1991).

G. Greene
La spia

IL DIBATTITO

La realtà è un'altra cosa?

Le parole del dottor H. sono abbastanza condivisibili: una cosa sono i gialli con i loro intrecci preordinati, un'altra cosa è la realtà, che spesso sembra sfuggire alla logica e al controllo. A ciò si potrebbe aggiungere un'altra riflessione: quando leggiamo una storia poliziesca siamo consapevoli di trovarci di fronte a una finzione, con la quale è possibile giocare a fare i *detectives*. E poco ci importa della vittima, di quello che ha sofferto, di quanto soffriranno i suoi familiari e dei disagi dell'investigatore.
Ma quando seguiamo un *talk* show televisivo dedicato a un delitto, ci comportiamo in maniera tanto differente?

LE RISPOSTE

PRIMA IPOTESI: sì, ci comportiamo in maniera differente. Lo spettatore sa infatti che ciò a cui assiste fa parte della vita reale e pensa sempre al dolore delle vittime.
Chi risponde così ritiene che le trasmissioni di approfondi-

mento di cronaca nera siano un atto di giustizia per le vittime perché utili a sensibilizzare l'opinione pubblica, ad accelerare le indagini e a risolvere i casi.

SECONDA IPOTESI: no, non ci comportiamo in maniera differente. Lo spettatore assiste a questo tipo di trasmissione con lo stesso spirito incuriosito di un lettore di storie poliziesche. Chi risponde così ritiene che certe trasmissioni sfruttino gli episodi di cronaca nera per fare *audience*, facendo leva sulla naturale attrazione che l'uomo ha nei confronti degli enigmi e dei misteri.

TERZA IPOTESI: se non condividi né la prima né la seconda ipotesi, formulane tu una.

CONCLUSIONE

A partire dalle ipotesi individuate, argomenta e discuti con i compagni il tuo punto di vista.

▶ DISCUTIAMO IL PROBLEMA

1 LE TECNICHE DELLA NARRAZIONE

Da un punto di vista strutturale, il brano è suddivisibile in due sequenze. La prima di tipo argomentativo-riflessivo, la seconda di tipo narrativo-descrittivo. La voce narrante è quella del dottor H., che si rivolge al suo compagno di viaggio, lo scrittore di gialli. Quest'ultimo è un ascoltatore silenzioso, ma la sua presenza si evince dall'uso di pronomi ed espressioni allocutive («da sempre voi scrittori la verità la date in pasto alle regole drammatiche»; «lei si sarà certo stupito di parecchie cose stamattina»). Mancando un contraddittorio, l'unico punto di vista ideologico presente risulta essere quello del narratore, le cui idee appaiono giocoforza molto convincenti.

1 Quali tempi verbali sono utilizzati prevalentemente nelle due sequenze che costituiscono il testo?

2 Completa le frasi:
- La prima sequenza è di tipo riflessivo-argomentativo perché in essa…
- La seconda sequenza è di tipo narrativo-descrittivo perché in essa…

3 Quali altre espressioni lasciano intuire la presenza di un interlocutore silenzioso?

2 UNA DICHIARAZIONE DI POETICA

In un lungo monologo, il dottor H. esprime in modo acceso il proprio parere sul tipico intreccio dei romanzi gialli. Le sue parole sono appassionate, come dettate da qualcosa di personale. Egli è un poliziotto in pensione che non crede alle menzogne raccontate nei libri. Nella realtà, egli dice, la logica serrata, la scienza esatta della deduzione e le concatenazioni perfette della letteratura poliziesca cedono il posto alla casualità e agli imprevisti che mandano all'aria i piani dei *detectives*. Ci troviamo di fronte a una dichiarazione di poetica dell'autore: Dürrenmatt si serve di uno dei suoi personaggi per enunciare le proprie concezioni sulla letteratura poliziesca e le caratteristiche del nuovo tipo di giallo da lui proposto ai lettori.

4 Completa la tabella.

Nei romanzi gialli…	… nella realtà invece
Trame costruite con logica	
Tutto accade come in una partita a scacchi	
Il caso non ha alcuna parte	

3 IL PROTAGONISTA

Successivamente, per dar forza ai suoi pensieri, il dottor H. comincia a raccontare del commissario Matthäi, ora anziano benzinaio di una misera stazione di servizio, ma un tempo il più brillante poliziotto della polizia cantonale di Zurigo. In questa parte del brano viene tracciato il profilo psicologico di Matthäi, un uomo tutto d'un pezzo, spietato e privo di affetti, che esercita il suo mestiere senza passione, finché un giorno un fatto non interviene a sconvolgere la sua vita, suscitando in lui un vero e autentico interesse.

5 Che ruolo aveva Matthäi nella polizia?

6 A quanto tempo prima risale la sua storia?

▶ ATTIVIAMO LE COMPETENZE

LETTURA E COMPRENSIONE

ACCESSO ALLE INFORMAZIONI

7 Rileggi la seconda sequenza e completa il ritratto del commissario Matthäi.
Tratti esteriori:

Caratteristiche culturali:

Profilo psicologico:

Relazioni affettive:

COMPRENSIONE GENERALE E INTERPRETAZIONE

8 Il dottor H. parla di "regole" del giallo. Che cosa intende? Quali sono queste regole?

9 Quale frase riassume meglio la sequenza che hai letto?
- **A** Il discorso del dottor H. colpisce il genere poliziesco alla radice, cioè nella sua razionalità.
- **B** Il discorso ritiene le storie poliziesche troppo fantasiose.
- **C** Il discorso del dottor H. critica le tecniche narrative dei giallisti, che danno spazio a un unico punto di vista, quello del *detective*.
- **D** Il dottor H. accusa gli scrittori di gialli di limitarsi a imitare la realtà.

Lo scienziato del crimine

Corrado Augias, *Sherlock Holmes e il delitto imperfetto*, «La Repubblica»

Tipologia	Testo espositivo-argomentativo
Genere	Recensione
Anno	2007

▶ **STUDIAMO IL TESTO ESPOSITIVO-ARGOMENTATIVO**

1 L'INTRODUZIONE
2 L'ESPANSIONE DELLA FRASE TOPICA
3 LE CITAZIONI

**Invito
alla lettura**

Giornalista, scrittore e conduttore televisivo, Corrado Augias (1935) è noto al grande pubblico soprattutto per le sue apparizioni in TV e per il successo di trasmissioni come *Enigma* e *Telefono giallo*, format dedicato ai misteri della storia italiana. La sua attività di scrittore comprende romanzi gialli, opere teatrali e saggi storico-culturali, tra i quali meritano di essere letti e segnalati, per la raffinata qualità dell'esposizione e la ricchezza dei contenuti, l'interessantissima serie dedicata ai misteri di quattro grandi metropoli (*I misteri di Roma*, *I misteri di Parigi*, *I misteri di Londra*, *I misteri di New York*) e le sue inchieste religiose (*Inchiesta su Gesù*, *Inchiesta sul Cristianesimo*, *Disputa su Dio*), dove affronta da un punto di vista laico, ma senza preconcetti e accogliendo punti di vista diversi, grandi questioni filosofico-religiose. È ospite fisso del quotidiano «La Repubblica», dove cura la rubrica della corrispondenza inviata dai lettori, e del «Venerdì» dove interviene su libri e musica classica.

1 L'INTRODUZIONE

Ma in fondo chi era Sherlock Holmes? Un abile investigatore, certo. Un attento osservatore della realtà, si trattasse di oggetti, luoghi o fisionomie; uno scrupoloso catalogatore di esperienze, anche questo è sicuro. Ma si tratta di connotati che non mettono ancora insieme una risposta sufficiente. Una volta che abbiamo osservato il
5   suo comportamento dobbiamo infatti chiederci da dove derivasse il suo *modus operandi*, quale fosse insomma la sua formazione, la sua cultura, anzi la sua "scienza". Ci aiuta a rispondere un libro che sta per uscire che s'intitola proprio *La scienza di Sherlock Holmes* (Bollati Boringhieri), saggio di assai affabile divulgazione che mantiene esattamente quello che annuncia nel titolo raccontando alcuni dei casi più famosi del
10   grande Sherlock mescolati a palpitanti casi di cronaca, entrambi filtrati (cronaca e invenzione romanzesca) attraverso la storia della medicina, le tecniche investigative nonché quella curiosa commissione medico-poliziesca che si chiama "medicina legale". L'autrice, E.J. Wagner, è una storica del crimine, animatrice regolare di appuntamenti dedicati all'affascinante tema delle passioni più sanguinarie. La Wagner
15   è partita da una constatazione che molti lettori di Conan Doyle hanno probabilmente fatto tra sé e sé leggendo le avventure del nostro. Chi gli ha dato, da dove ha preso, tutte quelle informazioni? Le avventure sono palesemente romanzesche ma le parole che pronuncia, le regole secondo le quali agisce, le deduzioni intellettuali, gli esperimenti che compie danno l'impressione di poggiare su un solido
20   fondo di realtà. Infatti così è: Sherlock Holmes ricorre per la soluzione dei casi in cui s'imbatte alle più aggiornate nozioni di scienza medica e investigativa di cui ai suoi tempi si disponesse.

**2 L'ESPANSIONE
DELLA FRASE TOPICA**

Se l'aiutante di Sherlock, il suo indispensabile interlocutore, è il medico dottor Watson, non bisogna dimenticare che anche l'inventore (il padre) di entrambi, lo
25   scrittore sir Arthur Conan Doyle, era a sua volta un medico. *Uno studio in rosso*,

il primo romanzo con protagonista Holmes, esce nel 1887; siamo in piena epoca vittoriana, anni per molti aspetti decisivi anche per le prime applicazioni della scienza all'investigazione criminale. Se, all'inizio del Settecento, il grande clinico italiano Giovan Battista Morgagni aveva cominciato a studiare l'anatomia di un
30 cadavere in relazione alle cause che avevano provocato la morte, è nell'epoca di "Victoria Regina" che si cominciano a sezionare i corpi per trovarvi gli eventuali segni di un gesto criminale. L'autopsia, oggi pratica corrente, era stata considerata a lungo un atto proibito. Un misto di superstiziosa religiosità e reverenza verso i trapassati aveva collocato la dissezione umana tra gli atti sacrileghi, quando non
35 tra i rituali della magia nera; per molti secoli inoltre si era creduto che il corpo umano contenesse un osso detto "luz" che nel giorno dell'ultimo giudizio avrebbe permesso al morto di risorgere.

Resistenze fortissime dunque. Infatti si dovette arrivare a metà Ottocento perché il giovane patologo Alfred Staine Taylor potesse cominciare a insegnare medicina
40 forense; corsi che ebbero grande influenza sul dottor Conan Doyle e, per conseguenza, su Holmes. In un suo manuale Taylor scriveva: «Il primo dovere di un giurista medico è coltivare la facoltà di un'osservazione puntigliosa [...]. Un uomo di medicina, quando vede un cadavere, dovrebbe notarne ogni aspetto». Si riconosce facilmente in queste parole la scrupolosità di Holmes, la spiegazione
45 del perché il nostro investigatore trascorresse tanto tempo negli obitori, luoghi certo non ameni e, allora, addirittura orribili. Scrive la Wagner: «Le camere mortuarie puzzavano di decomposizione, materia fecale e vomito». Eppure, anche se in condizioni così penose, l'idea che la scienza costituisse una parte essenziale del sistema legale cominciava a essere accettata: «Era la prima grande pietra sulla
50 quale avrebbe poggiato la scienza di Sherlock Holmes».

3 LE CITAZIONI

Questo atteggiamento di tipo scientista, di netta ascendenza positivistica, si vede molto bene anche nell'altro grande romanzo di Conan Doyle *Il mastino dei Baskerville* (forse il migliore da lui scritto) dove Holmes lotta e risolve il caso con l'intento dichiarato di far trionfare la verità e la scienza sulla fantasia e la paura
55 superstiziose. Nel 1901 lo scrittore era venuto a conoscere una lugubre leggenda del Devon (territorio sinistro di brughiere e paludi) che parlava di un grande cane nero che, nel racconto, viene sospettato di aver portato la morte ai Baskerville. La descrizione è terrificante: «Accanto al corpo di Hugo, con le zanne ancora affondate nella gola sbranata, c'era un essere orrendo, un'enorme bestia nera, simile a
60 un mastino ma assai più grande di un qualsiasi mastino mai visto al mondo». La freddezza e il raziocinio di Holmes arriveranno a scoprire chi sia in realtà, e per quali motivi, a indirizzare la ferocia dell'inconsapevole belva.

In *Uno studio in rosso* Holmes afferma: «Da una goccia d'acqua, un logico può far derivare la possibilità dell'Oceano Atlantico o delle cascate del Niagara senza aver
65 mai visto o sentito parlare dell'uno né delle altre». Non c'è solo l'orrido cane nero nei racconti, al contrario molti elementi naturali, compresi insetti e animali vari, svolazzano, si manifestano, sgusciano, strisciano nelle pagine di Conan Doyle. Animali bizzarri, nota la Wagner, che non sono lì solo per spaventarci essendo al contrario i perni sui quali Holmes innesta la sua indagine scientifica. Sherlock
70 Holmes, detta suo padre Conan Doyle, esigeva acuta osservazione e metodo scrupoloso; era esattamente l'atteggiamento degli appassionati naturalisti dilettanti dell'epoca «La collezione, lo studio, la classificazione degli insetti e delle piante (ma anche di un'umile goccia d'acqua), il ragionamento sistematico basato sulle informazioni così ottenute racchiudeva grandi implicazioni per l'evoluzione della
75 scienza forense», scrive la Wagner.

Un'applicazione, macabra ma convincente, è data per esempio dallo studio delle

larve e degli insetti che scaturiscono dai tessuti organici in putrefazione. È facile immaginare la loro importanza per stabilire la data e le circostanze di una morte violenta: «L'idea che alcuni insetti si riproducessero nella carne marcia e che mu-
80 tassero completamente forma con la maturazione era completamente nuova. Se si fosse riusciti a determinare con esattezza il modo in cui ciascuna specie colonizzava i morti, ciò poteva dimostrarsi un valido aiuto nello stabilire il tempo trascorso dal momento di un omicidio». Anche in questo caso uno dei primi studiosi del fenomeno era stato (seconda metà del Diciassettesimo secolo) un medico – e poeta
85 – italiano: Francesco Redi, aretino. Ai tempi di Conan Doyle l'importanza degli insetti e delle piante nell'investigazione criminale veniva lungamente discussa, lo scrittore aveva passato mesi tra Berlino e Vienna nel 1890 ed era assolutamente consapevole delle ricerche in corso.

Un importante capitolo nella "scienza" di Holmes è ovviamente quello che riguar-
90 da l'uso e gli effetti dei veleni: «Il secolo Diciannovesimo fu epoca di scoperte pionieristiche nell'identificazione delle sostanze tossiche». Già nel momento del suo primo incontro con Watson, Holmes dice mostrando le mani ricoperte di pezzetti di pasta adesiva: «Devo fare molta attenzione, mi trastullo spesso con il veleno». Il fatto che le "avvelenatrici" fossero talvolta donne seducenti e che
95 la fatale pozione fosse stata somministrata per ragioni passionali aumentava il fascino dell'argomento sicché folle di vittoriani assistevano a celebri processi per avvelenamento come se andassero a teatro. Si trattava in genere di processi di non facile soluzione poiché, nota la Wagner, «all'epoca le sostanze letali erano ovunque. Il mercurio veniva usato nella manifattura dei cappelli; piccole dosi di
100 arsenico e sostanze analoghe erano assunte come tonici; le donne usavano l'arsenico per rendere più candida la loro carnagione e la belladonna per allargare le pupille…». L'arsenico, veleno prediletto, era anche chiamato, con macabro umorismo, "polvere dell'eredità".

Notevoli le conoscenze di Sherlock anche per i veleni animali. Ne *L'avventura della*
105 *fascia maculata* intuisce subito che una certa morte è stata provocata da un serpente velenoso: «Richiamai alla memoria il fatto che il dottore aveva ricevuto dall'India una scorta di quelle creature. Una forma di veleno che non potesse essere rilevata da alcun test chimico era esattamente quella che sarebbe venuta in mente a un uomo brillante e spietato formatosi in Oriente».

110 Una delle domande fondamentali che l'investigazione criminale si poneva in quegli anni era se e in che modo gli individui fossero portati a delinquere: ereditarietà o ambiente? Questione complessa, non interamente risolta nemmeno oggi, date anche le sue notevoli implicazioni sociali e addirittura politiche. Holmes (Conan Doyle) era certamente al corrente degli sviluppi della frenologia, vale a dire la
115 scienza che localizza in certe parti del cervello o in una determinata morfologia alcune caratteristiche psichiche. Holmes si fa portavoce di questa scienza quando dice (*L'avventura del carbonchio azzurro*): «È una questione di misure di capacità: un uomo con un cervello così grande deve averci qualcosa dentro». Era tale la fiducia nella corrispondenza fra tratti somatici e qualità psichiche (basta pensare al
120 nostro Lombroso: *L'uomo delinquente*, 1876) che le giovani coppie si sottoponevano spesso a "letture" delle fisionomie per stabilire la reciproca compatibilità. Quanto a Holmes, il chirurgo Mortimer, che gli sottopone il caso del mastino dei Baskerville, dopo averlo a lungo osservato dice: «Mi interessate parecchio, Mr. Holmes. Non mi sarei aspettato un cranio così dolicocefalo e uno sviluppo sopraorbitale tanto
125 marcato. Avete nulla in contrario se passo il dito lungo la vostra fessura parietale?». Scienza fragile quella frenologica, tanto più quando dilatava i suoi tentativi di analisi fino a far diventare ereditarie certe qualità. Del suo nemico mortale Moriarty,

ad esempio, Holmes (*L'ultima avventura*) dice: «L'uomo ha tendenze ereditarie del genere più diabolico. Nel sangue gli scorre una vena di criminalità». Notevole il fatto che tra i veleni il nostro Holmes ponesse, giustamente, la nicotina. Ne *L'avventura del piede del diavolo*, dice: «Penso, Watson, che riprenderò la mia pessima abitudine di avvelenarmi con il tabacco, che voi avete così spesso e tanto giustamente deprecato». Ma, come accade per tanti veleni, anche la nicotina era considerata un medicamento. Per esempio in caso di spasmi intestinali si introduceva nel retto del paziente fumo di tabacco tramite un piccolo mantice con il cannello foderato di cuoio per evitare abrasioni. In mancanza dell'attrezzatura adatta qualche medico suggeriva di «inserire nel retto semplicemente un buon sigaro».

Le vicende della medicina, rispecchiate con tanta fedeltà nelle avventure di Holmes, possono far sorridere, in realtà descrivono il faticoso affrancamento dell'arte medica dalla magia e dalle superstizioni. Sherlock Holmes è da questo punto di vista un campione di lucida e sana fiducia nella scienza. Ne *L'avventura del vampiro del Sussex,* escludendo l'ipotesi stregonesca che a provocare certe ferite sul corpo di un bambino sia un misterioso vampiro, afferma: «Dobbiamo davvero prestare attenzione a cose simili? Qui dobbiamo tenere i piedi per terra e con i piedi per terra dobbiamo appunto ragionare». Un ottimo epitaffio, valido, come si vede, oggi non meno di ieri.

(Corrado Augias, *Lo scienziato del crimine: Sherlock Holmes e il delitto imperfetto*, «La domenica di Repubblica», 8 aprile 2007)

▶ **STUDIAMO IL TESTO ESPOSITIVO-ARGOMENTATIVO**

1 L'INTRODUZIONE

Il paragrafo iniziale ha lo scopo di introdurre l'argomento del testo e le problematiche da esso affrontate.

È per questo necessario che esso presenti al lettore, in maniera inequivocabile, i contenuti dell'esposizione e che consenta facilmente l'individuazione del problema in discussione.

In questo caso l'autore ha sviluppato l'introduzione in un unico capoverso, il primo, riconducibile alla forma del paragrafo domanda/risposta. Questo particolare tipo di costruzione dell'unità testuale prevede che si arrivi alla frase topica (o frase tematica) attraverso un percorso che prende le mosse da una domanda e prosegue poi con delle risposte.

Il brano si apre con una forma interrogativa («Ma in fondo chi era Sherlock Holmes?»), cui segue un primo blocco di risposte («un abile investigatore», «un attento osservatore», «uno scrupoloso catalogatore»). Ma il problema principale viene solo successivamente enunciato, stavolta sotto forma di proposizione interrogativa indiretta. La risposta a tale quesito coincide con la frase topica del paragrafo.

Quest'ultima, oltre a inquadrare l'argomento del testo (il libro della Wagner) lascia intuire al lettore le idee principali che lo scrivente svilupperà nel paragrafo successivo.

▨ Subordinate interrogative indirette dipendenti dalla proposizione principale «dobbiamo infatti chiederci».

▨ Frase topica.

Una volta che abbiamo osservato il suo comportamento dobbiamo infatti chiederci da dove derivasse il suo *modus operandi*, quale fosse insomma la sua formazione, la sua cultura, anzi la sua "scienza". Ci aiuta a rispondere un libro che sta per uscire che s'intitola proprio *La scienza di Sherlock Holmes* (Bollati Boringhieri), saggio di assai affabile divulgazione che mantiene esattamente quello che annuncia nel titolo raccontando alcuni dei casi più famosi del grande Sherlock mescolati a palpitanti casi di cronaca, entrambi filtrati (cronaca e invenzione romanzesca) attraverso la storia della medicina, le tecniche investigative nonché quella curiosa commissione medico-poliziesca che si chiama "medicina legale".

1 Nell'introduzione, emerge un giudizio positivo o negativo sul saggio della Wagner? Supporta la tua risposta con precisi riscontri testuali.

2 L'ESPANSIONE DELLA FRASE TOPICA

Nel secondo paragrafo la frase tematica, enunciata solo alla fine del primo capoverso, coincide anche con la tesi principale del saggio recensito (e dunque anche quella del testo in esame che ne ripercorre i punti più significativi).

■ Frase topica e tesi.

Le avventure sono palesemente romanzesche ma le parole che pronuncia, le regole secondo le quali agisce, le deduzioni intellettuali, gli esperimenti che compie danno l'impressione di poggiare su un solido fondo di realtà. Infatti così è: Sherlock Holmes ricorre per la soluzione dei casi in cui s'imbatte alle più aggiornate nozioni di scienza medica e investigativa di cui ai suoi tempi si disponesse.

L'espansione della frase topica avviene in questo caso per esemplificazione e problematizzazione, cioè sviluppando con esempi, informazioni, citazioni e ragionamenti logico-cronologici la tesi sostenuta: Watson era un medico; Doyle, il padre di Holmes, era a sua volta un medico; il primo romanzo con protagonista Holmes esce nel 1887, in epoca vittoriana, quando si iniziano ad affermare la medicina forense e «l'idea che la scienza costituisse una parte essenziale del sistema legale cominciava ad essere accettata».

2 La tesi enunciata intende:
- A stabilire un legame tra il metodo investigativo di Holmes e il contesto storico-culturale in cui opera.
- B dimostrare l'influsso determinante di Holmes sull'evoluzione della scienza forense e della criminologia.
- C negare l'originalità al metodo investigativo di Holmes.
- D dimostrare la fragilità del metodo investigativo ottocentesco, mettendo in risalto le novità assolute delle tecniche di indagine di Holmes.

3 Che relazione c'è fra la tesi sostenuta e il fatto che Watson e Conan Doyle fossero dei medici?

3 LE CITAZIONI

Nel testo sono presenti numerose citazioni – racchiuse tra virgolette o riportate sotto forma di parafrasi riassuntiva. In alcuni casi lo scrivente ricorre ad alcune frasi ed espressioni per dichiarare che quanto segue sono le parole, l'opinione o il pensiero di un altro autore. Altre volte, quando è implicita la paternità delle affermazioni, si limita a virgolettare quanto trascrive.

■ L'autore nomina un altro autore e ne riporta il pensiero.

■ Citazione sotto forma di parafrasi riassuntiva.

Animali bizzarri, nota la Wagner, che non sono lì solo per spaventarci essendo al contrario i perni sui quali Holmes innesta la sua indagine scientifica. Sherlock Holmes, detta suo padre Conan Doyle, esigeva acuta osservazione e metodo scrupoloso; era esattamente l'atteggiamento degli appassionati naturalisti dilettanti dell'epoca «La collezione, lo studio, la classificazione degli insetti e delle piante (ma anche di un'umile goccia d'acqua), il ragionamento sistematico basato sulle informazioni così ottenute racchiudeva grandi implicazioni per l'evoluzione della scienza forense», scrive la Wagner.

4 Nel brano, le citazioni dei romanzi di Doyle hanno la funzione di:
- A introdurre spunti di riflessione.
- B introdurre elementi a supporto della tesi.
- C arricchire l'esposizione.
- D far conoscere al lettore le avventure di Holmes.

▶ ATTIVIAMO LE COMPETENZE

LETTURA E COMPRENSIONE

RIFLESSIONE E VALUTAZIONE

5 Nei confronti del metodo scientifico, l'autore del brano ha un atteggiamento di:
- A sfiducia
- C indifferenza
- B fiducia
- D preoccupazione

6 Supporta il tuo giudizio con precisi elementi testuali.

7 In quanti paragrafi può essere diviso il testo? Individuali e assegna a ciascuno di essi un titolo coerente con i contenuti.

LESSICO

UTILIZZO DEGLI STRUMENTI DI RICERCA

8 Con l'aiuto del dizionario, dell'enciclopedia e di Internet spiega il significato dei termini evidenziati.
«Questo atteggiamento di tipo <u>scientista</u>, di netta ascendenza <u>positivistica</u>» (r. 51).

9 «La collezione, lo studio, la classificazione degli insetti e delle piante...» (r. 72). Qual è il termine appropriato per indicare lo studioso degli insetti e quello delle piante?

STRUMENTI ESPRESSIVI E ARGOMENTATIVI

DIMOSTRAZIONE DELLA TESI

10 Trova almeno tre validi argomenti per sostenere le seguenti tesi.
Prima tesi: anche oggi, come ai tempi di Holmes, la scienza è una preziosa alleata degli investigatori:
1 _____
2 _____
3 _____

Seconda tesi: un'indagine basata esclusivamente sul metodo scientifico non sempre conduce ai risultati sperati.
1 _____
2 _____
3 _____

Hanno sparato?

Leonardo Sciascia, *Il giorno della civetta*

Tipologia	Testo narrativo
Genere	Romanzo
Sottogenere	Giallo
Anno	1961

 CHI: *Leonardo Sciascia*

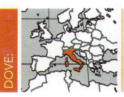 DOVE: *Italia*

 QUANDO: *Novecento*

▶ IL PIACERE DI LEGGERE

L'autore

Lo scrittore siciliano Leonardo Sciascia (1921-1989) ha avuto la straordinaria capacità di leggere la realtà e la storia con sguardo acuto e penetrante, avendo il coraggio di smascherare le imposture e le violenze esercitate dai potenti ai danni dei più deboli e di svelare apertamente le connivenze tra poteri istituzionali e malavita organizzata, un problema purtroppo ancora attuale. È autore di romanzi, racconti, articoli, saggi. Del filone poliziesco della sua produzione ricordiamo *Il giorno della civetta* (1961), *A ciascuno il suo* (1965), *Il contesto* (1971), *Todo modo* (1974), *Porte aperte* (1987) e *Una storia semplice* (1989). Una segnalazione merita anche il romanzo *Il consiglio d'Egitto* (1963), che insieme a *Il Gattopardo* (1958) di Giuseppe Tomasi di Lampedusa costituisce uno degli esempi più riusciti di romanzo storico del Novecento.

LABORATORIO

GRAMMATICA

 Svolgi le attività interattive su questo testo per ripassare **il nome**.

Invito alla lettura

Il commissario dei carabinieri Bellodi, originario di Parma, si trova in un paese della Sicilia per indagare sull'omicidio di un socio di una cooperativa edile, colpevole di aver rifiutato la protezione della mafia. Le indagini non sono facili, perché i cittadini sono riluttanti a collaborare con le forze dell'ordine: nessuno sa nulla, nessuno ha visto nulla, nessuno vuole parlare. A complicare le cose si aggiungono le pressioni che provengono da Roma, dai palazzi del potere, dove si teme che l'indagine possa far affiorare le connivenze tra politica e mafia. Intanto, la scia di sangue non si arresta e avvengono due nuovi omicidi. Prima di morire, una delle due vittime rivela al commissario Bellodi dei nomi che lo aiutano a ricostruire la dinamica del delitto, a identificare gli esecutori e a risalire ai mandanti. Vengono così effettuati dei fermi. In caserma viene condotto anche il boss della mafia don Mariano Arena, ma il suo interrogatorio si conclude con un nulla di fatto. Intanto, mentre Bellodi si trova a Parma in licenza, il potere politico, temendo che il clamore suscitato dalle indagini possa scoperchiare il malaffare che regna in Parlamento, riesce a smontare il castello probatorio e a insabbiare le indagini. Appresa la notizia, il commissario Bellodi, deluso e amareggiato, decide di non tornare più in Sicilia. Ma le sue ultime parole, più che un addio, suonano come un arrivederci: «Rincasò verso mezzanotte, attraversando tutta la città a piedi. Parma era incantata di neve, silenziosa, deserta. "In Sicilia le nevicate sono rare" pensò: e che forse il carattere delle civiltà era dato dalla neve o dal sole, secondo che neve o sole prevalessero. Si sentiva un po' confuso. Ma prima di arrivare a casa sapeva, lucidamente, di amare la Sicilia: e che ci sarebbe tornato. – Mi ci romperò la testa – disse a voce alta.»

Dal romanzo, nel 1969, è stato tratto l'omonimo film, per la regia di Damiano Damiani, con Franco Nero nei panni del capitano Bellodi.

L'autobus stava per partire, rombava sordo con improvvisi raschi e singulti. La piazza era silenziosa nel grigio dell'alba, sfilacce di nebbia ai campanili della Matrice[1]: solo il rombo dell'autobus e la voce del venditore di panelle[2], panelle calde panelle, implorante ed ironica. Il bigliettaio chiuse lo sportello, l'autobus si mosse
5 con un rumore di sfasciume. L'ultima occhiata che il bigliettaio girò sulla piazza colse l'uomo vestito di scuro che veniva correndo; il bigliettaio disse all'autista «un momento» e aprì lo sportello mentre l'autobus ancora si muoveva. Si sentirono due colpi squarciati: l'uomo vestito di scuro, che stava per saltare sul predellino, restò per un attimo sospeso, come tirato su per i capelli da una mano invisibile;
10 gli cadde la cartella di mano e sulla cartella lentamente si afflosciò.

Il bigliettaio bestemmiò: la faccia gli era diventata colore di zolfo, tremava. Il venditore di panelle, che era a tre metri dall'uomo caduto, muovendosi come un granchio cominciò ad allontanarsi verso la porta della chiesa. Nell'autobus nessuno si mosse, l'autista era come impietrito, la destra sulla leva del freno e la sinistra
15 sul volante. Il bigliettaio guardò tutte quelle facce che sembravano facce di ciechi, senza sguardo disse – l'hanno ammazzato – si levò il berretto e freneticamente cominciò a passarsi la mano tra i capelli; bestemmiò ancora.

– I carabinieri – disse l'autista – bisogna chiamare i carabinieri –.

Si alzò ed aprì l'altro sportello – ci vado – disse al bigliettaio.
20 Il bigliettaio guardava il morto e poi i viaggiatori. C'erano anche donne sull'autobus, vecchie che ogni mattina portavano sacchi di tela bianca, pesantissimi, e ceste piene di uova; le loro vesti stingevano odore di trigonella[3], di stallatico[4], di legna bruciata; di solito lastimavano[5] e imprecavano, ora stavano in silenzio, le facce come dissepolte da un silenzio di secoli.

1 **Matrice**: la chiesa madre.
2 **panelle**: piccole focacce fritte di farina di ceci. Il venditore di panelle è detto "panellaro".
3 **trigonella**: fieno.
4 **stallatico**: letame.
5 **lastimavano**: si lamentavano.

25 – Chi è? – domandò il bigliettaio indicando il morto.

Nessuno rispose. Il bigliettaio bestemmiò, era un bestemmiatore di fama tra viaggiatori di quella autolinea, bestemmiava con estro: già gli avevano minacciato licenziamento, che tale era il suo vizio alla bestemmia da non far caso alla presenza di preti e monache sull'autobus. Era della provincia di Siracusa, in fatto di morti ammazzati aveva poca prati-

30 ca: una stupida provincia, quella di Siracusa; perciò con più furore del solito bestemmiava. Vennero i carabinieri, il maresciallo nero di barba e di sonno. L'apparire dei carabinieri squillò come allarme nel letargo dei viaggiatori: e dietro al bigliettaio, dall'altro sportello che l'autista aveva lasciato aperto, cominciarono a scendere. In apparente indolenza, voltandosi indietro come a cercare la distanza giusta per ammirare i campanili, si al-

35 lontanavano verso i margini della piazza e, dopo un ultimo sguardo, svicolavano. Di quella lenta raggera di fuga il maresciallo e i carabinieri non si accorgevano. Intorno al morto stavano ora una cinquantina di persone, gli operai di un cantiere scuola ai quali non pareva vero di aver trovato un argomento così grosso da trascinare nell'ozio delle otto ore. Il maresciallo ordinò ai carabinieri di fare sgombrare la piazza e di far

40 risalire i viaggiatori sull'autobus: e i carabinieri cominciarono a spingere i curiosi verso le strade che intorno alla piazza si aprivano, spingevano e chiedevano ai viaggiatori di andare a riprendere il loro posto sull'autobus. Quando la piazza fu vuota, vuoto era anche l'autobus; solo l'autista e il bigliettaio restavano.

– E che – domandò il maresciallo all'autista – non viaggiava nessuno oggi?.

45 – Qualcuno c'era – rispose l'autista con faccia smemorata.

– Qualcuno – disse il maresciallo – vuol dire quattro cinque sei persone: io non ho mai visto questo autobus partire, che ci fosse un solo posto vuoto.

– Non so – disse l'autista, tutto spremuto nello sforzo di ricordare – non so: qualcuno, dico, così per dire; certo non erano cinque o sei, erano di più, forse l'autobus era pieno...

50 Io non guardo mai la gente che c'è: mi infilo al mio posto e via... Solo la strada guardo, mi pagano per guardare la strada.

Il maresciallo si passò sulla faccia una mano stirata dai nervi. – Ho capito – disse – tu guardi solo la strada; ma tu – e si voltò inferocito verso il bigliettaio – tu stacchi i biglietti, prendi i soldi, dai il resto: conti le persone e le guardi in faccia... E se non vuoi che te ne faccia ricordare in camera di sicurezza, devi dirmi subito chi c'era sull'autobus, almeno dieci nomi devi dirmeli... Da tre anni che fai questa linea, da tre anni ti vedo ogni sera al caffè Italia: il paese lo conosci meglio di me...

– Meglio di lei il paese non può conoscerlo nessuno disse il bigliettaio sorridendo, come a schermirsi da un complimento.

– E va bene – disse il maresciallo sogghignando – prima io e poi tu: va bene... Ma io sull'autobus non c'ero, che ricorderei uno per uno i viaggiatori che c'erano: dunque tocca a te, almeno dieci devi nominarmeli.

– Non mi ricordo – disse il bigliettaio – sull'anima di mia madre, non mi ricordo; in questo momento di niente mi ricordo, mi pare che sto sognando.

– Ti sveglio io ti sveglio – s'infuriò il maresciallo – con un paio d'anni di galera ti sveglio... – ma s'interruppe per andare incontro al pretore che veniva. E mentre al pretore riferiva sulla identità del morto e la fuga dei viaggiatori, guardando l'autobus, ebbe il senso che qualcosa stesse fuori posto o mancasse: come quando una cosa viene improvvisamente a mancare alle nostre abitudini, una cosa che per uso o consuetudine si ferma ai nostri sensi e più non arriva alla

Locandina del film Il giorno della civetta *di Damiano Damiani, 1969.*

6 licenza: autorizza-zione.

mente, ma la sua assenza genera un piccolo vuoto smarrimento, come una intermittenza di luce che ci esaspera: finché la cosa che cerchiamo di colpo nella mente si rapprende.
– Manca qualcosa – disse il maresciallo al carabiniere Sposito che, col diploma di ragioniere che aveva, era la colonna della Stazione Carabinieri di S. – manca qualcosa, o qualcuno...

80 – Il panellaro – disse il carabiniere Sposito.
– Perdio: il panellaro – esultò il maresciallo, e pensò delle scuole patrie «non lo danno al primo venuto, il diploma di ragioniere».
Un carabiniere fu mandato di corsa ad acchiappare il panellaro: sapeva dove trovarlo, che di solito, dopo la partenza del primo autobus, andava a vendere le panelle calde

85 nell'atrio delle scuole elementari. Dieci minuti dopo il maresciallo aveva davanti il venditore di panelle: la faccia di un uomo sorpreso nel sonno più innocente.
– C'era? – domando il maresciallo al bigliettaio, indicando il panellaro.
– C'era – disse il bigliettaio guardandosi una scarpa.
– Dunque – disse con paterna dolcezza il maresciallo – tu stamattina, come al solito,

90 sei venuto a vendere panelle qui: il primo autobus per Palermo, come al solito...
– Ho la licenza[6] – disse il panellaro.
– Lo so – disse il maresciallo alzando al cielo occhi che invocavano pazienza – lo so e non me ne importa della licenza; voglio sapere una cosa sola, me la dici e ti lascio subito andare a vendere le panelle ai ragazzi: chi ha sparato?

95 – Perché – domandò il panellaro, meravigliato e curioso – hanno sparato?

(L. Sciascia, *Il giorno della civetta*, Torino, Einaudi, 1964)

LABORATORIO

Il genere poliziesco ha una consolidata tradizione anche nella letteratura italiana: basti pensare alla fortuna di autori come Giorgio Scerbanenco, i cui racconti e romanzi ambientati nella Milano degli anni Sessanta sono ormai un classico, e i contemporanei Andrea Camilleri e Massimo Carlotto. Un giallo atipico è *Il nome della rosa* di Umberto Eco, ambientato nel Medioevo.

 **G. Scerbanenco**
Stazione centrale
ammazzare subito

 **U. Eco**
La biblioteca

 **A. Camilleri**
Il patto

 **M. Carlotto**
51.41°N 30.06°E
(Respiro corto)

▶ ATTIVIAMO LE COMPETENZE

LETTURA E COMPRENSIONE

ACCESSO ALLE INFORMAZIONI

1 In quale momento del giorno avviene il delitto?

2 Qual è la scena del crimine?

3 Elenca i testimoni del delitto.

4 Come reagiscono i testimoni all'omicidio e all'arrivo dei carabinieri?

5 Il maresciallo si accorge che nella scena del crimine «manca qualcosa, o qualcuno». Di che si tratta?

COMPRENSIONE GENERALE E INTERPRETAZIONE

6 L'indagine del maresciallo dei carabinieri si svolge in un clima di:
A indifferenza
B collaborazione
C divertita curiosità
D diffidenza

7 Perché hai risposto così alla domanda precedente? Supporta la tua scelta con opportuni riferimenti al testo.

8 «Vennero i carabinieri, il maresciallo nero di barba e di sonno». Nella frase, l'aggettivo nero ha un doppio significato. Quale?
Primo significato (*nero di barba*):
_____
_____

Secondo significato (*nero di sonno*):
_____
_____

RIFLESSIONE E VALUTAZIONE

9 Da che cosa nasce l'omertà, cioè l'atteggiamento di mancata collaborazione con le autorità per la risoluzione dei crimini? Paura? Complicità? Sfiducia nelle istituzioni? Argomenta la tua risposta.

Il ritorno dei lupi

Fred Vargas, *L'uomo a rovescio*

Test

Tipologia	Testo narrativo
Genere	Racconto
Sottogenere	Giallo
Anno	1999

L'uomo a rovescio, da cui è tratto il brano proposto, è il secondo romanzo di Fred Vargas (1957) ad avere per protagonista il commissario Adamsberg.
Tra i pendii del massiccio del Mercantour, un lupo solitario ed enorme, dopo aver fatto stragi di pecore, rivolge la sua ferocia contro gli uomini, sbranando un'allevatrice. I pastori sono disperati e spaventati, e tra di loro inizia a correre la voce che il responsabile dei massacri possa essere un lupo mannaro. Realtà o superstizione? Il commissario Adamsberg segue incuriosito la vicenda in TV, ma è costretto a intervenire personalmente quando scopre che Camille, la donna che ama, è sulle tracce del lupo ed è in serio in pericolo.

Il commissario Jean-Baptiste Adamsberg scolò distrattamente la pasta, la versò nel piatto, insieme al formaggio, al pomodoro, per stasera sarebbe andata bene così. Era rincasato tardi, per via dell'interrogatorio di un ragazzo, un cretino, che era andato avanti fino alle undici. Perché Adamsberg era lento, non gli piaceva
5 fare le cose di fretta né mettere fretta alle persone, per quanto cretine fossero. E soprattutto non gli piaceva mettere fretta a se stesso. La televisione era accesa con il volume basso, guerre, guerre e guerre. Rovistò rumorosamente nel disordine del cassetto delle posate, trovò una forchetta e si piazzò in piedi davanti al televisore.
... ennesima aggressione dei lupi del Mercantour, in una zona della Alpi Marittime finora
10 *risparmiata. Prende corpo l'ipotesi di un animale dalle dimensioni eccezionali. Realtà o leggenda? Sul posto...*
Lentamente, Adamsberg si avvicinò al televisore, con il piatto in mano, in punta di piedi, come per non spaventare il cronista. Un gesto di troppo e quel tizio sarebbe fuggito dalla tivù, senza concludere l'incredibile storia di lupi che aveva
15 cominciato. Alzò il volume, indietreggiò. Adamsberg amava i lupi come uno ama i propri incubi. Tutta la sua infanzia nei Pirenei era stata circondata dalle voci dei vecchi che raccontavano l'epopea degli ultimi lupi francesi. E quando camminava in montagna di notte, a nove anni, le volte in cui il padre lo mandava a raccogliere i legnetti per accendere il fuoco, senza discutere, gli sembrava di vedere i loro
20 occhi gialli seguirlo lungo i sentieri. *Come tizzoni, ragazzo mio, sono come tizzoni, gli occhi del lupo, di notte.*
E quando oggi tornava là, nella sua montagna, riprendeva gli stessi sentieri, di notte. A riprova di quanto sia desolante l'essere umano, che si affeziona a quel che ha di peggiore.

25 Certo, aveva sentito dire che qualche anno prima alcuni lupi abruzzesi avevano riattraversato le Alpi. Una banda di irresponsabili, in un certo senso. Ubriaconi in giro a far baldoria. Simpatica incursione, simbolico ritorno, siate le benvenute, voi tre spelacchiate bestiole abruzzesi. Salve, amici. Non poteva certo escludere che da allora qualcuno le proteggesse come un tesoro, al sicuro tra i sassi del Mercantour.
30 E che ogni tanto quelle si mettessero sotto i denti un agnello. Ma era la prima volta che ne vedeva le immagini. Quindi erano loro, i bravi cristi abruzzesi, all'origine di questa improvvisa crudeltà? Mentre mangiava in silenzio, Adamsberg vedeva scorrere sullo schermo una pecora dilaniata, un terreno coperto di sangue, il volto contratto di un allevatore, il pelo macchiato di una pecora squartata sull'erba di

35 un pascolo. La telecamera scrutava compiaciuta le ferite e il giornalista affilava le domande, attizzava la collera contadina. Inframmezzati alle riprese, comparivano sullo schermo musi di lupi ringhianti, venuti dritti da vecchi documentari, più balcanici che alpini. Era come se tutto l'entroterra di Nizza si piegasse sotto il fiato del branco selvaggio, mentre vecchi pastori rialzavano fieri la testa per sfidare la

40 belva, dritto negli occhi. Come tizzoni, ragazzo mio, come tizzoni.

Restavano i fatti: una trentina di lupi censiti sul massiccio, senza contare i giovani dispersi, probabilmente una decina, e i cani randagi, appena meno pericolosi. Centinaia di ovini sgozzati nella passata stagione in un raggio di dieci chilometri intorno al Mercantour. A Parigi non se ne parlava, perché a Parigi non frega niente

45 a nessuno di queste storie di lupi e di pecore, e Adamsberg scopriva queste cifre con stupore. Oggi, due nuovi attacchi nella zona di Auniers rilanciavano la sfida. Sullo schermo compariva un veterinario, pacato, professionale, il dito teso a indicare una ferita. No, non c'era alcun dubbio, qui l'impatto del dente ferino superiore, il quarto premolare destro, vedete, e qui, davanti, il canino destro, vedete

50 qua, e qui, e sotto, qui. E lo spazio tra i due, vedete. Si tratta della mandibola di un grosso canide.

– Direbbe di un lupo, dottore?

– O di un cane molto grosso.

– O di un lupo molto grosso?

55 Poi di nuovo la faccia tignosa di un allevatore. Erano quattro anni che quelle bestiacce si riempivano la pancia con la benedizione di quelli della capitale, ma nessuno aveva mai visto ferite del genere. Mai. Certe zanne grosse come la mia mano. L'allevatore tendeva il braccio verso l'orizzonte, indicava le montagne. È lassù che bazzica. Una bestia come non ne abbiamo mai viste. Ridano pure, a

60 Parigi, ridano pure. Rideranno meno quando la vedranno.

Affascinato, Adamsberg finiva in piedi il suo piatto di pasta ormai fredda. Il cronista proseguì. Le guerre.

Lentamente il commissario si sedette, posò il piatto per terra. Dio santo, i lupi del Mercantour. Era cresciuto di brutto, l'innocente piccolo branco degli inizi. Canto-

65 ne dopo cantone, ampliava il suo territorio di caccia. Si estendeva al di fuori delle Alpi Marittime. E quanti attaccavano, di quella quarantina di lupi? Bande? Coppie? Un solitario? Sì, nelle storie era così. Un solitario scaltro, crudele, che si avvicina ai villaggi di notte, con il sedere basso sulle zampe grigie. Una grossa bestia. La Belva del Mercantour. E i bambini nelle case. Adamsberg chiuse gli occhi. *Come*

70 *tizzoni, ragazzo mio, sono come tizzoni, gli occhi del lupo, di notte.*

(F. Vargas, *L'uomo a rovescio*, in *La trilogia di Adamsberg*,
Torino, Einaudi, 2009, trad. di Yasmina Melaouah)

Aspetto 4 *Cogliere le relazioni di coesione e di coerenza testuale (organizzazione logica entro e oltre la frase).*

1 «E quando oggi tornava là, nella sua montagna, riprendeva gli stessi sentieri, di notte» (r. 22). Il soggetto della frase è:

☐ **A** il lupo.

☐ **C** Adamsberg da adulto.

☐ **B** Adamsberg all'età di nove anni.

☐ **D** il padre del commissario.

Aspetto 5a *Ricostruire il significato di una parte più o meno estesa del testo, integrando più informazioni e concetti, anche formulando inferenze complesse.*

2 «Come tizzoni, ragazzo mio, sono come tizzoni, gli occhi del lupo, di notte» (rr. 20-21). Questa frase

☐ **A** appartiene ai ricordi di infanzia di Adamsberg.

☐ **B** è pronunciata dal commissario Adamsberg.

☐ **C** è un commento del narratore.

☐ **D** è un commento del personaggio.

VERIFICA INVALSI

Aspetto 5a *Ricostruire il significato di una parte più o meno estesa del testo, integrando più informazioni e concetti, anche formulando inferenze complesse.*

3 **Il commissario Adamsberg ama i lupi perché:**
- [ ] **A** ama la natura.
- [ ] **B** odia Parigi e la città.
- [ ] **C** li ritiene animali innocui.
- [ ] **D** fanno parte della sua infanzia.

Aspetto 3 *Fare un'inferenza diretta, ricavando un'informazione implicita da una o più informazioni date nel testo e/o tratte dall'enciclopedia personale del lettore.*

4 **Le aggressioni dei lupi si sono verificate:**
- [ ] **A** in Italia.
- [ ] **B** in Spagna.
- [ ] **C** nei Balcani.
- [ ] **D** in Francia.

Aspetto 6 *Sviluppare un'interpretazione del testo, a partire dal suo contenuto e/o dalla sua forma, andando al di là di una comprensione letterale.*

5 «Poi di nuovo la faccia tignosa di un allevatore. Erano quattro anni che quelle bestiacce si riempivano la pancia... come la mia mano» (rr. 55-58). **Il narratore riporta le parole dell'allevatore utilizzando il discorso**
- [ ] **A** narrativizzato.
- [ ] **B** diretto libero.
- [ ] **C** indiretto libero.
- [ ] **D** diretto.

Aspetto 3 *Fare un'inferenza diretta, ricavando un'informazione implicita da una o più informazioni date nel testo e/o tratte dall'enciclopedia personale del lettore.*

6 **I lupi del Mercantour appartengono alla sottospecie:**
- [ ] **A** pirenaica.
- [ ] **B** alpina.
- [ ] **C** balcanica.
- [ ] **D** appenninica.

Aspetto 3

7 **Quale parola riassume meglio l'atteggiamento dei parigini nei confronti delle aggressioni dei lupi?**
- [ ] **A** Curiosità.
- [ ] **B** Indifferenza.
- [ ] **C** Paura.
- [ ] **D** Odio.

Aspetto 2 *Individuare informazioni date esplicitamente nel testo.*

8 **In base al testo, rispondi alle seguenti domande.**
A In quale città vive il protagonista?
_____

B Dove ha trascorso la sua infanzia?
_____

Aspetto 1 *Comprendere il significato letterale e figurato di parole ed espressione; riconoscere le relazioni tra parole.*

9 «Una trentina di lupi censiti sul massiccio» (r. 41).
A con quale sinonimo puoi sostituire la parola *massiccio* senza alterare il senso della frase?
_____

B come si chiama il *massiccio* di cui si parla?
_____

Aspetto 6 *Sviluppare un'interpretazione del testo, a partire dal suo contenuto e/o dalla sua forma, andando al di là di una comprensione letterale.*

10 «La telecamera scrutava compiaciuta le ferite e il giornalista affilava le domande, attizzava la collera contadina» (rr. 35-36).
A Dalla frase emerge un giudizio positivo o negativo sul servizio cui sta assistendo Adamsberg?
_____

B Perché hai risposto così?
_____

Franz von Stuck

L'assassino

TIPOLOGIA	Dipinto
GENERE	Pittura simbolica
STILE	Simbolismo
TECNICA	Olio su tela
ANNO	1890

▶ ANALIZZIAMO IL DIPINTO

1 IL SOGGETTO
2 LE TRE DONNE
3 IL SIGNIFICATO

1 Un uomo fugge dopo aver commesso un delitto.

2 Tre spaventose figure attendono al varco il colpevole.

3 L'assassino non riuscirà a sfuggire ai rimorsi della sua coscienza.

1 IL SOGGETTO

Il dipinto rappresenta la scena di un delitto. Sullo sfondo sono visibili la vittima riversa sul selciato in una pozza di sangue e l'assassino, che dopo aver commesso l'omicidio fugge terrorizzato con il pugnale ancora in mano. In primo si trovano invece tre donne misteriose, che spiano l'accaduto dal loro nascondiglio e che sembrano voler tendere un agguato al colpevole in arrivo. Dal punto di vista delle scelte cromatiche il quadro è costruito sull'alternanza di colori chiari e colori scuri, il cui contrasto dà vita a effetti di controluce che mettono in risalto ora gli spazi (la strada, il muro di cinta che la fiancheggia e quello in fondo che delimita l'orizzonte) ora le figure: la vittima e l'assassino – delineati con colori forti e cupi come il rosso del sangue e il nero degli indumenti –, e le tre donne che invece si stagliano pallide e statuarie su uno sfondo scuro.

1 La vittima e il suo assassino sembrano delle macchie nere sullo sfondo. Perché secondo te l'artista ha operato questa scelta cromatica?

2 I colori utilizzati per dipingere la strada e il cielo ti trasmettono una sensazione di calore o di freddo? Motiva la tua risposta.

2 LE TRE DONNE

Le tre figure femminili del quadro rappresentano le Erinni (o Furie), divinità infernali appartenenti alla mitologia greco-romana. Secondo il mito, questi demoni fuoriuscivano dagli Inferi ogniqualvolta c'era da punire un uomo che si era macchiato di un delitto. La punizione consisteva nel perseguitare l'omicida fino alla pazzia, alla morte violenta o alla sua purificazione per mezzo dell'intervento di un dio benevolo. Raggiunto il loro scopo, le Erinni ritornavano nel regno dei morti. Trattandosi di entità demoniache vendicatrici, il loro aspetto era davvero terribile: donne alate e anguicrinite (cioè con serpenti al posto dei capelli), sempre avvolte da nera caligine, armate di fruste e di torce, con occhi iniettati di sangue e sguardo micidiale. Se il loro aspetto era mostruoso, i loro nomi incutevano paura al solo pronunciarli: Aletto (l'*Incessante*), Megera (l'*Invidiosa*) e Tesifone (la *Vendicatrice dell'omicidio*).

3 Quali elementi rendono inquietanti e terrificanti le Erinni del quadro?

4 Quali elementi dell'iconografia classica utilizza l'artista per rappresentare le sue Erinni?

3 IL SIGNIFICATO

La presenza delle Erinni e di un omicida che sta fuggendo da un delitto appena commesso richiama alla memoria un famoso mito greco, quello di Oreste, che per vendicare la morte del padre Agamennone uccise la madre Clitemnestra e il suo amante Egisto. In quel caso le Erinni apparvero al matricida perseguitandolo e rendendolo folle. La storia di Oreste ha però un lieto fine. Grazie all'intervento del dio Apollo, della dea Atena e dei giudici dell'Areopago, il tribunale civile di Atene istituito da Atena stessa, Oreste venne assolto e le Erinni trasformate in Eumenidi, divinità benevole.

Nel mito greco, così come nel quadro, le Erinni rappresentano i rimorsi della coscienza che perseguitano chi si è macchiato di un efferato delitto, violando i limiti imposti dalla legge, dalla morale, dalla natura.

5 Ritieni che il quadro riesca a rappresentare in maniera efficace l'angoscia che si impossessa di chi ha violato le leggi naturali, umane e divine? Motiva la tua risposta.

▶ ATTIVIAMO LE COMPETENZE

FRUIZIONE DI ALTRE FORME ESPRESSIVE

RIFLESSIONE, TESTO DESCRITTIVO-COMPARATIVO

6 Osserva il quadro e descrivilo, mettendo in luce le analogie e le differenze tra quest'opera e quella di Franz von Stuck.

William-Adolphe Bouguereau, Il rimorso di Oreste, 1862. Norfolk, Chrysler Collection.

Sherlock Holmes

TIPOLOGIA	Film
GENERE	Thriller
REGIA	Guy Ritchie
CAST	Robert Downey jr. (Sherlock Holmes), Jude Law (Dr. John Watson), Rachel McAdams (Irene Adler), Mark Strong (Lord Blackwood)
ANNO	2009

▶ ANALIZZIAMO IL FILM

1 I PROTAGONISTI
2 LE SCENE D'AZIONE
3 LA TECNICA DEL FLASHFORWARD

LA TRAMA

Insieme all'inseparabile dott. Watson, Sherlock Holmes salva la vita a una giovane donna che stava per essere sacrificata durante un macabro rito. Il colpevole è Lord Blackwood, un omicida seriale dedito alle pratiche magiche, che grazie all'intervento dei due detective viene arrestato e condannato a morte. Prima dell'esecuzione, il prigioniero chiede come ultimo desiderio di poter incontrare Holmes, al quale annuncia il proprio ritorno dal regno dei morti. Subito dopo il criminale viene impiccato. Il giorno successivo, la profezia di Lord Blackwood si compie: la sua bara viene trovata scoperchiata, il suo corpo sparito e sostituito da quello di un altro individuo, di nome Imskay, amico di Irene Adler, che aveva invitato Holmes a indagare su questa inspiegabile sostituzione di cadavere. La presunta resurrezione di Lord Blackwood getta nel panico i londinesi, mentre in città si susseguono altri efferati omicidi a sfondo esoterico. Holmes intanto riesce a risalire a un libro di magia nera, ma si rifiuta di arrendersi alle superstizioni, e ostinatamente va alla ricerca di una spiegazione razionale. Dopo lunghe e pericolose indagini, alla fine l'investigatore riesce a scoprire i "trucchetti" di Lord Blackwood e a sventare il suo piano: uccidere i parlamentari inglesi e conquistare il potere. I due nemici finiranno con lo scontrarsi sulle impalcature del Tower Bridge, in un duello all'ultimo sangue. E anche se con qualche difficoltà, Holmes avrà la meglio sul suo avversario.

Holmes e Watson hanno due personalità molto diverse, ma sono amici inseparabili e affiatati.

1 I PROTAGONISTI

Una mente brillante come quella di Holmes non è immune da debolezze. Nel film, il detective appare un personaggio che dà il meglio di sé quando può sfruttare le sue doti di abile investigatore, ma si dimostra molto fragile nella vita privata: è incline alla depressione, vive come uno sbandato, ha un rapporto difficile con le donne, cela le sue insicurezze dietro una maschera di grottesco cinismo.

Watson, invece, appare più razionale e conduce una vita più ordinata ed equilibrata rispetto a quella del suo coinquilino: il fedele assistente di Holmes, che ha combattuto come militare in Afghanistan, sta per sposarsi ed è sul punto di lasciare Becker Street. Naturalmente Holmes non gradisce la novità e fa di tutto per rendergli la vita difficile, dando il peggio di sé quando incontra la futura sposa dell'amico.

2 LE SCENE D'AZIONE

Nei romanzi di Conan Doyle, Holmes non si limita a ragionare con flemma britannica comodamente seduto in poltrona. Al ragionamento segue sempre l'azione: Holmes è un tipo dinamico, un esperto scassinatore, un maestro dei travestimenti e tira molto bene di boxe. A partire da questi elementi, e dando a essi molta enfasi, il regista trasforma il più famoso *detective* inglese in un vero e proprio supereroe, facendolo addirittura combattere, durante lo scontro finale con il suo antagonista, a testa in giù sul Tamigi. Questa scelta del regista, se da una parte tradisce un po' l'immagine classica di Sherlock Holmes, dall'altra rende più moderna e appetibile per un pubblico giovane la sua figura.

Holmes e Watson sono impegnati in molte scene d'azione.

3 LA TECNICA DEL FLASHFORWARD

Una delle chiavi di successo del film e una delle idee registiche più originali è stata quella di affiancare al classico metodo di indagine di Holmes, basato sull'osservazione dei particolari e sulla scienza della deduzione, una particolare tecnica di combattimento, che consente al *detective* di sconfiggere qualsiasi avversario. Il metodo sembra semplice e consiste nell'anticipare mentalmente le mosse del nemico valutando al contempo le contromosse per neutralizzarle. Per rendere evidenti i processi mentali di Holmes e il suo modo di ragionare, il regista ha utilizzato la tecnica del *flashforward* (salto in avanti), che consiste nel mostrare allo spettatore ciò che accadrà solo in seguito.

Holmes è in grado di prevedere le mosse dei suoi avversari.

GUIDA AL DIBATTITO

1   In quali scene del film è più evidente la tecnica deduttiva di Holmes?
2   Perché durante la cena con Watson e la sua fidanzata, Holmes non si comporta da amico?
3   Secondo te, in quali scene emerge meglio il disagio psicologico di Holmes?
4   Quali sono le scene più divertenti? Motiva la tua risposta.
5   Secondo te, perché Holmes è attratto da Irene Adler?
6   Hai trovato convincenti le interpretazioni degli attori? Che cosa ti è piaciuto o non ti è piaciuto?
7   In che modo Lord Blackwood realizza le sue magie?
8   Spiega in che modo ciascuno dei seguenti aspetti conferisce un ritmo narrativo al film: la trama, la sceneggiatura, le scene d'azione, le musiche.
9   Complessivamente, hai trovato il film all'altezza delle tue aspettative? Motiva la risposta.

▶ ATTIVIAMO LE COMPETENZE

PRODUZIONE DI TESTI MULTIMEDIALI

RICERCA, LAVORO DI GRUPPO, PRODOTTO AUDIOVISIVO

10   Realizza insieme ai compagni una presentazione multimediale sul sequel del film *Sherlock Holmes, Gioco di ombre* (2011). Il vostro lavoro dovrà contenere i seguenti punti da sviluppare ricorrendo a immagini, audio e didascalie:
• scheda (attori, regista, anno di produzione ecc.);
• trama (da non cercare sul Web, ma da rielaborare personalmente dopo aver visto il film);
• una scena significativa da commentare;
• un giudizio motivato sul film.

Concetti chiave

Flashcard

▶ **CARATTERISTICHE DEL GENERE**

Letteratura poliziesca

- **Il delitto** — È l'elemento che mette in moto l'intreccio.
- **L'investigatore** — È il protagonista della vicenda, colui che indaga sul delitto.
- **L'indagine** — Ogni indagine investigativa segue un metodo logico e razionale.
- **Il lettore** — Il suo ruolo è quello di identificare il colpevole prima dell'investigatore.

▶ **CONTESTO STORICO-CULTURALE**

QUANDO	CHI	CHE COSA
Ottocento	Edgar Allan Poe	Scrive la prima *detective story*, *I delitti della rue Morgue*.
	Arthur Conan Doyle	Ha creato l'investigatore più famoso di tutti i tempi: Sherlock Holmes.
Novecento	Agatha Christie	Prosegue la tradizione del giallo deduttivo inaugurata da Conan Doyle.
	Georges Simenon	Dà vita all'ispettore Maigret.
Oggi	Numerosi autori e sottogeneri in ogni parte del mondo.	Rivisitano in maniera personale lo schema narrativo tipico del giallo.

▶ **RIPASSO**

1 Perché il giallo può essere definito un genere "a schema chiuso"?
2 Che cosa si intende con l'espressione "duo investigativo"?
3 In che cosa consiste il metodo falsificatorio?
4 Perché in Italia la *detective story* è chiamata "giallo"?
5 Che cosa si intende per giallo deduttivo?
6 Che cos'è l'*hard boiled*?
7 Oltre all'*hard boiled* ricordi altri filoni del genere poliziesco?
8 Che cosa si intende con l'espressione "enigma della camera chiusa"?
9 Che cosa si intende per "sfida al lettore"?
10 Sapresti riassumere le caratteristiche del giallo novecentesco?

La narrazione realistica

La narrazione realistica

Il rispecchiamento

I contrasti sociali

I tipi umani

ARTISTA	Edgar Degas
NAZIONALITÀ	Francese
TITOLO	L'assenzio
ANNO	1875-1876
STILE	Impressionismo

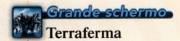

La narrazione realistica

Le caratteristiche

Sono classificabili nell'ambito della narrazione realistica tutte quelle opere che manifestano la tendenza a descrivere e a rappresentare in maniera verosimile e concreta la realtà, attingendo e ispirandosi a essa per costruire intrecci, situazioni e personaggi.

Il rispecchiamento

Una delle caratteristiche della narrativa realistica moderna è quella di rispecchiare, più di altri generi letterari, le **dinamiche economiche e culturali interne alla società**: i conflitti tra le classi – quello tra borghesia e proletariato in particolare –, il processo di industrializzazione, l'urbanizzazione, lo spopolamento delle campagne, i grandi rivolgimenti storici e politici, le mode, il modo di pensare e di agire dei vari gruppi sociali, gli effetti negativi del progresso sulla civiltà rurale.

Il brano testimonia il processo di industrializzazione in atto nel XIX secolo.

Era una città di mattoni rossi o, meglio, di mattoni che sarebbero stati rossi, se fumo e cenere lo avessero consentito. Così come stavano le cose, era una città di un rosso e di un nero innaturale come la faccia dipinta di un selvaggio; una città piena di macchinari e di alte ciminiere dalle quali uscivano, snodandosi ininterrottamente, senza mai svoltolarsi del tutto, interminabili serpenti di fumo. C'era un canale nero e c'era un fiume violaceo per le tinture maleodoranti che vi si riversavano; c'erano vasti agglomerati di edifici pieni di finestre che tintinnavano e tremavano tutto il giorno; a Coketown gli stantuffi delle macchine a vapore si alzavano e si abbassavano con moto regolare e incessante come la testa di un elefante in preda a una follia malinconica. C'erano tante strade larghe, tutte uguali fra loro, e tante strade strette ancora più uguali fra loro; ci abitavano persone altrettanto uguali fra loro, che entravano e uscivano tutte alla stessa ora, facendo lo stesso scalpiccio sul selciato, per svolgere lo stesso lavoro; persone per le quali l'oggi era uguale all'ieri e al domani, e ogni anno era la replica di quello passato e di quello a venire.

(C. Dickens, *Tempi difficili*)

La borghesia

Alcune opere realistiche rivelano un carattere spiccatamente borghese, sia per la scelta delle ambientazioni sia per l'ideologia che esse sottendono. Tale ideologia – fondata sulla **fiducia nel progresso**, sull'**educazione dei figli**, sul **culto della famiglia, del lavoro e del denaro** – può essere condivisa dall'autore o, come più spesso accade, criticata, con l'intento di mostrare il volto nascosto di questo mondo apparentemente perfetto. Dietro l'amore coniugale, infatti, possono celarsi bugie e tradimenti; l'educazione dei figli si rivela spesso autoritaria e repressiva; l'amore per le ricchezze si trasforma facilmente in avarizia e crudeltà.

Una tranquilla famiglia borghese è sconvolta dallo scandalo di un tradimento.

Tutte le famiglie felici sono simili tra loro, ogni famiglia infelice è infelice a modo suo. Tutto era in scompiglio in casa Oblònskij. La moglie aveva saputo che il marito intratteneva una relazione con la governante francese che era stata in casa loro, e aveva

INFOGRAFICA

Esplora il realismo attraverso i percorsi visivi:

 Il romanzo realistico

 Il romanzo storico

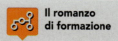 **Il romanzo di formazione**

Vincent Van Gogh,
Fabbriche a Clichy, 1887.
*Saint-Louis, Saint-Louis Art
Museum.*

dichiarato al marito di non poter più vivere nella stessa casa con lui. Questa situazione durava già da più di due giorni ed era avvertita in modo doloroso dai coniugi e da tutti i membri della famiglia, nonché dai domestici. Tutti i membri della famiglia e i domestici sentivano che la loro convivenza non aveva più senso e che persone riunite dal caso in una locanda qualsiasi erano più legate tra loro che non essi, familiari e domestici degli Oblònskij.

(L.N. Tolstoj, *Anna Karenina*)

I ceti più umili

Nei romanzi realistici non viene raccontata solo l'epopea borghese. Molti scrittori rivolgono la loro attenzione agli strati sociali più umili, allo scopo di denunciare le problematiche connesse a uno sviluppo economico spesso fondato sullo sfruttamento, le ingiustizie e l'iniquità. All'ombra dei signorili quartieri borghesi vivono gli operai delle fabbriche, costretti a una vita alienante e tragica; ragazzi di strada, obbligati a rubare e ad accattonare; giovani fanciulle spinte dalla miseria sul marciapiede; contadini, pescatori e minatori che lottano contro una natura ostile per poter sopravvivere.

■ Il narratore descrive la gente misera e perduta che nella prima metà dell'Ottocento popolava i bassifondi londinesi.

Per giungere in questo luogo il visitatore deve penetrare un labirinto di viuzze strette e fangose, affollate dagli individui meno raccomandabili e più poveri che risiedono lungo il fiume, i quali si dedicano ad attività facilmente immaginabili. Le botteghe di generi alimentari espongono quanto v'è di meno appetibile e di più economico; gli indumenti più miseri e più vistosamente volgari pendono nei negozi e vengono appesi ad asciugare sui balconi e davanti alle finestre delle case. Giostrando tra manovali disoccupati della più infima classe, tra facchini, scaricatori di carbone, donne di malaffare, bambini laceri e tutti gli altri rifiuti del fiume, il visitatore procede a stento, aggredito da scene disgustose e da odori rivoltanti negli stretti vicoli che si diramano a destra e a sinistra e assordato dallo strepito dei grossi carri che trasportano alte cataste di mercanzia provenienti dagli innumerevoli magazzini.

(C. Dickens, *Le avventure di Oliver Twist*)

I tipi umani

La narrativa realistica mette in scena un ricco campionario di personaggi che riproducono in maniera perfetta atteggiamenti, movenze, modi di pensare e di agire propri di specifici tipi umani: mercanti arricchiti e avari ossessionati dal denaro e dall'idea di perderlo, giovani ambiziosi che pur di raggiungere i vertici della società sono disposti a sacrificare princìpi e ideali, poveracci che lottano per la sopravvivenza, individui corrotti e corruttori, borghesi annoiati o inetti e così via.

Fin dal mattino si faceva trascinare sulla sedia presso il caminetto della sua camera di fronte alla porta dello studio, certo pieno d'oro, e vi restava immobile, fissando con ansia alternativamente quelli che lo visitavano e il robusto uscio foderato di ferro. Voleva essere informato delle cause del minimo rumore e, con grande meraviglia del notaio, riusciva a percepire gli sbadigli del cane giù nel cortile. Da quella stupidità apparente si destava nei giorni e nelle ore in cui si dovevano riscuotere i fitti, chiudere

■ Il personaggio descritto nel brano è un avaro.

i conti con i campagnoli e rilasciare le ricevute. Allora faceva spingere il seggiolone a rotelle fin presso l'uscio dello studio, che la figliuola apriva, e rimaneva lì ad assistere finch'ella avesse collocato i sacchetti del denaro gli uni sugli altri e tirato il chiavistello; poi riprendeva tacito il solito posto, con la preziosa chiave in una tasca del panciotto, ove di quando in quando la toccava.

(H. de Balzac, *Eugénie Grandet*)

Il protagonista

Nelle narrazioni di tipo realistico, il protagonista è solitamente ben caratterizzato, sia dal punto di vista socio-culturale sia dal punto di vista psicologico. Proprio come gli uomini reali, egli presenta aspetti del carattere sia positivi che negativi: può essere colto da dubbi e incertezze, può sbagliare e addirittura suscitare antipatia e disapprovazione. I suoi comportamenti, inoltre, sono mutevoli e molteplici, spesso determinati dalle circostanze che è chiamato a fronteggiare: può essere serio, triste, ironico, può cercare di adattarsi ai colpi di scena o di schivare le difficoltà della vita. Insomma, non è mai un essere immutabile, ma sempre in divenire.

■ La protagonista è connotata in maniera negativa, attraverso aggettivi che ne evidenziano i difetti del carattere.

■ Lo scopo della vita di Bette è quello di rovinare la vita della cugina Adeline, invidiata fin dall'infanzia per la sua bellezza, la sua bontà e la sua ricchezza.

Col tempo la cugina Bette aveva contratto strane manie di vecchia zitella […]. Quel carattere restio, capriccioso, indipendente, testardo, l'inspiegabile selvatichezza di vecchia zitella, alla quale il barone aveva per quattro volte trovato un partito (un impiegato della sua amministrazione, un maggiore, un appaltatore di viveri, un capitano in pensione) e che aveva poi rifiutato un negoziante diventato ricco, le aveva meritato il soprannome di Capra che il barone le dava scherzosamente. Ma quel soprannome non rispondeva che alle bizzarrie della superficie, a quelle variazioni che tutti ci offriamo a vicenda come società. Quella zitella, a ben osservarla, restava pur sempre la fanciulla che voleva strappare il naso alla cugina, e che se non fosse diventata ragionevole l'avrebbe uccisa in un parossismo di gelosia.

(H. de Balzac, *La cugina Bette*)

Le descrizioni

Uno degli elementi caratterizzanti della narrazione realistica è la presenza di particolareggiate sequenze descrittive attraverso cui lo scrittore "fotografa" e racconta personaggi e ambienti: le grandi città, con i loro quartieri ricchi e quelli poveri; gli interni delle case, sia borghesi che popolari; le campagne e le periferie urbane; i luoghi di potere – come enti, istituzioni, dimore padronali – e quelli dove si svolgono i lavori più umili, come la fabbrica, la strada o la miniera.

Tali descrizioni non solo rendono vivida e concreta la narrazione, ma sono utili a comprendere, attraverso le informazioni indirette che da esse è possibile desumere, lo status sociale dei personaggi, le mode, le dinamiche economiche e gli atteggiamenti tipici dell'epoca in cui si svolge la vicenda.

■ La sequenza descrive uno dei luoghi di divertimento tipici della borghesia, il teatro, con il suo sfarzo, la sua eleganza e le sue atmosfere.

Gli spettatori parlavano e si spingevano assalendo i posti; e la ressa nei corridoi era così incalzante che le porte lasciavano passare a fatica l'inesauribile flusso della gente. Segnali di richiamo, fruscio di stoffe, sfilavano vestiti, acconciature, interrotte dal nero di un frac, o di una redingote. Intanto, le file delle poltrone si colmavano a poco a poco; spiccava un abito chiaro, una testa si profilava finemente, mostrando il nodo dei capelli nei quali balenava il lampo di un gioiello. In palco, un lembo di spalla nuda acquistava un serico candore. Alcune donne, tranquille, si sventagliavano languidamente seguendo con lo sguardo la folla incalzante, mentre alcuni giovani eleganti, dai *gilets* largamente aperti sullo sparato e dalla gardenia all'occhiello, in piedi fra le poltrone d'orchestra manovravano i binocoli reggendoli con la punta delle dita guantate.

(É. Zola, *Nanà*)

Punti di vista e pluralità dei linguaggi

La narrazione realistica è caratterizzata dalla varietà dei punti di vista e dalla molteplicità dei linguaggi. Nelle opere appartenenti a questo genere, infatti, raramente prevale il punto di vista percettivo e ideologico del narratore o di un unico personaggio: molto più spesso uno stesso fatto è visto e filtrato da più angolature. Altre volte, invece, il narratore mira a un racconto di tipo impersonale, limitando al massimo i suoi interventi e lasciando che i fatti parlino da soli. Da un punto di vista delle scelte stilistiche, il realismo è caratterizzato dalla commistione dei registri: quello colto del narratore, quello popolare del contadino, il registro medio della classe borghese e così via.

> Lo stile della narrazione riproduce il modo di parlare popolare.

Come la mia famiglia sia scesa alla mira di mandare un figlio, me, a servire lontano da casa, è un fatto che forse io sono ancora troppo giovane per capirlo da me solo. I nostri padre e madre ci spiegavano i loro affari non più di quanto ci avrebbero spiegato il modo che ci avevan fatti nascere: senza mai una parola ci misero davanti il lavoro, il mangiare, i quattro soldi della domenica e infine, per me, l'andare da servitore. Non eravamo gli ultimi della nostra parentela e se la facevano tutti abbastanza bene: chi aveva la censa, chi il macello gentile, chi un bel pezzo di terra propria. L'abbiamo poi visto alla sepoltura di nostro padre. Arrivarono ciascuno con la bestia, e non uno a piedi da poveretto.

(B. Fenoglio, *La malora*)

Il contesto storico-culturale

Il realismo nella cultura occidentale

L'**imitazione della natura** e la **rappresentazione della realtà** sembrano essere due caratteri distintivi della cultura occidentale. In effetti, lo studioso tedesco Erich Auerbach (1892-1957) nel suo saggio *Mimesis* (1947) fa notare che tutta la tradizione letteraria dell'Occidente, dall'antichità classica fino all'età contemporanea, è caratterizzata dalla tendenza al realismo. Già il poeta Omero nell'*Iliade* e nell'*Odissea* fornisce una rappresentazione concreta della realtà in ogni suo aspetto, inserendo nella narrazione epica descrizioni di individui, ambienti, sentimenti e usanze. La costante ricerca di un rapporto con la realtà continua anche dopo Omero, nei romanzi della letteratura latina, nella novellistica medievale e rinascimentale, nella poesia e nel teatro seicenteschi, nei primi romanzi moderni.

Il realismo moderno

Sebbene rappresentazioni più o meno fedeli del mondo reale siano presenti in opere letterarie di ogni genere e di ogni epoca, le caratteristiche del realismo moderno si fissano nell'Ottocento, quando molti scrittori, sfruttando le potenzialità stilistiche del genere del romanzo, decidono di ambientare le loro storie nella società in cui essi stessi vivono, per raccontarne, spesso con intenti critici, dinamiche e problematiche. Il realismo è particolarmente produttivo in Francia con le opere di **Honoré de Balzac** (1799-1850), autore della *Commedia umana*, un vasto ciclo di romanzi che fornisce uno spaccato della società borghese del tempo, e in Inghilterra con i romanzi di **Charles Dickens** (1812-1870), tra i quali ricordiamo *Le avventure di Oliver Twist* e *David Copperfield*.

Henri Baron, *Colazione alle Tuileries*, 1867. *Chateau de Compiègne*.

La scuola russa

Un discorso a parte merita il realismo russo, cui vanno ascritti alcuni capolavori della narrativa moderna. Nella produzione letteraria russa i temi tipici del realismo occidentale, come la protesta umanitaria a favore dei più deboli, sono reinterpretati secondo una diversa sensibilità che non si ispira all'ideologia borghese, ma a ideali più universali, di ordine etico e religioso. Gli scrittori russi rivelano una particolare abilità nel descrivere le dinamiche interiori dei personaggi, che riflettono sulle conseguenze delle proprie azioni, sulla fragilità della condizione umana e sul rapporto tra l'uomo e il divino. In questo senso, il più rappresentativo degli scrittori realistici russi è **Fëdor Michajlovič Dostoevskij** (1821-1881), che nei suoi romanzi anticipa soluzioni tipiche della narrativa del Novecento, come l'indagine psicologica e la riflessione filosofico-esistenziale.

Il Naturalismo

Tra il 1870 e il 1890, sulla spinta delle dottrine **positiviste**, nasce e si diffonde in Francia un vasto movimento artistico e letterario: il **Naturalismo**. Gli scrittori naturalisti, tra cui ricordiamo **Émile Zola** (1840-1902), i fratelli **Edmond** (1822-1896) **e Jules** (1830-1870) **de Goncourt** e, in parte, **Gustave Flaubert** (1821-1880) e **Guy de Maupassant** (1850-1893), si assumono il compito di osservare attentamente la realtà e di riprodurla in maniera fedele nei loro romanzi con un linguaggio oggettivo, tecnico e depurato da qualsiasi giudizio personale. Alla base della loro poetica vi è la volontà di denunciare polemicamente i malesseri della società e le contraddizioni del progresso, offrendo in tal modo dei "documenti" a chi intenda porvi rimedio. Per costruire i loro prodotti narrativi, gli scrittori naturalisti seguono un rigoroso protocollo, come se fossero degli scienziati: estendono il loro campo d'osservazione anche agli strati più umili della società; analizzano dal vero la compagine sociale che intendono rappresentare; realizzano un intreccio narrativo lineare, sia dal punto di vista cronologico (prima/dopo) sia dal punto di vista logico (causa/effetto); si limitano a registrare i fatti senza mai intervenire nella narrazione.

Il Verismo

Ispirandosi al Naturalismo francese, alla fine dell'Ottocento gli scrittori **Giovanni Verga** (1840-1922), **Luigi Capuana** (1839-1915) e **Federico De Roberto** (1861-1927) danno vita in Italia alla corrente letteraria del **Verismo**. In particolare, Verga si propone di "fotografare" la realtà dei contadini e dei pescatori meridionali in maniera obiettiva e impersonale. In questo modo, scrive l'autore, «l'opera d'arte darà l'impressione di essersi fatta da sé, aver maturato ed esser sorta spontanea come un fatto naturale, senza serbare alcun punto di contatto con l'autore». Per ottenere questo effetto, Giovanni Verga sperimenta nelle sue opere alcune tecniche narrative e scelte stilistiche originali: evita di esprimere giudizi, lasciando che i fatti parlino da soli (tecnica dell'impersonalità); rinuncia al suo personale punto di vista di uomo colto e istruito, presentando fatti e personaggi secondo i criteri di valutazione tipici della mentalità popolare (artificio della regressione); utilizza il discorso indiretto libero, rielaborando e riportando le parole dei personaggi senza virgolette e senza verbi dichiarativi (*disse, pensò, esclamò* ecc.); si serve di un lessico formalmente italiano, nel quale però trovano posto espressioni e costrutti sintattici dialettali e paradialettali tipici del parlato.

Il Novecento

Nel Novecento il concetto di realtà diventa qualcosa di più complesso e difficile da definire. La realtà non viene intesa solo come un insieme di elementi e di dati concreti che si possono percepire con i sensi, ma anche come dimensione interiore. Tutto il

PAROLE DA RICORDARE

Classe sociale: complesso di individui omogenei per tenore di vita, comportamenti e atteggiamenti mentali, che si differenzia da altri gruppi per ricchezza, lavoro, potere e prestigio. La divisione della società in classi sociali si afferma soprattutto durante la prima rivoluzione industriale, quando gli individui si diversificano in base alla fonte e alla dimensione del loro reddito.

Borghesia: classe sociale costituita da individui che vivono esercitando il commercio, l'industria o una libera professione, o svolgendo mansioni direttive in enti pubblici e privati. La borghesia era originariamente contrapposta all'aristocrazia e al proletariato, ed era caratterizzata da atteggiamenti morali ispirati al rispetto della forma e delle regole.

Proletariato: classe sociale costituita da individui che lavorano in posizione subordinata nell'industria e che vivono esclusivamente con i proventi del salario corrisposto in cambio della loro prestazione lavorativa.

Capitalismo: sistema economico e sociale affermatosi in età moderna, caratterizzato dall'utilizzo del capitale privato (cioè l'insieme dei beni economici posseduti) per la produzione industriale. Il capitalista, cioè colui che detiene il capitale, fa parte della borghesia imprenditoriale.

Mobilità sociale: espressione utilizzata in sociologia per indicare il movimento di gruppi o individui da una posizione sociale a un'altra. Tale movimento può comportare un miglioramento di classe (il figlio di un operaio diventa imprenditore) o un peggioramento (il figlio di un imprenditore diventa operaio).

Lotta di classe: espressione indicante il conflitto sociale tra la classe dominante e la classe dominata. In età moderna e contemporanea, tale conflitto ha contrapposto soprattutto i proprietari terrieri e la borghesia capitalista da una parte, e la classe contadina e operaia dall'altra.

Questione meridionale: espressione utilizzata per la prima volta nel 1873 per indicare la disastrosa situazione economica in cui si trovava il Sud Italia all'indomani dell'unità nazionale (1861). Le difficili condizioni di vita e l'arretratezza socio-economica del Mezzogiorno di fine Ottocento sono al centro dell'opera narrativa di Giovanni Verga.

XX secolo appare attraversato da varie tendenze, tra le quali le più importanti sono il **realismo statunitense**, caratterizzato da uno stile scarno e asciutto, rappresentato dalle opere di **Ernest Hemingway** (1899-1961), e il **realismo sudamericano**, che si colora di elementi surreali e magici, come nei romanzi di **Gabriel García Márquez** (1927). In Italia, dopo la fortunata parentesi del Verismo, l'esigenza di raccontare gli orrori della guerra, gli anni della ricostruzione post-bellica, le difficoltà delle classi sociali più deboli ed emarginate, è all'origine della stagione del **Neorealismo**, che diede però i suoi frutti più maturi in campo cinematografico, con capolavori come *Roma città aperta*, *Sciuscià*, *Ladri di biciclette*. Tra gli autori realistici italiani ricordiamo **Alberto Moravia** (1907-1990), **Cesare Pavese** (1908-1950), **Elio Vittorini** (1908-1966) e **Pier Paolo Pasolini** (1922-1975).

Oltre la letteratura

Realismo e fotografia

Molti autori che hanno percorso la strada del realismo si sono dedicati alla nobile arte della fotografia, evidentemente intuendo in essa delle affinità formali e di senso con le proprie convinzioni artistiche e culturali. Fra questi ricordiamo Giovanni Verga e Luigi Capuana, due dei rappresentanti più importanti della corrente letteraria del Verismo. Il primo utilizzò l'obiettivo a fini documentaristici, per strappare al flusso del tempo immagini della sua famiglia, dei suoi amici, degli scorci della campagna o della realtà urbana siciliana. Il secondo, invece, per dare libero sfogo alla sua vena macabra, fantastica e sperimentale, immortalando oggetti apparentemente insignificanti oppure fantasmi e defunti fittizi. Anche lo scrittore Émile Zola, massimo esponente del Naturalismo francese, si serviva della macchina fotografica. Come un reporter si aggirava per i sobborghi, nelle taverne, tra le vie e nei quartieri residenziali di Parigi per studiare con precisione scientifica gli individui appartenenti ai più disparati ambienti sociali, che poi riproduceva nelle sue storie.

Tra i fotografi professionisti del Novecento che hanno trasformato lo scatto in documento, racconto, testimonianza e opera artistica, ricordiamo il francese **Henri**

Cartier-Bresson (1908-2004), teorico dell'«istante decisivo», che consiste nel fissare sulla pellicola un'immagine unica, irripetibile e altamente significativa; i fotografi di origine ungherese **Robert Doisneau** (1912-1994) e **Gyula Halász**, noto con lo pseudonimo di **Brassaï** (1899-1984), che nei loro scatti hanno documentato la vita dei *boulevards* e dei sobborghi parigini; **Robert Capa** (1913-1954), coraggioso fotoreporter di guerra; **Charles C. Ebbets** (1905-1978), noto soprattutto per la foto *Pranzo in cima a un grattacielo*.

La foto, scattata nel 1932, qualche anno dopo la grave crisi economica che investì gli Stati Uniti nel 1929, simboleggia l'amore per il lavoro e il coraggio di chi vuole ricostruire il futuro della nazione.

Charles C. Ebbets, *Lunch atop a Skyscraper* ("Pranzo in cima a un grattacielo"), 1932.

La foto ritrae undici operai durante la pausa pranzo, mentre siedono, senza attrezzature di sicurezza e incuranti del pericolo che corrono, su una trave di acciaio sospesa a centinaia di metri su New York City.

Anche se in apparenza spontaneo, lo scatto fu in realtà accuratamente preparato da Ebbets, che studiò l'inquadratura, la luce e la posa.

VERSO IL TRIENNIO

Il Positivismo

Dalla metà del XIX secolo la scienza e la tecnica spalancano grandiosi orizzonti allo sviluppo del genere umano e alle sue possibilità di dominare e modificare la natura: le scoperte scientifiche e tecnologiche si susseguono a un ritmo vertiginoso comportando radicali cambiamenti nello stile di vita delle persone. In questo clima di rinnovata e ottimistica speranza per le sorti dell'umanità nasce la **cultura positivista**, che, rifiutando gli astratti ideali della cultura romantica, pone la scienza a fondamento e guida delle società. Secondo il pensiero positivista, scienza e progresso sono strettamente collegati: tutto deve essere ricondotto al vaglio della scienza, dei suoi criteri e dei suoi metodi. Il pensiero positivista è condiviso soprattutto dalla borghesia, fino a diventare la base ideologica sulla quale essa fonderà la propria supremazia sul proletariato e, durante la stagione dell'imperialismo, sui popoli ingiustamente considerati inferiori. Cardini delle dottrine positiviste sono le teorie evoluzionistiche di Charles Darwin, che nella sua opera *L'origine delle specie* (1859) afferma il principio della selezione naturale come base della sopravvivenza delle specie più forti, e quelle filosofico-sociologiche di Hippolyte Taine, che analizza e spiega l'indole o le azioni di un individuo attraverso l'interazione di tre fattori: i caratteri ereditari (*race*), la temperie storica (*moment*) e l'ambiente sociale e familiare (*milieu*).

t1 Ingiustizie a scuola

Charles Dickens, *David Copperfield*

Tipologia	Testo narrativo
Genere	Romanzo
Sottogenere	Realismo
Anno	1849-1850

CHI: *Charles Dickens*

DOVE: *Regno Unito*

QUANDO: *Ottocento*

▶ SCOPRIAMO IL GENERE

1 IL PROTAGONISTA
2 IL RISPECCHIAMENTO
3 IL PUNTO DI VISTA

L'autore

Maestro indiscusso del realismo inglese, Charles Dickens (1812-1870) ha scritto molti romanzi di successo da cui traspare un chiaro intento di critica sociale con una particolare attenzione per le condizioni di vita delle categorie più deboli, emarginate e sfruttate. Tra le opere più note ricordiamo i romanzi *Il Circolo Pickwick* (1836-1837), *Oliver Twist* (1837-1838), *David Copperfield* (1849-1850), *Casa desolata* (1852-1853), *Tempi difficili* (1854) e la raccolta dei *Racconti di Natale* (1843-1848). Nei suoi romanzi, l'autore descrive con particolare cura e spirito di osservazione la psicologia dei suoi personaggi e l'ambiente sociale in cui essi sono inseriti. Lo straordinario realismo con il quale lo scrittore narra situazioni difficili di miseria, abbandono e necessità rispecchia in parte la sua travagliata vicenda personale: i nonni paterni erano domestici al servizio di ricchi signori, il padre fu perseguitato e imprigionato a causa dei debiti, lui stesso fu costretto a lavorare in giovane età per poter aiutare la famiglia. *Oliver Twist* e *David Copperfield*, in particolare, risultano essere tra i suoi romanzi quelli più autobiografici. Come Oliver, anche l'autore non ricevette inizialmente un'istruzione adeguata e fu costretto nella sua vita a svolgere i lavori più umili e malpagati; come David fu cronista parlamentare, poi scrittore affermato e sposato due volte. Ma più che le gioie, Dickens conobbe i dolori della vita matrimoniale: ebbe dieci figli da sostenere e il suo secondo matrimonio non fu particolarmente fortunato.

Invito alla lettura

Anche se orfano di padre, il piccolo David Copperfield vive un'infanzia felice insieme alla mamma e alla fedele governante Pegotty. I suoi guai incominciano quando la madre decide di risposarsi con un uomo crudele, avido e falso, il signor Murdstone, che si trasferisce in casa Copperfield insieme alla propria sorella, una donna altrettanto spietata e malvagia. I due non amano David e per sbarazzarsi di lui lo mandano a Salem House, un collegio gestito dal tirannico signor Creakle. A scuola, David stringe amicizia con Steerforth, un ragazzino arrogante ma molto carismatico, e con Traddles, un bambino buono e sensibile. Lasciato il collegio, David fa ritorno a casa, dove, intanto, le cose peggiorano: la madre, che ha da poco messo al mondo un altro figlio, a causa delle continue angherie subite dal marito e dalla cognata si ammala e muore. A questo punto il signor Murdstone può allontanare definitivamente di casa l'odiato figliastro, mandandolo a lavorare a Londra. Qui David soggiorna a casa di Mr. Micawber, che finisce però in carcere a causa dei debiti. Al giovane Copperfield non resta che lasciare la città e recarsi a Dover, dove viene accolto dalla stravagante zia Batsy. La donna decide di far studiare il nipote presso lo studio dell'avvocato Wickfield, dove il ragazzo incontra Agnes, la figlia del legale segretamente innamorata di lui, e il viscido Uriah Heep, il suo assistente. Terminati gli studi, David inizia il suo tirocinio presso lo studio legale Splenlow e Jorkins, innamorandosi della figlia del signor Splenlow, la bella Dora, che in seguito diventerà sua moglie. Intanto David si afferma come scrittore e rincontra il vecchio compagno di scuola Steerforth, che però, prima di scomparire tragicamente in un naufragio, si rivelerà un traditore amorale e senza scrupoli. A questo lutto ne segue poco dopo un altro, ben più tragico per il povero David: la morte della moglie Dora. Benché addolorato, David trova conforto nella dedizione e nell'amicizia di Agnes, che infine sposerà dopo aver sventato, con l'aiuto di Traddles, il complotto ordito ai suoi danni da Uriah Heep, deciso a rovinare la famiglia Wickfield e a sposare la figlia dell'avvocato.

Nel brano che segue incontriamo David a Salem House, inserito in una classe di studenti molto vivaci, che, capeggiati da Steerforth, ne combinano di tutti i colori, finendo con il far perdere le staffe e il lavoro al povero maestro.

1 IL PROTAGONISTA
Molti romanzi realistici raccontano l'itinerario di crescita del protagonista a partire dalle sue esperienze infantili e giovanili.

Era sabato, giorno di mezza vacanza. Dal momento però che il rumore in cortile avrebbe disturbato il signor Creakle e il tempo non era favorevole per fare una passeggiata, il pomeriggio ci fu ordinato di restare a scuola, a fare dei compiti più leggeri del solito, preparati per l'occasione. Era il giorno della settimana in cui il
5   signor Sharp andava a farsi arricciare la parrucca; così il signor Mell, a cui toccava sempre il lavoro più ingrato, qualunque esso fosse, sorvegliò la classe da solo. Se potessi associare l'idea di un toro o di un orso a una persona mite come il signor Mell, lo paragonerei, in quel pomeriggio in cui il frastuono era al massimo, a uno di quegli animali accerchiati da migliaia di cani. Mi ricordo che chinava la testa
10 che gli doleva, appoggiandola alla mano ossuta, ed era curvo sul libro posto sulla cattedra, cercando miseramente di andare avanti con il suo lavoro estenuante, in mezzo a un fracasso che avrebbe fatto girare la testa al presidente della Camera dei Comuni[1]. I ragazzi andavano e venivano dai loro posti, giocavano ai "quattro cantoni" a gruppetti; c'era chi rideva, chi cantava, chi parlava, chi ballava, chi gri-
15 dava; ragazzi che trascinavano i piedi, che gli giravano intorno, ridendo, facendo smorfie, facendogli il verso alle spalle e davanti ai suoi occhi: mimando la sua povertà, le sue scarpe, il suo cappotto, sua madre, ogni cosa che gli apparteneva e che avrebbero dovuto rispettare.

– Silenzio! – gridò il signor Mell, alzandosi all'improvviso, e sbattendo il libro
20 sulla cattedra. – Cosa significa tutto ciò! È insopportabile. Come potete farmi questo, ragazzi?

Era il mio libro che sbatté sulla cattedra; e mentre rimanevo accanto a lui, seguendo i suoi occhi mentre li spostava per la classe, vidi che tutti i ragazzi si fermarono, alcuni sorpresi, alcuni un po' spaventati, e forse dispiaciuti.

2 IL RISPECCHIAMENTO
I romanzi realistici rispecchiano in maniera veritiera il contesto sociale ed economico in cui si svolge la vicenda.

25 Il posto di Steerforth era in fondo all'aula, all'estremità opposta di quella lunga stanza. Era appoggiato con la schiena contro il muro, le mani in tasca, e guardava il signor Mell con la bocca serrata come se stesse fischiando, quando il signor Mell lo guardò.

– Silenzio, signor Steerforth! – disse il signor Mell.
30 – Silenzio voi, – rispose Steerforth diventando rosso. – A chi state parlando?
– Sedete, – replicò il signor Mell.
– Sedete voi, – ribatté Steerforth, – e pensate ai fatti vostri.

1 Camera dei Comuni: una delle due camere del Parlamento britannico.

Ci furono delle risatine e qualche applauso; il signor Mell però era così pallido, che subito si fece silenzio; e un ragazzo che si era precipitato dietro di lui per imi-
35 tarne di nuovo la madre, cambiò idea e fece finta di dover aggiustare una penna.
– Se pensate, Steerforth, – disse il signor Mell, – che io non conosco il potere che potete esercitare su qualunque mente qui dentro… – e posò la mano, senza pensare a cosa facesse (come supposi io), sulla mia testa – … o che non ho osservato da qualche minuto come abbiate incoraggiato i più giovani di voi ad offendermi
40 in ogni modo, vi sbagliate.
– Non mi preoccupo affatto di voi, – rispose Steerforth con freddezza; – quindi non mi sbaglio, come si vede.
– E quando usate i favoritismi di cui godete, signore, – proseguì il signor Mell, con il labbro che gli tremava moltissimo, – per insultare un gentiluomo…
45 – Un che cosa?… e dov'è? – ribatté Steerforth.

GRAMMATICA
L'avverbio *qui* è solitamente utilizzato come avverbio di luogo (*vieni* **qui**, *qui si sta benissimo*). Talvolta, però, come nell'esempio evidenziato, *qui* ha funzione di avverbio di tempo. In questo caso esso ha il significato di "in questo momento, a questo punto".

Qui qualcuno gridò, – Vergogna, J. Steerforth! Pessimo! – Era Traddles; subito però il signor Mell lo rimise al suo posto dicendogli di frenare la lingua.
– Insultando chi non ha fortuna nella vita, signore, e che non vi ha mai offeso in alcun modo, e che per molte ragioni, che voi siete abbastanza grande e consapevole
50 da poter capire, non merita di essere insultato, – continuò il signor Mell, con il labbro che gli tremava sempre di più, – voi commettete un'azione meschina e cattiva. Potete sedere o restare in piedi, come volete, signore. Copperfield, andate avanti.
– Giovane Copperfield, – esclamò Steerforth, avanzando lungo la stanza, – fermati un istante. State a sentire signor Mell, una volta per tutte. Quando vi prendete la
55 libertà di dire che sono meschino e cattivo, o cose del genere, siete uno sfacciato mendicante. Siete sempre un mendicante, lo sapete; ma quando fate così siete un mendicante sfacciato.
Non so se avrebbe colpito il signor Mell o se il signor Mell avrebbe colpito lui, o se c'era un'intenzione del genere da una delle due parti. Vidi la classe irrigidirsi come
60 se fossero tutti diventati di pietra, e trovai il signor Creakle fra noi, con Tungay al fianco, e la signora e la signorina Creakle sulla porta come se avessero paura. Il signor Mell, con i gomiti sulla cattedra e il viso fra le mani, rimase immobile per alcuni istanti. – Signor Mell, – disse il signor Creakle, scuotendolo per un braccio;

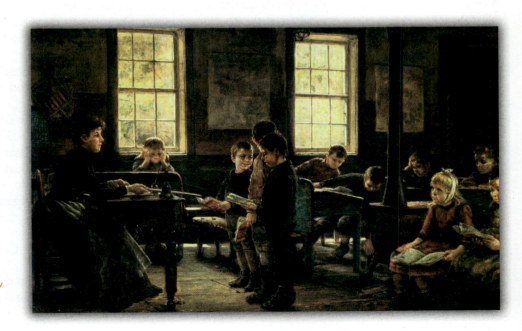

Edward Lamson Henry, Scuola di paese, 1890. New Haven, Yale University Art Gallery.

e il suo sussurro era udibilissimo ora, tanto che Tungay non ritenne necessario
65 ripetere le sue parole; – non avete scordato chi siete, spero?

– No, signore, no, – rispose il Maestro, mostrando la sua faccia, scuotendo la testa,
e torcendosi le mani in grande agitazione. – No, signore. No. So bene chi sono,
io… no, signor Creakle, non ho scordato chi sono, io… so chi sono, signore. Io…
io… speravo che vi sareste ricordato di chi sono un pochino prima, signor Crea-
70 kle. Sarebbe… sarebbe stato più gentile, signore, più giusto, signore. Mi avrebbe
risparmiato molte cose, signore.

Il signor Creakle, guardando con durezza il signor Mell, posò la mano sulla spalla
di Tungay, mise i piedi sulla panca lì vicina e si sedette sulla cattedra. Dopo aver
guardato con durezza il signor Mell dal suo trono, che scuoteva la testa e si torceva
75 le mani, continuando ad agitarsi, il signor Creakle si rivolse a Steerforth e domandò:

– E adesso, signore, poiché lui non me lo vuole dire, *cosa* è accaduto?

Steerforth non rispose subito; si limitò a guardare con disprezzo e rabbia il suo avversario, e restò in silenzio. Ricordo che non potei fare a meno di pensare, persino
in quell'intervallo, quanto fosse nobile all'aspetto, e come modesto e insignificante
80 fosse il signor Mell paragonato a lui.

– Cosa voleva dire quando ha parlato di favoritismi, allora! – disse Steerforth alla
fine.

– Favoriti? – ripeté il signor Creakle, con le vene sulle tempie che si gonfiarono
rapidamente. – Chi ha parlato di favoriti?

85 – Lui, – disse Steerforth.

– Prego, cosa volevate dire con ciò? – domandò il signor Creakle, rivolgendosi
arrabbiato al suo assistente.

– Volevo dire, signor Creakle, – replicò lui a voce bassa, – ciò che ho detto; che
nessuno ha alcun diritto di valersi della sua posizione di favorito per svilirmi.

90 – Svilire voi? – esclamò il signor Creakle. – Cielo! Permettetemi di chiedervi, signor
Come-vi-chiamate – e qui il signor Creakle incrociò sul petto le braccia, bastone
e tutto, e corrugò a tal punto le sopracciglia che i suoi occhietti erano a malapena
visibili; – se, quando parlate di favoriti, mi mostrate il rispetto dovuto? A me, signore, – disse il signor Creakle, avvicinandogli di scatto la testa e poi ritraendola,
95 – il direttore di questo istituto e vostro principale.

– Sono stato sventato, signore, sono pronto ad ammetterlo, – disse il signor Mell.
– Non l'avrei fatto, signore, se fossi stato freddo.

Qui si intromise Steerforth.

– Allora ha detto che ero cattivo, poi ha detto che ero meschino, e io gli ho dato
100 del mendicante. *Se* fossi stato freddo, magari non gli avrei dato del mendicante.
Però l'ho fatto, e me ne assumo le conseguenze.

Mi sentii rinfrancare a quel discorso da gentiluomo, senza considerare che probabilmente delle conseguenze ci sarebbero state. Fece impressione anche sui ragazzi,
perché ci fu del movimento fra loro, anche se nessuno disse una parola.

105 – Mi sorprendo, Steerforth… sebbene la vostra ingenuità vi faccia onore, – disse
il signor Creakle, – vi faccia onore, certo… mi sorprendo, Steerforth, devo dire,
che dobbiate dare un tale epiteto[2] a una persona impiegata e pagata da Salem
House, signore.

Steerforth fece una breve risata.

110 – Questa non è una risposta, signore, – ribatté il signor Creakle, – al mio commento. Mi aspetto qualcosa di più da voi, Steerforth.

Se confrontato con quel bel ragazzo il signor Mell aveva ai miei occhi un'aria modesta, sarebbe addirittura impossibile dire quanto sembrasse modesto il signor
Creakle.

2 **epiteto**: appellativo ingiu-
rioso.

115 — Che lo neghi, — esclamò Steerforth.

— Negare di essere un mendicante, Steerforth? — gridò il signor Creakle. — Perché, dove va a mendicare?

— Se non è un mendicante lui, una sua parente prossima lo è, — replicò Steerforth.

— È lo stesso.

120 Mi rivolse uno sguardo, e la mano del signor Mell con gentilezza mi carezzò la spalla. Alzai gli occhi, arrossendo e con il rimorso nel cuore, ma gli occhi del signor Mell erano fissi su Steerforth. Continuò a carezzarmi con affetto sulla spalla, ma guardava lui.

— Dal momento che vi aspettate, signor Creakle, che mi giustifichi, — disse Stee-
125 rforth, — e dire cosa intendo… ciò che devo dire è che sua madre vive di carità in un ospizio.

Il signor Mell continuava a guardarlo, senza smettere di accarezzarmi affettuosamente la spalla, e mi parve che dicesse fra sé e sé bisbigliando: — Sì, lo pensavo.

Il signor Creakle si rivolse al suo assistente, corrucciato e facendo uno sforzo per
130 essere educato.

— Adesso avete sentito ciò che dice questo signore, signor Mell. Vogliate avere la bontà di smentirlo davanti alla scuola riunita.

— Ha ragione, signore, non devo smentirlo, — rispose il signor Mell, in mezzo a un silenzio di tomba; — ciò che ha detto è vero.

135 — Siate allora così buono e dichiarate pubblicamente, — continuò il signor Creakle inclinando la testa di lato, e spostando lo sguardo sulla classe, — se io sia mai venuto a saperlo prima d'ora?

— Credo non direttamente, — rispose.

— Come non lo sapete? — ribatté il signor Creakle. — Non lo sapete, giovanotto?

140 — Sono al corrente che non abbiate mai ritenuto che io vivessi nell'agio, — replicò l'assistente. — Sapete quale sia la mia posizione, e quale sia sempre stata qui.

— Sono al corrente, se si arriva a questo, — disse il signor Creakle con le vene più gonfie che mai, — che siete in una posizione sbagliata, e avete scambiato questa per una scuola di carità. Signor Mell, per piacere, ci separiamo qui. Prima è, meglio è.

145 — Non c'è un momento, — rispose il signor Mell, alzandosi, — migliore di questo.

— Signore, a voi! — disse il signor Creakle.

— Mi congedo da voi, signor Creakle, e da tutti voi, — pronunciò il signor Mell, guardandosi intorno, continuando ad accarezzarmi. — James Steerforth, il migliore augurio che posso farvi andando via, è che possiate vergognarvi di ciò che avete
150 fatto oggi. Al momento preferirei vedervi sotto qualsiasi luce tranne che come amico, mio o di chiunque mi stia a cuore.

Ancora una volta mi posò la mano sulla spalla; poi prendendo il flauto e i pochi libri sulla cattedra, e lasciandoci dentro la chiave per il suo successore, uscì dalla scuola, con ciò che possedeva sotto il braccio. Il signor Creakle allora fece un di-
155 scorso, attraverso Tungay, in cui ringraziò Steerforth per aver affermato (anche se forse con troppa veemenza) l'indipendenza e la rispettabilità di Salem House; che sigillò stringendogli la mano, mentre noi facevamo tre urrà – io non sapevo bene per quale motivo, supposi però per Steerforth, e così mi unii con forza, sebbene mi sentissi malissimo. Il signor Creakle poi batté Tommy Traddles perché fu scoperto in lacrime, invece che felice, per la partenza del signor Mell.

(C. Dickens, *David Copperfield*,
Roma, Gruppo editoriale L'Espresso - La biblioteca di Repubblica, 2003, trad. di A. Osti)

GRAMMATICA
Nella frase evidenziata l'avverbio *qui* ha funzione di
☐ **A** complemento di stato in luogo.
☐ **B** complemento di tempo continuato.
☐ **C** complemento di tempo determinato.
☐ **D** complemento di moto da luogo.

3 IL PUNTO DI VISTA
Le narrazioni realistiche sono caratterizzate da più punti di vista, sia narrativi che ideologici.

▶ SCOPRIAMO IL GENERE

1 IL PROTAGONISTA

David Copperfield è la storia di un bambino che, crescendo, scopre le leggi e la solitudine del mondo borghese. La sua fiducia negli altri e il suo ottimismo per l'avvenire sono messi continuamente alla prova dalla malvagità che regola i rapporti sociali e dall'ingiustizia che sembra essere la marca distintiva del mondo adulto. Copperfield ha una visione ingenua della vita e spesso, come accade nell'episodio narrato, subisce il fascino di una società basata sul potere, anche quando questo si trasforma in sopraffazione e ingiustizia. Ai suoi occhi l'impertinenza di Steerforth diventa «nobiltà d'aspetto» e la dignità del maestro Mell modestia e insignificanza. E alla fine, senza rendersi conto del dramma umano che si è appena consumato, insieme agli altri bambini festeggia l'intervento del direttore e l'allontanamento dell'incolpevole maestro.

1 Più volte il signor Mell posa la mano sulla spalla del giovane David Copperfield. Che significato attribuisci a questo gesto affettuoso?

2 «Noi facevamo tre urrà – io non sapevo bene per quale motivo, supposi però per Steerforth, e così mi unii con forza, sebbene mi sentissi malissimo» (rr. 157-159). Copperfield esulta insieme agli altri compagni per Steerforth, ma dentro di sé è molto triste. Come spieghi questo duplice comportamento?

3 Il direttore rimprovera il signor Mell davanti a tutta la classe. Ritieni corretta questa scelta? Perché? Avrebbe potuto agire diversamente? E in che modo?

2 IL RISPECCHIAMENTO

Nel brano proposto le azioni dei personaggi e le situazioni narrative rivelano i rapporti di forza tra gli individui e le classi sociali, fornendo un'immagine veritiera della compagine socio-economica dell'Inghilterra di fine Ottocento. Le sovrastrutture economiche e i punti di vista ideologici risultano concretamente visibili attraverso il semplice racconto di un sabato a scuola, incarnandosi nei comportamenti dei vari personaggi. La lite che vede contrapposti l'arrogante e crudele Steerforth e il maestro Mell ci racconta infatti di una società fondata sul denaro e sulle apparenze, dove i più ricchi hanno ragione sui più poveri, e dove l'indigenza è considerata una colpa e una vergogna.

4 Scegli una risposta e motiva la tua scelta.
Dal brano emerge l'immagine di una società
☐ spietata   ☐ meritocratica   ☒ ipocrita
☐ moderna   ☐ contraddittoria
☐ gerarchica   ☐ aristocratica

3 IL PUNTO DI VISTA

Nel brano proposto uno stesso evento è mostrato da più prospettive. Innanzitutto quella di David Copperfield bambino, che partecipa agli eventi senza capirne bene il senso e la drammaticità; poi quella di Copperfield adulto che racconta la sua storia e che giudica gli eventi con un diverso grado di consapevolezza; e ancora la prospettiva ideologica borghese di Steerforth e del signor Creakle, per i quali il signor Mell ha violato le regole sociali e va dunque punito. E, infine, la prospettiva ideologica dell'autore, che attraverso la narrazione di una storia esemplare intende denunciare la ferocia e l'iniquità di un mondo dominato dal denaro e dalle apparenze.

5 In che modo il signor Mell ha "violato le regole"?

▶ ATTIVIAMO LE COMPETENZE

LETTURA E COMPRENSIONE

ACCESSO ALLE INFORMAZIONI

6 Tommy Traddles si schiera dalla parte di
Ⓐ Steerforth.   Ⓒ David Copperfield.
Ⓑ signor Creakle.   Ⓓ nessuno.

7 Qual è l'«epiteto» (r. 107) con cui Steerforth si rivolge al signor Mell?

COMPRENSIONE GENERALE E INTERPRETAZIONE

8 «Mi ricordo che chinava la testa che gli doleva…» (rr. 9-10). Sono parole
Ⓐ di David adulto.   Ⓒ dell'autore.
Ⓑ di David bambino.   Ⓓ di uno dei personaggi.

9 Perché il signor Creakle si sente tirato in causa dall'accusa di favoritismo?

10 Indica con una crocetta il ruolo di ciascun personaggio.

	Signor Mell	Steerforth	Creakle	Traddles
Eroe	✕			
Antagonista			✕	
Aiutante				✕
Oppositore		✕		

RIFLESSIONE E VALUTAZIONE

11 Perché, secondo te, David Copperfield sente il bisogno di ricordare questo particolare episodio della sua infanzia?

12 Pensi che episodi come quello capitato al signor Mell possano verificarsi anche nella scuola di oggi?

t2

L'assassino alla porta

Fëdor Michajlovič Dostoevskij, *Delitto e castigo*

Tipologia	Testo narrativo
Genere	Romanzo
Sottogenere	Realismo
Anno	1866

 CHI: 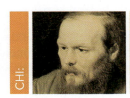 Fëdor Michajlovič Dostoevskij DOVE:  Russia QUANDO:  Ottocento

▶ **ANALIZZIAMO IL TESTO**

1 I TEMI
2 IL PROTAGONISTA
3 IL DELITTO

L'autore Fëdor Michajlovič Dostoevskij nasce a Mosca nel 1821. Rimasto orfano, frequenta la scuola del genio militare di San Pietroburgo fino al 1843, anno in cui si diploma. Di salute cagionevole, però, Dostoevskij rinuncia alla carriera militare, dedicandosi alla scrittura. Nel 1846 dà alle stampe il suo primo libro, *Povera gente*, molto apprezzato della critica. Nello stesso anno esce il secondo romanzo, *Il sosia*, storia di un personaggio vittima di uno sdoppiamento psicotico. Nel 1848 è la volta del romanzo *Le notti bianche*, il cui protagonista, un sognatore, si innamora di una donna incontrata durante le sue passeggiate notturne. Nel 1849, per le sue idee politiche di stampo socialista, lo scrittore è arrestato e condannato a morte. La pena, però, viene commutata per grazia dello zar a quattro anni di lavori forzati in Siberia, un'esperienza che Dostoevskij rievocherà qualche anno dopo nel libro *Memorie di una casa di morti* (1861-1862). Scontata la condanna, nel 1857 lo scrittore si sposa, scrive il romanzo *Umiliati e offesi* (1862) e si dedica all'attività giornalistica. Nel 1864 gli muoiono la moglie e il figlio. Sommerso dai debiti, accumulati anche a causa del vizio per il gioco d'azzardo, lo scrittore intensifica la sua attività letteraria pubblicando nel giro di pochi anni alcuni dei suoi capolavori: *Memorie dal sottosuolo* (1865), *Delitto e castigo*

(1866) e *Il giocatore* (1867), romanzo in cui rievoca la sua passione per la roulette. Dopo essersi risposato, lo scrittore, impossibilitato a onorare i suoi creditori, è costretto a lasciare la Russia soggiornando all'estero tra Germania, Francia, Svizzera e Italia. Durante il soggiorno svizzero inizia la stesura del romanzo *L'idiota*, pubblicato nel 1868. Rientrato in Russia, riprende l'attività letteraria e giornalistica. Tra le opere di questo periodo spiccano *I demoni* (1873) e *I fratelli Karamazov* (1879-1880), il suo ultimo romanzo. Lo scrittore, diventato ormai famoso, muore improvvisamente a San Pietroburgo nel 1881.

Invito alla lettura

Il romanzo *Delitto e castigo* è ambientato nella San Pietroburgo di metà Ottocento. Lo studente Raskòlnikov, per risolvere i problemi economici che tormentano lui e la sua famiglia, matura il progetto di uccidere e derubare la vecchia usuraia Alëna Ivànovna. Convinto di essere un uomo superiore, cui tutto è concesso, Raskòlnikov si reca in casa della donna e la uccide. A questo primo delitto ne segue un altro, l'assassinio della sorella della vittima, la mite Elisavjeta. Il duplice omicidio fa precipitare Raskòlnikov in un vortice delirante di sensi di colpa, manie di onnipotenza e timore di essere scoperto. Nell'ansia di avere notizie sulle indagini, il giovane comincia ad attirare su di sé i sospetti del giudice, che però lo lascia andare convinto che l'assassino finirà con il cedere e confessare. Durante le sue peregrinazioni nei bassifondi della città, Raskòlnikov incontra Sonja, una giovane prostituta animata però da grande fede religiosa. Ed è proprio la donna, con l'esempio della sua incrollabile fede in Cristo, a spingere il giovane lungo il cammino della redenzione.

1 I TEMI

Miseria, disagio spirituale, disperazione e redenzione sono i principali temi di *Delitto e castigo*, che, come tutti i grandi romanzi realistici, trae ispirazione dalla realtà raccontandola spesso in maniera critica.

2 IL PROTAGONISTA

Il romanzo offre una presentazione completa del protagonista, descrivendone minuziosamente le abitudini di vita e analizzandone la dimensione interiore.

Come l'altra volta, la porta si socchiuse lasciando apparire un piccolo spiraglio, e di nuovo due occhi pungenti e sospettosi lo fissarono dal buio. A questo punto Raskòlnikov si smarrì, e per poco non commise un grave errore.
Temendo che la vecchia si spaventasse nel vedersi sola con lui, e poco fiducioso
5 che il suo aspetto le facesse cambiare idea, egli afferrò la porta e la tirò verso di sé, perché alla vecchia non venisse l'idea di chiudersi dentro di nuovo. Vedendo ciò, lei non tirò la porta nel senso opposto, verso di sé, ma nemmeno lasciò andare la maniglia, tanto che egli per poco non la trascinò fuori, sulla scala, aggrappata al battente. Vedendo poi che in questo modo lei bloccava la porta impedendogli di
10 entrare, le andò direttamente addosso. Quella balzò da un lato, spaventata, fu lì lì per dire qualcosa, ma sembrò che non ci riuscisse, e lo guardava a occhi sbarrati. «Buongiorno, Alëna Ivànovna,» cominciò a dire lui con la maggior disinvoltura possibile, ma la voce non gli obbedì, si spezzò e prese a tremare, «io vi... vi ho portato un oggetto... ma è meglio che andiamo di qua... verso la luce...» e, scosta-
15 tala, senza attendere l'invito, entrò nella stanza. La vecchia gli corse dietro; le si era sciolta la lingua.
«Ma cosa volete?... Chi siete e che cosa cercate?»
«Ma come, Alëna Ivànovna... sono un vostro conoscente... Raskòlnikov... ecco, vi ho portato un pegno[1], come vi avevo detto l'altro giorno...» e intanto le tendeva
20 il pacchetto.
La vecchia stava già per guardare l'oggetto, ma a un tratto cambiò idea e fissò dritto negli occhi l'intruso. Lo fissava attentamente, con espressione cattiva e sospettosa. Trascorse così circa un minuto; gli parve perfino di scorgere negli occhi di lei una specie di scherno, come se avesse già indovinato tutto. Raskòlnikov si
25 sentiva smarrire, sentiva di avere quasi paura, tanto che se lei avesse continuato a fissarlo così un altro mezzo minuto, sarebbe scappato via.
«Ma che avete da guardarmi così? Non mi riconoscete, forse?» disse a un tratto,

1 **pegno**: oggetto dato in garanzia in cambio di denaro.

Paul Cézanne, L'assassinio, 1870. Liverpool, Walker Art Gallery.

GRAMMATICA

La preposizione *di* (nella sua forma semplice o articolata) può introdurre vari complementi. Nell'esempio evidenziato introduce un complemento di materia. Il complemento di materia risponde alle domande "fatto di che cosa? di quale materiale?" e può essere introdotto anche dalla preposizione *in* (un portasigarette *in* argento).

3 IL DELITTO

La particolareggiata rappresentazione della scena del delitto e l'accurata descrizione delle modalità d'assassinio mettono in evidenza l'aspetto più inquietante del protagonista.

2 **bàtjuška**: espressione di cortesia che vuol dire "piccolo padre", "amico mio".
3 **spasimo**: dolore.
4 **obnubilazioni**: annebbiamenti dovuti a stato confusionale.

arrabbiandosi anche lui. «Se volete, prendetelo, se no andrò da qualcun altro; non ho tempo da perdere, io.»

Non aveva nemmeno pensato di dire così, gli era venuto di colpo, spontaneamente.

La vecchia si riscosse, come se il tono deciso del suo visitatore l'avesse rianimata.

«Ma, bàtjuška[2], perché arrivate così all'improvviso?... E questo cos'è?» domandò, guardando il pacchetto.

«Un portasigarette d'argento: ve l'avevo già detto l'altra volta.»

Lei tese la mano.

«Ma perché siete così pallido? E vi tremano le mani! Avete forse fatto un bagno freddo, bàtjuška?»

«È la febbre,» rispose lui bruscamente. «Si capisce che si è pallidi... quando non si ha niente da mangiare,» aggiunse, pronunciando a stento le parole. Di nuovo si sentiva venir meno le forze. Ma la risposta suonò verosimile; la vecchia prese in mano il pacchetto.

50 «Che cos'è?» domandò, dopo aver scrutato ancora una volta Raskòlnikov, e soppesando l'involto sulla mano.

«Un oggetto, un portasigarette... d'argento... Guardatelo.»

«Non si direbbe che è d'argento... e ci avete messo intorno tanta di quella carta...» Cercando di slegare la cordicella, e voltandosi verso la finestra, verso la luce (tutte le finestre di casa erano chiuse, nonostante l'aria cattiva), lei si scostò completamente

55 da lui, per pochi secondi, e gli girò la schiena. Raskòlnikov sbottonò il soprabito e liberò la scure dal cappio, ma non la tirò ancora fuori del tutto, continuò a sorreggerla, con la mano destra, sotto il soprabito. Si sentiva le mani estremamente deboli, e gli sembrava che s'intorpidissero e s'irrigidissero sempre di più. Temeva che la scure gli sfuggisse di mano e cadesse a terra... A un tratto, fu colto da una

60 specie di capogiro.

«Ma guarda come l'ha legato!» esclamò con dispetto la vecchia, e fece per girarsi dalla sua parte.

Come sempre, la vecchia era spettinata. I capelli chiari, brizzolati e radi, unti, al solito, abbondantemente di grasso, erano attorcigliati in una treccina a coda di

65 topo, e raccolti da un frammento di pettine di corno che le sporgeva sulla nuca. Il colpo la prese proprio in cima al cranio, anche a causa della sua bassa statura. Gettò un grido, ma molto fievole, e s'accasciò di colpo sul pavimento, avendo fatto appena in tempo a portarsi le mani alla testa.

In una mano continuava a stringere il «pegno». Allora la colpì con tutta la sua

70 forza, una volta e poi un'altra ancora, sempre col rovescio della scure, e sempre sul cocuzzolo; il sangue sgorgò come da un bicchiere rovesciato e il corpo cadde, stramazzò supino. Egli si tirò indietro per lasciarlo cadere e subito si chinò sul viso di lei: era già morta. Gli occhi, sbarrati, sembravano sul punto di schizzar fuori, e la fronte e tutto il volto erano stravolti e deformati dallo spasimo[3].

75 Egli posò la scure sul pavimento, accanto alla morta, e immediatamente le ficcò una mano in tasca cercando di non sporcarsi col sangue che continuava a fluire: la tasca destra, quella dalla quale, la volta prima, lei aveva tirato fuori le chiavi. Era nel pieno possesso delle sue facoltà mentali, obnubilazioni[4] e capogiri eran

80 cessati, però gli tremavano ancora le mani. In seguito ricordò quanto era stato preciso e guardingo, attento sempre a non sporcarsi... Le chiavi le trovò subito; tutte, come quella volta, erano in un solo mazzo, appese a un unico anello d'acciaio. Subito, tenendole in mano, corse nella stanza da letto. Era una camera molto piccola, con un enorme stipo[5] pieno di icone. A ridosso dell'altra parete c'era un gran letto, pulitissimo, con una coperta di seta imbottita. Contro la terza parete

85 c'era il comò; appena udì tintinnare le chiavi, fu preso da una specie di convulsione. Di nuovo provò il desiderio improvviso di lasciar perdere tutto e di andar via. Ma fu soltanto un attimo; era troppo tardi per ritirarsi. Stava perfino sorridendo di se stesso quando, a un tratto, lo colpì un altro pensiero inquietante. Ebbe la sensazione improvvisa che la vecchia potesse ancora esser viva e potesse, ma-

90 gari, tornare in sé. Lasciando le chiavi accanto al comò, corse indietro verso il corpo della vecchia, afferrò la scure e la brandì ancora una volta sopra la sua testa; tuttavia non la calò. Non c'era alcun dubbio: era morta. Chinatosi a esaminarla più da vicino, vide con chiarezza che il cranio era fracassato e perfino un po' distorto da un lato. Fu lì lì per toccarlo col dito, ma ritrasse la mano; era eviden-

95 te anche così. Intanto il sangue aveva formato una pozza. D'un tratto notò che sul collo della vecchia c'era una cordicella; diede uno strattone, ma era robusta e non si rompeva; per di più era imbevuta di sangue. Provò a sfilarla dal seno, ma c'era qualcosa che lo impediva. Nella sua impazienza, fece per brandire un'altra volta la scure e recidere la cordicella lì sul corpo, con un colpo dall'alto, ma poi

100 gli mancò il coraggio e faticosamente, sporcando le mani e la lama, dopo aver armeggiato per un paio di minuti riuscì a tagliare la cordicella, senza toccare il corpo con la scure, e a portar via tutto: non s'era sbagliato, c'era un borsellino. Alla cordicella erano appese due croci, una di legno di cipresso e una di rame, e una piccola immagine di smalto; ma insieme era appeso anche un borsellino sca-

105 moscio, bisunto, con la cerniera e un anellino d'acciaio. Il borsellino era pieno zeppo; Raskòlnikov se lo ficcò in tasca senza esaminarne il contenuto, le croci le gettò sul petto della vecchia e, presa questa volta con sé anche la scure, tornò di corsa nella stanza da letto.

Aveva una fretta tremenda, afferrò le chiavi e riprese ad armeggiare, ma sempre

110 senza fortuna: non entravano nelle toppe. Le mani non gli tremavano poi tanto, eppure continuava a sbagliare: anche se, ad esempio, vedeva che la chiave non era quella, che non andava, la ficcava dentro egualmente. A un tratto si ricordò di una cosa, e capì che quella chiave grande, con l'ingegno dentato, che ballonzolava insieme alle altre chiavicine, non doveva assolutamente essere quella del comò

115 (come già gli era venuto in mente la prima volta), bensì di qualche forziere, e che forse proprio in questo forziere stava nascosto tutto quanto. Subito, abbandonato il comò, si infilò sotto il letto, sapendo che di solito è lì che le vecchie tengono i forzieri. Proprio così: c'era un bauletto piuttosto grande, lungo un po' meno di un metro, con il coperchio ricurvo ricoperto di marocchino[6] rosso e imbullettato con

120 tante piccole borchie d'acciaio. La chiave dentata girò subito bene e aprì. Sopra, coperto da un lenzuolo bianco, c'era un pellicciotto di lepre foderato di rosso; sotto c'era un abito di seta, poi uno scialle, e più giù, sino al fondo, sembrava non ci fossero che stracci. Per un attimo fu lì lì per asciugarsi le mani, imbrattate di sangue, nella fodera rossa. «La stoffa è rossa, sul rosso il sangue si vedrà meno,»

125 si trovò a pensare, ma poi, di colpo, tornò in sé «Dio! Non starò diventando pazzo?» pensò spaventato.

Ma appena smosse gli stracci, subito, da sotto il pellicciotto, sgusciò fuori un orologio d'oro. Egli cominciò a mettere tutto a soqquadro. In effetti, agli stracci erano mischiati degli oggetti d'oro, probabilmente tutti pegni, non scaduti o già

GRAMMATICA

Nel passo evidenziato sono presenti quattro complementi di materia. Quali sono?

☐ **A** di legno, di cipresso, di rame, di smalto

☐ **B** di legno, di cipresso, di rame, d'acciaio

☐ **C** di legno, di rame, di smalto, d'acciaio

☐ **D** I complementi di materia non sono quattro, ma cinque: di legno, di cipresso, di rame, di smalto, d'acciaio.

---

5 stipo: mobile destinato a contenere degli oggetti, in questo caso delle icone, immagini sacre tipiche della tradizione religiosa ortodossa.

6 marocchino: cuoio.

130 scaduti: braccialetti, catenelle, orecchini, spille ecc. Alcuni erano riposti in astucci, altri semplicemente impacchettati in carta da giornale, ma con gran cura, in fogli doppi, e legati tutt'attorno con dei cordoncini. Immediatamente cominciò a riempirsi le tasche dei calzoni e del soprabito, senza esaminare né aprire i pacchetti e gli astucci; ma non ebbe il tempo di raccogliere gran che...

(F. M. Dostoevskij, *Delitto e castigo*,
Catania, Edizioni Paoline, 1967, trad. di Vittoria de Gavardo Carafa)

LABORATORIO

Aleksandr Puškin (1799-1837) è considerato il fondatore della letteratura russa moderna. Ai temi della passione amorosa e della lotta contro l'oppressione tirannica (tipici del Romanticismo), Puškin unisce un grande realismo nella descrizione degli ambienti e dei personaggi, oltre a uno spirito ironico e pungente.

A. Puškin
La tormenta

▶ ANALIZZIAMO IL TESTO

1 I TEMI

La tematica privilegiata dal romanzo realistico è la protesta umanitaria per le condizioni di vita dei più deboli: i contadini, gli operai, i derelitti, insomma le categorie più fragili del tessuto sociale. Le grandi pagine del realismo Ottocentesco fanno convivere diseredati e peccatori, trasportando il lettore all'interno delle dimore più umili, dove allignano miserie e ingiustizie, oppure all'interno dei palazzi nobiliari e borghesi dove, al contrario, si pensa solo ai propri interessi e al denaro. A queste tematiche Dostoevskij aggiunge quella del disagio spirituale di una generazione di ventenni che, delusi dalle ingiustizie della storia e dal mito illusorio del progresso, entrano in conflitto con la società, trovando soltanto nella fede l'unica possibile via di salvezza o di riscatto.

1 La vittima, Alëna Ivànovna, è un'usuraia. Da quali elementi è possibile desumere questa informazione?

2 Alëna Ivànovna è ricca o povera? Supporta la tua risposta con precisi riferimenti testuali.

2 IL PROTAGONISTA

I protagonisti dei romanzi di Dostoevskij sono molto complessi, perché l'autore non si limita a raccontarne le azioni, ma va oltre, soffermandosi sulla loro travagliata interiorità, sull'analisi delle spinte emotive che li hanno indotti ad agire in un certo modo, sui rapporti che essi instaurano con gli altri personaggi, sui piccoli e grandi avvenimenti che imprimono una svolta ai loro pensieri e ai loro gesti. Il protagonista di *Delitto e castigo* non fa eccezione. Egli, infatti, non è un semplice assassino che uccide una vecchia usuraia per sottrarle gli averi, ma un giovane disperato che giunge al delitto spinto dalla miseria e da considerazioni di ordine morale e filantropico, e che dal delitto è poi tormentato fino al delirio e alla catartica presa di coscienza finale.

3 Quale aggettivo esprime meglio lo stato d'animo del protagonista?
A Confuso.
B Nervoso.
C Pauroso.
D Precipitoso.

3 IL DELITTO

La scena del delitto si situa nella parte iniziale del romanzo, segnando come uno spartiacque nella vita di Raskòlnikov. Ma in essa il lettore non trova le raffinate indagini psicologiche di prima e di dopo, solo la dura realtà: in questo cruento momento il protagonista non è più il povero giovane assediato dalla miseria né ancora un uomo tormentato dai sensi di colpa e dalle manie di persecuzione. Egli è solamente uno spietato assassino, che, superati i primi timori iniziali dovuti all'inesperienza, non esita a massacrare la vecchia usuraia, per poi rovistarle il corpo esanime in cerca delle chiavi con le quali accedere alla refurtiva.

4 Commesso l'omicidio, Raskòlnikov
A si mette alla ricerca di oggetti di valore.
B è preoccupato soprattutto di non lasciare delle tracce.
C ha paura di essere stato visto.
D inizia a essere tormentato dal rimorso.

5 Secondo te, la scena e la dinamica del delitto sono descritte in maniera credibile e realistica?
☐ Sì   ☐ No
Perché _____
_____

▶ **ATTIVIAMO LE COMPETENZE**

LETTURA E COMPRENSIONE

ACCESSO ALLE INFORMAZIONI

6 Con quale scusa il protagonista riesce a entrare nella casa della sua vittima?

7 In che modo Raskòlnikov vince la diffidenza della donna?

8 Dopo aver ucciso la donna, che cosa fa Raskòlnikov?

9 La vittima nasconde un piccolo forziere sotto il letto. Che cosa contiene?

COMPRENSIONE GENERALE E INTERPRETAZIONE

10 Alëna Ivànovna muore stringendo il «pegno» in una mano. Che cosa rivela indirettamente questa informazione?
- **A** La sua voglia di vivere.
- **B** La sua paura.
- **C** La rapidità con cui è stata uccisa.
- **D** La sua avarizia.

11 Perché, secondo te, le finestre della casa di Alëna Ivànovna sono chiuse nonostante l'afa?

12 Quello di Raskòlnikov è un delitto d'impeto, frutto di una furia improvvisa, o un delitto premeditato? Motiva la tua risposta.

La roba

Giovanni Verga, *Novelle rusticane*

Tipologia	Testo narrativo
Genere	Novella
Sottogenere	Verismo
Anno	1880

CHI: Giovanni Verga — DOVE: Italia — QUANDO: Ottocento

▶ **DISCUTIAMO IL PROBLEMA** *Mazzarò: un vincente o un perdente?*

1 LE TECNICHE NARRATIVE
2 IL PROTAGONISTA
3 IL CONTESTO

L'autore

Giovanni Verga, massimo esponente del Verismo, nasce a Catania il 2 settembre 1840 da una famiglia appartenente alla piccola nobiltà terriera. In Sicilia trascorre il periodo della sua formazione ricevendo un'educazione di tipo tradizionale e imbevuta di idee liberali. A diciassette anni, nel 1857, porta a compimento il suo primo romanzo rimasto inedito, *Amore e Patria*. L'anno successivo si iscrive alla facoltà di Legge dell'Università di Catania, che però abbandona quasi subito per dedicarsi alle sue vere passioni: il giornalismo e la letteratura. Nel 1862 pubblica il romanzo storico *I carbonari della montagna*, cui fa seguito, nel 1863, il romanzo *Sulle lagune*, apparso a puntate sul quotidiano «La nuova Europa». Alla morte del padre, avvenuta nello stesso anno, la voglia di emergere nel mondo delle lettere spinge Verga ad abbandonare la sua terra alla ricerca di un ambiente culturale meno provinciale e più consono alle sue aspirazioni. Si stabilisce così a Firenze, allora capitale del regno d'Italia, dove stringe amicizia con Luigi Capuana, con il quale darà vita a un sodalizio umano e letterario destinato a durare per tutta la vita. A Firenze Verga scrive i romanzi *Una peccatrice* (1866) e *Storia di una capinera* (1871), il suo primo successo letterario. Nel 1872 si trasferisce a Milano, importante centro dell'industria editoriale, dove rimarrà per circa un ventennio. Nel capoluogo lombardo Verga pubblica una serie di romanzi di ambientazione borghese, che hanno per protagonisti artisti in cerca di successo, donne frivole e capricciose, nobili senza ideali travolti da amori passionali. Nel frattempo si accosta al Naturalismo francese e alle opere di Émile Zola, che nei suoi romanzi racconta con occhio scientifico, metodo impersonale e crudo realismo le violenze, le degenerazioni e le tragedie che si consumano in tutti gli strati della società, dal proletariato alla nobiltà. L'approfondimento delle novità letterarie d'oltralpe, la nostalgia per la sua terra natale, il desiderio di rivolgersi a un mondo non inquinato dall'ipocrisia e l'interesse per la «questione meridionale» segnano un punto di svolta nella produzione letteraria dello scrittore siciliano, il cui risultato è *Nedda* (1874), la prima di una serie di novelle ambientate in Sicilia. Negli anni successivi Verga perfeziona le sue idee poetiche: il suo obiettivo è quello di dare vita a una narrativa capace di raccontare in maniera oggettiva la lotta per la vita dei più umili, di coloro che vivono ai margini della società e che il progresso, con le sue contraddizioni, rischia di dimenticare, travolgere e spazzare via. Con la novella *Rosso Malpelo* (1878), poi inserita nella raccolta *Vita dei campi* (1880), ha ufficialmente inizio la fase verista della produzione verghiana, all'interno della quale rientrano i suoi più grandi capolavori: il romanzo *I Malavoglia* (1881) e le *Novelle rusticane* (1883). Dopo un'intensa attività letteraria in campo sia narrativo sia teatrale – oltre alle opere citate ricordiamo il romanzo *Mastro-don Gesualdo* (1889), l'adattamento teatrale di alcune novelle come *Cavalleria rusticana* e *La lupa*, il dramma *Dal tuo al mio* (1903) poi convertito nell'omonimo romanzo (1906) – e un alterno successo di pubblico e di critica, l'autore muore a Catania il 27 gennaio 1922.

Invito alla lettura

La novella *La roba*, pubblicata per la prima volta in un periodico nel 1880, e successivamente inclusa nella raccolta *Novelle rusticane* del 1883, è un tipico esempio di narrativa verista, sia da un punto di vista stilistico – impersonalità, coralità, discorso indiretto libero, espressioni popolari – sia da un punto di vista tematico. La vicenda, incentrata sul personaggio di Mazzarò, un contadino siciliano arricchito, svolge uno dei temi centrali della narrativa verghiana, quello della «roba» e del possesso, che ritorna anche nei romanzi *I Malavoglia* e *Mastro-don Gesualdo*. La novella, inoltre, ci offre uno spaccato della realtà contadina e della mentalità siciliane dell'epoca: zone paludose contaminate dalla malaria, il monotono trascorrere del tempo scandito solo dai periodi di semina e di raccolta, il tramonto della vecchia classe feudale e l'ascesa al potere di uomini nuovi, le gerarchie rurali fatte di braccianti, soprastanti, campieri e padroni, gli umili oggetti di uso quotidiano e, su tutto, la sopraffazione dei prepotenti e la rassegnata sopportazione dei più deboli.

1 LE TECNICHE NARRATIVE

La novella è caratterizzata da espressioni tipiche del parlato e dall'adozione di una focalizzazione interna variabile.

Il viandante che andava lungo il Biviere di Lentini[1], steso là come un pezzo di mare morto, e le stoppie riarse[2] della Piana di Catania, e gli aranci sempre verdi di Francofonte, e i sugheri grigi di Resecone, e i pascoli deserti di Passaneto e di Passanitello, se domandava, per ingannare la noia della lunga strada polverosa, 5 sotto il cielo fosco dal caldo, nell'ora in cui i campanelli della lettiga[3] suonano tristamente nell'immensa campagna, e i muli lasciano ciondolare il capo e la coda, e il lettighiere canta la sua canzone malinconica per non lasciarsi vincere dal sonno

1 **Biviere di Lentini**: lago che si trova nei pressi di Lentini, località situata tra la provincia di Catania e quella di Siracusa. Ai tempi dell'autore era una zona paludosa e malarica. Tutti gli altri luoghi citati nel racconto fanno parte della piana di Catania.

2 **stoppie riarse**: steli del grano rimasti a terra dopo la mietitura, riarsi, cioè bruciati, dal sole.

3 **lettiga**: una portantina in uso anticamente nella campagna siciliana, trainata da cavalli o muli ornati di campanelli.

LA ROBA • Giovanni Verga

4 malaria: malattia trasmessa dalla puntura della zanzara anofele, tipica delle zone malsane.

5 gli: le, riferito alla vigna.

6 schioppo: fucile da caccia.

7 maggese: terreno lasciato incolto per qualche tempo, ma lavorato e concimato frequentemente per fargli riacquistare fertilità.

8 guado: attraversamento a piedi di un fiume.

9 baiocco: moneta di poco valore.

10 corbello: cesto di vimini.

11 mèsse: mietitura.

12 tarì: antica moneta siciliana.

2 IL PROTAGONISTA
Nella seconda sequenza viene tracciato l'itinerario di crescita economica e sociale di Mazzarò.

della malaria[4]: – Qui di chi è? – sentiva rispondersi: – Di Mazzarò –. E passando vicino a una fattoria grande quanto un paese, coi magazzini che sembrano chiese,
10 e le galline a stormi accoccolate all'ombra del pozzo, e le donne che si mettevano la mano sugli occhi per vedere chi passava: – E qui? – Di Mazzarò –. E cammina e cammina, mentre la malaria vi pesava sugli occhi, e vi scuoteva all'improvviso l'abbaiare di un cane, passando per una vigna che non finiva più, e si allargava sul colle e sul piano, immobile, come gli[5] pesasse addosso la polvere, e il guardiano
15 sdraiato bocconi sullo schioppo[6], accanto al vallone, levava il capo sonnacchioso, e apriva un occhio per vedere chi fosse: – Di Mazzarò –. Poi veniva un uliveto folto come un bosco, dove l'erba non spuntava mai, e la raccolta durava fino a marzo. Erano gli ulivi di Mazzarò. E verso sera, allorché il sole tramontava rosso come il fuoco, e la campagna si velava di tristezza, si incontravano le lunghe file degli aratri
20 di Mazzarò che tornavano adagio adagio dal maggese[7], e i buoi che passavano il guado[8] lentamente, col muso nell'acqua scura; e si vedevano nei pascoli lontani della Canziria, sulla pendice brulla, le immense macchie biancastre delle mandre di Mazzarò; e si udiva il fischio del pastore echeggiare nelle gole, e il campanaccio che risuonava ora sì ed ora no, e il canto solitario perduto nella valle. – Tutta roba
25 di Mazzarò. Pareva che fosse di Mazzarò perfino il sole che tramontava, e le cicale che ronzavano, e gli uccelli che andavano a rannicchiarsi col volo breve dietro le zolle, e il sibilo dell'assiolo nel bosco. Pareva che Mazzarò fosse disteso tutto grande per quanto era grande la terra, e che gli si camminasse sulla pancia. – Invece egli era un omiciattolo, diceva il lettighiere, che non gli avreste dato un baiocco[9],
30 a vederlo; e di grasso non aveva altro che la pancia, e non si sapeva come facesse a riempirla, perché non mangiava altro che due soldi di pane; e sì ch'era ricco come un maiale; ma aveva la testa ch'era un brillante, quell'uomo.

Infatti, colla testa come un brillante, aveva accumulato tutta quella roba, dove prima veniva da mattina a sera a zappare, a potare, a mietere; col sole, coll'ac-
35 qua, col vento; senza scarpe ai piedi, e senza uno straccio di cappotto; che tutti si rammentavano di avergli dato dei calci nel di dietro, quelli che ora gli davano dell'*eccellenza*, e gli parlavano col berretto in mano. Né per questo egli era montato in superbia, adesso che tutte le eccellenze del paese erano suoi debitori; e diceva che eccellenza vuol dire povero diavolo e cattivo pagatore; ma egli portava ancora
40 il berretto, soltanto lo portava di seta nera, era la sua sola grandezza, e da ultimo era anche arrivato a mettere il cappello di feltro, perché costava meno del berretto di seta. Della roba ne possedeva fin dove arrivava la vista, ed egli aveva la vista lunga – dappertutto, a destra e a sinistra, davanti e di dietro, nel monte e nella pianura. Più di cinquemila bocche, senza contare gli uccelli del cielo e gli animali
45 della terra, che mangiavano sulla sua terra, e senza contare la sua bocca la quale mangiava meno di tutte, e si contentava di due soldi di pane e un pezzo di formaggio, ingozzato in fretta e in furia, all'impiedi, in un cantuccio del magazzino grande come una chiesa, in mezzo alla polvere del grano, che non ci si vedeva, mentre i contadini scaricavano i sacchi, o a ridosso di un pagliaio, quando il vento
50 spazzava la campagna gelata, al tempo del seminare, o colla testa dentro un corbello[10], nelle calde giornate della mèsse[11]. Egli non beveva vino, non fumava, non usava tabacco, e sì che del tabacco ne producevano i suoi orti lungo il fiume, colle foglie larghe ed alte come un fanciullo, di quelle che si vendevano a 95 lire. Non aveva il vizio del giuoco, né quello delle donne. Di donne non aveva mai avuto
55 sulle spalle che sua madre, la quale gli era costata anche 12 tarì[12], quando aveva dovuto farla portare al camposanto.

Era che ci aveva pensato e ripensato tanto a quel che vuol dire la roba, quando andava senza scarpe a lavorare nella terra che adesso era sua, ed aveva provato quel

13 **soprastante**: sorvegliante.
14 **nerbate**: frustate.
15 **biscotto**: pane abbrustolito.
16 **a colazione**: a pranzo.
17 **madie**: contenitori che servivano per impastare il pane.
18 **fondiaria**: tassa sui terreni.
19 **capire**: entrare.
20 **carta sudicia**: carta moneta.
21 **armenti**: mandrie.
22 **campieri**: guardie armate che sorvegliavano i campi.
23 **minchione**: sciocco.
24 **croce**: Mazzarò firma con la croce perché è analfabeta.

Nell'italiano colloquiale si usa estendere in maniera erronea l'uso del *che* per introdurre frasi che richiederebbero nessi di subordinazione più precisi. In questi casi si parla di *"che polivalente"*, a cui Verga ricorre spesso per imitare le cadenze tipiche del parlato. Nella frase evidenziata lo utilizza per introdurre una subordinata di tipo consecutivo.

3 IL CONTESTO

La novella rispecchia i cambiamenti socio-economici avvenuti nelle regioni meridionali d'Italia alla fine dell'Ottocento.

60 che ci vuole a fare i tre tarì della giornata, nel mese di luglio, a star colla schiena curva 14 ore, col soprastante[13] a cavallo dietro, che vi piglia a nerbate[14] se fate di rizzarvi un momento. Per questo non aveva lasciato passare un minuto della sua vita che non fosse stato impiegato a fare della roba; e adesso i suoi aratri erano numerosi come le lunghe file dei corvi che arrivavano in novembre; e altre file di muli, che non finivano più, portavano le sementi; le donne che stavano accocco-

65 late nel fango, da ottobre a marzo, per raccogliere le sue olive, non si potevano contare, come non si possono contare le gazze che vengono a rubarle; e al tempo della vendemmia accorrevano dei villaggi interi alle sue vigne, e fin dove senti-vasi cantare, nella campagna, era per la vendemmia di Mazzarò. Alla mèsse poi i mietitori di Mazzarò sembravano un esercito di soldati, che per mantenere tutta

70 quella gente, col biscotto[15] alla mattina e il pane e l'arancia amara a colazione[16], e la merenda, e le lasagne alla sera, ci volevano dei denari a manate, e le lasagne si scodellavano nelle madie[17] larghe come tinozze. Perciò adesso, quando andava a cavallo dietro la fila dei suoi mietitori, col nerbo in mano, non ne perdeva d'oc-chio uno solo, e badava a ripetere: — Curviamoci, ragazzi! — Egli era tutto l'anno

75 colle mani in tasca a spendere, e per la sola fondiaria[18] il re si pigliava tanto che a Mazzarò gli veniva la febbre, ogni volta.
Però ciascun anno tutti quei magazzini grandi come chiese si riempivano di grano che bisognava scoperchiare il tetto per farcelo capire[19] tutto; e ogni volta che Mazzarò vendeva il vino, ci voleva più di un giorno per contare il denaro, tutto di

80 12 tarì d'argento, ché lui non ne voleva di carta sudicia[20] per la sua roba, e andava a comprare la carta sudicia soltanto quando aveva da pagare il re, o gli altri; e alle fiere gli armenti[21] di Mazzarò coprivano tutto il campo, e ingombravano le strade, che ci voleva mezza giornata per lasciarli sfilare, e il santo, colla banda, alle volte dovevano mutar strada, e cedere il passo.

85 Tutta quella roba se l'era fatta lui, colle sue mani e colla sua testa, col non dormire la notte, col prendere la febbre dal batticuore o dalla malaria, coll'affaticarsi dall'alba a sera, e andare in giro, sotto il sole e sotto la pioggia, col logorare i suoi stivali e le sue mule — egli solo non si logorava, pensando alla sua roba, ch'era tutto quello ch'ei avesse al mondo; perché non aveva né figli, né nipoti, né parenti; non aveva

90 altro che la sua roba. Quando uno è fatto così, vuol dire che è fatto per la roba.
Ed anche la roba era fatta per lui, che pareva ci avesse la calamita, perché la roba vuol stare con chi sa tenerla, e non la sciupa come quel barone che prima era stato il padrone di Mazzarò, e l'aveva raccolto per carità nudo e crudo ne' suoi campi, ed era stato il padrone di tutti quei prati, e di tutti quei boschi, e di tutte quelle vigne

95 e tutti quegli armenti, che quando veniva nelle sue terre a cavallo coi campieri[22] dietro, pareva il re, e gli preparavano anche l'alloggio e il pranzo, al minchione[23], sicché ognuno sapeva l'ora e il momento in cui doveva arrivare, e non si faceva sorprendere colle mani nel sacco. — Costui vuol essere rubato per forza! — diceva Mazzarò, e schiattava dalle risa quando il barone gli dava dei calci nel di dietro,

100 e si fregava la schiena colle mani, borbottando: — Chi è minchione se ne stia a casa, — la roba non è di chi l'ha, ma di chi la sa fare —. Invece egli, dopo che ebbe fatta la sua roba, non mandava certo a dire se veniva a sorvegliare la messe, o la vendemmia, e quando, e come; ma capitava all'improvviso, a piedi o a cavallo alla mula, senza campieri, con un pezzo di pane in tasca; e dormiva accanto ai suoi

105 covoni, cogli occhi aperti, e lo schioppo fra le gambe.
In tal modo a poco a poco Mazzarò divenne il padrone di tutta la roba del barone; e costui uscì prima dall'uliveto, e poi dalle vigne, e poi dai pascoli, e poi dalle fattorie e infine dal suo palazzo istesso, che non passava giorno che non firmasse delle carte bollate, e Mazzarò ci metteva sotto la sua brava croce[24]. Al barone non

Francesco Lojacono,
L'estate in Sicilia, strade
di campagna, 1891 ca.
Palermo, Civica Galleria
d'Arte Moderna.

110 era rimasto altro che lo scudo di pietra[25] ch'era prima sul portone, ed era la sola
cosa che non avesse voluto vendere, dicendo a Mazzarò: – Questo solo, di tutta
la mia roba, non fa per te –. Ed era vero; Mazzarò non sapeva che farsene, e non
l'avrebbe pagato due baiocchi. Il barone gli dava ancora del tu, ma non gli dava
più calci nel di dietro.

115 – Questa è una bella cosa, d'avere la fortuna che ha Mazzarò! – diceva la gente; e
non sapeva quel che ci era voluto ad acchiappare quella fortuna: quanti pensieri, quante fatiche, quante menzogne, quanti pericoli di andare in galera, e come
quella testa che era un brillante avesse lavorato giorno e notte, meglio di una
macina del mulino, per fare la roba; e se il proprietario di una chiusa[26] limitrofa
120 si ostinava a non cedergliela, e voleva prendere pel collo Mazzarò, dover trovare
uno stratagemma per costringerlo a vendere, e farcelo cascare, malgrado la diffidenza contadinesca. Ei gli andava a vantare, per esempio, la fertilità di una tenuta la quale non produceva nemmeno lupini[27], e arrivava a fargliela credere una
terra promessa, sinché il povero diavolo si lasciava indurre a prenderla in affitto,
125 per specularci sopra, e ci perdeva poi il fitto, la casa e la chiusa, che Mazzarò se
l'acchiappava – per un pezzo di pane. – E quante seccature Mazzarò doveva sopportare! – I mezzadri[28] che venivano a lagnarsi delle malannate, i debitori che
mandavano in processione le loro donne a strapparsi i capelli e picchiarsi il petto
per scongiurarlo di non metterli in mezzo alla strada, col pigliarsi il mulo o l'asi-
130 nello, che non avevano da mangiare.
– Lo vedete quel che mangio io? – rispondeva lui, – pane e cipolla! e sì che ho i
magazzini pieni zeppi, e sono il padrone di tutta questa roba –. E se gli domandavano un pugno di fave, di tutta quella roba, ei diceva: – Che, vi pare che l'abbia
rubata? Non sapete quanto costano per seminarle, e zapparle, e raccoglierle? – E
135 se gli domandavano un soldo rispondeva che non l'aveva.
E non l'aveva davvero. Ché in tasca non teneva mai 12 tarì, tanti ce ne volevano
per far fruttare tutta quella roba, e il denaro entrava ed usciva come un fiume dalla
sua casa. Del resto a lui non gliene importava del denaro; diceva che non era roba,
e appena metteva insieme una certa somma, comprava subito un pezzo di terra;
140 perché voleva arrivare ad avere della terra quanta ne ha il re, ed esser meglio del
re, ché il re non può ne venderla, né dire ch'è sua.
Di una cosa sola gli doleva[29], che cominciasse a farsi vecchio, e la terra doveva
lasciarla là dov'era. Questa è una ingiustizia di Dio, che dopo di essersi logorata

25 scudo di pietra: lo stemma nobiliare.
26 chiusa: podere, terreno
recintato.
27 lupini: i semi della pianta di lupino, che un tempo
costituivano alimento per i
poveri e che oggi si danno
in pasto agli animali.
28 mezzadri: contadini che
coltivano i campi dividen-
do il ricavato a metà con i
padroni.
29 gli doleva: si ramma-
ricava.

Mazzarò: un vincente o un perdente?

Mazzarò è un uomo che "ce l'ha fatta": dal nulla è riuscito a costruirsi una solida posizione economica e sociale, è diventato un ricco possidente, si è guadagnato la stima di chi prima lo disprezzava mantenendo la sua originaria semplicità. Alla fine, però, giunto al termine della vita, è costretto inevitabilmente ad abbandonare tutto ciò per cui ha lottato.

Alla luce della sua parabola esistenziale, ritieni che Mazzarò sia un personaggio vincente, da ammirare e imitare per quello che ha fatto, o un perdente degno di biasimo?

LE RISPOSTE

PRIMA IPOTESI: Mazzarò è un vincente. La sua storia dimostra che anche i più umili possono risalire la piramide sociale con le sole armi della tenacia, del sacrificio e della furbizia. Anche oggi sono queste le qualità che "contano", e che distinguono gli uomini di successo da quelli destinati a non migliorare la propria condizione, facendosi stritolare dai meccanismi di una società fondata, ieri come oggi, sulla competizione, il denaro e il possesso dei beni materiali.

SECONDA IPOTESI: Mazzarò è un perdente. Si è arricchito, è vero, ha migliorato la propria condizione socio-economica, ma ha sacrificato ogni affetto al culto esclusivo della roba: non ha amici, non ha una famiglia, non ha figli. Mazzarò è scaltro, ma non intelligente o lungimirante, perché ha fondato tutta la sua esistenza su valori effimeri destinati a non sopravvivergli. Non ci sarà nessuno infatti che erediterà i suoi possedimenti o che lo ricorderà con affetto.

LA DISCUSSIONE

A partire dalle ipotesi fornite, argomenta e discuti con i compagni il tuo punto di vista

---

la vita ad acquistare della roba, quando arrivate ad averla, che ne vorreste anco-
145 ra, dovete lasciarla! E stava delle ore seduto sul corbello, col mento nelle mani, a guardare le sue vigne che gli verdeggiavano sotto gli occhi, e i campi che ondeggiavano di spighe come un mare, e gli oliveti che velavano la montagna come una nebbia, e se un ragazzo seminudo gli passava dinanzi, curvo sotto il peso come un asino stanco, gli lanciava il suo bastone fra le gambe, per invidia, e borbottava:
150 – Guardate chi ha i giorni lunghi! costui che non ha niente! –
Sicché quando gli dissero che era tempo di lasciare la sua roba, per pensare all'anima, uscì nel cortile come un pazzo, barcollando, e andava ammazzando a colpi di bastone le sue anitre e i suoi tacchini, e strillava: – Roba mia, vientene con me! –

(G. Verga, *I grandi romanzi e tutte le novelle*, Roma, Newton Compton, 1992)

▶ DISCUTIAMO IL PROBLEMA

1 LE TECNICHE NARRATIVE

Dal punto di vista delle tecniche narrative, *La roba* ha una struttura composita. La voce narrante è quella di un narratore esterno, che filtra la vicenda attraverso il punto di vista dei vari personaggi: il viandante, il lettighiere, il protagonista. La novella si apre con una maestosa descrizione delle terre, degli uliveti, degli armenti e delle fattorie di cui è padrone Mazzarò, che trasporta il lettore nel bel mezzo del mondo agricolo-paesano che fa da sfondo alla vicenda. In questa prima sequenza (rr. 1-32) l'andamento complessivo della narrazione è quello tipico di una fiaba, come suggeriscono la ripetizione della domanda «Qui di chi è?» e della risposta «Di Mazzarò», l'espressione «E cammina e cammina» e una certa tendenza a esagerare immagini e concetti («una fattoria grande come un paese, un uliveto folto come un bosco...»), fino alla trasformazione di Mazzarò in un gigante e alla sua identificazione con la natura: «Pareva che Mazzarò fosse disteso tutto grande per quanto era grande la terra, e che gli si camminasse sulla pancia».

1 Individua tutte le espressioni che concorrono a conferire un tono favolistico alla parte iniziale della novella.

2 La sequenza iniziale ha la funzione di
   A collocare la vicenda nello spazio e nel tempo.
   B presentare indirettamente al lettore il personaggio principale della vicenda.
   C far emergere il punto di vista del narratore.
   D spiegare le origini della ricchezza di Mazzarò.

2 IL PROTAGONISTA

Nella parte centrale del racconto (rr. 33-141), incentrata sulla figura di Mazzarò, sull'enumerazione delle sue immense fortune e sul modo in cui le ha accumulate, le scelte stilistiche ed espressive tendono a imitare l'andamento del parlato, soprattutto quando il narratore riferisce in modo indiretto le parole e i pensieri del protagonista o quando riporta i commenti di un'anonima voce popolare che lo giudica favorevolmente («Infatti con la testa come un brillante aveva accumulato tutta quella roba»; «Della roba ne possedeva fin dove arriva la vista, ed egli aveva la vista lunga»; «Quando uno è fatto così, vuol dire che è fatto per la roba»). Il popolo ammira Mazzarò perché attraverso le sue sole forze, con tenacia, scaltrezza e spirito di sacrificio, da umile bracciante qual era è riuscito a diventare padrone, migliorando così il suo status sociale ed economico. Ma la parabola di Mazzarò è destinata a concludersi amaramente. L'ultima sequenza (rr. 142-153) mostra il declino e la sconfitta di Mazzarò. Egli, che ha sacrificato tutto al culto esclusivo della «roba», non si rassegna all'idea di doverla lasciare al termine della vita. Così, prima di morire, con un ultimo gesto tragico e disperato, si avventa furiosamente contro le anatre e i tacchini, con il proposito di trascinare i suoi beni con sé nella tomba.

3 Sottolinea nel testo tutte le espressioni dalle quali emergono la rozzezza e le umili origini del protagonista.

4 Il personaggio di Mazzarò è molto ben delineato: da una parte è descritto come un uomo furbo degno di ammirazione perché è riuscito a migliorare la sua condizione socio-economica; dall'altra come un proprietario terriero avido e meschino. Individua nel racconto le due anime di Mazzarò con opportuni riferimenti testuali.

3 IL CONTESTO

Da un punto di vista storico, l'epopea di Mazzarò si inserisce all'interno dei rivolgimenti socio-economici che caratterizzarono le regioni meridionali all'indomani dell'unità d'Italia (1861). È in questa fase della storia del nostro Paese, infatti, che si assiste al tramonto della nobiltà terriera di stampo feudale, rappresentata nella novella dal barone che «vuol essere rubato per forza», a favore di una nuova borghesia agraria, di cui Mazzarò è il più riuscito rappresentante. A questo avvicendamento al vertice delle gerarchie sociali non corrisponde però un analogo cambiamento nelle strutture mentali e antropologiche del tessuto sociale, che rimane ancora saldamente ancorato a una visione arcaica e rurale della vita, a un universo contadino fondato sul latifondo e incapace di elaborare visioni alternative di sviluppo.

5 Perché Mazzarò afferma che il barone «vuol essere rubato per forza»?

6 Che cosa rappresenta «lo scudo di pietra» (r. 110)? Perché il barone non vuole venderlo a Mazzarò?

7 Come cambiano nel corso del tempo i rapporti tra il barone e Mazzarò?

> ▶ **ATTIVIAMO LE COMPETENZE**

LETTURA E COMPRENSIONE

ACCESSO ALLE INFORMAZIONI

8 Quali mansioni svolgeva Mazzarò prima di diventare ricco?

9 Quali sono le principali qualità di Mazzarò?

COMPRENSIONE GENERALE E INTERPRETAZIONE

10 Perché Mazzarò non apprezza la cartamoneta?

11 Spiega il significato delle seguenti frasi:
- «Né per questo egli era montato in superbia, adesso che tutte le eccellenze del paese erano suoi debitori» (rr. 37-38);
- «e alle fiere gli armenti di Mazzarò coprivano tutto il campo, e ingombravano le strade, che ci voleva mezza giornata per lasciarli sfilare, e il santo, colla banda, alle volte dovevano mutar strada, e cedere il passo» (rr. 81-84);
- «e se un ragazzo seminudo gli passava dinanzi, curvo sotto il peso come un asino stanco, gli lanciava il suo bastone fra le gambe, per invidia, e borbottava: — Guardate chi ha i giorni lunghi! costui che non ha niente!» (rr. 148-150).

12 In che cosa consiste la «roba» di Mazzarò?

13 Perché Mazzarò ammazza «a colpi di bastone le sue anitre e i suoi tacchini»?

RIFLESSIONE E VALUTAZIONE

14 Secondo te, l'autore della novella condivide o biasima l'attaccamento alla «roba» del protagonista?

LABORATORIO

Per riflettere sugli sviluppi del realismo italiano nel Novecento, svolgi le attività sui testi di Primo Levi (1919-1987) e Vasco Pratolini (1913-1991):

 P. Levi
Sandro

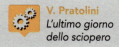 **V. Pratolini**
L'ultimo giorno dello sciopero

Cara Wikipedia, mi hai deluso

Philip Roth, «*Internazionale*», n° 967

Tipologia	Testo espositivo-argomentativo
Genere	Lettera aperta
Anno	2012

> ▶ STUDIAMO IL TESTO ESPOSITIVO-ARGOMENTATIVO

1 L'ESORDIO
2 LE TECNICHE DELL'ARGOMENTAZIONE
3 CONCLUSIONE E RICAPITOLAZIONE

Invito alla lettura

Philip Roth (1933) è uno scrittore statunitense di origini ebraiche, che ha fatto oggetto della sua produzione narrativa gli odi razziali, le violenze, le ingiustizie, le ossessioni e le contraddizioni dell'America del benessere. I suoi personaggi sono tesi nello sforzo di liberarsi dalle repressioni culturali che frustrano i loro istinti erotici o nel velleitario tentativo di cancellare la propria memoria etnica e familiare, per integrarsi "senza macchia" nell'opulenta società del benessere statunitense. Emblematico in tal senso è il romanzo *La macchia umana* (2000), che racconta le vicende del professor Coleman Silk, ingiustamente accusato di essere un razzista e che per questo motivo viene anche allontanato dall'università. Ma Coleman Silk non è uno xenofobo, e non avrebbe mai potuto esserlo. L'uomo, infatti, nasconde un segreto che non ha mai rivelato a nessuno: è di origini afroamericane e nelle sue vene scorre sangue nero! Nel 2003, dal libro *La macchia umana* è stato tratto l'omonimo film con Anthony Hopkins e Nicole Kidman nei ruoli principali.
Più recentemente, intorno al romanzo è scoppiata una curiosa polemica tra Wikipedia e lo scrittore, culminata in questa lettera aperta pubblicata originariamente sul periodico «The New Yorker» nel settembre del 2012.

---

1 L'ESORDIO
La lettera ha inizio con la presentazione del mittente e l'esposizione dell'argomento della lettera.

Cara Wikipedia, sono Philip Roth. Di recente ho avuto occasione di leggere per la prima volta la voce di Wikipedia relativa al mio romanzo *La macchia umana*. La voce contiene una grave inesattezza di cui vorrei chiedere la cancellazione. Tale informazione è arrivata su Wikipedia animata dal brusio indistinto del pettego-
5 lezzo letterario, e non contiene alcun fondamento di verità.
Eppure, quando di recente, attraverso un intermediario ufficiale, ho chiesto a Wikipedia di cancellare questa informazione errata insieme ad altre due, il mio interlocutore ha ricevuto dall'"amministratore di Wikipedia in inglese" una lettera, datata 25 agosto e indirizzata a lui, in cui si afferma che io, Roth, non sono una fonte credibile: "Ca-
10 piamo che un autore si considera, dal suo punto di vista, la massima autorità sul suo lavoro", scrive l'amministratore di Wikipedia, "ma a noi serve il conforto di altre fonti". Da cui questa lettera aperta. Non essendo riuscito a far apportare una modifica attraverso i canali consueti, non so in che altro modo procedere.
Nella voce di Wikipedia era scritto che il mio romanzo *La macchia umana* "sareb-
15 be stato ispirato alla vita dello scrittore Anatole Broyard". La formulazione, nel frattempo, è stata modificata dalla redazione collettiva di Wikipedia, ma l'affermazione falsa è rimasta.

2 LE TECNICHE DELL'ARGOMENTAZIONE
L'autore intende dimostrare l'inesattezza delle informazioni fornite da Wikipedia.

Questa presunta informazione non è in alcun modo suffragata dai fatti. *La macchia umana* fu invece ispirato da un episodio alquanto infelice nella vita del mio amico
20 Melvin Tumin, professore di sociologia a Princeton per una trentina d'anni. Un giorno, nella primavera del 1985, Mel, uomo meticoloso nelle piccole cose come

in quelle grandi, stava meticolosamente facendo l'appello a una lezione di sociologia, quando si accorse che due dei suoi studenti non si erano ancora presentati neppure a una lezione, né avevano cercato di incontrarlo per spiegare perché non

25 si erano presentati, e questo quando il semestre era ormai a metà. Alla fine Mel chiese alla classe notizie di quei due studenti che non aveva mai visto: "Qualcuno di voi li conosce? Esistono o sono spettri?". Le stesse parole, ahimè, con le quali Coleman Silk, il protagonista di *La macchia umana*, formula una domanda ai suoi studenti di lettere presso l'Athena College in Massachusetts.

30 Quasi immediatamente, Mel fu convocato dalle autorità universitarie per giustificare l'uso della parola "spettri", in inglese *spooks*, poiché i due assenti erano, guarda caso, afroamericani, e negli Stati Uniti *spook* era sinonimo dispregiativo di "neri", un veleno verbale lievemente più blando di "negri", ma comunque umiliante. Seguì una caccia alle streghe dalla quale il professor Tumin – proprio come il professor

35 Silk di *La macchia umana* – uscì innocente, ma solo dopo aver dovuto fornire una quantità di lunghe deposizioni in cui si dichiarava non colpevole dell'accusa di linguaggio razzista.

Le ironie, da quelle comiche a quelle più serie, abbondavano, poiché Mel si era inizialmente guadagnato la notorietà a livello nazionale tra sociologi, attivisti per i

40 diritti civili e politici progressisti con la pubblicazione, nel 1959, del pionieristico studio sociologico *Desegregation: resistance and readiness* ("Desegregazione: resistenza e predisposizione") e poi, nel 1967, con *Social stratification: the forms and functions of inequality* ("La stratificazione sociale: forme e funzioni della diseguaglianza"), presto divenuto un testo fondamentale della sociologia. Come se non bastasse,

45 prima di venire a Princeton era stato direttore della commissione municipale per i rapporti interrazziali di Detroit. Quando morì, nel 1995, il titolo del suo necrologio sul «New York Times» diceva: "Melvin M. Tumin, 75 anni, studioso di rapporti interrazziali". Ma nessuna di queste credenziali valse granché in quel momento, quando chi deteneva il potere decise di rimuovere senza alcun motivo il professor

50 Tumin dalla sua prestigiosa cattedra.

E fu proprio questo che m'ispirò a scrivere quel libro: non un fatto che potrebbe essere capitato o no nella vita a Manhattan del cosmopolita Anatole Broyard, ma ciò che realmente successe nella vita del professor Melvin Tumin, cento chilometri a sud di Manhattan, nella cittadina universitaria di Princeton, New Jersey, dove io avevo conosciuto Mel, sua moglie Sylvia e i loro due figli all'inizio degli anni Sessanta. Proprio come la prestigiosa carriera accademica del protagonista di *La macchia umana*, anche quella di Mel, studioso e docente da oltre quarant'anni, fu infangata dall'oggi al domani perché fu insinuato che avesse insultato due studenti neri, sui quali non aveva mai posato gli occhi, chiamandoli *spooks*. Che io sappia, la lunga e felice carriera di Broyard al vertice del mondo del giornalismo letterario non fu mai compromessa da fatti neppure vagamente simili.

L'episodio degli "spettri" è il fatto da cui

Scena del film La macchia umana *(2003), di Robert Benton con Anthony Hopkins e Nicole Kidman.*

nasce *La macchia umana*. È il nocciolo del libro. Senza, il romanzo non esiste. Non esiste Coleman Silk. Ogni minimo dettaglio che apprendiamo a proposito di Coleman Silk nel corso di 361 pagine prende l'avvio da questa immotivata persecuzione per aver pronunciato la parola *spooks* ad alta voce in un'aula universitaria. Quell'unica parola, da lui detta in modo del tutto innocente, è la fonte di tutta la rabbia, l'angoscia e la rovina di Silk. L'odiosa e inutile persecuzione di cui è oggetto deriva solo da quello, così come i suoi vani tentativi di riabilitazione e rinascita. Paradossalmente, è questo, e non l'enorme segreto che si porta dietro da una vita – pur avendo la pelle chiara, Coleman è uno dei tre figli di una rispettabile famiglia nera di East Orange, nel New Jersey, formata da un padre cameriere di vagone ristorante e da una madre infermiera, che riesce a farsi passare per bianco quando a diciannove anni entra nella marina militare – a causarne l'umiliante cacciata.

Quanto ad Anatole Broyard, è mai stato in marina? Nell'esercito? In carcere? Studente di dottorato? Iscritto al Partito comunista? Ha avuto figli? È mai stato vittima innocente di una persecuzione istituzionale? Non ne ho idea. Ci conoscevamo appena. Nel corso di più di trent'anni, sarò incappato in lui non più di tre o quattro volte, prima che una lunga battaglia contro un cancro alla prostata mettesse fine alla sua vita nel 1990.

Coleman Silk, invece, viene ucciso intenzionalmente, assassinato in un incidente d'auto programmato, organizzato, mentre viaggia con la sua improbabile amante Faunia Farley, umile contadina e bidella del college dove un tempo lui era stato stimato preside di facoltà. Le rivelazioni che scaturiscono dalle circostanze dell'assassinio di Silk sconvolgono chi gli sopravvive e portano al sinistro finale del romanzo, in cui nella desolazione di un lago ghiacciato si verifica una sorta di resa dei conti tra Nathan Zuckerman, Faunia e il carnefice di Coleman, il tormentato e violento reduce del Vietnam Les Farley, ex marito di Faunia. Chi sopravvive a Silk, il suo assassino, la sua amante bidella hanno avuto origine solo dalla mia immaginazione. Nella biografia di Anatole Broyard, per quanto ne sapevo io, non esistono individui o eventi paragonabili.

Io non sapevo nulla delle amanti di Anatole Broyard, né se ne abbia mai avute, chi fossero, o tanto meno se una donna come Faunia Farley, ferita e molestata dagli uomini fin dall'età di quattro anni, si sia mai presentata nella sua vita per aiutarlo a compiere il suo terribile destino come fa lei con quello di Coleman Silk e il proprio. Nulla sapevo della vita privata di Broyard – della sua famiglia, genitori, fratelli e sorelle, parenti, studi, amicizie, matrimoni, storie d'amore – e tuttavia la storia narrata in *La macchia umana* è composta quasi per intero dagli aspetti più delicatamente privati della vita privata di Coleman Silk.

Non ho mai conosciuto un solo membro della famiglia di Broyard. Non so nemmeno se lui abbia avuto figli. La decisione di fare dei figli con una donna bianca, rischiando che il colore della loro pelle tradisca il suo essere nero, è causa di grande apprensione per Coleman Silk. Se Broyard abbia patito simili apprensioni, non avevo modo di saperlo allora e non ce l'ho oggi.

Non ho mai mangiato con Broyard, né sono andato con lui in un bar o a una partita di baseball o a una cena o al ristorante, non l'ho mai visto a feste dove avrei potuto recarmi negli anni Sessanta, quando vivevo a Manhattan e in rare occasioni mi capitava di socializzare. Con lui non ho mai guardato un film, né giocato a carte, né preso parte a un solo evento letterario, come ospite o spettatore. Che io sappia, non siamo mai vissuti nelle vicinanze l'uno dell'altro durante i dieci anni o giù di lì, tra la fine dei Cinquanta e l'inizio dei Sessanta, in cui io vivevo e scrivevo a New York e lui recensiva libri e scriveva di cultura per il «New York Times». Non l'ho mai incontrato casualmente per strada, anche se una volta – se non ricordo male

1 cistoscopio: strumento a fibre ottiche utilizzato per diagnosi e piccoli interventi all'apparato urinario.

negli anni Ottanta – effettivamente ci incontrammo nel negozio di abiti da uomo Paul Stuart di Madison Avenue, dove mi stavo comprando delle scarpe. Siccome nel frattempo Broyard era diventato il critico letterario più intellettualmente alla moda del «New York Times», gli dissi che mi avrebbe fatto piacere se si fosse accomodato nella poltrona accanto a me e mi avesse permesso di regalargli un paio di scarpe, nella speranza, ammisi con franchezza, di accrescere il suo apprezzamento per il mio prossimo libro. Fu un incontro scherzoso e divertente, durò dieci minuti al massimo e non ne avemmo mai più altri.

Non ci prendemmo mai la briga di intrattenere una conversazione seria. La nostra specialità era il botta e risposta scherzoso e fugace, e il risultato è che da Broyard non ho mai saputo chi fossero i suoi amici o i suoi nemici, dove fosse nato e cresciuto, in che condizioni economiche fosse vissuto nell'infanzia o vivesse da adulto, quali fossero le sue opinioni politiche, le sue squadre sportive preferite, o anche solo se lo sport gli interessasse. Non sapevo neppure con esattezza dove vivesse, quel giorno in cui mi offrii di regalargli un costoso paio di scarpe. Non sapevo nulla della sua salute mentale o fisica, e scoprii che stava morendo di cancro solo molti mesi dopo che gli fu diagnosticato, quando scrisse della sua lotta contro la malattia sul «New York Times Magazine».

Non sono mai stato ospite a casa sua, né lui lo è stato a casa mia, lo conoscevo soltanto come – a differenza di Coleman Silk, rivoluzionario preside di facoltà dell'*Athena College*, nel Massachusetts occidentale, dove si ritrova al centro di polemiche su questioni di ordinaria amministrazione universitaria come piani di studi e requisiti per le cattedre – un recensore dei miei libri solitamente generoso. Tuttavia, dopo aver ammirato il coraggio del suo articolo sull'imminenza della morte, mi procurai il numero di casa di Broyard tramite una comune conoscenza e lo chiamai. Fu la prima e l'ultima volta che parlammo al telefono. Fu deliziosamente vulcanico, sorprendentemente esuberante, e rise di cuore quando gli ricordai di noi che da giovani calciavamo un pallone sulla spiaggia di Amagansett nel 1958, luogo e momento in cui ci incontrammo per la prima volta. Allora io avevo venticinque anni, lui trentotto. Era una splendida giornata estiva, e ricordo che mi avvicinai a lui sulla spiaggia per presentarmi e dirgli quanto mi era piaciuto il suo ottimo racconto *Quello che disse il cistoscopio*[1]. Era stato pubblicato durante il mio ultimo anno di università, nel 1954, sul quarto numero della miglior rivista letteraria dell'epoca, il tascabile «Discovery». Presto ci ritrovammo in quattro – tutti giovani scrittori freschi di pubblicazione – a scherzare e lanciarci un pallone avanti e indietro per la spiaggia. Quei venti minuti passati a tirar calci a un pallone rappresentano il contatto più intimo mai occorso tra me e Broyard, e portano a trenta il totale dei minuti che avremmo mai trascorso in reciproca compagnia. Quel giorno, prima che me ne andassi dalla spiaggia, qualcuno mi disse che correva voce Broyard fosse un *octoroon*, ovvero che avesse un ottavo di sangue nero a causa di un genitore meticcio. Non prestai particolare attenzione né diedi credito a quell'affermazione. Stando alla mia esperienza, *octoroon* era una parola che raramente si sentiva fuori degli Stati Uniti del sud. Non è da escludersi che abbia dovuto cercarla poi nel dizionario per essere sicuro del significato esatto. In realtà, Broyard era figlio di genitori entrambi neri. All'epoca non sapevo nemmeno questo, però, e non lo sapevo quando cominciai a scrivere *La macchia umana*. Sì, qualcuno una volta mi aveva detto distrattamente che Broyard aveva un genitore nero e uno con un quarto di sangue nero, ma quella diceria tanto indimostrabile quanto improbabile era tutto ciò che sapevo sul suo conto, oltre a quello che scriveva nei suoi libri e nei suoi articoli sulla letteratura e la temperie letteraria della sua epoca. Nei due ottimi racconti che Broyard pubblicò su «Discovery» – l'altro,

175 *Cena a Brooklyn, domenica sera*, era uscito nel 1953 – non c'era motivo di dubitare che il protagonista e la sua famiglia di Brooklyn non fossero, come l'autore, bianchi al cento per cento.

Per contro, nel corso degli anni non poche persone si erano chieste se, a causa di alcuni tratti fisiognomici all'apparenza negroidi – le labbra, i capelli, il colore della pelle –, Mel Tumin, risolutamente ebreo nella Princeton quasi del tutto *wasp*[2] dei suoi tempi, non fosse un afroamericano che si faceva passare per bianco. Un altro dettaglio della biografia di Mel Tumin che si inserì nelle mie prime fantasie su *La macchia umana*.

Il mio protagonista, lo studioso Coleman Silk, e lo scrittore realmente esistito 185 Anatole Broyard si fecero passare per bianchi anni prima che il movimento per i diritti civili cominciasse a trasformare la natura dell'essere neri negli Stati Uniti. Quelli che decisero in tal senso (e per inciso l'espressione "farsi passare per" in *La macchia umana* non compare) erano convinti, così facendo, di non dover subire le umiliazioni, gli insulti, le violenze e le ingiustizie a cui probabilmente sarebbero andati incontro se avessero mantenuto le loro identità. Nella prima metà del Novecento non lo fece solo Broyard: furono migliaia, probabilmente decine di migliaia gli uomini e le donne con la pelle chiara che decisero di sottrarsi alla segregazione razziale istituzionalizzata e a quella bruttura che furono le leggi "Jim Crow" seppellendo per sempre le loro origini nere.

195 Io non avevo idea di come fosse stato per Anatole Broyard fuggire dal suo essere nero perché nulla sapevo del suo essere nero, o se per questo nemmeno del suo essere bianco. Sapevo però tutto di Coleman Silk, e questo perché me lo sono inventato di sana pianta, proprio come mi ero inventato il burattinaio Mickey Sabbath di *Il teatro di Sabbath* (1995), Levov lo Svedese, il fabbricante di guanti di 200 *Pastorale americana* (1997), e i fratelli Ringold di *Ho sposato un comunista* (1998), uno professore di lettere alle superiori e l'altro star degli albori della radio. Né prima né dopo aver scritto questi libri sono stato burattinaio, fabbricante di guanti, insegnante di liceo o star della radio.

Infine, per avere l'ispirazione necessaria a scrivere un intero libro sulla vita di 205 un uomo, bisogna nutrire per quella vita un consistente interesse, e per dirla con tutta franchezza, pur avendo ammirato il racconto *Quello che disse il cistoscopio* e aver espresso il mio apprezzamento al suo autore, nel corso degli anni non mi ero in altro modo interessato ad Anatole Broyard.

Scrivere un romanzo, per l'autore, è un gioco di finzione. Come quasi tutti gli 210 scrittori che conosco, una volta in possesso di quello che Henry James[3] chiamò una volta "il germe" – in questo caso, l'assurdo fraintendimento subito a Princeton da Mel Tumin – ho cominciato a fingere inventando Faunia Farley, Les Farley, Coleman Silk, la storia familiare di Coleman, le fidanzate della sua giovinezza, i suoi brevi trascorsi da pugile, il college dove finisce a presiedere una facoltà, i 215 suoi colleghi ostili e insieme solidali, la sua tormentata moglie, i suoi figli ostili e insieme solidali, la sorella Ernestine, che alla fine del libro sarà la sua giudice più severa; il fratello, con tutta la rabbia e disapprovazione che prova nei suoi confronti, e altri cinquemila dettagli che messi insieme formano il personaggio di fantasia intorno al quale ruota un romanzo.

Cordiali saluti, Philip Roth

(P. Roth, *Cara Wikipedia, mi hai deluso*,
«Internazionale», n° 967, 21-27 settembre 2012)

▶ STUDIAMO IL TESTO ESPOSITIVO-ARGOMENTATIVO

1 L'ESORDIO

Dopo la formula di apertura, tipica dello stile epistolare («Cara Wikipedia, sono Philip Roth»), la lettera prosegue con l'esposizione della frase tematica, attraverso la quale il mittente presenta al destinatario: 1) l'argomento trattato; 2) il problema in esame; 3) lo scopo della propria comunicazione. Nel paragrafo successivo, lo scrittore spiega i motivi che lo hanno indotto a ricorrere alla forma della lettera aperta, inquadrando così meglio i termini della questione e mettendone al corrente il lettore.

■ Frase tematica: evidenzia il tema (la voce di Wikipedia), il problema (la voce è inesatta) e lo scopo della comunicazione (la cancellazione della voce).

Cara Wikipedia, sono Philip Roth. Di recente ho avuto occasione di leggere per la prima volta la voce di Wikipedia relativa al mio romanzo *La macchia umana*. La voce contiene una grave inesattezza di cui vorrei chiedere la cancellazione. Tale informazione è arrivata su Wikipedia animata dal brusio indistinto del pettegolezzo letterario, e non contiene alcun fondamento di verità.

■ Il secondo capoverso ha la funzione di inquadrare meglio e contestualizzare il problema.

Eppure, quando di recente, attraverso un intermediario ufficiale, ho chiesto a Wikipedia di cancellare questa informazione errata insieme ad altre due, il mio interlocutore ha ricevuto dall'"amministratore di Wikipedia in inglese" una lettera, datata 25 agosto e indirizzata a lui, in cui si afferma che io, Roth, non sono una fonte credibile: "Capiamo che un autore si considera, dal suo punto di vista, la massima autorità sul suo lavoro", scrive l'amministratore di Wikipedia, "ma a noi serve il conforto di altre fonti".

■ La proposizione causale implicita («Non essendo … canali consueti») sintetizza i motivi che hanno indotto il mittente a scrivere a Wikipedia utilizzando l'insolito mezzo della lettera aperta.

Da cui questa lettera aperta. Non essendo riuscito a far apportare una modifica attraverso i canali consueti, non so in che altro modo procedere.

Perciò vuole fa conte anche agli altri che Wikipedia molte di sbaglia

1 Perché lo scrittore Philip Roth ha deciso di scrivere una lettera aperta a Wikipedia?

2 Che cosa intende lo scrittore con l'espressione «canali consueti»?

2 LE TECNICHE DELL'ARGOMENTAZIONE

L'argomentazione è strutturata sotto forma di confutazione della tesi avversaria. L'autore infatti intende dimostrare che l'assunto per cui il personaggio di Coleman Silk sia ispirato alla vita di Anatole Broyard è non solo inesatto ma anche infondato, perché non supportato da alcun riscontro oggettivo. Per rendere più efficace la sua smentita, egli fornisce la propria versione dei fatti, indicando come fonte ispiratrice del personaggio principale del romanzo *La macchia umana* un suo amico, il professor Melvin Tumin. Successivamente dimostra l'inconsistenza dei suoi rapporti con Anatole Broyard, al quale dichiara di essere legato da una conoscenza poco più che superficiale, mettendo poi in evidenza le differenze tra il suo personaggio e la vita dell'autore del racconto *Quel che disse il cistoscopio*. Previene infine una possibile obiezione al suo ragionamento dimostrando che le origini afroamericane, comuni a Coleman Silk e ad Anatole Broyard, sono frutto di una casualità. Del resto, sostiene l'autore, furono migliaia gli americani che tentarono di sfuggire alle segregazioni razziali rinnegando le proprie origini, un motivo, questo, che tra l'altro ritorna anche in altri suoi romanzi.

■ L'enunciato indica che l'informazione riportata da Wikipedia è errata.

■ L'avverbio «invece» sottolinea l'opposizione e la sostituzione di un concetto (il romanzo *La macchia umana* è ispirato a un episodio della vita di Melvin Tumin) al precedente (*La macchia umana* è ispirato alla vita di Anatole Broyard).

Questa presunta informazione non è in alcun modo suffragata dai fatti. *La macchia umana* fu invece ispirato da un episodio alquanto infelice nella vita del mio amico Melvin Tumin, professore di sociologia a Princeton per una trentina d'anni.

3 Lo scopo del testo è
   A screditare l'attendibilità di Wikipedia.
   B ottenere la rettifica di un'informazione errata.
   C pubblicizzare il suo romanzo.
   D tributare un omaggio al suo amico Melvin Tumin.

4 Che cosa hanno in comune Coleman Silk e Melvin Tumin?
   Origini afroamericane

3 CONCLUSIONE E RICAPITOLAZIONE

La conclusione del testo occupa l'ultimo capoverso e costituisce un esempio di paragrafo per ricapitolazione. La frase topica, posta in posizione iniziale, lascia intuire che quanto sarà esposto rappresenta una sorta di sommario di ciò che è stato affermato e argomentato in precedenza. In effetti nell'espansione del paragrafo viene ripreso e ricordato il nucleo principale concettuale dell'argomentazione (le analogie tra la vicenda di Coleman Silk e Melvin Tumin) e ribadita la matrice fantastica del personaggio che nulla deve, se non qualche casuale coincidenza, alla biografia dello scrittore Anatole Broyard.

La frase topica indica che quanto segue è da intendersi come un sommario di quanto affermato prima.

L'enunciato ricorda il nucleo dell'argomentazione e ribadisce la matrice fantastica del personaggio.

Scrivere un romanzo, per l'autore, è un gioco di finzione. Come quasi tutti gli scrittori che conosco, una volta in possesso di quello che Henry James chiamò una volta "il germe" – in questo caso, l'assurdo fraintendimento subito a Princeton da Mel Tumin – ho cominciato a fingere inventando Faunia Farley, Les Farley, Coleman Silk, la storia familiare di Coleman, le fidanzate della sua giovinezza, i suoi brevi trascorsi da pugile, il college dove finisce a presiedere una facoltà, i suoi colleghi ostili e insieme solidali, la sua tormentata moglie, i suoi figli ostili e insieme solidali, la sorella Ernestine, che alla fine del libro sarà la sua giudice più severa; il fratello, con tutta la rabbia e disapprovazione che prova nei suoi confronti, e altri cinquemila dettagli che messi insieme formano il personaggio di fantasia intorno al quale ruota un romanzo.

5 Con l'espressione «il germe», Henry James intende
- A l'idea ispiratrice del testo.
- B lo scopo del testo.
- C l'errore commesso dal protagonista.
- D la parte più problematica del testo.

▶ ATTIVIAMO LE COMPETENZE

LETTURA E COMPRENSIONE

ACCESSO ALLE INFORMAZIONI

6 In base al testo che hai letto, indica se le seguenti affermazioni sono vere o false.

	Vero	Falso
A Anatole Broyard e lo scrittore non si sono mai incontrati.	X	
B Faunia Farley è un personaggio di invenzione.	X	
C Il protagonista del romanzo *La macchia umana* è un professore universitario.		X
D Il romanzo *La macchia umana* è ambientato in Europa.		X

7 Coleman Silk è
- A un bianco che nasconde le sue origini ebraiche.
- B un bianco animato da odio razziale.
- C un afroamericano che si fa passare per bianco.
- D un uomo che non conosce le proprie origini.

COMPRENSIONE GENERALE E INTERPRETAZIONE

8 L'accusa di razzismo mossa a Coleman Silk è frutto di un equivoco. Perché? Che cosa accade al personaggio?

LESSICO

RIFLESSIONE LINGUISTICA

9 Nel testo, alla riga 11, è utilizzata la parola «fonti». Con quale significato?

10 Melvin Tumin e Coleman Silk utilizzano la parola «spettri» per designare due studenti che non avevano mai frequentato le loro lezioni. Perché li definiscono così? Con quale altro sinonimo avrebbero potuto indicarli?

STRUMENTI ESPRESSIVI E ARGOMENTATIVI

CONFUTAZIONE DELL'ANTITESI

11 Trova almeno tre validi argomenti per dimostrare l'inesattezza delle seguenti affermazioni.

Prima affermazione: Internet è sempre una fonte di informazione attendibile.
Tale affermazione è a mio avviso errata perché:
1 _____
2 _____
3 _____

Seconda affermazione: oggi non esistono più forme di discriminazione.
Tale affermazione è a mio avviso errata perché:
1 _____
2 _____
3 _____

L'avventura di due sposi

Italo Calvino, *Gli amori difficili*

t5

Tipologia	Testo narrativo
Genere	Racconto
Sottogenere	Realistico
Anno	1958

CHI: *Italo Calvino*

DOVE:

Italia

QUANDO:

Novecento

▶ **IL PIACERE DI LEGGERE**

L'autore

Italo Calvino nasce il 15 ottobre del 1923 a Santiago de Las Vegas, nell'isola di Cuba. Nel 1925 la sua famiglia fa ritorno in Italia e si trasferisce a Sanremo, dove Italo trascorre gli anni della sua formazione. Dopo il diploma si iscrive alla Facoltà di Agraria, ma è costretto a interrompere gli studi a causa dello scoppio della guerra. All'indomani dell'armistizio dell'8 settembre 1943 si arruola tra i partigiani. L'esperienza della Resistenza gli ispira le sue prime opere: il romanzo *Il sentiero dei nidi di ragno* (1946) e i racconti di *Ultimo viene il corvo* (1949). Terminata la guerra, lo scrittore si trasferisce a Torino. Gli anni torinesi sono molto intensi: si laurea in Lettere, si occupa di politica, scrive saggi, firma articoli su importanti riviste, collabora e stringe amicizia con lo scrittore Elio Vittorini e l'editore Giulio Einaudi, nella cui casa editrice lavora e fa carriera. In questo periodo Calvino scrive alcuni dei suoi capolavori: *Il visconte dimezzato* (1952), *Il barone rampante* (1957) e *Il cavaliere inesistente* (1959). Dello stesso periodo sono anche i racconti di *Marcovaldo* (in volume nel 1963) e la raccolta delle *Fiabe italiane* (1956). Nel 1964 si sposa e si trasferisce con la moglie a Parigi, senza però interrompere la collaborazione con Einaudi. Nella capitale francese, una città ricca di stimoli, fermenti e contatti culturali, Calvino trova l'ambiente idoneo per dare sfogo alla sua vena più innovativa e sperimentale. Sono di questo periodo opere che rivelano modalità narrative originali. Nelle *Cosmicomiche* (1965) e in *Ti con Zero* (1967) percorre la strada della fantascienza; nelle *Città invisibili* si ispira al *Milione* di Marco Polo (1972); nel *Castello dei destini incrociati* (1973) ai tarocchi e alle loro combinazioni; in *Se una notte d'inverno un viaggiatore* (1979) gioca con il lettore e con la letteratura. Nel 1980 Calvino ritorna in Italia, trasferendosi con la famiglia a Roma, ma per lui ha inizio un periodo amaro e difficile: soffre per la crisi della casa editrice Einaudi e matura un sentimento di estraneità nei confronti del contesto politico e culturale del nostro Paese. Nel 1983 scrive i racconti di *Palomar*, che riflettono il suo stato d'animo e le sue considerazioni. Nel 1985 lavora a un ciclo di sei lezioni che avrebbe dovuto tenere all'università statunitense di Harvard, ma ne riuscirà a scrivere soltanto cinque: nel settembre di quello stesso anno la morte lo coglie improvvisamente a Siena. Le *Lezioni americane* saranno pubblicate postume nel 1988.

LABORATORIO

GRAMMATICA

Svolgi le attività interattive su questo testo per ripassare **il verbo**.

Invito alla lettura

La produzione di Italo Calvino spazia dal genere fantastico a quello realistico. E proprio a quest'ultimo filone appartiene *L'avventura di due sposi*, uno dei venti racconti di *Gli amori difficili*, che narrano, come ci informa lo stesso autore, «storie di come una coppia non s'incontra». Protagonisti della vicenda sono Arturo ed Elide, che non riescono quasi mai a stare insieme perché hanno turni di lavoro diversi. Il loro è un amore tenero e silenzioso, fatto di assenze, sguardi e piccoli riti quotidiani: preparare il caffè, riordinare la casa, lavarsi i denti insieme, apparecchiare di tutto punto la tavola per non doversi più alzare, dormire dalla stessa parte del letto.

L'operaio Arturo Massolari faceva il turno della notte, quello che finisce alle sei. Per rincasare aveva un lungo tragitto, che compiva in bicicletta nella bella stagione, in tram nei mesi piovosi e invernali. Arrivava a casa tra le sei e tre quarti e le sette, cioè alle volte un po' prima alle volte un po' dopo che suonasse la sveglia
5 della moglie, Elide.

Spesso i due rumori: il suono della sveglia e il passo di lui che entrava si sovrapponevano nella mente di Elide, raggiungendola in fondo al sonno, il sonno compatto della mattina presto che lei cercava di spremere ancora per qualche secondo col viso affondato nel guanciale. Poi si tirava su dal letto di strappo e già infilava le
10 braccia alla cieca nella vestaglia, coi capelli sugli occhi. Gli appariva così, in cucina, dove Arturo stava tirando fuori i recipienti vuoti dalla borsa che si portava con sé sul lavoro: il portavivande, il termos, e li posava sull'acquaio[1]. Aveva già acceso il fornello e aveva messo su il caffè. Appena lui la guardava, a Elide veniva da passarsi una mano sui capelli, da spalancare a forza gli occhi, come se ogni volta si
15 vergognasse un po' di questa prima immagine che il marito aveva di lei entrando in casa, sempre così in disordine, con la faccia mezz'addormentata. Quando due hanno dormito insieme è un'altra cosa, ci si ritrova al mattino a riaffiorare entrambi dallo stesso sonno, si è pari.

Alle volte invece era lui che entrava in camera a destarla, con la tazzina del caffè,
20 un minuto prima che la sveglia suonasse; allora tutto era più naturale, la smorfia per uscire dal sonno prendeva una specie di dolcezza pigra, le braccia che s'alzavano per stirarsi, nude, finivano per cingere il collo di lui. S'abbracciavano. Arturo aveva indosso il giaccone impermeabile; a sentirselo vicino lei capiva il tempo che faceva: se pioveva o faceva nebbia o c'era neve, a seconda di com'era umido
25 e freddo. Ma gli diceva lo stesso: – Che tempo fa? – e lui attaccava il suo solito brontolamento mezzo ironico, passando in rassegna gli inconvenienti che gli erano occorsi, cominciando dalla fine: il percorso in bici, il tempo trovato uscendo di fabbrica, diverso da quello di quando c'era entrato la sera prima, e le grane sul lavoro, le voci che correvano nel reparto, e così via.
30 A quell'ora, la casa era sempre poco scaldata, ma Elide s'era tutta spogliata, un po' rabbrividendo, e si lavava, nello stanzino da bagno. Dietro veniva lui, più con calma, si spogliava e si lavava anche lui, lentamente, si toglieva di dosso la polvere e l'unto dell'officina. Così stando tutti e due intorno allo stesso lavabo, mezzo nudi, un po' intirizziti, ogni tanto dandosi delle spinte, togliendosi di mano il sapone, il
35 dentifricio, e continuando a dire le cose che avevano da dirsi, veniva il momento della confidenza, e alle volte, magari aiutandosi a vicenda a strofinarsi la schiena, s'insinuava una carezza, e si trovavano abbracciati.

Ma tutt'a un tratto Elide: – Dio! Che ora è già! – e correva a infilarsi il reggicalze, la gonna, tutto in fretta, in piedi, e con la spazzola già andava su e giù per i capel-
40 li, e sporgeva il viso allo specchio del comò, con le mollette strette tra le labbra. Arturo le veniva dietro, aveva acceso una sigaretta, e la guardava stando in piedi, fumando, e ogni volta pareva un po' impacciato, di dover stare lì senza poter fare nulla. Elide era pronta, infilava il cappotto nel corridoio, si davano un bacio, apriva la porta e già la si sentiva correre giù per le scale.

1 **acquaio**: lavello.

Carlo Levi, Gli amanti, 1950-1952. Udine, Galleria d'Arte Moderna.

45 Arturo restava solo. Seguiva il rumore dei tacchi di Elide giù per i gradini, e quando non la sentiva più continuava a seguirla col pensiero, quel trotterellare veloce per il cortile, il portone, il marciapiede, fino alla fermata del tram. Il tram lo sentiva bene, invece: stridere, fermarsi, e lo sbattere della pedana a ogni persona che saliva. "Ecco, l'ha preso", pensava, e vedeva sua moglie aggrappata in
50 mezzo alla folla d'operai e operaie sull'"undici", che la portava in fabbrica come tutti i giorni. Spegneva la cicca, chiudeva gli sportelli alla finestra, faceva buio, entrava in letto.

Il letto era come l'aveva lasciato Elide alzandosi, ma dalla parte sua, di Arturo, era quasi intatto, come fosse stato rifatto allora. Lui si coricava dalla propria
55 parte, per bene, ma dopo allungava una gamba in là, dov'era rimasto il calore di sua moglie, poi ci allungava anche l'altra gamba, e così a poco a poco si spostava tutto dalla parte di Elide, in quella nicchia di tepore che conservava ancora la forma del corpo di lei, e affondava il viso nel suo guanciale, nel suo profumo, e s'addormentava.

60 Quando Elide tornava, alla sera, Arturo già da un po' girava per le stanze: aveva acceso la stufa, messo qualcosa a cuocere. Certi lavori li faceva lui, in quelle ore prima di cena, come rifare il letto, spazzare un po', anche mettere a bagno la roba da lavare. Elide poi trovava tutto malfatto, ma lui a dir la verità non ci metteva nessun impegno in più: quello che lui faceva era solo una specie di
65 rituale per aspettare lei, quasi un venirle incontro pur restando tra le pareti di casa, mentre fuori s'accendevano le luci e lei passava per le botteghe in mezzo a quell'animazione fuori tempo dei quartieri dove ci sono tante donne che fanno la spesa alla sera.

Alla fine sentiva il passo per la scala, tutto diverso da quello della mattina, ades-
70 so appesantito, perché Elide saliva stanca dalla giornata di lavoro e carica della spesa. Arturo usciva sul pianerottolo, le prendeva di mano la sporta, entravano

2 diamoci un addrizzo: diamoci una mossa.

parlando. Lei si buttava su una sedia in cucina, senza togliersi il cappotto, intanto che lui levava la roba dalla sporta. Poi: – Su, diamoci un addrizzo[2], – lei diceva, e s'alzava, si toglieva il cappotto, si metteva in veste da casa. Cominciavano a preparare da mangiare: cena per tutt'e due, poi la merenda che si portava lui in fabbrica per l'intervallo dell'una di notte, la colazione che doveva portarsi in fabbrica lei l'indomani, e quella da lasciare pronta per quando lui l'indomani si sarebbe svegliato.

Lei un po' sfaccendava un po' si sedeva sulla seggiola di paglia e diceva a lui cosa doveva fare. Lui invece era l'ora in cui era riposato, si dava attorno, anzi voleva far tutto lui, ma sempre un po' distratto, con la testa già ad altro. In quei momenti lì, alle volte arrivavano sul punto di urtarsi, di dirsi qualche parola brutta, perché lei lo avrebbe voluto più attento a quello che faceva, che ci mettesse più impegno, oppure che fosse più attaccato a lei, le stesse più vicino, le desse più consolazione.

Invece lui, dopo il primo entusiasmo perché lei era tornata, stava già con la testa fuori di casa, fissato nel pensiero di far presto perché doveva andare.

Apparecchiata tavola, messa tutta la roba pronta a portata di mano per non doversi più alzare, allora c'era il momento dello struggimento che li pigliava tutti e due d'avere così poco tempo per stare insieme, e quasi non riuscivano a portarsi il cucchiaio alla bocca, dalla voglia che avevano di star lì a tenersi per mano.

Ma non era ancora passato tutto il caffè e già lui era dietro la bicicletta a vedere se ogni cosa era in ordine. S'abbracciavano. Arturo sembrava che solo allora capisse com'era morbida e tiepida la sua sposa. Ma si caricava sulla spalla la canna della bici e scendeva attento le scale.

Elide lavava i piatti, riguardava la casa da cima a fondo, le cose che aveva fatto il marito, scuotendo il capo. Ora lui correva le strade buie, tra i radi fanali, forse era già dopo il gasometro. Elide andava a letto, spegneva la luce. Dalla propria parte, coricata, strisciava un piede verso il posto di suo marito, per cercare il calore di lui, ma ogni volta s'accorgeva che dove dormiva lei era più caldo, segno che anche Arturo aveva dormito lì, e ne provava una grande tenerezza.

(I. Calvino, *Romanzi e racconti* vol. II, Milano, Mondadori, 1997)

LETTURA E COMPRENSIONE

ACCESSO ALLE INFORMAZIONI

1 Perché Arturo ed Elide non riescono quasi mai a stare insieme?

2 Che lavoro svolgono?

3 Quali mezzi utilizzano per recarsi al lavoro?

COMPRENSIONE GENERALE E INTERPRETAZIONE

4 Dove pensi sia ambientata la vicenda? In una città industriale o in un villaggio di campagna? Nel nord o nel sud d'Italia? Ci sono elementi che consentono di individuare seppure genericamente i luoghi? E quali sono questi elementi?

5 Arturo è un marito premuroso o indifferente? Motiva la tua risposta con opportuni riferimenti testuali.

6 Il tenore economico della coppia è basso o elevato? Quali elementi consentono di desumerlo?

7 Quale messaggio è possibile ricavare dal racconto che hai letto?

8 Perché questo racconto è ascrivibile al genere realistico?

RIFLESSIONE E VALUTAZIONE

9 Pur non appartenendo al genere avventuroso, l'autore ha scelto di intitolare il suo racconto *L'avventura di due sposi*. Prova a riflettere su questa scelta e, alla luce delle tue riflessioni, spiega se il titolo ti sembra appropriato.

Un ospite abituale

John Fante, *Una moglie per Dino Rossi*

Test

Tipologia	Racconto
Genere	Realistico

Divenuto noto al pubblico italiano grazie alla traduzione di un suo romanzo firmata da Elio Vittorini, John Fante (1909-1983) è stato uno dei massimi esponenti della narrativa realistica americana fra gli anni Quaranta e gli anni Ottanta del Novecento. In particolare, proprio in virtù della sua esperienza di figlio di immigrati abruzzesi, egli ha saputo fissare attraverso un linguaggio terso e immediato la mentalità e lo stile di vita tipici della comunità italiana d'America, come è possibile evincere anche dal brano proposto, tratto dal racconto *Una moglie per Dino Rossi*.

Il suo nome era Dino Rossi; faceva il barbiere giù a North Denver, nel quartiere italiano dove stavamo da bambini. Tanto tempo prima aveva corteggiato mia madre: intorno al 1909, prima che mio padre entrasse in scena. Dino Rossi non poteva essere stato un corteggiatore ardente; era troppo mite per una parte simile; sottile,
5 con una voce dolce, mani e piedi molto piccoli. Non era stato certo un rivale degno di mio padre, degno di un muratore. Mio padre e mia madre si erano sposati proprio sotto il naso di Dino. Dino era mescolato alle mie prime impressioni: ricordo che mi faceva trottare instancabilmente sulle ginocchia aguzze.

Dino veniva a pranzo da noi sei o sette volte l'anno. Papà ci teneva molto; faceva
10 un pezzo di strada in più per andare ad invitarlo nella sua bottega di barbiere. Per noi ragazzi, Mike e Tony, Clara ed io, la ragione era evidente: papà si diverti-va a veder Dino al nostro tavolo perché Dino non era riuscito a sposare mammà, mentre papà l'aveva sposata. Mammà era sempre lì, entrava ed usciva dalla stanza, girava intorno al tavolo per servire il pranzo; sempre lì per ricordare a uno dei due
15 uomini il suo trionfo, all'altro la sconfitta. Quando c'era Dino, papà manifesta-va una straordinaria tenerezza per mammà. Dal suo posto, fra Tony e me, i miti occhi di Dino vedevano papà abbracciare mammà ogni volta che arrivava dalla cucina con l'arrosto o i maccheroni, o altro. Oppure papà afferrava mammà e la baciava con violenza.

20 Tutto questo era straordinario e anche disgustoso, perché papà non faceva mai queste cose quando Dino non c'era. Papà era spesso di cattivo umore; metteva il broncio per intere giornate, e dava in escandescenze per delle sciocchezze: se le uova non erano cotte abbastanza, e i fazzoletti stirati male, se mancava un bottone a una camicia, alzava i pugni al soffitto, si strappava ciuffi di capelli e urlava mi-
25 nacce. Se non trovava a tavola il sale e il pepe ci avvisava di solito, mammà e tutti noi, che era stufo, stufo, e ci avrebbe piantati. Eravamo abituati a queste scene e nessuno più ci badava, nemmeno papà stesso.

Ma se Dino era presente, mamma mia, com'era diverso papà! Avevo quattordici anni, in quei giorni, ma perfino Tony, che ne aveva sei, capiva come papà si di-
30 vertisse a dare segrete stilettate al povero Dino. Dino abitava in due stanze dietro la sua bottega di barbiere della Osage Street: probabilmente non si sarebbe mai sposato, mai avrebbe avuto una moglie che si curasse di lui. Papà attaccava sempre l'argomento delle nozze di Dino davanti a noi tutti, a tavola.

– Ma che diavolo ti succede, Dino? Sei un uomo o no? Hai quasi quarant'an-
35 ni, ti cadono i capelli, e continui a vivere in quel buco dietro la tua bottega. Trovati una moglie, Dino! Come puoi resistere, madonna! Come puoi vivere senza una moglie?

Si voltava a questo punto e afferrava mammà alla vita, stritolandola con le sue braccia, e mamma sorrideva paziente: la sua dolce faccia supplicava Dino di capire, di perdonare a papà.

40 – Guardami, ti dico! – continuava papà. – Guarda il cibo su questa tavola! Questa si chiama cucina per uno stomaco d'uomo! Hai assaggiato dei ravioli simili, Dino? Sorridendo Dino lodava i ravioli.

– Rispondimi, Dino! Non avere paura, non esser timido davanti a mia moglie. Una

45 volta eri innamorato di lei. Una volta hai perfino tentato di sposarla.

Dino parlava sempre in italiano.

– I ravioli sono deliziosi, Guido, – rispondeva. – Ambrosia! – e si coglieva un bacio sulle labbra e lo lanciava verso il piatto.

– Si capisce. Tutto è ambrosia, quando in cucina c'è una moglie. Ah, Dino, che

50 stupido sei a vivere in quella tana! Hai messo da parte tutto quel danaro e che cosa ne ricavi, ora? Niente! Solitudine, malinconia, capelli grigi, vecchiaia –. A questo punto la voce di papà prendeva un tono confidenziale. – Dino deve avere venticinque o trentamila dollari alla banca, eh, Dino?

Dino, abbassava gli occhi e noi tutti soffrivamo con lui perché Dino non era un

55 uomo che si vantava di ciò che possedeva, perché era un uomo generoso. Dino Rossi ci tagliava gratis i capelli, ci regalava un quarto di dollaro a testa, quando veniva a pranzo, ci faceva bellissimi regali a Natale.

Le cose peggioravano dopo il pranzo. Dino aiutava mammà e Clara a lavare i piatti, poi raggiungeva sulla stanza del davanti papà che l'aspettava impaziente, pieno di

60 disprezzo per un uomo adulto capace di scendere così in basso, di avvilirsi in quei lavori servili. I due uomini bevevano anisetta e fumavano sigari. Dopo il pranzo toccava a noi bambini di nutrire l'orgoglio di papà.

Invano andavamo a nasconderci senza rumore dietro la casa, fuori della portata di papà; la sua voce disgustosamente tenera, ma con un tono di comando che ci

65 atterriva, arrivava negli angoli più remoti della casa. Abbandonando i giocattoli tornavamo infine di là scontrosi, la bocca amara, infelici per Dino, ancora più infelici al pensiero che di ciò che ci aspettava.

Barbiere a Little Italy,
Baltimora 1910.

Papà era seduto nella grande sedia a dondolo davanti alla finestra. Dino generalmente sul divano accanto allo scaffale dei libri. Come soldatini di legno marciavamo
70 al centro del tappeto grigio, ci piantavamo lì con le braccia penzoloni rendendoci
conto che il pesante vino rosso di papà aveva ormai prodotto tutto il suo effetto.
Papà era sprofondato nella sedia a dondolo come Nerone sul trono, lasciava ricadere le braccia fino a terra, allungava davanti le gambe. Tony e io avevamo voglia di
correre fuori nella notte per nascondere le facce rosse di vergogna. Clara sfuggiva
75 a quel martirio: era una ragazza e papà non si curava molto di lei.
– Eccoli qua, Dino, – cominciava papà. – I miei figli, carne della mia carne, ossa
delle mie ossa. Il mio capolavoro, Dino. Questi ragazzi li ho creati io, io solo. Ah
Dino, che felicità creare dei figli! Guardali: occhi limpidi, capelli folti, ossa robuste,
pelle sana. Portano il mio nome, mi danno l'immortalità, mi salvano dalla tomba.
80 Quando sarò sparito da questa terra il mio spirito seguiterà a vivere nella carne di
questi ragazzi, dei loro figli e dei figli dei loro figli.
Noi tre ci guardavamo perplessi, vergognandoci come se fossimo nudi. Perché
diavolo fa così? Domandavano invariabilmente i nostri occhi. Ma alla fine il peggio toccava a Tony, perché era il più piccolo e il più biondo. Papà lo chiamava,
85 e Tony andava da papà imbronciato, trascinando i piedi, e papà se lo metteva
sulle ginocchia e lo teneva fermo e stringeva le sue grosse braccia ogni volta
che Tony cercava di svincolarsi. Povero Tony! Mike e io scappavamo nel cortile
boccheggiando di sollievo, imprecando: – Accidenti, accidenti a lui –. Ma Tony
doveva lasciarsi stritolare da papà, doveva saltargli sulle ginocchia e subire i suoi
baci disgustosi, perché papà fumava quei nauseabondi toscani neri, e quando
90 finalmente Tony riusciva a liberarsi, la sua bocca era appuntita, dura, come se
volesse sputarlo via.

(J. Fante, *Una moglie per Dino Rossi*, Palermo, Sellerio, 1992, trad. di Maria Martone)

Aspetto 5a *Ricostruire il significato di una parte più o meno estesa del testo, integrando più informazioni e concetti, anche formulando inferenze complesse.*

1 **«Non era stato certo un rivale degno di mio padre, degno di un muratore» (rr. 5-6). Da questa frase è possibile desumere che**

☐ **A** Dino è un muratore.
☒ **B** il padre del narratore è un muratore.
☐ **C** Dino è una persona indegna.
☐ **D** Dino è un rivale degno di un muratore.

Aspetto 5a

2 **Indica se i rapporti tra le seguenti coppie di personaggi sono di solidarietà o di opposizione.**

	Solidarietà	Opposizione
A Dino/Guido		X
B Guido/moglie		X
C Padre/figli		X
D Dino/moglie di Guido	X	

Aspetto 5b *Ricostruire il significato globale del testo, integrando più informazioni e concetti, anche formulando inferenze complesse.*

3 **Il protagonista del racconto è**

☐ **A** Guido, il padre del narratore.
☒ **B** il narratore stesso.
☐ **C** Dino Rossi.
☐ **D** Tony, il fratello del narratore.

Aspetto 6 Sviluppare un'interpretazione del testo, a partire dal suo contenuto e/o dalla sua forma, andando al di là di una comprensione letterale.

Aspetto 5a Ricostruire il significato di una parte più o meno estesa del testo, integrando più informazioni e concetti, anche formulando inferenze complesse.

Aspetto 7 Riflettere sul testo e valutarne il contenuto e/o la forma alla luce delle conoscenze ed esperienze personali.

Aspetto 3 Fare un'inferenza diretta, ricavando un'informazione implicita da una o più informazioni date nel testo e/o tratte dall'enciclopedia personale del lettore.

Aspetto 1 Comprendere il significato, letterale e figurato, di parole ed espressioni e riconoscere le relazioni tra parole.

Aspetto 5a Ricostruire il significato di una parte più o meno estesa del testo, integrando più informazioni e concetti, anche formulando inferenze complesse.

Aspetto 4 Cogliere le relazioni di coesione e di coerenza testuale (organizzazione logica entro e oltre la frase).

4 Dal brano, emerge l'immagine di una famiglia
- ☐ **A** felice.
- ☒ **B** patriarcale.
- ☐ **C** matriarcale.
- ☐ **D** allargata.

5 Scegli l'aggettivo che riassume meglio il carattere di ciascun personaggio.

Personaggio	Carattere		
A Guido	☒ cinico	☐ spiritoso	☐ bonario
B Dino	☐ stupido	☐ ipocrita	☒ buono
C Moglie di Guido	☐ ribelle	☐ remissiva	☒ indifferente
D Narratore	☒ sfrontato	☐ ubbidiente	☐ ingrato

6 «La sua dolce faccia supplicava Dino di capire, di perdonare a papà» (rr. 39-40). In questa frase lo scrittore usa il verbo *perdonare* in maniera intransitiva, facendolo seguire dal complemento di termine, anziché, come sarebbe più corretto, dal complemento oggetto (*perdonare papà*). Come spieghi questa scelta stilistica?
- ☐ **A** L'autore opera questa scelta per sottolineare il ruolo subalterno della moglie.
- ☒ **B** L'autore riproduce le caratteristiche tipiche dell'italiano regionale per rendere più realistica la narrazione.
- ☐ **C** L'autore infrange le normali regole sintattiche per rendere più originale la narrazione.
- ☐ **D** L'autore ha commesso un errore, perché figlio di immigrati.

7 Il racconto è ambientato
- ☐ **A** negli Stati Uniti.
- ☒ **B** in Inghilterra.
- ☐ **C** in Italia.
- ☐ **D** in Australia.

8 Nell'espressione «papà si divertisse a dare segrete stilettate al povero Dino» (rr. 29-30), la parola «stilettate» vuol dire
- ☐ **A** consigli.
- ☒ **B** colpi dolorosi.
- ☐ **C** occhiate di biasimo.
- ☐ **D** false informazioni.

9 «La sua voce disgustosamente tenera, ma con un tono di comando che ci atterriva» (rr. 64-65). In questa frase, perché la voce del padre è definita «disgustosamente tenera»?
- ☐ **A** Perché è la voce di un uomo ubriaco.
- ☐ **B** Perché ha un suono sgradevole.
- ☒ **C** Perché è falsa.
- ☐ **D** Perché ha un tono autoritario.

10 Quale funzione hanno i due punti (:) nella frase «Clara sfuggiva a quel martirio: era una ragazza e papà non si curava molto di lei» (rr. 74-75)?
- ☐ **A** Introdurre un elenco.
- ☐ **B** Introdurre un discorso diretto.
- ☒ **C** Introdurre un'informazione.
- ☒ **D** Introdurre una spiegazione.

LABORATORIO

Ora che sei arrivato alla fine del percorso sul realismo, puoi continuare a leggere e a esercitarti con i testi interattivi:

A. Dumas
L'evasione di Edmond

V. Hugo
L'impiccagione di Esmeralda

V. Hugo
Jean Valjan

H. Melville
La grande battaglia contro la balena

H. Lee
In prigione

Galleria d'Arte

Ritratti alla Borsa

TIPOLOGIA	Dipinto
GENERE	Ritratto
STILE	Impressionismo
TECNICA	Olio su tela
ANNO	1878-1879

▶ ANALIZZIAMO IL DIPINTO

1 Il genere del ritratto
2 Il rapporto con il presente
3 La moda

1 L'artista introduce delle novità nello schema compositivo tradizionale del ritratto.

2 Il pittore fissa sulla tela il mondo interiore del personaggio attraverso gli effetti che l'ambiente esercita su di lui.

3 I capi d'abbigliamento indossati dai personaggi permettono di identificarli culturalmente e socialmente.

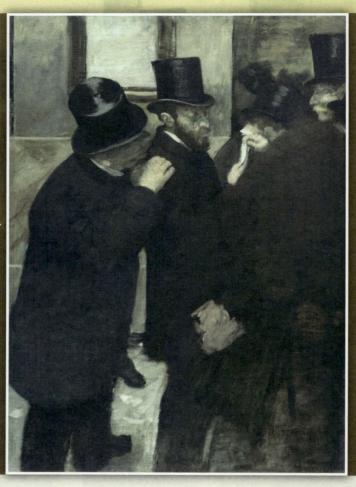

1 IL GENERE DEL RITRATTO

Il quadro, che potrebbe essere scambiato per una scena di vita parigina, è in realtà il ritratto del banchiere Ernest May (1845-1925), posto al centro della tela. Rispetto allo schema compositivo del ritratto tradizionale, questo dipinto presenta alcune novità: il "protagonista" non è in posa, ma colto in un momento di conversazione con altri due personaggi; non è raffigurato frontalmente, ma di profilo; non si trova in uno spazio privato, ma in un luogo pubblico, nell'ambiente lavorativo della Borsa. L'immagine presenta inoltre un taglio dell'inquadratura inconsueto, con il quale Degas intende ricreare la casualità e le asimmetrie tipiche della fotografia, che si diffonde proprio in quegli anni. In effetti i personaggi non sono dipinti per intero, ma dalle caviglie in su, e anche se Ernest May è posto al centro della composizione, il baricentro dell'immagine appare sbilanciato verso destra, dove la massa pittorica risulta più accentuata.

1 Il ritratto appare caratterizzato da un certa idea di movimento. Quale tra questi elementi, secondo te, contribuisce a creare questo effetto?

A La colonna di marmo.   C La posizione di Ernest May.

B I due soggetti colti di spalle a destra.   D I colori utilizzati dal pittore.

2 IL RAPPORTO CON IL PRESENTE

A differenza degli altri artisti del movimento pittorico impressionista, Degas ha raffigurato prevalentemente scene di vita urbana, fissando sulla tela ora ambienti destinati ai divertimenti – teatri, ippodromi, caffè –, ora spazi domestici, ora luoghi di lavoro, come la Borsa, fulcro del sistema economico borghese. La ricerca pittorica di Degas, però, non ha intenti descrittivi, ma è finalizzata a mostrare gli effetti che l'ambiente esercita sul personaggio: l'ambiente, infatti, secondo il pittore è la chiave per giungere all'interiorità dell'individuo. Nel nostro caso, la concitazione e la tensione del mondo della finanza, sottolineate anche dalle pennellate nervose e dalle sfocature dell'immagine, sembrano ripercuotersi sul soggetto principale, che appare teso, livido e più vecchio dei suoi trentaquattro anni.

2 Presumibilmente il banchiere May sta prendendo accordi finanziari. Da quali elementi è possibile desumere questa interpretazione?

3 Perché il volto di Ernest May appare teso e imbronciato? Che cosa potrebbe turbarlo?

3 LA MODA

Attraverso questo quadro, l'osservatore può farsi un'idea dei codici e dei costumi di un intero gruppo sociale, quello dell'alta borghesia dirigenziale e capitalista di fine Ottocento. Tutti i personaggi portano un cilindro nero a tesa stretta, capo d'abbigliamento che distingue i signori dai popolani, e indossano delle lunghe giacche scure simili a finanziere, che lasciano intravedere dei colletti di camicia bianchi e perfettamente inamidati. Il colore delle giacche spazia dal nero al grigio ardesia, dal grigio fumo di Londra al marrone, tutte gradazioni cromatiche che danno l'idea di serietà e austerità.

4 Credi che anche oggi la moda permetta di classificare culturalmente e socialmente gli individui? Motiva la tua risposta con esempi concreti.

▶ **ATTIVIAMO LE COMPETENZE**

FRUIZIONE DI ALTRE FORME ESPRESSIVE

TESTO DESCRITTIVO

5 Realizza una descrizione-confronto tra i due dipinti, facendo emergere in particolare le differenze tra il lavoro borghese e quello operaio.

Gustave Courbet,
Gli spaccapietre, 1849.

Edgar Degas,
L'ufficio del cotone, 1873.

Terraferma

TIPOLOGIA	Film
GENERE	Drammatico
REGIA	Emanuele Crialese
CAST	Donatella Finocchiaro (Giulietta), Beppe Fiorello (Nino), Tiziana Lodato (Maria), Mimmo Cuticchio (Ernesto), Filippo Pucillo (Filippo), Timnit T. (Sara)
ANNO	2011

▶ ANALIZZIAMO IL FILM

1 | **I CONTRASTI**
2 | **I PERSONAGGI**
3 | **IL MARE**

LA TRAMA

Il film, interamente girato nell'isola siciliana di Linosa, narra la storia di un'umile famiglia di pescatori alle prese con cambiamenti di natura economica e culturale che ne mettono a dura prova la mentalità e la stabilità. L'isola, infatti, da qualche tempo è presa d'assalto da turisti e clandestini, che ne hanno mutato il volto trasformandola da luogo incontaminato a terra chiassosa e piena di drammi. I più giovani della famiglia – Nino, Giulietta e Filippo – cercano di adattarsi subito alle novità abbandonando la pesca per dedicarsi alla più redditizia attività turistica; Ernesto, il vecchio e autorevole patriarca, vorrebbe invece fermare il tempo e salvaguardare il suo mestiere di pescatore ormai in declino. Le cose si complicano quando le loro vite si incrociano con quelle di due profughi africani, Sara e suo figlio, che chiedono loro aiuto e ospitalità. Nonostante la legge obblighi gli abitanti a denunciare i clandestini, Giulietta, Filippo ed Ernesto, vinti da un'interiore legge morale più forte di quella civile, decidono di rischiare tutto dando loro vitto e alloggio. Consapevole del fatto che la sua famiglia corre un grave pericolo e che i clandestini hanno l'impellente necessità di sbarcare sulla terraferma per fuggire lontano, il giovane Filippo compie all'insaputa di tutti una drammatica scelta, che potrebbe metterlo seriamente nei guai: nascosti i suoi ospiti nella vecchia e ormai dismessa barca del nonno, abbandona l'isola da cui finora non si era mai allontanato per portarli in salvo verso un luogo più sicuro.

Il film affronta diversi temi ed è costruito su forti contrasti.

1 I CONTRASTI

Terraferma è un film costruito sull'opposizione fra realtà e punti di vista contrastanti e a volte inconciliabili. Da una parte ci sono i traghetti provenienti dalla terraferma, che vomitano sull'isola orde di chiassosi e spensierati turisti; dall'altra ci sono i gommoni carichi di clandestini, che abbandonano sulle coste il loro carico di disperazione e di dolore; da una parte ci sono le leggi dello Stato, rigide e a volte ingiuste, che impediscono di prestare soccorso ai profughi e puniscono i trasgressori; dall'altra ci sono le leggi del cuore, che prescrivono l'amore e la fratellanza; da una parte c'è la paura dello straniero, l'ignoranza e l'indifferenza "di chi non vuole vedere" e volge lo sguardo dall'altra parte; dall'altra c'è chi ha ancora il coraggio di guardare dritto negli occhi il "diverso" e riconoscere in esso, a prescindere dal colore della sua pelle, una natura e un destino comuni.

Poster

FILIPPO PUCILLO · DONATELLA FINOCCHIARO · MIMMO CUTICCHIO · GIUSEPPE FIORELLO · TIMNIT T. · CLAUDIO SANTAMARIA

UN FILM DI
EMANUELE CRIALESE

TERRAFERMA

www.terrafermailfilm.it

DAL 7 SETTEMBRE AL CINEMA

I personaggi sono sospesi tra il rispetto delle tradizioni e il richiamo della modernità.

2 I PERSONAGGI

Anche all'interno della famiglia Pucillo si scontrano visioni del mondo diverse, incarnate dai vari personaggi. Il nonno Ernesto, 70 anni, rappresenta la tradizione e l'autorevolezza della cultura del mare. Ama la pesca e la sua isola, non vorrebbe rottamare il suo peschereccio e soccorre i clandestini seguendo la sua legge interiore e quella della comunità di cui fa parte. Suo nipote Filippo, 20 anni, ha perso il padre, ha sempre vissuto isolato ed è spaventato ma al contempo attratto dalla emancipata gioventù proveniente dal continente; il ragazzo non sa se seguire le orme del nonno, dedicandosi al mare e alla pesca, o fare come suo zio Nino, che ha smesso di catturare pesci per fare soldi con i turisti. Giulietta, la madre, è una donna che ha sofferto: il dolore e gli stenti l'hanno indurita, ma non hanno cancellato in lei i sentimenti di amore e solidarietà.

3 IL MARE

Grande protagonista e presenza costante del film è il mare: un mare che allo stesso tempo unisce e divide, che genera e sottrae vita, che dona speranza e la toglie, che come un essere umano può cambiare umore, mostrando il suo aspetto più mite oppure le sua ira più terribile e travolgente. Il mare ha un doppio volto: quello silenzioso e irreale dei fondali, dove riposano i resti dei naufraghi – le loro carte d'identità, i loro vestiti, le loro scarpe – e quello rumoroso della superficie, percorso dal barcone di Ernesto stracolmo di turisti che ballano *Maracaibo* e fanno gare di tuffi. Una scena che contrasta con quelle che rimandano alla dura realtà dell'immigrazione: i naufraghi sui gommoni in cerca di aiuto, quelli ricacciati sott'acqua da Filippo a colpi di remo, quelli che giungono stremati sulla riva, quelli che chiedono solo un po' d'acqua, un po' di pane e un sorriso.

Il mare è una presenza costante e fondamentale del film.

GUIDA AL DIBATTITO

1 Alcuni ruoli importanti sono stati affidati a persone comuni, che niente hanno a che fare con il cinema. Come spieghi questa scelta registica?

2 Perché il film appartiene al genere realistico?

3 Perché Nino fa di tutto per nascondere ai turisti lo sbarco dei clandestini? Come giudichi il suo comportamento?

4 Quale interpretazione ti ha convinto di più? Motiva la tua risposta.

5 Credi che nella fuga di Filippo ci sia qualcos'altro oltre alla volontà di portare in salvo i suoi passeggeri? Motiva la tua risposta.

6 Qual è a tuo avviso la scena più drammatica del film? Perché?

7 Qual è la scena che ti ha divertito di più. Perché?

8 Nel film il regista rinuncia a dare l'immagine classica dell'isola, bellissima, incontaminata e fuori dal tempo. Come spieghi questa scelta?

9 Esprimi il tuo giudizio sul film, motivandolo.

▶ ATTIVIAMO LE COMPETENZE

STRUMENTI ESPRESSIVI E ARGOMENTATIVI

SCAMBIARE INFORMAZIONI E PUNTI DI VISTA

10 **Rispondi alle domande e discutine in classe.**
  • Che idea ti sei fatto del fenomeno dell'immigrazione?
  • Quali pensi possano esserne le cause?
  • Ritieni che l'immigrazione sia un fattore di forza o un fattore di debolezza per il nostro Paese?
  • Pensi che ci sia un rapporto tra criminalità e immigrazione?

Concetti chiave

Flashcard

▶ CARATTERISTICHE DEL GENERE

Narrazione realistica

Rapporti con la società	Il realismo rispecchia le dinamiche sociali, economiche e culturali della società.
La critica sociale	Molte narrazioni realistiche evidenziano il contrasto tra il modo di vivere borghese e quello dei ceti più umili.
L'indagine	I protagonisti delle narrazioni realistiche rispecchiano i tipi umani presenti nella società.
Tridimensionalità	Il realismo è caratterizzato dalla molteplicità di temi, punti di vista e linguaggi.

▶ CONTESTO STORICO-CULTURALE

QUANDO	CHI	CHE COSA
Ottocento	Honoré de Balzac	Scrive il ciclo di romanzi realistici della *Commedia umana*.
	Charles Dickens	Racconta nei suoi romanzi l'Inghilterra di fine Ottocento.
	Fëdor Dostoevskij	È uno dei capiscuola del romanzo realistico russo.
	Émile Zola	È il padre del Naturalismo francese.
	Giovanni Verga	Trasferisce la lezione del Naturalismo francese in Italia, dando vita al Verismo.
Novecento	Ernest Hemingway	Realismo americano.
	Gabriel García Márquez	Realismo magico sudamericano.
	Cesare Pavese, Elio Vittorini, Pier Paolo Pasolini	Realismo italiano degli anni bellici e post-bellici.

▶ RIPASSO

1 Che cosa caratterizza il realismo russo?

2 Quali sono le caratteristiche del Naturalismo?

3 Attraverso quali tecniche Giovanni Verga dà l'impressione che l'opera si racconti da sola?

4 Che cosa hanno in comune il Naturalismo e il Verismo?

5 Che cosa vuol dire che un romanzo realistico rispecchia le dinamiche sociali?

6 Alcuni romanzi realistici rivelano intenti di critica sociale. Spiega questa affermazione.

7 Che funzione hanno le descrizioni nelle narrazioni realistiche?

8 Quali sono le caratteristiche dei personaggi dei romanzi realistici?

La narrazione psicologica

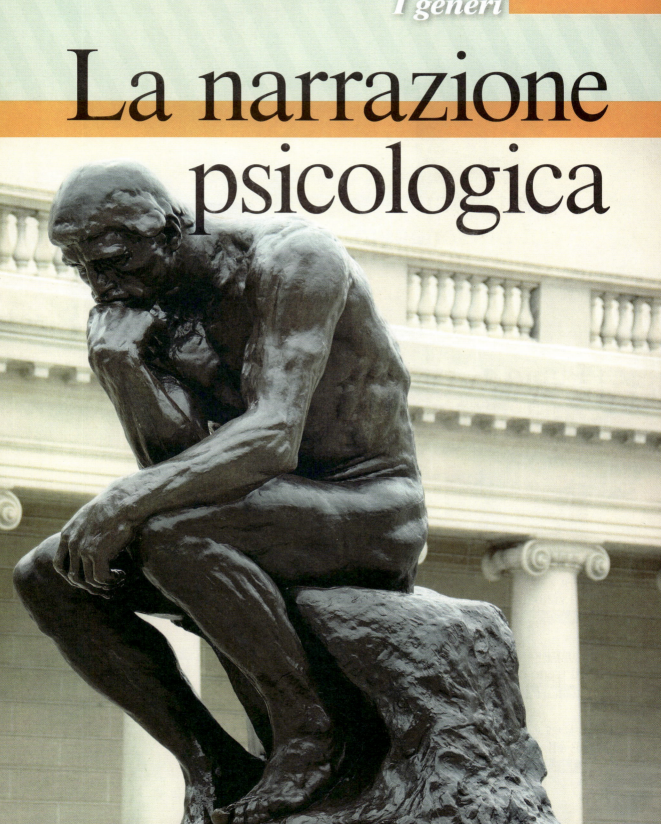

La narrazione psicologica

Centralità del personaggio

Riflessioni e interiorità

Punto di vista interno

ARTISTA Auguste Rodin
NAZIONALITÀ Francese
TITOLO Il pensatore
ANNO 1902
STILE Impressionismo

INFOGRAFICA

Scopri il **romanzo psicologico** attraverso un percorso visivo.

La narrazione psicologica

Le caratteristiche

Appartengono alla narrazione psicologica tutte quelle opere che assegnano un ruolo preminente all'**esplorazione** e all'analisi dell'**interiorità del personaggio**.

Le tematiche proprie di questo genere sono il recupero memoriale del mondo dell'infanzia, le dinamiche familiari, spesso segnate da incomunicabilità e ipocrisie, i difficili rapporti tra individuo e società.

Centralità del personaggio

Nel genere psicologico il personaggio è il protagonista indiscusso della storia. Esso viene presentato al lettore come se fosse "**visibile al suo interno**", rivelandone cioè i pensieri più profondi, i sogni, i conflitti interiori e il vissuto.

In alcuni casi la narrazione assume le caratteristiche di una vera e propria autoanalisi, come avviene nel romanzo *La coscienza di Zeno* (1923) di Italo Svevo.

> Il protagonista si autoanalizza, ricordando il suo passato e scavando nella sua coscienza fino alle origini del suo malessere.

Il dottore al quale ne parlai mi disse d'iniziare il mio lavoro con un'analisi storica della mia propensione al fumo:
– Scriva! Scriva! Vedrà come arriverà a vedersi intero.

(I. Svevo, *La coscienza di Zeno*)

Il narratore

Nei racconti e nei romanzi psicologici la voce a cui è affidato il compito di raccontare la storia può essere:

- quella del protagonista stesso, che ci parla di sé in prima persona (**io narrante** o **narratore autodiegetico**);

> Io narrante: il protagonista racconta in prima persona la sua storia.

La volta che mio padre morì, io arrivai, naturalmente, tardi, ossia quando l'avevano già bello e sistemato su uno dei cinque o sei tavoli di marmo della camera mortuaria, sbarbato di tutto punto, con indosso il vestito nero da sposo di quarant'anni prima, che era ancora nuovo fiammante […], e a me, che in quel tempo non ero ancora malato con ossessioni di morte e altre simili, non dispiaceva guardarlo così com'era, trovavo che come morto era uno dei più bei morti che avessi mai visto, epperciò mi venne in mente di fargli delle fotografie.

(G. Berto, *Il male oscuro*)

Alberto Martini, Lo spirito lavora, 1929. Treviso, Museo Civico.

- quella di un **narratore esterno** o **eterodiegetico**, che penetra nell'interiorità del personaggio e ce ne svela i pensieri.

> La carrozza si fermò. Se non scendessi affatto, pensò Fridolin… e tornassi subito indietro? Ma dove andare? Dalla piccola Pierrette? Dalla donnina nella Buchfeldgasse? O da Marianne, la figlia del defunto? Oppure a casa? E si accorse con leggero raccapriccio che nessun altro posto lo attirava meno di casa sua.
>
> (A. Schnitzler, *Doppio sogno*)

Narratore esterno

Pensieri del personaggio

Il punto di vista

Nella maggior parte dei casi la **focalizzazione** prevalente è quella **interna**. Chi racconta, infatti, adotta un punto di vista percettivo ed emozionale parziale: il proprio (se il racconto è condotto in prima persona) o quello dei personaggi (se il narratore è esterno).

Chi vede?
Il personaggio

Chi sta pensando?
Il personaggio

Narratore esterno
Focalizzazione interna

> Gli occhi di Gabriel vagarono sulla parete sopra il pianoforte. C'era un quadro raffigurante la scena del balcone del *Romeo e Giulietta*, e vicino c'era un quadro dei due principi assassinati nella Torre che zia Julia aveva ricamato con lane rosse, blu e marroni. Probabilmente nella scuola dove erano andate da ragazze per un anno era stato insegnato quel genere di lavoro. Sua madre come regalo di compleanno gli aveva ricamato, con testine di volpi, un panciotto violaceo di stoffa marezzata, foderato di raso marrone e coi bottoni tondi di gelso. Era strano che sua madre non avesse avuto alcun talento musicale, sebbene zia Kate solesse chiamarla il cervello della famiglia Morkan.
>
> (J. Joyce, *I morti*)

Le tecniche

Le tecniche più utilizzate per dar voce ai personaggi e metterne in luce l'interiorità sono il **soliloquio** (il personaggio parla da solo a voce alta), il **monologo interiore** (il personaggio pensa e riflette in prima persona tra sé e sé), il **flusso di coscienza** (i pensieri del personaggio – riportati senza segni di punteggiatura ed espressi con un linguaggio che appare contaminato da registri bassi e registri alti – si susseguono caoticamente, come un fiume impetuoso e inarrestabile) e il **discorso indiretto libero**, che consente l'adozione del punto di vista interno del personaggio.

> Con dolce violenza il signor Aghios si staccò dalla moglie e a passo celere tentò di perdersi nella folla che s'addensava all'ingresso della stazione. Bisognava abbreviare quegli addii ridicoli se prolungati fra due vecchi coniugi […].
> Che strano! Doveva fingere una tristezza che non sentiva, quando era pieno di gioia e di speranza e non vedeva l'ora di essere lasciato tranquillo a goderne. Perciò correva per sottrarsi più presto alle simulazioni.
>
> (I. Svevo, *Corto viaggio sentimentale*)

Discorso indiretto libero e punto di vista interno.

Il tempo

Il tempo non procede in maniera lineare, ma oscilla continuamente tra passato, presente e futuro. Il personaggio – spesso attraverso lunghi *flashback* che interrompono l'andamento lineare del racconto creando delle sfasature temporali – ricorda gli eventi del passato e li analizza in lunghe sequenze riflessive che rallentano e dilatano la velocità della narrazione.

> Dopo dieci anni, aveva scritto ancora una volta versi per lei.
> Dieci anni prima ella aveva portato lo scialle come un cappuccio intorno al capo, mandando nell'aria notturna soffi del proprio alito caldo, battendo il piede sulla

Flashback: il protagonista rievoca un episodio del suo passato.

strada vitrea. Era l'ultimo tram; gli sparuti cavalli bai lo sapevano e scuotevano le sonagliere come un ammonimento nella notte chiara. Il bigliettaio parlava col conducente, entrambi annuendo più volte nella luce verdastra del lampione. Loro stavano sui predellini del tram, lui su quello più alto, lei su quello più in basso. E lei era salita a più riprese sul suo predellino tra una frase e l'altra, per poi ridiscendere, ed una o due volte gli era rimasta accanto dimenticando di scendere, ma poi era scesa. Dimenticare! Dimenticare!

(J. Joyce, *Dedalus*)

Il contesto storico-culturale

linea del tempo

1850

1865
Fëdor Dostoevskij
Memorie dal sottosuolo

1899
Sigmund Freud
L'interpretazione dei sogni

1900

1922
James Joyce
Ulisse

1923
Italo Svevo
La coscienza di Zeno

1926
Luigi Pirandello
Uno, nessuno e centomila

1950

La psicologia nell'Ottocento

Il termine psicologia – dal greco *psyché* ("spirito, anima") e *lógos* ("discorso, studio") – comincia a essere usato da filosofi e pensatori a partire dal XV secolo nell'ambito delle loro riflessioni sul funzionamento della mente umana. Tuttavia, perché la psicologia esca dalla sfera puramente speculativa della filosofia e acquisti la dignità di scienza, occorre attendere la seconda metà dell'Ottocento, quando medici, fisici e scienziati iniziano ad applicare il metodo scientifico-sperimentale anche allo studio dell'interiorità umana.

A differenza della psicologia di fine Ottocento, che in quegli anni getta le basi di un più ampio discorso teorico sui meccanismi mentali dell'uomo, la psichiatria – dal greco *psyché* ("spirito, anima") e *iatréia* ("cura") –, che si occupa della cura medica delle patologie mentali, continua a imputare i disturbi psichici e la malattia mentale in genere per lo più a cause fisiologiche, come le lesioni cerebrali. Sarà successivamente proprio uno psichiatra, **Sigmund Freud** (1856-1939), fondatore della psicanalisi, a scardinare questa concezione e a rivelare che i comportamenti anomali hanno origine nelle più segrete e insondabili profondità della vita affettiva.

In ambito letterario alcuni scrittori sembrano anticipare le scoperte della psicoanalisi, ponendo al centro delle loro storie non soltanto le problematiche sociali dell'uomo, i contrasti e le lotte di classe, ma anche i suoi dissidi psicologici, i suoi grandi quesiti esistenziali. Fra questi scrittori ricordiamo **Fëdor Michajlovič Dostoevskij** (1821-1881), che nei suoi romanzi analizza con spietata lucidità i comportamenti umani mettendone a nudo le contraddizioni e le pulsioni, e **Gustave Flaubert** (1821-1880) che nel romanzo *Madame Bovary* (1856) racconta il dramma borghese di una donna inquieta e annoiata.

La rivoluzione di Freud

Sigmund Freud nasce a Freiberg (l'odierna Příbor) in Moravia (l'attuale Repubblica Ceca) nel 1856. Dopo essersi laureato a Vienna in Medicina e aver conseguito la specializzazione in Neurologia, approfondisce gli **studi sull'isteria** prima a Parigi, a fianco del celebre neurologo Jean-Martin Charcot, e poi di nuovo a Vienna, con l'amico Josef Breuer. Freud e Breuer utilizzano l'**ipnosi** come metodo per far affiorare alla coscienza del malato le **esperienze traumatiche** che hanno generato i suoi sintomi isterici. Con *L'interpretazione dei sogni*, pubblicato nel 1899, ha ufficialmente inizio la psicanalisi. È in questo trattato, infatti, che Freud afferma per la prima volta **l'esistenza dell'inconscio come dimensione psichica profonda**, sede delle pulsioni e dei desideri di cui l'uomo non è consapevole. In presenza di una ragione sopita, dunque, **i sogni rappresenterebbero la manifestazione simbolica dei contenuti inconsci** che la ragione rifiuta, censura, rimuove. *Psicopatologia della vita quotidiana* del 1901 e *Tre saggi sulla sessualità* del 1905 costituiscono altre due pietre miliari della nuova dottrina. Nella prima opera Freud sostiene che, proprio come i sogni, anche i lapsus e le piccole dimenticanze della vita quotidiana – che egli chiama «atti mancati» – costituiscono dei canali attraverso cui affiorerebbero in modo incontrollato le esperienze e i desi-

*Paula Rego, The family, 1988.
Londra, Saatchi Collection.*

deri rimossi dell'individuo; nella seconda opera, invece, riconduce l'origine delle nevrosi a conflitti di natura sessuale e formula una teoria completa della sessualità dall'età infantile a quella adulta. Le teorie di Freud si abbattono come **un terremoto sulla società dell'epoca**, dominata dalle concezioni positivistiche che ripongono grande fiducia nella ragione e nel progresso tecnologico e scientifico. L'idea freudiana che **l'uomo sia governato da forze istintive insondabili** e che la sua ragione sia solo la punta di un iceberg sommerso e pericoloso, scatenano nel mondo accademico reazioni opposte: alcuni studiosi non comprendono fino in fondo la novità delle sue intuizioni, mostrando ora ostilità ora disinteresse nei suoi confronti; altri invece si accostano alla psicanalisi e al suo fondatore con rispetto e viva curiosità, sostenendone le teorie e a volte apportando personali contributi alla loro evoluzione.

Nonostante i dissensi e i tentativi di emarginazione, il distacco dalle sue teorie da parte di alcuni allievi, le persecuzioni naziste e una malattia che lo costringe a numerosi interventi chirurgici, Freud continua a studiare, sperimentare e pubblicare fino alla morte, avvenuta a Londra nel 1939.

Gli scrittori della coscienza

La diffusione e l'evoluzione della psicanalisi hanno modificato profondamente la cultura contemporanea, influenzando e arricchendo anche altri ambiti del sapere: l'arte, la linguistica, l'antropologia, la sociologia. Affascinati dalle teorie psicanalitiche

---

PAROLE DA RICORDARE

SORRY

Complesso di Edipo: secondo Freud è un fenomeno universale della prima infanzia in cui il bambino prova amore per il genitore del sesso opposto al suo (la madre nel caso del maschio, il padre nel caso della femmina) e gelosia verso il genitore dello stesso sesso, percepito come rivale; detto così dal nome del protagonista dell'antica tragedia greca *Edipo re* di Sofocle, che senza averne consapevolezza uccide il padre e sposa la madre.

Inconscio: il termina indica la vita psichica profonda dell'individuo di cui l'individuo stesso non ha coscienza.

Io, Es, Super-Io: secondo Freud sono le tre componenti fondamentali dell'apparato psichico. L'Io è la parte razionale, quella che permette all'individuo di non lasciarsi dominare dall'istinto tenendo conto della realtà in cui vive. L'Es è la componente più primitiva e irrazionale della psiche, dominata da pulsioni cieche e istintive. Il Super-Io rappresenta la coscienza morale: come un genitore autoritario, giudica e ammonisce l'Io facendogli insorgere un costante senso di colpa quando esso trasgredisce la legge interiore.

Lapsus: termine latino usato da Freud per indicare un errore linguistico involontario imputabile a motivazioni inconsce.

Per comprendere meglio che cos'è un lapsus leggiamo un esempio tratto da *Psicopatologia della vita quotidiana*: «Ci si ricorderà certamente del modo con cui tempo fa il presidente del Parlamento austriaco aprì la seduta: "Onorevoli! Registro la presenza del numero legale e dichiaro quindi *chiusa* la seduta!". Soltanto l'ilarità generale lo rese accorto dell'errore, cosicché si corresse. In questo caso, molto probabilmente, la spiegazione è che il presidente *desiderava* in cuor suo di poter già chiudere la seduta che non prometteva nulla di buono».

Nevrosi: disturbo mentale che si manifesta in vari modi (ansia, irritabilità, paure, ossessioni...), originato da un conflitto in atto tra l'Io, l'Es e il Super-Io.

Psicosi: condizione patologica più grave della nevrosi, in cui il soggetto perde il legame con la realtà rifugiandosi in un delirio più o meno organizzato.

Transfert: è la relazione di fiducia e affetto che il paziente sviluppa nei confronti del suo analista. Il controtransfert indica invece l'insieme di proiezioni e aspettative che l'analista riversa sul paziente per la buona riuscita della terapia.

La letteratura della Mitteleuropa

I più grandi rappresentanti della narrativa psicologica sono originari, o per nascita o per formazione culturale, della Mitteleuropa (dal tedesco *Mittel*, "medio, di mezzo"). Con questo termine si indica una realtà storica e geografica complessa, costituita da tutte quelle regioni, eterogenee per conformazione territoriale, identità culturale, linguistica ed etnica, che appartenevano all'**Impero austro-ungarico** prima del suo dissolvimento, avvenuto nel 1918 al termine della Grande Guerra. Ne facevano parte **i territori dell'Europa centrale** come la **Germania**, l'**Austria**, i **paesi slavi** e le regioni italiane irredente (cioè non ancora libere dal domino asburgico e che speravano nell'annessione alla madrepatria), fra le quali il **Trentino** e la **Venezia Giulia**. Trieste, città natale di Italo Svevo, era un centro mitteleuropeo molto importante, soprattutto da un punto di vista affaristico e commerciale, grazie al suo porto franco, allo sbocco nell'Adriatico, alla posizione di snodo tra l'Europa occidentale e quella orientale e alla presenza di una grossa comunità ebraica che ne rappresentava l'ossatura sociale. La città era inoltre popolata da italiani, austriaci, tedeschi, sloveni e greci. L'italiano e il tedesco erano le lingue ufficiali, ma la maggior parte della popolazione parlava nel dialetto locale. La letteratura mitteleuropea era molto variegata, perché espressione di un grande mosaico etnico, geografico, storico e linguistico. Tuttavia è possibile rintracciare alcune costanti nelle opere dei suoi maggiori protagonisti:

- la **crisi dei valori** culturali di riferimento e il **disorientamento dell'individuo**, non più sostenuto dalle certezze del positivismo;
- l'incapacità di cogliere l'aspetto unitario della **realtà**, che appare sempre più **sfaccettata e indecifrabile**;
- la **scoperta dell'inconscio** grazie alle teorie psicanalitiche di Freud;
- la **frantumazione** e la contraddittorietà **del soggetto**;
- la **ribellione** nei confronti della classe sociale borghese, ingessata nelle regole, ancorata ai suoi privilegi, corrosa dall'ipocrisia;
- la scoperta della **dimensione soggettiva del tempo**;
- l'**ironia**, l'**umorismo** e la **memoria** come strumenti di conoscenza e di salvezza dal pericolo dello smarrimento e della disgregazione dell'individuo.

di Freud, nel primo ventennio del Novecento fioriscono moltissimi scrittori "della coscienza", come **Italo Svevo** (1861-1928), la cui produzione ruota intorno ai temi dell'inettitudine, della malattia e della vecchiaia viste come mali esistenziali dell'uomo moderno; l'austriaco **Arthur Schnitzler** (1862-1931), che nel romanzo *Doppio sogno* (1926) corrode l'idea tradizionale della famiglia borghese, mettendone a nudo segreti, bugie, tradimenti e ipocrisie; il francese **Marcel Proust** (1871-1922), che costruisce tutta la sua opera narrativa intorno a una meticolosa attività memoriale intesa come strumento di conoscenza; l'irlandese **James Joyce** (1882-1941), che rappresenta in modo originale la crisi di un'epoca in trasformazione ideando un linguaggio nuovo e adeguato alla complessità dell'interiorità umana; **Luigi Pirandello** (1867-1936), che individua nel conflitto tra la vita e la forma – cioè tra il modo in cui l'individuo è realmente, con i suoi sogni e le sue aspirazioni, e il modo in cui gli altri lo vedono e lo vorrebbero in base al suo ruolo e alla sua posizione sociale – la causa dello smarrimento esistenziale e della perdita di identità dell'uomo moderno.

Oltre la letteratura

La ricerca di nuovi linguaggi

Nei primi anni del XX secolo si assiste alla diffusione di esperienze artistiche e letterarie accomunate dal rifiuto della cultura borghese e delle sue forme espressive. Tale rifiuto si concretizza in campo pittorico, musicale e letterario nella ricerca di nuovi linguaggi in grado di infrangere le barriere della comunicazione tradizionale e di rinnovarle. Gli artisti, i pittori, i letterati e gli intellettuali che sono animati da questo spirito polemico verso la società borghese spesso si riuniscono in gruppi ed elaborano dei veri e propri programmi ideologici, in cui riassumono le loro idee e la loro visione del mondo. Tali gruppi prendono il nome di **avanguardie**. Tra le avanguardie dei primi del Novecento ricordiamo l'Espressionismo, il Futurismo, il Dadaismo e il **Surrealismo**.

Il Surrealismo

Il capo carismatico e padre del Surrealismo è un medico e letterato francese, **André Breton**. È lui a gettare le basi ideologiche del movimento, redigendo nel 1924, in accordo con altri artisti, il primo *Manifesto del Surrealismo*. I surrealisti, ispirandosi alle teorie di Freud, rifiutano la convenzionale logica borghese e la sua impronta razionalistica, esaltando di contro il mondo irrazionale e apparentemente alogico dell'inconscio, cui danno voce nelle loro opere. Coerentemente con questo assunto, nell'estetica surrealista trovano ampio spazio, spesso in chiave simbolica, immagini che rimandano al mondo dei sogni, alla sfera della sessualità, alla dimensione apparentemente irrazionale dei lapsus, alla libertà dello spirito e dell'immaginazione.

Tra i pittori che gravitarono nell'orbita del Surrealismo ricordiamo **Max Ernst** (1891-1976), che sperimenta tecniche espressive originali come il *collage* e il *frottage* (sfregamento di una matita su un supporto ruvido) per riprodurre il mondo dei sogni, **Joan Miró** (1893-1993), che recupera la dimensione ironica e fiabesca dell'inconscio, **René Magritte** (1898-1967), che approfondisce i rapporti tra immagini e significato simbolico, **Salvador Dalí** (1904-1989), il più visionario ed esaltato tra i pittori surrealisti, che nelle sue opere intreccia dimensione onirica, simboli sessuali, richiami all'arte classica e barocca e narcisistica ostentazione di sé.

Max Ernst, Viva l'amore, 1923. St. Louis, Saint Louis Art Museum.

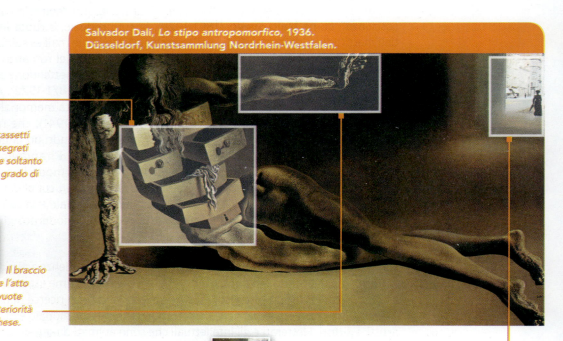

Salvador Dalí, *Lo stipo antropomorfico*, 1936. Düsseldorf, Kunstsammlung Nordrhein-Westfalen.

I cassetti rappresentano i segreti dell'inconscio che soltanto la psicanalisi è in grado di aprire.

Il braccio sollevato esprime l'atto di respingere le vuote apparenze e l'esteriorità del mondo borghese.

Lo scorcio borghese simboleggia il mondo della coscienza, delle convenzioni e degli obblighi sociali.

Il vizio del fumo

Italo Svevo, *La coscienza di Zeno*

Tipologia	Testo narrativo
Genere	Romanzo
Sottogenere	Narrazione psicologica
Anno	1923

CHI: *Italo Svevo*

DOVE: *Italia*

QUANDO: *Novecento*

▶ SCOPRIAMO IL GENERE

1 LE OSCILLAZIONI TEMPORALI
2 LA DIMENSIONE INTERIORE
3 L'IO NARRANTE E IL PUNTO DI VISTA INTERNO

L'autore

Italo Svevo, pseudonimo di Ettore Schmitz, nasce a Trieste nel 1861 in una famiglia benestante di origine ebraica dedita agli affari. Il padre, severissimo ed esigente in fatto di educazione, manda i figli a studiare in un collegio dell'Alta Baviera. Qui Ettore scopre la sua vocazione letteraria e inizia a coltivare il sogno di diventare scrittore. Dopo il soggiorno in Germania, nel 1879 si iscrive all'Istituto Superiore del Commercio di Trieste, ma l'anno successivo, a causa del fallimento dell'azienda paterna, è costretto a lasciare la scuola e a impiegarsi in una banca. Nonostante la grigia routine lavorativa, il giovane Ettore continua a coltivare la passione per la scrittura, collaborando con i quotidiani locali, abbozzando racconti e opere teatrali. Nel 1892 pubblica il suo primo romanzo, *Una vita*, firmandolo con lo pseudonimo di Italo Svevo (che sottolinea la sua doppia identità culturale: italiana – Italo – e tedesca – Svevo). Il romanzo non ha alcun successo, come pure la sua seconda opera, *Senilità*, pubblicata nel 1898, un anno dopo le nozze contratte con la cugina Livia Veneziani. Deluso per gli insuccessi letterari, Svevo si dedica ad altro: lascia il posto in banca per impiegarsi nella ditta di vernici del suocero, approfondisce lo studio dell'inglese e della psicanalisi, continua a scrivere racconti e saggi. Il consenso della critica gli giunge inaspettatamente qualche tempo dopo la pubblicazione del romanzo *La coscienza di Zeno*, avvenuta nel 1923. L'autore si spegne a Motta di Livenza nel 1928 in seguito a un incidente stradale. Stava lavorando a un quarto romanzo, rimasto incompiuto e giunto a noi in forma frammentaria.

Invito alla lettura

Per guarire dalla malattia dell'anima che gli impedisce di liberarsi dal vizio del fumo, Zeno Cosini decide di sottoporsi a delle sedute psicanalitiche. Prima di dare inizio alla terapia, il dott. S. invita il paziente a fissare per iscritto gli episodi più importanti della sua vita. Il protagonista ricorda lo schiaffo ricevuto dal padre moribondo, la rivalità in amore con il cognato Guido e il suo suicidio, l'amore non ricambiato per la bella Ada, il matrimonio con la brutta ma buona Augusta, la breve relazione extraconiugale con Carla. A un certo punto Zeno sente di essere guarito, e non per merito della terapia, ma per via della guerra e dei buoni affari. Così interrompe la psicanalisi e consegna il proprio diario al dottore, che si vendica rendendo di dominio pubblico le memorie del paziente. Riportiamo la parte iniziale del primo capitolo, in cui Zeno rievoca alcuni momenti salienti della sua infanzia e della sua adolescenza, cercando di mettere a nudo le motivazioni profonde che lo hanno spinto a fumare.

Il dottore al quale ne parlai mi disse d'iniziare il mio lavoro con un'analisi storica della mia propensione al fumo:

– Scriva! Scriva! Vedrà come arriverà a vedersi intero.

Credo che del fumo posso scrivere qui al mio tavolo senz'andar a sognare su quella
5   poltrona. Non so come cominciare e invoco l'assistenza delle sigarette tutte tanto somiglianti a quella che ho in mano.

Oggi scopro subito qualche cosa che più non ricordavo. Le prime sigarette ch'io fumai non esistono più in commercio. Intorno al '70 se ne avevano in Austria di quelle che venivano vendute in scatoline di cartone munite del marchio dell'aquila
10   bicipite[1]. Ecco: attorno a una di quelle scatole s'aggruppano subito varie persone con qualche loro tratto, sufficiente per suggerirmene il nome, non bastevole però a commovermi per l'impensato incontro. Tento di ottenere di più e vado alla poltrona: le persone sbiadiscono e al loro posto si mettono dei buffoni che mi deridono. Ritorno sconfortato al tavolo.

15   Una delle figure, dalla voce un po' roca, era Giuseppe, un giovinetto della stessa mia età, e l'altra, mio fratello, di un anno di me più giovine e morto tanti anni or sono. Pare che Giuseppe ricevesse molto denaro dal padre suo e ci regalasse di quelle sigarette. Ma sono certo che ne offriva di più a mio fratello che a me. Donde la necessità in cui mi trovai di procurarmene da me delle altre. Così avvenne che
20   rubai. D'estate mio padre abbandonava su una sedia nel tinello[2] il suo panciotto nel cui taschino si trovavano sempre degli spiccioli: mi procuravo i dieci soldi occorrenti per acquistare la preziosa scatoletta e fumavo una dopo l'altra le dieci sigarette che conteneva, per non conservare a lungo il comprometttente frutto del furto.

25   Tutto ciò giaceva nella mia coscienza a portata di mano. Risorge solo ora perché non sapevo prima che potesse avere importanza. Ecco che ho registrata l'origine della sozza abitudine e (chissà?) forse ne sono già guarito. Perciò, per provare, accendo un'ultima sigaretta e forse la getterò via subito, disgustato.

Poi ricordo che un giorno mio padre mi sorprese col suo panciotto in mano. Io,
30   con una sfacciataggine che ora non avrei e che ancora adesso mi disgusta (chissà che tale disgusto non abbia una grande importanza nella mia cura) gli dissi che m'era venuta la curiosità di contarne i bottoni. Mio padre rise delle mie disposizioni alla matematica o alla sartoria e non s'avvide che avevo le dita nel taschino del suo panciotto. A mio onore posso dire che bastò quel riso rivolto alla mia innocenza
35   quand'essa non esisteva più, per impedirmi per sempre di rubare. Cioè… rubai ancora, ma senza saperlo. Mio padre lasciava per la casa dei sigari virginia[3] fumati a mezzo, in bilico su tavoli e armadi. Io credevo fosse il suo modo di gettarli via e credevo anche di sapere che la nostra vecchia fantesca[4], Catina, li buttasse via. Andavo a fumarli di nascosto. Già all'atto d'impadronirmene venivo pervaso
40   da un brivido di ribrezzo sapendo quale malessere m'avrebbero procurato. Poi li fumavo finché la mia fronte non si fosse coperta di sudori freddi e il mio stomaco si contorcesse.

Non si dirà che nella mia infanzia io mancassi di energia.

So perfettamente come mio padre mi guarì anche di quest'abitudine. Un giorno
45   d'estate ero ritornato a casa da un'escursione scolastica, stanco e bagnato di sudore. Mia madre m'aveva aiutato a spogliarmi e, avvoltomi in un accappatoio, m'aveva messo a dormire su un sofà sul quale essa stessa sedette occupata a certo lavoro di cucito. Ero prossimo al sonno, ma avevo gli occhi tuttavia pieni di sole e tardavo a perdere i sensi. La dolcezza che in quell'età s'accompagna al riposo dopo una
50   grande stanchezza, m'è evidente come un'immagine a sé, tanto evidente come se fossi adesso là accanto a quel caro corpo che più non esiste.

---

1 LE OSCILLAZIONI TEMPORALI

Nel genere psicologico i personaggi rievocano spesso eventi del passato.

2 LA DIMENSIONE INTERIORE

Caratteristica della narrativa psicologica è mettere a nudo l'animo del personaggio, per far emergere le cause profonde che determinano i suoi comportamenti e le sue azioni.

1 aquila bicipite: stemma imperiale raffigurante un'aquila con due teste, una rivolta a destra e l'altra a sinistra.
2 tinello: saletta da pranzo adiacente alla cucina.
3 virginia: tipo di tabacco.
4 fantesca: domestica.

3 L'IO NARRANTE E IL PUNTO DI VISTA INTERNO

In molte opere di genere psicologico, protagonista e narratore coincidono e la focalizzazione è interna.

Ricordo la stanza fresca e grande ove noi bambini si giuocava e che ora, in questi tempi avari di spazio, è divisa in due parti. In quella scena mio fratello non appare, ciò che mi sorprende perché penso ch'egli pur deve aver preso parte a
55 quell'escursione e avrebbe dovuto poi partecipare al riposo. Che abbia dormito anche lui all'altro capo del grande sofà? Io guardo quel posto, ma mi sembra vuoto. Non vedo che me, la dolcezza del riposo, mia madre, eppoi mio padre di cui sento echeggiare le parole. Egli era entrato e non m'aveva subito visto perché ad alta voce chiamò:
60 – Maria!
La mamma con un gesto accompagnato da un lieve suono labbiale accennò a me, ch'essa credeva immerso nel sonno su cui invece nuotavo in piena coscienza. Mi piaceva tanto che il babbo dovesse imporsi un riguardo per me, che non mi mossi. Mio padre con voce bassa si lamentò:
65 – Io credo di diventar matto. Sono quasi sicuro di aver lasciato mezz'ora fa su quell'armadio un mezzo sigaro ed ora non lo trovo più. Sto peggio del solito. Le cose mi sfuggono.
Pure a voce bassa, ma che tradiva un'ilarità trattenuta solo dalla paura di destarmi, mia madre rispose:
70 – Eppure nessuno dopo il pranzo è stato in quella stanza.
Mio padre mormorò:
– È perché lo so anch'io, che mi pare di diventar matto!
Si volse ed uscì.
Io apersi a mezzo gli occhi e guardai mia madre. Essa s'era rimessa al suo lavoro,
75 ma continuava a sorridere. Certo non pensava che mio padre stesse per ammattire per sorridere così delle sue paure. Quel sorriso mi rimase tanto impresso che lo ricordai subito ritrovandolo un giorno sulle labbra di mia moglie.
Non fu poi la mancanza di denaro che mi rendesse difficile di soddisfare il mio vizio, ma le proibizioni valsero ad eccitarlo.
80 Ricordo di aver fumato molto, celato in tutti i luoghi possibili. Perché seguito da un forte disgusto fisico, ricordo un soggiorno prolungato per una mezz'ora in una cantina oscura insieme a due altri fanciulli di cui non ritrovo nella memoria altro che la puerilità del vestito: due paia di calzoncini che stanno in piedi perché dentro c'è stato un corpo che il tempo eliminò. Avevamo molte sigarette e volevamo vedere chi ne sapesse bruciare di più nel breve tempo. Io vinsi, ed eroicamente celai il malessere che mi derivò dallo strano esercizio. Poi uscimmo al sole e all'aria. Dovetti chiudere gli occhi per non cadere stordito. Mi rimisi e mi vantai della vittoria. Uno dei due piccoli omini mi disse allora:
– A me non importa di aver perduto perché io non fumo che quanto m'occorre.
Ricordo la parola sana e non la faccina certamente sana anch'essa che a me doveva essere rivolta in quel momento. Ma allora io non sapevo se amavo o odiavo la sigaretta e il suo sapore e lo stato in cui la nicotina mi metteva. Quando seppi di odiare tutto ciò fu peggio. E lo seppi a vent'anni circa. Allora soffersi per qualche settimana di un violento male di gola accompagnato da febbre. Il dottore prescrisse il letto e l'assoluta astensione dal fumo. Ricordo questa parola *assoluta*! Mi ferì e la febbre la

Edvard Munch, Autoritratto con sigaretta, *1895. Oslo, Nasjonalgalleriet.*

5 ad onta che: nonostante.
6 la ridda: il movimento caotico.
7 matraccio: recipiente di vetro usato nei laboratori di chimica.
8 Per sfuggire … legge: vuol dire che il giovane Zeno lascia gli studi di chimica per riprendere quelli giuridici.

colorì: un vuoto grande e niente per resistere all'enorme pressione che subito si produce attorno ad un vuoto.

105 Quando il dottore mi lasciò, mio padre (mia madre era morta da molti anni) con tanto di sigaro in bocca restò ancora per qualche tempo a farmi compagnia. Andandosene, dopo di aver passata dolcemente la sua mano sulla mia fronte scottante, mi disse:

– Non fumare, veh!

110 Mi colse un'inquietudine enorme. Pensai: "Giacché mi fa male non fumerò mai più, ma prima voglio farlo per l'ultima volta". Accesi una sigaretta e mi sentii subito liberato dall'inquietudine ad onta che[5] la febbre forse aumentasse e che ad ogni tirata sentissi alle tonsille un bruciore come se fossero state toccate da un tizzone ardente. Finii tutta la sigaretta con l'accuratezza con cui si compie un voto.

115 E, sempre soffrendo orribilmente, ne fumai molte altre durante la malattia. Mio padre andava e veniva col suo sigaro in bocca dicendomi:

– Bravo! Ancora qualche giorno di astensione dal fumo e sei guarito!

Bastava questa frase per farmi desiderare ch'egli se ne andasse presto, presto, per permettermi di correre alla mia sigaretta. Fingevo anche di dormire per indurlo

120 ad allontanarsi prima.

Quella malattia mi procurò il secondo dei miei disturbi: lo sforzo di liberarmi dal primo. Le mie giornate finirono coll'essere piene di sigarette e di propositi di non fumare più e, per dire subito tutto, di tempo in tempo sono ancora tali.

La ridda[6] delle ultime sigarette, formatasi a vent'anni, si muove tuttavia. Meno

125 violento è il proposito e la mia debolezza trova nel mio vecchio animo maggior indulgenza. Da vecchi si sorride della vita e di ogni suo contenuto. Posso anzi dire, che da qualche tempo io fumo molte sigarette... che non sono le ultime.

Sul frontispizio di un vocabolario trovo questa mia registrazione fatta con bella scrittura e qualche ornato:

130 "Oggi, 2 Febbraio 1886, passo dagli studi di legge a quelli di chimica. Ultima sigaretta!!".

Era un'ultima sigaretta molto importante. Ricordo tutte le speranze che l'accompagnarono. M'ero arrabbiato col diritto canonico che mi pareva tanto lontano dalla vita e correvo alla scienza ch'è la vita stessa benché ridotta in un matraccio[7].

135 Quell'ultima sigaretta significava proprio il desiderio di attività (anche manuale) e di sereno pensiero sobrio e sodo.

Per sfuggire alla catena delle combinazioni del carbonio cui non credevo ritornai alla legge[8].

(I. Svevo, *La coscienza di Zeno*, in *Romanzi*, Milano, Mondadori, 1998)

GRAMMATICA

La corretta analisi logica della frase evidenziata è

☐ **A** Quella (sogg. sottointeso) era (copula) un'ultima sigaretta molto importante (compl. oggetto più attributi).

☐ **B** Era (predicato verbale), un'ultima sigaretta (sogg.), molto importante (compl. predicativo del soggetto).

☐ **C** Quella (sogg. sottointeso) era (copula) un'ultima sigaretta molto importante (nome del predicato).

☐ **D** Quella (sogg. sottointeso) era (copula) un'ultima sigaretta (nome del predicato) molto importante (compl. predicativo del soggetto).

▶ **SCOPRIAMO IL GENERE**

1 LE OSCILLAZIONI TEMPORALI

La voce narrante è quella del protagonista da anziano, che parla di se stesso da giovane: nel narrare le sue memorie, scandite da date e fatti, Zeno oscilla continuamente fra due piani temporali, quello del presente (io narrante) e quello del passato (io narrato). In questo modo Svevo scardina la linearità cronologica della narrazione – tipica del romanzo realistico ottocentesco – sostituendola con un tempo misto, il tempo dell'interiorità

e dell'introspezione, dove presente e passato si intrecciano e convivono senza soluzione di continuità.

1 Individua nel testo le parti in cui il narratore rievoca i fatti del passato e quelli in cui li commenta con la voce del presente.

2 LA DIMENSIONE INTERIORE

Il vizio del fumo è una dipendenza dalla quale Zeno vorrebbe liberarsi: per questo, seguendo il consiglio del suo dottore, decide di ripercorrere le tappe principali e l'evoluzione della sua «sozza abitudine», dalla prima sigaretta ai vani propositi di smettere di fumare. Un desiderio, questo, destinato a rimanere irrealizzato, tanto da essere vissuto dal protagonista come una patologia fisica e mentale. Il fumo, infatti, non è che uno dei sintomi della malattia esistenziale che affligge Zeno, la manifestazione più evidente dei suoi conflitti interiori irrisolti: il rapporto di sfida con il padre, la gelosia verso il fratello, il senso di colpa nei confronti della madre (e della moglie), i suoi fallimenti individuali, suggellati dalla maniacale annotazione:

«Oggi, 2 Febbraio 1886, passo dagli studi di legge a quelli di chimica. Ultima sigaretta!!».

2 Perché Zeno dichiara di aver iniziato a fumare?

3 Quali espedienti adotta per procurarsi il tabacco?

4 Quale ruolo hanno il fratello, la madre e il padre nelle vicende narrate?

5 In quali passi la dipendenza dal fumo appare maggiormente connotata come una vera e propria malattia fisica e mentale?

3 L'IO NARRANTE E IL PUNTO DI VISTA INTERNO

Nel narrare le sue memorie, Zeno adotta un punto di vista parziale: il proprio. L'io narrante interviene insistentemente nella narrazione con commenti e giudizi, sceglie che cosa raccontare e soprattutto come raccontarlo. Non sappiamo se Zeno dica la verità, se le cose siano andate come egli racconta o se manipoli gli avvenimenti a suo vantaggio, riferendoci solo ciò che gli fa comodo. Il narratore potrebbe mentire alterando e dissimulando la realtà dei fatti solo per mettersi a posto la coscienza e non fare una cattiva figura con il lettore e con se stesso. Ci troviamo dunque in presenza di una particolare tipologia di narratore: il narratore inattendibile. Questo si verifica quando il lettore so-

spetta della sincerità della voce narrante, della sua competenza a raccontare la versione vera. Un narratore inattendibile come Zeno non è un personaggio cattivo ma solamente abituato alla repressione o all'elusione della verità, sia nei propri riguardi sia nei confronti degli altri. La sua narrazione assume i toni di una confessione piena di ambigue autogiustificazioni e argomentazioni pretestuose.

6 In quali punti del suo racconto Zeno potrebbe mentire? Dopo averli individuati motiva le tue risposte.

▶ **ATTIVIAMO LE COMPETENZE**

LETTURA E COMPRENSIONE

ACCESSO ALLE INFORMAZIONI

7 Il dottore di cui si parla all'inizio del brano è
 A uno pneumologo.
 B uno psichiatra.
 C il medico di famiglia.
 D uno psicoanalista.

8 Da quali elementi presenti nel testo hai dedotto la tua risposta?

COMPRENSIONE GENERALE E INTERPRETAZIONE

9 L'espressione «vedersi intero» (r. 3) vuol dire
 A conoscersi meglio, fin dentro i meandri della propria coscienza.
 B osservare il proprio aspetto fisico.

 C descrivere i propri comportamenti.
 D conoscere meglio se stesso e gli altri.

10 Spiega perché hai risposto così.

11 Traccia un breve ritratto del protagonista.

12 Riassumi in massimo 5 righe l'argomento del testo.

RIFLESSIONE E VALUTAZIONE

13 In rapporto alle tue conoscenze, ti sembra che il brano che hai letto possa essere considerato un valido esempio di narrazione psicologica? Perché?

Il treno ha fischiato

t2

Luigi Pirandello, *Novelle per un anno*

Tipologia	Testo narrativo
Genere	Novella
Sottogenere	Narrazione psicologica
Anno	1914

CHI: Luigi Pirandello

DOVE: Italia

QUANDO: Novecento

▶ **ANALIZZIAMO IL TESTO**

1 LA STRUTTURA
2 I PERSONAGGI
3 IL SIGNIFICATO

L'autore

Luigi Pirandello nasce in provincia di Girgenti (l'odierna Agrigento) nel 1867. Portati a termine gli studi liceali si iscrive alla Facoltà di Lettere di Palermo. Dopo un anno decide di completare gli studi a Roma, e da qui si trasferisce a Bonn, dove si laurea nel 1891. Nel frattempo scrive opere teatrali, racconti e pubblica poesie. Nel 1893 fa ritorno a Roma, scrive il suo primo romanzo, *L'esclusa*, e sposa Maria Antonietta Portulano: un matrimonio che si rivelerà infelice a causa dei problemi psichici della donna. Nonostante le difficoltà familiari, Pirandello scrive in poco tempo il romanzo *Il fu Mattia Pascal* (1904), accolto favorevolmente dalla critica sia in Italia sia all'estero. Negli anni successivi lavora ai romanzi *I vecchi e i giovani* e *Suo marito*, pubblica numerose novelle e il saggio *L'umorismo*; nel 1910 vengono rappresentati i suoi primi drammi. L'attività teatrale si intensifica tra il 1916 e il 1920. Nel 1921 va in scena *Sei personaggi in cerca d'autore*, opera che consacra definitivamente la sua fama di grande drammaturgo. Nel 1924 pubblica il suo ultimo romanzo, *Uno, nessuno e centomila*, e nel 1934 gli viene assegnato il premio Nobel per la letteratura. Sta lavorando alla sua ultima opera, *I giganti della montagna*, quando muore nel 1936 a causa di una complicazione polmonare.

Invito alla lettura

Il grande tema che accomuna le opere teatrali e narrative di Pirandello è il tentativo da parte dell'uomo di affermare la propria individualità districandosi tra le convenzioni sociali, che lo costringono a indossare una maschera e a comportarsi in maniera inautentica. Questo tema può essere variamente declinato e sviluppato. L'autore riflette di volta in volta sull'impossibilità di conoscere la realtà, sul rapporto tra l'essere e l'apparire, sull'importanza del caso, sulla solitudine, sull'alienazione, sulla sottile linea di confine che separa la razionalità dalla follia. Non fa eccezione la novella *Il treno ha fischiato*, in cui il protagonista, Belluca, un impiegato modello e inappuntabile, improvvisamente inizia a comportarsi in maniera strana, a tal punto che i colleghi e il capufficio, credendolo pazzo, lo fanno internare in un ospedale psichiatrico. A raccontare la sua storia è un vicino di casa, cui toccherà il compito di spiegare il significato della frase apparentemente sconclusionata che il signor Belluca continua a ripetere: «il treno ha fischiato».

1 LA STRUTTURA

La novella, costituita da 6 macrosequenze, ha inizio nel bel mezzo dell'azione (*in medias res*) ed è caratterizzata dalla presenza di oscillazioni temporali tra presente e passato: *fabula* e intreccio dunque non coincidono.

2 I PERSONAGGI

Il nome del protagonista compare solo alla fine della prima macrosequenza. Il suo ritratto psicologico e la sua vicenda sono sviluppati nel corso della narrazione.

GRAMMATICA

I nomi composti sono formati dall'unione di due parole con significato autonomo, appartenenti alla stessa categoria grammaticale (due nomi, due verbi ecc.) o a diverse categorie grammaticali (un verbo e un nome, un aggettivo e un nome ecc.). Da quali parole sono formati i nomi composti «stracciafogli» e «paraocchi»? E a quale categoria grammaticale appartengono?

1 aspra riprensione: aspro rimprovero.
2 circoscritto: chiuso.
3 computista: contabile.
4 casellario: archivio di dati.

Farneticava. Principio di febbre cerebrale, avevano detto i medici; e lo ripetevano tutti i compagni d'ufficio, che ritornavano a due, a tre, dall'ospizio, ov'erano stati a visitarlo.

Pareva provassero un gusto particolare a darne l'annunzio coi termini scientifici,
5 appresi or ora dai medici, a qualche collega ritardatario che incontravano per via:
– Frenesia, frenesia.
– Encefalite.
– Infiammazione della membrana.
– Febbre cerebrale.
10 E volevan sembrare afflitti; ma erano in fondo così contenti, anche per quel dovere compiuto; nella pienezza della salute, usciti da quel triste ospizio al gajo azzurro della mattinata invernale.
– Morrà? Impazzirà?
– Mah!
15 – Morire, pare di no...
– Ma che dice? che dice?
– Sempre la stessa cosa. Farnetica...
– Povero Belluca!
E a nessuno passava per il capo che, date le specialissime condizioni in cui
20 quell'infelice viveva da tant'anni, il suo caso poteva anche essere naturalissimo; e che tutto ciò che Belluca diceva e che pareva a tutti delirio, sintomo della frenesia, poteva anche essere la spiegazione più semplice di quel suo naturalissimo caso.

Veramente, il fatto che Belluca, la sera avanti, s'era fieramente ribellato al suo capo-ufficio, e che poi, all'aspra riprensione[1] di questo, per poco non gli s'era scagliato
25 addosso, dava un serio argomento alla supposizione che si trattasse d'una vera e propria alienazione mentale.
Perché uomo più mansueto e sottomesso, più metodico e paziente di Belluca non si sarebbe potuto immaginare.
Circoscritto[2]... sì, chi l'aveva definito così? Uno dei suoi compagni d'ufficio. Cir-
30 coscritto, povero Belluca, entro i limiti angustissimi della sua arida mansione di computista[3], senz'altra memoria che non fosse di partite aperte, di partite semplici o doppie o di storno, e di defalchi e prelevamenti e impostazioni; note, librimastri, partitarii, stracciafogli e via dicendo. Casellario[4] ambulante: o piuttosto, vecchio somaro, che tirava zitto zitto, sempre d'un passo, sempre per la stessa strada la
35 carretta, con tanto di paraocchi.
Orbene, cento volte questo vecchio somaro era stato frustato, fustigato senza pietà, così per ridere, per il gusto di vedere se si riusciva a farlo imbizzire un po', a fargli almeno almeno drizzare un po' le orecchie abbattute, se non a dar segno che volesse levare un piede per sparar qualche calcio. Niente! S'era prese le frustate
40 ingiuste e le crudeli punture in santa pace, sempre, senza neppur fiatare, come se gli toccassero, o meglio, come se non le sentisse più, avvezzo com'era da anni e anni alle continue solenni bastonature della sorte.
Inconcepibile, dunque, veramente, quella ribellione in lui, se non come effetto d'una improvvisa alienazione mentale.
45 Tanto più che, la sera avanti, proprio gli toccava la riprensione; proprio aveva il diritto di fargliela, il capo-ufficio. Già s'era presentato, la mattina, con un'aria insolita, nuova; e – cosa veramente enorme, paragonabile, che so? al crollo d'una montagna – era venuto con più di mezz'ora di ritardo.
Pareva che il viso, tutt'a un tratto, gli si fosse allargato. Pareva che i paraocchi gli
50 fossero tutt'a un tratto caduti, e gli si fosse scoperto, spalancato d'improvviso all'in-

IL TRENO HA FISCHIATO • Luigi Pirandello

5 impudenza: sfrontatezza.
6 imbracato: immobilizzato con la camicia di forza.
7 lustro: luce.

torno lo spettacolo della vita. Pareva che gli orecchi tutt'a un tratto gli si fossero sturati e percepissero per la prima volta voci, suoni non avvertiti mai.

Così ilare, d'una ilarità vaga e piena di stordimento, s'era presentato all'ufficio. E, tutto il giorno, non aveva combinato niente.

55 La sera, il capo-ufficio, entrando nella stanza di lui, esaminati i registri, le carte:
— E come mai? Che hai combinato tutt'oggi?

Belluca lo aveva guardato sorridente, quasi con un'aria d'impudenza[5], aprendo le mani.

— Che significa? — aveva allora esclamato il capo-ufficio, accostandoglisi e pren-
60 dendolo per una spalla e scrollandolo. — Ohé, Belluca!

— Niente, — aveva risposto Belluca, sempre con quel sorriso tra d'impudenza e d'imbecillità su le labbra. — Il treno, signor Cavaliere.

— Il treno? Che treno?

— Ha fischiato.

65 — Ma che diavolo dici?

— Stanotte, signor Cavaliere. Ha fischiato. L'ho sentito fischiare...

— Il treno?

— Sissignore. E se sapesse dove sono arrivato! In Siberia... oppure oppure... nelle foreste del Congo... Si fa in un attimo, signor Cavaliere!

70 Gli altri impiegati, alle grida del capoufficio imbestialito, erano entrati nella stanza e, sentendo parlare così Belluca, giù risate da pazzi.

Allora il capo-ufficio — che quella sera doveva essere di malumore — urtato da quelle risate, era montato su tutte le furie e aveva malmenato la mansueta vittima di tanti suoi scherzi crudeli.

75 Se non che, questa volta, la vittima, con stupore e quasi con terrore di tutti, s'era ribellata, aveva inveito, gridando sempre quella stramberia del treno che aveva fischiato, e che, perdio, ora non più, ora ch'egli aveva sentito fischiare il treno, non poteva più, non voleva più esser trattato a quel modo.

Lo avevano a viva forza preso, imbracato[6] e trascinato all'ospizio dei matti.

80 Seguitava ancora, qua, a parlare di quel treno. Ne imitava il fischio. Oh, un fischio assai lamentoso, come lontano, nella notte; accorato. E, subito dopo, soggiungeva:

— Si parte, si parte... Signori, per dove? per dove?

E guardava tutti con occhi che non erano più i suoi. Quegli occhi, di solito cupi, senza lu-stro[7], aggrottati, ora gli ridevano lucidissimi, come quelli d'un bambino o d'un uomo feli-ce; e frasi senza costrutto gli uscivano dalle labbra. Cose inaudite, espressioni poetiche, immaginose, bislacche, che tanto più stupi-vano, in quanto non si poteva in alcun modo spiegare come, per qual prodigio, fiorissero in bocca a lui, cioè a uno che finora non s'era mai occupato d'altro che di cifre e registri e cataloghi, rimanendo come cieco e sordo alla vita: macchinetta di computisteria. Ora parlava di *azzurre fronti* di montagne nevose,

3 IL SIGNIFICATO
Il fischio del treno è la chia-ve per comprendere il si-gnificato di questa novella.

GRAMMATICA
«Capoufficio» è una parola composta da *capo* e *ufficio*. *Capo-* è il primo elemento di molte parole composte di uso frequente. Scrivi-ne almeno dieci e indica quale significato ha in esse *capo-*, cioè se indica colui che dirige (come in *capo-treno*), un'eccellenza (come in *capolavoro*) o l'inizio di qualcosa (come in *capofila*).

Vincent Van Gogh, Paesaggio con carro e treno, 1890. Mosca, Pushkin Museum of Fine Arts.

8 impreveduto: imprevisto.
9 riattaccandola: collegan-
dola.
10 provento: guadagno.

levate al cielo; parlava di viscidi cetacei che, voluminosi, sul fondo dei mari, con la coda *facevan la virgola*. Cose, ripeto, inaudite.

100 Chi venne a riferirmele insieme con la notizia dell'improvvisa alienazione mentale rimase però sconcertato, non notando in me, non che meraviglia, ma neppur una lieve sorpresa.

Difatti io accolsi in silenzio la notizia.

E il mio silenzio era pieno di dolore. Tentennai il capo, con gli angoli della bocca 105 contratti in giù, amaramente, e dissi:

– Belluca, signori, non è impazzito. State sicuri che non è impazzito. Qualche cosa dev'essergli accaduta; ma naturalissima. Nessuno se la può spiegare, perché nessuno sa bene come quest'uomo ha vissuto finora. Io che lo so, son sicuro che mi spiegherò tutto naturalissimamente, appena l'avrò veduto e avrò parlato con lui.

110 Cammin facendo verso l'ospizio ove il poverino era stato ricoverato, seguitai a riflettere per conto mio:

«A un uomo che viva come Belluca finora ha vissuto, cioè una vita "impossibile", la cosa più ovvia, l'incidente più comune, un qualunque lievissimo inciampo impreveduto[8], che so io, d'un ciottolo per via, possono produrre effetti straordi-115 narii, di cui nessuno si può dar la spiegazione, se non pensa appunto che la vita di quell'uomo è "impossibile". Bisogna condurre la spiegazione là, riattaccandola[9] a quelle condizioni di vita impossibili, ed essa apparirà allora semplice e chiara. Chi veda soltanto una coda, facendo astrazione dal mostro a cui essa appartiene, potrà stimarla per se stessa mostruosa. Bisognerà riattaccarla al mostro; e allora 120 non sembrerà più tale; ma *quale dev'essere*, appartenendo a quel mostro.

«Una coda naturalissima.»

Non avevo veduto mai un uomo vivere come Belluca.

Ero suo vicino di casa, e non io soltanto, ma tutti gli altri inquilini della casa si domandavano con me come mai quell'uomo potesse resistere in quelle condizioni di vita.

125 Aveva con sé tre cieche, la moglie, la suocera e la sorella della suocera: queste due, vecchissime, per cataratta; l'altra, la moglie, senza cataratta, cieca fissa; palpebre murate.

Tutt'e tre volevano esser servite. Strillavano dalla mattina alla sera perché nessuno le serviva. Le due figliuole vedove, raccolte in casa dopo la morte dei mariti, l'una 130 con quattro, l'altra con tre figliuoli, non avevano mai né tempo né voglia da badare ad esse; se mai, porgevano qualche ajuto alla madre soltanto.

Con lo scarso provento[10] del suo impieguccio di computista poteva Belluca dar da mangiare a tutte quelle bocche? Si procurava altro lavoro per la sera, in casa: carte da ricopiare. E ricopiava tra gli strilli indiavolati di quelle cinque donne e di quei 135 sette ragazzi finché essi, tutt'e dodici, non trovavan posto nei tre soli letti della casa.

Letti ampii, matrimoniali; ma tre.

Zuffe furibonde, inseguimenti, mobili rovesciati, stoviglie rotte, pianti, urli, tonfi, perché qualcuno dei ragazzi, al bujo, scappava e andava a cacciarsi fra le tre vecchie cieche, che dormivano in un letto a parte, e che ogni sera litigavano anch'esse tra 140 loro, perché nessuna delle tre voleva stare in mezzo e si ribellava quando veniva la sua volta.

Alla fine, si faceva silenzio, e Belluca seguitava a ricopiare fino a tarda notte, finché la penna non gli cadeva di mano e gli occhi non gli si chiudevano da sé.

Andava allora a buttarsi, spesso vestito, su un divanaccio sgangherato, e subito 145 sprofondava in un sonno di piombo, da cui ogni mattina si levava a stento, più intontito che mai.

Ebbene, signori: a Belluca, in queste condizioni, era accaduto un fatto naturalissimo. Quando andai a trovarlo all'ospizio, me lo raccontò lui stesso, per filo e per segno. Era, sì, ancora esaltato un po', ma *naturalissimamente*, per ciò che gli era accadu-
150 to. Rideva dei medici e degli infermieri e di tutti i suoi colleghi, che lo credevano impazzito.

– Magari! – diceva. – Magari!

Signori, Belluca, s'era dimenticato da tanti e tanti anni – ma proprio dimenticato – che il mondo esisteva.

155 Assorto nel continuo tormento di quella sua sciagurata esistenza, assorto tutto il giorno nei conti del suo ufficio, senza mai un momento di respiro, come una bestia bendata, aggiogata alla stanga d'una nòria[11] o d'un molino, sissignori, s'era dimenticato da anni e anni – ma proprio dimenticato – che il mondo esisteva.

Due sere avanti, buttandosi a dormire stremato su quel divanaccio, forse per l'ec-
160 cessiva stanchezza, insolitamente, non gli era riuscito d'addormentarsi subito. E, d'improvviso, nel silenzio profondo della notte, aveva sentito, da lontano, fischiare un treno.

Gli era parso che gli orecchi, dopo tant'anni, chi sa come, d'improvviso gli si fossero sturati.

165 Il fischio di quel treno gli aveva squarciato e portato via d'un tratto la miseria di tutte quelle sue orribili angustie, e quasi da un sepolcro scoperchiato s'era ritrova-to a spaziare anelante[12] nel vuoto arioso del mondo che gli si spalancava enorme tutt'intorno.

S'era tenuto istintivamente alle coperte che ogni sera si buttava addosso, ed era
170 corso col pensiero dietro a quel treno che s'allontanava nella notte.

C'era, ah! C'era, fuori di quella casa orrenda, fuori di tutti i suoi tormenti, c'era il mondo, tanto, tanto mondo lontano, a cui quel treno s'avviava... Firenze, Bologna, Torino, Venezia... tante città, in cui egli da giovine era stato e che ancora, certo, in quella notte sfavillavano di luci sulla terra. Sì, sapeva la vita che vi si viveva!

175 La vita che un tempo vi aveva vissuto anche lui! E seguitava, quella vita; aveva sempre seguitato, mentr'egli qua, come una bestia bendata, girava la stanga del molino. Non ci aveva pensato più! Il mondo s'era chiuso per lui, nel tormento della sua casa, nell'arida, ispida angustia della sua computisteria... Ma ora, ecco, gli rientrava, come per travaso violento, nello spirito. L'attimo, che scoccava per
180 lui, qua, in questa sua prigione, scorreva come un brivido elettrico per tutto il mondo, e lui con l'immaginazione d'improvviso risvegliata poteva, ecco, poteva seguirlo per città note e ignote, lande[13], montagne, foreste, mari... Questo stesso brivido, questo stesso palpito del tempo. C'erano, mentr'egli qua viveva questa vita «impossibile», tanti e tanti milioni d'uomini sparsi su tutta la terra, che vivevano
185 diversamente. Ora, nel medesimo attimo ch'egli qua soffriva, c'erano le montagne solitarie nevose che levavano al cielo notturno le *azzurre fronti*... Sì, sì, le vedeva, le vedeva, le vedeva così... c'erano gli oceani... le foreste...

E, dunque, lui – ora che il mondo gli era rientrato nello spirito – poteva in qual-che modo consolarsi! Sì, levandosi ogni tanto dal suo tormento, per prendere con
190 l'immaginazione una boccata d'aria nel mondo.

Gli bastava!

Naturalmente, il primo giorno, aveva ecceduto. S'era ubriacato. Tutto il mondo, dentro d'un tratto: un cataclisma. A poco a poco, si sarebbe ricomposto. Era ancora ebro[14] della troppa troppa aria, lo sentiva.

195 Sarebbe andato, appena ricomposto[15] del tutto, a chiedere scusa al capo-ufficio, e avrebbe ripreso come prima la sua computisteria. Soltanto il capo-ufficio ormai non doveva pretender troppo da lui come per il passato: doveva concedergli che

11 **nòria**: macchina che an-ticamente serviva per solle-vare l'acqua.
12 **anelante**: ansimante.
13 **lande**: terre.
14 **ebro**: ubriaco.
15 **ricomposto**: ristabilito.

di tanto in tanto, tra una partita e l'altra da registrare, egli facesse una capatina, sì, in Siberia... oppure oppure... nelle foreste del Congo:

200 — Si fa in un attimo, signor Cavaliere mio. Ora che il treno ha fischiato...

(L. Pirandello, *L'uomo solo*, Milano, Mondadori, 1992)

▸ ANALIZZIAMO IL TESTO

1 LA STRUTTURA

Da un punto di vista strutturale la novella è suddivisibile in sei macrosequenze. Attraverso un inizio *in medias res* la prima macrosequenza immette il lettore direttamente nell'azione, senza fornire informazioni sul protagonista e sulla sua vicenda. Da alcuni elementi – il verbo iniziale «farneticava», i dialoghi tra i compagni di lavoro e l'intervento del narratore testimone – si comprende però che ciò che verrà presentato è un caso di pazzia.

Nella seconda macrosequenza il narratore fornisce un ritratto del personaggio e, attraverso un *flashback*, rievoca la scena della sua ribellione contro il capufficio. Nella terza macrosequenza il narratore si sofferma sui deliri del protagonista ed esprime il proprio punto di vista sulla vicenda. Per lui Belluca non è impaz-

zito. Un'ipotesi, questa, che viene sviluppata nella quarta e nella quinta macrosequenza, in cui il narratore ricostruisce la triste esistenza del suo vicino di casa, diviso tra una famiglia oppressiva e un lavoro alienante. Nella sesta e ultima macrosequenza il narratore riporta il colloquio tra lui e Belluca. Quest'ultimo nega di essere pazzo e racconta ciò che gli è accaduto: la notte insonne, il fischio del treno, il desiderio di vita e libertà.

1 Assegna a ciascuna macrosequenza un titolo coerente con il suo contenuto.

2 Individua i *flashback*.

2 I PERSONAGGI

Una delle caratteristiche principali della produzione pirandelliana è quella di porre al centro della narrazione un singolo personaggio e di costruire intorno a questo, alla sua caratterizzazione e alle sue vicende personali, tutto il racconto.

Nelle opere di Pirandello, infatti, il personaggio conta più dei fatti e per questo è delineato con particolari relativi alla sua condizione socio-economica e al suo profilo psicologico (il vissuto, il modo di comportarsi, le convinzioni personali).

Ai personaggi minori, invece, sono affidati o la funzione dï commentare la vicenda e di informare su eventi già accaduti, o il compito di provocare la rottura dell'equilibrio, avviando più o meno consapevolmente il motore dell'azione.

3 Che lavoro svolge Belluca? *lavoro nello stesso uffico del signor Cavaliere.*

4 Che tipo di rapporti intercorrono tra Belluca e il suo capufficio?

5 Belluca è infelice. Perché? *Non vive la vita che vorrebbe*

6 Quale evento rappresenta la rottura dell'equilibrio? *Il treno*

7 Perché i colleghi di lavoro si stupiscono della reazione di Belluca? *Perché non aveva mai reagito dopo uno schiavo*

8 Quale sentimento prova il narratore nei confronti di Belluca?

3 IL SIGNIFICATO

In questa novella "la follia" si manifesta improvvisamente in un uomo stritolato dagli ingranaggi di un'esistenza grigia e monotona e considerato da tutti un impiegato modello, mite e obbediente. Ma il fischio di un treno, udito in lontananza, lo sbalza fuori da questo binario a senso unico, facendogli comprendere che egli è ancora vivo, che la sua situazione familiare è dolorosa, che il suo impiego non è dignitoso e che intorno a lui esiste la possibilità di una vita diversa, più libera e autentica. Il fischio del treno gli è entrato per sempre dentro e da questo momento Belluca non potrà essere più lo stesso. Dunque, la frase che egli continua a ripetere, «il treno ha fischiato», non rappresenta il delirio di un pazzo,

ma la lucida presa di coscienza di un uomo che ha intravisto la verità e la speranza.

9 Quali tra queste tematiche sono affrontate nella novella?
☒ La solitudine.
☐ L'alienazione.
☒ Il rapporto tra razionalità e follia.
☐ L'importanza del caso nella vita di un uomo.
☐ Il rapporto tra marito e moglie.
☐ Il rapporto tra l'essere e l'apparire.

10 Spiega perché Belluca non è pazzo. *Perché era solo emozionato di aver sentito il treno che non sentiva e capisce delle sue vere e ...*

▶ **ATTIVIAMO LE COMPETENZE**

LETTURA E COMPRENSIONE

COMPRENSIONE GENERALE E INTERPRETAZIONE

11 Scrivi la fabula della novella, riordinando gli eventi secondo un ordine logico-temporale.

12 Quali sentimenti prova il narratore nei confronti di Belluca? Rispondi individuando nel testo e riportando tutti gli elementi che possono supportare la tua interpretazione.

LESSICO

UTILIZZO DEGLI STRUMENTI DI RICERCA

13 Ricerca sul dizionario il significato dei termini sotto riportati. Poi per ognuno di essi scrivi due frasi: nella prima utilizzandolo in senso proprio, nella seconda in senso figurato:

farneticare - cerebrale - frenesia - membrana

PRODUZIONE TESTUALE

PROGETTAZIONE, TESTO NARRATIVO NON LETTERARIO

14 Immaginando di essere un giornalista, a partire dal titolo proposto scrivi un pezzo di cronaca sulla vicenda di Belluca.
OCCHIELLO Impiegato impazzito aggredisce capufficio.
TITOLO IL FISCHIO DELLA FOLLIA
SOMMARIO A innescare la furia del lavoratore un rimprovero del datore di lavoro.

---

t3 Eveline

James Joyce, *Gente di Dublino*

Tipologia	Testo narrativo
Genere	Novella
Sottogenere	Narrazione psicologica
Anno	1914

CHI: James Joyce · DOVE: Irlanda · QUANDO: Novecento

▶ **DISCUTIAMO IL PROBLEMA** *Perché Eveline non parte?*

1 IL PERSONAGGIO
2 LO SPAZIO
3 IL PUNTO DI VISTA

L'autore   James Joyce nasce a Dublino nel 1882 da una buona famiglia che gli assicura una rigorosa educazione religiosa nelle migliori scuole cattoliche. I problemi politici dell'Irlanda e il ristretto orizzonte culturale della sua città lo spingono molto presto a lasciare il proprio Paese, dove farà ritorno solo poche volte, e a trasferirsi nelle grandi capitali della cultura europea: Parigi, Trieste, Roma e Zurigo, dove infine si spegnerà nel 1941 in seguito a un'operazione di ulcera. In giro per l'Europa, lo scrittore conduce un'esistenza non facile, assediato dalle ristrettezze economiche, amareggiato dall'incomprensione della critica, avvilito dalle disgrazie familiari e dai problemi di salute. Ma il grande amore per la letteratura e alcuni incontri fortunati, come quello con il poeta americano Ezra Pound e con lo scrittore triestino Italo Svevo, suo allievo in un corso di inglese alla "Berlitz School" di Trieste, lo ripagano dei grandi sacrifici e gli danno da subito una certa notorietà, soprattutto oltre oceano.

Oggi è considerato uno dei più grandi artisti innovatori del primo Novecento. La sua produzione narrativa include la raccolta di racconti *Gente di Dublino* (1914), il romanzo autobiografico *Dedalus* (1917) e le opere più sperimentali *Ulisse* (1922) e *La veglia di Finnegan* (1939).

Invito alla lettura

Gente di Dublino è una raccolta di quindici racconti attraverso i quali si articolano le fondamentali fasi dell'esistenza umana: l'Infanzia (di cui fanno parte *Le sorelle*, *Un incontro*, *Arabia*); l'Adolescenza (che comprende *Eveline*, *Dopo la corsa*, *Due galanti*, *Pensione di famiglia*); la Maturità (*Una piccola nube*, *Rivalsa*, *Polvere*, *Un caso pietoso*) e la Vita pubblica (*Il giorno dell'edera*, *Una madre*, *La grazia*, *I morti*). I personaggi di queste storie servono all'autore per denunciare il provincialismo e l'inettitudine degli abitanti di Dublino. Il racconto *Eveline*, che qui proponiamo, ha per protagonista una ragazza affetta da "paralisi spirituale". Ancorata ai ricordi del passato, schiacciata dalle responsabilità del presente, Eveline non riesce a guardare con ottimismo al proprio futuro e, dopo essersi illusa di avere trovato l'amore che può renderla libera, decide infine di lasciare il suo ragazzo rinunciando alla prospettiva di una vita migliore.

1 IL PERSONAGGIO
Eveline, un'adolescente triste e bloccata nel suo processo evolutivo, è il personaggio centrale della vicenda.

Seduta alla finestra osservava la sera invadere il viale. Teneva la testa appoggiata contro le tende e aveva nelle narici l'odore del cretonne[1] polveroso. Era stanca.
Pochi passanti. L'inquilino della casa in fondo arrivò in fretta, udì i suoi passi secchi sul marciapiede, poi lo scricchiolio della ghiaia sul vialetto davanti alle
5 nuove case rosse. Un tempo c'era stato un campo dove tutte le sere andavano a giocare coi ragazzi delle altre case. In seguito un tale di Belfast[2] aveva acquistato il terreno costruendovi alcune case, non casupole scure come le loro ma case chiare di mattoni coi tetti lucenti. Tutti i ragazzi del viale avevano giocato in quel campo: Devine, i Water, i Dunn, il piccolo Keogh lo storpio, lei coi suoi fratelli e
10 sorelle. Non Ernest, però – lui era troppo grande. Arrivava ogni tanto suo padre a scacciarli brandendo il bastone di rovo, ma di solito il piccolo Keogh faceva la sentinella e dava l'allarme appena lo vedeva venire.
A pensarci, erano stati bei tempi, allora. Suo padre non era come adesso, e la mamma era ancora viva. Quanto tempo era passato! Lei, i fratelli e le sorelle era-
15 no cresciuti, la mamma era morta. Anche Tizie Dunn era morto e i Water erano tornati in Inghilterra. Tutto cambia. Adesso toccava a lei andarsene come gli altri, lasciare la casa.

2 LO SPAZIO
I luoghi in cui vive Eveline sono descritti in modo tale da amplificare i suoi stati d'animo.

La casa! Passò lo sguardo nella stanza, esaminando le cose familiari che da sempre spolverava una volta alla settimana, sempre chiedendosi da dove provenisse
20 tutta quella polvere. Forse non le avrebbe più riviste, quelle cose familiari dalle quali mai avrebbe immaginato di separarsi un giorno. E dire che in tutti quegli anni non era mai riuscita a scoprire il nome del prete la cui fotografia ingiallita era appesa sopra l'harmonium[3] rotto, accanto alla stampa colorata dei voti fatti alla beata Margaret Mary Alacoque[4]. Era stato un amico di scuola di suo padre. Ogni
25 volta che mostrava quel ritratto a un ospite, suo padre diceva come di sfuggita: "Adesso sta a Melbourne[5]".

---

1 **cretonne**: tessuto di cotone stampato a colori vivaci usato per la tappezzeria. Il suo nome deriva da Creton, città della Normandia, famosa per le sue manifatture tessili.

2 **Belfast**: è il capoluogo dell'Irlanda del Nord (che appartiene al Regno Unito). Dublino, invece, è la capitale della Repubblica d'Irlanda (Eire).

3 **harmonium**: strumento a tastiera simile a un organo.

4 **Margaret Mary Alacoque**: santa francese nata nel 1647 e morta nel 1690.

5 **Melbourne**: città dell'Australia.

3 IL PUNTO DI VISTA
Eventi e situazioni sono filtrati attraverso il punto di vista di Eveline.

6 **soppesare**: valutare considerando attentamente i pro e i contro di una cosa.
7 **prostravano**: sfinivano.
8 **col sudore**: è una metonimia: il narratore indica la causa – il lavoro – attraverso il suo effetto – il sudore.
9 **era ridotto male**: lascia intendere che il padre di Eveline si ubriacava.
10 **Buenos Aires**: capitale dell'Argentina.

La città di Dublino nei primi anni del Novecento.

Aveva accettato di andarsene, di lasciare la casa. Era una decisione opportuna? Cercò di soppesare[6] ogni aspetto della questione. A casa aveva comunque tetto e cibo; intorno c'erano le persone di sempre. Certo, il lavoro era molto, a casa come
30 in negozio. Cosa avrebbero detto, al lavoro, sapendo che era scappata con uno? Che era una stupida, magari. E forse avrebbero messo un'inserzione per sostituirla. Chissà la contentezza della signorina Gavan – l'aveva tenuta sempre in antipatia, specie quando poteva punzecchiarla davanti agli altri. "Signorina Hill, non vede che queste signore aspettano?"
35 Oppure, "Un po' di brio, signorina Hill, la prego!" Non avrebbe versato lacrime lasciando il negozio.

Nella nuova casa, in un paese lontano, sarebbe stato diverso. Sarebbe stata una donna sposata. La gente l'avrebbe trattata con rispetto e non com'era stata trattata sua madre. Persino a diciannove anni compiuti temeva talvolta la violenza
40 paterna. Erano state queste paure a darle le palpitazioni. In passato non si era mai scagliato su di lei come faceva con Harry ed Ernest, perché era una ragazza; ma ultimamente aveva cominciato a minacciarla e a dirle cosa le avrebbe fatto non fosse stato per riguardo a sua madre morta. Adesso non c'era nessuno che la proteggesse, Ernest era morto e Harry, che lavorava come decoratore di chiese, era
45 quasi sempre lontano.

Eppoi, le liti per i soldi il sabato sera la prostravano[7] ormai moltissimo. Dava ogni settimana a suo padre tutto il suo stipendio – sette scellini – e anche Harry mandava sempre quello che poteva, ma il problema era poi farsi dare qualche soldo. Suo padre sosteneva che lei i quattrini li buttava via, che non aveva testa, che non
50 le avrebbe dato i soldi guadagnati col sudore[8] perché li buttasse per strada. Altre cose ancora, le diceva, perché di solito il sabato sera era ridotto male[9]. Alla fine i soldi li dava, chiedendole se per caso provvedeva lei alla spesa della domenica. Allora doveva correre svelta al mercato, tenendo stretto in mano il borsellino di cuoio nero mentre si faceva strada a gomitate tra la folla, per poi rincasare tardi
55 carica di provviste. Era una bella fatica mandare avanti la casa e fare in modo che i due bambini che le erano rimasti affidati andassero regolarmente a scuola e mangiassero a dovere. Era un lavoro duro, una fatica, ma ora che stava per liberarsene non le sembrava una vita proprio insopportabile.

Con Frank stava per conoscerne un'altra, ora. Lui era buono e forte, generoso.
60 Doveva partire con lui quella sera, sarebbe diventata sua moglie e avrebbe vissuto con lui a Buenos Aires[10], dove una casa l'aspettava. Ricordava la prima volta che l'aveva visto; abitava in una casa sulla via principale dove si era recata da degli amici. Parevano passate solo poche settimane. Lui davanti al cancello, il berretto spinto indietro sulla nuca e i riccioli che gli ricadevano sulla fronte abbronzata. Poi si erano conosciuti. Ogni sera l'aspettava all'uscita del negozio per riaccompagnarla a casa. L'aveva anche portata a teatro e le era piaciuto moltissimo starsene seduta accanto a lui tra gli spettatori attenti. Frank amava la musica e sapeva anche un po' cantare. In giro si sapeva della loro relazione, così quando lui intonava la canzone della fanciulla innamorata di un marinaio,

GRAMMATICA
La lettera maiuscola è obbligatoria con i nomi propri di persona (*Aldo*); dopo il punto fermo, il punto interrogativo e il punto esclamativo (*Livia tace. Il suo silenzio pesa come piombo*); dopo i due punti, quando questi introducono un discorso diretto (*La mamma dice al figlio: «Vai a comprare il pane»*); con i nomi propri geografici (*Roma*); con i toponimi (*piazza della Concordia*); con i nomi delle ricorrenze e delle feste religiose (*Natale, la Liberazione*); con i nomi dei popoli antichi (gli *Assiri*); con gli appellativi (lo chiamavano *Rosso Malpelo*). Leggi il brano compreso tra le righe 78-104 e individua le lettere maiuscole, specificando di volta in volta perché vengono usate.

lei provava sempre un imbarazzo dolce. La chiamava Poppie per scherzo. L'idea di avere un ragazzo l'aveva eccitata inizialmente; poi aveva cominciato a volergli bene
80 sul serio. Le raccontava di paesi lontani. Aveva cominciato come mozzo[11] a una sterlina al mese su una nave che faceva la linea del Canada. Le aveva anche detto tutti i nomi delle navi su cui era stato. Aveva attraversato lo stretto di Magellano[12] e le raccontava le avventure coi terribili selvaggi. A Buenos Aires aveva avuto fortuna, le aveva spiegato, ed era tornato in patria solo per una vacanza. Naturalmente
85 suo padre aveva scoperto tutto e le aveva proibito di avere a che fare con lui. "Lo so io come sono i marinai!" aveva detto. Un giorno aveva anche litigato con Frank e da quel momento avevano dovuto incontrarsi di nascosto.

La sera s'infittiva sul viale. Il candore delle due lettere che teneva in grembo si fece indistinto. Una era per Harry, l'altra per suo padre. Ernest era stato sempre il suo
90 prediletto, ma voleva molto bene anche a Harry. Suo padre negli ultimi tempi era parecchio invecchiato – gli sarebbe mancata. Qualche volta sapeva essere gentile. Non molto tempo prima, quando per un giorno era stata male, le aveva letto ad alta voce una storia di spiriti e le aveva abbrustolito il pane sul fuoco. Un'altra volta, quand'era ancora viva la mamma, erano andati tutti insieme per un picnic sul
95 colle di Howth. Lui si era messo in testa il cappellino della moglie per farli ridere. Restava ormai poco tempo, ma continuava a sedere alla finestra, il capo contro la tenda, aspirando l'odore polveroso del cretonne. Si sentiva in lontananza un organetto. Era un motivetto che conosceva. Strano che venisse proprio quella sera a ricordarle la promessa che aveva fatto a sua madre – di badare alla casa il più
100 a lungo possibile. Ricordò la notte in cui era morta, e fu come di essere di nuovo nella stanza buia e opprimente mentre fuori echeggiava quella malinconica canzone. Al suonatore di organetto aveva chiesto di allontanarsi dandogli una moneta da sei pence[13]. Ricordava come suo padre fosse poi rientrato silenziosamente nella camera della malata dicendo: "Maledetti italiani! Disturbare così!"
105 Mentre così ricordava la penosa visione della vita di sua madre gettò un maleficio nel profondo del suo essere: quella vita di sacrifici e di meschinità sfociata nella finale follia! Tremò riudendo la voce materna ripetere assurdamente, "Derevaun Seraun! Derevaun Seraun!"[14].

S'alzò spinta da un terrore improvviso. Fuggire! Sì, assolutamente! Frank l'avrebbe
110 salvata. Le avrebbe dato la vita, forse anche l'amore. Ma lei voleva vivere! Aveva diritto alla felicità. Frank l'avrebbe stretta fra le braccia… L'avrebbe salvata.

John French Sloan,
Finestra sulla strada, 1912.
Collezione privata.

Stava tra la folla ondeggiante della stazione di Northwall. Lui le stringeva la mano e lei capiva che le stava parlando, che continuava a ripeterle qualcosa a proposito della traversata. La stazione era zeppa di militari coi loro sacchi. Oltre la tettoia scorgeva la grande sagoma nera della nave con gli oblò illuminati. Non parlava. Si sentiva le guance

11 **mozzo**: giovane marinaio di bordo, addetto ai servizi più umili.
12 **lo stretto di Magellano**: è lo stretto di mare che si estende tra il Cile e la Terra del fuoco, nell'estrema propaggine dell'America del Sud.
13 **pence**: plurale di *penny*, una moneta britannica di poco valore.
14 **Derevaun Seraun**: parole senza senso.

15 ferro: è una metonimia: la materia (il ferro) è utilizzata per indicare l'oggetto (la ringhiera).

120 esangui e fredde e in quella sua disperata confusione si rivolgeva a Dio chiedendogli di guidarla, di indicarle la cosa giusta da fare. Si levò dalla nave un lungo fischio lugubre che trafisse la nebbia. Se partiva, l'indomani si sarebbe ritrova sul mare con Frank, diretta a Buenos Aires. I biglietti per la traversata erano pronti. Come tirarsi indietro dopo tutto quello che Frank aveva fatto per lei? L'angoscia le salì dentro come una 125 nausea, e continuò a formulare con le labbra una preghiera fervente. Una campana le rintoccò sul cuore. Sentì che Frank le stringeva la mano: "Vieni!"

Tutti i mari del mondo le si riversarono sul cuore. Lui voleva trascinarla in essi, la voleva annegare. Si aggrappò con entrambe le mani alla ringhiera di ferro. "Vieni!"

130 No! No! No! Era impossibile. Le mani strinsero frenetiche il ferro[15]. Dal profondo dei mari innalzò un grido angoscioso.

"Eveline! Evy!"

Lui correva al di là della ringhiera, le gridava di seguirlo – gli urlarono di andare avanti, ma continuava a chiamarla. Rivolse verso di lui il viso pallido, sembrava 135 quello di un animaletto inerme. E i suoi occhi non gli diedero alcun segno di amore o di addio o di riconoscimento.

(J. Joyce, *Gente di Dublino*, Bussolengo, Demetra, 1993, trad. di F. Franconeri)

LABORATORIO

Il tema dei ricordi è spesso presente nella narrazione psicologica; Marcel Proust ne ha fatto la materia di un romanzo lunghissimo, in sette volumi (*Alla ricerca del tempo perduto*). Vai al laboratorio per leggere il brano in cui un pasticcino imbevuto nel tè innesca il meccanismo della memoria.

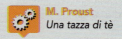

M. Proust
Una tazza di tè

▶ DISCUTIAMO IL PROBLEMA

1 IL PERSONAGGIO

Eveline è ben caratterizzata psicologicamente e il suo modo di agire è condizionato dal passato e dall'ambiente. La sua vita, infatti, è segnata da tante situazioni dolorose: la ragazza svolge un lavoro che non la soddisfa e deve provvedere al mantenimento della famiglia; il padre è un ubriacone; il fratello più caro è morto; la mamma si è spenta prematuramente dopo «una vita di sacrifici e meschinità sfociata nella finale follia». Tutti questi problemi hanno impedito un sano sviluppo della sua personalità, che risulta come paralizzata, incapace di affermarsi pienamente, al punto da non trovare la forza di esprimersi e realizzarsi neppure all'interno della coppia amorosa.

La presenza di lunghe sequenze riflessive che rallentano e dilatano il tempo del racconto, la continua oscillazione tra presente, passato e futuro che altera lo svolgimento cronologico dei fatti, la

struttura circolare del racconto dove inizio e fine coincidono perché nulla si evolve, contribuiscono a sottolineare l'immobilità del personaggio e la sua incapacità di dare una svolta alla propria vita.

1 Completa il ritratto della protagonista, rispondendo alle seguenti domande.
- Quanti anni ha Eveline?
- Dove vive?
- Che cosa fa nella vita?
- Da quanti membri è composta la sua famiglia?
- Che rapporto c'è tra Eveline e i suoi fratelli?
- Che cosa fa il padre di Eveline? Qual è il suo carattere?
- Che rapporto c'è tra Eveline e suo padre?

2 LO SPAZIO

Per sottolineare la solitudine di Eveline costretta a vivere in un presente angusto che non le dà possibilità di scelta, l'autore ricorre a una connotazione negativa degli spazi interni ed esterni. La casa, descritta come un luogo polveroso, grigio e pieno di oggetti vecchi e malandati, comunica un senso di decadenza e oppressione. Gli spazi esterni – il quartiere, il porto – trasmettono invece un senso di ansia o di squallore.

2 Individua nel testo aggettivi, verbi, sostantivi ed espressioni che concorrono alla connotazione negativa degli spazi, come da esempio:
- casa: «polvere», «fotografia ingiallita»... (continua tu)
- quartiere: «pochi passanti», «passi secchi»... (continua tu)
- porto: «folla», «sagoma nera»... (continua tu)

Perché Eveline non parte?

La conclusione di questo racconto sembra spiazzare il lettore: Eveline conduce una vita piena di angustie, potrebbe dare una svolta alla sua esistenza seguendo Frank in Argentina, ma alla fine decide di non partire, rinunciando all'amore e alla possibilità di un futuro migliore. Perché si comporta così? Che cosa la blocca?

LE RISPOSTE

PRIMA IPOTESI: Eveline è logorata da uno schiacciante sentimento di colpa.

In base a questa ipotesi Eveline si sentirebbe inconsciamente responsabile della malattia e della morte della madre e del destino del padre e dei fratelli. Per questo, con un meccanismo frequente nell'età adolescenziale, la ragazza si sarebbe identificata con la figura materna, occupando il suo posto all'interno della famiglia e assumendo il ruolo di "mamma".

SECONDA IPOTESI: Eveline è un'adolescente senza speranza.

Secondo gli psicologi ciò che distingue gli adolescenti felici da quelli tristi come Eveline è il sentimento di speranza, cioè la capacità di «tener viva nella propria mente l'aspettativa fiduciosa che possa avverarsi qualcosa che si è certi comporterà il proprio bene» (Gustavo Pietropolli Charmet). Il sentimento di speranza è assente quando l'adolescente non è divenuto abbastanza autonomo, non si sente all'altezza dei compiti che deve svolgere, non ha accettato la separazione dal mondo dell'infanzia, non ha ancora definito la propria identità.

CONCLUSIONE

A partire dalle ipotesi fornite, argomenta e discuti con i compagni il tuo punto di vista.

3 IL PUNTO DI VISTA

Per quanto riguarda le tecniche narrative, il racconto è caratterizzato dalla presenza di un narratore esterno che narra gli eventi filtrandoli attraverso il punto di vista della protagonista. La focalizzazione interna consente al narratore di entrare nella mente del personaggio per mostrarcene i pensieri, i dubbi, le paure e i ricordi.

3 Scegli una sequenza del racconto e sottolinea i passaggi in cui si avverte maggiormente il punto di vista di Eveline.

▶ ATTIVIAMO LE COMPETENZE

LETTURA E COMPRENSIONE

ACCESSO ALLE INFORMAZIONI

4 Indica se le seguenti affermazioni sono vere o false.

	Vero	Falso
A I fatti narrati si svolgono nell'Irlanda del Nord.		
B Eveline odia suo padre.		
C Eveline decide di non comunicare a nessuno la sua intenzione di fuggire.		
D La gente non rispettava la madre di Eveline.		

5 Da quali elementi presenti nel testo hai dedotto le tue risposte?

COMPRENSIONE GENERALE E INTERPRETAZIONE

6 Ricostruisci la storia di Eveline e della sua famiglia.

RIFLESSIONE E VALUTAZIONE

7 Valuta il finale di questo racconto, scegliendo tra le affermazioni che seguono quella più appropriata.
   A Ci troviamo in presenza di un finale chiuso e privo di speranza.
   B Si tratta di un finale aperto, che può essere interpretato sia positivamente sia negativamente.
   C Il finale è positivo, perché lascia intuire la decisione di Eveline di seguire Frank.
   D Il finale è positivo, perché in fondo Eveline ha deciso di fare ciò che la rende davvero felice.

t4

Chi hanno messo nel mio specchio?

Eliana de Ferrari, in G. Pietropolli Charmet - L. Cirillo, *AdoleScienza*

Tipologia	Testo espositivo-argomentativo
Genere	Saggio di psicologia
Anno	2010

▶ **STUDIAMO IL TESTO ESPOSITIVO-ARGOMENTATIVO**

1 LA PREMESSA
2 LO SVILUPPO PER CONFRONTO
3 IL PROBLEMA E LA SOLUZIONE

Invito alla lettura

In questo brano, la psicologa e studiosa del disagio evolutivo Eliana de Ferrari affronta una delle problematiche più diffuse nell'età adolescenziale: quella relativa alle trasformazioni psichiche e fisiche subite dai giovani durante la pubertà e al faticoso compito cui essi sono chiamati: riconoscerle e accettarle, anche con l'aiuto degli adulti.

1 LA PREMESSA
L'argomento del testo e il suo ambito disciplinare sono indicati fin dall'inizio.

Quando in psicologia si parla di "specchio" ci si riferisce non tanto allo specchio come oggetto reale ma piuttosto alla funzione specchio che è quella che consente ad un individuo di conoscersi e riconoscersi rispecchiandosi nello sguardo dell'altro. A fare da specchio è innanzitutto la madre nei confronti
5 del bambino appena nato: la madre, come se fosse uno specchio, attraverso il suo volto, le sue espressioni, le sue parole e i suoi affetti rimanda al neonato il senso dei suoi stati corporei, istintivi, emotivi ed affettivi in modo che il bambino possa riconoscerli e sentirli come propri. È mediante questa funzione di rispecchiamento, su cui molto hanno scritto gli esperti della psiche, che il
10 bambino può cominciare a costruire una prima bozza della immagine di sé. Riflettendosi nello sguardo dell'altro egli potrà ritrovare se stesso e scoprire le sue forme, i suoi confini, i suoi bisogni.

2 LO SVILUPPO PER CONFRONTO
Consiste nello sviluppare un concetto, un problema o un'idea attraverso la descrizione contrapposta di due o più elementi.

Così come il bambino cerca affannosamente lo sguardo degli altri per ricevere indietro informazioni utili a conoscersi, così anche l'adolescente, alle prese con stati
15 interni (pulsionali, istintuali, emotivi, affettivi) nuovi che non riesce immediatamente a riconoscere, si muove nel mondo alla ricerca di uno sguardo di ritorno che lo aiuti a rispondere ai suoi interrogativi più profondi: «Chi sono? ... Come sono?». L'adolescente potrà rivolgersi per questo alle diverse figure che abitano i suoi differenti contesti di crescita: potrà cercarsi nel volto dei genitori, nello sguardo
20 dei coetanei, nelle parole di insegnanti, educatori, allenatori... Egli si rivolgerà a loro nel tentativo di trovare una risposta ai suoi dubbi, alle sue domande, ai suoi interrogativi circa i cambiamenti interni ed esterni che l'evento "crescita" ha in lui determinato, destabilizzando gli equilibri, trasformando in ignoto ciò che prima era noto, definito e prevedibile. È certo che in adolescenza anche lo specchio reale
25 si presta ad assolvere questa importante funzione, diventando per l'adolescente un utile e prezioso accessorio che accanto all'ipod, al cellulare, al computer e al motorino andrà a popolare la famiglia dei nuovi oggetti adolescenziali. È a questa età infatti, ma ancora di più nella preadolescenza, che i ragazzi cominciano ad accorgersi dell'esistenza degli specchi, ad osservarli con curiosità, a domandarsi

30 il senso della loro funzione. Ora gli specchi cominciano a comparire nelle camere dei ragazzi, nelle borsette, negli astucci: specchi di ogni dimensione e tipo che possono così soddisfare quel bisogno dell'adolescente di guardarsi, per ricercarsi, sempre e in ogni luogo.

La madre di Beatrice riferisce che la figlia, la mattina, prima di andare a scuola, 35 trascorre ore chiusa in bagno «perdendo tempo» a girarsi e rigirarsi davanti allo specchio. Beatrice si guarda, fa delle smorfie, a volte parla con la sua immagine riflessa allo specchio, si muove, si sveste e si riveste, potrebbe andare avanti per ore se la madre non facesse irruzione, a volte anche violentemente, per impedirle di rimanere imbambolata a studiare la propria immagine. Un giorno Beatrice 40 torna da scuola e girando per casa si accorge che la madre, in un momento di esasperazione e a seguito dell'ennesima litigata mattutina, ha tolto gran parte degli specchi appesi per casa e coperto con un lenzuolo quello del bagno. Ne nasce una discussione molto accesa e furente in cui Beatrice accusa la madre di essere pazza e l'invita a farsi curare.

45 Quello che può sembrare un comportamento insensato e poco ragionevole, in realtà, acquisisce senso se lo interpretiamo come il tentativo di scoprirsi a partire da un'attenta ed accurata osservazione di sé. L'adolescente davanti allo specchio fa delle prove, delle sperimentazioni, che pone innanzitutto al vaglio di se stesso per poi metterle in pratica, con maggiore sicurezza, nel mondo sotto lo sguardo 50 ancora più critico dei coetanei. Il tempo che un adolescente si prende davanti allo specchio è un tempo lungo, dilatato, è il tempo necessario a riconoscersi per poi conoscersi. «Chi hanno messo nel mio specchio?», questa sembra essere la domanda che frulla nella mente e nel cuore dell'adolescente, che fatica a riconoscere come propria l'immagine che vede riflessa nello specchio. Certamente, perché si tratta 55 di un'immagine nuova, molto lontana da quella a cui egli era abituato nell'infanzia e per questo in prima battuta è probabile che venga percepita come non familiare, estranea. È un'immagine che tiene conto delle trasformazioni fisiche e psichiche che sono avvenute con la crescita. Accogliere e riconoscere queste trasformazioni non è un compito facile ed immediato. Significa per l'adolescente impegnarsi in una 60 profonda rivisitazione dell'immagine di sé costruita nell'infanzia, che comprenda anche gli esiti dell'avvenuta maturazione sessuale. Al sé infantile, rappresentato come innocente, onnipotente e ancora indifferenziato rispetto alla scelta sessuale, dovrà sostituirsi una nuova rappresentazione che tenga conto anche di un corpo nuovo, erotico, desiderante, limitato perché bisognoso dell'altro per l'accoppia- 65 mento e la soddisfazione sessuale e, inoltre, capace anche di generare e riprodursi. Confrontarsi allora con questa nuova immagine di sé implica per l'adolescente anche elaborare il lutto della propria grandiosità narcisistica infantile e cominciare a pensarsi e definirsi in un senso, come maschio o come femmina. Tutto ciò non può che far pensare che si tratti di un'operazione complessa, faticosa ed indubbia- 70 mente dolorosa, che richiederà tempo e sostegno dall'esterno. L'adulto è chiamato sicuramente ad accompagnare l'adolescente in questo delicato percorso di ricerca del suo vero sé, senza però sostituirsi ad esso. Per questo all'adulto verrà richiesto di sintonizzarsi con i tempi, i modi e gli strumenti che l'adolescente ha scelto e soprattutto di sostare insieme a lui e come lui nell'incertezza, nell'indefinitezza, nel 75 "non sapere", attendendo con fiducia che questo importante, ma faticoso, compito evolutivo di acquisizione della propria identità si realizzi.

(E. De Ferrari, *Chi hanno messo nel mio specchio?*,
in G. Pietropolli Charmet - L. Cirillo, *AdoleScienza*, Milano, Edizioni San Paolo, 2010)

3 IL PROBLEMA E LA SOLUZIONE
Viene presentata una situazione problematica di cui si offre poi una soluzione.

▶ STUDIAMO IL TESTO ESPOSITIVO-ARGOMENTATIVO

1 LA PREMESSA

Il primo paragrafo è aperto da una premessa, che ha la funzione di delimitare e inquadrare l'argomento in discussione: la funzione specchio in psicologia.

■ «Quando» ha in questo caso funzione di congiunzione e introduce una proposizione temporale. Ha valore iterativo e il significato di "tutte le volte che", "ogni volta che".

■ Proposizione principale: contiene l'argomento del brano.

■ Spiegazione del concetto.

Quando in psicologia si parla di "specchio" ci si riferisce non tanto allo specchio come oggetto reale ma piuttosto alla funzione specchio che è quella che consente ad un individuo di conoscersi e riconoscersi rispecchiandosi nello sguardo dell'altro.

1 Che cosa intendono gli psicologi con la parola specchio?

2 LO SVILUPPO PER CONFRONTO

Nel blocco testuale successivo l'argomento viene espanso e sviluppato attraverso un confronto. In questo caso gli elementi contrapposti sono:
1) la descrizione della funzione specchio durante l'infanzia (primo termine del confronto);
2) la descrizione della funzione specchio durante l'adolescenza (secondo termine del confronto).

■ I correlativi «così come» reggono una proposizione subordinata comparativa.

■ Frase sintesi, che riassume quanto affermato precedentemente.

■ Secondo termine del confronto.

Così come il bambino cerca affannosamente lo sguardo degli altri per ricevere indietro informazioni utili a conoscersi, così anche l'adolescente, alle prese con stati interni (pulsionali, istintuali, emotivi, affettivi) nuovi che non riesce immediatamente a riconoscere, si muove nel mondo alla ricerca di uno sguardo di ritorno che lo aiuti a rispondere ai suoi interrogativi più profondi: «Chi sono? ... Come sono?».

L'ultima parte del paragrafo si sofferma invece sull'importanza che l'oggetto "specchio" acquisisce durante l'adolescenza.

■ L'importanza e la funzione dello specchio sono presentati come dati certi.

■ La congiunzione «anche» (in questo caso utilizzata con il significato di "pure") presuppone un riferimento a quanto precedentemente espresso.

■ La congiunzione dichiarativa «infatti» introduce una precisazione.

È certo che in adolescenza anche lo specchio reale si presta ad assolvere questa importante funzione, diventando per l'adolescente un utile e prezioso accessorio che accanto all'ipod, al cellulare, al computer e al motorino andrà a popolare la famiglia dei nuovi oggetti adolescenziali. È a questa età infatti, ma ancora di più nella preadolescenza, che i ragazzi cominciano ad accorgersi dell'esistenza degli specchi, ad osservarli con curiosità, a domandarsi il senso della loro funzione.

2 In che modo il bambino costruisce le prime immagini di sé?

3 Lo sviluppo per confronto consente di mettere in luce differenze e analogie tra due elementi e può essere facilmente riassunto in una tabella a doppia colonna. Completa la tabella a partire dai suggerimenti.

La funzione specchio	
Neonato	Adolescente
A fare da specchio è la madre	A fare da specchio sono…

3 DESCRIZIONE E SOLUZIONE DEL PROBLEMA

In posizione di rilievo, posto esattamente al centro del testo, troviamo un esempio di vita pratica, che ha la funzione di problematizzare la tematica affrontata. Solitamente lo sviluppo di un discorso in chiave problematica prevede 4 fasi: una premessa, che ha lo scopo di inquadrare il problema; la descrizione del problema; l'enunciazione della domanda; la proposta ragionata di una soluzione. Nel nostro caso, la premessa – che prepara per così dire il terreno al problema – è costituita dal paragrafo iniziale; è presente la descrizione del problema (cioè la situazione di conflitto tra Beatrice e la madre); manca la domanda, perché facilmente deducibile dal contesto; è presente la soluzione, che occupa tutta la parte finale del testo.

> **Premessa (paragrafo 1)**
> L'adolescente ricerca e scopre se stesso nello sguardo degli altri e nello specchio reale.

> **Descrizione del problema**
> Beatrice trascorre ore davanti allo specchio con grande disperazione della madre.

> **Domanda sottintesa**
> Quello di Beatrice è un comportamento sensato o insensato? E che cosa bisogna fare?

> **Risposta e ragionamento**
> Il comportamento di Beatrice è molto comune alla sua età; in questi casi gli adulti dovrebbero accompagnare gli adolescenti nel loro processo di ricerca e conoscenza del loro vero sé.

4 Perché gli adolescenti passano tanto tempo davanti allo specchio?

5 Spiega qual è il senso della domanda «Chi hanno messo nel mio specchio?».

6 L'adolescente è impegnato in una profonda rivisitazione dell'immagine di sé costruita nell'infanzia. Qual è il significato di questa affermazione?

▶ ATTIVIAMO LE COMPETENZE

LETTURA E COMPRENSIONE

RIFLESSIONE E VALUTAZIONE

7 L'autrice si pone nei confronti degli adolescenti con un atteggiamento
- **A** comprensivo.
- **B** empatico.
- **C** negativo.
- **D** critico.

8 Supporta il tuo giudizio con precisi elementi testuali.

LESSICO

UTILIZZO DEGLI STRUMENTI DI RICERCA

9 Con l'aiuto del dizionario, dell'enciclopedia, di Internet spiega il significato delle seguenti espressioni:
preadolescenza - narcisistico - elaborare il lutto

STRUMENTI ESPRESSIVI E ARGOMENTATIVI

INDIVIDUAZIONE, DESCRIZIONE, RISOLUZIONE DI UN PROBLEMA

10 Ti proponiamo due situazioni "problematiche". Per ognuna di esse elabora:
- una premessa che inquadri il problema;
- la descrizione del problema;
- una possibile soluzione.

Prima situazione
- Antonio, 16 anni, e Francesco, 15 anni, passano troppo tempo ai videogiochi, isolandosi e trascurando i propri doveri.

Seconda situazione
- Roberta, 15 anni, ha deciso di cambiare look, ma il suo nuovo abbigliamento non piace ai genitori.

Io e la psicoanalisi

Giuseppe Berto, *Il male oscuro*

Tipologia	Testo narrativo
Genere	Romanzo
Sottogenere	Narrazione psicologica
Anno	1964

 CHI:  Giuseppe Berto DOVE: Italia QUANDO:  Novecento

▶ **IL PIACERE DI LEGGERE**

L'autore

Giuseppe Berto nasce in provincia di Treviso il 27 dicembre del 1914. Dopo aver conseguito la maturità classica si arruola volontario nell'esercito, partecipando alle campagne militari italiane in Etiopia. Al ritorno dal fronte si laurea in Lettere all'Università di Padova e inizia a insegnare italiano e latino all'istituto magistrale di Treviso. Nel 1942 – in piena Seconda guerra mondiale – viene mandato a combattere in Africa settentrionale, dove viene fatto prigioniero dalle forze alleate. Trascorre due anni nel campo di prigionia di Hereford, in Texas, dove scrive alcuni racconti e il romanzo *Il cielo è rosso*, pubblicato nel 1947, che riscuote un notevole successo e vince il Premio Strega nel 1948. Meno fortunati e apprezzati dalla critica italiana i romanzi successivi, *Le opere di Dio* (1948) e *Il brigante* (1951). Per l'autore ha inizio un periodo difficile, segnato dalla depressione e dalla nevrosi, che lo costringerà a sottoporsi a una terapia psicoanalitica narrata poi nel romanzo *Il male oscuro* (1964) con cui conquista il pubblico, la critica e i premi Campiello e Viareggio. La sua attività di scrittore prosegue fino alla morte, avvenuta il 1° novembre del 1978.

Invito alla lettura

Su consiglio del suo analista, Berto decide di raccontare la sua malattia psichica nel suo più grande successo, *Il male oscuro*, scritto in soli due mesi. È l'autore stesso a riassumere così la trama del romanzo: «È la storia di un mezzo intellettuale di provincia che viene a Roma sognando di scrivere un capolavoro e finisce per vivere ai margini del cinema tra i caffè di Via Veneto e quelli di Piazza del Popolo, pieno di invidia per quelli che hanno fortuna. La morte del padre e alcuni madornali errori clinici lo conducono alla nevrosi. Nonostante questo si sposa, ha una figlia, continua a lavorare alla meno peggio scrivendo per il cinema, spaesato e ridicolo e sempre più ammalato. Infine ricorre a uno psicanalista che mette in luce la vera causa della nevrosi: la censura troppo stretta di un Super-Io rigido e pletorico. Curandosi assiduamente riesce a guarire, ma una volta guarito scopre che la moglie lo tradisce ormai da alcuni anni. È un colpo spaventoso, che minaccia di travolgerlo. Tuttavia il dolore rimane dolore, non si trasforma in angoscia. È la prova della sua guarigione dalla nevrosi. Però non riesce ad accettare il male che gli hanno fatto: si ritira in un luogo solitario come un anacoreta, rifiutando la società e la famiglia, sempre più pensando al padre, alla fine identificandosi in lui nell'accettazione della morte».

Io credo che ormai tutti o quasi abbiano un'idea sia pure approssimativa di questo genere di cure psicoanalitiche che cominciano ad essere di moda ovunque e quindi anche da noi, ma ecco, ci tengo a chiarire subito che non fu certo per una forma di snobismo che iniziai la cura, in verità ne avrei fatto volentieri a meno, se non altro

5 a motivo del suo elevato costo, senonché in quel tempo mi trovavo tanto giù di corpo e non parliamo poi di spirito che in pratica, se escludevo il suicidio e la cura del sonno che stava passando un periodo di sfavore, non mi rimanevano a detta di tutti che due vie d'uscita, ossia l'elettroshock e la psicoanalisi, e se può esser vero che ho scartato l'elettroshock a causa di un forse eccessivo riguardo al mio cervello,

10 è altrettanto vero che ho scelto la psicoanalisi spinto oltreché da speranze di benefici intellettuali come si chiarirà andando avanti, anche da un segreto bisogno di sostituire in qualche modo il padre morto affinché il conflitto, se doveva esserci, avvenisse con un essere vivo e ragionevole, e non con una memoria, o qualcosa di parimenti indefinibile e inafferrabile, com'è appunto un padre morto, e per quanto

15 all'inizio i segreti bisogni mi fossero poco chiari, il fenomeno del transfert fu precisamente la prima faccenda ad andare in porto, ossia il trasferimento degli affetti e non, come qualcuno potrebbe immaginare, l'eliminazione del padre morto e la sua sostituzione vera e propria con una persona di comodo, dato che la psicoanalisi non tende a questo, né potrebbe comunque farlo, e in effetti essa vuole semplicemente

20 renderci edotti dei problemi e conflitti sepolti nel nostro inconscio, in modo che noi, trovandoceli ad un certo momento inaspettatamente davanti magari sotto forme del tutto diverse, non ce ne spaventiamo al punto da perdere la ragione.

Fare la psicoanalisi è, almeno apparentemente, la cosa più semplice del mondo nel senso che la cura consiste nell'andare dallo psicoanalista due o tre volte la settimana,

25 e forse anche più secondo i casi, nello stendersi sullo speciale lettino o divanetto ideato dal dottor Sigmund Freud per facilitare il rilassamento, nel rilassarsi, appunto, e nel raccontare in assoluta libertà tutto ciò che passa per la testa, ma soprattutto, sempre che sia possibile, sogni fatti di recente, e la libertà espressiva che è senz'altro indispensabile dovrebbe risultare tanto più agevole in quanto che il lettino o diva-

30 netto è disposto in modo che il cliente non possa vedere l'analista, e questo giusto per togliergli soggezione e altri sentimenti inibitori, dato che, a parte che si paga, la psicoanalisi è un po' come la confessione, ossia non servirebbe a niente se uno non andasse a raccontargli la verità, e siccome la verità la si dice meglio a se stessi che

Vincent Van Gogh, Uomo anziano nel dolore, *1890. Otterlo, Rjiksmuseum.*

non agli altri, ecco che il prete si nasconde dietro la grata e l'analista alle spalle del paziente, per rendere tutto più semplice sebbene qualche volta il paziente si distragga a congetturare cosa faccia l'analista mentre lui rivolto da un'altra parte si rilassa e racconta, e perciò che mi riguarda io penso che, a giudicare almeno dai rumori, il mio giocava con le chiavi dei cassetti della scrivania e spesso trovava difficoltà ad accendersi il sigaro con l'accendino, sicché era costretto a manovrare la macchinetta anche cinque o sei volte, prima di accendersi il sigaro, o prima di rinunciare ad accenderselo.

Il dottor Freud è stato senza dubbio un grande uomo in qualità di inventore della psicoanalisi, tanto che molti non esitano a collocarlo, alla pari con Gesù Cristo e Carlo Marx, tra i pochi geni che hanno dischiuso nuove porte all'umanità, né io naturalmente ho nulla da obiettare a questo proposito, però con quel suo lettino o divanetto rilassatorio non l'ha, a mio avviso, imbroccata giusta, e in effetti per quante volte mi sono disteso su quel lettino mai una volta mi pare che mi sia rilassato per bene, sempre sono rimasto lì col mio grumo di tensione dentro lo stomaco, con l'abituale preoccupazione di dare un ordine rigoroso ai pensieri, e con in più un aggravamento di disagio in uno dei miei punti più disgraziati, vale a dire le cinque lombari dalle quali, ho l'impressione, ebbe origine una sera lontana tutto il disastro, come con ogni probabilità mi verrà fatto di raccontare in seguito, e sebbene da allora in poi punti disgraziati me ne scoprissi addosso ad ogni piè sospinto, quello primo non me lo scordavo mai, com'è giusto, e quando mi distendevo sul lettino o divanetto freudiano le cinque vertebre, particolarmente gravate a causa delle generale posizione del corpo cominciavano a sentire caldo e ad avere formicolii e altre spiacevoli sensazioni tutte dannose per il rilassamento oltre che per l'insieme del mio difficile equilibrio psichico, donde paura e tensione, che potevano essere in se stesse causa del fatto che io al me-

60 dico non ho mai fatto parola di questo inconveniente delle lombari, sebbene poi, da un altro punto di vista, possa anche essere che abbia taciuto per non dargli dispiacere, dato che io sono certo che alle qualità rilassatorie del lettino o divanetto lui ci credeva, e non avrei voluto addolorarlo, o addirittura fargli nascere dei dubbi, rilevandogli che l'arnese, almeno con me, non funzionava.

65 Io avrei fatto qualsiasi cosa pur di non dare dispiaceri al mio medico analista, e questa era una delle molte faccende che abitualmente mandavano in bestia mia moglie, la quale affermava che avevo più riguardi per un tizio che mi mangiava un sacco di soldi facendo quattro chiacchiere, che non per lei, circostanza che non era affatto vera in senso assoluto, ma tant'è, mia moglie, oltre che incompetente in fatto di psicoanalisi,

70 ==era molto innamorata di me, o così sembrava, e in realtà era possessiva, egocentrica e abbandonica==, come ben mi spiegava il medico, e le dava fastidio qualsiasi persona, e perfino cosa o attività che mi sottraesse a lei pure temporaneamente, e nella questione della psicoanalisi lei intuiva che, per via del transfert, io mi ero alfine procurato un padre come si conveniva, che potevo amare incondizionatamente dal momento che non

75 mi rompeva di continuo le scatole come il padre mio vero ancorché morto, al contrario era uno che volentieri mi perdonava ogni peccato, anche perché, oltre a tutto, pareva che i peccati non esistessero, i miei per lo meno, ossia sembrava che nelle mie male azioni io fossi stato sempre condizionato, il che voleva dire che nelle date circostanze non avrei potuto agire meglio di come avevo agito, così affermava il medico analista,

80 e io scommetto che lo avrebbe affermato anche nel caso che io avessi, tanto per dire, stuprato tutte le mie cinque sorelle, e questo a differenza del padre mio vero e anche a differenza di mia moglie si capisce, ma qui in questa storia il personaggio che interessa è più mio padre che non mia moglie, ed egli, specie nella prima fase della nostra lotta, era sempre propenso a scoprire, nelle diverse cose che non funzionavano intorno a

85 noi, una qualche mia colpa, per quanto parecchie di queste cose, in particolare quelle riguardanti la convivenza familiare e l'andamento degli affari, funzionassero male anche senza che io c'entrassi per niente.

(G. Berto, *Il male oscuro*, Milano, Rizzoli, 2010)

GRAMMATICA

Le congiunzioni coordinanti hanno la funzione di unire fra di loro le parole di una frase o le frasi di un periodo, mettendole sullo stesso piano, cioè nello stesso ordine di importanza. Esse si dividono in copulative (*e, né*), disgiuntive (*o, oppure, ovvero, altrimenti*), avversative (*ma, però, anzi*), dichiarative (*cioè, infatti, ossia*), conclusive (*dunque, quindi, allora, perciò*) e correlative (*e… e, sia… sia, né… né*). Nella frase evidenziata individua le congiunzioni coordinanti e specifica quando mettono in collegamento delle parole e quando invece delle frasi.

▶ **ATTIVIAMO LE COMPETENZE**

LETTURA E COMPRENSIONE

ACCESSO ALLE INFORMAZIONI

1 Perché il protagonista decide di sottoporsi alle cure psicanalitiche?

2 In che cosa consiste la cura psicanalitica?

3 Che cosa rimprovera la moglie al protagonista del brano?

COMPRENSIONE GENERALE E INTERPRETAZIONE

4 Indica se i rapporti tra le coppie sono di solidarietà o di opposizione, motivando le tue risposte con precisi riferimenti testuali.

	Solidarietà	Opposizione
A protagonista/padre		
B protagonista/moglie		
C moglie/psicoanalista		
D protagonista/psicoanalista		

RIFLESSIONE E VALUTAZIONE

5 Dopo aver riletto la definizione di «transfert» (PAROLE DA RICORDARE, p. 304), spiega come questo fenomeno si manifesta tra il protagonista del brano e il suo psicanalista.

6 Da un punto di vista stilistico, il brano è caratterizzato da periodi lunghi con pochi segni di interpunzione. Come spieghi questa scelta?

Padri e insegnanti

t6

Sigmund Freud, *Psicologia del ginnasiale*

Test

Tipologia	Testo espositivo-argomentativo
Genere	Saggio di psicologia

Nel 1914 Sigmund Freud fu invitato dallo Sperl Gymnasium, la scuola che aveva frequentato dal 1866 al 1873, a scrivere un articolo commemorativo in occasione del cinquantesimo anniversario della fondazione. L'inventore della psicanalisi rispose all'invito con l'articolo intitolato *La psicologia del ginnasiale*.

Si ha una strana sensazione, quando in età così avanzata si è ancora una volta incaricati di scrivere un «componimento» per la scuola. […] È sorprendente la prontezza con cui si accetta l'incarico, come se negli ultimi cinquant'anni non si fosse verificato nessun cambiamento particolare. Eppure si è invecchiati, si è alle
5 soglie dei sessant'anni, e le sensazioni del nostro corpo così come lo specchio rivelano con inequivocabile chiarezza quanto si è consumato il lume della nostra vita. Forse dieci anni fa ci potevano ancora essere dei momenti in cui ci sentivamo nuovamente giovani, all'improvviso. Quando, già con i capelli grigi e tutto il peso di una vita borghese sulle spalle, camminando per le strade della nostra città natale
10 incontravamo inaspettatamente un anziano signore ben conservato, lo salutavamo quasi con deferenza, poiché avevamo riconosciuto in lui uno dei nostri professori del ginnasio. Ma poi ci si fermava a guardarlo, riflettendo: È veramente lui, o è solo uno che gli assomiglia moltissimo? Che aspetto giovanile ha, e tu, come sei diventato vecchio! Quanti anni potrà avere oggi? È possibile che questi uomini
15 che allora erano ai nostri occhi i tipici esponenti del mondo degli adulti fossero di tanto poco più vecchi di noi? In quei momenti il presente pareva oscurarsi, e dagli angoli riposti della nostra memoria riemergeva la nostra vita dai dieci ai diciotto anni con i suoi presentimenti e i suoi errori, le sue trasformazioni dolorose e i suoi esaltanti successi […].
20 Sono diventato medico, o più propriamente psicologo, e ho potuto creare una nuova disciplina psicologica, la cosiddetta «psicoanalisi», che oggi è seguita con eccezionale interesse da medici e ricercatori di paesi vicini e lontani, di lingua diversa, suscitando parole di lode e di biasimo – mentre ha trovato l'eco più debole nel proprio paese, com'è ovvio.
25 Come psicoanalista non posso fare a meno di interessarmi dei processi affettivi più di quelli intellettuali, della vita psichica inconscia più di quella conscia. L'emozione che provavo incontrando i miei vecchi professori del ginnasio mi induce a fare una prima ammissione: è difficile stabilire che cosa ci importasse di più, se avessimo più interesse per le scienze che ci venivano insegnate o per la persona dei nostri
30 insegnanti. In ogni caso questi ultimi erano oggetto per tutti noi di un interesse sotterraneo continuo, e per molti la via delle scienze passava necessariamente per le persone dei professori; molti si sono arrestati a metà di questa via, e per alcuni (perché non ammetterlo?) essa è risultata in tal modo sbarrata per sempre.
Li corteggiavamo o voltavamo loro le spalle, immaginavamo che provassero simpa-
35 tie o antipatie probabilmente inesistenti, studiavamo i loro caratteri e formavamo o deformavamo i nostri sul loro modello. Essi suscitavano le nostre rivolte più forti e ci costringevano a una completa sottomissione; spiavamo le loro piccole debolezze ed eravamo orgogliosi dei loro grandi meriti, del loro sapere e della loro giustizia. In fondo li amavamo molto, se appena ce ne davano un motivo; non so se tutti i
40 nostri insegnanti se ne sono accorti. Ma non si può negare che nei loro confronti

avevamo un atteggiamento del tutto particolare, un atteggiamento che poteva avere i suoi inconvenienti per i soggetti interessati. Eravamo, in linea di principio, parimenti inclini ad amarli e a odiarli, a criticarli e a venerarli. La psicoanalisi definisce «ambivalente» questa disposizione a comportamenti fra loro opposti; e
45 non ha difficoltà alcuna a rintracciare la fonte di tale ambivalenza affettiva.
La psicoanalisi ci ha insegnato infatti che gli atteggiamenti affettivi nei confronti di altre persone che sono così importanti per il successivo comportamento dell'individuo vengono acquisiti definitivamente in un'epoca inaspettatamente precoce. Già nei primi sei anni dell'infanzia il piccolo essere fissa la natura e la tonalità
50 affettiva delle sue relazioni con le persone del suo stesso sesso o dell'altro sesso; da allora in poi egli potrà svilupparle e trasformarle in certe direzioni, ma non potrà più eliminarle. Le persone in rapporto alle quali egli fissa in tal modo il proprio tipo di comportamento sono i genitori e i fratelli. Tutte le persone che egli conosce più tardi diventano dei sostituti di questi primi oggetti dei suoi sentimenti (forse
55 ai genitori dovremmo aggiungere le persone che si prendono cura del bambino), e vengono classificate dal suo punto di vista secondo quelle che chiamiamo le «*imagines*» del padre, della madre, dei fratelli e così via. Queste conoscenze che egli fa più tardi devono dunque assumersi una specie di eredità emotiva, incontrano simpatie e antipatie a provocare le quali hanno contribuito ben poco; tutte
60 le amicizie e gli amori che egli sceglierà in seguito si basano sulle tracce che quei primi modelli hanno lasciato nella sua memoria.
Ma fra le *imagines* che si sono formate in un'infanzia di cui di solito si è perduto il ricordo, nessuna è più importante, per il giovane o per l'uomo adulto, di quella del proprio padre. Una necessità organica ha introdotto in questo rapporto col
65 padre un'ambivalenza affettiva di cui possiamo vedere l'espressione più efficace nel mito greco del re Edipo. Il bambino deve amare e ammirare suo padre, che vede come la più forte, la migliore e la più saggia di tutte le creature [...]. Ma tosto si fa innanzi l'altro aspetto di questa relazione affettiva. Nel padre si vede anche l'essere che nel suo strapotere disturba la nostra vita pulsionale, egli diventa il modello

Paul Gauguin, Lo scultore Aubé e suo figlio, 1882. Parigi, Musée du Petit Palais.

70 che non vogliamo più solo imitare, ma anche togliere di mezzo, per poter prendere il suo posto. Ora l'impulso affettuoso e quello ostile verso il padre continuano a sussistere l'uno accanto all'altro, spesso per tutta la vita, senza che l'uno possa eliminare l'altro. In questa coesistenza degli opposti risiede il carattere di quella che chiamiamo un'ambivalenza affettiva.

75 Nel corso della fanciullezza comincia a prepararsi un cambiamento in questo rapporto nei confronti del padre, la cui importanza non sarà mai sottolineata abbastanza. Il ragazzo comincia a uscire dalla stanza dei bambini, a guardare fuori nel mondo reale, e a questo punto deve fare delle scoperte che scalzano la sua originaria ammirazione per il padre e determinano il suo distacco da questo 80 suo primo ideale. Egli scopre che suo padre non è l'essere più potente, più saggio e più ricco, comincia a diventare scontento di lui, impara a criticarlo e a valutare la sua posizione sociale, e poi, di solito, gli fa pagare cara la delusione che gli ha procurato. Tutto ciò che nella nuova generazione appare promettente, ma anche tutto ciò che essa ha di urtante è determinato da questo distacco dal padre.

85 In questa fase del suo sviluppo ha luogo l'incontro del ragazzo con gli insegnanti. A questo punto possiamo capire il nostro comportamento verso i nostri professori del ginnasio. Questi uomini, che pure non furono tutti dei padri, diventano per noi i sostituti del padre. È perciò che ci sono apparsi così maturi, così irraggiungibilmente adulti, anche se in realtà erano ancora molto giovani. Abbiamo trasferito 90 su di loro il rispetto e le attese che nella nostra prima infanzia avevamo nutrito per il padre onnisciente, e poi abbiamo cominciato a trattarli come trattavamo, a casa, i nostri padri. Abbiamo assunto nei loro confronti lo stesso rapporto ambivalente che avevamo acquisito in famiglia, e con l'aiuto di questo atteggiamento abbiamo lottato con loro, come ci eravamo abituati a lottare con i nostri padri naturali. Se 95 non si tenesse conto delle esperienze infantili e della vita familiare il nostro comportamento verso i nostri insegnanti non solo risulterebbe incomprensibile, ma non avrebbe giustificazione alcuna.

Nei nostri anni di ginnasio abbiamo anche avuto altre esperienze di importanza appena minore, con i successori dei nostri fratelli, con i nostri compagni, ma di 100 esse si dovrà scrivere altrove. In occasione del giubileo della nostra scuola è giusto che il nostro pensiero si rivolga soltanto ai nostri maestri.

(S. Freud, *La psicologia del ginnasiale*, in B. Fornari - F. Fornari, *Psicanalisi e ricerca letteraria*, Milano, Principato, 1974)

Aspetto 1 *Comprendere il significato, letterale e figurato, di parole ed espressioni e riconoscere le relazioni tra parole.*

1 **«Il lume della nostra vita» (r. 6). Con questa espressione Freud indica**
- ☐ **A** la ragione.
- ☐ **B** la vista.
- ☐ **C** l'esistenza.
- ☒ **D** la giovinezza.

Aspetto 2 *Individuare informazioni date esplicitamente nel testo.*

2 **Quando Freud scrive questo articolo ha**
- ☐ **A** meno di cinquant'anni.
- ☐ **B** quarant'anni.
- ☒ **C** superato i cinquant'anni.
- ☐ **D** cinquant'anni.

Aspetto 3 *Fare un'inferenza diretta, ricavando un'informazione implicita da una o più informazioni date nel testo e/o tratte dall'enciclopedia personale del lettore.*

3 **Nel brano Freud**
- ☒ **A** fa riferimento al mito greco del re Edipo, che dà il nome a uno dei concetti fondamentali della sua teoria psicanalitica.
- ☐ **B** anticipa uno dei concetti fondamentali della sua teoria psicanalitica, quello del mito greco del re Edipo.
- ☐ **C** dà una nuova interpretazione del complesso di Edipo.
- ☐ **D** si interessa per la prima volta dei processi affettivi.

Aspetto 1 *Comprendere il significato, letterale e figurato, di parole ed espressioni e riconoscere le relazioni tra parole.*

4 «Che aspetto giovanile ha, e tu, come sei diventato vecchio» (rr. 13-14). Il pronome personale di seconda persona indica

- ☒ **A** il mittente stesso dell'enunciato.
- ☐ **B** il professore del ginnasio.
- ☐ **C** nessuno in particolare.
- ☐ **D** il destinatario dell'articolo.

Aspetto 2 *Individuare informazioni date esplicitamente nel testo.*

5 «Nei nostri anni di ginnasio abbiamo anche avuto altre esperienze di importanza appena minore, con i successori dei nostri fratelli, con i nostri compagni, ma di esse si dovrà scrivere altrove» (rr. 98-100). Da questa frase si deduce che

- ☐ **A** i fratelli ereditano il ruolo dei compagni.
- ☒ **B** i compagni ereditano il ruolo dei fratelli.
- ☐ **C** il ruolo dei compagni è ereditato dai fratelli.
- ☐ **D** i nostri fratelli erediteranno il nostro posto a scuola.

Aspetto 5b *Ricostruire il significato globale del testo, integrando più informazioni e concetti, anche formulando inferenze complesse.*

6 Scegli tra le affermazioni che seguono quella che meglio riassume il significato del testo.

- ☐ **A** Freud dimostra come i conflitti tra padri e figli siano la conseguenza del rapporto affettivo tra professori e alunni.
- ☒ **B** Attraverso la descrizione dei rapporti tra insegnanti e alunni riletti alla luce delle sue teorie, Freud spiega le dinamiche affettive proprie della situazione scolastica.
- ☐ **C** Freud spiega alla luce delle sue teorie l'antagonismo che spesso si instaura tra genitori e professori.
- ☐ **D** Freud riconduce gli insuccessi scolastici degli alunni al rapporto conflittuale con i professori.

Aspetto 6 *Sviluppare un'interpretazione del testo, a partire dal suo contenuto e/o dalla sua forma, andando al di là di una comprensione letterale.*

7 La sequenza iniziale ha la funzione di

- ☒ **A** trasportare il lettore nel mezzo degli eventi.
- ☐ **B** porre una premessa per lo sviluppo del discorso.
- ☐ **C** descrivere l'aspetto fisico del narratore.
- ☐ **D** collocare il discorso in un ambiente ben preciso.

Aspetto 2 *Individuare informazioni date esplicitamente nel testo.*

8 Indica se le seguenti affermazioni sono vere o false.

	Vero	Falso
A Secondo Freud la psicanalisi ha avuto grande eco nel suo Paese.	✗	
B Come psicanalista Freud è interessato soprattutto alla vita psichica inconscia.	✗	
C Per Freud molti atteggiamenti affettivi dell'individuo si fissano nell'infanzia.	✗	
D L'ambivalenza affettiva è caratterizzata dalla coesistenza di modelli opposti.		✗

Aspetto 1 *Comprendere il significato, letterale e figurato, di parole ed espressioni e riconoscere le relazioni tra parole.*

9 Il sostantivo «deferenza» alla r. 11 significa

- ☐ **A** diffidenza.
- ☐ **B** paura.
- ☐ **C** tristezza.
- ☒ **D** rispetto.

Aspetto 7 *Riflettere sul testo e valutarne il contenuto e/o la forma del testo alla luce delle conoscenze ed esperienze personali.*

10 Secondo Freud, il padre, e anche i professori, sono dei modelli. Ritieni questa affermazione ancora attuale?

Il terapeuta

TIPOLOGIA	Dipinto
GENERE	Ritratto
STILE	Surrealismo
TECNICA	Olio su tela
ANNO	1937

▶ ANALIZZIAMO IL DIPINTO

1 IL PERSONAGGIO
2 LA GABBIA
3 IL SIGNIFICATO

1 Il soggetto rappresentato è un viandante.

2 Al posto del volto e del busto l'artista ha dipinto una gabbia e due colombe.

3 Il titolo del dipinto è la chiave per comprenderne il significato.

1 IL PERSONAGGIO

Da alcuni elementi – il bastone, la sacca da viaggio, il cappello e il mantello – è possibile comprendere che il personaggio raffigurato nel quadro è un viandante. Il bastone è lo strumento con il quale egli si aiuta durante il suo faticoso cammino, la sacca è il contenitore dei suoi effetti personali, il mantello e il cappello sono gli indumenti con i quali egli si ripara dal sole o dalla pioggia. Il viandante è colto in un momento di sosta: infatti sta seduto su un piccolo promontorio in prossimità del mare che si intravede alle sue spalle.

1 Quali elementi realistici e quali elementi non realistici sono presenti nella rappresentazione del viandante?

2 LA GABBIA

Il mantello del viandante si apre come un sipario a mostrare una grande gabbia con due colombe. Una delle due si sta riposando su un piccolo posatoio posto all'esterno. L'altra, invece, è ancora prigioniera: una parte del suo corpo è all'interno della gabbia, mentre la restante parte si protende fuori dalle sbarre e pare che guardi la sua compagna più fortunata.

2   La gabbia è dipinta con colori scuri, le colombe, invece, sono bianche. Prova ad attribuire un significato alle scelte cromatiche dell'artista.

3 IL SIGNIFICATO

Come il titolo stesso suggerisce, il viandante rappresenta il terapeuta, cioè colui che cura i disagi psicologici. Proprio come un viandante, il terapeuta accompagna il paziente durante il suo faticoso itinerario di cura. La colomba imprigionata rappresenta il disagio psichico del paziente; l'altra, libera, rappresenta invece la possibilità di guarigione.

3   Che cosa rappresenta, secondo te, la gabbia raffigurata nel dipinto? Motiva la tua risposta.

René Magritte, Il liberatore, 1947.

> ▶ ATTIVIAMO LE COMPETENZE

FRUIZIONE DI ALTRE FORME ESPRESSIVE

RICERCA, PROGETTAZIONE,
TESTO DESCRITTIVO-INFORMATIVO

4   Elabora una scheda tecnica del dipinto da inserire in un catalogo per una mostra. La tua scheda dovrà contenere:
   • i dati dell'opera (titolo, autore, tecnica, ubicazione ecc.);
   • una breve biografia dell'autore;
   • una breve descrizione dell'opera.

RIFLESSIONE, TESTO DESCRITTIVO-COMPARATIVO

5   Tra il 1937 e il 1947 Magritte lavorò a diverse versioni del *Terapeuta*, che differiscono, in particolare, per ciò che è rivelato dal mantello aperto. Di queste varianti ti proponiamo quella intitolata *Il liberatore*. Scrivi una descrizione-confronto tra *Il terapeuta* e *Il liberatore*, mettendo in luce analogie e differenze.

Il cigno nero

TIPOLOGIA	Film
GENERE	Thriller psicologico
REGIA	Darren Aronofsky
CAST	Natalie Portman (Nina Sayers), Mila Kunis (Lily), Vincent Cassel (Thomas Leroy)
ANNO	2010

▶ ANALIZZIAMO IL FILM

1 IL CIGNO BIANCO
2 IL CIGNO NERO
3 LA SPIEGAZIONE PSICOLOGICA

LA TRAMA

Nina Sayers è una ballerina di New York. Abita con la madre Erica, una donna un po' frustrata che si prende cura della figlia in modo oppressivo. Un giorno, il coreografo Thomas Leroy annuncia la propria intenzione di mettere in scena Il lago dei cigni e di essere in cerca di una ballerina cui affidare il ruolo principale. Alla fine Leroy assegna proprio a Nina l'ambito ruolo, sebbene la ritenga perfetta per la parte dolce e delicata del Cigno Bianco, ma poco adatta per quella torbida e passionale del Cigno Nero. Per Nina è l'inizio di un'ossessione che la porterà ad allenarsi fino allo stremo delle forze per dimostrare la propria bravura. Nel frattempo la ragazza si convince che Lily, una nuova ballerina della compagnia, sia in competizione con lei per sottrarle il ruolo. In realtà Nina ha soltanto una nemica: se stessa. Un alter ego autolesionista che distorce la realtà e che alla fine prenderà il sopravvento, interpretando alla perfezione il ruolo oscuro e tenebroso del Cigno Nero.

1 IL CIGNO BIANCO

Nina non ha una vita propria, abita con la madre che la controlla in tutto, la sua stanza è infantile e piena di peluches. La ragazza si è dedicata alla danza con dedizione maniacale. Secondo Leroy, il ruolo di Cigno Bianco è quello che Nina può interpretare meglio, perché tutto ciò che occorre è un'ottima preparazione tecnica. Il ruolo di Cigno Bianco, da un punto di vista psicanalitico, rappresenta il Super-Io di Nina, la parte morale che impone rigore e sacrifici.

Per interpretare il ruolo del Cigno Bianco occorrono tecnica, rigore e sacrifici.

2 IL CIGNO NERO

Per interpretare il ruolo di Cigno Nero occorrono invece molta passionalità e una grande capacità di abbandonarsi al flusso delle emozioni. Sicuro delle doti tecniche di Nina, ma poco convinto riguardo alla sua sensualità, Leroy cerca di sedurre la ragazza per fare emergere il suo lato più femminile. Il ruolo di Cigno Nero rappresenta l'Es di Nina, la sua parte oscura e insondabile, che solo dopo un lungo e faticoso tirocinio riuscirà a emergere.

Per interpretare il ruolo del Cigno Nero servono passione e istinto.

3 LA SPIEGAZIONE PSICOLOGICA

Nella ragazza si accende un conflitto tra Es, Io e Super-Io, il cui segno più evidente sono i graffi e i tagli che Nina si procura in modo più o meno cosciente. Le arti seduttive di Leroy innescano un meccanismo di transfert, che porterà la ballerina a scatenare il Cigno Nero che è in lei, e controtransfert, che spingerà Leroy a credere nelle potenzialità dell'allieva. Il finale aperto, con la protagonista che crolla a terra ferita, in chiave psicanalitica va inteso come la fine della vecchia Nina e la rinascita di una donna più adulta e consapevole.

Nina è una ragazza ambiziosa ma insicura e ha solo una rivale: se stessa.

GUIDA AL DIBATTITO

1. Nel film compaiono spesso delle scene in cui Nina si riflette nello specchio. Perché il regista ha compiuto questa scelta?
2. In una di queste scene allo specchio, l'immagine riflessa di Nina sembra vivere di vita propria. Perché?
3. Quali sono le scene che ti hanno trasmesso più inquietudine? Motiva la tua risposta.
4. Hai colto dei particolari dai quali si evince che la danza comporta anche molta sofferenza fisica? Quali?
5. Il rapporto tra Nina e Lily è di odio-amore. Sapresti dire perché?
6. Trattandosi di un film psicologico il regista ha ideato dei personaggi con molte sfumature. Cerca di fare emergere i lati positivi e negativi che convivono in ciascun personaggio.
7. Secondo te, il film offre un'immagine realistica oppure patinata del mondo della danza? Motiva la tua risposta.

▶ ATTIVIAMO LE COMPETENZE

PRODUZIONE DI TESTI MULTIMEDIALI

RICERCA, LAVORO DI GRUPPO, PRODOTTO AUDIOVISIVO

8. Realizza insieme ai compagni una presentazione multimediale del film. Il vostro lavoro dovrà contenere i seguenti elementi:
   • trama del film;
   • informazioni sugli attori protagonisti;
   • informazioni sul *Lago dei cigni* di Čajkovskij (notizie sul compositore e sul balletto);
   • musiche e immagini coerenti con i contenuti.

STRUMENTI ARGOMENTATIVI

ESPOSIZIONE DEL PROPRIO PUNTO DI VISTA

9. Gli adolescenti amano i programmi televisivi che propongono esibizioni di canto e di ballo e spesso si identificano nei loro idoli sognando un futuro sotto i riflettori. Sei d'accordo con questa affermazione? Dai una motivazione alla tua risposta.
10. Preparazione, impegno, fortuna, un bell'aspetto fisico: che cosa credi occorra di più per raggiungere e mantenere il successo nel mondo dello spettacolo? Motiva la tua risposta.

Concetti chiave

Flashcard

▶ CARATTERISTICHE DEL GENERE

Narrazione psicologica

Personaggio — è l'elemento centrale del testo

Narratore
- un narratore esterno racconta la storia del personaggio, rivelandocene l'interiorità (come in *Eveline*)
- un narratore testimone racconta la storia del protagonista (come in *Il treno ha fischiato*)
- il protagonista racconta la sua storia (come in *La coscienza di Zeno* o nel *Male oscuro*)

Punto di vista — prevale la focalizzazione interna

▶ CONTESTO STORICO-CULTURALE

QUANDO	CHI	CHE COSA
Primi anni del Novecento	**Freud**	Fonda la psicanalisi
Anni Venti del Novecento	**I surrealisti André Breton, Max Ernst, Joan Miró, Salvador Dalí, René Magritte**	Si ispirano nelle loro opere artistiche alle teorie di Freud
Anni Venti del Novecento	**Gli scrittori della coscienza James Joyce, Italo Svevo Marcel Proust, Luigi Pirandello**	Danno voce all'interiorità del personaggio

▶ RIPASSO

1 Nella teoria psicanalitica di Freud i sogni hanno grande importanza. Perché?
2 Che cos'è l'inconscio?
3 Che cos'è la nevrosi?
4 Che cos'è il Surrealismo?
5 Perché Svevo può essere definito uno scrittore della coscienza?
6 In che modo le teorie di Freud hanno cambiato la concezione dell'uomo?
7 Quali tecniche narrative sono utilizzate nei romanzi e nei racconti psicologici?
8 Che cosa distingue una narrazione psicologica da altri tipi di racconto?

La bellezza
e la bruttezza

La bellezza e la bruttezza

Essere e apparire

Lo sguardo degli altri

La moda

ARTISTA	Dante Gabriel Rossetti
NAZIONALITÀ	Inglese
TITOLO	Lady Lilith
ANNO	1868
STILE	Preraffaellismo

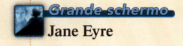

La bellezza e la bruttezza

La storia del tema

Bellezza e bruttezza: categorie estetiche variabili

Comunemente giudichiamo bella una persona, una cosa o una situazione che ci piace, che suscita la nostra ammirazione o che vorremmo possedere. Al contrario, consideriamo brutto ciò che, in opposizione al bello, non ci piace e non desta il nostro desiderio. Ma che cosa sono la bellezza e la bruttezza? In effetti **la bellezza e la bruttezza sono categorie estetiche che mutano a seconda delle epoche**, delle mode e dei gusti individuali e collettivi, per cui è difficile definirle in modo oggettivo e perentorio. Questo spiega come mai è possibile innamorarsi di persone "brutte" e non provare invece alcun interesse per coloro che sono giudicati belli e desiderabili.

Nel mondo greco

Nell'antica Grecia, **la bellezza era sempre associata ad altre qualità: la bontà d'animo, il valore guerriero, l'abilità nello sport, l'astuzia, l'armonia, il senso della misura.** Questo ideale di bellezza prendeva il nome di **kalokagathìa** (da *kalòs* = bello, *kai* = e, *agathòs* = buono), un concetto presente in ogni campo del sapere umano, dalla poesia alla scultura, dalla religione alla filosofia. Per i Greci, chi aveva un bell'aspetto era anche buono e valoroso; chi era brutto, invece, era considerato cattivo e vigliacco, come il personaggio di Tersite nell'*Iliade* omerica: un soldato deforme, alla cui sgradevolezza fisica corrispondono caratteristiche morali e atteggiamenti giudicati degni di biasimo da parte degli altri guerrieri achei.

La bruttezza di Tersite rispecchia le sue qualità negative.

> Era l'uomo più brutto che venne sotto Ilio.
> Era camuso e zoppo d'un piede, le spalle
> eran torte, curve e rientranti sul petto; il cranio
> aguzzo in cima, e raro il pelo fioriva.
> Era odiosissimo, soprattutto ad Achille e a Odisseo,
> ché d'essi sparlava sempre; ma allora contro
>   il glorioso Agamennone
> diceva ingiurie, vociando stridulo…
>
> (Omero, *Iliade*)

Per migliorare il proprio aspetto fisico, i Greci ricorrevano agli esercizi ginnici, cui attribuivano grande importanza. Le donne raramente si servivano dei cosmetici, ritenuti innaturali e fonte di corruzione. A partire dall'età classica (V-IV sec. a.C.), il concetto di *kalokagathìa* influenzò fortemente le arti figurative, in particolare la scultura. Infatti, le statue greche realizzano un canone estetico ideale, esprimendo una sintesi tra bellezza esteriore e interiore attraverso la proporzione delle forme, l'armonia dei gesti e la tensione dei corpi. Nello

Diego Velázquez, Esopo, 1640. Madrid, Museo del Prado.

stesso tempo, però, il concetto di *kalokagathìa* iniziò a essere messo in discussione dai filosofi, i quali sostenevano che la nobiltà d'animo e la saggezza non sono necessariamente legate all'aspetto fisico. E a tal proposito citavano come esempi il filosofo Socrate e il poeta Esopo, fisicamente brutti e sgraziati, ma dotati di grandi virtù morali e intellettuali.

Nel mondo latino

L'ideale estetico della *kalokagathìa* influenzò anche la cultura latina di **età repubblicana** (V-I sec. a.C.), epoca durante la quale si apprezzava soprattutto l'**armonioso accordo tra le parti e il tutto**, come si può dedurre da questi versi del poeta Catullo, vissuto a Roma nel I sec. a.C.:

> Per molti Quinzia è bella, per me è vistosa,
> alta, snella: uno per uno glieli riconosco
> questi pregi, ma nego il tutto, la bellezza, perché non ha fascino,
> in tutto il suo corpo non c'è una scintilla di grazia.
> Lesbia è bella – lei che è affascinantissima tutta,
> e a tutte quante le donne ha rubato la grazia.

(Catullo, *Carme 86*)

Pur avendo tante singole qualità, Quinzia non può essere definita bella nel suo insieme.

Successivamente, durante l'**età imperiale**, la **bellezza esteriore disgiunta da qualsiasi implicazione morale** diventò un valore fondamentale. I fasti della vita di corte imponevano di dedicarsi con attenzione all'aspetto fisico e all'abbigliamento. È in questo clima culturale che il poeta Ovidio (I sec. a.C. - I sec. d.C.) scrisse i *Medicamina faciei femineae* ("I cosmetici delle donne"), un poemetto in cui vengono suggeriti alle donne i rimedi e i trucchi migliori per apparire più affascinanti e desiderabili. Anche gli uomini di un certo prestigio, influenzati dalle mode orientali e condizionati dalla società in cui vivevano, curavano il proprio aspetto maggiormente rispetto al passato, cospargendosi di unguenti profumati e indossando abiti dalle stoffe costose e raffinate.

Nel Medioevo

Durante l'età medioevale, **la bellezza e la bontà erano spesso associate alla luce** (in latino *claritas*) e alle sue caratteristiche. In quest'ottica, tutto ciò che è chiaro e luminoso appariva bello e desiderabile. Erano considerati belli i metalli luccicanti, le gemme preziose, le visioni luminose del Paradiso, i candidi marmi, le armature abbaglianti dei cavalieri, le sorgenti d'acqua trasparente, gli animali dal manto bianco, il sole, la luna e le stelle. Analogamente, una donna era considerata bella se il suo aspetto ricordava quello di un angelo, con l'incarnato bianco o rosato, gli occhi azzurri e lucenti, i capelli dai riflessi dorati. Nella maggior parte dei casi, **la bellezza esteriore era strettamente connessa alla purezza e alla gentilezza** (= nobiltà) d'animo.

Durante il Medioevo solo chi possedeva un animo nobile appariva bello e desiderabile.

> Io mi volsi ver' lui e guardail fiso:
> biondo era e bello e di gentile aspetto…

(D. Alighieri, *Divina commedia*, *Purgatorio*)

Tutto ciò che non rientrava nella sfera della luce e della luminosità, invece, era giudicato brutto, peccaminoso o sensualmente pericoloso: la notte, una selva fitta dove non penetra mai la luce del sole, le atmosfere cupe e caliginose dell'Inferno, la pelle scura, i capelli corvini e gli occhi neri.

Sandro Botticelli, Ritratto di Simonetta Vespucci, 1480-1485. Francoforte, Städelsches Kunstinstitut.

Sandro Botticelli, Ritratto di Giuliano de' Medici, 1478. Berlino, Staatliche Museen.

Nel Rinascimento

Durante il Rinascimento, nell'Europa delle corti, il carattere principale della bellezza era espresso dal concetto di **grazia**, intesa come **sintesi di bellezza esteriore, finezza ed eleganza**.

Le dame del XVI secolo dedicavano molto tempo alla cosmesi, alla scelta di abiti e gioielli e alla cura dei capelli, che spesso tingevano di biondo o di rosso. La perfetta dama di corte, inoltre, come suggerisce Baldassar Castiglione nel libro del *Cortegiano*, doveva possedere affabilità e vivacità di ingegno per intrattenere ogni tipo d'uomo con ragionamenti piacevoli e onesti. Un catalogo ideale della bellezza femminile cinquecentesca viene fornito dal poeta Pietro Bembo, che in un suo sonetto descrive le qualità della donna amata: capelli ricci e biondi, viso candido, occhi chiari, labbra rosse e denti bianchi, mani delicate e affusolate, abilità canore, saggezza, eleganza e onestà. Era considerata brutta, invece, colei che possedeva qualità contrarie, come ci ricorda in maniera giocosa il poeta Francesco Berni: capelli crespi e trascurati, fronte rugosa, occhi storti, mani grosse e tozze, labbra esangui, bocca grande e denti neri.

Per quanto riguarda l'universo maschile, si esaltavano soprattutto la potenza, la fierezza e il prestigio economico e sociale. A queste virtù andavano aggiunte anche la nobiltà, la magnanimità, la saggezza e la moderazione.

Nel Seicento

Il concetto di bellezza subì ulteriori modifiche durante il XVII secolo, un'epoca segnata da forti contraddizioni e trasformazioni che investirono la politica, la società, la scienza e la religione. In tale contesto, **bello era considerato tutto ciò che appariva straordinario, capace di destare sorpresa, meraviglia e stupore**. Questo nuovo ideale di bellezza fu variamente declinato da artisti e letterati, ora attraverso rappresentazioni sfarzose e tendenti all'esagerazione (tipiche della corrente artistica di questo periodo, il Barocco), ora indugiando sugli aspetti più strani della realtà, ora cogliendo **inaspettate relazioni tra l'armonia e il disordine, tra la bellezza e la bruttezza**. Così, nella scultura le linee si moltiplicano all'infinito, i drappeggi si fanno più abbondanti, le forme diventano sovraccariche, talvolta al limite del grottesco. In campo pittorico, la bellezza femminile viene rappresentata con seni voluttuosi, ventri abbondanti e glutei prominenti. I poeti si divertono a stupire il lettore esaltando tutto ciò che è raccapricciante o anomalo oppure soffermandosi ossessivamente su un particolare, attraverso descrizioni minuziose che scardinano volutamente i rapporti tra la parte e il tutto.

Durante l'epoca barocca, anche i difetti fisici sono apprezzati per la loro singolarità.

Quel neo, quel vago neo
che fa d'aurate fila ombra vezzosa
alla guancia amorosa,
un boschetto è d'amore...

(G. Marino, *La Lira*)

*Jacques-Louis David,
Ritratto di Madame
Récamier, 1800. Parigi,
Musée du Louvre.*

Nel Settecento

Nei primi anni del Settecento si sviluppò in Francia uno stile ornamentale che riproponeva alcune caratteristiche dell'arte barocca, attenuandone però gli eccessi: il Rococò. Questa corrente artistica, caratterizzata dalla delicatezza, dall'eleganza e dalla gioiosità, si ispirava alle **concezioni estetiche e al modo di vivere degli aristocratici,** che amavano condurre una vita spensierata, tra incontri galanti, banchetti e feste di corte. Gli uomini dell'alta società vivevano secondo i dettami di una **moda artefatta e pomposa,** indossavano grandi parrucche e abiti di tessuto prezioso; le donne si incipriavano il volto ed esibivano abiti voluminosi e scollati che ne mettevano in risalto le forme generose.

Come reazione all'esuberanza tipica del Rococò, **verso la fine del XVIII secolo** si impose un nuovo gusto artistico e culturale, che coinvolse la pittura, la scultura, l'architettura, la letteratura, il teatro, la moda: il Neoclassicismo. Come il termine stesso suggerisce, **il Neoclassicismo fu caratterizzato dalla riscoperta dell'arte classica e dei suoi ideali di razionalità, armonia e proporzione** e, per questo, fu particolarmente apprezzato dai filosofi illuministi. Anche la concezione di bellezza maschile e femminile mutò sensibilmente, all'insegna di una maggiore **sobrietà e semplicità.** L'ideale di bellezza neoclassico, così come ci è stato consegnato dai dipinti dell'epoca, ci mostra uomini dai volti pensierosi, intenti in letture e discussioni edificanti, e donne dai corpi torniti, con acconciature morbide e fluenti, in abiti leggeri e in pose che rimandano alla statuaria antica.

La bellezza romantica

L'ultimo scorcio del Settecento e la prima metà dell'Ottocento furono caratterizzati dal diffondersi di una nuova sensibilità, che incise notevolmente sulle arti e sul gusto: il Romanticismo. Gli uomini che vivevano secondo la sensibilità romantica nutrivano grandi ideali e aspirazioni. Erano animati da un carattere irruento, dinamico, perennemente tormentato da sentimenti contraddittori: ora perseguivano i propri obiettivi con slancio impulsivo e passionale, ora assumevano un atteggiamento contemplativo e malinconico. Amavano e odiavano con tutto il cuore e si lasciavano consumare dagli ideali e dalle passioni fino all'esaurimento delle forze. **L'ideale di bellezza romantico** dunque **univa fascino, passione, mistero e malinconia**: il volto era pallido e smunto; gli occhi languidi e febbricitanti; lo sguardo fiero, penetrante, intenso, corrucciato o pensoso; i capelli folti e fluenti; i gesti nervosi, impetuosi e scattanti nell'uomo, eterei, delicati e sensuali nella donna. Gli abiti attillati alla vita mettevano in risalto il corpo asciutto, esile e cagionevole, abituato alle privazioni e a uno stile di vita parco ed essenziale. **Gli eroi romantici amavano la natura e se ne sentivano parte integrante**. L'alba, il tramonto e le notti di luna acuivano le percezioni e accentuavano la sensazione di solitudine e di malinconia. Di fronte a una natura tranquilla e composta, l'eroe romantico si abbandonava al fluire dei suoi pensieri, naufragando dolcemente nell'infinito; al cospetto di una natura selvaggia, orrida e pericolosa, coltivava pensieri di morte e disperazione, di estraneità e opposizione al mondo. **I paesaggi nebbiosi e indistinti, le lande desolate, i cimiteri, le rovine archeologiche, le antiche abbazie abbandonate erano luoghi idealizzati e frequentati dai romantici,** perché evocavano atmosfere lugubri, tristi, cariche di memoria e mistero, capaci di innescare un turbine di sentimenti.

La bellezza borghese

Nella seconda metà dell'Ottocento si affermò in Europa un nuovo soggetto socio-economico: la borghesia. I borghesi non amavano la retorica e le utopie romantiche e prediligevano una cultura pratica e concreta: davano grande importanza alla famiglia, al lavoro e all'istruzione; seguivano l'andamento del mercato, investivano in borsa, accumulavano capitali; si occupavano di politica e facevano sentire la loro voce nei palazzi del potere attraverso i loro rappresentanti. **L'ideale di bellezza borghese si fondava sulla compostezza e sulla sobrietà dei costumi.** Un senso della misura che ritroviamo nei ritratti dell'epoca, che mostrano uomini, donne e bambini colti in pose austere, con indosso abiti scuri e qualche accessorio *à la page*: cilindro e bastone per gli uomini; ventagli, cappellini, guanti e un semplice gioiello (un filo di perle, un cameo) per le donne.

La borghesia relegava nella sfera del brutto tutto ciò che non era conforme al suo gusto o che fosse caratterizzato da eccessi o vizi di ogni genere: **brutti erano considerati il degrado dei quartieri popolari, il modo di vivere del proletariato, qualsiasi forma di abbandono agli istinti, la mancanza di riservatezza, la scarsa igiene personale.** Tutte cose che, al contrario, esercitavano un fascino singolare su coloro che non si riconoscevano negli schemi e nella mentalità borghesi, gli artisti in particolare, sensibili – come scrive il poeta francese Charles Baudelaire – al «gusto dell'orribile»; altri letterati, invece, rivendicarono la propria diversità e la propria indipendenza dall'ideologia borghese inseguendo il sogno di una bellezza ideale e assoluta, da conquistare anche attraverso stili di vita eccentrici e provocatori.

Il bello e il brutto nel Novecento

Nella prima metà del Novecento, la distinzione tra ciò che è bello e apprezzabile e ciò che è brutto e deprecabile fu fortemente condizionata dalla **propaganda politica operata dal fascismo, dal nazismo e dal comunismo**, i tre regimi totalitari che dominarono e sconvolsero l'Europa in quegli anni. Mussolini, Hitler, Stalin e i loro apparati di potere, infatti, misero in atto un vero e proprio bombardamento mediatico allo scopo di orientare il gusto delle masse e controllarne ogni aspetto della vita diffondendo idee e informazioni capziose. Tratto comune ai regimi totalitari fu presentare come belle le donne forti e robuste, capaci di essere madri prolifiche, mogli fedeli e ottime massaie; gli uomini dovevano essere atletici, fieri e prestanti, indefessi lavoratori e all'occasione impavidi guerrieri, disposti a sacrificare la propria vita per la patria. I nemici dello Stato venivano rappresentati invece come esseri brutti e malvagi, da evitare o da annientare: l'esempio più eclatante è fornito dal modo in cui la propaganda nazista raffigurò gli ebrei, spesso ritratti sui manifesti dell'epoca con fattezze grottesche e caricaturali, se non addirittura bestiali.

A partire dalla seconda metà del Novecento, a determinare i parametri del bello e del brutto sono soprattutto il cinema, la televisione e il mercato, che hanno condizionato le mode e i gusti della gente, riducendo la bellezza e la bruttezza a merci seriali, a prodotti confezionati, spesso capovolgendo il reale valore di cose e persone.

Oltre la letteratura

La bellezza e la bruttezza nella pubblicità

La comunicazione pubblicitaria, nelle sue varie forme – annunci stampa, affissioni, spot televisivi e radiofonici, *banner* e *pop-up* –, sfrutta tutte le potenzialità espressive e creative dei vari linguaggi (verbale, visivo, acustico, mimico-gestuale) allo scopo di convincere il consumatore a scegliere un determinato prodotto.

In effetti, una efficace campagna pubblicitaria deve catturare l'attenzione e suscitare l'interesse del consumatore, far nascere in lui il desiderio del prodotto pubblicizzato e, infine, spingerlo a compiere l'azione dell'acquisto. Per sedurre i potenziali acquirenti, i pubblicitari – in particolare l'*art director*, che si occupa della parte visiva dello spot, e il *copywriter*, che scrive i testi – adottano numerose tecniche e strategie. Una delle più utilizzate è quella di associare al prodotto reclamizzato immagini ed elementi che rimandano più o meno esplicitamente a un'idea condivisa e molte volte stereotipata di bellezza (una donna o un uomo piacenti, un sorriso smagliante, un bel paesaggio) o a sensazioni di benessere e felicità (una famiglia serena, un abito elegante, una tavola ben addobbata, un'atmosfera di festa). In ambito pubblicitario, il brutto viene spesso utilizzato in chiave ironica o in maniera provocatoria, ma sempre allo scopo di catturare l'attenzione dei potenziali consumatori.

Il target (l'obiettivo) di questa campagna pubblicitaria è la casalinga media, come suggeriscono tutti gli elementi presenti: la confezione, la busta della spesa, la funzione del prodotto.

Lo spot sfrutta lo stereotipo della bellezza femminile: la protagonista infatti è una donna carina, sorridente e ben curata.

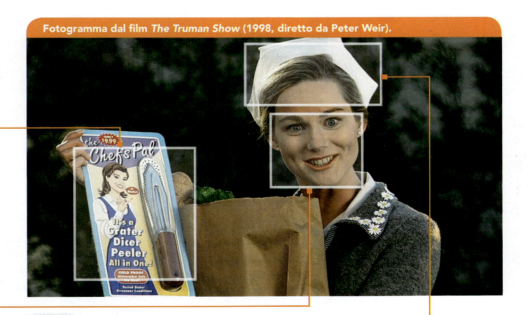

Fotogramma dal film *The Truman Show* (1998, diretto da Peter Weir).

Lo spot contiene anche dei sottili richiami emotivi, che veicolano messaggi subliminali positivi e rassicuranti: il candore del cappellino, le margheritine sul colletto, i cibi freschi e naturali come il pane e la verdura.

Il Decadentismo e il ruolo dell'artista

Con l'affermarsi della mentalità borghese, mutano i ruoli dell'artista e del letterato all'interno della società. I borghesi leggono e vanno a teatro, ma non amano essere criticati nelle pagine dei libri o sulla scena. Chiedono all'arte di raccontare il loro mondo, la loro vita, ma nascondendone le storture e le ipocrisie. Alcuni artisti si adeguano ai gusti del pubblico, ne rispettano le attese e hanno successo. Altri si sentono espropriati del proprio ruolo e della libertà e vivono in maniera drammatica la condizione di intellettuali: emarginati dalla società, reagiscono con atteggiamenti di ribellione e di rifiuto per il sistema di valori borghese. In molti casi, questa ribellione si concretizza in scelte di vita anticonformiste, spesso ai limiti dell'anarchia e dell'autolesionismo: scrittori e poeti come i francesi Charles Baudelaire (1821-1867), autore della raccolta lirica *I fiori del male* (1857), Paul Verlaine (1844-1896) e Arthur Rimbaud (1854-1891) si rinchiudono in un mondo interiore, bruciando la loro esistenza tra droghe e alcol.

Altri letterati scelgono di stupire e provocare la riservatezza borghese ostentando una vita inimitabile, raffinata e sfarzosa, un'esistenza che è essa stessa un'opera d'arte. È il caso dello scrittore irlandese Oscar Wilde (1854-1900), autore del celebre romanzo *Il ritratto di Dorian Gray* (1891); del francese Joris-Karl Huysmans (1848-1907), che nel romanzo *Controcorrente* (1884), ambientato nella Parigi di fine secolo, racconta la storia dell'eccentrico Jean Floresses Des Esseintes, il quale per sfuggire alla noia si rifugia in una villa di campagna dove trascorre le sue giornate nel culto maniacale del piacere e della bellezza; dell'italiano Gabriele d'Annunzio (1863-1898), protagonista di una vita eccezionale, ricca di gesti provocatori e ardimentosi. Questi artisti danno vita, a partire dalla seconda metà dell'Ottocento, alla stagione del Decadentismo: un insieme di esperienze letterarie e artistiche, spesso diverse o addirittura antitetiche, ma accomunate da un rifiuto della razionalità e dell'ottimismo borghesi.

t1 Enrichetto dal Ciuffo

Charles Perrault, *I racconti di Mamma Oca*

Tipologia	Testo narrativo
Genere	Fiaba
Sottogenere	D'autore
Anno	1697

  CHI: Charles Perrault DOVE:  Francia QUANDO:  Seicento

▶ SCOPRIAMO IL TEMA

1 LA BELLEZZA E LA BRUTTEZZA NELLE FIABE
2 LA MANCANZA
3 LA MORALE

L'autore

Charles Perrault nasce nel 1628 da una famiglia dell'alta borghesia parigina. Dopo essersi laureato in legge, ricopre importanti cariche nell'amministrazione pubblica, gode di amicizie influenti alla corte di re Luigi XIV e dal 1671 diventa membro della prestigiosa Accademia Francese, occupandosi di letteratura e partecipando ad animati dibattiti culturali, come la *querelle des Anciens et des Modernes* ("la polemica degli antichi e dei moderni"), schierandosi a favore degli ultimi a sostegno di un rinnovamento delle forme letterarie. Nonostante Perrault abbia scritto di tutto – traduzioni burlesche, racconti in prosa e in versi, opere satiriche e odi encomiastiche destinate alla corte di Francia –, la sua fama rimane legata alle storie per l'infanzia, cui l'autore si dedicò con vivida passione fino alla morte, avvenuta a Parigi nel 1703.

**Invito
alla lettura**

I racconti di Mamma Oca (1697) è una raccolta di fiabe che Perrault riprese dalla tradizione popolare, arricchendole però di elementi originali e presentandole con uno stile semplice ed elegante, alla portata di adulti e bambini. Oltre a inaugurare il genere letterario della fiaba, che a quell'epoca in Francia era una novità assoluta, l'opera contribuì anche alla nascita della tradizione del personaggio di Mamma Oca, una creatura rappresentata come oca o come vecchietta, circondata da un gruppo di bambini intenti ad ascoltare racconti e filastrocche. Tra le fiabe più note della raccolta ricordiamo *La bella addormentata nel bosco*, *Il gatto con gli stivali*, *Cappuccetto rosso*, *Pelle d'asino*, *Barbablù* e *Cenerentola*. La fiaba che qui presentiamo non è tra le più famose ma è sicuramente tra le più significative. Il protagonista è Enrichetto, un principino bruttissimo ma brillante che ha ricevuto in dono il potere di rendere intelligente la fanciulla a cui vorrà più bene. La sorte vuole che Enrichetto si innamori di una principessa bella ma molto sciocca, alla quale una fata aveva donato la facoltà di rendere bello colui che avrebbe conquistato il suo cuore. Enrichetto riuscirà a trasformare la principessina stupida in una fanciulla di spirito, e questa, una volta divenuta intelligente, riuscirà a vedere bellissimo il suo innamorato senza bisogno di alcun incantesimo.

**1 LA BELLEZZA
E LA BRUTTEZZA
NELLE FIABE**
L'opposizione fra bellezza e bruttezza è tipica del genere fiabesco.

1 fattezze: sembianze.

C'era una volta una regina, la quale mise al mondo un figlio così brutto e deforme, da far dubitare per un pezzo se avesse fattezze[1] umane. Una fata, ch'era presente alla sua nascita, assicurò ch'egli sarebbe riuscito molto simpatico grazie alla sua intelligenza; aggiunse inoltre che, per virtù d'un dono da lei fattogli, lui avrebbe potuto
5 comunicare un'egual dose d'intelligenza alla persona a cui avrebbe voluto più bene. Tutto questo consolò un pochino la povera regina, ch'era molto afflitta per aver messo al mondo un così orribile marmocchio. È vero, però, che non appena il bambino ebbe incominciato a parlare, se ne usciva in mille cose graziose e che, in tutto il suo modo di fare, c'era qualcosa di così vivo e intelligente che ognuno
10 n'era conquistato. Dimenticavo di dire ch'egli era nato con un ciuffettino di capelli dritto sulla testa, il quale gli aveva valso il soprannome di Enrichetto dal Ciuffo, dato che Enrichetto era il nome datogli dalla famiglia.

In capo a sette o ott'anni, la regina d'uno stato vicino diede alla luce due figlie. La prima d'esse era più bella del sole; la Regina ne fu così felice da far persino temere che la troppo grande contentezza potesse nuocerle alla salute. La medesima fata che aveva assistito alla nascita del piccolo Enrico era presente, e per attenuare la gioia della Regina, le dichiarò che la piccola principessa non avrebbe avuto neppure un briciolo di spirito e sarebbe stata tanto stupida quant'era bella. A sentir questo, la Regina rimase molto male, ma ella ebbe, qualche attimo dopo, un ben maggiore dispiacere, quando vide che la seconda bambina venuta al mondo era così brutta da far paura.

«Non state a rattristarvi troppo, Maestà», le disse la fata, «la vostra figlia sarà ricompensata da un altro punto di vista e sarà così intelligente che quasi non ci si accorgerà della bellezza che le manca.»

Gustave Doré, Illustrazione per il racconto Enrichetto dal ciuffo, *1867.*

2 LA MANCANZA
I personaggi principali di questa fiaba non sono perfetti, ma ognuno di essi presenta un difetto.

30 «Lo voglia Iddio!», rispose la Regina; «ma non ci sarebbe modo di far avere un po' di spirito alla maggiore, che è così bella?»

«Non posso far nulla per lei quanto allo spirito, Maestà, ma posso far tutto per quel che riguarda la bellezza; e poiché voglio fare il possibile per accontentarvi, le darò il dono di rendere bello o bella la persona che più le piacerà.»

35 A mano a mano che le due principesse diventavano grandi le loro doti crescevano in proporzione e dappertutto non si parlava che della bellezza della maggiore e dell'intelligenza della più piccola. Bisogna dire che anche i loro difetti aumentavano con l'età. La minore s'imbruttiva a vista d'occhio e la più grande diveniva ogni giorno più sciocca: quando le si chiedeva qualcosa non rispondeva nulla, oppure

40 soltanto stupidaggini. E non basta: era anche così impacciata nel muoversi da non saper mettere in fila quattro porcellane sul caminetto senza romperne almeno una, né bere un bicchier d'acqua senza versarsene la metà sui vestiti.

La bellezza è un grande vantaggio per una giovinetta, ma la sorella minore aveva sempre più successo dell'altra in società e in tutte le conversazioni. Dapprincipio,

45 si andava verso la più bella per poterla vedere e ammirare; ma ben presto la si lasciava per recarsi accanto a quella ch'era più intelligente, per sentirle dire mille cose simpatiche; non c'era da stupirsi se, in meno d'un quarto d'ora, la maggiore non aveva più alcuno accanto a sé mentre tutti si stringevano attorno alla più giovane. La sorella più grande, nonostante la propria stupidaggine, se ne accorse

50 benissimo, e avrebbe quindi dato senza rimpianti tutta la propria bellezza pur di avere la metà dello spirito di sua sorella. La Regina, quantunque fosse prudente, non poté fare a meno di rimproverarle più volte la sua storditaggine[2], e la povera principessa fu lì lì per morirne di dolore.

Un giorno che si era rifugiata in un bosco, per piangere la propria disgrazia, ella

55 vide venirsi incontro un ometto assai sgraziato, ma sfarzosamente vestito. Era il giovane principe Enrichetto dal Ciuffo che, essendosi innamorato di lei dopo aver visto i suoi ritratti i quali andavano in giro per il mondo intero, era partito dal reame di suo padre per avere il piacere di vederla e poterle parlare. Felice di incontrarla in quel luogo solitario, egli si avvicinò a lei con tutto il rispetto e la

60 gentilezza immaginabili. Avendo notato, dopo i soliti complimenti d'uso, ch'ella sembrava alquanto malinconica, le disse: «Io non capisco, Altezza, come una persona bella quanto voi possa essere così triste come sembrate; giacché, sebbene io possa vantarmi d'aver veduto un'infinità di belle donne, debbo anche dire di non averne trovata una sola la cui bellezza si avvicini alla vostra.»

65 «Se lo dite voi, signore», gli rispose la Principessa, e questo fu tutto.

«La bellezza», riprese Enrichetto dal Ciuffo, «è un così grande pregio che può tener luogo di tutto il resto; e quando la si possiede, non vedo come vi possa esser qualcosa che riesca ad affliggervi molto.»

«Preferirei», disse la Principessa, «essere brutta quanto voi e avere dello spirito,

70 piuttosto che avere tanta bellezza ed essere così stupida come sono.»

«Non c'è nulla, Altezza, che denoti meglio un'intelligenza quanto il credere di non averne; è proprio di questa dote il fatto che più se ne ha e più si crede di non averne.»

«Io non so nulla di queste cose», disse la Principessa; «ma so benissimo d'essere

75 una sciocca, ed è proprio questo che mi farà morire dal dolore.»

«Se è questo solo che vi tormenta, Altezza, io posso facilmente por fine al vostro dolore.»

«Come farete?», chiese la Principessa.

«Io ho il potere, Altezza», rispose Enrichetto dal Ciuffo, «di dare tutta l'intelligen-

80 za che si può desiderare alla persona che amerò più d'ogni altra; e poiché questa

2 storditaggine: stupidità.

persona siete voi, Altezza, dipenderà da voi sola il possedere tanto spirito quanto se ne può avere, a patto che siate contenta di sposarmi.»

La Principessa rimase di stucco e non rispose nulla.

«Vedo», riprese Enrichetto dal Ciuffo, «che la mia proposta non vi piace e non me 85 ne stupisco; ma vi concedo un anno intero per pensarvi su.»

La Principessa aveva così poco spirito e al tempo stesso tanta voglia di averne che s'illuse che la fine di quell'anno non sarebbe venuta mai; quindi accettò la proposta. Non aveva finito di promettere a Enrichetto dal Ciuffo che, dopo un anno esatto e in quello stesso giorno, lei lo avrebbe sposato, che si sentì tutta diversa da com'era 90 stata fino a quel giorno: si ritrovò una facilità incredibile nell'esprimere tutto quel che voleva e nel saperlo dire in modo arguto, disinvolto e naturale. Fin da quel momento, ella iniziò con Enrichetto dal Ciuffo una conversazione elegante e ben condotta, e tale era il suo scilinguagnolo[3] che Enrichetto dal Ciuffo ebbe perfino il dubbio d'averle dato più spirito di quanto non ne avesse serbato per sé!

95 Quand'ella fu tornata al palazzo, tutta la Corte non sapeva cosa pensare d'un cambiamento così subitaneo e impensato[4]; giacché, per quante insulsaggini[5] ella avesse detto in passato, altrettante erano adesso le cose spiritosissime e piene di buon senso che uscivano dalla sua bocca. Tutta la Corte se ne rallegrò in modo estremo; soltanto la sorella minore non ne fu troppo contenta, giacché, non avendo 100 più sulla maggiore la superiorità dell'intelligenza, ella ormai non sembrava, a suo confronto, che una brutta scimmietta piuttosto antipatica.

Il Re ora si lasciava guidare da lei; qualche volta andava perfino a tener consiglio nelle sue stanze. Quando la notizia di tale cambiamento si fu sparsa in giro, tutti i giovani principi degli stati vicini fecero a gara per conquistare il suo amore e 105 quasi tutti la chiesero in sposa; ma lei non trovava nessuno che fosse abbastanza intelligente, e li ascoltava tutti senza impegnarsi con alcuno. Ne venne tuttavia uno così potente, ricco, intelligente e ben fatto che lei non poté fare a meno di sentirsi bendisposta nei suoi confronti. Il Re suo padre, essendosene accorto, le disse che la lasciava libera di scegliersi uno sposo di suo gusto e che le bastava far 110 conoscere la propria volontà. Siccome più si è intelligenti e più accade che si esiti nel prendere una stabile risoluzione in questioni del genere, lei chiese, dopo aver ringraziato il padre suo, che le si desse un po' di tempo per riflettere.

Andò per caso a passeggiare nello stesso bosco ove un giorno aveva incontrato Enrichetto dal Ciuffo, per pensare più comodamente alla risoluzione da prendere.

115 Intanto che passeggiava, immersa nei propri pensieri, udì sotto i suoi piedi un rumore soffocato, come di molte persone che vadano, vengano e sia diano da fare. Tese l'orecchio con più attenzione, e sentì qualcuno che diceva: «Portami quella pignatta[6]!», e un altro: «Passami quella caldaia[7]!», e un terzo: «Metti la legna sul fuoco!». Al tempo stesso la terra si aprì, ed ella vide, al di sotto di sé, come un'im- 120 mensa cucina tutta piena di cuochi, sguatteri e ogni sorta di gente affaccendata ad allestire uno splendido banchetto. Ne uscì fuori una squadra di venti o trenta rosticceri, tutti con la loro brava leccarda[8] in mano e la coda di volpe, i quali andarono a piazzarsi attorno a una lunghissima tavola e si misero a lavorare a tempo di musica, sul motivo d'una canzone armoniosa.

125 La Principessa, stupita da tale spettacolo, chiese loro per chi fosse tutto quel lavorìo.

«Lavoriamo, signora», le rispose quello che sembrava il più importante, «per il principe Enrichetto dal Ciuffo, le cui nozze avverranno domani.»

La principessa, sempre più meravigliata e ricordandosi tutt'a un tratto come un anno prima, e in quello stesso giorno, ella avesse promesso di sposare il principe 130 Enrichetto dal Ciuffo, fu lì lì per cadere svenuta. La ragione per cui non aveva ricordato quella promessa, era che, quando l'aveva fatta, ella era ancora comple-

3 **scilinguagnolo**: vivacità e prontezza nel parlare.
4 **subitaneo e impensato**: improvviso e inatteso.
5 **insulsaggini**: sciocchezze.
6 **pignatta**: grande pentola.
7 **caldaia**: recipiente rotondo di metallo che serve per cuocere alimenti o far bollire qualcosa.
8 **leccarda**: recipiente di rame per la raccolta del grasso che cola dall'arrosto.

9 rubizzo: vigoroso, florido.

tamente sciocca e che poi, nel prendere tutto lo spirito datole dal Principe, aveva dimenticato le sue precedenti stupidaggini.

Continuò a passeggiare, ma non aveva fatto trenta passi quando Enrichetto dal Ciuffo le venne incontro, sgargiante, spavaldo, proprio come un principe che stia per sposarsi.

«Eccomi qui, Altezza», disse lui, «puntuale alla parola data, e non ho il minimo dubbio che voi siate qui per mantenere la vostra.»

«Vi confesserò in tutta franchezza,» rispose la Principessa, «che non ho ancora preso la mia decisione in proposito, né credo di poter mai prendere quella che voi desiderate.»

«Voi mi fate stupire, Altezza», le disse Enrichetto dal Ciuffo.

«Lo capisco», disse la Principessa, «e certamente s'io avessi a che fare con un uomo rozzo e senza spirito, mi sentirei molto imbarazzata. "Una principessa non può ritrattare la sua parola – mi direste – e dato che l'avete promesso, voi dovete sposarmi"; ma poiché l'uomo al quale parlo è, fra tutti, il più intelligente, io sono sicura che capirà le mie ragioni. Voi sapete che quando ero una povera idiota, anche allora non potevo decidermi a sposarvi; e adesso, come volete che, dopo tutto lo spirito che m'avete dato e che mi rende ancora più difficile di gusti di quanto non fossi, io prenda una decisione che a quel tempo non riuscii a prendere? Se allora pensavate di sposarmi a qualsiasi costo, avete fatto molto male a guarirmi dalla mia stupidaggine e ad aprirmi gli occhi, perché vedessi meglio di una volta.»

«Se un uomo sprovvisto di spirito», rispose Enrichetto dal Ciuffo, «sarebbe bene accolto, stando a quel che dite, quando venisse a rimproverarvi la vostra mancanza di parola, perché mai volete, Altezza, che anch'io non mi comporti così in un'occasione che decide la felicità di tutta la mia vita? È forse giusto che le persone intelligenti debbano trovarsi in condizione peggiore di quelle che non lo sono? Potete pretendere questo, voi che siete così intelligente e avete tanto desiderato di esserlo? Ma veniamo al sodo, se non vi dispiace: a parte la mia bruttezza, vi è qualche altra cosa che vi dispiace in me? Non vi aggrada forse il mio rango, il mio spirito, il mio carattere, i miei modi?»

«Tutt'altro!», rispose la Principessa; «tutte le cose che avete detto sono quelle che mi piacciono in voi.»

«Quand'è così», rispose Enrichetto dal Ciuffo, «io sono felice perché starà in voi a rendermi il più avvenente degli uomini.»

«Ma come può accadere?», gli chiese la Principessa.

«Ciò accadrà», rispose Enrichetto dal Ciuffo, «se mi amate abbastanza per desiderare che avvenga; e affinché, Altezza, voi non ne dubitiate, sappiate che la stessa fata che nel giorno della mia nascita mi fece il dono di poter rendere intelligente la persona che più mi fosse piaciuta, ha fatto anche a voi quello di poter dare la bellezza a colui che amerete e a cui vorreste fare tale favore.»

«Se le cose stanno così», disse la Principessa, «io desidero con tutto il cuore che voi diventiate il più avvenente principe del mondo e, per quanto dipenda da me, ve ne faccio volentieri il dono.»

La Principessa non aveva ancora finito di pronunciare queste parole che Enrichetto dal Ciuffo apparve ai suoi occhi il più bell'uomo della terra, il più aitante e simpatico che mai si sia visto. Alcuni assicurarono che non furono per nulla gl'incantesimi della fata ad agire, ma che solo l'amore operò tale metamorfosi. Dicono che la Principessa, avendo riflettuto sulla perseveranza dimostrata dal suo innamorato, sulla discrezione di lui e tutte le belle qualità del suo cuore e della sua mente, non vide più la deformità del suo corpo, né la bruttezza del suo viso: la gobba che lo deturpava le parve soltanto la schiena rotonda dell'uomo che bonariamente si

3 LA MORALE
L'amore per Enrichetto dal Ciuffo induce la Principessa ad apprezzare e a considerare belli i suoi difetti fisici.

185 tiene un po' curvo; nel mentre che, fino a quel momento, le era parso ch'egli fosse orribilmente zoppo, le sembrò adesso che avesse un'andatura un po' buttata da una parte, non priva di grazia e che le piaceva moltissimo. Dicono pure che i suoi occhi storti le parvero per questo più vivi e brillanti, tanto che quello strano modo di guardare sembrò a lei la dimostrazione d'un amore fin troppo violento; perfino il naso di lui, grosso e rubizzo[9], prese ai suoi occhi qualcosa di eroico e di marziale!

Comunque sia, la Principessa gli promise di sposarlo subito, purché lui ne ottenesse 190 il consenso dal Re suo padre. Il Re, avendo saputo che la figlia nutriva moltissima stima per Enrichetto dal Ciuffo, da lui ritenuto del resto un principe pieno d'intelligenza e di giudizio, lo accettò con piacere come genero.

Le nozze si fecero il dì seguente, proprio come Enrichetto dal Ciuffo aveva previsto, e secondo gli ordini che già da molto tempo egli stesso aveva dati.

195   MORALE
                  Ciò che si vede in questo scrittarello
                 non è un racconto in aria, ma verità patente.
                  In quel che amiamo tutto è buono e bello,
                  tutto quello che amiamo è intelligente.

200   ALTRA MORALE
                  Davanti a un vivo oggetto ove Natura
                 abbia messo bei tratti e la viva pittura
                 d'una tinta a cui l'Arte non saprebbe arrivare,
                  tanti doni avran meno poter sul vostro cuore
205   che una sola invisibile grazia, pur che l'amore
                         ve la faccia trovare.

(AA.VV., *I racconti delle fate*, Roma, Newton Compton, 1994, trad. di Elena Giolitti)

▶ SCOPRIAMO IL TEMA

1 LA BELLEZZA E LA BRUTTEZZA NELLE FIABE

Nel mondo delle fiabe, la bellezza e la bruttezza sono spesso associate alle qualità morali dei personaggi: il protagonista (l'eroe o l'eroina) è nella maggior parte dei casi bello e buono; i suoi nemici (l'antagonista e gli oppositori) sono brutti e malvagi. Sono bellissime e pure di cuore, per fare qualche esempio, Biancaneve e Cenerentola; sono, al contrario, orribili e crudeli la strega, la matrigna, le sorellastre che, invidiose per l'avvenenza e il candore della protagonista, fanno di tutto per renderle la vita impossibile. A porre fine alle disavventure dell'eroina è solitamente un altro personaggio, il Principe Azzurro. Nobile, coraggioso e di bell'aspetto, il Principe soccorre la fanciulla e, superando una serie di prove, riesce alla fine a spezzare il sortilegio che la tiene prigioniera o ad annientare i suoi nemici.

Altre volte, come accade ne *La Bella e la Bestia* e nei cicli fiabeschi dello sposo-animale, in cui l'eroina è costretta a unirsi a un essere disgustoso e feroce, tale modello viene ribaltato. È la protagonista stessa, infatti, a spezzare, con la sua bontà e la sua capacità di andare oltre le apparenze, l'incantesimo che ha trasformato il suo compagno in un mostro.

1 Secondo te, chi è il protagonista di questa vicenda? Enrichetto o la Principessa? Motiva la tua risposta.

2 In questa fiaba, la fata ha il ruolo di mentore. Sei d'accordo con questa affermazione? Perché?

2 LA MANCANZA

Anche in *Enrichetto dal Ciuffo* sono presenti i motivi della bellezza e della bruttezza, ma con una sostanziale differenza

rispetto a quel che accade nella maggior parte delle fiabe. Tutti i personaggi principali, infatti, sono vittime di una "mancanza":

Enrichetto è intelligente e simpatico, ma bruttissimo, così come la più piccola delle due principesse. La maggiore, invece, è bellissima ma sciocca. In questa vicenda è dunque assente la corrispondenza tra qualità estetiche e qualità spirituali (bello = buono, brutto = cattivo) e la superiorità solitamente assegnata alle prime rispetto alle seconde. Al contrario, in questa fiaba sono proprio le doti spirituali a essere maggiormente apprezzate, come dimostra il successo riscosso in società dalla più piccola delle due principesse: «La bellezza è un grande vantaggio per una giovinetta, ma la sorella minore aveva sempre più successo dell'altra in società e in tutte le conversazioni. Dapprincipio, si andava verso la più bella per poterla vedere e ammirare; ma ben presto la si lasciava per recarsi accanto a quella ch'era più intelligente, per sentirle dire mille cose simpatiche».

3 I tre personaggi principali di questa fiaba desiderano ciò che non hanno: la bellezza (Enrichetto e la sorella minore della Principessa) e l'intelligenza (la Principessa). Individua nel testo e trascrivi una o più frasi a supporto di tale affermazione, come nell'esempio.

Enrichetto: «La bellezza», riprese Enrichetto dal Ciuffo, «è un così grande pregio che può tener luogo di tutto il resto».

Principessa bella:
_____

Principessa brutta:
_____

3 LA MORALE

Innamoratosi della bella ma sciocca Principessa e in virtù del provvidenziale dono della fata, Enrichetto riesce a rendere intelligente la sua amata; quest'ultima, accettando alla fine di amare il suo brutto corteggiatore, riesce a trasformarlo «nell'uomo più bello della terra, il più aitante e simpatico che mai si sia visto». Come suggerisce lo stesso Perrault, però, probabilmente tale trasformazione non è da attribuire al magico dono della fata, ma all'amore, che fa apprezzare e vedere con occhi nuovi ciò che si ama: «Alcuni assicurarono che non furono per nulla gl'incantesimi della fata ad agire, ma che solo l'amore operò tale metamorfosi.

Dicono che la Principessa, avendo riflettuto sulla perseveranza dimostrata dal suo innamorato, sulla discrezione di lui e tutte le belle qualità del suo cuore e della sua mente, non vide più la deformità del suo corpo, né la bruttezza del suo viso».

4 Alla fine delle sue fiabe, Perrault inserisce in versi la morale della storia narrata. Quella di Enrichetto dal Ciuffo ne ha due. Dopo averle lette con attenzione, cerca di spiegarle alla luce delle tue riflessioni e del commento che hai letto.

▶ ATTIVIAMO LE COMPETENZE

LETTURA E COMPRENSIONE

ACCESSO ALLE INFORMAZIONI

5 Le due Principesse
- A sono gemelle.
- B hanno la stessa età.
- C sono nate a distanza di qualche mese l'una dall'altra.
- D sono nate a distanza di qualche anno l'una dall'altra.

6 Come mai la Principessa ha dimenticato la promessa di nozze fatta a Enrichetto?

7 In che modo Enrichetto dal Ciuffo si innamora della Principessa?

8 Da che cosa deriva il soprannome di Enrichetto?

9 Quanto tempo passa dal primo incontro tra Enrichetto e la Principessa e il giorno delle loro nozze?

COMPRENSIONE GENERALE E INTERPRETAZIONE

10 Perché la più piccola delle Principesse gode di una considerazione maggiore in società rispetto alla maggiore?

11 «Non c'è nulla, Altezza, che denoti meglio un'intelligenza quanto il credere di non averne; è proprio di questa dote il fatto che più se ne ha e più si crede di non averne». Spiega il significato di questa frase di Enrichetto.

12 Il Re è un personaggio positivo o negativo? Motiva la tua risposta.

13 Oltre al fatto di essere caratterizzati da un diverso grado di bellezza e intelligenza, che cosa hanno in comune i personaggi principali della vicenda?
- A Sono tutti felici.
- B Sono tutti nobili.
- C Vivono tutti nello stesso reame.
- D Sono tutti simpatici.

RIFLESSIONE E VALUTAZIONE

14 Pur essendo molto brutto, Enrichetto non sembra vergognarsi del suo aspetto fisico e appare molto sicuro di sé. Come mai?

t2 La bellezza del padre

Elsa Morante, *L'isola di Arturo*

Tipologia	Testo narrativo
Genere	Romanzo
Sottogenere	Romanzo di formazione
Anno	1957

CHI: *Elsa Morante* — DOVE: *Italia* — QUANDO: *Novecento*

▶ ANALIZZIAMO IL TESTO

1 NARRATORE E PUNTO DI VISTA
2 LA FIGURA PATERNA
3 L'ETÀ D'ORO DELL'INFANZIA

L'autrice

Elsa Morante nasce a Roma nel 1912 da una famiglia piccolo-borghese: il padre, siciliano, è istitutore in un riformatorio; la madre, di origini emiliane, è maestra elementare. Tutti insieme abitano nel quartiere popolare del Testaccio, dove Elsa cresce libera e spregiudicata come i monelli del rione: non frequenta le scuole elementari, studia da autodidatta, trascorre il tempo tra la lettura di romanzi, le scorrerie in strada e la composizione di storie per l'infanzia, che comincia molto presto a pubblicare su «Il Corriere dei piccoli». Dopo aver completato il liceo, decide di non proseguire gli studi per dedicarsi interamente alla letteratura. Matura così la decisione di andarsene da casa e di trasferirsi in un'abitazione tutta sua. Per guadagnarsi da vivere si dedica al giornalismo, firmando cronache di costume su riviste culturali, ma nel 1941 arriva la svolta: pubblica la sua prima opera, la raccolta di racconti *Il gioco segreto*, e sposa lo scrittore Alberto Moravia, dal quale si separerà nel 1962 dopo un intenso sodalizio amoroso e intellettuale. Dopo gli anni della guerra, trascorsi nell'Italia meridionale, Elsa fa ritorno a Roma e pubblica le prime opere importanti della sua carriera di scrittrice: *Menzogna e sortilegio* (1948), storia della decadenza di una nobile famiglia raccontata dal singolare punto di vista di una sua componente, Elisa, e *L'isola di Arturo* (1957), che narra il difficile processo di maturazione di un ragazzo del Sud. Nella seconda parte della sua vita, la scrittrice si dedica ai viaggi in tutto il mondo e alla composizione di altre grandi opere, saggistiche, poetiche e narrative. Tra queste ultime ricordiamo la raccolta di racconti *Lo scialle andaluso* (1963), il romanzo storico *La Storia* (1974), grande affresco dell'Italia bellica e postbellica ricostruito attraverso gli stenti e le sofferenze di una modesta famiglia romana, e *Aracoeli* (1982), incentrato su un intenso rapporto tra madre e figlio. Gravemente ammalata, la scrittrice trascorre gli ultimi anni della sua esistenza in solitudine, sostenuta solo dall'affetto di pochi intimi amici. Si spegne a Roma nel 1985.

LABORATORIO
GRAMMATICA
Svolgi le attività interattive su questo testo per ripassare **l'avverbio**.

Invito alla lettura

Siamo negli anni '30 del Novecento. Arturo Gerace è un ragazzino di quattordici anni che vive a Procida, una piccola isola dell'arcipelago napoletano. La mamma di Arturo è morta di parto e il suo papà, un italo-tedesco di nome Wilhelm, è quasi sempre in viaggio. Ma il ragazzino non è solo. A tenergli compagnia ci sono la cagnolina Immacolatella, inseparabile compagna di giochi, e i libri d'avventura di cui è piena la "Casa dei guaglioni" in cui egli abita, un antico convento di cappuccini in seguito appartenuto alla leggendaria figura di Romeo l'Amalfitano. Dotato

LA BELLEZZA DEL PADRE • Elsa Morante

di una vivida immaginazione, Arturo pensa che la sua isola sia un luogo magico popolato da strane creature e che i suoi genitori siano persone molto speciali: il padre un eroe bello e indomito impegnato in misteriosi viaggi per mare e la madre una creatura ultraterrena circondata da un'aura di sacralità.

Ma quando un giorno Wilhelm Gerace ritorna nell'isola con la nuova moglie, la giovanissima Nunziatina, le cose per Arturo cambiano improvvisamente, segnando l'inesorabile passaggio dal mondo dell'infanzia all'età adulta. Geloso delle attenzioni che il padre dedica alla fanciulla, il ragazzo vede in lei una rivale da odiare e un'umile popolana da disprezzare per la sua ignoranza. Nunziatina, però, non ha nulla della matrigna crudele delle fiabe: è bella, buona, semplice, e anche lei, proprio come il figliastro, è trascurata da un uomo quasi sempre lontano per lavoro. Sentendo per questa fragile creatura una certa affinità, poco alla volta Arturo comincia a nutrire nei suoi confronti un'attrazione irresistibile e una tenerezza mai provate prima. Fedele al marito e al suo ruolo di madre, però, Nunziatina respinge il corteggiamento di Arturo, gettando il ragazzo in un mare di sconforto. Alla delusione d'amore seguono per il protagonista altre amarezze: egli viene iniziato al sesso da una donna che non ama e scopre che il padre ha tendenze omosessuali e un carattere per niente eroico. La scoperta dell'omosessualità e della debolezza paterna spezza definitivamente le sue illusioni. Comprendendo di avere fino a quel momento vissuto in un mondo infantile fatto di sogni e idealizzazioni, Arturo decide di lasciare per sempre l'isola e di mettersi in viaggio alla ricerca di nuove e più mature esperienze.

1 NARRATORE E PUNTO DI VISTA

In questo romanzo di formazione, un narratore autodiegetico racconta in prima persona la sua storia, attraverso un punto di vista interno che oscilla tra quello dell'io-narrante (Arturo adulto) e quello dell'io-narrato (Arturo piccolo).

2 LA FIGURA PATERNA

Uno dei temi più importanti del romanzo è il rapporto tra Arturo e il padre, un rapporto che nel corso della storia subirà profondi cambiamenti dovuti al processo di maturazione del protagonista.

1 **margravio**: antico titolo feudale germanico che corrispondeva a quello di marchese.
2 **al podere**: a coltivare la terra.
3 **colono**: contadino.

Quello che so, riguardo alle origini di mio padre, l'ho conosciuto che ero già grande. Fin da ragazzo avevo udito talvolta la gente dell'isola chiamarlo bastardo; ma questa parola suonava per me come un titolo d'autorità e di prestigio misterioso: quale, per esempio, margravio[1], o altro titolo simile. Per molti anni, nessuno mi
5 rivelò mai niente sul passato di mio padre e di mio nonno: i Procidani sono poco loquaci, e d'altra parte io, sull'esempio di mio padre, non davo confidenza a nessuno nell'isola, non frequentavo nessuno. Costante, il nostro cuoco, era una presenza piuttosto animalesca che umana. In tanti anni che servì, non ricordo d'avere mai scambiato con lui due parole di conversazione; e del resto, io lo vedevo
10 assai raramente. Finito il suo lavoro nella cucina, egli se ne tornava al podere[2]; e io, rientrando in casa all'ora che mi pareva, trovavo le sue barbare pietanze che mi aspettavano, ormai fredde, nella cucina vuota.

Mio padre viveva, la maggior parte del tempo, lontano. Veniva a Procida per qualche giorno, e poi ripartiva, certe volte rimanendo assente per intere stagioni.
15 A fare la somma dei suoi rari e brevi soggiorni nell'isola, alla fine dell'anno, si sarebbe trovato che, su dodici mesi, egli forse ne aveva passato due a Procida, con me. Così, io trascorrevo quasi tutti i miei giorni in assoluta solitudine, e questa solitudine, cominciata per me nella prima infanzia (con la partenza del mio balio Silvestro), mi pareva la mia condizione naturale. Consideravo ogni soggiorno di
20 mio padre sull'isola come una grazia straordinaria da parte di lui, una concessione particolare, della quale ero superbo.

Credo che avevo da poco imparato a camminare, quand'egli mi comperò una barca. E quando avevo circa sei anni di età, un giorno mi portò al podere, dove la cagna pastora del colono[3] allattava i suoi cuccioli d'un mese, perché me ne
25 scegliessi uno. Io scelsi quello che mi pareva il più indiavolato, con gli occhi più simpatici. Si rivelò che era una femmina; e siccome era bianca come la luna, fu chiamata Immacolatella.

Quanto al fornirmi di scarpe, o di vestiti, mio padre se ne ricordava assai di rado. Nell'estate, io non portavo altro indumento che un paio di calzoni, coi quali
30 mi tuffavo anche in acqua, lasciando poi che l'aria me li asciugasse addosso. Solo raramente aggiungevo ai calzoni una maglietta di cotone, troppo corta, tutta strappata e slentata. Mio padre, in più di me, possedeva un paio di calzoncini da bagno di tela coloniale; ma, fuori di questo, anche lui, nell'estate non portava mai altro vestito che dei vecchi pantaloni stinti e una camicia senza più un solo
35 bottone, tutta aperta sul petto. Qualche volta, egli si annodava intorno al collo un fazzolettone a fiorami, di quelli che le contadine comperano al mercato per la messa della domenica. E quello straccio di cotone, addosso a lui, mi pare il segno d'un primato, una collana di fiori che attesta il vincitore glorioso!

Né io né lui non possedevamo nessun cappotto. D'inverno, io portavo due ma-
40 glioni, uno sull'altro; e lui, sotto, un maglione, e, sopra, una giacca di lana a quadri, usata e informe, dalle spalle eccessivamente imbottite, che aumentavano il prestigio della sua alta statura. L'uso della biancheria sotto i vestiti, ci era quasi del tutto sconosciuto.

Egli possedeva un orologio da polso (con la cassa d'acciaio, e il bracciale, anche
45 esso, di pesante maglia d'acciaio), che segnava anche i secondi, e si poteva portare anche in acqua. Possedeva inoltre una maschera, per guardare sott'acqua nuotando, un fucile, e un binocolo da marina con cui si potevano distinguere le navi che viaggiavano in alto mare, con le figurine dei marinai sul ponte.

La mia infanzia è come un paese felice, del quale lui è l'assoluto regnante! Egli era
50 sempre di passaggio, sempre in partenza; ma nei brevi intervalli che trascorreva a Procida, io lo seguivo come un cane. Dovevamo essere una buffa coppia, per chi ci incontrava! Lui che avanzava risoluto[4], come una vela nel vento, con la sua bionda testa forestiera[5], le labbra gonfie e gli occhi duri, senza guardare nessuno in faccia. E io che gli tenevo dietro, girando fieramente a destra e a sinistra i miei
55 occhi mori, come a dire:

"Procidani, passa mio padre!" La mia statura, a quell'epoca, non oltrepassava di molto il metro, e i miei capelli neri, ricciuti come quelli di uno zingaro, non avevano mai conosciuto il barbiere (quando si facevano troppo lunghi, io, per non esser creduto una ragazzina, me li accorciavo energicamente con le forbici, soltanto
60 in rare occasioni mi ricordavo di pettinarli; e nella stagione estiva erano sempre incrostati di sale marino).

Quasi sempre la nostra coppia era preceduta da Immacolatella, la quale correva avanti, ritornava indietro, annusava tutti i muri, metteva il muso in tutte le porte, salutava tutti. Le sue familiarità verso i compaesani mi facevano spazientire
65 spesso, e con fischi imperiosi io la richiamavo al rango dei Gerace. Avevo, così, un'occasione per esercitarmi nei fischi. Da quando avevo cambiato i denti, ero diventato maestro in quest'arte. Mettendomi in bocca l'indice e il medio, sapevo trarre dei suoni marziali[6].

Sapevo anche cantare discretamente; e dal mio balio avevo imparato diverse can-
70 zoni. Certe volte, mentre camminavo dietro a mio padre, o andavo in barca con lui, cantavo e ricantavo *Le donne dell'Havana*, *Tabarin*, *La sierra misteriosa*, oppure le canzoni napoletane, per esempio quella che dice: *Tu si' 'a canaria! tu si' l'ammore!*, sperando che mio padre ammirasse in cuor suo la mia voce. Lui, non dava segno nemmeno d'udirla. Era sempre taciturno, sbrigativo, ombroso, e mi concedeva a
75 mala pena qualche occhiata. Ma era già un grande privilegio, per me, che la mia compagnia fosse la sola da lui tollerata nell'isola.

In barca, lui remava, e io sorvegliavo la rotta, seduto a poppa, o a cavallo della prua. Certe volte, inebriato da quella felicità divina, mi scatenavo, e con una pre-

---

3 L'ETÀ D'ORO DELL'INFANZIA

L'infanzia del protagonista è paragonata a una vera e propria età dell'oro, un tempo mitico di gioia e felicità.

---

4 risoluto: deciso, sicuro di sé.
5 forestiera: da straniero.
6 marziali: bellici, guerreschi.

Renato Guttuso, Pescatori in riposo, *1950. Collezione privata.*

sunzione enorme incominciavo a dare comandi: –
Forza, remo destro! Forza, col sinistro! scìa! – Ma
se lui levava gli occhi a guardarmi, il suo splendore
silenzioso mi richiamava alla coscienza della mia
piccolezza. E mi pareva d'essere un'alìce alla presenza d'un grande delfino.
La prima ragione della sua supremazia su tutti gli
altri stava nella sua differenza, che era il suo più
bel mistero. Egli era diverso da tutti gli uomini
di Procida, come dire da tutta la gente che io conoscevo al mondo, e anche (o amarezza) da me.
Anzitutto, egli primeggiava fra gli isolani per la
sua statura (ma questa sua altezza si rivelava solo
al paragone, vedendo lui vicino ad altri. Quando
stava solo, isolato, appariva quasi piccolo, tanto le
sue proporzioni erano graziose).

95 Oltre alla statura, poi, lo distinguevano dagli altri i suoi colori. Il suo corpo nell'estate acquistava uno splendore bruno carezzevole, imbevendosi del sole, pareva, come
d'un olio; ma nella stagione invernale ritornava chiaro come le perle. E io, che
ero sempre scuro in ogni stagione, vedevo in ciò quasi il segno d'una stirpe non
terrestre: come s'egli fosse fratello del sole e della luna.
100 I suoi capelli, morbidi e lisci, erano di un colore biondo opaco, che si accendeva,
a certe luci, di riflessi preziosi; e sulla nuca, dov'erano più corti, quasi rasi, erano
proprio d'oro. Infine i suoi occhi, erano d'un turchino-violaceo, che somigliava ai
colore di certi specchi di mare intorbidati dalle nuvole.
Quei suoi bei capelli, sempre impolverati e in disordine, gli scendevano a ciocche
105 sulla fronte corrugata, quasi per nascondere con la loro ombra i suoi pensieri. E
la sua faccia, che serbava, attraverso gli anni, il disegno risentito dell'adolescenza,
aveva un'espressione chiusa e arrogante.
Talvolta, un baleno delle segretezze gelose, alle quali i suoi pensieri parevano sempre intenti[7], passava sul suo viso: per esempio, dei sorrisi rapidi, selvatici e quasi
110 lusingati[8]; o delle lievi smorfie subdole, ingiuriose; o un malumore inaspettato,
senza apparente motivo. Per me, che non potevo attribuire, a lui, nessun capriccio
umano, il suo broncio era maestoso come l'oscurarsi del giorno, indizio certo di
eventi misteriosi e importanti come la Storia Universale.
Le sue ragioni appartenevano soltanto a lui. Ai suoi silenzi, alle sue feste, ai suoi
115 disprezzi, ai suoi martìri, io non cercavo una spiegazione. Erano, per me, come dei
sacramenti: grandi e gravi, fuori d'ogni misura terrestre, e d'ogni futilità.
Se un giorno, diciamo per esempio, egli si fosse presentato innanzi a me ubriaco,
o in delirio, certo io non avrei potuto supporre, per questo, che anche lui andasse
soggetto alle debolezze comuni dei mortali! Lui, al pari di me, non s'ammalava
120 mai, a quanto ricordo; però, s'io lo avessi veduto ammalato, la sua malattia non
mi sarebbe sembrata uno dei soliti accidenti della natura. Essa avrebbe assunto, ai
miei occhi, quasi il senso d'un mistero rituale, in cui Wilhelm Gerace era l'eroe,
e gli officianti chiamati ad assisterlo ricevevano il privilegio d'una consacrazione!
E certo non avrei dubitato, credo, che una qualche commozione del cosmo, dai
125 paesaggi terrestri fino alle stelle, dovesse accompagnare questo mistero paterno.
Esiste, nell'isola, una piana fra rocce alte, in cui c'è un'eco. Certe volte, capitando
là, mio padre si divertiva a gridare delle frasi tedesche. Pur non sapendone il significato, io capivo, dalla sua aria proterva[9], che dovevano essere parole terribili,
e temerarie[10]: egli le lanciava con accento di sfida e quasi di profanazione, come se

7 **intenti**: rivolti.
8 **lusingati**: che esprimono
piacere, soddisfazione.
9 **proterva**: arrogante.
10 **temerarie**: audaci, im-
prudenti.

11 Roncisvalle: località dei Pirenei dove nel 778 la retroguardia dell'esercito di Carlo Magno cadde in un'imboscata dei Mori. In quell'occasione perse la vita il paladino Orlando, la cui eroica vicenda è narrata nella *Chanson de Roland*, famoso poema epico medioevale.

12 Termopili: località greca dove nel 480 a.C. il condottiero spartano Leonida e il suo esercito persero la vita nel tentativo di difendere la patria contro i nemici persiani.

13 Furia: essere demoniaco vendicativo e spietato che fa parte del patrimonio leggendario greco e latino.

130 violasse una legge, o rompesse una magia. Quando l'eco gliele rimandava, rideva, e ne rilanciava di più brutali. Io, per rispetto della sua autorità, non osavo dargli man forte, e sebbene fremessi d'ansia bellicosa, ascoltavo quegli enigmi in silenzio. Non mi pareva di assistere al solito gioco dell'eco, assai comune fra i ragazzi; ma a un duello epico. Siamo a Roncisvalle[11], e d'un tratto, sulla spianata, irromperà 135 Orlando col suo corno. Siamo alle Termopili[12], e dietro le rocce si nascondono i cavalieri persiani, coi loro berretti puntuti.

Quando, nei nostri giri attraverso la campagna, si trovava davanti a una salita, egli era preso da impazienza e partiva in corsa, con l'accanimento d'un lavoro meraviglioso, come su per l'albero d'un veliero. E non si curava affatto di sapere se io 140 gli stavo dietro o no; ma io lo seguivo a precipizio pur con lo svantaggio delle mie gambe più piccole, e la gioia mi accendeva il sangue. Non era, quella, una delle solite corse, che facevo mille volte al giorno, in gara con Immacolatella. Era un torneo famoso. Lassù ci aspettava un traguardo acclamante, e tutti i *trenta milioni di dèi*! Le sue vulnerabilità erano misteriose come le sue indifferenze. Ricordo che una 145 volta, mentre nuotavamo, egli si scontrò con una medusa. Tutti conoscono l'effetto d'un simile accidente: è un arrossamento della pelle, di nessuna conseguenza e di corta durata. Anche lui, certamente, sapeva ciò, ma, al vedersi il petto segnato da quelle striature sanguigne, fu vinto da un orrore che lo fece impallidire fino sulle labbra. Fuggì subito alla riva, e si buttò in terra supino, con le braccia diste- 150 se, come un caduto già sopraffatto dalla nausea dell'agonia! Gli sedetti accanto: io stesso più d'una volta ero stato vittima di ricci, meduse e altri esseri marini, senza mai dare nessuna importanza alle loro offese. Ma oggi, che la vittima era lui, m'invase un sentimento solenne di tragedia. Sulla spiaggia e per tutto il mare si fece un gran silenzio, e in questo il grido d'un gabbiano che passava mi parve 155 un lamento femminile, una Furia[13].

(E. Morante, *L'isola di Arturo*, Novara, Mondadori-De Agostini, 1988)

▶ ANALIZZIAMO IL TESTO

1 NARRATORE E PUNTO DI VISTA

Nell'*Isola di Arturo*, il compito di raccontare la storia è affidato alla voce di un narratore autodiegetico, cioè un narratore che parla di sé in prima persona e che è anche il protagonista della storia. Quando è presente questa particolare tipologia di narratore, il punto di vista interno non è così scontato. Bisogna infatti tenere presente lo scarto esistente tra l'io narrante, cioè la voce che narra "adesso", e l'io narrato, cioè lo stesso narratore protagonista degli eventi raccontati accaduti nel passato, tipico dei romanzi di formazione. Nel brano in esame, l'io narrante è Arturo da grande, l'uomo adulto che ricorda le esperienze e i fatti della sua infanzia, di cui conosce i significati e gli sviluppi, e l'io narrato è Arturo da piccolo, che vive queste stesse esperienze e questi fatti per la prima volta, con lo stupore e l'ingenuità propri di un fanciullo ignaro del suo destino.

	Arturo adulto	Arturo bambino
A *Egli era diverso da tutti gli uomini di Procida*		
B *Lassù ci aspettava un traguardo acclamante, e tutti i trenta milioni di dei!*		
C *E mi pareva d'essere un alice alla presenza d'un grande delfino*		
D Costante, il nostro cuoco, *era una presenza piuttosto animalesca che umana*		
E *E io rientrando in casa all'ora che mi pareva, trovavo le sue barbare pietanze*		

1 Indica con una crocetta se nelle espressioni evidenziate in corsivo prevale il punto di vista di Arturo da adulto (io narrante) o quello di Arturo bambino (io narrato).

2 LA FIGURA PATERNA

Durante gli anni dell'infanzia il piccolo Arturo tende a idealizzare la figura del padre, attribuendogli qualità fisiche e doti caratteriali fuori dal comune. In effetti Wilhelm Gerace appare agli occhi del figlio bello e perfetto come un eroe d'altri tempi, diverso e distante dai comuni mortali che lo circondano. Inoltre le sue lunghe assenze, i modi bruschi, i silenzi, i gesti e le parole incomprensibili, l'indifferenza con la quale egli risponde alle strategie attuate da Arturo per attrarre la sua attenzione, non fanno che intensificare l'alone di mistero e di sacralità che lo circonda, inducendo il figlio ad amarlo e a rispettarlo di più. In seguito, mettendosi in moto il processo di crescita e la presa di coscienza del protagonista, la

figura di Wilhelm Gerace verrà ridimensionata e de-mitizzata, come è evidente non soltanto nella seconda parte del romanzo, ma anche all'inizio della storia, nei passi in cui si dilata maggiormente lo scarto esistente tra il punto di vista dell'io narrante (Arturo adulto) e quello dell'io-narrato (Arturo bambino).

2 Che cosa fa Arturo per attirare l'attenzione del padre? E come reagisce quest'ultimo?

3 Che cosa distingue fisicamente il padre di Arturo da tutti gli altri abitanti di Procida?

3 L'ETÀ D'ORO DELL'INFANZIA

Un grande mito della cultura occidentale è quello dell'età dell'oro. Secondo questo mito, un tempo gli uomini vivevano in un'epoca felice caratterizzata da abbondanza, pace e prosperità, in cui condividevano gioie e banchetti con gli dei, godevano di un clima perennemente mite e non dovevano faticare per procurarsi il cibo. Quest'epoca fu però seguita da altre, durante le quali l'umanità, a causa dei suoi errori e della volontà di ribellione, subì un'involuzione progressiva finendo con il perdere per sempre l'antica e perfetta felicità. Analogamente, il mito dell'età dell'oro sembra riflettersi nei vari stadi della vita dell'uomo, dall'infanzia, gioiosa e felice, all'età adulta, imperfetta e carica di sofferenze. In effetti, durante l'infanzia il bambino è appagato, felice, crede di avere tutto quello di cui ha bisogno e si sente protetto e coccolato dai genitori, che tende a idealizzare non riuscendo a scorgere in essi difetti e limiti. Ma con il passare del tempo le cose cambiano. La crescita comporta crisi di identità, affinamento dello spirito critico, distacco dai modelli infantili e affermazione della propria persona-

lità: un traguardo importante, raggiunto spesso al prezzo di mille sofferenze. Stessa sorte tocca ad Arturo, che nella sua "epoca d'oro" giunge perfino a esclamare: «La mia infanzia è come un paese felice, del quale lui è l'assoluto regnante!». Nel suo mondo infantile, infatti, il cui incontrastato sovrano è la figura mitizzata del padre, egli vede ogni cosa come meravigliosa e sorprendente, non possedendo ancora quegli strumenti che gli consentiranno in futuro di smascherare la verità celata dietro le false apparenze: Wilhelm non è un eroe, ma un «bastardo», come affermano i procidani; non possiede la statura del dio, ma la mediocrità di un uomo fragile che fatica a essere un buon padre; non è coraggioso, ma pieno di paure, che talvolta non riesce a razionalizzare. E le sue lunghe assenze dall'isola non nascondono viaggi avventurosi per mare, ma piccole e meschine fughe sulla terraferma.

4 In quale tra gli episodi narrati nel testo emergono la fragilità e le debolezze di Wilhelm Gerace?

> ▶ ATTIVIAMO LE COMPETENZE

LETTURA E COMPRENSIONE

ACCESSO ALLE INFORMAZIONI

5 Chi sono Costante, Silvestro e Immacolatella?

6 Di che colore sono i capelli e gli occhi di Arturo?

7 La vicenda è ambientata in
- **A** un'isola.
- **B** un paese dell'entroterra campano.
- **C** Germania.
- **D** nessuna delle alternative proposte.

COMPRENSIONE GENERALE E INTERPRETAZIONE

8 Il piccolo Arturo ama alla follia suo padre, ma quest'ultimo non sembra ricambiare con la stessa intensità i sentimenti del figlio. Sei d'accordo con questa affermazione?
- ☐ Sì   ☐ No

Perché? _____

9 «Le sue familiarità verso i compaesani mi facevano spazientire spesso, e con i fischi imperiosi la richiamavo al rango dei Gerace». Quale sentimento emerge maggiormente da questa affermazione?
- **A** Invidia
- **B** Arroganza
- **C** Odio
- **D** Gelosia

LESSICO

SOSTITUZIONE, SINONIMI

10 Sostituisci le parole in corsivo con dei sinonimi o delle espressioni sinonimiche senza alterare il senso delle frasi.
- **A** Le sue *vulnerabilità* erano misteriose come le sue indifferenze (r. 144).
- **B** Era sempre taciturno, sbrigativo, *ombroso*, e mi concedeva a mala pena qualche occhiata (rr. 74-75).
- **C** Ai suoi silenzi, alle sue feste, ai suoi disprezzi, *ai suoi martiri,* io non cercavo una spiegazione… (rr. 114-115)

L'altra faccia della bellezza

Oscar Wilde, *Il ritratto di Dorian Gray*

Tipologia	Testo narrativo
Genere	Romanzo
Sottogenere	Romanzo decadente, fantastico
Anno	1891

CHI: Oscar Wilde

DOVE: Regno Unito

QUANDO: Ottocento

▶ **DISCUTIAMO IL PROBLEMA** *È possibile essere belli per sempre?*

1 IL GENERE
2 I PROTAGONISTI
3 LA MORALE E IL TEMA DEL DOPPIO

L'autore

Oscar Wilde nasce a Dublino il 16 ottobre 1854. Il padre è un medico molto conosciuto e dotato di qualità letterarie; la madre compone versi e lavora come traduttrice di autori francesi. È proprio lei a occuparsi personalmente dell'istruzione del figlio, che fin da piccolo ha così l'opportunità di conoscere i grandi classici della letteratura e di compiere viaggi istruttivi in Francia. All'età di dieci anni viene iscritto in un prestigioso collegio irlandese, per ricevere un'educazione adeguata alla sua condizione sociale e per completare la sua formazione culturale. Finito il collegio, si iscrive all'Università di Oxford, segnalandosi per la sua eccentricità e il suo anticonformismo. Nel 1879 parte per un lungo viaggio, prima a Londra e poi in America, alla ricerca di nuovi orizzonti da esplorare e di spazi più grandi dove farsi notare. Nel 1882 ritorna in Europa e vive tra Londra e Parigi, firmando articoli su riviste di moda, tenendo conferenze letterarie, scrivendo opere teatrali, fiabe, poesie e il romanzo *Il ritratto di Dorian Gray* (1890-1891). In poco tempo diviene una celebrità, non soltanto per le sue straordinarie qualità artistiche, ma anche per il suo stile di vita inconfondibile, da vero dandy: i modi raffinati, l'abbigliamento alla moda, la conversazione brillante e folgorante, gli atteggiamenti per lo più stravaganti e fuori dal comune. Nel 1893 si abbatte su di lui l'accusa di omosessualità, che gli aliena le simpatie e i favori dell'alta società. Nonostante il brillante discorso con il quale sostiene la sua difesa, Wilde viene condannato a due anni di lavori forzati in carcere, esperienza che lo avvilisce e lo distrugge. Muore il 30 novembre del 1900 all'età di 46 anni, ignorato da tutti: al suo funerale partecipano solo sette persone.

LABORATORIO

GRAMMATICA
Svolgi le attività interattive su questo testo per ripassare l'**aggettivo**.

Invito alla lettura

Nel 1890 il *Lippincott's Monthly Magazine* ospita tra le sue pagine la prima edizione del *Ritratto di Dorian Gray*. Il contenuto, scabroso per la mentalità dell'epoca, suscita un vero e proprio scandalo. Wilde replica ai suoi critici un anno dopo, nel 1891, dalle pagine di un'altra rivista, con la *Prefazione* al *Ritratto di Dorian Gray*. Nello stesso anno, il romanzo viene pubblicato in volume con qualche piccola modifica e l'aggiunta di alcuni nuovi capitoli. Anche in questo caso le critiche e i detrattori non mancano. Sono soprattutto i benpensanti della buona società a storcere il naso, scandalizzati da una storia torbida e demoniaca: mentre posa per il pittore Basil Hallward e ascolta le parole del suo cinico maestro Lord Henry, Dorian Gray, un ragazzo bellissimo ma perverso, è sedotto dall'idea di poter restare giovane per sempre e stringe una sorta di patto con il demonio. Così, per un oscuro sortilegio, lui conserverà per sempre le sue belle fattezze, mentre il ritratto realizzato da Basil invecchierà al posto suo. Accecato dal potere della sua bellezza, Dorian diventa sempre più cattivo, corrotto, immorale, e, al culmine della sua abiezione, anche assassino. Riportiamo il capitolo 13 del romanzo: dopo essersi persi di vista per qualche tempo, Basil e Dorian si incontrano di nuovo, ma tra loro le cose sono cambiate. Dorian decide di mostrare all'amico pittore il malefico ritratto. Inorridito e sconvolto dalla vista del quadro, Basil invita Dorian a pregare e a redimersi, ma questi, in preda all'ira, lo uccide.

1 IL GENERE

Come in un romanzo gotico, le atmosfere – ombre, folate di vento, scricchiolii – contribuiscono ad accrescere la tensione narrativa.

Uscì dalla stanza e cominciò a salire; Basil Hallward gli stava dietro. Camminavano in punta di piedi, come istintivamente si è portati a fare di notte. La lampada proiettava ombre fantastiche sulle pareti e sulle scale. Il vento che si era levato da poco faceva scricchiolare alcune finestre.

5 Quando arrivarono all'ultimo piano, Dorian posò la lampada in terra e, presa la chiave, la infilò nella serratura. «Insisti a voler sapere, Basil?» chiese a bassa voce. «Sì.»

«Mi fa piacere», rispose con un sorriso. Poi aggiunse, con una certa asprezza: «Sei l'unico al mondo che ha il diritto di sapere tutto di me. Hai avuto a che fare
10 con la mia vita più di quanto immagini». E, raccolta la lampada, aprì la porta ed entrò. Una ventata d'aria fredda li investì, e per un attimo la luce guizzò in una fiamma arancio scuro. Dorian trasalì. «Chiudi la porta», disse sottovoce posando la lampada sul tavolo.

Hallward si guardò intorno, interdetto. La stanza sembrava disabitata da anni. Un
15 arazzo fiammingo scolorito, un quadro coperto da una tenda, un vecchio cassone italiano, uno scaffale quasi vuoto: sembrava non contenere altro, a parte una sedia e un tavolo. Mentre Dorian Gray accendeva una candela mezza consumata sulla mensola del camino, notò che tutta la stanza era coperta di polvere e il tappeto era pieno di buchi. Un topo corse a nascondersi dietro i pannelli di legno della
20 parete. C'era un tanfo umido di muffa.

«Così pensi che solo Dio può vedere l'anima, Basil? Se togli quel panno, vedrai la mia.»

La voce che aveva parlato era fredda e crudele. «Tu sei pazzo, Dorian, oppure stai recitando», mormorò Hallward accigliandosi.

25 «Non vuoi? Allora dovrò farlo io», disse il giovane; e, strappata via la tenda dal bastone che la reggeva, la gettò sul pavimento.

Un grido di orrore uscì dalle labbra del pittore non appena vide nella luce fioca la smorfia orribile di quella faccia che lo fissava dalla tela. C'era in quell'espressione qualcosa che lo riempiva di disgusto e di ribrezzo. Santo cielo! Quella che
30 aveva davanti era proprio la faccia di Dorian Gray! L'orrore, comunque, non aveva guastato del tutto la meravigliosa bellezza. C'era ancora dell'oro nei capelli radi, e della porpora sulle labbra sensuali. Gli occhi appesantiti dall'età conservavano qualcosa del loro azzurro incantevole, la nobiltà dei lineamenti non era del tutto scomparsa dalle narici cesellate e dal collo tornito[1]. Sì, era proprio Dorian. Ma chi
35 lo aveva ritratto? Gli sembrò di riconoscere la propria mano, e la cornice l'aveva disegnata lui. Era un'idea assurda, eppure ebbe paura. Afferrò la candela accesa e la avvicinò al quadro. Nell'angolo a sinistra c'era la sua firma, tracciata in lunghe lettere di vermiglio[2] brillante.

Era una parodia[3] vile, una satira[4] infame e ignobile. Non aveva mai dipinto quel
40 quadro. Eppure era suo. Lo sapeva, ed ebbe la sensazione paralizzante che in un

---

1 tornito: liscio e ben modellato.
2 vermiglio: rosso.
3 parodia: una riproduzione assai lontana da ciò che dovrebbe essere.
4 satira: caricatura.

attimo il sangue gli si fosse trasformato da fuoco in ghiaccio. Il suo quadro! Che cosa voleva dire? Perché era cambiato? Si girò e fissò Dorian Gray con occhi febbricitanti. La bocca era contratta, e la lingua arida non riusciva ad articolare parola. Si passò una mano sulla fronte. Era madida[5] di un sudore appiccicoso.

45 Il giovane era appoggiato al camino, e lo guardava con la strana espressione che si nota sulla faccia di chi assiste assorto a un dramma in cui recita un grande attore. Non c'era vero dolore, né vera gioia. C'era semplicemente la passione dello spettatore, forse con un bagliore di trionfo negli occhi. Si era tolto il fiore dall'occhiello e lo annusava, o fingeva di farlo.

50 «Cosa significa?» esclamò infine Hallward. La sua stessa voce gli suonò stridula e strana all'orecchio.

«Anni fa, quand'ero un ragazzo», disse Dorian Gray schiacciando il fiore fra le dita, «mi incontrasti, mi adulasti, e mi insegnasti a vantarmi della mia bellezza. Un giorno mi presentasti a un tuo amico, che mi spiegò le meraviglie della giovinezza

55 mentre tu finivi un mio ritratto che mi rivelò le meraviglie della bellezza. In un momento di follia, che tuttora non so se rimpiangere o no, espressi un desiderio, forse tu diresti una preghiera...»

«Ricordo! Oh, come lo ricordo bene! No! È impossibile! La stanza è umida. La muffa ha corroso la tela. Nei colori che ho usato ci sarà stato qualche maledetto

60 minerale velenoso. Ti dico che è impossibile.»

«Ah, cosa è impossibile?» mormorò il giovane andando alla finestra e appoggiando la fronte contro il vetro gelido appannato dalla nebbia.

«Mi avevi detto che lo avevi distrutto.»

«Mi ero sbagliato. È stato lui che ha distrutto me.»

65 «Non posso credere che sia il mio quadro.»

«Non ci vedi più il tuo ideale?» chiese Dorian amaro.

«Il mio ideale, come lo chiami...»

«Come lo chiamavi tu.»

«Non aveva niente di malvagio o di ignobile. Per me tu eri un ideale che non tro-

70 verò mai più. Questa è la faccia di un satiro[6].»

«È la faccia della mia anima.»

«Cristo! Cosa ho adorato! Ha gli occhi di un demonio.»

«Ognuno di noi ha dentro il Paradiso e l'Inferno, Basil», gridò Dorian con un gesto incontrollato di disperazione.

75 Hallward si girò di nuovo verso il ritratto e lo fissò. «Mio Dio!» esclamò, «se è vero, e se questo è quello che hai fatto della tua vita, devi essere peggiore perfino di quel che pensa chi parla male di te!» Avvicinò di nuovo la luce alla tela e la esaminò. La superficie sembrava intatta, come l'aveva lasciata. Era dal di dentro, quindi, che veniva quella vergogna, quell'orrore. Per uno strano impulso di vita

80 interiore, la lebbra del peccato lo stava lentamente divorando. Il decomporsi di un cadavere in una tomba umida non era altrettanto spaventoso.

La mano gli tremò, la candela si rovesciò dal candeliere, cadde a terra e lì rimase, crepitando. Basil la spense con il piede. Poi si lasciò cadere sulla sedia sgangherata vicino al tavolo e nascose la faccia fra le mani.

85 «Buon Dio, Dorian, che lezione! Che terribile lezione!» Non ci fu risposta, ma sentì il giovane singhiozzare vicino alla finestra. «Prega, Dorian, prega», mormorò. «Cosa ci insegnavano da bambini? "Non ci indurre in tentazione. Perdona i nostri peccati. Liberaci dal male." Diciamola insieme. La preghiera del tuo orgoglio è stata esaudita. Anche la preghiera del tuo pentimento sarà esaudita. Io ti ho

90 adorato troppo. Per questo vengo punito. Tu hai adorato troppo te stesso. È una punizione per tutti e due.»

---

5 **madida**: bagnata.
6 **satiro**: creatura mostruosa mitologica, con orecchie, coda e zoccoli di cavallo o capro.

Ivan Albright, Il ritratto di Dorian Gray, 1943. Chicago, Art Institut of Chicago.

Dorian Gray si girò lentamente e lo guardò con gli occhi velati di lacrime. «È troppo tardi, Basil», balbettò.

«Non è mai troppo tardi, Dorian. Inginocchiamoci e cerchiamo di ricordare una preghiera. Non c'è un verso che dice "Anche se i vostri peccati sono scarlatti, io li renderò candidi come la neve"?»

«Sono parole che non significano più niente per me.»

«Zitto! Non parlare così. Di male ne hai già fatto abbastanza nella tua vita. Mio Dio! Non vedi che quella cosa maledetta ci sta spiando?»

Dorian Gray guardò il ritratto e all'improvviso fu preso da un incontrollabile sentimento di odio per Basil Hallward, come se gli fosse stato suggerito dall'immagine sulla tela, sussurrato all'orecchio da quelle labbra ghignanti. Si sentì salire dentro la furia selvaggia di un animale braccato[7], e odiò quell'uomo seduto al tavolo come mai aveva odiato nessuno in vita sua. Si guardò freneticamente intorno. Qualcosa brillava sopra al cassone dipinto che aveva davanti. Lo vide. Sapeva cos'era. Era un coltello che aveva portato lassù qualche giorno prima per tagliare un pezzo di spago, dimenticandosi di riportarlo indietro. Si avvicinò lentamente, sfiorando Hallward. Appena gli fu alle spalle, afferrò il coltello e si girò. Hallward si mosse sulla sedia, come se stesse per alzarsi. Dorian si avventò su di lui e affondò il coltello nella grossa vena che sta dietro all'orecchio, sbattendogli la testa contro il tavolo, e continuando a colpirlo.

Si sentì un rantolo sordo, e l'orribile gemito di chi soffoca nel sangue. Tre volte le braccia tese si alzarono convulsamente, agitando in aria mani grottesche dalle dita irrigidite. Lo colpì altre due volte, ma l'uomo non si mosse. Qualcosa cominciò a gocciolare per terra. Aspettò un momento, tenendogli sempre premuta la testa. Poi gettò il coltello sul tavolo e rimase in ascolto.

120 Non sentì nulla, se non le gocce di sangue che cadevano sul tappeto sfilacciato. Aprì la porta e uscì sul pianerottolo. La casa era assolutamente calma. Erano tutti a letto. Rimase pochi secondi curvo sulla balaustra[8], scrutando giù nel pozzo buio di quella oscurità carica di tensione. Quindi tolse la chiave dalla serratura e tornò nella stanza, chiudendosi dentro.

125 Quell'essere era ancora seduto sulla sedia, piegato sul tavolo con il capo chino, il dorso curvo, le lunghe braccia spettrali. Se non fosse stato per quel taglio rosso e slabbrato sul collo, e la chiazza nera e raggrumata che si andava lentamente allargando sul tavolo, si sarebbe detto che era semplicemente addormentato.

Era successo tutto così in fretta! Si sentiva stranamente calmo e, andato alla finestra,
130 l'aprì e uscì sul balcone. Il vento aveva spazzato via la nebbia, e il cielo sembrava la gigantesca coda di un pavone, costellata di miriadi di occhi d'oro. Guardò giù e vide il poliziotto di ronda che illuminava con i lunghi raggi della sua lanterna le porte delle case silenziose. La macchia rossa di una carrozza vagabonda balenò all'angolo della strada e poi sparì. Una donna avvolta in uno scialle sbattuto dal
135 vento si trascinava lungo la cancellata, barcollando. Di tanto in tanto si fermava per guardarsi alle spalle. A un certo punto cominciò a cantare con voce rauca. Il poliziotto si avvicinò senza fretta e le disse qualcosa. La donna si allontanò con una risata, incespicando. Una folata di vento gelido spazzò la piazza. La fiamma dei lampioni a gas oscillò, diventò azzurra, e gli alberi spogli agitarono avanti e
140 indietro i loro rami neri come il ferro. Dorian rabbrividì e tornò dentro, chiudendo la finestra dietro di sé.

3 LA MORALE E
IL TEMA DEL DOPPIO

Il ritratto di Dorian Gray contiene anche una morale di fondo, che ne fa una sorta di allegoria: ogni eccesso porta con sé la sua punizione.

7 braccato: inseguito.
8 balaustra: ringhiera, parapetto.

Andò alla porta, girò la chiave e l'aprì. Non diede neppure un'occhiata all'uomo che aveva assassinato. Sentiva che il segreto stava nel non rendersi conto della situazione. L'amico che aveva dipinto il ritratto fatale, causa di tutte le sue disgrazie, 145 era uscito dalla sua vita. Questo bastava.

(O. Wilde, *Il ritratto di Dorian Gray*, Milano, Frassinelli, 1996, trad. di Giovanni Luciani)

IL DIBATTITO

È possibile essere belli per sempre?

Il ritratto di Dorian Gray propone un tema molto antico, quello della ricerca dell'eterna giovinezza. Fin dai tempi più remoti, infatti, l'uomo, affascinato dall'idea di poter vivere per sempre, ha ideato un patrimonio di leggende e racconti i cui protagonisti lottano con tutte le loro forze o stringono patti demoniaci nel tentativo di rimanere eternamente giovani o, in alternativa, di raggiungere la conoscenza assoluta. In effetti, qualunque sia la posta in gioco – giovinezza o sapienza – alla base di queste storie c'è il desiderio struggente di esorcizzare la morte.
Credi che oggi sia possibile rimanere belli per sempre o ritieni invece che l'elisir di giovinezza continui a essere un mito illusorio destinato a sopravvivere solo nel mondo della fantasia?

LE RISPOSTE

PRIMA IPOTESI: oggi la possibilità di rimanere giovani non è più un mito ma una realtà che si è concretizzata. Numerosi sono gli espedienti, le tecniche, i preparati che consentono di mantenere a lungo la bellezza, differendo il più possibile la vecchiaia e le malattie. Uno stile di vita sano, una dieta equilibrata, la pratica costante di uno sport, una moda attenta alle più disparate esigenze, la cosmesi, i farmaci e la chirurgia estetica, che negli ultimi tempi si è affinata e ulteriormente

specializzata, hanno infatti cancellato dal mondo ogni traccia di bruttezza e di effettiva senescenza.
SECONDA IPOTESI: rimanere giovani e belli per sempre è impossibile. Per quanto si siano compiuti passi da gigante nel campo della chirurgia plastica e per quanto sia capillare l'informazione sulle norme igieniche, gli stili di vita e le misure preventive da adottare per rimanere in forma, l'uomo è destinato per natura a imbruttirsi, ad ammalarsi e infine a spegnersi. Occorre dunque accettare i propri limiti per vivere e invecchiare in modo rispettabile e decoroso. Cercare di condurre una vita sana e senza eccessi o ricorrere al bisturi per eliminare qualche piccolo difetto va bene, ma stravolgere i connotati alla disperata ricerca di una perfezione che non esiste o fare uso di sostanze anabolizzanti per "gonfiare" il proprio corpo, oltre che pericoloso per la salute è anche estremamente ridicolo.
TERZA IPOTESI: se non condividi né la prima né la seconda ipotesi, formulane tu una.

LA DISCUSSIONE

A partire dalle ipotesi fornite, argomenta e discuti con i compagni il tuo punto di vista.

▶ DISCUTIAMO IL PROBLEMA

1 IL GENERE

La storia di Dorian Gray può essere letta come una classica vicenda *horror*: un uomo di incredibile fascino, un insospettabile *gentleman*, vende la propria anima per conservare la sua bellezza ed è disposto a uccidere pur di non rivelare il suo atroce segreto. Alle suggestioni del romanzo gotico rimandano anche l'elemento magico-fantastico (il ritratto che invecchia al posto di Dorian) e le atmosfere cupe e tese che accompagnano lo scorrere della vicenda. A una più attenta analisi, però, la storia rivela altri significati e rispecchia il clima artistico e letterario che si respirava alla fine

dell'Ottocento. Dorian Gray, infatti, incarna il prototipo dell'artista estetizzante e decadente, che nel suo rifiuto della morale borghese si rifugia nell'individualismo e nel culto della bellezza, trasformando, nel bene e nel male, la sua vita in un'opera d'arte.

1 Rileggi la parte iniziale del brano (rr. 1-26) e sottolinea tutti gli elementi che contribuiscono a creare un'atmosfera di paura e tensione.

2 I PROTAGONISTI

Dorian Gray è dotato di un fascino sinistro e ambiguo, che gli consente di attrarre a sé le sue vittime, di irretirle con le sue parole e le sue movenze, dissimulando dietro falsi sorrisi e gesti

compassati le sue vere intenzioni. Il suo unico obiettivo è provare nuovi piaceri. In quest'ottica, il delitto diventa un mezzo per procurarsi sensazioni estreme e irripetibili.

L'ALTRA FACCIA DELLA BELLEZZA • Oscar Wilde

In Dorian tutto è finto: la sua bellezza, frutto di un patto scellerato, le sue parole, le sue pose, persino le sue lacrime. L'eterno giovane si comporta come un vero attore di teatro: quando piange o quando uccide, Dorian si muove come una primadonna sulla scena, il cui unico obiettivo è recitare bene e strappare l'applauso di un pubblico immaginario. Per lui la vita è semplicemente uno spettacolo, di cui egli vuole essere autore, regista e protagonista.

Ben diverso il comportamento di Basil: di fronte al malefico ritratto ha paura e, in preda all'orrore, chiede aiuto a Dio e perdono per i propri peccati. In questo contesto il richiamo alla dimensione infantile («Cosa ci insegnavano da bambini?») rivela la sincerità del personaggio. Basil, infatti, è un uomo che come Dorian ha conosciuto l'orgoglio e la vanità, ma che adesso, nel momento più difficile, rimpiange la stagione pura e ingenua della fanciullezza, idealmente contrapposta all'età adulta, l'età del peccato e della corruzione.

2 Come reagisce Basil alla vista del ritratto?

3 Che cosa fa Dorian mentre Basil osserva il ritratto?

3 LA MORALE E IL TEMA DEL DOPPIO

Dorian conduce una vita all'insegna dell'immoralità e del piacere egoistico, è ossessionato e tormentato dal suo ritratto che invecchia e si imbruttisce sempre di più a ogni sua colpa, mentre lui resta giovane e bello. Alla fine del romanzo, Dorian tenterà di lacerare la tela che rispecchia le brutture della sua anima, finendo però con l'uccidere se stesso: non si può infatti far tacere la propria coscienza. Inoltre la vicenda, giocata sul motivo del "doppio", contiene un'implicita critica all'Inghilterra dell'epoca vittoriana. In effetti, in quegli anni anche Londra è una città "doppia", dai fortissimi contrasti: l'economia è solida, l'architettura è monumentale, i costumi e gli atteggiamenti da esibire in società sono esemplari e decorosi, l'arte è in piena fioritura, la scienza fa passi da gigante. Ma dietro a un congegno tanto perfetto c'è un rovescio della medaglia cupo e inquietante. A ridosso dei bei quartieri borghesi si snodano vicoli bui e malfamati, dove regnano la criminalità e la miseria più nera.

4 In che senso il ritratto dipinto da Basil può essere definito il "doppio" di Dorian?

▶ ATTIVIAMO LE COMPETENZE

LETTURA E COMPRENSIONE

ACCESSO ALLE INFORMAZIONI

5 Intorno a che ora avviene l'omicidio?

6 Con quale arma viene ucciso Basil?

7 Che cosa fa Dorian dopo aver commesso l'omicidio?

8 Di che colore sono gli occhi e i capelli di Dorian? Da quale passo del testo hai desunto la tua risposta?

COMPRENSIONE GENERALE E INTERPRETAZIONE

9 Dividi il capitolo in sequenze, assegnando a ciascuna di esse un titolo coerente con il suo contenuto.

10 Dal punto di vista di Dorian, qual è il movente del delitto?

11 «La preghiera del tuo orgoglio è stata esaudita. Anche la preghiera del tuo pentimento sarà esaudita» (rr. 88-89). Spiega il significato di questa frase di Basil.

12 «L'amico che aveva dipinto il ritratto fatale, causa di tutte le sue disgrazie, era uscito dalla sua vita» (rr. 144-145). Perché il ritratto è definito *fatale*?

RIFLESSIONE E VALUTAZIONE

13 Quella di Dorian ti sembra una motivazione valida per giustificare il crimine che ha commesso?
☐ Sì   ☐ No
Perché? _____
_____

14 Secondo te, quello compiuto da Dorian è un omicidio premeditato o un omicidio d'impeto?

LABORATORIO

Il dibattito sul mito della bellezza può continuare con due testi appartenenti al genere "rosa": nei libri di Liala (1897-1995) la protagonista è sempre, naturalmente, bellissima, mentre nella letteratura "femminile" più recente l'eroina può essere anche goffa, alle prese con qualche chilo di troppo, insicura, come nel fortunato *Il diario di Bridget Jones*.

Liala
Lalla Acquaviva

H. Fielding
Una ragazza davvero sfortunata

Segreti per farsi bella duemila anni fa

Alberto Angela, *Una giornata nell'antica Roma*

Tipologia	Testo informativo
Genere	Saggio
Anno	2007

▸ STUDIAMO IL TESTO INFORMATIVO

1 LE TECNICHE DELL'ESPOSIZIONE
2 IL RUOLO DEL LETTORE
3 LE SCELTE ESPRESSIVE

Invito alla lettura

Alberto Angela nasce a Parigi nel 1963. Dopo il diploma conseguito in Francia, si laurea in Scienze Naturali all'Università "La Sapienza" di Roma e si perfeziona presso prestigiose università americane, interessandosi soprattutto alla studio dei fossili. In seguito a una lunga attività di scavi effettuati in Africa e in Asia, decide di seguire le orme del padre, Piero Angela, dedicandosi con successo alla divulgazione televisiva in veste di ideatore e conduttore. È autore di numerosi saggi, tra i quali ricordiamo soltanto *La straordinaria storia di una vita che nasce* e *Squali*, scritti in collaborazione con il padre, *Una giornata nell'antica Roma* (2007) e *Impero* (2010). In *Una giornata nell'antica Roma*, l'autore accompagna il lettore in un affascinante viaggio nel cuore della Roma imperiale, raccontando con stile piacevole, chiarissimo e coinvolgente come vivevano i cittadini romani in un giorno qualsiasi del 115 d.C. Fra le tante curiosità di questo entusiasmante itinerario per le strade della Roma del passato, riportiamo il capitolo dedicato alla bellezza, che ci mostra in presa diretta i piccoli trucchi e gli espedienti cui ricorrevano gli abitanti dell'Urbe per farsi belli ed essere alla moda.

1 LE TECNICHE DELL'ESPOSIZIONE
L'autore finge di accompagnare il lettore in un viaggio immaginario nell'antica Roma.

Ormai l'attività mattutina è in pieno svolgimento. Da una stanza, in particolare, c'è un discreto viavai di donne, tutte schiave: è la stanza della moglie del padrone, la *domina*. Una schiava scosta la tenda e davanti ai nostri occhi si apre una scena molto particolare: tre ancelle stanno truccando la padrona di casa.

5 È seduta su una poltrona di vimini dallo schienale alto. Siamo in una fase delicata, una schiava sta "allungando" con un bastoncino di carbone le sopracciglia della *domina*. Le sfumerà con l'aiuto di un po' di cenere. Usa una cura infinita. Di fronte, un'altra schiava sorregge uno specchio di bronzo in modo che la *domina* possa seguire passo passo la progressione del trucco. C'è quasi la stessa tensione

10 di un'operazione chirurgica.

2 IL RUOLO DEL LETTORE
Il lettore è chiamato in causa dal narratore-guida, che usa la prima persona plurale e l'indicativo presente.

Ci guardiamo attorno. Di lato, su un tavolino dalle zampe di leone, c'è il beauty case aperto. È un elegante cofanetto di legno ricoperto da piastre d'avorio cesellate. Al suo interno indoviniamo creme, profumi e unguenti contenuti in piccole "anforette" di vetro, terracotta e alabastro. Si scorgono anche due pettini in osso

15 finissimi, degli spilloni scolpiti in avorio per i capelli, delle pinzette e poi delle spatoline in argento per spalmare creme e fare maschere di bellezza. Tutt'attorno al cofanetto sono sparsi piccoli vasetti aperti con altre essenze.

I gesti e gli strumenti per il trucco sono tutto sommato molto simili a quelli che conosciamo oggi: si esaltano le ciglia, si creano ombreggiature sulle palpebre ecc.

SEGRETI PER FARSI BELLA DUEMILA ANNI FA • Alberto Angela

1 **kohl**: polvere di antimonio di colore scuro.

2 **antimonio**: semimetallo di colore argenteo.

3 **Ovidio**: poeta latino vissuto in età augustea (I sec. a.C. - I sec. d.C.), autore, fra le tante opere, dei *Medicamina faciei femineae*, un manualetto dedicato ai cosmetici femminili.

4 **minio**: minerale di colore rosso.

5 **cinabro**: solfuro di mercurio di colore rosso scuro.

6 **ematite**: minerale di ferro, lucente e di colore grigio scuro.

7 **Galeno**: antico medico greco, nato a Pergamo nel 129 d.C. e morto a Roma nel 216.

8 **Plinio il Vecchio**: scienziato e naturalista latino, che perse la vita a Stabia durante l'eruzione del Vesuvio avvenuta nel 79 d.C.

20 Gli ingredienti un po' meno. Ad esempio quelli usati per il trucco degli occhi, cui è dedicata una particolare cura. Esiste già il kohl[1], ma per delineare gli occhi si usa anche l'inchiostro di seppia, l'antimonio[2], o il nerofumo di datteri arrostiti. Nel caso della nostra *domina* si sta utilizzando qualcos'altro, davvero sorprendente. Sul tavolo c'è la valva di una conchiglia usata come piattino che contiene 25 ancora un po' di pasta scurissima. Il suo ingrediente principale è costituito da... formiche abbrustolite!

Ora la truccatrice sta preparando il tocco finale: colorerà le labbra. A sentire Ovidio[3] le matrone romane possono contare su un'estesa gamma di colori, ma quello preferito è, come in epoca moderna, il rosso acceso. Lo si ottiene a partire dal 30 minio[4] o dal cinabro[5] (purtroppo tossici).

La *domina* ora stringe le labbra e scruta lo specchio. Lo sguardo è penetrante e la pelle luminosa. Il lavoro è stato fatto bene: basta un'occhiata per farlo capire alla schiava, che, intimidita, abbassa la testa.

In realtà, noi abbiamo assistito solo alla fase finale del make-up mattutino. Se fos-35 simo entrati qualche minuto prima avremmo potuto assistere alla preparazione di un particolare fondotinta.

L'obiettivo era semplice ma delicato: ringiovanire il viso della *domina* che ormai si avvicina alla quarantina (un'età rispettabile per l'epoca). Come fare? La schiava ha preparato un leggero strato di miele, aggiungendo sostanze grasse e un po' di 40 biacca. La biacca è un pigmento bianco che serve a conferire luminosità al volto. Per dargli anche un colore roseo e giovanile ha aggiunto dei pigmenti rossi. Poi, dopo averla spalmata delicatamente sul viso, ha cosparso le gote con della polvere di ematite[6]: in questo modo la pelle ha acquisito una particolare lucentezza...

Il trucco mattutino di una ricca romana, insomma, è molto complesso e a volte 45 ricorda una ricetta di cucina.

Anche il resto del corpo a volte viene colorato: le piante dei piedi e le mani di rosso e le punte dei seni con polvere d'oro.

Per chi può permetterselo, ovviamente...

Un aspetto che davvero sorprende, infine, è l'uso di nei. Già in epoca romana le 50 donne si applicano sul volto nei finti, seguendo un codice: a seconda della loro posizione (angolo della bocca, gota ecc.) mandano messaggi diversi...

Maschere di bellezza

Vale la pena infine di aprire una brevissima parentesi sulle maschere di bellezza e le creme per la pelle. Vanno molto di moda in epoca romana, e sono consigliate 55 da tanti autori, da Ovidio a Galeno[7] a Plinio il Vecchio[8]. Ce ne sono di vari tipi. Quello che sorprende sono gli ingredienti e le loro virtù, soprattutto per chi ha un problema alla pelle. Ad esempio la placenta di mucca per le ulcerazioni del viso; il fiele di toro per le macchie del viso (e le lenticchie per quelle della pelle); il burro per i foruncoli; i bulbi di narciso come emollienti e sbiancanti; il bicarbonato di 60 sodio come cicatrizzante; le radici di melone e il cumino come sbiancanti; mentre per le dermatiti si consiglia un estratto di genitali di vitello...

Acconciature faraoniche

La schiava più fidata della *domina* batte le mani. La truccatrice esce dalla stanza ed entrano altre due ragazze. Si occuperanno dei suoi capelli. Da un armadietto, 65 una di loro, la parrucchiera, estrae tre parrucche e le posa su un tavolino. Sono di tre colori diversi: biondo, rosso e nero.

Non deve sorprendere che esistano delle parrucche in epoca romana. In effetti vanno molto di moda tra le donne. Sono fatte con capelli veri: quelli rossi e bion-

3 **LE SCELTE ESPRESSIVE**
Prevale l'uso di proposizioni semplici o proposizioni complesse brevi.

9 Traiano: imperatore romano dal 98 al 117 d.C.
10 Augusto: primo imperatore romano della dinastia Giulio-Claudia dal 30 a.C. al 14 d.C.
11 Nerone: ultimo imperatore romano della dinastia Giulio-Claudia che regnò dal 54 al 68 d.C.
12 Vespasiano, Tito e Domiziano: imperatori della dinastia Flavia che regnarono rispettivamente dal 69 al 79 d.C., dal 79 all'81 e dall'81 al 96.
13 toupet: ciuffi di capelli.
14 pacchiane: pesanti, volgari.

di provengono dalla Germania, quelli neri dai Paesi orientali, anche dall'India. È
70 un tipo di merce di lusso, sulla quale si sono dovute pagare forti tasse doganali.
La *domina* sceglie quella rossa: dovrà indossarla questa sera a un banchetto. Compito della schiava nelle prossime ore sarà quello di metterla in ordine e di renderla in condizioni perfette per la serata. Un lavoro impegnativo, dal momento che è davvero imponente e piena di riccioli da riordinare.

75 Durante la giornata la *domina* non indosserà una parrucca, mostrerà i suoi veri capelli che quindi hanno bisogno di essere pettinati e acconciati. Per questo ha fatto chiamare anche la seconda ragazza, la pettinatrice. Con sé ha una lunga serie di pettini in avorio, forcine, nastri e pettinini. Le toccherà lavorare parecchio: infatti dovrà arricciare i capelli della *domina* che, di natura, sono solo un po' mossi.
80 Userà quindi una tecnica che è rimasta anche in epoca moderna. Ha fatto portare da un altro schiavo un piccolo braciere acceso: servirà per riscaldare due ferri (i *calamistra*) che le permetteranno di arricciare le ciocche di capelli.
Bisogna dire che la moda dei capelli femminili ha raggiunto, sotto Traiano[9], una complessità impressionante, frutto di una graduale evoluzione.

85 Dovete immaginare qualcosa di simile alla nostra moda: a seconda dei periodi, le acconciature cambiano radicalmente. E chi lancia il nuovo modo di portare i capelli è spesso la First Lady, cioè la moglie dell'imperatore, o le donne della sua famiglia. Tutte le esponenti del gentil sesso dell'Impero, osservando le statue di queste donne di potere nei luoghi pubblici o i loro volti sulle monete, cercano di
90 imitarle. Insomma, i grandi "stilisti" del mondo romano sono proprio le donne del palazzo.
E così, con il passare delle "dinastie" al potere, nascono pettinature sempre più complesse. Ottavia, la sorella di Augusto[10], lanciò per esempio la "pettinatura all'Ottavia". Prevedeva i capelli ondulati sulle tempie e un piccolo ciuffo sulla
95 fronte, dal quale partiva una treccia che correva sulla sommità della testa a mo' di "cresta" fino a congiungersi, sulla nuca, a una crocchia (anch'essa costituita da trecce arrotolate).
Se questa pettinatura vi sembra complessa, sentite cosa accadde in seguito sotto Nerone[11] e soprattutto sotto i Flavi (Vespasiano, Tito e Domiziano[12]).
100 Comparve l'abitudine di incorniciare il volto con delle corone di riccioli. E si cominciò a esagerare. I capelli veri non erano più sufficienti e quindi si ricorreva a toupet[13] messi su più ordini, come le file delle poltrone al cinema. Questi toupet si innalzavano, fino a dare alle acconciature l'aspetto di altissime fontane di "riccioli". Erano acconciature un po' pacchiane[14], simili a quelle rinascimentali
105 e barocche, che si concludevano con l'immancabile crocchia sulla nuca fatta di trecce arrotolate. È facile immaginare il lunghissimo lavoro delle schiave addette alla pettinatura, le *ornatrices*, dietro ognuna di queste acconciature. Come quando un cuoco deve fare una torta nuziale...
Sembra che queste capigliature così monumentali fossero spesso esibite da don-
110 ne di bassa statura per aumentare la propria visibilità. E in epoca romana, come vedremo, le donne non erano molto alte...
All'epoca che stiamo descrivendo, le acconciature delle ricche matrone romane raggiungono l'apice di questa evoluzione, con forme e altezze inverosimili: creano sulla testa un ventaglio verticale di capelli che corre da un orecchio all'altro, finen-
115 do con degli eleganti riccioli a mo' di orecchini. In alcune donne sembra di vedere lo schienale di una sedia poggiato sulla testa, in altre l'acconciatura è talmente imponente e appuntita da ricordare il copricapo del papa, la tiara. Responsabile di questa nuova moda è la moglie di Traiano, Plotina. Per questo l'acconciatura è stata definita "alla Plotina".

120 Ci fermiamo qui. Ma è utile sapere che questa è solo una delle tante tappe dell'evoluzione delle acconciature romane: con le generazioni seguenti, emergeranno nuove famose pettinature, come quelle "a melone", "a tartaruga", " a elmo" ecc.
C'è un'ultima curiosità. Le donne romane amano ovviamente anche tingersi i capelli: speciali misture consentono di avere i capelli biondi o rossi. Per il nero
125 corvino bisogna mescolare grasso di pecora e antimonio. Esistono anche colorazioni azzurre e arancioni, ma le usano solitamente le prostitute e le donne di poca virtù… È chiaro che alla lunga le tinture finiscono per rovinare i capelli. Anche per questo si fa largo uso di parrucche colorate, che consentono di avere, da un giorno all'altro, capelli con pettinature e tinte molto diverse.

(A. Angela, *Una giornata nell'antica Roma*, Milano, Mondadori, 2008)

▸ STUDIAMO IL TESTO INFORMATIVO

1 LE TECNICHE DELL'ESPOSIZIONE

Il brano proposto rientra nella categoria dei testi informativi, cioè nell'ambito di quei testi il cui scopo principale è quello di comunicare al destinatario una serie di informazioni su un determinato argomento. Per rendere più suggestiva e "leggera" la presentazione dei contenuti, l'autore ricorre a un semplice ma efficace stratagemma: finge di accompagnare il lettore in un viaggio immaginario nell'antica Roma, illustrando di volta in volta, proprio come una guida turistica, tutto ciò che scorre davanti ai suoi occhi: racconta ciò che accade, descrive ciò che vede, fornisce spiegazioni su oggetti, persone e consuetudini. Nel testo, dunque, si alternano parti narrative, parti descrittive e parti informative.

■ L'autore-narratore racconta ciò che accade.

■ L'autore-narratore fornisce una spiegazione al lettore.

Ora la truccatrice sta preparando il tocco finale: colorerà le labbra. A sentire Ovidio le matrone romane possono contare su di un'estesa gamma di colori, ma quello preferito è, come in epoca moderna, il rosso acceso. Lo si ottiene a partire dal minio e dal cinabro.

1 **Qual è l'argomento principale del testo?**
   A L'evoluzione del concetto di bellezza nel tempo.
   B La cosmesi e la moda dell'antica Roma.
   C La preparazione dei trucchi.
   D Il ritratto ideale di una matrona romana.

2 IL RUOLO DEL LETTORE

In questo immaginario *tour* nel mondo del passato, il lettore non ha un ruolo passivo ma è continuamente chiamato in causa dal narratore-guida, che si rivolge a lui come se fosse una presenza concreta e reale, un silenzioso compagno di viaggio con cui condividere percezioni, emozioni e informazioni. In effetti, leggendo il testo, il lettore non solo si sente parte attiva della storia, ma in alcuni momenti ha come l'impressione di aggirarsi per davvero nell'intimità di una *domus* romana, mentre davanti ai suoi occhi scorrono scene di vita domestica e privata. Naturalmente si tratta di un'illusione, di una suggestione narrativa. Ma che cosa l'ha resa possibile? Il "trucco" è molto semplice e per scoprirlo basta analizzare attentamente l'elemento più importante della frase: il verbo. Possiamo così notare due cose: 1) l'autore non utilizza la prima persona singolare (non dice cioè *vedo, mi guardo attorno* ecc.), ma la prima o la seconda persona plurale (*vediamo, ci guardiamo attorno, dovete immaginare…*); 2) il tempo verbale prevalentemente utilizzato non è il passato (raramente infatti l'autore utilizza l'imperfetto, il passato prossimo e il passato remoto), ma il presente, soprattutto nelle parti narrative e descrittive. Operando queste scelte l'autore ottiene un duplice effetto: coinvolge il lettore nella narrazione e crea la finzione di un racconto in diretta.

L'utilizzo della prima persona plurale fa del lettore una presenza attiva e partecipe.

L'autore utilizza il tempo presente (presente storico) sia per raccontare con vivacità fatti del passato sia per rendere più immediate le descrizioni.

Ci guardiamo attorno. Di lato, su un tavolino dalle zampe di leone, c'è il beauty case aperto. È un elegante cofanetto di legno ricoperto da piastre d'avorio cesellate. Al suo interno indoviniamo creme, profumi e unguenti contenuti in piccole "anforette" di vetro, terracotta e alabastro. Si scorgono anche due pettini in osso finissimi, degli spilloni scolpiti in avorio per i capelli, delle pinzette e poi delle spatoline in argento per spalmare creme e fare maschere di bellezza.

2 Nell'esempio sopra riportato, l'autore sta

- **A** raccontando.
- **B** descrivendo.
- **C** informando.
- **D** argomentando.

3 LE SCELTE ESPRESSIVE

Un'altra scelta vincente del testo, e che ne rende piacevole e scorrevole la lettura, è l'utilizzo di un linguaggio semplice ma preciso, che non rinuncia a caratterizzare oggetti e situazioni attraverso una ricca aggettivazione, con il duplice obiettivo di conferire vividezza alle descrizioni e coinvolgere emotivamente il lettore. Da un punto di vista sintattico, infine, l'autore utilizza sia proposizioni semplici sia proposizioni complesse (periodi); in quest'ultimo caso, però, i periodi sono solitamente brevi, sia quando sono uniti per subordinazione sia quando sono giustapposti per coordinazione attraverso congiunzioni e segni di punteggiatura.

Frase semplice (un solo predicato verbale).

Periodo costituito da due proposizioni coordinate.

Ormai l'attività mattutina è in pieno svolgimento. Da una stanza, in particolare, c'è un discreto viavai di donne, tutte schiave: è la stanza della moglie del padrone, la *domina*. Una schiava scosta la tenda e davanti ai nostri occhi si apre una scena molto particolare: tre ancelle stanno truccando la padrona di casa.

3 «Nel caso della nostra *domina* si sta utilizzando qualcos'altro, davvero *sorprendente*» (rr. 23-24). L'aggettivo evidenziato in corsivo ha la funzione di

- **A** catturare l'attenzione del lettore.
- **B** descrivere in maniera dettagliata.
- **C** esprimere le emozioni dell'autore.
- **D** introdurre una precisazione.

▶ ATTIVIAMO LE COMPETENZE

LETTURA E COMPRENSIONE

ACCESSO ALLE INFORMAZIONI

4 Perché le donne romane si applicano dei nei sul viso?

5 Che cos'è la biacca? E perché le donne romane la utilizzavano?

6 Con il termine *calamistra* i Romani indicavano

- **A** i ferri per arricciare i capelli.
- **B** un tipo di parrucca.
- **C** un pigmento colorato per la pelle.
- **D** la pinzetta per le sopracciglia.

7 Attraverso quali mezzi le cittadine dell'Impero romano potevano conoscere, per poi imitare, il modo di portare i capelli delle imperatrici?

COMPRENSIONE GENERALE E INTERPRETAZIONE

8 Perché l'autore afferma che il trucco di una donna romana «ricorda una ricetta di cucina» (r. 45)?

9 Che cosa hanno in comune e in che cosa differiscono la cosmesi moderna e quella romana?

10 Indica se nei seguenti periodi sono presenti nessi di coordinazione (C) o di subordinazione (S).

	C	S
A La schiava sta preparando un leggero strato di miele, aggiungendo sostanze grasse e un po' di biacca.		
B La biacca è un pigmento che serve a conferire luminosità al volto.		
C Già in epoca romana le donne si applicano sul volto nei finti, seguendo un codice.		
D I gesti e gli strumenti per il trucco sono tutto sommato molto simili a quelli che conosciamo oggi.		

11 Nelle parti in corsivo l'autore utilizza lo stile nominale, cioè frasi prive di verbo (ellissi del predicato). Qual è, secondo te, il verbo sottinteso?

Vale la pena di aprire infine una brevissima parentesi sulle maschere di bellezza e le creme per la pelle. Vanno molto di moda in epoca romana, e sono consigliate da tanti autori, da Ovidio a Galeno a Plinio il Vecchio. Ce ne sono di vari tipi. Quello che sorprende sono gli ingredienti e le loro virtù, soprattutto per chi ha un problema alla pelle. *Ad esempio la placenta di mucca per le ulcerazioni del viso; il fiele di toro per le macchie del viso (e le lenticchie per quelle della pelle); il burro per i foruncoli; il bulbi di narciso come emollienti e sbiancanti…*

LESSICO

SINONIMI, SOSTITUZIONE

12 Sostituisci le parole in corsivo con dei sinonimi o delle espressioni sinonimiche senza alterare il senso delle frasi.
- **A** Sembra che queste capigliature così *monumentali* fossero spesso esibite da donne di bassa statura per aumentare la propria visibilità. (rr. 109-110)
- **B** … le matrone romane possono contare su un'*estesa gamma* di colori. (r. 28)
- **C** Per dargli anche un colore roseo e giovanile ha aggiunto dei *pigmenti* rossi... (r. 41)

13 «Già in epoca romana le donne si applicano sul volto nei finti». Quale tra questi è il sinonimo più appropriato di «finti»?
- **A** occulti
- **C** fittizi
- **B** posticci
- **D** effimeri

---

t5 La pecora nera

Murakami Haruki, *1Q84*

Tipologia	Testo narrativo
Genere	Romanzo
Sottogenere	Fantastico
Anno	2012

 CHI:  Murakami Haruki DOVE:  Giappone QUANDO:  Oggi

▶ **IL PIACERE DI LEGGERE**

L'autore Murakami Haruki (in giapponese si antepone il cognome – Murakami – al nome, Haruki) nasce a Kyoto nel 1949 da genitori che sono entrambi insegnanti di lettere. In Murakami l'interesse per la scrittura comincia a manifestarsi molto presto, quando da ragazzo firma i suoi primi articoli sul giornale del liceo. Terminate le scuole superiori, si iscrive all'Università di Tokyo, specializzandosi in letteratura americana. Nel frattempo si sposa e per guadagnarsi da vivere svolge vari lavori, dapprima in una stazione televisiva, poi in un negozio di dischi e infine nel jazz-bar che apre insieme alla moglie e che gli dà l'opportunità di incontrare molta gente interessante con cui discutere di libri, di musica e di gatti, le sue più grandi passioni. Il 1974 è l'anno della svolta. Da questo momento, infatti, Murakami intraprende la sua lunga carriera di scrittore apprezzato dal pubblico e dalla critica; riceverà anche importanti riconoscimenti, fra i quali il Premio Franz Kafka, assegnato in passato ad autori del calibro di Philip Roth e Harold Pinter. Dopo aver compiuto lunghi viaggi in Grecia e in Italia e aver vissuto per alcuni anni negli Stati Uniti, Murakami vive ora in Giappone e si dedica con grande passione alla sua attività di traduttore, saggista e scrittore. Della sua ricca produzione narrativa ricordiamo soltanto *La fine del mondo e il paese* *delle meraviglie* (1985), *Norwegian Wood* (1987), *L'uccello che girava le viti del mondo* (1994-1995), *Kafka sulla spiaggia* (2002) e *1Q84* (Libro 1 e 2, 2010; Libro 3, 2012). Oggi Murakami è considerato uno dei più grandi scrittori contemporanei.

Invito alla lettura

Come la maggior parte delle opere narrative di Murakami, anche *1Q84* rientra nell'ambito del genere fantastico. Il romanzo, suddiviso in tre libri, racconta le avventure parallele di tre personaggi le cui vite sono indissolubilmente intrecciate tra di loro: Aomame, Tengo e Ushikawa. La prima è una spietata omicida al servizio di una signora ricca e potente che si prende cura delle donne che hanno subìto violenza, il secondo è un brillante *ghost-writer* che insegna matematica in corsi preparatori all'università e il terzo è un investigatore privato assoldato dall'oscura setta Sakigake per pedinare Tengo e acciuffare Aomame, colpevole di avere assassinato il *leader* della setta. Ma la storia è ricca di tanti altri personaggi, come le strane creature del Little People, un esattore del canone televisivo giapponese che continua a bussare alle porte degli abbonati anche durante il coma, la bellissima e inquietante figlia del Leader e l'inflessibile quanto saggia guardia del corpo Tamaru. Il tutto, ambientato nell'anno 1Q84 (dimensione temporale parallela del 1984), ruota attorno a un misterioso libro, *La crisalide d'aria*, e alla storia d'amore quasi impossibile fra Aomame e Tengo. Il brano antologizzato traccia un profilo fisico e psicologico di Ushikawa, a cui la sorte ha assegnato un aspetto orribile ma singolari qualità intellettive che ne fanno un vero e proprio intruso all'interno della sua famiglia d'origine, composta invece di persone tanto belle e importanti quanto aride e banali.

Ushikawa calamitava decisamente gli sguardi su di sé. Era poco adatto per fare appostamenti o pedinare le persone. Per quanto tentasse di nascondersi tra la folla, spiccava come una scolopendra gigante[1] nello yogurt.

In famiglia nessuno tra i genitori, i due fratelli e la sorella, era come lui. Il padre
5 aveva un grande studio medico, nel quale la madre teneva la contabilità. I fratelli, dopo una brillante carriera scolastica, si erano laureati in medicina. Il maggiore esercitava la professione in un ospedale di Tōkyō e il minore era un ricercatore universitario. Quando il padre sarebbe andato in pensione, il più grande avrebbe preso il suo posto nello studio medico, a Urawa. Entrambi erano sposati e avevano
10 un figlio. La sorella, invece, si era laureata negli Stati Uniti e una volta tornata in Giappone aveva cominciato a lavorare come interprete. Aveva circa trentacinque anni e non era ancora sposata. Tutti loro, oltre a essere magri e alti, vantavano un bell'ovale e tratti regolari.

In famiglia, da ogni punto di vista, e soprattutto per quanto riguardava l'aspetto
15 fisico, Ushikawa era la pecora nera. Era basso, con la testa grossa e deforme, e i capelli ricci e scomposti. Le gambe erano corte e curve come cetrioli. Gli occhi sporgenti facevano pensare che vivesse in un perpetuo stato di sorpresa, e intorno al collo aveva rotoli di grasso. Le sopracciglia, folte e grandi, sembravano due grossi bruchi desiderosi di unirsi: sarebbe bastato pochissimo perché
20 si congiungessero in un'unica linea. A scuola, nell'insieme, aveva ottimi voti, ma in alcune materie il suo rendimento era un po' discontinuo. Soprattutto, era un disastro negli sport.

In quella famiglia ricca e compiaciuta di sé e dei suoi privilegi, Ushikawa era sempre stato un «corpo estraneo», la stonatura che rompeva l'armonia e creava
25 una dissonanza. Bastava guardare le foto di famiglia per capire quanto fosse fuori posto: un intruso che si era infilato tra loro e che per sbaglio era finito negli scatti.

---

1 scolopendra gigante: insetto velenoso caratterizzato da un corpo molto lungo fornito di numerose zampette.

Francis Bacon, Figura seduta, 1961. Londra, Tate Gallery.

In famiglia non riuscivano a spiegarsi da dove fosse piovuto quell'essere tanto diverso nell'aspetto. Eppure, non c'era dubbio che fosse nato proprio dal grembo della madre, la quale ricordava ancora i dolori atroci delle doglie. Di sicuro, non era stato lasciato in un cestino davanti a un portone. Poi, all'improvviso, qualcuno si ricordò di un parente, dal ramo paterno, con un gran testone deforme. Era un cugino del nonno di Ushikawa. Durante la guerra aveva lavorato in una fabbrica di metalli nella circoscrizione di Kōtō, ma nella primavera del 1945 era morto sotto i bombardamenti di Tōkyō. Suo padre non lo aveva mai conosciuto, ma in un vecchio album era conservata una sua foto. Quando in famiglia la videro ci fu un coro unanime: «Ecco!» I due si somigliavano incredibilmente, erano talmente identici da far pensare che Ushikawa ne fosse la reincarnazione.
50 Forse, gli stessi fattori genetici che avevano determinato l'aspetto dello zio, per qualche ragione, erano ricomparsi in lui.
Se non fosse stato per la sua esistenza, gli Ushikawa di Urawa, in provincia di Saitama, sarebbero stati, sia per l'aspetto sia per le credenziali accademiche e sociali, assolutamente inappuntabili. Il tipo di famiglia perfetta e fotogenica che
55 chiunque avrebbe invidiato. Ma la presenza di Ushikawa provocava nelle persone espressioni di perplessità e sconcerto. Pensavano che la dea della bellezza fosse inciampata, magari per uno sgambetto, e che in quella famiglia si fosse insinuato un difetto. O meglio, i familiari di Ushikawa erano convinti che questo fosse il pensiero degli altri. Perciò tentavano con tutti i mezzi di non mostrarlo in pub-
60 blico, e se proprio erano costretti, facevano il possibile perché non si notasse, ma era una partita persa in partenza.
Ushikawa, però, non soffriva troppo di questa situazione. Non si sentiva né triste né solo. Lui era il primo a non volersi esporre, anzi era grato che i suoi lo tenessero nell'ombra. Non gli dispiaceva nemmeno che i fratelli e la sorella tendessero
65 a ignorarne l'esistenza. Tutto sommato, anche il suo affetto nei loro confronti era minimo. Loro erano belli, bravissimi negli studi e, come se non bastasse, brillanti negli sport e pieni di amici. Ma ai suoi occhi erano individui privi di spessore, insignificanti. I loro pensieri erano piatti, avevano vedute ristrette, mancavano di ogni immaginazione e si preoccupavano soltanto dell'opinione altrui. Soprattut-
70 to, non erano dotati di quella sana capacità di dubitare, necessaria per sviluppare una vera saggezza.
Il padre rientrava nella categoria dei medici di successo della regione, ma era una persona mortalmente noiosa. Al contrario del leggendario re che mutava in oro ciò che toccava, lui trasformava in insulsi granelli di sabbia ogni cosa di cui parlava.
75 Tuttavia, essendo un uomo di poche parole, riusciva, anche se in modo inconsapevole, a nascondere quanto in realtà fosse vacuo e tedioso[2]. La madre, invece, era una donna loquace e irrimediabilmente gretta[3]. Attaccata ai soldi, capricciosa,

GRAMMATICA
L'aggettivo può essere usato come nome (aggettivo sostantivato) se gli si premette l'articolo o la preposizione articolata: *gli ultimi saranno i primi*; *non fare il sapiente*; *ti presento i miei*; *in questo lavoro c'è sicuramente del tuo*. Qual è l'aggettivo sostantivato nella frase evidenziata?

2 vacuo e tedioso: vuoto e noioso.
3 gretta: arida, spiritualmente angusta, di strette vedute.

4 logica e retorica: rispetti-vamente, l'arte di ragionare e di parlare bene.

egoista, attratta da tutto ciò che era appariscente, non perdeva la minima occasione per sparlare degli altri con la sua voce stridula. Il fratello maggiore aveva ereditato il carattere del padre, il minore quello della madre. La sorella, anche se aveva una natura più autonoma, non sapeva cosa fosse il senso di responsabilità ed era priva di gentilezza d'animo. Si preoccupava soltanto dei propri interessi. I genitori erano stati troppo indulgenti con lei, e avevano finito per viziarla.

Per queste ragioni Ushikawa aveva trascorso la maggior parte dell'infanzia da solo. Quando tornava da scuola si chiudeva in camera e si immergeva nella lettura. A parte il cane, non aveva amici, quindi gli mancavano le occasioni per parlare di ciò che imparava o per fare conversazione, ma sapeva ragionare in modo logico e chiaro. Inoltre, era consapevole di possedere ottime doti di eloquenza e, per conto proprio, si era dedicato con pazienza a svilupparle. Per esempio, stabiliva un tema e animava una discussione attorno a esso interpretando un doppio ruolo. In uno dei due sosteneva una tesi con convinzione, nell'altro la criticava con altrettanto vigore. Era capace di identificarsi con lo stesso piglio – e, in un certo senso, con la stessa onestà – in entrambe le posizioni, e riusciva a caldeggiarle con trasporto. Attraverso questo esercizio, senza neanche accorgersene, imparò a mettersi in discussione e capì che gran parte di quelle che venivano considerate verità indiscusse, non erano altro che punti di vista relativi. Apprese che la soggettività e l'oggettività non sono distinte così nettamente come molti credono, e che se la linea di confine tra le due non è chiara fin dall'inizio, spostarla intenzionalmente non è poi tanto difficile.

Per rendere la logica e la retorica[4] più chiare ed efficaci, si riempiva la mente con le conoscenze più disparate, che fossero di valore sicuro o dubbio, condivisibili o meno. Non era interessato alla cultura in senso generale, ma alle informazioni concrete di cui poteva verificare con mano la forma e il peso.

La sua grossa testa deforme divenne soprattutto un prezioso contenitore di dati, brutto a vedersi ma di grande utilità. Acquistò un'erudizione superiore a quella di qualunque suo coetaneo, e se avesse voluto, avrebbe potuto battere chiunque in un duello verbale. Non solo i fratelli e i colleghi, ma anche gli insegnanti e i genitori. Ushikawa, però, tentava, per quanto possibile, di non esibire le sue capacità di fronte agli altri. Non voleva attirare l'attenzione su di sé, anzi, era l'ultima cosa che desiderava. Conoscenza e abilità erano semplici strumenti, non accessori di cui fare sfoggio. Ushikawa si vedeva come un animale notturno che attende, acquattato nel buio della foresta, l'avvicinarsi della preda. Aspettava paziente l'occasione giusta per sferrare l'attacco senza esitazioni. Fino a quel momento doveva occultare la sua presenza. Era fondamentale rendersi invisibile per poi cogliere di sorpresa l'avversario. Faceva questi ragionamenti fin da quando era alle elementari. Già allora non si fidava di nessuno ed evitava di esprimere i suoi sentimenti.

A volte provava a immaginare come sarebbe stata la sua vita se avesse avuto dei connotati normali. Non necessariamente belli, gli sarebbe bastato un aspetto

Egon Schiele, Selbst Bildnis, 1910. Vienne, Graphische Sammlung Albertina.

comune, non così brutto da far girare la gente per strada. «Se fossi nato con un
130 corpo diverso, come sarebbe stata la mia vita?» si chiedeva. Ma tutto questo, per
lui, andava al di là dell'immaginabile. Ushikawa era talmente Ushikawa che non
c'era spazio per le ipotesi. Era grazie alla sua testa grossa e deforme, ai suoi occhi
sporgenti e alle gambe corte e arcuate che era diventato ciò che era: un ragazzo
autocritico, erudito e silenzioso, nonostante la sua eloquenza.

135 Con il passare degli anni, quel brutto ragazzo si era trasformato in un brutto giovanotto; poi, senza nemmeno accorgersene, in un brutto signore di mezza età.
Sempre, in qualunque fase della sua vita, le persone si erano voltate a guardarlo
quando lo incrociavano per strada. I bambini, addirittura, lo fissavano in viso
senza alcun ritegno. Ushikawa, a volte, si consolava pensando che quando sareb-
140 be diventato un brutto vecchio non avrebbe più attirato l'attenzione. I vecchi, di
norma, sono poco avvenenti, e a quell'età la bruttezza individuale non dovrebbe
spiccare come quando si è giovani. Ma era difficile dirlo prima del tempo. Chissà,
magari sarebbe diventato un insuperabile esempio di bruttezza senile.

(M. Haruki, *1Q84*, Torino, Einaudi, 2011, trad. di Giorgio Amitrano)

▶ ATTIVIAMO LE COMPETENZE

LETTURA E COMPRENSIONE

ACCESSO ALLE INFORMAZIONI

1 Qual è la professione di Ushikawa?

2 Da quanti componenti è formata la sua famiglia?

3 Tra i suoi familiari a chi assomiglia Ushikawa?

4 All'incirca quanti anni può avere Ushikawa?

5 Il carattere del fratello minore di Ushikawa assomiglia a quello

    A del fratello maggiore.   C della madre.
    B del padre.   D della sorella.

COMPRENSIONE GENERALE E INTERPRETAZIONE

6 Perché Ushikawa può essere definito un intruso all'interno della sua famiglia?

7 «Ushikawa si vedeva come un animale notturno che attende, acquattato nel buio della foresta, l'avvicinarsi della preda» (rr. 117-119). Ushikawa si considera dunque

    A timido e sognatore.   C brutto e animalesco.
    B malvagio e bugiardo.   D paziente e astuto.

8 Come mai Ushikawa non fa nulla per ostentare le sue conoscenze e le sue abilità?

9 Perché l'aspetto di Ushikawa non si addice perfettamente al lavoro che svolge?

10 Attraverso quali espedienti il giovane Ushikawa esercita la sua eloquenza?

11 Quale parola riassume meglio i sentimenti della famiglia nei confronti di Ushikawa?

    A Indifferenza   C Odio
    B Vergogna   D Disprezzo

STRUMENTI ESPRESSIVI E ARGOMENTATIVI

TESTO DESCRITTIVO

12 A partire dai nostri suggerimenti, descrivi Ushikawa nel corso del tempo: da piccolo, da adolescente, da adulto e da vecchio.

Da piccolo Quando aveva un anno di età, il piccolo Ushikawa era davvero brutto, diverso da tutti gli altri bambini. La sua testa era… (continua tu)

Durante l'adolescenza: A quindici anni, l'aspetto di Ushikawa era, se mai fosse possibile, peggiorato ulteriormente… (continua tu)

Da adulto: Divenuto un uomo maturo, Ushikawa era caratterizzato da una grande testa deforme, incorniciata da capelli ricci e sempre spettinati … (continua tu)

Da anziano: Sebbene i vecchi, di norma, siano poco avvenenti, e sebbene in questa fase della vita la bruttezza individuale non dovrebbe spiccare come quando si è giovani, chi incrociava per la strada Ushikawa non poteva fare a meno di pensare: "Che brutto vecchio! Non vorrei mai diventare così!". In effetti, Ushikawa, a ottant'anni suonati, era proprio orribile. Il suo volto… (continua tu)

Il debutto di Angelica

Giuseppe Tomasi di Lampedusa, *Il Gattopardo*

Test

Tipologia	Romanzo
Genere	Realistico

L'aristocratico palermitano Giuseppe Tomasi di Lampedusa (1896-1957) si dedicò alla letteratura solo negli ultimi anni della sua vita, a partire dal 1955. Il suo unico romanzo, *Il Gattopardo*, fu pubblicato postumo nel 1958 e costituì un clamoroso caso letterario. La vicenda, ambientata in Sicilia durante gli ultimi anni della dominazione borbonica, ruota tutta attorno al malinconico e affascinante personaggio di don Fabrizio, principe di Salina, che assiste al lento e inesorabile decadere del suo vigore e del mondo aristocratico di cui fa parte. Attorno alla figura centrale del protagonista sfila una variopinta galleria di personaggi, tra i quali spicca la coppia formata da Angelica e Tancredi, belli, giovani e innamorati.

L'attimo durò cinque minuti; poi la porta si aprì ed entrò Angelica. La prima impressione fu di abbagliata sorpresa. I Salina rimasero col fiato in gola; Tancredi sentì addirittura come gli pulsassero le vene delle tempie. Sotto l'impeto della sua bellezza gli uomini rimasero incapaci di notare, analizzandoli, i non pochi difetti che questa bellezza aveva;

5 molte dovevano essere le persone che di questo lavorio critico non furono capaci mai. Era alta e ben fatta, in base a generosi criteri; la carnagione sua doveva possedere il sapore della crema fresca alla quale rassomigliava, la bocca infantile quello delle fragole. Sotto la massa dei capelli color di notte avvolti in soavi ondulazioni, gli occhi verdi albeggiavano, immoti come quelli delle statue e, com'essi, un po' crudeli. Procedeva lenta,

10 facendo roteare intorno a sé l'ampia gonna bianca e recava nella persona la pacatezza, l'invincibilità della donna di sicura bellezza. Molti mesi dopo soltanto si seppe che al momento di quel suo ingresso trionfale essa era stata sul punto di svenire per l'ansia. Non si curò di Don Fabrizio che accorreva verso di lei, oltrepassò Tancredi che sorrideva trasognato; dinanzi alla poltrona della Principessa la sua groppa stupenda

15 disegnò un lieve inchino e questa forma di omaggio inconsueta in Sicilia le conferì per un istante il fascino dell'esotismo in aggiunta a quello della bellezza paesana. "Angelica mia, da quanto tempo non ti avevo vista. Sei molto cambiata; e non in peggio." La Principessa non credeva ai propri occhi; ricordava la tredicenne poco curata e bruttina di quattro anni prima e non riusciva a farne combaciare l'immagine con

20 quella dell'adolescente voluttuosa che le stava davanti. Il Principe non aveva ricordi da riordinare; aveva soltanto previsioni da capovolgere; il colpo inferto al suo orgoglio dal frac del padre si ripeteva adesso nell'aspetto della figlia; ma questa volta non si trattava di panno nero ma di matta pelle lattea; e tagliata bene, come bene! Vecchio cavallo da battaglia com'era, lo squillo della grazia femminile lo trovò pronto ed egli

25 si rivolse alla ragazza con tutto il grazioso ossequio che avrebbe adoperato parlando alla duchessa di Bovino o alla principessa di Lampedusa. "È una fortuna per noi, signorina Angelica, di avere accolto un fiore tanto bello nella nostra casa; e spero che avremo il piacere di rivedervelo spesso." "Grazie, principe; vedo che la Sua bontà per me è uguale a quella che ha sempre dimostrato al mio caro papà." La voce era bella,

30 bassa di tono, un po' troppo sorvegliata forse; il collegio fiorentino aveva cancellato lo strascichìo dell'accento girgentano; di siciliano, nelle parole, rimaneva soltanto l'asprezza delle consonanti che del resto si armonizzava benissimo con la sua venustà chiara ma greve. A Firenze anche le avevano appreso ad ometter l'"Eccellenza." Rincresce di poter dir poco di Tancredi: dopo che si fu fatto presentare da don

35 Calogero, dopo aver a stento resistito al desiderio di baciare la mano di Angelica, dopo aver manovrato il faro del suo occhio azzurro, era rimasto a chiacchierare

con la signora Rotolo, e non capiva nulla di quanto udiva. Padre Pirrone in un angolo buio se ne stava a meditare e pensava alla Sacra Scrittura che quella sera gli si presentava soltanto come una successione di Dalile, Giuditte ed Ester.

40 La porta centrale del salotto si aprì e "Prann' pronn'"declamò il maestro di casa; suoni misteriosi mediante i quali si annunziava che il pranzo era pronto; e il gruppo eterogeneo si avviò verso la stanza da pranzo.

Il Principe aveva troppa esperienza per offrire a degli invitati siciliani in un paese dell'interno, un pranzo che si iniziasse con un *potage*, e infrangeva tanto più facil-
45 mente le regole dell'alta cucina in quanto ciò corrispondeva ai propri gusti. Ma le informazioni sulla barbarica usanza forestiera di servire una brodaglia come primo piatto erano giunte con troppa insistenza ai maggiorenti di Donnafugata perché un residuo timore non palpitasse in loro all'inizio di ognuno di questi pranzi solenni. Perciò quando tre servitori in verde, oro e cipria entrarono recando ciascuno uno
50 smisurato piatto d'argento che conteneva un torreggiante timballo di maccheroni, soltanto quattro su venti persone si astennero dal manifestare una lieta sorpresa: il principe e la principessa perché se l'aspettavano, Angelica per affettazione e Concetta per mancanza di appetito. Tutti gli altri (Tancredi compreso, rincresce dirlo) manifestarono il loro sollievo in modi diversi, che andavano dai flautati grugniti estatici
55 del notaio allo strilletto acuto di Francesco Paolo. Lo sguardo circolare minaccioso del padrone di casa troncò del resto subito queste manifestazioni indecorose. Buone creanze a parte, però, l'aspetto di quei babelici pasticci era degno di evocare fremiti di ammirazione. L'oro brunito dell'involucro, la fragranza di zucchero e di cannella che ne emanava non erano che il preludio della sensazione di delizia che si sprigio-
60 nava dall'interno quando il coltello squarciava la crosta: ne erompeva dapprima un vapore carico di aromi, si scorgevano poi i fegatini di pollo, gli ovetti duri, le sfilettature di prosciutto, di pollo e di tartufi impigliate nella massa untuosa, caldissima dei maccheroncini corti cui l'estratto di carne conferiva un prezioso color camoscio. L'inizio del pasto fu, come avviene sempre in provincia, raccolto. L'Arciprete si fece
65 il segno della croce, e si lanciò a capofitto senza dir parola. L'organista assorbiva la succulenza del cibo ad occhi chiusi: era grato al Creatore che la propria abilità nel fulminare lepri e beccacce gli procurasse talvolta simili estasi, e pensava che col solo valore di uno di quei timballi lui e Teresina avrebbero campato un mese; Angelica, la bella Angelica, dimenticò i migliaccini toscani e parte delle proprie buone maniere
70 e divorò con l'appetito dei suoi diciassette anni e col vigore che la forchetta tenuta a metà dell'impugnatura le conferiva. Tancredi, tentando di unire la galanteria alla gola, si provava a vagheggiare il sapore dei baci di Angelica, sua vicina, nel gusto delle forchettate aromatiche, ma si accorse che l'esperimento era disgustoso e lo sospese, riservandosi di risuscitare queste fantasie al momento del dolce; il principe, benché
75 rapito nella contemplazione di Angelica che gli stava di fronte, ebbe modo di notare, unico a tavola, che la *demi-glace* era troppo carica, e si ripromise di dirlo al cuoco l'indomani; gli altri mangiavano senza pensare a nulla, e non sapevano che il cibo sembrava loro tanto squisito perché un'aura sensuale era penetrata nella casa.

(G. Tomasi di Lampedusa, *Il Gattopardo*, Milano, Feltrinelli, 1992)

Aspetto 5a *Ricostruire il significato di una parte più o meno estesa del testo, integrando più informazioni e concetti, anche formulando inferenze complesse.*

1 «**Sotto l'impeto della sua bellezza gli uomini rimasero incapaci di notare, analizzandoli, i non pochi difetti che questa bellezza aveva**» (rr. 3-4). **Questa frase vuol dire che**

☐ **A** gli uomini non notano i difetti di Angelica perché ella non ne ha alcuno.

☐ **B** gli uomini sono accecati dalla folgorante bellezza di Angelica a tal punto da non notarne i difetti.

☐ **C** gli uomini sono incapaci di notare i difetti di una donna.

☐ **D** Angelica ha un carattere impetuoso e non consente agli uomini di criticarla.

Aspetto 5a Ricostruire il significato di una parte più o meno estesa del testo, integrando più informazioni e concetti, anche formulando inferenze complesse.

2 **«Angelica mia, da quanto tempo non ti avevo vista. Sei molto cambiata; e non in peggio.» (rr. 17-18). Con questa frase, la Principessa manifesta**

☐ **A** la sua invidia per la bellezza di Angelica.

☐ **B** la sua indifferenza nei confronti dell'aspetto di Angelica.

☐ **C** la sua capacità di notare i difetti altrui.

☐ **D** il suo stupore per il cambiamento positivo di Angelica.

Aspetto 5b Ricostruire il significato globale del testo, integrando più informazioni e concetti, anche formulando inferenze complesse.

3 **Se volessi riassumere in una sola frase questo testo, perché un tuo compagno ne capisca subito il senso, quale sceglieresti tra le seguenti?**

☐ **A** Durante un pranzo di gala in casa dei Principi di Salina, fa il suo ingresso in scena la bella Angelica.

☐ **B** Angelica incanta la Principessa di Salina con le sue buone maniere.

☐ **C** Angelica incontra per la prima volta i Principi di Salina, incantandoli con la sua bellezza.

☐ **D** Il Principe di Salina offre un pranzo ai suoi ospiti.

Aspetto 6 Sviluppare un'interpretazione del testo, a partire dal suo contenuto e/o dalla sua forma, andando al di là di una comprensione letterale.

4 **In base alla caratteristiche del brano è possibile affermare che esso appartiene**

☐ **A** al genere del romanzo storico. ☐ **C** al genere fiabesco.

☐ **B** al genere del romanzo fantastico. ☐ **D** nessuna delle alternative proposte.

Aspetto 2 Individuare informazioni date esplicitamente nel testo.

5 **Indica se ognuna delle seguenti affermazioni è vera o falsa.**

		Vero	Falso
A	Angelica ha i capelli neri e la carnagione chiara.		
B	L'inchino è una forma di omaggio consueta in Sicilia.		
C	Angelica ha studiato in un collegio fiorentino.		
D	Al pranzo partecipano più di trenta persone.		

Aspetto 3 Fare un'inferenza diretta, ricavando un'informazione implicita da una o più informazioni date nel testo e/o tratte dall'enciclopedia personale del lettore.

6 **Qual è precisamente l'età di Angelica?**

☐ **A** Tredici anni.

☐ **B** Vent'anni.

☐ **C** Diciassette anni.

☐ **D** Non è possibile determinare l'età di Angelica in base alle informazioni presenti nel testo.

Aspetto 3

7 **La storia è ambientata**

☐ **A** in Sicilia, in un'epoca imprecisata.

☐ **B** in Sicilia, ai primi del Novecento.

☐ **C** in Toscana, nel Seicento.

☐ **D** in un paese dell'entroterra siciliano nell'Ottocento.

Aspetto 1 Comprendere il significato, letterale e figurato, di parole ed espressioni e riconoscere le relazioni tra parole.

8 **L'espressione «gli occhi verdi albeggiavano» (rr. 8-9) vuol dire che gli occhi di Angelica**

☐ **A** erano rischiarati dal sole. ☐ **C** brillavano come il sole al mattino.

☐ **B** erano assonnati. ☐ **D** erano poco vivaci.

Aspetto 3 Fare un'inferenza diretta, ricavando un'informazione implicita da una o più informazioni date nel testo e/o tratte dall'enciclopedia personale del lettore.

9 **«La porta centrale del salotto si aprì e "Prann' pronn'"declamò il maestro di casa». Il maestro di casa è**

☐ **A** uno degli ospiti.

☐ **B** il precettore, cioè il maestro privato, di casa Salina.

☐ **C** la persona che sovrintende al pranzo di gala.

☐ **D** un maestro che intrattiene gli ospiti durante il pranzo declamando poesie.

Aspetto 4 Cogliere le relazioni di coesione e di coerenza testuale (organizzazione logica entro e oltre la frase).

10 **Nella frase «*Perciò quando tre servitori in verde, oro e cipria entrarono recando ciascuno uno smisurato piatto d'argento*» (rr. 49-50), come potresti sostituire perciò?**

☐ **A** ma ☐ **B** per questo motivo ☐ **C** infine ☐ **D** poiché

Michelangelo Merisi da Caravaggio

Narciso

TIPOLOGIA	Dipinto
GENERE	Ritratto
STILE	Barocco
TECNICA	Olio su tela
ANNO	1598-1599

▶ ANALIZZIAMO IL DIPINTO

1 IL SOGGETTO
2 LA STRUTTURA E LO STILE
3 I SIGNIFICATI

1 Il dipinto rappresenta Narciso, un personaggio della mitologia classica noto per la sua bellezza e per la sua crudeltà.

2 Il riflesso di Narciso nell'acqua genera una "doppia figura".

3 Il soggetto raffigurato nasconde un significato morale e un significato allegorico.

1 IL SOGGETTO

Secondo la versione del mito narrata dal poeta latino Ovidio, nel III libro delle *Metamorfosi*, Narciso era figlio della ninfa Liriope e del fiume Cefiso. Alla sua nascita, l'indovino Tiresia aveva predetto che il bambino sarebbe vissuto fino a tarda età, se non avesse conosciuto se stesso. Narciso crebbe e divenne un bel giovane, e sebbene molte fanciulle lo desiderassero, egli per superbia le respingeva tutte. Tra le altre, s'innamorò di lui anche la ninfa Eco, che a causa di un sortilegio della dea Giunone non poteva servirsi della propria voce se non per ripetere le ultime parole pronunciate da qualcun altro. Eco provò a dichiarare il proprio amore a Narciso, ma lui la respinse bruscamente. Per il dolore la ninfa incominciò a dimagrire e, alla fine, di lei restò solo la voce. A questo punto gli dei decisero di punire la crudeltà del giovane. Un giorno, Narciso fu preso da un irresistibile desiderio di bere e si recò a una sorgente. Sportosi per dissetarsi, s'innamorò all'istante della propria immagine riflessa nell'acqua, ma nel tentativo di abbracciarla cadde nella sorgente e morì annegato. Nel luogo in cui morì spuntò un fiore, al quale fu dato il suo nome.

1 Quale preciso momento del mito di Narciso è dipinto da Caravaggio?

2 LA STRUTTURA E LO STILE

Questo dipinto è stato al centro di un animato dibattito critico, circa la sua attribuzione a Caravaggio. Tra gli argomenti utilizzati da coloro che sono certi della paternità caravaggesca della tela, vi è l'eccezionale struttura compositiva del dipinto, basata su una doppia figura a carta da gioco, iscrivibile in un cerchio e il cui centro ideale è costituito dal ginocchio illuminato. Tipici di Caravaggio sono inoltre i colori utilizzati e i forti contrasti tra le zone in ombra e le zone in piena luce, che modellano plasticamente la figura dando l'illusione della profondità prospettica. Ancora caravaggesca appare la tendenza alla drammatizzazione – si noti l'espressione di assorto stupore del volto di Narciso – e all'attualizzazione, come suggerisce l'abbigliamento del protagonista.

2 Descrivi l'abbigliamento di Narciso.

3 IL SIGNIFICATO

Narciso che si strugge contemplando la sua immagine riflessa nell'acqua è simbolo dell'amore verso se stessi e racchiude un monito morale: la scelta della propria persona come esclusivo oggetto d'amore, congiunta al disprezzo per gli altri, genera solitudine e infelicità. Non a caso, dal nome del personaggio deriva il sostantivo "narcisismo", con cui si indica nel linguaggio corrente l'atteggiamento di chi tende a fare di se stesso il centro esclusivo dei propri interessi, restando invece indifferente o disprezzando il valore e le qualità altrui. Ma i significati di questa tela non si esauriscono qui: secondo alcuni critici, infatti, il giovane alla fonte potrebbe essere un'allegoria dell'artista stesso, proteso nella difficile ricerca della bellezza assoluta, di una perfezione irraggiungibile e intangibile perché nascosta nelle torbide e infide acque dell'esistenza.

3 Ritieni che il quadro riesca a rappresentare in maniera efficace l'innamoramento del protagonista per la sua immagine? Motiva la tua risposta.

> **▶ ATTIVIAMO LE COMPETENZE**

FRUIZIONE DI ALTRE FORME ESPRESSIVE

TESTO DESCRITTIVO

4 Descrivi questo dipinto, soffermandoti in particolare sullo spazio, sui personaggi e sulle loro azioni.

*John William Waterhouse,
Eco e Narciso, 1904.*

Jane Eyre

TIPOLOGIA	Film
GENERE	Drammatico-romantico
REGIA	Cary Fukunaga
CAST	Mia Wasikowska (Jane Eyre), Michael Fassbender (Edward Rochester), Jamie Bell (St. John Rivers), Judi Dench (Mrs. Fairfax)
ANNO	2011

▶ **ANALIZZIAMO IL FILM**

1 IL PERCORSO DI FORMAZIONE
2 L'EROE ROMANTICO
3 L'ASPETTO GOTICO

LA TRAMA

Orfana di entrambi i genitori, la piccola Jane Eyre viene affidata a una zia che la maltratta, fino a rinchiuderla in una scuola di carità. Qui la bambina trascorre gli anni più tristi della sua infanzia: la disciplina è durissima, il lavoro pesante, le condizioni igieniche pessime. Nonostante le difficoltà, le angherie subite e la prematura scomparsa della sua migliore amica, Jane cresce forte, buona e con sani principi morali. Studia per diventare insegnante e, una volta adulta, può lasciare il collegio per cercarsi un lavoro. Trova posto come istitutrice presso la tenuta del nobile Rochester, che ha una figlia adottiva di cui non può occuparsi per i molti e misteriosi impegni che lo trattengono spesso lontano da casa. Mr. Rochester è un uomo affascinante ma cinico e scontroso e non perde occasione per mettere in difficoltà Jane Eyre prendendosi gioco di lei. Ma la giovane istitutrice dimostra un'intelligenza e un carattere fuori dal comune, riuscendo a tenere testa al suo padrone. I battibecchi fra i due si trasformano poco a poco in schermaglie amorose, finché tra Mr. Rochester e Jane scoppia un travolgente sentimento d'amore che li porterà al matrimonio. Le nozze, però, vengono interrotte da un evento inatteso: sull'altare, Jane Eyre scopre che Edward è già sposato e che la moglie – segregata in una stanza del castello e affidata alle cure di una domestica – è una donna devastata dalla follia, verso la quale l'uomo nutre un sentimento di pietà misto a rancore. Sconvolta, la ragazza fugge per ricominciare una nuova vita. Durante la sua assenza, il castello viene distrutto da un incendio provocato dalla moglie di Edward, che poi si suicida, mentre l'uomo perde la vista durante l'incidente. Nel frattempo, senza sapere nulla della sorte di Rochester, Jane Eyre è stata amorevolmente accolta da un uomo di chiesa che le ha proposto di sposarlo; è anche diventata ricchissima ricevendo un'enorme eredità da un vecchio zio. Non potendo dimenticare Edward, però, Jane rifiuta la proposta di matrimonio e raggiunge infine il suo amore, per non separarsene mai più.

1 IL PERCORSO DI FORMAZIONE

Il film, tratto dall'omonimo romanzo della scrittrice inglese Charlotte Brontë pubblicato nel 1847, racconta il percorso di formazione dell'eroina, che da orfana povera e maltrattata diventa una donna forte, libera e colta e trova il suo posto nella buona società grazie a una cospicua eredità e a un amore vero.

Attraverso un complicato itinerario di crescita, Jane Eyre trova finalmente la felicità.

2 L'EROE ROMANTICO

Il personaggio di Edward Rochester è il classico esempio di eroe romantico. Tormentato da un segreto che non può rivelare a nessuno, l'uomo conduce una vita irregolare e affascinante. Alcune scene lo immortalano in groppa al suo cavallo nero, sempre in movimento, come se non avesse pace. Non dice mai quanto starà via e i suoi ritorni improvvisi gettano sempre scompiglio tra la servitù. Rochester ha uno sguardo fiero, modi bruschi e una lingua tagliente, ma al di sotto della sua dura scorza si cela un cuore desideroso di amare e di essere ricambiato. In fondo egli è solo, e le persone di cui talvolta si circonda non rappresentano un'autentica compagnia.

Edward Rochester è il classico esempio di eroe romantico, bello e tormentato.

Nella storia ci sono anche lugubri atmosfere e misteriose presenze.

3 L'ASPETTO GOTICO

La storia di Jane Eyre contiene elementi gotici, tipici delle *ghost stories*. Innanzitutto l'ambientazione: il castello di Rochester si erge solitario nel bel mezzo della campagna inglese, circondato da una natura spoglia e autunnale, che comunica un senso di freddo e di solitudine. Poi ci sono i misteriosi lamenti notturni e gli strani cigolii che agitano i sonni di Jane Eyre e che la spingono in più di una circostanza a esplorare i bui corridoi del maniero alla ricerca della verità. Infine, lo strano contegno della servitù e soprattutto di Mrs. Fairfax, che sembra custodire un terribile segreto dal quale fa di tutto per tenere lontana la giovane istitutrice.

GUIDA AL DIBATTITO

1 Quali sono gli episodi più significativi dell'infanzia di Jane Eyre?
2 I maltrattamenti che la protagonista ha subito da piccola hanno migliorato o peggiorato la sua indole?
3 La zia della protagonista è un personaggio statico (che non modifica il suo carattere) o dinamico (che cambia nel corso della vicenda)? Motiva la tua risposta.
4 Perché Rochester non si separa dalla moglie?
5 Il pastore e le sue sorelle sono personaggi positivi o negativi?
6 In che modo emerge il disagio psicologico di Rochester?
7 A quali espedienti è ricorso il regista per creare un'atmosfera carica di suspense e tensione?
8 Ritieni convincente l'interpretazione degli attori principali? Motiva la tua risposta.
9 «Non ridete mai, signorina? Solo di rado, immagino. Ma non siete nata austera così come io non sono nato crudele». Spiega il significato di questa frase pronunciata da Rochester.
10 Attribuisci a ogni personaggio del film un aggettivo che ne rispecchi le caratteristiche.

▸ ATTIVIAMO LE COMPETENZE

PRODUZIONE DI TESTI MULTIMEDIALI

RICERCA, LAVORO DI GRUPPO, PRODOTTO AUDIOVISIVO

11 Realizza insieme ai compagni una presentazione multimediale del film secondo la seguente scaletta:
   • locandina del film e trama in breve (massimo 5 righe);
   • immagine di Charlotte Brontë e brevi notizie biografiche;
   • citazione dell'incipit del romanzo;
   • approfondimento sul contesto storico del romanzo;
   • immagini significative del film con didascalie.

STRUMENTI ESPRESSIVI E ARGOMENTATIVI

VALUTAZIONE, ARGOMENTAZIONE

12 Scegli il tuo punto di vista e argomentalo.
   Il film insegna che:
   • l'amore non conosce ostacoli;
   • la vera bellezza è quella interiore;
   • le apparenze ingannano;
   • non possiamo cancellare il nostro passato.

Concetti chiave

Flashcard

> ▶ CONTESTO STORICO-CULTURALE

QUANDO	CHI	CHE COSA
Seicento	Charles Perrault	Molte sue fiabe ruotano attorno al tema della bellezza.
Ottocento	Gabriele D'Annunzio	È il maggiore rappresentante dell'Estetismo italiano.
	Oscar Wilde	Nel *Ritratto di Dorian Gray* affronta il tema dell'eterna giovinezza.
Novecento	Elsa Morante	Nel romanzo *L'isola di Arturo* viene idealizzata la figura del padre del protagonista.

> ▶ RIPASSO

1 Che cosa intendevano i Greci con la parola *kalokagathìa*?

2 Come si modificò il concetto di *kalokagathìa* in età classica?

3 Quali qualità doveva possedere una donna nel Medioevo per essere giudicata bella?

4 Spiega il concetto rinascimentale di "grazia".

5 In quale epoca era considerato bello tutto ciò che appariva straordinario e capace di destare sorpresa e meraviglia?

6 Quali elementi caratterizzavano la corrente artistica del Rococò?

7 Quali sono le caratteristiche della bellezza romantica?

8 Che cosa consideravano bello e che cosa consideravano brutto i borghesi dell'Ottocento?

9 Quale ideale di bellezza maschile e femminile propagandavano i regimi totalitari?

10 In che modo la pubblicità può influenzare i canoni di bellezza?

La famiglia

La famiglia

Il microcosmo familiare

Genitori e figli

Affetti e incomprensioni

ARTISTA Fedor Michajlovič Slavjanskij
NAZIONALITÀ Russa
TITOLO Ritratto di famiglia sul balcone
ANNO 1851
STILE Realismo

La famiglia

La storia del tema

Attraverso queste parole, rivolte alla madre Elvia, il filosofo Seneca traccia il profilo della perfetta matrona romana: pudica, austera e dedita ai figli.

Famiglia romana, *rilievo del sarcofago di Marco Cornelio Stazio, II secolo d.C. Parigi, Musée du Louvre.*

Un tema cruciale e vitale

Molti scrittori hanno dedicato pagine indimenticabili alla famiglia, analizzando talvolta in chiave critica le gerarchie, i ruoli e le **dinamiche psicoaffettive** che si attivano al suo interno: il rapporto tra marito e moglie, tra genitori e figli, tra parenti. Alcuni narratori hanno fatto di una singola famiglia la protagonista assoluta dei loro romanzi, descrivendone le vicende nel corso del tempo e delle generazioni: *I Malavoglia* di Giovanni Verga, *I Buddenbrook* di Thomas Mann e *Cent'anni di solitudine* di Gabriel García Márquez sono alcuni celebri esempi. La famiglia, dunque, è un tema fondamentale della letteratura. E non poteva essere diversamente: essa infatti è il luogo in cui si stabiliscono i legami affettivi che accompagnano l'individuo nell'intero arco della sua vita e che, nel bene e nel male, spesso ne condizionano le scelte. Ma la famiglia è anche uno **specchio della società**, perché prima e più di altre istituzioni risente dei cambiamenti della storia, dell'economia e della cultura.

La famiglia greca e romana

La famiglia è un **modello di organizzazione sociale universale**. Ciò significa che le relazioni familiari sono presenti in ogni società, seppure diversificate in una grande varietà di forme che dipendono dalla storia e dalla cultura specifica dei popoli. Nella civiltà greca e in quella romana, per esempio, la famiglia era di tipo **patriarcale**: l'uomo godeva della massima libertà e autorità sugli altri membri del nucleo familiare, di cui facevano parte, oltre alla moglie e ai figli, anche i servi. La donna, invece, viveva in uno stato di subordinazione rispetto al marito, occupandosi quasi esclusivamente delle faccende domestiche, delle attività di sua competenza – come la tessitura – e dell'allevamento dei figli. In Grecia, addirittura, le libertà concesse alla donna erano ancora più limitate: poteva uscire di casa solo in occasioni particolari, come i funerali o le feste cittadine, e all'interno della sua abitazione viveva rinchiusa nel gineceo, un insieme di locali adibiti esclusivamente ai membri di sesso femminile.
Testimonianze letterarie indirette sulla struttura e le gerarchie familiari nel mondo classico si trovano nei poemi omerici, nel teatro (le tragedie e soprattutto le commedie), negli epistolari e nei dialoghi filosofici di autori come **Cicerone** (I secolo a.C.) e **Seneca** (I secolo a.C. - I d.C.).

Il peggior male del secolo, l'impudicizia, non ti ha indotto a seguire la maggioranza, né gemme, né perle ti hanno sedotto, né le ricchezze ti hanno mai abbagliato come il più gran bene del genere umano, né tu, che fosti educata in una casa all'antica e austera, sei mai stata traviata dall'imitazione dei peggiori, pericolosa anche per le persone oneste, né ti sei mai vergognata della tua fecondità come se ti rinfacciasse la tua età, né mai, come fanno le altre, il cui solo vanto è la bellezza, hai nascosto il ventre

gonfio, come se fosse un peso vergognoso, né ti sei liberata della speranza dei figli già in te concepiti; né ti sei mai imbrattata il viso con colori e belletti, né ti sono mai piaciute quelle vesti che, quando si tolgono, non lasciano più nulla da scoprire; unico tuo ornamento, bellezza somma non soggetta all'ingiuria del tempo, tuo grande titolo d'onore, ti è sempre sembrata la pudicizia.

(Seneca, *Consolatio ad Helviam matrem*)

La famiglia medievale

Nei primi secoli del Medioevo, caratterizzati da violenza e insicurezza, la famiglia e i legami di parentela erano concepiti soprattutto come mezzo di reciproco aiuto. Durante il periodo di crisi economica, politica e sociale che seguì al tramonto della civiltà classica, infatti, i **legami di solidarietà fondati sulla comunanza di sangue erano importantissimi**, e spesso supplivano all'assenza dello Stato e del diritto. In tale contesto, come suggerisce lo storico Marc Bloch in un suo saggio sulla società medioevale, un individuo isolato, privo di parenti e amici, aveva ben poche probabilità di sopravvivere o di ricevere giustizia se veniva commesso un torto nei suoi confronti. Al contrario, chi poteva contare su un gruppo familiare numeroso era più protetto e, in caso di offesa, il suo parentado aveva l'obbligo morale di vendicarlo. In effetti, durante il Medioevo la pratica della **vendetta privata** (faida), affidata al clan o alla famiglia del danneggiato, fu il modo più diffuso per riparare alle ingiustizie e ai torti subiti.

In quest'epoca il **matrimonio**, sulla cui indissolubilità vigilava la Chiesa, era concepito più che altro come un **affare tra famiglie**, che in questo modo potevano garantirsi una discendenza, stabilire una reciproca alleanza e migliorare la propria condizione sociale ed economica. Spesso il destino di un uomo e di una donna era segnato fin dalla fanciullezza: i genitori, infatti, stipulavano alla presenza di un notaio un contratto matrimoniale, che avrebbe legato i futuri sposi per tutta la vita. È quel che accadde a **Dante Alighieri** (1265-1321), il cui matrimonio con Gemma Donati fu fissato quando il poeta aveva solo dodici anni.

Il matrimonio tra Bianca Maria Visconti e Francesco Sforza, *miniatura, 1453. Cremona, Archivio di San Gismondo.*

In questi versi della *Divina Commedia*, Dante allude all'abitudine dei genitori di promettere in moglie le figlie ancora giovanissime, assegnando a esse una dote eccessiva.

Non faceva, nascendo, ancor paura
la figlia al padre; chè 'l tempo e la dote
non fuggìen quinci e quindi la misura.

(D. Alighieri,
Divina Commedia, Paradiso)

Parafrasi: "La figlia, nascendo, non faceva ancora preoccupare il padre, perché né l'età né la dote superavano la giusta misura."

La famiglia preindustriale

Nel mondo rurale che precedette l'avvento delle fabbriche, la famiglia preindustriale o contadina rappresentava la più diffusa forma di aggregazione sociale. La famiglia contadina era solitamente di tipo "complesso", perché costituita, oltre che dai genitori e dai figli, anche da altri parenti (nonni, zii, cugini) e da qualche servitore. La famiglia preindustriale era di tipo patriarcale, fondata cioè sull'autorità e sulle insindacabili volontà del **capofamiglia**, che secondo i casi poteva essere il padre, il nonno o il fratello maggiore. Al suo interno, ciascun membro svolgeva un suo preciso **compito** che dipendeva principalmente dall'età e dal sesso. Di solito le donne governavano la casa, gli uomini invece lavoravano i campi provvedendo in questo modo al sostentamento di tutta la famiglia. Ciò non escludeva che anche le donne, in particolari periodi

Una famiglia di mezzadri toscani agli inizi del Novecento.

dell'anno, per esempio durante la semina o la raccolta, affiancassero gli uomini al lavoro sottoponendosi a ritmi e a fatiche estenuanti. Lo stile di vita della famiglia rurale era parco ed essenziale. Non esistevano divertimenti, i pasti erano frugali, le relazioni tra i membri erano basate più sul **rispetto** che sull'affetto, le giornate erano scandite quasi esclusivamente dalle ferree regole del lavoro. La rivoluzione industriale e il progressivo fenomeno dell'inurbamento portarono gradualmente al tramonto di questo tipo di modello familiare, che però sopravvisse più a lungo nelle regioni d'Europa maggiormente arretrate da un punto di vista economico e sociale, come per esempio il Mezzogiorno d'Italia.

Tra gli autori italiani che hanno immortalato nelle loro pagine la dura vita delle famiglie contadine del Sud, ricordiamo il già citato **Giovanni Verga** (1840-1922) con le sue novelle e il romanzo *I Malavoglia*, che racconta l'inesorabile declino di una dinastia di umili pescatori; **Luigi Pirandello** (1867-1936) con i suoi racconti di ambientazione rurale; **Grazia Deledda** (1871-1936) e le sue storie veriste ambientate in Sardegna; e ancora **Ignazio Silone** (1900-1978), che nel suo romanzo più noto, *Fontamara* (1933), affronta le tematiche contadine legate al mondo dei «cafoni» abruzzesi.

La famiglia dei Malavoglia presenta una struttura gerarchica e patriarcale, espressa dalla metafora delle dita della mano. Il «dito grosso», padron 'Ntoni, comanda; gli altri, le dita più piccole, ubbidiscono.

Nella tipica famiglia preindustriale le donne si occupano dei lavori domestici e della prole.

Diceva pure: — Gli uomini son fatti come le dita della mano: il dito grosso deve far da dito grosso, e il dito piccolo deve far da dito piccolo.

E la famigliuola di padron 'Ntoni era realmente disposta come le dita della mano. Prima veniva lui, il dito grosso, che comandava le feste e le quarant'ore; poi suo figlio Bastiano, *Bastianazzo*, perché era grande e grosso [...]; e così grande e grosso com'era filava diritto alla manovra comandata, e non si sarebbe soffiato il naso se suo padre non gli avesse detto «soffiati il naso» tanto che s'era tolta in moglie *la Longa* quando gli avevano detto «pigliatela». Poi veniva la Longa, una piccina che badava a tessere, salare le acciughe, e far figliuoli, da buona massaia; infine i nipoti, in ordine di anzianità: 'Ntoni il maggiore, un bighellone di vent'anni, che si buscava tutt'ora qualche scappellotto dal nonno [...]; Luca, «che aveva più giudizio del grande» ripeteva il nonno; Mena (Filomena) soprannominata «Sant'Agata» perché stava sempre al telaio [...]; Alessi (Alessio) un moccioso tutto suo nonno colui!; e Lia (Rosalia) ancora né carne né pesce. Alla domenica, quando entravano in chiesa, l'uno dietro l'altro, pareva una processione.

(G. Verga, *I Malavoglia*)

La famiglia borghese

Un dibattito ancora vivo e irrisolto tra coloro che si occupano della storia della famiglia è quello relativo alla precisa collocazione temporale del passaggio dalla famiglia estesa alla famiglia borghese. In generale è però possibile affermare che le caratteristiche di questo nuovo modello aggregativo si definirono tra la fine del '700 e gli inizi dell'800. La famiglia borghese – che è alla base del nostro modello familiare – era formata dai soli **genitori e figli**, presentandosi dunque come un'istituzione chiusa e ripiegata su se stessa. Tale trasformazione fu resa possibile da una serie di fattori di ordine economico e psicologico. La possibilità di trovare occupazione nell'industria e nel settore terziario allontanò molti

John Singer Sargent, Sir George Sitwell con la famiglia, 1900. Collezione privata.

giovani dalle famiglie d'origine, garantendo loro al contempo una certa indipendenza economica. Questo fattore, a sua volta, contribuì ad allentare i vincoli di parentela e a far cadere lentamente in disuso la pratica dello sposalizio combinato: il **matrimonio** cessò dunque di essere una costrizione e divenne una **libera scelta**, dettata non più da interessi economici ma dal sentimento d'amore. Inoltre, il fatto di non dover condividere con altri parenti gli spazi della casa e i ritmi della vita domestica, contribuì a rafforzare l'**intimità** e i legami affettivi della coppia. Anche l'atteggiamento di fronte ai bambini mutò radicalmente: i figli non erano più considerati "bocche da sfamare" o piccoli adulti da mandare al lavoro, ma creature da allevare e istruire. La nuova attenzione rivolta alla prole comportò una netta specializzazione dei ruoli all'interno della coppia: l'uomo provvedeva al sostentamento economico della famiglia, la donna restava in casa per adempiere ai suoi doveri di moglie e di madre. La vita coniugale e domestica però non era sempre felice, sebbene il codice morale borghese, che molto peso attribuiva alle apparenze, prevedesse di nascondere agli occhi degli altri i problemi familiari: tradimenti, incomprensioni, ipocrisie, maltrattamenti ecc. A dar voce alle problematiche della famiglia borghese furono soprattutto i grandi romanzieri di fine Ottocento – **Charles Dickens** (1812-1870), **Gustave Flaubert** (1821-1880), **Lev Tolstoj** (1828-1910), **Émile Zola** (1840-1902) – e i maggiori rappresentanti della letteratura primonovecentesca: **Italo Svevo** (1861-1928), **Luigi Pirandello**, **Thomas Mann** (1875-1955), **James Joyce** (1882-1941) e **Franz Kafka** (1883-1924).

In questo brano autobiografico, Italo Svevo critica con una certa ironia la fede della moglie nei confronti delle gerarchie familiari.

In Svevo la critica dell'istituzione familiare è strettamente legata a una più generale critica dell'ideologia borghese.

Anche dopo un anno mia moglie prende sul serio il marito: Diamine! Il padre dei suoi figli! E tutti i gradi di parentela prende sul serio! La madre è colei cui dobbiamo la vita, il padre *idem* e in lui c'è inoltre il padrone della mamma e di tutto quello che ci circonda. Ella non ne dubita ma io credo ch'essa in questo rapporto non sia ancora giunta alla rivoluzione francese […]. Il mondo dunque è una bella e buona costruzione ideologica dove ognuno ha il suo posto e merita il rispetto del suo posto e deve rispetto agli altri posti. Come sociologia mia moglie non è evoluzionista perché naturalmente le persone mutano ma i posti rimangono. E non c'è veramente contratto sociale. I posti nacquero e vi nacquero le persone che vi stanno assise.

(I. Svevo, *Cronaca della famiglia*)

La famiglia oggi

Oggi è praticamente impossibile parlare di un unico modello familiare. In seguito a sempre più massicci cambiamenti sociali e culturali, la famiglia ha subìto notevoli trasformazioni, diversificandosi in molteplici "*format*". Innanzitutto il matrimonio non è più avvertito come un obbligo morale e sociale, e così, accanto alle unioni classiche, sancite dalle nozze civili o religiose, si sono affiancate quelle libere tra coppie con o senza figli, che possono decidere di sposarsi in un secondo momento o di continuare a convivere. A queste si aggiungono le famiglie "unipersonali", formate da single, separati o vedovi, quelle "ricostituite", nelle quali almeno uno dei due partner proviene da un precedente matrimonio, e quelle che per scelta decidono di non avere figli disponendo in questo modo di più tempo e denaro. Anche lo stile di vita è radicalmente mutato rispetto al passato. Grazie all'emancipazione femminile, il numero delle mamme che lavorano tutto il giorno fuori casa è aumentato e spesso i figli si ritrovano da soli, suddividendo il loro tempo tra la scuola, lo studio pomeridiano e le attività extrascolastiche. I pranzi e le cene da condividere insieme sono quasi un fenomeno in estinzione: i sempre più pressanti impegni di lavoro dei genitori, infatti, e le mille attività della prole costringono a pasti veloci da consumare fuori casa o tra le mura domestiche, ma in orari diversi e incompatibili con le esigenze di tutti i com-

PAROLE DA RICORDARE

Famiglia allargata: nucleo informale formato da ex coniugi o conviventi, che continuano a frequentarsi con i nuovi partner e i relativi figli. Il termine è usato genericamente anche per indicare comunità familiari complesse (vedi *famiglia estesa* o *famiglia multipla*).

Famiglia estesa: comprende un solo nucleo coniugale (padre, madre e figli) che coabita con altri parenti: un genitore vedovo, uno zio non sposato ecc.

Famiglia multipla: comprende più nuclei familiari (più coppie con o senza figli) che coabitano sotto lo stesso tetto.

Famiglia nucleare: è la classica famiglia formata da una coppia e dai loro figli.

Diritto di famiglia: è una branca del diritto privato che regola i rapporti familiari (fra parenti, coniugi, genitori e figli) relativamente alle questioni patrimoniali e affettive (separazione e divorzio).

Lignaggio: dal francese antico *lignage*, il termine indica la stirpe, la discendenza familiare da un antenato comune, di solito illustre.

Monogamia: unione matrimoniale di un solo uomo con una sola donna; il contrario di *monogamia* è *poligamia*, cioè l'unione di un individuo con più coniugi. In particolare, si parla di *poliandria* quando l'unione avviene tra una donna e più uomini, di *poliginia* quando l'unione avviene tra un uomo e più donne.

Patria potestà: nel linguaggio giuridico, espressione che indica il complesso di poteri a tutela del figlio minore attribuiti un tempo al padre e attualmente a entrambi i genitori, tanto che nell'odierno diritto di famiglia l'espressione *patria potestà* è stata sostituita con quella di *potestà dei genitori*.

ponenti. Tuttavia, al di là delle forme che può assumere e delle problematiche che in essa possono insorgere, la famiglia, sia quella d'origine sia quella che ci si è costruiti, mantiene un'importanza ancora centrale per la maggior parte degli individui, che a lei guardano come a un punto di riferimento costante e la considerano un nucleo valoriale fondamentale che li accompagnerà per tutta la vita.

Oltre la letteratura

La famiglia sullo schermo

La famiglia è al centro non solo di molti romanzi e racconti dell'Ottocento e del Novecento, ma anche di numerose produzioni cinematografiche e televisive di successo (si pensi a fiction come *Un medico in famiglia*, *Tutti pazzi per amore* – solo per citare alcuni titoli italiani – o alla *sitcom* animata *I Simpson*, definita da alcuni critici come «una delle migliori serie televisive del secolo»). Molto spesso, l'immagine della famiglia sullo schermo riproduce le tipologie familiari e i modelli di aggregazione più diffusi, mostrando e talvolta esasperando, ora in chiave comica ora in chiave drammatica, le dinamiche affettive che si verificano al suo interno. In particolare, lo studio del modo in cui il cinema e la televisione hanno raccontato la famiglia permette di individuare – come suggerisce un saggio del 1995 di C. Loriedo, M. Malagoli Togliatti e M. Micheli – alcune costanti che consentono una classificazione delle varie modalità di rappresentazione. Ecco alcuni esempi:

- la famiglia *rimossa*: il protagonista del film tenta di recidere ogni legame con la sua famiglia e con il passato;
- la famiglia *disturbata*: in questi film, la famiglia è composta di persone gravemente disturbate, che si odiano e cercano di farsi del male, incapaci di instaurare autentiche relazioni affettive;
- la famiglia *lacerata*: i problemi affettivi tra i genitori (separazioni, liti) si riflettono sui figli;
- la famiglia *saga*: il film racconta la storia di una singola famiglia attraverso più generazioni;
- la famiglia *banda*: nei film di questo tipo, il termine "famiglia" è utilizzato per indicare gruppi di persone appartenenti a un'organizzazione criminale;
- la famiglia *ridicolizzata*: i difetti e i *tic* familiari sono descritti con leggerezza, accentuandone i lati comici e paradossali.

Fotogramma del film del 2011 *The Tree of Life* diretto da Terrence Malick

La figura materna, e il rapporto positivo o negativo che essa instaura con i figli, è oggetto di analisi di molte opere cinematografiche.

Molti film ripropongono lo stereotipo del padre-padrone; in altri casi, la figura paterna si sostituisce alla madre nella cura dei figli quando questa è assente o disinteressata alla famiglia.

Al cinema, la casa può essere il luogo in cui esplodono tutte le tensioni familiari, oppure lo spazio sicuro e rassicurante in cui la famiglia si rifugia e ritrova se stessa.

VERSO IL TRIENNIO

La famiglia secondo Svevo e Pirandello

In Italia, le voci più critiche e corrosive nei confronti della famiglia, delle sue regole e delle sue convenzioni sono state quelle di Luigi Pirandello (1867-1936) e di Italo Svevo (1861-1928). Entrambi gli autori descrivono, seppur con diversi esiti artistici e sensibilità, la parabola della crisi della cultura borghese tradizionale, di cui proprio la famiglia fondata sull'etica del lavoro, della rispettabilità e dell'onore rappresenta uno dei pilastri ideologici.

In Pirandello, in particolare, il rifiuto della famiglia tradizionale e la fuga dai doveri che questa impone rientra nella più generale opposizione a tutte quelle «forme» di vita sociale che impongono all'uomo delle «maschere» e delle «parti» da recitare. Per Pirandello la famiglia è una «trappola» che costringe l'individuo a compiere gesti convenzionali che, mentre lo rendono rispettabile agli occhi degli altri, ne annullano la libertà, la genuinità e la vitalità. Nelle sue opere teatrali e nei suoi romanzi, Pirandello racconta il dissidio interiore e la ribellione di una vasta galleria di personaggi, che rifiutando le maschere e i ruoli ora di marito, ora di moglie, ora di figlio, violano le regole della moralità borghese e assumono comportamenti eterodossi, apparentemente strani o provocatori. Proprio come Mattia Pascal, protagonista dell'omonimo romanzo del 1904, che, stanco di una vita familiare piena di angherie, inganni e problemi economici,

decide di abbandonare la propria casa nel tentativo di rifarsi una vita, assumendo un'altra identità.

Per svelare le storture e le contraddizioni del microcosmo familiare, Italo Svevo sceglie la strada dell'ironia, facendo raccontare al disincantato protagonista di *La coscienza di Zeno* (1923) la singolare storia del suo matrimonio: nel capitolo V del romanzo, infatti, la voce dell'io narrante ricorda il modo in cui ha conosciuto sua moglie. Accolto come un figlio in casa di Giovanni Malfenti, Zeno "decide" di innamorarsi di una delle figlie del suo ospite, la bella Ada, di farle la corte e sposarla. Crede infatti che il matrimonio sia un passo obbligato per ogni uomo rispettabile e che la vita familiare possa dargli la sicurezza e la stabilità richieste dalle convenzioni del mondo borghese. Ma dopo una serie di rifiuti, incidenti ed equivoci, Zeno finirà con lo sposare controvoglia la più brutta delle sorelle Malfenti, Augusta, che si rivelerà però una moglie paziente anche se troppo legata alle convenzioni. Alla fine Zeno, commosso dall'abnegazione della donna, se ne innamorerà, ma questo non basterà ad allontanare da lui il senso di noia e di insoddisfazione derivante dalla routine del matrimonio. Così, come antidoto contro «il tedio della vita familiare», Zeno "sceglie" di concedersi un'avventura extraconiugale con la giovane e bella Carla, una ragazza conosciuta per caso, di cui diventa prima benefattore e poi amante.

Malagrazie, sbrodeghezzi, potacci!

Natalia Ginzburg, *Lessico famigliare*

Tipologia	Testo narrativo
Genere	Romanzo
Sottogenere	Autobiografico
Anno	1963

CHI: *Natalia Ginzburg*

DOVE: *Italia*

QUANDO:

Novecento

▶ SCOPRIAMO IL TEMA

1 VOCI DI FAMIGLIA
2 GERARCHIE FAMILIARI
3 L'IO NARRANTE

L'autrice

Natalia Ginzburg nasce a Palermo nel 1916, ma trascorre l'infanzia e la giovinezza a Torino, dove il padre, il triestino di origini ebraiche Giuseppe Levi, era professore di anatomia all'Università. Nel 1933, a soli diciassette anni, pubblica i suoi i primi racconti sulla rivista «Solaria». Nel 1938 sposa il professore di letteratura russa Leone Ginzburg, esponente di spicco della resistenza antifascista clandestina, con il quale condivide i rischi della lotta al regime e una condanna al confino in Abruzzo. All'indomani dell'armistizio (8 settembre 1943), Leone Ginzburg si reca a Roma per organizzare la resistenza contro i tedeschi, ma viene catturato, imprigionato e torturato, e muore in carcere a seguito delle sevizie patite. Dopo la guerra, rimasta sola con tre figli, Natalia inizia a lavorare presso la casa editrice Einaudi, prima a Roma e poi a Torino. Nel 1950 sposa in seconde nozze il docente universitario Gabriele Baldini. Intensifica intanto la sua attività di scrittrice, pubblicando numerosi racconti, romanzi e saggi tra i quali ricordiamo soltanto *Tutti i nostri ieri* (1952), *Valentino* (1957), *Le voci della sera* (1961), *Lessico famigliare* (1963), *Caro Michele* (1973), *La famiglia Manzoni* (1983). Impegnata fino all'ultimo anche sul versante politico, culturale e sociale, Natalia Ginzburg muore a Roma nel 1991.

LABORATORIO
GRAMMATICA
Svolgi le attività interattive su questo testo per ripassare **il nome**.

Invito alla lettura

Il tema della memoria e dei rapporti familiari è una costante della produzione narrativa di Natalia Ginzburg. In *Lessico famigliare* la scrittrice racconta in forma autobiografica momenti e personaggi della sua famiglia, lungo un arco temporale che va dagli anni '20 agli anni '50, da quando è bambina fino a quando diventa moglie e poi madre. Il linguaggio usato dalla Ginzburg per narrare gli episodi salienti del suo passato è il vocabolario tipico della sua famiglia, fatto di parole, intercalari, frasi ed espressioni che colorano i gesti e le giornate di ogni singolo componente. Il romanzo, oltre a descrivere il microcosmo familiare di casa Levi, offre uno spaccato storico delle vicende che coinvolsero personaggi di primo piano della resistenza antifascista, filtrato e alleggerito dallo sguardo ironico dell'autrice.

1 VOCI DI FAMIGLIA

Ogni famiglia utilizza un suo linguaggio, un codice verbale noto solo ai suoi membri, che la rende unica e la caratterizza da un punto di vista sociale e culturale.

2 GERARCHIE FAMILIARI

La figura del padre domina su tutti gli altri membri della famiglia: è lui che detta le regole, che decide cosa fare e come farlo.

---

1 malagrazie: sgarbi, gesti da villani.

2 sbrodeghezzi … potacci: pasticci, porcherie.

3 loghi: posti eleganti, ben frequentati.

4 table d'hôte: tavola comune.

5 sempio: in dialetto veneto vuol dire "stupido".

6 negrigura: atteggiamento o gesto da persona goffa e incapace di comportarsi in modo adeguato.

7 calorifero: termosifone.

8 falde: lembi.

9 chalet: chiosco di montagna.

10 insinuare: introdurre di nascosto.

Nella mia casa paterna, quand'ero ragazzina, a tavola, se io o i miei fratelli rovesciavamo il bicchiere sulla tovaglia, o lasciavamo cadere un coltello, la voce di mio padre tuonava: – Non fate malagrazie[1]!

Se inzuppavamo il pane nella salsa, gridava: – Non leccate i piatti! Non fate sbro-
5 deghezzi! non fate potacci[2]!

Sbrodeghezzi e potacci erano, per mio padre, anche i quadri moderni, che non poteva soffrire.

Diceva: – Voialtri non sapete stare a tavola! Non siete gente da portare nei loghi[3]!

E diceva: – Voialtri che fate tanti sbrodeghezzi, se foste a una *table d'hôte*[4] in In-
10 ghilterra, vi manderebbero subito via.

Aveva, dell'Inghilterra, la più alta stima. Trovava che era, nel mondo, il più grande esempio di civiltà.

Soleva commentare, a pranzo, le persone che aveva visto nella giornata. Era molto severo nei suoi giudizi, e dava dello stupido a tutti. Uno stupido era, per lui, «un
15 sempio[5]». – M'è sembrato un bel sempio, – diceva, commentando qualche sua nuova conoscenza. Oltre ai «sempi» c'erano i «negri». «Un negro» era, per mio padre, chi aveva modi goffi, impacciati e timidi, chi si vestiva in modo inappropriato, chi non sapeva andare in montagna, chi non sapeva le lingue straniere.

Ogni atto o gesto nostro che stimava inappropriato, veniva definito da lui «una
20 negrigura[6]». – Non siate dei negri! Non fate delle negrigure! – ci gridava continuamente. La gamma delle negrigure era grande. Chiamava «una negrigura» portare, nelle gite in montagna, scarpette da città; attaccar discorso, in treno o per strada, con un compagno di viaggio o con un passante; conversare dalla finestra con i vicini di casa; levarsi le scarpe in salotto, e scaldarsi i piedi alla bocca del
25 calorifero[7]; lamentarsi, nelle gite in montagna, per sete, stanchezza o sbucciature ai piedi; portare, nelle gite, pietanze cotte e unte, e tovaglioli per pulirsi le dita.

Nelle gite in montagna era consentito portare soltanto una determinata sorta di cibi, e cioè: fontina; marmellata; pere; uova sode; ed era consentito bere solo del tè, che preparava lui stesso, sul fornello a spirito. Chinava sul fornello la sua lunga
30 testa accigliata, dai rossi capelli a spazzola; e riparava la fiamma dal vento con le falde[8] della sua giacca, una giacca di lana color ruggine, spelata e sbruciacchiata alle tasche, sempre la stessa nelle villeggiature in montagna.

Non era consentito, nelle gite, né cognac, né zucchero a quadretti: essendo questa, lui diceva, «roba da negri»; e non era consentito fermarsi a far merenda negli chalet[9],
35 essendo una negrigura. Una negrigura era anche ripararsi la testa dal sole con un fazzoletto o con un cappelluccio di paglia, o difendersi dalla pioggia con cappucci impermeabili, o annodarsi al collo sciarpette; protezioni care a mia madre, che lei cercava, al mattino quando si partiva in gita, di insinuare[10] nel sacco da montagna, per noi e per sé; e che mio padre, al trovarsele tra le mani, buttava via incollerito.
40 Nelle gite, noi con le nostre scarpe chiodate, grosse, dure e pesanti come il piombo, calzettoni di lana e passamontagna, occhiali da ghiacciaio sulla fronte, col sole che batteva a picco sulla nostra testa sudata, guardavamo con invidia «i negri» che andavan su leggeri in scarpette da tennis, o sedevano a mangiar la panna ai tavolini degli chalet.
45 Mia madre, il far gite in montagna lo chiamava «il divertimento che dà il diavolo ai suoi figli», e lei tentava sempre di restare a casa, soprattutto quando si trattava di mangiar fuori: perché amava, dopo mangiato, leggere il giornale e dormire al chiuso sul divano.

Passavamo sempre l'estate in montagna. Prendevamo una casa in affitto, per tre
50 mesi, da luglio a settembre. Di solito, eran case lontane dall'abitato; e mio padre e i miei fratelli andavano ogni giorno, col sacco da montagna sulle spalle, a far la

*Gita in montagna.
Fotografia del 1960 ca.*

spesa in paese. Non c'era sorta di divertimenti o distrazioni. Passavamo la sera in casa, attorno alla tavola, noi fratelli e mia madre. Quanto a mio padre, se ne stava a leggere nella parte opposta della casa; e, di tanto in tanto, si affacciava alla stanza, dove eravamo raccolti a chiacchierare e a giocare. Si affacciava sospettoso, accigliato; e si lamentava con mia madre della nostra serva Natalina, che gli aveva messo in disordine certi libri; «la tua cara Natalina», diceva. «Una demente», diceva, incurante del fatto che la Natalina, in cucina, potesse udirlo. D'altronde alla frase «quella demente della Natalina» la Natalina c'era abituata, e non se ne offendeva affatto.

A volte la sera, in montagna, mio padre si preparava per gite o ascensioni. Inginocchiato a terra, ungeva le scarpe sue e dei miei fratelli con del grasso di balena; pensava che lui solo sapeva ungere le scarpe con quel grasso. Poi si sentiva per
70 tutta la casa un grande rumore di ferraglia: era lui che cercava i ramponi, i chiodi, le piccozze[11]. – Dove avete cacciato la mia piccozza? – tuonava. – Lidia! Lidia! dove avete cacciato la mia piccozza?

Partiva per le ascensioni alle quattro del mattino, a volte solo, a volte con guide di cui era amico, a volte con i miei fratelli; e il giorno dopo le ascensioni era, per la
75 stanchezza, intrattabile; col viso rosso e gonfio per il riverbero del sole sui ghiacciai, le labbra screpolate e sanguinanti, il naso spalmato di una pomata gialla che sembrava burro, le sopracciglia aggrottate sulla fronte solcata e tempestosa, mio padre stava a leggere il giornale, senza pronunciare verbo: e bastava un nonnulla a farlo esplodere in una collera spaventosa. Al ritorno dalle ascensioni con i miei
80 fratelli, mio padre diceva che i miei fratelli erano «dei salami» e «dei negri», e che nessuno dei suoi figli aveva ereditato da lui la passione della montagna; escluso Gino, il maggiore di noi, che era un grande alpinista, e che insieme a un amico faceva punte difficilissime; di Gino e di quell'amico, mio padre parlava con una mescolanza di orgoglio e di invidia, e diceva che lui ormai non aveva più tanto
85 fiato, perché andava invecchiando.

Questo mio fratello Gino era, del resto, il suo prediletto, e lo soddisfaceva in ogni cosa; s'interessava di storia naturale, faceva collezioni di insetti, e di cristalli e di altri minerali, ed era molto studioso. Gino si iscrisse poi in ingegneria; e quando tornava a casa dopo un esame, e diceva che aveva preso un trenta, mio padre
90 chiedeva: – Come è che hai preso trenta? Come è che non hai preso trenta e lode? E se aveva preso trenta e lode, mio padre diceva: – Uh, ma era un esame facile.

In montagna, quando non andava a fare ascensioni, o gite che duravano fino alla sera, mio padre andava però, tutti i giorni, «a camminare»; partiva, al mattino presto, vestito nel modo identico di quando partiva per le ascensioni, ma senza
95 corda, ramponi o piccozza; se ne andava spesso da solo, perché noi e mia madre eravamo, a suo dire, «dei poltroni», «dei salami», e «dei negri»; se ne andava con le mani dietro la schiena, col passo pesante delle sue scarpe chiodate, con la pipa fra i denti. Qualche volta, obbligava mia madre a seguirlo; – Lidia! Lidia! – tuonava al mattino, andiamo a camminare! Sennò ti impigrisci a star sempre sui prati! – Mia
100 madre allora, docile, lo seguiva; di qualche passo più indietro, col suo bastoncello, il golf legato sui fianchi, e scrollando i ricciuti capelli grigi, che portava tagliati cortissimi, benché mio padre ce l'avesse molto con la moda dei capelli corti, tanto

11 **ramponi, chiodi, piccozze**: attrezzi per escursioni in montagna.

che le aveva fatto, il giorno che se li era tagliati, una sfuriata da far venir giù la casa.

— Ti sei di nuovo tagliati i capelli! Che asina che sei! — le diceva mio padre, ogni
105 volta che lei tornava a casa dal parrucchiere. «Asino» voleva dire, nel linguaggio
di mio padre, non un ignorante, ma uno che faceva villanie o sgarbi; noi suoi figli
eravamo «degli asini» quando parlavamo poco o rispondevamo male.

— Ti sarai fatta metter su dalla Frances! — diceva mio padre a mia madre, vedendo
che s'era ancora tagliata i capelli; difatti questa Frances, amica di mia madre,
110 era da mio padre molto amata e stimata, fra l'altro essendo la moglie di un suo
amico d'infanzia e compagno di studi; ma aveva agli occhi di mio padre il solo
torto di avere iniziato mia madre alla moda dei capelli corti; la Frances andava
spesso a Parigi, avendo là dei parenti, ed era tornata da Parigi un inverno dicendo: — A Parigi si usano i capelli corti. A Parigi la moda è sportiva. A Parigi
115 la moda è sportiva, avevano ripetuto mia sorella e mia madre tutto l'inverno,
rifacendo un po' il verso alla Frances, che parlava con l'erre; si erano accorciate
tutti i vestiti, e mia madre s'era tagliata i capelli; mia sorella no, perché li aveva
lunghi fino in fondo alla schiena, biondi e bellissimi; e perché aveva troppa
paura di mio padre.

(N. Ginzburg, *Lessico famigliare*, Torino, Einaudi, 1963)

GRAMMATICA

Individua e analizza i nomi presenti nel testo dalla riga 108 alla riga 114. Ricorda che per fare l'analisi del nome occorre indicare la categoria (proprio, comune, concreto, astratto e collettivo), se è di persona, di animale o di cosa, la struttura (primitivo, derivato, alterato e composto), il genere (maschile o femminile) e il numero (singolare o plurale).

▶ SCOPRIAMO IL TEMA

1 VOCI DI FAMIGLIA

Ogni nucleo familiare possiede un proprio lessico, fatto di parole, espressioni e modi di dire che sono in parte determinati dalla realtà geografica d'appartenenza e in parte frutto di fantasia, di taciti accordi o inveterate abitudini. Il linguaggio specifico di ogni famiglia rinforza i vincoli di parentela, fissa i ricordi, le esperienze e la memoria storica dei vari membri. In *Lessico famigliare* l'autrice insiste molto sul frasario della sua famiglia, fatto di motti e termini dialettali (come «sbrodeghezzi», «potacci», «loghi») derivati dai dialetti del Nord-Est d'Italia con variazioni semantiche dovute alla sensibilità e alla fantasia

dei personaggi, primo fra tutti il capofamiglia. Attraverso il vocabolario colorito del padre, la scrittrice racconta aneddoti curiosi e divertenti del suo vissuto, creando con il lettore un'atmosfera di intima familiarità.

1 Quali comportamenti sono da considerare «malagrazie», «sbrodeghezzi» e «potacci» per il padre della scrittrice?

2 Che cosa intende il padre con «negrigura»?

2 GERARCHIE FAMILIARI

Attraverso il lessico e i racconti della sua famiglia, Natalia Ginzburg catapulta il lettore di oggi in un ambiente storico e familiare d'altri tempi, quando il padre era il capofamiglia indiscusso e tutti gli altri membri dovevano sottostare con rispetto alle sue volontà, ai suoi desideri e anche alle sue sfuriate. In queste pagine iniziali del romanzo, l'autrice traccia un ritratto colorito e incisivo del proprio padre, Giuseppe Levi, che risulta essere un uomo tutto d'un pezzo, collerico e impetuoso, forte ed energico, solitario e dispotico, ma a tratti anche tenero e ironico. La mamma, Lidia, è invece una donna mite ed equilibrata, che con amore e bonarietà non manca mai di assecondare gli umori, i sarcasmi e gli atteggiamenti autoritari del marito. Ma è anche

una donna di spirito, come dimostra la frase da lei pronunciata, «il divertimento che dà il diavolo ai suoi figli», per definire le escursioni in montagna imposte dal marito alla famiglia.

3 La famiglia Levi è di tipo patriarcale. Supporta questa affermazione con precisi riferimenti al testo.

4 Quale aggettivo, secondo te, definisce meglio Lidia, la madre della scrittrice?
   A Amorevole   C Silenziosa
   B Docile   D Buona

3 L'IO NARRANTE

L'io narrante di *Lessico famigliare* è percepito dal lettore come una voce semplice, a tratti fanciullesca a tratti adulta, che narra fatti e aneddoti con protagonisti non solo i suoi congiunti (il padre, la madre, il fratello Gino…) ma anche i frequentatori abituali della casa. Tra questi ultimi ci sono anche personaggi famosi del mondo della letteratura, della cultura e della politica di quegli anni, protagonisti più o meno attivi e consapevoli della resistenza contro la dittatura fascista. Il romanzo dunque intreccia cronaca privata e cronaca storica, prestandosi a una doppia chiave di lettura: *Lessico famigliare* può essere letto sia come un diario intimo che racconta scene di vita domestica (liti, gioie, successi e fallimenti), sia come una testimonianza che rievoca, prima attraverso gli occhi di una bambina e poi di una madre, pagine dolorose del passato della nostra nazione, come la guerra, le leggi razziali e le persecuzioni contro gli ebrei e gli oppositori politici.

5 Nel brano che hai letto prevale l'aspetto intimo o storico del romanzo?

ATTIVIAMO LE COMPETENZE

LETTURA E COMPRENSIONE

ACCESSO ALLE INFORMAZIONI

6 Completa il ritratto del padre dell'autrice, tenendo presenti i seguenti punti.
A aspetto fisico
B abbigliamento
C tono della voce
D temperamento
E hobby e passioni
F cibi preferiti
G gusti in campo estetico

7 Che cosa hanno in comune Gino e il padre?

8 Nel linguaggio di Giuseppe Levi, che cosa vuol dire essere «asino»?

9 Quali sono le cose ammesse e le cose vietate durante le gite in montagna?

È consentito	È proibito

COMPRENSIONE GENERALE E INTERPRETAZIONE

10 Indica in quale contesto (a tavola, in vacanza, conversazione, dopo cena ecc.) sono usate le seguenti espressioni.
A sbrodeghezzi
B potacci
C loghi
D sempio
E asino
F negrigura

11 «Il divertimento che dà il diavolo ai suoi figli» (rr. 45-46). A quale divertimento allude la madre della scrittrice? E chi sarebbe il «diavolo»?

RIFLESSIONE E VALUTAZIONE

12 Indica e motiva le tue risposte (anche più di una). Il padre della protagonista è
A una persona collerica
B un uomo pieno di interessi
C un despota
D un uomo simpatico
E una persona raffinata

PRODUZIONE TESTUALE

SELEZIONE DELLE INFORMAZIONI, SPIEGAZIONE E CONTESTUALIZZAZIONE

13 Completa la tabella, riportando al suo interno espressioni tipiche del lessico della tua famiglia, il loro significato e il contesto in cui vengono utilizzate.

Espressione	Significato (Che cosa vuol dire?)	Contesto (Quando? In che occasione è utilizzata tale espressione?)

t2

Un figlio fragile

Thomas Mann, *I Buddenbrook*

Tipologia	Testo narrativo
Genere	Romanzo
Sottogenere	Realismo
Anno	1901

CHI: 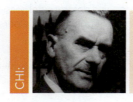 Thomas Mann

DOVE:  Germania

QUANDO:  Novecento

▶ **ANALIZZIAMO IL TESTO**

1 IL RITRATTO DEL PERSONAGGIO
2 IL PUNTO DI VISTA
3 IL SIGNIFICATO

L'autore

Thomas Mann nasce a Lubecca nel 1865 da un'agiata famiglia di commercianti. Si impone all'attenzione della critica e del pubblico nel 1901 con il suo primo romanzo, *I Buddenbrook*, in cui narra la storia di una famiglia borghese attraverso quattro generazioni. Nel 1903 esce *Tristan*, una raccolta di racconti, tra cui spicca *Tonio Kröger*, che narra la storia di formazione di uno scrittore. Nel 1912 pubblica il racconto lungo *La morte a Venezia*, incentrato sui temi del conflitto tra arte e vita, tra morale borghese e liberazione degli istinti. Nel 1924 dà alle stampe il romanzo *La montagna incantata*, che ruota intorno al tema della malattia, intesa come fonte sia di degenerazione sia di valori. Nel 1929 gli viene conferito il premio Nobel per la letteratura. La gioia per il riconoscimento, però, è funestata dall'ascesa al potere di Hitler. Per non piegarsi all'ideologia nazista, lo scrittore decide di trasferirsi negli Stati Uniti. Dell'intensa produzione del periodo ricordiamo soltanto il romanzo *Doctor Faustus*, edito nel 1947, storia di un musicista che vende l'anima al diavolo in cambio dell'ispirazione artistica. Nel 1952 si trasferisce a Zurigo, dove muore nel 1955.

Invito alla lettura

Il romanzo *I Buddenbrook* narra la storia di una famiglia della borghesia mercantile di Lubecca che, nell'arco di quattro generazioni, passa dal massimo splendore a un inesorabile declino. Le figure principali della saga sono i primogeniti della stirpe: Johann senior, che espande e arricchisce la ditta di famiglia; Johann junior, che diventa console nei Paesi Bassi; Thomas, che diventa senatore, e suo figlio Hanno, in cui si manifestano con più forza i germi della decadenza e la cui morte pone fine alla dinastia. Intorno a questi personaggi ruota una folla di figure rappresentative dei vari strati di una società colta in una fase di profondi cambiamenti, che preludono ai grandi rivolgimenti socio-economici della prima metà del '900.
Nel brano proposto viene tracciato un ritratto del piccolo Johann (Hanno), così diverso da come suo padre, il senatore Thomas Buddenbrook, l'avrebbe voluto.

1 IL RITRATTO DEL PERSONAGGIO

Il brano è incentrato sulla figura del piccolo Hanno, di cui si fornisce un ritratto fisico e psicologico.

A Pasqua, Hanno[1] ormai undicenne era stato promosso alla seconda come il suo amico, il contino Mölln, per il rotto della cuffia e con due esami di riparazione, in aritmetica e in geografia. Era stabilito che dovesse frequentare le tecniche, perché ben si intendeva che doveva diventare commerciante e assumersi un giorno
5 l'azienda; e alle domande di suo padre se si sentisse la voglia di seguire quella carriera, rispondeva di sì: un sì semplice, un po' timido, senza aggiunte, che con

altre domande insistenti il senatore cercava di allargare e rendere un pochino più vivace: per lo più invano.

2 IL PUNTO DI VISTA
Il narratore esterno adotta il punto di vista di Thomas Buddenbrook per descrivere il personaggio di Hanno.

Se il senatore avesse avuto due figli, senza alcun dubbio avrebbe avviato il mino-
10 re al liceo. La Ditta però esigeva un erede e, anche prescindendo da ciò, Thomas ritneva di fare il bene del ragazzo risparmiandogli le inutili fatiche del greco. Era del parere che gli studi tecnici fossero più facili e che Hanno, con la sua lentezza nell'afferrare le cose, con la sua sognante disattenzione e con la fragilità fisica che troppo spesso lo costringeva a perdere le lezioni, avrebbe superato più rapidamente
15 senza tanta fatica e con migliori risultati le classi tecniche. Se un giorno Johann doveva svolgere il compito che gli era assegnato e dare ciò che i suoi aspettavano da lui, bisognava badare soprattutto a consolidare e a migliorare la sua costituzione non robustissima, da un lato usando riguardi e dall'altro rinvigorendolo in modo razionale.

20 Con quei capelli castani divisi su un lato e spazzolati dalla fronte in su, mentre tuttavia tendevano ad arricciarsi morbidamente sulle tempie, con le ciglia lunghe e brune e con quegli occhi bruno-dorati Johann Buddenbrook, nonostante la marinara danese[2], si distingueva, nel cortile della scuola e per la strada, dai compagni biondi, coi loro occhi azzurri come l'acciaio, di pretto[3] tipo scandinavo, e aveva
25 un che di esotico. Negli ultimi tempi era cresciuto parecchio ma le sue gambe, vestite di calze nere, e le braccia dentro quelle maniche turchine gonfie e ricamate, erano morbide e sottili come quelle d'una fanciulla, e ancora aveva, come sua madre, quelle ombre azzurrine nell'angolo degli occhi: occhi che, specialmente quando guardavano di sbieco, avevano un'espressione pavida e negativa, mentre
30 le sue labbra rimanevano malinconicamente strette come al solito, quando Hanno non preferiva, a bocca semichiusa e con faccia di chi ha freddo, strofinare la punta della lingua contro un dente sospetto…

GRAMMATICA
Un uso corretto e appropriato degli aggettivi qualificativi è importante soprattutto nelle sequenze descrittive, dove essi hanno la funzione di precisare e "far emergere" le caratteristiche di ciò che viene rappresentato. Per questa ragione gli aggettivi non devono essere troppo generici, ma precisi e significativi, per consentire al destinatario di farsi un'idea quanto più esatta e immediata dell'oggetto, del luogo o della persona descritta.

Come si apprese dal dottor Langhals, che ora aveva la clientela del vecchio dottor Grabow ed era diventato il medico di famiglia dei Buddenbrook, la mancanza di
35 forze e il pallore della pelle di Hanno avevano una loro buona ragione: purtroppo, cioè, l'organismo del ragazzo non produceva in numero sufficiente gli importantissimi globuli rossi del sangue. Per ovviare a questa insufficienza c'era però un rimedio, un rimedio eccellente, che il dottor Langhals prescriveva in grandi quantità: l'olio di fegato di merluzzo, quell'olio buono, giallo, grasso, denso, che
40 bisognava prendere due volte al giorno con un cucchiaio di porcellana; a che questo avvenisse, in base agli ordini precisi del senatore, pensava Ida Jungmann[4] con amorevole severità. Da principio, dopo ogni cucchiaiata, Hanno rigettava, e pareva che il suo stomaco non volesse sapere di quell'olio di merluzzo così buono; invece vi si abituò, e quando, appena inghiottito l'olio, masticava un pezzetto di pan di
45 segale[5] trattenendo il fiato, Hanno riusciva a vincere anche la nausea.

Tutti gli altri disturbi non erano che conseguenze di quella deficienza di globuli rossi, erano "fenomeni secondari" come diceva il dottor Langhals guardandosi le unghie. Ma anche quei fenomeni secondari bisogna debellarli irremissibilmente. Per curare, otturare, e, al caso, estrarre i denti c'era nella Mühlenstrasse il signor
50 Brecht col suo Josephus; e per regolare la digestione c'era al mondo l'olio di ricino, il buon olio di ricino denso e argenteo, che preso con un cucchiaio da tavola scivolava dalla gola come una viscida salamandra e per tre giorni lasciava in bocca il sapore e l'odore insistente… Ma perché tutte queste cose erano così decisamente disgustanti? Un'unica volta (Hanno era stato a letto molto malato e il suo cuore
55 si era reso colpevole di certe speciali irregolarità) il dottor Langhals, innervosito, aveva prescritto un rimedio che aveva fatto piacere al ragazzo e gli aveva fatto un gran bene: erano pillole di arsenico. In seguito Hanno, spinto verso quelle pillole

1 Hanno: diminutivo di Johann.
2 marinara danese: abito alla marinara, molto in voga presso le classi sociali più abbienti tra la fine dell'Ottocento e i primi anni del Novecento.
3 pretto: puro, genuino.
4 Ida Jungmann: è l'istitutrice di Hanno.
5 segale: un tipo di cereale, dal quale si ricava un pane scuro dal gusto intenso.

dolci e beatificanti da un bisogno quasi affettuoso, ne aveva chieste ancora: ma non gliene avevano date più.

60 Già, l'olio di fegato e l'olio di ricino erano belle cose, ma il dottor Langhals era d'accordo col senatore che non bastavano per fare del piccolo Johann un uomo capace e resistente alle intemperie a meno che egli stesso non vi avesse contribuito. Sotto la direzione del signor Fritsche, per esempio, durante l'estate ogni settimana si tenevano i giochi sportivi sul Burgfeld[6], e così si offriva ai giovani della città l'occasione
65 di mostrare di coltivare il coraggio, la forza, la destrezza e la presenza di spirito. Ma con grande dispetto di suo padre Hanno non dimostrava per quella sana istituzione altro che antipatia, un'antipatia muta, riservata, quasi caparbia[7]. Ma perché era così privo di contatti coi suoi coetanei e compagni di scuola coi quali in seguito doveva pur vivere e lavorare? Perché se ne stava sempre in compagnia di quel piccolo e
70 mezzo sudicio Kai[8], il quale era, sì un bravo ragazzo, ma pur sempre una creatura equivoca e un poco probabile amico per l'avvenire? I ragazzi devono pur sapersi conquistare fin dall'inizio la fiducia e il rispetto dei compagni che crescono con loro e sulla cui stima devono fare assegnamento per tutta la vita. C'erano, ecco, i due figli del console Hagenström: due pezzi di giovinotti di dodici e quattordici anni, grassi,
75 robusti e scatenati, i quali nei boschetti dei dintorni organizzavano veri e propri duelli a suon di pugni, erano i migliori ginnasti della scuola, nuotavano come foche, fumavano il sigaro ed erano pronti a qualunque birichinata. Erano temuti, amati e rispettati. Invece i loro cugini, i due figli del dottor Moritz Hagenström, ragazzi di costituzione più delicata e di maniere più dolci, si distinguevano nel campo degli
80 studi: erano scolari modello, pieni d'amor proprio, ossequenti[9], silenziosi, diligenti come api, attentissimi, e divorati dal desiderio di essere sempre i primi della classe e di portare a casa la pagella migliore; e la portavano davvero e godevano la stima dei loro compagni più pigri e meno intelligenti. Ma, anche a prescindere dagli insegnanti, che concetto dovevano avere di Hanno i suoi compagni, se era un allievo
85 mediocre e per di più delicatino e cercava di evitare ansiosamente tutto ciò che richiedeva un po' di coraggio, di forza, di destrezza e di mente sveglia? Quando il senatore Buddenbrook, andando nello spogliatoio, passava presso l'altana[10] del secondo piano, udiva venire, dalla stanza che Hanno occupava da quando era troppo grande per dormire insieme con Ida, le note dell'armonio[11] o la voce sommessa e
90 misteriosa di Kai che raccontava una storia…

Quest'ultimo evitava i "giochi sportivi" perché aveva orrore della disciplina e dell'ordine che vi erano imposti. «No, no, Hanno» diceva «io non ci vado. Ci vai tu? Per mille diavoli!… Tutto ciò che ti farebbe piacere non è ammesso.» Espressioni come "per mille diavoli" le imparava da suo padre. Hanno rispondeva: «Se almeno una volta il signore Fritsche cambiasse odore, invece che saper sempre di sudore e di birra, si potrebbe discutere. Lasciamo stare, Kai, e continua il tuo racconto. Sai, quello dell'anello che sei andato a prendere nell'acquitrino[12] non era ancora finito… ». «Va bene» diceva Kai; «ma quando ti faccio un cenno devi suonare.» E continuava il suo racconto.

(T. Mann, *I Buddenbrook*, Milano, Mondadori, 1988, trad. di Ervino Pocar)

Edvard Munch, I figli del dottor Linder, 1903. Oslo, Munch Museum.

▶ ANALIZZIAMO IL TESTO

1 IL RITRATTO DEL PERSONAGGIO

A differenza dei suoi coetanei, tipici esempi di fisicità nordica (capelli biondi, occhi azzurri), Hanno presenta tratti esotici e delicati e un'espressione malinconica. Inoltre, l'ultimo discendente dei Buddenbrook è un ragazzino dalla salute cagionevole, che non brilla a scuola né si distingue nello sport. Anche il suo carattere appare debole e troppo remissivo, come quando risponde timidamente di sì alle domande del padre, senza esprimere sentimenti di gioia o parole di protesta. Infine, alla vita attiva, fatta di giochi, birichinate e «duelli a suon di pugni»,

Hanno preferisce la vita appartata e contemplativa, dedicando il proprio tempo alla musica e ai racconti.

1 Che cosa hanno in comune il piccolo Hanno Buddenbrook e i due figli del dottor Moritz Hagenström? E in che cosa differiscono?

2 Come trascorrono il tempo Hanno e il suo amico Kai?

3 Di che cosa soffre Hanno? E come viene curato?

2 IL PUNTO DI VISTA

La caratterizzazione del personaggio di Hanno rispecchia la visione che di lui ha il padre Thomas, di cui il narratore adotta il punto di vista. Nel suo primogenito il senatore non riesce a vedere che difetti da correggere per poter trasformare la sua fragile creatura in un degno erede dei Buddenbrook, in un leader volitivo e determinato, capace di farsi rispettare e di imporsi agli altri. Ma Hanno si rivela una totale delusione: a parte una certa inclinazione per la musica, infatti, il ragazzo non evidenzia alcuna spiccata predisposizione. Hanno sembra inadatto a vivere in un mondo dominato dall'utilitarismo borghese e dalla logica del lavoro e del guadagno che hanno sempre contraddistinto i Buddenbrook. Per Thomas, che aveva riposto nel figlio tutte le sue ambizioni, egli rappresenta il suo più grande fallimento e il suo più angosciante tormento interiore.

4 Indica se Thomas Buddenbrook ha un'opinione positiva o un'opinione negativa riguardo ai personaggi indicati.

	Opinione positiva	Opinione negativa
A Hanno		
B Kai		
C Figli del dottor Moritz Hagenström		
D Figli del console Hagenström		

5 Secondo i progetti di Thomas Buddenbrook, Hanno è destinato
- A all'insuccesso e alla sconfitta.
- B a diventare commerciante e a guidare l'azienda di famiglia.
- C a frequentare il liceo.
- D a distinguersi negli studi.

3 IL SIGNIFICATO

Con la sua fragilità fisica e caratteriale, Hanno rappresenta una nuova tipologia umana, quella dell'inetto, cioè quella dell'uomo incapace di realizzarsi nella vita pratica per un eccesso di inquietudine e sensibilità, di cui la malattia fisica è solo un sintomo esteriore. I temi della malattia e dell'inettitudine sono caratte-

ristici non solo dell'opera di Thomas Mann, ma anche di gran parte della letteratura primonovecentesca (si pensi all'opera di Musil, Svevo, Kafka, Pirandello), che registra la crisi di valori del mondo borghese, dando voce al malessere spirituale delle nuove generazioni.

▶ ATTIVIAMO LE COMPETENZE

LETTURA E COMPRENSIONE

ACCESSO ALLE INFORMAZIONI

6 In base al testo, indica se le seguenti affermazioni sono vere o false.

	Vero	Falso
A Hanno è un allievo mediocre.		
B Hanno ha un fratello.		
C Thomas Buddenbrook si occupa di politica.		
D Kai appartiene a una famiglia povera.		

COMPRENSIONE GENERALE E INTERPRETAZIONE

7 Quali sono le condizioni economiche di Hanno e della sua famiglia? Da quali elementi presenti nel testo hai desunto la tua risposta?

8 «Ma perché era così privo di contatti coi suoi coetanei e compagni di scuola coi quali in seguito doveva pur vivere e lavorare?» (rr. 67-69). Questa frase
- A è un commento del narratore.
- B è un commento del dottore.
- C esprime un pensiero di Thomas.
- D esprime un pensiero del signor Fritsche.

9 Quale parola riassume meglio i sentimenti di Thomas nei confronti del figlio?
- A Speranza
- B Delusione
- C Sicurezza
- D Odio

10 Attraverso questo brano, l'autore intende soprattutto
- A mostrare il pensieri di Thomas.
- B mostrare i difetti di Hanno.
- C far emergere il contesto storico entro cui si svolgono i fatti.
- D criticare i sistemi educativi ottocenteschi.

---

t3

Lite in famiglia

Lev Nikolaevič Tolstoj, *Anna Karenina*

Tipologia	Testo narrativo
Genere	Romanzo
Sottogenere	Realismo
Anno	1873-1877

CHI:  *Lev Nikolaevič Tolstoj*

DOVE:  *Russia*

QUANDO:  *Ottocento*

▶ **DISCUTIAMO IL PROBLEMA** *L'amore tra marito e moglie può durare per sempre?*

1 IL GRUPPO FAMILIARE
2 IL RAPPORTO TRA MARITO E MOGLIE
3 LA CONDIZIONE DELLA DONNA

L'autore Lev Nikolaevič Tolstoj, nato a Jasnaja Poljana nel 1828 in una famiglia di nobili origini, è uno dei più grandi scrittori russi del XIX secolo, sia per l'intensa produzione letteraria sia per l'esistenza ricca di esperienze. Rimasto orfano quando è ancora piccolo, viene allevato da alcune zie religiosissime che influenzeranno la sua visione del mondo e del divino. Dopo gli studi di giurisprudenza completati nel 1850, si dedica con successo alla scrittura, senza trascurare i suoi doveri civili e militari che lo inducono a partecipare prima al conflitto contro il Caucaso (1851-1853) e poi alla guerra di Crimea (1853-1856). Dalle cruente esperienze belliche scaturiscono alcune delle sue opere più interessanti, fra cui *I racconti di Sebastopoli* (1855-1856), *I due ussari* (1856) e *I cosacchi* (1863). Congedatosi dall'esercito, Tolstoj viaggia a lungo in Europa, visitando la Svizzera, la Francia, la Germania e l'Inghilterra, dove conosce alcuni dei più importanti personaggi dell'epoca, fra i quali lo scrittore Charles Dickens e il filosofo francese Pierre Joseph Proudhon. Ritornato in Russia, Tolstoj si ritira nella tenuta familiare di Jasnaja Poljana, dedicandosi alla letteratura, fondando una scuola per i figli dei contadini e sposando Sof'ja Bers, da cui ha tredici figli, dei quali però ne sopravvivono solo otto. La sua lunga carriera letteraria è suddivisibile in due parti: la prima annovera numerosi racconti che riflettono le sue esperienze di vita e le due monumentali opere che lo portano al successo, il romanzo storico *Guerra e pace* (1863-1869) e quello realista *Anna Karenina* (1873-1877); la seconda, invece, seguita a un periodo di profonda crisi spirituale, consta di saggi, romanzi e racconti che per le loro tematiche morali e religiose scatenano polemiche nell'ambiente ecclesiastico. Tra queste ricordiamo soltanto *Confessione* (1879-1880), *La morte di Ivan Il'ič* (1887-1889), *La sonata a Kreutzer* (1889-1890) e *Resurrezione* (1889-1899). Lo scrittore, che negli ultimi anni della sua esistenza si dimostra sempre più inquieto e teso alla ricerca di valori autentici ispirati ai princìpi di un cristianesimo puro, si spegne ad Astapovo nel 1910.

Invito alla lettura	Protagonista del romanzo è Anna Karenina, una giovane donna aristocratica che, sfidando le convenzioni sociali, lascia la sua famiglia per abbandonarsi a un amore adultero con l'affascinante conte Vronskij. Questa intensa relazione, però, sarà la causa del suo lento declino: il marito le impedirà di ottenere il divorzio e di vedere il figlio; le incomprensioni con l'amante la renderanno sempre più confusa e gelosa; perderà gli amici e il rispetto dell'alta società, fino alla scelta estrema del suicidio. Attorno alla vicenda disperata di Anna ruotano le storie di altri personaggi legati a lei da vincoli di amicizia o parentela. Tutte queste storie collaterali sono accomunate da temi – la passione, la fedeltà, la famiglia, l'ipocrisia e la fede – che rispecchiano ora la visione dell'autore ora quella della società moscovita della sua epoca. Protagonista del brano proposto è Stepàn, il fratello di Anna, che a causa della sua relazione extraconiugale con la governante francese ha gettato nello scompiglio la moglie e tutti gli altri componenti della sua famiglia. Come Anna, anche Stepàn ha un temperamento passionale, ma il suo rapporto adulterino è solo un banale passatempo, che nulla ha a che vedere con l'amore travolgente che investe la sorella portandola alla perdizione.

Tutte le famiglie felici sono simili fra loro, ogni famiglia infelice è infelice a modo suo.

Tutto era in scompiglio in casa Oblònskij. La moglie aveva saputo che il marito intratteneva una relazione con la governante francese che era stata in casa loro, e
5 aveva dichiarato al marito di non poter più vivere nella stessa casa con lui. Questa situazione durava già da più di due giorni ed era avvertita in modo doloroso dai coniugi e da tutti i membri della famiglia, nonché dai domestici. Tutti i membri della famiglia e i domestici sentivano che la loro convivenza non aveva più senso e che persone riunite dal caso in una locanda qualsiasi erano più legate fra loro
10 che non essi, familiari e domestici degli Oblònskij. La moglie non usciva dalle sue stanze; il marito non era in casa da più di due giorni. I bambini correvano abbandonati per la casa; la governante inglese aveva litigato con l'economa[1] e scritto un biglietto a un'amica, pregandola di cercarle un nuovo posto; il cuoco se n'era andato già il giorno prima durante il pranzo; la sguattera[2] e il cocchiere si erano licenziati.
15 Il terzo giorno dopo la lite, il principe Stepàn Arkàdič Oblònskij – Stiva, com'era chiamato in società – si svegliò alla solita ora, e cioè alle otto del mattino, non però nella camera da letto della moglie ma nel suo studio; sul divano di marocchino[3]. Rigirò il corpo pieno e ben curato sulle molle del divano, come se desiderasse addormentarsi di nuovo a lungo, abbracciò forte il cuscino e vi schiacciò sopra la
20 guancia; ma d'un tratto balzò su, si sedette sul divano e aprì gli occhi.

"Già, già, com'era?" pensò, ricordando il sogno. "Sì, com'era? Ah, ecco! Alàbin dava un pranzo a Darmstadt[4], no, non a Darmstadt, qualcosa d'americano. Sì, ma Darmstadt, là, era in America. Sì, Alàbin dava un pranzo su tavoli di vetro, sì, e i

1 IL GRUPPO FAMILIARE
Nell'Ottocento, le residenze dei nobili accoglievano un gran numero di servitori, considerati parte della famiglia.

1 economa: colei che si occupa dell'amministrazione dei fondi necessari al funzionamento della casa.
2 sguattera: l'addetta ai lavori più umili e pesanti.
3 marocchino: cuoio ottenuto dalla pelle di capra.
4 Darmstadt: città della Germania.

LITE IN FAMIGLIA • Lev Nikolaevič Tolstoj

*Tranquillo Cremona,
L'edera, 1878. Torino,
Museo Civico.*

tavoli cantavano: "mio tesoro", anzi nemmeno "mio tesoro", ma qualcosa di meglio, e c'erano poi certe piccole
caraffe, e anch'esse erano donne," si ricordò.
Gli occhi di Stepàn Arkàdič brillarono gaiamente e, sorridendo, egli si mise a seguire un proprio pensiero. "Sì,
era bello, molto bello. C'erano tante altre bellissime cose
che non si potevano dire a parole e neppure esprimere
da sveglio con pensieri." E, notata una striscia di luce
che trapelava da un lato della tenda di panno, buttò giù
gaiamente i piedi dal divano, con essi cercò le pantofole
ricamate in marocchino dorato, che gli aveva fatto la
moglie (dono per il suo ultimo compleanno), e, secondo
una vecchia abitudine che durava da nove anni, allungò
il braccio verso il punto dove, nella camera da letto, era
appesa la sua vestaglia. E qui a un tratto si ricordò come
e perché non aveva dormito nella camera della moglie
ma nello studio: il sorriso scomparve dalla sua faccia ed
egli corrugò[5] la fronte.
"Ah, ah, ah!…" mugolò, ricordando tutto ciò che era
successo. E alla sua immaginazione si presentarono di
nuovo tutti i particolari della lite con la moglie, la situazione senza via d'uscita e, più tormentosa di tutto, la
propria colpa.
"Sì, lei non perdonerà e non può perdonare. E la cosa più
terribile è che la colpa di tutto sono io, sono la colpa ma
non sono colpevole. In questo consiste tutto il dramma," pensò. "Ah, ah, ah!" ripeté

50 ancora con disperazione, ricordando le impressioni per lui più penose di quella lite.
Più spiacevole di tutto era stato il primo momento, quando, di ritorno dal teatro,
allegro e contento, con un'enorme pera per la moglie in mano, non aveva trovato
la moglie nel salotto; con suo stupore non l'aveva trovata nemmeno nello studio
e finalmente l'aveva vista in camera da letto con in mano lo sciagurato bigliettino

55 che aveva fatto scoprire ogni cosa.
Lei, quella Dolly[6] eternamente affaccendata e preoccupata, e non troppo acuta[7],
com'egli la considerava, sedeva immobile con il biglietto in mano e lo guardava
con un'espressione di orrore, di disperazione e d'ira.
«E questo cos'è? cos'è?» domandava, mostrando il biglietto.

60 A questo ricordo, come spesso accade, Stepàn Arkàdič era tormentato, non tanto
dal fatto in sé quanto dal modo in cui aveva risposto alle parole della moglie.
In quel momento gli era successo ciò che succede alle persone che inaspettatamente
vengono colte sul fatto in qualcosa di vergognoso. Non aveva saputo preparare il
proprio viso di fronte alla situazione in cui era venuto a trovarsi dopo la scoperta

65 della sua colpa, nei confronti della moglie. Invece di offendersi, negare, giustificarsi,
chiedere perdono o persino rimanere indifferente – tutto sarebbe stato meglio di
ciò che aveva fatto! – il suo viso, del tutto involontariamente ("riflessi cerebrali,"
pensò Stepàn Arkàdič, che amava la fisiologia[8]), del tutto involontariamente s'era
messo a un tratto a sorridere, d'un sorriso buono e perciò stupido.

70 Quello stupido sorriso non poteva ora perdonarselo. Vedendo quel sorriso, Dolly
aveva sussultato come per un dolore fisico; con l'irascibilità che le era propria, era
esplosa in un diluvio di parole cattive ed era scappata via dalla camera. Da quel
momento non aveva più voluto vedere il marito.
"Colpa di tutto è stato quello stupido sorriso," pensava Stepàn Arkàdič.

5 **corrugò**: aggrottò, incre-
spò (come segno di preoc-
cupazione).
6 **Dolly**: nomignolo familiare della moglie, Dàrija
Aleksàndrovna.
7 **acuta**: intelligente.
8 **fisiologia**: lo studio scientifico del funzionamento degli organismi viventi.

2 IL RAPPORTO TRA
MARITO E MOGLIE
Per il marito, la moglie non
è un più un "oggetto del
desiderio", una compagna
di vita con cui condividere
gioie e dolori, ma soltanto
la "madre dei suoi figli".

75 "Ma che fare? che fare?" si diceva con disperazione e non trovava risposta. Stepàn Arkàdič era un uomo sincero con se stesso. Non poteva ingannare se stesso e persuadersi d'esser pentito del proprio comportamento. Non poteva adesso pentirsi del fatto di non esser più innamorato – lui, bell'uomo trentaquattrenne, incline[9] all'amore – di sua moglie, madre di cinque bambini vivi e di due morti,
80 di un anno solo più giovane di lui. Era pentito solamente di non averglielo saputo tener meglio nascosto. Ma sentiva tutto il peso della propria situazione e compativa la moglie, i figli e se stesso. Forse avrebbe saputo nascondere meglio i propri peccati alla moglie se si fosse aspettato che quella notizia le avrebbe fatto tanto effetto. Non si era mai posto con chiarezza questo problema, ma aveva la confusa
85 impressione che la moglie intuisse da tempo che lui non le era fedele e chiudesse un occhio. Gli sembrava persino che lei, consunta[10], invecchiata, non più bella e in nulla interessante, donna semplice, soltanto buona madre di famiglia, per un senso di giustizia avrebbe potuto essere più indulgente[11]. Era risultato proprio il contrario.

3 LA CONDIZIONE
DELLA DONNA
Stepàn non accetta il fatto
che la moglie possa nutrire
sentimenti, aspettative e
desideri diversi da quel-
li connessi al suo ruolo di
madre e di angelo del fo-
colare.

90 «Ah, è terribile! Ahi, ahi, ahi! È terribile» si ripeteva Stepàn Arkàdič e non era capace di escogitare nulla. «E come tutto andava bene prima, come si viveva bene! Lei era contenta, felice dei bambini, io non l'ostacolavo in nulla, la lasciavo fare come voleva con i bambini, con la casa. È vero, non è bello che *lei* sia stata governante in casa nostra. Non è bello! C'è qualcosa di triviale[12], di volgare nel far
95 la corte alla governante. Ma che governante! (e rammentò vivamente i neri occhi maliziosi di M.lle[13] Rolland e il suo sorriso). Finché è stata in casa nostra, però, io non mi sono permesso nulla. E il peggio di tutto è che lei già… Ci voleva proprio tutto questo, manco a farlo apposta! Ahi, ahi, ahi! Ma che fare, che fare?»
Non c'era risposta, eccetto qualche generica risposta che la vita dà ai problemi più
100 complicati e insolubili. La risposta è questa: bisogna vivere delle esigenze della giornata, ossia dimenticare. Dimenticare nel sonno non è più possibile, almeno sino a stanotte; non è più possibile ritornare alla musica che cantavano le donne-caraffe; bisogna dunque dimenticare con il sonno della vita.
«Poi si vedrà,» si disse Stepàn Arkàdič e, alzatosi, indossò la vestaglia grigia con la
105 fodera di seta turchina, chiuse i lacci con un nodo e, inghiottita gran copia[14] d'aria nella sua ampia cassa toracica, col solito passo fermo dei piedi rivolti in fuori, che così leggermente recavano il suo corpo pieno, si avvicinò alla finestra, sollevò la tenda e suonò forte. Al suono del campanello entrò subito il suo vecchio amico, il maggiordomo Matvèj, portando l'abito, le scarpe e un telegramma. Subito dopo
110 Matvèj entrò anche il barbiere con l'occorrente per la barba.
«Ci sono carte d'ufficio?» domandò Stepàn Arkàdič dopo aver preso il telegramma sedendosi davanti allo specchio.
«Sul tavolo,» rispose Matvèj; sbirciò interrogativamente, con un atteggiamento di partecipazione, il padrone, e, dopo aver atteso un poco soggiunse con un sorriso
115 complice: «Sono venuti da parte del signor cocchiere.»
Stepàn Arkàdič non rispose nulla e si limitò a sbirciare Matvèj nello specchio: nello sguardo che si scambiarono dentro lo specchio era palese come si intendessero l'un l'altro. Lo sguardo di Stepàn Arkàdič sembrava domandare: «Perché mi dici queste cose? Non sai forse?»
120 Matvèj mise le mani nelle tasche della sua giacchetta, tirò indietro una gamba e guardò il suo padrone in silenzio, benevolmente, sorridendo appena.
«Ho dato l'ordine che vengano domenica prossima e che prima di allora non disturbino se stessi e voi inutilmente,» disse, pronunciando una frase evidentemente preparata.
125 Stepàn Arkàdič capì che Matvèj voleva scherzare e attirare l'attenzione su di sé.

9 incline: dal temperamento
propenso, disposto.
10 consunta: logora, con-
sumata dall'età e dalle occupazioni.
11 indulgente: disposta alla
comprensione e alla tolle-
ranza.
12 triviale: volgare e disgustoso.
13 M.lle: abbreviazione della parola francese *Mademoi-
selle*, "signorina".
14 gran copia: grande ab-
bondanza, una gran quan-
tità.

LITE IN FAMIGLIA • Lev Nikolaevič Tolstoj

Aperto il telegramma, lo lesse correggendo con l'intuito le parole come sempre storpiate e la sua faccia si fece raggiante.

«Matvèj, mia sorella Anna Arkàdievna sarà qui domani,» disse, fermando per un attimo la mano lucida e pingue[15] del barbiere che stava tracciando una rosea strada

130 fra le lunghe fedine[16] ricciute.

«Grazie a Dio,» disse Matvèj, con questa risposa mostrando che anche lui, come il suo padrone, capiva il significato di quell'arrivo, e cioè che Anna Arkàdievna, sorella diletta di Stepàn Arkàdič, poteva favorire la riconciliazione fra marito e moglie.

«Sola o con il consorte?» domandò Matvèj.

135 Stepàn Arkàdič non poteva parlare, perché il barbiere era alle prese con il labbro superiore, e si limitò ad alzare un dito. Nello specchio Matvèj annuì con la testa.

«Sola. Devo far preparare di sopra?»

«Riferisci a Dàrija Aleksàndrovna: dove ti ordinerà lei.»

«A Dàrija Aleksàndrovna?» in tono di dubbio ripeté Matvèj.

140 «Sì, riferisci a lei. Ecco, prendi il telegramma; comunicami poi che ti ha detto.»

«Volete fare una prova,» capì Matvèj, ma disse soltanto «Sissignore.»

Stepàn Arkàdič era già lavato e pettinato e si accingeva a vestirsi quando Matvèj ritornò nella stanza con il telegramma in mano, camminando adagio con le scarpe che scricchiolavano. Il barbiere non c'era più.

145 «Dàrija Aleksàndrovna ha ordinato di riferire che lei parte. Che faccia quel che gli pare, lui, cioè voi,» disse, ridendo soltanto con gli occhi e, messe le mani nelle tasche e piegata la testa da una parte, si mise a fissare il padrone.

Stepàn Arkàdič tacque. Poi sul suo bel volto apparve un sorriso buono e un po' mogio[17].

150 «Eh, Matvèj?» disse, scuotendo il capo.

«Fa niente, signore, tutto si accomoderà,» disse Matvèj.

«Si accomoderà?»

«Proprio così.»

«Credi? Ma chi c'è di là?» domandò Stepàn Arkàdič sentendo dietro la porta il

155 fruscio d'un abito femminile.

«Sono io,» disse una voce ferma e gradevole di donna, e di dietro la porta si affacciò il viso severo e butterato[18] di Matrëna Filimònova, la *njànja*[19].

«Che c'è, Matrëna?» domandò Stepàn Arkàdič, andandole incontro sulla porta.

Benché Stepàn Arkàdič fosse in ogni senso colpevole di fronte alla moglie ed egli

160 stesso lo sentisse, quasi tutti nella casa, persino la *njànja*, la più grande amica di Dàrija Aleksàndrovna, erano dalla sua.

«E allora?» disse egli tristemente.

«Andate da lei, signore, dichiaratevi ancora colpevole. Forse Dio farà la grazia. Lei soffre molto e fa pena guardarla, e poi tutto in casa va a catafascio[20]. Bisogna

165 avere pietà dei bambini, signore. Riconoscetevi colpevole, signore. Che farci! Chi pecca…»

«Ma non mi riceverà…»

«E voi fate quel che dovete. Dio è misericordioso, pregate Iddio, signore, pregate Iddio.»

170 «Va bene, vai,» disse Stepàn Arkàdič arrossendo tutt'a un tratto. «Su, intanto fammi vestire,» si rivolse poi a Matvèj e si tolse risolutamente la vestaglia.

Matvèj già reggeva la camicia pronta, tenuta per il collo, soffiandone via qualcosa d'invisibile, e con evidente piacere ne avvolse il corpo ben curato del padrone.

15 pingue: grassa.
16 fedine: basette lunghe dalle tempie al mento, tipiche del look maschile dell'Ottocento.
17 mogio: triste, avvilito.
18 butterato: pieno di pustole e piccole cicatrici lasciate da una malattia della pelle.
19 njànja: bambinaia anziana.
20 a catafascio: locuzione avverbiale che vuol dire "sottosopra", "in rovina".

(L.N. Tolstoj, *Anna Karenina*, Milano, Garzanti, 2001, trad. di Pietro Zveteremich)

L'amore tra marito e moglie può durare per sempre?

Gli Oblònskij sono una coppia in crisi. Il marito non ama più la moglie e la tradisce, senza esserne pentito. Una situazione, questa, molto comune, ieri come oggi. Alla luce di questa affermazione ritieni che la famiglia sia il "luogo" dove l'amore può durare? O è forse una "trappola" in cui l'uomo e la donna si trovano imprigionati, costretti per obbligo morale nei confronti della società e dei figli a una convivenza forzata anche quando l'amore che li ha uniti non esiste più?

Le risposte

PRIMA IPOTESI: sì, l'amore tra marito e moglie può durare per sempre. Chi risponde così ritiene che i sentimenti, quando sono veri e sinceri, resistono al tempo, alle avversità della vita, ai doveri e alle difficoltà connessi al ruolo di padre e di madre. Esistono infatti coppie unite e affiatate anche dopo molti anni di matrimonio.

SECONDA IPOTESI: no, la famiglia non è il luogo più adatto per l'amore, perché questo sentimento e la passione che lo accompagna durano solo poco tempo. Quando infatti un uomo e una donna diventano padre e madre, la passione cede il posto al dovere e alla morale, e i due coniugi sono costretti a vivere insieme anche quando non lo desiderano più.

TERZA IPOTESI: no, perché una volta sposati l'uomo e la donna sono costretti a soffocare i loro istinti sessuali, costringendosi a essere fedeli l'uno all'altro anche quando desiderano altri partner. Questa situazione può generare infelicità e liti, sfociando prima o poi nell'inevitabile tradimento.

La discussione

A partire dalle ipotesi individuate, argomenta e discuti con i compagni il tuo punto di vista.

▶ **DISCUTIAMO IL PROBLEMA**

1 IL GRUPPO FAMILIARE

Gli Oblònskij sono nobili e la loro famiglia è composta, oltre che dal principe Stepàn, da sua moglie Dàrija e dai figli, anche da un folto gruppo di servitori. Quella degli Oblònskij, dunque, è un tipico esempio di famiglia benestante tradizionale, la cui caratteristica principale era, secondo quanto emerso dagli studi storici e demografici sulla composizione delle "case", la presenza, accanto al gruppo coniugale (marito, moglie e figli), di eventuali parenti (nonni, zie, nipoti) e di un gruppo di persone subordinate, conviventi in uno stesso edificio o in più edifici confinanti, tutti sotto l'autorità del capofamiglia. Le dimensioni di questo modello familiare variavano secondo le disponibilità economiche e il rango della famiglia. Un altro fattore determinante per la sua composizione erano le dimensioni dell'abitazione: una casa ampia e con tanti ambienti a disposizione consentiva infatti di ospitare subordinati di vario tipo e con diverse mansioni: il cuoco, la governante, l'economa ecc.

1 **Ricostruisci la composizione della famiglia Oblònskij in base alle informazioni presenti nel testo.**
   - Marito (indicare il nome completo)

   _____

   - Moglie (indicare il nome completo)

   _____

   - Figli (indicare il numero)

   _____

   - Domestici (indicare il nome se presente e/o la funzione)

   _____

2 IL RAPPORTO TRA MARITO E MOGLIE

La casuale scoperta da parte di Dàrija della tresca tra Stepàn e l'ex governante francese ha precipitato casa Oblònskij nel disordine e nell'infelicità: alcuni servitori si sono licenziati, i bambini sono abbandonati a se stessi, i due coniugi non si parlano più e dormono in camere separate. Dopo nove anni l'idillio matrimoniale tra i due sposi si è dunque infranto. Il principe Stepàn, attraverso il cui punto di vista è filtrata la vicenda, però, non appare realmente pentito. L'uomo, infatti, sembra preoccupato più di salvare le apparenze e di ristabilire l'ordine domestico che di riconquistare la fiducia della moglie, di cui non è più innamorato. Per lui Dàrija non è più la giovane sposa di un tempo, la compagna da amare e desiderare, ma semplicemente la madre di «cinque bambini vivi e due morti», una donna di casa «semplice» e prematuramente «invecchiata», «non più bella e in nulla interessante», che addirittura dovrebbe ammettere la possibilità di essere tradita, senza drammatizzare le passeggere scappatelle del marito.

2 **In che modo Dàrija scopre che il marito la tradisce?**

3 **Come reagisce Stepàn alla sfuriata della moglie? E che reazione suscita nella donna il suo comportamento?**

3 LA CONDIZIONE DELLA DONNA

I pensieri e il comportamento del principe Stepàn sono frutto di una visione maschilista della società, che identifica nella procreazione e nell'assolvimento dei doveri materni e domestici – crescere i figli e badare alla casa – il coronamento della parabola evolutiva di una donna e la fonte di ogni sua gioia. «Lei era contenta, felice dei bambini» – rimugina tra sé Stepàn – «io non l'ostacolavo in nulla, la lasciavo fare come voleva con i bambini, con la casa». Per il principe, dunque, la moglie Dàrija, pur non essendo più oggetto di attenzioni da parte sua, ha tutto quel che le occorre per potersi ritenere pienamente realizzata e felice. Questa visione maschilista della donna, molto comune nella società dell'epoca, viene messa in discussione nella letteratura di fine Ottocento, che ci offre un ricco campionario di donne ribelli e anticonformiste: la stessa Anna Karenina, che disattende i doveri coniugali per inseguire il grande amore; Madame Bovary, nell'omonimo romanzo di Gustave Flaubert, che si abbandona a un amore adulterino per sfuggire al tedio di una vita matrimoniale che non la soddisfa; Nora Helmer, protagonista del dramma teatrale *Casa di bambola* di Ibsen, che, stanca del ruolo di donna-oggetto, trova il coraggio di abbandonare il marito e la casa.

4 Anche Dàrija, a modo suo, sta portando avanti la sua piccola "rivoluzione". In che modo? E con quali conseguenze sull'andamento della casa?

▶ ATTIVIAMO LE COMPETENZE

LETTURA E COMPRENSIONE

ACCESSO ALLE INFORMAZIONI

5 Chi è il mittente del telegramma ricevuto dal principe Stepàn?

6 Come reagisce Dàrija alla notizia dell'imminente arrivo della cognata?

7 Quando ha avuto inizio la relazione tra il principe Stepàn e la governante?
  A Dopo l'allontanamento della donna dalla dimora degli Oblònskij.
  B Prima che la donna prendesse servizio in casa Oblònskij.
  C Mentre la donna era in servizio in casa Oblònskij.
  D Nessuna delle alternative proposte.

COMPRENSIONE GENERALE E INTERPRETAZIONE

8 «Tutte le famiglie felici sono simili fra loro, ogni famiglia infelice è infelice a modo suo». Spiega il significato di questa frase.

9 «E la cosa più terribile è che la colpa di tutto sono io, sono la colpa ma non sono colpevole». Che cosa vuol dire questa frase? Spiegane il significato.

10 «... e finalmente l'aveva vista in camera da letto con in mano lo sciagurato bigliettino che aveva fatto scoprire ogni cosa». Perché il bigliettino è detto «sciagurato»?

11 Come spieghi il fatto che nessuno, compresa la *njànja*, rimproveri il principe per il suo comportamento?

Una scena del film Anna Karenina, di Joe Wright, 2012, con Keira Knightley nel ruolo di Anna.

Telefoni cellulari, internet e altri rivali

G. Pietropolli Charmet - L. Cirillo, *AdoleScienza*

Tipologia	Testo espositivo-argomentativo
Genere	Saggio
Anno	2007

▶ **STUDIAMO IL TESTO ESPOSITIVO-ARGOMENTATIVO**

1 IL PARAGRAFO INTRODUTTIVO
2 ANALISI DEL PROBLEMA
3 POSSIBILI SOLUZIONI

Invito alla lettura

"Famiglia" vuol dire anche piccoli e grandi problemi da discutere e risolvere insieme, soprattutto tra genitori e figli. In quest'ambito, uno dei motivi di scontro più frequenti è l'utilizzo dalle nuove tecnologie, cui i genitori imputano lo scarso rendimento scolastico e l'apatia affettiva dei figli. Ma è proprio così? Davvero computer e telefonini sono nemici dello studio e del dialogo familiare? E se sì, come bisogna intervenire? Nel brano che proponiamo, due esperti di problematiche del disagio evolutivo provano a fornire una risposta a queste domande, analizzando le dinamiche socio-affettive che spingono gli adolescenti a immergersi nel mondo virtuale.

1 IL PARAGRAFO INTRODUTTIVO

Il paragrafo d'apertura ha la funzione di evidenziare e descrivere il problema che verrà affrontato e analizzato nelle parti successive del testo.

Sono le 18 e Gustavo è appena rientrato dal lavoro, stanco e nervoso forse più del solito. Non è stata una buona giornata. Nessuno corre a salutarlo, ma ormai è un'abitudine, una brutta abitudine. Sua moglie non è ancora tornata. Daniele è in camera sua intento a guardare lo schermo del computer, avvolto dall'immancabile colonna sonora che ac-
5 *compagna i suoi pomeriggi, come al solito circondato da mille fogli e libri. C'è disordine ovunque. A malapena alza lo sguardo verso il papà che non trova risposta né al saluto né alla domanda: «Ciao, cosa fai, studi?». Daniele sbuffa e continua a fare ciò che stava facendo. «Bravo, non fare nemmeno lo sforzo di rispondere, è così che pensi di recuperare le insufficienze che hai portato a casa? Chissà da quante ore sei lì a far finta di studia-*
10 *re». Gustavo prosegue la sua perlustrazione per casa e si ferma davanti alla stanza di Elisa. La porta è chiusa e da fuori la si sente ridere, bussa con la mano già appoggiata alla maniglia, sta per aprire ma Elisa è impegnata a coprire con la mano il telefono, lo precede, spalancandola di colpo. Lancia un'occhiataccia al padre e dice perentoria: «Ciao pà, sono al telefono, esci!».*
15 *A questo punto Gustavo non riesce più a trattenere la rabbia e come un indiavolato inizia a gridare per casa. Non solo nessuno si degna di accoglierlo al rientro dal lavoro, ma per entrambi i figli sembra che lo studio sia l'ultima delle preoccupazioni e che stare al computer o al telefono siano diventati i bisogni primari. Un tempo non appena sentivano introdurre la chiave nella serratura della porta si precipitavano ad abbracciarlo, ora*
20 *vivono in un mondo tutto loro e sembra che la sola presenza del genitore li infastidisca. L'unica soluzione praticabile e sensata sembra il sequestro dei corpi del reato: Gustavo requisisce il modem e stacca la linea telefonica, interrompendo di colpo tutte le comunicazioni attive in casa, compresa quella tra lui e i ragazzi da quel momento e fino alla settimana successiva.*

2 ANALISI DEL PROBLEMA
La parte centrale del testo tratta e analizza il problema evidenziato nel paragrafo introduttivo.

25 **Gli adolescenti oggi passano molto tempo a casa da soli.** Le mamme e i papà nella maggior parte dei casi lavorano e sono assenti per tutta la giornata fin dai primissimi mesi di vita del figlio. Per i bambini è esperienza comune che siano i nonni o le baby sitter a occuparsi di loro, mentre la sera, i week-end e le vacanze sono il tempo che si trascorre con i genitori. I figli sono spesso frutto dell'amore e di un

30 desiderio condiviso all'interno della coppia ma allo stesso tempo vengono abituati in fretta a fare a meno della presenza dei genitori. "Cucciolo d'oro" è un'espressione che rende bene l'idea del bambino che è stato l'adolescente contemporaneo, concepito e allevato in un clima impreziosito dagli affetti e da premure rese ancor più intense e necessarie per riscattare la colpa dell'abbandono e del non essere

35 presenti come si vorrebbe. Tutti questi aspetti sono da considerare corollari[1] della famiglia affettiva in cui oggi vive l'adolescente che non ha più molta paura degli adulti, anzi li ama e anche con i padri stabilisce un rapporto in cui non manca la possibilità di condividere esperienze e confidenze. È abituato a sentire attorno a sé sostegno, calore e per questo è sensibile alla solitudine, altamente suscettibile alla

40 mancanza di uno sguardo di ritorno. Fin dalla più tenera età è spinto ad aprirsi al mondo dei coetanei e alla socializzazione, basti pensare all'affollamento degli asilo nido. L'adolescente di oggi da bambino è stato invitato molto presto a ricercare supporto e vicinanza nel gruppo esterno alla famiglia impegnata nel lavoro e a garantire il mantenimento di un discreto livello socio-economico. È anche su

45 queste basi che si fonda il bisogno di avere molti amici intorno e di sentirli vicini sempre, oltre l'orario scolastico e i limiti imposti dal tempo dello studio, della cena, o della notte.

Il bisogno di stringere nuovi legami e di indirizzarsi verso il mondo dei pari età, oltre a essere un passaggio legato alla fisiologia della crescita, risente dunque

50 delle caratteristiche costitutive della moderna generazione, sempre alla ricerca di rispecchiamenti e di contatto.

Lo sguardo dell'altro può attribuire o sottrarre valore in modo decisivo, per questo è necessario promuovere la ricerca di buoni legami, di relazioni positive con tutte le figure che affollano lo spazio di vita. Non sentirsi soli è uno dei principali

55 ingredienti per consentire alla crescita di compiere il suo cammino, avviarsi e procedere con successo. Anche il pensiero e la sua attivazione risultano condizionati da questa sensibilità. La possibilità di produrre pensieri creativi, di immagazzinare e assimilare nozioni, può essere favorita, ad esempio, dalla presenza di figure che i ragazzi sentono in relazione con loro. Questo vale anche per i livelli

60 di attenzione a scuola: gli insegnanti che genericamente stabiliscono buone relazioni con gli studenti riescono a ottenere maggiore credibilità e migliori risultati anche sul piano didattico.

Essere visti e compresi rispetto ai propri bisogni evolutivi, senza travalicare i confini generazionali e di ruolo, consente di sviluppare un migliore investimento sul

65 sapere. Trovarsi soli a casa in compagnia dei muti e anaffettivi libri di scuola può allora non risultare molto semplice. La noia e la solitudine possono annebbiare il senso e l'importanza dello studio. Il bisogno di mettere a tacere questi sentimenti sgradevoli è più forte, vince sulla capacità di pensare al raggiungimento di un obiettivo sentito in modo meno urgente, come ad esempio quello di sostenere con

70 successo un'interrogazione il giorno seguente. La prova scolastica può collocarsi in una dimensione meno saliente rispetto alla necessità di placare il senso di vuoto e di solitudine, un anello troppo debole nella catena di eventi che conducono a mete sentite troppo in avanti nel tempo, come la promozione e ancora di più la fine del percorso di studi. Nell'epoca in cui il dettame[2] sociale recita "*life is now*" guardare

75 al futuro riesce difficile, si faticano a intravedere risultati concreti e mediamente

1 **corollari**: conseguenze.
2 **dettame**: norma.

prevedibili, tanto più ad attivare gli sforzi necessari per raggiungerli. Il tempo del dolore indotto dalla noia, dalla solitudine e dal bisogno dell'altro può essere invece sentito come più vicino, immediato, e chiedere di essere soddisfatto urgentemente. In questa cornice diventa forse possibile vedere l'accompagnamento allo studio da

80 parte di una finestra virtuale sempre aperta sulla chat, o della musica in sottofondo, come parte di un corredo specifico della moderna popolazione di adolescenti. Li chiamano "generazione multitasking" proprio perché sono sempre impegnati a svolgere diversi compiti simultaneamente, prestando plurimi[3] livelli d'attenzione. Gli studi neuroscientifici realizzati finora non chiariscono fino a che punto que-

85 sto modo di apprendere risulti superficiale (per semplificare: facendo tante cose insieme non se ne fa bene nessuna) o invece consenta una maggiore attivazione cognitiva, in quanto stimola aree della corteccia cerebrale che nelle passate generazioni, impegnate a svolgere un compito alla volta, restavano meno utilizzate. Per quanto riguarda il nostro vertice di riflessione, dobbiamo prendere atto che

90 questo stile di approccio allo studio e all'apprendimento è diffuso, risponde a un bisogno di compagnia che rende meno intollerabile il fatto di trovarsi soli di fronte a un libro di scuola.

Attaccare questo sistema, come nel caso del papà di Daniele ed Elisa, che si arrabbia e si contorce nell'idea che i suoi figli non si accostino allo studio nei modi

95 tradizionali, immersi in un silenzio rispettoso e continuo, rischia di fare innalzare una barriera difensiva rigida e ostile. Può risultare difficile, ma potrebbe essere utile, invece, cercare di comprendere le ragioni che stanno alla base di questi comportamenti, riuscire a vederle come delle novità che fanno parte del nuovo modo di affrontare lo studio e di attivare il pensiero da parte dei ragazzi. Si tratta

100 di abituarsi all'idea che ci sono varie ragioni interne ed esterne che hanno reso i figli diversi da come erano i genitori alla loro età. Riuscire a non criminalizzare per principio tali condotte può aprire le porte del confronto perché fa sentire di essere capiti e dunque meno soli.

Interrompere le comunicazioni virtuali, staccare i fili delle relazioni con il mondo

105 esterno e all'interno di casa, può far correre il rischio di alimentare il conflitto, senza per altro garantire grandi risultati né sul piano della relazione né su quello del rendimento scolastico. Il tentativo può essere allora provare a confrontarsi con i ragazzi, cercando di comprendere insieme a loro cosa li attrae e che senso abbia passare il pomeriggio davanti ai libri al ritmo di musica e tenere sempre aperta

110 una finestra virtuale sul mondo. Mettersi a fianco dei ragazzi con l'interesse e il desiderio di conoscere ciò che sta accadendo di nuovo nella loro mente, cosa li cattura, poterlo condividere e comunicare anziché farne un capo d'imputazione, può sembrare complicato e faticoso ma permette anche di impossessarsi di una nuova chiave d'accesso nella relazione. Entrare nel mondo del proprio figlio ado-

115 lescente può far scoprire che egli non ha solo molto da imparare e da apprendere ma anche tantissimo da dare e da far conoscere agli adulti che vivono intorno a lui. Fare una guerra serrata, o ancora peggio proclamare un embargo[4] nei confronti degli strumenti tecnologici risulta una battaglia con poche probabilità di successo, che già dal principio non prevede vincitori, ma il rischio di allontanarsi

120 e di perdere la fiducia reciproca.

(G. Pietropolli Charmet - L. Cirillo, *AdoleScienza*, Milano, Edizioni San Paolo, 2010)

3 POSSIBILI SOLUZIONI
Nella conclusione l'autrice si riallaccia alla parte iniziale del testo e fornisce delle indicazioni su come riattivare il dialogo tra genitori e figli.

3 plurimi: molteplici.
4 embargo: divieto.

▶ **STUDIAMO IL TESTO ESPOSITIVO-ARGOMENTATIVO**

1 IL PARAGRAFO INTRODUTTIVO

Sono tanti i modi per iniziare un testo: attraverso una citazione, un aneddoto, un fatto di cronaca, un confronto tra due elementi, una domanda, una sintesi o un inquadramento dell'argomento. Nel nostro caso, gli autori danno avvio all'esposizione con la descrizione di una scena di vita reale: c'è un padre che torna a casa stanco e nervoso dal lavoro, ci sono dei figli con poca voglia di dialogare e che invece di studiare trascorrono il loro tempo al computer o al telefono. Attraverso questa scelta ottengono un duplice effetto: catturano l'attenzione del lettore; definiscono e focalizzano l'argomento in chiave problematica.

■ La familiarità del contesto cattura l'attenzione del lettore.

■ Focalizzazione del problema.

Sono le 18 e Gustavo è appena rientrato dal lavoro, stanco e nervoso forse più del solito. Non è stata una buona giornata. Nessuno corre a salutarlo, ma ormai è un'abitudine, una brutta abitudine. Sua moglie non è ancora tornata. Daniele è in camera sua intento a guardare lo schermo del computer, avvolto dall'immancabile colonna sonora che accompagna i suoi pomeriggi, come al solito circondato da mille fogli e libri. C'è disordine ovunque. A malapena alza lo sguardo verso il papà che non trova risposta né al saluto né alla domanda: «Ciao, cosa fai, studi?». Daniele sbuffa e continua a fare ciò che stava facendo. «Bravo, non fare nemmeno lo sforzo di rispondere, è così che pensi di recuperare le insufficienze che hai portato a casa? Chissà da quante ore sei lì a far finta di studiare».

L'avvio del testo orienta dunque l'esposizione secondo lo schema logico del *problem solving* (= problema da risolvere), la cui struttura base comprende tre fasi: A) la focalizzazione e la descrizione del problema; B) l'analisi del problema; C) la risoluzione del problema.

■ Domanda implicita: la reazione di Gustavo è corretta?

Un tempo non appena sentivano introdurre la chiave nella serratura della porta si precipitavano ad abbracciarlo, ora vivono in un mondo tutto loro e sembra che la sola presenza del genitore li infastidisca. L'unica soluzione praticabile e sensata sembra il sequestro dei corpi del reato: Gustavo requisisce il modem e stacca la linea telefonica, interrompendo di colpo tutte le comunicazioni attive in casa, compresa quella tra lui e i ragazzi da quel momento e fino alla settimana successiva.

La focalizzazione del problema è affidata ai paragrafi iniziali (rr. 1-24), l'analisi alla parte centrale del testo (rr. 25-92), la proposta di possibili soluzioni ai paragrafi conclusivi (rr. 93-120).

1 Dalla descrizione di questa scena familiare è possibile dedurre che
  A la mamma di Daniele ed Elisa lavora.
  B Gustavo e sua moglie sono divorziati.
  C la figura materna è debole e assente.
  D quella di Gustavo è una famiglia patriarcale.

2 ANALISI DEL PROBLEMA

A partire dal terzo capoverso ha inizio la parte centrale del testo. Fin dalle prime battute comprendiamo che le vicende che hanno per protagonisti Gustavo e i suoi figli non sono il vero *focus* dell'analisi, ma un pretesto per svolgere un discorso più ampio, che riguarda gli adolescenti in genere, i loro bisogni evolutivi e il loro rapporto con i genitori. Questo allargamento di prospettiva (dal caso particolare al caso generale) è immediatamente suggerito dalla frase tematica che apre il paragrafo e dalle sue successive espansioni, attraverso esempi concreti (espansione per esemplificazione) che evidenziano il contesto di riferimento (la società di oggi) e spunti problematici (espansione per problematizzazione) che mettono in luce fattori di criticità.

Frase tematica	Gli adolescenti oggi passano molto tempo a casa da soli.
Prima espansione per esemplificazione: sviluppa la frase tematica attraverso un dato reale.	Le mamme e i papà nella maggior parte dei casi lavorano e sono assenti per tutta la giornata fin dai primissimi anni vita del figlio.
Sviluppo della prima espansione (considerazione da parte dell'autrice).	Per i bambini è esperienza comune che siano i nonni o le baby sitter a occuparsi di loro, mentre la sera, i week-end e le vacanze sono il tempo che si trascorre con i genitori.
Seconda espansione per problematizzazione (viene evidenziato un fattore di criticità).	I figli sono spesso frutto dell'amore e di un desiderio condiviso all'interno della coppia, ma allo stesso tempo vengono abituati in fretta a fare a meno della presenza dei genitori.

2 Spiega il significato dell'espressione «cucciolo d'oro» (r. 31).

3 Secondo gli autori, che cosa favorisce il miglioramento dei livelli di attenzione a scuola?
  - A L'utilizzo di strumenti multimediali.
  - B Uno stretto rapporto tra scuola e famiglia.
  - C La presenza di insegnanti capaci di stabilire una buona relazione con gli alunni.
  - D La presenza di insegnanti autoritari.

4 In che modo, secondo gli autori, gli adolescenti soddisfano «il tempo del dolore indotto dalla noia» (rr. 76-77)?

3 LA RISOLUZIONE DEL PROBLEMA

Alla luce delle considerazioni svolte e argomentate nella parte centrale (la "solitudine" dei moderni adolescenti, il loro bisogno di stringere nuovi legami, la loro capacità di svolgere diversi compiti simultaneamente ecc.), gli autori concludono il loro discorso riallacciandosi al problema e alla domanda iniziali, cui forniscono una risoluzione e una risposta, in cui prospettano soluzioni alternative al comportamento di Gustavo, illustrandone anche i modi della possibile attuazione.

La frase tematica suggerisce una risposta negativa alla domanda iniziale: "La reazione di Gustavo è corretta?" "No, perché attaccare questo sistema rischia di fare innalzare una barriera difensiva rigida e ostile".

L'avverbio "invece" sottolinea un'opposizione all'affermazione precedente e introduce una soluzione alternativa.

Attaccare questo sistema, come nel caso del papà di Daniele ed Elisa, che si arrabbia e si contorce nell'idea che i suoi figli non si accostino allo studio nei modi tradizionali, immersi in un silenzio rispettoso e continuo, rischia di fare innalzare una barriera difensiva rigida e ostile. Può risultare difficile, ma potrebbe essere utile, invece, cercare di comprendere le ragioni che stanno alla base di questi comportamenti, riuscire a vederle come delle novità che fanno parte del nuovo modo di affrontare lo studio e di attivare il pensiero da parte dei ragazzi.

5 Individua nella citazione seguente:
  - la frase tematica del paragrafo;
  - l'avverbio che introduce la soluzione alternativa.

Interrompere le comunicazioni virtuali, staccare i fili delle relazioni con il mondo esterno e all'interno di casa, può far correre il rischio di alimentare il conflitto, senza per altro garantire grandi risultati né sul piano della relazione né su quello del rendimento scolastico. Il tentativo può essere allora provare a confrontarsi con i ragazzi, cercando di comprendere insieme a loro cosa li attrae e che senso abbia passare il pomeriggio davanti ai libri al ritmo di musica e tenere sempre aperta una finestra virtuale sul mondo.

▶ **ATTIVIAMO LE COMPETENZE**

LETTURA E COMPRENSIONE

ACCESSO ALLE INFORMAZIONI

6 **I rapporti tra Gustavo e i suoi figli sono stati sempre così conflittuali?**

☐ Sì   ☐ No

Perché? (supporta la tua risposta con una delle affermazioni contenute nella parte introduttiva del testo)

7 **Daniele**

A va bene a scuola e ha riportato la sufficienza in tutte le materie.

B deve recuperare alcune insufficienze.

C ha deciso di ritirarsi dalla scuola.

D potrebbe fare di più, ma non si applica.

8 **Gustavo si arrabbia perché**

A i figli gli disubbidiscono e lo deludono con un rendimento scolastico insufficiente.

B i figli non studiano e non lo accolgono amorevolmente quando rientra dal lavoro.

C trova la stanza di Daniele in disordine e la linea telefonica occupata da Elisa.

D la moglie non è ancora rientrata e i figli lo salutano freddamente.

COMPRENSIONE GENERALE

9 **Daniele fa parte della «generazione multitasking» perché**

A riesce a fare più cose contemporaneamente.

B non studia ma chatta.

C sa utilizzare i moderni mezzi di comunicazione.

D è nato nel XXI secolo.

STRUMENTI ESPRESSIVI E ARGOMENTATIVI

DIMOSTRAZIONE DELLA TESI

10 **Scegli una delle seguenti tesi, sostenendola con almeno tre validi argomenti**

Prima tesi: ascoltare musica, inviare SMS o utilizzare il computer mentre si studia facilita l'apprendimento.

Seconda tesi: facendo più cose contemporaneamente si rischia di fare tutto superficialmente e non si apprende nulla.

La misura di tutte le cose

Franz Kafka, *Lettera al padre*

Tipologia	Testo narrativo
Genere	Epistolare
Sottogenere	Autobiografico-psicologico
Anno	1919

 CHI: *Franz Kafka*  DOVE: *Boemia (oggi Repubblica Ceca)* QUANDO:  *Novecento*

▶ **IL PIACERE DI LEGGERE**

L'autore   Nato a Praga nel 1893, Franz Kafka, al termine del liceo, frequenta l'Università, dove conosce il suo più caro amico, *Max Brod*. Dopo la laurea in giurisprudenza (1906) lavora prima alle Assicurazioni Generali, poi presso l'Istituto di assicurazioni contro gli infortuni dei lavoratori. L'attività impiegatizia non gli impedisce però di coltivare la passione letteraria e di frequentare i circoli intellettuali della sua città. Ammalatosi di tubercolosi, è costretto, a partire dal 1911, a lunghi ricoveri in vari sanatori. Nel 1912 incontra la berlinese Felice Bauer, con la quale stringe una relazione che dura fino al 1917. Nonostante l'incalzare della malattia, Kafka continua a dedicarsi all'attività di scrittore, pubblicando tra il 1916 e il 1919 *La sentenza*, *La metamorfosi*, *Un medico di campagna* e *Nella colonia penale*. Nello stesso 1919, mentre inizia a scrivere una lunga lettera al padre, si fidanza con Julie Wohryzek, ma interrompe la relazione dopo un anno. Nel 1923 si trasferisce in Germania, a Berlino, dove convive con l'attrice polacca Dora Dyamant. Nel 1924, a causa del peggioramento delle sue condizioni di salute, è costretto al ricovero nel sanatorio austriaco di Kierling. Muore il 3 giugno del 1924, lasciando incompiuti i romanzi *America, Il processo* e *Il castello,* pubblicati postumi dall'amico Max Brod.

Invito alla lettura	Cinque anni prima della morte, avvenuta nel 1924, Franz Kafka inizia a scrivere una lunga lettera al padre, Hermann, un agiato commerciante ebreo proprietario di un emporio a Praga. In questo eccezionale documento umano e letterario, che lo scrittore non ebbe mai il coraggio di consegnare al destinatario e che fu pubblicato postumo solo nel 1952, viene affrontato uno dei nodi centrali della produzione e della biografia kafkiane: il difficile rapporto con la figura paterna e il senso di colpa che ne deriva. In effetti, il dialogo tra Hermann Kafka e il figlio non fu mai facile, segnato da reciproche diffidenze, incomprensioni e speranze disattese. I critici si sono chiesti se la figura del padre delineata nella lettera – un uomo brutale, rozzo, opprimente, volitivo, cui fa da contraltare l'immagine di un figlio fragile, sensibile e insicuro – corrisponda alla reale natura dell'*uomo* Hermann Kafka, o se l'autore non abbia volutamente ingigantito i difetti paterni, intrecciando realtà vissuta e finzione letteraria. Comunque siano andate le cose, *Lettera al padre* resta un umanissimo e personalissimo tentativo di penetrare e comprendere il legame tra padri e figli, anche quando distanze abissali e una diversa visione del mondo sembrano allontanarli e separarli per sempre. Il brano riportato riguarda l'infanzia di Kafka.

Ero un bambino pauroso, e ciò nonostante certo anche caparbio[1] come lo sono i bambini; certo la mamma mi viziava ma non posso credere di essere stato molto difficile da guidare, non posso credere che con una parola gentile, con un'occhiata amorevole, prendendomi quietamente per mano, non si sarebbe ottenuto
5   da me tutto ciò che si voleva. Tu sei, in fondo, un uomo benigno e mansueto (ciò non contraddice a quanto dirò in seguito, poiché parlo soltanto dell'impressione che Tu[2] facevi al bambino), ma non tutti i bambini hanno la perseveranza e l'intrepidezza[3] di cercare la bontà finché la trovano. Tu un bambino lo sai trattare solo secondo il Tuo carattere, con forza, rumore e scoppi d'ira, e nel mio caso il
10   sistema Ti pareva tanto più opportuno in quanto Tu volevi fare di me un ragazzo forte e coraggioso.

È chiaro che non saprei oggi descrivere direttamente i Tuoi metodi educativi nei primissimi anni, ma posso immaginarli ricostruendoli dagli anni successivi e dal Tuo modo di trattare Felix[4]. Bisogna per giunta considerare che allora eri più gio-
15   vane, quindi più vivace, più impetuoso, più spontaneo, più spensierato di adesso, e inoltre molto preso dagli affari; Ti vedevo solo una volta al giorno e l'impressione, tanto più profonda, non si appiattì mai nell'abitudine.

Solo di un incidente dei primi anni ho un ricordo diretto. Forse anche Tu lo rammenti. Una volta, di notte, io piagnucolavo chiedendo acqua, certo non per
20   sete ma probabilmente mezzo per infastidire mezzo per divertirmi. Dopo alcune minacce senza esito, Tu mi togliesti dal letto, mi portasti sul ballatoio[5] e per un poco mi lasciasti lì in camicia davanti alla porta chiusa. Non voglio dire che ciò fosse ingiusto, forse non c'era altro modo di ristabilire la pace notturna; desidero soltanto descrivere il Tuo metodo educativo e il suo effetto su di me. Credo bene
25   che fui ridotto all'obbedienza, ma ne ricevetti un danno interiore. Il fatto per me naturale del chiedere scioccamente da bere e quello straordinario e terribile di esser messo fuori sul balcone io non riuscii mai a porli nella giusta correlazione. Ancora per anni soffrii del tormentoso pensiero che mio padre, il gigante, la supre-

1 **caparbio**: testardo.
2 **Tu**: rivolgersi al destinatario con il carattere maiuscolo, anche quando si tratta di una persona amica o familiare, è una forma epistolare di cortesia tipica della lingua tedesca.
3 **intrepidezza**: audacia.
4 **Felix**: nipote di Franz, figlio della sorella Elli e del cognato Karl Hermann.
5 **ballatoio**: lungo balcone che percorre l'intero piano della casa e che si affaccia su un cortile interno.

Pablo Picasso, Busto di uomo che scrive, *1971. Castres (Francia), Musée Goya.*

ma istanza[6], poteva venire quasi senza motivo nel cuore della notte a portarmi sul ballatoio, e che io dunque per lui ero meno di niente.

Fu solo un piccolo inizio, ma il senso di nullità che spesso mi assale (un sentimento che sotto altri aspetti può anche essere nobile e fecondo) ha le sue complesse origini nel Tuo influsso. Avrei avuto bisogno di qualche incoraggiamento, di un po' di gentilezza, che mi si aprisse un poco il cammino, invece Tu me lo nascondevi, sia pure con la buona intenzione di farmene imboccare un altro. Ma io per questo non ero adatto. Tu mi incoraggiavi ad esempio quando facevo bene il saluto e marciavo a tempo, ma io non ero un futuro soldato; oppure quando mi riusciva di mangiar forte e persino di bere birra, o di ripetere canzoni che non capivo e le Tue frasi predilette, ma nulla di tutto questo apparteneva al mio futuro. Ed è caratteristico che Tu ancora oggi mi faccia animo solo quando Tu sei implicato, quando si tratta del Tuo orgoglio, che io offendo (per esempio con la mia intenzione di sposarmi) o che viene offeso in me (quando Pepa[7] mi insulta). Allora mi conforti, mi ricordi quel che valgo, mi parli dei partiti[8] a cui ho diritto di aspirare, e Pepa riceve una condanna inesorabile. Ma lasciando da parte il fatto che ormai alla mia età[9] sono quasi insensibile alle parole di consolazione, a che mi servirebbero se mi vengono dispensate quando non sono io al centro della questione?

55 Allora, sì, che avrei avuto bisogno in ogni circostanza d'incoraggiamento. Bastava la Tua corposità a opprimermi. Ricordo, ad esempio, che spesso ci spogliavamo nella stessa cabina. Io magro, sottile, esile, Tu vigoroso, grande, grosso. Già in cabina facevo compassione a me stesso, e non soltanto di fronte a Te ma di fronte a tutti, perché Tu eri per me la misura di tutte le cose. Quando poi si usciva fuori in

60 mezzo alla gente, io condotto per mano, uno scheletrino incespicante a piedi nudi sul tavolato, pauroso dell'acqua, incapace di imitare i movimenti di nuoto che Tu, con buone intenzioni ma con mia profonda vergogna non Ti stancavi di mostrarmi, allora ero proprio disperato e tutte le mie peggiori esperienze in ogni campo in quel momento concordavano spaventosamente. Era meglio quando, a volte, Ti

65 spogliavi per primo e io potevo indugiare nella cabina e rinviare la vergogna della comparsa in pubblico finché Tu non venivi a vedere e a tirarmi fuori. Ti ero grato perché non mostravi di accorgerTi della mia angoscia, ed ero orgoglioso del corpo di mio padre. Del resto questa diversità sussiste tra noi ancora oggi.

Alla Tua superiorità fisica faceva riscontro quella spirituale. Tu Ti eri innalzato

70 con le Tue sole forze, di conseguenza avevi una fiducia illimitata in Te stesso. Per il bambino ciò era meno evidente di quanto non lo fu per il giovane che si faceva adulto. Dalla Tua poltrona Tu governavi il mondo. La Tua opinione era giusta, ogni altra era assurda, stravagante, pazza, anormale. La Tua sicurezza era così grande che potevi anche essere incoerente e tuttavia non cessavi di avere

75 ragione. Accadeva anche che su certe questioni Tu non avessi opinione alcuna, e allora tutte le opinioni possibili intorno a quel tema dovevano essere sbagliate senza eccezione. Per esempio insultavi prima i cechi, poi i tedeschi, poi ancora gli ebrei, e ciò non a proposito di alcunché in particolare, ma sotto tutti i riguardi, tanto che alla fine Tu solo rimanevi. AcquistasTi ai miei occhi un alone misterioso,

6 istanza: autorità. L'istanza è propriamente la domanda fatta a un'autorità per ottenere una concessione.

7 Pepa: è Josef Pollak, marito di Valerie (detta Valli), un'altra sorella di Franz.

8 partiti: opportunità matrimoniali.

9 alla mia età: la Lettera al padre fu scritta nel 1919, quando Franz aveva trentasei anni.

GRAMMATICA

L'autore si rivolge al padre utilizzando il pronome allocutivo *tu*, che si adopera quando si è in confidenza con qualcuno. Tuttavia, l'uso della lettera maiuscola fa emergere le gerarchie familiari e la distanza emotiva che separa padre e figlio.

80 come tutti i tiranni, il cui diritto si fonda sulla loro persona, non sul pensiero. A me, almeno, pareva così.

In verità succedeva con straordinaria frequenza che contro me Tu avessi ragione; discorrendo era ben naturale, perché raramente si giungeva a un dialogo; ma era così anche di fatto. In questo non v'era nulla di incomprensibile: tutti i miei ragio- 85 namenti subivano la Tua greve pressione, anche quelli che non concordavano con i Tuoi, anzi, quelli soprattutto. Il mio pensiero, in apparenza da Te indipendente, era gravato a priori dal Tuo giudizio contrario; sopportare questo peso fino allo svolgimento completo e definitivo del pensiero era quasi impossibile. Non parlo qui di idee sublimi, ma di tutte le piccole imprese dell'infanzia. Bastava essere felici 90 per qualche cosa, averne l'animo pieno, venire a casa ed esprimerlo e la risposta era un sospiro ironico, un crollare del capo, un tamburellare delle dita sul tavolo: «s'è già visto qualcosa di meglio». Oppure: «ho ben altro da pensare, io!». O anche: «son tutte qui le tue preoccupazioni?». O invece: «e che te ne fai?». O infine: «senti che avvenimenti!». Certo non potevo pretendere che Ti entusiasmassi per ogni 95 bambinata, mentre poi vivevi tra crucci e fastidi. Non di questo si trattava. Ma del fatto che Tu, per la Tua indole contraddittoria, infliggevi sempre e per principio al bambino simili delusioni, e così questo spirito di contraddizione si rinforzava sempre più tanto che alla fine era gioco forza avesse il sopravvento. E questo suc- cedeva anche se per una volta Tu eri della mia stessa opinione; le delusioni del 100 bambino non erano naturalmente le delusioni solite della vita, ma, poiché si trat- tava della Tua persona che tutto informava, mi colpivano nel vivo. Il coraggio, la risoluzione, la sicurezza, la gioia per questo o per quello non resistevano sino alla fine se Tu eri contrario o se la Tua opposizione poteva essere solamente supposta: e supporla si poteva per quasi tutto quello che io facevo.

105 Così avveniva tanto per le idee quanto per le persone. Bastava che io mi interessassi un po' a qualcuno – data la mia natura, non accadeva sovente – perché Tu subito, senza riguardo al mio sentimento e senza rispetto per il mio giudizio, intervenissi con insulti, calunnie, profanazioni. Persone innocenti e ingenue come per esempio l'attore ebreo Löwy[10] dovettero subire questo trattamento. Senza conoscerlo Tu lo 110 confrontasti, con parole terribili, che ho già dimenticate, a un insetto ripugnante; come tante volte, per persone che mi erano care, citasti il proverbio dei cani e delle pulci[11]. Dell'attore ho un ricordo più vivo perché allora annotai le Tue critiche a suo riguardo con le parole: «Così parla mio padre del mio amico (che non conosce) solo perché è mio amico. Potrò sempre rinfacciarglielo quando lui mi rimprovererà 115 mancanza di amore filiale e gratitudine».

Mi è sempre stata incomprensibile la Tua assoluta mancanza di sensibilità per la sofferenza e l'onta che sapevi infliggermi con le Tue parole e giudizi; era come se Tu non avessi idea del Tuo potere. Anch'io certamente Ti ho offeso più di una volta con le parole, ma sempre rendendomene conto; mi addoloravo, pur non potendo 120 dominarmi, di non poter richiamare la parola che già pronunciando rimpiangevo. Con le tue parole seguitavi invece a flagellarmi; di nessuno avevi compassione né durante la flagellazione né dopo, di fronte a Te uno era completamente indifeso. Ma tutto questo era il Tuo sistema d'educazione. Credo che Tu possegga la voca- zione dell'educatore; applicata a un uomo della Tua specie l'educazione come Tu 125 l'intendi avrebbe certo potuto giovare; egli avrebbe riconosciuto la ragionevolezza di quel che gli dicevi, non si sarebbe curato d'altro e avrebbe fatto tranquillamente ciò che doveva. Per me, bimbo, tutto quello che mi ingiungevi era senz'altro un comandamento divino, io non lo dimenticavo mai, rimaneva per me il mezzo ideale per giudicare il mondo, innanzi tutto per giudicare Te; e qui Tu fallivi comple- 130 tamente. Quando, bambino, mi trovavo con Te, specialmente durante i pasti, mi

10 Löwy: è Isak Löwy, un attore di una compagnia yiddish giunta a Praga nel 1911 dalla città ucraina di Leopoli, considerato dal padre di Franz come un guitto vagabondo.
11 il proverbio dei cani e delle pulci: "chi va a letto con i cani si alza con le pulci", un proverbio simile al nostro "chi va con lo zoppo impara a zoppicare".

12 gagliardo: forte, robusto.

istruivi soprattutto sul modo di comportarsi a tavola. Quello che compariva sulla mensa doveva essere mangiato, non era permesso parlare della bontà dei cibi – Tu
125 però li trovavi sovente immangiabili e li chiamavi «buoni per le bestie»; la «cretina» (la cuoca) aveva rovinato tutto. Mentre Tu grazie al Tuo gagliardo[12] appetito e al Tuo amore per la rapidità, mangiavi tutto bollente e a grossi bocconi, il bambino doveva affrettarsi; e intanto sulla tavola incombeva un tetro silenzio interrotto da ammonimenti: «Prima mangia, parlerai dopo»; «più presto, più presto!» oppure
130 «guarda, io ho già finito da un pezzo». Non era permesso rosicchiare le ossa, ma Tu lo facevi. L'aceto non si doveva assaggiare, ma a Te era consentito. La cosa più importante era di tagliare il pane diritto; ma che poi Tu lo facessi con un coltello sporco di sugo era indifferente. Bisognava badare di non lasciar cadere briciole sul pavimento, ma sotto la Tua sedia ce n'era un'infinità. A tavola si doveva ba-
135 dare solo a nutrirsi, Tu invece Ti tagliavi e Ti pulivi le unghie, temperavi matite, Ti frugavi nelle orecchie con uno stuzzicadenti. Ti prego, papà, cerca di capirmi: per me sarebbero state tutte cosette insignificanti, ma diventavano opprimenti per il fatto che Tu, l'uomo per me così autorevole, non Ti attenevi ai precetti che mi imponevi. Perciò il mondo era diviso per me in tre parti: nell'una vivevo schiavo,
140 sottoposto a leggi inventate solo per me e alle quali io, non so per quali ragioni, non sapevo pienamente assoggettarmi; nella seconda, infinitamente lontano dalla mia, vivevi Tu, partecipe al governo, occupato a dare ordini e a irritarTi quando non erano obbediti; e infine c'era un terzo mondo dove la gente viveva felice e libera da comandi e obbedienze.

(F. Kafka, *Lettera al padre*, Milano, Einaudi Scuola, 2004, trad. di Anita Rho)

▶ ATTIVIAMO LE COMPETENZE

LETTURA E COMPRENSIONE

ACCESSO ALLE INFORMAZIONI

1 Chi è Löwy e perché è mal visto dal padre di Kafka?

2 Perché di Löwy Franz Kafka conserva un ricordo più vivido?

3 Da quale particolare episodio dell'infanzia scaturisce il senso di nullità che assale Franz Kafka?

4 In che modo, pur non avendone memoria, Franz Kafka riesce a ricostruire i metodi educativi paterni esercitati nella sua primissima infanzia?

5 Franz Kafka scrive *Lettera al padre*
- A da bambino.
- B quando è adolescente.
- C da adulto.
- D da anziano.

COMPRENSIONE GENERALE E INTERPRETAZIONE

6 *Lettera al padre* è un
- A documento autobiografico.
- B racconto.
- C romanzo epistolare.
- D diario personale.

7 *Lettera al padre* esprime
- A affetto e stima.
- B gratitudine e riconoscenza.
- C odio e rancore.
- D amarezza e frustrazione.

8 Da questa lettera risulta che il padre di Kafka era un uomo
- A autorevole e indulgente.
- B autoritario e contraddittorio.
- C indifferente e indolente.
- D sportivo e buongustaio.

9 Quali sono le uniche circostanze che spingono il padre di Kafka a confortare, incoraggiare e consigliare per il meglio suo figlio?

10 «Già in cabina facevo compassione a me stesso, e non soltanto di fronte a Te ma di fronte a tutti, perché Tu eri per me la misura di tutte le cose» (rr. 57-59). Spiega il significato di questa frase.

STRUMENTI ESPRESSIVI E ARGOMENTATIVI

TESTO ARGOMENTATIVO

11 Quali metodi educativi avrebbe dovuto adottare il padre di Kafka per poter instaurare con il figlio un dialogo autentico e positivo? Puoi ricavare gli argomenti a supporto del tuo ragionamento rileggendo con molta attenzione i ricordi e gli episodi citati da Franz Kafka per spiegare le paure e i turbamenti di cui è stato vittima.

12 Scrivi una "predica" che vorresti fare ai tuoi genitori.

Sfoghi privati

Anne Frank, *Diario*

Test

Tipologia Diario
Genere Autobiografico

Anne Frank era una ragazza ebrea, nata a Francoforte sul Meno il 12 giugno del 1929. A causa delle persecuzioni naziste, Anne e i suoi familiari furono costretti a trasferirsi ad Amsterdam, in Olanda, e a nascondersi, insieme alla famiglia Van Pels e al dottor Pfeffer, nella soffitta dello stabile in cui si trovava l'ufficio del padre. Anne visse all'interno di questo rifugio dal luglio 1942 all'agosto del 1944, quando i clandestini furono scoperti e deportati in vari campi di concentramento. Anne e la sorella Margot furono tradotte nel lager di Bergen-Belsen, dove morirono a causa di un'epidemia di tifo nel mese di marzo del 1945.

Durante gli anni trascorsi nell'alloggio segreto, Anne tenne un diario privato, che rappresenta non solo una dolorosa testimonianza degli orrori della *Shoah*, ma anche un documento vivo e impressionante sui sogni, le angosce e le speranze di un'inquieta e brillante adolescente.

Sabato 30 ottobre 1943

Cara Kitty,

mamma è tremendamente nervosa, questi momenti per me sono sempre rischiosi. Sarà un caso, che papà e mamma non rimproverino mai Margot e con me se la
5 prendano per qualsiasi cosa? Ieri sera, per esempio, Margot leggeva un libro che contiene illustrazioni bellissime; si alza e lo lascia lì per riprendere più tardi. Io non avevo niente da fare, così l'ho preso e mi sono messa a guardare le figure. Margot torna e vede che ho in mano il «suo» libro, si arrabbia e me lo chiede in malo modo. Io volevo finire di dargli un'occhiata. Lei si arrabbia sempre di più,
10 mamma interviene e dice: – Quel libro lo stava leggendo Margot, quindi daglielo. Entra papà, non sa nemmeno che cosa sia successo, ma vede che è stato fatto un torto a Margot e se la prende con me: – Vorrei vedere, se Margot sfogliasse il tuo libro! Io ho finito per cedere e me ne sono andata dalla stanza, «offesa», secondo loro. Invece non ero offesa né adirata, solo triste.
15 Papà è stato ingiusto, a giudicare senza sapere che cosa fosse successo. Naturalmente avrei restituito il libro a Margot e, anzi, l'avrei fatto molto più volentieri, se mamma e papà non si fossero immischiati e non l'avessero difesa come se fosse una questione di stato.
Che mamma difenda Margot è evidente. Si sostengono sempre a vicenda. Ci sono
20 così abituata che ormai le sgridate della mamma e le scenate di Margot mi lasciano del tutto indifferente. Voglio bene a tutt'e due perché sono la mamma e Margot, come persone possono andarsene al diavolo. Con papà è diverso. Quando privilegia Margot, approva tutto quello che lei fa, la loda e la coccola, mi sento rodere dentro, perché sono pazza di lui, lui mi dà il buon esempio, è l'unico al mondo a
25 cui voglio bene. Non si rende conto di trattare Margot diversamente da me: Margot è la più intelligente, la più carina, la più bella e la migliore, non ci piove. Ma anch'io ho il diritto di essere presa un po' sul serio. Invece sono sempre stata la macchietta e la fannullona della famiglia, ho sempre dovuto scontare punizioni doppie: prima le sgridate, e poi la disperazione che provo dentro di me. Adesso non
30 mi bastano più l'affetto superficiale, e neppure i cosiddetti discorsi seri. Pretendo da papà qualcosa che lui non è in grado di darmi. Non sono gelosa di Margot, mai

stata, non la invidio per la sua intelligenza e bellezza, ma vorrei tanto che papà mi amasse davvero non solo come figlia, ma come Anne-in-quanto-tale.

Mi aggrappo a papà perché guardo la mamma con disprezzo ogni giorno più grande e lui è l'unico per cui valga ancora la pena di provare un senso di attaccamento alla famiglia. Papà non capisce che una volta avrei bisogno di sfogarmi sul conto della mamma. Non vuole parlare, evita di fare commenti sui suoi errori.

Eppure la mamma, con tutti i suoi difetti, è il problema che più mi tormenta. Non so come comportarmi, non posso sbatterle davanti al naso che è trascurata, sarcastica e dura, e poi trovo che la colpa non sia neppure sempre mia.

In tutto sono esattamente il contrario di lei, per questo è ovvio che ci scontriamo. Non giudico il carattere della mamma, perché quello non lo posso giudicare, la guardo solo come madre. Per me la mamma non è una madre. Io stessa devo essere mia madre. Mi sono staccata da loro, mi gestisco da sola e vediamo dove vado a finire. Il problema è soprattutto che mi sono fatta un'idea ben precisa di come dev'essere una madre e una donna, e colei che devo chiamare mamma non possiede nessuna delle caratteristiche necessarie.

Mi propongo di non pensare a quello che la mamma sbaglia, voglio vedere soltanto i suoi lati positivi, e quello che non trovo in lei, cercarlo dentro di me. Ma non ci riesco, e il colmo è che né papà né lei si rendono conto di essere troppo poco presenti nella mia vita, e che io gliene faccio una colpa. Si può soddisfare del tutto i propri figli?

A volte penso che Dio mi voglia mettere alla prova, adesso e anche dopo. Devo diventare buona da sola, senza esempi da seguire e senza spiegazioni, così poi sarò particolarmente forte.

Chi, a parte me, rileggerà un domani tutte queste lettere? Chi mi consolerà se non lo farò da sola? Perché spesso ho bisogno di essere consolata, di frequente non sono abbastanza forte, e le volte che sbaglio sono più di quelle in cui riesco a comportarmi come vorrei. Ne sono cosciente, e ogni giorno mi sforzo di migliorare. Non vengo sempre trattata allo stesso modo. Un giorno Anne è così giudiziosa che le si può dire tutto, e il giorno dopo sento dire che è soltanto una sciocchina che non sa niente di niente e crede di avere imparato chissà cosa sui libri! Non sono piú la neonata, la bambinetta a cui si può ridere dietro. Ho le mie aspirazioni, le mie idee e i miei progetti, anche se non riesco ancora a tradurli in parole.

Oh, mi vengono in mente così tante cose la sera quando sono sola, e anche di giorno, quando devo sopportare le persone che mi danno fastidio o quelle che travisano sempre il senso delle mie parole. Per questo ultimamente scrivo spesso sul diario che è il mio punto di partenza e di arrivo, perché Kitty è sempre paziente. Le prometto che nonostante tutto ce la farò, troverò la mia strada e inghiottirò le lacrime. Solo che vorrei tanto vedere subito i risultati, o essere incoraggiata da qualcuno che mi voglia bene.

Non condannarmi, ma considerami una persona che a volte può averne proprio piene le tasche!

                                                                Tua Anne

                                                    Domenica 2 gennaio 1944

Cara Kitty,

questa mattina, che non avevo niente da fare, mi sono messa a sfogliare il diario e ho trovato diverse lettere in cui l'argomento «madre» è trattato con parole così dure che mi sono chiesta: «Anne, me sei stata proprio tu a parlare di odio? Oh, Anne, come hai potuto!»

80 Sono rimasta a guardare la pagina pensando a come potevo essere stata tanto piena di collera e d'odio da doverti confidare tutto. Ho provato a capire la Anne di un anno fa e a perdonarla, perché non avrò la coscienza pulita per averti confidato quelle accuse finché non ti avrò spiegato la causa. Soffrivo e tutt'ora soffro di malumori che mi tenevano con la testa sott'acqua (in senso figurato), e mi facevano

85 vedere le cose solo in modo soggettivo, senza provare a considerare tranquillamente quanto gli altri avevano detto e ad agire pensando a chi – con il mio temperamento esplosivo – ho offeso o amareggiato.

Mi sono chiusa in me stessa, pensavo solo a me e ho annotato tranquillamente tutte le mie gioie e i miei crucci sul diario. Questo diario per me ha un grande

90 valore, perché è diventato un libro di ricordi, ma su molte pagine adesso potrei aggiungere «passato».

Ero furibonda con la mamma (e spesso lo sono ancora). È vero che lei non mi capiva, ma del resto neanch'io la capivo. Dato che mi voleva bene, lei era gentile con me, ma dato che per causa mia è anche venuta a trovarsi in molte situazioni

95 spiacevoli e che per questo, e per molti altri tristi motivi, era nervosa e irritata, è comprensibile che mi sgridasse.

Io me la prendevo molto, mi offendevo e diventavo maleducata e sgradevole nei suoi confronti, cosa che, a sua volta, la metteva di malumore. Era dunque, più che altro, un continuo scambio di sgarbi e scortesie, comunque per entrambe non era

100 piacevole, ma sono cose che passano. E anche il fatto che non volessi capire e che provassi molta compassione per me stessa è comprensibile.

Le frasi troppo forti sono soltanto dovute al nervosismo che nella vita normale avrei sfogato pestando i piedi chiusa a chiave in una stanza o brontolando un po' dietro le spalle della mamma.

105 Il periodo in cui biasimavo le lacrime della mamma è passato, sono diventata più saggia e lei ha i nervi un po' più saldi. Di solito, quando mi arrabbio, tengo la bocca chiusa e lei fa altrettanto, così all'apparenza le cose vanno molto meglio. Perché di provare per lei quell'affetto tipico dei figli non ne sono capace.

Mi metto in pace la coscienza pensando che le insolenze è meglio averle messe

110 sulla carta piuttosto che la mamma se le debba portare nel cuore.

Tua Anne

(A. Frank, *Diario*, Roma, Gruppo editoriale L'Espresso, 2010, trad. di Laura Pignatti)

Aspetto 5a *Ricostruire il significato di una parte più o meno estesa del testo, integrando più informazioni e concetti, anche formulando inferenze complesse.*

1 **«Voglio bene a tutt'e due perché sono la mamma e Margot, come persone possono andarsene al diavolo» (rr. 21-22). Da questa frase è possibile desumere che Anna**

- ☐ **A** è in perfetta sintonia con la madre e la sorella.
- ☐ **B** prova dell'affetto per la madre e la sorella, ma non le rispetta come persone.
- ☐ **C** non ama e non rispetta affatto la madre e Margot.
- ☐ **D** vuole bene alla madre e a Margot in quanto rispettivamente moglie e figlia di suo padre, uomo che lei ama e stima moltissimo.

Aspetto 5a

2 **Indica se i rapporti tra le seguenti coppie di personaggi sono di solidarietà o di opposizione.**

Personaggio	Solidarietà	Opposizione
A Padre/Madre		
B Madre/Margot		
C Padre/Margot		
D Anne/Madre		

Aspetto 5a *Ricostruire il significato di una parte più o meno estesa del testo, integrando più informazioni e concetti, anche formulando inferenze complesse.*

3 Nella seconda pagina di diario

- [ ] **A** Anne si dimostra più saggia ed equilibrata.
- [ ] **B** Anne continua a manifestare collera nei confronti della madre.
- [ ] **C** non si nota alcun cambiamento rispetto alla prima pagina di diario.
- [ ] **D** Anne ha completamente cambiato giudizio nei riguardi della madre.

Aspetto 6 *Sviluppare un'interpretazione del testo, a partire dal suo contenuto e/o dalla sua forma, andando al di là di una comprensione letterale.*

4 Dal brano, emerge l'immagine di una famiglia

- [ ] **A** felice.
- [ ] **B** patriarcale.
- [ ] **C** allargata.
- [ ] **D** borghese, alle prese con problemi normali.

Aspetto 5a *Ricostruire il significato di una parte più o meno estesa del testo, integrando più informazioni e concetti, anche formulando inferenze complesse.*

5 In base al punto di vista di Anna, scegli l'aggettivo che riassume meglio il carattere di ciascun personaggio, reale o fittizio.

Personaggio	Carattere		
A Padre	☐ ingiusto	☐ esemplare	☐ fazioso
B Madre	☐ dura	☐ comprensiva	☐ imparziale
C Margot	☐ intelligente	☐ stupida	☐ capricciosa
D Kitty	☐ mite	☐ dubbiosa	☐ paziente

Aspetto 5a

6 «Mi metto in pace la coscienza pensando che le insolenze è meglio averle messe sulla carta piuttosto che la mamma se le debba portare nel cuore» (rr. 109-110). Qual è il senso di questa frase?

- [ ] **A** Anne si sente la coscienza a posto per avere insolentito contro la madre.
- [ ] **B** Anne si consola al pensiero di avere sfogato il suo malumore nei confronti della madre verbalmente e non sul diario.
- [ ] **C** Anne si consola al pensiero di avere sfogato il suo malumore nei confronti della madre sul diario e non verbalmente.
- [ ] **D** Anne si sente la coscienza a posto perché è certa che un domani tutti potranno leggere sul suo diario il pessimo rapporto che ha avuto con la madre.

Aspetto 3 *Fare un'inferenza diretta, ricavando un'informazione implicita da una o più informazioni date nel testo e/o tratte dall'enciclopedia personale del lettore.*

7 Nel momento in cui scrive, Anne si trova

- [ ] **A** a Francoforte.
- [ ] **B** a Bergen-Belsen.
- [ ] **C** ad Auschwitz.
- [ ] **D** ad Amsterdam.

Aspetto 1 *Comprendere il significato, letterale e figurato, di parole ed espressioni e riconoscere le relazioni tra parole.*

8 Nella frase «Soffrivo e tutt'ora soffro di malumori *che mi tenevano con la testa sott'acqua (in senso figurato)*», l'espressione in corsivo vuol dire

- [ ] **A** che offuscavano la mia lucidità.
- [ ] **B** che mi asfissiavano.
- [ ] **C** che mi facevano somigliare a un pesce.
- [ ] **D** che mi davano la sensazione di annegamento.

Aspetto 5a *Ricostruire il significato di una parte più o meno estesa del testo, integrando più informazioni e concetti, anche formulando inferenze complesse.*

9 «Le frasi troppo forti sono soltanto dovute al nervosismo che nella vita normale avrei sfogato pestando i piedi chiusa a chiave in una stanza o brontolando un po' dietro le spalle della mamma». Da questa frase si evince che Anna

- [ ] **A** è un'adolescente inquieta, con disturbi caratteriali di cui a volte non si rende conto.
- [ ] **B** fa dipendere il suo malumore dalla situazione di coabitazione forzata cui è sottoposta nel periodo clandestino.
- [ ] **C** ha irriducibilmente in antipatia la madre, dalla quale prende le distanze e nella quale non si è mai identificata.
- [ ] **D** ha definitivamente risolto i suoi conflitti con la madre.

Aspetto 4 *Cogliere le relazioni di coesione e di coerenza testuale (organizzazione logica entro e oltre la frase).*

10 Nel periodo «Che mamma difenda Margot è evidente» (r. 19), «è evidente» introduce una proposizione subordinata

- [ ] **A** oggettiva.
- [ ] **B** dichiarativa.
- [ ] **C** soggettiva.
- [ ] **D** relativa.

Jan van Eyck

Ritratto dei coniugi Arnolfini

TIPOLOGIA	Dipinto
GENERE	Ritratto
STILE	Pittura fiamminga
TECNICA	Olio su tela
ANNO	1434

▶ ANALIZZIAMO IL DIPINTO

1 IL SOGGETTO
2 SIMBOLI E ALLEGORIE
3 IL REALISMO FIAMMINGO

1 Il quadro ritrae una coppia di ricchi mercanti italiani, i coniugi Arnolfini.

2 Il dipinto, attraverso una serie di dettagli simbolici, rappresenta il sacro vincolo del matrimonio.

3 Il ritratto è una delle opere più significative della pittura fiamminga.

1 IL SOGGETTO

Il dipinto ritrae il facoltoso mercante lucchese Giovanni Arnolfini e sua moglie Giovanna Cenami nella stanza da letto della loro casa di Bruges, dove vissero dal 1420 al 1472. A quel tempo la zona delle Fiandre era dal punto di vista economico una delle più prospere d'Europa, grazie a una fiorente attività industriale e commerciale che aveva attirato gli interessi dei banchieri e dei commercianti di tutto il mondo, compresi quelli italiani, e in particolare toscani. La ricchezza dei due coniugi è sottolineata dal sontuoso abbigliamento – un mantello di visone per lui, un abito con guarnizioni di pelliccia di ermellino per lei – e dalla raffinatezza degli oggetti e degli arredi che li circondano: il prezioso tappeto persiano, gli zoccoli sul pavimento (che erano in realtà soprascarpe utilizzati all'esterno allo scopo di proteggere le calzature in materiale pregiato), il lampadario, la cornice dello specchio e la testiera del letto finemente cesellati e così via. Inoltre, non era da tutti permettersi un ritratto commissionato a un caposcuola della pittura fiamminga come Jan van Eyck.

1 **Descrivi il dipinto in maniera oggettiva secondo un ordine spaziale, procedendo dal primo piano verso lo sfondo.**

2 SIMBOLI E ALLEGORIE

Attraverso una serie non casuale di particolari simbolici, l'artista ha voluto immortalare sulla tela il sacro vincolo del matrimonio. Analizziamo questi particolari nel dettaglio: il cagnolino rappresenta la fedeltà coniugale, le arance sul davanzale della finestra e sul ripiano sottostante, che nell'Europa del Nord erano chiamate "mele d'Adamo", simboleggiano il peccato originale da cui fuggire attraverso la sacralità coniugale. Il color porpora delle stoffe è allegoria della passione amorosa; le mani congiunte al centro del quadro simboleggiano l'unione carnale; quella destra dell'uomo, sollevata come in atto di benedizione, rappresenta l'unione spirituale; quella sinistra della donna, mollemente adagiata su un drappo del vestito arricciato sul grembo, rimanda invece al periodo della gravidanza. Fra gli altri particolari, disseminati ovunque nella tela, merita attenzione il piccolo specchio convesso posto sullo sfondo, attraverso il quale è possibile scorgere il retroscena del soggetto, con i due testimoni presenti al giuramento di nozze. Uno di questi è il pittore stesso, che, come a voler sottolineare la solennità dell'evento, colloca la propria firma a caratteri gotici proprio sopra lo specchio: *Johannes de Eyck fuit hic 1434* ("Jan van Eyck è stato qui 1434").

2 **Rintraccia altri particolari presenti nel dipinto e prova a interpretarne il significato.**

3 IL REALISMO FIAMMINGO

Mentre in Italia, e in particolare a Firenze, esplode l'arte rinascimentale, nei Paesi Bassi si afferma un nuovo tipo di pittura, che abbandona i soggetti religiosi per dedicarsi a scene caratterizzate da un vivo realismo. Il più celebre innovatore della pittura fiamminga fu Jan van Eyck (1390-1441), che nei suoi dipinti utilizzò il colore e la luce per dare rilievo e precisione a tutti gli elementi rappresentati: oggetti, paesaggi e persone. Nel *Ritratto dei coniugi Arnolfini*, infatti, la luce è il grande elemento unificatore, che se da una parte contribuisce alla creazione di un'atmosfera immobile e rarefatta, degna del soggetto rappresentato, dall'altra analizza con precisione ogni singolo elemento del quadro, conferendogli una vividezza realistica senza eguali, come sottolinea il critico

d'arte Philippe Daverio nel saggio *Il museo immaginato*: «Andate a vedere la collana di vetro appesa al muro, rimarrete stupiti dall'abile riproduzione della luce nell'ombra che lascia sul muro, vedrete quanto questo muro è screpolato, come in un dipinto dell'Ottocento. Poi andate a salutare le arance sul davanzale, troverete l'incavo della finestra con i chiodini arrugginiti [...]; che delizia poi le scarpette riposte di lei, vicino al tappeto d'Oriente, su di un pavimento di legno inchiodato che sentirete con la punta delle vostre dita».

3 **Commenta le scelte cromatiche del pittore, provando a spiegare, in particolare, il motivo per cui utilizza colori scuri per dipingere l'uomo e colori vivaci per la donna.**

Fernando Botero, *Dopo gli Arnolfini di van Eyck*, 1978.

La bellezza del somaro

TIPOLOGIA	Film
GENERE	Commedia
REGIA	Sergio Castellitto
CAST	Sergio Castellitto (Marcello), Laura Morante (Marina), Enzo Jannacci (Armando), Marco Giallini (Duccio), Lidia Vitale (Delfina), Erica Blanc (Venanzia), Barbora Bobulova (Lory), Renato Marchetti (Ettore Maria), Gianfelice Imparato (Valentino), Emanuela Grimalda (Raimonda), Svetlana Kevral (Cornelia), Nina Torresi (Rosa), Pietro Castellitto (Luca), Valerio Lo Sasso (Aldo), Valentina Mencarelli (Francipalla), Riccardo Russo (Giulietto), Lola Ponce (Gladys).
ANNO	2010

WARNER BROS. PICTURES PRESENTA UNA PRODUZIONE CINEMA UNDICI E ALIEN PRODUZIONI

SERGIO CASTELLITTO
LAURA MORANTE
ENZO JANNACCI
MARCO GIALLINI
BARBORA BOBULOVA
GIANFELICE IMPARATO

UN FILM DI
SERGIO CASTELLITTO

SCRITTO DA
MARGARET MAZZANTINI

LA BELLEZZA DEL SOMARO

DA NATALE AL CINEMA

▸ ANALIZZIAMO IL FILM

1 I GENITORI
2 LA FIGLIA
3 GLI AMICI

LA TRAMA

Marcello Sinibaldi è un architetto di successo, è sposato con Marina che fa la psicoterapeuta, ha una bella figlia di nome Rosa che va bene a scuola e tanto per non farsi mancare nulla ha anche un'amante, la sua assistente Gladys. La famiglia Sinibaldi vive in un'elegante casa di Roma accudita dalla domestica Cornelia, un'algida e dispotica rumena che nel suo paese d'origine faceva l'ingegnere. Duccio e Valentino sono i due più cari amici di Marcello: il primo è un medico separato che ha un figlio di nome Luca, ragazzo mezzo intontito dalle canne in cerca della sua strada; il secondo è un manager un po' depresso sposato con una preside frustrata e ha un figlio di nome Aldo, un adolescente un po' grezzo con la passione per i serpenti esotici. In occasione del ponte dei morti, questa "famiglia allargata" composta da genitori, ex partner, amici, figli e amici dei figli si trasferisce in Toscana, nel casolare di campagna dei Sinibaldi. All'appello non mancano neppure i due affezionati pazienti di Marina, l'infantile Lory ed Ettore Maria, ossessionato dall'idea della morte e dal film di Ingmar Bergman Il settimo sigillo. Marcello e Marina sono in attesa di Rosa e del suo nuovo fidanzato, che essi credono sia un ragazzo di colore e che invece si rivela essere un anziano signore saggio e carismatico. La scioccante scoperta li manderà completamente in tilt, trasformandoli da genitori tolleranti e progressisti in un padre e una madre disperati, incapaci di gestire con fermezza e autorità l'incresciosa situazione.

Marcello e Marina sono genitori moderni, disposti al dialogo, tolleranti e un po' troppo permissivi.

1 I GENITORI

Marcello e Marina sono professionisti di successo, vivono in un bel quartiere romano e possiedono anche un meraviglioso casolare nella campagna toscana, hanno una governante a tempo pieno e molti amici. Sono colti, dinamici, rispettosi dell'ambiente e delle diversità, aperti e disposti al dialogo, politicamente corretti e radical chic. Ma dietro a questa apparente felicità si celano tanti problemi. Marcello tradisce la moglie con una giovane amante di cui però vorrebbe liberarsi e Marina è una donna

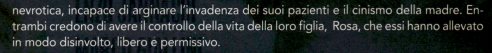

Rosa è un'adolescente apparentemente forte, ma alla ricerca di una figura genitoriale ferma e autorevole.

nevrotica, incapace di arginare l'invadenza dei suoi pazienti e il cinismo della madre. Entrambi credono di avere il controllo della vita della loro figlia, Rosa, che essi hanno allevato in modo disinvolto, libero e permissivo.

2 LA FIGLIA

Rosa è un'adolescente di diciassette anni apparentemente forte e volitiva. Va bene a scuola, è circondata da amici e da ragazzi che le fanno il filo, è amata e gode di tutte le attenzioni possibili da parte dei suoi genitori. Ma anche lei non è veramente felice. Insoddisfatta, la ragazza lascia il suo fidanzato per un uomo più vecchio addirittura di suo padre. Armando però non rappresenta per Rosa un vero amante, ma un genitore autorevole, che con la forza delle sue parole, dei suoi esempi e del suo stile di vita è capace di guidarla nel labirinto dell'esistenza.

3 GLI AMICI

Attorno a Marcello, Marina e Rosa ruota un corteo di amici, parenti e pazienti accomunati da un atteggiamento di immaturità e inettitudine. Duccio, per esempio, è superficiale e incapace di assumere un tono di serietà anche quando le circostanze lo richiederebbero. Valentino è il classico borghese, assente nella vita familiare e presente solo nel suo lavoro. Sua moglie Raimonda è apparentemente forte ma in realtà sfoga nel cibo le sue delusioni di moglie e madre. E Armando, in fondo, è solo un vecchio che non ha niente da insegnare, ma che nonostante questo viene ascoltato e seguito come fosse un guru. Il suo carisma cattura tutti, perfino Marcello, Marina e la domestica rumena, che alle sue parole trova la forza per ribellarsi ai suoi padroni.

Gli amici di Marcello sono adulti frustrati che cercano di imitare i giovani.

GUIDA AL DIBATTITO

1 Secondo il regista e la sceneggiatrice del film (Sergio Castellitto e Margaret Mazzantini) "la bellezza del somaro" sta ad indicare l'età dell'adolescenza, in cui si ha quasi il diritto di essere stolti, recalcitranti, testardi, innocenti e incoscienti. Sei d'accordo con questa affermazione?

2 Prova a delineare il profilo caratteriale del vecchio Armando. Perché piace tanto ad adulti e ragazzi?

3 Quale frase di Armando ti ha colpito di più? Perché?

4 Pensi che l'enorme differenza di età tra Rosa e Armando possa essere di ostacolo al loro amore?

5 Come interpreti l'ultima scena del film?

▶ ATTIVIAMO LE COMPETENZE

PRODUZIONE DI TESTI MULTIMEDIALI

RICERCA, LAVORO DI GRUPPO, PRODOTTO AUDIOVISIVO

6 Realizza insieme ai compagni una presentazione multimediale del film. Il vostro lavoro dovrà contenere immagini e testi organizzati secondo le indicazioni fornite.
- Locandina del film e trama in breve.
- Scheda completa del cast (una slide per ogni attore, con immagini e indicazioni relative alla biografia e alla filmografia fondamentale).
- Scheda biografica del regista (immagini e film diretti).
- Recensioni critiche sul film, sia positive che negative.
- Frasi celebri del film e immagini significative corredate da didascalie.
- Notizie su Margaret Mazzantini e sulla sua produzione narrativa.

STRUMENTI ESPRESSIVI E ARGOMENTATIVI

ESPOSIZIONE DEL PROPRIO PUNTO DI VISTA

7 Scegli il tuo punto di vista e argomentalo.
Consiglierei la visione di questo film perché…
- è una commedia divertente che però fa riflettere;
- è attuale e mette in scena i problemi che più affliggono le famiglie di oggi: l'incomunicabilità, il permissivismo, i conflitti generazionali, l'inadeguatezza dei genitori…;
- il cast comprende alcuni dei migliori attori italiani;
- è denso di frasi memorabili.

Concetti chiave

Flashcard

▶ CARATTERISTICHE DEL TEMA

La famiglia

Epoca classica	Era rigidamente patriarcale: figli, moglie e servi dovevano un'assoluta obbedienza al *pater familias*.
Epoca medievale	Si dava grande importanza ai legami familiari e i matrimoni spesso erano un mezzo per stabilire alleanze tra famiglie.
Ottocento	Convivono due modelli familiari: la famiglia complessa preindustriale e quella nucleare di tipo borghese.
Novecento	Alla classica famiglia costituita da genitori e figli, si affiancano altri modelli: famiglie allargate, ricostruite, unipersonali ecc.

▶ **CONTESTO STORICO-CULTURALE**

QUANDO	CHI	CHE COSA
Ottocento	Giovanni Verga	Nei *Malavoglia* racconta l'epopea di una famiglia preindustriale.
	Federico De Roberto	Scrive il romanzo storico *I Viceré*, che ha per protagonista una nobile famiglia catanese.
	Charles Flaubert	Inventa il personaggio di *Madame Bovary*, una moglie insoddisfatta e annoiata dalla vita familiare.
Novecento	Luigi Pirandello, Italo Svevo	Nelle loro opere criticano le convenzioni della società borghese e l'istituzione familiare.
	Thomas Mann	Nel romanzo *I Buddenbrook* racconta la progressiva decadenza di una famiglia borghese tedesca.
	Gabriel García Márquez	Nel romanzo *Cent'anni di solitudine* narra le vicende della famiglia Buendìa.

▶ **RIPASSO**

1 Quali sono i tratti distintivi della famiglia greca e romana?
2 Perché nel Medioevo era importante avere una famiglia numerosa?
3 Quali sono le caratteristiche della famiglia preindustriale?
4 Che cosa si intende per "famiglia borghese"?
5 Che cosa si intende con l'espressione "matrimonio combinato"?
6 Quali autori italiani hanno maggiormente criticato la famiglia borghese?
7 Che cosa si intende per "famiglia patriarcale"?
8 Che differenza c'è tra una famiglia complessa e una famiglia allargata?

Giovanni Verga

Giovanni Verga

I vinti e la fiumana del progresso

Il metodo dell'impersonalità

Raccontare il vero

ARTISTA Julien Dupré
NAZIONALITÀ Francese
TITOLO La mietitrice
ANNO 1893
STILE Realismo

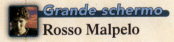

Giovanni Verga

La vita

Uno scrittore profondamente innovativo

Nel panorama letterario del secondo Ottocento Verga occupa un posto di grande prestigio: romanziere, drammaturgo e novelliere d'eccezione, è uno dei massimi esponenti del Verismo, insieme a Federico De Roberto, Grazia Deledda e Luigi Capuana. Formatosi inizialmente sulle idee romantico-risorgimentali, Verga ha modo, dopo essersi trasferito a Milano, di conoscere gli esponenti della Scapigliatura e di approfondire le teorie del Naturalismo francese. Tali esperienze lo mettono a contatto con la modernità e con il clima del Positivismo e gli permettono, anche attraverso la messa a punto della nuova tecnica narrativa dell'impersonalità, di diventare uno degli scrittori più profondamente innovativi della letteratura italiana a cavallo fra Ottocento e Novecento.

L'infanzia, gli studi e le prime esperienze a Catania

Giovanni Verga nasce nel 1840 a Catania da una famiglia di proprietari terrieri liberali e antiborbonici. Nella prima adolescenza frequenta la scuola di Antonino Abate, letterato dilettante e fervente repubblicano: è grazie a lui che si appassiona agli ideali di unità nazionale e scrive due romanzi patriottici, *Amore e patria* (rimasto inedito) e *I carbonari della montagna* (pubblicato a spese dell'autore con i soldi datigli dal padre per ultimare gli studi). Iscrittosi poi ai corsi della Facoltà di Legge di Catania, che non porterà mai a termine, Verga capisce che non può fare a meno di seguire la propria vocazione letteraria e di dedicarsi alla professione di scrittore. Inizia così a collaborare a riviste letterarie e politiche. Nel 1860, con l'arrivo di Garibaldi in Sicilia, Verga aderisce all'impresa dei Mille e si arruola nella Guardia nazionale, prestandovi servizio per circa quattro anni.

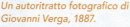
Un autoritratto fotografico di Giovanni Verga, 1887.

Il trasferimento a Firenze, capitale d'Italia

Ben presto Verga si rende conto che l'ambiente siciliano ha orizzonti culturali troppo ristretti e nel 1865 si trasferisce, per qualche mese, a Firenze, in quegli anni capitale d'Italia. Il soggiorno fiorentino, che si ripeterà dal 1869 al 1971, è per il giovane siciliano un'esperienza fondamentale: frequenta salotti letterari e circoli artistici e stringe amicizia con il conterraneo Luigi Capuana, all'epoca critico teatrale per il quotidiano «La Nazione», destinato a diventare il principale teorico del Verismo e a condividere con Verga battaglie culturali e vicende biografiche. Così scriveva infatti al fratello Mario nel maggio del 1869: «Firenze è davvero il centro della vita politica e intellettuale d'Italia; qui si vive in un'altra atmosfera, di cui non potrebbe farsi alcuna idea chi non l'avesse provato, e per diventare qualche cosa bisogna vivere al contatto di quelle illustrazioni, vivere in mezzo a questo movimento incessante, farsi conoscere, e conoscere, respirarne l'aria, insomma». Risalgono a questi anni i primi romanzi: *Una peccatrice* (1866) e *Storia di una capinera* (1871), vicende melodrammatiche e sentimentali che incontrano il favore del pubblico.

Michele Catti, Marina grande, 1900 ca.

A Milano

Nel 1872 Verga si trasferisce a Milano, «la città più città d'Italia», stando allo stesso Verga, che diventerà la sua seconda patria e dove resterà per quasi vent'anni. Qui, dove risiede l'amico Capuana, conosce, grazie ai romanzi di Zola, i fondamenti del Naturalismo francese ed entra in contatto con i giovani intellettuali d'avanguardia: gli scapigliati Emilio Praga e Arrigo Boito. Sono gli anni di *Eva* (1873), *Tigre reale* (1874) ed *Eros* (1875), ancora romanzi di ambientazione alto-borghese incentrati su protagonisti divorati da passioni distruttive. Un primo importante segnale che testimonia il desiderio di abbandonare la dimensione mondana dei primi romanzi si ha nel 1874 con la novella *Nedda*, «bozzetto siciliano», come recita il sottotitolo, che ha per protagonista una povera contadina siciliana alle prese con la miseria. Se lo stile non muta e l'approccio all'argomento è ancora melodrammatico – la storia di Nedda commuove le signore dei salotti – il cambio di ambientazione è fondamentale: Verga sente che è giunto il momento per cambiare strada e abbandonare i facili successi in nome di una nuova e più difficile forma d'arte.

L'approdo al Verismo e il ciclo dei *Vinti*

Dopo *Nedda* la svolta stilistica dell'autore inizia a divenire più netta ed evidente. I motivi della nuova scelta letteraria sono molteplici: dall'arrivo a Milano di Capuana nel 1875, convinto sostenitore delle teorie dei naturalisti francesi e della necessità di adottare il metodo impersonale per ritrarre la realtà, dalla lettura approfondita delle opere di Zola, dalla noia per i salotti mondani alla nostalgia per la sua terra. La prima novella ad avere tutte le caratteristiche tematiche e stilistiche della nuova poetica è *Rosso Malpelo*, pubblicato nel 1878 sulla rivista «Il Fanfulla», in quattro puntate, con il sottotitolo *Scene popolari*. Verga è sicuro di aver finalmente trovato la sua strada e gli anni successivi risultano estremamente fertili e creativi. Nel 1880 viene pubblicata la raccolta di novelle *Vita dei campi* (che contiene, tra le altre, *L'amante di Gramigna*, *Cavalleria rusticana*, *La Lupa* e *Jeli il pastore*). Alla raccolta fa seguito il romanzo *I Malavoglia*, primo di un ciclo narrativo che non verrà mai ultimato e che avrebbe dovuto intitolarsi *I vinti*. Nel 1883 escono le *Novelle rusticane* (è la raccolta di *La roba*, *Cos'è il Re*, *Libertà*), nel 1889 il secondo e ultimo romanzo del progettato ciclo: *Mastro-don Gesualdo*. Gli applausi del pubblico che aveva accolto con entusiasmo le prime prove del giovane siciliano, appassionandosi alle vicende di Eva come a quelle di Nedda o di Maria (la protagonista di *Storia di una capinera*), si raffreddano. All'indomani dell'uscita del suo primo romanzo verista, Verga scriverà amareggiato all'amico Capuana: «I Malavoglia hanno fatto fiasco, fiasco pieno e completo».

Il teatro, il ritorno in Sicilia e il silenzio

Nel 1884 la riduzione teatrale di *Cavalleria rusticana*, tratta dall'omonima novella, ottiene un grande successo grazie anche all'interpretazione di una delle attrici più famose del momento: Eleonora Duse. È l'inizio di un interesse per le scene che Verga continuerà a coltivare per qualche decennio, spesso partendo dalle novelle già pubblicate. Nel 1893 Verga ritorna a Catania e tenta invano di terminare il ciclo dei *Vinti*, che avrebbe dovuto comprendere altre tre opere: *La Duchessa di Leyra*, terzo romanzo del ciclo, si interrompe però al primo capitolo. È del 1903 la rappresentazione del suo ultimo dramma, *Dal tuo al mio*.

In seguito lo scrittore conduce una vita appartata e ritirata, concentrandosi sull'amministrazione delle sue proprietà agricole e vivendo angustiato per le preoccupazioni economiche. Negli ultimi anni di vita anche le sue posizioni politiche diventano più chiuse e conservatrici. Muore nel 1922, a Catania, all'età di 82 anni.

Le caratteristiche

La visione pessimista di Verga: una realtà senza scampo

Seguendo i capisaldi teorici del Verismo e del Naturalismo, ciò che Verga si propone di rappresentare nelle sue opere è la realtà così com'è. Una realtà che egli vede dominata dalla logica del profitto, dalla predominanza dei valori economici, dalla legge di sopraffazione, del più forte che vince il più debole. Se in parte questa visione deriva dalle teorie sull'evoluzione della specie elaborate dal naturalista inglese Charles Darwin (*L'origine della specie* è del 1859) e condivise dai pensatori e dagli autori vicini al Positivismo, è vero che l'entusiastica fiducia nel progresso, che pure appartiene allo stesso clima filosofico e culturale, non fa parte delle convinzioni pessimiste dello scrittore siciliano. Per Verga, infatti, il progresso, se pure nel suo risultato finale è grandioso, tende però a schiacciare e a stritolare i più deboli, che appartengono a tutte le classi sociali, dai più poveri ai più ricchi, dagli analfabeti agli artisti. È a questi vinti, travolti dalla «fiumana del progresso», che Verga dedica la sua attenzione e affida il ruolo di protagonisti nelle sue opere.

Diversamente dal suo collega francese Émile Zola, fortemente impegnato per denunciare le storture del progresso e convinto che anche la letteratura possa servire a cambiare le cose, Verga, figlio di agiati proprietari terrieri e conservatore, pensa che non si possa far nulla contro le dure leggi dell'esistenza.

Scrittura e fotografia: lo stile dell'impersonalità

Riflesso diretto dell'atteggiamento di Verga nei confronti della realtà è lo stile impiegato per descriverla e per presentarla: uno stile oggettivo, impersonale, come una fotografia, che sceglie sì la materia da rappresentare ma che non interviene assolutamente a modificarla, commentarla, interpretarla. L'autore, spiega lo stesso Verga precisando la sua poetica stilistica, «deve restare invisibile», solo così i fatti narrati acquisteranno il realismo impressionante di una ripresa dal vero: la forza delle vicende, del paesaggio, dei personaggi colpiranno il lettore come lo scatto di un reporter

Aci Trezza in una fotografia del 1891.

inviato in prima linea. Senza nessuna preparazione, senza nessuna guida, il lettore colto ottocentesco si troverà di fronte alla dura realtà del popolo siciliano: contadini e pescatori analfabeti che lottano per la sopravvivenza, famiglie rovinate dal naufragio di una barca o ridotte alla fame per un raccolto andato male, fanciulle senza roba costrette a rimanere zitelle, malattie che diventano incurabili perché non si hanno i soldi per il dottore o per le medicine.

Con gli occhi dei personaggi: l'artificio della regressione

Per riuscire nel suo intento, quello appunto di rappresentare la realtà così com'è, nel modo più oggettivo e impersonale possibile, Verga ricorre a una tecnica narrativa che i critici hanno definito «artificio della regressione». Per illudere chi legge e dargli l'impressione di trovarsi di fronte ai semplici fatti, a tu per tu con i protagonisti, gli attori dei piccoli-grandi drammi rusticani inquadrati dall'obiettivo verista dell'autore, Verga "regredisce" al livello di ciò che racconta, adotta lo stesso punto di vista, le stesse parole, gli stessi pensieri, le stesse superstizioni e gli stessi preconcetti di chi vive nel paese dei Malavoglia o di chi lavora nella cava di rena di Rosso Malpelo. Questa tecnica ha un effetto spiazzante nei confronti del lettore, effetto che è stato definito «effetto dello straniamento». Le cose che siamo abituati a vedere in un certo modo – una persona, un paesaggio, un oggetto – ci vengono presentati in un modo tale che non li riconosciamo, ci sembrano diversi dal solito, come se appartenessero a un altro mondo, un mondo a cui noi siamo estranei (e «straniamento» viene da "estraneo"). Verga non ci guida per mano attraverso le viuzze di Aci Trezza, il paesino dei Malavoglia, non ci accompagna rassicurante nei campi infestati dalla malaria e dal brigantaggio, ci lascia soli, stranieri in un mondo governato dalle dure leggi della sopraffazione, degli interessi economici, della lotta per la vita.

► PAROLE DA RICORDARE

Roba: nell'universo verghiano dominato dalla logica del profitto ciò che conta è la roba, i beni accumulati grazie a anni e anni di fatiche e di rinunce. La terra, i campi fertili, gli oliveti, tutto questo è roba, ricchezza materiale che si può toccare con mano e abbracciare con lo sguardo: riscatto tangibile da una miseria atavica perseguito in modo spasmodico da Mazzarò, protagonista della novella *La roba*, e dal Mastro-don Gesualdo del romanzo omonimo.

Malaria: malattia endemica di molte zone dell'Italia, malsane e spesso paludose, trasmessa dalla zanzara *anopheles*, che si manifesta con forti e ricorrenti febbri. Agli inizi del Novecento la Sicilia era la Regione con più morti per febbre malarica, ben 5.977. Solo nel 1928 l'isola venne inserita nei grandi piani per eliminare i fattori ambientali che alimentavano l'infezione, che venne però completamente debellata solo nel 1947, grazie all'uso di un insetticida. La malattia viene citata in molte novelle di Verga, quali *Malaria*, *Nedda* e *La Lupa*.

Discorso indiretto libero: forma intermedia tra il discorso diretto e quello indiretto, in cui il narratore introduce nella narrazione la voce e i pensieri dei personaggi rinunciando all'uso dei due punti, delle virgolette, omettendo talvolta i verbi di dire e inserendo esclamazioni, errori grammaticali, espressioni dialettali, proverbi ecc. Verga utilizza il discorso indiretto libero per dar voce ai suoi personaggi e simulare un'oralità che si vale di una sintassi non pianificata, ma che si sviluppa con frasi giustapposte o legate da ipotassi. Eccone un esempio tratto da *I Malavoglia*: «'Ntoni diceva che se non lo volevano in casa sapeva dove andare a dormire, nella stalla della Santuzza; e già non spendevano nulla a casa sua per dargli da mangiare […] Tanto lui un soldo non l'avrebbe voluto; povero diavolo per povero diavolo, preferiva godersi un po' di riposo, finché era giovane, e non abbaiava la notte come il nonno».

Brigantaggio: fenomeno di banditismo presente nel Regno borbonico prima dell'Unità d'Italia, ma che si intensificò dopo l'unificazione come reazione al nuovo governo dei Savoia. Il brigantaggio, che fa da sfondo alla novella *L'amante di Gramigna*, ebbe sicuramente il sostegno del governo borbonico appena destituito e coinvolse per lo più uomini provenienti dal proletariato rurale, che avvertirono pesantemente i gravi problemi sociali, politici ed economici che investirono il Sud dopo la formazione dello Stato unitario.

Positivismo: filosofia elaborata dal francese Auguste Comte tra il 1830 e il 1842 che si basa su una fiducia incondizionata nella scienza, nel metodo sperimentale e nel progresso economico e sociale. Largamente diffuso in Europa nella seconda metà dell'Ottocento, il Positivismo ha una grande influenza su diversi aspetti della cultura. Naturalismo e Verismo sono entrambi movimenti letterari in qualche modo "figli" di questa nuova mentalità.

Naturalismo e Verismo

Il Naturalismo, che nasce e si afferma in Francia tra il 1870 e il 1890 circa, ha come retroterra culturale e filosofico il Positivismo. Il teorico del movimento, il critico letterario Hippolyte Taine, sostiene l'idea di una letteratura che si assuma il compito di una rigorosa analisi scientifica della personalità umana, considerata un prodotto determinato da tre precisi fattori: *milieu*, *race* e *moment*, ovvero l'ambiente, la razza e il periodo storico. Se per il loro interesse nei confronti della realtà, da rappresentarsi in modo oggettivo in tutte le sue sfumature, tra i precursori del movimento rientrano Honoré de Balzac (1799-1850), autore della *Commedia umana*, e Gustave Flaubert (1821-1880), autore di *Madame Bovary*, è Émile Zola (1840-1902), coetaneo di Verga, il caposcuola del Naturalismo. Zola, che mette in pratica le sue convinzioni nel monumentale ciclo di romanzi dedicato alla famiglia dei Rougon-Macquart, teorizza la necessità per la letteratura di analizzare scientificamente i comportamenti umani in quanto fondati su leggi fisse che regolano il funzionamento del pensiero e delle azioni. Riuscendo a comprendere queste leggi, il romanziere potrà aiutare le scienze politiche ed economiche a correggere le storture della società.

Sulle orme del Naturalismo si sviluppa in Italia, a partire dagli anni Settanta dell'Ottocento, il Verismo, versione italiana riveduta e corretta del movimento francese. La scelta di ritrarre il vero, spesso "il vero" delle classi più disagiate, non ha per questi autori il senso civilmente impegnato della denuncia politica e sociale, ma sfuma nel bozzetto pittoresco (Capuana, Serao) o approda all'amara consapevolezza dell'impossibilità di cambiare le cose (Verga, De Roberto, De Marchi). La diversa situazione politica e sociale – l'Italia è appena diventata una nazione – porta inoltre gli autori veristi a privilegiare le dimensioni regionali: la Sicilia di Verga, De Roberto e Capuana, la Napoli di Matilde Serao, la Milano di De Marchi.

Paul Cezanne, Paul Alexis legge un manoscritto a Émile Zola, 1870. San Paolo del Brasile, Museu de Arte.

Antonino Leto, Bambino e fichidindia, 1885. Collezione Banco di Sicilia.

L'amante di Gramigna

Giovanni Verga, *Vita dei campi*

Tipologia	Testo narrativo
Genere	Novella
Sottogenere	Verismo
Anno	1880

CHI: Giovanni Verga

DOVE: Italia

QUANDO: Ottocento

▶ SCOPRIAMO L'AUTORE

1 LA TEORIA DELL'IMPERSONALITÀ
2 SICILIA 1880
3 EROINA ROMANTICA

Invito alla lettura

La novella è preceduta da una prefazione che ha la forma di una lettera indirizzata a Salvatore Farina, direttore in quegli anni a Milano della «Rivista minima», su cui il racconto venne pubblicato per la prima volta nel 1880. In questa introduzione Verga giustifica il suo indirizzo letterario al corrispondente: l'idea centrale è che l'autore non debba assolutamente far sentire la sua voce, in modo tale che l'opera sembri «essersi fatta da sé».

Il racconto, ambientato a Palagonia e Licodia Eubea, due piccoli centri in provincia di Catania, narra di una giovane donna, Peppa, che, innamoratasi solo a sentirne parlare di un brigante di nome Gramigna, scappa di casa per seguirlo, abbandonando la madre e il futuro sposo.

Quando il brigante viene finalmente catturato e imprigionato, la giovane viene ricondotta a casa, dove vive reclusa con la madre e il figlio avuto da Gramigna, fino alla morte della madre; poi, abbandonato il figlio in un orfanotrofio, si reca nella città in cui è stato incarcerato l'amante per vederlo. Qui apprende che Gramigna è stato portato lontano, in un'altra prigione «di là del mare»; decide allora di lavorare come sguattera nella prigione, ossessionata dal ricordo di lui.

LABORATORIO

GRAMMATICA

Svolgi le attività interattive su questo testo per ripassare **la sintassi della frase complessa.**

A Salvatore Farina.

Caro Farina, eccoti non un racconto, ma l'abbozzo di un racconto. Esso almeno avrà il merito di essere brevissimo, e di esser storico – un documento umano, come dicono oggi[1] – interessante forse per te, e per tutti coloro che studiano nel
5 gran libro del cuore. Io te lo ripeterò così come l'ho raccolto pei viottoli dei campi, press'a poco colle medesime parole semplici e pittoresche della narrazione popolare, e tu veramente preferirai di trovarti faccia a faccia col fatto nudo e schietto, senza stare a cercarlo fra le linee del libro, attraverso la lente dello scrittore. Il semplice fatto umano farà pensare sempre; avrà sempre l'efficacia dell'*essere stato*[2],
10 delle lagrime vere, delle febbri e delle sensazioni che sono passate per la carne. Il misterioso processo per cui le passioni si annodano, si intrecciano, maturano, si svolgono nel loro cammino sotterraneo, nei loro andirivieni che spesso sembrano contraddittori, costituirà per lungo tempo ancora la possente attrattiva di quel fenomeno psicologico che forma l'argomento di un racconto, e che l'analisi
15 moderna si studia di seguire con scrupolo scientifico. Di questo che ti narro og-

1 come dicono oggi: i naturalisti francesi, e in particolare Zola, si proponevano l'osservazione oggettiva della realtà.
2 essere stato: essere avvenuto realmente.

gi, ti dirò soltanto il punto di partenza e quello d'arrivo[3]; e per te basterà, – e un giorno forse basterà per tutti.

Noi rifacciamo il processo artistico al quale dobbiamo tanti monumenti gloriosi[4], con metodo diverso, più minuzioso e più intimo. Sacrifichiamo volentieri l'effetto
20 della catastrofe[5], allo sviluppo logico, necessario delle passioni e dei fatti verso la catastrofe resa meno impreveduta, meno drammatica forse, ma non meno fatale[6]. Siamo più modesti, se non più umili; ma la dimostrazione di cotesto legame oscuro tra cause ed effetti non sarà certo meno utile all'arte dell'avvenire. Si arriverà mai a tal perfezionamento nello studio delle passioni, che diventerà inutile
25 il proseguire in cotesto studio dell'uomo interiore? La scienza del cuore umano[7], che sarà il frutto della nuova arte, svilupperà talmente e così generalmente tutte le virtù dell'immaginazione, che nell'avvenire i soli romanzi che si scriveranno saranno i *fatti diversi*?[8]

Quando nel romanzo l'affinità e la coesione di ogni sua parte sarà così completa,
30 che il processo della creazione rimarrà un mistero, come lo svolgersi delle passioni umane, e l'armonia delle sue forme sarà così perfetta, la sincerità della sua realtà così evidente, il suo modo e la sua ragione di essere così necessarie, che la mano dell'artista rimarrà assolutamente invisibile, allora avrà l'impronta dell'avvenimento reale, l'opera d'arte sembrerà *essersi fatta da sé*, aver maturato ed esser
35 sòrta spontanea, come un fatto naturale, senza serbare alcun punto di contatto col suo autore, alcuna macchia del peccato d'origine.

Parecchi anni or sono, laggiù lungo il Simeto[9], davano la caccia a un brigante, certo *Gramigna*, se non erro, un nome maledetto come l'erba che lo porta, il quale da un capo all'altro della provincia s'era lasciato dietro il terrore della sua fama.
40 Carabinieri, soldati, e militi a cavallo, lo inseguivano da due mesi, senza esser riesciti a mettergli le unghie addosso: era solo, ma valeva per dieci, e la mala pianta minacciava di moltiplicarsi. Per giunta si approssimava il tempo della messe, tutta la raccolta dell'annata in man di Dio, ché i proprietarii non s'arrischiavano a uscir dal paese pel timor di *Gramigna*; sicché le lagnanze erano generali. Il prefetto fece
45 chiamare tutti quei signori della questura, dei carabinieri, dei compagni d'armi, e subito in moto pattuglie, squadriglie, vedette per ogni fossato, e dietro ogni muricciolo: se lo cacciavano dinanzi come una mala bestia per tutta una provincia, di giorno, di notte, a piedi, a cavallo, col telegrafo. *Gramigna* sgusciava loro di mano, o rispondeva a schioppettate, se gli camminavano un po' troppo sulle calcagna.
50 Nelle campagne, nei villaggi, per le fattorie, sotto le frasche delle osterie, nei luoghi di ritrovo, non si parlava d'altro che di lui, di *Gramigna*, di quella caccia accanita, di quella fuga disperata. I cavalli dei carabinieri cascavano stanchi morti; i compagni d'armi si buttavano rifiniti[10] per terra, in tutte le stalle; le pattuglie dormivano all'impiedi; egli solo, *Gramigna*, non era stanco mai, non dormiva mai, combatteva
55 sempre, s'arrampicava sui precipizi, strisciava fra le messi, correva carponi nel folto dei fichidindia, sgattajolava come un lupo nel letto asciutto dei torrenti.

---

1 LA TEORIA DELL'IMPERSONALITÀ
Verga espone la teoria dell'impersonalità che ha deciso di mettere in atto attraverso una nuova tecnica narrativa.

2 SICILIA 1880
La novella ritrae un contesto storico ben preciso dandoci un piccolo affresco della società siciliana postunitaria.

---

3 punto di partenza... d'arrivo: il meccanismo deterministico ritiene che a ogni causa corrisponda necessariamente un effetto ed è per questo che, secondo l'autore, è sufficiente precisare al lettore solo il punto di partenza e quello d'arrivo.
4 monumenti gloriosi: opere di prestigio.
5 effetto della catastrofe: effetto drammatico, caro al narratore onnisciente.
6 la catastrofe resa... non meno fatale: l'effetto

drammatico è reso meno imprevisto, ma non meno distruttivo.
7 scienza del cuore umano: indagine, condotta con metodo scientifico, delle emozioni e dei sentimenti umani.
8 fatti diversi: espressione di origine francese che indica i fatti di cronaca.
9 Simeto: è il più grande fiume della Sicilia. L'intero suo percorso è compreso nella provincia di Catania.
10 rifiniti: sfiniti.

Briganti meridionali in un dipinto del XIX secolo.

3 EROINA ROMANTICA
La protagonista mette in moto l'azione, opponendosi al matrimonio che la famiglia ha programmato per lei.

GRAMMATICA
Quella evidenziata è la proposizione principale. Quante altre proposizioni sono presenti in questo periodo? Sono presenti frasi relative? E che tipo di proposizione è «senza piegar le reni»?

Per duecento miglia all'intorno, correva la leggenda delle sue gesta, del suo coraggio, della sua forza, di quella lotta disperata, lui solo contro mille, stanco, affamato, arso dalla sete, nella pianura immensa, arsa, sotto il sole di giugno.

Peppa, una delle più belle ragazze di Licodia, doveva sposare in quel tempo compare Finu «candela di sego» che aveva terre al sole e una mula baia in stalla, ed era un giovanotto grande e bello come il sole, che portava lo stendardo di Santa Margherita[11] come fosse un pilastro, senza piegare le reni[12].

La madre di Peppa piangeva dalla contentezza per la gran fortuna toccata alla figliuola, e passava il tempo a voltare e rivoltare nel baule il corredo della sposa, «tutto di roba bianca a quattro»[13] come quella di una regina, e orecchini che le arrivavano alle spalle, e anelli d'oro per le dieci dita delle mani: dell'oro ne aveva quanto ne poteva avere Santa Margherita, e dovevano sposarsi giusto per Santa Margherita, che cadeva in giugno, dopo la mietitura del fieno. «Candela di sego» nel tornare ogni sera dalla campagna, lasciava la mula all'uscio della Peppa, e veniva a dirle che i seminati erano un incanto, se *Gramigna* non vi appiccava il fuoco, e il graticcio di
80 contro al letto non sarebbe bastato a contenere tutto il grano della raccolta, che gli pareva mill'anni di condursi la sposa in casa, in groppa alla mula baia. Ma Peppa un bel giorno gli disse:

– La vostra mula lasciatela stare, perché non voglio maritarmi –.

Figurati il putiferio! La vecchia si strappava i capelli, «Candela di sego» era rima-
85 sto a bocca aperta.

Che è, che non è, Peppa s'era scaldata la testa[14] per *Gramigna*, senza conoscerlo neppure. Quello sì, ch'era un uomo! – Che ne sai? – Dove l'hai visto? – Nulla. Peppa non rispondeva neppure, colla testa bassa, la faccia dura, senza pietà per la mamma che faceva come una pazza, coi capelli grigi al vento, e pareva una strega.
90 – Ah! quel demonio è venuto sin qui a stregarmi la mia figliuola! –

Le comari che avevano invidiato a Peppa il seminato prosperoso, la mula baia, e il bel giovanotto che portava lo stendardo di Santa Margherita senza piegar le reni, andavano dicendo ogni sorta di brutte storie, che *Gramigna* veniva a trovare la ragazza di notte in cucina, e che glielo avevano visto nascosto sotto il letto. La
95 povera madre teneva accesa una lampada alle anime del purgatorio, e persino il curato era andato in casa di Peppa, a toccarle il cuore colla stola[15], onde scacciare quel diavolo di *Gramigna* che ne aveva preso possesso.

Però ella seguitava a dire che non lo conosceva neanche di vista quel cristiano; ma invece pensava sempre a lui; lo vedeva in sogno, la notte, e alla mattina si levava
100 colle labbra arse, assetata anch'essa, come lui.

Allora la vecchia la chiuse in casa, perché non sentisse più parlare di *Gramigna*, e tappò tutte le fessure dell'uscio con immagini di santi.

---

11 santa Margherita: la patrona di Licodia (la sua festa si celebra il 10 giugno).
12 senza piegare le reni: prova di forza virile.
13 «tutto di roba bianca a quattro»: biancheria per la dote con quattro capi per ogni articolo.

14 scaldata la testa: innamorata perdutamente.
15 toccarle il cuore colla stola: esorcizzarla per scacciare la tentazione di amare Gramigna.

16 tal gragnuola: una tale serie continuata e ininterrotta.
17 forteto da conigli: boschetto dalla fitta vegetazione nel quale solo i conigli possono penetrare.

Peppa ascoltava quello che dicevano nella strada, dietro le immagini benedette, e si faceva pallida e rossa, come se il diavolo le soffiasse tutto l'inferno nella faccia.
105 Finalmente si sentì che avevano scovato *Gramigna* nei fichidindia di Palagonia.
– Ha fatto due ore di fuoco! – dicevano; – c'è un carabiniere morto, e più di tre *compagni d'armi* feriti. Ma gli hanno tirato addosso tal gragnuola[16] di fucilate che stavolta hanno trovato un lago di sangue dove egli era stato –.
Una notte Peppa si fece la croce dinanzi al capezzale della vecchia e fuggì dalla finestra.
110 *Gramigna* era proprio nei fichidindia di Palagonia – non avevano potuto scovarlo in quel forteto da conigli[17] – lacero, insanguinato, pallido per due giorni di fame, arso dalla febbre, e colla carabina spianata.
Come la vide venire, risoluta, in mezzo alle macchie fitte, nel fosco chiarore dell'alba, ci pensò un momento, se dovesse lasciar partire il colpo.
115 – Che vuoi? – le chiese. – Che vieni a far qui?
Ella non rispose, guardandolo fisso.
– Vattene! – diss'egli, – vattene, finché t'aiuta Cristo!
– Adesso non posso più tornare a casa, – rispose lei; – la strada è tutta piena di soldati.
– Cosa m'importa? Vattene! –
120 E la prese di mira colla carabina. Come essa non si moveva, *Gramigna*, sbalordito, le andò coi pugni addosso:
– Dunque?... Sei pazza?... O sei qualche spia?
– No, – diss'ella, – no!

– Bene, va a prendermi un fiasco d'acqua, laggiù nel torrente, quand'è così –.
125 Peppa andò senza dir nulla, e quando *Gramigna* udì le fucilate si mise a sghignazzare, e disse fra sé:
– Queste erano per me –.
Ma poco dopo vide ritornare la ragazza col fiasco in mano, lacera e insanguinata. Egli le si buttò addosso, assetato, e poich'ebbe bevuto da mancargli il fiato, le disse infine:
130 – Vuoi venire con me?
– Sì, – accennò ella col capo avidamente, – sì –.
E lo seguì per valli e monti, affamata, seminuda, correndo spesso a cercargli un fiasco d'acqua o un tozzo di pane a rischio della vita. Se tornava colle mani vuote, in mezzo alle fucilate, il suo amante, divorato dalla fame e dalla sete, la batteva.
Una notte c'era la luna, e si udivano latrare i cani, lontano, nella pianura. *Gramigna* balzò in piedi a un tratto, e le disse:
– Tu resta qui, o t'ammazzo com'è vero Dio! –
Lei addossata alla rupe, in fondo al burrone, lui invece a correre tra i fichidindia. Però gli altri, più furbi, gli venivano incontro giusto da quella parte.
– Ferma! ferma! –
E le schioppettate fioccarono. Peppa, che tremava solo per lui, se lo vide tornare ferito, che si strascinava appena, e si buttava carponi per ricaricare la carabina.
– È finita! – disse lui. – Ora mi prendono –; e aveva la schiuma alla bocca, gli occhi lucenti come quelli del lupo.
Appena cadde sui rami secchi come un fascio di legna, i *compagni d'armi* gli furono addosso tutti in una volta.
Il giorno dopo lo strascinarono per le vie del villaggio, su di un carro, tutto lacero e sanguinoso. La gente gli si accalcava intorno per vederlo; e la sua amante, anche lei, ammanettata, come una ladra, lei che ci aveva dell'oro quanto Santa Margherita!
La povera madre di Peppa dovette vendere «tutta la roba bianca» del cor-

Michelina di Cesare (1841-1868), una celebre brigante del Regno delle due Sicilie, in una foto d'epoca.

18 buscarsi il pane: guadagnarsi da vivere.

155 redo, e gli orecchini d'oro, e gli anelli per le dieci dita, onde pagare gli avvocati di sua figlia, e tirarsela di nuovo in casa, povera, malata, svergognata, e col figlio di *Gramigna* in collo. In paese nessuno la vide più mai. Stava rincantucciata nella cucina come una bestia feroce, e ne uscì soltanto allorché la sua vecchia fu morta di stenti, e si dovette vendere la casa.

160 Allora, di notte, se ne andò via dal paese, lasciando il figliuolo ai trovatelli, senza voltarsi indietro neppure, e se ne venne alla città dove le avevano detto ch'era in carcere *Gramigna*. Gironzava intorno a quel gran fabbricato tetro, guardando le inferriate, cercando dove potesse esser lui, cogli sbirri alle calcagna, insultata e scacciata ad ogni passo.

165 Finalmente seppe che il suo amante non era più lì, l'avevano condotto via, di là del mare, ammanettato e colla sporta al collo. Che poteva fare? Rimase dov'era, a buscarsi il pane[18] rendendo qualche servizio ai soldati, ai carcerieri, come facesse parte ella stessa di quel gran fabbricato tetro e silenzioso. Verso i carabinieri poi, che le avevano preso *Gramigna* nel folto dei fichidindia, sentiva una specie di tenerezza rispettosa, come l'ammirazione bruta della forza, ed era sempre per la

170 caserma, spazzando i cameroni e lustrando gli stivali, tanto che la chiamavano «lo strofinacciolo della caserma». Soltanto quando partivano per qualche spedizione rischiosa, e li vedeva caricare le armi, diventava pallida e pensava a *Gramigna*.

(G. Verga, *Tutte le novelle*, Milano, Mondadori, 2006)

▶ SCOPRIAMO L'AUTORE

1 LA TEORIA DELL'IMPERSONALITÀ

Verga fa precedere al racconto una lettera, che ne costituisce la prefazione, nella quale spiega all'amico e scrittore Salvatore Farina la sua teoria dell'impersonalità. La prefazione esordisce sostenendo che la letteratura deve essere una fedele rappresentazione della realtà e riprodurre il fatto «nudo e schietto» così come è avvenuto; insiste poi sulla necessità che lo scrittore sia il più oggettivo possibile così che l'opera sembri «essersi fatta da sé» e, infine, spiega come lo scrittore verista non debba abbandonare la descrizione e l'osservazione della sfera emotiva dei personaggi, ma debba analizzarla con rigore scientifico. Lo scrittore deve, in altre parole, calarsi all'interno della sua opera, assumere il punto di vista dei suoi personaggi, parlare e pensare come essi parlano e pensano, così che la sua narrazione diventi oggettiva e il suo scritto abbia il sapore dell'avvenimento reale.

1 **Spiega il contenuto della lettera al Farina, rispondendo alle seguenti domande.**
- Quali sono i meriti del racconto che Verga presenta al Farina?
- Perché il narratore intende raccontare il fatto «colle medesime parole semplici e pittoresche della narrazione popolare»?
- Perché il narratore si propone di raccontare solo il punto di partenza e il punto di arrivo?
- Com'è il metodo che si propone di seguire Verga nell'osservazione dei fatti?
- La nuova arte si propone di stabilire un legame tra cause ed effetti, perché?
- Perché la mano dell'artista deve rimanere assolutamente invisibile?

2 **Qual è dunque la caratteristica principale della nuova letteratura verista?**

2 SICILIA 1880

La novella è ambientata nella Sicilia di fine Ottocento, quando era ormai andata delusa la speranza di un rinnovamento politico, sociale ed economico auspicato con la caduta del Regno borbonico: le pesanti tasse, insieme con il servizio di leva obbligatorio e il generale peggioramento delle condizioni economiche delle classi popolari, scatenarono la rivolta contro il nuovo Stato italiano, identificato come "nemico", e favorirono l'intensificarsi della

piaga del brigantaggio. Al personaggio trasgressivo del brigante Gramigna, nocivo per la società, si affianca inoltre quello ugualmente trasgressivo di Peppa che contravviene alle regole sociali di un mondo molto più ristretto, quello del suo paese, in nome di una passione travolgente e nefasta. È qui evidente il ruolo subalterno della donna, che nell'Italia ottocentesca non può sottrarsi al ruolo di sposa e madre.

3 Quale tra queste problematiche è affrontata nel brano? Elimina gli intrusi.
- A La ribellione.
- B Il brigantaggio.
- C Il rapporto tra legalità e illegalità.
- D La differenza tra essere e apparire.
- E L'alienazione.
- F L'amore irrazionale.

3 EROINA ROMANTICA

Il personaggio di Peppa, bella e giovane, divorata da una passione "proibita", che contro tutto e tutti decide di abbandonare la vita sicura e protetta (il benessere economico, il buon matrimonio) per seguire un sogno, ha tutte le caratteristiche dell'eroina romantica. Un'eroina romantica molto particolare, però: Peppa è una contadina, una ragazza del popolo, presumibilmente ignorante e analfabeta, e Gramigna, sporco, lacero, disonesto e tutt'altro che galante (addirittura al primo incontro spera che le fucilate destinate a lui abbiano colpito la ragazza), è lontanissimo dall'ideale dell'eroe senza macchia e senza paura. Ma alcuni elementi tipici dell'amore romantico caratterizzano, aggiustati al diverso contesto, anche l'ambientazione campagnola: innanzitutto l'innamoramento per fama, classico *topos* addirittura dell'amore cortese, la passione che brucia, come il sole estivo brucia i campi arati, l'immagine dell'amato che tormenta la ragazza persino in sogno, la sete divorante che Peppa prova immaginando quanta sete debba avere il brigante braccato, la fuga per amore e la conseguente caduta sociale. Tutte le tappe della passione distruttiva (compresa la nascita del figlio illegittimo e la fine drammatica) vengono rispettate in questa novella che sembra un romanzo in miniatura.

L'amore-passione contravviene alle regole, sovverte l'ordine costituito, va contro ogni logica: e così la fanciulla, per seguire la legge folle e irrazionale del cuore cui si mantiene fedele fino all'ultimo, abbandona le leggi economiche che regolano l'universo verghiano («lei che ci aveva dell'oro quanto Santa Margherita!») e soccombe miseramente in una *escalation* di offese e umiliazioni fino a ridursi «lo strofinacciolo della caserma».

4 Rintraccia nel testo tutti gli elementi che caratterizzano Peppa come un'eroina romantica e il suo amore come una passione distruttiva e autodistruttiva.

5 Individua i protagonisti e gli antagonisti del racconto.

> ▶ ATTIVIAMO LE COMPETENZE

LETTURA E COMPRENSIONE

ACCESSO ALLE INFORMAZIONI

6 La protagonista è descritta come
- A remissiva e accondiscendente al volere della famiglia.
- B attenta al denaro.
- C appassionata e irrazionale.
- D onesta e pudica.

7 Indica se le seguenti affermazioni sono vere o false.

	Vero	Falso
A La madre di Peppa accetta l'amore che la figlia nutre per Gramigna.		
B La scelta di rinunciare al matrimonio con Finu è per Peppa una scelta meditata.		
C Peppa ha verso Gramigna un atteggiamento di sottomissione.		
D Peppa dimentica la sua storia con Gramigna e si riscatta socialmente.		

8 L'amore di Peppa per Gramigna è considerato dalla madre e dalla comunità con
- A ostilità.
- B indifferenza.
- C accondiscendenza.
- D favore.

COMPRENSIONE GENERALE E INTERPRETAZIONE

9 La novella ha come protagonisti
- A personaggi di bassa condizione sociale.
- B personaggi di ceto sociale elevato.
- C carabinieri e soldati.
- D un brigante.

10 La giovane Peppa si innamora improvvisamente di un brigante rinunciando a un giovane bello e con una piccola rendita. Perché questo è considerato dalla comunità un atto avventato e folle?

11 Perché la madre si oppone all'amore di Peppa per il brigante?

12 Perché Peppa, dopo la morte della madre, abbandona il figlio e va in città per rivedere Gramigna?

13 Quale tra queste affermazioni meglio rappresenta una sorta di manifesto del Verismo? Motiva la tua risposta.
- A «Eccoti non un racconto, ma l'abbozzo di un racconto. Esso almeno avrà il merito di essere brevissimo, e di esser storico.»
- B «Io te lo ripeterò [il racconto] così come l'ho raccolto pei viottoli dei campi, press'a poco colle medesime parole semplici e pittoresche della narrazione popolare.»
- C «L'opera d'arte sembrerà *essersi fatta da sé*, aver maturato ed esser sòrta spontanea, come un fatto naturale, senza serbare alcun punto di contatto col suo autore.»
- D «Noi rifacciamo il processo artistico al quale dobbiamo tanti monumenti gloriosi, con metodo diverso, più minuzioso e più intimo.»

Il naufragio della *Provvidenza*

Giovanni Verga, *I Malavoglia*

Tipologia	Testo narrativo
Genere	Romanzo
Sottogenere	Verismo
Anno	1881

 CHI: Giovanni Verga
 DOVE: Italia
 QUANDO: Ottocento

▶ ANALIZZIAMO IL TESTO

1 LO STRANIAMENTO
2 L'IDEALE DELL'OSTRICA
3 UN ROMANZO CORALE

Invito alla lettura

Il romanzo *I Malavoglia*, pubblicato nel 1881, narra della famiglia Toscano – soprannominata con ironia "Malavoglia", in quanto composta da alacri lavoratori – che vive ad Aci Trezza, un villaggio vicino a Catania. I Toscano, pescatori da generazioni, hanno come unici beni quelli della casa del nespolo e della loro barca, la *Provvidenza*. Le difficoltà economiche inducono il capofamiglia, padron 'Ntoni, a tentare una piccola impresa commerciale: il trasporto in mare di un carico di lupini. Il naufragio della barca di padron 'Ntoni decreterà, oltre alla morte del figlio Bastianazzo e al fallimento dell'operazione commerciale, anche l'inizio di una interminabile serie di disgrazie che si abbatteranno sui nipoti: Mena (il cui matrimonio andrà a monte); Luca (che morirà nella battaglia di Lissa); Lia (che finirà per prostituirsi) e il giovane 'Ntoni (che verrà incarcerato per contrabbando). L'ultimo nipote, Alessi, tenterà una ricostruzione, anche se solo parziale, del nido disgregato, ricomprando la casa del nespolo. Nel testo che segue ci viene narrato il naufragio della *Provvidenza*; il brano era stato pensato per essere l'inizio del romanzo, ma Verga cambiò più volte parere e ritoccò ripetutamente l'*incipit* dell'opera.

Dopo la mezzanotte il vento s'era messo a fare il diavolo, come se sul tetto ci fossero tutti i gatti del paese, e a scuotere le imposte. Il mare si udiva muggire attorno ai *fariglioni*[1] che pareva ci fossero riuniti i buoi della fiera di sant'Alfio[2], e il giorno era apparso nero peggio dell'anima di Giuda. Insomma una brutta domenica di
5 settembre, di quel settembre traditore che vi lascia andare un colpo di mare fra capo e collo, come una schioppettata fra i fichidindia. Le barche del villaggio erano tirate sulla spiaggia, e bene ammarrate alle grosse pietre sotto il lavatoio; perciò i monelli si divertivano a vociare e fischiare quando si vedeva passare in lontananza qualche vela sbrindellata, in mezzo al vento e alla nebbia, che pareva ci avesse il
10 diavolo in poppa; le donne invece si facevano la croce, quasi vedessero cogli occhi la povera gente che vi era dentro.
Maruzza la Longa non diceva nulla, com'era giusto, ma non poteva star ferma un momento, e andava sempre di qua e di là, per la casa e pel cortile, che pareva una

1 *fariglioni*: faraglioni, alti massi rocciosi che si trovano davanti al paese di Aci Trezza.
2 fiera di sant'Alfio: fiera di Trecastagni, località di cui sant'Alfio è il patrono.

1 LO STRANIAMENTO
L'effetto dello straniamento è dato dal contrasto tra il punto di vista del paese, a cui sembra che padron 'Ntoni sia preoccupato più per la perdita dei lupini che per la morte del figlio Bastianazzo, e quello implicito dell'autore colto che non può che compatire il pover'uomo che attende preoccupato sulla riva del mare in tempesta.

3 **beccaio**: macellaio.
4 **quando hanno perso... cavezza**: atteggiamento proprio di chi, avendo perso qualcosa di importante si affanna inutilmente per qualcosa di poco conto.
5 **se ci avesse... calafato**: Turi Zuppiddu sembra che abbia in mano la malabestia, cioè uno speciale martello con cui opera il calafato, colui che rende impermeabili gli interstizi delle barche inserendovi tra un'asse e l'altra stoppa e catrame.
6 **speziale**: farmacista.
7 **paracqua**: ombrello.

15 gallina quando sta per far l'uovo. Gli uomini erano all'osteria, e nella bottega di Pizzuto, o sotto la tettoia del beccaio[3], a veder piovere, col naso in aria.

Sulla riva c'era soltanto padron 'Ntoni, per quel carico di lupini che vi aveva in mare colla *Provvidenza* e suo figlio Bastianazzo per giunta, e il figlio della Locca, il quale non aveva nulla da perdere lui, e in mare non ci aveva altro che suo fratello 20 Menico, nella barca dei lupini. Padron Fortunato Cipolla, mentre gli facevano la barba, nella bottega di Pizzuto, diceva che non avrebbe dato due baiocchi di Bastianazzo e di Menico della Locca, colla *Provvidenza* e il carico dei lupini.

– Adesso tutti vogliono fare i negozianti, per arricchire! diceva stringendosi nelle spalle; e poi quando hanno perso la mula vanno cercando la cavezza[4].

Nella bottega di suor Mariangela la Santuzza c'era folla: quell'ubbriacone di Roc- 25 co Spatu, il quale vociava e sputava per dieci; compare Tino Piedipapera, mastro Turi Zuppiddu, compare Mangiacarrubbe, don Michele il brigadiere delle guardie doganali, coi calzoni dentro gli stivali, e la pistola appesa sul ventre, quasi dovesse andare a caccia di contrabbandieri con quel tempaccio, e compare Mariano Cinghialenta. Quell'elefante di mastro Turi Zuppiddu andava distribuendo per 30 ischerzo agli amici dei pugni che avrebbero accoppato un bue, come se ci avesse ancora in mano la malabestia di calafato[5], e allora compare Cinghialenta si metteva a gridare e bestemmiare, per far vedere che era uomo di fegato e carrettiere. Lo zio Santoro, raggomitolato sotto quel po' di tettoia, davanti all'uscio, aspettava colla mano stesa che passasse qualcheduno per chiedere la carità. – Tra tutte e 35 due, padre e figlia, disse compare Turi Zuppiddu, devono buscarne dei bei soldi, con una giornata come questa, e tanta gente che viene all'osteria.

– Bastianazzo Malavoglia sta peggio di lui, a quest'ora, rispose Piedipapera, e mastro Cirino ha un bel suonare la messa; ma i Malavoglia non ci vanno oggi in chiesa; sono in collera con Domeneddio, per quel carico di lupini che ci hanno in mare.

40 Il vento faceva volare le gonnelle e le foglie secche, sicché Vanni Pizzuto col rasoio in aria, teneva pel naso quelli a cui faceva la barba, per voltarsi a guardare chi passava, e si metteva il pugno sul fianco, coi capelli arricciati e lustri come la seta; e lo speziale[6] se ne stava sull'uscio della sua bottega, sotto quel cappellaccio che sembrava avesse il paracqua[7] in testa, fingendo aver discorsi grossi con don 45 Silvestro il segretario, perché sua moglie non lo mandasse in chiesa per forza; e rideva del sotterfugio, fra i peli della barbona, ammiccando alle ragazze che sgambettavano nelle pozzanghere.

– Oggi, andava dicendo Piedipapera, padron 'Ntoni vuol fare il protestante come don Franco lo speziale.

50 – Se fai di voltarti per guardare quello sfacciato di don Silvestro, ti dò un ceffone

*Francesco Lojacono,
Pescatorelli, seconda metà
del XIX secolo.*

Giovanni Fattori, Giornata grigia, 1893. Livorno, Museo Fattori.

qui dove siamo; borbottava la Zuppidda colla figliuola, mentre attraversavano la piazza. – Quello lì non mi piace.

La Santuzza, all'ultimo tocco di campana, aveva affidata l'osteria a suo padre, e se n'era andata in chiesa, tirandosi dietro gli avventori. Lo zio Santoro, poveretto,
55 era cieco, e non faceva peccato se non andava a messa; così non perdevano tempo all'osteria, e dall'uscio poteva tener d'occhio il banco, sebbene non ci vedesse, ché gli avventori li conosceva tutti ad uno ad uno soltanto al sentirli camminare, quando venivano a bere un bicchiere.

– Le calze della Santuzza, osservava Piedipapera, mentre ella camminava sulla
60 punta delle scarpette, come una gattina – le calze della Santuzza, acqua o vento, non le ha viste altri che massaro Filippo l'ortolano; questa è la verità.

– Ci sono i diavoli per aria! diceva la Santuzza facendosi la croce coll'acqua santa.

– Una giornata da far peccati!

La Zuppidda, lì vicino, abburattava[8] avemarie, seduta sulle calcagna, e saettava
65 occhiatacce di qua e di là, che pareva ce l'avesse con tutto il paese, e a quelli che volevano sentirla ripeteva: – Comare la Longa non ci viene in chiesa, eppure ci ha il marito in mare con questo tempaccio! Poi non bisogna stare a cercare perché il Signore ci castiga! – Persino la madre di Menico stava in chiesa, sebbene non sapesse far altro che veder volare le mosche!

70 – Bisogna pregare anche pei peccatori; rispondeva la Santuzza; le anime buone ci sono per questo.

– Sì, come se ne sta pregando la Mangiacarrubbe, col naso dentro la mantellina, e Dio sa che peccatacci fa fare ai giovanotti!

La Santuzza scuoteva il capo, e diceva che mentre si è in chiesa non bisogna spar-
75 lare del prossimo – «Chi fa l'oste deve far buon viso a tutti», rispose la Zuppidda, e poi all'orecchio della Vespa: – La Santuzza non vorrebbe si dicesse che vende l'acqua per vino; ma farebbe meglio a non tenere in peccato mortale massaro Filippo l'ortolano, che ha moglie e figliuoli.

– Per me, rispose la Vespa, gliel'ho detto a don Giammaria, che non voglio più
80 starci fra le Figlie di Maria se ci lasciano la Santuzza per superiora.

– Allora vuol dire che l'avete trovato il marito? rispose la Zuppidda.

– Io non l'ho trovato il marito, saltò su la Vespa con tanto di pungiglione. Io non sono come quelle che si tirano dietro gli uomini anche in chiesa, colle scarpe verniciate, e quelli altri colla pancia grossa.

GRAMMATICA
Dopo le congiunzioni subordinanti *sebbene, benché, malgrado, nonostante, purché,* è obbligatorio l'uso del modo congiuntivo.

GRAMMATICA
Il sostantivo *calcagno* ha un doppio plurale: *i calcagni* e *le calcagna.* La prima forma di plurale, quella maschile, si usa quando il termine è usato in senso proprio, per indicare cioè l'osso più voluminoso del tarso; la seconda forma di plurale, quella femminile, si usa quando il termine è usato in senso figurato: *stare alle calcagna, avere qualcuno alle calcagna* ecc.

8 abburattava: "abburattare" significa separare con un setaccio (buratto) la farina dalla crusca; qui sta per "snocciolare, ripetere meccanicamente".

85 Quello della pancia grossa era Brasi, il figlio di padron Cipolla, il quale era il cucco[9] delle mamme e delle ragazze, perché possedeva vigne ed oliveti.

– Va a vedere se la paranza[10] è bene ammarrata[11]; gli disse suo padre facendosi la croce.

Ciascuno non poteva a meno di pensare che quell'acqua e quel vento erano tutt'oro
90 per i Cipolla; così vanno le cose di questo mondo, che i Cipolla, adesso che avevano la paranza bene ammarrata, si fregavano le mani vedendo la burrasca; mentre i Malavoglia diventavano bianchi e si strappavano i capelli, per quel carico di lupini che avevano preso a credenza[12] dallo zio Crocifisso Campana di legno.

– Volete che ve la dica? saltò su la Vespa; la vera disgrazia è toccata allo zio Croci-
95 fisso che ha dato i lupini a credenza. «Chi fa credenza senza pegno, perde l'amico, la roba e l'ingegno».

Lo zio Crocifisso se ne stava ginocchioni a piè dell'altare dell'Addolorata, con tanto di rosario in mano, e intuonava le strofette con una voce di naso che avrebbe toccato il cuore a satanasso in persona. Fra un'avemaria e l'altra si parlava del ne-
100 gozio dei lupini, e della *Provvidenza* che era in mare, e della Longa che rimaneva con cinque figliuoli. – Al giorno d'oggi, disse padron Cipolla, stringendosi nelle spalle, nessuno è contento del suo stato e vuol pigliare il cielo a pugni.

– Il fatto è, conchiuse compare Zuppiddu, che sarà una brutta giornata pei Malavoglia.

105 – Per me, aggiunse Piedipapera, non vorrei trovarmi nella camicia di compare Bastianazzo.

La sera scese triste e fredda; di tanto in tanto soffiava un buffo di tramontana, e faceva piovere una spruzzatina d'acqua fina e cheta: una di quelle sere in cui, quando si ha la barca al sicuro, colla pancia all'asciutto sulla sabbia, si gode a vedersi
110 fumare la pentola dinanzi, col marmocchio fra le gambe, e sentire le ciabatte della donna per la casa, dietro le spalle. I fannulloni preferivano godersi all'osteria quella domenica che prometteva di durare anche il lunedì, e fin gli stipiti erano allegri della fiamma del focolare, tanto che lo zio Santoro, messo lì fuori colla mano stesa e il mento sui ginocchi, s'era tirato un po' in qua, per scaldarsi la schiena anche lui.

115 – E' sta meglio di compare Bastianazzo, a quest'ora! ripeteva Rocco Spatu, accendendo la pipa sull'uscio.

E senza pensarci altro mise mano al taschino, e si lasciò andare a fare due centesimi di limosina.

– Tu ci perdi la tua limosina a ringraziare Dio che sei al sicuro, gli disse Piedipa-
120 pera; per te non c'è pericolo che abbi a fare la fine di compare Bastianazzo.

Tutti si misero a ridere della barzelletta, e poi stettero a guardare dall'uscio il mare nero come la *sciara*[13], senza dir altro.

– Padron 'Ntoni è andato tutto il giorno di qua e di là, come avesse il male della tarantola, e lo speziale gli domandava se faceva la cura del ferro, o andasse a spasso
125 con quel tempaccio, e gli diceva pure: – Bella *Provvidenza*, eh! padron 'Ntoni! Ma lo speziale è protestante ed ebreo, ognuno lo sapeva.

Il figlio della Locca, che era lì fuori colle mani in tasca perché non ci aveva un soldo, disse anche lui:

– Lo zio Crocifisso è andato a cercare padron 'Ntoni con Piedipapera, per fargli
130 confessare davanti a testimoni che i lupini glieli aveva dati a credenza.

– Vuol dire che anche lui li vede in pericolo colla *Provvidenza*.

– Colla *Provvidenza* c'è andato anche mio fratello Menico, insieme a compare Bastianazzo.

– Bravo! questo dicevamo, che se non torna tuo fratello Menico tu resti il barone
135 della casa.

---

2 L'IDEALE DELL'OSTRICA
A detta di tutto il paese di Aci Trezza i cambiamenti – come quello cercato da padron 'Ntoni, che da pescatore vuole diventare piccolo commerciante trasportando un carico di lupini con la sua barca – sono pericolosi, destabilizzanti e portano a una sicura rovina.

---

9 cucco: preferito.
10 paranza: barca da pesca.
11 ammarrata: ancorata.
12 a credenza: a credito, cioè con pagamento dilazionato nel tempo.
13 sciara: la massa delle scorie vulcaniche accumulate lungo le colate laviche.

– C'è andato perché lo zio Crocifisso voleva pagargli la mezza giornata anche a lui, quando lo mandava colla paranza, e i Malavoglia invece gliela pagavano intiera; rispose il figlio della Locca senza capir nulla; e come gli altri sghignazzavano rimase a bocca aperta.

140 Sull'imbrunire comare Maruzza coi suoi figlioletti era andata ad aspettare sulla *sciara*, d'onde si scopriva un bel pezzo di mare, e udendolo urlare a quel modo trasaliva e si grattava il capo senza dir nulla. La piccina piangeva, e quei poveretti, dimenticati sulla *sciara*, a quell'ora, parevano le anime del purgatorio. Il piangere della bambina le faceva male allo stomaco, alla povera donna, le sembrava quasi 145 un malaugurio; non sapeva che inventare per tranquillarla, e le cantava le canzonette colla voce tremola che sapeva di lagrime anche essa.

Le comari, mentre tornavano dall'osteria coll'orciolino dell'olio, o col fiaschetto del vino, si fermavano a barattare qualche parola con la Longa senza aver l'aria di nulla, e qualche amico di suo marito Bastianazzo, compar Cipolla, per esempio, 150 o compare Mangiacarrubbe, passando dalla *sciara* per dare un'occhiata verso il mare, e vedere di che umore si addormentasse il vecchio brontolone, andavano a domandare a comare la Longa di suo marito, e stavano un tantino a farle compagnia, fumandole in silenzio la pipa sotto il naso, o parlando sottovoce fra di loro. La poveretta, sgomenta da quelle attenzioni insolite, li guardava in faccia sbigot-155 tita, e si stringeva al petto la bimba, come se volessero rubargliela. Finalmente il più duro o il più compassionevole la prese per un braccio e la condusse a casa. Ella si lasciava condurre, e badava a ripetere: – Oh! Vergine Maria! Oh! Vergine Maria! – I figliuoli la seguivano aggrappandosi alla gonnella, quasi avessero paura che rubassero qualcosa anche a loro. Mentre passavano dinanzi all'osteria, tutti 160 gli avventori si affacciarono sulla porta, in mezzo al gran fumo, e tacquero per vederla passare come fosse già una cosa curiosa.

– Requiem eternam, biasciacava sottovoce lo zio Santoro, quel povero Bastianazzo mi faceva sempre la carità, quando padron 'Ntoni gli lasciava qualche soldo in tasca. La poveretta che non sapeva di essere vedova, balbettava: – Oh! Vergine Maria! 165 Oh! Vergine Maria!

Dinanzi al ballatoio della sua casa c'era un gruppo di vicine che l'aspettavano, e cicalavano a voce bassa fra di loro. Come la videro da lontano, comare Piedipapera e la cugina Anna le vennero incontro, colle mani sul ventre, senza dir nulla. Allora ella si cacciò le unghie nei capelli con uno strido disperato e corse a rin-170 tanarsi in casa.

– Che disgrazia! dicevano sulla via. E la barca era carica! Più di quarant'onze di lupini!

(G. Verga, *I Malavoglia*, Milano, Mondadori, 2004)

GRAMMATICA

Sciara è un termine di origine siciliana utilizzato per indicare i terreni formati dall'accumulo delle scorie vulcaniche. Come molte parole dialettali, *sciara* è entrato a far parte del vocabolario italiano. I termini di origine dialettale utilizzati comunemente in italiano si definiscono dialettismi. Tra i dialettismi più diffusi, ricordiamo per esempio *scoglio, cozza, anguria, tintarella*. Tu conosci altri dialettismi? Fai una ricerca su Internet o sul dizionario.

3 UN ROMANZO CORALE

Nei *Malavoglia* non c'è un solo protagonista: la vicenda è narrata da una pluralità di personaggi. Tutto il villaggio, attraverso discorsi, gesti e attitudini, ci racconta ciò che sta accadendo, come la morte di Bastianazzo nel naufragio della *Provvidenza*: per questo si parla di "romanzo corale".

▶ **ANALIZZIAMO IL TESTO**

1 LO STRANIAMENTO

L'effetto dello straniamento è molto forte in questa scena: accanto a padron 'Ntoni, in ansia sulla riva del mare, c'è infatti il figlio della Locca che, commenta il narratore popolare, non ha nulla da perdere se non «suo fratello Menico, nella barca dei lupini». La logica dell'utile, per cui neppure delle vite umane sono più importanti di un carico di lupini, è fortemente straniante per il lettore, ma non lo è per il narratore popolare del romanzo. Tutto, infatti, risponde alle dure leggi della lotta per la sopravvivenza e non c'è posto per la pietà; o meglio, in un gioco di ribaltamento dei valori, si commisera l'usuraio e si trasformano le vittime in colpevoli, tanto da arrivare ad affermare che «la vera disgrazia è toccata allo zio Crocifisso che ha dato i lupini a credenza».

1 Rispondi alle seguenti domande.
- Perché padron 'Ntoni e il figlio della Locca stanno sulla riva del mare?
- Come viene interpretato questo loro comportamento dal paese? Perché?
- Qual è in merito il punto di vista dell'autore? Perché?

2 In che cosa consiste dunque lo straniamento in questo brano?

2 L'IDEALE DELL'OSTRICA

Nella novella *Fantasticheria*, compresa nella raccolta *Vita dei campi*, Verga, anticipando a grandi linee alcuni dei personaggi che poi compariranno nei *Malavoglia*, spiega in che cosa consiste l'ideale dell'ostrica: quello di restare ben aggrappata allo scoglio pena una fine drammatica, dato che «allorquando uno di quei piccoli, o più debole, o più incauto, o più egoista degli altri, volle staccarsi dai suoi per vaghezza dell'ignoto, o per brama di meglio, o per curiosità di conoscere il mondo; il mondo, da pesce vorace ch'egli è, se lo ingoia, e i suoi più prossimi con lui». Padron 'Ntoni, spinto dal bisogno, tenta di "staccarsi dal suo scoglio". L'ansia di migliorare le proprie condizioni di vita, però, sconvolge l'equilibrio della famiglia Toscano che è fortemente legata al codice dell'onore. L'onore è infatti il punto di riferimento di padron 'Ntoni che, per mantenere fede alla parola data, vende la casa del nespolo per riuscire a pagare il debito dei lupini.

Di contro c'è l'ideale dell'utile a cui si lega il resto del villaggio che si muove solo nell'ottica dell'interesse personale. Questo contrasto tra un mondo arcaico, una sorta di Eden primitivo, e un mondo moderno, vorace e distruttivo, ben si sposa con la visione pessimistica di Verga: il progresso e la storia travolgono gli antichi valori e sconvolgono gli equilibri di una vita legata alla religione della famiglia e del duro lavoro.

3 In che cosa consiste l'ideale dell'ostrica? Elimina gli intrusi.
- A Nella caparbietà dei Malavoglia.
- B Nell'attaccamento a quel mondo a cui il fato ci ha destinati.
- C Nell'adesione incondizionata ai valori di una società arcaica.
- D Nel saper resistere con ostinazione alle avversità.

3 UN ROMANZO CORALE

Il narratore della vicenda non è Verga, borghese colto, ma sono gli abitanti di Aci Trezza, con i loro detti e le loro similitudini popolari: il vento è avvertito «come se sul tetto ci fossero tutti i gatti del paese»; il mare che si infrange contro i faraglioni pare l'insieme dei buoi riuniti alla fiera di sant'Alfio e le forti ondate vengono paragonate a «una schioppettata fra i fichidindia». Il chiacchiericcio del paese accompagna tutta la storia della famiglia Toscano. Anche la gestualità dei paesani è in Verga

più esplicita delle parole («come la videro da lontano, comare Piedipapera e la cugina Anna le vennero incontro, colle mani sul ventre, senza dir nulla»). Le vicende, più che narrate, vengono rappresentate e la vita del paese si svolge davanti agli occhi del lettore con tutte le sue meschinità e le sue miserie.

4 Individua i comportamenti attraverso i quali il paese comunica a Maruzza la sua vedovanza.

▶ **ATTIVIAMO LE COMPETENZE**

LETTURA E COMPRENSIONE

ACCESSO ALLE INFORMAZIONI

5 Il naufragio della Provvidenza è descritto
- A direttamente.
- B attraverso le parole dei personaggi.
- C dal racconto di Maruzza.
- D attraverso le parole e la gestualità dei personaggi.

6 Indica se le seguenti affermazioni sono vere o false.

	Vero	Falso
A Padron 'Ntoni è preoccupato solo per il carico dei lupini.		
B Il paese approva la scelta di padron 'Ntoni di trasportare un carico di lupini.		
C La famiglia Toscano va in chiesa a pregare per Bastianazzo.		
D Maruzza diventa consapevole della sua vedovanza soprattutto attraverso i comportamenti delle sue compaesane.		

7 La famiglia Malavoglia è considerata dal paese con
- Ⓐ ostilità.
- Ⓒ accondiscendenza.
- Ⓑ indifferenza.
- Ⓓ favore.

8 Perché qualcuno conduce a casa Maruzza?
- Ⓐ Per pietà.
- Ⓒ Per proteggerla.
- Ⓑ Per rabbia.
- Ⓓ Perché è tardi.

COMPRENSIONE GENERALE E INTERPRETAZIONE

9 Come reagisce il paese alla tragedia della Provvidenza?

10 Perché lo zio Santoro, parlando di Bastianazzo che gli faceva sempre la carità «quando padron 'Ntoni gli lasciava qualche soldo in tasca», usa un tempo passato?

11 Perché gli avventori dell'osteria tacciono al passaggio di Maruzza?

12 Che cosa significa la frase finale del brano? Motiva la tua risposta.
- Ⓐ Il paese compatisce la condizione dei Malavoglia.
- Ⓑ Il paese gioisce della disgrazia dei Malavoglia.
- Ⓒ Il paese è attento soprattutto alla logica dell'utile.
- Ⓓ Il paese è pettegolo e malevolo.

13 Nella novella non ci sono flashback.
- ☐ Vero
- ☐ Falso

14 «Ci sono i diavoli per aria! diceva la Santuzza» (r. 62). Spiega il significato di questa frase.

Rosso Malpelo

Giovanni Verga, *Vita dei campi*

Tipologia	Testo narrativo
Genere	Novella
Sottogenere	Verismo
Anno	1878

 Giovanni Verga

 Italia

 Ottocento

CHI: DOVE: QUANDO:

▶ **DISCUTIAMO IL PROBLEMA** *Il lavoro minorile*

1 UN PROTAGONISTA "MALIZIOSO E CATTIVO"

2 LA LEGGE DEL PIÙ FORTE

3 UN NERO DESTINO

Invito alla lettura

La novella fu pubblicata per la prima volta, con il sottotitolo *Scene popolari*, sul quotidiano «Fanfulla» nel 1878 e fu poi inserita nel 1880 nella raccolta *Vita dei campi*. La storia prende le mosse dall'importante inchiesta condotta da due esponenti della Destra storica, Leopoldo Franchetti e Sidney Sonnino, sulle condizioni economiche e sociali della Sicilia (*La Sicilia nel 1876*). Verga denuncia qui la tragica situazione dei carusi siciliani, ragazzi giovanissimi che lavoravano per pochi soldi nelle miniere di zolfo e vivevano spesso in uno stato di miseria, solitudine e abbandono. Il racconto, però, dà all'autore anche lo spunto per riflettere sulla legge universale alla quale soggiace ogni uomo: la legge del più forte, che impone rapporti violenti e brutali.

1 UN PROTAGONISTA "MALIZIOSO E CATTIVO"

Il protagonista ci viene subito presentato attraverso la tecnica della regressione e dello straniamento, in quanto Verga riporta il punto di vista degli abitanti del paese.

Malpelo si chiamava così perché aveva i capelli rossi; ed aveva i capelli rossi perché era un ragazzo malizioso e cattivo[1], che prometteva di riescire[2] un fior di birbone. Sicché tutti alla cava della rena ossa lo chiamavano *Malpelo*; e persino sua madre, col sentirgli dir sempre a quel modo, aveva quasi dimenticato il suo nome di battesimo.

5 Del resto, ella lo vedeva soltanto il sabato sera, quando tornava a casa con quei pochi soldi della settimana; e siccome era *malpelo* c'era anche a temere[3] che ne sottraesse un paio, di quei soldi: nel dubbio, per non sbagliare, la sorella maggiore gli faceva la ricevuta a scapaccioni[4].

Però il padrone della cava aveva confermato che i soldi erano tanti e non più; e in 10 coscienza erano anche troppi per *Malpelo*, un monellaccio che nessuno avrebbe voluto vederselo davanti, e che tutti schivavano[5] come un can rognoso, e lo accarezzavano coi piedi, allorché se lo trovavano a tiro[6].

Egli era davvero un brutto ceffo, torvo, ringhioso, e selvatico. Al mezzogiorno, mentre tutti gli altri operai della cava si mangiavano in crocchio[7] la loro minestra, 15 e facevano un po' di ricreazione, egli andava a rincantucciarsi col suo corbello[8] fra le gambe, per rosicchiarsi quel po' di pane bigio, come fanno le bestie sue pari, e ciascuno gli diceva la sua, motteggiandolo[9], e gli tiravan dei sassi, finché il soprastante[10] lo rimandava al lavoro con una pedata. Ei c'ingrassava, fra i calci, e si lasciava caricare meglio dell'asino grigio, senza osar di lagnarsi. Era sempre 20 cencioso e sporco di rena rossa, che la sua sorella s'era fatta sposa[11], e aveva altro pel capo[12] che pensare a ripulirlo la domenica. Nondimeno era conosciuto come la bettonica[13] per tutto *Monserrato* e la *Caverna*[14], tanto che la cava dove lavorava la chiamavano «la cava di *Malpelo*», e cotesto[15] al padrone gli seccava assai. Insomma lo tenevano addirittura per carità e perché mastro Misciu[16], suo padre, 25 era morto in quella stessa cava.

Era morto così, che un sabato aveva voluto terminare certo lavoro preso a cottimo[17], di un pilastro lasciato altra volta per sostegno dell'*ingrottato*[18], e dacché[19] non serviva più, s'era calcolato, così ad occhio col padrone, per 35 o 40 carra[20] di rena. Invece mastro Misciu sterrava[21] da tre giorni, e ne avanzava ancora per la 30 mezza giornata del lunedì. Era stato un magro affare e solo un minchione[22] come mastro Misciu aveva potuto lasciarsi gabbare[23] a questo modo dal padrone; perciò appunto lo chiamavano mastro Misciu *Bestia*, ed era l'asino da basto[24] di tutta la cava. Ei[25], povero diavolaccio, lasciava dire, e si contentava di buscarsi il pane[26] colle sue braccia, invece di menarle addosso ai compagni, e attaccar brighe. *Mal-*

---

1 Malpelo... cattivo: qui l'autore utilizza l'artificio della regressione: ci presenta il personaggio utilizzando i criteri di valutazione della mentalità popolare, secondo cui i capelli rossi sono segno di cattiveria. In Sicilia, infatti, si dice *Russu è malu pilu*, cioè "chi ha i capelli rossi è maligno".
2 riescire: diventare.
3 a temere: da temere.
4 gli faceva la ricevuta a scapaccioni: lo picchiava preventivamente.
5 schivavano: evitavano.
6 e lo accarezzavano... tiro: e lo prendevano a calci quando se lo ritrovavano tra i piedi.
7 in crocchio: in gruppo.
8 corbello: grosso paniere.
9 motteggiandolo: prendendolo in giro.
10 soprastante: sorvegliante.
11 che la sua sorella... sposa: poiché sua sorella s'era fidanzata.
12 pel capo: per la testa.

13 bettonica: erba medicinale. L'espressione vuol dire che Malpelo era conosciutissimo.
14 Monserrato... Caverna: due sobborghi di Catania.
15 cotesto: questo.
16 mastro Misciu: *mastro* è il titolo che in Sicilia si dà agli operai e agli artigiani; *Misciu* è il diminutivo di Domenico.
17 a cottimo: forma di pagamento in cui il lavoratore viene retribuito in base al risultato ottenuto anziché in base alla durata del lavoro.
18 dell'ingrottato: della cava sotterranea.
19 dacché: dal momento che.
20 carra: carri; antica misura di capacità che corrispondeva a circa cinquecento litri.
21 sterrava: scavava.
22 minchione: sciocco, ingenuo, perché mastro Misciu ci lavorava già da tre giorni.
23 gabbare: prendere in giro.
24 da basto: da soma.
25 Ei: egli.
26 buscarsi il pane: procacciarsi da vivere.

pelo faceva un visaccio, come se quelle soperchierie cascassero sulle sue spalle, e così piccolo com'era aveva di quelle occhiate che facevano dire agli altri: – Va là, che tu non ci morrai nel tuo letto, come tuo padre[27].

Invece nemmen suo padre ci morì, nel suo letto, tuttoché[28] fosse una buona bestia. Zio Mommu lo *sciancato*[29], aveva detto che quel pilastro lì ei non l'avrebbe tolto per venti onze[30], tanto era pericoloso; ma d'altra parte tutto è pericolo nelle cave, e se si sta a badare a tutte le sciocchezze che si dicono, è meglio andare a fare l'avvocato. Dunque il sabato sera mastro Misciu raschiava ancora il suo pilastro che l'avemaria[31] era suonata da un pezzo, e tutti i suoi compagni avevano accesa la pipa e se n'erano andati dicendogli di divertirsi a grattar la rena per amor del padrone, o raccomandandogli di non fare la *morte del sorcio*[32]. Ei, che c'era avvezzo[33] alle beffe, non dava retta, e rispondeva soltanto cogli «ah! ah!» dei suoi bei colpi di zappa in pieno, e intanto borbottava:

– Questo è per il pane! Questo pel vino! Questo per la gonnella di Nunziata[34]! – e così andava facendo il conto del come avrebbe speso i denari del suo *appalto*[35], il cottimante[36]!

Fuori della cava il cielo formicolava di stelle, e laggiù la lanterna fumava e girava al pari di un arcolaio[37]. Il grosso pilastro rosso, sventrato a colpi di zappa, contorcevasi e si piegava in arco, come se avesse il mal di pancia, e dicesse *ohi!* anch'esso. *Malpelo* andava sgomberando il terreno, e metteva al sicuro il piccone, il sacco vuoto ed il fiasco del vino.

Il padre, che gli voleva bene, poveretto, andava dicendogli: – Tirati in là! – oppure: – Sta attento! Bada se cascano dall'alto dei sassolini o della rena grossa, e scappa! – Tutt'a un tratto, punf! *Malpelo*, che si era voltato a riporre i ferri nel corbello, udì un tonfo sordo, come fa la rena traditora allorché fa pancia[38] e si sventra tutta in una volta, ed il lume si spense[39].

L'ingegnere che dirigeva i lavori della cava, si trovava a teatro quella sera, e non avrebbe cambiato la sua poltrona con un trono, quando vennero a cercarlo per il babbo di *Malpelo* che aveva fatto la *morte del sorcio*. Tutte le femminucce di Monserrato, strillavano e si picchiavano il petto per annunziare la gran disgrazia ch'era toccata a comare Santa[40], la sola, poveretta, che non dicesse nulla, e sbatteva i denti invece, quasi avesse la terzana[41]. L'ingegnere, quando gli ebbero detto il come e il quando, che la disgrazia era accaduta da circa tre ore, e Misciu *Bestia* doveva già essere bell'e arrivato in Paradiso, andò proprio per scarico[42] di coscienza, con scale e corde, a fare il buco nella rena. Altro che quaranta carra! Lo *sciancato* disse che a sgomberare il sotterraneo ci voleva almeno una settimana. Della rena ne era caduta una montagna, tutta fina e ben bruciata dalla lava, che si sarebbe impastata colle mani, e dovea prendere il doppio di calce. Ce n'era da riempire delle carra per delle settimane. Il bell'affare di mastro *Bestia*![43]

27 **Va là… tuo padre**: la gente credeva che Malpelo, cattivo com'era, non sarebbe morto come una persona normale nel proprio letto, ma si sarebbe cacciato nei guai.
28 **tuttoché**: benché.
29 **Zio Mommu lo** *sciancato*: *zio* è un appellativo che si dà in segno di rispetto, *Mommu* è il diminutivo di Girolamo, *sciancato* vuol dire zoppo.
30 **venti onze**: l'onza era un'antica moneta siciliana che valeva circa 13 lire.
31 **l'avemaria**: l'ora del tramonto.
32 **la** *morte del sorcio*: la morte del topo, cioè in trappola.
33 **avvezzo**: abituato.

34 **Nunziata**: è la figlia maggiore di mastro Misciu.
35 *appalto*: il lavoro preso a cottimo.
36 **cottimante**: il lavoratore a cottimo.
37 **arcolaio**: strumento che serviva per ridurre in gomitoli la matassa di lana.
38 **fa pancia**: si gonfia.
39 **il lume si spense**: qui inteso come l'oggetto, ma anche come l'esistenza di mastro Misciu.
40 **comare Santa**: la moglie di mastro Misciu.
41 **terzana**: la febbre malarica.
42 **scarico**: scrupolo.
43 **Il bell'affare…** *Bestia!*: il povero mastro Misciu aveva accettato per un prezzo irrisorio un lavoro che si era rivelato lungo e faticoso.

Renato Guttuso, La zolfara,
1953. Regole d'Ampezzo,
Museo d'Arte Moderna
Mario Rimoldi.

Nessuno badava al ragazzo che si graffiava la faccia ed urlava, come una bestia
75 davvero.

– To'! – disse infine uno. – È *Malpelo*! Di dove è saltato fuori, adesso?

– Se non fosse stato *Malpelo* non se la sarebbe passata liscia... –

Malpelo non rispondeva nulla, non piangeva nemmeno, scavava colle unghie colà,
nella rena, dentro la buca, sicché nessuno s'era accorto di lui; e quando si accosta-
80 rono col lume, gli videro tal viso stravolto, e tali occhiacci invetrati[44], e la schiuma
alla bocca da far paura; le unghie gli si erano strappate e gli pendevano dalle mani
tutte in sangue[45]. Poi quando vollero toglierlo di là fu un affar serio; non potendo
più graffiare, mordeva come un cane arrabbiato, e dovettero afferrarlo pei capelli,
per tirarlo via a viva forza.

85 Però infine tornò alla cava dopo qualche giorno, quando sua madre piagnucolan-
do ve lo condusse per mano; giacché, alle volte, il pane che si mangia non si può
andare a cercarlo di qua e di là. Lui non volle più allontanarsi da quella galleria,
e sterrava con accanimento, quasi ogni corbello di rena lo levasse di sul petto a
suo padre. Spesso, mentre scavava, si fermava bruscamente, colla zappa in aria, il
90 viso torvo e gli occhi stralunati, e sembrava che stesse ad ascoltare qualche cosa
che il suo diavolo gli sussurrasse nelle orecchie, dall'altra parte della montagna
di rena caduta. In quei giorni era più tristo e cattivo del solito, talmente che non
mangiava quasi, e il pane lo buttava al cane, quasi non fosse *grazia di Dio*. Il cane
gli voleva bene, perché i cani non guardano altro che la mano che gli dà il pane, e
95 le botte, magari. Ma l'asino, povera bestia, sbilenco e macilento, sopportava tutto
lo sfogo della cattiveria di *Malpelo*; ei lo picchiava senza pietà, col manico della
zappa, e borbottava:

– Così creperai più presto! –

Dopo la morte del babbo pareva che gli fosse entrato il diavolo in corpo, e lavorava
100 al pari di quei bufali feroci che si tengono coll'anello di ferro al naso. Sapendo che
era *malpelo*, ei si acconciava[46] ad esserlo il peggio che fosse possibile, e se accadeva una disgrazia, o che un operaio smarriva i ferri, o che un asino si rompeva
una gamba, o che crollava un tratto di galleria, si sapeva sempre che era stato lui;
e infatti ei si pigliava le busse[47] senza protestare, proprio come se le pigliano gli
105 asini che curvano la schiena, ma seguitano a fare a modo loro. Cogli altri ragazzi
poi era addirittura crudele, e sembrava che si volesse vendicare sui deboli di tutto
il male che s'immaginava gli avessero fatto gli altri, a lui e al suo babbo. Certo ei

44 invetrati: vitrei.
45 le unghie... sangue: a Malpelo si sono spezzate le unghie a furia di scavare per recuperare il padre.
46 ei si acconciava: egli faceva in modo.
47 busse: percosse.

provava uno strano diletto[48] a rammentare ad uno ad uno tutti i maltrattamenti ed i soprusi che avevano fatto subire a suo padre, e del modo in cui l'avevano lasciato crepare. E quando era solo borbottava: – Anche con me fanno così! e a mio padre gli dicevano *Bestia*, perché egli non faceva così! – E una volta che passava il padrone, accompagnandolo con un'occhiata torva: – È stato lui! per trentacinque tarì[49]! – E un'altra volta, dietro allo *Sciancato*: – E anche lui! e si metteva a ridere! Io l'ho udito, quella sera! –

Per un raffinamento di malignità sembrava aver preso a proteggere un povero ragazzetto, venuto a lavorare da poco tempo nella cava, il quale per una caduta da un ponte s'era lussato il femore, e non poteva far più il manovale. Il poveretto, quando portava il suo corbello di rena in spalla, arrancava in modo che gli avevano messo nome *Ranocchio*; ma lavorando sotterra, così *Ranocchio* com'era, il suo pane se lo buscava. *Malpelo* gliene dava anche del suo, per prendersi il gusto di tiranneggiarlo, dicevano.

Infatti egli lo tormentava in cento modi. Ora lo batteva senza un motivo e senza misericordia, e se Ranocchio non si difendeva, lo picchiava più forte, con maggiore accanimento, dicendogli: – To', bestia! Bestia sei! Se non ti senti l'animo di difenderti da me che non ti voglio male, vuol dire che ti lascerai pestare il viso da questo e da quello! –

O se *Ranocchio* si asciugava il sangue che gli usciva dalla bocca e dalle narici: – Così, come ti cuocerà il dolore delle busse, imparerai a darne anche tu! – Quando cacciava un asino carico per la ripida salita del sotterraneo, e lo vedeva puntare gli zoccoli, rifinito[50], curvo sotto il peso, ansante e coll'occhio spento, ei lo batteva senza misericordia, col manico della zappa, e i colpi suonavano secchi sugli stinchi e sulle costole scoperte. Alle volte la bestia si piegava in due per le battiture, ma stremo[51] di forze, non poteva fare un passo, e cadeva sui ginocchi, e ce n'era uno il quale era caduto tante volte, che ci aveva due piaghe alle gambe. *Malpelo* soleva dire a *Ranocchio*: – L'asino va picchiato, perché non può picchiar lui; e s'ei potesse picchiare, ci pesterebbe sotto i piedi e ci strapperebbe la carne a morsi. – Oppure: – Se ti accade di dar delle busse, procura di darle più forte che puoi; così gli altri ti terranno da conto, e ne avrai tanti di meno addosso –.

Lavorando di piccone o di zappa poi menava le mani con accanimento, a mo' di[52] uno che l'avesse con la rena, e batteva e ribatteva coi denti stretti, e con quegli *ah! ah!* che aveva suo padre. – La rena è traditora, – diceva a *Ranocchio* sottovoce; – somiglia a tutti gli altri, che se sei più debole ti pestano la faccia, e se sei più forte, o siete in molti, come fa lo *Sciancato*, allora si lascia vincere. Mio padre la batteva sempre, ed egli non batteva altro che la rena, perciò lo chiamavano *Bestia*, e la rena se lo mangiò a tradimento, perché era più forte di lui –.

Ogni volta che a *Ranocchio* toccava un lavoro troppo pesante, e il ragazzo piagnucolava a guisa di una femminuccia, *Malpelo* lo picchiava sul dorso, e lo sgridava: – Taci, pulcino! – e se *Ranocchio* non la finiva più, ei gli dava una mano, dicendo con un certo orgoglio: – Lasciami fare; io sono più forte di te –. Oppure gli dava la sua mezza cipolla, e si contentava di mangiarsi il pane asciutto, e si stringeva nelle spalle, aggiungendo: – Io ci sono avvezzo –.

Era avvezzo a tutto lui, agli scapaccioni, alle pedate, ai colpi di manico di badile[53], o di cinghia da basto, a vedersi ingiuriato e beffato da tutti, a dormire sui sassi colle braccia e la schiena rotta da quattordici ore di lavoro; anche a digiunare era avvezzo, allorché il padrone lo puniva levandogli il pane o la minestra. Ei diceva che la razione di busse non gliel'aveva levata mai, il padrone; ma le busse non costavano nulla. Non si lamentava però, e si vendicava di soppiatto, a tradimento, con qualche tiro di quelli che sembrava ci avesse messo la coda il diavolo: perciò

ei si pigliava sempre i castighi, anche quando il colpevole non era stato lui. Già se
160 non era stato lui sarebbe stato capace di esserlo, e non si giustificava mai: per altro
sarebbe stato inutile. E qualche volta, come *Ranocchio* spaventato lo scongiurava
piangendo di dire la verità, e di scolparsi, ei ripeteva: – A che giova? Sono *malpelo*!
– e nessuno avrebbe potuto dire se quel curvare il capo e le spalle sempre fosse
effetto di fiero orgoglio o di disperata rassegnazione, e non si sapeva nemmeno se
165 la sua fosse salvatichezza o timidità. Il certo era che nemmeno sua madre aveva
avuta mai una carezza da lui, e quindi non gliene faceva mai.

Il sabato sera, appena arrivava a casa con quel suo visaccio imbrattato di lentiggini
e di rena rossa, e quei cenci che gli piangevano addosso da ogni parte, la sorella
afferrava il manico della scopa, scoprendolo sull'uscio in quell'arnese[54], ché avrebbe
170 fatto scappare il suo damo[55] se vedeva con qual gente gli toccava imparentarsi; la
madre era sempre da questa o da quella vicina, e quindi egli andava a rannicchiarsi
sul suo saccone[56] come un cane malato. Per questo, la domenica, in cui tutti gli
altri ragazzi del vicinato si mettevano la camicia pulita per andare a messa o per
ruzzare[57] nel cortile, ei sembrava non avesse altro spasso che di andar randagio
175 per le vie degli orti, a dar la caccia alle lucertole e alle altre povere bestie che non
gli avevano fatto nulla, oppure a sforacchiare le siepi dei fichidindia. Per altro le
beffe e le sassate degli altri fanciulli non gli piacevano.

La vedova di mastro Misciu era disperata di aver per figlio quel malarnese[58], come
dicevano tutti, ed egli era ridotto veramente come quei cani, che a furia di buscarsi
180 dei calci e delle sassate da questo e da quello, finiscono col mettersi la coda fra le
gambe e scappare alla prima anima viva che vedono, e diventano affamati, spelati
e selvatici come lupi. Almeno sottoterra, nella cava della rena, brutto, cencioso e
lercio com'era, non lo beffavano più, e sembrava fatto apposta per quel mestiere
persin nel colore dei capelli, e in quegli occhiacci di gatto che ammiccavano se
185 vedevano il sole. Così ci sono degli asini che lavorano nelle cave per anni ed anni
senza uscirne mai più, ed in quei sotterranei, dove il pozzo d'ingresso è a picco, ci
si calan colle funi, e ci restano finché vivono. Sono asini vecchi, è vero, comprati
dodici o tredici lire, quando stanno per portarli alla *Plaja*[59], a strangolarli; ma pel
lavoro che hanno da fare laggiù sono ancora buoni; e *Malpelo*, certo, non valeva di
190 più; se veniva fuori dalla cava il sabato sera, era perché aveva anche le mani per
aiutarsi colla fune, e doveva andare a portare a sua madre la paga della settimana.
Certamente egli avrebbe preferito di fare il manovale, come *Ranocchio*, e lavorare
cantando sui ponti, in alto, in mezzo all'azzurro del cielo, col sole sulla schiena,
o il carrettiere, come compare Gaspare, che veniva a prendersi la rena della cava,
195 dondolandosi sonnacchioso sulle stanghe, colla pipa in bocca, e andava tutto il
giorno per le belle strade di campagna; o meglio ancora, avrebbe voluto fare il
contadino, che passa la vita fra i campi, in mezzo al verde, sotto i folti carrubbi, e
il mare turchino là in fondo, e il canto degli uccelli sulla testa. Ma quello era stato
il mestiere di suo padre, e in quel mestiere era nato lui. E pensando a tutto ciò,
200 narrava a *Ranocchio* del pilastro che era caduto addosso al genitore, e dava ancora
della rena fina e bruciata che il carrettiere veniva a caricare colla pipa in bocca, e
dondolandosi sulle stanghe, e gli diceva che quando avrebbero finito di sterrare
si sarebbe trovato il cadavere del babbo, il quale doveva avere dei calzoni di fustagno[60] quasi nuovi. *Ranocchio* aveva paura, ma egli no. Ei pensava che era stato
205 sempre là, da bambino, e aveva sempre visto quel buco nero, che si sprofondava
sotterra, dove il padre soleva condurlo per mano. Allora stendeva le braccia a destra
e a sinistra, e descriveva come l'intricato labirinto delle gallerie si stendesse sotto
i loro piedi all'infinito, di qua e di là, sin dove potevano vedere la *sciara*[61] nera e
desolata, sporca di ginestre riarse, e come degli uomini ce n'erano rimasti tanti, o

---

54 in quell'arnese: in quello stato.
55 damo: fidanzato.
56 saccone: pagliericcio.
57 ruzzare: scorrazzare.
58 malarnese: delinquente scapestrato.
59 Plaja: spiaggia alla foce del fiume Simeto, nei pressi di Catania.
60 fustagno: un tipo di panno resistente e di poco prezzo.
61 sciara: il paesaggio creato dai depositi di lava solidificata.

210 schiacciati, o smarriti nel buio, e che camminano da anni e camminano ancora, senza poter scorgere lo spiraglio del pozzo pel quale sono entrati, e senza poter udire le strida disperate dei figli, i quali li cercano inutilmente.

Ma una volta in cui riempiendo i corbelli si rinvenne una delle scarpe di mastro Misciu, ei fu colto da tal tremito che dovettero tirarlo all'aria aperta colle funi, 215 proprio come un asino che stesse per dar dei calci al vento. Però non si poterono trovare né i calzoni quasi nuovi, né il rimanente di mastro Misciu; sebbene i pratici affermarono che quello dovea essere il luogo preciso dove il pilastro gli si era rovesciato addosso; e qualche operaio, nuovo al mestiere, osservava curiosamente come fosse capricciosa la rena, che aveva sbatacchiato il *Bestia* di qua e di là, le 220 scarpe da una parte e i piedi dall'altra.

Dacché poi fu trovata quella scarpa, *Malpelo* fu colto da tal paura di veder comparire fra la rena anche il piede nudo del babbo, che non volle mai più darvi un colpo di zappa, gliela dessero a lui sul capo, la zappa. Egli andò a lavorare in un altro punto della galleria, e non volle più tornare da quelle parti. Due o tre giorni 225 dopo scopersero infatti il cadavere di mastro Misciu, coi calzoni indosso, e steso **bocconi** che sembrava imbalsamato. Lo zio Mommu osservò che aveva dovuto penar molto a finire, perché il pilastro gli si era piegato proprio addosso, e l'aveva sepolto vivo: si poteva persino vedere tutt'ora che mastro *Bestia* avea tentato istintivamente di liberarsi scavando nella rena, e avea le mani lacerate e le unghie rotte. 230 — Proprio come suo figlio *Malpelo*! — ripeteva lo *sciancato* — ei scavava di qua, mentre suo figlio scavava di là —. Però non dissero nulla al ragazzo, per la ragione che lo sapevano maligno e vendicativo.

Il carrettiere si portò via il cadavere di mastro Misciu al modo istesso che caricava la rena caduta e gli asini morti, ché[62] stavolta, oltre al lezzo del carcame[63], tratta- 235 vasi di un compagno, e di *carne battezzata*. La vedova rimpiccolì[64] i calzoni e la camicia, e li adattò a *Malpelo*, il quale così fu vestito quasi a nuovo per la prima volta. Solo le scarpe furono messe in serbo per quando ei fosse cresciuto, giacché rimpiccolire le scarpe non si potevano, e il fidanzato della sorella non le aveva volute le scarpe del morto.

240 *Malpelo* se li lisciava sulle gambe, quei calzoni di fustagno quasi nuovi, gli pareva che fossero dolci e lisci come le mani del babbo, che solevano accarezzargli i capelli, quantunque fossero così ruvide e callose. Le scarpe poi, le teneva appese a un chiodo, sul saccone, quasi fossero state le pantofole del papa, e la domenica se le pigliava in mano, le lustrava[65] e se le provava; poi le metteva per terra, l'una 245 accanto all'altra, e stava a guardarle, coi gomiti sui ginocchi, e il mento nelle palme, per delle ore intere, rimuginando chi sa quali idee in quel cervellaccio.

Ei possedeva delle idee strane, *Malpelo*! Siccome aveva ereditato anche il piccone e la zappa del padre, se ne serviva, quantunque fossero troppo pesanti per l'età sua; e quando gli aveano chiesto se voleva venderli, che glieli avrebbero pagati 250 come nuovi, egli aveva risposto di no. Suo padre li aveva resi così lisci e lucenti nel manico colle sue mani, ed ei non avrebbe potuto farsene degli altri più lisci e lucenti di quelli, se ci avesse lavorato cento e poi cento anni. In quel tempo era crepato di stenti e di vecchiaia l'asino grigio; e il carrettiere era andato a buttarlo lontano nella *sciara*.

255 — Così si fa, — brontolava *Malpelo*; — gli arnesi che non servono più, si buttano lontano —.

Egli andava a visitare il carcame del *grigio* in fondo al burrone, e vi conduceva a forza anche *Ranocchio*, il quale non avrebbe voluto andarci; e *Malpelo* gli diceva che a questo mondo bisogna avvezzarsi a vedere in faccia ogni cosa, bella o 260 brutta; e stava a considerare con l'avida curiosità di un monellaccio i cani che

GRAMMATICA

Gli avverbi in *-oni* sono avverbi di modo. Eccone alcuni: *bocconi* (steso *bocconi*, cioè a faccia in giù), *carponi* (camminare *carponi*, cioè sulle mani e sulle ginocchia), *ciondoloni/penzoloni* (avere le braccia *ciondoloni/penzoloni*, cioè penzolanti all'ingiù), *tentoni* (procedere *tentoni* o a *tentoni*, cioè alla cieca), *cavalcioni* (stare *cavalcioni* o a *cavalcioni*, cioè come a cavallo, con una gamba da una parte e una dall'altra di qualcosa, per esempio di un muretto).

62 ché: solo che.
63 lezzo del carcame: cattivo odore del cadavere in disfacimento.
64 rimpiccolì: rimpiccioliì.
65 lustrava: puliva.

accorrevano da tutte le fattorie dei dintorni a disputarsi le carni del *grigio*. I cani scappavano guaendo, come[66] comparivano i ragazzi, e si aggiravano ustolando[67] sui greppi[68] dirimpetto, ma il *Rosso* non lasciava che *Ranocchio* li scacciasse a sassate. – Vedi quella cagna nera, – gli diceva, – che non ha paura delle tue sassate?

265   Non ha paura perché ha più fame degli altri. Gliele vedi quelle costole al *grigio*? Adesso non soffre più –. L'asino grigio se ne stava tranquillo, colle quattro zampe distese, e lasciava che i cani si divertissero a vuotargli le occhiaie profonde, e a spolpargli le ossa bianche; i denti che gli laceravano le viscere non lo avrebbero fatto piegare di un pelo, come quando gli accarezzavano la schiena a badilate,

270   per mettergli in corpo un po' di vigore nel salire la ripida viuzza. – Ecco come vanno le cose! Anche il *grigio* ha avuto dei colpi di zappa e delle guidalesche[69]; anch'esso quando piegava sotto il peso, o gli mancava il fiato per andare innanzi, aveva di quelle occhiate, mentre lo battevano, che sembrava dicesse: «Non più! non più!». Ma ora gli occhi se li mangiano i cani, ed esso se ne ride dei colpi e

275   delle guidalesche, con quella bocca spolpata e tutta denti. Ma se non fosse mai nato sarebbe stato meglio –.

La *sciara* si stendeva malinconica e deserta, fin dove giungeva la vista, e saliva e scendeva in picchi e burroni, nera e rugosa, senza un grillo che vi trillasse, o un uccello che venisse a cantarci. Non si udiva nulla, nemmeno i colpi di piccone di

280   coloro che lavoravano sotterra. E ogni volta *Malpelo* ripeteva che la terra lì sotto era tutta vuota dalle gallerie, per ogni dove, verso il monte e verso la valle; tanto che una volta un minatore c'era entrato da giovane, e n'era uscito coi capelli bianchi, e un altro, cui s'era spenta la candela, aveva invano gridato aiuto per anni ed anni.

– Egli solo ode le sue stesse grida! – diceva, e a quell'idea, sebbene avesse il cuore

285   più duro della *sciara*, trasaliva.

– Il padrone mi manda spesso lontano, dove gli altri hanno paura d'andare. Ma io sono *Malpelo*, e se non torno più, nessuno mi cercherà –.

Pure, durante le belle notti d'estate, le stelle splendevano lucenti anche sulla *sciara*, e la campagna circostante era nera anch'essa, come la lava, ma *Malpelo*, stanco

290   della lunga giornata di lavoro, si sdraiava sul sacco, col viso verso il cielo, a godersi quella quiete e quella luminaria dell'alto[70]; perciò odiava le notti di luna, in cui il mare formicola di scintille[71], e la campagna si disegna qua e là vagamente – perché allora la *sciara* sembra più bella e desolata.

– Per noi che siamo fatti per vivere sotterra, – pensava *Malpelo*, – dovrebbe essere

295   buio sempre e da per tutto –.

La civetta strideva sulla *sciara*, e ramingava[72] di qua e di là; ei pensava:

– Anche la civetta sente i morti che son qua sotterra, e si dispera perché non può andare a trovarli –.

Ranocchio aveva paura delle civette e dei pipistrelli; ma il *Rosso* lo sgridava, perché

300   chi è costretto a star solo non deve aver paura di nulla, e nemmeno l'asino grigio aveva paura dei cani che se lo spolpavano, ora che le sue carni non sentivano più il dolore di esser mangiate.

– Tu eri avvezzo a lavorar sui tetti come i gatti, – gli diceva, – e allora era tutt'altra cosa. Ma adesso che ti tocca a viver sotterra, come i topi, non bisogna più aver

305   paura dei topi, né dei pipistrelli, che son topi vecchi con le ali; quelli ci stanno volentieri in compagnia dei morti –.

Ranocchio invece provava una tale compiacenza a spiegargli quel che ci stessero a far le stelle lassù in alto; e gli raccontava che lassù c'era il paradiso, dove vanno a stare i morti che sono stati buoni, e non hanno dato dispiaceri ai loro genitori. –

310   Chi te l'ha detto? – domandava *Malpelo*, e *Ranocchio* rispondeva che glielo aveva detto la mamma.

66 come: non appena.
67 ustolando: uggiolando, mugolando.
68 greppi: dirupi.
69 guidalesche: propriamente *guidaleschi*, cioè piaghe dovute allo sfregamento dei finimenti di cuoio.
70 luminaria dell'alto: il cielo stellato.
71 scintille: i riverberi della luna sulle increspature del mare.
72 ramingava: vagava.

Una miniera di zolfo in Sicilia alla fine dell'Ottocento.

Allora *Malpelo* si grattava il capo, e sorridendo gli faceva un certo verso da monellaccio malizioso che la sa lunga. — Tua madre ti dice così perché, invece dei calzoni, tu dovresti portar la gonnella —.

315 E dopo averci pensato un po':

— Mio padre era buono, e non faceva male a nessuno, tanto che lo chiamavano *Bestia*. Invece è là sotto, ed hanno persino trovato i ferri, le scarpe e questi calzoni qui che ho indosso io —.

Da lì a poco, *Ranocchio*, il quale deperiva da qualche tempo, si ammalò in modo che
320 la sera dovevano portarlo fuori dalla cava sull'asino, disteso fra le corbe[73], tremante di febbre come un pulcin bagnato. Un operaio disse che quel ragazzo *non ne avrebbe fatto osso duro*[74] a quel mestiere, e che per lavorare in una miniera, senza lasciarvi la pelle, bisognava nascervi. *Malpelo* allora si sentiva orgoglioso di esserci nato, e di mantenersi così sano e vigoroso in quell'aria malsana, e con tutti quegli stenti. Ei
325 si caricava *Ranocchio* sulle spalle, e gli faceva animo alla sua maniera, sgridandolo e picchiandolo. Ma una volta, nel picchiarlo sul dorso, *Ranocchio* fu colto da uno sbocco di sangue; allora *Malpelo* spaventato si affannò a cercargli nel naso e dentro la bocca cosa gli avesse fatto, e giurava che non avea potuto fargli poi gran male, così come l'aveva battuto, e a dimostrarglielo, si dava dei gran pugni sul petto e
330 sulla schiena, con un sasso; anzi un operaio, lì presente, gli sferrò un gran calcio sulle spalle: un calcio che risuonò come su di un tamburo, eppure *Malpelo* non si mosse, e soltanto dopo che l'operaio se ne fu andato, aggiunse:

— Lo vedi? Non mi ha fatto nulla! E ha picchiato più forte di me, ti giuro! —

Intanto *Ranocchio* non guariva, e seguitava a sputar sangue, e ad aver la febbre
335 tutti i giorni. Allora *Malpelo* prese dei soldi della paga della settimana, per comperargli del vino e della minestra calda, e gli diede i suoi calzoni quasi nuovi, che lo coprivano meglio. Ma *Ranocchio* tossiva sempre, e alcune volte sembrava soffocasse; la sera poi non c'era modo di vincere il ribrezzo[75] della febbre, né con sacchi, né coprendolo di paglia, né mettendolo dinanzi alla fiammata. *Malpelo* se
340 ne stava zitto ed immobile, chino su di lui, colle mani sui ginocchi, fissandolo con quei suoi occhiacci spalancati, quasi volesse fargli il ritratto, e allorché lo udiva gemere sottovoce, e gli vedeva il viso trafelato e l'occhio spento, preciso come quello dell'asino grigio allorché ansava rifinito sotto il carico nel salire la viottola, egli borbottava:

345 — È meglio che tu crepi presto! Se devi soffrire a quel modo, è meglio che tu crepi! —

73 corbe: grosse ceste.
74 *non ne avrebbe fatto osso duro*: non si sarebbe abituato.
75 il ribrezzo: i brividi.

76 almanaccare: fantasticare, congetturare.
77 slattano: svezzano.
78 Cifali: un sobborgo di Catania.
79 maritata: sposata.

E il padrone diceva che *Malpelo* era capace di schiacciargli il capo, a quel ragazzo, e bisognava sorvegliarlo.

Finalmente un lunedì *Ranocchio* non venne più alla cava, e il padrone se ne lavò le mani, perché allo stato in cui era ridotto oramai era più di impiccio che altro.

350 *Malpelo* si informò dove stesse di casa, e il sabato andò a trovarlo. Il povero *Ranocchio* era più di là che di qua; sua madre piangeva e si disperava come se il figliuolo fosse di quelli che guadagnano dieci lire la settimana.

Cotesto non arrivava a comprenderlo *Malpelo*, e domandò a *Ranocchio* perché sua madre strillasse a quel modo, mentre che da due mesi ei non guadagnava

355 nemmeno quel che si mangiava. Ma il povero *Ranocchio* non gli dava retta; sembrava che badasse a contare quanti travicelli c'erano sul tetto. Allora il *Rosso* si diede ad almanaccare[76] che la madre di *Ranocchio* strillasse a quel modo perché il suo figliuolo era sempre stato debole e malaticcio, e l'aveva tenuto come quei marmocchi che non si slattano[77] mai. Egli invece era stato sano e robusto, ed era

360 *malpelo*, e sua madre non aveva mai pianto per lui, perché non aveva mai avuto timore di perderlo.

Poco dopo, alla cava dissero che *Ranocchio* era morto, ed ei pensò che la civetta adesso strideva anche per lui la notte, e tornò a visitare le ossa spolpate del *grigio*, nel burrone dove solevano andare insieme con *Ranocchio*. Ora del *grigio* non ri-

365 manevano più che le ossa sgangherate, ed anche di *Ranocchio* sarebbe stato così. Sua madre si sarebbe asciugati gli occhi, poiché anche la madre di *Malpelo* s'era asciugati i suoi, dopo che mastro Misciu era morto, e adesso si era maritata un'altra volta, ed era andata a stare a Cifali[78] colla figliuola maritata[79], e avevano chiusa la porta di casa. D'ora in poi, se lo battevano, a loro non importava più nulla, e a

370 lui nemmeno, ché quando sarebbe divenuto come il *grigio* o come *Ranocchio*, non avrebbe sentito più nulla.

Verso quell'epoca venne a lavorare nella cava uno che non s'era mai visto, e si teneva nascosto il più che poteva. Gli altri operai dicevano fra di loro che era scappato dalla prigione, e se lo pigliavano ce lo tornavano a chiudere per anni ed anni. *Malpelo*

375 seppe in quell'occasione che la prigione era un luogo dove si mettevano i ladri, e i malarnesi come lui, e si tenevano sempre chiusi là dentro e guardati a vista.

Da quel momento provò una malsana curiosità per quell'uomo che aveva provata la prigione e ne era scappato. Dopo poche settimane però il fuggitivo dichiarò chiaro e tondo che era stanco di quella vitaccia da talpa, e piuttosto si contentava

380 di stare in galera tutta la vita, ché la prigione, in confronto, era un paradiso, e preferiva tornarci coi suoi piedi.

— Allora perché tutti quelli che lavorano nella cava non si fanno mettere in prigione? — domandò *Malpelo*.

— Perché non sono *malpelo* come te! — rispose lo *Sciancato*. — Ma non temere, che

385 tu ci andrai! e ci lascerai le ossa! —

Invece le ossa le lasciò nella cava, *Malpelo*, come suo padre, ma in modo diverso. Una volta si doveva esplorare un passaggio che doveva comunicare col pozzo grande a sinistra, verso la valle, e se la cosa andava bene, si sarebbe risparmiata una buona metà di mano d'opera nel cavar fuori la rena. Ma a ogni modo, però, c'era

390 il pericolo di smarrirsi e di non tornare mai più. Sicché nessun padre di famiglia voleva avventurarcisi, né avrebbe permesso che si arrischiasse il sangue suo, per tutto l'oro del mondo.

Malpelo, invece, non aveva nemmeno chi si prendesse tutto l'oro del mondo per la sua pelle, se pure la sua pelle valeva tanto: sicché pensarono a lui. Allora, nel

395 partire, si risovvenne del minatore, il quale si era smarrito, da anni ed anni, e cammina e cammina ancora al buio, gridando aiuto, senza che nessuno possa

3 UN NERO DESTINO
Il destino di morte di Malpelo è ineluttabile e si presagisce già a partire dall'*incipit* del racconto, quando Verga ci descrive chiaramente lo stato di abbandono, solitudine e violenza in cui il ragazzo è abituato a vivere.

udirlo. Ma non disse nulla. Del resto a che sarebbe giovato? Prese gli arnesi di suo padre, il piccone, la zappa, la lanterna, il sacco col pane, il fiasco del vino, e se ne andò: né più si seppe nulla di lui.

400 Così si persero persin le ossa di *Malpelo*, e i ragazzi della cava abbassano la voce quando parlano di lui nel sotterraneo, ché hanno paura di vederselo comparire dinanzi, coi capelli rossi e gli occhiacci grigi.

(G. Verga, *Tutte le novelle*, Milano, Mondadori, 2006)

IL DIBATTITO

Il lavoro minorile

In alcuni paesi del Terzo e Quarto Mondo è ancora utilizzato il lavoro minorile, anche se la Carta dei diritti dei minori impone che l'infanzia non lavori, ma si formi attraverso lo studio e il gioco costruttivo. Situazioni di deprivazione socio-culturale e di grave povertà inducono molte famiglie, invece, a far lavorare i propri figli ben prima della maggiore età. C'è chi ritiene che lavorare fin dalla più tenera età non sia pregiudizievole per la formazione personale e chi invece pensa che prima di lavorare sia bene che un individuo formi se stesso attraverso una buona preparazione culturale. Tu che cosa ne pensi del lavoro minorile? È giusto che in alcune nazioni molti bambini siano ancora obbligati a lavorare?

LE RISPOSTE

PRIMA IPOTESI: Sì, io penso che non ci sia nulla di male nel lavorare fin dalla più giovane età. I nostri nonni l'hanno fatto e alcuni hanno creato una fortuna dal nulla. Inoltre credo che ultimamente l'infanzia venga protratta troppo a lungo e che iniziare presto a responsabilizzare i bambini, magari affidando loro piccoli lavori, potrebbe contribuire a farne degli adulti migliori.

SECONDA IPOTESI: No, il lavoro minorile è sbagliato: toglie ai bambini la possibilità di vivere un importante periodo di formazione personale che dovrebbe passare attraverso il gioco e lo studio. Tanto più che pone una serie di problemi relativi anche alla sicurezza e alla retribuzione, per cui in genere i minori vengono sottopagati e costretti a lavorare in situazioni non protette.

TERZA IPOTESI: Non lo so. A molti ragazzini non piace studiare e dunque, forse, andare a lavorare in giovane età sarebbe per loro la soluzione migliore.

CONCLUSIONE

A partire dalle ipotesi fornite, argomenta e discuti con i compagni il tuo punto di vista.

▶ DISCUTIAMO IL PROBLEMA

1 UN PROTAGONISTA "MALIZIOSO E CATTIVO"

Malpelo è un ragazzo inasprito dalle tragiche esperienze della vita e dal duro lavoro nella cava di rena rossa. Il narratore lo presenta fin da subito come un brutto ceffo, torvo, ringhioso e selvatico, un monellaccio malizioso e cattivo dai capelli rossi, che secondo la mentalità popolare sono un indubbio segno di malvagità. Rimasto orfano del padre, l'unica persona che gli voleva bene, Malpelo continua a lavorare come un mulo da soma nella cava, sobbarcandosi i lavori più pesanti e subendo le angherie dei suoi compagni. Vittima delle violenze e dei pregiudizi degli adulti, il ragazzo reagisce con rabbia e rassegnazione, isolandosi dagli altri e incattivendosi sempre più. Per sopravvivere e dare un senso a un mondo che gli appare cinico, spietato e dominato dalla sopraffazione reciproca, Malpelo sviluppa una propria filosofia di vita: la violenza è inevitabile e l'uomo deve abituarsi a subirla dai più forti e a infliggerla ai più deboli. È proprio con questa amara convinzione che Malpelo cerca di educare Ranocchio, l'unico amico che ha, alle leggi della sopraffazione reciproca: lo picchia per insegnargli la sopportazione del dolore e il piacere di usare la violenza, lo conduce a vedere la carcassa dell'asino grigio per temprarne l'animo e abituarlo all'idea della morte. L'autentico stupore che Malpelo prova di fronte al dolore della madre dell'amico, gravemente ammalato, ci fa capire quanto forte sia in lui il senso di una vita senza affetti e senza speranza: egli non sa che cosa sia l'amore, perché non l'ha mai ricevuto, e conosce soltanto le spietate leggi economiche che regolano il mondo in cui vive.

1 Riassumi la storia di Malpelo.

2 Rispondi alle seguenti domande.
- Perché Malpelo è considerato malvagio e cattivo?
- Come reagisce Malpelo alle violenze subite?
- Qual è l'unico punto di riferimento affettivo che ha Malpelo?

2 LA LEGGE DEL PIÙ FORTE

La novella è ambientata in una cava di rena della Sicilia orientale, dove tutto è regolato e governato dalla legge della sopraffazione. La cava è un mondo infernale, labirintico e senza speranza, espressione di un ordine universale fondato sulla legge del più forte e di una natura violenta e ostile agli uomini, che, nonostante tutti i loro sforzi, sono destinati a soccombere ad essa, proprio come accade a mastro Misciu o agli altri minatori scomparsi nell'intrico delle gallerie. La legge del più forte si esprime anche nei rapporti di lavoro. La dura realtà della cava incrudelisce gli uomini, ponendoli di fronte a un'unica alternativa: fare violenza o subirla. E così i padroni e i sorveglianti sfruttano e trattano come bestie i lavoratori che, a loro volta, maltrattano e deridono gli esseri più deboli e fragili: proprio come mastro Misciu, ingannato dal padrone e preso in giro dagli altri minatori per la sua bontà d'animo, o l'asino grigio, sul quale Malpelo sfoga violentemente tutta la sua frustrazione.

3 Per ogni coppia indica chi è l'oppresso e chi è l'oppressore.

A Ranocchio	_____	Malpelo	_____
B Mastro Misciu	_____	Compagni di lavoro	_____
C Minatori	_____	Padrone	_____
D Malpelo	_____	Asino grigio	_____
E Sorella di Malpelo	_____	Malpelo	_____
F Malpelo	_____	Lo sciancato	_____

3 UN NERO DESTINO

Attraverso le dolorose esperienze di cui è protagonista, Rosso Malpelo capisce che la cava non lascia via di scampo e che dalla sua bocca, spalancata come una nera voragine infernale, non si può fuggire. Peggiore di qualsiasi prigione, la cava sottrae all'uomo la libertà, lo priva della luce e della speranza. Per questo Malpelo odia la luna, che con i suoi raggi gli mostra l'immagine di una natura diversa, dalla quale egli si sente escluso; per questo, dopo la tragica scomparsa del padre, in preda a una frenesia autodistruttiva, fa di tutto per accelerare il suo destino, andando incontro a una morte certa e inevitabile, che egli percepisce come liberazione e fine di ogni sofferenza.

4 Perché Malpelo odia le notti di luna?

> ▶ ATTIVIAMO LE COMPETENZE

LETTURA E COMPRENSIONE

ACCESSO ALLE INFORMAZIONI

5 Indica se le seguenti affermazioni sono vere o false.

		Vero	Falso
A	Alla fine, Malpelo è abbandonato dalla famiglia.		
B	Il corpo di mastro Misciu non sarà mai ritrovato.		
C	Il narratore ci racconta la storia adottando un punto di vista popolare.		
D	In questa storia la fabula coincide con l'intreccio.		
E	Il padre di Malpelo è detto Bestia.		
F	Malpelo picchia spesso Ranocchio.		
G	Malpelo non nutre alcun sentimento per Ranocchio.		
H	Malpelo consegna a sua madre la paga della settimana.		
I	Malpelo dà i suoi calzoni a Ranocchio.		
L	Malpelo augura a Ranocchio di morire, perché non sopporta di vederlo soffrire.		

6 La morte di Malpelo è narrata
- **A** direttamente.
- **B** implicitamente.
- **C** dal racconto dei lavoratori.
- **D** dal racconto di Ranocchio.

7 Elenca alcuni passi nei quali Malpelo si rivela un bambino fragile e bisognoso di affetto.

8 Indica se le seguenti affermazioni sono vere o false.

		Vero	Falso
A	Malpelo ha una famiglia amorevole.		
B	Malpelo ha molti amici.		
C	La legge che conosce Malpelo è quella della violenza.		
D	Malpelo ha verso Ranocchio un sentimento di ostilità.		

9 Malpelo è considerato dalla gente del paese con
- **A** ostilità.
- **B** indifferenza.
- **C** benevolenza.
- **D** repulsione.

COMPRENSIONE GENERALE E INTERPRETAZIONE

10 Perché la madre di Ranocchio, secondo Malpelo, si dispera per la malattia del figlio?
- **A** Per l'amore che prova per lui.
- **B** Perché teme di non avere più la paga guadagnata dal figlio.
- **C** Perché il destino le è stato ostile.
- **D** Per rabbia nei confronti degli altri lavoranti.

11 In che modo Malpelo cerca di educare Ranocchio?

12 Individua almeno un flashback presente nel brano.

13 Perché Malpelo picchia l'asino e l'amico Ranocchio?

14 La frase finale esprime il parere
- **A** dell'autore.
- **B** del narratore.
- **C** dei minatori.
- **D** del paese di Malpelo.

15 Nel racconto ricorre anche un tema molto forte, spesso presente nelle fiabe ed elemento indispensabile nella narrativa del terrore: la paura. Malpelo è un ragazzino forte e coraggioso, ma c'è qualcosa che lo terrorizza. Rintraccia nel racconto che cosa spaventa Malpelo e spiega perché. Accosta poi la paura di Malpelo a quella che, invece, prova il piccolo protagonista del racconto di Pirandello che trovi a p. 481:
«Cosa strana: della tenebra fangosa delle profonde caverne, ove dietro ogni svolto stava in agguato la morte, Ciàula non aveva paura, né paura delle ombre mostruose, che qualche lanterna suscitava a sbalzi lungo le gallerie, né del subito guizzare di qualche riflesso rossastro qua e là in una pozza, in uno stagno d'acqua sulfurea: sapeva sempre dov'era; toccava con la mano in cerca di sostegno le viscere della montagna: e ci stava cieco e sicuro come dentro il suo alvo materno. Aveva paura, invece, del bujo vano della notte».

Dopo aver confrontato e interpretato le paure dei due personaggi letterari (da dove nascono, se sono o meno sensate...), racconta quali sono le tue paure e confrontale con quelle dei tuoi compagni, provando a spiegarne le cause e a darne le eventuali giustificazioni.

Tipologia Testo narrativo
Genere Novella

La Lupa

Giovanni Verga, *Vita dei campi*

Test

La novella apparve sulla «Rivista nuova di scienze, lettere e arti» del febbraio 1880 e fu poi inserita nella raccolta *Vita dei campi*, pubblicata dall'editore Treves nello stesso anno; venne in seguito riscritta per il teatro nel 1896 e ottenne un discreto successo. *La Lupa* ritrae il mondo della Sicilia rurale di fine Ottocento con la sua povertà e le sue superstizioni, stigmatizzate da Verga prima di tutto attraverso i personaggi della Lupa e di Nanni, e poi anche attraverso una serie di pratiche magico-religiose che i personaggi stessi assolvono. Le scarse indicazioni spazio-temporali contenute nella novella collocano la vicenda in una dimensione astratta, quasi mitica. Al tema della relazione probita tra la gnà Pina e il genero Nanni fa da sfondo un mondo contadino depositario di valori antichi e di credenze ancestrali cui la protagonista trasgredisce, in ragione della sua insana passione. Anche il più sacro dei valori, quello della maternità, viene sacrificato in nome di un ardore quasi animalesco. Di qui l'inevitabile duro giudizio di condanna di tutto il paese per il comportamento eversivo della Lupa: la sua ostinazione, la sua fierezza, i suoi occhi e capelli neri e il suo pallore rievocano quelli di un'antica maga o di una strega e fanno della gnà Pina quasi un personaggio da tragedia greca. Il finale drammatico è quindi la cronaca di una morte annunciata fin dall'*incipit* del racconto.

Era alta, magra, aveva soltanto un seno fermo e vigoroso da bruna – e pure non era più giovane – era pallida come se avesse sempre addosso la malaria, e su quel pallore due occhi grandi così, e delle labbra fresche e rosse, che vi mangiavano. Al villaggio la chiamavano *la Lupa* perché non era sazia giammai – di nulla. Le
5   donne si facevano la croce quando la vedevano passare, sola come una cagnaccia, con quell'andare randagio e sospettoso della lupa affamata; ella si spolpava i loro figliuoli e i loro mariti in un batter d'occhio, con le sue labbra rosse, e se li tirava dietro alla gonnella solamente a guardarli con quegli occhi da satanasso, fossero stati davanti all'altare di Santa Agrippina. Per fortuna *la Lupa* non veniva mai in
10   chiesa, né a Pasqua, né a Natale, né per ascoltar messa, né per confessarsi. Padre Angiolino di Santa Maria di Gesù, un vero servo di Dio, aveva persa l'anima per lei. Maricchia, poveretta, buona e brava ragazza, piangeva di nascosto, perché era figlia della Lupa, e nessuno l'avrebbe tolta in moglie[1], sebbene ci avesse la sua bella roba nel cassettone, e la sua buona terra al sole, come ogni altra ragazza del villaggio.
15   Una volta *la Lupa* si innamorò di un bel giovane che era tornato da soldato, e mieteva il fieno con lei nelle chiuse del notaro; ma proprio quello che si dice innamorarsi, sentirsene ardere le carni sotto al fustagno del corpetto, e provare, fissandolo negli occhi, la sete che si ha nelle ore calde di giugno, in fondo alla pianura. Ma lui seguitava a mietere tranquillamente, col naso sui manipoli, e le diceva: – O
20   che avete, gnà[2] Pina? – Nei campi immensi, dove scoppiettava soltanto il volo dei grilli, quando il sole batteva a piombo, *la Lupa* affastellava manipoli su manipoli, e covoni su covoni, senza stancarsi mai, senza rizzarsi un momento sulla vita, senza accostare le labbra al fiasco, pur di stare sempre alle calcagna di Nanni, che mieteva e mieteva, e le domandava di quando in quando: – Che volete, gnà Pina? –
25   Una sera ella glielo disse, mentre gli uomini sonnecchiavano nell'aia, stanchi dalla lunga giornata, ed i cani uggiolavano per la vasta campagna nera: – Te voglio! Te che sei bello come il sole, e dolce come il miele. Voglio te!

---

1 tolta in moglie: presa in moglie.
2 gnà: un tempo, nel dialetto catanese, questo appellativo significava "signora" e veniva usato per donne di condizione umile.

– Ed io invece voglio vostra figlia, che è zitella – rispose Nanni ridendo.

La Lupa si cacciò le mani nei capelli, grattandosi le tempie senza dir parola, e se ne
30 andò; né più comparve nell'aia. Ma in ottobre rivide Nanni, al tempo che cavavano
l'olio, perché egli lavorava accanto alla sua casa, e lo scricchiolio del torchio non
la faceva dormire tutta notte.

– Prendi il sacco delle olive, – disse alla figliuola, – e vieni –.

Nanni spingeva con la pala le olive sotto la macina, e gridava – Ohi! – alla mula
35 perché non si arrestasse. – La vuoi mia figlia Maricchia? – gli domandò la gnà Pina.
– Cosa gli date a vostra figlia Maricchia? – rispose Nanni. – Essa ha la roba di suo
padre, e dippiù io le do la mia casa; a me mi basterà che mi lasciate un cantuccio
nella cucina, per stendervi un po' di pagliericcio. – Se è così se ne può parlare a
Natale – disse Nanni. Nanni era tutto unto e sudicio dell'olio e delle olive messe
40 a fermentare, e Maricchia non lo voleva a nessun patto; ma sua madre l'afferrò pe'
capelli, davanti al focolare, e le disse co' denti stretti: – Se non lo pigli, ti ammazzo! –

La Lupa era quasi malata, e la gente andava dicendo che il diavolo quando invecchia
si fa eremita[3]. Non andava più di qua e di là; non si metteva più sull'uscio, con
quegli occhi da spiritata. Suo genero, quando ella glieli piantava in faccia, quegli
45 occhi, si metteva a ridere, e cavava fuori l'abitino della Madonna[4] per segnarsi.
Maricchia stava in casa ad allattare i figliuoli, e sua madre andava nei campi, a
lavorare cogli uomini, proprio come un uomo, a sarchiare, a zappare, a governare
le bestie, a potare le viti, fosse stato greco e levante di gennaio, oppure scirocco di
agosto, allorquando i muli lasciavano cader la testa penzoloni, e gli uomini dor-
50 mivano bocconi a ridosso del muro a tramontana. In quell'ora fra vespero e nona,
in cui non ne va in volta femmina buona[5], la gnà Pina era la sola anima viva che
si vedesse errare per la campagna, sui sassi infuocati delle viottole, fra le stoppie
riarse dei campi immensi, che si perdevano nell'afa, lontan lontano, verso l'Etna
nebbioso, dove il cielo si aggravava sull'orizzonte.

55 – Svegliati! – disse *la Lupa* a Nanni che dormiva nel fosso, accanto alla siepe polverosa, col capo fra le braccia. – Svegliati, ché ti ho portato il vino per rinfrescarti
la gola –.

Nanni spalancò gli occhi imbambolati, tra veglia e sonno, trovandosela dinanzi
ritta, pallida, col petto prepotente, e gli occhi neri come il carbone, e stese bran-
60 colando le mani.

– No! non ne va in volta femmina buona nell'ora fra vespero e nona! – singhiozzava Nanni, ricacciando la faccia contro l'erba secca del fossato, in fondo in fondo,
colle unghie nei capelli. – Andatevene! andatevene! non ci venite più nell'aia! –

Ella se ne andava infatti, la Lupa, riannodando le trecce superbe, guardando fisso
65 dinanzi ai suoi passi nelle stoppie calde, cogli occhi neri come il carbone.

Ma nell'aia ci tornò delle altre volte, e Nanni non le disse nulla. Quando tardava a
venire anzi, nell'ora fra vespero e nona, egli andava ad aspettarla in cima alla viottola bianca e deserta, col sudore sulla fronte – e dopo si cacciava le mani nei capelli,
e le ripeteva ogni volta: – Andatevene! andatevene! Non ci tornate più nell'aia! –
70 Maricchia piangeva notte e giorno, e alla madre le piantava in faccia gli occhi ardenti
di lagrime e di gelosia, come una lupacchiotta anch'essa, allorché la vedeva tornare
da' campi pallida e muta ogni volta. – Scellerata! – le diceva. – Mamma scellerata!

– Taci!

– Ladra! ladra!

75 – Taci!

– Andrò dal brigadiere, andrò!

– Vacci!

E ci andò davvero, coi figli in collo, senza temere di nulla, e senza versare una

3 il diavolo... si fa eremita:
trascrizione del proverbio
siciliano *quando lu diavulu fu
vecchiu si fici rimito*.
4 l'abitino della Madon-
na: sopraveste col nome di
Maria, portato in segno di
devozione o scongiuro.
5 fra vespero... femmina
buona: trascrizione del proverbio siciliano *a ura de vispi-
ro e nona nun cammina omu né
fimmina bona*.

VERIFICA INVALSI

6 ricusò... Signore: rifiutò di dargli l'estrema unzione.
7 fece pubblicamente... innanzi alla chiesa: pratica devozionale legata a un mondo carico di credenze magico-religiose.

lagrima, come una pazza, perché adesso l'amava anche lei quel marito che le avevano dato per forza, unto e sudicio delle olive messe a fermentare.

Il brigadiere fece chiamare Nanni; lo minacciò sin della galera e della forca. Nanni si diede a singhiozzare ed a strapparsi i capelli; non negò nulla, non tentò di scolparsi. – È la tentazione! – diceva; – è la tentazione dell'inferno! – Si buttò ai piedi del brigadiere supplicandolo di mandarlo in galera.

– Per carità, signor brigadiere, levatemi da questo inferno! Fatemi ammazzare, mandatemi in prigione! non me la lasciate veder più, mai! mai!

– No! – rispose invece *la Lupa* al brigadiere – Io mi son riserbato un cantuccio della cucina per dormirvi, quando gli ho data la mia casa in dote. La casa è mia; non voglio andarmene.

Poco dopo, Nanni s'ebbe nel petto un calcio dal mulo, e fu per morire; ma il parroco ricusò di portargli il Signore[6] se *la Lupa* non usciva di casa. *La Lupa* se ne andò, e suo genero allora si poté preparare ad andarsene anche lui da buon cristiano; si confessò e comunicò con tali segni di pentimento e di contrizione che tutti i vicini e i curiosi piangevano davanti al letto del moribondo. E meglio sarebbe stato per lui che fosse morto in quel giorno, prima che il diavolo tornasse a tentarlo e a ficcarglisi nell'anima e nel corpo quando fu guarito. – Lasciatemi stare! – diceva alla *Lupa* – Per carità, lasciatemi in pace! Io ho visto la morte cogli occhi! La povera Maricchia non fa che disperarsi. Ora tutto il paese lo sa! Quando non vi vedo è meglio per voi e per me... – Ed avrebbe voluto strapparsi gli occhi per non vedere quelli della Lupa, che quando gli si ficcavano ne' suoi gli facevano perdere l'anima ed il corpo. Non sapeva più che fare per svincolarsi dall'incantesimo. Pagò delle messe alle anime del Purgatorio, e andò a chiedere aiuto al parroco e al brigadiere. A Pasqua andò a confessarsi, e fece pubblicamente sei palmi di lingua a strasciconi sui ciottoli del sacrato innanzi alla chiesa[7], in penitenza – e poi, come *la Lupa* tornava a tentarlo:

– Sentite! – le disse, – non ci venite più nell'aia, perché se tornate a cercarmi, com'è vero Iddio, vi ammazzo!

– Ammazzami, – rispose la Lupa, – ché non me ne importa; ma senza di te non voglio starci –.

Ei come la scorse da lontano, in mezzo a' seminati verdi, lasciò di zappare la vigna, e andò a staccare la scure dall'olmo. *La Lupa* lo vide venire, pallido e stralunato, colla scure che luccicava al sole, e non si arretrò di un sol passo, non chinò gli occhi, seguitò ad andargli incontro, con le mani piene di manipoli di papaveri rossi, e mangiandoselo con gli occhi neri. – Ah! malanno all'anima vostra! – balbettò Nanni.

(G. Verga, *Tutte le novelle*, Milano, Mondadori, 2006)

Aspetto 1 Comprendere il significato, letterale e figurato, di parole ed espressioni e riconoscere le relazioni tra parole.

1 Dopo aver letto la descrizione della Lupa, prova a elencare tutte le caratteristiche che fanno apparire la gnà Pina una lupa, agli occhi del paese.

A _____ B _____ C _____

Aspetto 3 Fare un'inferenza diretta, ricavando un'informazione implicita da una o più informazioni date nel testo e/o tratte dall'enciclopedia personale del lettore.

2 Le rare indicazioni spazio-temporali collocano la storia in una dimensione
☐ **A** realistica.
☐ **B** mediterranea.
☐ **C** mitica.
☐ **D** rurale.

Aspetto 2 Individuare informazioni date esplicitamente nel testo.

3 Come la Lupa conosce Nanni?
☐ **A** Durante la mietitura.
☐ **B** In paese.
☐ **C** Per strada.
☐ **D** Durante la spremitura delle olive.

Aspetto 5a Ricostruire il significato di una parte più o meno estesa del testo, integrando più informazioni e concetti, anche formulando inferenze complesse.

4 «– Svegliati! – disse la Lupa a Nanni che dormiva nel fosso, accanto alla siepe polverosa, col capo fra le braccia. – Svegliati, ché ti ho portato il vino per rinfrescarti la gola – Nanni spalancò gli occhi imbambolati, tra veglia e sonno, trovandosela dinanzi ritta, pallida, col petto prepotente, e gli occhi neri come il carbone, e stese brancolando le mani» (rr. 55-60). La Lupa porta il vino a Nanni per

☐ **A** sedurlo.
☐ **B** fargli compagnia.
☐ **C** dissetarlo.
☐ **D** aiutarlo.

Aspetto 5a

5 Indica se i seguenti comportamenti hanno il favore o la condanna degli abitanti del paese.

	Favore	Condanna
A «ella si spolpava i loro figliuoli e i loro mariti in un batter d'occhio, con le sue labbra rosse, e se li tirava dietro alla gonnella solamente a guardarli con quegli occhi da satanasso, fossero stati davanti all'altare di Santa Agrippina»		
B «In quell'ora fra vespero e nona, in cui non ne va in volta femmina buona, la gnà Pina era la sola anima viva che si vedesse errare per la campagna, sui sassi infuocati delle viottole, fra le stoppie riarse dei campi immensi»		
C «E ci andò davvero [dal brigadiere], coi figli in collo, senza temere di nulla, e senza versare una lagrima, come una pazza, perché adesso l'amava anche lei quel marito che le avevano dato per forza, unto e sudicio delle olive messe a fermentare»		
D «e suo genero [della Lupa] allora si poté preparare ad andarsene anche lui da buon cristiano; si confessò e comunicò con tali segni di pentimento e di contrizione...»		

Aspetto 5a

6 Collega con una freccia i personaggi e le azioni da loro compiute.

Personaggi
1 Gnà Pina
2 Nanni
3 Maricchia
4 Il paese
5 Il prete

Azioni
A Desidera Maricchia
B Condanna la Lupa
C Seduce Nanni
D Ammonisce Nanni
E Si rivolge ai carabinieri

Aspetto 2 Individuare informazioni date esplicitamente nel testo.

7 Perché Nanni decide di fare «sei palmi di lingua a strasciconi sui ciottoli del sacrato innanzi alla chiesa»?

☐ **A** Per chiedere una grazia.
☐ **B** Per espiare le sue colpe.
☐ **C** Per allontanare Maricchia.
☐ **D** Per resistere alla tentazione della Lupa.

Aspetto 5b Ricostruire il significato globale del testo, integrando più informazioni e concetti, anche formulando inferenze complesse.

8 Alla luce di tutta la vicenda, come può essere interpretato il comportamento finale della Lupa («La Lupa lo vide venire, pallido e stralunato, colla scure che luccicava al sole, e non si arretrò di un sol passo, non chinò gli occhi»)?

☐ **A** Come spensierato e giocoso.
☐ **B** Come coraggioso e determinato.
☐ **C** Come stravagante ed estroso.
☐ **D** Come affascinante e seducente.

Aspetto 4 Cogliere le relazioni di coesione e di coerenza testuale (organizzazione logica entro e oltre la frase).

9 Nel passo «la Lupa [...] seguitò ad andargli incontro, con le mani piene di manipoli di papaveri rossi, e mangiandoselo con gli occhi neri» (rr. 110-113), che cosa rappresentano i papaveri rossi?

☐ **A** La passione di Nanni verso la Lupa.
☐ **B** La Natura
☐ **C** La passione della Lupa e il suo sangue che sarà versato.
☐ **D** Il sangue della vita e della passione.

Aspetto 6 Sviluppare un'interpretazione del testo, a partire dal suo contenuto e/o dalla sua forma, andando al di là di una comprensione letterale.

10 L'intento della novella è quello di farci riflettere

☐ **A** sulle cause psicologiche e sociali di una insana passione.
☐ **B** sul dramma di una donna che si sacrifica per amore dei figli.
☐ **C** sulla dura esistenza di una contadina di fine Ottocento.
☐ **D** sul contrasto tra una madre vedova e sua figlia.

La libecciata

Giovanni Fattori

TIPOLOGIA	Dipinto
GENERE	Paesaggio
STILE	Macchaiolo
TECNICA	Olio su tela
ANNO	1880

▶ ANALIZZIAMO IL DIPINTO

1 IL SOGGETTO
2 LA RAPPRESENTAZIONE DEL VERO
3 LA TECNICA DELLA MACCHIA

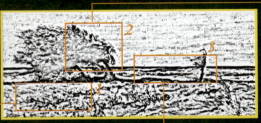

1 Il dipinto raffigura un tratto di costa toscana investita dal vento di libeccio.

2 Gli alberi piegati e il mare agitato danno una rappresentazione realistica della forza impetuosa del vento.

3 La composizione della tela, tutta orizzontale, impostata su tre fasce di colore sovrapposte, sembra assecondare la direzione del vento.

1 IL SOGGETTO

Il quadro, dipinto da Giovanni Fattori intorno al 1880, raffigura un preciso tratto di costa della Maremma livornese, quello nei pressi Castiglioncello, dove il pittore soggiornava spesso ospite di Diego Martelli, amico e teorico del movimento macchiaiolo. Le libecciate sono proprio le raffiche particolarmente violente del vento libeccio che periodicamente colpiscono le coste tirreniche, provocando mareggiate e spezzando la vegetazione. In primo piano la sabbia grigia e terrosa punteggiata da piccoli cespugli vibranti, al centro gli alberelli tipici di quel tratto di costa, le tamerici, sullo sfondo il mare agitato che si confonde con il cielo livido. La rappresentazione è caratterizzata da una realistica drammaticità, sottolineata dalla scelta dei colori freddi, come il giallo e l'azzurro; pare quasi di trovarsi sulla riva del mare ad aspettare invano, insieme a padron 'Ntoni, il ritorno della *Provvidenza*.

1 Ti ricordi l'inizio del capitolo terzo dei *Malavoglia*? Ti pare che questo dipinto possa richiamarlo alla mente? Perché?

2 L'opera è organizzata in tre fasce cromatiche ben distinte che corrispondono anche ai tre elementi – terra, acqua e cielo – rappresentati. Per ognuno di questi elementi scegli nell'elenco tre aggettivi che possano ben definirlo, indicandoli con T (terra), M (mare) o C (cielo). Se un aggettivo ti sembra giusto per più di un elemento, aggiungi la lettera corrispondente dopo l'aggettivo.

1 Agitato	T M C	4 Caotico	T M C	7 Vibrante T M C
2 Tormentato	T M C	5 Drammatico	T M C	8 Freddo T M C
3 Cupo	T M C	6 Scabro	T M C	9 Tetro T M C

10 Livido	T	M	C	**14** Disfatto	T	M	C	**18** Selvaggio	T M C
11 Increspato	T	M	C	**15** Ansante	T	M	C	**19** Salmastro	T M C
12 Confuso	T	M	C	**16** Crepuscolare	T	M	C		
13 Indistinto	T	M	C	**17** Terreo	T	M	C		

2 LA RAPPRESENTAZIONE DEL VERO

Il gruppo dei Macchiaioli, di cui il livornese Giovanni Fattori (1825-1908) è considerato il massimo esponente, si colloca all'interno di quella esigenza di fedeltà al vero che, a partire dalla seconda metà dell'Ottocento, investe un po' tutti gli orientamenti artistici: contro ogni accademismo, per la libertà dell'espressione e per un ritorno a rappresentare la realtà così com'è, per una predilezione nella scelta dei soggetti di paesaggi dimessi, antimonumentali e scene di vita quotidiana, principalmente contadina o provinciale, i macchiaioli condividono per più aspetti alcuni capisaldi teorici del Verismo. Scriveva Fattori nel 1903, difendendo le posizioni di una vita e in particolare un suo quadro, *Il cavallo morto*, in cui raffigurava una drammatica scena di vita contadina: «Quando all'arte si leva il verismo – che resta? [...] il verismo porta lo studio accurato della società presente – il verismo mostra le piaghe da cui è afflitta – il verismo manderà alla posterità i nostri costumi, le nostre abitudini…».

3 Elenca tutti i particolari realistici che vedi nel dipinto.

3 LA TECNICA DELLA MACCHIA

Nella *Libecciata* la tecnica della macchia raggiunge una notevole perfezione. Rapide e vibranti pennellate definiscono gli spazi e gli oggetti, senza ricorrere alla mediazione del disegno che raffredda e congela l'immediatezza della visione. Giustapponendosi le une alle altre, le macchie di colore aderiscono a ciò che si vede, cercando di trasporlo sulla tela nel modo più vicino alla visione dello spettatore, del testimone oculare della scena. Grazie alla "macchia" impiegata da Fattori, guardando il quadro si sentono la forza del vento e l'aria salmastra, persino gli spruzzi di acqua salata che devono aver investito il pittore. Le forze della natura che sconvolgono il paesaggio sono ben rappresentate dalle piante travolte dalla libecciata e rappresentate come grandi macchie scure poste quasi al centro del quadro. I colori del cielo e della terra si confondono e si amalgamano in una gradazione che va dal grigio-azzurro al verde-bruno, mentre la spuma del mare è sapientemente riprodotta con fitte pennellate bianche, libere e vigorose.

4 In quali parti del dipinto noti che le pennellate di Fattori sono più vigorose e decise? Perché, secondo te?

▶ **ATTIVIAMO LE COMPETENZE**

FRUIZIONE DI ALTRE FORME ESPRESSIVE

RICERCA, PROGETTAZIONE, TESTO DESCRITTIVO-INFORMATIVO

5 Fai una ricerca su Giovanni Fattori; nel tuo lavoro dovranno essere presenti:
- una breve biografia dell'autore;
- le caratteristiche del movimento dei Macchiaioli e la posizione che l'artista riveste all'interno di esso;
- l'associazione di una novella di Verga a un quadro di Fattori: ti suggeriamo la novella *La Lupa*, dalla raccolta *Vita dei campi*, e il dipinto *La strada bianca*, che puoi vedere qui accanto.

Giovanni Fattori, La strada bianca, *1885. Collezione privata.*

Rosso Malpelo

TIPOLOGIA	Film
GENERE	Drammatico
REGIA	Pasquale Scimeca
CAST	Antonio Ciurca (Rosso Malpelo), Omar Noto (Ranocchio), Vincenzo Albanese (Zù Momma), Marcello Mazzarella (Mastro Misciu), Attilio Ferrara (ingegnere), Marinella Compagnone (mamma di Ranocchio)
ANNO	2007

▶ **ANALIZZIAMO IL FILM**

1 **INFLUENZE VERGHIANE**
2 **UNA DRAMMATICA ATTUALITÀ**
3 **IL BUIO E LA LUCE**

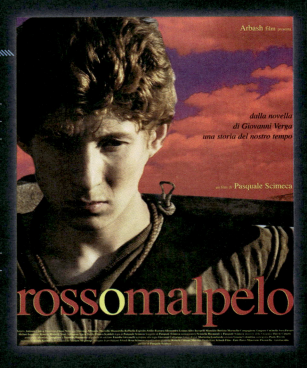

Arbash film presenta

*dalla novella
di Giovanni Verga
una storia del nostro tempo*

un film di **Pasquale Scimeca**

rossomalpelo

LA TRAMA

La vicenda narrata nel film è quella di Rosso Malpelo, un ragazzino siciliano che lavora, insieme al padre, in una miniera di zolfo (in Verga era una cava di rena). Dopo la morte del padre, mastro Misciu, rimasto schiacciato sottoterra mentre stava facendo un lavoro rischioso, Rosso, circondato dal disprezzo e dall'ostilità, perde sempre più la speranza di una vita diversa e s'indurisce nel carattere per poter resistere a un'esistenza fatta di solitudine, fatica e miseria. L'unico legame affettivo è quello che stringe con Ranocchio, un bambino debole e malato destinato a soccombere. La pietà nei confronti di Ranocchio, come il dolore per la morte del padre, evidenziano quanto il protagonista sia in fondo buono e sensibile. Rimasto definitivamente solo, Rosso sceglie la via dell'annientamento: il finale ce lo mostra mentre, voltate le spalle alla vita, s'inoltra nella miniera, scomparendo nei meandri della terra perché a nessuno importa di sapere se egli è morto o vivo.

1 INFLUENZE VERGHIANE

Il film ripropone la vicenda del racconto di Verga rispettandone l'ambientazione, i personaggi, le loro caratteristiche e i dialoghi. In particolare il regista, che è originario di Aliminusa, in provincia di Palermo, ha estremizzato le scelte espressive del suo modello, facendo parlare i personaggi in

dialetto siciliano. Di Verga Pasquale Scimeca riprende anche la tecnica dell'impersonalità, usando la macchina da presa come l'occhio imparziale dello scrittore verista: in alcune scene, racconta lo stesso regista, dato il poco spazio a disposizione all'interno degli stretti cunicoli sotterranei, gli attori sono stati lasciati soli con la macchina da presa accesa e buttata per terra che li riprendeva mentre questi recitavano.

Rosso Malpelo, un rgazzino siciliano che lavora in una miniera di zolfo, è il protagonista del film.

Il film indaga sul mondo dello sfruttamento del lavoro minorile.

2 UNA DRAMMATICA ATTUALITÀ

Spiega Scimeca in un'intervista: «Abbiamo pensato di dare un senso al film parlando di Rosso Malpelo non come di una storia del passato, ma come una storia dei giorni nostri». A detta dell'Organizzazione internazionale del lavoro, infatti, sarebbero ancora più di un milione in tutto il mondo i bambini che sono costretti a lavorare in miniera. Il regista, dunque, avvertendo l'urgenza e la drammaticità del problema dello sfruttamento minorile, ha cercato non solo di fare un cinema socialmente impegnato, ma ha anche messo i suoi proventi a disposizione di un progetto umanitario chiamato *Cento scuole adottano mille bambini*.

Significativa, in questo senso, la scelta di lasciare indeterminato il tempo della vicenda, solo vagamente collocabile nella Sicilia di Verga e con precisi dettagli che rimandano invece al mondo contemporaneo. I "carusi", per esempio, indossano moderne scarpe da ginnastica, quasi a voler significare che dai tempi della cava di rena documentata nel racconto verghiano a oggi non c'è soluzione di continuità: le cose non sono cambiate, e se oggi in Sicilia i bambini non lavorano più in miniera, in Tanzania, tanto per fare un esempio, rischiano la vita tutti i giorni calandosi senza alcuna protezione all'interno di grotte senza fondo alla disperata ricerca di pietre preziose.

3 IL BUIO E LA LUCE

Nel film è molto forte il contrasto tra le scene che si svolgono sottoterra, dentro la miniera, e quelle che invece sono ambientate all'aria aperta. Il contrasto tra le due dimensioni, pur così presente nella novella di Verga, viene esasperato dalle immagini: i campi di grano illuminati da un sole accecante che Rosso attraversa correndo, il cielo azzurrissimo su cui si stagliano le figurine dei ragazzi nei momenti di riposo, rendono ancor più intollerabile lo spazio stretto, oscuro e soffocante della miniera. La vita all'aria aperta, nella luce, una vita che è fatta di movimento e calore, diventa l'unica possibile, evidenziando quanto sia disumano il lavoro e lo sfruttamento minorile che costringe i bambini a calarsi nelle viscere della terra, quasi venissero sepolti vivi.

La pausa per il pranzo è, per i piccoli zolfatari, uno dei pochi momenti di sollievo durante la giornata di duro lavoro in miniera.

GUIDA AL DIBATTITO

1 Quali elementi presenti nel film rimandano direttamente alla novella verghiana?

2 Quando pensavi a Rosso e a Ranocchio li immaginavi così? Perché?

3 In una scena del film, il papà di Rosso, mentre sta per essere sepolto da una frana in miniera, avvertendo imminente il pericolo avverte Rosso di scappare. Quali sentimenti suscita, secondo te, questa scena nello spettatore?

4 Avendo letto la novella di Verga ritieni che ci siano molti punti di divergenza con il film? Quali?

5 Il film, secondo te, nella narrazione della vicenda di Rosso mantiene la visione distaccata e oggettiva che si era proposto Verga?

▸ ATTIVIAMO LE COMPETENZE

PRODUZIONE DI TESTI MULTIMEDIALI

RICERCA, LAVORO DI GRUPPO, PRODOTTO AUDIOVISIVO

6 Realizza insieme ai compagni la locandina di un film che riguardi la condizione infantile. Il vostro lavoro dovrà contenere i seguenti elementi:
- immagine della locandina, da esporre al pubblico;
- breve sintesi del contenuto;
- elenco degli attori;
- breve intervista (inventata) al regista, sul perché abbia scelto questo soggetto;
- elenco degli attori;
- caratteristiche del film;
- galleria di immagini e brevi citazioni tratte dal film stesso.

Concetti chiave

Flashcard

▶ CARATTERISTICHE DELLA NARRATIVA DI GIOVANNI VERGA

Giovanni Verga

Il realismo pessimista	Tutti gli uomini agiscono in base a una legge naturale di sopraffazione. La realtà è statica: la si può solo registrare, non cambiare.
La tecnica dell'impersonalità	L'autore deve eclissarsi affinché l'opera sembri essersi «fatta da sé».
I vinti	Dalla lotta per la sopravvivenza molti usciranno sconfitti.
Regressione e straniamento	Il punto di vista adottato è quello del narratore popolare che risulta estraneo a quello del lettore colto e dell'autore.

▶ LE OPERE

QUANDO	CHE COSA SCRIVE	DI CHE COSA PARLA
1866-1875	**Una peccatrice**, **Storia di una capinera**, **Eva**, **Tigre reale**, **Eros** (romanzi)	I romanzi del Verga pre-verista sono tutti ambientati nell'alta borghesia e i protagonisti vivono intense e devastanti passioni.
1874-1878	**Nedda** (novella)	Nedda, una povera raccoglitrice di olive vedrà morire prima la madre, poi il contadino Janu di cui è innamorata e la figlia avuta da lui.
	Rosso Malpelo (novella)	Il protagonista è un fanciullo costretto a guadagnarsi da vivere lavorando in miniera. Orfano di padre, morirà anche lui in miniera.
1881-1889	**I Malavoglia** (romanzo)	Una povera famiglia di pescatori, i Toscano, nella speranza di migliorare la propria condizione di vita, si avventura in un affare commerciale ma viene investita da molte sciagure.
	Mastro-don Gesualdo (romanzo)	Il protagonista, Gesualdo, da muratore diventa proprietario terriero: per le sue ricchezze viene però invidiato e odiato da tutti e muore in solitudine.

▶ RIPASSO

1. Che visione ha Verga degli uomini e della società? Perché?
2. In che cosa consistono le tecniche verghiane della regressione e dell'impersonalità?
3. Chi sono per Verga i «vinti»?
4. Quali sono i punti di contatto tra Naturalismo e Verismo?

Luigi Pirandello

Luigi Pirandello

La forma e la vita

La disgregazione dell'io

L'umorismo

ARTISTA	René Magritte
NAZIONALITÀ	Belga
TITOLO	Il pellegrino
ANNO	1966
STILE	Surrealismo

t1 LUIGI PIRANDELLO
Ti pende il naso!
▶ SCOPRIAMO L'AUTORE

t2 LUIGI PIRANDELLO
Ciàula scopre la Luna
▶ ANALIZZIAMO IL TESTO

t3 LUIGI PIRANDELLO
Distrazione
▶ DISCUTIAMO IL PROBLEMA

t4 LUIGI PIRANDELLO
Il figlio cambiato
▶ VERIFICA INVALSI

Galleria d'Arte
Pablo Picasso
Donna che piange

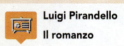
Grande schermo
Happy Family

LEZIONE LIM
Luigi Pirandello
Il romanzo

Luigi Pirandello

Uno scrittore moderno e rivoluzionario

I critici e i lettori concordano nel definire l'opera di Luigi Pirandello nuova, moderna e rivoluzionaria. In effetti, le novità proposte dallo scrittore siciliano, sia in ambito narrativo sia in ambito teatrale, sono numerose. Pirandello si distingue nel panorama letterario dei primi anni del Novecento non solo per la ricerca di **tecniche espressive** originali, ma anche per aver criticato nei suoi romanzi, nelle sue novelle e nei lavori teatrali i valori, le concezioni e le istituzioni del mondo borghese. La portata rivoluzionaria dell'opera di Pirandello è tale che, ancora oggi, l'aggettivo "pirandelliano" è utilizzato per indicare tutte quelle situazioni che ricordano i motivi e i personaggi tipici della sua produzione, soprattutto in riferimento al tema centrale: il **rapporto tra realtà e finzione**.

La vita

La nascita e la famiglia

Luigi Pirandello nasce nel 1867 in provincia di Girgenti (l'odierna Agrigento) da una famiglia di forti tradizioni risorgimentali. Il padre dello scrittore, Stefano, ha infatti partecipato alle imprese garibaldine; la madre, Caterina Ricci, è figlia di un rivoluzionario siciliano che negli anni quaranta dell'Ottocento si era opposto con coraggio al regime borbonico. Da un punto di vista socio-economico, la famiglia Pirandello appartiene alla media borghesia e può vantare un tenore di vita abbastanza agiato: Stefano Pirandello, infatti, esercita con successo la professione di commerciante di zolfo, un'attività allora assai remunerativa e molto diffusa in Sicilia. La nascita di Luigi sarebbe dovuta avvenire a Porto Empedocle, dove la famiglia vive. Ma un'epidemia di colera induce la famiglia a trasferirsi in campagna, in una località chiamata Caos, in una casa rurale costruita su un altopiano a strapiombo sul mare e circondata da querce e ulivi secolari. Sarà lo stesso Pirandello a rievocare in una lettera indirizzata a un amico le circostanze della sua nascita, dando a esse un'interpretazione simbolica: «Io dunque sono figlio del Caos; e non allegoricamente, ma in giusta realtà, perché sono nato in una nostra campagna, che trovasi presso ad un intricato bosco, denominato, in forma dialettale, Càvusu, dagli abitanti di Girgenti... corruzione dialettale del genuino vocabolo greco Chàos (Caos, disordine)».

Gli studi

Nella speranza di assicurare al figlio un futuro lavorativo in miniera, Stefano Pirandello decide di iscriverlo alle scuole tecniche, ma il giovane Luigi riesce a convincere il padre a lasciargli frequentare il ginnasio, scuola più congeniale alla sua vocazio-

Fausto Pirandello, Ritratto di Luigi Pirandello, 1933.

ne letteraria. Nel 1880, a causa di un affare andato a male, la famiglia Pirandello è costretta a trasferirsi a Palermo, dove Luigi porta a termine gli studi liceali per poi iscriversi, nel 1886, alla Facoltà di Lettere. Risale a quegli anni il fidanzamento con la cugina Giovanna, di quattro anni più grande di lui. Dopo il primo anno di università a Palermo, Luigi decide di completare gli studi a Roma, e da qui, a causa di una lite con un professore di latino, a Bonn, in Germania, dove si laurea nel 1891 con una tesi in filologia romanza sul dialetto di Girgenti. Nel frattempo scrive alcune opere teatrali, racconti e due raccolte di poesie: *Mal Giocondo* (1889) e *Pasqua di Gea* (1891).

... il fidanzamento con la cugina Giovanna nel 1893, Luigi fa ritorno a Roma, ... amicizie con artisti e letterati. Nello stesso anno scrive il suo ... primo romanzo *L'esclusa*. Nel 1894 sposa Maria Antonietta Portulano, figlia di un ... la cui dote ammonta a quasi centomila lire, una cifra considerevole ... di quei tempi. Denaro che il padre Stefano decide di investire in una miniera di zolfo, ... a garantire al figlio e alla nuora una rendita mensile. Il matrimonio, ... tre figli (Stefano, Lietta e Fausto) non si rivela felice a causa ... tra i due coniugi e delle instabili condizioni mentali della donna. ... Luigi inizia a insegnare lingua italiana nell'Istituto Superiore di Magistero a ... intensificando nel frattempo la collaborazione con alcune riviste letterarie su ... pubblica alcune novelle.

... mi capolavori

Il disagio psichico della moglie di Pirandello si trasforma in vera e propria follia nel 1904, quando un allagamento distrugge la zolfara in cui era stata investita la sua dote matrimoniale gettando sul lastrico lei e la sua famiglia. A seguito del trauma, la donna sviluppa una sorta di paralisi psicomotoria e una gelosia paranoica e violenta nei confronti del marito. Nonostante le difficoltà della vita matrimoniale, Pirandello riesce a dedicarsi all'attività letteraria, scrivendo in poco tempo il suo primo capolavoro, il romanzo *Il fu Mattia Pascal* (1904), accolto favorevolmente in Italia e all'estero. Negli anni successivi lavora ai romanzi *I vecchi e i giovani* e *Suo marito*, pubblica numerose novelle e nel 1908 il saggio *L'umorismo*; nel 1910 vengono messi in scena il dramma in un atto *La Morsa* e *Lumie di Sicilia*, commedia tratta dall'omonima novella.

Il successo

Il 28 luglio del 1914 l'Austria dichiara guerra alla Serbia: è l'inizio della Prima guerra mondiale. Nel 1915 anche l'Italia entra a far parte del conflitto a fianco della Francia e dell'Inghilterra. Tra le migliaia di giovani che partono per il fronte ci sono anche i due figli di Pirandello, Stefano e Fausto. Il primo viene fatto prigioniero e mandato in un campo di concentramento; il secondo si ammala prima di partire per i campi di battaglia e deve essere operato di urgenza. A funestare la vita di Pirandello si aggiungono anche la notizia della morte della vecchia madre in Sicilia e l'aggravarsi delle condizioni della moglie, che, giudicata inguaribile e pericolosa dai medici, viene internata nel 1919. Le angosce familiari non impediscono però a Pirandello di dedicarsi all'attività letteraria e teatrale. Tra il 1916 e il 1920 scrive e fa rappresentare capolavori come *Pensaci, Giacomino!*, *Liolà*, *Il Berretto a sonagli*, *Il giuoco delle parti*, *Così è (se vi pare)*, *Ma non è una cosa seria*, *L'uomo, la bestia e la virtù*. Il 9 maggio 1921 va in scena al Teatro Valle di Roma il più famoso dei drammi pirandelliani, *Sei personaggi in cerca di autore*, in cui lo scrittore siciliano sperimenta per la prima volta un linguaggio teatrale nuovo e rivoluzionario: un palcoscenico senza scenografia, attori che entrano dal fondo della sala, scene traumatiche, dialoghi surreali e apparentemente inautentici.

[nota manoscritta su cuore: Il fu Mattia Pascal – I vecchi e i giovani e Suo marito! OPERE PIÙ IMPORTANTI]

linea del tempo

1900

1901
L'esclusa

1904
Il fu Mattia Pascal

1908
L'umorismo

1910

1911
Suo marito

1913
I vecchi e i giovani

1920

1921
Sei personaggi in cerca di autore

1922
Novelle per un anno

1926
Uno, nessuno e centomila

Per il pubblico la rappresentazione è un vero e proprio choc e la recita si conclude tra polemiche e accese contestazioni: alcuni fischiano, altri lasciano la sala gridando «Manicomio! Manicomio!». Replicato a Milano nei mesi seguenti, il dramma riscuote però un grande successo, diventando subito famoso in Italia e all'estero, così come le opere teatrali successive, tra le quali ricordiamo soltanto *Enrico IV* (1921), *Ciascuno a suo modo* (1924) e *Questa sera si recita a soggetto* (1928-29).

Gli ultimi anni

Nel 1924 Pirandello, all'apice del successo, si iscrive al partito fascista – decisione che ha fatto molto discutere i critici e i biografi – e nel 1925 assume la direzione del Teatro d'Arte di Roma, dove conosce l'attrice Marta Abba, per la quale nutrirà un intenso sentimento amoroso. Nel 1926, nonostante i numerosi impegni legati all'attività di drammaturgo, pubblica il suo ultimo romanzo, *Uno, nessuno e centomila*, considerato dalla critica una sintesi del pensiero pirandelliano. Sono anni di trionfi e riconoscimenti: nel 1929 viene insignito del titolo di Accademico d'Italia e nel 1934 del premio Nobel per la letteratura.

Nel 1936 si ammala di polmonite. La morte sopraggiunge mentre sta lavorando a un'altra opera, *I giganti della montagna*, rimasta incompiuta. Nelle sue ultime volontà si legge: «Sia lasciata passare in silenzio la mia morte. Agli amici, ai nemici, preghiera, non che di parlarne sui giornali, ma di non farne pur cenno. Né annunzi né partecipazioni. Morto non mi si vesta. Mi s'avvolga, nudo, in un lenzuolo. E niente fiori sul letto e nessun cero acceso. Carro d'infima classe, quello dei poveri. Nudo. E nessuno m'accompagni, né parenti né amici. Il carro, il cavallo, il cocchiere e basta. Bruciatemi. E il mio corpo, appena arso, sia lasciato disperdere; perché niente, neppure la cenere vorrei avanzasse di me. Ma se questo non si può fare, sia l'urna cineraria portata in Sicilia e murata in qualche rozza pietra nella campagna di Girgenti, ove nacqui». Le sue disposizioni, però, vengono disattese.

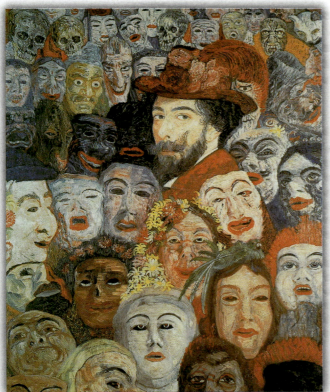

James Ensor, Autoritratto con maschere, *1899. Collezione privata.*

Oltre le apparenze

Per Pirandello non esiste una realtà oggettiva: essa ha mille facce e spesso le cose non sono quel che appaiono. Per penetrare a fondo la vera essenza dei fatti umani occorre andare oltre le apparenze, senza fermarsi alla prima impressione e senza dare giudizi perentori e definitivi. Tutto ciò che accade – eventi, azioni, comportamenti, scelte – è infatti variamente interpretabile. Per evitare di cadere nella trappola delle apparenze e delle facili sentenze, occorre – dice Pirandello – farsi guidare dalla **riflessione**. Essa, infatti, interviene per giudicare, analizzare, scomporre i sentimenti suscitati in noi dalle persone e dalle cose che ci circondano, ribaltando spesso le nostre prime affrettate conclusioni.

L'umorismo

Quanto sia importante il ruolo della riflessione, Pirandello ce lo spiega in un famosissimo saggio del 1908 intitolato *L'umorismo*, essenziale anche per comprendere la differenza tra il comico e l'umoristico. Per farci capire meglio il suo pensiero, l'autore fa un celebre esempio che possiamo così semplificare.

Cosa fai se vedi una vecchia signora «coi capelli ritinti, tutti unti [...]», truccata esageratamente e vestita con abiti giovanili? Ti metti a ridere. Una donna così conciata ti appare **comica** e ridicola, perché **avverti** che qualcosa non va, che essa è l'esatto **contrario** di ciò che una rispettabile signora dovrebbe essere. Il comico nasce dunque da un **avvertimento del contrario**. Ma se interviene in te la **riflessione**, le cose cambiano e assumono un altro significato. Immagina per un attimo che la vecchia signora non provi alcun piacere a vestirsi come un pappagallo, e che lo faccia soltanto perché vuole riconquistare l'amore del marito e perché non accetta – lei un tempo giovane e bella – di essere diventata vecchia. Se pensi a tutto questo, non puoi più ridere come prima: la riflessione, infatti, ti ha fatto andare oltre la prima impressione comica, ti ha fatto immedesimare nella donna, ti ha fatto comprendere le ragioni del suo comportamento. Sei passato, quasi senza rendertene conto, dall'avvertimento del contrario al **sentimento del contrario**. Ed è questa, secondo Pirandello, la differenza tra il comico e l'umoristico: il comico nasce da una prima impressione immediata e ci fa ridere senza pensare; l'umorismo è figlio della riflessione e ci regala tutt'al più un sorriso triste, pieno di comprensione e partecipazione umana.

La vita e la forma

Si può essere felici e appagati nelle relazioni interpersonali che intrecciamo a scuola, in famiglia, al lavoro? Secondo Pirandello, no. In società, infatti, i nostri comportamenti sono condizionati dagli altri, che ci costringono a recitare una parte, a fare e a dire cose che non vorremmo e che non desideriamo. Così facendo, però, soffriamo, proviamo disagio e senso di smarrimento. Perché questo accade? Secondo lo scrittore siciliano, dentro ognuno di noi scorre come un flusso inarrestabile la **vita**, che può essere ansia, desiderio di amare, odio, voglia di ballare, cantare, dire parolacce, trasgredire ecc. C'è qualcosa, però, che la imprigiona, impedendole di venir fuori e soffocandola fino a ucciderla. Pirandello chiama questo qualcosa «**forma**». Nella vita sociale, la forma si concretizza nel ruolo che di volta in volta le circostanze relazionali ci impongono di assumere. È come se fossimo costretti, per il solo fatto di vivere in società, a indossare una **maschera** e a **recitare una parte**, che prevede determinati comportamenti, doveri e atteggiamenti, ai quali ci pieghiamo anche controvoglia: in famiglia indossiamo la maschera di figlio e recitiamo la parte del ragazzo buono

---

▶ **PAROLE DA RICORDARE**

Drammaturgo: scrittore di opere destinate alla rappresentazione scenica. In particolare, tra i drammaturghi distinguiamo i commediografi, che scrivono principalmente commedie (opere teatrali caratterizzate da un registro linguistico medio, situazioni divertenti e lieto fine) e i tragediografi, che scrivono principalmente tragedie (opere teatrali caratterizzate da un registro linguistico medio-alto, situazioni drammatiche e finale non consolatorio).

Metateatro: parola che vuol dire "teatro nel teatro". Si tratta di un artificio utilizzato per svelare il carattere fittizio e illusorio di un'opera teatrale e, in Pirandello, della realtà stessa. Uno degli espedienti più utilizzati dai drammaturghi per attivare il meccanismo del metateatro è quello di fingere di mettere in scena, all'interno di una commedia o una tragedia, un'altra opera teatrale.

Personaggio: interlocutore della rappresentazione teatrale, il cui ruolo è interpretato sulla scena da un attore. Per estensione il termine è utilizzato anche in ambito narrativo e cinematografico per indicare i protagonisti della vicenda.

Forma: in Pirandello il termine «forma» è utilizzato per indicare l'insieme delle convenzioni e degli inganni (ruoli, leggi, doveri) che la società impone all'individuo, costringendolo a un'esistenza inautentica e ipocrita.

Umorismo: capacità di percepire, esprimere e rappresentare gli aspetti più strani, bizzarri della realtà, suscitando un sorriso di partecipazione, comprensione e simpatia. L'umorismo si distingue dalla comicità, caratterizzata dal puro divertimento, dall'arguzia, caratterizzata dal piacere intellettuale, e dalla satira, caratterizzata dal risentimento morale e dalla critica sociale.

Vita: in Pirandello, l'insieme delle pulsioni e delle spinte interne che le convenzioni del vivere sociale spesso soffocano e inaridiscono.

e ubbidiente; a scuola quella di studente, fingendoci interessati alle discipline e allo studio; in gruppo quella di amico, mostrandoci spensierati e allegri anche quando non lo siamo… La vita che è in noi, però, non accetta facilmente di essere imbrigliata: fa sentire la sua voce, si ribella, cerca di strapparsi di dosso la maschera che la imprigiona. Così concepita, l'esistenza dell'uomo si rivela un doloroso inganno, un gioco delle parti, una penosa e interminabile **lotta tra la vita** che ci scorre dentro e **le forme** imposte dal vivere sociale. Una lotta che Pirandello mette in scena nelle sue opere teatrali e narrative, creando una vasta galleria di personaggi frustrati e smarriti, travolti dagli obblighi, dalle contraddizioni e dalle ipocrisie dell'esistenza, schiavi di una maschera opprimente sotto la quale si agita una vita che non riesce a essere se stessa.

La disgregazione dell'io

La lotta tra la forma e la vita, che caratterizza ogni istante dell'esistenza sociale, è una delle cause della crisi di identità tipica dell'uomo contemporaneo. Nella vita di tutti i giorni, infatti, le persone con le quali ci relazioniamo sono tante: ognuna ci impone un ruolo e una maschera e noi, di rimando, facciamo lo stesso con loro. In una stessa giornata può capitare di dover recitare, anche contemporaneamente, più ruoli e indossare più maschere. E in questo gioco convulso delle parti, dove tutto è apparenza e finzione, rischiamo di non sapere più chi siamo realmente e che cosa vogliamo. È come se il nostro volto si riflettesse in uno specchio frantumato, scomponendosi in tante immagini deformate. Ci ritroviamo così a essere "uno, nessuno e centomila", proprio come il titolo dell'ultimo romanzo di Pirandello. **Uno**, perché ognuno di noi crede di essere unico e irripetibile; **centomila**, perché tanti sono i modi in cui gli altri ci vedono; **nessuno**, perché in questa frantumazione l'io finisce per disgregarsi.

VERSO IL TRIENNIO

Il genere della novella

A differenza di altri autori del Novecento, che affidarono i loro messaggi più importanti esclusivamente al genere del romanzo, Pirandello coltivò per tutta la vita la passione per la novella, assegnando a questo genere letterario la stessa importanza che attribuiva al romanzo e al teatro.

Genere antichissimo, la novella si affermò in Italia verso la fine del 1200 con il *Novellino* e conobbe la sua massima fortuna con il *Decameron* (1348-1351) di Giovanni Boccaccio.

La novella è un tipo di narrazione breve in prosa a carattere realistico, il cui scopo è quello di divertire il lettore trasmettendogli un insegnamento morale. I temi principali di questo genere letterario sono numerosi e vari: beffe, amori, tradimenti, piccole e grandi tragedie quotidiane, avventure in terre lontane, esperienze soprannaturali ecc. Intorno all'idea centrale – che può essere ispirata da un fatto reale o fittizio – l'autore sviluppa la storia rendendola unica attraverso il suo stile di scrittura.

Al di là della infinita varietà di temi cui il genere si presta è possibile però individuare delle costanti, che ci consentono di classificare le novelle all'interno di precisi filoni.

Filone	Temi affrontati
arguto	beffe e motti di spirito
romanzesco	viaggi, peripezie, storie d'amore
realistico	frammenti di vita reali
fantastico	esperienze soprannaturali
psicologico	drammi intimi

Nel corso del tempo, soprattutto a partire dal XIX secolo, il genere si è arricchito di tematiche e motivi sempre più lontani dai modelli medievali, che hanno reso la novella pressoché indistinguibile dal racconto (tanto che i due termini sono usati come sinonimi). In Italia, il genere della novella è stato affrontato con successo, oltre che da Pirandello, che ne ha fatto uno strumento per raccontare e scandagliare i recessi dell'animo umano, anche da un altro autore siciliano, Giovanni Verga, il quale alla fine dell'Ottocento se ne è servito per raccontare le problematiche e i drammi del Mezzogiorno d'Italia.

Ti pende il naso

t1

Luigi Pirandello, *Uno, nessuno e centomila*

CHI:

Luigi Pirandello

DOVE:

Italia

QUANDO:

Novecento

Tipologia	Testo narrativo
Genere	Romanzo
Sottogenere	Psicologico
Anno	1926

▶ SCOPRIAMO L'AUTORE

1 IL PROTAGONISTA
2 LE TECNICHE NARRATIVE
3 IL TEMA

Invito alla lettura

Pubblicato nel 1926, *Uno, nessuno e centomila* è l'ultimo romanzo di Luigi Piran-dello. La storia è incentrata sulle vicende di Vitangelo Moscarda, che in seguito a una banale constatazione della moglie inizia a riflettere sulla propria condizione di uomo, sulla mancata coincidenza tra l'idea che abbiamo di noi stessi e quella che gli altri hanno di noi, sull'impossibilità di percepire in maniera univoca la realtà. Travolto da questo vortice di riflessioni, Vitangelo comincia a compiere azioni che vengono fraintese dalla gente e scambiate per gesti inconsulti e deliranti, come quella di chiudere la banca che gestisce o quella di devolvere tutti i suoi averi in beneficenza. Nel tentativo di sfuggire alle forme che la società, la famiglia, gli amici gli hanno imposto e pretendono da lui, Vitangelo Moscarda si avvia così verso l'emarginazione e la solitudine. Riportiamo l'inizio del romanzo: mentre Vitangelo si guarda allo specchio, la moglie gli fa notare alcune imperfezioni del suo corpo. Sorpreso e risentito, il pover'uomo comincia a sua volta a notare e a far notare i difetti fisici altrui, scoprendo con amarezza che ognuno ha di sé un'immagine che non corrisponde a quella percepita dagli altri.

---

1 IL PROTAGONISTA
Una constatazione banale sconvolge la vita del protagonista, facendo crollare tutte le sue certezze.

1 sortire: avere, ricevere in sorte.
2 invanire per le proprie fattezze: compiacersi per il proprio aspetto fisico.

LABORATORIO

GRAMMATICA

Svolgi le attività interattive su questo testo per ripassare la **sintassi della frase semplice**.

I. Mia moglie e il mio naso.

"Che fai?" mia moglie mi domandò, vedendomi insolitamente indugiare davanti allo specchio.

"Niente," le risposi, "mi guardo qua, dentro il naso, in questa narice. Premendo,
5 avverto un certo dolorino."

Mia moglie sorrise e disse:

"Credevo ti guardassi da che parte ti pende."

Mi voltai come un cane a cui qualcuno avesse pestato la coda.

"Mi pende? A me? Il naso?"
10 E mia moglie, placidamente:

"Ma sì, caro. Guàrdatelo bene: ti pende verso destra."

Avevo ventotto anni e sempre fin allora ritenuto il mio naso, se non proprio bello, almeno molto decente, come insieme tutte le altre parti della mia persona. Per cui m'era stato facile ammettere e sostenere quel che di solito ammettono e sostengono
15 tutti coloro che non hanno avuto la sciagura di sortire[1] un corpo deforme: che cioè sia da sciocchi invanire per le proprie fattezze[2]. La scoperta improvvisa e inattesa di quel difetto perciò mi stizzì come un immeritato castigo.

René Magritte, La lampada filosofica, 1936. Collezione privata.

Vide forse mia moglie molto più addentro di me in quella mia stizza[3] e aggiunse subito che, se riposavo nella certezza d'essere in tutto senza mende[4], me ne levassi pure, perché, come il naso mi pendeva verso destra, così…

"Che altro?"

Eh, altro! altro! Le mie sopracciglia parevano sugli occhi due accenti circonflessi, le mie orecchie erano attaccate male, una più sporgente dell'altra; e altri difetti…

"Ancora?"

Eh sì, ancora: nelle mani, al dito mignolo; e nelle gambe (no, storte no!), la destra, un pochino più arcuata dell'altra: verso il ginocchio, un pochino.

Dopo un attento esame dovetti riconoscere veri tutti questi difetti. E solo allora, scambiando certo per dolore e avvilimento, la maraviglia che ne provai subito dopo la stizza, mia moglie per consolarmi m'esortò a non affliggermene poi tanto, ché anche con essi, tutto sommato, rimanevo un bell'uomo.

35 Sfido a non irritarsi, ricevendo come generosa concessione ciò che come diritto ci è stato prima negato. Schizzai un velenosissimo "grazie" e, sicuro di non aver motivo né d'addolorarmi né d'avvilirmi, non diedi alcuna importanza a quei lievi difetti, ma una grandissima e straordinaria al fatto che tant'anni ero vissuto senza mai cambiar di naso, sempre con quello, e con quelle sopracciglia e quelle orec-

40 chie, quelle mani e quelle gambe; e dovevo aspettare di prender moglie per aver conto che li avevo difettosi.

"Uh che maraviglia! E non si sa, le mogli? Fatte apposta per scoprire i difetti del marito."

Ecco, già – le mogli, non nego. Ma anch'io, se permettete, di quei tempi ero fatto

45 per sprofondare, a ogni parola che mi fosse detta, o mosca che vedessi volare, in abissi di riflessioni e considerazioni che mi scavavano dentro e bucheravano[5] giù per torto e su per traverso lo spirito, come una tana di talpa; senza che di fuori ne paresse nulla.

"Si vede," – voi dite, "che avevate molto tempo da perdere."

50 No, ecco. Per l'animo in cui mi trovavo. Ma del resto sì, anche per l'ozio, non nego. Ricco, due fidati amici, Sebastiano Quantorzo e Stefano Firbo, badavano ai miei affari dopo la morte di mio padre; il quale, per quanto ci si fosse adoperato con le buone e con le cattive, non era riuscito a farmi concludere mai nulla; tranne di prender moglie, questo sì, giovanissimo; forse con la speranza che almeno avessi

55 presto un figliuolo che non mi somigliasse punto[6]; e, pover'uomo, neppur questo aveva potuto ottenere da me.

E non già, badiamo, ch'io opponessi volontà a prendere la via per cui mio padre m'incamminava. Tutte le prendevo. Ma camminarci, non ci camminavo. Mi fermavo a ogni passo; mi mettevo prima alla lontana, poi sempre più da vicino

60 a girare attorno a ogni sassolino che incontravo, e mi maravigliavo assai che gli altri potessero passarmi avanti senza fare alcun caso di quel sassolino che per me intanto aveva assunto le proporzioni d'una montagna insormontabile, anzi d'un mondo in cui avrei potuto senz'altro domiciliarmi.

Ero rimasto così, fermo ai primi passi di tante vie, con lo spirito pieno di mondi,

65 o di sassolini, che fa lo stesso. Ma non mi pareva affatto che quelli che m'erano passati avanti e avevano percorso tutta la via, ne sapessero in sostanza più di me. M'erano passati avanti, non si mette in dubbio, e tutti braveggiando come tanti cavallini; ma poi, in fondo alla via, avevano trovato un carro: il loro carro; vi erano

3 stizza: viva irritazione.
4 mende: lievi difetti.
5 bucheravano: bucherellavano.
6 punto: per niente.

stati attaccati con molta pazienza, e ora se lo tiravano dietro. Non tiravo nessun
70 carro, io; e non avevo perciò né briglie né paraocchi; vedevo certamente più di
loro; ma andare, non sapevo dove andare.

Ora, ritornando alla scoperta di quei lievi difetti, sprofondai tutto, subito, nella
riflessione che dunque – possibile? – non conoscevo bene neppure il mio stesso
corpo, le cose mie che più intimamente m'appartenevano: il naso, le orecchie, le
75 mani, le gambe. E tornavo a guardarmele per rifarne l'esame.

Cominciò da questo il mio male. Quel male che doveva ridurmi in breve in condizioni
di spirito e di corpo così misere e disperate che certo ne sarei morto o impazzito, ove[7]
in esso medesimo non avessi trovato (come dirò) il rimedio che doveva guarirmene.

80 ## II. E il vostro naso?

Già subito mi figurai che tutti, avendone fatta mia moglie la scoperta, dovessero
accorgersi di quei miei difetti corporali e altro non notare in me.

"Mi guardi il naso?" domandai tutt'a un tratto quel giorno stesso a un amico che
mi s'era accostato per parlarmi di non so che affare che forse gli stava a cuore.
85 "No, perché?" mi disse quello.

E io, sorridendo nervosamente:

"Mi pende verso destra, non vedi?"

E glielo imposi a una ferma e attenta osservazione, come quel difetto del mio naso
fosse un irreparabile guasto sopravvenuto al congegno dell'universo.
90 L'amico mi guardò in prima un po' stordito; poi, certo sospettando che avessi così
all'improvviso e fuor di luogo cacciato fuori il discorso del mio naso perché non
stimavo degno né d'attenzione, né di risposta l'affare di cui mi parlava, diede una
spallata e si mosse per lasciarmi in asso. Lo acchiappai per un braccio, e:

"No, sai," gli dissi, "sono disposto a trattare con te codest'affare. Ma in questo
95 momento tu devi scusarmi."

"Pensi al tuo naso?"

"Non m'ero mai accorto che mi pendesse verso destra. Me n'ha fatto accorgere,
questa mattina, mia moglie."

"Ah, davvero?" mi domandò allora l'amico; e gli occhi gli risero d'una incredulità
100 ch'era anche derisione.

Restai a guardarlo come già mia moglie la mattina, cioè con un misto d'avvilimento, di stizza e di maraviglia. Anche lui dunque da un pezzo se n'era accorto?
E chi sa quant'altri con lui! E io non lo sapevo e, non sapendolo, credevo d'essere
per tutti un Moscarda col naso dritto, mentr'ero invece per tutti un Moscarda col
105 naso storto; e chi sa quante volte m'era avvenuto di parlare, senz'alcun sospetto,
del naso difettoso di Tizio o di Caio e quante volte perciò non avevo fatto ridere
di me e pensare:

"Ma guarda un po' questo pover'uomo che parla dei difetti del naso altrui!"

Avrei potuto, è vero, consolarmi con la riflessione che, alla fin fine, era ovvio e
110 comune il mio caso, il quale provava ancora una volta un fatto risaputissimo, cioè
che notiamo facilmente i difetti altrui e non ci accorgiamo dei nostri. Ma il primo
germe del male aveva cominciato a metter radice nel mio spirito e non potei consolarmi con questa riflessione.

Mi si fissò invece il pensiero ch'io non ero per gli altri quel che finora, dentro di
115 me, m'ero figurato d'essere.

Per il momento pensai al corpo soltanto e, siccome quel mio amico seguitava a
starmi davanti con quell'aria d'incredulità derisoria, per vendicarmi gli domandai
se egli, dal canto suo, sapesse d'aver nel mento una fossetta che glielo divideva
in due parti non del tutto eguali: una più rilevata di qua, una più scempia[8] di là.

7 **ove**: se.
8 **scempia**: esile.

9 **sporto**: sportello, battente.
10 **pinna**: parte laterale e inferiore del naso.
11 **codiniccio**: codino.
12 **sogghignetto frigido**: sorrisino freddo.

120 "Io? Ma che!" esclamò l'amico. "Ci ho la fossetta, lo so, ma non come tu dici."
"Entriamo là da quel barbiere, e vedrai," gli proposi subito.
Quando l'amico, entrato dal barbiere, s'accorse con maraviglia del difetto e riconobbe ch'era vero, non volle mostrarne stizza; disse che, in fin dei conti, era una piccolezza. Eh sì, senza dubbio, una piccolezza; vidi però, seguendolo da lontano, che si fermò

125 una prima volta a una vetrina di bottega, e poi una seconda volta, più là, davanti a un'altra; e più là ancora e più a lungo, una terza volta, allo specchio d'uno sporto[9] per osservarsi il mento; e son sicuro che, appena rincasato, sarà corso all'armadio per far con più agio a quell'altro specchio la nuova conoscenza di sé con quel difetto. E non ho il minimo dubbio che, per vendicarsi a sua volta, o per seguita-

130 re uno scherzo che gli parve meritasse una larga diffusione in paese, dopo aver domandato a qualche suo amico (come già io a lui) se mai avesse notato quel suo difetto al mento, qualche altro difetto avrà scoperto lui o nella fronte o nella bocca di questo suo amico, il quale, a sua volta... – ma sì! ma sì! – potrei giurare che per parecchi giorni di fila nella nobile città di Richieri io vidi (se non fu proprio tutta

135 mia immaginazione) un numero considerevolissimo di miei concittadini passare da una vetrina di bottega all'altra e fermarsi davanti a ciascuna a osservarsi nella faccia chi uno zigomo e chi la coda d'un occhio, chi un lobo d'orecchio e chi una pinna[10] di naso. E ancora dopo una settimana un certo tale mi s'accostò con aria smarrita per domandarmi se era vero che, ogni qual volta si metteva a parlare,

140 contraeva inavvertitamente la pàlpebra dell'occhio sinistro.
"Sì, caro," gli dissi a precipizio. "E io, vedi? il naso mi pende verso destra; ma lo so da me; non c'è bisogno che me lo dica tu; e le sopracciglia? ad accento circonflesso! le orecchie, qua, guarda, una più sporgente dell'altra; e qua, le mani: piatte, eh? e la giuntura storpia di questo mignolo; e le gambe? qua, questa qua, ti pare

145 che sia come quest'altra? no, eh? Ma lo so da me e non c'è bisogno che me lo dica tu. Statti bene."

GRAMMATICA
Inserisci i verbi nelle frasi ellittiche del periodo evidenziato.

Lo piantai lì, e via. Fatti pochi passi, mi sentii richiamare.
"Ps!"
Placido placido, col dito, colui m'attirava a sé per domandarmi:
"Scusa, dopo di te, tua madre non partorì altri figliuoli?"
"No: né prima né dopo," gli risposi. "Figlio unico. Perché?"
"Perché," mi disse, "se tua madre avesse partorito un'altra volta, avrebbe avuto di certo un altro maschio."
"Ah sì? Come lo sai?"
"Ecco: dicono le donne del popolo che quando a un nato i capelli terminano sulla nuca in un codiniccio[11] come codesto che tu hai costì, sarà maschio il nato appresso."
Mi portai una mano alla nuca e con un sogghignetto frigido[12] gli domandai:
"Ah, ci ho un... com'hai detto?"
E lui:
"Codiniccio, caro, lo chiamano a Richieri."
"Oh, ma quest'è niente!" esclamai. "Me lo posso ritagliare."
Negò prima col dito, poi disse:
"Ti resta sempre il segno, caro, anche se te lo fai radere."
E questa volta mi piantò lui.

(L. Pirandello, *Uno, nessuno e centomila*, Torino, Einaudi, 2005)

Ernst Ludwing Kirchner, Strada con passanti, 1926.

▶ SCOPRIAMO L'AUTORE

1 IL PROTAGONISTA

Vitangelo Moscarda ha una casa, una moglie, è ricco, ha due amici fidati che badano ai suoi affari, un'esistenza non particolarmente problematica che gli permette di oziare e fare un po' il perditempo. Gode inoltre di una discreta autonomia, a differenza degli altri uomini che forse sono andati più avanti di lui nella vita, ma che in fin dei conti hanno perso la libertà, proprio come dei cavalli attaccati a un carro. In seguito alla scoperta di avere un naso che pende a destra, le sopracciglia a forma di accento circonflesso, un orecchio a sventola e le gambe storte, Vitangelo Moscarda prova inizialmente un sentimento di stizza, ma poi la rabbia si stempera in riflessione: come mai lui non ha mai notato questi difetti? Gli altri lo vedono bello oppure si accorgono delle sue imperfezioni fisiche? È mai possibile che in ventotto anni non si sia mai accorto di nulla dimostrando così di non conoscersi affatto? Sono queste riflessioni, originate da un

fatto apparentemente casuale, a rompere l'equilibrio sul quale si basava la sua vita e a fargli perdere ogni certezza.

1 Completa il ritratto del protagonista, rispondendo alle seguenti domande.
- Quali sono i difetti fisici di Vitangelo Moscarda?
- Dove vive?
- Qual è la sua professione?
- Qual è la sua condizione economica?
- Qual è il suo stato civile?
- Quali aspetti del suo carattere emergono dal rapporto con gli altri personaggi?

2 Nell'economia della vicenda, quale funzione assolvono la moglie e i conoscenti di Vitangelo?

2 LE TECNICHE NARRATIVE

Concepite e scritte la tra fine dell'Ottocento e gli inizi del Novecento, le opere di Pirandello riflettono le vicende storiche, culturali ed economiche della società italiana di quel periodo: la questione meridionale, lo sfruttamento dei lavoratori, l'analfabetismo, la superstizione, la crisi del sistema di valori borghese. Problematiche, queste, che Pirandello raramente affronta secondo i moduli del Verismo, cioè attraverso uno sguardo oggettivo e distaccato. Più spesso l'autore – in linea con le filosofie dello spirito primo-novecentesche – privilegia

una prospettiva narrativa interna e soggettiva, operando delle precise scelte stilistiche: 1) affida la narrazione al protagonista stesso che racconta in prima persona la sua storia (= io narrante); 2) fa conoscere al lettore i pensieri e le angosce del personaggio attraverso lunghe sequenze riflessive.

3 Individua le sequenze riflessive presenti nel testo, riassumine il contenuto e assegna a esse un titolo.

3 IL TEMA

Il tema centrale della vasta produzione pirandelliana è il rapporto tra realtà e finzione. Questo tema centrale è variamente sviluppato dallo scrittore siciliano ora attraverso storie singolari, come quella di Vitangelo Moscarda, ora attraverso l'analisi dei rapporti sociali (tra uomo e istituzioni, tra marito e moglie, tra amici ecc.). Attraverso i suoi personaggi, Pirandello mostra al lettore come sia impossibile conoscere la realtà e come la presa di coscienza di questo fatto generi nell'individuo sentimenti di alienazione e frustrazione. In *Uno, nessuno e centomila*, Vitangelo Moscarda sperimenta su di sé una crisi di identità che lo porterà a una sconvolgente scoperta: ogni uomo crede di essere uno, ma in

realtà assume centomila aspetti diversi a seconda di chi l'osserva, finendo così col non essere più nessuno.

4 Quale tra queste problematiche è affrontata nel brano? Motiva la tua risposta.
- A La solitudine.
- B L'alienazione.
- C Il rapporto tra razionalità e follia.
- D L'importanza del caso nella vita di un uomo.
- E Il rapporto tra marito e moglie.
- F Il rapporto tra l'essere e l'apparire.

▶ ATTIVIAMO LE COMPETENZE

LETTURA E COMPRENSIONE

ACCESSO ALLE INFORMAZIONI

5 Il protagonista si descrive come un uomo
- A attivo e pieno di iniziative.
- B triste e pessimista.
- C superficiale e attento solo alle apparenze.
- D incline alla riflessione.

6 La scoperta di avere dei difetti fisici è accolta da Vitangelo con
- A indifferenza.
- B paura e dispiacere.
- C irritazione e meraviglia.
- D allegria e stupore.

7 Indica se le seguenti affermazioni sono vere o false

	Vero	Falso
A Dopo aver scoperto i suoi difetti fisici, Vitangelo cerca di nasconderli agli altri..		✗
B Da sempre Vitangelo era a conoscenza dei suoi difetti fisici.		✗
C Vitangelo scopre di avere il naso storto all'età di ventotto anni.	✗	
D Vitangelo ha preso moglie in tarda età.		✗

COMPRENSIONE GENERALE E INTERPRETAZIONE

8 Il brano ha inizio
  A con una descrizione del personaggio.
  B con una presentazione diretta del personaggio.
  C in medias res.
  D con un discorso indiretto libero. ✗

9 La moglie di Vitangelo sa che il naso del marito pende verso destra, il protagonista invece lo ignora. Che legame intercorre tra questo fatto e il tema del romanzo?

10 Perché la scoperta di avere dei piccoli difetti fisici è così sconvolgente per il protagonista? *perché lui non aveva dato molto peso a quel momento*

11 Perché Vitangelo va in giro facendo notare ad amici e passanti le stranezze dei loro corpi? In che modo essi reagiscono? E perché? *Gli altri non mostravano sorpresa e non davano molto peso alla cosa*

12 Quale tra queste frasi del protagonista riassume meglio il significato del brano che hai letto? Motiva la tua risposta.
  A «Avevo ventotto anni e sempre fin allora ritenuto il mio naso, se non proprio bello, almeno molto decente, come insieme tutte le altre parti della mia persona.»
  B «Mi si fissò invece il pensiero ch'io non ero per gli altri quel che finora, dentro di me, m'ero figurato d'essere.»
  C «E non si sa, le mogli? Fatte apposta per scoprire i difetti del marito.»
  D «Avrei potuto, è vero, consolarmi con la riflessione che, alla fin fine, era ovvio e comune il mio caso, il quale provava ancora una volta un fatto risaputissimo, cioè che notiamo facilmente i difetti altrui e non ci accorgiamo dei nostri.»

Ciàula scopre la Luna

Luigi Pirandello, *Novelle*

Tipologia	Testo narrativo
Genere	Novella
Sottogenere	Realistico
Anno	1914

CHI: *Luigi Pirandello*

DOVE: *Italia*

QUANDO:

Novecento

▶ **ANALIZZIAMO IL TESTO**

1 IL MONDO DELLA ZOLFARA
2 LA PARTE CENTRALE
3 LA RINASCITA DI CIÀULA

Invito alla lettura

Pubblicata per la prima volta nel 1914 sul «Corriere della Sera» e poi inserita nelle raccolte successive fino alla sua collocazione definitiva nel volume *Dal naso al cielo* (1925), *Ciàula scopre la Luna* è una delle più celebri novelle di Luigi Pirandello. La vicenda è ambientata in una zolfara, un luogo ben noto allo scrittore siciliano. Suo padre infatti faceva il commerciante di zolfo e lo stesso Pirandello, durante gli anni del liceo, lavorò un'estate al suo fianco per apprenderne il mestiere, facendo così esperienza diretta dell'infernale mondo della miniera. Qui, negli abissi del sottosuolo, si aggiravano quasi come dei fantasmi gli zolfatari, che con i loro corpi sfiancati dalla fatica quotidiana mettevano a repentaglio la propria vita per portare a casa un magro salario, legato alla quantità di zolfo che riuscivano a estrarre a forza di braccia. Protagonista della novella è Ciàula, un *caruso*, il cui compito è quello di trasportare senza sosta i carichi di zolfo dalle viscere della terra alla superficie. Una notte, però, a questo personaggio semplice e ingenuo, maltrattato e deriso da tutti, la Luna regala un momento di felicità e speranza, quasi una materna carezza di consolazione.

1 IL MONDO DELLA ZOLFARA

La novella è ambientata in una zolfara, un luogo infernale e buio dove vige la legge del più forte.

I picconieri, quella sera, volevano smettere di lavorare senz'aver finito d'estrarre le tante casse di zolfo che bisognavano il giorno appresso a caricar la *calcara*[1]. Cacciagallina, il soprastante[2], s'affierò contr'essi[3], con la rivoltella in pugno, davanti la buca della *Cace*[4], per impedire che ne uscissero.

5 — Corpo di... sangue di... indietro tutti, giù tutti di nuovo alle cave, a buttar sangue fino all'alba, o faccio fuoco!

— Bum! — fece uno dal fondo della buca. — Bum! — echeggiarono parecchi altri; e con risa e bestemmie e urli di scherno fecero impeto[5], e chi dando una gomitata, chi una spallata, passarono tutti, meno uno. Chi? Zi' Scarda, si sa, quel povero

10 cieco d'un occhio, sul quale Cacciagallina poteva far bene il gradasso. Gesù, che spavento! Gli si scagliò addosso, che neanche un leone; lo agguantò per il petto e, quasi avesse in pugno anche gli altri, gli urlò in faccia, scrollandolo furiosamente:

— Indietro tutti, vi dico, canaglia! Giù tutti alle cave, o faccio un macello!

Zi' Scarda si lasciò scrollare pacificamente. Doveva pur prendersi uno sfogo, quel

15 povero galantuomo, ed era naturale se lo prendesse su lui che, vecchio com'era, poteva offrirglielo senza ribellarsi. Del resto, aveva anche lui, a sua volta, sotto di sé qualcuno più debole, sul quale rifarsi più tardi: *Ciàula*, il suo *caruso*[6].

Quegli altri... eccoli là, s'allontanavano giù per la stradetta che conduceva a Comitini[7]; ridevano e gridavano:

20 — Ecco, sì! tieni forte[8] codesto, Cacciagallì! Te lo riempirà lui il calcherone[9] per domani!

— Gioventù! — sospirò con uno squallido sorriso d'indulgenza zi' Scarda a Cacciagallina.

E, ancora agguantato per il petto, piegò la testa da un lato, stiracchiò verso il lato

25 opposto il labbro inferiore, e rimase così per un pezzo, come in attesa.

2 LA PARTE CENTRALE

La parte centrale del racconto è costituita di due macrosequenze: nella prima è presente un esempio di umorismo pirandelliano; nella seconda invece viene presentato il personaggio di Ciàula.

Era una smorfia a Cacciagallina? o si burlava della gioventù di quei compagni là? Veramente, tra gli aspetti di quei luoghi, strideva quella loro allegria, quella velleità di baldanza giovanile. Nelle dure facce quasi spente dal bujo crudo[10] delle cave sotterranee, nel corpo sfiancato dalla fatica quotidiana, nelle vesti strappate,

30 avevano il livido squallore di quelle terre senza un filo d'erba, sforacchiate[11] dalle zolfare, come da tanti enormi formicaj.

Ma no: zi' Scarda, fisso in quel suo strano atteggiamento, non si burlava di loro,

---

1 *calcara*: fornace in cui si bruciava lo zolfo grezzo.
2 *soprastante*: il capo degli zolfatari che lavorano nella buca.
3 *s'affierò contr'essi*: si scagliò come una belva contro di loro.
4 *Cace*: il nome della buca in cui lavorano gli zolfatari.
5 *fecero impeto*: si opposero.
6 *Ciàula, il suo caruso*: Ciàula è un soprannome e vuol dire "cornacchia". Il termine *caruso*, che in siciliano sta per "ragazzo", indica invece il manovale alle dirette dipendenze del picconiere. Si diventava

carusi fin dall'età di sette anni: i genitori che non potevano mantenere i figli li cedevano a un picconiere in cambio di una somma di denaro nella speranza di poterli riscattare in futuro restituendo i soldi ricevuti, un'eventualità che non si verifica quasi mai.
7 *Comitini*: paese in provincia di Agrigento.
8 *tieni forte*: tieniti stretto.
9 *calcherone*: ha lo stesso significato di calcara, cioè fornace.
10 *bujo crudo*: buio totale che rende crudeli.
11 *sforacchiate*: bucherellate.

GRAMMATICA
Individua i nomi alterati presenti tra le righe 33 e 47. Poi, per ciascuno di essi, specifica la tipologia (diminutivo, vezzeggiativo, peggiorativo, accrescitivo), la radice e il suffisso.

né faceva una smorfia a Cacciagallina. Quello era il versaccio solito, con cui, non senza stento, si deduceva[12] pian piano in bocca la grossa lagrima, che di tratto in

35 tratto gli colava dall'altro occhio, da quello buono.

Aveva preso gusto a quel saporino di sale, e non se ne lasciava scappar via neppur una.

Poco: una goccia, di tanto in tanto; ma buttato dalla mattina alla sera laggiù, duecento e più metri sottoterra, col piccone in mano, che a ogni colpo gli strappava

40 come un ruglio[13] di rabbia dal petto, zi' Scarda aveva sempre la bocca arsa: e quella lagrima, per la sua bocca, era quel che per il naso sarebbe stato un pizzico di rapè[14]. Un gusto e un riposo.

Quando si sentiva l'occhio pieno, posava per un poco il piccone e, guardando la rossa fiammella fumosa della lanterna confitta[15] nella roccia, che alluciava[16] nella

45 tenebra dell'antro infernale qualche scaglietta di zolfo qua e là, o l'acciajo del palo o della piccozza, piegava la testa da un lato, stiracchiava il labbro inferiore e stava ad aspettar che la lagrima gli colasse giù, lenta, per il solco scavato dalle precedenti. Gli altri, chi il vizio del fumo, chi quello del vino; lui aveva il vizio della sua lagrima. Era del sacco lacrimale malato e non di pianto, quella lagrima; ma si era bevute

50 anche quelle del pianto, zi' Scarda, quando, quattr'anni addietro, gli era morto l'unico figliuolo, per lo scoppio d'una mina, lasciandogli sette orfanelli e la nuora da mantenere. Tuttora gliene veniva giù qualcuna più salata delle altre; ed egli la riconosceva subito: scoteva il capo, allora, e mormorava un nome:

– Calicchio[17]...

55 In considerazione di Calicchio morto, e anche dell'occhio perduto per lo scoppio della stessa mina, lo tenevano ancora lì a lavorare. Lavorava più e meglio di un giovane; ma ogni sabato sera, la paga gli era data, e per dir la verità lui stesso se la prendeva, come una carità che gli facessero: tanto che, intascandola, diceva sottovoce, quasi con vergogna:

60 – Dio gliene renda merito.

Perché, di regola, doveva presumersi che uno della sua età non poteva più lavorar bene.

Quando Cacciagallina alla fine lo lasciò per correre dietro agli altri e indurre con le buone maniere qualcuno a far nottata, zi' Scarda lo pregò di mandare almeno

65 a casa uno di quelli che ritornavano al paese, ad avvertire che egli rimaneva alla zolfara e che perciò non lo aspettassero e non stessero in pensiero per lui; poi si

12 si deduceva: raccoglieva, risucchiava.
13 ruglio: grido soffocato.
14 rapè: tabacco da fiuto.
15 confitta: conficcata.
16 alluciava: illuminava, faceva luccicare.
17 Calicchio: diminutivo di Calogero.

Onofrio Tomaselli, I carusi, 1905.

GRAMMATICA

I nomi femminili che al singolare terminano in **vocale + -cia/-gia** (con *i* non accentata), al plurale terminano in **-cie/-gie**: camicia/camicie; randagia/randagie. I nomi femminili che al singolare terminano in **consonante + -cia/-gia** (con *i* non accentata), al plurale terminano in **-ce/-ge**: roccia/rocce; frangia/frange.

volse attorno a chiamare il suo *caruso*, che aveva più di trent'anni (e poteva averne anche sette o settanta, scemo com'era); e lo chiamò col verso con cui si chiamano le cornacchie ammaestrate:

70 — *Te', pa'! te', pa'!*

Ciàula stava a rivestirsi per ritornare al paese.

Rivestirsi per Ciàula significava togliersi prima di tutto la camicia, o quella che un tempo era stata forse una camicia: l'unico indumento che, per modo di dire, lo coprisse durante il lavoro. Toltasi la camicia, indossava sul torace nudo, in cui si

75 potevano contare a una a una tutte le costole, un panciotto[18] bello largo e lungo, avuto in elemosina; che doveva essere stato un tempo elegantissimo e sopraffino (ora il luridume vi aveva fatto una tal roccia, che a posarlo per terra stava ritto). Con somma cura Ciàula ne affibbiava i sei bottoni, tre dei quali ciondolavano, e poi se lo mirava addosso, passandoci sopra le mani, perché veramente ancora lo stimava

80 superiore a' suoi meriti: una galanteria. Le gambe nude, misere e sbilenche, durante quell'ammirazione, gli si accapponavano, illividite dal freddo. Se qualcuno dei compagni gli dava uno spintone e gli allungava un calcio, gridandogli: — Quanto sei bello! — egli apriva fino alle orecchie ad ansa[19] la bocca sdentata a un riso di soddisfazione, poi infilava i calzoni, che avevano più d'una finestra aperta[20] sulle

85 natiche e sui ginocchi; s'avvolgeva in un cappottello d'albagio[21] tutto rappezzato, e, scalzo, imitando meravigliosamente a ogni passo il verso della cornacchia – *cràh! cràh!* – (per cui lo avevano soprannominato Ciàula), s'avviava al paese.

— *Cràh! cràh!* – rispose anche quella sera al richiamo del suo padrone; e gli si presentò tutto nudo[22], con la sola galanteria di quel panciotto debitamente abbottonato.

90 — Va', va' a rispogliarti, – gli disse zi' Scarda. – Rimettiti il sacco e la camicia. Oggi per noi il Signore non fa notte.

Ciàula non fiatò; restò un pezzo a guardarlo a bocca aperta, con occhi da ebete; poi si poggiò le mani su le reni e, raggrinzando in su il naso, per lo spasimo[23], si stirò e disse:

95 — *Gna bonu!* (Va bene).

E andò a levarsi il panciotto.

Se non fosse stato per la stanchezza e per il bisogno del sonno, lavorare anche di notte non sarebbe stato niente, perché laggiù, tanto, era sempre notte lo stesso. Ma questo, per zi' Scarda.

100 Per Ciàula, no. Ciàula, con la lumierina a olio nella rimboccatura del sacco su la fronte, e schiacciata la nuca sotto il carico, andava su e giù per la lubrica[24] scala sotterranea, erta[25], a scalini rotti, e su, su, affievolendo a mano a mano, col fiato mózzo, quel suo crocchiare a ogni scalino[26], quasi in un gemito di strozzato, rivedeva a ogni salita la luce del sole. Dapprima ne rimaneva abbagliato; poi col

105 respiro che traeva nel liberarsi dal carico, gli aspetti noti delle cose circostanti gli balzavano davanti; restava, ancora ansimante, a guardarli un poco e, senza che n'avesse chiara coscienza, se ne sentiva confortare.

Cosa strana; della tenebra fangosa delle profonde caverne, ove dietro ogni svolto stava in agguato la morte, Ciàula non aveva paura; né paura delle ombre mostruose,

110 che qualche lanterna suscitava a sbalzi lungo le gallerie, né del subito[27] guizzare di qualche riflesso rossastro qua e là in una pozza, in uno stagno d'acqua sulfurea: sapeva sempre dov'era; toccava con la mano in cerca di sostegno le viscere della montagna: e ci stava cieco e sicuro come dentro il suo alvo[28] materno.

Aveva paura, invece, del bujo vano[29] della notte.

115 Conosceva quello del giorno, laggiù, intramezzato da sospiri di luce, di là dall'imbuto della scala, per cui saliva tante volte al giorno, con quel suo specioso arrangolio[30] di cornacchia strozzata. Ma il bujo della notte non lo conosceva.

18 panciotto: gilè, indumento maschile senza maniche che si indossa sotto la giacca.
19 ad ansa: a sventola.
20 finestra aperta: buco, strappo.
21 albagio: lana grezza.
22 tutto nudo: la mancanza di pudore di Ciàula non deve sorprendere. Spesso infatti gli zolfatari erano costretti a lavorare completamente nudi per sopportare l'infernale caldo della miniera.
23 per lo spasimo: per la sofferenza.
24 lubrica: scivolosa.
25 erta: ripida.
26 affievolendo … quel suo crocchiare a ogni scalino: via via che risale verso l'uscita, i versi di cornacchia di Ciàula (quel suo crocchiare) si fanno sempre più deboli a causa della stanchezza.
27 subito: improvviso.
28 alvo: grembo.
29 vano: privo di consistenza, vuoto.
30 arrangolio: verso provocato dallo sforzo.

Ogni sera, terminato il lavoro, ritornava al paese con zi' Scarda; e là, appena finito d'ingozzare i resti della minestra, si buttava a dormire sul saccone di paglia per terra, come un cane; e invano i ragazzi, quei sette nipoti orfani del suo padrone, lo pestavano per tenerlo desto e ridere della sua sciocchezza; cadeva subito in un sonno di piombo, dal quale, ogni mattina, alla punta dell'alba, soleva riscuoterlo un noto piede[31].

La paura che egli aveva del bujo della notte gli proveniva da quella volta che il figlio di zi' Scarda, già suo padrone, aveva avuto il ventre e il petto squarciati dallo scoppio della mina, e zi' Scarda stesso era stato preso in un occhio.

Giù, nei vani posti a zolfo, si stava per levar mano, essendo già sera, quando s'era sentito il rimbombo tremendo di quella mina scoppiata. Tutti i picconieri e i carusi erano accorsi sul luogo dello scoppio; egli solo, Ciàula, atterrito, era scappato a ripararsi in un antro noto soltanto a lui.

Nella furia di cacciarsi là, gli s'era infranta contro la roccia la lumierina di terracotta, e quando alla fine, dopo un tempo che non aveva potuto calcolare, era uscito dall'antro nel silenzio delle caverne tenebrose e deserte, aveva stentato a trovare a tentoni la galleria che lo conducesse alla scala; ma pure non aveva avuto paura. La paura lo aveva assalito, invece, nell'uscir dalla buca nella notte nera, vana. S'era messo a tremare, sperduto, con un brivido per ogni vago alito indistinto nel silenzio arcano che riempiva la sterminata vacuità[32], ove un brulichio infinito di stelle fitte, piccolissime, non riusciva a diffondere alcuna luce.

Il bujo, ove doveva esser lume, la solitudine delle cose che restavan lì con un loro aspetto cangiato e quasi irriconoscibile, quando più nessuno le vedeva, gli avevano messo in tale subbuglio l'anima smarrita, che Ciàula s'era all'improvviso lanciato in una corsa pazza, come se qualcuno lo avesse inseguito.

Ora, ritornato giù nella buca con zi' Scarda, mentre stava ad aspettare che il carico fosse pronto, egli sentiva a mano a mano crescersi lo sgomento[33] per quel bujo che avrebbe trovato, sbucando dalla zolfara. E più per quello, che per questo delle gallerie e della scala, rigovernava attentamente la lumierina di terracotta.

Giungevano da lontano gli stridori e i tonfi cadenzati della pompa[34], che non posava mai, né giorno né notte. E nella cadenza di quegli stridori e di quei tonfi s'intercalava il ruglio sordo di zi' Scarda, come se il vecchio si facesse ajutare a muovere le braccia dalla forza della macchina lontana.

Alla fine il carico fu pronto, e zi' Scarda ajutò Ciàula a disporlo e rammontarlo[35] sul sacco attorto dietro la nuca.

A mano a mano che zi' Scarda caricava, Ciàula sentiva piegarsi, sotto, le gambe. Una, a un certo punto, prese a tremargli convulsamente così forte che, temendo di non più reggere al peso, con quel tremitio, Ciàula gridò:

– Basta! basta!

– Che basta, carogna! – gli rispose zi' Scarda.

E seguitò a caricare.

Per un momento la paura del bujo della notte fu vinta dalla costernazione che, così caricato, e con la stanchezza che si sentiva addosso, forse non avrebbe potuto arrampicarsi fin lassù. Aveva lavorato senza pietà tutto il giorno. Non aveva mai pensato Ciàula che si potesse aver pietà del suo corpo, e non ci pensava neppur ora; ma sentiva che, proprio, non ne poteva più.

Si mosse sotto il carico enorme, che richiedeva anche uno sforzo d'equilibrio. Sì, ecco, sì, poteva muoversi, almeno finché andava in piano. Ma come sollevar quel peso, quando sarebbe cominciata la salita?

Per fortuna, quando la salita cominciò, Ciàula fu ripreso dalla paura del bujo della notte, a cui tra poco si sarebbe affacciato.

GRAMMATICA

Un errore fonologico-ortografico molto comune consiste nello scambio di gruppi di lettere dal suono simile, come *cu* + vocale e *qu* + vocale. Non esiste una regola generale per l'uso di *cu* e *qu*. È però possibile affermare che, salvo alcune eccezioni come *taccuino, circuito, cui, arcuato*, davanti a *ua, ue, ui* si usa sempre la lettera *q*: *squarciati, equestre, inquisito*. Davanti a *uo*, in alcune parole si usa la *q*, in altre la *c*: *riscuoterlo, quoziente*.

3 LA RINASCITA DI CIÀULA

Il passaggio dal buio della cava all'aria aperta rischiarata dalla luce della Luna ha per il personaggio un significato rigenerativo e conoscitivo.

31 soleva ... noto piede: era solito risvegliarlo il piede di zi' Scarda.

32 con un brivido ... vacuità: rabbrividendo a ogni minimo e imprecisato rumore che si percepiva nel profondo e misterioso silenzio della notte vuota e sterminata.

33 lo sgomento: quel senso di paura e smarrimento.

34 i tonfi cadenzati della pompa: i rumori che si ripetono con un ritmo regolare della pompa per eliminare l'acqua.

35 rammontarlo: caricarlo.

36 impalpabile vacuità: vuoto privo di consistenza.
37 vaneggiava: si apriva.
38 lubricità: scivolosità.
39 la chiarìa: il chiarore.

Attraversando le gallerie, quella sera, non gli era venuto il solito verso della cornacchia, ma un gemito raschiato, protratto. Ora, su per la scala, anche questo gemito
170 gli venne meno, arrestato dallo sgomento del silenzio nero che avrebbe trovato nella impalpabile vacuità[36] di fuori.

La scala era così erta, che Ciàula, con la testa protesa e schiacciata sotto il carico, pervenuto all'ultima svoltata, per quanto spingesse gli occhi a guardare in su, non
175 poteva veder la buca che vaneggiava[37] in alto.

Curvo, quasi toccando con la fronte lo scalino che gli stava sopra, e su la cui lubricità[38] la lumierina vacillante rifletteva appena un fioco lume sanguigno, egli veniva su, su, su, dal ventre della montagna, senza piacere, anzi pauroso della prossima liberazione. E non vedeva ancora la buca, che lassù lassù si apriva come
180 un occhio chiaro, d'una deliziosa chiarìà d'argento.

Se ne accorse solo quando fu agli ultimi scalini. Dapprima, quantunque gli paresse strano, pensò che fossero gli estremi barlumi del giorno. Ma la chiarìa[39] cresceva, cresceva sempre più, come se il sole, che egli aveva pur visto tramontare, fosse rispuntato. Possibile?

185 Restò – appena sbucato all'aperto – sbalordito. Il carico gli cadde dalle spalle. Sollevò un poco le braccia; aprì le mani nere in quella chiarìà d'argento.

Grande, placida, come in un fresco, luminoso oceano di silenzio, gli stava di faccia la Luna.

Sì, egli sapeva, sapeva che cos'era; ma come tante cose si sanno, a cui non si è dato
190 mai importanza. E che poteva importare a Ciàula, che in cielo ci fosse la Luna?

Ora, ora soltanto, così sbucato, di notte, dal ventre della terra, egli la scopriva.

Estatico, cadde a sedere sul suo carico, davanti alla buca. Eccola, eccola là, eccola là, la Luna... C'era la Luna! la Luna!

E Ciàula si mise a piangere, senza saperlo, senza volerlo, dal gran conforto, dalla
195 grande dolcezza che sentiva, nell'averla scoperta, là, mentr'ella saliva pel cielo, la Luna, col suo ampio velo di luce, ignara dei monti, dei piani, delle valli che rischiarava, ignara di lui, che pure per lei non aveva più paura, né si sentiva più stanco, nella notte ora piena del suo stupore.

(L. Pirandello, *Ciàula scopre la Luna*, in *Novelle per un anno*, Roma, Newton-Compton, 1994)

▶ **ANALIZZIAMO IL TESTO**

1 IL MONDO DELLA ZOLFARA

La prima macrosequenza della novella contiene una vivace descrizione del mondo della zolfara e dei minatori. La rappresentazione di questo contesto tradizionale è condotta attraverso uno stile realistico e concreto di stampo veristico, caratterizzato dalla prevalenza di dialoghi, da espressioni e soprannomi popolari, dal ricorso al discorso indiretto libero e da un punto di vista interno alla realtà rappresentata. La miniera appare da subito come un luogo duro e violento, con una distribuzione del lavoro fortemente gerarchica. In effetti, nelle miniere i lavoratori erano organizzati secondo diversi livelli: al vertice il capomastro, poi i picconieri e infine i carusi. I capomastri avevano il compito di far eseguire gli ordini dei periti e degli ingegneri; i picconieri di estrarre lo zolfo a colpi di piccone; i carusi di trasportarlo dalle viscere della terra alla luce. Tutti erano legati da uno stesso destino di pena e fatica, da un'inestricabile catena di dominio

e soggezione, che escludeva qualsiasi spazio per la pietà e che condannava i più deboli a subire i soprusi dei più forti. Così, nella novella, il capomastro Cacciagallina sfoga la sua rabbia e la sua violenza sul picconiere zi' Scarda e questi, a sua volta, sul suo caruso Ciàula.

1 **I personaggi di questo racconto svolgono nella miniera mansioni diverse. Collega con una freccia i nomi dei personaggi con i nomi che definiscono il loro lavoro.**

A	Ciàula	1	picconiere
B	Cacciagallina	2	caruso
C	Zi' Scarda	3	caposquadra

2 **Perché Cacciagallina si adira con i picconieri?**

2 LA PARTE CENTRALE

La seconda macrosequenza, focalizzata sul personaggio di zi' Scarda, presenta un esempio del procedimento umoristico pirandelliano: la smorfia del vecchio picconiere, infatti, apparentemente grottesca e comica, si rivela essere a una più attenta analisi il simbolo stesso di un'esistenza triste e dolorosa: a seguito dello scoppio di una mina, zi' Scarda ha infatti perso un occhio e, soprattutto, un figlio, Calicchio, il cui ricordo si concretizza in quella lacrima «più salata delle altre» che ogni tanto scende lungo il suo viso.

Nella terza macrosequenza, il narratore presenta al lettore il protagonista della novella. Ciàula ha più di trent'anni, ma la sua età ha poca importanza: egli è infatti un personaggio senza tempo, primordiale, così ingenuo e puro da essere considerato stupido. Si esprime a versi e subisce senza rendersene conto gli scherni e le offese dei suoi compagni di lavoro. Ciàula ha paura del buio, non di quello della miniera, che egli conosce bene, ma di quello della notte, a cui non è abituato e al quale associa i sentimenti del pericolo e dell'ignoto.

3 Che cosa vuol dire che zi' Scarda «aveva il vizio della lagrima»?

4 Anche se anziano, zi' Scarda continua a lavorare in miniera. Perché?

5 Completa il ritratto del protagonista:

Caratteristiche fisiche (aspetto, modo di vestire ecc.)	Caratteristiche psicologiche

3 LA RINASCITA DI CIÀULA

Un evento inatteso – il prolungamento notturno della giornata lavorativa – interrompe la *routine* dell'esistenza di Ciàula, scandita dalla rassicurante alternanza tra le tenebre della cava e la luce della superficie. Costretto a lavorare dopo il tramonto, il protagonista è nuovamente chiamato a confrontarsi, a quattro anni di distanza dal giorno dell'incidente in miniera, con la sua più grande paura, quella del buio della notte. Ciàula percorre con timore i cunicoli che lo conducono verso l'uscita, cercando di vincere i suoi fantasmi: sa che ad attenderlo non ci saranno i rassicuranti raggi del sole, ma il cielo color pece della notte. La sua ascesa ha il sapore di un evento epico e miracoloso, una vera e propria rinascita: dal «ventre della montagna» egli risale coraggiosamente verso l'uscita, dove lo attendono il buio e

l'ignoto. L'intensità e il ritmo concitato della scena è scandito dalla ripetizione degli avverbi «su, su, su», «lassù, lassù» che sembrano spingere Ciàula verso la buca di uscita. Giunto all'aperto, proprio come un neonato che viene alla luce, Ciàula piange. Le sue sono lacrime di riscatto, gioia e stupore: proprio grazie alla Luna che inaspettatamente lo accoglie all'uscita, Ciàula non solo sconfigge la paura dell'ignoto, ma *scopre*, cioè comprende per la prima volta, la bellezza della natura e il significato segreto delle cose, prendendo coscienza di sé e del suo ruolo nell'ordine universale.

6 Nella parte finale del brano sono presenti molte parole relative al campo semantico della luce. Individuale.

ATTIVIAMO LE COMPETENZE

LETTURA E COMPRENSIONE

ACCESSO ALLE INFORMAZIONI

7 Ciàula vive
- A da solo.
- B in un antro della miniera.
- C a casa di Cacciagallina.
- D a casa di zi' Scarda.

8 Come reagisce Ciàula alle offese e alle derisioni dei compagni?
- A Soffrendo in silenzio.
- B Scappando.
- C Piangendo.
- D Sorridendo.

COMPRENSIONE GENERALE E INTERPRETAZIONE

9 La novella è ambientata
- A ai nostri giorni.
- B tra la fine dell'Ottocento e gli inizi del Novecento.
- C nei primi anni dell'Ottocento.
- D negli anni '40 del Novecento.

10 L'ambiente sociale della novella è quello
- A della piccola e media borghesia.
- B dei contadini.
- C dei lavoratori salariati.
- D dei braccianti agricoli.

11 Quale problema sociale è affrontato in questa novella?
- A La povertà estrema della Sicilia.
- B Lo sfruttamento dei lavoratori.
- C Le superstizioni e le paure.
- D La distruzione della natura operata dall'uomo.

12 «Se qualcuno dei compagni gli dava uno spintone e gli allungava un calcio, gridandogli: – Quanto sei bello! – egli apriva fino alle orecchie ad ansa la bocca sdentata a un riso di soddisfazione.» L'espressione grottesca di Ciàula

- Ⓐ accentua l'ingenuità e la semplicità del personaggio.
- Ⓑ rivela la capacità di Ciàula di stare allo scherzo.
- Ⓒ fa emergere la sofferenza del personaggio.
- Ⓓ è il simbolo della sua condizione di superiorità morale.

13 Nella novella tutti i fatti sono disposti secondo l'ordine cronologico prima/dopo.
☐ Vero   ☐ Falso
Perché?_____

14 «Oggi per noi il Signore non fa notte» (rr. 90-91). Spiega il significato di questa frase.

15 Dall'occhio malato di zi' Scarda continuano a scendere lacrime. Non sono lacrime di pianto, qualcuna però è «più salata delle altre… ed egli la riconosceva subito: scoteva il capo, allora, e mormorava un nome: Calicchio…» Qual è il significato di questa frase? Spiegalo con le tue parole.

RIFLESSIONE E VALUTAZIONE

16 Scegli l'elemento che ti ha maggiormente colpito e motiva la tua risposta.
- I luoghi in cui è ambientata la vicenda.
- La personalità e il carattere del protagonista.
- La vicenda in cui il personaggio si trova coinvolto.
- Il finale della novella.

17 Come definiresti il finale della novella? Secondo te, indica una svolta completa nella vita del protagonista, oppure suggerisce una parentesi di serenità solo momentanea nella sua dura esistenza? Scrivi la tua opinione.

---

t3 # Distrazione

Luigi Pirandello, *Novelle*

Tipologia	Testo narrativo
Genere	Novella
Sottogenere	Umoristico
Anno	1907

CHI: Luigi Pirandello

DOVE: Italia

QUANDO: Novecento

▶ **DISCUTIAMO IL PROBLEMA** *Tu sei superstizioso?*

1 LA VITA E LA MORTE
2 IL PROTAGONISTA
3 I CONTRASTI

Invito alla lettura

Pubblicata per la prima volta nel 1907 su «La riviera ligure» e poi inserita nel volume *La vita nuda* (1910), la novella *Distrazione* è apparentemente una novella disimpegnata, basata su una trovata finale divertente. Un giorno Scalabrino, un distratto e imbranato conducente di un carro funebre, offre un passaggio a un tale, scatenando la sua reazione risentita: la superstizione popolare, infatti, considera un segno di malaugurio l'imbattersi in un carro funebre, figurarsi dunque quali disgrazie potrebbero derivare dall'invito a salirvi! Il significato e il valore di questa novella, però, non si esauriscono nel singolare equivoco che conclude la narrazione. Il racconto, infatti, dall'inizio alla fine, compreso quel suo finale così disimpegnato, sotto l'abile trama dei congegni narrativi lascia intravedere i principali motivi della poetica pirandelliana: il tema della morte; la lotta tra la vita e la forma; l'alienazione; la crisi di identità del personaggio.

1 LA VITA E LA MORTE

In questa novella, la morte fa irruzione nella vita quotidiana sotto forma di un carro funebre, il cui passaggio scatena l'irritazione della gente.

Nero tra il baglior polverulento d'un sole d'agosto che non dava respiro, un carro funebre di terza classe si fermò davanti al portone accostato d'una casa nuova d'una delle tante vie nuove di Roma, nel quartiere dei Prati di Castello. Potevano esser le tre del pomeriggio.

5 Tutte quelle case nuove, per la maggior parte non ancora abitate, pareva guardassero coi vani delle finestre sguarnite[1] quel carro nero.

Fatte da così poco apposta per accogliere la vita, invece della vita – ecco qua – la morte vedevano, che veniva a far preda giusto lì.

Prima della vita, la morte.

10 E se n'era venuto lentamente, a passo, quel carro. Il cocchiere, che cascava a pezzi dal sonno, con la tuba[2] spelacchiata, buttata a sghembo sul naso, e un piede sul parafango davanti, al primo portone che gli era parso accostato in segno di lutto, aveva dato una stratta alle briglie, l'arresto al manubrio della martinicca[3], e s'era sdrajato a dormire più comodamente su la cassetta.

15 Dalla porta dell'unica bottega della via s'affacciò, scostando la tenda di traliccio, unta e sgualcita, un omaccio spettorato, sudato, sanguigno, con le maniche della camicia rimboccate su le braccia pelose.

– Ps! – chiamò, rivolto al cocchiere. – Ahò! Più là...

Il cocchiere reclinò il capo per guardar di sotto la falda della tuba posata sul naso;
20 allentò il freno; scosse le briglie sul dorso dei cavalli e passò avanti alla drogheria, senza dir nulla.

Qua o là, per lui, era lo stesso.

E davanti al portone, anch'esso accostato della casa più in là, si fermò e riprese a dormire.

25 – Somaro! – borbottò il droghiere, scrollando le spalle. – Non s'accorge che tutti i portoni a quest'ora sono accostati. Dev'essere nuovo del mestiere.

2 IL PROTAGONISTA

Scalabrino è un personaggio alienato, estraneo a se stesso e al mondo in cui vive.

Così era veramente. E non gli piaceva per nientissimo affatto, quel mestiere, a Scalabrino. Ma aveva fatto il portinajo, e aveva litigato prima con tutti gl'inquilini e poi col padron di casa; il sagrestano a San Rocco, e aveva litigato col parroco;
30 s'era messo per vetturino[4] di piazza e aveva litigato con tutti i padroni di rimessa, fino a tre giorni fa. Ora, non trovando di meglio in quella stagionaccia morta, s'era allogato[5] in una impresa di pompe funebri. Avrebbe litigato pure con questa – lo sapeva sicuro – perché le cose storte, lui, non le poteva soffrire. E poi era disgraziato, ecco. Bastava vederlo. Le spalle in capo[6]; gli occhi a sportello[7]; la faccia gialla,
35 come di cera, e il naso rosso. Perché rosso, il naso? Perché tutti lo prendessero per ubriacone; quando lui neppure lo sapeva che sapore avesse il vino.

– Puh!

1 sguarnite: prive di vetri e di tende, perché le case sono nuove e molte non sono ancora abitate.
2 tuba: cappello a cilindro.
3 martinicca: il freno della carrozza.
4 vetturino: cocchiere, conducente di carrozze.
5 allogato: impiegato.
6 in capo: curve.
7 a sportello: socchiusi.

LABORATORIO

GRAMMATICA

Svolgi le attività interattive su questo testo per ripassare **l'articolo**.

Teodoro Duclère, Carro funebre, XIX secolo.

Ne aveva fino alla gola, di quella vitaccia porca. E un giorno o l'altro, l'ultima litigata per bene l'avrebbe fatta con l'acqua del fiume, e buona notte.

40 Per ora là, mangiato dalle mosche e dalla noja, sotto la vampa cocente del sole, ad aspettar quel primo carico. Il morto.

O non gli sbucò, dopo una buona mezz'ora, da un altro portone in fondo, dall'altro lato della via?

– *Te possino...* (al morto) – esclamò tra i denti, accorrendo col carro, mentre i bec-
45 chini, ansimanti sotto il peso d'una misera bara vestita di mussolo[8] nero, filettata[9] agli orli di fettuccia[10] bianca, sacravano[11] e protestavano:

– *Te possino...* (a lui) – *Te pij n'accidente* – *E che er nummero der portone non te l'aveveno dato?*

Scalabrino fece la voltata senza fiatare; aspettò che quelli aprissero lo sportello e
50 introducessero il carico nel carro.

– Tira via!

E si mosse, lentamente, a passo, com'era venuto: ancora col piede alzato sul parafango davanti e la tuba sul naso.

Il carro, nudo. Non un nastro, non un fiore.

55 Dietro, una sola accompagnatrice.

3 I CONTRASTI
La presenza di elementi contrastanti è la spia del tipico procedimento umoristico pirandelliano.

Andava costei con un velo nero trapunto, da messa, calato sul volto; indossava una veste scura, di mussolo rasato, a fiorellini gialli, e un ombrellino chiaro aveva, sgargiante sotto il sole, aperto e appoggiato su la spalla.

Accompagnava il morto, ma si riparava dal sole con l'ombrellino. E teneva il capo
60 basso, quasi più per vergogna che per afflizione.

– Buon passeggio, ah Rosì'! – le gridò dietro il droghiere scamiciato, che s'era fatto di nuovo alla porta della bottega. E accompagnò il saluto con un riso sguajato, scrollando il capo.

L'accompagnatrice si voltò a guardarlo attraverso il velo; alzò la mano col mezzo
65 guanto di filo per fargli un cenno di saluto, poi l'abbassò per riprendersi di dietro la veste, e mostrò le scarpe scalcagnate[12]. Aveva però i mezzi guanti di filo e l'ombrellino, lei.

– Povero sor Bernardo, come un cane, – disse forte qualcuno dalla finestra d'una casa.

70 Il droghiere guardò in su, seguitando a scrollare il capo.

– Un professore, con la sola servaccia dietro... – gridò un'altra voce, di vecchia, da un'altra finestra.

Nel sole, quelle voci dall'alto sonavano nel silenzio della strada deserta, strane.

Un funerale dei primi anni del Novecento.

Prima di svoltare, Scalabrino pensò di proporre all'accompagnatrice di pigliare a nolo una vettura[13] per far più presto, già che nessun cane era venuto a far coda a quel mortorio.

– Con questo sole... a quest'ora...

Rosina scosse il capo sotto il velo. Aveva fatto giuramento, lei, che avrebbe accompagnato a piedi il padrone fino all'imboccatura di via San Lorenzo.

8 mussolo: o mussola, un tessuto trasparente.
9 filettata: ornata.
10 fettuccia: robusta striscia di cotone.
11 sacravano: bestemmiavano, imprecavano.
12 scalcagnate: consumate.
13 vettura: carrozza.

GRAMMATICA

Davanti a parole femminili inizianti per vocale si usa l'articolo indeterminativo *una/un'*: **un'***erta*, **un'***ala*. Davanti a parole maschili inizianti per vocale, invece, si usa l'articolo indeterminativo **un**, che non si apostrofa perché non è la forma elisa di *uno*, ma una forma tronca autonoma, priva di vocale finale: **un** *amico*, **un** *antro*, **un** *elmo*. **Uno** si usa solo davanti a parole maschili che cominciano per *s* + consonante, *x, y, z, gn, pn, ps, i* semiconsonante: **uno** *scudo*, **uno** *xilofono*, **uno** *yogurt*, **uno** *zotico*, **uno** *gnomo*, **uno** *pneumatico*, **uno** *psicologo*, **uno** *iettatore*.

– Ma che ti vede il padrone?

Niente! Giuramento. La vettura, se mai, l'avrebbe presa, lassù, fino a Campoverano.

– E se te la pago io? – insistette Scalabrino.

85 Niente. Giuramento.

Scalabrino masticò sotto la tuba un'altra imprecazione e seguitò a passo, prima per il ponte Cavour, poi per Via Tomacelli e per Via Condotti e per Piazza di Spagna e Via Due Macelli e Capo le Case e Via Sistina.

Fin qui, tanto o quanto, si tenne su, sveglio, per scansare le altre vetture, i tram
90 elettrici e le automobili, considerando che a quel mortorio lì nessuno avrebbe fatto largo e portato rispetto.

Ma quando, attraversata sempre a passo Piazza Barberini, imboccò l'erta[14] via di San Niccolò da Tolentino, rialzò il piede sul parafango, si calò di nuovo la tuba sul naso e si riaccomodò a dormire.

95 I cavalli, tanto, sapevano la via.

I rari passanti si fermavano e si voltavano a mirare, tra stupiti e indignati. Il sonno del cocchiere su la cassetta e il sonno del morto dentro il carro: freddo e nel bujo, quello del morto; caldo e nel sole, quello del cocchiere; e poi quell'unica accompagnatrice con l'ombrellino chiaro e il velo nero abbassato sul volto: tutto l'insieme
100 di quel mortorio, insomma, così zitto zitto e solo solo, a quell'ora, bruciata, faceva proprio cader le braccia.

Non era il modo, quello, d'andarsene all'altro mondo! Scelti male il giorno, l'ora, la stagione. Pareva che quel morto lì avesse sdegnato di dare alla morte una conveniente serietà. Irritava. Quasi quasi aveva ragione il cocchiere che se la dormiva.

105 E così avesse seguitato a dormire Scalabrino fino al principio di Via San Lorenzo! Ma i cavalli, appena superata l'erta, svoltando per Via Volturno, pensarono bene d'avanzare un po' il passo; e Scalabrino si destò.

Ora, destarsi, veder fermo sul marciapiedi a sinistra un signore allampanato[15], barbuto, con grossi occhiali neri, stremenzito in un abito grigio, sorcigno[16], e sentirsi
110 arrivare in faccia, su la tuba, un grosso involto[17], fu tutt'uno!

Prima che Scalabrino avesse tempo di riaversi, quel signore s'era buttato innanzi ai cavalli, li aveva fermati e, avventando gesti minacciosi, quasi volesse scagliar le mani, non avendo più altro da scagliare, urlava, sbraitava:

– A me? a me? mascalzone! canaglia! manigoldo! a un padre di famiglia? a un padre
115 di otto figliuoli? manigoldo! farabutto!

Tutta la gente che si trovava a passare per via e tutti i bottegai e gli avventori[18] s'affollarono di corsa attorno al carro e tutti gl'inquilini delle case vicine s'affacciarono alle finestre, e altri curiosi accorsero, al clamore, dalle prossime vie, i quali, non riuscendo a sapere che cosa fosse accaduto, smaniavano, accostandosi a questo e
120 a quello, e si drizzavano su la punta dei piedi.

– Ma che è stato?

– Uhm... pare che... dice che... non so!

– Ma c'è il morto?

– Dove?

125 – Nel carro, c'è?

– Uhm!... Chi è morto?

– Gli pigliano la contravvenzione!

– Al morto?

– Al cocchiere...

130 – E perché?

– Mah!... pare che... dice che...

Il signore grigio allampanato seguitava intanto a sbraitare presso la vetrata d'un

14 **l'erta**: la salita.
15 **allampanato**: alto e magrissimo.
16 **sorcigno**: color grigio topo.
17 **involto**: pacco.
18 **avventori**: clienti.

IL DIBATTITO

Tu sei superstizioso?

Molti credono che determinati fatti e circostanze possano avere un'influenza positiva o negativa sulle vicende umane. Per esempio, c'è chi ritiene che porti fortuna trovare un quadrifoglio, vedere l'arcobaleno, lanciare il sale dietro le spalle, portare con sé un corno rosso, un ferro di cavallo o un piede di coniglio; al contrario, c'è chi è convinto che porti sfortuna passare sotto una scala, incrociare un gatto nero, rompere uno specchio o versare dell'olio per terra. C'è chi addirittura, per scaramanzia, compie sempre gli stessi gesti prima di accingersi a fare qualcosa di importante. Tu che cosa pensi della superstizione? È giusto abbandonarsi a credenze apparentemente irrazionali per propiziarsi la fortuna e allontanare la iella?

LE RISPOSTE

PRIMA IPOTESI: Sì, io penso che non ci sia nulla di male nell'es-

sere superstiziosi e scaramantici. Se infatti la tradizione popolare attribuisce a determinati eventi la capacità di influenzare nel bene e nel male il destino degli uomini, è giusto credere a queste cose, perché sicuramente qualcosa di vero c'è.

SECONDA IPOTESI: No, essere superstiziosi è sbagliato e irrazionale, perché nessun evento, se non le azioni che noi stessi compiamo, possono influenzare il nostro destino.

TERZA IPOTESI: Anche se non sono superstizioso e non credo nel malocchio e nella iettatura, ogni tanto faccio qualche gesto scaramantico, perché non si sa mai! Forse un giorno qualcuno scoprirà che davvero alcuni fattori possono influenzare la nostra esistenza.

CONCLUSIONE

A partire dalle ipotesi fornite, argomenta e discuti con i compagni il tuo punto di vista.

---

19 botticella: carrozza.
20 avvezzo: abituato

caffè, dove lo avevano trascinato; reclamava l'involto scagliato contro il cocchiere; ma non s'arrivava ancora a comprendere perché glielo avesse scagliato. Sul carro,
135 il cocchiere cadaverico, con gli occhi miopi strizzati, si rimetteva in sesto la tuba e rispondeva alla guardia di città che, tra la calca e lo schiamazzo, prendeva appunti su un taccuino.
Alla fine il carro si mosse tra la folla che gli fece largo, vociando; ma, come apparve di nuovo, sotto l'ombrellino chiaro, col velo nero abbassato sul volto, quell'unica
140 accompagnatrice – silenzio. Solo qualche monellaccio fischiò.
Che era insomma accaduto?
Niente. Una piccola distrazione. Vetturino di piazza fino a tre giorni fa, Scalabrino, stordito dal sole, svegliato di soprassalto, s'era scordato di trovarsi su un carro funebre: gli era parso d'essere ancora su la cassetta d'una *botticella*[19] e, avvezzo[20]
145 com'era ormai da tanti anni a invitar la gente per via a servirsi del suo legno, vedendosi guardato da quel signore sorcigno fermo lì sul marciapiede, gli aveva fatto segno col dito, se voleva montare.
E quel signore, per un piccolo segno, tutto quel baccano...

(L. Pirandello, *Distrazione*, in *Novelle per un anno*, Roma, Newton-Compton, 1994)

▶ **DISCUTIAMO IL PROBLEMA**

1 LA VITA E LA MORTE

In questa novella, la morte è l'elemento perturbante che scatena le ipocrisie e i comportamenti più bassi e irrazionali dell'uomo. Il passaggio del carro funebre, nero, freddo e luttuoso, stride con la luminosità di una calda giornata d'agosto e appare fuori luogo in quel quartiere di case nuove che di lì a poco si riempiranno di famiglie, di vita, di operosità. Il suo lento incedere, il suo sostare di portone in portone, è visto come un avvertimento di morte, che gli abitanti respingono e rifiutano. Lo stesso funerale del

povero professore, senza corteo, con un carro di terza classe e seguito solo da una «servaccia», desta un senso di fastidio tra le persone, perché le costringe a confrontarsi con la caducità dell'uomo e l'insensatezza della vita. Tutta questa insofferenza nei confronti della morte erompe infine violentemente nella sproporzionata reazione del passante di fronte al cocchiere, colpevole di essersi *distratto* e di averlo invitato a salire in vettura.

1 «Dalla porta dell'unica bottega della via s'affacciò, scostando la tenda di traliccio, unta e sgualcita, un omaccio spettorato, sudato, sanguigno, con le maniche della camicia rimboccate su le braccia pelose.

– Ps! – chiamò, rivolto al cocchiere. – Ahò! Più là...»
Perché il bottegaio invita Scalabrino ad andarsene?

2 In quali altri modi si manifesta l'insofferenza della gente nei confronti della morte? Riporta almeno tre esempi.

2 IL PROTAGONISTA

Scalabrino è il tipico personaggio pirandelliano, vittima inconsapevole dell'eterna disputa tra la vita e la forma. Per guadagnarsi da vivere, il pover'uomo è costretto ad accettare lavori che non gli piacciono e che gli stanno stretti, passando da un ruolo a un altro, indossando ora la maschera di portinaio, ora quella di sagrestano, poi quella di vetturino e infine quella di cocchiere di carri funebri. Privo di un'identità certa e insoddisfatto della sua vita, a Scalabrino non resta che sonnecchiare. La sua sonnolenza è spia del suo ma-

lessere esistenziale, e il sonno rappresenta al contempo una forma di difesa dal dolore e un segno di disagio. Ma il flusso vitale che è in lui non accetta di essere soffocato e ucciso dal gioco delle forme e trova infine un varco per uscire e manifestarsi nella distrazione finale.

3 Scalabrino è un uomo felice? È contento del suo lavoro? Motiva la tua risposta.

3 I CONTRASTI

Uno degli elementi più interessanti di questa novella è il coesistere di dati contrastanti: il nero del carro e il «bagliore polverulento del sole d'agosto»; le case nuove fatte per ospitare la vita e il carro funebre fatto per ospitare la morte; il «professore» e la «servaccia»; il «velo nero trapunto» e l'ombrellino «chiaro» e «sgargiante»; le scarpe «scalcagnate» e i «mezzi guanti di filo»; le voci provenienti dall'alto dei palazzi e la «strada deserta»; la devozione di Rosina che tiene fede al giuramento e il riso sguaiato del droghiere; il sonno «caldo e nel sole» di Scalabrino e il sonno «freddo e nel buio» del morto. Questi elementi in reciproca opposizione sono delle spie del procedimento umoristico pirandelliano: ci avvertono che qualcosa

non va («avvertimento del contrario»), ci fanno riflettere e infine comprendere il senso profondo delle cose («sentimento del contrario»).

4 Rosina indossa «scarpe scalcagnate» e «mezzi guanti di filo». Da questi elementi è possibile desumere che Rosina è
A ricca. C avara.
B povera. D triste.

5 «Il velo nero trapunto» / «l'ombrellino chiaro e sgargiante»: in relazione al contesto, quale tra questi due è l'elemento fuori posto. Perché?

> ▶ ATTIVIAMO LE COMPETENZE

LETTURA E COMPRENSIONE

ACCESSO ALLE INFORMAZIONI

6 In che mese e a quale ora del giorno avviene il funerale?

7 La vicenda è ambientata a Roma, come esplicitamente affermato nel testo. Da quali altri elementi è possibile desumere questa informazione?
A Riferimenti toponomastici ed espressioni dialettali.
B La presenza di alcuni monumenti facilmente riconoscibili.
C La presenza di chiese e fontane.
D La presenza di quartieri nuovi e popolosi.

8 Elenca i mestieri svolti da Scalabrino.

COMPRENSIONE GENERALE E INTERPRETAZIONE

9 «Perché rosso, il naso? Perché tutti lo prendessero per ubriacone; quando lui neppure lo sapeva che sapore avesse il vino». Questo riportato è un esempio di
A maschera pirandelliana.
B comicità pirandelliana.
C umorismo pirandelliano.
D filosofia pirandelliana.

10 Indica se i seguenti elementi appartengono alla sfera della vita o della morte.

Personaggio	Vita	Morte
A Il sonno di Scalabrino		
B Il quartiere nuovo		
C Il riso del droghiere		
D Il sole di agosto		
E Il velo nero trapunto		

11 Il professore era un uomo solo e non ricco. Da quali elementi presenti nel testo è possibile desumere questa affermazione?

RIFLESSIONE E VALUTAZIONE

12 La novella *Distrazione* è
A comica. B solo in apparenza comica.
Motiva la tua risposta.

_____

_____

Il figlio cambiato

Luigi Pirandello, *Novelle per un anno*

Test

Tipologia Testo narrativo

Genere Novella

Pirandello trae spunto per la novella *Il figlio cambiato* (1902) da una storia che aveva sentito da bambino. Tra il 1930 e il 1932 l'autore riprese i materiali della novella per la stesura di una favola drammatica in cinque atti, rappresentata per la prima volta nel 1934. Come ha scritto Andrea Camilleri, «la favola del figlio cambiato è praticamente nota in tutto il mondo, con delle varianti che obbediscono alle diverse culture» e si riallaccia alle antiche superstizioni contadine secondo cui le streghe visiterebbero nottetempo le case degli esseri umani, facendo dispetto ai loro figli, rubandoli e sostituendoli con altri.

Avevo udito urlare durante tutta la notte, e a una cert'ora fonda e perduta tra il sonno e la veglia non avrei più saputo dire se quelle urla fossero di bestia o umane. La mattina dopo venni a sapere dalle donne del vicinato ch'erano state disperazioni levate da una madre (una certa Sara Longo), a cui, mentre dormiva, avevano
5   rubato il figlio di tre mesi, lasciandogliene in cambio un altro.
   – Rubato? E chi gliel'ha rubato?
   – Le «Donne»!
   – Le donne? Che donne?
   Mi spiegarono che le «Donne» erano certi spiriti della notte, streghe dell'aria.
10   Sbalordito e indignato, domandai:
   – Ma come? E la madre ci crede davvero?
   Quelle brave comari erano ancora così tutte accorate e atterrite, che del mio sbalordimento e della mia indignazione s'offesero. Mi gridarono in faccia, come se volessero aggredirmi, che esse, alle urla, erano accorse alla casa della Longo,
15   mezz'ignude come si trovavano, e avevano visto, visto coi loro occhi il bambino cambiato, ancora là sul mattonato della stanza, ai piedi del letto. Quello della Longo era bianco come il latte, biondo come l'oro, un Gesù Bambino; e questo invece, nero, nero come il fegato e brutto, più brutto d'uno scimmiotto. E avevano saputo il fatto, com'era stato, dalla stessa madre, che se ne strappava
20   ancora i capelli: cioè, che aveva sentito come un pianto nel sonno e s'era svegliata; aveva steso un braccio sul letto in cerca del figlio e non l'aveva trovato; s'era allora precipitata dal letto, e acceso il lume, aveva veduto là per terra, invece del suo bambino, quel mostriciattolo, che l'orrore e il ribrezzo le avevano perfino impedito di toccare.
25   Notare ch'era ancora in fasce, il bambino della Longo. Ora, un bambino in fasce, cadendo per inavvertenza della madre nel sonno, poteva mai schizzar così lontano e coi piedini verso la testata del letto, vale a dire al contrario di come avrebbe dovuto trovarsi?
   Era dunque chiaro che le «Donne» erano entrate in casa della Longo, nella notte,
30   e le avevano cambiato il figlio, prendendosi il bambino bello e lasciandogliene uno brutto per farle dispetto.
   Uh, ne facevano tanti, di quei dispetti, alle povere mamme! Levare i bambini dalle culle e andare a deporli su una sedia in un'altra stanza; farli trovare dalla notte al giorno coi piedini sbiechi o con gli occhi strabi!
35   – E guardi qua! guardi qua! – mi gridò una, acchiappando di furia e facendo voltare il testoncino a una bimbetta che teneva in braccio, per mostrarmi che aveva

sulla nuca un codino di capelli incatricchiati, che guaj a tagliarli o a cercar di districarli: la creaturina ne sarebbe morta. – Che le pare che sia? Treccina, treccina delle «Donne», appunto, che si spassano così, di notte tempo, sulle testine delle
40 povere figlie di mamma!

Stimando inutile, di fronte a una prova così tangibile, convincere quelle donne della loro superstizione, m'impensierii della sorte di quel bambino che rischiava di rimanerne vittima.

Nessun dubbio per me che doveva essergli sopravvenuto qualche male, durante
45 la notte; forse un insulto di paralisi infantile.

Domandai che intendesse fare adesso, quella madre.

Mi risposero che l'avevano trattenuta a viva forza perché voleva lasciar tutto, abbandonare la casa e buttarsi alla ventura in cerca del figlio, come una pazza.

– E quella creaturina là?
50 – Non vuole né vederla, né sentirne parlare!

Una di loro, per tenerla in vita, le aveva dato a succhiare un po' di pan bagnato, con lo zucchero, avvolto in una pezzuola formata a modo di capezzolo. E mi assicurarono che, per carità di Dio, vincendo lo sgomento e il raccapriccio, avrebbero badato a lei, un po' l'una un po' l'altra. Cosa che, in coscienza, almeno nei primi
55 giorni, dalla madre non si poteva pretendere.

– Ma non vorrà mica lasciarla morir di fame?

Riflettevo tra me e me se non fosse opportuno richiamar l'attenzione della questura su quello strano caso, allorché, la sera stessa, venni a sapere che la Longo s'era recata per consiglio da una certa Vanna Scoma, che aveva fama d'essere in misteriosi
60 commerci con quelle «Donne». Si diceva che queste, nelle notti di vento, venivano a chiamarla dai tetti delle case vicine, per portarsela attorno con loro. Restava lì

su una seggiola, con le sue vesti e le sue scarpe, come un fantoccio posato; e lo spirito se n'andava a volo, chi sa dove, con quelle streghe. Potevano farne testimonianza tanti che avevano appunto sentito chiamarla con voci lunghe e lamentose: – Zia Vanna! Zia Vanna! – dal proprio tetto.

S'era dunque recata per consiglio da questa Vanna Scoma, la quale in prima (e si capisce) non aveva voluto dirle nulla; ma poi, pregata e ripregata a mani giunte, le aveva lasciato intendere, parlando a mezz'aria, che aveva «veduto» il bambino.

– Veduto? Dove?

Veduto. Non poteva dir dove. Ma stesse tranquilla perché il bambino, dove stava, stava bene, a patto però che anche lei trattasse bene la creaturina che le era toccata in cambio: badasse anzi, che quanta più cura lei avrebbe avuto qua per questo bambino, e tanto meglio di là si sarebbe trovato il suo. Mi sentii subito compreso d'uno stupore pieno d'ammirazione per la sapienza di questa strega.

Pablo Picasso, Madre e figlio sulla spiaggia, 1902.

La quale, perché fosse in tutto giusta, tanto aveva usato di crudeltà quanto di carità, punendo della sua superstizione quella madre col farle obbligo di vincere per amore del figlio lontano la ripugnanza che sentiva per quest'altro, il ribrezzo del seno da porgergli in bocca per nutrirlo; e non levandole poi del tutto la speranza di potere un giorno riavere il suo bambino, che intanto altri occhi, se non più i suoi, seguitavano a vedere, sano e bello com'era.

Che se poi, com'è certo, tutta questa sapienza, così crudele insieme e caritatevole, non era adoperata da quella strega perché fosse giusta, ma perché ci aveva il suo tornaconto con le visite della Longo, una al giorno, e per ognuna un tanto, sia che le dicesse d'aver veduto il bambino, sia che le dicesse di no (e più quando le diceva di no); questo non toglie nulla alla sapienza di lei; e d'altra parte io non ho detto che, per quanto sapiente, quella strega non fosse una strega.

Le cose andarono così, finché il marito della Longo non arrivò con la goletta da Tunisi.

Marinajo, oggi qua, domani là, poco ormai si curava della moglie e del figlio. Trovando quella smagrita e quasi insensata, e questo pelle e ossa, irriconoscibile; saputo dalla moglie ch'erano stati ammalati tutt'e due, non chiese altro.

Il guajo avvenne dopo la partenza di lui; ché la Longo per maggior ristoro ammalò davvero. Altro castigo: una nuova gravidanza.

E ora, in quello stato (le aveva così cattive, specialmente nei primi mesi, le gravidanze) non poteva più recarsi ogni giorno dalla Scoma, e doveva contentarsi d'usar le cure che poteva a quel disgraziato perché non ne mancassero là al suo figliuolo perduto. Si torturava pensando che non sarebbe stata giustizia, dato che nel cambio ci aveva scapitato lei, e il latte, prima per il gran dolore le era diventato acqua, e ora, incinta, non avrebbe potuto più darlo; non sarebbe stata giustizia che il suo figliuolo fosse cresciuto male, come pareva dovesse crescere questo. Sul colluccio vizzo, il testoncino giallo, un po' su una spalla e un po' sull'altra; e cionco, forse, di tutt'e due le gambine.

Intanto, da Tunisi, il marito le scrisse che, durante il viaggio, i compagni gli avevano raccontato quella favola delle «Donne», nota a tutti meno che a lui; sospettava che la verità fosse un'altra, cioè che il figlio fosse morto e che lei avesse preso dall'ospizio qualche trovatello in sostituzione; e le imponeva d'andar subito a riportarlo, perché non voleva in casa bastardi. La Longo però, al ritorno, tanto lo pregò che ottenne, se non pietà, sopportazione per quell'infelice. Lo sopportava anche lei, e quanto!, per non far danno all'altro.

Fu peggio, quando alla fine il secondo bambino venne al mondo; perché allora la Longo, naturalmente, cominciò a pensar meno al primo e anche, per conseguenza, ad aver meno cure di quel povero cencio di bimbo che, si sa, *non era il suo*.

Non lo maltrattava, no. Ogni mattina lo vestiva e lo metteva a sedere davanti alla porta, sulla strada, nel seggiolino a dondolo di tela cerata, con qualche tozzo di pane o qualche meluccia nel cassettino del riparo davanti.

E il povero innocente se ne stava lì, con le gambine cionche, il testoncino ciondolante dai capelli terrosi, perché spesso gli altri ragazzi della strada gli buttavan per chiasso la rena in faccia, e lui si riparava col braccino e non fiatava nemmeno. Era assai che riuscisse a tener ritte le pàlpebre sugli occhietti dolenti. Sudicio, se lo mangiavano le mosche.

Le vicine lo chiamavano il figlio delle «Donne». Se talvolta qualche bambino gli s'accostava per rivolgergli una domanda, egli lo guardava e non sapeva rispondere. Forse non capiva. Rispondeva col sorriso triste e come lontano dei bimbi malati, e quel sorriso gli segnava le rughe agli angoli degli occhi e della bocca.

La Longo si faceva alla porta col neonato in braccio, roseo e paffuto (come l'altro) e volgeva uno sguardo pietoso a quel disgraziato, che non si sapeva che cosa ci stesse più a far lì; poi sospirava:

135 – Che croce!

Sì, le spuntava ancora, di tanto in tanto, qualche lagrima, pensando a quell'altro, di cui ora Vanna Scoma, non più richiesta, veniva a darle notizie, per scroccarle qualcosa: notizie liete: che il suo figliuolo cresceva bello e sano, e che era felice.

(L. Pirandello, *Distrazione*, in *Novelle per un anno*, Roma, Newton-Compton, 1994)

Aspetto 1 Comprendere il significato, letterale e figurato, di parole ed espressioni e riconoscere le relazioni tra parole.

1 Nella frase «Quelle brave comari erano ancora così tutte *accorate* e *atterrite*» (r. 12), con quali termini puoi sostituire le parole in corsivo senza alterare il senso del discorso? Scrivilo:

A _____

B _____

Aspetto 3 Fare un'inferenza diretta, ricavando un'informazione implicita da una o più informazioni date nel testo e/o tratte dall'enciclopedia personale del lettore.

2 L'ambientazione di questa novella è

☐ **A** imprecisata.

☐ **B** mediterranea.

☐ **C** nordica.

☐ **D** mediorientale.

Aspetto 2 Individuare informazioni date esplicitamente nel testo.

3 La prima notizia del furto del bambino è accolta dal narratore con

☐ **A** scetticismo e rassegnazione.

☐ **B** curiosità e divertimento.

☐ **C** indignazione e incredulità.

☐ **D** ironia e rabbia.

Aspetto 5a Ricostruire il significato di una parte più o meno estesa del testo, integrando più informazioni e concetti, anche formulando inferenze complesse.

4 «– E guardi qua! guardi qua! – mi gridò una, acchiappando di furia e facendo voltare il testoncino a una bimbetta che teneva in braccio, per mostrarmi che aveva sulla nuca un codino di capelli incatricchiati, che guaj a tagliarli o a cercar di districarli: la creaturina ne sarebbe morta. – Che le pare che sia? Treccina, treccina delle «Donne», appunto, che si spassano così, di notte tempo, sulle testine delle povere figlie di mamma!» (rr. 35-40). La comare mostra al narratore il codino di «capelli incatricchiati» della bimba per

☐ **A** spaventarlo.

☐ **B** deriderlo.

☐ **C** convincerlo.

☐ **D** aiutarlo.

Aspetto 5a

5 Indica se i rapporti tra le seguenti coppie di personaggi sono di solidarietà o di opposizione.

Personaggio	Solidarietà	Opposizione
A Streghe/comari		
B Comari/signora Longo		
C Signora Longo/figlio cambiato		
D Figlio cambiato/narratore		
E Ragazzi della strada/figlio cambiato		

Aspetto 5a *Ricostruire il significato di una parte più o meno estesa del testo, integrando più informazioni e concetti, anche formulando inferenze complesse.*

6 Collega con una freccia i nomi dei personaggi con le parole che meglio ne definiscono le caratteristiche. Fai attenzione! Nella colonna a destra si trova anche un elemento che non c'entra.

Personaggi	Caratteristiche
1 Signora Longo	A astuzia, crudeltà
2 Figlio cambiato	B pietà, razionalità
3 Comari	C negazione della realtà
4 Signora Scoma	D superstizione, carità
5 Narratore	E speranza, gioia
	F malattia, emarginazione

Aspetto 2 *Individuare informazioni date esplicitamente nel testo.*

7 Perché il narratore ammira la sapienza della signora Scoma?
- ☐ **A** Perché convince la signora Longo a mettere al mondo un altro figlio.
- ☐ **B** Perché facendo leva sulla superstizione della signora Longo riesce a farle vincere la ripugnanza per il figlio cambiato.
- ☐ **C** Perché punisce la signora Longo per la sua superstizione.
- ☐ **D** Perché pur essendo una strega accetta di aiutare la signora Longo.

Aspetto 5a *Ricostruire il significato globale del testo, integrando più informazioni e concetti, anche formulando inferenze complesse.*

8 Alla luce di tutta la vicenda, come può essere spiegata razionalmente la storia del figlio cambiato?
- ☐ **A** Probabilmente il bambino ha avuto un male durante la notte, forse una paralisi cerebrale, e per questo appare *diverso* alla madre.
- ☐ **B** La signora Longo ha fatto rapire suo figlio, sostituendolo con un altro.
- ☐ **C** Il bambino è stato rapito dal marito dalla signora Longo che lo ha sostituito con un altro.
- ☐ **D** Il figlio cambiato in realtà non è mai esistito ed è frutto delle fantasie della signora Longo.

Aspetto 2 *Individuare informazioni date esplicitamente nel testo.*

9 Quando il marito della signora Longo viene a conoscenza di quanto è capitato a suo figlio
- ☐ **A** crede alla favola delle «Donne» e convince la moglie a prendersi cura del "nuovo" bambino.
- ☐ **B** sospetta che il bambino sia morto e che la moglie lo abbia sostituito con un trovatello.
- ☐ **C** convince la moglie a dare il "nuovo" bambino a un ospizio perché non lo vuole in casa sua.
- ☐ **D** sospetta che il bambino sia stato ucciso dalla moglie e sostituito con un trovatello.

Aspetto 4 *Cogliere le relazioni di coesione e di coerenza testuale (organizzazione logica entro e oltre la frase).*

10 «Trovando quella smagrita e quasi insensata, e questo pelle e ossa, irriconoscibile» (r. 97). I pronomi dimostrativi *quella* e *questo* sostituiscono rispettivamente le parole
- ☐ **A** la donna e il marito.
- ☐ **B** la signora Longo e il bambino biondo.
- ☐ **C** la signora Scoma e il bambino.
- ☐ **D** la moglie e il figlio.

Aspetto 6 *Sviluppare un'interpretazione del testo, a partire dal suo contenuto e/o dalla sua forma, andando al di là di una comprensione letterale.*

11 La novella racconta una storia di superstizione popolare, ma il suo vero scopo è quello di farci riflettere
- ☐ **A** sulle cause sociali, culturali ed economiche della superstizione.
- ☐ **B** sul dramma di una madre che non accetta la disabilità del figlio e sull'emarginazione di quest'ultimo.
- ☐ **C** sull'esistenza o meno di fatti e fenomeni soprannaturali e irrazionali.
- ☐ **D** sull'esistenza e sulla veridicità delle leggende popolari.

Pablo Picasso

Donna che piange

TIPOLOGIA	Dipinto
GENERE	Ritratto
STILE	Cubismo
TECNICA	Olio su tela
ANNO	1937

▶ **ANALIZZIAMO IL DIPINTO**

1 IL SOGGETTO
2 LA RAPPRESENTAZIONE DEL DOLORE
3 LA DISTRUZIONE DELLA FORMA

1 Il dipinto raffigura in primo piano una donna che piange.

2 Il fazzoletto è la metafora del dolore della vita e delle tragedie della storia.

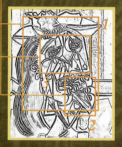

3 Attraverso la frammentazione del volto della donna il pittore intende evocare la distruzione provocata dal dolore.

1 IL SOGGETTO

Dipinto nel 1937, durante gli anni della guerra civile spagnola, il quadro ritrae in primissimo piano la testa di una donna piangente. A un primo sguardo l'elemento pittorico che maggiormente colpisce, e che apparentemente stride con il tema della sofferenza annunciato dal titolo, è la scelta dei colori, caratterizzata dalla dominanza di tinte calde e gradevoli: giallo, ocra, rosso, verde. Altri particolari che sembrano attenuare il senso di tristezza e dolore, accentuando invece il lato grottesco e caricaturale della rappresentazione in una sorta di desacralizzazione del senso del tragico, sono il cappellino della donna, il fiore che lo sovrasta, i suoi capelli fluenti e variopinti.

1 **Sofferma il tuo sguardo sullo sfondo del dipinto e sulla parte alta del volto della donna. Poi associa ai colori utilizzati i sentimenti, le sensazioni, le immagini che essi ti suscitano, completando il nostro esempio.**
Giallo: gioia, calore, estate ecc.
Giallo ocra: _____
Rosso: _____
Verde: _____

2 LA RAPPRESENTAZIONE DEL DOLORE

Spostando lo sguardo nella parte centrale del dipinto, ogni elemento coloristico e grottesco scompare. Da uno sfondo freddo e grigiastro emerge, come emblema di un dolore eterno e assoluto, un fazzoletto, rigido e spigoloso come una lama, che sembra fondersi con le mani e trasformare, al solo contatto, le dita in lacrime. In esso, in un gesto di estrema disperazione, la donna affonda i suoi denti e raccoglie le lacrime che sgorgano copiose dai suoi occhi stravolti e allucinati. E proprio nel contrasto tra la testa, con i suoi colori vivaci e le sue tracce di mondanità – il frivolo cappellino –, e il fazzoletto, grigio e intriso di pianto, si racchiude tutta la drammaticità della sofferenza e della vita.

2 In alcuni punti, le dita hanno lo stesso colore del fazzoletto. Quale significato attribuisci a questa scelta cromatica del pittore?

3 LA DISTRIBUZIONE DELLA FORMA

In *Donna che piange* è possibile cogliere una certa corrispondenza tra lo stile pittorico e il messaggio del quadro. In effetti, Picasso non dipinge in maniera fotografica e descrittiva, ma agisce sulle forme frammentandole, proprio come se il volto dipinto si riflettesse in uno specchio rotto. Tale scomposizione in frammenti, caratteristica del modo di dipingere di Picasso, non è un semplice esperimento pittorico, ma è essa stessa portatrice di un significato. Attraverso la frammentazione del soggetto dipinto, infatti, il pittore spagnolo intende sottolineare e amplificare la distruzione e la dissoluzione operata dal dolore.

3 In quali parti del dipinto il volto della donna risulta maggiormente frammentato e deformato?

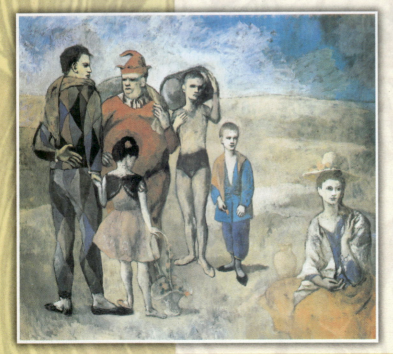

Il dipinto di Pablo Picasso, I saltimbanchi, 1905, conservato alla National Gallery di Washington, appartiene al periodo rosa dell'artista.

▶ **ATTIVIAMO LE COMPETENZE**

Fruizione di altre forme espressive

RICERCA, PROGETTAZIONE, TESTO DESCRITTIVO-INFORMATIVO

4 Fai una ricerca su Pablo Picasso e realizza una scheda a carattere informativo-descrittivo sul pittore. Nel tuo lavoro dovranno essere presenti:
- una breve biografia dell'autore;
- una breve sintesi dei vari periodi della pittura di Picasso (giovinezza, periodo blu, rosa, africano, cubismo) con un quadro come esempio per ciascuna fase;
- un approfondimento sull'esperienza della guerra in Picasso.

Happy Family

TIPOLOGIA	Film
GENERE	Commedia
REGIA	Gabriele Salvatores
CAST	Fabio De Luigi (Ezio), Diego Abatantuono (papà), Fabrizio Bentivoglio (Vincenzo), Margherita Buy (Anna), Carla Signoris (mamma), Valeria Bilello (Caterina), Gianmaria Biancuzzi (Filippo), Alice Croci (Marta), Corinna Agustoni (nonna Anna), Sandra Milo (madre di Ezio)
ANNO	2010

▶ **ANALIZZIAMO IL FILM**

1 **INFLUENZE PIRANDELLIANE**
2 **UN NUOVO REALISMO**
3 **LE CONTAMINAZIONI E LE CITAZIONI**

LA TRAMA

Ezio, un autore trentottenne in crisi che vive da solo a Milano, sta scrivendo una storia che ha per protago-niste due famiglie, i cui destini si incrociano a causa dei figli quindicenni, Filippo e Marta, decisi a sposarsi. Un giorno, un incidente in bicicletta catapulta il narratore Ezio al centro di questa storia, facendolo incontra-re e interagire con i personaggi che lui stesso ha creato: la mamma e il papà di Marta; la madre di Filippo, Angela; Vincenzo, un saggio avvocato gravemente ammalato di cancro, e sua figlia Caterina, una ragazza di ventisette anni depressa perché convinta di puzzare. Tutti questi personaggi si ritrovano allo stesso tavolo durante una cena, occasione in cui Filippo e Marta avrebbero dovuto annunciare il loro matrimonio. Le cose però prendono una piega diversa, perché la ragazza rifiuta la proposta di matrimonio di Filippo e annuncia di essersi innamorata di un altro; Ezio e Caterina si innamorano perdutamente; il papà di Marta e Vincenzo diventano amici e decidono di fare un viaggio in mare fino a Panama.

1 INFLUENZE PIRANDELLIANE

Il film si ispira alla poetica del teatro nel teatro di Pirandello.

Il film, il cui soggetto è tratto dall'omonimo spettacolo teatrale di Andrea Genovesi, ripropone numerose "invenzioni" pirandelliane, ispirandosi in particolare ai *Sei personaggi in cerca di autore* e alla poetica del metateatro, da cui il regista mutua alcune idee fondamentali. In particolare, di chiara matrice pirandelliana sono il colloquio tra i personaggi e il loro inventore e il dialogo tra i personaggi e il pubblico. Nel film, infatti, non so-lo i personaggi si presentano da soli («mi chiamo Vincenzo, ho cinquantacinque anni e sto per mo-rire…») e raccontano la loro storia agli spettatori («Ho una figlia di ventisette anni, Caterina, nata dal mio primo matrimonio…, poi c'è Filippo, il figlio di Anna, la mia seconda moglie…»), ma infrangendo la barriera tra realtà e finzione si materializzano nella realtà, fanno irruzione nella vita del loro crea-tore e pretendono da lui una *parte* da interpretare e un finale per la loro storia.

Proprio come avviene nella realtà, i personaggi del film sono in cerca della felicità.

2 UN NUOVO REALISMO

Il film racconta con un linguaggio nuovo storie attuali e di grande realismo. Pur non nascondendo allo spettatore la loro appartenenza al mondo della finzione, i personaggi inventati da Ezio vivono infatti situazioni di normale quotidianità (rapporti coniugali in crisi, tensioni tra genitori e figli, malattie e depressioni) e rispecchiano i tipi umani che si incontrano nella realtà: il papà di Marta è un uomo divertente ma immaturo; Marta è un'adolescente ribelle e in perenne conflitto con la madre; Angela è una donna nevrotica e insoddisfatta; Caterina è una ragazza insicura che sogna il grande amore; Filippo è un sedicenne alla ricerca della sua identità sessuale; Vincenzo è un avvocato di successo che affronta con malinconica rassegnazione e saggezza l'idea di dover morire. Seppur diversi tra loro, tutti però hanno in comune la stessa aspirazione: vivere una vita più autentica e vera, in cui sia possibile "trovarsi" nonostante le barriere sociali, culturali ed economiche che sembrano dividerli.

3 LE CONTAMINAZIONI E LE CITAZIONI

Un'altra scelta registica originale e sperimentale di *Happy family* è la contaminazione più o meno esibita di più linguaggi: quello del cinema (Ezio è uno sceneggiatore), quello della letteratura e del teatro (il richiamo a Pirandello o l'immagine del sipario all'inizio e alla fine del film), quello della musica (le note della canzone di Simon & Garfunkel e il notturno di Chopin) e quello della Storia (le immagini di Milano di notte, una delle sequenze più intense e poetiche della pellicola). Inoltre nel film sono presenti numerose citazioni di altre opere cinematografiche (*8 e ½*, *I soliti sospetti*, *Marrakech Express*) attraverso cui il regista costruisce una sorta di sottotesto che attraversa tutto il film, fino alla citazione finale con cui esso si conclude, una vera e propria dichiarazione di amore al cinema e alla letteratura: «Preferisco leggere o vedere un film piuttosto che vivere… nella vita non c'è una trama!»

Il regista contamina diversi linguaggi e cita altre opere cinematografiche.

GUIDA AL DIBATTITO

1 Quali elementi presenti nel film rimandano al linguaggio teatrale (primi piani sugli attori, inquadrature, dialoghi, modo di recitare ecc.)?

2 Spiega il significato del sipario che si apre e si chiude all'inizio e alla fine del film.

3 In una scena del film, il papà di Marta (Diego Abatantuono) paragona Ezio a Pirandello («È tornato Pirandello»). Spiega questa battuta.

4 *Happy family*: trovi che questo titolo rispecchi il contenuto e i temi del film. Perché?

5 In una delle ultime scene, la telecamera inquadra una pallina da lavatrice, un'immagine di Panama, una locandina di un recital pianistico ecc. Che rapporto c'è tra questi oggetti e la fantasia di Ezio?

6 Nel film prevale una visione ottimistica o pessimistica della vita?

▶ ATTIVIAMO LE COMPETENZE

PRODUZIONE DI TESTI MULTIMEDIALI

RICERCA, LAVORO DI GRUPPO, PRODOTTO AUDIOVISIVO

7 **Realizza insieme ai compagni una presentazione multimediale dal titolo *Pirandello nel cinema*. Il vostro lavoro dovrà contenere i seguenti elementi:**
   • elenco dei film direttamente ispirati a romanzi e novelle di Pirandello (dal 1980 a oggi);
   • elenco di almeno tre film "moderni" che secondo te ripropongono temi tipici della narrativa pirandelliana: rapporto realtà/finzione e forma/vita, alienazione dell'individuo, superstizione ecc.;
   • approfondimento sui film (uno a scelta) *Enrico IV* di Marco Bellocchio, *Kaos* e *Tu ridi* dei fratelli Taviani;
   • serie di immagini e citazioni tratte da film pirandelliani.

Concetti chiave

Flashcard

▶ CARATTERISTICHE DELLA NARRATIVA DI LUIGI PIRANDELLO

Luigi Pirandello

- **Rapporto tra forma e vita** — La forma imprigiona la vita uccidendola. La vita è ciò che scorre dentro l'individuo.
- **Umorismo** — Fatti e comportamenti a prima vista comici rivelano risvolti tristi e drammatici.
- **Frantumazione dell'io** — Nell'ambito dei rapporti sociali l'individuo smarrisce la sua vera identità.

▶ **LE OPERE**

QUANDO	CHE COSA SCRIVE	DI CHE COSA PARLA
Fine Ottocento	*L'esclusa* (romanzo)	La protagonista, Marta, è accusata ingiustamente di tradimento e viene per questo "esclusa" da tutti.
1900-1915	*Il fu Mattia Pascal* (romanzo)	Mattia Pascal tenta di rifarsi una nuova vita, ma alla fine si ritroverà solo e privo di identità.
	L'umorismo (saggio)	È una sintesi della poetica pirandelliana.
1916-1936	*Sei personaggi in cerca d'autore* (teatro)	Dopo aver raccontato le loro storie, sei personaggi convincono il capocomico a metterle in scena.
	Uno, nessuno e centomila (romanzo)	A seguito di una banale osservazione fatta dalla moglie, il protagonista scopre la relatività della vita.

▶ **RIPASSO**

1 Perché Pirandello si definiva «figlio del Caos»?

2 Quello di Pirandello fu un matrimonio felice? Perché?

3 Quali generi letterari praticò Pirandello?

4 Che cosa intende Pirandello con i termini «forma» e «vita»?

5 Che differenza c'è per Pirandello tra comicità e umorismo?

6 Quali sono le principali caratteristiche dei *Sei personaggi in cerca d'autore*?

7 *Uno, nessuno e centomila*: qual è il significato del titolo dell'ultimo romanzo pirandelliano?

8 Quale significato assume nella poetica pirandelliana il termine «maschera»?

Italo Calvino

Italo Calvino

Le combinazioni e le strutture

La dimensione fiabesca

La letteratura come gioco

ARTISTA Zinaida Serebriakova
NAZIONALITÀ Russa
TITOLO Castello di carte
ANNO 1919
STILE Art Nouveau

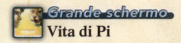

Italo Calvino

La vita

Uno scrittore in continua evoluzione

Molti critici definiscono Italo Calvino l'ultimo grande classico della letteratura italiana: in effetti la sua vita ha attraversato i momenti più significativi del Novecento – dal primo dopoguerra agli anni Ottanta –, mentre la sua produzione narrativa li ha raccontati in maniera originale, cercando sempre le forme più adatte per rispecchiarne la complessità e gli aspetti più controversi e contrastanti. Estraneo a ogni forma di provincialismo culturale e aperto alle suggestioni più avanzate della letteratura internazionale, Calvino ha sperimentato per tutto il corso della parabola artistica – dagli esordi neorealisti fino alla fase più sperimentale della sua produzione – **forme narrative sempre nuove**, riuscendo a coniugare impegno intellettuale e ricerca letteraria, sapere umanistico e razionalità scientifica, lucidità di **linguaggio** e densità di **significati**. L'opera e l'esperienza umana di Calvino, dunque, chiudono idealmente le porte di un secolo intenso come il Novecento e aprono quelle della postmodernità, rappresentando un modello imprescindibile per chi voglia confrontarsi con i labirinti della realtà contemporanea.

La giovinezza e la guerra

Italo Calvino nasce il 15 ottobre del 1923 a Santiago de Las Vegas, nell'isola caraibica di Cuba, dove i suoi genitori, studiosi di scienze naturali, dirigono un giardino botanico tropicale. Nel 1925, dopo il passaggio di un uragano che quasi distrugge il bungalow in cui vivono, la famiglia decide di fare ritorno in Italia, trasferendosi a San Remo, dove aveva ereditato una villa con parco. Nella cittadina ligure Italo Calvino

Carlo Levi, Ritratto di Italo Calvino, *1962.*

compie la sua formazione culturale, frequentando il liceo e scrivendo racconti e articoli di critica cinematografica. Influenzato dagli interessi dei genitori si iscrive alla Facoltà di Agraria, ma è costretto a interrompere gli studi a causa dello scoppio della Seconda guerra mondiale. Dopo l'armistizio dell'8 settembre 1943, Calvino si arruola insieme al fratello Floriano nelle truppe partigiane, scegliendo come nome di battaglia Santiago, in omaggio al suo paese natale. Miracolosamente sfuggito a un rastrellamento tedesco, e sopravvissuto al freddo e alla fame dell'inverno del '44-'45, partecipa a numerose missioni e battaglie, come quella di Baiardo (marzo 1945), ricordata dallo stesso scrittore in un articolo apparso sul «Corriere della Sera» del 25 aprile 1974. L'esperienza della Resistenza ispira le sue prime opere: il romanzo *Il Sentiero dei nidi di ragno* (1947) e i racconti di *Ultimo viene il corvo* (1949).

La maturità artistica

Terminata la guerra, Calvino si trasferisce a Torino. Durante gli anni piemontesi consegue la laurea in Lettere, inizia a occuparsi di politica, pubblica saggi e articoli su importanti riviste. A Torino entra in contatto con lo scrittore Elio Vittorini e l'editore Giulio Einaudi, che gli dà l'opportunità

di lavorare nella sua casa editrice, consentendogli di confrontarsi con le spinte più innovative del panorama narrativo europeo e americano. Tra gli anni Cinquanta e Sessanta Calvino, raccogliendo i suggerimenti di Vittorini, porta a termine *I nostri antenati* (1960), una trilogia di romanzi di genere fantastico-allegorico che comprende *Il Visconte dimezzato* (1952), *Il Barone rampante* (1957) e *Il cavaliere inesistente* (1959). Dello stesso periodo sono anche i racconti di *Marcovaldo* (in volume nel 1963), il romanzo *La giornata di uno scrutatore* e la trascrizione delle più belle fiabe italiane, pubblicate nel 1956. A partire dal 1959 dirige insieme all'amico Elio Vittorini la rivista «Il Menabò» su cui pubblica alcuni articoli di carattere culturale, tra i quali ricordiamo *Il mare dell'oggettività* (1960) e *La sfida al labirinto* (1962). Nel 1964, Calvino fa ritorno all'Avana per sposare la sua compagna, Esther Judith Singer (detta "Chichita"). Durante il soggiorno cubano conosce il comandante Ernesto Che Guevara, a cui qualche anno dopo dedicherà un articolo per ricordarne la morte avvenuta in Bolivia nel 1967.

Gli ultimi anni

Dopo la nascita della figlia (1965) e la morte dell'amico Elio Vittorini (1966), Calvino si trasferisce con la famiglia a Parigi, da dove prosegue la sua collaborazione con Einaudi. Nella capitale francese – una città ricca di stimoli, fermenti e contatti culturali –, Calvino trova l'ambiente idoneo per dare sfogo alla sua vena più innovativa. Sono di questo periodo le sue opere più sperimentali: le *Cosmicomiche* (1965) e *Ti con Zero* (1967), originali rivisitazioni del genere fantascientifico; *Le città invisibili* ispirate al *Milione* di Marco Polo (1972); *Il castello dei destini incrociati* (1973), in cui il meccanismo narrativo prende spunto dai tarocchi e dalle loro combinazioni; *Se una notte d'inverno un viaggiatore* (1979), una riflessione sui meccanismi della letteratura e sui limiti della conoscenza. Nel 1980 Calvino lascia la capitale francese per stabilirsi a Roma. Gli anni romani sono caratterizzati da amarezze e delusioni, soprattutto per la crisi della casa editrice Einaudi e per il sentimento di estraneità che inizia a maturare nei confronti del contesto politico e culturale del nostro paese. Nel 1983 scrive i racconti di *Palomar*, che riflettono il suo stato d'animo e le sue riflessioni. Lo scrittore viene colpito da ictus cerebrale nella sua villa di Roccamare (Grosseto) e muore all'ospedale di Siena il 19 settembre 1985. Stava lavorando alla stesura di sei conferenze che avrebbe dovuto tenere all'università statunitense di Harvard e che verranno pubblicate postume nel 1988.

Le caratteristiche

La sfida al labirinto

Italo Calvino paragona l'**esistenza** contemporanea a un **labirinto** intricato e caotico, dove è facile perdere l'orientamento e smarrirsi. Compito della letteratura, secondo lo scrittore, è quello di non sfuggire alle insidie dei labirinti o di arrendersi ad essi, ma al contrario sfidarli e credere sempre, anche se l'impresa appare impossibile, che possa esistere una via d'uscita, come egli stesso afferma nel saggio *Sfida al labirinto* pubblicato sul «Menabò» nel 1962: «Resta fuori chi crede di poter vincere labirinti sfuggendo alla loro difficoltà; ed è dunque una richiesta poco pertinente quella che si fa alla letteratura, dato un labirinto, di fornire essa stessa la chiave per uscirne. Quel che la letteratura può fare è definire l'atteggiamento migliore per trovare la via d'uscita, anche se questa via d'uscita non sarà altro che il passaggio da un labirinto all'altro. È la sfida al labirinto che vogliamo salvare, è una letteratura della *sfida al labirinto* che vogliamo enucleare e distinguere dalla letteratura della *resa al labirinto*».

Il rapporto con la realtà

L'urgenza di raccontare il mondo e la realtà è particolarmente evidente nelle sue prime opere, *Il sentiero dei nidi di ragno* e i racconti di *Ultimo viene il corvo*. L'esordio nar-

Keith Haring, Senza titolo, 1982. Collezione privata.

rativo si inquadra nel clima culturale del **neorealismo**, all'interno del quale però lo scrittore si distingue per la sua tendenza a privilegiare la **dimensione fantastica e avventurosa**, rendendo così le sue storie più leggere e accessibili a un vasto pubblico.

Il ruolo della fantasia

La **fantasia** e l'amore per la **fiaba** sono due componenti essenziali della narrativa di Italo Calvino. Negli anni Cinquanta lo scrittore raccoglie l'invito di Vittorini ad abbandonare il filone neorealista per dare libero sfogo alla sua creatività. Nascono così i capolavori della trilogia *I nostri antenati* (*Il barone rampante*, *Il visconte dimezzato* e *Il cavaliere inesistente*): storie in cui l'**elemento fantastico** non è mai fine a se stesso, ma è utilizzato come **strumento per esprimere**, all'interno di una cornice narrativa in apparenza semplice e fanciullesca, **significati profondi e allegorici**.

L'interesse per la scienza

Calvino ereditò dai genitori uno spiccato interesse per la scienza che lo accompagnò tutta la vita. **Suggestioni di tipo fantascientifico** sono alla base delle *Cosmicomiche* e di *Ti con Zero*, in cui lo scrittore utilizza il sapere scientifico non per raccontare il futuro, ma per ricostruire con grande umorismo e fantasia l'evoluzione del cosmo, dalle origini fino ai nostri giorni.

PAROLE DA RICORDARE

Labirinto: secondo il mito greco, l'inventore del labirinto fu Dedalo, che lo costruì per ordine del re di Creta Minosse allo scopo di imprigionare il Minotauro. Il labirinto realizzato da Dedalo era talmente intricato e complicato da far smarrire l'orientamento e impedire la fuga a chi vi restava intrappolato. Il suo stesso inventore, che vi era stato rinchiuso insieme al figlio Icaro affinché non ne rivelasse a nessuno la mappa, riuscì a evaderne a fatica, costruendosi delle ali, attaccandole al corpo con la cera e volando fuori. Durante l'impresa, però, suo figlio Icaro si avvicinò troppo al sole, il cui calore sciolse la cera facendo precipitare il giovane in mare. Oggi il termine "labirinto" è usato in senso estensivo per indicare una situazione complicata e tortuosa da cui è difficile uscire.

Neorealismo: corrente letteraria affermatasi in Italia a partire dagli anni Quaranta del Novecento e attiva per tutto il dopoguerra, caratterizzata dall'esigenza di raccontare fedelmente la difficile realtà italiana di quegli anni: le ipocrisie della borghesia, il fascismo, la guerra, la ricostruzione post-bellica, l'emarginazione dei ceti popolari. Tra gli scrittori che aderirono in maniera originale alla poetica neorealista ricordiamo il primo Italo Calvino, Cesare Pavese, Elio Vittorini, Alberto Moravia. Oltre che in letteratura, il neorealismo si espresse anche attraverso l'arte cinematografica. Tra i

maggiori esponenti del cinema neorealista citiamo Luchino Visconti, Roberto Rossellini e Vittorio De Sica.

Partigiano: soldato appartenente a formazioni armate irregolari operanti in un territorio invaso dal nemico. Nella storia contemporanea italiana, col termine "partigiani" ci si riferisce a coloro che durante la Seconda guerra mondiale combatterono per liberare il nostro paese dall'occupazione tedesca e dal fascismo.

Resistenza: nel linguaggio storico, questa parola indica tutti quei movimenti politici e militari che si svilupparono per contrastare l'avanzata dei nazisti e dei loro alleati. In Italia, il fenomeno della Resistenza fu particolarmente attivo dopo la firma dell'armistizio dell'8 settembre del 1943 per contrastare i tedeschi e i più irriducibili fascisti che avevano occupato le regioni centro-settentrionali del nostro Paese.

Tarocchi: carte figurate rappresentanti particolari personaggi (l'Eremita, il Matto, la Papessa, l'Imperatrice ecc.), allegorie (la Forza, la Temperanza, la Fortuna ecc.) e astri (la Luna, il Sole, la Stella ecc.), usate per fare il gioco detto, per l'appunto, "dei tarocchi", inventato in Italia durante il Medioevo e divenuto molto popolare durante il Cinquecento. A partire dal Settecento i tarocchi iniziarono a essere usati per la cartomanzia, l'arte di indovinare il futuro attraverso la lettura delle carte da gioco.

La narrativa combinatoria

Durante il suo soggiorno a Parigi Calvino matura l'idea che la scrittura sia una sorta di gioco, con le sue regole e le sue **combinazioni**. Lo scrittore, che conosce bene il funzionamento e **i meccanismi della scrittura**, si diverte a costruire le sue storie a tavolino giocando con le parole e col lettore. Mettendo in campo la sua abilità, Calvino dimostra come sia possibile raccontare una storia combinando tra loro le figure dei tarocchi (*Il castello dei destini incrociati*), ispirandosi a un'opera del passato (*Le città invisibili*) o utilizzando solo inizi di romanzi di generi diversi (*Se una notte d'inverno un viaggiatore*).

VERSO IL TRIENNIO

Il postmoderno

La parola "postmoderno", utilizzata nell'ambito degli studi estetico-letterari a partire dagli anni Trenta del Novecento, è stata codificata più precisamente dagli anni Sessanta in architettura e nelle arti, entrando poi nel linguaggio filosofico. Il termine, come suggerisce la sua etimologia, indica tutto ciò che viene dopo la modernità, non tanto in senso cronologico, quanto in senso ideologico. La caratteristica principale del postmodernismo è la negazione del concetto di novità, la convinzione che è impossibile creare qualcosa di nuovo e originale, poiché tutto è già stato detto e fatto in passato. All'artista non resta dunque che ispirarsi a opere che lo hanno preceduto, rileggendole e combinandole tra loro in maniera personale, spesso ironica e provocatoria.

Riportiamo di seguito alcune caratteristiche della letteratura postmoderna.

Citazionismo: all'interno del romanzo o del racconto vengono citate e "montate" parti di altre opere letterarie. Il gioco delle citazioni e dei rimandi extratestuali può sfociare nella parodia o configurarsi come una vera e propria sfida al lettore più colto, chiamato a riconoscere le varie fonti da cui l'autore ha attinto per la sua opera.

Il ruolo attivo del lettore: il lettore è invitato a interagire con l'opera, contribuendo ad attribuire ad essa un senso e un significato.

Commistione di più generi: generi letterari diversi vengono mescolati tra loro (per esempio, *detective story* e romanzo storico, *horror* e *science fiction* ecc.).

Mescolanza degli stili: nella convinzione che la postmodernità sia l'epoca di tutte le espressioni possibili, la letteratura postmoderna rifiuta l'idea che possa esistere uno stile dominante e quindi mescola vari stili (barocco, neoclassicismo, romanticismo, realismo).

Attenzione ai nuovi linguaggi: il linguaggio dei media e delle nuove tecnologie (televisione, internet, pubblicità) non viene rifiutato, anzi, ne vengono sfruttate le potenzialità e le suggestioni.

Ironia: è il principale strumento utilizzato dalla letteratura postmoderna per riuscire a raccontare la realtà e a dare un senso alle cose.

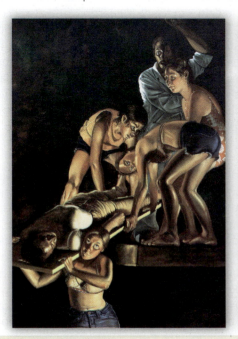 

Il dipinto Uccisione di Frank O'Hara *(1975) di Alfred Leslie (a sinistra) si ispira alla* Deposizione *(1602) di Caravaggio (a destra).*

Le due metà

Italo Calvino, *Il visconte dimezzato*

Tipologia	Testo narrativo
Genere	Romanzo
Sottogenere	Fantastico-allegorico
Anno	1952

CHI:  Italo Calvino

DOVE:  Italia

QUANDO:  Novecento

▶ SCOPRIAMO L'AUTORE

1 LA DIMENSIONE FIABESCA
2 L'ELEMENTO FANTASTICO
3 IL SIGNIFICATO ALLEGORICO

Invito alla lettura

Il visconte dimezzato, il primo racconto lungo della trilogia *I nostri antenati*, narra l'incredibile storia del visconte Medardo di Terralba, che alla fine del Seicento, durante una battaglia contro i turchi, viene centrato in pieno da una cannonata che divide il suo corpo in due parti. Al termine della battaglia, i medici ritrovano la parte destra del visconte: una gamba, un braccio, un occhio, un orecchio, una guancia, mezzo naso, mezza bocca, mezza fronte. Nonostante le sue condizioni siano disperate, i dottori riescono a salvarlo. Così, il mezzo visconte, sorretto da una gruccia, può far ritorno in patria. Medardo, però, appare cambiato: non è più la persona equilibrata di un tempo, ma è diventato un essere antipatico e cattivo, che si diverte a fare dispetti, a rapire i bambini, a devastare i campi, a fare del male agli animali e insidiare in ogni modo Pamela, la bella pastorella di cui si è innamorato. Quando tutti ormai paiono rassegnati a subire le cattiverie e le angherie del visconte, anche l'altra metà di Medardo, ritrovata e curata miracolosamente da alcuni monaci, fa ritorno a casa: è la parte buona del nostro eroe, che ripara i torti commessi dalla sua metà cattiva, aiuta gli anziani e i malati, cura gli animali e soccorre i bambini. Esistono dunque due visconti, il Gramo e il Buono. Alla fine le due metà, che si contendono l'amore di Pamela, si sfidano a duello, ferendosi e tramortendosi a vicenda. A questo punto entra in scena il dottor Trelawney che, approfittando della situazione, lega, benda e cuce le due metà, facendo ritornare intero Medardo, proprio com'era prima: né troppo cattivo né troppo buono.

1 LA DIMENSIONE FIABESCA

Una delle caratteristiche della narrativa di Calvino è la presenza di situazioni e atmosfere tipiche del mondo della fiaba.

Ma da più parti cominciavano a giungere notizie d'una doppia natura di Medardo. Bambini smarriti nel bosco venivano con gran loro paura raggiunti dal mezz'uomo con la gruccia che li riportava per mano a casa e regalava loro fichifiori[1] e frittelle;
5 povere vedove venivano da lui aiutate a trasportar fascine; cani morsi dalla vipera venivano curati, doni misteriosi venivano ritrovati dai poveri sui davanzali e sulle soglie, alberi da frutta sradicati dal vento venivano raddrizzati e rincalzati[2] nelle loro zolle prima che i proprietari avessero messo il naso fuor dell'uscio.
Nello stesso tempo però le apparizioni del visconte mezz'avvolto nel mantello nero segnavano tetri[3] avvenimenti: bimbi rapiti venivano poi trovati prigionieri in grotte
10 ostruite da sassi; frane di tronchi e rocce rovinavano[4] sopra le vecchiette; zucche appena mature venivano fatte a pezzi per solo spirito malvagio.

1 **fichifiori:** fichi.
2 **rincalzati:** rimessi.
3 **tetri:** oscuri e spaventosi.
4 **rovinavano:** franavano.

CONTEMPORANEA

ITALO CALVINO

IL VISCONTE
DIMEZZATO

MONDADORI

*Copertina di un'edizione
per ragazzi de* Il visconte
dimezzato.

La balestra del visconte da tempo colpiva solo più le rondini; e in modo non da ucciderle ma solo da ferirle e da storpiarle. Però ora si cominciavano a vedere nel cielo rondini con le zampine fasciate e legate a stecchi di sostegno, o con le ali incollate o incerottate; c'era tutto uno stormo di rondini così bardate[5] che volavano con prudenza tutte assieme, come convalescenti d'un ospedale uccellesco, e inverosimilmente si diceva che lo stesso Medardo ne fosse il dottore.

Una volta un temporale colse Pamela in un distante luogo incolto, con la sua capra e la sua anatra. Sapeva che lì vicino era una grotta, seppur piccola, una cavità appena accennata nella roccia, e vi si diresse. Vide che ne usciva uno stivale frusto e rabberciato[6], e dentro c'era rannicchiato il mezzo corpo avvolto nel mantello nero. Fece per fuggire ma già il visconte l'aveva scorta e uscendo sotto la pioggia scrosciante le disse:

– Riparati qui, ragazza, vieni.

– No che non mi ci riparo, – disse Pamela, – perché ci si sta appena in uno, e voi volete farmici stare spiaccicata.

– Non aver paura, – disse il visconte. – Io resterò fuori e tu potrai stare a tuo agio al riparo, insieme alla tua capra e alla tua anatra.

– Capra e anatra posson prendersi anche l'acqua.

– Vedrai che ripariamo anche loro.

35 Pamela, che aveva sentito raccontare degli strani accessi di bontà del visconte, si disse: «Vediamo un po'» e si raggomitolò nella grotta, serrandosi[7] contro le due bestie. Il visconte, ritto lì davanti, teneva il mantello come una tenda in modo che non si bagnassero neppure l'anatra e la capra. Pamela guardò la mano di lui che teneva il mantello, rimase un momento sovrappensiero, si mise a guardar le proprie mani, le confrontò l'una con l'altra, e poi scoppiò in una gran risata.

40 – Son contento che tu sia allegra, ragazza, – disse il visconte, – ma perché ridi, se è lecito?

– Rido perché ho capito quel che fa andar matti tutti i miei compaesani.

– Cosa?

– Che voi siete un po' buono e un po' cattivo. Adesso tutto è naturale.

45 – E perché?

– Perché mi son accorta che siete l'altra metà. Il visconte che vive nel castello, quello cattivo, è una metà. E voi siete l'altra metà, che si credeva dispersa in guerra e ora invece è ritornata. Ed è una metà buona.

– Questo è gentile. Grazie.

50 – Oh, è così, non è per farvi un complimento.

Ecco dunque la storia di Medardo, come Pamela l'apprese quella sera. Non era vero che la palla di cannone avesse sbriciolato parte del suo corpo: egli era stato spaccato in due metà; l'una fu ritrovata dai raccoglitori di feriti dell'esercito; l'altra restò sepolta sotto una piramide di resti cristiani e turchi e non fu vista. Nel 55 cuor della notte passarono per il campo due eremiti, non si sa bene se fedeli alla retta religione o negromanti[8], i quali, come accade a certuni nelle guerre, s'erano ridotti a vivere nelle terre deserte tra i due campi, e forse, ora si dice, tentavano d'abbracciare insieme la Trinità cristiana e l'Allah di Maometto. Nella loro bizzarra pietà, quegli eremiti, trovato il corpo dimezzato di Medardo, l'avevano portato alla loro spelonca[9], e lì, con balsami e unguenti da loro preparati, l'avevano 60 medicato e salvato. Appena ristabilito in forze, il ferito s'era accomiatato[10] dai salvatori e, arrancando[11] con la sua stampella, aveva percorso per mesi e anni le

2 L'ELEMENTO FANTASTICO
In questo racconto l'elemento fantastico è costituito dallo sdoppiamento di Medardo.

5 bardate: conciate.
6 frusto e rabberciato: consumato e rattoppato.
7 serrandosi: stringendosi.
8 negromanti: maghi che evocano i morti.
9 spelonca: grotta.
10 accomiatato: congedato, allontanato.
11 arrancando: camminando difficoltosamente.

nazioni cristiane per tornare al suo castello, meravigliando le genti lungo la via coi suoi atti di bontà.

65 Dopo aver raccontato a Pamela la sua storia, il mezzo visconte buono volle che la pastorella gli raccontasse la propria. E Pamela spiegò come il Medardo cattivo la insidiasse e come ella fosse fuggita di casa e vagasse per i boschi.

Al racconto di Pamela il Medardo buono si commosse, e divise la sua pietà tra la virtù perseguitata della pastorella, la tristezza senza conforto del Medardo cattivo, 70 e la solitudine dei poveri genitori di Pamela.

– Quelli poi! – disse Pamela. – I miei genitori sono due vecchi malandrini. Non è proprio il caso che li compiangiate.

– Oh, pensa a loro, Pamela, come saranno tristi a quest'ora nella loro vecchia casa, senza nessuno che li badi[12] e faccia i lavori dei campi e della stalla.

75 – Rovinasse sulle loro teste, la stalla! – Disse Pamela. – Comincia a capire che siete un po' troppo tenerello e invece di prendervela con l'altro vostro pezzo per tutte le bastardate che combina, pare quasi che abbiate pietà anche di lui.

– E come non averne? Io che so cosa vuole dire esser metà d'un uomo, non posso non compiangerlo.

80 – Ma voi siete diverso; un po' tocco[13] anche voi, ma buono.

Allora il buon Medardo disse: – O Pamela, questo è il bene dell'essere dimezzato: il capire d'ogni persona e cosa al mondo la pena che ognuno e ognuna ha per la propria incompletezza. Io ero intero e non capivo, e mi muovevo sordo e incomunicabile tra i dolori e le ferite seminati dovunque, là dove meno da intero uno 85 osa credere. Non io solo, Pamela, sono un essere spaccato e divelto[14], ma tu pure e tutti. Ecco ora io ho una fraternità che prima, da intero, non conoscevo: quella con tutte le mutilazione e le mancanze del mondo. Se verrai con me, Pamela, imparerai a soffrire dei mali di ciascuno e a curare i tuoi curando i loro.

– Questo è molto bello, – disse Pamela, – ma io sono in un gran guaio, con quell'al90 tro vostro pezzo che s'è innamorato di me e non si sa cosa vuol farmi.

Mio zio lasciò cadere il mantello perché il temporale era finito.

– Anch'io sono innamorato di te, Pamela.

Pamela saltò fuor della grotta: – Che gioia! C'è l'arcobaleno in cielo e io ho trovato un nuovo innamorato. Dimezzato anche questo, però d'animo buono.

95 Camminavano sotto rami ancora stillanti[15] per sentieri tutti fangosi. La mezza bocca del visconte s'arcuava in un dolce, incompleto sorriso.

– Allora, cosa facciamo? – disse Pamela.

– Io direi d'andare dai tuoi genitori, poverini, a aiutarli un po' nelle faccende.

– Vacci tu se ne hai voglia, – disse Pamela.

100 – Io sì che ne ho voglia, cara, – fece il visconte.

– E io resto qui, – disse Pamela e si fermò con l'anatra e la capra.

– Fare insieme buone azioni è l'unico modo per amarci.

– Peccato. Io credevo che ci fossero altri modi.

– Addio, cara. Ti porterò della torta di mele –. E s'allontanò sul sentiero a spinte 105 di stampella.

– Che ne dici, capra? Che ne dici, anitrina? – fece Pamela, sola con le sue bestie.

– Tutti i tipi così devono capitarmi?

(I. Calvino, *Il visconte dimezzato*, in *Romanzi e racconti*, vol. I, Milano, Mondadori, 1998)

12 **li badi**: badi a loro.
13 **tocco**: pazzo.

14 **divelto**: sradicato, strappato.
15 **stillanti**: gocciolanti.

> **SCOPRIAMO L'AUTORE**

1 LA DIMENSIONE FIABESCA

Il brano si apre col racconto delle imprese del Gramo e del Buono: il primo devasta e semina terrore, il secondo ripara i torti commessi dalla sua parte cattiva. A fare da sfondo alle malefatte e alle buone azioni dei due è uno scenario incantato e fuori dal tempo, dove è facile riconoscere elementi e personaggi tipici del mondo fiabesco: bambini smarriti, grotte, vecchiette, vedovelle, doni, animali e fiori.
Anche lo stile della narrazione e le scelte lessicali contribuiscono a creare le atmosfere tipiche delle narrazioni per l'infanzia: lo scrittore utilizza un registro medio, frasi semplici e lineari, diminutivi, nomi e aggettivi tipici della fiaba.

1 Completa la tabella, riportando al suo interno le malefatte del Gramo e le azioni del Buono.

Le malefatte del Gramo	Le azioni del Buono

2 L'ELEMENTO FANTASTICO

Attraverso la vicenda di Medardo che si ritrova diviso in due da una palla di cannone, Calvino affronta uno dei temi tipici della narrativa fantastica, quello del doppio. In effetti, sono molte le vicende di questo genere in cui il protagonista rivela una duplice natura, ora buona ora malvagia (come avviene, per esempio, ne *Lo strano caso del dottor Jekyll e del signor Hyde* di Robert Louis Stevenson). Nel *Visconte dimezzato* la frattura tra bene e male si concretizza nella scissione di Medardo in due individui: il Gramo, che si accanisce contro la natura e si diverte a terrorizzare le creature più deboli, e il suo alter ego, il Buono, che invece si dà da fare per aiutare il prossimo, dispensando i suoi servigi e il suo soccorso ai più bisognosi. Le due metà di Medardo sono dunque speculari: il Gramo rappresenta la sua parte cattiva e fa solo del male; il Buono la sua parte buona e fa solo del bene. I due non conoscono mezze misure e, sul piano pratico, in entrambi i casi, il loro rapporto col mondo è limitato e fallimentare. Se il Gramo ubbidisce ciecamente alla sua natura che lo induce esclusivamente a far soffrire il prossimo, il Buono compie l'errore opposto: agisce con spirito filantropico, ma dispensa aiuto anche quando i suoi servigi non sono richiesti, risultando alla fine eccessivo e fastidioso. Entrambi, poi, sono incapaci di amare la povera Pamela: il Gramo la insidia e la minaccia, il Buono la trascura, preferendo aiutare i suoi genitori piuttosto che stare con lei.

2 La parte buona di Medardo viene curata
  A dai raccoglitori di feriti.
  B da due cavalieri.
  C da due eremiti.
  D da alcuni pastori.

3 Quando apprende che Pamela è fuggita da casa, la parte buona di Medardo
  A si rattrista per le sventure della sua amata.
  B si commuove pensando alla solitudine dei suoi genitori.
  C si rallegra per la scelta coraggiosa di Pamela.
  D decide di riaccompagnare Pamela a casa.

3 IL SIGNIFICATO ALLEGORICO

Grazie all'incidente che l'ha dimezzato, Medardo può comprendere aspetti della vita che prima ignorava: «Io ero intero e non capivo, e mi muovevo sordo e incomunicabile tra i dolori e le ferite seminati dovunque… Ecco ora io ho una fraternità che prima, da intero, non conoscevo».
La vicenda di Medardo nasconde un significato allegorico: per conoscere meglio il mondo l'uomo deve prima imparare a conoscere se stesso, la sua parte negativa e quella positiva, i propri limiti e i propri difetti, anche se questa conoscenza può risultare a volte dolorosa e difficile. È questa per Calvino la premessa necessaria per essere migliori e poter indirizzare al meglio le nostre energie e le nostre potenzialità.

Inoltre non bisogna essere né troppo buoni né troppo cattivi: solo l'equilibrio permette all'uomo di vivere serenamente il suo rapporto con il mondo e con gli altri.

4 Quale tra queste problematiche è affrontata nel brano? Rispondi e motiva la tua risposta.
  A Il rapporto tra realtà e finzione.
  B Il rapporto tra razionalità e follia.
  C Il rapporto tra verità e apparenze.
  D Il rapporto tra il Bene e il Male.
  Motivazione: _____
  _____

▶ ATTIVIAMO LE COMPETENZE

LETTURA E COMPRENSIONE

ACCESSO ALLE INFORMAZIONI

5 L'incontro tra la parte buona di Medardo e Pamela avviene
  - **A** all'interno di una grotta durante un temporale.
  - **B** all'interno di un castello durante un temporale.
  - **C** in un bosco incantato.
  - **D** in un luogo desolato.

6 Nei confronti della sua parte cattiva, Medardo prova
  - **A** indifferenza.
  - **B** irritazione.
  - **C** pietà.
  - **D** stupore.

7 Indica se le seguenti affermazioni sono vere o false.

	Vero	Falso
A Pamela ignora che entrambe le metà di Medardo siano innamorate di lei.		
B La parte buona di Medardo ripara i torti commessi dalla sua parte cattiva.		
C Il Gramo cerca di uccidere le rondini.		
D Il Gramo vive nel bosco, il Buono nel castello.		

COMPRENSIONE GENERALE E INTERPRETAZIONE

8 Riassumi la storia di Medardo.

9 Individua nel brano e trascrivi negli appositi spazi gli elementi riconducibili al mondo della fiaba.

Scelte lessicali	Situazioni	Personaggi

10 «E come non averne? Io che so cosa vuole dire esser metà d'un uomo, non posso non compiangerlo». La frase «non posso non compiangerlo» vuol dire che
  - **A** la parte buona di Medardo ha validi motivi per compiangere il Gramo.
  - **B** la parte buona di Medardo, pur sforzandosi, non riesce a compiangere il Gramo.
  - **C** la parte buona di Medardo vorrebbe essere compianta dalla sua parte cattiva.
  - **D** non ci sono motivi per compiangere un essere diviso in due parti.

---

t2 Ultimo viene il corvo

Italo Calvino, *Ultimo viene il corvo*

Tipologia	Testo narrativo
Genere	Racconto
Sottogenere	Neorealistico
Anno	1949

CHI:  *Italo Calvino*

DOVE:  *Italia*

QUANDO:  *Novecento*

▶ ANALIZZIAMO IL TESTO

1 LO STILE
2 IL PROTAGONISTA
3 ALLEGORIE E SIMBOLI

Invito alla lettura
Il racconto proposto, che dà nome alla raccolta edita nel 1949, appartiene alla prima fase della produzione letteraria di Italo Calvino dedicata ai temi postbellici della Resistenza. Protagonista della vicenda è un giovane montanaro abilissimo nell'usare il fucile, che viene arruolato in una banda partigiana. Il ragazzo, per il quale sparare è un divertimento, colpisce tutto ciò che gli capita sotto tiro – animali, cose o esseri umani – per il solo gusto di centrare il bersaglio e impossessarsi della preda.

Durante una passeggiata mattutina, il ragazzo si imbatte in un gruppo di soldati tedeschi. Ne scaturisce uno scontro a fuoco che sveglia e fa accorrere gli altri partigiani. Mentre i due opposti schieramenti combattono, il protagonista abbandona il campo di battaglia per inseguire un soldato tedesco, colpevole di avergli sparato alle spalle. Ha così inizio una caccia infernale logorante e crudele, dall'esito tragico.

1 increspature: fitte ondine.
2 fondello: parte posteriore della bomba.
3 Cribbio: esclamazione di meraviglia.
4 tersa: nitida.
5 otturatore: congegno di chiusura del fucile.
6 tascapane: borsa a tracolla usata dai militari o dagli escursionisti.
7 ardesia: materiale con cui si fabbricano i tetti, di colore grigio verde.
8 vaccino: di vacca.
9 licheni: organismi vegetali che crescono sul terreno, sulle rocce o sulla corteccia.

La corrente era una rete di increspature[1] leggere e trasparenti, con in mezzo l'acqua che andava. Ogni tanto c'era come un battere d'ali d'argento a fior d'acqua: il lampeggiare del dorso di una trota che riaffondava subito a zig-zag.

— C'è pieno di trote, — disse uno degli uomini.

5 — Se buttiamo dentro una bomba vengono tutte a galla a pancia all'aria, — disse l'altro; si levò una bomba dalla cintura e cominciò a svitare il fondello[2].

Allora s'avanzò il ragazzo che li stava a guardare, un ragazzotto montanaro, con la faccia a mela. — Mi dài, — disse e prese il fucile a uno di quegli uomini. — Cosa vuole questo? — disse l'uomo e voleva togliergli il fucile. Ma il ragazzo puntava

10 l'arma sull'acqua come cercando un bersaglio. «Se spari in acqua spaventi i pesci e nient'altro», voleva dire l'uomo ma non finì neanche. Era affiorata una trota, con un guizzo, e il ragazzo le aveva sparato una botta addosso, come l'aspettasse proprio lì. Ora la trota galleggiava con la pancia bianca. — Cribbio[3], — dissero gli uomini. Il ragazzo ricaricò l'arma e la girò intorno. L'aria era tersa[4] e tesa: si distinguevano

15 gli aghi sui pini dell'altra riva e la rete d'acqua della corrente. Una increspatura saettò alla superficie: un'altra trota. Sparò: ora galleggiava morta. Gli uomini guardavano un po' la trota un po' lui. — Questo spara bene, — dissero.

Il ragazzo muoveva ancora la bocca del fucile in aria. Era strano, a pensarci, essere circondati così d'aria, separati da metri d'aria dalle altre cose. Se puntava il fucile

20 invece, l'aria era una linea diritta ed invisibile, tesa dalla bocca del fucile alla cosa, al falchetto che si muoveva nel cielo con le ali che sembravano ferme. A schiacciare il grilletto l'aria restava come prima trasparente e vuota, ma lassù all'altro capo della linea il falchetto chiudeva le ali e cadeva come una pietra. Dall'otturatore[5] aperto usciva un buon odore di polvere.

25 Erano in tanti ormai a guardarlo, dietro di lui in riva al fiumicello. Le pigne in cima agli alberi dell'altra riva perché si vedevano e non si potevano toccare? Perché quella distanza vuota tra lui e le cose? Perché le pigne che erano una cosa con lui, nei suoi occhi, erano invece là, distanti? Però se puntava il fucile la distanza vuota si capiva che era un trucco; lui toccava il grilletto e nello stesso momento

30 la pigna cascava, troncata al picciòlo. Era un senso di vuoto come una carezza: quel vuoto della canna del fucile che continuava attraverso l'aria e si riempiva con lo sparo, fin laggiù alla pigna, allo scoiattolo, alla pietra bianca al fiore di papavero. — Questo non ne sbaglia una, — dicevano gli uomini e nessuno aveva il coraggio di ridere.

35 — Tu vieni con noi, — disse il capo.

— E voi mi date il fucile, — rispose il ragazzo.

— Ben. Si sa.

Andò con loro.

Partì con un tascapane[6] pieno di mele e due forme di cacio. Il paese era una mac-

40 chia d'ardesia[7], paglia e sterco vaccino[8] in fondo alla valle. Andare via era bello perché ogni svolta si vedevano cose nuove, alberi con pigne, uccelli che volavano dai rami, licheni[9] sulle pietre, tutte cose nel raggio delle distanze finte, delle distanze che lo sparo riempiva inghiottendo l'aria in mezzo.

Giovane partigiano italiano durante la Resistenza.

Non si poteva sparare però, glielo dissero: erano posti da passarci in silenzio e le cartucce servivano per la guerra. Ma a un certo punto un leprotto spaventato dai passi traversò il sentiero in mezzo al loro urlare e armeggiare. Stava già per scomparire nei cespugli quando lo fermò una botta del ragazzo. – Buon colpo, – disse anche il capo, – però qui non siamo a caccia. Vedessi anche un fagiano non devi più sparare.

Non era passata un'ora che nella fila si sentirono altri spari. – È il ragazzo di nuovo! – s'infuriò il capo e andò a raggiungerlo. Lui rideva, con la sua faccia bianca e rossa, a mela. – Pernici, – disse, mostrandole. Se n'era alzato un volo da una siepe.

– Pernici o grilli, te l'avevo detto. Dammi il fucile. E se mi fai imbestialire ancora torni al paese.

Il ragazzo fece un po' il broncio; a camminare disarmato non c'era gusto, ma finché era con loro poteva sperare di riavere il fucile. La notte dormirono in una baita[10] da pastori. Il ragazzo si svegliò appena il cielo schiariva, mentre gli altri dormivano. Prese il loro fucile più bello, riempì il tascapane di caricatori e uscì. C'era un'aria timida e tersa, da mattina presto. Poco discosto dal casolare c'era un gelso[11]. Era l'ora in cui arrivavano le ghiandaie[12]. Eccone una: sparò, corse a raccoglierla e la mise nel tascapane. Senza muoversi dal punto dove l'aveva raccolta cercò un altro bersaglio: un ghiro! Spaventato dallo sparo, correva a rintanarsi in cima ad un castagno. Morto era un grosso topo con la coda grigia che perdeva ciuffi di pelo a toccarla. Da sotto il castagno vide, in un prato

70 più basso, un fungo, rosso coi punti bianchi, velenoso. Lo sbriciolò con una fucilata, poi andò a vedere se proprio l'aveva preso. Era un bel gioco andare così da un bersaglio all'altro: forse si poteva fare il giro del mondo. Vide una grossa lumaca su una pietra, mirò il guscio e raggiunto il luogo non vide che la pietra scheggiata e un po' di bava iridata[13]. Così s'era allontanato dalla baita, giù per parti sconosciute.

Dalla pietra vide una lucertola su un muro, dal muro una pozzanghera e una

75 rana, dalla pozzanghera un cartello sulla strada, bersaglio facile. Dal cartello si vedeva la strada che faceva zig-zag e sotto: sotto c'erano degli uomini in divisa che avanzavano ad armi spianate. All'apparire del ragazzo col fucile che sorrideva con quella faccia bianca e rossa, a mela, gridarono e gli puntarono le armi addosso. Ma il ragazzo aveva già visto dei bottoni d'oro sul petto di uno di quelli e fatto

80 fuoco mirando a un bottone.

Sentì l'urlo dell'uomo e gli spari a raffiche o isolati che gli fischiavano sopra la testa: era già steso a terra dietro un mucchio di pietrame sul ciglio della strada, in angolo morto. Poteva anche muoversi, perché il mucchio era lungo, far capolino da una parte inaspettata, vedere i lampi alla bocca delle armi dei soldati, il grigio e il

85 lustro[14] delle loro divise, tirare a un gallone, a una mostrina[15]. Poi a terra e lesto[16] a strisciare da un'altra parte a far fuoco. Dopo un po' sentì raffiche alle sue spalle, ma che lo sopravanzavano e colpivano i soldati: erano i compagni che venivano di rinforzo coi mitragliatori. – Se il ragazzo non ci svegliava coi suoi spari – dicevano. Il ragazzo, coperto dal tiro dei compagni, poteva mirare meglio. Ad un tratto un

90 proiettile gli sfiorò una guancia. Si voltò: un soldato aveva raggiunto la strada sopra di lui. Si buttò in una cunetta[17], al riparo, ma intanto aveva fatto fuoco e colpito non il soldato ma di striscio il fucile, alla cassa. Sentì che il soldato non riusciva a ricaricare il fucile, e lo buttava in terra. Allora il ragazzo sbucò e sparò sul soldato che se la dava a gambe: gli fece saltare una spallina.

10 baita: rifugio in legno o di pietra tipico delle zone montane.
11 gelso: albero di taglia media che produce more di colore nero o bianco.
12 ghiandaie: tipi di uccelli.
13 iridata: iridescente, traslucida.
14 lustro: la lucentezza.
15 gallone… mostrina: galloni e mostrine sono distintivi militari indicanti rispettivamente il grado e il reparto di appartenenza.
16 lesto: veloce.
17 cunetta: piccolo avvallamento.

18 baionetta: fucile.
19 in quella: in quel momento.
20 rincresceva: dispiaceva.

95 L'inseguì. Il soldato ora spariva nel bosco ora riappariva a tiro. Gli bruciò il cocuzzolo dell'elmo, poi un passante della cintura. Intanto inseguendosi erano arrivati in una valletta sconosciuta, dove non si sentiva più il rumore della battaglia. A un certo punto il soldato non trovò più bosco davanti a sé, ma una radura, con intorno dirupi fitti di cespugli. Ma il ragazzo stava già per uscire dal bosco: in mezzo
100 alla radura c'era una grossa pietra; il soldato fece appena in tempo a rimpiattarcisi dietro, rannicchiato con la testa tra i ginocchi.

Là per ora si sentiva al sicuro: aveva delle bombe a mano con sé e il ragazzo non poteva avvicinarglisi ma solo **fargli** la guardia a tiro di fucile, che non scappasse. Certo, se avesse potuto con un salto raggiungere i cespugli, sarebbe stato sicuro,
105 scivolando per il pendio fitto. Ma c'era quel tratto nudo da traversare: fin quando sarebbe rimasto lì il ragazzo? E non avrebbe mai smesso di tenere l'arma puntata? Il soldato decise di fare una prova: mise l'elmo sulla punta della baionetta[18], e gli fece far capolino fuori dalla pietra. Uno sparo, e l'elmo rotolò per terra, sforacchiato. Il soldato non si perse d'animo; certo mirare lì intorno alla pietra era facile, ma
110 se lui si muoveva rapidamente sarebbe stato impossibile prenderlo. In quella[19] un uccello traversò il cielo veloce, forse un galletto di marzo. Uno sparo e cadde. Il soldato si asciugò il sudore dal collo. Passò un altro uccello, una tordella: cadde anche quello. Il soldato inghiottiva saliva. Doveva essere un posto di passo, quello: continuavano a volare uccelli, tutti diversi e quel ragazzo a sparare e farli cadere.
115 Al soldato venne un'idea: «Se lui sta attento agli uccelli non sta attento a me. Appena tira io mi butto». Ma forse prima era meglio fare una prova. Raccattò l'elmo e lo tenne pronto in cima alla baionetta. Passarono due uccelli insieme, stavolta: beccaccini. Al soldato rincresceva[20] sprecare un'occasione così bella per la prova, ma non si azzardava ancora. Il ragazzo tirò a un beccaccino, allora il soldato sporse
120 l'elmo, sentì lo sparo e vide l'elmo saltare per aria. Ora il soldato sentiva un sapore di piombo in bocca; s'accorse appena che anche l'altro uccello cadeva a un nuovo sparo. Pure non doveva fare gesti precipitosi: era sicuro dietro quel masso, con le sue bombe a mano. E perché non provava a raggiungere il ragazzo con una bomba, pur stando nascosto? Si sdraiò schiena a terra, allungò il braccio dietro a sé,
125 badando a non scoprirsi, radunò le forze e lanciò la bomba. Un bel tiro; sarebbe andata lontano; però a metà della parabola una fucilata la fece esplodere in aria. Il soldato si buttò faccia a terra perché non gli arrivassero schegge.

Quando rialzò il capo era venuto il corvo. C'era nel cielo sopra di lui un uccello nero che volava a giri lenti, un corvo forse. Adesso certo il ragazzo gli avrebbe
130 sparato. Ma lo sparo tardava a farsi sentire. Forse il corvo era troppo alto? Eppure ne aveva colpito di più alti e veloci. Alla fine una fucilata: adesso il corvo sarebbe caduto, no, continuava a girare lento, impassibile. Cadde una pigna, invece, da un pino lì vicino. Si metteva a tirare alle pigne, adesso? A una a una colpiva le pigne che cascavano come una botta secca.

3 ALLEGORIE E SIMBOLI
Il racconto può essere interpretato sia in chiave allegorica sia in chiave simbolica.

135 A ogni sparo il soldato guardava il corvo: cadeva? No, l'uccello nero girava sempre più basso sopra di lui. Possibile che il ragazzo non lo vedesse? Forse il corvo non esisteva, era una sua allucinazione. Forse chi sta per morire vede passare tutti gli uccelli: quando vede il corvo vuol dire che è l'ora. Pure, bisogna avvertire il ragazzo che continuava a sparare alle pigne. Allora il soldato s'alzò in piedi e indicando
140 l'uccello nero col dito, – Là c'è il corvo! – gridò, nella sua lingua. Il proiettile lo prese giusto in mezzo a un'aquila ad ali spiegate che aveva ricamata sulla giubba. Il corvo s'abbassava lentamente, a giri.

(I. Calvino, *Ultimo viene il corvo*, in *Romanzi e racconti*, vol. I, Milano, Mondadori, 1998)

GRAMMATICA
Un errore morfologico molto comune è l'uso del pronome personale complemento di terza persona maschile singolare *gli* al posto del pronome femminile singolare *le* e del pronome maschile/femminile plurale *loro*: diremo dunque *fargli la guardia* (se ci si riferisce a un nome di genere maschile) / *farle la guardia* (se ci si riferisce a un nome di genere femminile) / *far loro la guardia* (se ci si riferisce a un nome plurale, indifferentemente se di genere maschile o femminile).

▶ **ANALIZZIAMO IL TESTO**

1 LO STILE

Il racconto si caratterizza per uno stile rapido ed essenziale, in cui prevalgono frasi coordinate (unite da congiunzioni o segni di punteggiatura), dialoghi scarni ed espressioni informali tipiche del parlato («C'è pieno di trote»). Se da una parte queste scelte conferiscono concretezza e immediatezza alla narrazione, dall'altra la tipizzazione dei personaggi – poco caratterizzati psicologicamente e indicati attraverso perifrasi – nonché l'assenza di riferimenti specifici al contesto storico e geografico che fa da sfondo alla vicenda, conferiscono al racconto un'atmosfera rarefatta e quasi fiabesca.

1 Dopo aver riletto tutto il racconto, associa ai personaggi l'espressione generica con cui essi sono indicati. Fai attenzione! Nella colonna a destra c'è un elemento in più che non c'entra.

A I partigiani	1 Il ragazzo
B Il protagonista	2 Gli uomini
C I tedeschi	3 Il soldato
D Il soldato tedesco	4 Gli uomini in divisa
	5 I nemici

2 Rileggi la sequenza iniziale (righe 1-38) e riporta negli appositi spazi almeno due frasi riconducibili al registro espressivo popolare.

_____
_____
_____
_____
_____
_____

2 IL PROTAGONISTA

L'abilità con la quale il giovane montanaro maneggia il fucile, prende la mira e colpisce il suo bersaglio ha qualcosa di fiabesco e prodigioso. Ma il protagonista di questa storia non è un eroe positivo. A differenza dei personaggi delle fiabe, che utilizzano i loro poteri straordinari a fin di bene, egli sfrutta la sua abilità in maniera crudele, cieca e indiscriminata, seminando al suo passaggio morte e distruzione. Il ragazzo uccide per il gusto di uccidere, per annullare la distanza che lo separa dalle cose e colmare il suo vuoto esistenziale («Le pigne in cima agli alberi dell'altra riva perché si vedevano e non si potevano toccare? Perché quella distanza vuota tra lui e le cose? Perché le pigne che erano una cosa con lui, nei suoi occhi, erano invece là, distanti?»). Per la stessa ragione e per sfuggire alla noia delle montagne e del suo paese, egli si arruola tra le file dei partigiani. Non sa per che cosa e contro chi combatte: la guerra è per lui solo un'avventura, un'occasione per imbracciare un'arma e mettere alla prova la sua mira.

3 Il volto del protagonista è simile
- A a una mela.
- B a un proiettile.
- C a una pigna.
- D nessuna delle alternative proposte.

4 Il protagonista si aggrega alla banda partigiana
- A per una sua scelta.
- B per puro caso.
- C per necessità.
- D per patriottismo.

5 Il protagonista spara
- A solo a oggetti inanimati.
- B solo alle lepri.
- C a oggetti inanimati e animati.
- D solo alle lucertole.

3 ALLEGORIE E SIMBOLI

Il racconto può essere interpretato come un'allegoria della condizione umana, costantemente in bilico tra il Bene e il Male. Un confine che la guerra, con la sua brutalità e la sua apparente insensatezza, rende ancora più sottile e indecifrabile, non consentendo di distinguere nettamente tra la parte giusta e la parte sbagliata della barricata e della Storia. Le dinamiche della guerra trasformano la vita in una tragica lotta per la sopravvivenza, in cui l'unica distinzione che conta è quella tra preda e predatore, tra l'uccidere e l'essere uccisi. Su questo scenario tragico e desolato aleggia il corvo, simbolo antropologico di morte e sventura. Il suo volo scandisce gli ultimi istanti di vita del soldato tedesco: il corvo gira lentamente sulla testa del soldato e si abbassa sempre più, fino a quando l'uomo, reso folle dalla paura e ormai stanco di rimandare una sorte inevitabile, esce dal suo nascondiglio, offre il suo petto al ragazzo e va incontro al destino.

6 Secondo te, il ragazzo col fucile conosce la differenza tra Bene e Male? Motiva la tua risposta.

7 «Il proiettile lo prese giusto in mezzo a un'aquila ad ali spiegate che aveva ricamata sulla giubba.» Si può leggere un'amara ironia in questa questa frase che descrive, in modo distaccato e oggettivo, la morte del soldato tedesco. Sei d'accordo con questa affermazione? Perché? Scrivi la tua opinione motivandola in modo adeguato.

► ATTIVIAMO LE COMPETENZE

LETTURA E COMPRENSIONE

ACCESSO ALLE INFORMAZIONI

8 Il racconto è ambientato in una zona montana. Da quale dei seguenti elementi è possibile desumere tale informazione? Puoi indicare più di una risposta.
- **A** Dalla flora.
- **B** Dalla fauna.
- **C** Dalla presenza della baita.
- **D** Dalla presenza delle trote.
- **E** Dalla presenza del lago.
- **F** Dalla presenza del fiume.

9 L'incontro tra i tedeschi e il ragazzo avviene
- **A** durante il pomeriggio.
- **B** a mezzogiorno.
- **C** al mattino presto.
- **D** al tramonto.

10 Il tedesco cerca di difendersi lanciando una bomba, ma questa
- **A** si inceppa e non esplode.
- **B** viene colpita dal ragazzo ed esplode in aria.
- **C** cade troppo lontano dal ragazzo.
- **D** colpisce il ragazzo ma non esplode.

COMPRENSIONE GENERALE E INTERPRETAZIONE

11 «Ora il soldato sentiva un sapore di piombo in bocca». Questa frase vuol dire che il tedesco
- **A** ha paura di morire.
- **B** il tedesco è assetato.
- **C** spera di poter colpire il ragazzo.
- **D** è stato colpito dal ragazzo.

12 «No, l'uccello nero girava sempre più basso sopra di lui. Possibile che il ragazzo non lo vedesse? Forse il corvo non esisteva, era una sua allucinazione. Forse chi sta per morire vede passare tutti gli uccelli: quando vede il corvo vuol dire che è l'ora» (rr. 135-138). In questa frase prevale il punto di vista
- **A** del ragazzo.
- **B** del tedesco.
- **C** del narratore.
- **D** di uno dei partigiani.

13 A differenza degli altri bersagli contro cui mira il ragazzo, il tedesco
- **A** si muove.
- **B** è dotato di logica e vuole salvarsi la vita.
- **C** resta immobile.
- **D** non oppone resistenza.

14 Quando arriva il corvo il soldato tedesco pensa che
- **A** come al solito "faccia di mela" si sarebbe distratto per colpirlo.
- **B** "faccia di mela" ha esaurito le munizioni.
- **C** il ragazzo non avrebbe sparato.
- **D** il ragazzo non lo avrebbe colpito.

RIFLESSIONE E VALUTAZIONE

15 Come definiresti il finale di questo racconto?
- **A** Un lieto fine agghiacciante.
- **B** Un lieto fine fiabesco.
- **C** Aperto.
- **D** Comico.

Partigiani italiani in montagna durante la Resistenza.

Due strane città

Italo Calvino, *Le città invisibili*

Tipologia	Testo narrativo
Genere	Romanzo
Sottogenere	Fantastico
Anno	1972

CHI: Italo Calvino

DOVE: Italia

QUANDO: Novecento

▶ **DISCUTIAMO IL PROBLEMA** *Emergenza rifiuti: di chi è la colpa?*

1 UNA METAFORA DEL PRESENTE
2 IL SENSO DEGLI OGGETTI
3 UN APOLOGO SULLA FELICITÀ

Invito alla lettura

Le città invisibili (1972) appartiene al filone combinatorio della produzione narrativa di Italo Calvino. Uno dei protagonisti del romanzo è il mercante e avventuriero veneziano Marco Polo, che si trova alla corte di Kublai Khan, il grande imperatore dei tartari. Il mercante veneziano ha viaggiato molto nelle terre del suo impero e glielo dimostra facendogli un resoconto dettagliato delle città che ha visitato. Ma queste città hanno qualcosa di strano, non sono segnate in nessuna mappa, e al di là dei loro nomi esotici non hanno nulla degli antichi paesi orientali, anzi presentano caratteristiche moderne. L'imperatore forse non crede alle parole di Marco Polo, tuttavia, affascinato dal suo racconto, rimane ad ascoltarlo e a dialogare con lui. Da un punto di vista strutturale il romanzo, che Calvino giudicava uno dei suoi più riusciti, contiene 55 descrizioni di città suddivise in 9 capitoli, le cui cornici narrano dialoghi fra Marco Polo e Kublai Khan. Descrizioni e cornici costituiscono dunque una scacchiera ideale di 64 caselle complicata dal fatto che le 55 città sono suddivise in 11 tipologie, ognuna delle quali ripetuta 5 volte. All'interno di questa griglia immaginaria si trova la città invisibile che dà il titolo al libro. Le descrizioni delle città, come quelle qui proposte, sono degli apologhi, cioè dei brevi racconti a carattere allegorico, che nascondono un significato morale, pedagogico o filosofico.

Leonia

1 UNA METAFORA DEL PRESENTE
Attraverso la descrizione della città di Leonia, Calvino affronta alcuni aspetti caratterizzanti la moderna civiltà dei consumi.

La città di Leonia rifà se stessa tutti i giorni: ogni mattina la popolazione si risveglia tra lenzuola fresche, si lava con saponette appena sgusciate dall'involucro, indossa vestaglie nuove fiammanti, estrae dal più perfezionato frigorifero barat-
5 toli di latta ancora intonsi[1], ascoltando le ultime filastrocche dall'ultimo modello d'apparecchio.
Sui marciapiedi, avviluppati in tersi[2] sacchi di plastica, i resti di Leonia d'ieri aspettano il carro dello spazzaturaio. Non solo tubi di dentifricio schiacciati, lampadine fulminate, giornali, contenitori, materiali d'imballaggio, ma anche
10 scaldabagni, enciclopedie, pianoforti, servizi di porcellana: più che dalle cose che ogni giorno vengono fabbricate vendute comprate, l'opulenza[3] di Leonia si misura dalle cose che ogni giorno vengono buttate via per far posto alle nuove. Tanto che ci si chiede se la vera passione di Leonia sia davvero come dicono il godere di cose nuove e diverse, o non piuttosto l'espellere, l'allontanare da sé, il mondarsi[4]

1 intonsi: chiusi.
2 tersi: puliti.
3 opulenza: ricchezza.
4 mondarsi: purificarsi.

15 d'una ricorrente impurità. Certo è che gli spazzaturai sono accolti come angeli, e il loro compito di rimuovere i resti dell'esistenza di ieri è circondato d'un rispetto silenzioso, come un rito che ispira devozione, o forse solo perché una volta buttata via la roba nessuno vuole più avervi a pensare.

Dove portino ogni giorno il loro carico gli spazzaturai nessuno se lo chiede: fuo-
20 ri della città, certo; ma ogni anno la città s'espande, e gli immondezzai devono arretrare più lontano; l'imponenza del gettito aumenta e le cataste s'innalzano, si stratificano, si dispiegano su un perimetro più vasto. Aggiungi che più l'arte di Leonia eccelle nel fabbricare nuovi materiali, più la spazzatura migliora la sua sostanza, resiste al tempo, alle intemperie, a fermentazioni e combustioni. È una fortezza di rimasugli indistruttibili che circonda Leonia, la sovrasta da ogni lato
25 come un acrocoro[5] di montagne.

Il risultato è questo: che più Leonia espelle roba più ne accumula; le squame del suo passato si saldano in una corazza che non si può togliere; rinnovandosi ogni giorno la città conserva tutta se stessa nella sola forma definitiva: quella delle spazzature d'ieri che s'ammucchiano sulle spazzature dell'altroieri e di tutti i suoi
30 giorni e di tutti i suoi lustri[6].

Il pattume di Leonia a poco a poco invaderebbe il mondo, se sullo sterminato immondezzaio non stessero premendo, al di là dell'estremo crinale[7], immondezzai

---

5 acrocoro: altopiano.   **6 lustri:** periodi di cinque anni.   **7 crinale:** catena montuosa.

d'altre città, che anch'esse respingono lontano da sé montagne di rifiuti. Forse il mondo intero, oltre i confini di Leonia, è ricoperto da crateri di spazzatura, ognuno
35 con al centro una metropoli in eruzione ininterrotta. I confini tra le città estranee e nemiche sono bastioni[8] infetti i cui detriti dell'una e dell'altra si puntellano[9] a vicenda, si sovrastano, si mescolano.

Più ne cresce l'altezza, più incombe il pericolo delle frane: basta che un barattolo, un vecchio pneumatico, un fiasco spagliato[10] rotoli dalla parte di Leonia e una
40 valanga di scarpe spaiate, calendari d'anni trascorsi, fiori secchi sommergerà la città nel proprio passato che invano tendeva di respingere, mescolato con quello delle città limitrofe, finalmente monde[11]: un cataclisma spianerà la sordida[12] catena montuosa, cancellerà ogni traccia della metropoli sempre vestita a nuovo. Già dalle città vicine sono pronti coi rulli compressori per spianare il suolo, estendersi nel
45 nuovo territorio, ingrandire se stesse, allontanare i nuovi immondezzai.

Raissa

Non è felice, la vita a Raissa. Per le strade la gente cammina torcendosi le mani, impreca ai bambini che piangono, s'appoggia ai parapetti del fiume con le tempie tra i pugni, alla mattina si sveglia da un brutto sogno e ne comincia un
50 altro. Tra i banconi dove ci si schiaccia tutti i momenti le dita col martello o ci si punge con l'ago, o sulle colonne di numeri tutti storti nei registri dei negozianti

8 **bastioni**: mura fortificate.
9 **si puntellano**: si sostengono.

10 **spagliato**: senza la paglia che lo avvolge.

11 **monde**: pulite.
12 **sordida**: lurida.

Emergenza rifiuti: di chi è la colpa?

La città di Leonia produce e consuma più di quanto riesca a smaltire. I rifiuti per questo si accumulano sempre più, formando montagne altissime che potrebbero franare da un momento all'altro, travolgendo case e abitanti. A Leonia, insomma, c'è una seria e preoccupante "emergenza rifiuti". Un problema questo ancora attuale, perché anche nella realtà spesso i rifiuti si accumulano per le strade minacciando la salute e la sicurezza dei cittadini. Ma di chi è la colpa? Dei politici? Di un sistema economico basato sul consumismo oppure dei cittadini?

LE RISPOSTE

PRIMA IPOTESI: penso che la colpa dell'emergenza rifiuti sia dei politici che nel corso degli anni non hanno saputo adottare una politica ecologica capace di attutire l'impatto sulla salute e sull'ambiente della gran mole di rifiuti prodotta ogni anno in Italia. Nel nostro paese, infatti, la raccolta differenziata è poco incentivata, non esistono termovalorizzatori e tutto va a finire nelle discariche.

SECONDA IPOTESI: io non credo che il problema dell'emergenza rifiuti sia da attribuire ai politici, ma a noi cittadini. In molte città, infatti, è stata avviata la raccolta differenziata, ma pochi – per pigrizia e per scarso senso civico – la praticano coscienziosa-

mente. Sono in tanti, infatti, a *vantarsi* di mettere tutto nello stesso sacchetto – materiali organici e inorganici, riciclabili e non riciclabili – giustificando il loro comportamento con la falsa convinzione che "tanto poi tutto va a finire in discarica". Inoltre, in Italia, sono in funzione circa 48 termovalorizzatori: se ne dovrebbero costruire di nuovi, ma quando dalle amministrazioni viene avanzata tale proposta i cittadini del territorio individuato per ospitare l'inceneritore iniziano a protestare, perché temono che i fumi prodotti dalla combustione dei rifiuti possano nuocere alla salute. E così non si realizza mai nulla.

TERZA IPOTESI: le radici dell'emergenza rifiuti sono da ricercare in un *sistema economico malato* come quello attuale, che misura il benessere dei cittadini in base alla quantità di cose prodotte e consumate, senza alcun rispetto per la salute del nostro pianeta. Consumiamo più del necessario e più di quanto sia possibile smaltire: per questo tutte le strategie adottate per eliminare i rifiuti (raccolta differenziata, termovalorizzatori ecc.) risultano alla lunga inefficaci. Se continuiamo così, faremo la fine della città di Leonia.

CONCLUSIONE

A partire dalle ipotesi fornite, argomenta e discuti con i compagni il tuo punto di vista.

o dei banchieri, o davanti alle file di bicchieri vuoti sullo zinco delle bettole[13], meno male che le teste chine ti risparmiano dagli sguardi torvi[14]. Dentro le case è peggio, e non occorre entrarci per saperlo: d'estate le finestre rintronano[15] di
55 litigi e piatti rotti.

Eppure, a Raissa, a ogni momento c'è un bambino che da una finestra ride a un cane che è saltato su una tettoia per mordere un pezzo di polenta caduto a un muratore che dall'alto dell'impalcatura ha esclamato: – Gioia mia, lasciami intingere – a una giovane ostessa che solleva un piatto di ragù sotto la pergola[16], contenta di servirlo
60 all'ombrellaio che festeggia un buon affare, un parasole di pizzo bianco comprato da una gran dama per pavoneggiarsi alle corse innamorata di un ufficiale che le ha sorriso nel saltare l'ultima siepe, felice lui ma più felice ancora il suo cavallo che volava sugli ostacoli vedendo volare in cielo un francolino, felice uccello liberato dalla gabbia da un pittore felice d'averlo dipinto piuma per piuma picchiettato di
65 rosso e di giallo nella miniatura di quella pagina del libro in cui il filosofo dice: «Anche a Raissa, città triste, corre un filo invisibile che allaccia un essere vivente a un altro per un attimo e si disfa, poi torna a tendersi tra punti in movimento disegnando nuove rapide figure cosicché a ogni secondo la città infelice contiene una città felice che nemmeno sa d'esistere».

(I. Calvino, *Le città invisibili*, Torino, Einaudi, 1984)

---

3 UN APOLOGO SULLA FELICITÀ
Il racconto riflette in chiave filosofico-esistenziale sul problema della felicità e dell'infelicità umana.

---

13 bettole: osterie di infimo ordine.
14 torvi: minacciosi.

15 rintronano: echeggiano rumorosamente.

16 pergola: impalcatura che serve per il sostegno.

▶ **DISCUTIAMO IL PROBLEMA**

1 UNA METAFORA DEL PRESENTE

Leonia è la città della ricchezza, del consumismo sfrenato, dell'immondizia: tre fenomeni concatenati fra di loro. La ricchezza e il benessere inducono gli uomini a consumare sempre di più, liberandosi degli oggetti di cui si sono stancati per acquistarne di nuovi. I vecchi oggetti non vengono riciclati, ma buttati via e destinati a produrre cumuli di immondizia. Più Leonia si affina nella produzione di nuovi materiali, più i suoi scarti diventano resistenti al degrado producendo montagne di spazzatura indelebile. Leonia non ama la sporcizia e per evitare che la spazzatura si accumuli troppo in città affida agli "spazzaturai" il compito di portarla lontano. Questo, però, non basta a risolvere il problema dell'inquinamento. Al di fuori di Leonia, infatti, si trovano i rifiuti provenienti da altre città. Le montagne di spazzatura che circondano Leonia premono su quelle dei paesi limitrofi, cosicché ogni nucleo urbano sembra un putrido cratere in procinto di essere sommerso dai liquami e dall'immondizia.

1 La ricchezza di Leonia si misura
- **A** dalla quantità di cose che la gente conserva.
- **B** dalla quantità di cose che vengono buttate per far posto alle nuove.
- **C** dalla quantità delle merci prodotte.
- **D** dal numero dei suoi spazzini.

2 IL SENSO DEGLI OGGETTI

Ma questo racconto ha anche un altro significato: una città che «rifà ogni giorno se stessa» è una città che vuole dimenticare il passato e annullare i legami, lasciandosi stritolare dall'infetta catena di produzione-consumo-espulsione. Gli oggetti, infatti, non hanno solamente un'utilità pratica, ma un significato simbolico in quanto associati a ricordi, emozioni, desideri, episodi importanti della vita. Attraverso questo apologo Calvino condanna lo stile di vita tipico dell'uomo moderno, che, schiavo del consumismo e stregato dal possesso di cose inutili e insignificanti, tende a dimenticare i valori autentici e a cancellare i ricordi.

2 Il significato di questo racconto è di tipo
- **A** politico.
- **B** morale.
- **C** pedagogico.
- **D** storico.

3 UN APOLOGO SULLA FELICITÀ

Nella prima parte del secondo brano, Raissa ci viene descritta come una città triste, in cui regnano discordia e malumore: per le strade la gente, stanca e infelice del proprio lavoro, sfoga la sua rabbia contro i bambini che piangono; a casa, invece, ci sono soltanto litigi e piatti rotti. Alcuni particolari amplificano l'atmosfera di infelicità che grava sulla città, mettendo in risalto il malessere e le nevrosi dell'uomo moderno: il torcersi delle mani e il chiuderle a pugno, gli sguardi torvi, i bicchieri vuoti sui banconi, il materiale freddo dello zinco, i numeri storti sui registri contabili. La città infelice di Raissa, però, nasconde al suo interno germi di felicità, che come un filo invisibile – di solidarietà, di umanità, di amore – allaccia un individuo ad un altro. Questa visione positiva si desume della frase del filosofo contenuta nella pagina di un libro che un pittore ha decorato disegnandovi un uccello con il piumaggio picchiettato di giallo e di rosso. Per la miniatura egli si è ispirato al suo uccellino che, finalmente libero, è volato fuori dalla gabbia. Il volo dell'uccellino allieta un cavallo intento a saltare un ostacolo. Anche l'ufficiale che monta il cavallo è felice, perché la donna di cui è innamorato gli ha sorriso. La donna si ripara dal sole con un ombrellino di pizzo bianco che le è stato venduto da un ombrellaio. L'artigiano festeggia il buon affare dell'ombrello in un'osteria. Mentre l'ostessa gli si avvicina tenendo sollevato un buon piatto di ragù, un muratore si china da un'impalcatura per intingere in quel piatto invitante un po' di polenta, ma un pezzo di quella polenta cade su una tettoia dove un cane è saltato per afferrarlo, suscitando l'ilarità di un bambino che si gode tutta la scena affacciato alla finestra.

3 **Quale frase, secondo te, riassume meglio la seconda parte del brano? Rispondi e motiva la tua scelta**
- A La felicità è fatta di piccole e semplici gioie.
- B Nessuno può essere felice senza gli altri.
- C Molte persone non sanno di essere felici.
- D La vera felicità è il sorriso di un bambino.

▶ ATTIVIAMO LE COMPETENZE

LETTURA E COMPRENSIONE

ACCESSO ALLE INFORMAZIONI

4 **I rifiuti prodotti da Leonia vengono accumulati**
- A nelle città vicine.
- B fuori dalla città.
- C nessuno lo sa.
- D all'interno della città.

5 **Che cosa impedisce al pattume di Leonia di invadere il mondo?**

6 **Che fine potrebbe fare Leonia?** *Essere sommerso dell i immondizia*

7 **A Raissa l'ombrellaio è felice perché**
- A ha venduto un parasole a una gran dama.
- B l'ostessa gli ha servito un piatto di ragù.
- C è innamorato dell'ostessa.
- D è innamorato di una gran dama.

COMPRENSIONE GENERALE E INTERPRETAZIONE

8 **Scrivi quali sono le problematiche affrontate nei due brani.**
Primo brano: *il problema dei rifiuto*

Secondo brano: *l'infelicità della citta*

9 **«La città di Leonia rifà se stessa tutti i giorni». Nel contesto del racconto, questa frase vuol dire che**
- A la città di Leonia non ha un aspetto ben definito, mostrandosi per questo sempre diversa al visitatore.

- B gli abitanti di Leonia rinnovano quotidianamente i loro oggetti e per questo l'aspetto della città cambia di giorno in giorno.
- C a Leonia nessun giorno è uguale all'altro perché accadono sempre cose diverse.
- D l'accumulo di rifiuti modifica l'assetto urbanistico della città.

10 **«I resti dell'esistenza di ieri» (riga 16) sono**
- A i ricordi degli individui.
- B i rifiuti prodotti dagli abitanti della città di Leonia.
- C i momenti trascorsi e che non possono più tornare indietro.
- D gli abitanti scomparsi della città di Leonia.

11 **A Leonia, lo smaltimento dei rifiuti è facile o difficile? Perché?** *facile perché lo scaricavell sole colte*

12 **Rileggi il brano dedicato alla città di Raissa e indica se i seguenti elementi sono associabili alla sfera dell'infelicità o dell'infelicità.**

	Infelicità	Felicità
A bettola	X	
B pezzo di polenta		X
C parapetti del fiume	X	
D siepe	X	
E uccello liberato		X

LABORATORIO

Il fantastico di Calvino tocca uno dei suoi vertici nelle *Cosmicomiche*, una raccolta di racconti umoristici che prendono spunto da nozioni scientifiche e astronomiche per trattare in modo surreale i temi dell'universo in espansione, dell'evoluzione, dei paradossi spazio-temporali.

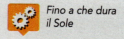

Fino a che dura il Sole

La pecora nera

Italo Calvino, *Prima che tu dica pronto*

Test

Tipologia	Testo narrativo
Genere	Racconto

La produzione letteraria di Calvino comprende, oltre ai romanzi e ai racconti pubblicati, tutta una serie di scritti – apologhi, racconti, dialoghi, poesie, sceneggiature, testi musicali – rimasti inediti o apparsi nel corso del tempo in varie testate giornalistiche. Il brevissimo racconto proposto, *La pecora nera*, appartiene alla fase giovanile della carriera dello scrittore. Scritto tra il 1943 e il 1944 è incluso nella quarta parte del terzo volume *Romanzi e Racconti* edito da Mondadori e nella raccolta postuma *Prima che tu dica pronto*, pubblicata nel 1993.

C'era un paese dove erano tutti ladri.

La notte ogni abitante usciva, coi grimaldelli e la lanterna cieca, e andava a scassinare la casa di un vicino. Rincasava all'alba, carico, e trovava la casa svaligiata.

E così tutti vivevano in concordia e senza danno, poiché l'uno rubava all'altro, e

5 questo a un altro ancora e così via, finché non si rubava a un ultimo che rubava al primo. Il commercio in quel paese si praticava solo sotto forma d'imbroglio e da parte di chi vendeva e da parte di chi comprava. Il governo era un'associazione a delinquere ai danni dei sudditi, e i sudditi dal canto loro badavano solo a frodare il governo. Così la vita proseguiva senza inciampi, e non c'erano né ricchi né poveri.

10 Ora, non si sa come, accadde che nel paese si venisse a trovare un uomo onesto. La notte, invece di uscirsene col sacco e la lanterna, stava in casa a fumare e a leggere romanzi.

Venivano i ladri, vedevano la luce accesa e non salivano.

Questo fatto durò per un poco: poi bisognò fargli comprendere che se lui voleva

15 vivere senza far niente, non era una buona ragione per non lasciar fare agli altri. Ogni notte che lui passava in casa, era una famiglia che non mangiava l'indomani. Di fronte a queste ragioni l'uomo onesto non poteva opporsi. Prese anche lui a uscire la sera per tornare all'alba, ma a rubare non ci andava. Onesto era, non c'era nulla da fare. Andava fino al ponte e stava a veder passare l'acqua sotto. Tornava

20 a casa, e la trovava svaligiata.

In meno di una settimana l'uomo onesto si trovò senza un soldo, senza di che mangiare, con la casa vuota. Ma fin qui poco male, perché era colpa sua; il guaio era che da questo suo modo di fare ne nasceva tutto uno scombinamento. Perché lui si faceva rubare tutto e intanto non rubava a nessuno; così c'era sempre qual-

25 cuno che rincasando all'alba trovava la casa intatta: la casa che avrebbe dovuto svaligiare lui. Fatto sta che dopo un poco quelli che non venivano derubati si trovarono ad essere più ricchi degli altri e a non voler più rubare. E, d'altronde, quelli che venivano per rubare in casa dell'uomo onesto la trovarono sempre vuota; così diventavano poveri.

30 Intanto, quelli diventati ricchi presero l'abitudine anche loro di andare la notte sul ponte, a veder l'acqua che passava sotto. Questo aumentò lo scompiglio, perché ci furono molti altri che diventarono ricchi e molti altri che diventarono poveri.

Ora, i ricchi videro che ad andare la notte sul ponte, dopo un po' sarebbero diventati poveri. E pensarono: «Paghiamo dei poveri che vadano a rubare per conto

35 nostro». Si fecero i contratti, furono stabiliti i salari, le percentuali: naturalmente sempre ladri erano, e cercavano di ingannarsi gli uni con gli altri. Ma, come succede, i ricchi diventavano sempre più ricchi e i poveri sempre più poveri.

C'erano dei ricchi così ricchi da non avere più bisogno di rubare e di far rubare per continuare a esser ricchi. Però se smettevano di rubare diventavano poveri perché
40   i poveri li derubavano. Allora pagarono i più poveri dei poveri per difendere la roba loro dagli altri poveri, e così istituirono la polizia, e costruirono le carceri. In tal modo, già pochi anni dopo l'avvenimento dell'uomo onesto, non si parlava più di rubare o di esser derubati ma solo di ricchi e poveri; eppure erano sempre tutti ladri. Di onesti c'era stato solo quel tale, ed era morto subito, di fame.

(I. Calvino, *Romanzi e racconti*, vol. III, Milano, Mondadori, 1994)

Aspetto 5a Ricostruire il significato di una parte più o meno estesa del testo, integrando più informazioni e concetti, anche formulando inferenze complesse.

1 «Rincasava all'alba, carico, e trovava la casa svaligiata» (r. 3). Perché chi ritorna a casa dopo aver rubato dal vicino trova a sua volta la casa svaligiata?
- ☐ **A** Perché la legge del paese prevede che i ladri vengano ripagati con la stessa moneta.
- ☐ **B** Perché nel paese sono tutti ladri.
- ☐ **C** Perché ha lasciato la porta aperta.
- ☐ **D** Nessuna delle alternative proposte.

Aspetto 5b Ricostruire il significato globale del testo, integrando più informazioni e concetti, anche formulando inferenze complesse.

2 Questo racconto analizza
- ☐ **A** le dinamiche della corruzione.
- ☐ **B** la genesi dell'onestà.
- ☐ **C** l'origine dello Stato.
- ☐ **D** l'origine della vita collettiva e delle leggi.

Aspetto 5a Ricostruire il significato di una parte più o meno estesa del testo, integrando più informazioni e concetti, anche formulando inferenze complesse.

3 La concordia su cui si regge l'equilibrio del paese dei corrotti è turbata
- ☐ **A** dall'eccesso di corruzione del governo.
- ☐ **B** dalla paura di essere derubati.
- ☐ **C** dallo Stato che tenta di far rispettare le leggi.
- ☐ **D** dalla presenza dell'uomo onesto.

Vasily Vareschagin, Sul ponte, 1870 ca.

Aspetto 3 Fare un'inferenza diretta, ricavando un'informazione implicita da una o più informazioni date nel testo e/o tratte dall'enciclopedia personale del lettore.

4 Coloro che andavano a rubare in casa dell'uomo onesto diventavano poveri. Perché?
- ☐ **A** Perché l'uomo onesto ha nascosto i suoi averi.
- ☐ **B** Perché l'uomo onesto non si lascia derubare.
- ☐ **C** Perché l'uomo onesto li denuncia alle autorità.
- ☐ **D** Perché in casa dell'uomo onesto non c'è più niente da rubare.

Aspetto 2 Individuare informazioni date esplicitamente nel testo.

5 Coloro che non trovavano la casa svaligiata diventano ricchi e per questo
- ☐ **A** diventano onesti.
- ☐ **B** diventano sospettosi.
- ☐ **C** diventano avidi.
- ☐ **D** non vogliono più rubare.

Aspetto 2

6 Dopo un po' i ricchi che non rubano temono di diventare poveri. Per questo
- ☐ **A** si rimettono a rubare.
- ☐ **B** pagano i poveri perché rubino per conto loro.
- ☐ **C** decidono di eliminare l'uomo onesto.
- ☐ **D** nascondono le loro ricchezze.

Aspetto 5a Ricostruire il significato di una parte più o meno estesa del testo, integrando più informazioni e concetti, anche formulando inferenze complesse.

7 È corretto affermare che l'uomo onesto
- ☐ **A** sbaglia nel non accettare il sistema di norme che vige nel suo paese e il suo comportamento anticonformista peggiora la condizione dei più poveri.
- ☐ **B** con il suo comportamento moralmente irreprensibile dimostra che un solo uomo può modificare in meglio la società.
- ☐ **C** rifiuta di compiere azioni corruttive ma questa sua scelta non è sufficiente a cambiare la situazione del suo paese.
- ☐ **D** rifiuta le norme immorali che vigono nel paese e in questo modo riesce ad attivare un circolo virtuoso.

Aspetto 6 Sviluppare un'interpretazione del testo, a partire dal suo contenuto e/o dalla sua forma, andando al di là di una comprensione letterale.

8 Il titolo di questo racconto è
- ☐ **A** ironico.
- ☐ **B** comico.
- ☐ **C** serio.
- ☐ **D** drammatico.

Aspetto 6

9 Il senso del brano proposto può essere sintetizzato dalla frase
- ☐ **A** tutti gli uomini sono corruttibili.
- ☐ **B** in uno stato moderno non può esistere l'onestà.
- ☐ **C** la corruzione può essere sconfitta.
- ☐ **D** la corruzione si autoalimenta.

Aspetto 2 Individuare informazioni date esplicitamente nel testo.

10 Collega con una freccia le azioni con le conseguenze che da esse derivano. Fai attenzione: tra le conseguenze c'è un elemento che non c'entra.

Azioni	Conseguenze
1 I ricchi trascorrono le sere sul ponte	**A** trova la casa svaligiata
2 L'uomo onesto trascorre le sere sul ponte	**B** nasce la polizia
3 I più poveri dei poveri difendono la roba dei ricchi	**C** i ladri non entrano
4 L'uomo onesto resta in casa a leggere e fumare	**D** nessun abitante del paese ruba
	E diminuisce la ricchezza
	F aumenta lo scompiglio

Maurits Cornelis Escher

Relatività

TIPOLOGIA	Litografia
GENERE	Ritratto
STILE	Capriccio
TECNICA	Incisione
ANNO	1953

▶ ANALIZZIAMO L'OPERA

1 I TRE MONDI
2 PUNTI DI VISTA E RELATIVITÀ
3 RAPPORTI TRA SPAZIO E SUPERFICIE

1 L'opera raffigura sedici personaggi che abitano tre mondi diversi sui quali agiscono tre campi gravitazionali.

2 Ciascun personaggio vede e interpreta il mondo che lo circonda dal proprio punto di vista.

3 Il mondo immaginato da Escher non potrebbe esistere nella realtà.

1 I TRE MONDI

In questa composizione, realizzata dall'incisore olandese Maurits Cornelis Escher nel 1953, sono raffigurati "tre mondi" diversi che coesistono in una stessa unità spaziale, in evidente violazione delle leggi della fisica. In questo spazio impossibile sono individuabili sedici personaggi, suddivisibili in tre gruppi. Il primo gruppo comprende i personaggi che stanno in posizione eretta con il capo rivolto in avanti; il secondo gruppo comprende i personaggi che guardano verso sinistra; il terzo gruppo comprende i personaggi che guardano verso destra. Ogni gruppo di personaggi abita il proprio mondo e osserva la realtà dal suo particolare punto di osservazione.

1 Individua i personaggi e assegnali a ciascuno dei tre gruppi, indicando in quale parte dell'immagine si trovano (in basso al centro, al margine destro ecc.) e che azioni stanno compiendo.

Personaggi in posizione eretta	Personaggi che guardano verso sinistra	Personaggi che guardano verso destra

2 PUNTI DI VISTA E RELATIVITÀ

Nello stravagante mondo immaginato da Escher non esiste nulla di assoluto e univoco, ma ogni cosa – lo spazio, gli oggetti, le azioni – è relativo. In effetti ogni gruppo di personaggi vede e interpreta l'ambiente e gli elementi che lo compongono dal proprio angolo percettivo. Per esempio, ciò che per un personaggio è il soffitto per un altro è una parete o un pavimento; ciò che per uno è una porta per un altro è una botola; ciò che per uno è una finestra per l'altro è un balcone. Durante il loro cammino gli abitanti di questa singolare comunità vivono situazioni surreali: si imbattono in rampe di scale percorribili da entrambi i lati, incontrano individui capovolti o schiacciati sulla parete o altri che sebbene si muovano nella stessa direzione scendono i gradini anziché salirli.

2 Immagina di mettere in relazione tra loro tutti i personaggi della litografia e scrivi una storia: chi sono, che cosa fanno, dove si trovano, quali sono i rapporti che li legano.

3 RAPPORTI TRA SPAZIO E SUPERFICIE

Relatività fa parte di un gruppo di 70 opere di impronta matematica realizzate da Escher dopo il 1937, in cui l'artista compie delle sperimentazioni sulla struttura dello spazio e del piano e sulle relazioni tra spazio e superficie. Relativamente a quest'ultimo aspetto, Escher cerca di superare quello che è il limite di ogni rappresentazione grafica: proiettare su un supporto bidimensionale (il foglio, la tela ecc.), oggetti e architetture tridimensionali. Un problema già affrontato e risolto dagli artisti rinascimentali attraverso il ricorso alla prospettiva, ma a cui Escher aggiunge una difficoltà: fare apparire sulla superficie bidimensionale del piano proiezioni di mondi a tre dimensioni che nello spazio non potrebbero esistere.

3 Quali tra gli elementi presenti in questa immagine (personaggi, azioni che compiono, elementi architettonici) non potrebbero esistere nella realtà? Perché?

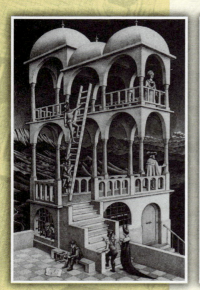

Maurits Cornelis Escher, Belvedere, *1958.*

Maurits Cornelis Escher, Mano con sfera riflettente, *1935.*

▸ **ATTIVIAMO LE COMPETENZE**

FRUIZIONE DI ALTRE FORME ESPRESSIVE

RICERCA, TESTO INFORMATIVO

4 Fai una ricerca su M.C. Escher e realizza una scheda a carattere informativo-descrittivo sull'artista.
Nel tuo lavoro dovranno essere presenti:
• una breve biografia dell'autore (viaggi ed esperienze significative);
• i principali temi e le caratteristiche della sua produzione artistica;
• la descrizione di una delle due opere qui proposte.

Vita di Pi

TIPOLOGIA	Film
GENERE	Avventura, fantastico
REGIA	Ang Lee
CAST	Suraj Sharma (Pi), Ayush Tandon (Pi da giovane), Irrfan Khan (Pi da adulto), Rafe Spall (lo scrittore) Gérard Depardieu (il cuoco), Tabu (madre di Pi), Adil Hussain (padre di Pi)
ANNO	2012

▶ ANALIZZIAMO IL FILM

1 LA RICERCA DI DIO
2 IL RAPPORTO TRA UOMO E ANIMALE
3 REALTÀ E FANTASIA

LA TRAMA

Il film, basato sull'omonimo romanzo di Yann Martel, racconta la singolare storia di Pi, un ragazzo indiano che vive circondato da piante e animali nello zoo gestito dalla sua famiglia. La dimensione fiabesca della giovinezza del protagonista è turbata da un fatto inatteso: a causa delle crescenti difficoltà economiche derivanti dalla gestione dello zoo, suo padre ha infatti deciso che è giunto il momento che la famiglia lasci l'India per vendere gli animali in Canada e ricominciare una nuova vita. A malincuore Pi, che intanto si è innamorato di una sua coetanea, accetta la volontà paterna e si imbarca con i suoi familiari e i suoi animali su un transatlantico diretto nel Nord America. Ma è a questo punto che Dio decide di mettere alla prova la fede del ragazzo: durante la navigazione nelle acque dell'oceano Pacifico un'improvvisa tempesta notturna provoca il naufragio dell'imbarcazione, risucchiando tra le onde il suo carico di bestie e uomini, compresa la famiglia del protagonista. Miracolosamente scampato alla furia degli elementi, Pi si ritrova su una zattera insieme a degli improbabili quanto inaffidabili compagni di viaggio: una zebra zoppa, una iena famelica, un simpatico orango e una feroce tigre del Bengala. Ha così inizio tra i naufraghi una spietata e avvincente lotta per la sopravvivenza.

Il protagonista è un ragazzo sensibile che nutre grande fede in Dio.

1 LA RICERCA DI DIO

Tutta la vicenda del film è narrata dal punto di vista di Pi, che ormai adulto racconta a uno scrittore "in cerca di idee" la sua vita: l'infanzia trascorsa in India, le origini del suo curioso nome, il rapporto con la natura, la sua ricerca di Dio. Ed è proprio il rapporto con la divinità – che Pi vive in maniera entusiasta e istintiva, al punto da abbracciare contemporaneamente più religioni – una delle caratteristiche precipue del personaggio. Nonostante il naufragio, i lutti subiti e le difficoltà che deve superare, Pi, da uomo pio e giusto, non perde mai la fede in Dio e vede nelle grandiose manifestazioni della natura, sia quelle benigne sia quelle più terribili, il segno della sua potenza e della sua presenza. La vicenda di Pi ricorda la storia del personaggio biblico di Giobbe, la cui fede è continuamente messa a dura prova dal Signore.

Il film indaga il rapporto tra l'uomo e la natura.

2 IL RAPPORTO TRA UOMO E ANIMALE

Richard Parker è il curioso nome della feroce e maestosa tigre del Bengala con cui Pi è costretto a dividere la drammatica esperienza del naufragio e con la quale dovrà trovare a tutti i costi il modo di convivere. La loro sopravvivenza è infatti legata a quell'unica scialuppa in cui si ritrovano dopo l'affondamento del transatlantico su cui viaggiavano. Rimasti soli in balia dell'oceano, col passare dei giorni tra i due si sviluppa un particolare rapporto comunicativo e affettivo, fatto di gesti e sguardi, diffidenza e comprensione, ferocia e slanci di tenerezza. Eppure, il loro legame, sebbene intenso e profondo, non si trasforma mai in una vera e propria amicizia: uomo e bestia condividono lo stesso destino di vita e di morte, gli stessi pericoli e le stesse speranze, ma le loro strade alla fine si divideranno per sempre.

Nel film sono presenti elementi di grande realismo ed elementi fantastici.

3 REALTÀ E FANTASIA

Il film intreccia elementi realistici, talvolta feroci e drammatici come la scena del naufragio o la lotta per la sopravvivenza tra gli animali, ed elementi fantastici come l'approdo nell'inquietante isola abitata dai suricati. Questi due elementi, cui il racconto di Pi conferisce una veste fiabesca, sono compresenti in tutto il film, tanto da far dubitare lo spettatore circa l'autenticità dei fatti narrati. È accaduto davvero ciò che Pi racconta? Ha realmente convissuto per 227 giorni su una scialuppa con una tigre del Bengala? Oppure è tutto frutto della sua fantasia? La conclusione del film, che propone una doppia chiave di lettura delle vicende accadute in mare, non chiarisce del tutto queste problematiche, lasciando allo spettatore la possibilità di scegliere la versione della storia che preferisce.

GUIDA AL DIBATTITO

1 Quali elementi presenti nel film rimandano al genere avventuroso?

2 Che ruolo ha la religione nella vita di Pi?

3 Perché è possibile affermare che tutta la vicenda è un lungo *flashback*?

4 Quali sono le scene più suggestive del film? Motiva la tua risposta.

5 Prova a spiegare il complesso rapporto tra Pi e Richard Parker.

6 Il personaggio di Pi si caratterizza sia per la sua grande spiritualità sia per la sua razionalità. In quali parti del film emergono questi due aspetti?

7 Richard Parker si addentra nel folto della foresta senza salutare il suo compagno di viaggio. Condividi questa scelta del regista? Perché?

8 Perché, secondo te, i giapponesi e lo scrittore preferiscono credere alla prima versione della storia di Pi?

▶ ATTIVIAMO LE COMPETENZE

PRODUZIONE DI TESTI MULTIMEDIALI

RICERCA, LAVORO DI GRUPPO, PRODOTTO AUDIOVISIVO

9 Realizza insieme ai compagni una presentazione multimediale del film. Il vostro lavoro dovrà contenere i seguenti punti da sviluppare ricorrendo a immagini, audio e didascalie:

- trama (da non cercare sul Web, ma da rielaborare personalmente dopo aver visto il film), accompagnata da immagini significative;
- scheda sul personaggio di Pi (nome e significato del nome, rapporti con gli altri personaggi umani e animali, caratteristiche fisiche e caratteriali);
- un approfondimento sulla tigre del Bengala, una delle specie minacciate di estinzione;
- un giudizio motivato sul film.

Concetti chiave

Flashcard

▶ CARATTERISTICHE DELLA NARRATIVA DI ITALO CALVINO

Italo Calvino

La fantasia
- Crea atmosfere fiabesche.
- Esprime significati allegorici.

Interesse per la scienza
- La scienza fornisce spunti per alimentare la fantasia.

Narrativa combinatoria
- Le parti del testo sono disposte secondo procedimenti formalizzati.

▶ LE OPERE

QUANDO	CHE COSA SCRIVE	DI CHE COSA PARLA
Dopoguerra	*Il sentiero dei nidi di ragno* (romanzo)	Affronta i temi della lotta partigiana, inseriti però in una dimensione mitico-fiabesca.
Anni '50 e '60	*I nostri antenati* (romanzi)	È una trilogia di romanzi a carattere allegorico-fantastico.
	Le Cosmicomiche (racconti)	Sono dodici racconti che narrano in maniera paradossale l'origine dell'universo, del tempo e dello spazio.
Anni '70	*Le città invisibili* (romanzo)	Marco Polo descrive misteriose e immaginarie città al Kublai Khan.
	Il castello dei destini incrociati (romanzo)	Un gruppo di viaggiatori che hanno perso la parola si ritrovano in un castello e possono comunicare solo attraverso le carte dei tarocchi.

▶ RIPASSO

1 Quale tematica affronta Calvino nel *Sentiero dei nidi di ragno* e nella raccolta di racconti *Ultimo viene il corvo*?

2 Quali sono le caratteristiche della produzione neorealista di Italo Calvino?

3 In quali opere si manifesta l'interesse di Calvino per la scienza?

4 Che cosa si intende con l'espressione "letteratura combinatoria"?

5 Quale funzione ha la fantasia nell'opera di Calvino?

6 Che cos'è la trilogia *I nostri antenati*?

7 Come evolve la narrativa di Calvino dopo il suo trasferimento a Parigi?

8 Perché Calvino può essere definito l'ultimo grande classico della letteratura italiana del Novecento?

La giovinezza

F. Bazille. 1869

La giovinezza

Prove da superare

Gruppo dei pari

Futuro

ARTISTA Jean-Frédéric Bazille
NAZIONALITÀ Francese
TITOLO Scena d'estate
ANNO 1869
STILE Realismo

La giovinezza

La storia del tema

La giovinezza

In senso generico, col termine "giovinezza" indichiamo quel periodo della vita umana che si colloca tra il mondo dell'infanzia e l'età adulta, un periodo caratterizzato da forti **cambiamenti**, inquietudini e paure, durante il quale gli individui si formano, definiscono la propria **identità** e si preparano a fare il loro ingresso nella comunità dei "grandi". Ma che cosa significa essere giovani oggi e che cosa significava esserlo in passato? I regimi totalitari, per esempio, hanno cercato di manovrare e sfruttare le masse giovanili per ricevere consenso e popolarità; alcune società autoritarie hanno tentato di soffocarne ideali e aspirazioni; altre più permissive, invece, ne hanno consentito la libera espressione, fino ad ammettere forme di ribellione o di aperta violazione delle regole.

I riti di passaggio

In molte culture tribali, per essere ammessi nella società degli adulti i giovani devono superare una serie di **prove**, molte delle quali durissime e altamente selettive: c'è chi è costretto a vivere in isolamento; chi trafigge e tatua il proprio corpo per imparare a sopportare il dolore; chi deve domare animali selvatici o affrontare uomini armati e mascherati da spiriti della foresta; chi subisce umiliazioni e violenze di ogni genere. Anche la nostra cultura ha i suoi riti di iniziazione: dalle **cerimonie** del culto cattolico (la prima comunione e la cresima) a quelle della vita laica e sociale, come il compimento della maggiore età, l'acquisizione del diritto di voto, l'esame di maturità, l'ottenimento della patente di guida, l'ingresso nel mondo del lavoro.

I giovani spartiati

A Sparta, una della più importanti *poleis* (città) dell'antica Grecia, la vita dei giovani era particolarmente dura. In effetti, la società spartana era fondata sulla **cultura marziale** e il dovere di ogni spartiate (il cittadino di pieno diritto di Sparta) era quello di diventare un valoroso guerriero disposto a morire per la patria, come testimoniano i versi del poeta Tirteo (VII secolo a.C.): «Giacere morto è bello, quando un prode lotta / per la sua patria e cade in prima fila» Per questo l'**educazione** dei giovani era molto **rigorosa**, improntata a una ferrea **disciplina**, scandita da pratiche ed esercizi finalizzati a rendere più forti gli individui e a sviluppare in essi il cameratismo e il senso di appartenenza alla comunità: fin dalla più tenera età, gli spartiati dovevano imparare a sopportare la fame, resistere alle intemperie, tollerare il dolore e ogni tipo di privazione. Anche le **donne**, cui era concessa una certa libertà, venivano educate virilmente: il loro compito principale era quello di

Edgar Degas, Ragazze spartane sfidano i ragazzi, *1860. Bruxelles, Musée Royàux des Beaux-Arts.*

contribuire alla forza dello stato mettendo al mondo una prole numerosa per poter ingrossare le file dell'esercito. Nei *Moralia*, lo scrittore Plutarco (I-II secolo) ci racconta che nel congedarsi dal figlio in partenza per la guerra una donna spartana lo abbia così apostrofato: «Figlio, o con questo o sopra di questo», una chiara esortazione a ritornare o vincitore con lo scudo o cadavere sopra di esso. Nella cultura antica, infatti, la resa e la fuga di fronte al nemico erano simboleggiate dall'abbandono dello scudo: un comportamento da vigliacco, che nessuna donna spartana avrebbe mai potuto accettare.

Gli adolescenti romani

Gli antichi romani chiamavano *pueri* (fanciulli) i giovani fino ai 17 anni di età, compiuti i quali essi diventavano *adulescentes*, un appellativo che li accompagnava fino al compimento del trentesimo anno di vita.

Durante la **pueritia** (l'infanzia), tra i 6 e gli 11 anni, i piccoli romani frequentavano la scuola elementare (*ludus litterarius*) dove uno o più maestri insegnavano loro a leggere, scrivere e far di conto. Successivamente, dai 12 ai 16 anni, frequentavano la scuola secondaria del *grammaticus*, dove apprendevano prevalentemente le lingue e le letterature latina e greca, ma anche rudimenti di storia, geografia e astronomia. Infine, i più volenterosi potevano completare la loro formazione alla scuola del *rhetor*, che insegnava loro discipline come l'eloquenza, il diritto, la medicina, la filosofia ecc. Come ricorda lo scrittore Apuleio (II secolo) «la prima coppa, quella del maestro elementare, ci toglie la rozzezza; la seconda, del grammatico, ci insegna la dottrina; la terza, del retore, ci fornisce l'arma dell'eloquenza».

Il **passaggio** dalla *pueritia* **all'adolescenza**, verso i diciassette anni, era sancito da una **solenne cerimonia**. In presenza del padre, il ragazzo si toglieva la *bulla*, un amuleto che portava al collo fin dalla nascita, e la offriva ai Lari, le divinità protettrici della casa e della famiglia. Successivamente si spogliava della *toga praetexta*, bianca con un bordo rosso, per indossare la *toga virile*, semplicemente bianca. In effetti, questo cambio di abito aveva un preciso valore simbolico: il ragazzo, ormai cresciuto, non aveva più bisogno di quell'orlo color porpora a cui gli antichi romani attribuivano un magico potere protettivo.

Terminato il rito domestico, seguiva una cerimonia pubblica. L'adolescente, accompagnato dai familiari, si recava al Foro e veniva presentato alla collettività. Quindi andava sul Campidoglio per rendere onore agli dèi. Per quel che riguarda le ragazze, invece, l'infanzia terminava con le nozze, quando la fanciulla, in procinto di lasciare la casa paterna per seguire lo sposo nella nuova dimora, smetteva la toga *praetexta* e consacrava alle divinità i suoi giochi infantili.

Le teorie di Dante

Per Dante Alighieri (1265-1321) la vita umana era scandita da **quattro età**, la prima delle quali era l'adolescenza, che aveva inizio otto mesi dopo il concepimento e terminava a 25 anni. Secondo Dante, durante l'adolescenza avvenivano così tante trasformazioni che l'intelletto dell'individuo poteva esserne offuscato. Per tale motivo, il diritto medievale stabiliva che gli affari degli adolescenti fossero gestiti da un curatore. Rifacendosi alla teoria delle quattro qualità (caldo – freddo – secco – umido), il poeta fiorentino affermava che quelle proprie dell'adolescenza sono il caldo e l'umido, che già il filosofo Aristotele (IV sec. a.C.) aveva individuato come i principi fondamentali per la generazione e l'accrescimento. Tra le caratteristiche morali e fisiche del perfetto adolescente, Dante enumerava l'*obedienza*, intesa come rispetto degli anziani e come prudenza; la *soavitade*, cioè la cortesia dei modi e un eloquio garbato; la *vergogna*, il senso del pudore; l'*adornezza corporale*, cioè la bellezza e la snellezza.

linea del tempo

1600

1700

1693
John Locke
Pensieri sull'educazione

1800

Fine XVIII secolo
Romanticismo e moti rivoluzionari

1900

1914-1918
Prima guerra mondiale

1926
Nascita dell'Opera Nazionale Balilla e della Gioventù hitleriana

1950

1939-1945
Seconda guerra mondiale

2 maggio 1968
Occupazione della Sorbona di Parigi

20 novembre 1989
Convenzione internazionale sui diritti dell'infanzia

L'arco della vita secondo Dante Alighieri				
Età della vita	Da… a…	Stagione dell'anno cui è paragonata	Qualità naturali	Caratteristiche
Adolescenza	Da 8 mesi dopo il concepimento a 25 anni	Primavera	Caldo e umido	Obbedienza, soavità, senso del pudore e bellezza del corpo
Gioventute	Da 25 anni a 45 anni	Estate	Caldo e secco	Temperanza, fortezza, cortesia, amore e lealtà
Senettute	Da 46 a 70 anni	Autunno	Freddo e secco	Prudenza, giustizia, liberalità, affabilità
Senio	Oltre i 70 anni	Inverno	Freddo e umido	Distacco dalle cose e dai pensieri mondani e preparazione alla vita ultraterrena

La condizione giovanile nel Settecento

Solo a partire dal Settecento, con il graduale affermarsi del pensiero illuminista e del moderno Stato borghese, si iniziò a comprendere l'importanza della **formazione** dei giovani, che veniva affidata non solo alle famiglie ma anche a una scuola pubblica di tipo laico, al fine di garantire un sistema educativo uniforme. Sebbene in questo periodo, sulla scia delle riflessioni del filosofo inglese **John Locke** (che per la prima volta prese in esame i bisogni fisici e morali dei giovani adolescenti), numerosi studiosi cercarono di **rinnovare le teorie pedagogiche** individuando il tipo di educazione più appropriata alle varie età della vita, il sistema educativo settecentesco rimase molto rigido, lasciando pochissimo spazio ai sentimenti e agli affetti, sia tra le mura domestiche sia all'interno delle aule scolastiche.

I giovani ribelli dell'Ottocento

Nel XIX secolo i giovani divennero i protagonisti dell'intensa stagione culturale del **Romanticismo**, movimento che aveva tra i suoi presupposti la valorizzazione e l'enfatizzazione degli istinti, della libera espressione dei sentimenti e delle forti passioni – tratti tipicamente giovanili. Inoltre, furono proprio i giovani a rivestire un ruolo di primo piano nelle **lotte rivoluzionarie** contro l'*Ancien Régime* che caratterizzarono la prima metà dell'Ottocento. In effetti furono soprattutto gli studenti, gli operai e i giovani artisti a combattere per le strade e sulle barricate in nome della libertà e dei diritti, come suggerisce anche il celebre dipinto *La Libertà che guida il popolo* di Eugène Delacroix, ispirato alle tre gloriose giornate del luglio 1830, durante le quali i cittadini di Parigi insorsero contro il governo del re Luigi Filippo di Francia. Quando l'ondata dei moti rivolu-

Egide Charles Gustave Wappers, Episodio delle Giornate del Settembre 1830 a Bruxelles, 1835. Bruxelles, Musée Royaux des Beaux-Arts.

Eugène Delacroix, *La Libertà che guida il popolo*, 1830.

I combattenti ritratti sulla tela sono per lo più giovani.

Un bambino armato occupa la parte centrale del dipinto.

La figura femminile simboleggia la libertà.

zionari si esaurì, per porre fine al ribellismo giovanile le classi dirigenti cercarono di disciplinare le nuove generazioni attraverso il **servizio militare** obbligatorio e una **scuola** più rigorosa e **autoritaria**.

La gioventù, la guerra e i regimi totalitari

Durante i primi anni del Novecento, furono molti i giovani a credere che i tempi fossero maturi per realizzare un **radicale mutamento** degli assetti esistenti. Per questo tanti di loro videro nella **Prima guerra mondiale** un'occasione per diventare finalmente protagonisti della storia e poter spazzar via per sempre il retaggio di una

Alcuni giovani Balilla durante un'adunata negli anni Trenta del Novecento.

cultura dalla quale si sentivano soffocati e che ritenevano ormai superata. Numerosi giovani imbracciarono i fucili e partirono per il fronte, sperimentando gli orrori delle trincee e trovando la morte. Ma la Grande Guerra non realizzò le loro speranze e il cambiamento tanto auspicato rimase un'utopia.

Fu proprio facendo leva sulla **delusione** di un'intera generazione di reduci, e prospettando un futuro prospero e luminoso per la nazione, che nel 1922 poté affermarsi in Italia il **fascismo**. Con l'avvento al potere di Mussolini, le parole "giovane" e "giovinezza", cui la retorica del regime associava le idee di forza, vitalità, bellezza e coraggio, tornarono di moda. Giovani erano i protagonisti della marcia su Roma, giovane lo Stato italiano, giovane e atletico era il duce, *Giovinezza* era il titolo di una delle canzoni più diffuse di quel periodo («Giovinezza, giovinezza, / primavera di bellezza! / Della vita nell'asprezza, / il tuo canto squilla e va!»). Anche il **nazismo**, che prese il potere in Germania nel 1933, puntò sui giovani, affidando a essi il compito di costruire e difendere l'idea di un "nuovo ordine" basato sull'ideologia razzista della purezza e della superiorità del sangue ariano.

Per realizzare i loro scopi, accrescere il loro consenso, indottrinare le nuove generazioni, nonché per stroncarne ogni forma di ribellione, tanto il nazismo quanto il fascismo misero in atto **forme coercitive** di educazione, attraverso il controllo dell'istruzione e l'istituzione di organizzazioni giovanili come i Balilla in Italia e la Gioventù Hitleriana in Germania.

Gli anni '50 e '60

Considerato emblema di un certo ribellismo giovanile, *Gioventù bruciata* è il titolo di un famoso film del 1955 che racconta le vicende di tre teenager americani alle prese con problemi familiari, alcolismo, bande e corse mortali in auto. Ma se gli adolescenti difficili del film appartengono alla finzione cinematografica, reali e determinati furono i giovani che aderirono al vasto **movimento di contestazione** che raggiunse il suo culmine nel **1968**, quando migliaia di studenti scesero in piazza per protestare contro la società dei consumi, la guerra, l'omologazione ideologica e culturale e ogni forma di autoritarismo, compreso quello scolastico.

Manifestazione del movimento studentesco fiorentino alla fine degli anni Sessanta del Novecento.

Un nuovo interesse

A partire dagli anni '70 si è assistito a un progressivo interesse nei confronti dell'universo giovanile da parte delle scienze sociologiche e psicologiche. Un filone di studi assai produttivo che ha consentito di scoprire e approfondire le **problematiche** tipiche **dell'età evolutiva**, quelle dell'adolescenza in particolare, di cui riportiamo alcuni aspetti nevralgici:

- cambiamenti fisici e cognitivi che determinano crisi identitarie e ansie esistenziali;
- mentalizzazione del corpo, cui spesso si accompagnano dismorfofobia (l'ossessione di essere o diventare brutti), paura della metamorfosi, disturbi alimentari ecc.;
- sviluppo dei legami sociali (rapporto con gli amici e con i compagni di scuola, scelta del partner, costruzione della coppia amorosa e della coppia amicale);
- rapporto antagonistico con la società degli adulti (la famiglia, la scuola, le istituzioni);
- determinanazione di nuovi modelli di riferimento extragenitoriali (processo di mitizzazione di personaggi televisivi e musicali);
- ricerca di un propria dimensione personale (adesione a mode, stili di vita, ideologie).

I giovani strumentalizzati

Anche i media – stampa, cinema e televisione soprattutto – hanno riscoperto negli ultimi anni il mondo giovanile. Ma nella maggior parte dei casi si tratta di un interesse strumentale. In effetti sembra che ci si accorga dei giovani quando questi sono al centro, come protagonisti o come vittime, di brutte storie di bullismo, violenza, droghe e incidenti stradali, che li fanno rimbalzare dalle prime pagine dei quotidiani ai titoli dei TG, fino alle animate discussioni dei talk-show televisivi, che puntano tutto su di loro per fare ascolto. Ma i giovani sono anche il *target* cui mirano, stavolta per fini commerciali, alcune *fiction*, specifici canali tematici, *social network*, siti web, *reality* e *talent show*, che se da una parte offrono loro l'illusione di un facile protagonismo, dall'altra li relegano al ruolo di consumatori seriali.

▮ PAROLE DA RICORDARE

Affettività: il termine indica tutto ciò che riguarda la sfera degli affetti. Nel linguaggio specifico della psicologia si riferisce invece al complesso dinamico dei vari sentimenti che caratterizzano le tendenze e le reazioni psichiche dell'individuo.

Autostima: composto di *auto* (dal greco *autós*, "se stesso") e *stima* (apprezzamento). Il termine significa "fiducia e stima nei propri confronti". Durante l'adolescenza, il grado di autostima è spesso condizionato dai giudizi esterni (dei genitori, degli amici, dei professori).

Conflitto: la parola, il cui significato è quello di "contrasto, contesa", deriva dal latino *conflictus*, "urto", a sua volta derivato dal verbo *confligĕre*, "cozzare". Nel linguaggio della psicologia, si definisce *conflitto psichico* la situazione in cui viene a trovarsi un individuo quando è sottoposto a spinte, tensioni e bisogni contrastanti.

Identità: termine di origine latina derivato dal pronome e aggettivo dimostrativo *idem*, "medesimo". Nel linguaggio della psicanalisi, la parola "identità" indica il senso e la consapevolezza che l'individuo ha di se stesso. L'espressione *crisi d'identità* indica il conflitto psico-sociale che genera disturbi del senso d'identità, molto frequenti durante l'adolescenza. In questa fase, infatti, si registra un importante e delicato passaggio dal concetto di sé costruito sull'opinione dei genitori a quello ricavato dal giudizio dei coetanei, per i quali sono decisivi l'aspetto fisico, il carisma, l'attrazione sessuale.

Inquietudine: termine che designa uno stato di turbamento e ansia generato da incertezze, timori e preoccupazioni. L'inquietudine è una condizione tipica dell'adolescenza, durante la quale l'individuo abbandona il mondo rassicurante dell'infanzia e si appresta a diventare adulto.

Insicurezza: mancanza di fiducia in se stessi. In psicologia l'insicurezza è la condizione in cui si trova l'indiviudo che teme di non riuscire a dominare una situazione interiore o esteriore di pericolo. Secondo alcuni studiosi l'insicurezza sarebbe determinata dal senso di inferiorità, cui spesso si reagisce ostentando un'artificiosa volontà di potenza o una maniacale volontà di controllo sulle persone e sugli eventi.

La generazione delle "3 m"

Carlo Azeglio Ciampi, *A un giovane italiano*

Tipologia	Testo espositivo-argomentativo
Genere	Lettera
Anno	2013

▶ I GIOVANI DI IERI

Invito alla lettura

Carlo Azeglio Ciampi è nato a Livorno il 9 dicembre 1920. Laureato in Lettere e in Giurisprudenza, dopo aver ricoperto importanti incarichi istituzionali e politici (governatore della Banca d'Italia, presidente del Consiglio, ministro del Turismo e dello Spettacolo, ministro del Tesoro e del Bilancio), nel 1999 è stato eletto come decimo presidente della Repubblica italiana. Oggi è presidente emerito della Repubblica e senatore a vita. Autore di numerosi articoli e saggi, nel 2013 ha pubblicato *A un giovane italiano*, un piccolo libro denso di ricordi e riflessioni, dedicato alle nuove generazioni che «per la prima volta si sentono private della speranza di un futuro migliore». Ma che cosa possono fare i quindicenni e i ventenni di oggi per superare una crisi globale di cui essi sono vittime impotenti e il più delle volte incolpevoli? La ricetta suggerita da Ciampi, che rifugge da ogni ottimismo consolatorio, «sentimento dolciastro e quasi mai sincero», è semplice e chiara: aguzzare lo sguardo acuto dell'intelletto e del cuore, e ridisegnare il futuro senza perdere di vista quei valori che sono alla base della civiltà occidentale: la libertà, la solidarietà, l'equità, il rispetto dovuto alla dignità di ogni uomo, indipendentemente dalla razza, dal colore della pelle, dalla religione professata. E soprattutto non arrendersi: «Guarda avanti, perché non sfuggano alla tua attenzione sentieri nuovi, mai praticati; non aver paura di osare, non permettere alla rassegnazione di fermare i tuoi passi e non temere la possibilità di un insuccesso».
Nel brano proposto, Ciampi ricorda gli anni della giovinezza: la sua formazione culturale, il rapporto con la famiglia, gli anni della guerra e della ricostruzione postbellica.

Le abitudini, i gusti, i costumi di coloro che hanno una età compresa tra quindici e venti/venticinque anni sono divenuti da alcuni decenni a questa parte oggetto di studio della sociologia e della psicologia sociale; di rimbalzo sono diventati anche campo di sofisticate analisi di marketing nel tentativo di assecondare, orientare,
5 catturare i consumi di una fascia di popolazione che ha assunto un suo preciso, ben individuato profilo.
Si parla perciò di culture giovanili, con riferimento soprattutto al linguaggio, alla musica e, più in generale, agli stili di vita che connotano un gruppo sociale il cui denominatore comune è il dato anagrafico, trasversale anche a quello più tradi-
10 zionale di classe.
L'emersione di un universo giovanile, fenomeno che ha caratterizzato la seconda metà del Novecento, è un dato di novità che merita di essere tenuto presente quando si affronti da qualsivoglia angolazione il "problema giovani".
Fino alla mia generazione compresa, infanzia ed età adulta erano le sole due fasi
15 della vita che trovavano definizione, collocazione e riconoscimento nella società. Si era bambini, ragazzi, adolescenti ed era il tempo della scuola e degli studi per

1 Cartolina rosa: al compimento della maggiore età, i giovani ricevevano una cartolina (di colore rosa) che li invitava a presentarsi alla visita di leva. La coscrizione obbligatoria in Italia è stata abolita nel 2005.
2 Massimo Bontempelli: (1878-1960) scrittore italiano.
3 boutades: battute pungenti.

i più fortunati; per gli altri, purtroppo la maggioranza, giungeva precocemente la stagione del lavoro, nei campi, nelle botteghe, nei cantieri. Per i maschi arrivava poi la «cartolina rosa»[1]; a quelli nati dalla fine dell'Ottocento agli anni Venti del Nove-
20 cento toccò anche più di una chiamata alle armi. Al termine di questo "tirocinio" si era adulti; si metteva su famiglia, spesso continuando a gravitare nell'orbita dei padri, in ossequio a un modello in cui gli anziani rappresentavano una autorità morale indiscussa. Una autorità della quale era naturale tenere conto nelle scelte importanti; anche quando le decisioni personali prevalevano sugli orientamenti
25 e sulle aspettative famigliari, ciò nondimeno a quegli orientamenti era riservata grande attenzione, come a materia su cui, in ogni caso, si rifletteva. Non sto facendo, beninteso, l'elogio del buon tempo antico; mi limito a "contestualizzare" quello snodo esistenziale che è la transizione all'età adulta.
Sono nato nel 1920; nel 1941 mi laureavo all'Università di Pisa, mi diplomavo alla
30 Normale ed entravo nell'esercito del mio Paese, chiamato a "difendere" la Patria. Ero ormai adulto. Il "prima", l'infanzia, è stato soprattutto l'ambiente domestico, la famiglia: «il gruppo in cui il bambino si socializza... che influenza maggiormente lo sviluppo del bambino». Come tutti quelli della mia generazione non ho fatto eccezione alla regola. Poi è venuto il tempo della scuola; dei compagni di classe e
35 dei giochi sulla spiaggia; più tardi, quello delle passeggiate con gli amici e i compagni di studio per le strade di Livorno e di Pisa.
Ma la vita sociale e gli svaghi, il cosiddetto tempo libero (una categoria peraltro allora inesistente; si parlava solo di tempo del riposo dal lavoro e dallo studio),

Una giovane coppia di sposi agli inizi degli anni Cinquanta del Novecento.

hanno coinciso a lungo e in misura preponderante con le abitudini e le preferenze della famiglia. Vi partecipavo, oggi non saprei dire se sempre con vero slancio oppure talora con un pizzico di noia; certamente non sentivo costrizione alcuna, ma lo stesso senso di normalità con cui ogni giorno mi sedevo, puntuale, a tavola, dove la famiglia riunita consumava i pasti; così come prendevo parte la domenica e nei giorni di festa alla più ampia riunione famigliare, quando con zii e cugini, tutti abitanti nello stesso stabile, si "saliva" dalla nonna Ciampi per il pranzo festivo.
Conservo vivo e molto gradito il ricordo delle visite di mia madre a una sua amica che abitava a Pisa. Entrambe pianiste di discreto talento, erano animatrici di gradevoli pomeriggi musicali, ai quali mi faceva piacere, anzi mi lusingava essere ammesso.
Con sentimenti analoghi ricordo le mie visite di sedicenne nella casa romana di mio zio Alfredo Masino, uomo di solidi interessi letterari, padre di Paola, scrittrice di notevole successo negli anni dell'immediato dopoguerra, vincitrice di un Viareggio, compagna di vita di Massimo Bontempelli[2]. In quel salotto ho assistito in rispettoso silenzio a conversazioni frizzanti, *boutades*[3] e amenità che rimbalzavano tra personaggi che mi incuriosivano e insieme mi affascinavano; non mi sfuggiva un certo esibito compiacimento di sé in

cui ognuno seppur con spirito cavalleresco gareggiava: da Alba de Céspedes[4] a Goffredo e Maria Belloni[5] allo stesso Bontempelli.

70 Il gusto della musica e della letteratura è anche in parte frutto di questa sorta di iniziazione avvenuta in luoghi dove mi sentivo fiero di ritrovarmi a godere, ancorché silenziosamente, della compagnia degli adulti. Sono reminiscenze di un costume di vita, di un sentire allora piuttosto comune. Era, in definitiva, il mondo rappresentato dal romanzo borghese: «un mondo più definito, più stabile, una
75 società dove esiste una gerarchia dei valori». Di quel lontano sentire trovo conferma autorevole nell'opinione di Philippe Ariès, lo studioso francese, storico della famiglia e dei costumi sociali.

«Un tempo il giovane cercava la compagnia dell'adulto, o del maggiore di età, che fosse in grado di farlo sortire dal suo stato di adolescente, di portarlo per contagio
80 nell'ambito mondo degli adulti. Oggi tale promozione non è più ricercata, anzi è temuta, sono piuttosto gli adulti che imitano gli adolescenti.»

Quanto al futuro e all'idea che ne avevo, faccio mia la ricostruzione che, oltre trent'anni or sono, ne diede il mio coetaneo Alberto Ronchey[6]. Una fotografia nitida, il ritratto di come ci appariva il futuro, di come ci «acconciavamo» ad af-
85 frontarlo, a viverlo.

«La generazione che aveva vent'anni nel 1945, dopo tutto, fu più sfortunata [dei *baby boomers*]. I ventenni del '45… si trovarono fra le distruzioni d'un quinto di ciò che si chiamava "ricchezza nazionale": agricoltura, industria, servizi, opere pubbliche, immobili privati, tutto… Se non si conoscevano i vizi e gli scandali dell'opulenza,
90 si conoscevano quelli della miseria. E chi non ricorda quel discorso di Churchill[7], che aveva previsto per l'Italia una "generazione senza avvenire"? Eppure un'auto-commiserazione di massa non c'era, forse per aver appreso necessariamente fino a che punto la vita è *res severa*[8], un latino ben chiaro allora. Chiunque accettava qualsiasi lavoro, intellettuale o manuale, e l'energia comune fu tale da far conclu-
95 dere poi… che nessuna generazione aveva mai lavorato tanto.»

Una leva di giovani, la mia, segnata da esperienze così tragiche da incidere nella profondità dell'animo, scrivendovi a mo' di imperativo assoluto il rifiuto della guerra e di ogni forma di totalitarismo. Ma oltre alla guerra, alle sue conseguenze disastrose, agli strascichi non indolori di un regime[9] che ebbe in sommo spregio
100 i valori di libertà e democrazia e che aveva inoculato[10] nel corpo sociale non irrilevanti dosi di conformismo, bisognò fare i conti con la povertà, l'emigrazione di massa, l'analfabetismo "vergognosamente" ancora tanto diffuso. Per non parlare del dramma delle centinaia di migliaia di soldati detenuti nei campi di prigionia tedeschi, che nel giro di pochi mesi rientravano in Italia, ai quali si aggiungeva-
105 no i prigionieri italiani rinchiusi nei campi angloamericani disseminati nei vari continenti.

Nella sua *Storia dei giovani*, Patrizia Dogliani in poche righe riassume quel dramma: «Essi trovarono case distrutte, famiglie e patrimoni dispersi, disoccupazione. I più giovani si accorsero di essere divenuti adulti senza aver vissuto a pieno gli
110 anni della giovinezza».

Quei giovani, sfidando lo sfacelo morale e materiale, con coraggio, con impegno testardo, si adoperarono, riuscendoci, a costruire nel giro di un decennio un Paese più civile, più ricco, soprattutto integrato a pieno titolo nella comunità internazionale. Per tutti furono anni di duro lavoro, di fatiche, di rinunce e di sacrifici che
115 solo la speranza in un domani migliore rendeva sopportabili.

Per quel che mi riguarda, nei miei progetti, coerente con la mia formazione e con la mia vocazione umanistica, aspiravo a una carriera nell'insegnamento. Come è stato per molti dei miei amici e colleghi della Normale, dapprima negli istituti

4 **Alba de Céspedes**: (1911-1997) scrittrice italiana.
5 **Goffredo e Maria Belloni**: il primo (1882-1964) è stato un giornalista e un critico letterario, la seconda, sua moglie (1902-1986), una nota scrittrice di romanzi storici.
6 **Alberto Ronchey**: (1926-2010) scrittore e giornalista italiano. È stato anche ministro per i Beni e le Attività Culturali.
7 **Churchill**: Winston Churchill (1874-1965) è stato primo ministro del Regno Unito dal 1940 al 1945 e dal 1951 al 1955.
8 *res severa*: espressione latina estrapolata da una frase del filosofo Seneca (*Lettere a Lucilio*, III, 23): «Mihi crede, verum gaudium res severa est», il cui significato è "Credimi: la vera gioia è cosa difficile".
9 **regime**: il fascismo.
10 **inoculato**: iniettato, introdotto.

LA GENERAZIONE DELLE "3 M" • Carlo Azeglio Ciampi

11 avventizio: impiegato assunto fuori organico e non in pianta stabile allo scopo di provvedere a necessità straordinarie o temporanee.
12 Marcinelle: l'8 agosto 1956, a causa di un incendio scoppiato in una miniera di carbone di Marcinelle, in Belgio, morirono 262 minatori, molti dei quali erano immigrati italiani.
13 Werther: omonimo protagonista del romanzo *I dolori del giovane Werther* (1774) di Johann Wolfgang Goethe (1749-1832).

superiori, per ambire, in seguito, a una cattedra universitaria. Cominciai quella
120 esperienza, ma il rinvio nel tempo del sospirato concorso che solo avrebbe potuto assicurarmi stabilità di occupazione mi convinse a presentare domanda d'impiego alla Banca d'Italia. Nei miei piani, doveva essere solo una parentesi, in attesa del bando di concorso; per emanciparmi economicamente dalla famiglia e per dare una prospettiva concreta ai sopravvenuti progetti matrimoniali.

125 Insegnare italiano e latino al liceo era stato molto più appagante, intellettualmente più gratificante che non essere "avventizio"[11] alla filiale di Livorno della Banca d'Italia, dove, come ho raccontato nel libro-intervista con Arrigo Levi, fui addetto al protocollo della corrispondenza: il principio di realtà faceva premio sulle aspirazioni e sui progetti giovanili.

130 Qualcuno ha detto, forse non del tutto a sproposito, che in fin dei conti la mia è stata la generazione delle tre "m": moglie (o marito), mestiere, macchina.

Ovviamente mi considerai un privilegiato, rispetto ai molti che non solo non si scelsero il lavoro, ma per "campare la vita", come si diceva allora sfidando la sintassi, lasciarono i luoghi dove erano nati e vissuti per destinazioni più o meno lontane,
135 spesso a contatto con ambienti diffidenti quando non ostili; dove il pregiudizio emarginava e ghettizzava. E non sto parlando di società e mondi lontani; parlo di regioni italiane allora più ricche e "progredite" rispetto al resto del Paese e di Nazioni della civilissima Europa.

È la consapevolezza di questo passato di durezze e di umiliazioni (per tutti, voglio
140 ricordare come e dove vivevano gli italiani morti nel 1956 nella miniera di Marcinelle[12]) che rende intollerabile alla mia coscienza ogni forma di esclusione, di rifiuto, di discriminazione nei confronti di chi cerca oggi in Italia una possibilità di vita.

La mia rapida incursione in anni lontani vuole solo presentare l'immagine di una generazione che ha attraversato la giovinezza ed è divenuta adulta in un tempo
145 denso di eventi drammatici; ma anche un tempo di discontinuità con il passato. Avvertimmo, più o meno consapevolmente, l'aspirazione, la necessità di rinnovamento, sospinti da una forza verso quello che Walter Benjamin immaginò essere «il centro dove nasce il nuovo». Certo la storia è solita presentare di queste cesure, in cui si modifica lo stesso «modo di percepire il tempo e di elaborare il senso
150 della vita» e i giovani, direi, sono naturalmente predisposti ad «afferrare» i segni del cambiamento; a farsene alfieri e tracciare così la linea di demarcazione con il passato; con i valori ormai usurati e le norme consolidate divenute gusci vuoti.

Chi, ventenne, almeno una volta non si è trovato a fare sua l'invettiva che il giovane Werther[13] lancia contro i benpensanti: «È insopportabile sentir dire quasi ad ogni
155 azione libera, nobile, inattesa: quell'uomo è ubriaco, è pazzo»?

Ai "vecchi", a noi, non si addice di vestire i panni dei maestri o di proporsi a modelli di vita; ché questi non sono prerogativa di una generazione. Essi rispecchiano sempre in varia misura il proprio tempo. La loro "esemplarità" sta nei valori cui essi si conformano; sono i valori a-storici posti a fondamento dell'agire pubblico
160 e privato; sono i valori dell'onestà, della dignità, del rispetto di sé e degli altri, della solidarietà, delle virtù civili. Noi anziani avvertiamo piuttosto il dovere di testimoniare con sincerità e con umiltà le nostre esperienze, positive e negative, perché queste, insieme con quelle di chi ci ha preceduto e di chi è venuto subito dopo di noi, insieme con quelle che voi ventenni di oggi vi accingete a vivere, sono
165 il lungo, ininterrotto racconto della vita di questo nostro amato Paese.

(C.A. Ciampi, *A un giovane italiano*, Milano, Rizzoli, 2013)

▶ **ATTIVIAMO LE COMPETENZE**

LETTURA E COMPRENSIONE

ACCESSO ALLE INFORMAZIONI

1 Quando l'autore del brano era giovane non si parlava di tempo libero, ma di tempo
A per l'ozio.
B di riposo dal lavoro e dallo studio.
C degli svaghi e del divertimento.
D personale da dedicare a se stessi e agli amici.

2 La madre dell'autore
A era una giornalista.
B era un'insegnante.
C era una scrittrice.
D suonava il piano.

3 Da giovane, l'autore, aspirava a
A approfondire la sua passione per la musica.
B essere assunto stabilmente in banca.
C fare lo scrittore.
D diventare un insegnante.

4 Completa correttamete la frase: «Un tempo il giovane cercava la compagnia dell'adulto. Oggi sono gli adulti
A a favorire l'ingresso degli adolescenti nel tessuto sociale».
B ad allontare gli adolescenti».
C a imitare gli adolescenti».
D a impedire agli adolescenti di realizzare i loro sogni».

COMPRENSIONE GENERALE E INTERPRETAZIONE

5 Perché la generazione dell'autore è detta la generazione delle «3 m»? Scrivi la tua risposta.
medie _____ mestiere maglie _____
_____

6 Nella tabella, i diversi momenti della vita dell'autore sono presentati in disordine. Mettili in ordine cronologico numerandoli da 1 a 5.

Momenti della vita	Ordine cronologico
A Ingresso nell'esercito	3
B Laurea all'Università di Pisa	2
C Visite alla casa romana dello zio Alfredo Masino	1
D Lavoro in banca	5
E Incarichi di insegamento	4

7 «È la consapevolezza di questo passato di durezze e di umiliazioni […] che rende intollerabile alla mia coscienza ogni forma di esclusione, di rifiuto, di discriminazione nei confronti di chi cerca oggi in Italia una possibilità di vita» (rr. 139-142). Da questa affermazione è possibile desumere che l'autore
A è solidale agli immigrati che cercano fortuna nel nostro Paese.
B ritiene utopistica ogni politica volta all'integrazione degli immigrati nel tessuto sociale del nostro Paese.
C è stato costretto a emigrare, e conosce bene dunque le difficoltà di chi abita in un Paese straniero.
D teme che la crisi attuale o il fantasma di una nuova guerra possa riacuire il fenomeno dell'emigrazione.

8 L'autore afferma che la sua generazione è stata segnata da "esperienze tragiche". Quali sono queste esperienze? Scrivine almeno tre.
A Guerra _____
B Immigrazione _____
C _____

9 In base al testo che hai letto, quali sono, secondo te, le caratteristiche che rappresentano meglio la generazione di giovani cui apparteneva l'autore? Metti una crocetta per ogni riga.

Caratteristiche	Sì	No
A Passività	✗	
B Operosità	✗	
C Volontà		✗
D Rassegnazione		✗
E Miseria	✗	

10 L'autore utilizza alcune citazioni. Con quale scopo?
A Per fare sfoggio della propria cultura.
B Per arricchire il testo da un punto di vista stilistico.
C Per supportare i propri ragionamenti.
D Per dimostrare che quello che racconta è realmente accaduto.

RIFLESSIONE E VALUTAZIONE

11 Ritieni che il brano letto possa essere un utile stimolo per i giovani? Perché?

Brillanti ma sfiduciati

Concita De Gregorio, *Più libri meno cellulari per salvare i nostri figli*

▶ **I GIOVANI DI OGGI**

Tipologia Testo espositivo-argomentativo

Genere Articolo di giornale

Anno 2012

Invito alla lettura

Per molti adulti i giovani sono quelli maleducati e ribelli; quelli che vestono come clown, si inanellano e si tatuano come primitivi; quelli che parlano un linguaggio incomprensibile, si colorano i capelli e scrivono sui muri; quelli che passano il tempo al computer, quelli che si drogano, quelli che… "ai miei tempi noi non eravamo così". E se qualcosa non va, la colpa è sempre loro. Ma le cose stanno davvero così? O si tratta della solita retorica paternalistica di chi non conosce fino in fondo le problematiche dell'universo giovanile? In effetti, un recente rapporto sull'infanzia di *Save the Children* ci fornisce un'immagine ben diversa delle nuove generazioni, dove tra tante ombre si intravedono luci di speranza, coraggio e buona volontà. Ce ne fornisce un'acuta sintesi la giornalista Concita De Gregorio (Pisa, 1963), direttrice del quotidiano «L'Unità» dal 2008 al 2011 e oggi autorevole firma di «Repubblica», da cui è tratto l'articolo riportato.

Di futuro parlano tutti. Che non è più quello di una volta, che non c'è eppure è lì che stiamo andando, ma, insomma, poi di cosa parliamo davvero quando diciamo: futuro? Parliamo di dieci milioni e duecentomila persone, in concreto. Persone piccole, che hanno meno di dieci anni, e persone giovani, che ne hanno meno di 18.

5 Dieci milioni e duecentomila bambini e ragazzi che il rapporto 2012 sull'infanzia italiana di *Save the Children* descrive così: dieci volte più scoraggiati che in Grecia eppure più bravi a scuola che in Germania, impareggiabili scalatori di condizioni avverse. Senza l'opportunità di aprire un libro, andare al cinema, allenarsi in uno sport, connettersi ad Internet: più di 300 mila di loro in specie da Napoli in giù.

10 Gli stessi, però, tutti col telefonino a 6 anni. Disconnessi, una parte, e iperconnessi, un'altra metà. Davanti al computer ogni giorno, entrambi i genitori assenti da casa. Appassionati di saghe senza adulti, come in *Gone* di Michael Grant, giochi film e fumetti dove i bambini sono orfani, non hanno memoria del passato, devono cavarsela da soli. *Delirium*, *Meto*, *Feed*, *Hunger games*. Titoli così.

15 Da questo "Atlante sull'infanzia a rischio", ecco da dove chi si candida a guidare il Paese dovrebbe cominciare a scrivere un progetto per l'Italia. Bambini, ragazzi, scuola, salute, impiego delle loro intelligenze e sostegno alle difficoltà. Il destino dei giovani di seconda generazione – figli di stranieri – che sono già adesso il 10 per cento del totale, la cura dell'ambiente in cui questi ragazzi vivono. E invece. C'è qualcuno che pensi a cosa sarà

20 dell'Italia fra vent'anni? Che misuri quel che è utile non in mesi ma in decenni, non sul suo proprio destino ma su quello di chi verrà? Ecco, questo sì sarebbe rivoluzionario. Questo davvero avrebbe "profumo di sinistra". In questi ambiti tutto il denaro che si impiega non è una spesa ma un investimento. I finanziamenti al Piano per l'infanzia, che ancora oggi in Italia non ci sono, dovrebbero essere scorporati dal debito pubblico

25 esattamente per questa elementare ragione. Non sono una spesa, sono un investimento. Come quando un'azienda compra un macchinario nuovo, proprio così. Sono, inoltre,

1 Confindustria: la principale organizzazione rappresentativa delle imprese manifatturiere e di servizi in Italia.

2 Distopia: previsione di una società indesiderabile e totalmente negativa. È il contrario di utopia, che indica invece un assetto socio-politico perfetto, che non esiste nella realtà, ma che viene proposto come modello.

3 Ilva: azienda siderurgica il cui più importante stabilimento sorge a Taranto.

investimenti capaci di generare lavoro. Persino Confindustria[1] è d'accordo e lo certifica. I dati del rapporto, qualche spunto. Nel 2012 sono nati 60 mila bambini in meno rispetto all'anno scorso. L'aspettativa di vita, per contro, aumenta di due mesi ogni
30 anno. Fra vent'anni ciascuno vivrà quasi due anni in più e ogni nuovo nato dovrà farsi carico di sei persone anziane e inattive. Mezzo milione di neonati sono venuti al mondo, quest'anno, con 3 milioni e mezzo di debito pubblico a testa. I bambini saranno presto più preziosi del petrolio. Questa la scena. Vediamo cosa accade sul palco. C'è, specialmente al Sud, un numero impressionante di ragazzi chiamati dal rap-
35 porto "disconnessi culturali". Più di trecentomila persone sotto i 18 anni non hanno mai fatto sport, non sono mai andati al cinema, non hanno mai aperto un libro o un pc. Non è vero che i ragazzi sono tutti su Internet: il 33 per cento, uno su tre, non ha accesso alla rete. Accade in Campania, Sicilia, Calabria, in Puglia: un ragazzino su quattro non fa nessuna attività sportiva, uno su cinque
40 non varca la soglia di un cine, quasi la metà non legge libri. Nelle stesse regioni tre bambini su dieci fra quelli che hanno meno di dieci anni possiedono un cellulare. Il telefono è l'unica cosa che hanno. Oltre alla tv, certo, naturalmente. Le scuole italiane sono tra le più vecchie d'Europa, come edifici, gli insegnanti pure. Tra i giovani sotto i 24 anni uno su quattro non studia né lavora, la disoccupazione
45 cresce soprattutto fra i laureati, siamo il primo paese d'Europa come tasso di "scoraggiamento": un ragazzo su tre rinuncia a cercare lavoro, una media dieci volte più alta di quella greca. La maggioranza degli under 34 vive coi genitori, soprattutto al Sud. 359mila minori sono in condizione di povertà assoluta. I prestiti bancari alle giovani coppie, alle famiglie o ai ragazzi con reddito cosiddetto flessibile – che ipocrita
50 eufemismo – sono più che dimezzati in un anno. Il rapporto parla di distopia[2], il contrario dell'utopia. Significa nessuna speranza, nessuna attesa, inedia e insieme rabbia. Più della metà di questi bambini vive in città o paesi ad altissimo rischio di contaminazione ambientale: una cartina dei bambini cresciuti affianco all'Ilva[3], al quartiere Tamburi, parla per tutte. Il 7 per cento dei nostri figli cresce accanto a
55 impianti chimici, petrolchimici, aree portuali e insediamenti industriali, discariche e zone a rischio non bonificate, illegali rispetto alle normative europee. La loro salute è compromessa alla nascita, le spese sanitarie saranno a loro carico. L'interruzione scolastica è la più alta d'Europa. Il virus della violenza domestica, i padri contro le madri, in aumento, e quello della pressione delle mafie esercita
60 su di loro la forza di un esempio, li costringe recluse.
Nonostante questo i ragazzi italiani hanno il più alto indice di "resilienza": la capacità di ottenere risultati (scolastici, scientifici) nella norma o spesso sopra la norma partendo da condizioni avverse. Un'indole che ha qualcosa in comune con l'ostinazione con cui gli elettori del centrosinistra credono nella forza della democrazia e della rappresentanza nonostante le ripetute delusioni. È lo stesso Paese, quello descritto nelle 77 mappe dell'Atlante, in cui Federico Morello a 13 anni è stato capace di convincere il suo comune in Friuli a dotarsi della banda larga; in cui un professore dell'Itis Majorana di Brindisi ha saputo mettere in rete 800 insegnanti di 70 scuole per realizzare e stampare in classe i libri: un progetto – *Book in progress* – che fa risparmiare alle famiglie 300 euro di spese per i testi; è il Paese dove gli studenti gestiscono on line la più grande scuola gratuita, *Oilproject*, lezioni materiali ed esercizi condivisi; dove gli stessi studenti per la prima volta in Italia studiano un piano di mobilità da e verso la scuola (*Mobilty manager studentesco*) in modo che i bambini e i ragazzi possano

Una manifestazione di giovani per il lavoro.

muoversi da soli e non, come oggi accade in un caso su tre, essere accompagnati a scuola e persino all'università in auto. Un'Italia due passi avanti a chi la governa.

80 Ecco, il vero banco di prova di chi si candida oggi a guidare il Paese è questo: investire nei bambini e nei ragazzi, coloro che siederanno domani dove oggi noi siamo seduti, che giudicheranno le nostre azioni e omissioni, che ci chiederanno conto di dove eravamo e cosa abbiamo fatto. Il Piano nazionale per l'infanzia approvato con grande ritardo non è stato mai finanziato ed è rimasto lettera morta.

85 All'investimento sul futuro è destinato l'1,4 per cento del prodotto interno lordo. Niente. Eppure ogni singolo elettore, ogni famiglia italiana vive nell'angoscia del futuro dei suoi figli. Pensa che rivoluzione sarebbe dare una risposta proprio a loro, cioè a ciascuno di noi. Pensa che campagna elettorale, che musica per le orecchie di chi ancora ostinatamente spera, che magnifica sorpresa sarebbe dire:

90 non m'interessa il mio futuro, m'interessa il vostro.

(C. De Gregorio, *Più libri meno cellulari per salvare i nostri figli*, «la Repubblica», 4 dicembre 2012)

▶ **ATTIVIAMO LE COMPETENZE**

LETTURA E COMPRENSIONE

ACCESSO ALLE INFORMAZIONI

1 Il rapporto sull'infanzia di *Save the Children* analizzato dall'autrice riguarda
A i giovani europei.   C i giovani del Sud.
B i giovani italiani.   D i giovani in genere.

2 Secondo quanto emerge dal rapporto di *Save the Children*, i giovani italiani sono
A più scoraggiati dei giovani greci.
B scoraggiati quanto i giovani greci.
C meno bravi a scuola dei tedeschi.
D più ottimisti dei coetanei tedeschi.

3 In base al testo che hai letto, quali sono le caratteristiche dei giovani italiani? Metti una crocetta per ogni riga.

	Sì	No
A Hanno tutti le stesse possibilità.		✓
B Sono i più scoraggiati d'Europa.	✓	
C Tutti cercano lavoro.		✓
D Sono tutti disconnessi culturalmente.		✓
E Hanno il più alto indice di resilienza.	✓	

4 Chi sono i giovani di seconda generazione?
A I figli degli stranieri.   C I ragazzi di oggi.
B I nativi digitali.   D I ragazzi di domani.

COMPRENSIONE GENERALE E INTERPRETAZIONE

5 Perché il rapporto di *Save the Children* definisce l'Italia una «distopia»?

6 Per l'autrice sarebbe davvero rivoluzionario se
A gli adulti imparassero a comunicare con i mezzi utilizzati dalle nuove generazioni.
B gli adulti investissero seriamente per costruire un futuro migliore per i ragazzi di oggi.
C i genitori trascorressero più tempo a casa con i figli.
D gli adulti si adoperassero a portare più spesso al cinema i giovani che non vi sono mai stati.

7 In quale regione italiana hai più possibilità di incontrare un ragazzo che non ha mai navigato in Internet?
A Puglia   C Veneto
B Trentino Alto Adige   D Marche

8 Il fatto che in Italia il tasso di natalità diminuisca e che l'aspettativa di vita aumenti è un dato
A positivo per i giovani.
B negativo per i giovani.
C né negativo né positivo.
D per certi aspetti rassicurante.

9 «Un'Italia due passi avanti a chi la governa». Spiega il significato di questa frase. *Un'Italia che i più avanti di chi è a capo di essa*

RIFLESSIONE E VALUTAZIONE

10 Dopo aver letto l'articolo, quale tra queste affermazioni rispecchia meglio il tuo pensiero? Motiva la tua scelta.
A Il rapporto di *Save the Children* non mi sorprende, perché riporta dati che conoscevo già.
B Mi ritengo un ragazzo fortunato, se penso ai miei coetanei che vivono in contesti più difficili.
C L'Italia non è un Paese per giovani: meglio andarsene e cercare di realizzare all'estero i propri sogni.
D La situazione in cui versa la gioventù del nostro Paese è determinata dall'incompetenza della nostra classe politica.
E Altro: _____

Un corpo da pensare

Gustavo Pietropolli Charmet, *I nuovi adolescenti. Padri e madri di fronte alla sfida*

▸ **I GIOVANI E IL CORPO**

Tipologia	Testo espositivo-argomentativo
Genere	Saggio
Anno	2000

Invito alla lettura

Il corpo è la barriera fisica tra i nostri pensieri e il mondo circostante. Pochi giovani hanno un rapporto equilibrato con il proprio corpo: molti tentano di farlo scomparire dentro vestiti extralarge o negandogli il cibo. Altri lo mettono in evidenza con tatuaggi, piercing, abiti alla moda. Per alcuni rappresenta una vera ossessione. Da che cosa deriva tanto interesse per il proprio aspetto fisico? Una possibile risposta ce la fornisce lo psichiatra Gustavo Pietropolli Charmet, che da anni si occupa di problemi adolescenziali. Secondo lo studioso, uno degli eventi psichici più delicati dell'adolescenza è il processo di «mentalizzazione del corpo», cioè la costruzione mentale di un'immagine della propria esteriorità. In effetti, è proprio in questa fase dello sviluppo che l'individuo inizia a "pensare" al corpo, interrogandosi sulle sue funzioni e cercando di attribuire ad esso delle precise valenze relazionali, sociali, sentimentali, erotiche ed etiche.

La "rappresentazione affettiva" del corpo durante il processo adolescenziale è un processo accompagnato da affetti molto ricchi e forti e da conflitti che possono risolversi con attacchi forsennati al corpo. In nessun'altra fase dello sviluppo può succedere di amare o odiare con tanta passione il proprio corpo, né succede di
5 usarlo con tanta devozione e competenza come luogo ove forgiare[1] un proprio sentimento di identità o utilizzarlo come ambito in cui incidere i messaggi da inviare al mondo sulle rappresentazioni di sé che si stanno mettendo a fuoco.
Da ciò deriva la convinzione diffusa concernente la "centralità" del corpo in adolescenza: le trasformazioni del corpo e l'acquisizione di capacità di accoppiamento
10 sessuale e di competenze generative […] coinvolgono la mente dell'adolescente in un faticoso processo di donazione di senso agli accadimenti biologici ed ai loro equivalenti psichici ed emozionali. Ne deriva la possibilità di guardare al corpo come ad una "potenza straniera" che minaccia i valori e le relazioni precariamente costruite nelle fasi di sviluppo precedenti, oppure può succedere che il corpo
15 venga superinvestito narcisisticamente[2] fino a diventare il luogo elettivo[3] del sentimento di identità.
Chiunque lavori con adolescenti rimane fortemente impressionato dalla quantità di azioni, di riti, di investimenti individuali e di gruppo che essi dedicano al corpo: lo abbigliano, lo travestono, lo disegnano, lo dipingono, lo marchiano e
20 lo manipolano in mille modi: è palese[4] che l'obiettivo non è renderlo gradevole, bello, desiderabile. Allorché questo sia l'obiettivo prevalente e venga perseguito in

---

1 ove forgiare: dove costruire.
2 superinvestito narcisisticamente: caricato di una affettività di tipo narcisistico, cioè tendente a fare di se stesso (in questo caso delle proprie caratteristiche

fisiche) il centro del proprio interesse, un oggetto di compiaciuta ammirazione.
3 elettivo: scelto.
4 è palese: è chiaro.

modo congruo ed efficace, tutte le manovre manipolatorie si quietano ed inizia l'era tranquilla della cosmesi[5], della profumazione e degli unguenti che preparano l'accoppiamento o le condotte che lo precorrono e lo rendono entusiasmante o per lo meno gradevole.

La maggior parte dei preadolescenti e degli adolescenti, prima di fare ingresso in queste pratiche tradizionali, appaiono invece alle prese con un altro compito, molto più narcisistico nel senso che non sembra avere come meta l'amore di coppia e l'uso relazionale del corpo ma un referente[6] ideale [...], cioè "gli altri", intendendosi i coetanei, il mondo dei pari età e, in senso planetario e mass mediale, "la propria generazione": la manipolazione a volte violenta o enigmatica del corpo.

Tutto questo lavoro sul corpo in trasformazione, o appena maturato sessualmente e generativamente[7], esprime concretamente il lavoro mentale in corso ed ha come obiettivo di renderlo comprensibile, di riuscire a dargli una "forma" o un aspetto addomesticato e coerente con aspettative e valori interiori che non hanno valenze estetiche ma identificatorie; servono cioè a colonizzare[8] la dimensione del nuovo corpo, a renderlo proprio, a conoscerlo perché dipinto o profumato in base alle proprie intenzioni. Naturalmente è una vicenda antica e remotissima già valevole e praticata fin dai tempi antichi e funzionali ai riti di iniziazione e di passaggio.

Eppure gli adolescenti attuali appaiono impegnati nelle manipolazioni del corpo forse con maggior accanimento di quelli delle generazioni precedenti, come se fossero aumentati i motivi per farlo o fossero divenute più cocenti[9] le preoccupazioni che possono essere fugate[10] da questi interventi appropriativi e di controllo attivo e, a volte, un po' sadico del proprio corpo o di alcuni suoi distretti molto significativi dal punto di vista simbolico.

Il lavoro clinico di questi anni e gli interventi di natura preventiva che definiamo di educazione socioaffettiva nelle scuole superiori, ci inducono a ritenere che sia importante capire i motivi all'origine di queste preoccupazioni degli attuali adolescenti e che ineriscono al[11] processo di "mentalizzazione" del proprio nuovo corpo. Tali preoccupazioni appaiono ingiustificate qualora si pensi al contesto educativo e socioculturale attuale, indubbiamente molto più consenziente di quello dei decenni precedenti nei confronti della percezione da parte del soggetto della propria maturazione sessuale, e sicuramente molto più propenso di quello del passato a sostenere i ragazzi nel processo informativo e di ricerca attorno ai nuovi modelli di funzionamento del nuovo corpo ed alle sue interessanti prospettive di uso autonomo e relazionale. È difficile pen-

Balthus, Figura femminile di fronte al caminetto, 1955. New York, Metropolitan Museum of Art.

5 cosmesi: la cura del corpo.
6 referente: un punto di riferimento.
7 maturato sessualmente e generativamente: durante l'adolescenza si definiscono i caratteri sessuali secondari e l'individuo acquisice la capacità di procreare.
8 colonizzare: estendere la propria influenza e controllare.
9 più cocenti: più pungenti, più acute.
10 essere fugate: essere allontanate, mandate via.
11 che ineriscono al: che riguardano il..., che sono inerenti al...

Tamara de Lempicka, Giovane donna con le braccia incrociate, 1939. New York, Metropolitan Museum of Art.

sare che siano in gioco interdizioni moralistiche o atteggiamenti esplicitamente sessuofobici[12] da parte della famiglia, della scuola e delle altre agenzie educative, che verrebbero in ogni caso annullate dalla straordinaria generosità informativa dei mass media e del mondo dei coetanei. La nostra ipotesi infatti non prevede che a rendere più complesso il processo di mentalizzazione del nuovo corpo siano i tradizionali sentimenti di colpa e di vergogna che travagliavano[13] il viaggio verso il corpo degli adolescenti delle generazioni precedenti, attanagliati[14] dalla paura di farsi scoprire mentre contemplavano compiaciuti e imbarazzati la nuova e prorompente dimensione erotica del proprio corpo. La nostra ipotesi infatti prevede invece che la mentalizzazione del corpo sessuato e generativo possa essere interferita dalla presenza nel nuovo corpo di alcuni contenuti problematici per gli adolescenti attuali […].

Innanzitutto i pessimi rapporti intercorrenti fra gli adolescenti e la "conoscenza della morte" trova nella mentalizzazione del corpo un'occasione strepitosa di possibile avvicinamento e addomesticamento di questa inquietante prospettiva: *il nuovo corpo infatti è mortale*. Il corpo dell'adolescente, a differenza di quello del bambino, ha il destino segnato: morirà. Al suo interno è stato collocato un timer biologico e allo scoccare del segnale la vita cesserà ed il

90 corpo smetterà di funzionare: prendere o lasciare: il nuovo corpo è sgargiante e promette mille piaceri ma è mortale. Non è una faccenda immediata di cui ci si debba preoccupare subito, ma se si vuole rimanere immortali allora bisogna lasciar perdere e rimanere inseriti nella dimensione del corpo infantile che dice poco o nulla e tace del tutto a proposito della morte poiché è destinato a trasformarsi in
95 quello di adolescente, quello che invecchierà. Molti rifiuti del nuovo corpo o certe espressioni di astio nei suoi confronti ci sembra trovino in questo nodo la loro giustificazione profonda e affettivamente centrale.

Inoltre […] *il nuovo corpo è complementare ad un altro corpo*; per essere completato ha bisogno del congiungimento col corpo di un soggetto dello stesso sesso o più
100 frequentemente dell'altro. È un corpo dall'autonomia limitata: aspira a completarsi attraverso l'unione col corpo complementare […].

Molti rifiuti ad entrare nella dimensione del nuovo corpo ci sono sembrati comprensibili qualora letti in questa chiave interpretativa: il corpo infantile è onnipotente perché abbastanza indifferenziato e volendo può essere considerato capace
105 di declinarsi in ogni direzione grazie ad una sua completezza potenziale: il corpo adolescenziale postpubertario è fortemente differenziato e massimamente completo di tutto ciò che caratterizza uno dei due generi, e proprio per questo aspira a congiungersi con la metà complementare che manca del tutto e drammaticamente. Molti rifiuti del nuovo corpo ci sono sembrati dettati dal rigetto di questa

---

12 sessuofobici: ostili, impauriti da tutto ciò che è collegato al sesso.

13 travagliavano: rendevano difficile e faticoso.
14 attanagliati: stretti.

15 capestro: molto dure.
16 autarchia: autosufficien-
za.

110 imbarazzante ed umiliante condizione di sudditanza nei confronti del corpo
complementare. In ambedue i casi il nuovo corpo pone condizioni capestro[15]. La
ferita narcisistica c'è ed è significativa: se si vuole godere del nuovo corpo bisogna accettare la sua data di scadenza. Se si vuole godere del nuovo corpo bisogna
rinunciare all'autarchia[16] infantile e accettare la dipendenza biologica dal corpo
115 complementare dell'altro: è necessario per godere e per fare i bambini; da soli
niente figli e piaceri ripetitivi e forse limitati.

(G. Pietropolli Charmet, *I nuovi adolescenti. Padri e madri di fronte alla sfida*,
Milano, Raffaello Cortina Editore, 2000)

▶ ATTIVIAMO LE COMPETENZE

LETTURA E COMPRENSIONE

ACCESSO ALLE INFORMAZIONI

1 La rappresentazione affettiva del corpo durante l'adole-
scenza dà spesso luogo a
A conflitti che portano ad attacchi al proprio corpo.
B un sentimento di invidia per l'aspetto fisico altrui.
C rifiuto dei genitori e degli adulti in genere.
D ritorni alla dimensione infantile.

2 Per gli adolescenti "gli altri" sono soprattutto
A gli adulti.
B i propri coetanei.
C i professori.
D i fanciulli.

3 Indica se le seguenti caratteristiche appartengono al
corpo infantile o a quello adolescenziale.

	Corpo infantile	Corpo adolescenziale
A Manchevole di qualcosa		
B Onnipotente		
C Indifferenziato		
D Differenziato		
E Autarchico		
F Dipendente da un altro corpo		

COMPRENSIONE GENERALE E INTERPRETAZIONE

4 «Il nuovo corpo... è mortale» (rr. 85-86). Che cosa intende
l'autore quando parla di «nuovo corpo»?

5 Che cosa intende l'autore con l'espressione «manovre
manipolatorie» (r. 22)?

6 «La maggior parte dei preadolescenti e degli adolescenti,
prima di fare ingresso in queste pratiche tradizionali...»
(rr. 26-27). Le pratiche tradizionali di cui si parla sono
A le trasformazioni operate dagli adolescenti sul proprio
corpo.
B le pratiche cosmetiche: truccarsi, profumarsi, spalmarsi
di unguenti.
C le pratiche tipiche dei riti di iniziazione tribali.
D le azioni sadiche compiute dagli adolescenti nei confronti
del proprio corpo.

7 Gli adolescenti dedicano molto tempo al corpo. Perché
lo fanno?
A Per provocare gli adulti.
B Per ragioni identificatorie, cioè per controllare e conoscere
meglio il proprio corpo.
C Per ragioni estetiche, cioè per conquistare un partner.
D Per ragioni ideologiche, cioè per mostrare attraverso il
proprio aspetto le loro idee.

8 Perché l'autore esclude che tra i motivi di preoccupazione degli attuali adolescenti per il proprio corpo ci siano
ragioni di tipo morale o a sfondo sessuale?
A Perché i giovani di oggi non sono sessuofobici.
B Perché la nostra società è meno moralista e più aperta di
quella del passato.
C Perché i giovani di oggi non provano alcun senso di vergogna.
D Perché la nostra società non è per nulla sessuofobica né
repressiva.

9 Secondo l'autore molti adolescenti rifiutano il corpo
perché non accettano l'idea che esso
A è fonte di peccato.
B è poco apprezzato dagli altri.
C è mortale e non autosufficiente.
D è brutto e ancora infantile.

10 «La nostra ipotesi infatti prevede invece...» (rr. 75-76).
Questa espressione serve a introdurre
A gli argomenti a sostegno della tesi.
B una riflessione dell'autore.
C la conclusione dell'argomentazione.
D la tesi dell'autore.

RIFLESSIONE E VALUTAZIONE

11 Ritieni che le affermazioni contenute nel brano siano
plausibili e che rispecchino i comportamenti e le paure
degli adolescenti?

Ma ce l'hai la fidanzatina?

Elena Buday, *È nata la coppia*

▶ **I GIOVANI E L'AMORE**

Tipologia	Testo espositivo-argomentativo
Genere	Saggio
Anno	2010

Invito alla lettura

Durante l'adolescenza, la formazione della coppia amorosa, cioè la scelta di un partner con il quale progettare un futuro, è uno dei momenti più importanti nel processo di costruzione della propria identità sociale e di genere. Ma come vivono questo importante momento i giovani di oggi? Sono disposti a rinunciare a tutto per inseguire il loro sogno di amore? Oppure, a differenza di quanto accadeva in passato, sono gelosi dei propri spazi e della propria indipendenza anche quando si fidanzano? E quali rischi si corrono quando si idealizza troppo il proprio partner amoroso, come se fosse l'unica ancora di salvezza di fronte alle difficoltà della vita? A questi e ad altri interrogativi fornisce una risposta il saggio proposto, che analizza le dinamiche di coppia dei moderni adolescenti.

Uno degli eventi più importanti a cui i genitori di adolescenti assistono, oggi generalmente con trepida e partecipata emozione, più che con severi moniti a difesa della virtù, è la nascita dell'amore e la costruzione di una coppia tra il proprio figlio e quello di un'altra famiglia. Si tratta di un evento contemporaneamente atteso e festeggiato
5 ma anche emozionante e destabilizzante, vissuto come indicatore positivo di una crescita che funziona, ma anche come avvisaglia di un distacco dai lidi familiari che può portare davvero lontano. Se è vero che, fin dagli anni della scuola materna, nelle conversazioni casalinghe il bambino si sente chiedere "ma ce l'hai la fidanzatina?", ora la coppia amorosa può concretamente "prendere corpo". È giunta l'età in cui si fa sul
10 serio ed il ragazzo comincia ad avviare il trasferimento sul coetaneo amato dei suoi bisogni affettivi più profondi, delle coccole e delle tenerezze una volta appannaggio esclusivo delle mamme. Le prime esperienze di coppia adolescenziale consentono di sperimentare un nuovo ruolo affettivo, quello di maschio e di femmina, prefigurando una progettualità futura che consolida il processo di costruzione della propria
15 identità adulta. Non stiamo parlando di quelle sperimentazioni erotico sentimentali che possono anche avvenire in segreto, con i genitori che restano all'oscuro di tutto, ma della costruzione di un legame serio e profondo, che non passa inosservato in famiglia, e che assume nel panorama affettivo dell'adolescente un posto centrale, a volte fino a condizionare la sua identità nel gruppo e la sua rappresentazione di
20 sé. L'appartenenza ad una coppia amorosa sancisce la nascita ufficiale della propria identità sessuata, rassicura sulla funzionalità delle proprie capacità seduttive, eroga un rispecchiamento positivo nei confronti delle proprie possibilità di amare e farsi amare, costituendo un rinforzo importante dei percorsi evolutivi adolescenziali, aiuta a transitare dal mondo affettivo infantile familiare verso quello del mondo esterno
25 e dell'adultità. Tranquillizzati da questo conforto positivo, diventa più facile fidarsi di sé, degli altri e del mondo, proseguendo sereni il proprio percorso. Generalmente i ragazzi oggi sono molto attenti a vivere la coppia godendosene i benefici ma conservando anche i propri spazi di autonomia, e – gelosi della propria appena ac-

30 quisita indipendenza – la preservano da interferenze che potrebbero minacciarla. A differenza di quanto accadeva in un passato non lontano, non sembrano impazienti di gettarsi nell'esperienza dell'innamoramento e della passione amorosa, dedicando ad essa tutte le energie: rimangono nel gruppo, fanno sport, coltivano i propri interessi personali, si godono gli amici e la famiglia, insomma tendono ad usare il repertorio amoroso senza lo slancio e la carica di passione che tradizionalmente vi

35 si accompagnava. Appaiono molto attenti a distribuire con attenzione i tempi e le energie, ricercando un delicato equilibrio tra quelle dedicate alla coppia e quelle rivolte a portare avanti la costruzione del proprio sé: in particolare l'appartenenza al gruppo. Generalmente, ad esempio, la frequentazione con il ragazzo o la ragazza del cuore non porta ad allontanarsi dalle amicizie, ma viene inserita all'interno di

40 esse, con una frequentazione condivisa delle medesime compagnie. L'impressione è che gli adolescenti oggi abbiano fisiologicamente paura dell'amore e cerchino di schivarne – finché è possibile – i pericoli e gli affanni: usciti da un'infanzia dorata in cui sono stati protetti al massimo dai dolori e dalle frustrazioni, non sembrano propensi ad accettare di buon grado l'incertezza, le sofferenze e le angosce che le prime

45 esperienze amorose portano inevitabilmente con sé. Abituati ad essere trattati come idoli, mal tollerano di dover mettere al centro della loro mente, delle loro attenzioni, preoccupazioni e pensieri, un coetaneo al quale dover attribuire tutte le qualità preziose di cui fino a poco prima si sentivano gli unici possessori. L'idealizzazione dell'altro, che accompagna ogni innamoramento, li fa sentire svuotati del proprio

50 valore, lasciandoli con un doloroso senso di inadeguatezza e meschinità di fronte all'oggetto prezioso dell'amore. Per queste ragioni, in profonda connessione con le trasformazioni dei modelli educativi familiari, «l'innamoramento oggi ha cambiato di significato: i ragazzi e le ragazze non lo considerano più l'unico modo per realizzare la crescita, la coppia è utile ed ambita ma non obbligatoria, l'innamoramento va perciò

55 a loro avviso depurato dalle componenti più oniriche» (Pietropolli Charmet, 1999).

Mirco, ad esempio, a 16 anni si rivolge allo psicologo perché sperimenta crisi di rabbia che lo spaventano molto, dato che perde il controllo e gli è anche capitato di rompere degli oggetti, quando la sua ragazza si impunta incomprensibilmente su richieste che a lui paiono assurde, come il vedersi tutti i pomeriggi

60 o trascorrere il sabato sera da soli anziché in compagnia del gruppo di amici dediti agli spinelli, dal quale Mirco non ha nessuna intenzione di staccarsi. Lui è profondamente innamorato e non vorrebbe perderla, ma non sopporta di trovarsi di fronte ad una specie di governante dispotica che gli impone di rinunciare a cose nelle quali lui non trova nulla di male, e che anzi sono il suo

65 principale divertimento, sicuramente più piacevole che non il restare soli e isolati, con argomenti di scambio che si esauriscono rapidamente, mentre gli altri se la spassano in compagnia.

In altri casi invece il partner amoroso può essere vissuto come un'ancora di salvezza, alla quale aggrapparsi in modo pervicace e disperato, di fronte a fatiche e

70 difficoltà evolutive non affrontabili altrimenti. Generalmente si tratta di situazioni di scacco in cui gli ostacoli nel percorso verso l'adultità vengono risolti, in realtà in modo solo apparente, attraverso la chiusura in una coppietta di fidanzatini che diventa un bunker blindato, con una funzione protettiva nei confronti di un mondo esterno e di una crescita che i due non si sentono in grado di affrontare.

75 Qui la crescita è solo apparente, perché non si è fatto altro che fingere di separarsi dalla mamma, e dal mondo affettivo infantile, in realtà sostituendoli con un/una partner-feticcio, che dovrebbe però svolgere funzioni materne di accudimento,

rassicurazione, protezione: la coppia non accompagna verso la scoperta del mondo ma serve ad evitarlo e a difendersene. Questi sono i casi in cui l'eventualità
80 della rottura del legame amoroso porta con sé indicibili dolori, ed anche qualche rischio, perché lascia "orfani" e abbandonati, di fronte ad una crescita interrotta e che non ci si sente assolutamente capaci di affrontare da soli.

Federica, 17 anni, vive nella tragedia da quando Alberto l'ha lasciata, dopo due anni di amore tanto travolgente quanto conflittuale. Non si sentiva in grado di
85 sopravvivere, al punto da chiudersi in casa, travolta ora da fiumi di lacrime, senza più frequentare nemmeno la scuola, desiderando soltanto sparire. Proprio lei che era stata una bambina affettuosa e solare, sempre la prima della classe, "la gioia della sua mamma". L'intervento psicologico richiesto dai genitori preoccupati dall'intensità del suo dolore ha messo in luce quanto Federica si fosse aggrappata
90 ad Alberto sulla base del proprio bisogno di colmare vissuti di indegnità e inadeguatezza come giovane femmina, che solo lui, con le sue dimostrazioni di amore riusciva a lenire. Finché c'era il fidanzato a svolgere una funzione di sostegno e impreziosimento paragonabile a quella svolta nell'infanzia dalla mamma, Federica si crucciava molto meno per la difficoltà a stringere amicizie con i coetanei e
95 le coetanee, in relazione alle quali si sentiva radicalmente diversa ed esclusa per tipi di gusti, interessi ed attitudini, e perciò profondamente "sbagliata". L'amore di Alberto era per lei indispensabile a smentire queste dolorose sensazioni, di fronte alle quali Federica è ripiombata, sola e sconfortata, dopo la fine del "fidanzamento" con Alberto, fine vissuta come ulteriore conferma della sua inaccettabilità e
100 impossibilità di crescere, separandosi dai legami infantili ormai anacronistici e non in grado di supportarla nell'ingresso a pieno titolo nel mondo dei coetanei.

Edvard Munch, Gli occhi negli occhi, 1894. Oslo, Munch Museum.

Qual è dunque il ruolo dei genitori di fronte a questi eventi tanto significativi quanto intimi e personali, nei quali l'adolescente sembra in parte volerli implicitamente coinvolgere, salvo poi aver bisogno dei propri spazi di autonomia per sperimentare in prima persona esperienze di crescita tanto importanti?

Spesso le mamme si sentono giustamente escluse e messe da parte, mentre il figlio o figlia trasloca i suoi investimenti affettivi su un'altra figura e così facendo le lascia sole e un po' sorprese che sia già arrivato questo momento. Tutto questo comporta il riaffiorare di ricordi dalla propria adolescenza, dalle proprie prime esperienze amorose, che poi si sono sviluppate nel tempo con esiti più o meno soddisfacenti. In questa fase è importante poter tollerare il dolore del distacco, ma anche sapere che è un momento di crescita da festeggiare e quindi riuscire a farsi da parte, non confondendo il presente del figlio con il proprio passato. Oggi è tutta un'altra storia, è quella del ragazzo, ed è importante vigilare senza sostituirsi, in virtù del proprio affetto, del proprio ruolo educativo e della propria maggiore esperienza, alla sua libera sperimentazione. Non è più possibile mantenere il completo controllo sui suoi movimenti, sulle sue azioni e nemmeno sui rischi che corre, pena il pericolo di bloccare il percorso della crescita. Un atteggiamento di

questo genere, presente e disponibile ma discreto e rispettoso degli spazi privati dell'adolescente, gli consentirà di continuare a percepire nel genitore quel porto sicuro, quella base indispensabile alla quale tornare nel momento del bisogno,
130 nel caso in cui le tempeste e i dolori della crescita si facciano troppo minacciosi per poter essere affrontati da soli.

(G. Pietropolli Charmet – L. Cirillo, *AdoleScienza*, Roma, San Paolo, 2010)

▶ ATTIVIAMO LE COMPETENZE

LETTURA E COMPRENSIONE

ACCESSO ALLE INFORMAZIONI

1 Indica quali tra le seguenti caratteristiche definiscono la coppia amorosa.

	Sì	No
A È un legame segreto.		
B Può nascere durante l'infanzia.		
C È una relazione nota alla famiglia.		
D È un legame serio.		
E Occupa un posto centrale nel panorama affettivo dell'adolescente.		

2 Mirco e Federica si rivolgono allo psicologo perché
  A Mirco è molto aggressivo e Federica è depressa.
  B Mirco vorrebbe lasciare la fidanzata, ma non sa come fare; Federica invece non accetta di essere stata abbandonata da Alberto.
  C Mirco non ama più la sua fidanzata, mentre Federica continua ad amare, anche se non ricambiata, il suo ex.
  D Mirco è dipendente dagli spinelli, Federica dal suo fidanzato.

3 L'appartenenza a una coppia amorosa presenta degli aspetti positivi per lo sviluppo dell'adolescente. Elenca almeno 4 di questi motivi.
  A _____
  B _____
  C _____
  D _____

COMPRENSIONE GENERALE E INTERPRETAZIONE

4 Per la famiglia, il fidanzamento del figlio o della figlia è un momento atteso ma anche destabilizzante. Completa le seguenti affermazioni.
  A È un momento atteso perché _____
  _____
  B È un momento destabilizzante perché _____
  _____
  _____

5 Quali tra queste affermazioni supporta la vicenda di Mirco?
  A Gli adolescenti di oggi non dedicano alla passione amorosa tutte le loro energie.
  B I giovani di oggi rinunciano all'amore per preservare la propria indipendenza.
  C Per gli adolescenti gli amici sono più importanti del partner.
  D La dipendenza dalle droghe impedisce o rende difficile la formazione della coppia amorosa.

6 Il comportamento di Mirco può essere interpretato psicologicamente come un tentativo di
  A difendere la propria autonomia e indipendenza da ingerenze esterne.
  B dimostrare agli altri di essere autonomo e forte.
  C eludere le responsabilità e le incertezze della vita di coppia.
  D nascondere i suoi veri sentimenti alla fidanzata.

7 Solitamente, la formazione della coppia amorosa aiuta a crescere. Nel caso di Federica, però, si tratta di una crescita solo apparente. Perché?

8 Quale delle seguenti affermazioni riassume l'argomento principale del testo?
  A Gli adolescenti di oggi, nella maggior parte dei casi, rifiutano l'idealizzazione dell'altro, presupposto indispensabile per la nascita della coppia amorosa.
  B L'amore è cambiato nel corso del tempo e i giovani non sono più disposti a investire energie nella coppia.
  C La nascita della coppia amorosa è un momento importante e positivo, non immune però da situazioni problematiche.
  D La nascita della coppia amorosa genera conflitti psichici più nei genitori che nei figli.

PRODUZIONE TESTUALE

ARGOMENTI A SOSTEGNO DELLA TESI

9 In quale vicenda ti riconosci di più? In quella di Mirco che non vuole rinunciare alla sua indipendenza o in quella di Federica che ha fatto dell'amore il centro di tutta la sua vita?
  Oppure ritieni che il modo con cui entrambi vivono l'amore sia sbagliato?
  Discuti la questione insieme ai compagni, sostenendo la tua tesi con validi argomenti.

Un'identità distinta

Asha Phillips, *I no che aiutano a crescere*

Tipologia	Testo espositivo-argomentativo
Genere	Saggio
Anno	1999

▶ **I GIOVANI E LA FAMIGLIA**

Invito alla lettura

"Sei cambiato! Non mi racconti più nulla! Prima non ti comportavi così! Non ti riconosco più, sei diventato un estraneo!" ripetono le madri. "Non rompere" rispondono i figli e corrono a rifugiarsi all'interno della loro stanza, sbattendo quella porta che sembra rappresentare una barriera invalicabile tra il loro mondo e quello dei genitori. Scene del genere accadono, pressappoco con le stesse modalità, in tutte le famiglie. Secondo gli studiosi dell'età adolescenziale, queste difficoltà educativo-relazionali, che insorgono quando i figli crescono e si lasciano alle spalle il mondo dell'infanzia, sono del tutto naturali. È inevitabile infatti che durante l'adolescenza, i giovani, impegnati nella ricerca di una propria identità individuale, cerchino di emanciparsi dal controllo degli adulti per poter definire autonomamente i propri modelli di riferimento e il proprio spazio esistenziale. Nel brano sotto riportato, Asha Phillips approfondisce queste problematiche attraverso l'analisi di una serie di casi affrontati durante la sua attività di psicoterapeuta infantile.

L'adolescenza è il periodo in cui si fanno le prove di un'identità indipendente. La famiglia non è più il metro di paragone, i genitori non sono più le persone che i figli desiderano emulare e non occupano più il posto centrale che avevano prima; vengono sostituiti dalla scuola e dagli amici, che diventano il principale interesse
5 del ragazzo. In questo tentativo di diventare indipendenti, per i teenager è importante prendere le distanze dal loro rapporto precedente con i genitori. È difficile modificare il proprio comportamento e il proprio modo di pensare con le stesse persone; bisogna prendere spunto altrove per esercitare le nuove abilità. Anche da adulti siamo riluttanti a impegnarci in un rapporto diverso con i nostri genitori.
10 Spesso ci comportiamo con loro come abbiamo fatto per la maggior parte della vita, anche se con gli altri siamo completamente diversi.
Così nell'adolescenza c'è una ricerca di modelli al di fuori della famiglia, modelli con i quali i teenager possono misurarsi. Vanno in cerca di idee e di ideologie, di religioni, di sistemi, di mode· e di modelli di ruolo. Alcuni di questi modelli sa-
15 ranno adulti appartenenti al mondo della politica, della cultura, dello spettacolo, della musica, altri saranno semplicemente persone dell'ambiente del ragazzo o della scuola. L'adolescente, forse per la prima volta nella sua vita, deve scegliere le persone con cui stare. Non dipende più dai genitori che invitano gli amici. Dovrà imparare a gestire molti conflitti da solo; è improbabile che i genitori siano pre-
20 senti come prima. Gli adolescenti si incontrano, sui mezzi pubblici, al cinema, al parco, a fare compere, all'angolo della strada o in qualsiasi altro posto. Sorgono dei problemi che il teenager dovrà affrontare da solo o con gli amici. Deve imparare a badare a se stesso. Non c'è nessuno che gli dice o gli ricorda le regole: adesso devono venire da dentro di lui. Deve ormai aver metabolizzato e assorbito le pre-
25 diche sui rischi che può correre e, in senso più positivo, sul rispetto per gli altri.

Questa è la base su cui si può innestare la pressione dei compagni ad aderire a norme o a comportamenti diversi.

Adesso sta a lui decidere se ascoltare o meno le voci parentali della sua infanzia, e vedremo che possono esserci delle oscillazioni. Per aiutarlo a interiorizzare il sen-
30 so dei confini e dei limiti, dovete consentirgli di scegliere liberamente. I genitori devono crescere e cambiare con i figli. Devono anche trovare un nuovo modo di essere, più o meno come hanno fatto al momento della nascita del bambino. Adesso lo devono lasciare andare, devono lasciare che si sviluppi diventando un giovane adulto. Lasciar andare è sempre difficile, per tutta la vita.
35 Molti adolescenti hanno bisogno di uno spazio autonomo, hanno bisogno di trovare da sé il loro posto nel gruppo dei pari. Per alcuni è più facile farlo escludendo per un certo periodo la famiglia, perché all'inizio è troppo difficile essere indipendenti conservando al tempo stesso un legame intimo. Dal punto di vista di un genitore è strano vedere il bambino che prima tornava a casa da scuola, si sedeva con voi, vi
40 stava attorno, guardava la televisione e faceva merenda, andarsene dritto in camera sua e scomparire finché non lo chiamate. Arrivano telefonate in continuazione, vuole uscire con gli amici, e tutti i componenti della famiglia si rendono conto che fa parte di una cerchia sociale che non li comprende. Non chiede più consigli sui vestiti, sullo stile da adottare, su chi vedere o cosa fare. Molti genitori si sentono
45 terribilmente esclusi.

Alice, madre di due ragazzi, Peter di dodici anni e Charlotte di tredici, racconta che spesso si trova a tavola, a cena, in mezzo ai due che ridacchiano e spettegola-no sugli amici. C'è tutto un parlottio sui *boyfriends* di Charlotte e sulle ragazzine che vanno dietro a Peter. La madre riesce a cogliere solo alcuni frammenti della
50 loro conversazione e si sente molto esclusa; hanno un sacco di cose eccitanti da dirsi e non c'è posto per lei.

Paul, padre di Tracy, una ragazzina di quattordici anni, l'ha vista sconvolta e in lacrime, ma lei non vuole dirgli cos'è successo. La ragazza parla un po' con la madre di un litigio con gli amici che l'ha turbata molto e la prega di non parlarne
55 al papà perché teme che pensi che si stia comportando da bambina piccola.

David ha quindici anni ed è sempre stato un bambino tranquillo, abituato a comunicare poco con i genitori. Quando era piccolo gli piaceva stare con la famiglia, partecipando alle attività, ma non prendendo quasi mai l'iniziativa. Ogni tanto gli piaceva anche essere coccolato. Crescendo, la sua natura riservata
60 lo ha portato a scegliere altre attività piuttosto solitarie, come leggere e giocare con il computer. Benché sembri perfettamente soddisfatto, i genitori si preoc-cupano perché temono di sapere poco della sua vita emotiva, della persona che sta diventando. Vedono gli altri ragazzi della sua età che sono sempre in giro, magari nei guai. Temono che David sia isolato o tagliato fuori in qualche modo.
65 Si chiedono se dovrebbero fare qualcosa.

Jenny ha sedici anni. Passa ore al telefono con gli amici, ma ai membri della famiglia non ha quasi mai niente da dire. Pensano che deve avere un mucchio di cose in testa per riempire così tante conversazioni, ma non hanno idea di cosa pensi né di quali siano i suoi sentimenti.
70 **Kabir** ha diciassette anni, esce tutte le sere e non dice mai ai genitori dove è an-dato e con chi. Torna sempre all'ora prestabilita, ma i genitori non sanno niente della sua vita sociale. A casa è gentile e fa quello che gli viene richiesto, aiuta e si occupa dei fratelli minori. Non dà problemi. Eppure i genitori hanno l'im-pressione che sia più un pensionante che un figlio e temono che se si mettesse
75 nei guai non lo verrebbero a sapere. Non lo sentono come parte della famiglia.

Sono tutti esempi tratti dalla vita quotidiana di famiglie normali. Può essere molto duro per i genitori sopportare la sensazione di essere esclusi, ma è fondamentale per lo sviluppo dei figli. I genitori devono dire no al proprio desiderio di intimità e di coinvolgimento e dovranno magari adattarsi a essere disponibili solo quando il
80 figlio li cerca, dimostrando di rispettare i suoi sentimenti e il suo bisogno di privacy. Benché sembrino non dare nessun peso all'opinione dei genitori, gli adolescenti sono molto sensibili a quello che si dice di loro. Magari fino a oggi vostro figlio è stato sicuro del suo rapporto con voi, ma ora si chiede se vi piace questo nuovo individuo, la nuova persona che sta diventando. Può pensare che abbiate un gusto
85 veramente "tremendo" per i vestiti, ma se criticate uno stile di abbigliamento che a lui piace si sente punto nel vivo. Mia figlia tredicenne e le amiche stavano parlando di vestiti. Preferiscono di gran lunga sceglierli con le amiche che con i genitori. Ma una di loro mi raccontò di aver acquistato un abito che le sembrava molto carino; lo aveva provato e lo aveva fatto vedere al padre che, guardandola, aveva
90 commentato in tono di lieve disapprovazione: "Cos'è?". Non l'aveva mai più messo. Quando gli adolescenti parlano con tanta passione e convinzione immaginiamo che siano forti e determinati. Dimentichiamo quanto siano anche vulnerabili. È il loro umore così mutevole a provocare sconcerto, sia in noi che in loro. In famiglia c'è una continua oscillazione dall'intimità alla distanza.
95 Cerchiamo di capire il perché della distanza.
Nell'isolamento, è molto difficile verificare chi siamo. In generale il giovane adolescente ha un'idea piuttosto chiara di come viene percepito a casa. È abituato ai rapporti individuali con i vari componenti della famiglia e al fatto di appartenere a questo piccolo nucleo, con i suoi sentimenti intensi e intimi. A scuola la situazione
100 è diversa. Il gruppo della scuola primaria a cui ormai si era abituato si è probabilmente sciolto con il passaggio alla scuola secondaria. Deve affrontare una nuova cerchia sociale. In questa fase, in genere, fa amicizia in gruppo piuttosto che con singole persone. I suoi interessi si spostano dalla famiglia al gruppo sociale, le sue preoccupazioni e le sue gioie sono legate per lo più al posto che vi occupa. Vi potrà
105 capitare di essere in ansia per le compagnie che si sceglie. Non potete più controllare la situazione invitando gli amici o stabilendo rapporti con le altre mamme.
Per gli adolescenti la scelta degli amici è un modo di sperimentare. Un gruppo può comprendere un ragazzo tranquillo, uno chiassoso, uno divertente, uno ribelle, uno

Alexander Lufer, Ritratto di famiglia, *2010.*

riflessivo. Stando insieme vedono i diversi comportamenti delle persone nei confronti degli altri e hanno modo di sperimentare diversi aspetti di se stessi. Possono fare cose che vi parranno poco consone al loro carattere – rubare in un negozio, bestemmiare, bere alcol, fumare e via di questo passo. Dobbiamo essere pronti a vederli sperimentare aspetti della vita che preferiremmo evitassero. Forse avranno bisogno di fare in prima persona certe esperienze per scoprire che non vanno bene per loro (naturalmente non mi riferisco a un'attrazione cronica e costante per certe attività [...]). La scelta sarà più convinta perché viene da dentro. Una disciplina esagerata, un atteggiamento troppo moralistico rischiano di essere controproducenti perché generano spesso un'intima ribellione, un segreto disprezzo, la sottomissione risentita di chi subisce una prepotenza. Lo psicoterapeuta infantile M. Waddell scrive che «le famiglie troppo rigide e autoritarie, con una tendenza alle contrapposizioni molto radicali, rischiano, senza volerlo, nella convinzione di non far altro che stabilire dei limiti, di incoraggiare i figli verso atteggiamenti estremistici».

(A. Phillips, *I no che aiutano a crescere,* Milano, Feltrinelli, 2007, trad. di L. Cornalba)

▶ ATTIVIAMO LE COMPETENZE

LETTURA E COMPRENSIONE

ACCESSO ALLE INFORMAZIONI

1 Indica se le seguenti affermazioni sono vere o false. Metti una crocetta per ogni riga.

	Vero	Falso
A Durante l'adolescenza i figli desiderano emulare i propri genitori.		
B Gli adolescenti cercano i propri modelli di riferimento fuori dalla famiglia.		
C L'adolescente ha bisogno di uno spazio autonomo.		
D Fin dall'infanzia, gli individui sanno gestire i propri conflitti da soli.		

2 Tracy preferisce confidarsi con
- **A** la madre.
- **B** il padre.
- **C** gli insegnanti.
- **D** gli amici.

3 David ama svolgere
- **A** attività di gruppo.
- **B** attività solitarie.
- **C** sport individuali.
- **D** attività noiose.

4 I genitori di Kabir sono preoccupati perché
- **A** non sanno chi frequenta.
- **B** esce ogni sera, fa tardi e non rispetta gli orari.
- **C** è sgarbato e diventa aggressivo se non ottiene ciò che vuole.
- **D** ha un rapporto difficile con i fratelli minori.

COMPRENSIONE GENERALE E INTERPRETAZIONE

5 Che cosa accomuna i genitori di Peter e Charlotte, Tracy, David, Jenny, Kabir?
- **A** Si sentono indispensabili.
- **B** Si sentono esclusi.
- **C** Sono invadenti e possessivi.
- **D** Sono troppo curiosi.

6 Il gruppo dei pari frequentato dagli adolescenti è solitamente
- **A** solidale, perché composto da ragazzi che condividono gli stessi interessi.
- **B** eterogeneo, perché composto da ragazzi con caratteri diversi.
- **C** omogeneo, perché composto da ragazzi simili per carattere e interessi.
- **D** pericoloso, perché composto sia da ragazzi equilibrati sia da ragazzi ribelli.

7 Poiché durante l'adolescenza i ragazzi sperimentano i vari aspetti della vita, può accadere che essi
- **A** disprezzino tutti gli adulti e non tengano in nessun conto il loro giudizio.
- **B** compiano azioni che gli adulti giudicano deprecabili.
- **C** si sentano esclusi dalla famiglia.
- **D** rifiutino le attività di gruppo.

8 «Ma una di loro mi raccontò di aver acquistato un abito che le sembrava molto carino; lo aveva provato e lo aveva fatto vedere al padre che, guardandola, aveva commentato in tono di lieve disapprovazione. "Cos'è?". Non l'aveva più messo» (rr. 88-90). L'episodio dimostrato confuta l'idea che
- **A** i genitori non capiscano nulla di moda.
- **B** i genitori non si interessino ai problemi dei figli.
- **C** i genitori e i figli non comunichino.
- **D** i figli non siano sensibili all'opinione dei genitori.

9 È più probabile che il clima familiare sia più teso quando
- **A** in famiglia mancano le regole.
- **B** i figli vanno male a scuola.
- **C** i figli tentano di eludere il controllo dei genitori.
- **D** i genitori impongono ai figli una disciplina esagerata.

10 «La ragazza parla un po' con la madre di un litigio con gli amici che l'ha turbata molto e la prega di non parlarne al papà» (rr. 53-55). In questa frase il pronome "ne" ha la funzione di
- **A** complemento di specificazione.
- **B** complemento oggetto.
- **C** complemento di argomento.
- **D** complemento di termine.

LESSICO

SOSTITUZIONE, SINONIMI

11 «Arrivano telefonate in continuazione, vuole uscire con gli amici, e tutti i componenti della famiglia si rendono conto che fa parte di una cerchia sociale che non li comprende» (rr. 41-43). Con quali parole o espressioni puoi sostituire quelle sottolineate senza alterare il senso della frase?
- **A** Posso sostituire "componenti" con _____

_____

- **B** Posso sostituire "cerchia sociale" con _____

_____

12 «A casa è gentile e fa quello che gli viene richiesto, aiuta e si occupa dei fratelli minori» (rr. 72-73). Con quali verbi potresti sostituire l'espressione sottolineata senza alterare il significato della frase?
- **A** nutrire, seguire.
- **B** badare, accudire.
- **C** badare, crescere.
- **D** aiutare, allevare.

Le studentesse vestite di nero

Paolo Crepet, *I figli non crescono più*

> ▶ **I GIOVANI E LA DIVERSITÀ**

Tipologia Testo espositivo-argomentativo

Genere Saggio

Anno 2005

Invito alla lettura

Paolo Crepet (Torino, 1951), psichiatra e sociologo, collabora con varie riviste ed è un volto noto dei *talk show* televisivi, dove è spesso invitato per discutere di problematiche relative all'universo giovanile. Ha scritto anche numerosi saggi tra i quali ricordiamo *Le dimensioni del vuoto. I giovani e il suicidio* (1993), *Cuori violenti. Viaggio nella criminalità giovanile* (1995), *Non siamo capaci di ascoltarli* (2001), *La ragione dei sentimenti* (2002), *Voi, noi. Sull'indifferenza di giovani e adulti* (2003), *Dannati e leggeri* (2004). Nel brano proposto, tratto da *I figli non crescono più* (2005), l'autore, a partire dai suoi incontri a scuola con gruppi di studenti, riflette sui possibili motivi che spingono i giovani a rifiutare la libertà – la libertà di scegliere e di essere diversi – per uniformarsi al gruppo ed essere tutti uguali.

In un liceo di Forlì assisto a una discussione tra studenti degli ultimi anni: parlano di libertà, di viaggi, dell'estate ormai prossima.

Una ragazza dice che il suo programma è passare il tempo nelle discoteche della riviera romagnola. Le chiedo se non abbia anche qualche altra aspettativa: non
5 mi capisce.

«Tipo?» fa lei. «Non so, magari un bel biglietto interrail per girare in treno l'Europa», provo a suggerire, «potrebbe esser meglio di una discoteca dove sei già stata mille volte...» «E che differenza c'è?» mi risponde con il tono di chi non si capacita, anzi si stupisce del mio stupore.
10 Naturalmente non tutti i compagni sono d'accordo, ma è comunque terrificante l'idea che una parte non trascurabile dei giovani d'oggi possa pensare che un viaggio – ovvero la sorpresa e l'intrapresa, la curiosità e la fatica dell'anelare in libertà – sia del tutto inutile, magari perché una bella fetta del mondo la si è già vista in televisione.
15 Una generazione cresciuta nell'abbondanza e nel superfluo, imbalsamata di benessere, risulta incapace di curiosità, di sogno, di trasgressione vera: a meno che non si creda che lo sia fare l'alba a guardare una cubista con la pelle oleata come una biscia d'acqua, tranguiare birre e vodke ghiacciate e calarsi qualche pastiglia eccitante per poi tornare a casa a duecento chilometri all'ora sfiorando i platani.
20 Se trasgredire significa "disobbedire", "andare oltre": perché tanti ragazzi rinunciano a criticare una comunità che dimostra in tutti i modi di non essere interessata al proprio futuro, ovvero alla loro condizione? Non si sono accorti del grande imbroglio?

Abbiamo inconsciamente siglato un patto terrificante. Come se avessimo invita-
25 to i nostri figli a una cena, la più mirabolante e sontuosa, e poi dicessimo loro: «Mangiate e bevete tutto ciò che desiderate, è tutto gratuito, è tutto pronto per voi. Ma non provate a dire una parola di più, le abbiamo pronunciate tutte noi;

non sognate nulla, lo abbiamo già fatto per voi». La peggiore condanna per una generazione: l'induzione di una sorta di depressione collettiva, l'uccisione stessa
30 della prospettiva, la morte dell'utopia, ovvero del diritto, del desiderio e della consapevolezza di poter cambiare le cose.

In fondo, cosa dovrebbero augurarsi i genitori per i propri figli se non che siano migliori di loro? Oppure li preferiscono replicanti, cloni, mansueti mammiferi dediti a conservare ciò che hanno ereditato?

35 Altro istituto di scuola media superiore, questa volta un tecnico a prevalenza fem-minile. Alle nove in punto uno sciame di ragazze entra nell'aula magna. Ordinate, beneducate, quasi tutte vestite di nero. È successo qualcosa, chiedo, qualcosa di brutto? «Niente affatto, non si preoccupi...» mi rassicurano, «è che il nero sfina...» Le guardo, sono tutte uguali: stessi pantaloni vita bassa, stesso capello stirato,
40 stesse scarpe a punta. Nessuna sembra avere bisogno di un colore che la faccia sembrare diversa.

Identiche tra loro e indifferenti al contesto: potrebbero essere a una festa, davanti al prof di matematica o al funerale del nonno.

Quando ero un ragazzo, non c'erano negozi di moda dedicati a noi, ma semplice-
45 mente botteghe per adulti che tenevano anche taglie più piccole. Come quella dei padri, anche la nostra divisa della festa era vestito grigio, camicia bianca, scarpe scure, calzino corto chiaro. Nelle foto di famiglia dei vecchi album, i maschi sono vestiti uguali, dal nonno al nipote. Il colore faceva paura o doveva incutere rispetto: era lasciato alle bandiere e ai cardinali.

50 Oggi, decenni dopo, una delle industrie più fiorenti è proprio quella dell'abbi-gliamento giovanile: per le generazioni dopo la nostra si sono aperte le porte dell'illusione delle libertà individuali e della concretezza dei soldi delle paghette elargite dai genitori.

E allora perché quelle ragazze erano tutte in nero? Perché nemmeno una era stata
55 capace di dirsi, mentre si vestiva: «Oggi mi sento felice, voglio essere a modo mio, voglio un colore che piace a me, che magari non mi snellisce i fianchi ma che sono solo io a portare in tutti i tre piani dell'istituto, e poco importa se le mie amiche mi guarderanno come fossi marziana o se qualcuno farà la battutina scontata...»? Siamo dunque di fronte a una latitanza di libertà reale, dopo decenni in cui non
60 abbiamo parlato d'altro? Ci siamo illusi di essere diventati persone autonome, non più chiuse in un gregge? Una generazione di genitori che ha voluto la libertà, l'ha cercata e ha lottato per ottenerla, si è poi dimenticata di inse-gnarla ai figli?

Quei vestiti tutti neri sanno di sconfitta, odorano di lutto collettivo.

Federica, studentessa di un liceo romano, mi scrive:

«...perché si ha così tanta paura del diverso? Tutti uguali ci si sente più uniti, più sicuri e quindi più ac-cettati, ma così non c'è gusto. Le anoressiche si creano un modo speciale di vivere credendo di essere uniche, quando poi sono tutte uguali. Anch'io ero uguale a loro, poi ho capito che non ha senso. Però per certi aspetti continuo a essere uguale. Cerco sempre di raggiungere obiettivi estremi e assurdi, sapendo che non ha senso.

La discoteca, uno dei luoghi di svago preferiti dai giovani.

Per esempio, tutti mi criticano per questa mia mania: quella di non fare assenze a scuola.
Da quando sto al liceo, mai ne ho fatta una e se succedesse sarebbe una tragedia per me.
La preside mi premia ogni anno, ma ci sono delle professoresse che non sono d'accordo
80 *perché, secondo loro, prendo la scuola troppo sul serio. È vero…».*

(P. Crepet, *I figli non crescono più*, Torino, Einaudi, 2005)

LABORATORIO

Ora che sei arrivato alla fine del percorso, puoi continuare a leggere e a esercitarti con altre avventure di giovani raccontate da voci diverse: le storie impegnate dello scrittore di origine afghana Khaled Hosseini e di Nicolai Lilin, di origine russa; quelle leggere e romantiche di Federico Moccia; i tormenti dei solitari protagonisti della *Solitudine dei numeri primi*:

 K. Hosseini
Prepotenza

 F. Moccia
Stelle cadenti

 N. Lilin
Infanzia in Transnistria

 P. Giordano
Numeri primi gemelli

▶ ATTIVIAMO LE COMPETENZE

LETTURA E COMPRENSIONE

ACCESSO ALLE INFORMAZIONI

1 **Alla liceale di Forlì che intende trascorrere l'estate in discoteca, l'autore suggerisce di**
A non frequentare sempre la stessa discoteca.
B fare un rally in Europa.
C prendere il treno.
D fare un viaggio in Europa.

2 **Le studentesse vestite di nero affermano di aver scelto questo colore perché**
A le fa sembrare più grandi.
B non amano i colori.
C rispecchia il loro umore.
D le fa sembrare più magre.

3 **Quando l'autore era ancora un ragazzino, di che colore era il vestito della festa?**
A Bianco
B Grigio
C Nero
D Colorato

COMPRENSIONE GENERALE E INTERPRETAZIONE

4 **«È successo qualcosa, chiedo, qualcosa di brutto?» (rr. 37-38). Il tono di questa frase è**
A preoccupato.
B compiaciuto.
C sarcastico.
D comico.

5 **Le ragazze vestono tutte di nero, nonostante**
A sia estate e faccia molto caldo.
B il mercato offra loro una vasta possibilità di scelta.
C il disappunto degli adulti (dei professori, dei genitori e dell'autore).
D alcune compagne indossino vestiti colorati.

6 **«Questi vestiti tutti neri sanno di sconfitta, odorano di lutto collettivo» (rr. 65-66). Chi, secondo l'autore, è stato sconfitto?**

_____
_____
_____
_____

7 **In base a quanto afferma la studentessa Federica, perché le sue coetanee dell'Istituto tecnico vestivano tutte di nero?**

_____
_____
_____
_____

8 **A che cosa si riferisce l'autore parlando di «latitanza di libertà reale» (r. 59)?**
A Alla mancanza di scelte autonome compiute dai giovani.
B Al fatto che i giovani non possano scegliere.
C Al fatto che i giovani decidano di seguire una moda.
D Alla mancanza di libertà che caratterizza la nostra epoca.

9 **Con quali parole possono essere descritti i sentimenti dell'autore nei confronti dei giovani?**
A Indulgenza
B Tristezza
C Ansia
D Preoccupazione
E Derisione
F Dispiacere

PRODUZIONE TESTUALE

ARGOMENTI A SOSTEGNO DELLA TESI

10 **Scegli una delle seguenti tesi e sostienila con validi argomenti.**
A Andare in discoteca e ballare è più divertente che viaggiare.
B L'idea di fare un viaggio estivo mi alletta di più che l'idea di un'estate trascorsa tra una discoteca e l'altra.
C Non c'è alcuna differenza tra viaggiare e andare in discoteca. Sono entrambe due forme di divertimento.

Generazione reality

Umberto Galimberti, *L'ospite inquietante*

Test

Tipologia Testo argomentativo
Genere Saggio
Anno 2007

Umberto Galimberti (Monza, 1942) è docente di Filosofia della Storia e di Psicologia dinamica all'Università di Venezia. Autore di numerosi saggi e interventi su periodici e quotidiani, ha scritto anche un dizionario di Psicologia comprendente 4000 voci. Nel brano proposto, tratto da *L'Ospite inquietante* (2007) lo studioso affronta il fenomeno dei *reality show*, analizzando le caratteristiche di questo format televisivo e interrogandosi sui motivi del suo successo, soprattutto tra il pubblico giovanile.

Perché tanta partecipazione di giovani a *reality show* come *Il Grande Fratello*, *L'isola dei famosi* e altre trasmissioni consimili, dove si esibiscono senza pudore i sentimenti più profondi e i segreti più nascosti della propria intimità? Se questi spettacoli sono particolarmente seguiti nelle ore pomeridiane e serali da un vasto pubblico
5 vuol dire che oggi la cosa più sconosciuta e di cui si ha la massima curiosità non è più, come un tempo, la vita degli dèi o dei sovrani, ma la vita comune interpretata da persone comuni, la vita quotidiana di tutti noi.

Brutto segno. Perché questo significa che sono crollate le pareti che consentono di distinguere l'interiorità dall'esteriorità, la parte "discreta", "singolare", "privata",
10 "intima" di ciascuno di noi dalla sua esposizione e pubblicizzazione. Se infatti chiamiamo "intimo" ciò che si nega all'estraneo per concederlo a chi si vuol fare entrare nel proprio segreto profondo e spesso ignoto a noi stessi, allora il pudore, che difende la nostra intimità, difende anche la nostra *libertà*. E la difende in quel nucleo dove la nostra *identità personale* decide che tipo di *relazione* instaurare con
15 l'altro.

Il pudore, infatti, non è una faccenda di vesti, sottovesti o abbigliamento intimo, ma una sorta di vigilanza, dove si decide il grado di apertura e di chiusura verso l'altro. Si può infatti essere nudi senza nulla concedere, senza aprire all'altro neppure una fessura della propria anima. La nudità del nostro corpo non dice ancora
20 nulla della nostra disponibilità all'altro.

Siccome agli altri siamo irrimediabilmente *esposti* e, come ci ricorda Sartre, «dallo sguardo degli altri siamo irrimediabilmente oggettivati», il pudore è un tentativo di mantenere la propria *soggettività* in modo da essere segretamente se stessi in presenza degli altri. E qui l'*intimità* si coniuga con la *discrezione*, nel senso che,
25 se "essere in intimità con un altro" significa "essere irrimediabilmente nelle mani dell'altro", nell'intimità occorre essere discreti e non svelare per intero il proprio intimo, affinché non si dissolva quel mistero che, se interamente svelato, estingue non solo la fonte della fascinazione, ma anche il recinto della nostra identità, che a questo punto non è più disponibile neppure per noi.
30 Ma contro tutto ciò soffia il vento del nostro tempo che vuole la *pubblicizzazione dell'intimo*, perché in una società consumistica, dove le merci per essere prese in considerazione devono essere pubblicizzate, si propaga un costume che contagia anche il comportamento dei giovani, i quali hanno la sensazione di esistere solo se si mettono in mostra, per cui, come le merci, il mondo è diventato una *mostra*,
35 un'esposizione pubblica che è impossibile non visitare perché comunque ci siamo dentro.

In questo modo molti giovani scambiano la loro *identità* con la *pubblicità dell'immagine* e, così facendo, si producono in quella metamorfosi dell'individuo che non cerca

più se stesso, ma la pubblicità che lo costruisce. Per effetto di questa esposizione,
40 che abolisce la parola segreta, quella intima, quella nascosta, il pudore, per loro,
non è più un sentimento umano, il tracciato di un limite. La parola che li espone
pubblicamente ha rotto i confini, e l'anima, che un giorno abitava il segreto della
loro interiorità, si è esteriorizzata come la pelle rovesciata di un serpente.

Chi infatti non irradia una forza di esibizione e di attrazione più intensa degli altri,
45 chi non si mette in mostra e non è irraggiato dalla luce della pubblicità non ha la
forza di sollecitarci, di lui neppure ci accorgiamo, il suo richiamo non lo avvertiamo, non ci lasciamo coinvolgere, non lo riconosciamo, non lo usiamo, non lo
consumiamo, al limite "non c'è".

Per *esserci* bisogna dunque *apparire*. E chi non ha nulla da mettere in mostra, non
50 una merce, non un corpo, non un'abilità, non un messaggio, pur di apparire e
uscire dall'anonimato mette in mostra la propria interiorità, dove è custodita quella
riserva di sensazioni, sentimenti, significati "propri" che resistono all'*omologazione*,
che, nella nostra società di massa, è ciò a cui il potere tende per una più comoda
gestione degli individui.

55 Il *Grande Fratello* o *L'isola dei famosi* sono stati ideati fondamentalmente per questo,
ma falliscono lo scopo, perché quando una dozzina di persone sono chiuse in uno
spazio ristretto o relegate su un'isola remota, senza libri né giornali, con nulla da
fare per tutto il giorno, quello che mostreranno non sarà assolutamente la loro
normalità, ma la loro *patologia*. Svisceranno quanto di più contorto c'è nella loro
60 anima, senza la possibilità di contenerla, come facciamo noi nella vita reale con
le occupazioni e il lavoro. Spettacolo della pazzia quindi, e non della normalità.

(U. Galimberti, *L'ospite inquietante*, Milano, Feltrinelli, 2007)

Aspetto 2 Individuare informazioni date esplicitamente nel testo.

1 In base a quanto affermato nel testo, i *reality show* sono seguiti
- ☐ **A** all'inizio da un vasto pubblico, ora solo da pochi spettatori.
- ☐ **B** solo dai giovani, nelle ore pomeridiane e serali.
- ☐ **C** solo dai giovani, in particolare nelle ore serali.
- ☐ **D** da un vasto pubblico.

Aspetto 3 Fare un'inferenza diretta, ricavando un'informazione implicita da una o più informazioni date nel testo e/o tratte dall'enciclopedia personale del lettore.

2 Secondo quanto afferma l'autore, i partecipanti ai *reality show* vivono esperienze
- ☐ **A** di nessun interesse per il pubblico.
- ☐ **B** di vita quotidiana, e perciò poco interessanti.
- ☐ **C** eccezionali e non comuni.
- ☐ **D** di vita comune e quotidiana.

Aspetto 6 Sviluppare un'interpretazione del testo, a partire dal suo contenuto e/o dalla sua forma, andando al di là di una comprensione letterale .

3 Quali scopi – detti e non detti – ha il testo?

	Sì	No
A Mettere in luce i rapporti tra società consumistica e *reality show*.		
B Analizzare le ragioni del successo dei *reality show*.		
C Spiegare ai lettori come si svolge un *reality show*.		
D Criticare la cultura giovanile.		
E Evidenziare gli aspetti patologici dei *reality show*.		

Aspetto 6 *Sviluppare un'interpretazione del testo, a partire dal suo contenuto e/o dalla sua forma, andando al di là di una comprensione letterale.*

4 **Il testo che hai letto parla dei *reality show* da un punto di vista**
- ☐ **A** socio-filosofico.
- ☐ **B** metodologico.
- ☐ **C** scientifico-economico.
- ☐ **D** letterario.

Aspetto 5a *Ricostruire il significato di una parte più o meno estesa del testo, integrando più informazioni e concetti, anche formulando inferenze complesse.*

5 **Indica se i seguenti elementi appartengono alla sfera dell'interiorità o alla sfera dell'esteriorità.**

	Interiorità	Esteriorità
A Discrezione		
B Pubblicità		
C Pudore		
D Essere		
E Apparire		

Aspetto 4 *Cogliere le relazioni di coesione e coerenza testuale (organizzazione logica entro e oltre la frase).*

6 **«Sviscereranno quanto di più contorto c'è nella loro anima, senza la possibilità di contenerla, come facciamo noi nella vita reale con le occupazioni e il lavoro» (rr. 59-61). Qual è il soggetto di questa frase?**
- ☐ **A** *Il Grande Fratello* e l'*Isola dei famosi*.
- ☐ **B** Gli spettatori.
- ☐ **C** I concorrenti dei *reality show*.
- ☐ **D** Le occupazioni e il lavoro.

Aspetto 1 *Comprendere il significato, letterale o figurato, di parole ed espressioni e riconoscere le relazioni tra parole.*

7 **Per esserci bisogna dunque apparire. Con quale verbo puoi sostituire il verbo "esserci" senza alterare il senso della frase? Scrivi la tua risposta sulla riga qui sotto.**
_____

Aspetto 5a *Ricostruire il significato di una parte più o meno estesa del testo, integrando più informazioni e concetti, anche formulando inferenze complesse.*

8 **I concorrenti dei *reality show* mettono in mostra**
- ☐ **A** la propria intimità.
- ☐ **B** i propri ideali.
- ☐ **C** il proprio corpo.
- ☐ **D** la propria sessualità.

Aspetto 5a

9 **Il primo paragrafo del brano (rr. 1-7) ha la funzione di**
- ☐ **A** anticipare le conclusioni dell'argomentazione.
- ☐ **B** presentare e problematizzare l'argomento.
- ☐ **C** descrivere i *reality show*.
- ☐ **D** trasportare il lettore nel mezzo degli eventi.

Aspetto 5a

10 **Collega con una freccia le parole delle due colonne. Fai attenzione: nella colonna 2 c'è un elemento che non c'entra.**

Colonna 1
A Pudore
B Fascino
C Merce
D Omologazione

Colonna 2
1 Pubblicità
2 Intimità
3 Controllo
4 Mistero
5 Sensazione

Edvard Munch

Pubertà

TIPOLOGIA	Dipinto
GENERE	Nudo
STILE	Espressionismo
TECNICA	Olio su tela
ANNO	1894

▶ ANALIZZIAMO IL DIPINTO

1 IL SOGGETTO
2 L'OMBRA NERA
3 LO STILE

1 Il quadro ritrae una ragazzina seduta sulla sponda di un letto disfatto.

2 In Munch il processo di crescita è vissuto con dolore e ansia.

3 Il dipinto è di stile espressionista.

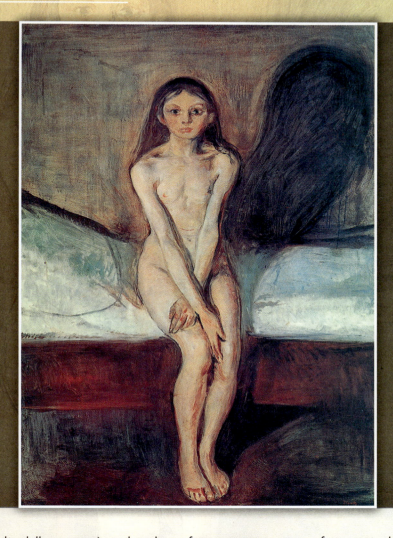

1 IL SOGGETTO

Il volto della ragazza è acerbo e le sue fattezze, ancora non perfettamente definite e differenziate, potrebbero essere quelle di un ragazzo. Gli occhi sono grandi, neri, e sembrano in attesa di risposte. Il seno è appena accennato, i fianchi sono leggermente arrotondati, le lunghe braccia sono incrociate un po' goffamente sul grembo. Le mani sono grandi, quasi sproporzionate, come i piedi del resto, poggiati questi ultimi su un pavimento così scuro che pare nascondere un abisso. Di qui a poco questa fanciulla-crisalide si trasformerà in una ragazza, pronta a spiccare il volo e a conoscere le gioie e i dolori del mondo. Ma per un istante ancora, istante fissato in eterno dal pittore, la fanciulla rimane immobile, come impietrita dall'inesorabile metamorfosi.

1 Quali particolari, coerenti con il soggetto raffigurato, aggiungeresti per arricchire il dipinto?

2 Ritieni che il pittore sia riuscito a cogliere le caratteristiche essenziali di una giovane adolescente? Motiva la tua risposta.

2 L'OMBRA NERA

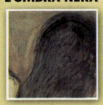

Nel dipinto, il passaggio dall'infanzia all'età adulta, insieme a ciò che esso comporta – trasformazioni fisiche, scoperta della sessualità, ricerca di una propria identità – è raffigurato in tutta la sua drammaticità. L'esile ragazza sta seduta sul letto, smarrita e incapace di muoversi, dominata dalla sua stessa ombra, che come un'ala nera – simbolo di incertezza per il futuro, di paura del cambiamento, di rifiuto e rimpianto per il passato – si staglia sulla parete di fondo contrastando con la tenue luminosità che promana dal suo corpo fragile e indifeso.

3 Nel delicato processo evolutivo che coinvolge il soggetto del dipinto, che cosa potrebbe rappresentare simbolicamente il letto?

3 LO STILE

Nelle loro raffigurazioni i pittori espressionisti non ambiscono a fotografare la realtà, come i pittori di scuola realista; né mirano a catturare con rapide pennellate, come i maestri dell'Impressionismo, la luce e l'atmosfera di un paesaggio o di un volto. Scopo della loro pittura è quello di «tirar fuori» il lato emotivo delle cose, ciò che esse suscitano nell'animo del pittore. Per ottenere questo scopo gli espressionisti utilizzano il ritmo della pennellata e il potente linguaggio dei colori (nero = tristezza, paura, morte; rosso = passione, sangue) per esprimere una vasta gamma di sentimenti e stati d'animo: angoscia, paura, ansia, gelosia, ira, attesa...

4 Quali sono i colori dominanti del quadro e quali emozioni trasmettono?

▶ ATTIVIAMO LE COMPETENZE

FRUIZIONE DI ALTRE FORME ESPRESSIVE

RIFLESSIONE, TESTO INFORMATIVO

5 Fai una ricerca su Edvard Munch. Il tuo lavoro dovrà contenere:
- una biografia essenziale dell'autore;
- un approfondimento sul suo stile pittorico;
- una scelta di almeno tre delle sue opere più rappresentative, ognuna delle quali dovrà essere corredata da una didascalia e una breve presentazione.

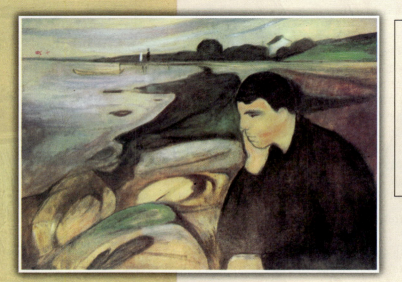

• *Edvard Munch, Malinconia, Olio su tela, 81 x 100,5, Bergen, Collezione Rasmus Meyer.*

• *Il quadro ritrae in primo piano un uomo pensieroso sulla riva del mare.*

• Nella didascalia dovrai indicare il nome dell'autore, il titolo dell'opera, la tecnica, le dimensioni e la collocazione.

• Nella presentazione dovrai fornire una brevissima descrizione del soggetto.

Caterina va in città

TIPOLOGIA	Film
GENERE	Commedia drammatica
REGIA	Paolo Virzì
CAST	Alice Teghil (Caterina), Sergio Castellitto (Giancarlo Iacovoni, padre di Caterina) Margherita Buy (Agata Iacovoni, madre di Caterina), Federica Sbrenna (Daniela Germano), Carolina Iaquaniello (Margherita Rossi Chaillet), Claudio Amendola (padre di Daniala), Galatea Ranzi (madre di Margherita), Flavio Bucci (padre di Margherita)
ANNO	2003

▶ ANALIZZIAMO IL FILM

1 LA FORMAZIONE DI UN'ADOLESCENTE
2 UNO SPACCATO SOCIALE
3 IL PROFESSOR IACOVONI

LA TRAMA

Il film racconta il processo di crescita e maturazione della protagonista, secondo lo schema tipico del Bildungsroman (romanzo di formazione).

Caterina Iacovoni è una timida tredicenne che ama la musica classica e vive serena in un piccolo paese della costa tirrenica. La madre, Agata, una donna mite e remissiva, fa la casalinga; il padre, Giancarlo, insegna ragioneria alla scuole superiori, ma non è soddisfatto dei suoi alunni, apatici e maleducati. Per questo decide di chiedere il trasferimento a Roma. Così Caterina, da un giorno all'altro, si ritrova catapultata in un ambiente nuovo nel quale stenta a inserirsi, soprattutto a scuola. La classe che frequenta, infatti, è fortemente ideologizzata e spaccata a metà: da una parte il gruppo di sinistra, capeggiato da Margherita, una ragazza ribelle e anticonformista; dall'altra il gruppo di destra, il cui leader è Daniela, figlia di un noto politico nazionale: due mondi diversi con i quali la protagonista entrerà in contatto e dai quali verrà ugualmente delusa. Anche in famiglia le cose non vanno bene: il professor Iacovoni, che ha intanto persó il lavoro per un intervento televisivo sopra le righe, scopre che la moglie lo tradisce. Decide così di lasciare la famiglia, fuggendo in moto senza dare più notizie. Nonostante le delusioni e le amarezze, Caterina alla fine riesce a trovare l'amore, a superare l'esame di scuola media e a realizzare il suo sogno: entrare in conservatorio.

1 LA FORMAZIONE DI UN'ADOLESCENTE

Sbalzata improvvisamente in città, la protagonista stenta a integrarsi nel nuovo tessuto sociale, del quale sperimenta le ipocrisie, le ingiustizie e le contraddizioni. Strumentalizzata da Margherita e Daniela, che cercano di cooptare la nuova arrivata per rafforzare la loro leadership all'interno del gruppo, e strumentalizzata dal padre, che intravede nelle amicizie della figlia una possibilità per emergere dall'anonimato, Caterina accumula delusioni su delusioni. In un intenso anno di scuola, tutti i suoi miti dell'infanzia crollano improvvisamente: il mito della migliore amica, il mito del primo amore, il mito della famiglia e soprattutto quello del padre, che si rivela un uomo fragile e insoddisfatto.

Caterina, Margherita e Daniela appartengono a tre realtà socio-culturali diverse, di cui il film racconta i pochi pregi e i tanti vizi.

Il professor Iacovoni è un uomo frustrato che cova la sua rivalsa con rabbia e rancore.

2 UNO SPACCATO SOCIALE

Caterina è una rappresentante della piccola borghesia, figlia di un professore e di una casalinga: reddito medio-basso, una casa modesta e mille sogni nel cassetto; Margherita è figlia di due intellettuali di sinistra: benestanti, tanta cultura e poca sostanza. Daniela infine proviene da una famiglia di estrema destra: soldi a palate, una bella villa e niente libri. Si tratta di mondi diversi accomunati però dalla stessa incapacità di educare i figli e di dialogare con essi: il professor Iacovoni è troppo impegnato a covare la sua rivalsa per poter comprendere realmente i bisogni di Caterina, la quale non può contare nemmeno sul sostegno della madre, una donna frustrata e passiva. Gli ex coniugi Rossi Chaillet, troppo presi dal loro ruolo di intellettuali, non sanno nulla della figlia, che passa la maggior parte del tempo chiusa nella sua stanza, inebriandosi di incenso, tatuandosi e bevendo alcolici. L'onorevole Germano è interessato solo a far carriera e delega i suoi compiti educativi all'autista, cui spetta il compito di vigilare sulla viziata Daniela, che intanto si diverte a rubare nei grandi magazzini e partecipare a festini poco raccomandabili.

3 IL PROFESSOR IACOVONI

Il padre di Caterina, il professor Giancarlo Iacovoni, fa l'insegnante ma il suo lavoro e la sua condizione socio-economica non lo soddisfano. Ha velleità di scrittore, si atteggia a grande intellettuale e nutre rancore e malcelata invidia per coloro "che ce l'hanno fatta". Patologicamente schiacciato da un sentimento di perenne esclusione e frustrazione, attribuisce il suo fallimento umano e professionale al «malcostume delle solite conventicole nazionali», a quel ristretto gruppo di persone che gestisce il potere non per accrescere il bene comune, ma solo per fare i propri interessi: facendo pagare il conto e trattando come «giocattoli» i poveri diavoli come lui, che non possono permettersi nulla nella vita, «nemmeno una soddisfazione sul lavoro, una bella casa, un po' di rispetto da parte degli altri».

GUIDA AL DIBATTITO

1 Il professor Iacovoni può dirsi un buon padre e un buon marito? Motiva la tua risposta.

2 Perché il film può essere definito una commedia amara?

3 Destra contro sinistra: pensi che esista ancora in Italia questa contrapposizione ideologica?

4 Che cosa spinge Daniela a rubare nei grandi magazzini e a comportarsi in maniera trasgressiva?

5 Gianfilippo e il ragazzo australiano, i due amori di Caterina, sono personaggi positivi o negativi?

6 Al termine del colloquio col preside a seguito della rissa scoppiata durante l'ora di educazione fisica, i genitori di Margherita e Daniela escono insieme, parlando cordialmente. Qual è secondo te il significato di questa scena?

7 Pensi che il film rispecchi realmente le dinamiche socio-affettive che si verificano all'interno di una classe? Rispondi e motiva la tua risposta.

8 Nel film sono presenti più linee tematiche. Indica quali sono e quali tra queste ritieni più importante.

▶ ATTIVIAMO LE COMPETENZE

STRUMENTI ESPRESSIVI E ARGOMENTATIVI

ESPOSIZIONE DEL PROPRIO PUNTO DI VISTA

9 **Scegli il tuo punto di vista e argomentalo.**
Consiglierei la visione di questo film perché:

• perché rispecchia le problematiche adolescenziali;
• perché fa riflettere lo spettatore;
• perché rispecchia la realtà dell'Italia.

Concetti chiave

Flashcard

▶ CARATTERISTICHE

La giovinezza

Età della vita	La giovinezza è la stagione della vita che segue l'infanzia e che precede l'età adulta.
I riti di passaggio	In ogni cultura la giovinezza è scandita da riti di passaggio di entrata e di uscita.
L'identità	Durante l'adolescenza si definisce l'identità dell'individuo.
Le problematiche	Il passaggio dall'infanzia all'età adulta è spesso segnato da problematiche esistenziali.

▶ CONTESTO STORICO-CULTURALE

QUANDO	CHI	CHE COSA
Età arcaica e classica	Gli spartiati	Società basata su una ferrea disciplina
	I Romani	Cerimonia di passaggio dall'infanzia all'adolescenza
Medioevo	Dante Alighieri	Teorie sulle quattro età della vita
Ottocento	Gli artisti e gli intellettuali romantici	Rinnovamento culturale e politico della società
Novecento	Nazisti e fascisti	Indottrinamento delle masse giovanili
	Studenti	Manifestazioni studentesche del '68

▶ RIPASSO

1 Che cosa si intende con l'espressione rito di passaggio?

2 Esistono ancora i riti di passaggio? Se sì, fai qualche esempio.

3 Quali erano le caratteristiche dell'educazione spartana?

4 In che modo i Romani sancivano il passaggio dalla *pueritia* all'adoescenza?

5 Riassumi le teorie di Dante sull'adolescenza.

6 Quali furono i rapporti tra cultura romantica, lotta patriottica e giovinezza?

7 Perché, nei primi anni del Novecento, molti giovani consideravano la guerra come un'opportunità?

8 Il fascismo e il nazismo si interessarono molto dei giovani. Ma si trattò di un interesse reale o strumentale?

9 Che cosa accadde nel '68?

10 Che cosa caratterizza l'adolescenza?

La Shoah

La Shoah

Lager

Genocidio

Testimonianza

Uno scorcio del campo di sterminio nazista di Auschwitz, in Polonia.

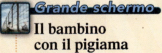

La Shoah

**La persecuzione
degli ebrei**

Che cosa significa "Shoah"

La parola ebraica "Shoah" (annientamento, catastrofe) e il termine di origine greca "Olocausto" (sacrificio sul rogo, da ὁλόκαυστος, "bruciato interamente") sono ormai entrati nel lessico comune per indicare il genocidio del popolo ebraico compiuto dai nazisti durante la Seconda guerra mondiale. Il più grande processo di persecuzione e annientamento della storia, organizzato e perpetrato con un'efficienza e una spietatezza che non hanno precedenti, non è avvenuto in un lontano passato o in un angolo remoto del mondo: il dramma del popolo ebraico si è consumato appena settant'anni fa nel cuore della civilissima Europa, senza che nessuno sia riuscito a porre freno all'incredibile macchina di sterminio messa in moto da Hitler e dai suoi seguaci. Ma come è potuto accadere tutto questo?

L'antisemitismo

Dalle soglie dell'età cristiana fino all'età contemporanea la coesistenza tra gli ebrei e i loro vicini si è spesso rivelata problematica. Mal tollerati per ragioni religiose ed economiche, gli ebrei sono stati spesso oggetto di violenza e di provvedimenti discriminatori, come l'imposizione di un abbigliamento distintivo, il divieto di esercitare il commercio o l'obbligo di residenza coatta in quartieri appositamente destinati alla loro comunità, i **ghetti**. Mai nessuno, però, prima di **Adolf Hitler**, aveva pensato a una "**soluzione finale**" della questione ebraica: espressione tristemente eufemistica dietro cui si nascondeva la volontà del *führer* e del suo partito di eliminare per sempre le comunità ebraiche presenti in Europa, ritenute responsabili di tutti i mali che allora affliggevano il popolo tedesco.

La propaganda antiebraica

Il progetto di sterminio del popolo ebraico si svolse attraverso varie fasi. All'inizio, facendo leva su un diffuso sentimento antisemita presente non solo in Germania ma anche nel resto d'Europa, Hitler e il suo ministro della Propaganda **Joseph Goebbels** orchestrarono una campagna denigratoria nei confronti degli ebrei, spesso rappresentati come individui sgradevoli e infidi. In effetti, i nazisti erano convinti che gli ebrei appartenessero a una razza inferiore, la quale avrebbe potuto contaminare la purezza del sangue ariano che andava invece preservato da tutte le forme di degenerazione. Per la stessa ragione furono sottoposti a una sistematica persecuzione, che arrivò fino a provvedimenti di eutanasia e di sterilizzazione forzata, anche gli alcolizzati, gli omosessuali, i portatori di handicap e gli zingari.

In questa illustrazione di un libro per bambini, pubblicato a Norimberga nel 1936, un ebreo tenta di sedurre una donna di "razza nordica": la propaganda nazista agiva sulle coscienze fin dalla prima infanzia.

linea del tempo

1930

30 gennaio 1933
Adolf Hitler nominato cancelliere della Germania

settembre 1935
Leggi di Norimberga

9-10 novembre 1938
Notte dei cristalli

1° settembre 1939
Invasione tedesca della Polonia: inizia la Seconda guerra mondiale

1940

1° settembre 1941
Obbligo per gli ebrei di indossare la stella gialla

20 gennaio 1942
Conferenza di Wannsee

27 gennaio 1945
Liberazione di Auschwitz

Le leggi di Norimberga

La politica razziale messa a punto da Hitler e dai suoi ministri ebbe l'effetto di scatenare un'ondata di odio e di violenza nei confronti della popolazione ebraica, che fu messa a dura prova da azioni teppistiche e dal sistematico boicottaggio delle loro attività economiche. A partire dal 1933, anno della presa del potere del Partito nazionalsocialista, in Germania gli ebrei furono gradualmente ridotti alla fame, e privati dei più elementari diritti, attraverso una serie di provvedimenti legislativi via via sempre più umilianti e restrittivi. Una tappa decisiva dell'attacco contro gli ebrei fu la promulgazione delle **Leggi di Norimberga** (settembre 1935) che tracciavano una netta distinzione, di chiaro orientamento razzista, tra cittadini di «sangue tedesco» e cittadini di «sangue ebreo». Le Leggi di Norimberga stabilivano l'inferiorità razziale degli ebrei, che cessavano così di essere cittadini liberi come gli altri. Alla perdita dei diritti politici si aggiunse anche – allo scopo di difendere il sangue e l'onore tedeschi – il divieto di matrimonio e convivenza tra ebrei e ariani, e la messa al bando di qualsiasi attività che potesse avere implicazioni sessuali.

La notte dei cristalli

L'astio nazista nei confronti degli ebrei si trasformò in aperta violenza nella notte tra il 9 e il 10 novembre 1938, passata alla storia come la "notte dei cristalli". In ogni parte della Germania, al calare delle tenebre, squadre naziste incendiarono scuole, abitazioni, sinagoghe e negozi; poi fecero irruzione nelle case ebraiche, sequestrando tutti gli oggetti di valore, terrorizzando le famiglie, e in qualche caso violentando le donne e arrestando o picchiando a morte i loro uomini. Neanche i bambini furono risparmiati: quelli ospitati negli orfanotrofi di Berlino, per esempio, vennero gettati in mezzo alla strada.

Primi progetti di deportazione

Nel 1939 Hitler diede ordine di invadere la Polonia, scatenando così la Seconda guerra mondiale. Esaltato dal successo dell'operazione, il *führer* decise di deportare gli ebrei della Germania nei territori appena annessi, in una speciale riserva nei pressi di Lublino. Ma dopo alcuni trasferimenti il progetto fu accantonato per le difficoltà che questa operazione comportava. Le successive vittorie nell'Europa occidentale posero sotto il controllo nazista altre centinaia di migliaia di ebrei, che il territorio polacco però non era in grado di accogliere. A questo punto **Heinrich Himmler**, il capo delle SS (la milizia speciale nazista), suggerì al *führer* di risolvere il problema trasferendo tutti gli ebrei nell'isola africana di **Madagascar**, un piano che si rivelò inattuabile. Nella imminenza dell'invasione dell'Unione Sovietica, **Adolf Eichmann**, responsabile della sezione ebraica della Gestapo, propose di deportare i quasi sei milioni di ebrei europei al di là degli Urali, sempre più a est. Ma perché questo progetto si realizzasse era necessario uccidere la popolazione ebraica locale.

Una tipografia di proprietà ebraica con i segni della distruzione subita durante la notte dei cristalli.

Nel ghetto di Varsavia, le donne ebree, riconoscibili dalla stella di David cucita sulla giacca, fanno la fila per l'acqua.

Operazioni di sterminio

Così, nel 1941, quando le armate tedesche penetrarono in Unione Sovietica, Hitler diede l'ordine di sterminare tutti gli ebrei slavi. Questa missione fu affidata alle *Einsatzgruppen*, unità operative composte da SS e polizia che avevano il compito di ripulire il territorio dagli elementi ostili, principalmente ebrei, ma anche zingari e comunisti. La crudeltà di queste squadre, che non risparmiava donne e bambini, è testimoniata dall'eccidio di **Babij Jar**, un fossato nei pressi della città ucraina di Kiev dove, nella notte tra il 29 e il 30 settembre 1941, furono uccisi più di trentamila ebrei.

I ghetti

Fin dal 1940 in Polonia erano stati istituiti i **ghetti**, apposite aree cittadine dove i nazisti recludevano gli ebrei separandoli dal resto della popolazione. Il primo grande ghetto venne costruito a Łódź. Negli anni successivi ne seguirono molti altri, tra cui quello tristemente noto di **Varsavia**. La vita nel ghetto era terribile: gli ebrei, che dovevano indossare la stella gialla, furono privati di qualsiasi fonte di reddito, vivevano ammassati in spazi angusti, non ricevano nutrimento a sufficienza ed erano sottoposti a lavori pesantissimi. A causa della denutrizione e della fatica, la popolazione spesso andava incontro a epidemie anche mortali. Si stima che nel ghetto di Varsavia, tra il 1940 e il 1943, morirono di fame o di malattia circa 100.000 persone.

Le deportazioni e la conferenza di Wannsee

Comprendendo che la campagna in Russia si sarebbe protratta ancora per molto tempo, i nazisti ritornarono al vecchio progetto di trasferire gli ebrei europei in Polonia. Le operazioni di deportazione sistematica ebbero inizio nel novembre del 1941 e proseguirono fino alla fine della guerra. I primi a essere trasferiti furono gli ebrei tedeschi, poi fu la volta di quelli francesi, olandesi, belgi, greci, italiani e ungheresi. In effetti, anche nei paesi alleati della Germania e in quelli occupati gli ebrei furono sottoposti a provvedimenti legislativi restrittivi e persecutori. In Italia, per esempio, le **leggi razziali fasciste**, rivolte prevalentemente contro gli ebrei, erano in vigore fin dal 1938. La sorte dei deportati, ignari del loro destino, era già segnata. I nazisti infatti avevano avviato l'ultima fase della persecuzione del popolo ebraico: lo sterminio di massa.

La "soluzione finale" della questione ebraica venne pianificata da un gruppo di gerarchi nazisti che si riunirono in conferenza, il 20 gennaio 1942, in una villa presso il lago Wannsee a Berlino. In quest'occasione **Reinhard Heydrich**, il crudele capo dell'Ufficio centrale per la sicurezza del Reich, informò i presenti che gli ebrei condotti a Est sarebbero stati utilizzati in attività lavorative così massacranti da provocare la morte naturale di molti di loro. Coloro invece che fossero rimasti in vita avrebbero ricevuto un «trattamento adeguato», cioè sarebbero stati uccisi.

Il viaggio verso la morte

Le operazioni di deportazione si svolgevano tutte nello stesso modo. Gli ebrei erano invitati a presentarsi in un luogo di raccolta prestabilito con un bagaglio essenziale,

L'arrivo di un treno di deportati nel campo di sterminio nazista di Auschwitz.

in vista di un trasferimento verso una destinazione imprecisata. Venivano quindi caricati su **carri merci**, pigiati gli uni sugli altri. Quando i vagoni erano carichi all'inverosimile, le porte venivano chiuse e il buio piombava sui deportati. Il viaggio poteva durare anche molti giorni, durante i quali i reclusi non ricevevano né cibo né acqua. Ognuno espletava i propri bisogni fisiologici all'interno del vagone sotto gli occhi di tutti e l'aria diveniva subito irrespirabile. Chi, sfinito, cercava di sedersi veniva schiacciato dal proprio vicino. È inutile dire che moltissimi di questi sfortunati morirono durante il tragitto. Ma per i sopravvissuti, l'incubo era appena iniziato.

I campi di concentramento

Durante la guerra erano già attivi in varie parti d'Europa numerosi campi di concentramento dove i nazisti relegavano i nemici dello Stato, che venivano costretti a condizioni di vita disumane, a massacranti lavori forzati e talvolta a processi di eliminazione seriale. Nel corso del tempo i campi iniziarono a ospitare, oltre ai dissidenti politici, anche stranieri ed ebrei: molti di loro morirono durante la detenzione. I campi erano solitamente di forma quadrangolare. Numerose torri di controllo, spietati agenti di sorveglianza e centinaia di metri di filo spinato impedivano la fuga dei reclusi. Tra i campi di concentramento più tristemente famosi ricordiamo quelli di **Dachau**, **Mauthausen**, **Buchenwald** e **Bergen-Belsen**, dove il 31 marzo 1945 trovò la morte **Anne Frank**, il cui diario costituisce una delle più vive testimonianze degli orrori della Shoah.

La meta finale della maggior parte dei deportati però non erano i campi di concentramento, ma luoghi ancora più infernali, appositamente costruiti per attuare il più grande eccidio di massa della storia: i **campi di sterminio**.

I campi di sterminio

Tra il 1941 e il 1942 entrarono in funzione in Polonia i **sei campi** di sterminio di **Chełmno**, **Sobibór**, **Bełżec**, **Treblinka**, **Majdanek** e **Auschwitz-Birkenau**, questi ultimi due nati come campi di concentramento e successivamente trasformati in fabbriche di morte. In questi luoghi maledetti giungevano da tutte le direzioni i convogli dei deportati, che ripartivano vuoti dopo aver scaricato centinaia di donne, uomini e bambini. Dopo il loro arrivo i deportati venivano inviati nelle camere a gas, con la scusa di una doccia o di una disinfestazione. Solo ad **Auschwitz**, che fungeva anche da serbatoio di lavoratori per le vicine industrie o di cavie umane per i crudeli esperimenti scientifici del dottor **Josef Mengele**, veniva effettuata una sommaria selezione.

Le camere a gas

Nei campi di sterminio la morte avveniva tramite l'uso di **gas velenosi**. All'inizio i nazisti si servivano di **furgoni** i cui gas di scappamento venivano convogliati all'in-

Un forno crematorio nel campo di Auschwitz.

terno del veicolo ermeticamente chiuso e dove trovavano posto le vittime, che morivano di avvelenamento tra atroci e lente sofferenze. I cadaveri venivano poi scaricati nelle foreste. Successivamente si passò alla costruzione di **forni crematori**. L'utilizzo dei gas di scarico per uccidere era già stato sperimentato con successo dai medici nazisti per sopprimere i minorati mentali ed era stato anche applicato su minima scala durante la campagna in Unione Sovietica. Il primo sterminio di ebrei tramite **camere a gas mobili** ebbe luogo nel campo di Chełmno. Gli altri campi di concentramento furono invece attrezzati con le più efficienti **camere a gas permanenti**, all'interno delle quali, tramite un apposito sistema di tubi, venivano convogliate le emissioni di scarico dei veicoli a motore o il terribile **Zyklon B**, un acido capace di uccidere in pochi minuti che fu utilizzato in grande quantità soprattutto ad Auschwitz. L'ingrato compito di rimuovere i corpi dei cadaveri e di provvedere alla loro cremazione era affidato ai *sonderkommandos*, unità speciali composte per lo più da ebrei obbligati a collaborare con i carnefici nazisti.

In quasi tre anni di attività, nei campi di concentramento transitarono circa 3 milioni di persone, provenienti dai ghetti polacchi o dalle varie aree europee. Solo pochi sopravvissero. Riportiamo una tabella che ricapitola l'attività dei vari campi di sterminio e il numero delle vittime della soluzione finale.

Campo di sterminio	Periodo di attività	Sistema di uccisione	Numero degli ebrei uccisi
Chełmno	1941-1944	Fucilazione, camion a gas	150.000
Sobibór	1942-1944	Camere a gas	200.000
Treblinka	1942-1943	Fucilazione, camere a gas	750.000
Bełżec	1942	Camere a gas	550.000
Majdanek	1941-1944	Fame, malattie, maltrattamenti, fucilazione, camere a gas	360.000
Auschwitz Birkenau	1940-1944	Fame, malattie, maltrattamenti, esperimenti medici, impiccagione, fucilazione, camere a gas	1 milione

(Fonte: Raul Hilberg, *La distruzione degli ebrei d'Europa*, Torino, Einaudi, 1999)

La liberazione di Auschwitz

Alla fine del 1945 le sorti della Seconda guerra mondiale erano già decise. La Germania nazista, che aveva scatenato il conflitto e inondato di orrore l'Europa, era sull'orlo del collasso e si avviava verso l'inesorabile capitolazione. Il **27 gennaio** le truppe sovietiche in marcia verso Berlino fecero il loro ingresso nel complesso dei campi di Auschwitz-Birkenau. Un'irridente scritta «Arbeit macht frei» (Il lavoro rende liberi) sormontava il cancello d'ingresso del Lager. L'aria gelida e un silenzio irreale avvolgevano la scena. Di tedeschi nemmeno l'ombra: i nazisti erano fuggiti, non prima però di aver distrutto gli impianti di sterminio – analoga operazione era stata compiuta negli altri

Un gruppo di superstiti del Lager di Auschwitz nel giorno della loro liberazione.

campi di morte – e aver evacuato la maggior parte degli internati, costretti a marciare nel gelido inverno polacco verso Ovest, incontro alla morte. Nel campo rimanevano solo pochi sopravvissuti: alcuni si erano nascosti, altri erano stati abbandonati perché troppo deboli per camminare. Tra di essi vi erano anche bambini. Con la liberazione di Auschwitz il mondo poté conoscere tutto l'orrore della Shoah.

La fine dei colpevoli

Sebbene il dibattito sulle responsabilità dell'Olocausto sia ancora aperto, è sicuramente accertata la colpevolezza di molti gerarchi nazisti. Al termine della guerra, alcuni di questi furono arrestati, processati e condannati per crimini contro l'umanità. Altri, invece, cercarono di sottrarsi al giudizio del tribunale e all'onta della sconfitta con la fuga o con il suicidio. **Adolf Hitler** si tolse la vita insieme all'amante Eva Braun all'interno del suo bunker sotterraneo il 30 aprile 1945, mentre le truppe russe assediavano Berlino. **Joseph Goebbels** seguì le sorti del suo capo, uccidendo prima la moglie e i figli, e poi se stesso. **Heinrich Himmler**, caduto nelle mani degli inglesi, si suicidò con una capsula di cianuro. **Reinhard Heydrich** fu ucciso nel 1942 in un attentato a Praga. Al termine della guerra **Adolf Eichmann** fuggì in Argentina, dove fu catturato nel 1960; estradato in Israele, fu processato per crimini di guerra e condannato a morte, con sentenza eseguita il 31 maggio del 1962. Il dottor **Josef Mengele** si rifugiò in Sud America e non è stato mai catturato.

Il giorno della memoria

Al fine di ricordare la Shoah, le leggi razziali, le persecuzioni, le deportazioni, la prigionia, la morte di milioni di persone, e in onore di coloro che si sono opposti a rischio della propria vita al progetto di sterminio nazista, il 27 gennaio di ogni anno – data della liberazione di Auschwitz – viene celebrato il "giorno della memoria". Una ricorrenza internazionale il cui significato non si deve esaurire nella visione di un film o in un dibattito in classe. Celebrare la giornata della memoria vuol dire soprattutto **non voltare la testa dall'altra parte**, documentarsi, riflettere e tramandare il ricordo di tanto orrore, affinché un così efferato crimine contro l'umanità non debba più ripetersi, come ammoniscono questi versi dello scrittore italiano Primo Levi, posti come epigrafe al suo libro *Se questo è un uomo*.

Voi che vivete sicuri
Nelle vostre tiepide case,
Voi che trovate tornando a sera
Il cibo caldo e visi amici:

Considerate se questo è un uomo
Che lavora nel fango
Che non conosce pace
Che lotta per mezzo pane
Che muore per un sì o per un no.
Considerate se questa è una donna,
Senza capelli e senza nome
Senza più forza di ricordare
Vuoti gli occhi e freddo il grembo
Come una rana d'inverno.

Meditate che questo è stato:
Vi comando queste parole.
Scolpitele nel vostro cuore
Stando in casa andando per via,
Coricandovi alzandovi;
Ripetetele ai vostri figli.

O vi si sfaccia la casa,
La malattia vi impedisca,
I vostri nati torcano il viso da voi.

(P. Levi, *Se questo è un uomo*)

▶ PAROLE DA RICORDARE

Ariano: denominazione introdotta nel XIX secolo per indicare il gruppo razziale che secondo alcune teorie avrebbe popolato in tempi remoti l'Europa settentrionale e che, successivamente frammentatosi a causa dei moti migratori, avrebbe diffuso la lingua indoeuropea nell'Eurasia. I nazisti si ritenevano discendenti del popolo ariano.

Antisemitismo: (composto di *anti-*, "contro", e *semita*, "discendete di Sem"), termine coniato nel 1879 dal giornalista Wilhelm Marr per indicare l'ostilità contro il popolo ebraico.

Gestapo: (sigla di *Geheime Staatspolizei*), la spietata polizia segreta di Stato del regime nazista.

Ghetto: (dal veneziano *geto*, pronunziato *ghèto*, "getto, colata di metallo fuso"), quartiere o zona della città in cui gli ebrei erano costretti a vivere forzatamente. Il termine deriva dalla denominazione del quartiere di Venezia assegnato agli ebrei nel 1516, il *Gheto*, nei pressi del quale sorgevano alcune fonderie.

Lager: forma abbreviata per indicare i campi di concentramento (in tedesco *Konzentrazionslager*) e i campi di sterminio (*Vernichtungslager*), detti anche campi della morte (*Todeslager*).

Pogrom: termine di origine russa (propriamente significa "distruzione, devastazione") indicante le sommosse violente contro gli ebrei, frequenti in Russia ai tempi dello zar. Il termine è passato a indicare qualsiasi azione violenta a sfondo razzista contro una minoranza etnica. Un pogrom fu la notte dei cristalli.

SS: abbreviazione del tedesco *Shutz-Staffeln*, "schiera di protezione". Le SS erano un'unità paramilitare d'élite, una sorta di esercito nell'esercito, di cui potevano far parte solo i tedeschi di puro sangue ariano. Il loro capo era Heinrich Himmler.

Stella di David: stella a sei punte, simbolo della civiltà e della religiosità ebraiche. Durante gli anni della persecuzione nazista gli ebrei ne dovevano indossare una di colore giallo come segno distintivo. Oggi la stella di David campeggia sulla bandiera israeliana.

Il fungo velenoso

Julius Streicher, *Der Giftpilz*

Tipologia	Testo di propaganda
Genere	Racconto
Anno	1938

▶ **PROPAGANDA ANTISEMITA**

Invito alla lettura

Un tratto specifico del regime nazista fu il tentativo di inquadrare e indottrinare le masse, cercando di imporre la propria ideologia basata sulla discriminazione razziale a ogni livello della scala sociale. Per ottenere questo scopo il nazismo si servì di tutte le tecniche possibili: controllava e utilizzava come strumenti di propaganda la radio, il cinema, il teatro, la musica, la stampa, l'arte e la letteratura; mobilitava e infiammava le folle con imponenti e coreografiche parate; pianificava il tempo libero dei cittadini coinvolgendoli in attività associative o invitandoli a partecipare a feste e viaggi. Insomma, nessun aspetto della vita pubblica e privata sfuggiva al controllo del partito. Il nazismo pose attenzione soprattutto all'educazione dei giovani, ai quali venivano inculcati – a scuola, nelle organizzazioni giovanili o attraverso i libri – i valori fondamentali del regime: obbedienza, cameratismo, culto del *führer*, senso del dovere, orgoglio ariano e, naturalmente, antisemitismo. Il testo sotto riportato, tratto dal libro per l'infanzia *Der Giftpilz* (*Il fungo velenoso*), è un agghiacciante esempio di come i nazisti cercassero di alimentare l'odio razziale anche nei più piccoli. L'autore del racconto è Julius Streicher, uomo politico e "megafono" della propaganda antisemita del regime. Streicher, che oltre ad occuparsi di libri per l'infanzia fu editore del settimanale razzista «Der Stürmer», fu accusato al processo di Norimberga di essere stato tra i principali istigatori all'odio razziale contro gli ebrei: ritenuto colpevole, fu condannato a morte e giustiziato il 16 ottobre 1946.

Il piccolo Franz è andato con la mamma a cercare funghi nel bosco. Franz, che di solito è un ragazzo silenzioso, oggi è come trasformato. Ridendo saltella sopra fossi e cespugli e grida di gioia pieno di pazza spavalderia. La madre lo guarda felice e gioisce del figlio. Poi però lo rimprovera: "Ma, cosa c'è, Franz? Il mio cesto è già
5 pieno. E tu non hai ancora trovato un solo fungo! Devi cercare con più attenzione e guardare per terra più che in aria!". Franz dice: "Hai ragione, mamma. Mi sono dimenticato di cercare, tanto è bello qui nel bosco. Ma adesso starò più attento!". Dopo mezz'ora torna dalla madre gridando di gioia: "Urrà! Ora ho tanti funghi quanti ne hai tu, mamma!". E aggiunge: "Credo però che ce ne sono anche di velenosi!". La
10 madre sorride. "Posso immaginarlo. Ma questo non è preoccupante. Sceglieremo i funghi velenosi e li butteremo via". Franz prende un fungo dal suo cesto. "Mamma, questo fungo non mi piace. È certamente velenoso!». La madre scuote la testa. "Hai ragione. Questo è un fungo di Satana. E molto velenoso; si riconosce subito dal colore e dall'orribile odore". Franz butta per terra il fungo e lo calpesta. Poi prende
15 un altro fungo dal suo cesto. È grande, ha un gambo lungo, bianco-grigio e una cappella larga e rossa con molti puntini bianchi: "Mamma, non mi fido di questo fungo. Ha un colore troppo stridente. Certamente anche questo è velenoso". "Sì, – conferma la madre, – buttalo via!". Poi Franz tira fuori altri due funghi: "Questi due, però, non sono velenosi. Questi li conosco. Uno è un porcino, l'altro un fungo
20 campestre. Si possono mangiare. Sono anche molto buoni". La madre guarda per

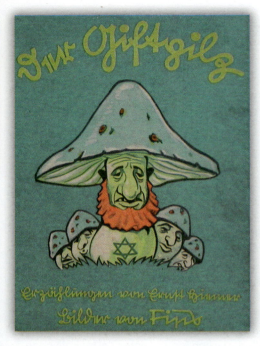

*Copertina di Der Giftpilz,
Il fungo velenoso.*

*Una illustrazione di Der
Giftpilz.*

bene i funghi: "Giusto, questi due li portiamo a casa". E mettono i funghi nel loro cesto. "Qui c'è un altro campestre!" grida Franz e prende un altro fungo. La madre atterrisce: "Per l'amore di Dio, Franz! Questo non è un campestre. Questo è il fungo velenoso più pericoloso che ci sia. E doppiamente pericoloso, perché si può facilmente scambiare". La madre prende il cesto del suo bambino e ne estrae i funghi, uno per uno. "Questo si può mangiare. Ma questo è velenoso. Via! E questo è mangiabile. Ma l'altro fungo è velenoso. Questo non lo possiamo portare a casa...". Così la madre spiega al bambino diversi tipi di funghi. Poi i due prendono in mano i loro cesti e si avviano verso casa. Strada facendo la madre dice: "Guarda, Franz, come accade per i funghi nel bosco, lo stesso accade anche per le persone sulla terra. Ci sono funghi buoni e persone buone. Esistono funghi velenosi, funghi cattivi, e persone cattive. E da queste persone bisogna guardarsi come dai funghi velenosi. Capisci?". "Sì mamma, capisco, – dice Franz, – se ci si affida a persone cattive, può succedere una disgrazia, così come se si mangia un fungo velenoso si può morire!". "E sai anche chi sono queste persone cattive, questi funghi velenosi dell'umanità?" incalza la madre. Franz si dà delle arie. "Certo, mamma! Lo so. Sono gli ebrei. Il nostro maestro ce lo dice spesso a scuola".

Ridendo, la madre gli dà una pacca sulla spalla. "Perbacco, sei proprio un ragazzo intelligente! Ma ora stai bene attento, cerca di capire quello che sto per dirti. Lo ripeto: ci sono funghi buoni e funghi velenosi. Ci sono persone buone e persone
45 cattive. Le persone cattive sono gli ebrei. Ma spesso è molto difficile distinguere le persone buone da quelle cattive". "Lo credo, – dice Franz, – è tanto difficile come distinguere i funghi commestibili da quelli velenosi". "Giusto!" plaude la madre. E poi continua a parlare. È diventata molto seria. "Gli ebrei sono persone cattive. Sono come i funghi velenosi. E così come è spesso difficile distinguere i funghi
50 velenosi da quelli buoni, è altrettanto difficile riconoscere gli ebrei come furfanti e delinquenti. Come i funghi velenosi si presentano con i più vari colori, così anche gli ebrei riescono a rendersi irriconoscibili assumendo gli aspetti più strani". "A quali aspetti strani pensi?" chiede il piccolo Franz. La madre capisce che il bambino non ha afferrato del tutto. Ma continua a spiegare imperturbabile: "Allora ascolta! C'è per esempio l'ebreo ambulante. Con stoffe e ogni possibile mercanzia gira di paese in paese. Vanta la sua merce come la migliore e la meno cara. In realtà è la peggiore e la più cara. Di lui non devi fidarti!". "Proprio come del fungo velenoso! Anche di quello non ci si può fidare!". "Così è anche per gli ebrei del bestiame, gli ebrei dei supermercati, con i macellai, con i medici ebrei. Anche se fingono, anche se si mostrano molto gentili, e se mille volte dicono di volere solo il nostro bene non possiamo crederlo. Sono ebrei e rimangono ebrei. Sono velenosi per il nostro popolo!". "Come i funghi velenosi!" dice Franz. "Sì, bambino mio! Così come un unico fungo velenoso può uccidere un'intera famiglia, un solo ebreo può annientare un intero paese, un'intera città, perfino un popolo intero". Franz ha capito: "Mamma, i non ebrei lo sanno tutti che l'ebreo è pericoloso come un fungo velenoso?". La madre scuote la testa: "Purtroppo no, bimbo mio. Ci sono molti milioni di non ebrei che non hanno ancora conosciuto l'ebreo. E per questo dobbiamo informarli e metterli in guardia dagli ebrei.

Dobbiamo però anche mettere in guardia dagli ebrei la nostra gioventù. I nostri ragazzi e le nostre ragazze devono sapere chi sono gli ebrei. Devono sapere che l'ebreo è il fungo velenoso più pericoloso che esiste. Come i funghi crescono ovunque così
75 l'ebreo si trova in tutti i paesi del mondo. Come i funghi velenosi provocano spesso gravi disgrazie, così l'ebreo è causa di miseria e di pena, di infezione e di morte".

(*Il fungo velenoso*, in «Storia E.
Rivista di storia e di ricerca storico-didattica», anno 7, nn. 1-3, 2009)

▶ ATTIVIAMO LE COMPETENZE

LETTURA E COMPRENSIONE

ACCESSO ALLE INFORMAZIONI

1 Perché all'inizio il cesto dei funghi di Franz è vuoto?
- A Perché Franz ha paura di raccogliere dei funghi velenosi.
- B Perché Franz, rapito dalla bellezza del bosco, ha dimenticato di cercare i funghi.
- C Perché Franz ha deciso di disubbidire alla mamma.
- D Perché Franz teme di smarrirsi nel bosco.

2 Alla fine Franz raccoglie
- A funghi commestibili e funghi velenosi.
- B solo funghi velenosi.
- C solo funghi commestibili.
- D un solo fungo velenoso, chiamato fungo di Satana.

3 In base al testo che hai letto, quali sono le caratteristiche comuni sia ai funghi velenosi sia alle persone cattive?

	Sì	No
A Si rendono irriconoscibili		
B Possono provocare grandi disgrazie		
C Sono difficili da riconoscere		
D Sono ambulanti e si mostrano gentili		
E Crescono ovunque		

4 Quali caratteristiche consentono di riconoscere subito il fungo di Satana? Scrivile.
1 _____
2 _____

5 Secondo la madre di Franz, il fungo più velenoso che esiste è
- A il fungo di Satana.
- B il falso fungo campestre.
- C l'ebreo.
- D quello con un colore troppo stridente.

COMPRENSIONE GENERALE E INTERPRETAZIONE

6 «Il nostro popolo» (rr. 63-64) di cui si parla nel testo è quello
- A russo.
- C europeo.
- B tedesco.
- D inglese.

7 Il maestro di Franz ha spiegato ai suoi allievi che gli ebrei sono i funghi velenosi dell'umanità. A partire da questa informazione, che cosa si può affermare (Sì) e che cosa non si può affermare (No)?

	Sì	No
A La madre di Franz è razzista		
B In Germania gli ebrei erano odiati		
C Nelle scuole tedesche si inculcavano idee razziste		
D Il maestro di Franz è razzista		
E Tutti i tedeschi sono razzisti		
F Franz è razzista		
G Il maestro di Franz ha sposato la causa nazista		

8 L'argomento principale del testo è
- A la raccolta dei funghi.
- B la pericolosità degli ebrei.
- C l'educazione del piccolo Franz.
- D i pericoli della vita.

9 Lo scopo principale del testo è
- A inculcare nei piccoli lettori il sentimento di odio nei confronti degli ebrei.
- B spiegare ai più piccoli che esistono sia persone buone sia persone cattive.
- C insegnare ai più piccoli a non fidarsi mai delle persone.
- D insegnare ai più piccoli che a volte le apparenze ingannano.

RIFLESSIONE E VALUTAZIONE

10 Gli argomenti addotti dalla madre di Franz per spiegare al figlio la pericolosità degli ebrei sono plausibili o inaccettabili? Rispondi e motiva la tua risposta.

11 Il testo si rivolge soprattutto a un pubblico di giovani lettori. Questo elemento lo rende estremamente pericoloso. Perché?

12 Rispondi e motiva la tua risposta. *Questo testo mi ha...*
- A scandalizzato e indignato.
- B fatto riflettere.
- C stimolato ad approfondire la storia della Shoah.
- D spaventato.
- E fatto capire che anche l'educazione può essere strumentalizzata a fini ideologici.

t2 L'alloggio segreto

Anne Frank, *Diario*

Tipologia	Diario
Genere	Autobiografico
Anno	1942-1944

▶ **CLANDESTINITÀ**

Invito alla lettura

Dopo aver preso il potere in Germania, nel 1933, il regime nazista procedette alla graduale demolizione del sistema democratico e avviò la sua politica di segregazione razziale emanando una serie di provvedimenti antisemitici, per effetto dei quali gli insegnanti e i lavoratori pubblici ebrei vennero licenziati. In tale contesto iniziarono a verificarsi episodi di intolleranza nei confronti della popolazione ebraica, spesso oggetto di insulti e di violenze. Per sfuggire a questo clima razzista e antidemocratico molti ebrei decisero di fuggire dalla Germania alla volta degli Stati confinanti, proprio come fece la famiglia di Anne Frank che nel 1933 fu costretta a emigrare ad Amsterdam, in Olanda. All'inizio, nonostante la nostalgia per il paese natale, il soggiorno olandese si rivelò positivo. Poi, con lo scoppio della guerra e l'occupazione tedesca, le cose cambiarono drasticamente: gli ebrei non potevano andare in bicicletta, non potevano utilizzare i mezzi di trasporto, non potevano uscire di casa tra le otto di sera e le sei del mattino, non potavano frequentare le case dei non ebrei o andare al cinema, a teatro o in piscina. Nel 1942 la situazione si fece così difficile che i Frank decisero di nascondersi insieme ad altri clandestini in un alloggio segreto, situato nei piani superiori dello stabile dove lavorava il padre di Anne. Durante il periodo di clandestinità, dal 12 giugno 1942 al 1° agosto 1944, Anne scrisse un diario, che rappresenta oggi una delle più toccanti testimonianze dell'Olocausto. Il 4 agosto 1944 i rifugiati furono scoperti e arrestati. Anne e la sorella Margot furono condotte nel campo di concentramento di Bergen-Belsen, dove morirono a causa di un'epidemia di tifo.

Mercoledì 8 luglio 1942

Cara Kitty,
da domenica mattina a oggi sembrano essere passati anni. Sono successe talmente tante cose che mi pare che il mondo d'un tratto si sia capovolto. Però, Kitty, come vedi
5 sono ancora viva, questa è la cosa più importante, secondo papà. Sì, in effetti sono viva, ma non mi chiedere dove e come. Temo che oggi non capirai niente, di quello che ti dico, così comincerò col raccontarti che cos'è successo domenica pomeriggio. Alle tre (Hello se ne era appena andato per tornare più tardi) qualcuno ha suonato alla porta, io non avevo sentito, perché leggevo sulla veranda prendendo pigramente
10 il sole. Poco dopo Margot si affaccia alla porta della cucina tutta agitata. — È arrivata una chiamata per papà da parte delle SS, — mi dice a bassa voce. — Mamma è già andata dal signor Van Daan —. (Van Daan è un caro amico e socio di papà). Mi sono spaventata a morte, una chiamata, tutti sanno che cosa vuol dire, ho subito immaginato campi di concentramento e celle solitarie, e noi dovremmo lasciarci
15 andare papà? — Naturalmente non parte, — mi ha spiegato Margot mentre aspettavamo la mamma. — La mamma è andata da Van Daan per chiedergli se domani possiamo trasferirci nel nostro nascondiglio. Van Daan verrà a nascondersi con noi. Saremo in sette —. Silenzio. Non riuscivamo più a parlare, il pensiero di papà

che, senza sospettare niente, era andato a trovare i vecchi dell'Ospizio ebraico,
20 l'attesa della mamma, il caldo, la tensione, tutto ci faceva tacere.

D'un tratto suonano di nuovo alla porta. – Sarà Hello, – dico io.

– Non aprire, – mi raccomanda Margot, ma non era necessario, perché di sotto
si sentivano la mamma e il signor Van Daan che parlavano con Hello, poi sono
entrati e hanno chiuso la porta. Ogni volta che suonavano, adesso Margot o io
25 dovevamo scendere in punta di piedi per vedere se era papà, nessun altro poteva
entrare. Margot e io fummo mandate fuori dalla stanza, Van Daan voleva parlare
da solo con la mamma.

Mentre eravamo nella nostra stanza, Margot mi raccontò che la chiamata non
riguardava papà ma lei. Mi spaventai di nuovo e scoppiai a piangere. Margot ha
30 sedici anni, allora vogliono far partire da sole ragazze così giovani, ma per fortuna
lei non andrà, l'ha detto anche la mamma, e sicuramente anche papà pensava a
questo quando mi diceva che ci saremmo nascosti.

Nasconderci, ma dove ci nasconderemo, in città, in campagna, in una casa, in una
capanna, quando, come, dove...? Erano tutte le domande che non potevo fare ma
35 che continuavano a frullarmi per la testa.

Margot e io cominciammo a sistemare il minimo indispensabile in una cartella.
La prima cosa che ci misi io fu questo quaderno, poi arricciacapelli, fazzoletti,
libri di scuola, pettine, vecchie lettere; pensavo che ci dovevamo nascondere, e
ficcavo nella borsa le cose più assurde, ma non mi dispiace, tengo piu ai ricordi
40 che ai vestiti io.

Alle cinque finalmente arrivò papà, telefonammo al signor Kleiman e gli doman-
dammo se poteva venire quella sera stessa. Van Daan andò a chiamare Miep. Miep
arrivò, mise in una borsa un po' di scarpe, vestiti, giacche, biancheria e calze e
promise di tornare in serata. Poi nella nostra casa ci fu silenzio; nessuno di noi
45 quattro aveva voglia di mangiare, faceva ancora caldo e tutto sembrava molto strano.

Avevamo affittato la grande stanza dell'ultimo piano a un certo signor Goldschmidt,
un uomo divorziato sulla trentina che quella sera sembrava non avere niente da fare;
così rimase con noi fin verso le dieci, non riuscivamo proprio a toglicercelo dai piedi.
Alle undici arrivarono Miep e Jan Gies. Miep lavora in ufficio da papà dal 1933

Anne Frank.

ed è diventata una nostra cara amica proprio come il suo
maritino novello Jan. Ancora una volta scarpe, calze, libri e biancheria scomparvero nella borsa di Miep e nelle
profonde tasche di Jan; alle undici e mezzo se ne erano
andati anche loro.

Io ero stanca morta e, anche se sapevo che sarebbe stata
l'ultima notte nel mio letto, dormii profondamente e fui
svegliata dalla mamma appena alle cinque e mezzo del
mattino. Per fortuna non faceva così caldo come domenica; per tutto il giorno continuò a cadere una pioggia
calda. Ci imbacuccammo tutti come se dovessimo andare
a dormire in una ghiacciaia, questo solo per portarci via
ancora un po' di roba. Nessun ebreo nelle nostre condizioni avrebbe osato uscire di casa con una valigia piena
di vestiti. Io avevo due camicie, tre paia di mutande, un
vestito con sopra una gonna, cappotto, soprabito, due paia
di calze, scarpe pesanti, berretto, sciarpa e un sacco di
altra roba, soffocavo ancora prima di uscire, ma di questo
non se ne preoccupava nessuno.

Margot si riempì la cartella di libri, prese la bicicletta e

70 partì con Miep per una destinazione a me sconosciuta. Io infatti non sapevo ancora dov'era il luogo misterioso in cui eravamo diretti.

Alle sette e mezzo chiudemmo la porta di casa; l'unica a cui avevo dovuto dire addio era Moortje, la mia gattina, che sarà accolta dai vicini, come era scritto in una letterina indirizzata al signor Goldschmidt.

75 I letti disfatti, i piatti della colazione sul tavolo, in cucina mezzo chilo di carne per il gatto, tutto dava l'impressione che fossimo partiti a rotta di collo. Ma delle impressioni non ce ne importava niente, volevamo andarcene, arrivare sani e salvi, nient'altro.

Continuo domani.

80   Tua Anne

Giovedì 9 luglio 1942

Cara Kitty,

così ci incamminammo sotto il diluvio, papà, mamma e io, ognuno con la sua cartella o borsa della spesa piena degli oggetti più svariati. Gli operai che anda-
85 vano a lavorare di mattina presto ci guardavano pieni di compassione; dalle facce si capiva che erano dispiaciuti di non poterci offrire nessun mezzo di trasporto; l'appariscente stella gialla parlava da sé. Appena per strada papà e mamma mi raccontarono a pezzetti tutto il piano. Già da mesi stavano portando via da casa tutto quello che potevano e il 16 di luglio saremmo andati a nasconderci. Per col-
90 pa della chiamata la data era stata anticipata di dieci giorni; ora avremmo dovuto accontentarci di un appartamento sistemato meno bene.

Il nascondiglio è nel palazzo in cui c'è l'ufficio di papà. Per un esterno non è molto facile da capire, per questo cercherò di spiegarmi bene. Papà non ha mai avuto molto personale: il signor Kugler, Kleiman e Miep, poi ancora Bep Voskuijl, la stenodat-
95 tilografa[1] di 23 anni, tutti sapevano che saremmo arrivati. Nel magazzino c'erano il signor Voskuijl, padre di Bep e due operai a cui però non avevamo detto niente. L'edificio è fatto così: al piano terra c'è un grande magazzino che viene usato come deposito. È diviso in zone diverse a seconda degli usi: il macinatoio, dove vengono macinati i surrogati di cannella, chiodi di garofano e pepe, e la dispensa. Vicino alla
100 porta del magazzino c'è una normale porta di casa da cui, attraverso un'altra porta, si accede a una scala. In cima alla scala c'è una porta con i vetri un po' smerigliati[2] su cui un tempo c'era scritto a caratteri neri «Ufficio». Questo è l'ufficio principale molto grande, molto chiaro, molto pieno. Di giorno ci lavorano Bep, Miep e il signor Kleiman. Attraverso un bugigattolo[3] con la cassaforte, il guardaroba e una grande
105 dispensa si accede a un ufficio più piccolo, piuttosto tetro e buio. Un tempo ci lavoravano il signor Kugler e il signor Van Daan, adesso solo il primo. Si può entrare nell'ufficio di Kugler anche dal corridoio, ma solo attraverso una porta a vetri che si apre dall'interno e non dall'esterno. Dalla stanza di Kugler si percorre il corridoio lungo e stretto passando vicino alla nicchia per il carbone, si sale di quattro gradini
110 e si arriva nella stanza più sontuosa di tutta la casa, l'ufficio privato. Mobili scuri e distinti, linoleum[4] e tappeti per terra, radio, bella lampada, tutto di gusto sopraffino. Vicino c'è una grande cucina spaziosa con lo scaldabagno e un fornello a gas a due fuochi, più avanti ancora il gabinetto. Questo il primo piano. Dal corridoio parte una normale scala di legno. In cima c'è un pianerottolo che viene chiamato atrio.
115 A destra e a sinistra dell'atrio ci sono porte. Quella di sinistra dà sulle stanze sul lato della strada adibite a magazzino, sui solai e sul tetto. Dall'altro lato di questi locali parte ancora una lunga scala ripidissima, la tipica rompigambe olandese, che scende fino alla seconda porta d'accesso sulla strada.

1 **stenodattilografa**: segretaria capace di utilizzare la stenografia, un sistema di scrittura basato sull'uso di particolari abbreviazioni.
2 **smerigliati**: semitrasparenti.
3 **bugigattolo**: stanzino piccolo e buio.
4 **linoleum**: materiale di rivestimento impermeabile e isolante.

Sulla destra dell'atrio c'è «il retrocasa», l'Alloggio segreto. Nessuno sospetterebbe
120 che dietro una semplice porta dipinta di grigio si nascondano tante stanze. Davanti alla porta c'è un gradino, poi si entra. Di fronte alla porta di casa c'è una
scala ripida, a sinistra un breve corridoio e una stanzetta che sarà il salotto e la
camera da letto della famiglia Frank, di fianco c'è una stanza ancora più piccola,
stanza da letto e lavoro delle due signorine Frank. A destra della scala, una stan-
125 za senza finestre con un lavandino e un gabinetto separato con una porta che dà
anche sulla stanza mia e di Margot. Salendo la scala e aprendo la porta in cima
si resta di stucco nel vedere che una casa così vecchia lungo il canale possa avere
una stanza tanto grande e luminosa. In questa stanza c'è un fornello a gas (grazie
al fatto che un tempo quello era il laboratorio di Kugler) e un lavandino. Sarà la
130 cucina, quindi, ma anche la stanza dei coniugi Van Daan, salotto, stanza da pranzo
e da lavoro comune. Una piccola stanzetta di passaggio sarà il regno di Peter Van
Daan. Sopra, proprio come nella parte anteriore dell'edificio, ci sono il terrazzo e
il solaio. Ecco, ti ho presentato tutto il nostro bel nascondiglio!

Tua Anne

(A. Frank, *Diario*, Roma, Gruppo editoriale L'Espresso, 2010, trad. di Laura Pignatti)

▶ ATTIVIAMO LE COMPETENZE

LETTURA E COMPRENSIONE

ACCESSO ALLE INFORMAZIONI

1 Quante persone vivranno nel «nascondiglio»?
☐ 4   ☐ 7   ☐ 5   ☐ 6

2 La chiamata delle SS riguarda
A Anne.
B il padre di Anne.
C il signor Van Daan.
D Margot, la sorella di Anne.

3 Nel testo è chiaramente indicato il motivo principale per cui la famiglia Frank decide di affrettare il trasferimento nell'alloggio segreto. Qual è questo motivo?
_____
_____

4 La famiglia Frank esce di casa per recarsi al nascondiglio
A di notte, mentre tutti dormono.
B di sera, poco dopo il tramonto.
C di mattina.
D di pomeriggio.

5 Il nascondiglio dei Frank si trova
A nella parte posteriore della casa del signor Kugler.
B nel palazzo del signor Van Daan.
C nel palazzo in cui lavora il padre di Anne.
D non è specificato nel testo.

COMPRENSIONE GENERALE E INTERPRETAZIONE

6 Il testo che hai letto è
A un articolo di cronaca.   C un testo autobiografico.
B un racconto.   D un saggio storico.

7 «Gli operai che andavano a lavorare di mattina presto ci guardavano con compassione; dalle facce si capiva che erano dispiaciuti di non poterci offrire nessun mezzo di trasporto; l'appariscente stella gialla parlava da sé» (rr. 84-87). In base alle affermazioni contenute in questa parte del testo, quali delle seguenti affermazioni si possono fare (Sì) e quali non si possono fare (No)?

	Sì	No
A La stella gialla fa capire agli operai che i fuggiaschi sono ebrei.		
B Gli operai hanno paura di aiutare degli ebrei.		
C Gli operai sono razzisti.		
D Gli operai sono ebrei perché indossano la stella gialla.		
E Se avessero avuto dei mezzi di trasporto a disposizione, gli operai avrebbero sicuramente aiutato la famiglia Frank.		

8 «Appena per strada papà e mamma mi raccontarono a pezzetti tutto il piano. Già da mesi stavano portando via da casa tutto quello che potevano e il 16 di luglio saremmo andati a nasconderci» (rr. 87-89). Da questa affermazione si desume che già da tempo i genitori di Anne stavano preparando tutto il necessario per il trasferimento, del quale però non avevano informato la figlia. Perché, secondo te, le hanno nascosto la verità?

9 Il testo proposto è anche una testimonianza delle difficili condizioni di vita della popolazione ebraica in quegli anni. Spiega perché.

Morire nel ghetto

Gustavo Corni, *I ghetti e l'Olocausto*

Tipologia	Testo espositivo-argomentativo
Genere	Saggio
Anno	2005

▶ **GHETTI**

Invito alla lettura

Il saggio proposto illustra le condizioni di vita di chi era recluso nei ghetti, costretto ogni giorno a fare i conti con la povertà, la mancanza di libertà, gli spettri della fame e della morte. Nonostante le strategie messe in atto dalla popolazione per sopravvivere – mense di carità, contrabbando, baratto – moltissimi ebrei morirono di malattie e di epidemie, la cui diffusione era favorita dal freddo, dalla debilitazione fisica, dal sovraffollamento e dalla mancanza delle più basilari condizioni igienico-sanitarie.

A Varsavia, il 30% della popolazione era nel ghetto, che copriva una superficie inferiore al 5% della superficie abitativa complessiva della città. Si calcolò che in ciascun vano si addensassero mediamente più di sette persone, ed è una situazione che si ripete in quasi tutti gli altri ghetti per i quali disponiamo di dati. Non solo
5 le abitazioni erano poche rispetto al numero degli abitanti, ma nella maggioranza dei casi erano malandate visto che le autorità tedesche avevano destinato alla popolazione ebraica i quartieri più disastrati: abitazioni di legno, senza infissi, senza impianti di riscaldamento, senza acqua corrente né luce.

Il secondo fattore cruciale da tenere presente era la fame. Abbiamo già visto che
10 nelle valutazioni generali dei nazionalsocialisti gli ebrei contavano come un elemento residuale. Scrisse a questo proposito il responsabile della politica del Reich, Herbert Backe: «Gli ebrei non mi interessano affatto. Che abbiano qualcosa di cui cibarsi o meno, è per me l'ultimo dei problemi». Le razioni loro riservate in molti casi venivano pagate dallo *Judenrat*[1], erano sia quantitativamente sia qualitativa-
15 mente insufficienti. Questo sulla carta, poiché nei fatti le forniture erano spesso ritardate o arrivavano generi non commestibili perché marciti. La popolazione dei ghetti cercava di ovviare a questa situazione terribile – che peggiorava poi nelle stagioni invernali, nelle quali tutti i fattori negativi finivano per assommarsi – da un lato con l'organizzazione di cucine collettive e dall'altro con il contrabbando. Nei ghetti momenti di forte solidarietà e coesione sociale convivevano con egoismi

Bambini abbandonati nel ghetto ebraico di Varsavia.

1 *Judenrat*: termine tedesco che vuol dire "consiglio ebraico". Gli *Judenräte* erano i consigli amministrativi che le autorità tedesche imposero alle comunità ebraiche nei ghetti e nei paesi occupati. Composti da ebrei – anziani, notabili e rabbini – essi governavano la vita del ghetto e avevano il compito di far applicare le direttive tedesche.

Una donna ebrea vende le fasce con la stella di David nel ghetto di Varsavia.

brutali, frutto della primordiale volontà di sopravvivenza. Così in molti ghetti furono aperte delle cucine collettive, che garantivano una minestra calda e una pagnotta, nel migliore dei casi, a un certo numero di persone; esse furono in parte aperte a opera degli *Judenräte*, con il duplice intento di dare una minima base alimentare alla popolazione, soprattutto ai lavoratori, in parte a opera delle stesse manifatture, oppure di organismi assistenziali sorti «dal basso», per iniziativa di gruppi o di partiti politici. A Łódź[2] il sistema arrivò al livello organizzativo più complesso: nel gennaio 1941 erano attive ben 50 cucine collettive con 2000 dipendenti, che fornivano giornalmente circa 145.000 pasti. Si è stimato che a Varsavia, nel momento di massima attività, nell'estate del 1941, le cucine collettive fornissero ben 120.000 pasti caldi al giorno.

Le cucine collettive erano un palliativo[3] non esente da critiche, perché vi erano categorie, come i lavoratori, che erano privilegiate nella distribuzione dei pasti. Scrive un testimone: «Va detto che le donne che distribuivano la zuppa favorivano i loro parenti e amici, e così molti divennero oggetto di invidia e di risentimenti». Altri testimoni attestano la diffusa corruzione nelle cucine, tanto che a Łódź Rumkowski[4] fu costretto a chiuderle per
50 un certo periodo, nel 1942:

> Direttori e gestori dei forni, delle cucine, dei depositi di generi alimentari e delle fabbriche [...] si intromettevano dovunque potessero. Il prezzo è pagato dai residenti del ghetto che occupano gli scalini inferiori della gerarchia di questa mostruosa creatura.

55 Il contrabbando costituiva per certi versi un fondamentale sussidio di sopravvivenza, al quale però potevano accedere in pochi. In effetti, la categoria generale del contrabbando deve essere distinta in due fattispecie distinte: da un lato, esisteva un contrabbando organizzato su vasta scala, che godeva di complicità esterne, probabilmente anche da parte della polizia tedesca. Dall'altro, vi era un contrab-
60 bando individuale, effettuato spesso da bambini o ragazzi oppure dai lavoratori che avevano la possibilità di recarsi fuori dal ghetto. Il primo era realizzato con ampi mezzi. «Questo contrabbando impiegava migliaia di persone, commercianti, intermediari, portatori, distributori. Tutti lavoravano con puntualità». Benché combattuto con durezza dalle autorità tedesche e da quelle interne al ghetto, il
65 contrabbando organizzato dovette essere spesso tollerato, perché costituiva un mezzo ineliminabile per rifornire la popolazione. Certo, gli altissimi costi dei generi che il contrabbando riusciva a portare all'interno del ghetto erano inaccessibili per larga parte della popolazione. I giudizi coevi nei confronti del contrabbando sono perciò estremamente variegati:

---

2 Łódź: città della Polonia centrale, sede di un ghetto nel quale negli anni '40 vivevano circa 200.000 ebrei.
3 palliativo: rimedio apparente.

4 Chaim Rumkowski: presidente dello *Judenrat* di Łódź.

70 I contrabbandieri hanno raggiunto ai miei occhi la statura di eroi e verrà il giorno in cui tutti ne celebreremo il grande eroismo.

Ma anche:

Il contrabbandiere svolgeva un ruolo paradossale nel ghetto: benché demora-
lizzasse il ghetto, il contrabbandiere, con il suo sudore e il suo sangue, ci dava
75 una possibilità di sopravvivere e di lavorare.

Quanto all'altro tipo di contrabbando, era finalizzato alla sopravvivenza di chi lo praticava e della propria famiglia; si trattava spesso di ragazzini che sguscia-
vano fuori dal ghetto per rientrarvi carichi di generi alimentari, che ottenevano all'esterno scambiandoli con qualsiasi oggetto avesse un valore. Lo stesso facevano
80 molti dei lavoratori che giornalmente si recavano fuori dal ghetto. Leggiamo da un diario varsaviano:

Bande di bambini dai cinque ai dieci anni sono state organizzate. I più piccoli e patiti si avvolgono fasce attorno al capo e scivolano nella parte ariana del
quartiere attraverso le strade interrotte solo da reticolati [...]. Poche ore dopo i
85 bambini ritornano carichi di patate e di farina [...]. Quando riattraversano i reticolati per tornare nel ghetto, un sorriso felice distende le loro facce verdastre.

Tutte queste forme di contrabbando erano estremamente pericolose e implicavano una quotidiana gara di furbizia e di rapidità fra contrabbandieri e poliziotti. Bastava allentare o irrigidire i controlli ai reticolati o alle porte del ghetto, dalle quali
90 passavano le colonne dei lavoratori, per migliorare o aggravare repentinamente le condizioni di vita di migliaia di persone.
Anche se le stime in termini di calorie medie debbono essere considerate con scetticismo, tuttavia è indicativo quanto emerso da una valutazione compiuta dai sanitari del ghetto di Varsavia alla fine del 1941. La media di calorie per abitante
95 sarebbe stata di 1225, ma con forti diseguaglianze: dalle oltre 1600 calorie pro

La polizia ebraica controlla gli accessi al ghetto di Łódź, in Polonia.

capite per i dipendenti dello *Judenrat*, alle 807 per i profughi e alle 784 per i men-
dicanti, livelli che gli estensori del rapporto consideravano fortemente inadeguati.
La fame era l'elemento dominante della vita nel ghetto, la colonna sonora che percorre insistentemente le testimonianze, il motore fondamentale di tutte le azioni
100 degli abitanti. Fra le innumerevoli citazioni, ci limitiamo a una sola:

> Fame = stato costante, non limitato nel tempo come avviene altrove, ma fame
> concepita come tormento, fame che porta a crepare e non a una successiva
> vita normale.

A causa del freddo, del lavoro durissimo, della mancanza di fognature e di acqua
105 corrente i ghetti divennero ben presto focolai di malattie e di epidemie. In alcuni
ghetti la situazione igienico-sanitaria rimase a un livello discreto anche grazie
all'applicazione rigorosa di norme di igiene. Ma si tratta di eccezioni. A Vilnius e
a Kaunas[5] si è stimato che la mortalità sia soltanto triplicata rispetto all'anteguer-
ra, ed è nulla a confronto con quanto avvenne altrove. I casi meglio studiati sono
110 ancora una volta quelli di Varsavia e di Łódź. Nei due maggiori ghetti le profezie
dei responsabili sanitari tedeschi si avverarono rapidamente.
Fin dai primi mesi del 1941, probabilmente portata dai numerosi profughi immes-
si nel ghetto dai centri limitrofi[6], scoppiò nella capitale una durissima epidemia
di tubercolosi. Ma già nei mesi antecedenti la ghettizzazione era scoppiato il tifo,
115 particolarmente temuto dalle autorità sanitarie. Le epidemie si susseguirono con
alti e bassi fino all'autunno del 1941. Il tifo colpì duramente anche in altri ghetti:
Minsk, Mogilev[7], Łódź. Accanto a tifo e tubercolosi, si diffusero inarrestabili malattie dell'apparato gastrointestinale, ma anche una serie di disturbi ginecologici,
come l'amenorrea[8] per una gran parte della popolazione femminile. La mortalità –
120 per quanto è possibile ricostruirla grazie alle statistiche degli uffici sanitari interni
al ghetto – colpì in modo estremamente squilibrato: più gli uomini che le donne,
più anziani e bambini che persone adulte, più i profughi rispetto agli abitanti
«originari» dei ghetti. I profughi non godevano infatti di quella pur minima rete
parentale sociale che poteva aiutare i residenti. Per quanto riguarda il differenziale
125 fra uomini e donne, le spiegazioni dello squilibrio sono più difficili e forse non
basta addurre a motivo il fatto che fossero soprattutto gli uomini a sobbarcarsi i
lavori più duri. Come ha scritto un testimone, medico:

> In quei tempi così difficili molte donne si dimostrarono più intraprendenti,
> pazienti, energiche, pronte ad agire e ingegnose che i maschi.

130 A Varsavia le autorità sanitarie contarono fra il settembre 1939 e il luglio 1942
circa 98.000 decessi, dei quali quasi un terzo è stato attribuito alla tubercolosi
e poco meno del 20% alla fame, mentre al tifo viene addebitato soltanto il 2,8%
delle vittime. A Lwów[9], invece, ben il 50% dei decessi veniva attribuito alla fame
e il 20% al tifo. Le statistiche per Łódź sono meno precise, ma si può stimare che
135 siano deceduti per cause «naturali» nel ghetto non meno di 45.000 ebrei, ovvero
un quarto della popolazione iniziale. Ciò a fronte di una natalità quasi nulla. A
Łódź, nei primi dieci mesi del 1942, sono nati 480 bambini contro 19.032 decessi.
La natalità era bassissima a causa di molteplici fattori: oltre alla succitata amenorrea, non vanno dimenticati i severi divieti emanati dalle autorità d'occupazione,
140 che minacciavano di morte sia la madre sia il nascituro.

(G. Corni, *I ghetti e l'Olocausto*, in *Storia della Shoah*, Vol. I, Torino, Utet, 2005)

---

5 Vilnius... Kaunas: due
città della Lituania.
6 limitrofi: vicini.
7 Minsk... Mogilev: due
città della Bielorussia.
8 amenorrea: assenza di
flusso mestruale.
9 Lwów: città dell'Ucraina
occidentale. Durante la Seconda guerra mondiale la
città apparteneva al territorio
polacco.

► **ATTIVIAMO LE COMPETENZE**

LETTURA E COMPRENSIONE

COMPRENSIONE GENERALE E INTERPRETAZIONE

1 Individua i principali problemi che affliggevano gli abitanti dei ghetti.

2 «A Varsavia, il 30% della popolazione era nel ghetto, che copriva una superficie inferiore al 5% della superficie abitativa complessiva della città» (rr. 1-2). Questa frase vuol dire che
A il ghetto era più esteso della città di Varsavia.
B il 30% della superficie abitativa di Varsavia era occupata dal ghetto.
C il ghetto occupava meno del 5% della superficie abitativa di Varsavia.
D il ghetto ospitava il 5% della popolazione complessiva di Varsavia.

3 «Abbiamo già visto che nelle valutazioni generali dei nazionalsocialisti gli ebrei contavano come un elemento residuale» (rr. 9-11). Questa frase vuol dire che per i nazisti gli ebrei
A erano considerati merce di scambio.
B non avevano alcun valore.
C erano ai margini della società.
D erano fondamentali per l'economia del Reich.

4 Indica se le seguenti affermazioni sono vere o false.

	Vero	Falso
A Il sovraffollamento era una delle caratteristiche del ghetto.		
B La stagione invernale creava più disagi di quella estiva.		
C Gli alimenti venduti dai contrabbandieri potevano essere acquistati da tutti.		
D Molti nel ghetto agivano per interesse personale a scapito della collettività.		

5 Spiega che cosa sono le cucine collettive e il contrabbando.
A _____
_____
_____

B _____
_____
_____

6 Indica se le seguenti caratteristiche appartengono al contrabbando organizzato, al contrabbando individuale o a entrambe le forme di contrabbando.

	Contrabbando organizzato	Contrabbando individuale	Contrabbando organizzato e individuale
A Era molto rischioso.			
B Era praticato da ragazzini.			
C Richiedeva la presenza di intermediari.			
D Si avvaleva di complicità esterne.			
E Gli approvvigionamenti avvenivano fuori dal ghetto.			

7 «Nei due maggiori ghetti le profezie dei responsabili sanitari tedeschi si avverarono rapidamente» (rr. 110-111). Questa frase vuol dire che
A i medici tedeschi avevano avvisato la popolazione del ghetto del possibile insorgere di malattie a carattere epidemico.
B i medici tedeschi avevano già previsto il diffondersi di epidemie all'interno dei ghetti.
C i medici tedeschi avevano cercato di limitare il diffondersi di epidemie all'interno del ghetto, ma non vi erano riusciti.
D i medici tedeschi erano capaci di prevedere il futuro.

8 In questo saggio, le citazioni hanno principalmente la funzione di
A arricchire di particolari il testo.
B supportare le argomentazioni.
C interessare il lettore.
D conferire al testo un andamento cronachistico.

LESSICO

SOSTITUZIONE, SINONIMI

9 «Si calcolò che in ciascun vano si addensassero mediamente più di 7 persone» (rr. 2-3). Con quali altre parole puoi sostituire i termini "vano" e "si addensassero" senza alterare il senso della frase?
A _____
B _____

Orrore in Ucraina

Friedrich Gräbe, *Deposizione sotto giuramento*

Tipologia Cronaca	
Genere Testimonianza	
Anno 2005	

▶ **RASTRELLAMENTI E MASSACRI**

Invito alla lettura

La persecuzione degli ebrei fu particolarmente violenta nei paesi dell'Unione Sovietica, dove un antisemitismo già largamente diffuso favorì i progetti di sterminio nazisti. Per distruggere le comunità ebraiche, gli zingari e i commissari politici, vennero istituiti degli speciali commando formati da SS e membri della polizia e chiamati *Einsatzgruppen*, "gruppi d'assalto". Questi manipoli costituiti da pochi uomini seguivano l'esercito tedesco (la *Wehrmacht*) con lo scopo di rendere *judenfrei*, cioè "liberi dagli ebrei", i territori attraversati. I gruppi di assalto eseguirono il loro compito sia attraverso dei *pogrom*, ai quali partecipò anche la popolazione non ebraica del luogo, sia attraverso esecuzioni di massa: un bagno di sangue che costò la vita a più di un milione di ebrei. La violenza di questi avvenimenti è ampiamente attestata da testimonianze oculari, come quella dell'ingegnere Friedrich Gräbe, riportata in queste pagine.

A Rovno

Io, Hermann Friedrich Gräbe dichiaro sotto giuramento:
Dal settembre 1941 al gennaio 1944 fui amministratore ed ingegnere dirigente di una filiale dell'impresa di costruzioni Josef Jung, Solingen, con sede a Sdolfunov,
5 in Ucraina. Come tale dovevo visitare i cantieri di costruzione della ditta. L'impresa aveva tra l'altro un cantiere di costruzione a Rovno, in Ucraina.
Nella notte tra il 13 ed il 14 luglio 1942 furono liquidati a Rovno gli abitanti del ghetto, tra i quali si trovavano ancora circa 5000 ebrei.
Descrivo come segue l'avvenimento, come lo vidi io quale testimone dello scio-
10 glimento del ghetto, e dell'esecuzione dell'azione durante la notte ed il mattino seguente…
Poco dopo le ore dieci di sera il ghetto venne circondato da un grande spiegamento di unità delle SS, e da contingenti della milizia ucraina in numero quasi tre volte superiore; subito dopo vennero accesi i riflettori elettrici installati nel ghetto ed
15 attorno ad esso. Gruppi di soldati delle SS e della milizia, composti ciascuno da 4 a 6 uomini, fecero irruzione o cercarono di irrompere nelle case. Dove porte e finestre erano chiuse e gli abitanti si rifiutavano di aprire alle intimazioni ed ai colpi, le SS o i soldati della milizia infransero i vetri delle finestre, sfondarono le porte con sbarre o con piedi di porco e fecero irruzione nelle abitazioni. Così
20 com'erano, vestiti o a letto, gli abitanti furono spinti nella strada. Poiché gli ebrei per la maggior parte si rifiutavano di obbedire alle intimazioni ed opponevano resistenza, gli uomini delle SS e della milizia ricorsero alla forza. A furia di colpi di frusta, di pedate e di percosse inflitte con i calci dei fucili riuscirono infine a far sgomberare le abitazioni. La gente veniva buttata a forza fuori della propria casa
25 con tanta furia che in taluni casi i bambini piccoli che si trovavano a letto furono dimenticati dentro. Sulla strada c'erano donne che si lamentavano e gridavano

Soldati della milizia ucraina, controllati dalle SS tedesche, fucilano un gruppo di ebrei in una fossa comune.

per riavere i loro bimbi, bambini che volevano i loro genitori. Questo non impedì alle SS di spingere innanzi la gente a passo di corsa a furia di colpi, portandola fino alla colonna di camion che stava già aspettando. Uno dopo l'altro gli autocarri si riempirono; le grida delle donne e dei bimbi, lo schioccare delle fruste e il rumore delle fucilate non avevano fine. Poiché talune famiglie o gruppi di persone si erano barricati in alcune case particolarmente solide e non si riusciva ad aprirne le porte né con le sbarre né con i piedi di porco, ci si aprì un varco con le bombe a mano. Siccome il ghetto era vicinissimo all'edificio della stazione di Rovno, alcuni giovani cercarono di fuggire dal ghetto oltrepassando i binari della ferrovia ed attraversando un piccolo torrente.

45 Poiché questa zona si trovava al di fuori dell'illuminazione elettrica, fu illuminata con razzi. Durante tutta la notte le strade rischiarate coi riflettori furono percorse da persone malmenate, braccate e ferite. Donne che portavano in braccio bambini morti, bimbi che si aggrappavano alle braccia e alle gambe dei loro genitori uccisi mentre venivano trascinati lungo le strade. Si susseguivano ininterrottamente nel

50 rione del ghetto le grida di "Aprite! Aprite!"
Verso le sei mattino mi allontanai per un momento lasciando sul posto Einspom ed alcuni altri lavoratori tedeschi, che frattanto erano tornati, poiché credevo che ormai il pericolo maggiore fosse passato e credetti di potermi arrischiare a farlo. Poco dopo che me ne fui andato, alcuni uomini della milizia Ucraina penetrarono

55 nella casa sita al numero 5 della strada della stazione e portarono fuori sette ebrei, che furono trascinati in una piazza all'interno del ghetto che serviva come centro di raccolta. Al mio ritorno potei impedire che altri ebrei fossero portati fuori da questa casa. Per salvare le sette persone andai alla piazza dov'erano raccolte. Lungo le strade che dovetti percorrere vidi decine di cadaveri di ogni età e d'ambo

60 i sessi. Le porte delle case erano aperte, le finestre infrante. Nelle strade, sparsi qua e là, pezzi di vestiario, scarpe, calze, giacche, berretti, cappelli, soprabiti ecc. Sull'angolo di una casa giaceva un bimbo di meno di un anno con il cranio sfracellato. Sangue e materia cerebrale erano sparsi sul muro della casa e tutto intorno al piccolo cadavere. Il bimbo aveva indosso soltanto una camicetta...

65 **Presso Dubno**
... [5 ottobre 1942] Gli uomini, le donne, i bambini di ogni età scaricati dagli autocarri, all'intimazione di un soldato delle SS che teneva in mano una frusta o un frustino, dovettero spogliarsi e gettare i loro vestiti in tre mucchi distinti per scarpe, vestiti e biancheria. Vidi un mucchio di scarpe nel quale erano ammassate dalle

70 800 alle 1000 paia di scarpe e delle grandi cataste di biancheria e di abiti. Questa gente si spogliò senza piangere, senza un grido, erano riuniti in gruppi, famiglia per famiglia ed i componenti si baciavano accomiatandosi ed spettavano un cenno di un altro soldato delle SS che si trovava presso la fossa e che a sua volta teneva in mano una frusta. Per un quarto d'ora, il tempo che rimasi accanto alla fossa;

75 non udii un lamento, un'invocazione di pietà. Osservavo una famiglia di circa

otto persone, un uomo e una donna, ambedue di circa 50 anni, con i loro figli di otto e di dieci anni circa e con due figlie maggiori dai 20 ai 24 anni. Una vecchia dai capelli bianchissimi teneva in braccio il bimbo di un anno, gli canticchiava qualcosa e lo coccolava. Il bimbo rideva beato. I genitori stavano a guardarlo con le lacrime agli occhi. Il padre teneva per mano un ragazzo di circa 10 anni e gli parlava sottovoce. Il ragazzo lottava per non piangere. Il padre gli additò il cielo, gli accarezzò la testa e parve spiegargli qualcosa. A questo punto il soldato delle SS che si trovava presso la fossa gridò qualcosa al suo collega. Costui fece staccare dal gruppo circa 20 persone intimando loro di mettersi dietro la collina di terra. La famiglia di cui parlavo era nel gruppo. Mi ricordo ancora perfettamente come una ragazza magra dai capelli neri, passandomi vicino e facendo un gesto con la mano come per indicare se stessa, disse: "23 anni!"

Io aggirai la collina di terra e mi trovai di fronte ad una fossa gigantesca. Le persone erano così fitte che si scorgevano soltanto le spalle. Da quasi tutte queste teste colava del sangue lungo le spalle. Una parte dei fucilati si muoveva ancora. Alcuni alzavano le braccia e volgevano il capo per mostrare che erano ancora vivi. La fossa era già piena per tre quarti. Secondo i miei calcoli penso che essa contenesse già 1000 persone circa. Mi girai per cercare la sentinella. Questa, un soldato delle SS, era seduta per terra sull'orlo della fossa con le gambe penzoloni, fumando una sigaretta; sui suoi ginocchi era appoggiato il mitra. Le persone, completamente nude, scendevano lungo una scala scavata nella parete d'argilla della fossa e strisciando sulle teste dei caduti andavano a disporsi nel punto loro indicato dal soldato delle SS. Si distendevano davanti a quelli morti o colpiti, taluni accarezzavano quelli che ancora erano in vita e dicevano loro qualcosa sottovoce. Poi udii una scarica di mitra. Guardai nella fossa e vidi alcuni corpi sussultare ancora, oppure le teste già immobili appoggiate ai corpi che stavano loro davanti. Dalle nuche usciva del sangue. Mi meravigliai di non essere stato fatto allontanare, vidi invece che anche due o tre impiegati della posta in uniforme si trovavano accanto alla fossa. S'era avvicinato intanto già il prossimo gruppo che, sceso nella fossa, si allineò alle altre vittime e fu a sua volta giustiziato a colpi di mitra. Quando tornai indietro aggirando la collinetta scorsi un altro autocarro pieno di persone che era giunto in quel momento. Questa volta c'erano anche ammalati e storpi. Una donna vecchia, molto magra e con gambe spaventosamente sottili, fu spogliata da alcune persone già nude ormai, mentre altre due la sorreggevano. Si vedeva che la donna era paralitica. Gli uomini nudi la portarono attorno alla collinetta. Mi allontanai assieme a Mönnikes per far ritorno a Dubno in automobile.

Al mattino del giorno dopo, quando tornai a visitare il luogo della costruzione, vidi circa 30 uomini, completamente nudi, distesi non lontano dalla fossa, distanti da questa dai 30 ai 50 metri. Alcuni erano ancora in vita, guardavano dinanzi a sé con gli occhi sbarrati e parevano non sentire né il freddo del mattino né accorgersi degli operai della mia ditta che si trovavano lì attorno. Una ragazza di circa 20 anni

Morris Kestelman, Dio, perché mi hai abbandonato?, 1943. Londra, Imperial Museum of War.

si rivolse a me pregandomi di procurarle dei vestiti e di aiutarla a fuggire. Ma in quel momento si udì il rumore di un'automobile che si stava avvicinando rapidamente. Notai che si trattava di un comando delle SS. Mi allontanai dirigendomi
135 verso il cantiere di costruzione. Dieci minuti dopo udii alcuni spari provenienti dalle vicinanze della fossa. Gli ebrei ancora in vita furono costretti a gettare i cadaveri dei loro compagni nella fossa, poi essi stessi dovettero scendervi per ricevere il colpo alla nuca.
Faccio la seguente deposizione a Wiesbaden, Germania, il 10 novembre 1945.
140 Giuro davanti a Dio che quanto ho detto non è che la pura verità.
Friedrich Gräbe

(F. Gräbe, *Testimonianze oculari sui massacri di ebrei*, in *Nazionalsocialismo*,
a cura di Walther Hofer, Milano, Feltrinelli, 1964, trad. di Sergio Bologna)

▶ ATTIVIAMO LE COMPETENZE

LETTURA E COMPRENSIONE

ACCESSO ALLE INFORMAZIONI

1 Il ghetto di Rovno viene liquidato
- A solo da unità di SS.
- B da soldati delle SS e soldati ucraini.
- C solo da soldati ucraini.
- D da membri delle SS e membri dell'esercito tedesco.

2 La liquidazione del ghetto di Rovno avviene principalmente
- A durante la notte.
- B dal pomeriggio alla sera.
- C all'alba.
- D in una parte del giorno non specificata.

COMPRENSIONE GENERALE E INTERPRETAZIONE

3 Indica qual è l'argomento principale dei due testi.
- A _____
- B _____

4 I riflettori elettrici installati nel ghetto vengono accesi per
- A incutere timore agli abitanti.
- B individuare chi fugge dal ghetto superando i binari della ferrovia.
- C illuminare la zona.
- D distinguere gli ebrei dai non ebrei.

5 Assegna a entrambi i testi un titolo che ne sintetizzi il contenuto.
- 1 _____
- 2 _____

6 Qui di seguito sono riportati quattro episodi del racconto di Friedrich Gräbe. Indica l'ordine in cui sono avvenuti.
- A _____ Sette ebrei vengono trascinati dalle milizie ucraine nella piazza all'interno del ghetto.
- B _____ Friedrich Gräbe vede cataste di scarpe e di vestiti.
- C _____ Le SS fanno irruzione nelle case del ghetto.
- D _____ Friedrich Gräbe si imbatte in una ragazza di circa vent'anni che gli chiede di aiutarla a fuggire.

7 Friedrich Gräbe è
- A un cittadino tedesco che si trovava in Ucraina per motivi di lavoro nel periodo in cui si svolgono i fatti da lui raccontati.
- B un cittadino ucraino che collabora con le industrie tedesche.
- C un ebreo sopravvissuto ai massacri.
- D un impiegato di un'impresa di costruzioni.

8 Lo scopo del racconto di Friedrich Gräbe è quello di
- A dimostrare la propria estraneità ai fatti.
- B dimostrare di avere aiutato gli ebrei.
- C esprimere solidarietà nei confronti delle vittime.
- D testimoniare gli orrori commessi dai tedeschi.

9 Il testo che hai letto è
- A una deposizione giudiziaria.
- B un racconto autobiografico.
- C una cronaca giornalistica.
- D una lettera aperta.

10 «Mi ricordo ancora perfettamente come una ragazza magra dai capelli neri, passandomi vicino e facendo un gesto con la mano come per indicare se stessa, disse: "23 anni"!». Spiega il significato delle parole pronunciate dalla ragazza.

11 «Alcuni alzavano le braccia e volgevano il capo per mostrare che erano ancora vivi». Come ti spieghi il comportamento di coloro che indicano ai tedeschi di essere ancora in vita?

RIFLESSIONE E VALUTAZIONE

12 Le parole di Friedrich Gräbe sono attendibili perché
- A ha appreso da altri i fatti che racconta.
- B è un ex membro delle SS.
- C è un ebreo.
- D ha assistito ai fatti che racconta.

Il viaggio della morte

Primo Levi, *I sommersi e i salvati*

Tipologia	Testo espositivo-informativo
Genere	Saggio
Anno	1986

▶ **DEPORTAZIONI**

Invito alla lettura

Primo Levi, i cui antenati erano ebrei provenienti dalla Spagna e dalla Provenza, nasce a Torino il 31 luglio 1919. Dopo gli studi liceali, nel 1937 si iscrive alla facoltà di Chimica, laureandosi a pieni voti nel 1941. Convinto antifascista e disgustato dalla politica razziale del regime, all'indomani dell'8 settembre 1943 si unisce a una banda di partigiani, ma viene arrestato e imprigionato nel campo di concentramento di Carpi-Fossoli. Nel 1944, insieme ad altri 650 italiani, viene deportato ad Auschwitz, dove riesce a sopravvivere perché viene mandato a lavorare in una fabbrica chimica nei dintorni del campo. Dopo la liberazione del Lager da parte dei russi (27 gennaio 1945), Primo Levi lavora come infermiere in un campo di transito sovietico. Nel giugno dello stesso anno inizia il faticoso viaggio di ritorno verso l'Italia, attraverso i territori della Bielorussia, dell'Ucraina, della Romania, dell'Ungheria e dell'Austria. Ristabilitosi a Torino, dal 1947 trova impiego in una fabbrica di vernici, per la quale lavorerà fino al 1977. Nel frattempo, dopo il ritorno da Auschwitz, ha scritto il suo libro più famoso, *Se questo è un uomo*, in cui racconta la sua drammatica esperienza. Pubblicato nel 1947, il libro ha una risonanza limitata e viene riscoperto solo dopo il 1963, sulla scia del successo de *La Tregua*, la sua seconda opera, incentrata sulla narrazione del ritorno a casa dopo gli orrori del campo di sterminio. Levi inizia così un'intensa attività letteraria, scandita da opere narrative (*Il sistema periodico*, 1975; *La chiave a stella*, 1978), raccolte poetiche (*Ad ora incerta*, 1984), trasposizioni radiofoniche e teatrali, e suggellata da riconoscimenti critici e premi letterari. Nel 1986 affronta nuovamente la sua esperienza di prigioniero nel saggio *I sommersi e i salvati*, lucida riflessione sulle responsabilità morali dell'Olocausto e l'importanza della memoria. È l'ultimo libro pubblicato da Primo Levi, che muore suicida l'11 aprile 1987.

Da questo importante saggio è tratto il brano proposto, nel quale l'autore rievoca il dramma e la brutalità delle deportazioni.

LABORATORIO

Dello stesso autore leggi anche:

La storia di Avrom

Quasi sempre, all'inizio della sequenza del ricordo, sta il treno che ha segnato la partenza verso l'ignoto: non solo per ragioni cronologiche, ma anche per la crudeltà gratuita con cui venivano impiegati ad uno scopo inconsueto quegli (altrimenti innocui) convogli di comuni carri merci.

5 Non c'è diario o racconto, fra i molti nostri, in cui non compaia il treno, il vagone piombato, trasformato da veicolo commerciale in prigione ambulante o addirittura in strumento di morte. È sempre stipato, ma pare di intravedere un rozzo calcolo nel numero di persone che, caso per caso, vi venivano compresse: da cinquanta a centoventi, a seconda della lunghezza del viaggio e del livello gerarchico che il

10 sistema nazista assegnava al «materiale umano» trasportato. I convogli in partenza dall'Italia contenevano «solo» 50-60 persone per vagone (ebrei, politici, partigiani, povera gente rastrellata per le strade, militari catturati dopo lo sfacelo dell'8

settembre 1943)[1]: può essere che si sia tenuto conto delle distanze, o forse anche dell'impressione che queste tradotte potevano esercitare su eventuali testimoni

15 presenti lungo il percorso. All'estremo opposto stavano i trasporti dall'Europa orientale: gli slavi, specialmente se ebrei, erano merce più vile, anzi, priva di qualsiasi valore; dovevano comunque morire, non importa se durante il viaggio o dopo. I convogli che trasportavano gli ebrei polacchi dai ghetti ai Lager, o da Lager a Lager, contenevano fino a 120 persone per ogni vagone: il viaggio era breve...

20 Ora, 50 persone in un vagone merci stanno molto a disagio; possono sdraiarsi tutte simultaneamente per riposare, ma corpo contro corpo. Se sono 100 o più, anche un viaggio di poche ore è un inferno, si deve stare in piedi, o accovacciati a turno; e spesso, tra i viaggiatori, ci sono vecchi, ammalati, bambini, donne che allattano, pazzi, o individui che impazziscono durante il viaggio e per effetto del viaggio.

25 Nella pratica dei trasporti ferroviari nazisti si distinguono variabili e costanti; non ci è dato sapere se alla loro base ci fosse un regolamento, o se i funzionari che vi erano preposti avessero mano libera. Costante era il consiglio ipocrita (o l'ordine) di portare con sé tutto quanto era possibile: specialmente l'oro, i gioielli, la valuta pregiata, le pellicce, in alcuni casi (certi trasporti di ebrei contadini dall'Ungheria

30 e dalla Slovacchia) addirittura il bestiame minuto. «È tutta roba che vi potrà servire», veniva detto a mezza bocca e con aria complice dal personale di accompagnamento. Di fatto, era un autosaccheggio; era un artificio semplice ed ingegnoso per trasferire valori nel Reich, senza pubblicità né complicazioni burocratiche né trasporti speciali né timore di furti *en route*[2]: infatti, all'arrivo tutto veniva

35 sequestrato. Costante era la nudità totale dei vagoni; le autorità tedesche, per un viaggio che poteva durare anche due settimane (è il caso degli ebrei deportati da Salonicco[3]) non provvedevano letteralmente nulla: né viveri, né acqua, né stuoie o paglia sul pavimento di legno, né recipienti per i bisogni corporali, e neppure si curavano di avvertire le autorità locali, o i dirigenti (quando esistevano) dei campi

40 di raccolta, di provvedere in qualche modo. Un avviso non sarebbe costato nulla: ma appunto, questa sistematica negligenza si risolveva in una inutile crudeltà, in una deliberata creazione di dolore che era fine a se stessa.

In alcuni casi i prigionieri destinati alla deportazione erano in grado di imparare

1 8 settembre 1943: data in cui l'Italia firmò l'armistizio con le potenze alleate, precipitando le forze armate nel caos e il Paese nella guerra civile.

2 *en route*: per la strada.

3 **Salonicco**: città della Grecia sede di una numerosa comunità ebraica.
4 **Fòssoli**: località in provincia di Modena dove, durante la Seconda guerra mondiale, era stato istituito un Lager di transito.

qualcosa dall'esperienza: avevano visto partire altri convogli, ed avevano imparato a spese dei loro predecessori che a tutte queste necessità logistiche dovevano provvedere loro stessi, del loro meglio, e compatibilmente con le limitazioni imposte dai tedeschi. È tipico il caso dei treni che partivano dal campo di raccolta di Westerbork, in Olanda; era un campo vastissimo, con decine di migliaia di prigionieri ebrei, e Berlino richiedeva al comandante locale che ogni settimana partisse un treno con circa mille deportati: in totale, partirono da Westerbork 93 treni, diretti ad Auschwitz, a Sobibór e ad altri campi minori. I superstiti furono circa 500 e nessuno di questi aveva viaggiato nei primi convogli, i cui occupanti erano partiti alla cieca, nella speranza infondata che alle necessità più elementari per un viaggio di tre o quattro giorni si provvedesse d'ufficio; perciò non si sa quanti siano stati i morti durante il transito, né come il terribile viaggio si sia svolto, perché nessuno è tornato per raccontarlo. Ma dopo qualche settimana un addetto all'infermeria di Westerbork, osservatore perspicace, notò che i vagoni merci dei convogli erano sempre gli stessi: facevano la spola fra il Lager di partenza e quello di destinazione. Così avvenne che alcuni fra coloro che furono deportati successivamente poterono mandare messaggi nascosti nei vagoni che ritornavano vuoti, e da allora si poté provvedere almeno ad una scorta di viveri e d'acqua, e ad un mastello per gli escrementi.

Il convoglio con cui sono stato deportato io, nel febbraio del 1944, era il primo che partisse dal campo di raccolta di Fossoli[4] (altri erano partiti prima da Roma e da Milano, ma non ce n'era giunta notizia). Le SS, che poco prima avevano sottratto la gestione del campo alla Pubblica Sicurezza italiana, non diedero alcuna disposizione precisa per il viaggio; fecero soltanto sapere che sarebbe stato lungo, e lasciarono trapelare il consiglio interessato e ironico a cui ho accennato («Portate oro e gioielli, e soprattutto abiti di lana e pellicce, perché andate a lavorare in un paese freddo»). Il capocampo, deportato anche lui, ebbe il buon senso di procurare una scorta ragionevole di cibo, ma non d'acqua: l'acqua non costa nulla, non è vero? E i tedeschi non regalano niente, ma sono buoni organizzatori... Neppure pensò a munire ogni vagone di un recipiente che fungesse da latrina, e questa dimenticanza si dimostrò gravissima: provocò un'afflizione assai peggiore della sete e del freddo. Nel mio vagone c'erano parecchi anziani, uomini e donne: tra gli altri, c'erano al completo gli ospiti della casa di riposo israelitica di Venezia. Per tutti, ma specialmente per questi, evacuare in pubblico era angoscioso o impossibile: un trauma a cui la nostra civiltà non ci prepara, una ferita profonda inferta alla dignità umana, un attentato osceno e pieno di presagio; ma anche il segnale di una malignità deliberata e gratuita. Per nostra paradossale fortuna (ma esito a scrivere questa parola in questo contesto), nel nostro vagone c'erano anche due giovani madri con i loro bambini di pochi mesi, e una di loro aveva portato con sé un vaso da notte: uno solo, e dovette servire per una cinquantina di persone. Dopo due giorni di viaggio

Un gruppo di internati a Buchenwald al momento della liberazione.

95 trovammo chiodi confitti nelle pareti di legno, ne ripiantammo due in un angolo, e con uno spago e una coperta improvvisammo un riparo, sostanzialmente simbolico: non siamo ancora bestie, non lo saremo finché cercheremo di resistere.

Che cosa sia avvenuto negli altri vagoni, privi di questa minima attrezzatura, è difficile immaginare. Il convoglio venne fermato due o tre volte in aperta campa-
100 gna, le portiere dei vagoni furono aperte ed ai prigionieri fu concesso di scendere: ma non di allontanarsi dalla ferrovia né di appartarsi. Un'altra volta le portiere furono aperte, ma durante una fermata in una stazione austriaca di transito. Le SS della scorta non nascondevano il loro divertimento al vedere uomini e donne accovacciarsi dove potevano, sulle banchine, in mezzo ai binari; ed i passeggeri
105 tedeschi esprimevano apertamente il loro disgusto: gente come questa merita il suo destino, basta vedere come si comportano. Non sono *Menschen*, esseri umani, ma bestie, porci; è evidente come la luce del sole.

(P. Levi, *I sommersi e i salvati*, Torino, Einaudi, 2011)

▶ **ATTIVIAMO LE COMPETENZE**

LETTURA E COMPRENSIONE

ACCESSO ALLE INFORMAZIONI

1 I convogli in partenza dall'Europa orientale e diretti verso i Lager contenevano
- **A** più di cento persone.
- **B** cento persone.
- **C** fino a 120 persone.
- **D** dalle 50 alle 60 persone.

2 Dall'Italia venivano deportati
- **A** solo ebrei.
- **B** non solo ebrei.
- **C** solo ebrei partigiani.
- **D** solo oppositori politici di origine ebraica.

3 Quelli di Westerbork e Fossoli sono
- **A** due campi di raccolta, il primo sito in Polonia, il secondo in Italia.
- **B** due campi di sterminio, il primo sito in Polonia, il secondo in Italia.
- **C** due campi di raccolta, il primo sito in Olanda, il secondo in Italia.
- **D** due campi di sterminio, il primo sito in Germania, il secondo in Italia.

4 Il convoglio su cui si trovava Primo Levi partì
- **A** da Venezia.
- **B** da Fossoli.
- **C** da Torino.
- **D** da Westerbork.

COMPRENSIONE GENERALE E INTERPRETAZIONE

5 Aveva più possibilità di sopravvivere chi
- **A** riusciva a sdraiarsi durante il viaggio.
- **B** riusciva a ingraziarsi i tedeschi.
- **C** veniva deportato per primo.
- **D** veniva deportato successivamente.

6 «Costante era il consiglio ipocrita (o l'ordine) di portare con sé tutto quanto era possibile» (rr. 27-28). Alla luce dei fatti riportati, spiega perché l'autore utilizza il termine "ipocrita".

7 «Costante era la nudità totale dei vagoni» (r. 35). Spiega il significato di questa frase.

8 Quali scopi – detti e non detti – ha il testo? (Puoi scegliere più opzioni)
- **A** Descrivere gli orrori della deportazione.
- **B** Far capire che solo i più astuti potevano sopravvivere alle deportazioni.
- **C** Denunciare la crudeltà delle SS.
- **D** Tramandare la memoria dei fatti accaduti.
- **E** Fornire un'immagine eroica di sé.

9 «…ed i passeggeri tedeschi esprimevano apertamente il loro disgusto: gente come questa merita il suo destino, basta vedere come si comportano. *Non sono Menschen, esseri umani, ma bestie, porci; è evidente come la luce del sole*» (rr. 104-107). A chi si riferisce la frase evidenziata in corsivo?
- **A** Alle SS.
- **B** Ai passeggeri tedeschi e le SS.
- **C** Ai passeggeri tedeschi.
- **D** Agli ebrei.

10 Rispetto ad altri deportati l'autore può ritenersi più fortunato. Perché?

11 Quale parola, secondo te, sintetizza meglio il contenuto del brano? Rispondi e motiva la tua scelta.
- **A** Crudeltà
- **B** Vergogna
- **C** Casualità
- **D** Memoria
- **E** Deportazione
- **F** Disagio
- **G** Razzismo
- **H** Paura

Caino è ariano

Enzo Biagi, *Dai nostri inviati in questo secolo*

> AUSCHWITZ

Tipologia	Testo narrativo non letterario
Genere	Reportage
Anno	1971

Invito alla lettura

Ironico, coraggioso, scomodo: Enzo Biagi (1920-2007) è stato uno dei giornalisti italiani più autorevoli, impostosi all'attenzione della critica e del grande pubblico con saggi, articoli e trasmissioni televisive di successo. Il brano proposto è tratto dal libro *Dai nostri inviati in questo secolo* (1971), una raccolta di articoli firmati dai grandi cronisti del giornalismo mondiale, che ci raccontano i fatti e i personaggi più importanti del panorama storico, sociale e culturale della prima metà del Novecento. In questo reportage Enzo Biagi racconta con stile appassionato la visita al campo di sterminio di Auschwitz, dove lo attende una guida molto particolare.

Comincia a piovere. Si sentono le gocce sulle foglie degli alberi. Un cane abbaia lontano. Tadeusz Szymanski ha gli occhi lucidi: si fa notte, è la febbre. Tadeusz Szymanski ha quarant'anni, ma ne dimostra di più. Molti di più. Ha i capelli bianchi e il sorriso un po' spento. Nella sua conversazione cadono molti silenzi.

5   Arrivò qui nel 1940; non se ne è più andato. Allora il paese si chiamava Auschwitz. Tadeusz non aveva fatto niente, una cosa ridicola: andava in giro con la divisa dei boyscout, e i tedeschi lo arrestarono. Vide fabbricare le baracche, e sparire molta gente. Era poco più di un ragazzo, aveva appena buttato in un angolo i libri del liceo. Gli riusciva difficile capire il perché di quei reticolati; era ossessionato dai fischi dei

10   treni: scaricavano cortei di individui sbigottiti, solo i bambini più piccoli avevano ancora voglia di giocare. «Meglio così» dice Tadeusz, guardando fuori dalla finestra. È ormai buio. In questo edificio stavano le SS: la sua stanza, ricorda, era adibita a infermeria. Avevano anche la cantina, e il dentista, e ricevevano visite. «Donne» dice Tadeusz. «Erano tipi in gamba, non volevano sentirsi troppo soli». Si avvicina

15   a uno scaffale dove tiene i libri. «Ecco» dice «le loro letture preferite». Mi mostra una rivistina in carta patinata. Il titolo è *Die Schönheit*, la bellezza. Pubblicava versi, anche in onore del Führer, aforismi di Oscar Wilde, e molte fotografie: riposti cortili di Granada, fanciulle della Polinesia completamente svestite, e qualche nudo di assorti giovanotti ariani, fissati nel bronzo da scultori che non trascuravano

20   nessun particolare.

Tadeusz fa il custode ad Auschwitz. Passa le giornate nei «Block», fra l'umido odore del legno che marcisce, nei viali dove a quest'ora si sente solo il fruscio del vento, dorme in questo lungo corridoio, dove risuonavano gli stivaloni dei fedeli soldati di Hitler, i loro canti. Cantavano anche *La notte di Natale* racconta Tadeusz

25   Szymanski, «piantavano un bell'albero nel cortile, e lo decoravano con tante candeline. Notte santa, cantavano, notte d'argento».

Guardo i muri della camera; un Cristo, dei fiori di carta di un viola esangue, i piccoli stemmi che rappresentano le nazioni di questa terra: ad Auschwitz sono finiti perfino due svizzeri.

30   «Sono qui» dice Tadeusz, «perché promisi ad un amico, si chiamava Tadeusz come

*L'ingresso del campo di
sterminio di Auschwitz.*

me, che se ce la facevo sarei rimasto per sempre». Tadeusz stava per essere fucilato. Ci vuole qualcuno, si raccomandava, che rimanga per raccontare a quelli che verranno che cosa è accaduto qui dentro. «Mia moglie, coi figli, abita da un'altra parte, non ha voluto seguirmi, e io la posso capire. Vado ogni sabato a trovarla, ma io ho promesso, e questa è ormai la mia casa. Se vogliamo, possiamo andare». Infila il cappotto, prende una lampada e facciamo la solita ispezione. «Questa è la campana che suonava gli appelli» spiega Tadeusz, «suonava per chiamare a raccolta. L'avevano rubata in una piccola parrocchia, ma come tutte le altre campane portate via alle chiese, e installate ad Auschwitz, è incrinata. Il suono è falso, ascolti, non è più lo squillo che invita la gente alla preghiera».

50 Apre la porticina di legno della garitta[1], e i rintocchi si perdono nella notte, sollevano un fruscio d'ali. «I corvi», dice Tadeusz, «ce ne sono tanti. Fra poco, nella campagna, passano stormi di colombacci e branchi di pavoncelle: io sono di Cracovia ma ormai conosco le stagioni di Auschwitz; questo è ormai il mio paese». Camminiamo sull'erba cresciuta attorno ai capannoni di mattone che il fumo e le

55 nebbie hanno annerito; non si sente, sperduto, che il cigolio di qualche carro, il passo lento dei cavalli stanchi. Ci avviciniamo alla torretta dell'ingresso; una luce si accende all'improvviso. «Due riflettori funzionano ancora» dice Tadeusz, «quando scapparono fecero saltare i crematoi, incendiarono molte baracche, cercavano di distruggere le prove. Ma è difficile cancellare quattro milioni di morti[2]. Sono tanti, sono troppi».

60 Tadeusz Szymanski ha i brividi per la febbre, è lucido, bianco; io mi sento dentro un gran peso. La luce del riflettore batte sui tetti che scintillano, sul filo spinato che sgocciola, sulla scritta di ferro «Il lavoro rende liberi», sulle margherite gialle che fioriscono anche ad Auschwitz, quando il sole fa scomparire i densi vapori che avvolgono i villaggi e stagnano sulle foreste. Batte anche sulla forca alla quale fu

65 appeso, nel 1947, Rudolf Höss, il comandante del campo. «Lo portarono qui dopo il processo, aveva vicino il prete, perché si era convertito, aveva voluto diventare cattolico» dice Tadeusz. «Io lo vidi, volevo vederlo ancora una volta. Era tranquillo. Gli domandarono se aveva un ultimo desiderio, rispose di no. Vide prima di morire i suoi Block, le ciminiere, quelle ciminiere, la villetta dove stavano i suoi

70 bambini, la moglie di Höss coltivava fiori, i bimbi si divertivano con un capriolo, lui faceva delle lunghe cavalcate».
Fra poco la forca crollerà, le nevi e l'acqua la corrodono; nella villetta dove abitava la famiglia di Höss è tornato l'antico proprietario.
Facciamo il giro, Block 1, Block 2, Block 3. Tutto è in ordine. Ecco due nastri, uno

75 rosa e uno azzurro, furono tagliati con le trecce di due ragazzine, sono al loro posto, la luce della nostra lampada li illumina per un istante e sembra che Tadeusz Szymanski dica «buonanotte». Buonanotte al pianino di legno, è rimasta solo la tastiera, proviamo a battere sui tasti, ne esce solo qualche nota, fece compagnia a un bambino nell'ultimo viaggio.

80 Chiudiamo in fretta questa porta che cigola; qui c'era un locale di «divertimento», fu un'idea delle SS, poco prima del crollo; gli ariani che ricevevano denaro dai parenti

1 **garitta:** costruzioni in cui alloggiavano le sentinelle durante i loro turni di guardia.
2 **quattro milioni di morti:** gli storici contemporanei propendono per un numero inferiore di morti, compreso tra 1 milione e 1 milione e mezzo.

potevano incontrare una donna. Una giovinetta di sedici anni si presentò al capo: «Mandate anche me con le sgualdrine» disse; «ho saputo che le sgualdrine mangiano». «Era molto bella» dice Tadeusz «era una giovinetta pura».

85 Entriamo nella sala dove sono esposte tutte le bandiere. «Buonanotte bandiere» pare dica Tadeusz; e io dico veramente: «Buonanotte, bandiera italiana» e penso alla mia gente, che è venuta a morire quassù.

Una lunga fila di fotografie: donne, vecchie e giovani, alle quali furono tagliati i capelli, qualcuna sorride, forse per abitudine, perché così si fa quando ci ritraggono, 90 forse per lasciare di sé al mondo una immagine rassegnata. «Buonanotte, Marta Pinto, Angela Matarasso, Alice Fruchtgarten, Allegra Matalon» che nome sbagliato, povera vecchietta, «buonanotte Sara Coen, Jeanne Angel, avevi appena vent'anni». Buonanotte alle migliaia di pennelli da barba ammucchiati in uno stanzone, alle centinaia di valigie, le valigie di fibra dei poveracci, le valigie di pelle con le eti- 95 chette dei grandi alberghi, ai vasini dei bambini ebrei, o dei bambini zingari, alle gamelle[3] di latta, ai grembiuli, alle vestaglie con la stella di David, col triangolo, con la scritta Jude.

«Se vuole» dice Tadeusz «arriviamo ad Auschwitz II, a Birkenau». I fari delle automobili incantano una lepre; una breve scossa, passiamo sopra un binario. «Il treno 100 arrivava fin qui, i vagoni venivano aperti all'interno dei Lager. Himmler[4] aveva voluto questa città di centomila abitanti» racconta Tadeusz, «e la popolazione si rinnovava di continuo». Ci fermiamo accanto a un bosco, le frasche ci bagnano la faccia, palpitano ad ogni ventata, si animano. «Qui le donne venivano fatte spogliare. C'è una fotografia, ricorda, che le rappresenta, in fila, qualcuna saltella, 105 sembra quasi che danzino. Una, in primo piano, è molto giovane, è bellissima. Doveva essere bionda, i capelli, nell'istantanea, sono molto chiari. Un'altra tiene fra le braccia un bambino di due anni, sembra gli stia dicendo qualcosa. Le famiglie scendevano dai treni e venivano portate qui, prima di entrare nelle docce, negli spogliatoi. Era una specie di grande festa, sembrava una scampagnata. Si 110 sedevano sotto i faggi, mangiavano quel poco che avevano portato con sé, i ragazzi si inseguivano gridando. Poi, in fila, si avviavano verso l'edificio dei bagni. Dalle bocchette, invece dell'acqua bollente, usciva il gas».

La voce di Tadeusz è fredda, impersonale. Racconta una storia, sembra non ci sia in lui commozione. Ci avviciniamo a un laghetto, non si sente il gracidare delle 115 rane, o il fruscio degli uccelli notturni tra i rami dei salici. Solo la pioggia, i nostri passi attutiti, le nostra parole. «Nel lago riposano migliaia di uomini» dice Tadeusz; «ciò che è rimasto di loro. È meno profondo di quello che era una volta, prima che ne facessero una tomba».

Saliamo sui blocchi di cemento di un crematoio buttato per aria dall'esplosivo; si 120 stagliano davanti agli occhi rami senza foglie di un albero rinsecchito, un albero per il quale non vi saranno più primavere. «Resiste al tempo» spiega Tadeusz; «fu incendiato dai tedeschi che fuggivano, ma è ancora in piedi. È l'albero di Auschwitz, l'albero che ha visto tante cose, e alla fine è morto, come gli abitanti di questa città fondata da Himmler».

125 «A un albero come questo» penso «si impiccò forse Caino[5]».

---

3 gamelle: grosse scodelle di lamiera smaltata.
4 Himmler: Heinrich Himmler, il capo supremo delle SS.
5 A un albero… Caino: l'autore si confonde probabilmente con Giuda il quale, oppresso dal senso di colpa per aver tradito Gesù, si impiccò a un albero. Riguardo a Caino la Bibbia racconta che fu maledetto da Dio (il quale lo marchiò con un segno sul capo, per renderlo riconoscibile e impedire ai suoi simili di ucciderlo per vendetta), ma non dice nulla circa la sua morte. Secondo la tradizione ebraica, invece, Caino venne condannato a vagare senza pace sulla Terra e fu ucciso per errore, dopo sette generazioni, da uno dei suoi discendenti. Il riferimento di Biagi a Caino non è però fuori luogo, in quanto questo personaggio biblico rappresenta il primo assassino del genere umano.

Tadeusz Szymanski spegne la lampada; le baracche scompaiono nel buio di questa serata senza luna, cupa, sparisce il bosco, le macerie, il piccolo lago nel quale non si sente più il gracidare delle rane. Tutto è silenzio.

«Buonanotte» dice Tadeusz congedandosi. Va nella sua casa, quattro milioni di
130 ombre gli fanno compagnia. Non gli fanno paura: si conoscono. Il bimbo del pianino, la ragazza che era forse bionda, le fanciulle dei nastri, e Maria, Angela, Alice, e l'altro Tadeusz, il suo amico Tadeusz. È rimasto con loro.

Adesso Auschwitz si chiama Oswiecim, perché sono tornati i polacchi; davanti ai Lager i contadini incitano i cavalli che arano la terra, incontro un soldato che
135 passeggia con la fidanzata; le caserme sono poco lontane. Buonanotte, Tadeusz Szymanski.

(E. Biagi, *Dai nostri inviati in questo secolo*, Torino, SEI, 1971)

▶ **ATTIVIAMO LE COMPETENZE**

LETTURA E COMPRENSIONE

ACCESSO ALLE INFORMAZIONI

1 Chi è Tadeusz Szymanski?
_____
_____

2 Chi è Rudolf Höss?
_____
_____

3 Indica se le seguenti affermazioni sono vere o false.

	Vero	Falso
A Tadeusz era un prigioniero di Auschwitz.		
B Tadeusz è stato recluso ad Auschwitz per quarant'anni.		
C Tadeusz vive ad Auschwitz insieme alla sua famiglia.		
D Tadeusz ha quarant'anni, ma ne dimostra di più.		
E Tadeusz è originario della città di Varsavia.		

4 La stanza in cui dorme Tadeusz un tempo era
A la stanza del comandante del campo.
B adibita a infermeria.
C un forno crematorio.
D un ufficio delle SS.

5 Perché Tadeusz è finito ad Auschwitz?
_____
_____

6 Tadeusz ha deciso di rimanere ad Auschwitz. Perché?

COMPRENSIONE GENERALE E INTERPRETAZIONE

7 Le prime righe del testo hanno la funzione di
A presentare il personaggio principale della vicenda.
B porre una premessa per lo sviluppo degli eventi successivi.
C collocare la vicenda in un ambiente ben preciso.
D trasportare il lettore nel mezzo degli eventi.

8 Nel testo si parla di «Block». Che cosa sono?
A Le dimore degli ufficiali nazisti.
B Le divise delle SS.
C Le baracche del campo.
D Le campane di Auschwitz.

9 Tadeusz dichiara di aver voluto vedere «ancora una volta» il comandante del campo prima che questi venisse ucciso. Perché?

10 Nel testo si parla di una fanciulla di sedici anni che decide di prostituirsi. Perché lo fa?
A Per cercare di fuggire.
B Per cercare di infiltrarsi tra le SS e aiutare le sue compagne.
C Per sopravvivere.
D Perché si è lasciata corrompere dalle SS.

11 Tadeusz afferma che ad Auschwitz «la popolazione si rinnovava di continuo». Che cosa vuol dire con questa espressione?

12 Ad Auschwitz II c'è un lago, ma è meno profondo di una volta. Perché?
_____
_____
_____

13 «Buonanotte alle migliaia di pennelli... alle valigie... ai vasini dei bambini... alle gamelle... ai grembiuli... alle vestaglie» (rr. 93-96). Perché il narratore dà la buonanotte a una serie di oggetti?

L'inferno di Auschwitz

Antonio Frescaroli, *La Gestapo*

Test

Tipologia Testo informativo
Genere Saggio

Ad Auschwitz la "soluzione finale" assunse dimensioni tali che oggi il nome del più grande campo di concentramento e sterminio tedesco è assurto a simbolo stesso della Shoah. Chi giungeva nel Lager polacco aveva poche possibilità di sopravvivere: coloro che erano incapaci di lavorare – vecchi, ammalati, donne incinte e bambini – venivano subito spediti nelle "docce"; gli altri venivano risparmiati solo per essere uccisi dai ritmi di lavoro massacranti, dalle percosse delle guardie, dalle condizioni igienico-sanitarie disumane, dalle epidemie e dalla fame. Ad Auschwitz dunque si poteva morire in molti modi, tutti accomunati però dalla stessa crudeltà e dalla stessa follia.

A decidere del destino di Auschwitz era stata Auschwitz stessa. Vogliamo dire la sua straordinaria ubicazione. Auschwitz si trovava in una regione spopolata, esattamente all'incrocio di quattro linee ferroviarie. Era nelle condizioni ideali per diventare un campo di sterminio perfetto. Il particolare non era sfuggito ai
5 programmatori della morte della Gestapo: i treni di deportati avrebbero potuto arrivarvi marciando a orario fisso. Ma dal punto di vista tecnico, Auschwitz rappresenta senza dubbio un progresso. A Chełmno, Bełżec, Sobibór, Treblinka, la morte arrivava con il monossido di carbonio, attraverso i motori Diesel. Ad Auschwitz la morte arriverà invece con il "Zyklon B" nuovo ritrovato della scienza chimica.
10 Non per questo la morte cambiava nome. Ma avveniva in maniera tecnicamente ineccepibile. I "tecnici" erano dei tecnici, e come tali restavano sul dettaglio. Höss[1] così descrisse i "perfezionamenti" apportati nel suo campo:
«...quando ad Auschwitz organizzai i locali per lo sterminio, usai il "Zyklon B", acido prussico in cristalli che veniva fatto cadere sulla camera della morte da
15 una piccola apertura. Per uccidere coloro che vi si trovavano bastavano da tre a quindici minuti, a seconda delle condizioni atmosferiche.» «E come sapevate che le persone erano morte?» gli chiese un giudice. «Sapevamo che le persone erano morte quando le grida cessavano» rispose Höss. Preciso, spietato, ironico, Höss continuò: «In genere, aspettavamo una mezz'ora prima di aprire le porte e portar
20 via i cadaveri». Certo, Auschwitz era un campo modello per lo sterminio di esseri umani. Mentre a Treblinka le camere a gas potevano servire sì e no per duecento persone, ad Auschwitz le camere della morte ne contenevano duemila. Ma la vera superiorità di Auschwitz era di tutt'altra natura. Arrivando a Treblinka i condannati non avevano alcun dubbio sul destino che li attendeva. Ad Auschwitz, no. La
25 regia di Auschwitz era impeccabile. «I prigionieri» dichiarò Höss «generalmente non si rendevano conto di ciò che li aspettava.» In effetti, l'orchestrazione psicologica del campo arrivò al punto di distribuire ai condannati in arrivo delle belle cartoline illustrate da firmare e mandare ai parenti a casa con le frasi già stampate: "Qui noi stiamo tutti bene. Abbiamo lavoro e siamo trattati bene. Aspettiamo il
30 vostro arrivo". Del resto l'aspetto esteriore di questi macabri luoghi nulla lasciava trapelare dell'uso per cui erano stati costruiti. Apparentemente, niente di sinistro. Tutt'intorno, praticelli di fiori ben tenuti. All'ingresso si poteva leggere la scritta innocua: "Bagni". I morituri pensavano, a giusta ragione, di esservi condotti per la disinfestazione, procedimento questo che era di prammatica all'ingresso
35 di tutti i campi di concentramento. Particolare lugubre: non di rado capitava che

1 Höss: Rudolph Höss fu il primo comandante del campo di sterminio di Auschwitz.

i miserabili, entrando nei bagni della morte, fossero accompagnati da una dolce musica. Il problema della musica nel campo di Auschwitz era stata una trovata di Höss. I superiori, da principio, non l'avevano preso molto sul serio, e Höss ci si era quasi fissato. Uno dei superstiti ricorda per esempio che fra gli internati era stata

40 allestita una "allegra" orchestrina incaricata di esibirsi durante le operazioni di selezione per le camere a gas. Suonava motivi della *Vedova allegra*. Niente musica cupa, solenne e pensierosa. Niente dunque Beethoven. I condannati andavano verso la morte al suono di marcette vivaci, prese dalle operette viennesi e parigine, che ricordavano loro tempi certamente più felici.

45 Dal loro arrivo alla stazione, alle operazioni di smistamento, alla introduzione nelle camere a gas, agli ultimi urli, alle ultime grida, al pianto dei bambini, alle lacrime delle madri, agli strazi dei corpi – tutto questo è stato consegnato alle pagine di un libro che è un documento, un atto d'accusa del passato, un monito per l'avvenire. Autore è un medico ebreo ungherese, deportato ad Auschwitz,

50 ma che in virtù della sua specializzazione in medicina legale e anatomia riuscì a salvarsi dopo aver esercitato la funzione di medico-capo dei crematoi del campo, alle dirette dipendenze del famigerato Mengele, "tecnico" delle SS per ricerche ed esperimenti scientifici sui prigionieri. Ad alcune pagine allucinanti del suo libro, *Medico ad Auschwitz*, diamo semplicemente la parola. È l'arrivo del con-

55 voglio della morte – uno dei tanti arrivi settimanali. «Dalla rampa giunge l'urlo prolungato d'una locomotiva. È ancora molto presto; vado alla finestra da dove godo una vista diretta. Vedo un treno lunghissimo. Nel giro di qualche istante, gli sportelli scorrono e dai vagoni si riversano a migliaia i rappresentanti del popolo eletto d'Israele. Allineamento e selezione portano via una mezz'oretta». Mentre

60 l'orchestrina suona, il dottor Mengele, medico selettore, decide della vita e della morte di creature umane. La colonna di sinistra comprende soprattutto vecchi, storpi, rachitici e donne coi figlioletti minori di quattordici anni. Perduti. Quella di destra si compone di donne e uomini validi, capaci di lavorare. Salvi. Almeno per qualche giorno. «La colonna di sinistra si allontana lentamente... Intanto nella

65 sala dei forni del crematorio ci si prepara ad accogliere i nuovi arrivati. Si sente un rombar di motori: immensi ventilatori sono stati messi in moto per attizzare il fuoco di calore desiderato nei forni. Quindici ventilatori funzionano contemporaneamente, ce n'è uno accanto a ogni forno. La sala d'incenerimento è lunga circa centocinquanta metri, chiara e imbiancata a calce; il suolo è di cemento. I quindici

70 forni veri e propri sono sistemati ciascuno in una costruzione di mattoni rossi. Enormi porte di ferro, lucide e brillanti, si allineano sinistramente lungo la sala. Dopo cinque minuti il convoglio arriva di fronte alla porta i cui battenti si aprono. Il gruppo, in colonna per cinque, entra nel cortile: nessuno in questo momento sa ancora niente. Colui che potrebbe sapere qualcosa, dopo aver percorso la strada

75 del suo destino – i trecento metri che separano questo luogo dalla rampa – non è mai uscito di qui per poter parlare. Il crematoio attende coloro che, scelti dalla selezione, sono stati destinati al gruppo di sinistra... L'avanzata è lenta e faticosa. I bambini, con il sonno attaccato agli occhi, si stringono alla sottana della madre. I neonati sono quasi sempre tenuti in braccio dal padre, e sono spesso quest'ultimi

80 a spingere la carrozzella. La guardia SS è bloccata davanti alle porte del crematoio. Un cartello sulla porta dice che "l'ingresso è severamente proibito agli estranei al servizio, comprese le SS". I deportati scoprono immediatamente i rubinetti di irrigazione che si trovano nel cortile. Le file si rompono. Urtandosi, spingendosi, cercano di raggiungere i rubinetti e riempire i loro recipienti. Tanta impazienza

85 non stupisce: da cinque giorni non bevono. Quel poco d'acqua che avevano con sé si è imputridita e non li dissetava. Ammucchiati, accatastati l'uno sull'altro,

questa gente ha attraversato mezza Europa in vagoni piombati, senza acqua, senza cibo, senza aria, costretta a vivere tra gli escrementi. Niente di più orribile di questi viaggi della morte. I bambini arrivavano stravolti e si dissetavano leccando
90 il sudore che grondava dal petto della madre. Molti morivano durante il viaggio, e si scoprivano cadaveri soltanto all'arrivo, perché, o restavano accartocciati in un angolo del vagone, oppure, sospinti dai compagni, cadevano inetti sui binari. Ma le SS addette a ricevere i convogli erano abituate a queste scene».

(A. Frescaroli, *La Gestapo*, Milano, De Vecchi, 1967)

Aspetto 2 *Individuare informazioni date esplicitamente nel testo.*

1 **Quali dei seguenti fattori ha contribuito a fare di Auschwitz un campo di sterminio modello? Metti una crocetta per ogni riga.**

	Sì	No
A La particolare posizione geografica.		
B La presenza di un incrocio ferroviario.		
C Il clima e l'aspetto dei luoghi.		
D Le soluzioni tecniche adottate per lo sterminio.		
E Il numero delle vittime.		
F Le operazioni di selezione effettuate all'arrivo dei deportati.		

Aspetto 1 *Comprendere il significato, letterale e figurato, di parole ed espressioni e riconoscere le relazioni tra parole.*

2 **«La regia di Auschwitz era impeccabile» (rr. 24-25). Il termine "regia" ha qui il significato di**
- ☐ **A** teatralità e spettacolarità delle esecuzioni.
- ☐ **B** direzione, organizzazione e coordinamento delle operazioni di sterminio.
- ☐ **C** locale in cui si svolgono le attività di direzione del campo.
- ☐ **D** finzione teatrale.

Aspetto 3 *Fare un'inferenza diretta, ricavando un'informazione implicita da una o più informazioni date nel testo e/o tratte dall'enciclopedia personale del lettore.*

3 **L'autore riporta tra virgolette alcune frasi del comandante del campo Rudolph Höss. Queste frasi sono**
- ☐ **A** affermazioni contenute nel diario personale di Rudolph Höss.
- ☐ **B** affermazioni dell'autore, che vengono però attribuite a Rudolph Höss.
- ☐ **C** le testimonianze di un sopravvissuto.
- ☐ **D** le dichiarazioni rese dall'imputato durante il processo.

Aspetto 3

4 **Ai prigionieri che giungevano ad Auschwitz venivano consegnate delle cartoline da spedire ai parenti con frasi già stampate. Perché?**
- ☐ **A** Affinché i deportati potessero comunicare un'ultima volta con i loro congiunti.
- ☐ **B** Per un gesto di umana pietà.
- ☐ **C** Per far conoscere al mondo la sorte degli ebrei.
- ☐ **D** Per ingannarli e non far sapere all'esterno ciò che accadeva realmente nel campo.

Aspetto 5b *Ricostruire il significato globale del testo, integrando più informazioni e concetti, anche formulando inferenze complesse.*

5 **Nella tabella, le diverse fasi del processo di sterminio sono presentate in disordine. Mettile in ordine cronologico numerandole da 1 a 5.**

Fase	Ordine cronologico
A Selezione	
B Trasferimento nei crematori	
C Ingresso nelle camere a gas	
D Discesa dei passeggeri	
E Arrivo dei convogli	

Aspetto 2 *Individuare informazioni date esplicitamente nel testo.*

6 L'autore desume la notizia della presenza di un'orchestrina durante le fasi della selezione
☐ **A** dalle pagine del libro *Medico ad Auschwitz*.
☐ **B** dalla testimonianza di un superstite.
☐ **C** dalle affermazioni di Höss.
☐ **D** da una sua supposizione.

Aspetto 3 *Fare un'inferenza diretta, ricavando un'informazione implicita da una o più informazioni date nel testo e/o tratte dall'enciclopedia personale del lettore.*

7 Il dottor Mengele è definito «medico selettore». Perché?
_____
_____
_____
_____

Aspetto 3

8 «I deportati scoprono immediatamente i rubinetti d'irrigazione che si trovano nel cortile». Di quale cortile si tratta?
☐ **A** Del cortile principale del campo Auschwitz.
☐ **B** Del cortile della stazione di Auschwitz.
☐ **C** Del cortile antistante i crematori.
☐ **D** Del cortile dove i deportati venivano allineati e selezionati.

Aspetto 6 *Sviluppare un'interpretazione del testo, a partire dal suo contenuto o dalla sua forma, andando al di là di una comprensione letterale.*

9 Nel descrivere il funzionamento del campo di sterminio di Auschwitz l'autore vuole soprattutto mettere in evidenza
☐ **A** la crudeltà con cui si svolgevano le operazioni di sterminio.
☐ **B** le responsabilità degli esecutori.
☐ **C** il grande numero di vittime.
☐ **D** il razzismo dei nazisti.

Aspetto 3 *Fare un'inferenza diretta, ricavando un'informazione implicita da una o più informazioni date nel testo e/o tratte dall'enciclopedia personale del lettore.*

10 Durante la selezione, chi finiva nella colonna di sinistra e chi nella colonna di destra? Metti una crocetta per ogni riga

	Colonna di sinistra	Colonna di destra
A Neonati		
B Uomini e donne sane		
C Vecchi		
D Ragazzi sani di almeno 15 anni		
E Ragazzi sani di meno di 14 anni		
F Disabili		

Marc Chagall

Crocifissione bianca

TIPOLOGIA	Dipinto
GENERE	Pittura religiosa
STILE	Primitivismo
TECNICA	Olio su tela
ANNO	1938

▶ **ANALIZZIAMO IL DIPINTO**

1 IL TEMA

2 L'IMMAGINE DI CRISTO

3 ELEMENTI EBRAICI

1 Il tema principale del quadro è la persecuzione del popolo ebraico.

2 La crocifissione di Cristo, che il pittore considera il simbolo della sofferenza del popolo ebraico, è inserita nel contesto delle persecuzioni antisemite.

3 Nel dipinto sono presenti numerosi elementi riconducibili alla storia e alla cultura ebraiche.

1 IL TEMA

Per l'importanza e l'attualità del tema, la *Crocifissione bianca* rappresenta un punto di svolta nella carriera pittorica di Marc Chagall (1887-1985): realizzato nel 1938, ed esposto nel gennaio del 1940 quando il Secondo conflitto mondiale era già entrato nella sua fase cruciale, il dipinto richiama l'attenzione sulle persecuzioni subite dal popolo ebraico e sulle devastazioni avvenute nei territori orientali. Tutto intorno al monumentale crocifisso, che occupa la parte centrale della composizione, sono raffigurate scene di devastazione: a destra un uomo in uniforme nazista appicca il fuoco a una sinagoga; a sinistra un gruppo di uomini con la bandiera rossa – chiara allusione ai bolscevichi – mette a ferro e fuoco un villaggio, mentre i suoi abitanti si danno disperatamente alla fuga su una barca.

1 Il bianco è il colore dominante del dipinto. Prova a spiegare questa scelta cromatica.

2 L'IMMAGINE DI CRISTO

Al centro del dipinto giganteggia l'immagine di Gesù crocifisso, che per Chagall rappresenta un simbolo di sofferenza universale e l'archetipo del martire ebreo di tutti i tempi. La volontà di recuperare le radici giudaiche di Cristo è suggerita da alcuni particolari, in netto contrasto con la tradizione iconografica della Passione. Si noti, per esempio, il *tallit*, il tipico velo di preghiera ebraico, che cinge i fianchi del morente al posto del classico perizoma; oppure la *menorah*, il candelabro a sette bracci, collocato ai piedi della croce in luogo della Madonna, di Maria Maddalena e di San Giovanni; e infine, al di sopra della croce, quattro figure dell'Antico Testamento in sostituzione delle schiere di angeli piangenti.

2 Reinterpretando la figura di Gesù secondo la sensibilità ebraica, e inserendo la sua crocifissione sullo sfondo di eventi contemporanei, Chagall suggerisce
- **A** un legame tra il martirio di Cristo e il martirio del popolo ebraico.
- **B** che Cristo protegge gli ebrei.
- **C** che gli ebrei sono colpevoli della morte di Cristo.
- **D** un legame tra la cultura orientale e quella occidentale.

3 Una delle figure dell'Antico Testamento si copre gli occhi. Perché, secondo te? Quale sentimento esprime con questo gesto?

3 ELEMENTI EBRAICI

Il *tallit*, la *menorah* e le figure tratte dall'Antico Testamento non sono gli unici elementi del dipinto che rimandando all'universo ebraico: in primo piano, da sinistra a destra, troviamo un gruppo di personaggi che simboleggiano la condizione di miseria in cui è caduto il popolo di Israele. Uno di loro cerca di mettere in salvo i rotoli della *Torah* (il libro sacro della religione ebraica), l'altro invece ha un cartello bianco sul petto, che lo indica come ebreo; la donna, che nel tentativo di fuggire sembra quasi uscire dallo spazio pittorico, stringe al petto il suo bambino; il personaggio vestito di verde con un fagotto sulla spalla è identificabile con Ahasver, la leggendaria figura dell'ebreo errante, costretto a vagabondare per sempre a causa del suo egoismo: il pittore lo fissa nell'atto di fuggire, mentre scavalca silenziosamente un rotolo della *Torah* in fiamme. Ancora all'universo ebraico sono riconducibili l'arca santa profanata dalla furia nazista, la stella a sei punte e le tavole dei dieci comandamenti sulla facciata della sinagoga, e infine la barca dei profughi che allude alla diaspora del popolo ebraico.

4 Osserva attentamente i personaggi in primo piano: quali elementi denunciano la loro condizione di disperazione e di miseria?

Marc Chagall, *Solitudine*, 1933. Tel Aviv, *Tel Aviv Museum of Art.*

▶ ATTIVIAMO LE COMPETENZE

FRUIZIONE DI ALTRE FORME ESPRESSIVE

RIFLESSIONE, TESTO DESCRITTIVO

5 Descrivi questo quadro di Marc Chagall intitolato *Solitudine*, individuando tutti gli elementi riconducibili alla cultura ebraica presenti nella composizione.

Il bambino con il pigiama a righe

TIPOLOGIA	Film
GENERE	Drammatico
REGIA	Mark Herman
CAST	Asa Butterfield (Bruno), David Thewlis (Ralf, padre di Bruno), Vera Farmiga (Elsa, madre di Bruno), Jack Scanlon (Shmuel), Amber Beattie (Gretel), Rupert Friend (tenente Kotler)
ANNO	2008

▶ **ANALIZZIAMO IL FILM**

1 IL PROTAGONISTA
2 UN MONDO DI MENZOGNE
3 LA DIMENSIONE TRAGICA

LA TRAMA

Bruno, un ingenuo bambino di otto anni, apprende con tristezza la notizia che suo padre,
un ufficiale nazista, è stato promosso a un nuovo incarico. Per questo la famiglia dovrà lasciare Berlino e trasferirsi in campagna. Per il piccolo è un brutto colpo: dovrà dire addio alla sua bella casa, ai suoi amici e al suo spensierato universo fatto di letture e avventure. La nuova dimora è inquietante e isolata: Bruno si sente molto solo perché nei dintorni non ci sono bambini della sua età. Un giorno, disubbidendo agli ordini della madre, il protagonista si avventura attraverso i boschi, giungendo nei pressi di quella che crede essere una strana fattoria, il cui perimetro è tutto recintato con il filo spinato. Dalla parte opposta c'è Shmuel, un bambino senza capelli che indossa un pigiama a righe: è l'inizio di una tenera amicizia dal tragico e amaro finale.

1 IL PROTAGONISTA

Troppo piccolo per comprendere la differenza tra il Bene e il Male o per poter solamente immaginare le efferatezze compiute dai nazisti di cui il padre fa parte, il piccolo Bruno subisce gli eventi che accadono intorno a lui senza capirne fino in fondo il senso. Per il bambino il campo di concentramento non è altro che una fattoria e la divisa dei prigionieri, che egli scambia per contadini, è uno strano pigiama a righe. Anche quando intuisce che qualcosa non va, come quando scopre migliaia di bambole accatastate o assiste a scene di prevaricazione e di violenza, la sua percezione della realtà non raggiunge mai il livello di una piena consapevolezza.

La storia è filtrata attraverso il punto di vista di Bruno, un bambino tedesco di otto anni.

Il mondo dei nazisti è permeato di bugie, silenzi e falsità.

2 UN MONDO DI MENZOGNE

Il padre di Bruno finge di essere un genitore affettuoso e attento, ma in realtà è un aguzzino che nasconde la sua ferocia e i suoi misfatti alla moglie e ai figli. Allo stesso modo il giovane tenente che sembra essere il perfetto modello del soldato ariano – bello, risoluto, ligio alle gerarchie e violentemente antisemita – occulta ai suoi superiori i propri compromettenti legami familiari. Frutto di mistificazione sono anche le lezioni dell'istitutore privato, che invece di educare all'amore per lo studio con onestà intellettuale, insegna una storia fatta di menzogne e pregiudizi razziali. E un falso propagandistico è anche il documentario sulla vita degli ebrei nei Lager, dipinta come felice e idilliaca per nascondere agli occhi del mondo l'orrore dei campi di sterminio.

3 LA DIMENSIONE TRAGICA

Nel film la Shoah si intreccia con il dramma di una famiglia tedesca, che da uno stato di apparente felicità precipita nella disperazione, secondo una parabola discendente che ricorda lo schema di una tragedia greca (rottura dell'equilibrio ➜ catastrofe finale). E come è tipico del mondo tragico, anche in questo caso le colpe dei padri – in questo caso il comandante Ralf – ricadono sui figli incolpevoli. Per un atroce scherzo del destino, infatti, il piccolo Bruno termina i suoi giorni in una camera a gas, proprio dove suo padre aveva mandato a morte migliaia di innocenti.

Nel film è rappresentata una doppia tragedia: quella storica dell'Olocausto e quella privata di una famiglia tedesca.

GUIDA AL DIBATTITO

1 Durante i festeggiamenti per la promozione, la madre si rivolge a Ralf con queste parole: «Mio Dio! A volte mi domando se non è solamente colpa mia, che ti facevo tutti quei costumi per le tue recite quando eri piccolo! Tu letteralmente adoravi mascherarti da bambino. Ti fa sentire ancora così speciale, Ralf caro, l'uniforme e quello che rappresenta?». Spiega il significato di questa frase e la successiva reazione del comandante nazista.

2 La mamma di Bruno è un personaggio statico (cioè non cambia mai nel corso del film) o dinamico (cioè subisce delle trasformazioni)? Motiva la tua risposta.

3 Perché il tenente Kotler viene allontanato e chi è il responsabile del suo trasferimento?

4 Che cosa spinge Bruno ad avventurarsi nel bosco?

5 Nel corso del film Gretel, la sorella di Bruno, subisce alcuni cambiamenti. Quali fattori, secondo te, hanno contribuito a determinare la sua trasformazione?

▶ ATTIVIAMO LE COMPETENZE

PRODUZIONE TESTUALE

RICERCA, LAVORO DI GRUPPO, TESTO INFORMATIVO

6 Ti proponiamo tre film che hanno come argomento la Shoah. Scegline uno e, dopo averlo visto, realizza insieme ai compagni una recensione originale (non scaricata da Internet). Il tuo lavoro dovrà inoltre contenere informazioni sugli attori principali e sul regista.

Schindler's list, di Steven Spielberg, 1993.
Un industriale tedesco riesce a salvare i suoi lavoratori ebrei.

Il pianista, di Roman Polanski, 2002.
Un pianista riesce a sopravvivere nel ghetto di Varsavia.

Vento di primavera, di Rose Bosch, 2010.
La vicenda di 13.000 ebrei francesi, sequestrati e deportati nei Lager.

Concetti chiave

Flashcard

La Shoah

Razzismo e antisemitismo	Il nazismo considerava gli ebrei una "razza inferiore"
Deportazioni e ghetti	Durante il regime nazista gli ebrei europei vennero deportati e segregati nei ghetti dell'Est d'Europa
Campi di sterminio	I nazisti crearono in Polonia sei centri per uccidere tutta la popolazione ebraica
Genocidio	L'esecuzione della "soluzione finale" costò la vita a sei milioni di ebrei

▶ **CONTESTO STORICO**

QUANDO	CHI	CHE COSA
1933	**Hitler diventa cancelliere del Reich**	Dittatura in Germania, discriminazione degli ebrei
1935	**Promulgazione delle leggi di Norimberga**	Viene stabilita per legge l'inferiorità razziale degli ebrei
9-11-1938	**Notte dei cristalli**	*Pogrom* in tutta la Germania contro gli ebrei
1-9-1939	**I nazisti invadono la Polonia**	Scoppia la Seconda guerra mondiale
22-6-1941	**Inizio dell'Operazione Barbarossa**	I nazisti attaccano l'Unione Sovietica, uccidendo migliaia di ebrei
20-1-1942	**Conferenza di Wannsee**	Accelerazione e attuazione della "soluzione finale"
1941-1944	**Campi di sterminio**	Uccisione sistematica di circa 6 milioni di ebrei

▶ **RIPASSO**

1 Qual è il significato dei termini "Olocausto" e "Shoah"?
2 È corretto affermare che l'ideologia nazista si basava su un'ideologia razzista? Motiva la tua risposta.
3 Quali discriminazioni dovettero subire gli ebrei dopo la presa del potere di Hitler?
4 Che cosa stabilirono le leggi di Norimberga?
5 Spiega che cosa è un "ghetto".
6 Che cosa si intende con l'espressione "soluzione finale"?

Le tipologie testuali

Le tipologie testuali

Prescrivere

Argomentare e informare

Descrivere

ARTISTA	Norman Percevel Rockwell
NAZIONALITÀ	Statunitense
TITOLO	Babysitter con bambino che piange
ANNO	1946
STILE	Iperrealismo

LEZIONE LIM

 Le tipologie testuali

Le tipologie testuali

I testi pragmatici

I testi non letterari

La famiglia dei testi verbali comprende sia testi letterari sia testi non letterari. I **testi letterari** – romanzi, racconti, novelle, poesie – non hanno un'utilità pratica e sono concepiti per raccontare storie e intrattenere il lettore. I **testi non letterari**, invece, sono utilizzati per scopi legati alla vita pratica e professionale.

Le tipologie

In base allo **scopo** per cui sono realizzati e alle **caratteristiche** formali (stile, lessico) e strutturali (organizzazione e paragrafazione), i testi pratici (o pragmatici) possono essere suddivisi in 4 tipologie: descrittivi, informativi, regolativi e argomentativi.

Tipologia del testo	A che cosa serve	Rientrano in questa tipologia
Descrittivo	Descrivere le caratteristiche di qualcosa o qualcuno	Guide turistiche, libri d'arte, testi geografici ecc.
Informativo (o espositivo)	Fornire informazioni o spiegazioni su un argomento	Manuali scolastici, relazioni, voci enciclopediche ecc.
Regolativo (o prescrittivo)	Prescrivere norme di comportamento o dare istruzioni	Testi legislativi, istruzioni per l'uso, regolamenti, ricette.
Argomentativo	Sostenere una tesi attraverso un ragionamento convincente	Saggi, articoli di fondo, discorsi politici, arringhe e requisitorie giudiziarie.

Descrivere

Che cosa vuol dire

Descrivere vuol dire **rappresentare attraverso le parole** le caratteristiche più importanti di un **soggetto** (una persona, un animale, un luogo, una cosa, un fenomeno) affinché il destinatario possa immaginarlo e averne una cognizione particolareggiata. Esistono principalmente due tipi di descrizione: **oggettiva** (o impersonale) e **soggettiva** (o personale).

La descrizione oggettiva

La descrizione oggettiva può essere **paragonata a una fotografia**: si limita a registrare con un linguaggio tecnico e preciso, e senza esprimere commenti, le caratteristiche di oggetti, luoghi, cose, persone e animali.

■ Fredda registrazione delle caratteristiche.

■ Linguaggio tecnico e specifico.

Il calamaro gigante: la specie più grande può raggiungere i 13 m di lunghezza e i 300 kg di peso: si tratta dei secondi più grandi invertebrati viventi, dopo i *Mesonychoteuthis hamiltoni* (detti anche calamari colossali). I calamari giganti possiedono dieci tentacoli, otto dei quali sono di lunghezza omogenea. Gli ultimi due, invece, raggiungono dimensioni sproporzionate, tanto che spesso costituiscono i 2/3 dell'intera lunghezza del corpo dell'invertebrato marino, e sono utilizzati per catturare le prede anche a grandi distanze.

(dalla voce *Calamaro gigante* in Wikipedia)

La descrizione soggettiva

Le descrizioni soggettive, invece, possono essere **paragonate a un dipinto**. Chi descrive rappresenta l'oggetto da un punto di vista personale, scegliendo quali particolari descrivere e quali tralasciare, comunicandoci le emozioni e le impressioni suscitate da ciò che è descritto attraverso un linguaggio ricercato, ricco di aggettivi, similitudini, commenti ed esclamazioni.

█ Presenza di similitudini.

█ Aggettivazione ricca e commenti personali.

Era un calamaro di dimensioni colossali, lungo otto metri. Camminava all'indietro a gran velocità, in direzione del *Nautilus*. Ci guardava con i suoi occhi glauchi fissi: le otto braccia, o meglio gli otto piedi […] avevano uno sviluppo doppio del corpo e si contorcevano come i capelli delle Furie. […] La bocca di quel mostro – un becco corneo fatto proprio come il becco di un pappagallo – si apriva e chiudeva verticalmente. Che parto fantastico della natura! Un becco di uccello in un mollusco.

(J. Verne, *Ventimila leghe sotto i mari*)

Osservare

Per realizzare una descrizione efficace, la prima cosa da fare è osservare con attenzione il soggetto da descrivere, in modo da catturarne le caratteristiche e i particolari più importanti. Il senso maggiormente coinvolto nel processo di osservazione è la **vista**, ma anche le percezioni **uditive**, **olfattive**, **gustative** o **tattili** possono essere fonti di preziose informazioni.

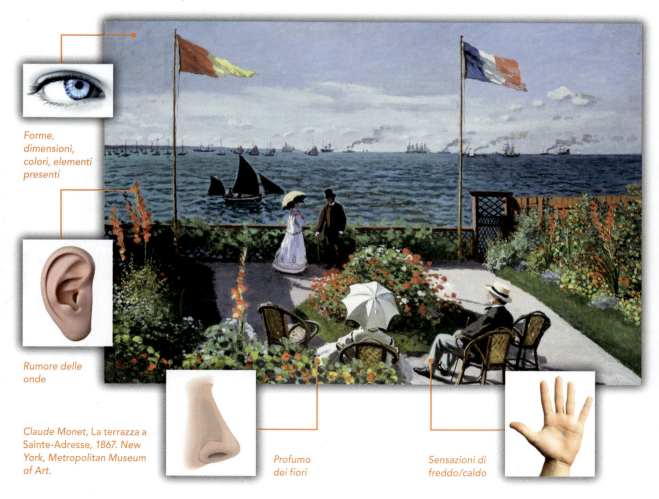

Forme, dimensioni, colori, elementi presenti

Rumore delle onde

Claude Monet, La terrazza a Sainte-Adresse, 1867. New York, Metropolitan Museum of Art.

Profumo dei fiori

Sensazioni di freddo/caldo

Pierre-Auguste Renoir, Donne in giardino, 1879. Collezione privata.

Il criterio d'ordine

Dopo aver individuato e selezionato gli elementi che concorreranno alla realizzazione della descrizione, occorre scegliere un criterio d'ordine per disporli all'interno del testo in maniera efficace e funzionale. I criteri d'ordine utilizzati nei testi descrittivi sono tre: **spaziale**, **logico** e **cronologico.**

Ordine spaziale: gli elementi della descrizione sono ordinati secondo un criterio che procede dal primo piano verso lo sfondo, da destra verso sinistra, dall'alto verso il basso. L'ordine spaziale è utilizzato soprattutto nella descrizione di paesaggi e ambienti.
Nelle descrizioni che seguono questo criterio d'ordine si utilizzano **connettivi spaziali** come *su/giù, in alto/in basso, a destra/a sinistra, vicino/lontano, in primo piano/in fondo, davanti/dietro, nella parte anteriore/nella parte posteriore* ecc.

A destra del camino si aprono tre porte. La prima conduce nello studio, la seconda in sala da pranzo, la terza nella mia stanza. A sinistra, invece, un balcone si apre direttamente sul giardino.

Ordine logico: la descrizione procede dal generale (una visione d'insieme) al particolare. L'ordine logico è utilizzato soprattutto per descrivere esseri animati (uomini e animali).
Nelle descrizioni che seguono questo criterio si utilizzano connettivi come *in generale/in particolare, a prima vista/a ben guardare* ecc.

A prima vista, l'aspetto dell'uomo, così alto e imponente nella sua divisa, incuteva timore. Ma a ben guardarlo, non sembrava cattivo, anzi: il suo volto, incorniciato da una folta capigliatura, comunicava una certa giovialità, forse per via di quegli occhi ridenti e bonari, che non smettevano mai di fissarti con ironia e complicità.

Ordine cronologico: la descrizione procede secondo rapporti temporali (prima/dopo). L'ordine cronologico è utilizzato soprattutto per descrivere processi di trasformazione.
Nelle descrizioni che seguono questo criterio si utilizzano connettivi temporali come *ieri/oggi, prima/dopo, dapprima/successivamente, nell'infanzia/durante la vecchiaia, in inverno/in estate* ecc.

In inverno il giardino appare desolato: gli alberi sono spogli, il roseto rinsecchito e gli uccellini nascosti chissà dove per proteggersi dal freddo. In primavera tutto cambia e il giardino diventa un tripudio di odori, suoni e colori. Tra le verdi fronde degli alberi trillano gli uccellini e una tiepida brezza diffonde nell'aria il tenue profumo delle rose appena sbocciate.

L'extraterrestre

Walter Tevis, *L'uomo che cadde sulla Terra*

Tipologia	Testo descrittivo
Genere	Romanzo
Sottogenere	Fantascienza
Anno	1963

▶ **STUDIAMO IL TESTO DESCRITTIVO**

1 ORDINE LOGICO
2 DESCRIZIONE DEL PAESAGGIO
3 SFERE SENSORIALI

LABORATORIO

Vai al laboratorio per esercitarti sul **testo descrittivo**:

G. Lisitzky
Un'usanza nuova?

L'autore

Lo scrittore statunitense Walter Tevis (1928-1984) è stato uno dei più apprezzati autori di racconti e romanzi di fantascienza, ma anche di storie che hanno per protagonisti personaggi alienati alla ricerca di una dimensione diversa da quella imposta dalle convenzioni sociali. Tra i suoi titoli più famosi ricordiamo *Lo spaccone* (1959), *L'uomo che cadde sulla Terra* (1963), *La regina degli scacchi* (1983), *Il colore dei soldi* (1984). Molto successo hanno avuto i film tratti dai suoi romanzi: *Lo spaccone* (1961) con Paul Newman, *L'uomo che cadde sulla Terra* (1976) con David Bowie nei panni di un malinconico alieno, *Il colore dei soldi* (1986) diretto dal Martin Scorsese, ancora con Paul Newman affiancato da un giovane Tom Cruise.

Invito alla lettura

Protagonista del romanzo *L'uomo che cadde sulla Terra* è l'extraterrestre Thomas Jerome Newton, che si trova sul nostro pianeta per portare a termine un'importante missione: costruire e rifornire di carburante un'astronave con la quale tornare al suo pianeta, Anthea, al fine di mettere in salvo gli ultimi trecento abitanti scampati alle guerre, alle carestie e alle calamità. Lo scopo di Newton è anche quello di impedire che gli uomini commettano gli stessi errori degli antheani, distruggendo la Terra e la specie umana. Durante la permanenza tra gli umani, Newton si arricchisce grazie alle sue straordinarie invenzioni, procurandosi così i soldi necessari alla costruzione della nave spaziale. L'extraterrestre, però, non è felice: costretto a nascondere la sua vera identità, vive in solitudine e nel ricordo nostalgico della sua famiglia. I terrestri, insospettiti dalle avanzate conoscenze tecnologiche e dalla straordinaria intelligenza dell'alieno, lo arrestano e conducono su di lui crudeli esperimenti, facendolo diventare cieco.
In questo brano, tratto dalle pagine iniziali del romanzo, il protagonista appena sbarcato sulla Terra si guarda intorno per capire come sia fatto questo pianeta a lui sconosciuto.

1 ORDINE LOGICO
Come un regista, il narratore inquadra il personaggio da lontano, restringendo progressivamente il campo visivo per soffermarsi sui particolari.

Non era un uomo, eppure era molto simile all'uomo. Era alto un metro e novanta centimetri, e certi uomini sono anche più alti, aveva i capelli bianchi come quelli di un albino ma il volto era leggermente abbronzato e gli occhi di un azzurro pallido. La struttura di tutto il corpo era incredibilmente esile, le fattezze delicate, le dita lunghe e sottili e la pelle quasi traslucida, priva di peli. Il volto faceva pensare a
5   un elfo[1], gli occhi grandi, intelligenti, potevano essere quelli di un ragazzo (aveva uno sguardo infantile) e i capelli bianchi e ricciuti gli erano cresciuti intorno alle orecchie. Aveva un aspetto molto giovane.
C'erano anche altre differenze: le unghie artificiali, per esempio, perché non ne
1 elfo: creatura di piccole dimensioni abitante dei boschi, tipica della mitologia germanica.
10   possedeva per natura. Ognuno dei piedi aveva soltanto quattro dita; era privo di appendice intestinale e dei denti del giudizio. Non gli sarebbe potuto venire il singhiozzo perché il suo diaframma, come tutto il resto dell'apparato respiratorio,

Due immagini del film L'uomo che cadde sulla Terra, *di Nicolas Roeg, (1976), nel quale David Bowie interpreta il ruolo dell'alieno.*

2 scabro: brullo.

era estremamente solido e molto ben sviluppato. L'espansione massima del torace poteva essere all'occorrenza di quindici centimetri, mentre il peso totale del corpo
15 era relativamente basso, circa quarantacinque chili.

Eppure aveva ciglia e sopracciglia, i pollici prensili e mille altre caratteristiche fisiologiche di un normale essere umano. Non poteva essere affetto da verruche, ma andava soggetto ad ulcere allo stomaco, al morbillo e alle carie dei denti. Era un essere umano, insomma, ma non esattamente un uomo. Come gli uomini po-
20 teva essere sconvolto dall'amore, dalla paura, dall'intenso dolore fisico e dall'autocompassione.

Dopo una mezz'ora cominciò a sentirsi meglio. Lo stomaco gli tremava ancora e gli sembrava di non poter sollevare la testa, ma aveva la sensazione che la crisi più grave fosse superata e cominciò a esaminare più obbiettivamente il mondo
25 circostante.

Si mise a sedere e guardò oltre il campo in cui si trovava. Era un pascolo scabro[2] e piatto, con delle macchie qua e là di erba ingiallita o di ginestra, e chiazze vetrose di neve ghiacciata. L'aria era limpidissima e il cielo coperto, cosicché la luce diffusa e morbida non gli offendeva la vista come il sole abbagliante di due giorni prima.
30 Al di là di un ciuffo d'alberi scuri e spogli che bordavano uno stagno c'era una casetta col rustico. Attraverso gli alberi riusciva a vedere l'acqua dello stagno e quella vista gli mozzò il respiro, per la gran quantità di liquido. Ne aveva già visto altrettanto, in quei due primi giorni sulla Terra, ma non ci si era ancora abituato. Era un'altra delle cose a cui si era preparato, ma che gli procuravano comunque
35 ogni volta un trauma. Sapeva, naturalmente, degli oceani immensi, dei laghi e dei fiumi, lo sapeva fin da quando era ragazzo, ma la vista reale di quella profusione d'acqua in un semplice stagno, era sbalorditiva.

Cominciava a percepire sfumature di bellezza anche nell'aspetto per lui insolito del campo. Era del tutto diverso da come glielo avevano descritto; si era reso conto che
40 la maggior parte delle cose di questo mondo era molto diversa dalle descrizioni, eppure ora provava piacere ai colori e alle inaspettate, alle nuove sensazioni della vista, dell'olfatto e dell'udito, che era estremamente sensibile e percepiva lievissimi, minuziosi rumori nell'erba, il vario grattare e ticchettare degli insetti sopravvissuti

2 DESCRIZIONE DEL PAESAGGIO
All'inizio la descrizione procede dal basso verso l'alto seguendo lo sguardo del personaggio, successivamente dal primo piano (gli alberi) verso lo sfondo (l'acqua dello stagno oltre gli alberi).

3 SFERE SENSORIALI
Agli elementi percepiti attraverso la vista il narratore aggiunge sensazioni uditive, tattili e olfattive.

al freddo di quell'inizio novembre, e addirittura distingueva, ora che teneva la
45 testa contro il suolo, gli infinitesimi mormorii della terra stessa.
Improvvisamente ci fu un fremito nell'aria, uno sfrecciare d'ali nere, poi un richiamo roco e funebre, e una dozzina di corvi passò sopra di lui nel cielo grigio.
L'antheano stette a osservarli finché non scomparvero alla vista e poi sorrise. Dopo
tutto questo sarebbe stato un mondo piacevole…

(W. Tevis, *L'uomo che cadde sulla Terra*, Roma, Minimum Fax, 2006, trad. di G. Pignolo)

▶ STUDIAMO IL TESTO DESCRITTIVO

1 L'ORDINE LOGICO

Per descrivere l'alieno, il narratore segue un **ordine logico (dal generale al particolare)**: prima ci
fornisce un ritratto complessivo del personaggio (è simile a un uomo, è alto un metro e novanta),
poi si sofferma sulle singole parti del corpo (ha i capelli bianchi, è leggermente abbronzato, ha gli
occhi azzurri…), infine analizza i particolari, fornendo informazioni più dettagliate (ha le unghie finte,
i suoi piedi hanno solo quattro dita, non ha l'appendice intestinale né i denti del giudizio ecc.). In
questo modo, nella mente del lettore si forma subito l'**immagine** generale del personaggio, che
si arricchisce, nel corso della lettura, di dettagli e caratteristiche.

1 Indica le analogie e le differenze tra l'alieno e un essere umano.

2 LA DESCRIZIONE DEL PAESAGGIO

Per descrivere il paesaggio il narratore segue invece un **ordine spaziale**: la descrizione procede
prima con un andamento **dal basso verso l'alto**, poi **dal primo piano verso lo sfondo**, come se
l'alieno, di cui il narratore adotta il punto di vista, spostasse lo sguardo da un punto all'altro della
campagna, ora abbracciando l'intera scena ora soffermandosi su alcuni particolari.

2 Quali sono gli elementi posti in alto e posti in basso? E quelli in primo piano e sullo sfondo?
In basso: un pascolo scabro e piatto
In alto: _____
In primo piano: _____
Sullo sfondo: _____

3 LE SFERE SENSORIALI

La descrizione è inoltre potenziata da **sensazioni tattili**, **uditive** e **olfattive** che mettono ancor più
in risalto le caratteristiche del paesaggio e il modo in cui esso è percepito dall'alieno per mezzo
degli organi di senso.

Sensi coinvolti	Descrizione
Vista	Il paesaggio
Udito	Rumori e suoni dell'erba, degli insetti, degli uccelli, della terra.
Tatto	L'aria fredda di novembre
Olfatto	Odori

3 Sottolinea e trascrivi i verbi percettivi (vedere, sentire, percepire, distinguere ecc.).

4 A quale sfera sensoriale sono riconducibili le seguenti frasi? Ricorda che talvolta una stessa frase può riferirsi a più sfere sensoriali.

Frase	Vista	Udito	Tatto	Olfatto
A «...eppure ora provava piacere ai colori e alle inaspettate, alle nuove sensazioni della vista...» (rr. 41-42)				
B «Era un pascolo scabro e piatto, con delle macchie qua e là di erba...» (rr. 26-27)				
C «Al di là di un ciuffo d'alberi scuri e spogli che bordavano uno stagno c'era una casetta col rustico...» (rr. 30-31)				
D «...il vario grattare e ticchettare degli insetti sopravvissuti al freddo...» (rr. 43-44)				
E «Improvvisamente ci fu un fremito nell'aria, uno sfrecciare d'ali nere...» (r. 46)				

▸ **ATTIVIAMO LE COMPETENZE**

PRODUZIONE TESTUALE

RICERCA E SELEZIONE DEI PARTICOLARI

5 Individua i particolari più rilevanti dell'immagine proposta, utilizzando il maggior numero di sensi possibile. Completa lo schema seguente.

Elementi presenti
Particolari riconducibili alla sfera sensoriale...
della vista (forme, colori ecc.):

_____

dell'udito (rumori e suoni):

_____

del tatto (liscio/ruvido, freddo/caldo):

_____

del gusto (sapori):

_____

dell'olfatto (odori):

_____

CRITERIO D'ORDINE, UTILIZZO DEI CONNETTIVI

6 Utilizzando opportunamente i connettivi spaziali, descrivi il paesaggio rappresentato nell'immagine in alto a destra, indicando i particolari presenti in primo piano, in secondo piano e sullo sfondo.

7 Ruotando la seguente immagine scoprirai particolari e aspetti della stanza sempre diversi. Descrivili.

Jacek Yerka, Boudoir.

Scene di ballo

Matthias Arnold, *Toulouse-Lautrec*

Test

Tipologia	Testo descrittivo
Genere	Saggio d'arte
Anno	2001

Il pittore Henri de Toulouse-Lautrec (1864-1901) soffriva di una grave malattia congenita, i cui primi sintomi si manifestarono durante l'infanzia. Le sue ossa erano fragili e delicate, e le sue gambe, soggette a frequenti fratture, smisero presto di crescere: la sua statura, da ragazzo come da adulto, non superò mai il metro e 52. Ma era dotato di una sensibilità e di un talento pittorico non comuni, che gli consentirono di elaborare un linguaggio figurativo antiaccademico e di assoluta originalità. La fonte d'ispirazione di gran parte dei dipinti e delle grafiche di Lautrec fu la *Paris by night* di fine Ottocento, una città in quegli anni fremente di luci e divertimenti, con i suoi cabaret alla moda e le sue sale da ballo. Ne sono testimonianza i dipinti *Moulin de la Galette* e *Ballo al Moulin Rouge*, un locale, quest'ultimo, destinato a entrare nella leggenda e a diventare uno dei simboli del periodo storico-culturale chiamato *Belle Époque*.

Il pittore Henri de Toulouse-Lautrec era di famiglia aristocratica e quindi monarchica, non s'impegnò mai su temi di attualità politica e non possedeva certo una fede repubblicana incrollabile […]. Nella Bohème di Montmartre, nei locali di divertimento, nei luoghi di incontro informale e di disimpegnate avventure
5 amorose, negli spazi marginali della società egli trovò tuttavia il proprio mondo anticonvenzionale e se stesso. In mezzo a quelle attrazioni e stranezze, Lautrec dava meno nell'occhio che tra i suoi "simili", che scansavano la verità per restare fedeli al sogno illusorio della loro casta, senza accorgersi che quel sogno era finito ormai da tempo. All'ipocrisia della propria famiglia egli contrappose la realtà
10 concreta, triviale, brutale.
Soprattutto i locali da ballo esercitavano su di lui una forte attrazione. In un primo tempo aveva catturato in rapidi schizzi impressionistici la variopinta clientela assetata di divertimento dell'"Elysée Montmartre"; alla fine degli anni '80 le sue preferenze si spostarono invece sul "Moulin de la Galette", un cabaret ospitato in un vecchio mulino a vento di Montmartre, in rue Lepic, che godette di una lunga e vasta popolarità. Già Pierre-Auguste Renoir, nel 1876, aveva immortalato il giardino di questo locale in una delle sue opere più riuscite, un esempio di grande pittura impressionista, ancora scevra di retorica.

Henri de Toulouse-Lautrec, Moulin de la Galette, 1889. Chicago, Art Institute.

Nel suo dipinto del 1889 Lautrec ce ne mostra invece l'interno: come nell'opera dedicata al circo, anche qui una diagonale, in questo caso la balaustra che delimita la pista da ballo, attraversa il dipinto guidando l'occhio verso lo sfondo. Lungo la balaustra sono "schierate" donne in attesa di un cavaliere; dietro di esse, appoggiato al tavolo, c'è un uomo con cappello. I loro sguardi, tutti rivolti in direzioni diverse, creano linee orizzontali immaginarie che articolano in senso per così dire psicologico l'area in primo piano, comunicando sensazioni contrastanti di isolamento, socievole

partecipazione, meditabonda apatia. Sullo sfondo ondeggia la massa dei ballerini, mentre un gruppo di persone in piedi conversa. Alla barriera diagonale, che corre verso la parte destra dello sfondo, si contrappongono sul pavimento varie linee volte a sinistra, ovvero, prospetticamente, verso il fondo del locale. L'intera opera vive di questa tensione tra davanti e dietro, destra e sinistra. Il colore a olio è a tratti molto diluito, come un acquerello, a tratti steso rapidamente a grandi pennellate. Soltanto le quattro figure in primo piano sono eseguite nei dettagli; lo sfondo, in particolare, è tutto un brulichio di tratti cangianti e tremolanti. Con grande maestria viene reso qui l'elemento transitorio, l'effimera atmosfera di una sala da ballo.

Un anno dopo Lautrec dipinge in un'opera di grande formato l'attività di un altro locale da ballo, aperto nel 1889, che ben pre-
50 sto avrebbe soppiantato il "Moulin de la Galette", assicurandosene le principali attrazioni: *Ballo al Moulin Rouge* è di composizione ben più complessa e studiata dell'opera dell'anno precedente. La profondità della sala è qui suggerita principalmente dalla sovrapposizione delle figure, disposte su vari piani. A mezzo fondo, a sinistra, in mezzo ai clienti che li osservano, danzano La Goulue (La golosa) e
55 Valentin-le-Désossé (Valentino il Contorsionista), due star del cabaret, destinate, grazie a Lautrec, ad entrare nella storia dell'arte, come lo stesso "Moulin Rouge".

(M. Arnold, *Toulouse-Lautrec*, Colonia, Taschen, 2001)

Aspetto 6 Sviluppare un'interpretazione del testo, a partire dal suo contenuto e/o dalla sua forma, andando al di là di una comprensione letterale.

1 Quali scopi – detti e non detti – ha il testo?

Il testo ha la funzione di	Sì	No
A fornire elementi utili alla contestualizzazione delle opere analizzate.		
B descrivere la moda francese di fine '800.		
C criticare il mondo borghese della Parigi di fine '800.		
D analizzare la tecnica pittorica di Lautrec.		
E avvicinare il lettore all'opera pittorica di Lautrec.		

Aspetto 1 Comprendere il significato, letterale o figurato, di parole ed espressioni e riconoscere le relazioni tra parole.

2 «Lautrec dava meno nell'occhio che tra i suoi "simili"» (rr. 6-7). Chi sono i "simili" di cui si parla?
- ☐ **A** I borghesi.
- ☐ **B** I diversi.
- ☐ **C** Gli esseri umani in genere.
- ☐ **D** I nobili.

Aspetto 5b Ricostruire il significato globale del testo, integrando più informazioni e concetti, anche formulando inferenze complesse.

3 Il testo può essere diviso in quattro sequenze. Indica se in esse prevale l'aspetto informativo (I), descrittivo (D), argomentativo (A) o narrativo (N).

	I	D	A	N
A n. 1 (da *Il pittore Henri...* fino a *...triviale, brutale*)				
B n. 2 (da *Soprattutto i locali...* fino a *...scevra di retorica*)				
C n. 3 (da *Nel suo dipinto del 1889...* fino a *...sala da ballo*)				
D n. 4 (da *Un anno dopo...* fino a *..."Moulin Rouge"*)				

Aspetto 3 *Fare un'inferenza diretta, ricavando un'informazione implicita da una o più informazioni date nel testo e/o tratte dall'enciclopedia personale del lettore.*

4 In base a quanto affermato nel testo, è possibile dire con certezza che il "Moulin de la Galette"

- ☐ **A** fu inaugurato dopo il 1880.
- ☐ **B** esisteva prima del 1880.
- ☐ **C** divenne noto agli artisti solo dopo il 1880.
- ☐ **D** venne inaugurato nello stesso anno del "Moulin Rouge".

Aspetto 5a *Ricostruire il significato di una parte più o meno estesa del testo, integrando più informazioni e concetti, anche formulando inferenze complesse.*

5 «Già Pierre-Auguste Renoir, nel 1876, aveva immortalato il giardino di questo locale in una delle sue opere più riuscite, un esempio di grande pittura impressionista, ancora scevra di retorica» (rr. 17-20). Da questa frase è possibile desumere che l'autore del testo

- ☐ **A** giudica retorico il dipinto di Renoir del 1876.
- ☐ **B** considera retoriche alcune opere di Renoir.
- ☐ **C** apprezza tutte le opere di Renoir.
- ☐ **D** non apprezza lo stile pittorico di Renoir.

Aspetto 2 *Individuare informazioni date esplicitamente nel testo.*

6 Renoir e Lautrec ritraggono nelle loro opere lo stesso locale, ma con una fondamentale differenza, quale?

_____

Aspetto 2

7 Come si chiamavano le principali star del "Moulin Rouge"?

A _____
B _____

Aspetto 5a *Ricostruire il significato di una parte più o meno estesa del testo, integrando più informazioni e concetti, anche formulando inferenze complesse.*

Aspetto 5a

8 Quale criterio d'ordine è utilizzato nella descrizione del dipinto *Moulin de la Galette*?

- ☐ **A** Dal generale al particolare.
- ☐ **B** Dallo sfondo al primo piano.
- ☐ **C** Dal primo piano allo sfondo.
- ☐ **D** Da destra verso sinistra e viceversa.

9 Indica se i seguenti elementi sono presenti nel dipinto *Moulin de la Galette*, nel dipinto *Ballo al Moulin Rouge* o in entrambi i dipinti.

	Moulin de la Galette	Ballo al Moulin Rouge	Entrambi
A Linee del pavimento rivolte a sinistra			
B Uomini col cappello			
C Scene di ballo			
D Donna che osserva			
E Ritratto di due star del cabaret			

Aspetto 4 *Cogliere le relazioni di coesione e di coerenza testuale (organizzazione logica entro e oltre la frase).*

10 L'autore descrive i dipinti con riferimento al tempo e allo spazio. Indica se le parole evidenziate si riferiscono al tempo o allo spazio. Metti una crocetta per ogni riga.

	Tempo	Spazio
A Guidando l'occhio **verso** lo sfondo (r. 25)		
B **Lungo** la balaustra sono schierate…(rr. 25-26)		
C Un anno **dopo** Lautrec dipinge un'opera di grande formato (rr. 48-49)		
D Sullo sfondo ondeggia la massa dei ballerini, **mentre** un gruppo… (rr. 33-34)		
E …più complessa e studiata dell'opera dell'anno **precedente** (rr. 51-52)		
F A mezzo fondo, a sinistra, **in mezzo** ai clienti… (rr. 53-54)		

Informare

Che cosa vuol dire

Informare vuol dire **fornire notizie su un dato argomento**, per spiegare qualcosa, per illustrare fatti e fenomeni, per trasmettere nuove conoscenze.

Affinché un testo informativo sia efficace è necessario che esso rispetti le seguenti caratteristiche:

- **L'argomento** del testo deve essere chiaro e ben definito.
- **Deve contenere informazioni corrette e vere**, che possono essere presentate anche attraverso l'uso di tabelle, grafici, prospetti e citazioni.
- **Il linguaggio utilizzato** deve essere il più possibile preciso e consono all'argomento affrontato: per esempio, se si forniscono informazioni di tipo scientifico, il linguaggio sarà ricco di parole ed espressioni tecniche e tipiche del mondo della scienza.
- **Il tono deve essere oggettivo**, limitando il più possibile le opinioni e i giudizi personali.

L'argomento del testo è presentato all'inizio del paragrafo (frase tematica).

Citazione delle fonti da cui sono desunte le informazioni.

I sapori assorbiti attraverso il latte materno formano i gusti del bambino, in particolar modo tra i 2 e i 5 mesi di vita. Lo afferma uno studio dell'Università di Philadelphia presentato al meeting dell'American Association for the Advancement of Science, in corso a Washington. I ricercatori hanno dimostrato la loro teoria dando sistematicamente ai neonati un latte artificiale arricchito dal sapore amarognolo e acido, che però i piccoli hanno continuato a cercare ed apprezzare anche nei mesi successivi e fino all'adolescenza. Bambini a cui questo latte era stato dato dopo i sei mesi di vita, invece, lo hanno rifiutato. "Abbiamo dimostrato che il periodo tra i 2 e i 5 mesi di vita è fondamentale per formare il gusto – ha spiegato Gary Beauchamp, uno degli autori della ricerca – e crediamo che la madre sia in grado di orientare questo processo, ad esempio mangiando molta frutta e verdura durante la gravidanza e l'allattamento".

(La Repubblica.it, 22 febbraio 2011)

Ricerca delle fonti

Le informazioni presentate nel testo possono essere frutto di conoscenze ed esperienze personali oppure ricavate da un attento lavoro di indagine e ricerca.

Le fonti che si possono consultare possono essere di diverso tipo: **scritte** (libri, articoli, lettere, documenti di archivio), **orali** (interviste, testimonianze), **materiali** (opere d'arte, reperti archeologici), **multimediali** (siti Internet, CD-ROM ecc.).

Qualunque sia il tipo di fonte utilizzata è sempre buona norma verificarne l'attendibilità.

Fonte	Pregi	Difetti
Enciclopedia	Attendibilità delle informazioni.	Se si utilizzano enciclopedie non aggiornate le informazioni possono risultare superate.
Riviste divulgative	Contengono informazioni nuove e curiose.	Spesso le riviste divulgano notizie ancora in attesa di essere confermate o smentite dalla comunità scientifica.
Quotidiani	Riportano informazioni recenti e attuali.	Il modo in cui sono presentate le notizie può essere influenzato dalle tendenze ideologico-politiche del giornale.
Internet	Possibilità di recuperare velocemente qualsiasi tipo di informazione.	In molti casi non è possibile verificare il grado di attendibilità delle informazioni.
Interviste	Si possono reperire informazioni dirette su fatti e fenomeni.	L'intervistato presenta le informazioni da un punto di vista parziale. Le sue risposte inoltre possono essere orientate dall'intervistatore.

Il criterio d'ordine

Dopo aver individuato e selezionato le informazioni, occorre decidere secondo quale ordine esporle nel testo. I criteri d'ordine utilizzati nei testi informativi sono sei: **temporale**, **causale**, **spaziale**, **comparativo**, **per elencazione** e **definitorio**.

Criterio d'ordine	Caratteristiche	Connettivi testuali utilizzati
Temporale	Le informazioni sono esposte secondo un ordine cronologico.	Connettivi temporali come *prima, dopo, durante, mentre, a distanza di qualche anno, successivamente* ecc.
Causale	Le informazioni sono disposte secondo nessi logici di causa/effetto.	Connettivi con valore causale e conclusivo come *poiché, perciò, di conseguenza, quindi* ecc.
Spaziale	Le informazioni vengono fornite in ordine spaziale.	Connettivi logico-spaziali come *a nord, a sud, a est, a ovest, dalla parte opposta* ecc.
Comparativo	Viene proposto un confronto fra più informazioni.	Nessi di comparazione come *allo stesso modo, diversamente da, in modo simile, come* ecc.
Elencazione	Le informazioni sono elencate l'una dopo l'altra.	Gli elenchi sono solitamente introdotti dai due punti.
Definitorio	Si forniscono informazioni che concorrono a definire l'argomento principale del testo.	Nessi esplicativi e correlativi come *in altri termini, ossia, in effetti* ecc.

La struttura del testo

Dopo aver reperito, selezionato e ordinato le informazioni, occorre procedere alla stesura del testo. Per produrre un testo chiaro ed efficace è consigliabile strutturarlo in tre parti: introduzione, parte centrale e conclusione.

- **Introduzione**: nella prima parte del testo viene presentato al lettore l'argomento affrontato, con un eventuale accenno al metodo di indagine prescelto.
- **Parte centrale**: vengono fornite le informazioni e sono discussi tutti gli aspetti significativi dell'argomento.
- **Conclusione**: si forniscono le informazioni più recenti (nel caso il testo privilegi un ordine temporale) oppure si sintetizzano e commentano i risultati dell'indagine svolta.

Alcuni espedienti formali utili per rendere più immediata la trasmissione delle informazioni possono essere:

- l'inserimento di fotografie, disegni, grafici, cartine e tabelle;
- l'uso di caratteri grafici particolari (*corsivo* e **grassetto**) per evidenziare i concetti chiave;
- la suddivisione in paragrafi (con sottotitoli che riassumono il contenuto delle sequenze del testo).

L'evoluzione telematica

Rita Levi Montalcini, *I nuovi magellani nell'er@ digitale*

LABORATORIO

Vai al laboratorio per esercitarti sul **testo informativo**:

P. Mereghetti
La bicicletta verde

Tipologia	Testo informativo
Genere	Saggio
Anno	2006

▶ STUDIAMO IL TESTO INFORMATIVO

1 LA STUTTURA DEL TESTO
2 L'ORDINE DELLE INFORMAZIONI
3 NOTE E CITAZIONI

Invito alla lettura

In questo brano, il premio Nobel per la medicina Rita Levi Montalcini (1909-2012) ripercorre le tappe dell'evoluzione telematica, soffermandosi sui progressi ottenuti nel corso del tempo in questo campo del sapere. Anche se è stata una scienziata di fama internazionale, l'autrice evita qui di utilizzare parole appartenenti al linguaggio tecnico e specifico, e preferisce, coerentemente con le finalità divulgative del testo, un registro linguistico medio, sempre chiaro e immediato.

1 LA STRUTTURA DEL TESTO

Il brano è strutturato in tre parti: introduzione, parte centrale e conclusione.

Fin dai tempi antichi l'uomo ha inventato e realizzato macchine che lo sollevassero dai lavori più faticosi. È giunto a questo attraverso l'elaborazione di congegni meccanici, da quelli più primitivi e imperfetti (che per la loro stessa imperfezione si sono prestati ad essere ristrutturati in base al principio della selezione naturale)
5 a quelli più complessi.

Nondimeno, l'uomo ha avvertito l'esigenza di semplificare i calcoli e di memorizzare i conteggi. A partire dal XVII secolo, filosofi e matematici hanno elaborato in questo campo concetti e regole che hanno condotto a straordinari quanto impensabili risultati, senza tuttavia che ne fossero intraviste le possibili applicazioni
10 future. Il loro percorso «vuole sottolineare la potenza delle idee e la vanità di ogni pretesa di prevedere dove ci porteranno»[1].

2 L'ORDINE DELLE INFORMAZIONI

Le informazioni sono disposte secondo un ordine cronologico progressivo: dall'invenzione più antica a quella più recente.

La prima applicazione pratica del calcolo automatico risale al 1642, quando Blaise Pascal, ispirandosi ai meccanismi di funzionamento degli orologi, realizzò la prima macchina calcolatrice meccanica. La "Pascalina" era in grado di effettuare
15 solo addizioni e sottrazioni e funzionava attraverso un sistema di ruote dentate.
Un altro filosofo e matematico, Gottfried Wilhelm Leibniz, perfezionò la macchina di Pascal nel 1673 mediante un dispositivo (realizzato poi nel 1694) in grado di eseguire anche le moltiplicazioni e le divisioni con singole operazioni, i cui risultati di volta in volta dovevano essere annotati.

Per arrivare alla nascita del concetto di programma, inteso come successione di istruzioni preordinate, si dovette attendere il 1728, quando un certo Falcon, operaio in una fabbrica tessile di Lione, ideò un metodo per rendere automatiche alcune fasi della tessitura.

L'invenzione di Falcon fu perfezionata da Joseph-Marie Jacquard, che nel 1801 realizzò un telaio guidato automaticamente nei movimenti da una serie di fori praticati su schede di cartone, le prime schede perforate della storia:

Il meccanismo di funzionamento della Pascalina, *da Blaise Pascal*, Opere, *1779*.

3 NOTE E CITAZIONI
I numeri progressivi in formato apice (¹, ², ³ ecc.) posti alla fine di alcune parole rimandano alle note in fondo al testo.

cambiando la scheda si poteva variare a piacere il disegno realizzato dal telaio. L'unico limite di questa invenzione era che non si poteva applicare a settori diversi da quello tessile.

Tra il 1834 e il 1842 il matematico inglese Charles Babbage utilizzò la tecnica di Jacquard per introdurre numeri e istruzioni nella sua "macchina analitica", antesignana dei moderni elaboratori. Questa doveva essere uno strumento di calcolo "universale" capace di risolvere le operazioni passo dopo passo, elaborando i dati con un sistema di input basato su schede perforate che a quei tempi non garantiva sufficiente precisione nella realizzazione[2].

Babbage non riuscì mai a costruire la sua macchina per mancanza di fondi, ma cento anni dopo, nel 1944, le funzioni operative della macchina analitica sarebbero state espletate nel calcolatore elettromeccanico denominato Mark I, realizzato da Howard Aiken presso l'Università di Harvard. In questa macchina le istruzioni venivano caricate per mezzo di un nastro perforato e i dati tramite schede perforate, mentre i risultati venivano registrati grazie a una macchina per scrivere elettrica.

Ma già nel 1889 l'ingegnere Herman Hollerith aveva riutilizzato l'intuizione di Babbage brevettando un'altra macchina a schede perforate, utilizzata per raccogliere e tabulare i dati anagrafici del censimento statunitense del 1890.

Soltanto l'avvento dell'elettronica ha reso, però, possibile la costruzione delle prime macchine a controllo numerico (CN), in grado di eseguire i movimenti comandati non da un operaio, ma da un computer che in base a un programma predefinito muove l'utensile adatto alla fase di lavorazione e la esegue[3].

Se Babbage può essere considerato uno dei padri del moderno elaboratore elettronico, non va dimenticato il fondamentale contributo teorico di un altro matematico inglese, George Boole, che nel 1854 sviluppò le procedure di calcolo attraverso una logica algebrica, non servendosi dei numeri, ma di operatori logici. Egli si basò sul fatto che esistono due soli possibili valori per un'affermazione: vero o falso. È evidente che i due valori possono essere facilmente associati alla presenza o all'assenza di un segnale elettrico, cioè ai valori zero e uno binari. La sua opera è stata la base per gli studi sui circuiti elettronici e ha rappresentato un passo importante verso la concezione dei moderni computer.

L'algebra di Boole giocò un ruolo decisivo nel 1936, quando il matematico britannico Alan Mathison Turing, avvalendosi del codice binario immaginò un modello di calcolatore in grado di eseguire qualsiasi algoritmo: una procedura di calcolo o, più in generale, la sequenza delle operazioni necessarie per risolvere un problema in un numero finito di operazioni.

Sul modello della macchina universale di Turing, nel giugno del 1945 lo scienziato americano di origine ungherese John von Neumann ideò un elaboratore in grado di memorizzare i programmi di funzionamento, grazie all'utilizzo dei nuclei magnetici.

Von Neumann era anche molto interessato a confrontare le operazioni compiute dalle macchine elettroniche con le attività mentali dell'uomo. Il calcolatore elettronico ispirato al modello di von Neumann acquistò progressi-

Un calcolatore elettronico a valvole in una fotografia della fine degli anni Cinquanta del Novecento.

vamente proprietà ritenute tali da essere paragonate a quelle dei sistemi nervosi degli organismi viventi, e gli si attribuirono compiti analoghi a quelli esplicati dalla mente umana (reti neurali)[4].

80 All'inizio degli anni Cinquanta i progressi dell'elettronica diedero la possibilità di costruire i primi veri computer, utilizzati soltanto per scopi militari. Occupavano enormi stanze e il loro funzionamento richiedeva intere squadre di ingegneri. Inoltre risentivano di un limite tecnologico di base: le valvole, infatti, garantivano una scarsa memoria ed erano di breve durata perché soggette a guasti frequenti.

85 L'evoluzione dalla grande macchina a una di dimensioni più ridotte si ebbe con l'adozione dei transistor[5], in sostituzione delle valvole, nei calcolatori di seconda generazione.

Il successivo passo verso la miniaturizzazione si verificò intorno alla metà degli anni Sessanta, con l'avvento dei circuiti integrati o cip, costituti da piastrine di 90 silicio contenenti un numero elevatissimo di componenti elettronici.

Una ulteriore miniaturizzazione del circuito integrato portò alla nascita del microprocessore (1971). Per la prima volta una singola piastrina di silicio condensava una completa unità logica di un computer.

In poche decine di anni la tecnologia elettronica ha percorso sviluppi sorprendenti, 95 passando dalla ingombrante valvola ai minuscoli e potentissimi cip semiconduttori. Recentemente è stato individuato un elemento sostitutivo del silicio che permette di ridurre all'infinitesimo le dimensioni del cip. Si tratta di una molecola di carbonio dalle dimensioni eccezionalmente piccole (100.000 volte più sottile di quella di un capello umano, ma dalla resistenza superiore a quella dell'acciaio) in grado 100 di trasmettere informazioni.

La ricerca della velocità ha portato alla costruzione di elaboratori a ritmi sempre più rapidi. Come ha affermato Ernesto Hofmann, direttore dei Sistemi Complessi di Ibm Italia, «lo sviluppo del computer migliora con un ordine di grandezza di 100 volte ogni dieci anni, quindi in trent'anni migliora di un milione di volte»[6]. 105 È esplosivo.

Secondo Federico Faggin, padre del microprocessore, «il computer è – tra tutte le macchine finora comparse sulla strada degli esseri umani – la più soggetta a cambiamenti ed evoluzione continua, una macchina che da un lato confina con la nostra mente e dall'altro con quella di altri, noti e ignoti, ma con la capacità 110 di immetterti in spazi sempre più vasti, per comunicazioni sempre più rapide»[7].

(R. Levi Montalcini, *I nuovi magellani nell'er@ digitale*, Milano, Rizzoli, 2006)

Note al testo
1. Martin Davis, *Il calcolatore universale. Da Leibniz a Turing*, Milano, Adelphi, 2003.
2. La macchina doveva possedere registri di memoria (*stores*) per contenere in modo permanente i dati; doveva utilizzare una unità di memoria e una di calcolo (*mill*), schede perforate per introdurre le istruzioni e usare una macchina per stampare i risultati.
3. L'espressione «controllo numerico» si deve al fatto che i primi modelli di queste macchine, apparse negli anni Sessanta, funzionavano in base a un codice numerico che doveva essere inserito nella macchina mediante un nastro perforato simile al modello di Jacquard.
4. L'intelligenza artificiale classica utilizza il paradigma simbolico per affrontare problemi biologici e cognitivi che si sono dimostrati più complessi dell'approccio computazionale classico. Si è cercato di simulare le potenzialità dei sistemi nervosi biologici riproducendo alcuni aspetti della loro architettura fisica. Le macchine di von Neumann sono basate su un'astrazione di elaborazione e memoria dell'organo cerebrale. Le reti neurali sono impostate sull'architettura parallela del cervello biologico.
5. Gli studi condotti in campo chimico sulle proprietà di semiconduzione del silicio e del germanio consentirono nel 1947 di realizzare il primo transistor. Le ricerche in questa direzione non furono incoraggiate dal solo settore informatico, ma anche da quello militare, che aveva la necessità di dotarsi di trasmettitori radio di piccole dimensioni, robusti e con bassi consumi.
6. Ernesto Hofmann, *La società dell'informazione*, «Rivista IBM», 2, 1991.
7. Federico Faggin, *La nuova era*, «@review», 1, luglio 2004.

▶ STUDIAMO IL TESTO INFORMATIVO

1 LA STRUTTURA DEL TESTO

Nella parte introduttiva, che occupa i primi due paragrafi, l'autrice espone l'argomento principale del testo. Già in questa prima parte, l'uso dei connettivi temporali (*fin da...*, *a partire da...*) suggerisce la progressione cronologica (prima/dopo) dei nuclei informativi che verranno esposti nella parte centrale del testo (paragrafi 3-18). Infine, nella conclusione affidata a una doppia citazione, viene sintetizzato il contenuto del brano, sottolineando la velocità dell'evoluzione telematica e lasciandone intravedere ulteriori sviluppi.

1 **In base a quanto affermato nei paragrafi introduttivi, indica se le seguenti affermazioni sono vere o false.**

	Vero	Falso
A L'invenzione di un congegno primitivo e imperfetto è sempre inutile.		
B Gli scienziati del XVII secolo non avevano previsto i futuri sviluppi delle loro invenzioni.		
C Alcune invenzioni consentirono all'uomo di rendere meno faticoso il lavoro.		

2 L'ORDINE DELLE INFORMAZIONI

Per fornire un quadro chiaro e ordinato dei progressi scientifici relativi al calcolo automatico, l'autrice ha scelto di disporre le informazioni in **ordine cronologico**, abbracciando un arco temporale che va dal XVII secolo fino ai nostri giorni. In questo modo il lettore può rendersi conto delle varie tappe dell'evoluzione telematica e dei progressi ottenuti nel corso del tempo in questo campo.

2 **Quali invenzioni e quali scoperte hanno avuto luogo nel Novecento?**

3 NOTE E CITAZIONI

In un testo espositivo la presenza delle note è frequente e importante. Le note, infatti, hanno due funzioni: contengono ulteriori **spiegazioni** e **precisazioni** che, se inserite nel testo, lo appesantirebbero rompendone la discorsività; indicano le **fonti** (libri, siti, riviste) da cui si sono tratte le citazioni e le informazioni utilizzate nel testo. In questo modo il lettore potrà sempre verificare la paternità e la veridicità di quanto letto.

Le note possono trovarsi ai piedi del testo (note a piè di pagina) oppure, come in questo caso, alla fine del paragrafo, del capitolo o del libro (note di chiusura).

Una delle formule per citare una fonte bibliografica è la seguente: nome e cognome dell'autore, titolo dell'opera scritto in corsivo, città, casa editrice, anno di pubblicazione. Per esempio: Martin Davis, *Il calcolatore universale. Da Leibniz a Turing*, Milano, Adelphi, 2003.

Quando si cita un articolo tratto da una rivista o un quotidiano, si segnalano i dati nel seguente ordine: nome e cognome dell'autore dell'articolo, titolo dell'articolo in corsivo, nome della rivista o del quotidiano posto tra virgolette, numero, mese e anno di pubblicazione. Esempio: Federico Faggin, *La nuova era*, «@review», 1, luglio 2004.

3 **Completa il testo.**
Nel secondo paragrafo (rr. 10-11) è presente una _____ tratta da un saggio di _____

4 **La nota n° 3 ha la funzione di**
- [A] fornire una spiegazione.
- [B] citare una fonte.
- [C] completare un concetto.
- [D] descrivere un processo.

L'EVOLUZIONE TELEMATICA • *Rita Levi Montalcini*

▶ ATTIVIAMO LE COMPETENZE

PRODUZIONE TESTUALE

SCELTA DELLE FONTI

5 Ti proponiamo una serie di argomenti. Se non disponessi di Internet, quali fonti tra quelle riportate sceglieresti per reperire informazioni sui seguenti argomenti? Indica una o più risposte, motivando la tua scelta.

A Le ricette tipiche del mio territorio
- ☐ Quotidiani
- ☐ Riviste
- ☐ Libri (manuali, saggi, guide turistiche, romanzi)
- ☐ Enciclopedia
- ☐ Interviste

B Animali in via d'estinzione
- ☐ Quotidiani
- ☐ Riviste
- ☐ Libri (manuali, saggi, guide turistiche, romanzi)
- ☐ Enciclopedia
- ☐ Interviste

C I monumenti della mia città
- ☐ Quotidiani
- ☐ Riviste
- ☐ Libri (manuali, saggi, guide turistiche, romanzi)
- ☐ Enciclopedia
- ☐ Interviste

D I festeggiamenti per i 150 anni dell'Unità d'Italia
- ☐ Quotidiani
- ☐ Riviste
- ☐ Libri (manuali, saggi, guide turistiche, romanzi)
- ☐ Enciclopedia
- ☐ Interviste

SCELTA DEL CRITERIO D'ORDINE, UTILIZZO DEI CONNETTIVI

6 Secondo te, quale criterio d'ordine è più opportuno utilizzare per scrivere un testo informativo sui seguenti argomenti?

Argomento	Criterio d'ordine				
	Temporale	Causale	Spaziale	Comparativo	Elencazione
A Il tricolore italiano					
B Le regioni d'Italia					
C Il sistema politico italiano e francese					
D La biografia di Leonardo da Vinci					
E La rivoluzione industriale					

PROGETTAZIONE, REPERIMENTO DELLE INFORMAZIONI, STESURA.

7 Scrivi un testo informativo su uno dei seguenti argomenti.

Il sacro Gral: tra storia e leggenda.

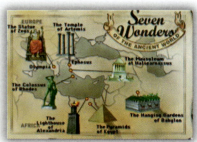

Le sette meraviglie del mondo antico.

Le capitali europee del divertimento.

L'esplorazione spaziale: le principali tappe.

Test

La Manica

Elisabeth Dumont-Le Cornec, *Atlante dei mari mitici*

Tipologia	Testo informativo
Genere	Saggio geografico
Anno	2012

Se osservata dallo spazio, la Terra appare di un caratteristico colore azzurro. In effetti, circa il 71% della superficie terrestre è ricoperta delle acque oceaniche, per un totale di circa 360 milioni di Km², contro i 149 milioni di Km² delle terre emerse. Il mare dunque è l'elemento che più caratterizza l'aspetto del nostro pianeta, ma è soprattutto il fattore che ha reso possibile lo sviluppo della vita sulla Terra. Eppure del mare conosciamo poco. Sappiamo qual è la montagna più alta del mondo, quali e quanti sono i continenti, ma pochi saprebbero elencare i nomi dei mari o indicare qual è il più freddo, il più profondo e quello col più alto tasso di salinità. Informazioni queste che, insieme a tante curiosità storico-geografiche, ci fornisce la giornalista Elisabeth Dumont-Le Cornec nel suo libro *Atlante dei mari mitici*.

La Manica è ancora chiamata mar di Bretagna in lingua Bretone. Nel XVIII secolo si contavano più di quindici "Maniche" nel mondo. Questo termine, che rimanda alla parte dell'abito in cui si infila il braccio, designava metaforicamente, appunto, i bracci di mare. Ma nel secolo successivo i termini "stretto" e "canale"
5   hanno iniziato a sostituire progressivamente la parola "manica", il cui uso è ormai esclusivamente limitato alla Manica britannica, *Channel* in inglese.

SUPERFICIE 75.000 Km².
PROFONDITÀ MASSIMA 172 m.
SALINITÀ 35%.
PAESI COSTIERI Francia – Regno Unito.
ISOLE PRINCIPALI Anglo-normanne • Chausey • Arcipelago di Bréhat • Wight.
PORTI PRINCIPALI Saint-Malo • Cherbourg • Le Havre • Boulogne-sur-Mer • Caen • Rouen • Plymouth • Portsmouth • Brighton • Dover.
CLIMA Temperato.
CORRENTI DOMINANTI Forti, in direzione nord con l'alta marea, in direzione sud con la bassa marea.
VENTI DOMINANTI Da sud-ovest o ovest.
RICCHEZZE NATURALI Cozze allevate su pali di legno (baia di Mont-Saint-Michel) e ostriche (Concale) • *goemon* (alghe brune) • granito.
ATTIVITÀ Turismo (falesie d'Étretat, baia di Mont-Saint-Michel, baia della Somme, isole Anglo-normanne) • riserve ornitologiche • pesca.
FATTI STORICI IX-X secolo: invasioni dei Vichinghi • 1066: sbarco di Guglielmo I il Conquistatore in Inghilterra • 19 agosto 1942: sbarco degli inglesi a Dieppe • 6 giugno 1944: sbarco degli alleati in Normandia • 6 maggio 1994: inaugurazione del tunnel sotto la Manica.
MAREA Forte: l'escursione raggiunge i 15 metri nella baia di Mont-Saint-Michel.
RELITTI Delle guerre mondiali affondati con le loro munizioni.

Attraversata dal 20% del traffico mondiale, la Manica costituisce uno spazio marittimo unico al mondo: sono almeno 800 le imbarcazioni che ogni giorno passano lo
10   stretto di Dover, quasi 22 milioni di passeggeri l'anno tra Gran Bretagna e Francia, e più di mille pescherecci immatricolati. Lungo le coste sorgono Le Havre, primo porto francese per i container e secondo per i traffici di qualsiasi tipo, Boulogne-sur-Mer, primo porto di pesca europeo, e
15   Cherbourg, primo per le imbarcazioni di diporto. Infine Dover e Calais sono rispettivamente primo e secondo per il traffico di passeggeri.

Questo traffico intenso non è affatto privo di rischi in quanto comporta il trasporto di 275 milioni di tonnellate
20   di prodotti pericolosi, di cui l'85% costituito da idrocarburi e una varietà di prodotti chimici. Il pericolo è aumentato dal meteo a volte difficile da prevedere, con forti escursioni di marea e correnti che si attestano tra le più violente del mondo. La presenza di innumerevoli relitti che risalgono
25   alla Prima e Seconda guerra mondiale e di una quantità impressionante di munizioni tossiche trasforma la Manica in un mare ad alto rischio.

Eppure la Manica racchiude anche tanti siti naturali da proteggere e conservare. Nella regione di Caux, le alte falesie
30   di Étretat disegnano uno strano panorama di gesso bianco. Nella baia di Mont-Saint-Michel, dove il mare si innalza

Una veduta di Mont Saint-Michel.

Il canale della Manica visto dal satellite.

alla velocità di un metro al secondo e dove si registrano le maggiori escursioni di marea d'Europa, si è creato un ecosistema che attira uccelli, pesci e foche. Qui si trova il maggior arcipelago europeo: si dice che Chausey comprenda 365 isole, tante quante sono i giorni dell'anno! Queste isole a lungo sfruttate per il granito e
35 le alghe brune, dette *goemon*, attaccate alle rocce e usate per produrre la soda, sono oggi sede di una riserva ornitologica. Proprio come il parco del Marquenterre, al centro della baia della Somme, che ospita migliaia di uccelli migratori. Più a nord si snodano i 130 km della costa di Opale, inframmezzati da capo Blanc-Nez e capo Gris-Nez. È dalle scogliere del Passo di Calais che si lanciò Louis Blériot, il
40 25 luglio 1909, per raggiungere l'Inghilterra, effettuando così la prima traversata della Manica a bordo di un monoplano di sua costruzione.

Blériot non è stato né il primo né l'ultimo a lanciarsi all'assalto di questa striscia di mare! Già nel X secolo, i Vichinghi s'erano avventurati su quelle rotte per invadere la Francia, mentre nel 1066 Guglielmo I il Conquistatore percorreva
45 la strada inversa per impossessarsi della corona d'Inghilterra. Il 6 giugno 1944 la più formidabile armata che abbia mai solcato i mari si staccò dalle coste inglesi per approdare sulle spiagge francesi e dar battaglia alle truppe della Germania nazista. La flotta dello sbarco alleato era composta da 5.000 imbarcazioni. Per tre mesi la Manica pullulò di navi e nascose persino un gasdotto sottomarino per portare gli
50 approvvigionamenti alle truppe alleate. Nel 1994, l'inaugurazione del tunnel sotto la Manica ha segnato un'altra importante svolta nella sua storia.

(E. Dumont-Le Cornec, *Atlante dei mari mitici*, Milano, L'ippocampo, 2012, trad. di Monica Zardoni)

Aspetto 2 Individuare informazioni date esplicitamente nel testo.

1 **Nel linguaggio geografico, il termine "manica" indica oggi**
☐ **A** tutti i bracci di mare.
☐ **B** esclusivamente il tratto di mare che separa Francia e Regno Unito.
☐ **C** quindici tratti di mare disseminati nel mondo.
☐ **D** nessuna delle alternative proposte.

Aspetto 2

2 **In inglese, la Manica è chiamata**
☐ **A** Manche.
☐ **B** Channel.
☐ **C** Goemon.
☐ **D** Strait.

Aspetto 5b *Ricostruire il significato globale del testo, integrando più informazioni e concetti, anche formulando inferenze complesse.*

Aspetto 5a *Ricostruire il significato di una parte più o meno estesa del testo, integrando più informazioni e concetti, anche formulando inferenze complesse.*

Aspetto 2 *Individuare informazioni date esplicitamente nel testo.*

Aspetto 5a *Ricostruire il significato di una parte più o meno estesa del testo, integrando più informazioni e concetti, anche formulando inferenze complesse.*

Aspetto 3 *Fare un'inferenza diretta, ricavando un'informazione implicita da una o più informazioni date nel testo e/o tratte dall'enciclopedia personale del lettore.*

Aspetto 3

Aspetto 2 *Individuare informazioni date esplicitamente nel testo.*

Aspetto 2

3 Nel testo le informazioni sono ordinate prevalentemente secondo un ordine
- ☐ **A** definitorio e causale.
- ☐ **B** spaziale e definitorio.
- ☐ **C** temporale e causale.
- ☐ **D** temporale e spaziale.

4 La tabella qui sotto raccoglie alcune informazioni tratte dal testo. Per ognuna di esse, indica con una crocetta se l'informazione si riferisce a elementi geografici, dati economici o fatti storici.

	Elementi geografici	Dati economici	Fatti storici
A L'arcipelago di Chausey comprende 365 isole.			
B La costa di Opale si snoda per 130 km.			
C Impresa di Guglielmo I il Conquistatore.			
D Boulogne-sur-Mer è il primo porto di pesca europeo.			
E Sbarco in Normandia.			
F Sfruttamento delle cave di granito.			

5 Trova nelle righe da *Questo traffico...* (r. 18) fino a *...ad alto rischio* (r. 27) il termine che corrisponde a questa definizione: composti organici formati da due soli elementi (idrogeno e carbonio) che si possono trovare allo stato solido (carbone, asfalto), liquido (petrolio) o gassoso (metano).
_____
_____

6 La prima immagine nella pagina accanto mostra un gruppo di persone che si dirigono verso l'isola di Mont-Saint-Michel attraversando il mare. In base al testo che hai letto, come puoi spiegare questa circostanza?
_____
_____
_____
_____

7 Quale tra le risorse economiche elencate non appartiene all'economia della Manica?
- ☐ **A** Allevamento delle cozze.
- ☐ **B** Estrazione del metano.
- ☐ **C** Pesca.
- ☐ **D** Turismo.

8 Il traffico dei passeggeri è
- ☐ **A** maggiore a Dover e minore a Calais.
- ☐ **B** uguale sia a Dover sia a Calais.
- ☐ **C** maggiore a Calais e minore a Dover.
- ☐ **D** minore a Dover e maggiore a Calais.

9 Le informazioni riportate lateralmente al testo
- ☐ **A** non aggiungono nulla di nuovo rispetto al brano.
- ☐ **B** contengono sia le informazioni presenti nel brano sia informazioni aggiuntive.
- ☐ **C** sono totalmente diverse da quelle riportate nel brano.
- ☐ **D** non hanno alcuna funzione.

10 Quali fattori fanno della Manica un mare ad alto rischio?
_____
_____
_____

Prescrivere

Che cosa vuol dire

Prescrivere vuol dire stabilire o ordinare in base a una serie di norme ciò che si deve fare o il comportamento da tenere in determinate circostanze. Lo scopo principale di un testo prescrittivo (o regolativo) è dunque quello di fornire **regole** e **istruzioni**. Appartengono alla tipologia dei testi regolativi le **raccolte di leggi e norme giuridiche** (codici, costituzioni ecc.) che regolano i rapporti fra le persone definendone diritti e doveri, gli **statuti** delle società e delle fondazioni, i **contratti**, i **regolamenti**, le **istruzioni** per l'uso e il montaggio, le **ricette** gastronomiche e i **galatei**.

Le caratteristiche

Affinché un testo regolativo sia efficace è necessario che abbia le seguenti caratteristiche:

- **L'argomento** del testo deve essere chiaro e definito attraverso un **titolo** generale. Se il testo è diviso in più parti, possono essere presenti anche dei **sottotitoli**.
- **La struttura** del testo è caratterizzata da numerosi "a capo", che individuano sezioni, paragrafi e punti di elenco. Per esempio i testi giuridici e legislativi, dei quali fa parte anche la Costituzione italiana, sono ripartiti in parti, sezioni (dette anche titoli) e articoli. Questi ultimi sono divisi in commi, contrassegnati da un numero o da "a capo".

▮ Parte
▮ Comma 1
▮ Comma 2

COSTITUZIONE ITALIANA
Princìpi fondamentali
Articolo 3
Tutti i cittadini hanno pari dignità sociale e sono uguali davanti alla legge, senza distinzione di sesso, di razza, di lingua, di religione, di opinioni politiche, di condizioni personali e sociali.
È compito della Repubblica rimuovere gli ostacoli di ordine economico e sociale, che, limitando di fatto la libertà e l'uguaglianza dei cittadini, impediscono il pieno sviluppo della personalità umana e l'effettiva partecipazione di tutti i lavoratori all'organizzazione politica, economica e sociale del Paese.

Nel caso di testi regolativi che forniscono istruzioni, le informazioni devono essere disposte preferibilmente secondo un **ordine logico e cronologico** e possono essere accompagnate da **illustrazioni** esplicative.

OPERAZIONI PRELIMINARI
Inserire la carta SIM
IMPORTANTE: per evitare di danneggiare la carta SIM, rimuovere sempre la batteria prima di inserire o rimuovere la carta.
1. Aprire la cover dello slot della carta SIM.
2. Inserire una carta SIM nello slot. Accertarsi che l'area di contatto sulla carta sia rivolta verso l'alto e che l'angolo smussato sia rivolto verso il dispositivo. Spingere la carta all'interno.
3. Chiudere la cover dello slot della carta SIM. Controllare che la cover sia chiusa.

Il **linguaggio** deve essere **chiaro e oggettivo**: si usano vocaboli precisi, termini tecnici e frasi brevi. I modi verbali utilizzati sono i seguenti:

- **Imperativo**: *sbattete* le uova prima di unirle alla farina e allo zucchero.
- **Infinito**: *arieggiare* il locale prima di soggiornarvi.
- **Indicativo presente**: la Repubblica *riconosce* i diritti della famiglia.
- **Indicativo futuro**: i trasgressori *saranno puniti* con un'ammenda.
- **Congiuntivo esortativo**: *si mescolino* le uova e la farina fino a ottenere un composto soffice e spumoso.

Nei testi regolativi sono frequentemente utilizzate espressioni come è *vietato*, è *permesso* ecc. e forme verbali con il verbo *dovere* (i partecipanti dovranno presentarsi alle ore...).

Il verbo servile *dovere* indica l'obbligo di rispettare la procedura prescritta.

Presenza di verbi di modo infinito.

MODALITÀ DI EVACUAZIONE DELL'ISTITUTO

All'emanazione dell'ordine di evacuazione (suoni brevi intervallati da brevi pause) tutte le persone presenti in Istituto devono abbandonare l'edificio cercando di mantenere la calma.

Procedura

- Lasciare sul posto qualunque oggetto ingombrante.
- Procedere verso l'uscita di sicurezza più vicina ordinatamente in fila dietro la persona designata come aprifila.
- L'aprifila, prima di impegnare il corridoio, deve accertarsi che il passaggio della propria classe non interrompa una fila già in marcia.
- Il docente dell'ora deve accompagnare gli allievi con il registro di classe, in modo da chiamare l'appello dopo aver raggiunto il luogo di raccolta previsto dal piano di evacuazione.
- Le persone a mobilità limitata devono procedere con il proprio accompagnatore in coda alla fila.
- Tutte le vie di esodo possono essere percorse da non più di due file contemporaneamente.
- Alla diffusione del segnale di allarme, il personale addetto alla vigilanza deve disporsi nei siti dove i flussi di esodo possano deviare dal percorso corretto (ballatoi delle scale, confluenza dei corridoi).

Le regole dell'amore

Vitaliano Brancati, *Don Giovanni in Sicilia*

Tipologia	Testo prescrittivo
Genere	Romanzo
Sottogenere	Realistico
Anno	1941

▶ STUDIAMO IL TESTO PRESCRITTIVO

1 BREVITÀ E CHIAREZZA
2 LO STILE FORMULARE
3 L'IMPORTANZA DELLA FORMA

LABORATORIO

Vai al laboratorio per esercitarti sul **testo prescrittivo**:

E. Zanetti
Zero Waste: via la spazzatura in 10 mosse

L'autore

Fedele al realismo di stampo ottocentesco, il nome dello scrittore Vitaliano Brancati (1907-1954) è legato soprattutto alla sua capacità di raccontare in affreschi sarcastici e divertenti la società siciliana del suo tempo, prendendo di mira i vizi più tipici della provincia, come la pigrizia o l'inconcludente intraprendenza erotica dei maschi siciliani – atteggiamento noto con il termine di "gallismo". Tra le sue opere più note ricordiamo i romanzi *Don Giovanni in Sicilia* (1941), *Il bell'Antonio* (1949) e *Paolo il caldo* (postumo, 1955), la raccolta di racconti *Il vecchio con gli stivali* (1945), gli scritti inclusi nel volume *I piaceri* (1943) e la commedia *La governante* (1952).

Invito alla lettura

Il romanzo *Don Giovanni in Sicilia* (1941) è ambientato a Catania, negli anni compresi fra la Prima e la Seconda guerra mondiale.
Il protagonista Giovanni Percolla e i suoi amici bighellonano spensierati per le strade del capoluogo etneo con un unico chiodo fisso: la donna. Parlano sempre del gentil sesso, spiano le movenze femminili, muoiono dietro a lunghe ciglia e forme sensuali, fantasticano avventure amorose che poi non si realizzano, giocano a fare i dongiovanni.
Giovanni non è un ragazzino, ma un uomo di circa quarant'anni, che ha sempre vissuto come un figlio di famiglia, coccolato e tutelato dalle tre sorelle.
In seguito conosce e si sposa con una ragazza, Ninetta. Il matrimonio sconvolge letteralmente la sua vita: trasferitosi con la moglie a Milano, egli è costretto ad abbandonare le vecchie abitudini e ne contrae di nuove. Sostituisce al bagno caldo la doccia fredda, più veloce ed energizzante, al profondo sonno pomeridiano una breve e salutare pennichella, ai lauti e interminabili pranzi dei pasti leggeri. I ritmi lenti e inconcludenti della sua vecchia vita sono ormai un lontano ricordo. A Milano si trasforma in un uomo magro, scattante e dinamico, e anche meno interessato alle donne.
Ma tutto cambia quando Giovanni, insieme alla moglie, fa ritorno a Catania. Basta infatti un solo giorno in città per farlo ripiombare nelle vecchie abitudini: pranzi interminabili e lunghi sonni pomeridiani.
Nel brano proposto, tratto dal nono capitolo del romanzo, Giovanni e Ninetta si sono appena fidanzati. Totalmente preso dalla bellezza della ragazza, il protagonista accetta da lei qualsiasi cosa, dalle serate in casa del suocero alle regole che gli impone.

Fidanzati dunque. Il padre di Ninetta era orribile quanto lei bella. Il giorno in cui il grosso marchese lo abbracciò e lo baciò sulla fronte, Giovanni sentì l'odore agro della bruttezza, e rimase con l'espressione di chi ha dei peli entro la bocca, e non riesce a scacciarli.
5 Ma le sere, in casa del suocero, erano straordinariamente piacevoli. Vicino alla

finestra di marmo, con la lampada spenta e il cielo zeppo di stelle, Ninetta gli alzava la grossa mano, e dava un nome ad ogni dito. Il nome delle sue libertà. "Tu non sarai come gli sciocchi di qui. Non mi farai il geloso! Voglio essere leale con te: io non avrò mai, mai un amante, ma desidero le mie libertà perché sono nata
10 e cresciuta libera!"

Ed ecco! Pollice: libertà di uscir sola; indice: libertà di andare in montagna con gli sci; medio: libertà di fare un viaggio ogni anno; anulare: libertà di andare a cavallo; mignolo: libertà di disporre i mobili di casa secondo il proprio gusto, perché la regina della casa è la donna.

1 BREVITÀ E CHIAREZZA
Le regole che Ninetta impone al fidanzato rispettano le caratteristiche proprie dei testi prescrittivi

15 A Giovanni pareva che, con queste parole, la ragazza gli ficcasse in ogni dito, proprio sotto l'unghia, uno spillo con una bandierina. Ma non sentiva dolore; anzi, il fatto che la sua mano si trovasse veramente fra quelle di lei, morbide e calde come le piume di un uccello, gli sapeva di miracolo. Dopo avergli nominato in tal modo le dita, Ninetta gliele stringeva forte, e le poneva sotto il mento
20 e sotto la bocca. Giovanni guardava davanti a sé la propria grossa mano e il viso mirabile di lei mescolati insieme in una immagine che pareva incarnare la perfetta Felicità.

Questo gioco della mano appassionava tanto Ninetta che talvolta, per la strada, gli prendeva il medio o l'indice, e, levandolo sino all'altezza degli occhi di lui,
25 sussurrava: "E questo?"

Nei primi tempi, Giovanni non si mostrò molto bravo: confondeva la libertà del medio con quella del pollice, e non ricordava la libertà del mignolo. Ma in seguito, non sbagliò più. Medio? Libera di fare un viaggio ogni anno.

Una sera, Ninetta si fece aspettare a lungo. Nella camera buia, poggiato il gomito
30 al davanzale di marmo, Giovanni conversava col suocero che riempiva le tenebre con la sua enorme bruttezza.

Parlavano degli uomini in generale. "Ladri!" diceva il marchese. "Tutti ladri! Mi credi che non ho mai incontrato un galantuomo?"

"Io, per esempio, non ho rubato mai nulla!" faceva Giovanni.

35 "Non lo so!… Perdonami, caro: ma la vecchiaia mi rende così. Non credo più a nulla! Non hai rubato, tu dici… Ebbene, lo so io? Nessuno ti ha mai accusato, questo è certo! Ma lo so veramente se hai rubato? Ho avuto gli occhi nella punta delle tue dita?"

"Mi potete credere!"

40 "Non credo a nessuno, nemmeno a Nostro Signore!"

D'un tratto, arrivò Ninetta: era inquieta, agitata, parlava con tono di stizza, e volle subito che s'accendesse la lampada.

"Cosa c'è?" fece Giovanni.

"Nulla, mio caro!"

45 "Ma come? Non posso nemmeno sapere se sei scontenta a causa mia?"

"Caro!" disse ella, interrompendo, con un bel sorriso, la sua stizza. "Dammi la mano!… Non la destra: l'altra!" E abbassò la voce: "Pollice della sinistra: libertà di essere scontenta!… Me lo concedi?"

"Sì, ma con molto dispiacere, perché desidero che tu non sia mai scontenta!"

50 A cena, Ninetta non disse una parola, e toccò appena i cibi.

Finalmente sul tardi, mentre erano poggiati al davanzale di marmo, e le stelle correvano verso il nord, sulle terrazze, da una ringhiera all'altra, Ninetta spiegò le ragioni del suo malumore. Aveva incontrato l'amica Luisa Carnevale, che non vedeva da tre anni, dal giorno in cui s'era sposata. Dio, che viso! Quei tre anni se
55 l'erano rosicchiata come i topi. Lei milanese, lui palermitano!…

2 LO STILE FORMULARE
La memorizzazione delle regole è facilitata dall'adozione di uno stile formulare.

Ruth Orkin, Una ragazza americana in Italia, *1951.*

In verità, avevano anch'essi, durante il fidanzamento, scritto una carta con dieci libertà per lei. Il numero uno le permetteva di andare a teatro sola, quand'egli era assente da Catania; e il numero dieci di accettare da un amico comune l'aperitivo nella dolceria principale ("non certo in un caffè fuori mano"). C'erano anche per
60 Luisa le libertà di andare a cavallo e di correre sulla neve… Egli s'era mostrato un angelo durante il fidanzamento, e aveva firmato tante volte quel foglio che le dieci convenzioni apparivano in mezzo a una nuvola di nomi, date e cuori attraversati da una freccia. Ma dopo il matrimonio, un'espressione sguaiata e cattiva si collocò sul viso di lui: cominciò a imporre le sue leggi di antico siciliano; le più
65 nere e terribili. La chiuse a chiave. (Ninetta singhiozzava: "A chiave!") E quando Luisa gli mostrava la carta firmata da lui tante volte, il marito, con rozzezza degna della frusta, rideva dentro il muso, e diceva: "Libertà di andare sugli sci? Ecco gli sci! Vacci!" E indicava la scopa. Un cuore infernale! Giunse fino alla volgarità di dire a una ragazza come Luisa, educata in Svizzera, insieme alla principessa
70 del Belgio: "Libertà di andare a cavallo? Vieni pure: ecco il tuo cavallo, cara!" E seduto com'era, in mutande, alzava e abbassava le ginocchia strette, come si fa coi bambini.
Giovanni si mise a ridere, con la sua grossa e buona risata: "Oh, io non sarò così, mi puoi credere!"
75 Poiché erano al buio, Ninetta andò a girare il tasto della luce per guardarlo in viso: temeva forse di trovargli quell'espressione "sguaiata e cattiva" di cui Luisa aveva parlato tremando come una foglia: vi trovò invece una tale bontà e mansuetudine, una tale abbondante serie di sì, da sgranocchiare per tutti gli anni avvenire, che aprì le braccia dalla gioia e gliele strinse intorno al collo.

(V. Brancati, *Don Giovanni in Sicilia*, Milano, Bompiani, 1996)

3 L'IMPORTANZA DELLA FORMA

Gran parte dell'autorevolezza di un testo prescrittivo deriva anche dalla sua presentazione e dalla sua forma.

STUDIAMO IL TESTO PRESCRITTIVO

1 BREVITÀ E CHIAREZZA

Ninetta e Giovanni si vogliono bene e sono felici, ma la ragazza teme che l'uomo, da "buon siciliano", possa rovinare tutto con la sua gelosia, privandola delle libertà di cui lei, ragazza emancipata e disinibita, va tanto fiera. La ragazza decide così di mettere le cose in chiaro fin da subito e istruisce Giovanni sulla condotta che egli dovrà seguire in futuro. Ninetta stabilisce cinque regole, ciascuna corrispondente a un dito della mano destra di Giovanni. Le regole di Ninetta sono formulate con un linguaggio chiaro e preciso, sono brevi e facilmente memorizzabili perché associate alle dita della mano, una parte del corpo familiare e sempre utilizzata.

1 Scrivi correttamente negli appositi spazi le 5 regole di Ninetta.

2 LO STILE FORMULARE

Un altro elemento che conferisce efficacia alle regole di Ninetta, facilitando a Giovanni il compito di ricordarle, è il fatto che esse presentano uno stile formulare: iniziano tutte con la parola "libertà", seguita dal verbo all'infinito. A queste cinque regole se ne aggiungerà poi una sesta, associata al pollice della mano sinistra: la libertà di essere scontenta.

2 Qual è il senso della sesta regola dettata da Ninetta?

3 L'IMPORTANZA DELLA FORMA

Anche l'amica di Ninetta, Luisa, ha stilato e sottoposto al futuro marito una carta di dieci regole: una sorta di contratto che fa firmare più volte al suo innamorato a garanzia dei propri diritti. Durante il matrimonio, però, il geloso marito disattende le promesse e se ne infischia delle regole, rendendo impossibile e soffocante l'esistenza della moglie. Mentre le regole di Ninetta sono di numero limitato, chiare, ordinate e facili da ricordare, quelle di Luisa, pur essendo sostanzialmente simili, sono però prive di efficacia perché fissate su un foglio pieno di scarabocchi.

3 Spiega perché Ninetta è capace di stilare un buon regolamento, mentre la sua amica Luisa no.

▶ **ATTIVIAMO LE COMPETENZE**

PRODUZIONE TESTUALE

INDIVIDUAZIONE DEL CONTESTO,
USO DEI TEMPI E DEI MODI VERBALI

4 Associa tre regole a ognuna delle seguenti immagini, utilizzando una volta l'imperativo, una volta l'infinito e una volta l'indicativo futuro.

1 _____
2 _____
3 _____

1 _____
2 _____
3 _____

1 _____
2 _____
3 _____

USO DEI TEMPI E DEI MODI VERBALI, STESURA

5 Questa immagine illustra il corretto modo di apparecchiare la tavola secondo il galateo. Osservala attentamente, desumi delle regole e trascrivile sul tuo quaderno sotto forma di elenco, utilizzando l'infinito e il congiuntivo presente.

1 Tovagliolo
2 Forchetta da pesce
3 Forchetta da pasto
4 Forchetta da insalata
5 Piatto fondo da minestra
6 Piatto piano
7 Sottopiatto
8 Coltello da pasto
9 Coltello da pesce
10 Cucchiaio da brodo
11 Coltello da burro
12 Piattino per il burro o il pane
13 Cucchiaio da dessert
14 Forchetta da torta
15 Bicchiere da acqua
16 Bicchiere da vino rosso
17 Bicchiere da vino bianco

Le cose da non fare

Test

Lina Sotis, *Bon Ton*

Tipologia	Testo prescrittivo
Genere	Galateo
Anno	1997

In origine la parola "galateo" designava un famoso trattato, *Galateo ovvero de' costumi*, scritto da monsignor Giovanni Della Casa nel 1558. Il titolo del libro è derivato a sua volta dal nome del vescovo di Sessa, Galeazzo (latinizzato in Galateo) Florimonte, che suggerì all'autore la scrittura dell'opera. Nel *Galateo*, monsignor Della Casa dispensa consigli e ammaestramenti sulla maniera di conversare, di vestire, di stare a tavola e di comportarsi nella vita sociale. Il successo dell'opera fu tale che presto la parola "galateo" fu usata per indicare ogni libro dedicato ai buoni costumi e, più in generale, l'insieme delle norme di comportamento corrette da tenere in società. In questo senso si usano anche come sinonimi di galateo le parole "etichetta" e "*bon ton*". Le norme del galateo non sono fisse e immutabili, ma variano di cultura in cultura e col trascorrere del tempo: il galateo del Cinquecento è diverso dal galateo dei secoli successivi; il galateo italiano differisce da quello giapponese ecc. A differenza delle leggi, che sono insindacabili, che hanno carattere vincolante e prevedono sanzioni per i trasgressori, le norme del galateo si presentano semplicemente come consigli: sono stabilite dalla moda e dalle consuetudini sociali. Il brano sotto riportato è un esempio di moderno *bon ton*.

Le cose da non fare

1. Dire «piacere» quando uno si presenta o viene presentato.
2. Mettersi il foulard da tasca uguale alla cravatta.
3. Dire «fine» o «distinto» per definire una persona. Si capisce subito che chi parla non è né fine né distinto.
4. Mandare fiori anonimi.
5. Sedersi incrociando le braccia dietro la testa. L'ascella, anche se vestita, è luogo intimo.
6. Chiudere la porta di casa appena l'ospite ha varcato la soglia. Si aspetti che sia salito in ascensore o che abbia sceso le scale.
7. Usare troppo frequentemente le parole e le espressioni di moda. Fa orecchiante senza personalità. Es. Anni '60: divino. Anni '70: allucinante. Anni '80: a livello di, al limite, cioè.
8. Tagliare il pesce col coltello. Meno grave, ma ugualmente maleducato, tagliare la frittata col coltello o infine portare questo ultimo oggetto, per una ragione qualunque, alla bocca.
9. Usare gli stecchini. Per i denti, fa bestia; per giocarci sul tavolo, fa nevrotico pazzo.
10. Far passare prima una signora entrando in un ristorante. L'etichetta è cosa complicata ma logica: entrando prima, il cavaliere dovrebbe con un'occhiata "esplorare" il posto. La regola tradizionale ("prima le dame") è invece valida all'uscita.
11. Mettersi continuamente le mani nei capelli. È dichiaratamente un gesto nevrotico, proprio delle adolescenti insicure o delle ex belle che si vogliono dare un tono di tempi passati. Peggio ancora se i capelli sono maschili: fa condensato di insicurezza psichica, fisica, professionale. Se un uomo ha questo vizio e non riesce a toglierselo, meglio raparsi a zero.
12. Chiedere brutalmente: "Chi c'è?" alla persona che telefona per un invito a cena.

Si temporeggerà sulla risposta, si farà di tutto per sapere chi sono i commensali, ma mai e poi mai la brutale richiesta.

13. Che la dama, la signorina o l'adolescente non chieda mai dopo i primi incontri: «Mi chiami domani?». La telefonata, se ci sarà, deve dare l'impressione all'uomo di essere una sua scelta.

14. Chi, invitato a cena, soffre di insonnia o vuole tirare tardi, si ricordi che per quasi tutti il sonno è sacro.

15. Mai telefonare durante l'ora dei pasti. Mai attaccare un bottone terribile fino al punto di sentirsi dire: «Ho il taxi sotto». Ricordatevi che, anche senza vederla, una persona educata si riconosce dall'uso e dal tono telefonico.

16. Al telefono non esordire con «pronto, chi parla», ma dire nome e cognome prima di chiedere della persona desiderata.

17. Le interurbane sono telefonate che partono solo da casa propria. Se ci sono ragioni particolari ci vuole anche un permesso particolare.

18. Non usare sfibranti segreterie telefoniche, colme di musiche e languidi rantoli. La segreteria, come la segretaria, per essere perfetta, deve essere breve e concisa.

19. In una coppia che passeggia sotto la pioggia, è sempre l'uomo che tiene l'ombrello, a meno che lui non sia di una piccolezza imbarazzante.

20. Molto in uso per il maschio trentenne l'aria sporchiccia e cianciata da aspirante intellettuale non capito. Se proprio non se ne può fare a meno, che ci sia solo l'aria e non l'odore.

21. Per l'uomo mai i calzini corti, ma nemmeno quelli penduli e slabbrati.

22. Mai attaccare alle pareti ritratti di antenati falsi, comprati dal primo rigattiere di passaggio o, peggio ancora, dal grande antiquario.

23. Non dire «salute» allo starnuto del vicino.

24. I camerieri non si chiamano battendo sul bicchiere.

25. Cin cin è un'espressione da dimenticare, soprattutto durante i brindisi.

26. Non dire o scrivere il cognome prima del nome. Attilio Rossi è solo e sempre Attilio Rossi, mai Rossi Attilio.

27. «Mi saluti la sua signora»: è un modo di dire che si sopporta, per riderne, solo nelle commedie all'italiana.

28. «Mi saluti la sua signora» «Presenterò i suoi ossequi». Ecco la degna risposta al primo terribile saluto.

29. «Lei non sa chi sono io». Una frase celebre, che pochi pronunciano ma molti pensano. L'unica cosa certa è che la persona che la usa non sa vivere.

30. Mentre tutti, o anche uno solo, stanno guardando un programma televisivo, afferrare il telecomando e cominciare a spostare i vari canali. È uno dei più chiari sintomi della moderna nevrosi. Resistete.

31. A meno che non siate un vigile, un postino o un controllore, non portate mai un borsello.

32. A tavola si può parlare di quasi tutto, una sola cosa non si deve mai dire: «Buon appetito».

33. Il dito mignolo che si stacca dalle altre dita a formare uno svolazzo, quando avete in mano un bicchiere o una tazza, è segno che avete ancora molto da imparare prima che si possa dire di voi: «è una persona educata».

34. Porgere per un saluto una manina floscia, o al contrario agguantare con vigore stritolatorio la mano di chi vi sta di fronte. La stretta di mano è un gesto d'amicizia, non un test analitico in cui si svela la propria personalità. Il miglior modo di stringere la mano è farlo con asciutta naturalezza.

(Lina Sotis, *Bon Ton*, Milano, Mondadori, 1997)

Aspetto 2 Individuare informazioni date esplicitamente nel testo.

1 Che cosa bisogna fare, quando si congeda un ospite?
- ☐ **A** Stringergli vigorosamente la mano.
- ☐ **B** Attendere sulla soglia finché non prende l'ascensore.
- ☐ **C** Stringergli delicatamente la mano.
- ☐ **D** Chiedergli se si è divertito.

Aspetto 3 Fare un'inferenza diretta, ricavando un'informazione implicita da una o più informazioni date nel testo e/o tratte dall'enciclopedia personale del lettore.

2 Quale tra queste forme è corretta?
- ☐ **A** Mi chiamo Lucio Fantini.
- ☐ **B** Mi chiamo Fantini Lucio.
- ☐ **C** Piacere, Lucio Fantini.
- ☐ **D** Piacere, Fantini Lucio.

Aspetto 5b Ricostruire il significato globale del testo, integrando più informazioni e concetti, anche formulando inferenze complesse.

3 Nel testo le informazioni sono ordinate prevalentemente secondo un ordine
- ☐ **A** enumerativo.
- ☐ **B** definitorio.
- ☐ **C** temporale.
- ☐ **D** causale.

Aspetto 3 Fare un'inferenza diretta, ricavando un'informazione implicita da una o più informazioni date nel testo e/o tratte dall'enciclopedia personale del lettore.

4 La seguente tabella elenca alcuni dei comportamenti a cui fa riferimento il testo. Indica se chi li compie conosce il bon ton, non conosce il *bon ton* oppure se non è possibile stabilirlo.

	Conosce il *bon ton*	Non conosce il *bon ton*	Non è possibile stabilirlo
A Antonio partecipa a un brindisi.			
B A Luigi non piace il programma sportivo che i suoi stanno guardando in TV, e così decide di cambiare canale.			
C Prima di iniziare il pranzo, lo zio augura ai suoi ospiti "buon appetito".			
D Giulia mi telefona sempre tra le 13.30 e le 15.00.			
E Ieri Francesca mi ha detto che sono un ragazzo fine e distinto.			

Aspetto 2 Individuare informazioni date esplicitamente nel testo.

5 **L'affermazione "prima le dame" è**
- [ ] **A** sempre valida.
- [ ] **B** valida solo quando si esce da un locale.
- [ ] **C** valida solo quando si entra in un locale.
- [ ] **D** ormai superata.

Aspetto 5a Ricostruire il significato di una parte più o meno estesa del testo, integrando più informazioni e concetti, anche formulando inferenze complesse.

6 **«Chi, invitato a cena, soffre di insonnia o vuole tirare tardi, si ricordi che per quasi tutti il sonno è sacro». Questa frase vuol dire che**
- [ ] **A** quando si è fatto tardi è meglio andar via.
- [ ] **B** quando si è invitati non bisogna badare al tempo che scorre.
- [ ] **C** quando si ha sonno ci si può anche addormentare durante una cena.
- [ ] **D** quando un invitato non ne vuol sapere di andar via, il padrone di casa lo deve congedare immediatamente con una scusa.

Aspetto 3 Fare un'inferenza diretta, ricavando un'informazione implicita da una o più informazioni date nel testo e/o tratte dall'enciclopedia personale del lettore.

7 **«Le interurbane sono telefonate che partono solo da casa propria. Se ci sono ragioni particolari ci vuole anche un permesso particolare». A chi bisogna chiedere il permesso?**
- [ ] **A** A nessuno in particolare.
- [ ] **B** Agli invitati presenti.
- [ ] **C** Ai propri genitori.
- [ ] **D** Al padrone di casa.

Aspetto 2 Individuare informazioni date esplicitamente nel testo.

8 **In base al testo che hai letto, indica quali tra queste azioni si possono compiere e quali no.**

		Sì	No
A	Giocare con gli stuzzicadenti a tavola.		
B	Presentarsi al telefono.		
C	Tagliare il pesce con il coltello.		
D	Inviare un mazzo di fiori anonimo.		
E	Sollevare il mignolo tenendo un bicchiere.		
F	Tagliare la carne con il coltello.		
G	Tagliare la frittata con il coltello.		

Aspetto 1 Comprendere il significato, letterale o figurato, di parole ed espressioni e riconoscere le relazioni tra parole.

9 **«L'etichetta è cosa complicata ma logica». In questa frase il termine "etichetta" ha il significato di**
- [ ] **A** cartellino con indicazioni.
- [ ] **B** complesso di regole, galateo.
- [ ] **C** definizione sommaria.
- [ ] **D** vita comune, società.

Aspetto 2 Individuare informazioni date esplicitamente nel testo.

10 **Quale tra questi è considerato dall'autrice un comportamento nevrotico?**
- [ ] **A** Incrociare le braccia dietro la schiena.
- [ ] **B** Telefonare durante l'ora di pranzo.
- [ ] **C** Mettersi le mani tra i capelli.
- [ ] **D** Parlare troppo a tavola.

Argomentare

Che cosa vuol dire

Argomentare vuol dire **esporre**, spiegare e **dimostrare** un'ipotesi, un'opinione o un'idea attraverso un ragionamento convincente.

Gli **scopi** per cui si argomenta sono principalmente tre: convincere, dibattere, influenzare il comportamento di qualcuno.

Scopo	Caratteristiche	Dove
Convincere	L'argomentazione ha lo scopo di dimostrare la fondatezza delle opinioni esposte (tesi).	Saggi scientifici, storici, filosofici ecc.; requisitorie o arringhe difensive.
Dibattere	L'argomentazione ha lo scopo di suscitare un dibattito su argomenti di interesse comune.	Articoli di fondo, discussioni televisive ecc.
Influenzare	L'argomentazione ha lo scopo di influenzare e indirizzare il comportamento del destinatario.	Discorsi elettorali, televendite ecc.

La scaletta argomentativa

Un testo argomentativo deve essere chiaro, coeso e coerente in ogni sua parte e la sua struttura deve essere organizzata in modo che al suo interno siano riconoscibili sei parti. Queste sei parti costituiscono la cosiddetta "scaletta argomentativa".

1) Introduzione: è generalmente posta all'inizio del testo e ha la funzione di introdurre l'argomento di cui si discute.

> Molti sostengono che la vecchiaia sia l'età più triste della vita di un uomo.

2) Esposizione della tesi: l'emittente presenta la propria opinione (tesi) in merito all'argomento affrontato.

> Io ritengo invece che la vecchiaia non possa essere considerata un male.

3) Argomenti a favore della tesi: dopo aver esposto la propria tesi, l'emittente deve cercare di dimostrarne la fondatezza attraverso ragionamenti, citazioni, informazioni, dati convincenti. Il numero degli argomenti a sostegno della tesi è variabile: alcuni testi argomentativi hanno un solo argomento, altri due, altri ancora tre e così via.

Primo argomento a sostengo della tesi.

Secondo argomento a sostegno della tesi.

> Infatti, solo chi non ha le risorse interiori per vivere bene subisce il peso e le angustie della tarda età. Ma chi trae da se stesso ogni bene, non può considerare un male un fatto di per sé naturale. Inoltre, se la vecchiaia fosse causa di infelicità, tutti i vecchi sarebbero infelici.
> I fatti, però, dimostrano che non è così. Molti anziani, infatti, si dichiarano contenti di essere tali, perché godono di maggiore rispetto da parte degli altri e perché sono finalmente liberi dalle passioni che rendono schiavo l'uomo.

4) Antitesi e 5) confutazione dell'antitesi: l'emittente anticipa le possibili obiezioni di un ipotetico o reale contraddittore (chi non la pensa come lui), cercando poi di dimostrarne l'infondatezza.

Antitesi.

Confutazione dell'antitesi.

> Qualcuno però potrebbe obiettare che la vecchiaia allontana l'uomo dalle attività. Niente di più falso: anche le persone anziane hanno le loro occupazioni, che possono svolgere con la mente e che non necessitano di uno sforzo fisico. Altri accusano la vecchiaia di indebolire il corpo. Si tratta di un'obiezione facilmente confutabile: primo perché alla vecchiaia non si richiede forza fisica, ma saggezza, equilibrio e intelligenza; poi perché sono molti gli anziani che si mantengono sani e in forma. Si dice inoltre che

la vecchiaia priva di tutti i piaceri. Io sostengo il contrario: la vecchiaia priva l'uomo soltanto dei piaceri dannosi, che lo portano alla rovina – l'amore e la passione sfrenati, la competitività, l'ambizione, la corsa al denaro –, ma non lo priva certo dei piaceri sani della vita, come lo stare insieme agli amici, il godere di una conversazione, il dedicarsi ai nipotini ecc. E cosa rispondere a coloro che affermano che la vecchiaia è vicina al termine della vita? Questo fatto non preoccupa gli anziani, perché essi sono così saggi da capire che la morte è un fatto naturale e inevitabile. Inoltre, perché la morte dovrebbe fare paura? Se c'è una vita dopo la morte si continuerà a vivere e se non c'è non si sentirà più nulla.

6) Conclusione: in quest'ultima parte si ribadisce la tesi di partenza, riassumendo i nuclei principali del ragionamento svolto per sostenerla.

La vecchiaia, dunque, non è un male come molti sostengono, ma una naturale tappa dell'esistenza, non priva di soddisfazioni e piaceri. Gli anziani che hanno grandi qualità interiori e che si sono guadagnati il rispetto degli altri possono infatti, liberi ormai dal giogo delle passioni, dedicare il proprio tempo alle gioie dell'amicizia, dei convivi, della filosofia e degli affetti familiari: piaceri semplici, ma veri e sani, gli unici che possono condurre l'uomo alla felicità.

Occorre infine ricordare che la scaletta argomentativa non è rigida e può subire delle variazioni, tanto nel numero quanto nell'ordine degli elementi: esistono testi argomentativi con più tesi, altri in cui la tesi è sottintesa o posta alla fine dell'argomentazione; altri privi del blocco antitesi-confutazione o della conclusione.

Gli argomenti

L'efficacia di un testo argomentativo dipende dalla forza degli argomenti utilizzati per sostenere la tesi. In generale, gli argomenti si suddividono in cinque tipi.

L'ordine degli argomenti

Non tutti gli argomenti hanno la stessa efficacia: alcuni dimostrano in maniera inequivocabile la tesi, altri invece possono essere opinabili e prestarsi a possibili obiezioni. Per questo è necessario individuare un criterio d'ordine, per poter disporre gli argomenti in modo tale da sfruttarne al meglio le potenzialità. I criteri d'ordine utilizzati nei testi argomentativi sono tre:

Tipo di ordine	Disposizione degli argomenti	Quali vantaggi offre?
Decrescente	Dal più forte e convincente al più debole.	Cattura fin dall'inizio l'interesse del destinatario.
Crescente	Dal più debole al più forte.	Lascia un'intensa e più duratura impressione nel destinatario.
Testa-coda	Gli argomenti più validi vengono posti all'inizio e alla fine, i più deboli al centro.	Incuriosisce all'inizio, allenta la tensione nel mezzo del discorso, cattura l'interesse alla fine.

Un nemico da combattere

Bram Stoker, *Dracula*

Tipologia	Testo argomentativo
Genere	Romanzo
Sottogenere	Horror
Anno	1897

▶ **STUDIAMO IL TESTO ARGOMENTATIVO**

1 INTRODUZIONE ED ESPOSIZIONE DELLA TESI
2 ARGOMENTI A FAVORE DELLA TESI
3 ANTITESI E CONFUTAZIONE DELL'ANTITESI

LABORATORIO

Vai al laboratorio per esercitarti sul **testo argomentativo**:

R. Saviano
Il coraggio dimenticato

L'autore

Lo scrittore irlandese Bram Stoker (1847-1912) è noto soprattutto per essere l'autore del romanzo gotico *Dracula*, opera che ha contribuito a fissare per sempre nell'immaginario collettivo le caratteristiche del vampiro: un'anima dannata e assetata di sangue al cui fascino demoniaco è difficile resistere; un mostro di dissimulazione, che manifesta il suo vero aspetto quando è pronto a colpire: «Mai avevo visto su un volto tanta frustrata perfidia, e mai, credo, occhi mortali ne vedranno. Il suo bel colorito si è fatto livido, gli occhi sembravano sputare scintille delle fiamme dell'inferno, le sopracciglia erano aggrottate come se le pieghe della carne fossero le spire dei serpenti di Medusa, e la sua deliziosa bocca, macchiata di sangue, era spalancata a formare un quadrato vuoto e nero, come nelle maschere tragiche di Greci e Giapponesi. Se mai un volto ha espresso la morte, se mai uno sguardo può uccidere… ecco, noi l'abbiamo visto in quel momento». *Dracula* non è solamente una storia del terrore, ma una grande prova narrativa in cui i sentimenti umani più forti, come la paura, l'amore, l'amicizia, la frustrazione e l'orrore dinnanzi alla morte, s'intrecciano dando vita a una delle vicende più avventurose e orridamente affascinanti di tutti i tempi.

Invito alla lettura

Dracula, nobile vampiro della Transilvania, vuole trasferirsi a Londra in cerca di nuove vittime. Per trovare casa nella capitale britannica e attuare il trasferimento ha bisogno che qualcuno si occupi di portare a termine tutte le transazioni necessarie. Il prescelto è il giovane avvocato Jonathan Harker, che per incontrare il cliente deve recarsi nel suo sinistro castello, tra i monti Carpazi. Per l'uomo ha inizio un terribile incubo: dopo essere riuscito a sfuggire alla prigionia del conte e ai malefici di tre vampire, riesce a far ritorno a Londra dove il conte si è intanto trasferito, mietendo vittime e seminando terrore. Con l'aiuto della dolce Mina, la moglie, e di altri coraggiosi uomini, tra cui il professor Van Helsing, guida spirituale del gruppo, Jonathan Harker riuscirà a stanare il conte e a sconfiggerlo.
Nel brano sotto riportato, tratto dal XVIII capitolo del romanzo, il professor Van Helsing, esperto conoscitore di vampiri, ha convocato un gruppetto di amici che con lui si trovano a dover fronteggiare le diaboliche azioni del conte. Al fine di convincerli a coalizzarsi per sconfiggere il vampiro, col suo tipico accento straniero il professore tiene una breve e convincente conferenza sulla necessità di combattere il male che il conte rappresenta.

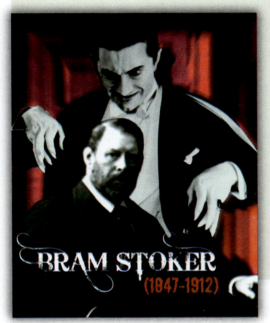

BRAM STOKER
(1847-1912)

Tributo a Dracula e al suo creatore Bram Stoker.

Anthony Hopkins interpreta il professor Van Helsing nel film Dracula di Bram Stoker (1992), di Francis Ford Coppola.

Il Professor Van Helsing era a capo tavola, dove il Dottor Seward gli aveva fatto cenno di sedersi, appena lo aveva visto entrare nella stanza. Il Dottore mi ha fatto sedere accanto a lui, alla sua destra, e mi ha chiesto di fungere da segretaria; Jonathan era seduto accanto a me. Di fronte a noi c'erano Lord Godalming, il Dottor
5 Seward e il signor Morris. Lord Godalming era alla destra del Professore e il Dottor Seward al centro. Il Professore ha cominciato:

«Forse posso dare per scontato che tutti noi conosciamo i fatti raccolti in queste carte». Abbiamo tutti detto di sì e allora lui ha continuato:

«Dunque, io credo che è giusto che io dico qualcosa su nemico che ci troviamo
10 a affrontare.

Io voglio informare voi di quella parte di storia di questo uomo che io conosco per certo. Così noi poi possiamo pensare come comportarci e prendere nostre contromisure di conseguenza.

Esistono creature particolari, chiamate vampiri. Qualcuno di noi ha prove di loro
15 esistenza. Nonostante noi non abbiamo assoluta certezza riguardo a nostra triste esperienza, gli insegnamenti e le testimonianze del passato sono prova sufficiente per persone con occhi ben aperti. Ammetto mio scetticismo in principio. Se per lunghi anni non mi ero allenato a avere vedute piuttosto larghe, io stesso non potevo credere fino al momento che il fatto stesso mi ha gridato nell'orecchio: "Guarda!
20 Guarda! Sono io! Sono io!". Ahimè, se io sapevo fin da inizio tutto quello che so ora – o se almeno immaginavo – una vita tanto preziosa per quelli che amavano lei poteva essere risparmiata! Ma oramai è andata. Noi dobbiamo impegnarci affinché altre povere anime non periscano, perché Dracula tornerà a colpire!

Un Nosferatu non muore come ape dopo che ha punto. Diviene solo più forte, e
25 così più forte, ha ancora più potere per operare male. Questo vampiro che è tra noi ha, da solo, la stessa forza fisica di venti uomini. Sua astuzia è più che mortale perché sua astuzia cresce con passare di anni. Ha ancora aiuto di necromanzia, che è, come sua etimologia dice, la divinazione per mezzo di morti, e tutti i morti che lui può avvicinare sono a suo comando. È bestiale, anzi più che bestiale! È
30 demonio insensibile, senza cuore. Entro certi limiti può apparire quando e dove vuole e in una qualsiasi di sue forme. È anche in grado di dirigere gli elementi in sua zona di influenza: la tempesta, la nebbia, il tuono. Ha il dominio di tutti gli esseri più bassi: il topo, la civetta e il pipistrello e poi la falena e la volpe e il lupo; può crescere e diventare piccolo; a volte può sparire e diventare invisibile.

1 INTRODUZIONE ED ESPOSIZIONE DELLA TESI

Prima di esporre la tesi che intende sostenere, il professor Van Helsing presenta agli intervenuti l'argomento della discussione.

2 ARGOMENTI A FAVORE DELLA TESI

Il professor Van Helsing sostiene la sua tesi con vari argomenti di ordine logico-emotivo: è necessario combattere Dracula perché è un mostro i cui poteri straordinari rappresentano un pericolo per tutti.

3 ANTITESI E
CONFUTAZIONE
DELL'ANTITESI
Il professor Van Helsing
previene e confuta le possibili obiezioni dei suoi interlocutori.

35 Allora, se è così forte e astuto, se può nascondersi e trasformarsi come vuole, come possiamo distruggere lui? Come troviamo sua tana? E, una volta trovata, come annientiamo lui?

Amici, è molto: il compito che vogliamo intraprendere è terribile e può avere conseguenze da fare tremare anche i coraggiosi. Infatti, se noi falliamo sarà certo lui 40 a vincere: e allora, quale è nostra fine?

La vita è niente! Io non do importanza a essa! Ma fallire qui non è solo una questione di vita o morte: noi possiamo diventare come lui è, cioè, da quel momento in poi noi siamo impuri esseri notturni come lui senza cuore e coscienza che si gettano come uccelli rapaci su corpi e anime di coloro che più a noi sono cari. Le 45 porte del Paradiso per noi saranno per sempre chiuse, infatti chi le aprirà per noi una seconda volta? Noi possiamo vagare per sempre, aborriti da tutti, una macchia sul volto splendente di Dio, una freccia in fianco di Colui che è morto per l'uomo. Ma adesso siamo faccia a faccia con nostro dovere: in questo caso, dobbiamo noi tirarci indietro? Per me, io no. Ma io sono vecchio e la vita con suoi giorni luminosi, 50 suoi bei posti, il canto di uccelli, sua musica, suo amore è oramai molto distante. Voi siete giovani. Alcuni hanno conosciuto il dolore, ma ci sono giorni felici in serbo per voi. Che cosa dite a me?».

(B. Stoker, *Dracula*, Roma, Newton Compton, 1993, a cura di Paola Faini)

▶ **STUDIAMO IL TESTO ARGOMENTATIVO**

1 INTRODUZIONE ED ESPOSIZIONE DELLA TESI

Il nucleo centrale dell'argomentazione del professor Van Helsing è preceduto da una breve introduzione, che ha lo scopo di informare i presenti sull'argomento che di lì a poco sarà oggetto della sua conferenza. All'introduzione segue l'esposizione della tesi, enunciata con chiarezza alla fine del paragrafo.
In effetti, in un testo argomentativo la parte introduttiva è fondamentale, perché a essa è affidato il compito di suscitare interesse nel destinatario, predisponendolo alla lettura o, come in questo caso, all'ascolto.

La frase tematica che apre il paragrafo focalizza l'argomento della discussione.

Esposizione della tesi.

Esistono creature particolari, chiamate vampiri. Qualcuno di noi ha prove di loro esistenza. Nonostante noi non abbiamo assoluta certezza riguardo a nostra triste esperienza, gli insegnamenti e le testimonianze del passato sono prova sufficiente per persone con occhi ben aperti. Ammetto mio scetticismo in principio. Se per lunghi anni non mi ero allenato a avere vedute piuttosto larghe, io stesso non potevo credere fino al momento che il fatto stesso mi ha gridato nell'orecchio: "Guarda! Guarda! Sono io! Sono io!". Ahimè, se io sapevo fin da inizio tutto quello che so ora – o se almeno immaginavo – una vita tanto preziosa per quelli che amavano lei poteva essere risparmiata! Ma oramai è andata. Noi dobbiamo impegnarci affinché altre povere anime non periscano, perché Dracula tornerà a colpire!

1 Il modo in cui è esposta la tesi suggerisce che lo scopo dell'argomentazione di Van Helsing sia quello di
A informare i suoi interlocutori.
B convincere i suoi interlocutori.
C dibattere con i suoi interlocutori sulla pericolosità dei vampiri.
D condizionare i suoi interlocutori.

2 ARGOMENTI A FAVORE DELLA TESI

Per sostenere la sua tesi, il professor Van Helsing presenta ai suoi ascoltatori una serie di prove volte a dimostrare la pericolosità di Dracula e quindi la necessità di combatterlo. Il suo ragionamento può essere così schematizzato:

Dracula rappresenta un pericolo per tutti e continuerà a colpire perché:
1. non muore come un'ape dopo che ha punto;
2. ha la forza fisica di venti uomini;
3. la sua astuzia cresce col passare degli anni;
4. può comparire dove e quando vuole e sotto una qualunque forma;
5. può comandare i morti;
6. è bestiale;
7. è un demonio insensibile e senza cuore;
8. può sparire e diventare invisibile.

2 Secondo quale ordine sono disposti gli argomenti a sostengo della tesi? Scegli la risposta e motivala.
- **A** Crescente.
- **B** Decrescente.
- **C** Testa/coda.
- **D** Casuale.

3 ANTITESI E CONFUTAZIONE DELL'ANTITESI

Il professor Van Helsing sa bene che il suo ragionamento ha un punto debole. In effetti egli ha fin qui enumerato gli straordinari poteri di Dracula, mettendone in luce tutta la pericolosità. I suoi interlocutori, a questo punto, spaventati e temendo per la loro vita, potrebbero decidere di non seguirlo nell'impari lotta contro il vampiro. Per questo egli decide di anticipare le loro possibili obiezioni esponendole sotto forma di domande retoriche, per poi confutarle attraverso un ragionamento di ordine logico-emotivo: se non lottiamo contro Dracula, anche noi diventeremo come lui.

▪ Antitesi.

▪ Confutazione dell'antitesi.

Allora, se è così forte e astuto, se può nascondersi e trasformarsi come vuole, come possiamo distruggere lui? Come troviamo sua tana? E, una volta trovata, come annientiamo lui?

Amici, è molto: il compito che vogliamo intraprendere è terribile e può avere conseguenze da fare tremare anche i coraggiosi. Infatti, se noi falliamo sarà certo lui a vincere: e allora, quale è nostra fine?

La vita è niente! Io non do importanza a essa! Ma fallire qui non è solo una questione di vita o morte: noi possiamo diventare come lui è, cioè, da quel momento in poi noi siamo impuri esseri notturni come lui senza cuore e coscienza che si gettano come uccelli rapaci su corpi e anime di coloro che più a noi sono cari. Le porte del Paradiso per noi saranno per sempre chiuse, infatti chi le aprirà per noi una seconda volta? Noi possiamo vagare per sempre, aborriti da tutti, una macchia sul volto splendente di Dio, una freccia in fianco di Colui che è morto per l'uomo.

3 Spiega perché gli argomenti utilizzati da Van Helsing per confutare l'antitesi sono di tipo emotivo.

▶ ATTIVIAMO LE COMPETENZE

PRODUZIONE TESTUALE

FORMULAZIONE DELLA TESI, RAGIONAMENTO LOGICO

4 **Indica qual è la tua opinione sui seguenti argomenti, motivando la tua risposta.**

Argomento: *La gelosia*
La tua opinione: _____
_____
Motivazione: _____
_____

Argomento: *I tatuaggi*
La tua opinione: _____
_____
Motivazione: _____
_____

SCELTA DEGLI ARGOMENTI A FAVORE DELLA TESI

5 **Scrivi almeno tre argomenti per sostenere ciascuna delle seguenti tesi.**
Tesi: *Durante l'adolescenza gli amici sono fondamentali.*
Argomento 1: _____
_____
Argomento 2: _____
_____
Argomento 3: _____
_____

Tesi: *Sono d'accordo con i medici che affermano che con uno stile di vita e un'alimentazione salutari si possano prevenire molte malattie.*
Argomento 1: _____
_____
Argomento 2: _____
_____
Argomento 3: _____
_____

COERENZA LOGICA DELL'ARGOMENTAZIONE

6 **Completa correttamente lo schema proposto.**

5 Confutazione dell'antitesi:
_____
_____
_____
_____

6 Conclusione:
La presenza dei fantasmi non è supportata dalla scienza né dalla logica, dunque non è possibile credere nella loro esistenza

1 Argomento: *I fantasmi*

2 Tesi:
I fantasmi non esistono

4 Antitesi: *Molte persone giurano di aver visto i fantasmi*

3.1 Primo argomento a favore della tesi:
_____
_____
_____
_____

3.2 Secondo argomento a favore della tesi:
_____
_____
_____
_____

Viaggiare al tempo della crisi

Syusy Blady-Patrizio Roversi, *In vacanza per risparmiare*

Test

Tipologia	Testo argomentativo
Genere	Editoriale
Anno	2010

È possibile viaggiare al tempo della crisi? E il turismo può rappresentare una risorsa? A queste domande danno una risposta Syusy Blady (1952) e Patrizio Roversi (1954), ideatori e conduttori di trasmissioni televisive di successo dedicate al mondo dei viaggi e della natura, tra le quali ricordiamo *Turisti per caso*, in onda sulla Rai a partire dagli anni '90.

FLASHCARD

Vai alle Flashcard per ripassare **le tipologie testuali**.

Le "normali" riviste di turismo, con la loro carta patinata e le loro foto strepitose e spesso enfatizzate da filtri fanta-cromatici, servono in linea di massima a sognare. La nostra, con la sua carta modesta, il suo costo ridottissimo, le sue foto realistiche, con le esperienze reali di altri turisti normali, con le sue dritte e
5   consigli pratici, al contrario serve per guardare in faccia la realtà. E la realtà è che c'è la crisi. Una crisi grave, strutturale, cioè che durerà un sacco di tempo perché magari le industrie e le borse sono destinate prima o poi a risalire, ma i disoccupati crescono sempre e solo fra 4 o 5 anni ci ritroveremo ai livelli economici del 2007-2008. E "perdere" 8 anni di sviluppo, per un mondo in cui le contraddizioni
10   climatiche, energetiche e di sovrappopolazione corrono veloci, è un disastro. E intanto i Governi *fanno manovre*, e – chi più chi meno – schiacciano il tenore di vita della gente. Ci sono anche economisti che dicono che queste manovre servono a poco, e che anzi riducendo sviluppo e posti di lavoro i bilanci statali alla fine ci perdono, ma nessuno li ascolta! Noi che siamo solo turisti (e per di più *per*
15   *caso*) possiamo soltanto occuparci appunto di turismo, e a malapena possiamo fare delle domande. **La prima e la più scontata è: riusciamo ancora ad andare in vacanza? La risposta è sì, senza dubbio.** I modi per risparmiare ci sono. Si può andare in vacanza dietro casa. Lo abbiamo detto decine di volte: L'Italia è il Paese a più alta densità di biodiversità di paesaggi, storia, gastronomia, natura. I
20   tanti bed&breakfast, agriturismo, pensioni familiari, campeggi e anche alberghi "scontati", ci offrono mille possibilità. A proposito di offerte speciali: ce ne sono alcune che ci fanno dire che… si può andare in vacanza per risparmiare! Infatti in alcuni casi si rischia di spendere meno in vacanza che a casa. Paradossalmente si può andare in vacanza spendendo poco e riscoprendo il gusto un po' rétro del-
25   le vacanze di massa: una settimana in pensione sulla Costa Romagnola, a prezzi bassissimi, come ai bei tempi, con ombrellone-gelato-bombolone potrebbe essere un'idea… Ma sono possibili anche viaggi a lungo raggio: le compagnie aeree (se uno ha la pazienza di giocarsi prenotazioni anticipate e low cost) offrono ottime occasioni, e sono tantissimi i paesi in cui si spende poco, a fronte di luoghi inte-
30   ressantissimi. La seconda domanda è: **ma il turismo davvero potrebbe aiutarci a uscire dalla crisi?** In pratica: oltre che consumatori di turismo, possiamo pensare di diventare produttori-in-proprio di offerta turistica? Anche in questo caso la risposta è sì. Noi italiani abbiamo appunto un patrimonio eccezionale, e se sapremo interpretare la domanda dei turisti stranieri in termini di qualità dell'offerta
35   e di prezzi (non dimentichiamo che la crisi c'è anche in Germania, Stati Uniti, Giappone ecc.) riusciremo a cavare da quella che ormai da tempo è la nostra più grande risorsa – il turismo, appunto – un sacco di risultati positivi. Se è vero in-

40 fatti che dalla crisi il mondo forse ne uscirà se investirà nel campo della ricerca e delle nuove tecnologie pulite, è anche vero che se per il turismo investiremo in ambiente e cultura guadagneremo più soldi e staremo meglio tutti. Peccato che lo Stato stia togliendo risorse, ma ancora qualche Regione o Provincia promuovono cose interessanti, e nel campo del turismo c'è ancora molto da inventare: percorsi, ostelli, iniziative culturali. Muoversi da soli magari è difficile (troppa burocrazia) ma in gruppi o in associazioni è più facile. Inventare vuol dire inventarsi un lavoro,
45 o semplicemente nuovi modi di ospitare e di viaggiare: alberghi diffusi, scambio di case, viaggi o borse di studio ecc. A questo proposito c'è anche un altro spunto da non trascurare: il volontariato. Che vuol dire occuparsi di teatri o di musei o di iniziative spettacolari, per il piacere di farlo. Che vuol dire anche partecipare a viaggi motivati da progetti, con Ong o col mercato equo-solidale: si spende
50 poco, si vede molto, si acquisiscono esperienze preziose. In Argentina, durante il periodo durissimo della crisi, hanno inventato modelli di sopravvivenza geniali. Vedremo cosa succede in Grecia, ma anche noi potremmo cominciare a darci da fare. In momenti come questi è difficile applicare la famosa massima "smetti di chiederti cosa potrebbe fare lo Stato per te, comincia a pensare cosa puoi fare tu
55 per lo Stato", ma almeno cominciamo a chiederci che cosa possiamo pensare di fare per noi stessi.

(S. Blady – P. Roversi, *In vacanza per risparmiare*,
in «Turisti per caso Magazine», luglio 2010, Anno II, 7, Milano, Edizioni Master)

Aspetto 3 *Fare un'inferenza diretta, ricavando un'informazione implicita da una o più informazioni date nel testo e/o tratte dall'enciclopedia personale del lettore.*

1 «Le "normali" riviste di turismo, con la loro carta patinata e le loro foto strepitose e spesso enfatizzate da filtri fanta-cromatici, servono in linea di massima a sognare. La nostra, con la sua carta modesta, il suo costo ridottissimo, le sue foto realistiche, con le esperienze reali di altri turisti normali, con le sue dritte e consigli pratici, al contrario serve per guardare in faccia la realtà» (rr. 1-5). Da quale frase, o parola, è possibile desumere che gli autori collaborano con la rivista su cui è apparso l'articolo? Trascrivi la frase o la parola:

_____

_____

Aspetto 2 *Individuare informazioni date esplicitamente nel testo.*

2 Secondo gli autori, che cosa ostacola le iniziative individuali finalizzate al rilancio del turismo?

☐ **A** La burocrazia.   ☐ **C** La mancanza di turisti.
☐ **B** La crisi economica.   ☐ **D** La mancanza di offerte ricettive adeguate.

Aspetto 5a *Ricostruire il significato di una parte più o meno estesa del testo, integrando più informazioni e concetti, anche formulando inferenze complesse.*

3 «E intanto i Governi fanno manovre, e – chi più chi meno – schiacciano il tenore di vita della gente. Ci sono anche economisti che dicono che queste manovre servono a poco, e che anzi riducendo sviluppo e posti di lavoro i bilanci statali alla fine ci perdono, ma nessuno li ascolta!». Da questo passo, emerge

☐ **A** la profonda conoscenza dei due autori dei principi che regolano l'economia.
☐ **B** la posizione critica dei due autori nei confronti delle manovre economiche dei governi.
☐ **C** la fiducia dei due autori nelle leggi economiche.
☐ **D** la speranza che le manovre anticrisi varate dai governi possano prima o poi risollevare le sorti dell'economia.

Aspetto 6 *Sviluppare un'interpretazione del testo, a partire dal suo contenuto o dalla sua forma, andando al di là di una comprensione letterale.*

4 Uno degli scopi di questo testo è quello di

☐ **A** fare riflettere sulle conseguenze della crisi economica.
☐ **B** infondere speranza nei lettori.
☐ **C** invitare i lettori a resistere alla crisi.
☐ **D** fare riflettere sulle potenzialità economiche del turismo.

Aspetto 5b Ricostruire il significato globale del testo, integrando più informazioni e concetti, anche formulando inferenze complesse.

5 Da un punto di vista strutturale il testo segue il seguente schema:
- ☐ **A** Introduzione – Prima tesi – Argomenti a favore della tesi – Seconda tesi – Argomenti a favore della tesi – Conclusione.
- ☐ **B** Introduzione – Antitesi – Confutazione dell'antitesi – Tesi – Argomenti a favore della tesi.
- ☐ **C** Tesi – Argomenti a favore della tesi – Antitesi – Confutazione dell'antitesi – Conclusione.
- ☐ **D** Introduzione – Tesi – Argomenti a favore della tesi – Conclusione.

Aspetto 5a Ricostruire il significato di una parte più o meno estesa del testo, integrando più informazioni e concetti, anche formulando inferenze complesse.

6 Gli autori espongono le proprie tesi sotto forma di
- ☐ **A** proposizioni esclamative.
- ☐ **B** domande retoriche.
- ☐ **C** affermazioni.
- ☐ **D** frasi negative (introdotte da non, né, neppure ecc.).

Aspetto 4 Cogliere le relazioni di coesione e di coerenza testuale (organizzazione logica entro e oltre la frase).

7 In che modo puoi riformulare e fondere tra di loro le frasi «riusciamo ancora ad andare in vacanza? La risposta è sì, senza dubbio» senza alternarne il senso?
- ☐ **A** Senza dubbio molti riescono ancora ad andare in vacanza.
- ☐ **B** Solo alcuni riescono ancora ad andare in vacanza.
- ☐ **C** È ancora possibile andare in vacanza.
- ☐ **D** Senza dubbio si può affermare che riusciamo ancora a viaggiare.

Aspetto 3 Fare un'inferenza diretta, ricavando un'informazione implicita da una o più informazioni date nel testo e/o tratte dall'enciclopedia personale del lettore.

8 In base al testo che hai letto, indica se i seguenti fattori incentivano o deprimono il turismo italiano.

		Incentiva il turismo	Deprime il turismo
A	L'iniziativa collettiva.		
B	Il volontariato.		
C	La ricchezza dell'offerta.		
D	I tagli delle risorse.		
E	I prezzi scontati.		
F	Gli investimenti in campo ambientale.		
G	La valorizzazione del territorio.		
H	Lo Stato.		
I	La bassa qualità dell'offerta.		

Aspetto 5b Ricostruire il significato globale del testo, integrando più informazioni e concetti, anche formulando inferenze complesse.

9 Uno dei concetti sottesi al testo è che
- ☐ **A** la crisi economica sta per terminare e il turismo diventerà il traino principale dell'economia del nostro Paese.
- ☐ **B** il turismo potrebbe diventare un traino dell'economia nazionale e una via per uscire dalla crisi.
- ☐ **C** poiché la crisi ha una portata internazionale e coinvolge anche Paesi come Germania e Stati Uniti, bisognerebbe incentivare i viaggi degli italiani all'estero.
- ☐ **D** finalmente si sta facendo qualcosa di utile per rilanciare il turismo.

Aspetto 5b

10 Gli autori ritengono che l'attuale offerta turistica del nostro paese
- ☐ **A** non valorizzi appieno il patrimonio storico, artistico e naturale del nostro territorio.
- ☐ **B** sia adeguata alle ricchezze storiche, artistiche e naturali del nostro paese.
- ☐ **C** non tenga conto della crisi economica che il mondo sta attraversando.
- ☐ **D** sia oggi la migliore al mondo.